150 Jahre
Kohlhammer

Deutsches Strafrecht
Allgemeiner Teil

Studienbuch in systematischer-induktiver Darstellung

begründet von

Dr. Volker Krey
Professor em. an der Universität Trier
Richter am Oberlandesgericht Koblenz (1978-1998)

fortgeführt ab der 4. Auflage von

Dr. Robert Esser
Professor an der Universität Passau

6., überarbeitete Auflage

Verlag W. Kohlhammer

6. Auflage 2016

Gesamtherstellung: W. Kohlhammer GmbH, Stuttgart

Print:
ISBN: 978-3-17-029880-4

E-Book-Formate:
pdf: ISBN: 978-3-17-029881-1
epub: ISBN: 978-3-17-029882-8
mobi: ISBN: 978-3-17-029883-5

Vorwort zur 6. Auflage

Das vorliegende Lehrbuch ist eine »systematisch-induktive«, d.h. zwar **systematisch** aufgebaute, aber weitgehend vom Fall ausgehende Darstellung des Allgemeinen Teils des Strafrechts. Eine solche Form der Lehrdarstellung, die den Stoff im Wesentlichen anhand von **Fällen** vermittelt oder jedenfalls durch **Beispiele** veranschaulicht, erleichtert das Verständnis und das Behalten des behandelten Lehrstoffes ungemein.

Das Werk richtet sich zum einen an **Anfänger** des Studiums der Rechtswissenschaft, denen es eine gründliche Einführung bieten will, zum anderen an **Fortgeschrittene** und **Referendare**, denen es bei der Wiederholung, Ergänzung und Vertiefung ihres Wissens gute Dienste leisten möchte.

Meinen Lehrstuhlmitarbeitern *Elisabeth Baier*, *Theresa Bohmann*, *Marcus Drescher*, *Oliver Gerson*, *Anne Michel* und *Ludwig Reißmann* möchte ich für ihre Unterstützung bei der Aktualisierung und inhaltlichen Erweiterung des Lehrbuchs herzlich danken.

Einen Dank für ihre Hilfe bei den abschließenden Korrekturen richte ich ferner an meine Sekretärin, Frau *Gabriele Sicklinger*, und an meine Lehrstuhlmitarbeiter *Lena Donaubauer*, *Stefan Kim*, *Judith Lutz*, *Elisabeth Rickert*, *Julia Weilhart* und *Kathrin Zitzelsberger*.

Passau, im März 2016 Robert Esser

Inhalt

Abkürzungsverzeichnis .... *Seite* XXXIV
Verzeichnis der abgekürzt zitierten Literatur .... *Seite* XXXIX

Erster Teil: Grundlagen **Rn.**

§ 1 **Subsidiarität des Strafrechts**
– Die Strafnorm als »ultima ratio« im System des staatlichen Rechtsgüterschutzes – 1

I. Strafrecht als Teil der rechtlichen Sozialkontrolle 2
1. Außerrechtliche Sozialkontrolle 2
2. Rechtliche Sozialkontrolle 3
3. Strafrecht als Kerngebiet der rechtlichen Sozialkontrolle 4

II. Rechtsgüterschutz als Aufgabe des Strafrechts 5
1. Begriff des Rechtsguts 6
2. Bedeutung des Rechtsguts für die Auslegung von Strafgesetzen 8
3. Unterscheidung zwischen Rechtsgut und Handlungsobjekt 10
4. Rechtsgüterschutz statt Stabilisierung von Moral und Sittlichkeit als Aufgabe des Strafrechts 11
5. Rechtspolitischer Gestaltungsspielraum des Gesetzgebers bei der Anerkennung von Rechtsgütern und bei ihrem Schutz durch Strafgesetze – Schranken dieses Spielraumes durch die Verfassung 14

III. Subsidiarität dieses Rechtsgüterschutzes 16
1. Das Verfassungsprinzip der Verhältnismäßigkeit als Schranke des gesetzgeberischen Gestaltungsspielraums im Allgemeinen 16
2. Bedeutung des Übermaßverbots speziell für den Strafgesetzgeber – Strafwürdigkeit und Strafbedürfnis als Erfordernisse für die Normierung von Strafgesetzen 16
a) Strafwürdigkeit von Normverstößen als Voraussetzung ihrer Kriminalisierung 17
b) Straftaten als strafbedürftige Normverstöße – Die Strafnorm als »ultima ratio« im Instrumentarium des Gesetzgebers 18
c) Resümee 22

IV. Kriminalisierungsgebote (Verfassungsrecht, Europarecht, Völkerrecht) 23
1. Verfassungsrechtliche Kriminalisierungsgebote 24
2. Völker- und europarechtliche Kriminalisierungsgebote 29

§ 2 Materielles Strafrecht: Kerngebiet der »Gesamten Strafrechtswissenschaft« 30

I. Untergliederung des materiellen Strafrechts in den Allgemeinen und Besonderen Teil 30
1. Allgemeiner Teil (§§ 1-79b StGB) 32
2. Besonderer Teil des Strafrechts 33
II. Materielles Strafrecht und Strafverfahrensrecht 35
III. Sonstige Disziplinen der »Gesamten Strafrechtswissenschaft« 36

§ 3 Strafrecht und Verfassungsrecht 38

I. Keine Strafe ohne Gesetz (nulla poena sine lege) 38
1. Zur Entwicklungsgeschichte dieses Verfassungsprinzips 41
2. Rückwirkungsverbot, Verbot von Gewohnheitsrecht, Analogieverbot und Verbot zu unbestimmter Strafgesetze als Einzelprinzipien 49
3. Das strafrechtliche Rückwirkungsverbot 52
a) Grundgedanke 52
b) Verbot strafbegründender und strafschärfender Rückwirkung 53
c) Kein Rückwirkungsverbot bei Gesetzen zugunsten des Täters – Rückwirkungsgebot des § 2 Abs. 3 StGB – 56
d) »Zeitgesetze«: § 2 Abs. 4 StGB als Ausnahme vom Rückwirkungsgebot des § 2 Abs. 3 StGB 61
e) Keine Geltung des Rückwirkungsverbots im Strafprozessrecht 64
f) Rückwirkungsverbot für Maßregeln der Besserung und Sicherung? 70
g) Rückwirkungsverbot bei Änderung der höchstrichterlichen Judikatur? 72
h) Restriktion des Rückwirkungsverbots bei der Bestrafung von Verbrechen der Nazi-Diktatur und der kommunistischen Diktatur in der ehemaligen DDR 75
i) Rückwirkungsverbot bei Ordnungswidrigkeiten 77
4. Analogieverbot (»nulla poena sine lege scripta«) 78
a) Begriffsbestimmung 78
b) Grundgedanke des Analogieverbots 79
c) Wortsinn des Gesetzes als Schranke zwischen erlaubter Auslegung des Gesetzes und verbotener Gesetzesanalogie 80
d) Verbot strafbegründender und -schärfender »teleologischer Reduktion« 89
e) Verstoß gegen das Analogieverbot bei einer »teleologisch« fehlerhaften Gesetzesauslegung? 95
f) Wortlautgrenze und Bedeutungswandel 96
g) Geltungsbereich des strafrechtlichen Analogieverbots 97
5. Verbot strafbegründenden und -schärfenden Gewohnheitsrechts (»nulla poena sine lege scripta«) 98
6. Verbot zu unbestimmter Strafgesetze (»Bestimmtheitsgebot«) 102
a) Begriffsbestimmung 102
b) Grundgedanke des Bestimmtheitsgebots 103

c) Das Bestimmtheitsgebot als der Problemfall unter den vier Einzelprinzipien des Art. 103 Abs. 2 GG ... 104
d) Beispiele für zu unbestimmte Strafgesetze ... 106
7. Art. 103 Abs. 2 GG und Verfassungsbeschwerde ... 107

II. Schuldprinzip: Keine Strafe ohne Schuld (nulla poena sine culpa) ... 108
1. Bedeutung und verfassungsrechtliche Garantie ... 108
2. Konsequenzen des Schuldprinzips ... 110
3. Bestrafung von Verbänden ... 111

III. Exkurs: Gesetzlichkeitsprinzip und Analogieverbot aus/in Art. 104 GG .. 112

§ 4 **Strafrecht und Europarecht** ... 113

I. Europäische Union (EU) ... 113
1. Europäische Gemeinschaft und Europäische Union vor Inkrafttreten des Vertrags von Lissabon ... 113
2. EU nach Inkrafttreten des Vertrags von Lissabon ... 115
3. Das Lissabon-Urteil des BVerfG ... 116

II. Primäres und sekundäres Unionsrecht ... 117

III. Strafgewalt der EU ... 120
1. Kompetenz der EU-Organe zur Schaffung von Strafgesetzen? ... 120
a) Setzung supranationaler Strafrechtsnormen ... 120
b) Harmonisierung des nationalen Strafrechts ... 123
2. Nationale Blankettstrafgesetze als Einfallstor für das Unionsrecht 128

IV. Europäische Menschenrechtskonvention und materielles Strafrecht ... 129

§ 5 **Sinn und Zweck der Strafe (Straftheorien)** ... 130

I. Die wesentlichen Straftheorien ... 132
1. Absolute Straftheorie (Strafe als Vergeltung) ... 132
2. Relative Straftheorien (Verbrechensprävention als Strafzweck) ... 138
a) Theorie der negativen Generalprävention (Abschreckung) ... 139
b) Theorie der positiven Generalprävention (Manifestation der Geltung der Rechtsordnung / Stärkung der Rechtstreue der Bürger) ... 141
c) Spezialprävention ... 142
3. Vereinigungslehren ... 146
a) Verbindung von Vergeltung und Prävention ... 146
b) Rein präventive Vereinigungstheorie ... 147
c) Fundierung im Schuldprinzip und dessen Akzeptanz: Unterschiede zwischen vergeltender und rein präventiver Vereinigungstheorie ... 148

II. Standpunkt der Judikatur (BVerfG, BGH) ... 150
1. BVerfG ... 150
2. BGH ... 151
3. Resümee ... 152

III. Standpunkt des geltenden Rechts zu den Strafzwecken 153
1. Vergeltender Schuldausgleich 154
2. Generalprävention 155
3. Spezialprävention 156

IV. Eigener Standpunkt 157

§ 6 Rechtsquellen des Strafrechts 160

I. Strafgesetzbuch (StGB) 160

II. Weitere Rechtsquellen 163
1. Verfassung (Grundgesetz für die Bundesrepublik Deutschland) von 1949 163
2. JGG 164
3. VStGB 164a
4. Nebengesetze 164b

III. Bedeutung von Rechtsprechung und Lehre 165
1. Rechtsprechung 165
2. Strafrechtswissenschaft 166

§ 7 Rechtsfolgen der Straftat – Sanktionensystem – Verjährung 167

I. »Zweispurigkeit« des deutschen Strafrechts 167

II. (Kriminal-)Strafrecht 168
1. Hauptstrafen 168
a) Freiheitsstrafe (§§ 38-39 StGB) 169
b) Geldstrafe (§§ 40-43 StGB) 171
c) Vermögensstrafe (ex-§ 43a StGB) 173
2. Nebenstrafe: Fahrverbot (§ 44 StGB) 174
3. Nebenfolgen: Verlust der Amtsfähigkeit, Wählbarkeit und des Stimmrechts (§§ 45 ff. StGB) 175
4. Strafrahmen 176
5. Grundsätze der Strafzumessung (§ 46 StGB) 177
6. Strafaussetzung zur Bewährung (§§ 56 ff. StGB) 178
7. Aussetzung des Strafrestes zur Bewährung (§§ 57, 57a StGB) 179
a) Zeitige Freiheitsstrafe (§ 57 StGB) 179
b) Lebenslange Freiheitsstrafe (§ 57a StGB) 180
8. Absehen von Strafe (§ 60 StGB) 181

III. Maßregeln der Besserung und Sicherung – unabhängig von der Schuld /neben oder anstelle der Strafe – 182
1. Freiheitsentziehende bzw. stationäre Maßregeln 183
a) Unterbringung in einem psychiatrischen Krankenhaus (§ 63 StGB) 183
b) Unterbringung in einer Entziehungsanstalt (§ 64 StGB) 184
c) Unterbringung in der Sicherungsverwahrung (§ 66 StGB) 185
2. Maßregeln ohne Freiheitsentziehung 185
a) Führungsaufsicht (§§ 68 ff. StGB) 186
b) Entziehung der Fahrerlaubnis (§§ 69 ff. StGB) 187

c) Berufsverbot (§§ 70 ff. StGB) 189
IV. Verfall und Einziehung / Unbrauchbarmachung 190
1. Verfall (§§ 73 ff. StGB) 190
2. Einziehung (§§ 74 ff. StGB) 191
V. Verjährung 191a

§ 8 Einteilung der Straftaten 192

I. Verbrechen / Vergehen (§ 12 StGB) 192
1. Beispiele 193
2. Maßgeblichkeit der gesetzlichen Mindeststrafe, § 12 Abs. 3 StGB 194
3. Praktische Bedeutung der Differenzierung Verbrechen / Vergehen 200
II. Vorsatztaten / Fahrlässigkeitsdelikte / Erfolgsqualifizierte Delikte 201
1. Vorsatztaten 201
2. Fahrlässigkeitstaten 202
3. Bedeutung des Unterschiedes Vorsatz- / Fahrlässigkeitstaten 203
4. Erfolgsqualifizierte Delikte 203
a) Unterscheidung von drei Gruppen erfolgsqualifizierter Delikte 204
b) Erfolgsqualifizierte Delikte als strafschärfende Tatbestände 211
c) Vorsatz-Fahrlässigkeits-Kombination (§ 11 Abs. 2 StGB) 212
III. Begehungsdelikte / Unterlassungsdelikte 214
1. Begehungsdelikte 214
2. Unterlassungsdelikte 215
a) Unechte Unterlassungsdelikte (§ 13 StGB) 215
b) Echte Unterlassungsdelikte 217
IV. Erfolgsdelikte / Schlichte Tätigkeitsdelikte 218
1. Erfolgsdelikte 218
2. Schlichte Tätigkeitsdelikte 219
3. Kupierte Erfolgsdelikte 220
V. Verletzungsdelikte / Gefährdungsdelikte 220
1. Verletzungsdelikte 221
2. Gefährdungsdelikte 222
a) Konkrete Gefährdungsdelikte 222
b) Abstrakte Gefährdungsdelikte 224
VI. Zustandsdelikte / Dauerdelikte 225
VII. Allgemeindelikte / Sonderdelikte / Eigenhändige Delikte 226
1. Allgemeindelikte 226
2. Sonderdelikte 227
a) Echte Sonderdelikte 228
b) Unechte Sonderdelikte 229
3. Eigenhändige Delikte 230
4. Bedeutung der Differenzierung zwischen Allgemeindelikten einer- und Sonderdelikten sowie eigenhändigen Delikten andererseits 231
VIII. Grunddelikt / qualifizierende und privilegierende Tatbestände / eigenständiges Delikt (delictum sui generis) 232
1. Qualifizierende und privilegierende Tatbestände 233
a) Beispiel: Vorsätzliche Tötungsdelikte 233

b) Beispiel: Diebstahl ... 234
c) Strafschärfungen für besonders schwere Fälle und Strafmilderungen für minder schwere Fälle ... 235
2. Delictum sui generis (eigenständiges Delikt) ... 236
IX. Antragsdelikte ... 237
X. Unternehmensdelikte ... 237a

§ 9 Anwendbarkeit deutschen Strafrechts ... 238

I. Territorialitätsprinzip ... 241
1. Tatort bei Täterhandeln ... 241
a) Handlungsort ... 242
b) Erfolgsort ... 243
2. Tatort beim Teilnehmer ... 244
3. Flaggenprinzip ... 245
II. Weltrechtsprinzip ... 246
III. Staatschutzprinzip ... 247
IV. Personalitätsprinzip ... 248
1. Passives Personalitätsprinzip ... 248
2. Aktives Personalitätsprinzip ... 249
V. Verfahrensfragen ... 250
1. Strafverfolgungsvoraussetzung / Verfahrenshindernis ... 250
2. Problem doppelter Bestrafung (»ne bis in idem«) ... 251
VI. Prüfungshinweise ... 254

Zweiter Teil: Das vollendete vorsätzliche Begehungsdelikt ... 255

Kapitel 1: Der Straftatbestand ... 255

§ 10 Zum dreistufigen Deliktsaufbau ... 255

I. Tatbestandsmäßigkeit, Rechtswidrigkeit und Schuld als Wertungsstufen .. 255
II. Funktion der Deliktsstufe »Tatbestandsmäßigkeit« ... 260
III. Funktion der Deliktsstufe »Rechtswidrigkeit« ... 262
IV. Funktion der Deliktsstufe »Schuld« ... 263
V. Der dreistufige Deliktsaufbau als Gebot des geltenden Rechts und als sachgerechte Differenzierung ... 268
1. Gegen die »Lehre von den negativen Tatbestandsmerkmalen« mit ihrem zweistufigen Deliktsaufbau ... 268
2. Trennung von Rechtswidrigkeit und Schuld als unterschiedliche Deliktsstufen: Eine Forderung des geltenden Strafrechts und der »Natur der Sache« ... 271

§ 11 Objektiver Tatbestand 280

I. Elemente des objektiven Tatbestandes 281

II. Zum strafrechtlichen Handlungsbegriff 285
1. Strafrechtliche Handlungslehren 287
a) Kausale Handlungslehre 288
b) Finaler Handlungsbegriff 289
c) Soziale Handlungstheorien 290
d) Sonstige Handlungslehren 291
2. Verzicht auf die Bildung eines Handlungsbegriffs als Oberbegriff für alle Begehungs- und Unterlassungsdelikte; Beschränkung auf eine rein negative Funktion (Ausschluss von Nichthandlungen) 293
a) Beispiele für Fälle fehlender Vermeidbarkeit (Nicht-Handlungen) 295
b) Gegenbeispiele 299
3. Vermeidbarkeit (Beherrschbarkeit) bei den Unterlassungsdelikten 300

III. Kausalität zwischen Handlung und tatbestandsmäßigem Erfolg 302
1. Kausalitätstheorien 306
a) Bedingungstheorie (»Äquivalenztheorie«) 306
b) Einzelfragen der Äquivalenztheorie 307
c) Modifizierung der Bedingungstheorie in Fällen »alternativer Kausalität« 316
d) Abweichende Kausalitätstheorien 320
2. Sonderprobleme: »Generelle Kausalität«; »Ursächlichkeit bei Gremienentscheidungen (Kollegialentscheidungen)« 322
a) Generelle Kausalität 322
b) Kausalität bei Entscheidungen eines Gremiums (Kollegiums) 323

IV. Lehre von der objektiven Zurechnung 325
1. Funktion und Stellenwert dieser Theorie 325
2. Adäquanztheorie, Relevanztheorie 330
3. Fallgruppen fehlender objektiver Zurechnung 332
a) Mangelnde Beherrschbarkeit des Kausalverlaufs als Grund für den Ausschluss der objektiven Zurechnung 334
b) Fehlende objektive Vorhersehbarkeit des Erfolgseintritts und/oder des Kausalverlaufs als Grund für den Ausschluss der objektiven Zurechnung 335
c) Sonderproblem: Vorhersehbarkeit des Kausalverlaufs bei mehraktigem Geschehen 342
d) Objektiver Zurechnungsausschließungsgrund der fehlenden Realisierung der vom Täter geschaffenen Gefahr im konkreten Erfolg 343
e) Atypische Konstitution des Opfers 346
f) Unvernünftiges Verhalten des Opfers nach der Tat 347
g) Tod des Opfers brutaler Gewalt bei panischer Flucht 351
h) Objektive Zurechnung von Folgeschäden, die aus einer strafbaren Vorschädigung resultieren? 352
i) Eingreifen Dritter in den Kausalverlauf 353
4. »Handeln des Opfers auf eigene Gefahr« als Spezialfall des Ausschlusses der objektiven Zurechnung 355

a) Teilnahme an einer freiverantwortlichen Selbstgefährdung des Opfers ... 356
b) Straflosigkeit in den Fällen »einverständlicher Fremdgefährdung« ... 369
c) Abgrenzung zwischen Selbst- und Fremdgefährdung ... 371
V. Objektive Bedingung der Strafbarkeit ... 372

§ 12 Subjektiver Tatbestand ... 373

I. Vorsatz als subjektives Tatbestandsmerkmal ... 373
1. Gründe für das Verständnis des Vorsatzes als subjektives Tatbestandsmerkmal ... 374
2. Sonstige subjektive Tatbestandsmerkmale ... 375
3. Gemischt subjektiv-objektive Tatbestandsmerkmale ... 376
II. Drei Erscheinungsformen des Vorsatzes: Absicht, direkter Vorsatz, Eventualvorsatz ... 377
1. Absicht ... 378
2. Direkter Vorsatz (dolus directus) ... 383
3. Eventualvorsatz (dolus eventualis) ... 386
a) Standpunkt der Rechtsprechung (»Einwilligungs- bzw. Billigungstheorie«) ... 387
b) Standpunkt der h.L. (»Einwilligungs- bzw. Billigungstheorie«) ... 391
c) »Gleichgültigkeitstheorie« ... 393
d) »Möglichkeitstheorie« und »Wahrscheinlichkeitstheorie« – Lehren von der Entbehrlichkeit der voluntativen Komponente ... 394
e) Eigene Ansicht ... 396
f) Verdeutlichung des Eventualvorsatzes anhand weiterer Beispiele 399
III. Alternativer Vorsatz (dolus alternativus) ... 403
IV. Zum maßgeblichen Zeitpunkt für das Vorliegen des Vorsatzes ... 405
V. Zum Wissenselement des Vorsatzes ... 407
1. Intensität des Wissens: Es genügt das sog. »Mitbewusstsein« ... 407
2. Gegenstand des Vorsatzes ... 409
a) Die Merkmale des objektiven Tatbestandes als Gegenstand des Vorsatzes ... 409
b) Kein Gegenstand des Vorsatzes: Rechtswidrigkeit der Tat ... 411
3. Tatsachenkenntnis als Kern des Wissenselements ... 413
a) § 16 Abs. 1 S. 1 StGB ... 413
b) Wissenselement bei deskriptiven Tatbestandsmerkmalen ... 414
c) Kenntnis bei normativen Tatbestandsmerkmalen ... 415
d) Irrelevanz des »Subsumtionsirrtums« für den Vorsatz ... 419
e) Tatsachenkenntnis als Indiz für die »Parallelwertung in der Laiensphäre« ... 420
f) Sonderproblem: Wissenselement bei zivilrechtlichen Vorfragen .. 422
g) Zusammenfassung ... 423
VI. Sonderprobleme: Irrtum über den Kausalverlauf; Irrtum über das Tatobjekt (error in persona / error in objecto); Fehlschuss (aberratio ictus) 425
1. Irrtum über den Kausalverlauf ... 425
2. Error in persona / error in objecto ... 431

3. Aberratio ictus ... 435
4. Abgrenzung error in persona / aberratio ictus bei Attentaten wie Bombenanschlägen ... 440

Kapitel 2: Rechtswidrigkeit ... 447

§ 13 Rechtswidrigkeit – Allgemeines ... 447

I. Funktion der Deliktsstufe Rechtswidrigkeit im dreistufigen Deliktsaufbau ... 447
II. Rechtfertigungsgründe und das Prinzip »Einheit der Rechtsordnung« ... 448
1. Erlaubnissätze: Keine spezifisch strafrechtliche Materie ... 448
2. Geltung der Rechtfertigungsgründe des Zivilrechts und des Öffentlichen Rechts auch im Strafrecht ... 449
3. Geltung der im Strafrecht geregelten Rechtfertigungsgründe auch im Zivilrecht und Öffentlichen Recht? ... 451
III. Rechtsquellen für Rechtfertigungsgründe: auch Gewohnheitsrecht ... 453
IV. Die subjektiven Rechtfertigungselemente ... 454
1. Notwendigkeit des Handelns in Kenntnis und aufgrund der rechtfertigenden Situation ... 454
a) Meinungsstand ... 454
b) Eigene Ansicht ... 457
c) Handeln »aufgrund der rechtfertigenden Situation« bei einer Mehrzahl von Motiven (sog. »Motivbündel«) ... 464
2. Rechtsfolgen des Fehlens subjektiver Rechtfertigungselemente ... 465
a) Rechtswidrigkeit der Tat ... 466
b) Konsequenz ... 467

§ 14 Notwehr (§ 32 StGB) ... 470

I. Rang und Rechtsgrund der Notwehr ... 470
II. Notwehrlage (»gegenwärtiger, rechtswidriger Angriff«) ... 473
1. Angriff ... 474
2. Rechtswidrigkeit des Angriffs ... 477
3. Gegenwärtigkeit des Angriffs ... 485
a) Funktion dieses Notwehrelements ... 485
b) Unmittelbar bevorstehender und noch stattfindender Angriff ... 486
c) Beendeter Angriff ... 494
III. Notwehrhandlung ... 499
IV. Erforderlichkeit der Notwehrhandlung ... 503
1. Maßgebliche Perspektive ... 503
2. Abgrenzung zur Gebotenheit ... 506
3. »Geeignetheit« ... 508
4. Notwehrelement der Erforderlichkeit als Prinzip des mildesten Mittels 511
a) Zum Prinzip des mildesten Mittels ... 511
b) Relativierung des Prinzips des mildesten Mittels ... 512

c) Verdeutlichung des Prinzips des mildesten Mittels anhand von Fällen ... 513
d) Notwehr mit Waffen bei unbewaffneten Angreifern ... 522
e) Maßgeblichkeit der Abwehrhandlung für die Erforderlichkeit der Verteidigung ... 523
f) Subsidiarität der Selbstverteidigung gegenüber Hilfe Dritter? ... 524
5. Verteidigung durch »automatisierte Gegenwehr« ... 527

V. Gebotenheit der Notwehr ... 528
1. Gebotenheit als »Einfallstor für äußerste sozialethische Schranken des Notwehrrechts« ... 528
2. Fallgruppen fehlender Gebotenheit ... 532
a) Angriffe schuldlos handelnder Personen ... 533
b) Angriffe naher Angehöriger ... 538
c) »Unerträgliches Missverhältnis« bei unerheblichen Angriffen ... 543
d) Notwehrprovokation ... 553
e) Abwehrprovokation ... 564
f) Notwehr gegen Schweigegelderpressung (Chantage) ... 565
3. Vereinbarkeit der »sozialethischen Schranken des Notwehrrechts« mit dem Analogieverbot (Art. 103 Abs. 2 GG) ... 566

VI. Subjektives Rechtfertigungselement ... 567

VII. Sonderfragen der Nothilfe als Verteidigung »eines anderen« ... 568
1. Verbot der »aufgedrängten Nothilfe« ... 568
2. Einschränkungen des Nothilferechts für private Sicherheitsdienste? ... 571
3. Keine Nothilfe zum Schutz der öffentlichen Sicherheit oder Ordnung ... 572

VIII. Nothilfe und Folter; Polizeiliche Notwehr- und Nothilfebefugnisse ... 573

IX. Erlaubnisirrtum / Erlaubnistatbestandsirrtum ... 574

§ 15 Rechtfertigender Notstand (§§ 228, 904 BGB; § 34 StGB) ... 575

I. Differenzierung rechtfertigender / entschuldigender Notstand ... 575

II. § 228 BGB (»Defensivnotstand« gegen Sachen) als Erlaubnissatz ... 578

III. § 904 BGB (»Aggressiver Notstand«) als Rechtfertigungsgrund ... 580

IV. Der allgemeine »Rechtfertigende Notstand«, § 34 StGB ... 585
1. Geschichtliche Entwicklung und Rechtsgrund dieses Erlaubnissatzes ... 585
2. Notstandslage (»gegenwärtige Gefahr« für ein Rechtsgut) ... 588
3. Erforderlichkeit der Notstandshandlung: Die Gefahr darf »nicht anders abwendbar sein« ... 594
4. Wesentliches Überwiegen des geschützten Interesses gegenüber dem beeinträchtigten Interesse (§ 34 S. 1 StGB) – Verhältnis zum Erfordernis der »Angemessenheit« (§ 34 S. 2 StGB) – ... 602
a) Nur deklaratorische Bedeutung des § 34 S. 2 StGB? ... 603
b) Abwägungsfaktoren bei der Interessenabwägung gemäß § 34 S. 1 StGB ... 605
c) Abwägung der widerstreitenden Interessen in Fall 88 (Rn. 597) ... 606
d) Zur Problematik des Nötigungsnotstandes ... 612

e) Sonderprobleme bei der Interessenabwägung gemäß § 34 S. 1 StGB 616
5. Subjektive Rechtfertigungselemente bei § 34 StGB 619

V. Defensivnotstand bei drohenden, aber noch nicht gegenwärtigen Angriffen 620
1. § 34 StGB i.V.m. einer analogen Anwendung des § 228 BGB 620
2. Präventivnotwehr als Notstand i.S.v. § 34 StGB 624
3. Resümee 625
4. Vorschlag für eine präzisere Terminologie beim »Defensivnotstand« 626

VI. Defensivnotstand bei der Tötung des »Familientyrannen« 627

§ 16 Pflichtenkollision; Selbsthilferecht aus §§ 229, 230 BGB; Recht zur vorläufigen Festnahme gemäß § 127 Abs. 1 S. 1 StPO 630

I. Rechtfertigende Pflichtenkollision 630

II. Selbsthilferecht gemäß §§ 229, 230 BGB 634
1. § 229 BGB: Ausnahme vom Verbot zivilrechtlicher »Selbstjustiz«? 634
2. Beispiele für die Anwendbarkeit des Selbsthilferechts; Gegenbeispiele 636
3. Zusammenspiel von Selbsthilfe und Notwehr 638a
4. Sonderfälle der Selbsthilfe (§§ 561, 859 BGB etc.) 639

III. Vorläufige Festnahme durch Bürger, § 127 Abs. 1 S. 1 StPO 640
1. Objektive Voraussetzungen des § 127 Abs. 1 S. 1 StPO 640
a) Festnahmebefugnis nach dieser Vorschrift als Jedermannsrecht 640
b) Festnahmelage/-situation: »Auf frischer Tat betroffen oder verfolgt« 642
c) Festnahmegrund 650a
d) Festnahmehandlung: Erlaubte Festnahmemittel im Rahmen des § 127 Abs. 1 S. 1 StPO 651
2. Subjektive Voraussetzungen des § 127 Abs. 1 S. 1 StPO 654

§ 17 Einwilligung als Rechtfertigungsgrund 655

I. Differenzierung zwischen rechtfertigender Einwilligung und tatbestandsausschließendem Einverständnis 655
1. Tatbestandsausschließendes Einverständnis 656
2. Einwilligung als Rechtfertigungsgrund 657

II. Unterschiedliche Anforderungen an das tatbestandsausschließende Einverständnis und die Einwilligung 659

III. Begründung für diese gesteigerten Anforderungen an die rechtfertigende Einwilligung 662

IV. Voraussetzungen der rechtfertigenden Einwilligung im Überblick 663

V. »Einverständliche Fremdgefährdung« 671

§ 18 Mutmaßliche und hypothetische Einwilligung 677

I. Wesen der mutmaßlichen Einwilligung 677
II. Subsidiarität der mutmaßlichen Einwilligung 678
III. Mutmaßliche Einwilligung beim »Handeln im materiellen Interesse des Betroffenen« oder beim »Fehlen entgegenstehender Interessen« 679
IV. Hypothetische Einwilligung 682
1. Begrifflichkeit 682a
2. Rechtfertigungsgrund 682c
3. Objektive Zurechnung 682e
4. Ablehnung der Rechtsfigur 682f

§ 19 Weitere Rechtfertigungsgründe 683

I. Handeln auf Befehl/dienstliche Weisung 683a
1. Handeln auf Befehl 683a
2. Handeln auf dienstliche Weisung 683b
II. Elterliches Erziehungsrecht 684
III. »Züchtigungsrecht des Lehrers« 685
IV. »Unbestellte Leistungen«, § 241a Abs. 1 BGB 686
V. Weitere Erlaubnissätze 686a

Kapitel 3: Die Schuld 687

§ 20 Normativer Schuldbegriff 687

I. Allgemeines 687
II. Zum überholten psychologischen Schuldbegriff 688
III. Der normative Schuldbegriff: Schuld als Vorwerfbarkeit 689
IV. Rein negative Prüfung der Schuld 690
V. Zur Lehre von der Vorsatz- und Fahrlässigkeitsschuld – Vorsatz als Merkmal des subjektiven Tatbestandes und als Schuldtypus 691

§ 21 Schuldausschließungsgründe 693

I. Schuldunfähigkeit von Kindern, § 19 StGB 693a
II. Schuldfähigkeit von Jugendlichen, § 3 S. 1 JGG 693b
III. »Schuldunfähigkeit wegen seelischer Störungen« (§ 20 StGB) 694
1. Zum zweistufigen Aufbau des § 20 StGB 695
2. Psychische Defekte des § 20 StGB im Überblick 696
a) »Krankhafte seelische Störung« 696
b) »Tiefgreifende Bewusstseinsstörung« 698
c) »Schwachsinn« und andere »schwere seelische Abartigkeit« 700
3. Verminderte Schuldfähigkeit, § 21 StGB 701

4. Vorsätzliche Selbstverursachung der Schuldunfähigkeit / »actio libera in causa« (alic) – Keine Geltung des § 20 StGB 702
5. Fahrlässige »actio libera in causa« 712
IV. Unvermeidbarer Verbotsirrtum, § 17 S. 1 StGB 714
1. Verbotsirrtum als fehlendes Unrechtsbewusstsein 714
a) Zum Wesen des Verbotsirrtums 714
b) Verbotsirrtum als Fall fehlender Schuldfähigkeit bzw. geminderter Schuld 716
2. Erscheinungsformen des Verbotsirrtums 717
a) »Direkter Verbotsirrtum« 717
b) »Indirekter Verbotsirrtum«: Erlaubnisirrtum 718
3. Sonderfragen des Verbotsirrtums 720
a) Teilbarkeit des Unrechtsbewusstseins 720
b) Zweifel über das Unrecht der Tat (»bedingtes Unrechtsbewusstsein«) 721
c) Überzeugungstäter 722
d) »Gebotsirrtum« bei den echten Unterlassungsdelikten als Verbotsirrtum 723
4. Zur Vermeidbarkeit des Verbotsirrtums 724
a) »Anspannung des Gewissens«, »Nachdenken« und »Pflicht zur Erkundigung« 724
b) Höhere Anforderungen an die »Vermeidbarkeit des Verbotsirrtums« als an die »Beachtung der objektiv gebotenen und dem Täter subjektiv möglichen Sorgfalt bei den Fahrlässigkeitsdelikten«? 726
c) Erkundigungspflicht: Pflicht, eine zuverlässige Rechtsauskunft einzuholen 727
d) Unvermeidbarkeit des Verbotsirrtums trotz Verletzung der »Pflicht zur Erkundigung« bei fehlender Kausalität dieser Verletzung 730
V. Irrige Annahme der tatsächlichen Voraussetzungen eines Rechtfertigungsgrundes (»Erlaubnistatbestandsirrtum«) – Kein Verbotsirrtum (§ 17 StGB), sondern Behandlung als Tatbestandsirrtum (§ 16 Abs. 1 StGB analog) 731
1. Voraussetzungen eines Erlaubnistatbestandsirrtums 733
2. Behandlung des Erlaubnistatbestandsirrtums 736
a) »Lehre von den negativen Tatbestandsmerkmalen«: Unmittelbare Anwendung des § 16 Abs. 1 StGB 736
b) »Vorsatztheorien«: Unmittelbare Anwendung des § 16 Abs. 1 StGB 737
c) »Strenge Schuldtheorie«: Anwendung des § 17 StGB 738
d) »Eingeschränkte Schuldtheorie«: Analoge Anwendung des § 16 Abs. 1 S. 1 StGB (Gleichbehandlung mit dem Tatbestandsirrtum) 740
e) »Rechtsfolgeneinschränkende Schuldtheorie« (Lehre von der fehlenden Vorsatzschuld) 742
f) Eigene Stellungnahme 743
3. »Doppelirrtum« 746
4. Exkurs: Aufbauhinweise für Falllösungen 747

§ 22 Entschuldigungsgründe 748

I. § 35 StGB (Entschuldigender Notstand) 749
1. Voraussetzungen des § 35 Abs. 1 S. 1 StGB 750
a) Notstandslage 750
b) Erforderlichkeit der Notstandshandlung: Die Gefahr darf »nicht anders abwendbar sein« 751
2. »Zumutbarkeitsklausel« des § 35 Abs. 1 S. 2 StGB: Wegfall des entschuldigenden Notstandes 753
a) Eigene »Verursachung« der Gefahr durch den Täter 755
b) »Besonderes Rechtsverhältnis« 759
c) Fälle der Zumutbarkeit, die Gefahr hinzunehmen, obwohl keines der in § 35 Abs. 1 S. 2 StGB genannten Beispiele vorliegt 760
3. Putativ-Notstand, § 35 Abs. 2 StGB 762
4. Rettungswille als »subjektives Entschuldigungselement« bei § 35 StGB 763

II. § 33 StGB (»Notwehrexzess«) als Entschuldigungsgrund 764
1. Objektive Voraussetzungen 765
2. Subjektive Voraussetzungen der Entschuldigung 767

III. Sonstige Entschuldigungsgründe? 770
1. Handeln auf dienstliche Weisung – Rechtswidriger Dienstbefehl 770
2. Unzumutbarkeit normgemäßen Verhaltens 771
3. Übergesetzlicher entschuldigender Notstand 772

§ 23 Persönliche Strafausschließungs- und Strafaufhebungsgründe 779

I. Persönliche Strafausschließungsgründe 779

II. Persönliche Strafaufhebungsgründe 780

Dritter Teil: Täterschaft und Teilnahme

Kapitel 1: Grundlagen (differenzierendes Beteiligungssystem; restriktiver Täterbegriff; Täterschaft als Tatherrschaft) 781

§ 24 Differenzierendes Beteiligungssystem (Täterschaft/Teilnahme) 781

I. Einheitstäterbegriff 781

II. Differenzierendes Beteiligungssystem des deutschen Strafrechts 783

III. Verfassungsrechtliche und kriminalpolitische Argumente gegen den Einheitstäterbegriff 784

IV. Einheitstäterbegriff bei den Fahrlässigkeitsdelikten 786

V. Restriktiver Täterbegriff 787
1. Zum überholten extensiven Täterbegriff 787
2. Zum restriktiven Täterbegriff des geltenden Strafrechts 791

VI. Kritik an der Einstufung des Anstifters im differenzierenden Beteiligtensystem des deutschen Strafrechts 794

§ 25 Täterbegriff des StGB: Täterschaft als Tatherrschaft 800

I. Drei Erscheinungsformen der Täterschaft 800
II. Anstiftung und Beihilfe als Teilnahme ohne Tatherrschaft an der Tat eines anderen 812
III. Täterbegriff der subjektiven Theorie: »Täter ist, wer die Tat als eigene will« 814
1. Äquivalenztheorie und extensiver Täterbegriff als Basis der subjektiven Theorie 814
2. Täterwille (animus auctoris) als Kriterium der Täterschaft 815
3. Extrem-subjektive Theorie 817
a) Badewannen-Fall (RG) 817
b) Staschynskij-Fall (BGH) 821
IV. Tatherrschaftslehre (materiell-objektive Theorie) – Täterschaft als Tatherrschaft 825
1. »Formal-objektive Theorie« als Grundlage für die Tatherrschaftslehre 825
2. Tatherrschaftslehre als »materiell-objektive Theorie« 827
3. Tatherrschaftslehre im engeren oder weiteren Sinne? 832
V. Täterbegriff des BGH: Subjektive Theorie mit Annäherungen an die Tatherrschaftslehre 834
1. Subjektive Theorie als Ausgangspunkt für den Täterbegriff des BGH 834
2. Annäherung an die Tatherrschaftslehre in der Rechtsprechung des BGH? 835
3. Unberechenbarkeit der Ergebnisse angesichts des unentschiedenen Schwankens in der Judikatur des BGH 839
4. Zum Abstellen auf »Tatherrschaft« bei der Annahme mittelbarer Täterschaft in der Judikatur des BGH 841
5. Abstellen auf die Tatherrschaft bei der Abgrenzung der Tötung auf Verlangen von der straflosen Suizid-Teilnahme 842
6. Resümee 843
VI. Eigener Standpunkt: Täterschaft als Tatherrschaft 844
1. Widerspruch der subjektiven Theorie zum geltenden Recht 845
a) Extrem-subjektive Theorie 845
b) Subjektive Theorie im Allgemeinen 847
c) »Tatinteresse« und »Wille zur Tatherrschaft«: Mangels normativer Basis im StGB keine tauglichen Indizien für Täterschaft 850
2. Die subjektive Theorie als Einfallstor für Rechtsunsicherheit und Willkür 852
3. Vernachlässigung des geltenden Strafrechts und des verfassungsrechtlichen Bestimmtheitsgebots auch in der Rechtsprechung des BGH 854
4. Täterschaft als Tatherrschaft 863

5. Besonderheiten bei den eigenhändigen Straftaten und Sonderdelikten. Keine Geltung des Tatherrschaftserfordernisses bei den Pflichtdelikten? ... 866
a) Eigenhändige Delikte ... 866
b) Sonderdelikte ... 867
c) Geltung des Erfordernisses der Tatherrschaft auch bei den »Pflichtdelikten« ... 869

Kapitel 2: Täterschaft – Unmittelbarer Täter, mittelbarer Täter und Mittäter; Nebentäter ... 871

§ 26 Unmittelbarer Täter (§ 25 Abs. 1 Alt. 1 StGB) ... 871

§ 27 Mittelbarer Täter (§ 25 Abs. 1 Alt. 2 StGB) ... 873

I. Grundlagen: Terminologie; Erfordernis der Tatherrschaft des mittelbaren Täters; »Verantwortungsprinzip« als Basis der mittelbaren Täterschaft ... 873
1. Terminologie ... 873
2. Erfordernis der Tatherrschaft des mittelbaren Täters ... 874
3. Das »Verantwortungsprinzip« als Basis der mittelbaren Täterschaft .. 875

II. Konstellationen mittelbarer Täterschaft nach dem Verantwortungsprinzip ... 890
1. Fehlen der strafrechtlichen Verantwortlichkeit des Werkzeugs, weil es ohne Vorsatz handelt ... 890
2. Mittelbare Täterschaft durch rechtmäßig handelndes Werkzeug ... 895
3. Mittelbare Täterschaft durch schuldlos handelndes Werkzeug ... 898
a) Schuldunfähigkeit des Werkzeugs gemäß § 19 bzw. § 20 StGB ... 898
b) Das Werkzeug handelt gemäß § 17 S. 1 StGB ohne Schuld ... 903
c) Werkzeug handelt im entschuldigenden Notstand (§ 35 Abs. 1 StGB) ... 904
4. Mittelbare Täterschaft durch objektiv tatbestandslos handelndes Werkzeug wegen dessen Identität mit dem Opfer der Straftat – Teilnahme am unfreien Suizid als Totschlag in mittelbarer Täterschaft ... 905
a) Einführung ... 905
b) Lehre von der analogen Anwendung der Exkulpationsregeln – §§ 19, 20, 35 sowie § 16 Abs. 1 StGB ... 907
c) Maßgeblichkeit der »Einwilligungslehre« für die Freiverantwortlichkeit der Selbsttötung und der Selbstverletzung (sog. Einwilligungslösung) ... 913
5. Einsatz eines »absichtslosen dolosen Werkzeugs« beim Diebstahl und eines »qualifikationslosen dolosen Werkzeugs« beim Vereiteln der Zwangsvollstreckung: Keine Fälle mittelbarer Täterschaft 920
a) Absichtsloses doloses Werkzeug ... 920
b) § 288 StGB in mittelbarer Täterschaft durch »qualifikationsloses doloses Werkzeug«? ... 922

III. »Täter hinter dem Täter« ... 923
1. Fallgruppen, in denen trotz Strafbarkeit des Werkzeugs als Täter der Vorsatztat mittelbare Täterschaft beim Hintermann bejaht wird ... 923
a) Ausnutzen eines im vermeidbaren Verbotsirrtum handelnden anderen ... 924
b) Mittelbare Täterschaft kraft Organisationsherrschaft (»Schreibtischtäter«) – Missbrauch staatlicher Machtbefugnisse; »mafiaähnlich« organisiertes Verbrechen; Straftaten beim Betrieb von Großunternehmen ... 932
c) Weitere Fallgruppen des »Täters hinter dem Täter«? ... 937
2. Resümee: ... 939

§ 28 Mittäter (§ 25 Abs. 2 StGB) ... 941

I. Gemeinsamer Tatentschluss ... 943
1. Abgrenzung von Mittäterschaft und Nebentäterschaft ... 943
2. Kein gemeinsamer Tatentschluss beim Exzess eines Mittäters ... 946
3. Bedeutung des »error in persona« eines Mittäters für die anderen ... 949
4. Gemeinsamer Tatentschluss und »sukzessive Mittäterschaft« – Wechselseitiges Einverständnis nach Beginn der Tatausführung ... 954
a) Sukzessive Mittäterschaft vor Vollendung der Straftat ... 955
b) Sukzessive Mittäterschaft nach Vollendung der Straftat? ... 963
5. Ergänzende Hinweise zum Erfordernis des gemeinsamen Tatentschlusses ... 968

II. Gemeinschaftliche Begehung ... 969
1. Erfordernis der Mitherrschaft (funktionale Tatherrschaft) im Stadium der tatbestandsmäßigen Ausführung der Straftat ... 969
a) Strafbarkeit von B und C aus §§ 249, 25 Abs. 2 StGB ... 971
b) Strafbarkeit des D wegen Raubes in Mittäterschaft? ... 972
c) Strafbarkeit des A wegen Beteiligung am Raub ... 974
2. Konsequenzen der Tatherrschaftslehre im engeren Sinne ... 980

III. Ergänzende Hinweise zur Mittäterschaft – Eigenhändige Delikte, Sonderdelikte, »Pflichtdelikte«; Mittäterschaft zusammen mit schuldlos handelnden Komplizen? – ... 981

§ 29 Nebentäter ... 982

Kapitel 3: Teilnahme – Anstiftung und Beihilfe ... 983

§ 30 Allgemeines: Wesen und Strafgrund der Teilnahme; Akzessorietät (Abhängigkeit von der Haupttat); »Notwendige Teilnahme« ... 983

I. Wesen der Teilnahme ... 983

II. Strafgrund von Anstiftung und Beihilfe ... 984
1. Anstiftung (§ 26 StGB) ... 984
a) Eigene Ansicht zum Strafgrund der Anstiftung ... 985

b) Abweichende Ansichten zum Strafgrund der Anstiftung 990
2. Strafgrund der Beihilfe 994

III. Akzessorietät (Abhängigkeit von der Haupttat) 995
1. Prinzip der limitierten Akzessorietät 995
2. Notwendigkeit der Erfüllung des objektiven Tatbestandes 997
3. Zum Erfordernis der vorsätzlichen Haupttat 1002

IV. Lockerungen und Durchbrechungen der Akzessorietät gemäß § 28 StGB 1009
1. § 28 Abs. 1 StGB: »Lockerung der Akzessorietät« für die Rechtsfolge – Obligatorische Strafmilderung nach § 49 Abs. 1 StGB 1011
2. § 28 Abs. 2 StGB: »Durchbrechung der Akzessorietät« für Schuldspruch und Rechtsfolge 1013
3. Zum Erfordernis des »besonderen persönlichen Merkmals« (§ 28 Abs. 1 und 2 StGB) im Einzelnen 1016
a) Täterbezogene, d.h. »besondere persönliche Merkmale« 1017
b) Tatbezogene Merkmale (keine Geltung des § 28 StGB) 1018
c) Begründung für diese Einordnung – im Anschluss an BGH v. 25.1.1995 1019
4. Zur Abgrenzung des § 28 Abs. 1 von § 28 Abs. 2 StGB – »Strafbegründende« / »strafschärfende« Merkmale 1021
a) Sonderdelikte 1021
b) Mord (§§ 211, 212, 28 StGB) 1022
5. Geltung des § 28 Abs. 2 StGB für persönliche Strafausschließungsgründe und persönliche Strafaufhebungsgründe 1030

V. »Notwendige Teilnahme« bei den sog. »Begegnungsdelikten« 1031

§ 31 Anstiftung (§ 26 StGB) 1033

I. Objektiver Tatbestand 1033
1. Notwendigkeit einer Kommunikation des Anstifters mit dem Haupttäter 1034
a) Theorie vom Genügen jeder (Mit-)Verursachung des Tatentschlusses 1034
b) Theorie von der Notwendigkeit einer kommunikativen Beeinflussung des Haupttäters durch den Anstifter (h.L.) – Theorie des »geistigen Kontaktes« 1037
c) Noch weitergehende Restriktionen des Begriffs des Bestimmens 1040
2. Kein Bestimmen, wenn der Haupttäter schon fest zu der Tat entschlossen war – Probleme des »omnimodo facturus« 1042
3. Bestimmen durch Übersteigerung des Tatentschlusses 1044
4. Abschwächen des Tatentschlusses (»Abstiftung«) als Anstiftung? – Problem der »Anstiftung zu einem Minus« 1048
5. Anstiftung zu einem aliud (»Umstiftung«) 1049
6. Anstiftung zum Weiterhandeln (»sukzessive Anstiftung») 1050

II. Subjektiver Tatbestand des § 26 StGB: Anstiftervorsatz 1051
1. Anforderungen an die Konkretisierung des Anstiftervorsatzes 1051
a) Konkretisierung der Person des Täters 1052
b) Konkretisierung der Haupttat 1053

c) Exzess des Haupttäters ... 1054
2. Problem des agent provocateur: Notwendigkeit eines auf Vollendung bzw. Beendigung der Haupttat gerichteten Anstiftervorsatzes . 1055
a) Vollendungsvorsatz des Anstifters – Notwendige Bedingung seiner Strafbarkeit ... 1056
b) Erfordernis eines Beendigungsvorsatzes des Anstifters – Anstiftung zu einer vollendeten Haupttat, deren Beendigung nicht vom Vorsatz des Anstifters umfasst ist ... 1059
c) Rechtsstaatliche Schranken des Einsatzes polizeilicher Lockspitzel; Tatprovokation durch einen agent provocateur ... 1067

§ 32 Beihilfe (§ 27 StGB) ... 1069

I. Unterscheidung zwischen physischer und psychischer Beihilfe ... 1070
1. Physische Beihilfe (Hilfeleisten »durch Tat«) ... 1071
2. Psychische Beihilfe (Hilfeleisten »durch Rat«) ... 1072
a) »Technischer Rat« ... 1072
b) »Bestärken des Tatentschlusses« ... 1073
II. Erfordernis einer (Mit-)Ursächlichkeit der Beihilfehandlung? ... 1078
III. Beihilfe durch »neutrale Handlungen« – Alltägliches, berufstypisches Verhalten als »Hilfeleisten«? ... 1082
IV. Sukzessive Beihilfe nach Vollendung, aber vor Beendigung der Haupttat ... 1088
V. Zur Konkretisierung des Gehilfenvorsatzes ... 1091

§ 33 Irrtumsfragen bei der Teilnahme; Kettenteilnahme ... 1092

I. Irrtumsfragen bei der Teilnahme ... 1092
1. Hervorrufen des Tatentschlusses in Unkenntnis der Gutgläubigkeit des Verleiteten; Umkehrung dieses Falles ... 1092
a) Irrige Annahme des »Anstifters«, die Haupttat sei vorsätzlich ... 1092
b) Umkehrung: Der »Anstifter« verleitet einen Bösgläubigen, den er irrig für gutgläubig hält ... 1093
2. Error in persona des Haupttäters: Auswirkung für den Anstifter? ... 1094
II. Kettenteilnahme: Anstiftung zur Anstiftung, Beihilfe zur Beihilfe etc. ... 1098

Vierter Teil: Das vollendete vorsätzliche Unterlassungsdelikt
– Unechte Unterlassungsdelikte (§ 13 StGB) – ... 1099

§ 34 Einführung und Aufbau des unechten Unterlassungsdelikts ... 1099

I. Besonderheiten des unechten Unterlassungsdelikts ... 1100
II. Aufbau des unechten Unterlassungsdelikts ... 1104

§ 35 Abgrenzung von aktivem Tun und Unterlassen 1107

I. Aktives Tun und Unterlassen als Wertungsfrage 1107

II. Beispiele für die Abgrenzung Tun / Unterlassen 1108
1. Vorsatztaten 1108
2. Fahrlässigkeitstaten 1110

III. Sonderfall: Sterbehilfe 1111
1. Bisherige Rechtslage 1111
2. Änderung der Rechtsprechung des BGH 1117

§ 36 Objektiver Tatbestand der unechten Unterlassungsdelikte 1121

I. Objektive Tatbestandsmerkmale des unechten Unterlassungsdelikts 1121
1. Eintritt des tatbestandsmäßigen Erfolges 1121
2. Unterlassen: Nichtabwenden des Erfolges trotz Rettungsmöglichkeit 1122
3. Kausalität (»Quasikausalität«, »hypothetische Kausalität«) 1123
4. Objektive Zurechnung 1126
5. Garantenstellung des Unterlassungstäters (§ 13 StGB) 1126a
6. Entsprechens-Erfordernis (§ 13 StGB) 1129

II. Beschützergaranten: Entstehungsgründe für diese Garantenstellung 1131
1. Gesetz 1131
a) Ehegatten (§ 1353 BGB i.V.m. Art. 6 Abs. 1 GG) 1131
b) Elterliche Sorge (§§ 1626, 1631 BGB i.V.m. Art. 6 Abs. 1 GG) 1132
c) Strafverfolgungspflicht von Polizeibeamten und Staatsanwälten 1133
d) Polizeibeamte: Beschützergarantie gemäß den Polizeigesetzen 1134
e) Polizeibeamte: Beschützergaranten bei privat erlangter Kenntnis der Gefahr 1140
2. Vereinbarte tatsächliche Übernahme (»Vertrag«) 1141
3. Ingerenz: Pflichtwidriges gefährdendes Vorverhalten 1146
4. Beschützergaranten aus enger familiärer Verbundenheit 1153
5. Beschützergaranten aus enger Lebens- oder Gefahrengemeinschaft 1156
6. Sonstige Entstehungsgründe für die Stellung als Beschützergarant . 1157
a) Garantenpflicht des Wohnungsinhabers bei Aufnahme des Opfers in den Schutzbereich der Wohnung 1157
b) Garantenpflicht des Gastwirts 1160
c) Andere Amtsträger als Polizeibeamte: Lehrer, Strafvollzugsbeamte, Sozialarbeiter etc. 1161

III. Überwachungsgaranten: Entstehungsgründe für diese Garantenstellung . 1162
1. Gesetz 1162
a) Elterliche Sorge (§§ 1626, 1631 BGB) 1162
b) Polizeibeamte als Überwachungsgaranten bei Ermessensschrumpfung auf Null 1164
c) Keine Überwachungsgaranten: 1165
2. Sonstige Rechtspflichten zur Verhinderung der Straftaten anderer – Überwachungsgaranten kraft rechtlicher Aufsichtspflicht 1166

3. Vereinbarte tatsächliche Übernahme (»Vertrag«) 1166a
4. Überwachungsgarant kraft Ingerenz 1167
5. Strafrechtliche Produkthaftung 1168
6. Verantwortung des Eigentümers bzw. Besitzers von Sachen als Gefahrenquellen – »Verkehrssicherungspflichten« 1169
IV. Garantenerfordernis gemäß § 13 StGB und Art. 103 Abs. 2 GG 1170
1. Analogieverbot 1170
2. Bestimmtheitsgebot 1170
V. Wegfall der Garantenstellung bei Unzumutbarkeit 1171
1. Wegfall des Tatbestandes im Falle der Unzumutbarkeit 1172
2. Abweichende Begründungsansätze: Rechtswidrigkeit bzw. Schuld entfallen 1173
3. Stellungnahme 1173
4. Ergänzende Hinweise zur Zumutbarkeit / Unzumutbarkeit bei § 13 StGB: 1174

§ 37 Subjektiver Tatbestand der unechten Unterlassungsdelikte sowie Rechtswidrigkeit und Schuld 1175

§ 38 Täterschaft und Teilnahme durch Unterlassen 1176

I. Das Hauptproblem: Abgrenzung zwischen Täterschaft und Beihilfe bei Beteiligung durch Unterlassen am Begehungsdelikt eines anderen 1176
1. Meinungsstand zur Abgrenzung Täterschaft / Teilnahme durch Unterlassen 1177
a) Prinzipielle Bejahung von Täterschaft 1177
b) Grundsätzliche Annahme von Beihilfe 1178
c) Abstellen auf das Kriterium der Tatherrschaft 1179
d) Rückgriff auf die subjektive Theorie: Standpunkt des BGH 1180
e) Abstellen auf den Unterschied Beschützer-/Überwachungsgarant 1181
2. Resümee: 1184
II. Kein Problem: Anstiftung durch Unterlassen? 1184a
III. Das Scheinproblem: Mittelbare Täterschaft und Mittäterschaft durch Unterlassen 1185
1. Keine mittelbare Täterschaft durch Unterlassen 1185
2. Mittäterschaft durch Unterlassen? 1186

§ 39 Beteiligung durch aktives Tun am unechten Unterlassungsdelikt .. 1189

I. Anstiftung zum unechten Unterlassungsdelikt (z.B. §§ 212, 13, 26 StGB) 1189
II. Beihilfe durch aktives Tun zum unechten Unterlassungsdelikt 1190
III. Klarstellung: keine Mittäterschaft durch Tun bei Unterlassungsdelikten 1191

Fünfter Teil: Versuch und Rücktritt vom Versuch 1192

Kapitel 1: Versuch 1192

§ 40 Verwirklichungsstufen der Vorsatztat 1193

I. Tatentschluss 1193
II. Vorbereitungshandlungen 1193a
III. Versuch des geplanten Verbrechens bzw. Vergehens, §§ 22, 23 StGB ... 1194
IV. Vollendung der Straftat 1195
V. Beendigung der Tat 1197
1. Weiterverwirklichung des Tatbestandes trotz Vollendung der Tat 1197
2. Keine Weiterverwirklichung des Tatbestandes nach Tatvollendung 1198
VI. Resümee: Eingrenzung des Versuchs 1200

§ 41 Strafgrund des Versuchs / Tatbestand des versuchten Delikts 1201

I. Strafgrund des Versuchs 1201
1. Das geltende Recht als Basis für die Bestimmung des Strafgrundes 1201
2. Sinn und Zweck der Strafe für das vollendete Delikt als Grundlage für das Verständnis des Strafgrundes des Versuchs 1203
3. Sinn und Zweck der konkreten Ausgestaltung der Versuchsstrafbarkeit in §§ 22, 23 StGB 1204
II. Straftatbestand des versuchten Delikts / Aufbau bei der Prüfung des Versuchs 1207
1. Subjektiver Tatbestand (Tatentschluss) 1208
a) Erfordernis der Endgültigkeit des Tatentschlusses 1208
b) Versuch bei bloßem Eventualvorsatz (dolus eventualis) 1212
c) Sonstige subjektive Tatbestandsmerkmale 1213
2. Objektiver Tatbestand des versuchten Delikts 1214

§ 42 Abgrenzung Vorbereitung / Versuch gemäß § 22 StGB 1215

I. Versuchsbeginn beim unmittelbaren Täter von Begehungsdelikten 1216
1. Versuchsbeginn bei Erfüllung eines Tatbestandsmerkmals 1218
2. Versuchsbeginn vor Erfüllung eines objektiven Tatbestandsmerkmals 1219
a) Subjektive Seite des unmittelbaren Ansetzens: »Jetzt geht es los« 1220
b) Objektive Seite des Versuchsbeginns: »Ansetzen zur tatbestandsmäßigen Angriffshandlung, so dass sein Tun ohne Zwischenakte in die Erfüllung des Tatbestandes übergeht« 1221
c) Subjektive und objektive Seite des unmittelbaren Ansetzens 1227

3. Beispiele für den Versuchsbeginn (Unmittelbares Ansetzen, § 22 StGB) ... 1228
a) Straftaten gegen Leib und Leben ... 1228
b) Raub (bzw. Räuberische Erpressung) ... 1228a
c) Sexualdelikte ... 1228b
d) Diebstahl ... 1229
e) Nötigung ... 1229a
4. Gegenbeispiele: kein unmittelbares Ansetzen ... 1230
a) Straftaten gegen Leib oder Leben ... 1230
b) Raub ... 1230a
c) Diebstahl ... 1230b
5. Spezialproblem: Versuchsbeginn bei qualifizierten Tatbeständen ... 1231
a) Versuch des Grunddelikts, §§ 242, 22, 23 StGB? ... 1232
b) Versuchsbeginn hinsichtlich qualifizierender Merkmale des § 244 StGB? ... 1233

II. Versuchsbeginn bei mittelbarer Täterschaft, Mittäterschaft und unechten Unterlassungsdelikten ... 1235
1. Versuchsbeginn beim mittelbaren Täter (§ 25 Abs. 1 Alt. 2 StGB) ... 1235
a) Abstellen auf die Einwirkung des mittelbaren Täters auf das Werkzeug ... 1236
b) Modifizierte Einwirkungstheorie: Versuchsbeginn, wenn der mittelbare Täter die Einwirkung auf das Werkzeug abgeschlossen und das Geschehen aus der Hand gegeben hat (h.M.) ... 1237
c) Abstellen auf das unmittelbare Ansetzen durch das Werkzeug ... 1238
d) Stellungnahme ... 1239
2. Versuchsbeginn bei Mittäterschaft ... 1241
3. Versuchsbeginn bei unechten Unterlassungsdelikten ... 1243
a) Ablehnung extremer Standpunkte ... 1244
b) Eigener Standpunkt ... 1245

§ 43 Untauglicher Versuch: Strafbarkeit / Abgrenzung vom Wahndelikt ... 1246

I. Strafbarkeit des untauglichen Versuchs (§ 23 Abs. 3 StGB) ... 1246
1. Versuch am untauglichen Objekt; Versuch mit untauglichen Mitteln ... 1247
2. Versuch des untauglichen Subjekts ... 1248
3. Untauglicher Versuch durch Unterlassen ... 1251

II. Abgrenzung des untauglichen Versuchs vom straflosen Wahndelikt ... 1252

III. »Grober Unverstand« i.S.d. § 23 Abs. 3 StGB ... 1255

Kapitel 2: Rücktritt vom Versuch 1256

§ 44 Grundgedanke, Rechtsnatur und Anwendungsbereich des § 24 StGB 1256

I. Ratio legis der Straflosigkeit des Versuchs beim Rücktritt 1256
1. Theorie der goldenen Brücke (kriminalpolitischer Ansatz) 1257
2. Prämientheorie (»Gnadentheorie«) 1258
3. Strafzwecktheorie (Wegfall von Strafbedürfnis und -würdigkeit) 1259
4. Rücktritt als zurechenbare Gefährdungsumkehr 1260
5. Rücktritt als Schuldaufhebungsgrund (Einheitstheorie) 1261
6. Eigene Ansicht 1262
II. Rechtsnatur des § 24 StGB 1263
III. Anwendungsbereich des § 24 StGB 1264
1. Kein Rücktritt bei Vollendung der Tat: Unanwendbarkeit des § 24 StGB beim »misslungenen Rücktritt« 1265
2. Unanwendbarkeit des § 24 StGB beim fehlgeschlagenen Versuch ... 1271
a) Der fehlgeschlagene Versuch: Beispiele / Vereinbarkeit dieser Rechtsfigur mit dem Gesetz? / Überflüssigkeit der Lehre vom Fehlschlag? 1271
b) Maßgeblichkeit der »Gesamtbetrachtungslehre« für das Vorliegen eines fehlgeschlagenen Versuchs 1275
c) Fehlgeschlagener Versuch bei rechtlicher Unmöglichkeit der Vollendung der Tat? 1280
3. Unanwendbarkeit des § 24 StGB auf echte Unternehmensdelikte 1281a

§ 45 Abgrenzung unbeendeter / beendeter Versuch. Rücktritt vom unbeendeten / beendeten Versuch (§ 24 Abs. 1 StGB) 1282

I. Abgrenzung unbeendeter / beendeter Versuch (§ 24 Abs. 1 S. 1 StGB) 1282
1. Maßgeblichkeit des »Rücktrittshorizontes« für die Abgrenzung unbeendeter / beendeter Versuch 1285
2. Sonderproblem: Rücktritt vom unbeendeten Versuch, auch wenn der Täter sein außertatbestandliches Handlungsziel erreicht hat? 1289
II. Rücktritt des Alleintäters vom unbeendeten Versuch (§ 24 Abs. 1 S. 1 Alt. 1 StGB) 1295
1. Aufgabe der weiteren Verwirklichung des Tatbestandes 1295
a) Endgültiger Verzicht auf die Ausführung der Tat? 1295
b) Teilaufgabe beim Versuch der Erfüllung mehrerer Straftatbestände 1298
c) Teilrücktritt von qualifizierten Delikten wie Raub mit Waffen 1299
2. Freiwilligkeit i.S.d. § 24 StGB 1300
a) Freiwilligkeit: Rücktritt aufgrund autonomer Entscheidung des Täters 1300
b) Abweichende Ansichten 1306

III. Rücktritt des Alleintäters vom beendeten Versuch 1308
1. § 24 Abs. 1 S. 1 Alt. 2 StGB: Freiwillige Verhinderung der Vollendung 1308
a) Notwendigkeit eines Rettungsentschlusses als subjektive Voraussetzung 1308
b) Keine Notwendigkeit einer eigenhändigen Verhinderung der Vollendung 1309
c) Erfordert § 24 Abs. 1 S. 1 Alt. 2 StGB »optimale Rettungsmaßnahmen«? 1309
2. Rücktritt vom beendeten Versuch gemäß § 24 Abs. 1 S. 2 StGB 1315
a) Anwendungsbereich des § 24 Abs. 1 S. 2 StGB 1315
b) Freiwilliges und ernsthaftes Bemühen des Täters 1318
IV. Exkurs: Rücktritt beim unechten Unterlassungsdelikt 1319

§ 46 Rücktritt bei Beteiligung mehrerer an der Tat (§ 24 Abs. 2 StGB) 1321

I. Anwendbarkeit nur für die strafbare Beteiligung am Versuch 1321
1. Unanwendbarkeit des § 24 Abs. 2 StGB, wenn die Tat weder versucht noch vollendet ist 1322
2. Keine Geltung des § 24 Abs. 2 StGB bei Vollendung der Tat unter Fortwirken des Tatbeitrages des Beteiligten 1323
II. Verschärfung der Rücktrittsvoraussetzungen bei Beteiligung mehrerer am Versuch: Es genügt nicht, dass der rücktrittswillige Teilnehmer nur seinen eigenen Tatbeitrag neutralisiert 1324
III. Anwendungsbereich des § 24 Abs. 2 StGB für die unterschiedlichen Formen der Täterschaft 1327
1. Alleintäter, an deren versuchter Straftat Teilnehmer mitwirken 1328
2. Mittelbare Täter, an deren Versuch Teilnehmer mitwirken 1329
3. Rücktritt bei Mittäterschaft 1330
IV. Zu den drei Rücktrittsvarianten gemäß § 24 Abs. 2 StGB im Einzelnen 1331
1. Freiwillige Verhinderung der Vollendung der Tat 1331
2. Verhinderung der Vollendung »ohne Zutun des Beteiligten« 1331
3. Vollendung »unabhängig vom früheren Tatbeitrag des Beteiligten« 1331
V. Wirkung des Rücktritts – Versuch der Beteiligung 1333

§ 47 Versuch der Beteiligung / Rücktritt vom Versuch der Beteiligung 1334

I. Versuch der Beteiligung, § 30 StGB 1334
1. Versuchte Anstiftungen gem. § 30 Abs. 1 StGB 1334b
2. Strafbare Vorbereitungen gem. § 30 Abs. 2 StGB 1334e
II. Rücktritt vom Versuch der Beteiligung, § 31 StGB 1335

§ 48 Tätige Reue 1336

Sechster Teil: Fahrlässigkeitsdelikte 1337

§ 49 Überblick 1337

I. Allgemeines 1337
II. Besonderheiten im Aufbau: Objektive Fahrlässigkeit als Tatbestandsmerkmal / Subjektive Fahrlässigkeit als Schuldelement 1339

§ 50 Tatbestand der Fahrlässigkeitsdelikte 1342

I. Erfolg, Handlung, Kausalität 1342
II. Objektive Fahrlässigkeit 1343
1. Bedeutung und Hintergrund des Tatbestandsmerkmals der objektiven Fahrlässigkeit 1343
2. Abgrenzung zur subjektiven Fahrlässigkeit 1345
a) Anlegen objektiver Maßstäbe 1345
b) Ausnahme: Sonderkenntnisse und Sonderfähigkeiten 1349
3. Zu den Merkmalen der objektiven Fahrlässigkeit im Einzelnen 1350
a) Verletzung der objektiv gebotenen Sorgfalt 1350
b) Objektive Vorhersehbarkeit 1353
III. Objektive Zurechnung 1354
1. Pflichtwidrigkeitszusammenhang 1355
a) Rechtsprechung und h.L. zum Pflichtwidrigkeitszusammenhang 1355
b) Pflichtwidrigkeitszusammenhang bei Geschwindigkeitsüberschreitung 1361
c) Pflichtwidrigkeitszusammenhang bei Behandlungsfällen 1363a
2. Vorsätzliches Handeln Dritter 1363b

§ 51 Rechtswidrigkeit und Schuld beim Fahrlässigkeitsdelikt 1364

I. Rechtswidrigkeit des Fahrlässigkeitsdelikts 1364
II. Schuld beim Fahrlässigkeitsdelikt: Subjektive Fahrlässigkeit 1365

Siebter Teil: Erfolgsqualifizierte Delikte 1368

§ 52 Erfolgsqualifizierte Delikte im Überblick 1368

I. Allgemeines 1368
II. Deliktsspezifischer Zurechnungszusammenhang 1369
III. Versuch der Erfolgsqualifikation / Erfolgsqualifizierter Versuch 1371
1. Versuch der Erfolgsqualifikation 1371
2. Erfolgsqualifizierter Versuch 1375
3. Rücktritt vom Versuch des § 251 StGB trotz Eintritts der qualifizierenden Folge? 1376

IV. Beteiligung am erfolgsqualifizierten Delikt (§§ 11 Abs. 2, 18 StGB) 1377

Achter Teil: Konkurrenzen und unklare Sachverhalte 1380

§ 53 Konkurrenzen 1380

I. Einführung 1380
II. Handlungseinheit – Handlungsmehrheit 1383
1. Handlungseinheit 1383
2. Handlungsmehrheit 1387
III. Gesetzeskonkurrenz 1388
1. Gesetzeskonkurrenz bei Handlungseinheit 1389
2. Gesetzeskonkurrenz bei Handlungsmehrheit 1392
IV. Strafbemessung 1393
1. Tateinheit (§ 52 StGB) 1394
2. Tatmehrheit (§ 53 StGB) 1395
3. Klausur 1396

§ 54 Unklare Sachverhalte: In dubio pro reo, Wahlfeststellung, Post- und Präpendenz 1397

I. Grundsatz: »in dubio pro reo« 1397
II. Wahlfeststellung 1400
1. Unechte Wahlfeststellung 1403
2. Echte Wahlfeststellung 1404
3. Gesetzlichkeitsprinzip, Art. 103 Abs. 2 GG 1406
III. Post- und Präpendenz 1407

Anhang: Prüfungsschemata ..... Seite 637

Sachregister ..... Seite 642

Abkürzungsverzeichnis

a.A.	anderer Ansicht
aaO	am angegebenen Ort
abl.	ablehnend
ABlEU	Amtsblatt der Europäischen Union
Abs.	Absatz
a.E.	am Ende
AEUV	Vertrag über die Arbeitsweise der Europäischen Union
a.F.	alte Fassung
AG	Amtsgericht
AIFO	Aidsforschung
ALR	Preußisches Allgemeines Landrecht v. 1794
Alt./Altern.	Alternative
Anm.	Anmerkung
AO	Abgabenordnung
ARSP	Archiv für Rechts- und Sozialphilosophie
Art.	Artikel
ASchO	Allgemeine Schulordnung
AT	Allgemeiner Teil
Aufl.	Auflage
BAK	Blutalkoholkonzentration
Bd.	Band
BayEUG	Bayerisches Gesetz über das Erziehungs- und Unterrichtswesen
BayObLG	Bayerisches Oberstes Landesgericht
BayGVBl	Bayerisches Gesetz- und Verordnungsblatt
BayVerfGH	Bayerischer Verfassungsgerichtshof
BayVGH	Bayerischer Verwaltungsgerichtshof
BBG	Bundesbeamtengesetz
Bespr.	Besprechung
BGB	Bürgerliches Gesetzbuch
BGBl.	Bundesgesetzblatt (Teil, Seite)
BGH	Bundesgerichtshof
BGHSt	Entscheidungen des BGH in Strafsachen
BGHZ	Entscheidungen des BGH in Zivilsachen
BKA	Bundeskriminalamt
BSG	Bundessozialgericht
BT	Besonderer Teil
BtMG	Betäubungsmittelgesetz
BVerfG	Bundesverfassungsgericht
BVerfGE	Entscheidungen des Bundesverfassungsgerichts
BVerfGG	Bundesverfassungsgerichtsgesetz
bzgl.	bezüglich
BZRG	Bundeszentralregistergesetz
bzw.	beziehungsweise
ca.	circa/zirka (= ungefähr)
ders.	derselbe

d.h.	das heißt
EGMR	Europäischer Gerichtshof für Menschenrechte
EGV	EG-Vertrag (bis 2009)
EMRK	Konvention zum Schutze der Menschenrechte und Grundfreiheiten (Europäische Menschenrechtskonvention)
etc.	et cetera (und so weiter)
EU	Europäische Union
EuGH	Gerichtshof der Europäischen Union
EUV	Vertrag über die Europäische Union
EWG	Europäische Wirtschaftsgemeinschaft
EWR	Schriftenreihe zum europäischen Weinrecht
FamRZ	Zeitschrift für das gesamte Familienrecht
f./ff.	folgende/fortfolgende
Fn.	Fußnote
FPR	Familie, Partnerschaft, Recht
FS	Festschrift
GA	Goltdammer's Archiv für Strafrecht
GedS	Gedächtnisschrift
GG	Grundgesetz
GK	Große Kammer (EGMR)
GrCH	Charta der Grundrechte der Europäischen Union
GS	Großer Senat
GVG	Gerichtsverfassungsgesetz
GWB	Gesetz gegen Wettbewerbsbeschränkungen
h.A.	herrschende Ansicht
HessSchlG	Schulgesetz des Landes Hessen
h.L.	herrschende Lehre
h.M.	herrschende Meinung
HRRS	hrr-strafrecht.de – Onlinezeitschrift
Hrsg.	Herausgeber
Hs.	Halbsatz
i.d.F.	in der Fassung
i.d.R.	in der Regel
i.Erg.	im Ergebnis
IPBPR	Internationaler Pakt über bürgerliche und politische Rechte
i.S.	im Sinne
i.S.d.	im Sinne des/der
i.S.v.	im Sinne von
i.t.S.	im technischen Sinne
i.V.m.	in Verbindung mit
JA	Juristische Arbeitsblätter
JAmt	Das Jugendamt
JGG	Jugendgerichtsgesetz
JR	Juristische Rundschau
JSt	Journal für Strafrecht

Jura	Juristische Ausbildung
JuS	Juristische Schulung
JuSchG	Jugendschutzgesetz
JZ	Juristenzeitung
Kap.	Kapitel
Kfz	Kraftfahrzeug
KG	Kammergericht
LG	Landgericht
LK	Leipziger Kommentar zum StGB
Lkw	Lastkraftwagen
LMBG	Lebensmittel- und Bedarfsgegenständegesetz
l.Sp.	linke Spalte
LuftSiG	Luftsicherheitsgesetz
m.a.W.	mit anderen Worten
MDR	Monatsschrift für Deutsches Recht
m.E.	meines Erachtens
medstra	Zeitschrift für Medizinstrafrecht
m.w.N.	mit weiteren Nachweisen
n.F.	neue Fassung
NJ	Neue Justiz
NJOZ	Neue Juristische Online-Zeitschrift
NJW	Neue Juristische Wochenschrift
NK	Nomos-Kommentar zum StGB
Nr.	Nummer
NStZ	Neue Zeitschrift für Strafrecht
NStZ-RR	Neue Zeitschrift für Strafrecht – Rechtsprechungsreport
NZV	Neue Zeitschrift für Verkehrsrecht
OGH	Oberster Gerichtshof für die Britische Zone
OGH St	Entscheidungen des OGH in Strafsachen
OLG	Oberlandesgericht
OWiG	Gesetz über Ordnungswidrigkeiten
PAG	Bayerisches Polizeiaufgabengesetz
Pkw	Personenkraftwagen
POG	Polizei- und Ordnungsbehördengesetz (Rheinland-Pfalz)
RB	Rahmenbeschluss
RG	Reichsgericht
RGSt	Entscheidungen des RG in Strafsachen
Rn.	Randnummer
r.Sp.	rechte Spalte
Rspr.	Rechtsprechung
RÜ	RechtsprechungsÜbersicht Alpmann Schmidt
S.	Seite / Satz
s.a.	siehe auch
SDÜ	Schengener Durchführungsübereinkommen

SED	Sozialistische Einheitspartei Deutschlands
SG	Soldatengesetz
SK	Systematischer Kommentar zum StGB
Slg.	Sammlung
sog.	sogenannte
Sp.	Spalte
SR	Soziales Recht
StA	Staatsanwaltschaft
StGB	Strafgesetzbuch
StPO	Strafprozessordnung
str.	strittig
StraFo	Strafverteidiger Forum
StRR	StrafRechtsReport
StV	Strafverteidiger
StVG	Straßenverkehrsgesetz
StVO	Straßenverkehrsordnung
ThuG	Gesetz zur Therapierung und Unterbringung psychisch gestörter Gewalttäter (Therapieunterbringungsgesetz)
Tz.	Teilziffer (bei Urteilen)
u.	und
u.a.	unter anderem
UA	Unterabsatz
u.ä.	und ähnliche
UNCAT	UN-Antifolterkonvention
Urt.	Urteil
u.U.	unter Umständen
UZwG	Gesetz über den unmittelbaren Zwang bei Ausübung öffentlicher Gewalt durch Vollzugsbeamte des Bundes
v.	von/vom
VE	Verdeckter Ermittler
Verf.	Verfasser
V-F-K	Vorsatz-Fahrlässigkeits-Kombination
vgl.	vergleiche
VP	Vertrauensperson der Polizei
VRS	Verkehrsrechts-Sammlung
VStGB	Völkerstrafgesetzbuch
WaffG	Waffengesetz
WeinG	Weingesetz
wistra	Zeitschrift für Wirtschafts- und Steuerstrafrecht
WRV	Weimarer Reichsverfassung
z.B.	zum Beispiel
ZIS	Zeitschrift für Internationale Strafrechtsdogmatik (online)
ZJS	Zeitschrift für das Juristische Studium (online)
ZP-EMRK	Zusatzprotokoll zur EMRK
ZPO	Zivilprozessordnung
ZStW	Zeitschrift für die gesamte Strafrechtswissenschaft

ZRP	Zeitschrift für Rechtspolitik
z.T.	zum Teil

Verzeichnis der abgekürzt zitierten Literatur

Alternativ-Entwurf eines Strafgesetzbuches, Allgemeiner Teil, 2. Aufl. 1969

AK-StGB, Alternativkommentar zum Strafgesetzbuch, Band 1, 1990, hrsg. von *Wassermann*

Ambos, Internationales Strafrecht, 4. Aufl. 2014

Amelung, Rechtsgüterschutz und Schutz der Gesellschaft, 1972

Amelung, Irrtum und Täuschung als Grundlage von Willensmängeln bei der Einwilligung, 1998

Amelung (Hrsg.), Individuelle Verantwortung und Beteiligungsverhältnisse bei Straftaten in bürokratischen Organisationen des Staates, der Wirtschaft und der Gesellschaft, 2000

Anwaltkommentar StGB, hrsg. von *Leipold*, *Tsambikakis*, *Zöller*, 2. Aufl. 2015 (zit. AnwK/*Bearbeiter*)

Arzt, Willensmängel bei der Einwilligung, 1970

Arzt, Die Strafrechtsklausur, 7. Aufl. 2006

Arzt/Weber/Heinrich/Hilgendorf, Strafrecht, Besonderer Teil, 3. Aufl. 2015

Baumann/Weber/Mitsch, Strafrecht, Allgemeiner Teil, 11. Aufl. 2003

Beck'scher Online-Kommentar, *von Heintschel-Heinegg* (Hrsg.), StGB (zit. OK-StGB/*Bearbeiter*)

Beulke, Klausurenkurs im Strafrecht I, 6. Aufl. 2013 (zit. *Beulke*, KK I)

Beulke, Strafprozessrecht, 12. Aufl. 2012 (zit. *Beulke*, StPO)

Bleckmann, Europarecht, 6. Aufl. 1997

Block, Atypische Kausalverläufe in objektiver Zurechnung und subjektivem Tatbestand, 2008

Bloy, Die Beteiligungsform als Zurechnungstypus im Strafrecht, 1985

Bock, Wiederholungs- und Vertiefungskurs Strafrecht – Allgemeiner Teil, 2013; Besonderer Teil – Vermögensdelikte, 2013; Besonderer Teil – Nichtvermögensdelikte, 2013

Bruns, Strafzumessungsrecht, 1967

Burgstaller, Das Fahrlässigkeitsdelikt im Strafrecht, 1974

Calliess/Ruffert (Hrsg.), EUV/EGV, Kommentar, 4. Aufl. 2011

Canaris, Die Feststellung von Lücken im Gesetz, 1964

Dölling/Duttge/Rössner, Gesamtes Strafrecht, 3. Aufl. 2013 (zit. HK-GS/*Bearbeiter*)

Ebert, Strafrecht, Allgemeiner Teil, 3. Aufl. 2001

Ebert, Strafrecht, Allgemeiner Teil, 16 Fälle mit Lösungen, 2003 (zit. *Ebert*, Fälle)

Eisele, Strafrecht, Besonderer Teil I, 3. Aufl. 2015 (zit. *Eisele*, BT I)

Eisele, Strafrecht, Besonderer Teil II, 3. Aufl. 2015 (zit. *Eisele*, BT II)

Eisenberg, Beweisrecht der StPO, 9. Auf. 2015

Eser/Burkhardt, Strafrecht I, 4. Aufl. 1992

Esser, Europäisches und Internationales Strafrecht, 2014

Fischer, Strafgesetzbuch, 62. Aufl. 2015

Fischer, D., Die Normierung der Strafzwecke nach Vorbild der US Sentencing Guidelines – eine Chance für das deutsche (Steuer-) Strafrecht?, 1999 (zit. *Fischer*, Strafzwecke)

Freund, Erfolgsdelikt und Unterlassen, 1992

Freund, Strafrecht, Allgemeiner Teil, 2. Aufl. 2009

Frister, Strafrecht, Allgemeiner Teil, 7. Aufl. 2015

Gössel/Dölling, Strafrecht, Besonderer Teil 1, 2. Aufl. 2004

Gropp, Strafrecht, Allgemeiner Teil, 4. Aufl. 2015

Grotendiek, Strafbarkeit des Täters in Fällen der aberratio ictus und des error in persona, 2000

Günther, Strafrechtswidrigkeit und Strafunrechtsausschluss, 1983

Haft, Strafrecht, Allgemeiner Teil, 5. Aufl. 2004

Hassemer, Einführung in die Grundlagen des Strafrechts, 2. Aufl. 1990

Hassemer/Reemtsma, Verbrechensopfer. Gesetz und Gerechtigkeit, 2002

Hauf, Strafrecht, Allgemeiner Teil, 2. Aufl. 2001

Hecker, Europäisches Strafrecht, 5. Aufl. 2015

Hefendehl/v. Hirsch/Wohlers (Hrsg.), Die Rechtsgutstheorie, 2003

Heghmanns, Strafrecht für alle Semester, Besonderer Teil, Grund- und Examenswissen kritisch vertieft, 2009

Heinrich, Strafrecht, Allgemeiner Teil, 4. Aufl. 2014 (zit. *Heinrich*, AT)

Heinrich, Rechtsgutszugriff und Entscheidungsträgerschaft, 2002

Hellmann, Die Anwendung der zivilrechtlichen Rechtfertigungsgründe im Strafrecht, 1987

Herzberg, Täterschaft und Teilnahme, 1977

Hilgendorf/Valerius, Strafrecht Allgemeiner Teil, 2. Aufl. 2015

Hilgendorf, Fallsammlung zum Strafrecht, Allgemeiner und Besonderer Teil, 5. Aufl. 2008

Hilgendorf, Fälle zum Strafrecht für Anfänger (Klausurenkurs I), 3. Aufl. 2015

Hilgendorf, Fälle zum Strafrecht für Fortgeschrittene (Klausurenkurs II), 2. Aufl. 2014

Hilgendorf, Fälle zum Strafrecht für Examenskandidaten (Klausurenkurs III), 2010

Hillenkamp, 32 Probleme aus dem Strafrecht, Allgemeiner Teil, 14. Aufl. 2012

Hillenkamp, 40 Probleme aus dem Strafrecht, Besonderer Teil, 12. Aufl. 2013

Hoffmann-Holland, Strafrecht, Allgemeiner Teil, 3. Aufl. 2015

Hohmann/Sander, Strafrecht, Besonderer Teil I, 3. Aufl. 2010

Hohmann/Sander, Strafrecht, Besonderer Teil II, 2. Aufl. 2011

Hoyer, Strafrecht, Allgemeiner Teil I, 1996

Jäger, Examens-Repetitorium Strafrecht, Allgemeiner Teil, 7. Aufl. 2015 (zit. *Jäger*, AT)

Jäger, Examens-Repetitorium Strafrecht, Besonderer Teil, 6. Aufl. 2015 (zit. *Jäger*, BT)

Jäger, Zurechnung und Rechtfertigung als Kategorialprinzipien im Strafrecht, 2006

Jäger, Der Rücktritt vom Versuch als zurechenbare Gefährdungsumkehr, 1996

Jakobs, Strafrecht, Allgemeiner Teil, 2. Aufl. 1991 (= Studienausgabe 1993)

Jakobs, Tötung auf Verlangen, Euthanasie und Strafrechtssystem, in: Bayerische Akademie der Wissenschaften, Philosophisch-Historische Klasse, Sitzungsberichte – Heft 2/1998

Jescheck/Weigend, Lehrbuch des Strafrechts, Allgemeiner Teil, 5. Aufl. 1996

Joecks, Studienkommentar StGB, 11. Aufl. 2014

Kahlo, Das Problem des Pflichtwidrigkeitszusammenhangs bei den unechten Unterlassungsdelikten, 1990

Kaiser/Schöch, Strafvollzug, 5. Aufl. 2002

Karlsruher Kommentar (KK), Kommentar zur Strafprozessordnung, 7. Aufl. 2013

Kaufmann, Die Dogmatik der Unterlassungsdelikte, 1955

Kindhäuser, Strafrecht, Allgemeiner Teil, 7. Aufl. 2015 (zit. *Kindhäuser*, AT)

Kindhäuser, Strafrecht, Besonderer Teil I, 7. Aufl. 2015 (zit. *Kindhäuser*, BT I)

Kindhäuser, Strafrecht, Besonderer Teil II, 8. Aufl. 2014 (zit. *Kindhäuser*, BT II)

Kindhäuser, StGB, Lehr- und Praxiskommentar, 6. Aufl. 2015 (zit. LPK/*Kindhäuser*)

Klesczewski, Strafrecht, Allgemeiner Teil, 2008

Klesczewski, Strafrecht, Besonderer Teil, 2. Aufl. 2002

Köhler, Strafrecht, Allgemeiner Teil, 1997

Krey, Deutsches Strafverfahrensrecht, Bd. 1, 2006, Bd. 2, 2007 (zit. *Krey*, StPO)

Krey, Keine Strafe ohne Gesetz. Einführung in die Dogmengeschichte des Satzes »nullum crimen, nulla poena sine lege«, 1983

Krey, Rechtsprobleme des strafprozessualen Einsatzes Verdeckter Ermittler einschließlich des „Lauschangriffs" zu seiner Sicherung und als Instrument der Verbrechensaufklärung, in: BKA-Forschungsreihe, Sonderband 1993

Krey, Studien zum Gesetzesvorbehalt im Strafrecht, 1977 (zit. *Krey*, Gesetzesvorbehalt)

Krey, Zum Gewaltbegriff im Strafrecht, 1. Teil, in: Bundeskriminalamt – BKA (Hrsg.), Was ist Gewalt?, Bd. 1, 1986 (zit. *Krey*, Gewaltbegriff)

Krey/Hellmann/Heinrich, Strafrecht, Besonderer Teil, Bd. 1, 16. Aufl. 2015

Krey/Hellmann/Heinrich, Strafrecht, Besonderer Teil, Bd. 2, 17. Aufl. 2015

Kudlich, Die Unterstützung fremder Straftaten durch berufsbedingtes Verhalten, 2004

Kudlich, Prüfe dein Wissen, Rechtsfälle in Frage und Antwort, Strafrecht Allgemeiner Teil, 4. Aufl. 2013 (zit. *Kudlich*, PdW)

Kudlich, Fälle zum Strafrecht Allgemeiner Teil, 2. Aufl. 2014

Kudlich, Strafrecht Besonderer Teil I, Vermögensdelikte, PdW, 3. Aufl. 2013

Kudlich, Strafrecht Besonderer Teil II, Delikte gegen die Person und die Allgemeinheit, PdW, 3. Aufl. 2013

Kühl, Strafrecht, Allgemeiner Teil, 7. Aufl. 2012

Kühl, Höchstrichterliche Rechtsprechung zum Besonderen Teil des Strafrechts, 2002

Kühne, Strafprozessrecht. Eine systematische Darstellung des deutschen und europäischen Strafverfahrensrechts, 9. Aufl. 2015

Küper, Strafrecht, Besonderer Teil, Definitionen mit Erläuterungen, 9. Aufl. 2015

Küper, Darf sich der Staat erpressen lassen? Zur Problematik des rechtfertigenden Nötigungsnotstandes, 1986

Küper, Grund- und Grenzfragen der rechtfertigenden Pflichtenkollision im Strafrecht, 1979

Küper, Versuchsbeginn und Mittäterschaft, 1978

Küpper, Grenzen der normativierenden Strafrechtsdogmatik, 1990

Leister, Stillschweigende Annexkompetenz bei strafprozessualen Grundrechtseingriffen, 2002

Lackner/Kühl, StGB, 28. Aufl. 2014

Lagodny, Gesetzestexte suchen, verstehen und in der Klausur anwenden, 2. Aufl. 2013

Leipziger Kommentar (LK), Strafgesetzbuch, 12. Aufl., ab 2006 (zit. LK/*Bearbeiter*)

Lenckner, Der rechtfertigende Notstand, 1965

Löwe/Rosenberg, Die Strafprozessordnung und das Gerichtsverfassungsgesetz mit Nebengesetzen; hrsg. von *Erb/Esser/Franke/Graalmann-Scheerer/Hilger/Ignor*, 26. Aufl., ab 2006

Marxen, Kompaktkurs Strafrecht Allgemeiner Teil, 2003

Marxen, Kompaktkurs Strafrecht Besonderer Teil, 2004

Matt, Strafrecht Allgemeiner Teil I, 1996

Maurach/Zipf, Strafrecht, Allgemeiner Teil, Teilband 1, 8. Aufl. 1992

Maurach/Gössel/Zipf, Strafrecht, Allgemeiner Teil, Teilband 2, 8. Aufl. 2014

Maurach/Schroeder/Maiwald, Strafrecht, Besonderer Teil, Teilband 1, 10. Aufl. 2009; Teilband 2, 10. Aufl. 2013

May, Die Anwendbarkeit des § 226a StGB bei einverständlichen sadistischen und masochistischen Körperverletzungen, 1996

Meier, Strafrechtliche Sanktionen, 4. Aufl. 2014

Meurer, Grundkurs Strafrecht II, Allgemeiner Teil, 4. Aufl. 1999

Meyer-Goßner/Schmitt, Strafprozessordnung, 58. Aufl. 2015

Mitsch, Strafrecht, Besonderer Teil 2, Teilband 1, 3. Aufl. 2015

Mitsch, Strafrecht, Besonderer Teil 2, Teilband 2, 2001

Mitsch, Rechtfertigung und Opferverhalten, 2004

Moll, Europäisches Strafrecht durch nationale Blankettstrafgesetzgebung?, 1998

Münchner Kommentar (MK) zum StGB, hrsg. von *Joecks*, *Miebach*, ab 2003 (zit. MK/*Bearbeiter*), 2. Aufl., ab 2011

Murmann, Grundkurs Strafrecht, 3. Aufl. 2015

Naucke, Strafrecht, 10. Aufl. 2002

Niedermair, Körperverletzung mit Einwilligung und die Guten Sitten, 1999

Nomos-Kommentar zum Strafgesetzbuch, Gesamtredaktion *Kindhäuser*, *Neumann*, *Paeffgen*, 4. Aufl. 2013 (zit. NK/*Bearbeiter*)

Otto, Grundkurs Strafrecht, Allgemeine Strafrechtslehre, 7. Aufl. 2004 (zit. *Otto*, AT)

Otto, Die einzelnen Delikte, 7. Aufl. 2005 (zit. *Otto*, BT)

Otto/Bosch, Übungen im Strafrecht, 7. Aufl. 2010

Pawlik, Der rechtfertigende Notstand, 2002

Pföhler, Zur Unanwendbarkeit des strafrechtlichen Rückwirkungsverbots im Strafprozessrecht in dogmenhistorischer Sicht, 1988

Puppe, Strafrecht Allgemeiner Teil im Spiegel der Rechtsprechung, 2. Aufl. 2010 bzw. 3. Aufl. 2016

Rath, Zur Strafrechtlichen Behandlung der aberratio ictus und des error in objecto des Täters, 1993

Rengier, Strafrecht, Allgemeiner Teil, 7. Aufl. 2015 (zit. *Rengier*, AT)

Rengier, Strafrecht, Besonderer Teil I, 17. Aufl. 2015 (zit. *Rengier*, BT I)

Rengier, Strafrecht, Besonderer Teil II, 16. Aufl. 2015 (zit. *Rengier*, BT II)

Renzikowski, Restriktiver Täterbegriff und fahrlässige Beteiligung, 1997

Rotsch, Strafrechliche Klausurenlehre (2013)

Roxin, Strafrecht, Allgemeiner Teil, Bd. 1, Grundlagen, Aufbau der Verbrechenslehre, 4. Aufl. 2006; Bd. 2, Besondere Erscheinungsformen der Straftat, 2003 (zit. *Roxin*)

Roxin, Täterschaft und Tatherrschaft, 9. Aufl. 2015 (zit. *Roxin*, Täterschaft)

Roxin/Arzt/Tiedemann, Einführung in das Strafrecht und Strafprozessrecht, 6. Aufl. 2013

Roxin/Schünemann, Strafverfahrensrecht, 28. Aufl. 2014

Rüping/Jerouschek, Grundriss der Strafrechtsgeschichte, 6. Aufl. 2011

Rüthers, Rechtstheorie, 8. Aufl. 2015

Satzger, Internationales Strafrecht, 7. Aufl. 2015

Satzger/Schluckebier/Widmaier, StGB Kommentar, 2. Aufl. 2014 (zit. SSW-StGB)

Schmidhäuser, Strafrecht, Allgemeiner Teil, Lehrbuch, 2. Aufl. 1975

Schöne, Unterlassene Erfolgsabwendung und Strafgesetz, 1974

Schönke/Schröder, Strafgesetzbuch, 29. Aufl. 2014 (zit. S/S/*Bearbeiter*)

Schliebitz, Die Erfolgszurechnung beim „misslungenen" Rücktritt, 2002

Schreiber, Gesetz und Richter. Zur geschichtlichen Entwicklung des Satzes nullum crimen, nulla poena sine lege, 1976 (zit. *Schreiber*)

Schroeder, Der Täter hinter dem Täter, 1965

Schweitzer, Staatsrecht III, 10. Aufl. 2010

Schünemann (Hrsg.), Grundfragen des modernen Strafrechtssystems, 1984

Schünemann, Nulla poena sine lege?, 1978

Schünemann, Grund und Grenzen der Unterlassungsdelikte, 1971

Stein, Die strafrechtliche Beteiligungsformlehre, 1988

Stratenwerth/Kuhlen, Strafrecht, Allgemeiner Teil I, 6. Aufl. 2011

Streinz, Europarecht, 9. Aufl. 2015

Streng, Strafrechtliche Sanktionen, 3. Aufl. 2012

Struensee, Grundlagenprobleme des Strafrechts (2005)

Systematischer Kommentar (SK) zum StGB (Loseblatt-Sammlung), hrsg. von Wolter. (zit. SK/*Bearbeiter*)

Tiedemann, Die Anfängerübung im Strafrecht, 4. Aufl. 1999

Tiedemann, Wirtschaftsstrafrecht, Einführung und Allgemeiner Teil, 4. Aufl. 2014 (zit. *Tiedemann*, AT)

Tiedemann, Wirtschaftsstrafrecht, Besonderer Teil, 3. Aufl. 2012

Valerius, Einführung in den Gutachtenstil, 3. Aufl. 2009

Weber, J., Zum Genugtuungsinteresse des Verletzten als Strafzweck, 1997

Welp, Vorangegangenes Tun als Grundlage einer Handlungsäquivalenz der Unterlassung, 1968

Welzel, Das deutsche Strafrecht, 11. Aufl. 1969

Wesel, Geschichte des Rechts, 4. Aufl. 2014

Wessels/Beulke/Satzger, Strafrecht, Allgemeiner Teil, 45. Aufl. 2015

Wessels/Hettinger, Strafrecht, Besonderer Teil 1, 39. Aufl. 2015

Wessels/Hillenkamp, Strafrecht, Besonderer Teil 2, 38. Aufl. 2015

Wohlers/Schuhr/Kudlich, Klausuren und Hausarbeiten im Strafrecht, 4. Aufl. 2014

Zaczyk, Strafrechtliches Unrecht und die Selbstverantwortung des Verletzten, 1993

Zaczyk, Das Unrecht der versuchten Tat, 1989

Zieschang, Strafrecht Allgemeiner Teil, 4. Aufl. 2014

Zieschang, Die Gefährdungsdelikte, 1998

Zöller, Strafrecht Besonderer Teil I, Vermögensdelikte, 2. Aufl. 2015

Zöller/Fornhoff/Gries, Strafrecht Besonderer Teil II, Delikte gegen Rechtsgüter der Person und der Allgemeinheit, 2008

Erster Teil: Grundlagen

§ 1 Subsidiarität des Strafrechts

– Die Strafnorm als »ultima ratio« im System des staatlichen Rechtsgüterschutzes –

Fall 1: Der Polizeibeamte P, der nicht im Dienst ist, verbringt den Silvesterabend bei seiner Geliebten G. Beide trinken zuviel Alkohol, was verhängnisvolle Folgen hat: Sie geraten aus nichtigem Anlass in Streit. Wütend verlässt P die Wohnung der G, setzt sich ans Steuer seines privaten Pkw und fährt davon. Leider ist er infolge des erheblichen Genusses alkoholischer Getränke jedoch nicht mehr in der Lage, das Fahrzeug sicher zu führen. Diese alkoholbedingte Fahruntüchtigkeit ist ihm auch bewusst. P vertraut aber darauf, er werde heil nach Hause kommen, ohne andere Personen oder fremde Sachen in Gefahr zu bringen. Dennoch verursacht er wegen seiner alkoholbedingten Fahruntüchtigkeit einen schweren Unfall, bei dem zwei Fußgänger getötet werden. P hatte zur Tatzeit eine BAK von 1,7 Promille.[1] Seine Schuldfähigkeit war durch den Alkoholgenuss nicht aufgehoben.[2] **1**

I. Strafrecht als Teil der rechtlichen Sozialkontrolle

2 Das menschliche Zusammenleben bedarf gewisser „Spielregeln“ (Verbote und Gebote). Die Summe solcher Spielregeln nennt man Sozialordnung[3]; sie besteht aus außerrechtlichen Sozialnormen und Rechtsnormen.

1. Außerrechtliche Sozialkontrolle

Träger dieser Form der Sozialkontrolle sind insbesondere Familie, Schule, Nachbarschaft, Gemeinden, Kirchen, Betriebe, Vereine. Sie überwachen die Einhaltung der ungeschriebenen und geschriebenen Sozialnormen und reagieren mit positiven Sanktionen (Lob, materielle Belohnung etc.) bzw. negativen (Tadel, Entzug von Taschengeld, Hausarrest, Vereinsstrafen, Disziplinarmaßnahmen).

2. Rechtliche Sozialkontrolle

3 In einem modernen Staat kann auf rechtliche Sozialkontrolle durch staatlich garantierte Normen, d.h. **Rechtsnormen**, nicht verzichtet werden. Eine der vornehmsten Aufgaben des Staates ist die Sicherung des inneren Friedens, d.h. die Sorge für ein gedeihliches menschliches Zusammenleben.

Der Ausgangsfall verdeutlicht, dass die außerrechtliche (»informelle«) Sozialkontrolle der Ergänzung durch das **Recht** als Instrument formeller, staatlicher Sozialkontrolle bedarf:

---

1 Ab einer BAK von 1,1 Promille bejaht die Rechtsprechung für das Führen eines Kraftfahrzeugs eine absolute Fahruntüchtigkeit; siehe dazu: BGHSt 37, 89 (95, 97, 99); *Krey/Hellmann/Heinrich*, BT/1, Rn. 1118.

2 Volltrunkenheit (d.h. alkoholbedingte Schuldunfähigkeit i.S.d. § 20 StGB) kommt in der Regel ab 3,0 Promille BAK in Betracht, kann aber im Einzelfall auch schon bei einer geringeren BAK anzunehmen sein; vgl. dazu *Fischer*, § 20 Rn. 19 f.

3 *Jescheck/Weigend*, § 1 I 1.

Rechtsnormen als staatlich durchsetzbare Normen, d.h. Gesetze – und nicht nur Sitte, Ethik oder Religion – müssen es **verbieten**, andere Menschen vorsätzlich oder, wie in casu, fahrlässig zu töten, Trunkenheitsfahrten zu begehen etc.

Rechtsnormen müssen es **gebieten**, dass in Fällen wie dem vorliegenden der Schädiger den Geschädigten (hier: unterhaltsberechtigte Hinterbliebene) Schadensersatz leistet, etwa durch Zahlung einer Rente.

3. Strafrecht als Kerngebiet der rechtlichen Sozialkontrolle

4 Seine Aufgabe, die innere Sicherheit zu garantieren, kann der Staat nicht ohne den Einsatz des Strafrechts erfüllen. Es existiert ein Kernbereich rechtlicher Verhaltensnormen, deren Beachtung mittels **Androhung von Kriminalstrafen** erzwungen werden darf und muss: Delikte wie Mord, Totschlag, Vergewaltigung, Brandstiftung an Wohngebäuden und Raub müssen bei Strafe verboten sein. Anderenfalls würde das Recht seiner **Friedensfunktion** nicht gerecht.

Auch in **Fall 1** würde es nicht genügen, dem Täter (P) Schadensersatzpflichten aufzuerlegen (Zivilrecht). Weiterhin würden auch schwere Sanktionen des Disziplinarrechts für Beamte (Öffentliches Recht) wie Gehaltskürzung oder Entfernung aus dem Dienst die Unverbrüchlichkeit der Rechtsordnung nicht hinreichend manifestieren, denn solche Disziplinarmaßnahmen sind nur Mittel der »internen Disziplinierung« zum Zweck der Aufrechterhaltung von Ordnung und Integrität innerhalb der Beamtenschaft.[4] Sie sind nicht mit dem sozialethischen Unwerturteil verbunden, das für die Kriminalstrafe charakteristisch ist. Vielmehr ist für schwere Straftaten wie die des P

– **Fahrlässige Tötung** (§ 222 StGB) und **Gefährdung des Straßenverkehrs** (§ 315c Abs. 1 Nr. 1a ‹Trunkenheitsfahrt› mit Abs. 3 Nr. 1 StGB) –

die Androhung und Verhängung einer Strafe notwendig, um der Friedensfunktion des Rechts zu genügen.

Demgemäß kann man das **Strafrecht als Kerngebiet und Fundament der rechtlichen Sozialkontrolle** bezeichnen.[5]

Diese Einsicht darf aber nicht den Blick dafür verstellen, dass die Effektivität der strafrechtlichen Sozialkontrolle in starkem Maße von der Funktionsfähigkeit der informellen Sozialkontrolle abhängt. Wo diese Fähigkeit dramatisch sinkt, weil Familie, Schule,[6] Nachbarschaft und Kirchen insoweit an Einfluss verloren haben, ist die Strafjustiz letztlich hoffnungslos überfordert.

---

4 BVerfGE 21, 391 (404).

5 *Jescheck/Weigend*, § 1 I 1; *Welzel*, S. 1-6.

6 Gemäß Art. 86 Abs. 1 BayEUG können zur Sicherung des Bildungs- und Erziehungsauftrags oder zum Schutz von Personen und Sachen gegenüber Schülern Erziehungs- und Ordnungsmaßnahmen getroffen werden.

II. Rechtsgüterschutz als Aufgabe des Strafrechts

Wenn es soeben als Aufgabe des Strafrechts bezeichnet wurde, einen Kernbereich rechtlicher Verhaltensnormen zu garantieren, so bedarf diese Aussage der folgenden Klarstellung: Diese Garantie ist nicht Selbstzweck, sondern dient dem Rechtsgüterschutz; er bezeichnet die eigentliche Funktion des Strafrechts.[7] 5

1. Begriff des Rechtsguts

Versuche einer Definition des Rechtsguts sind vielfach recht diffus;[8] beginnen wir daher mit der Konkretisierung jenes Begriffs durch Beispiele:

Rechtsgüter des Einzelnen (Individualrechtsgüter) sind insbesondere: 6

> Leben; das ungeborene Leben des Embryo / körperliche Unversehrtheit / sexuelle Selbstbestimmung / Freiheit / Ehre / Hausrecht / Geheimsphäre (Vertraulichkeit des nichtöffentlich gesprochenen Wortes[9], Briefgeheimnis, Privatgeheimnisse wie dem Arzt anvertraute, etc.) / Eigentum / Vermögen.

Rechtsgüter der Allgemeinheit (Universalrechtsgüter), deren Schutz ebenfalls Aufgabe des Strafrechts ist, sind namentlich:

> Bestand der Bundesrepublik Deutschland / verfassungsmäßige Ordnung / Vertraulichkeit von Staatsgeheimnissen zum Schutz der äußeren Sicherheit unseres Staates / ungestörte Durchsetzung des rechtmäßigen Staatswillens / Rechtspflege / Lauterkeit (Unbestechlichkeit) des öffentlichen Dienstes und das Vertrauen der Bürger in diese Lauterkeit / Interesse der Allgemeinheit an einer wirksamen staatlichen Wirtschaftsförderung durch Subventionen / Sicherheit des Rechtsverkehrs mit Urkunden / Sicherheit des Straßenverkehrs / Umweltmedien Wasser, Luft und Boden.

Diese Beispiele erlauben es, den Begriff des Rechtsguts wie folgt zu **definieren**: 7
Rechtsgüter sind von der Rechtsordnung vorgefundene oder von ihr erst geprägte Lebensgüter, Sozialwerte und rechtlich anerkannte Interessen, die für den Einzelnen oder die Allgemeinheit nützlich sind und daher Rechtsschutz genießen.[10]

2. Bedeutung des Rechtsguts für die Auslegung von Strafgesetzen

Nach h.M. ist die wichtigste Auslegungsmethode die teleologische, d.h. die **Auslegung nach Sinn und Zweck des Gesetzes** (ratio legis).[11] 8

---

7 Dazu grundlegend *Roxin*, § 2 Rn. 1-50, 120 ff. Ebenso u.a.: *Baumann/Weber/Mitsch*, § 3 Rn. 10, 17; *Jescheck/Weigend*, § 1 III; *Wessels/Beulke/Satzger*, Rn. 9; eingehend und m.w.N. *Hefendehl/v. Hirsch/Wohlers*. Abweichend z.B.: *Jakobs*, 2/16 ff., 22 ff.; *Welzel*, S. 3-5.

8 Zum strafrechtlichen Rechtsgutsbegriff vgl. *Rönnau*, JuS 2009, 209; *Vogel*, StV 1996, 110 insbes. zur Rspr. des BVerfG.

9 Dieses Rechtsgut wird z.B. durch Tonbandaufnahmen bei unbefugter Telefonüberwachung oder beim unbefugten Lauschangriff verletzt (vgl. §§ 100a-100d StPO mit § 201 StGB).

10 Der Sache nach übereinstimmend bzw. ähnlich: *Roxin*, § 2 Rn. 9; *Wessels/Beulke/Satzger*, Rn. 11.

11 *Baumann/Weber/Mitsch*, § 9 Rn. 68 ff.; *Jescheck/Weigend*, § 17 IV m.w.N.; *Otto*, AT, § 2 Rn. 49 ff.; kritisch *Herzberg*, NJW 1990, 25 ff.

Da alle Strafgesetze den Schutz bestimmter Rechtsgüter bezwecken, sonst wären sie verfassungswidrig[12], ist für die teleologische Auslegung einer Strafnorm die Frage nach dem von ihr geschützten Rechtsgut von erheblicher Relevanz.[13]

9 **Fall 2:** S hat ein Vergehen der Unfallflucht (»Unerlaubtes Entfernen vom Unfallort«, § 142 StGB) begangen. Als die Polizei ihn vernimmt, erklärt er, seine Ehefrau E sei gefahren; er selbst sei zur Tatzeit zu Hause gewesen. Diese Aussage hatte S mit E abgesprochen, damit die Polizei nicht weiter gegen ihn, sondern gegen E ermittelt.

Ist die durch seine unwahre Aussage gegenüber der Polizei tatbestandlich erfüllte **Falsche Verdächtigung** (§ 164 Abs. 1 StGB) durch die Einwilligung der E gerechtfertigt?[14]

Der Rechtfertigungsgrund **Einwilligung** des Betroffenen ist nur bei Straftaten gegen den Einzelnen anwendbar, genauer: er gilt nur bei solchen Rechtsgütern des Einzelnen, die für diesen disponibel (»verzichtbar«) sind (Rn. 568, 655). § 164 StGB schützt nach herrschender und zutreffender Ansicht zwei Rechtsgüter:

- Schutz des Bürgers vor dem Missgriff irregeleiteter Behörden
- Schutz der inländischen Rechtspflege.

Dabei ist für die Anwendbarkeit des § 164 StGB ausreichend, dass eines von beiden Rechtsgütern verletzt ist.

Da die Falsche Verdächtigung neben dem betroffenen Bürger auch die Rechtspflege schützt, folglich auch eine Straftat gegen die Allgemeinheit ist, greift der Rechtfertigungsgrund Einwilligung für die Tat des S nicht ein.

3. Unterscheidung zwischen Rechtsgut und Handlungsobjekt

10 Rechtsgut ist das ideelle Gut (der ideelle Sozialwert), dessen Schutz das jeweilige Strafgesetz bezweckt. Dagegen ist Handlungsobjekt das konkrete Tatobjekt der Straftat.[15]

Beispielsweise ist bei Mord und Totschlag Handlungsobjekt das konkrete Opfer, Rechtsgut das Leben. Bei der Sachbeschädigung ist Tatobjekt die beschädigte oder zerstörte fremde Sache, Rechtsgut das Eigentum.

4. Rechtsgüterschutz statt Stabilisierung von Moral und Sittlichkeit als Aufgabe des Strafrechts

11 Zum Schutz von Rechtsgütern wie Leben, sexuelle Selbstbestimmung, Eigentum und Rechtspflege normiert das Strafrecht Verbote, wie das der Tötung, der Vergewaltigung, des Diebstahls und des Meineides. Strafgesetze garantieren einen Kernbereich rechtlicher Verhaltensnormen, z.B. »Du sollst nicht töten!«. Daher wird die Ansicht vertreten, das Strafrecht bezwecke den »Schutz der elementaren sozial-

---

12 Vgl. *Heinrich*, AT, Rn. 8.

13 *Baumann/Weber/Mitsch*, § 9 Rn. 68; *Jescheck/Weigend*, § 17 IV 3; zum Rechtsgut in der Fallbearbeitung *Rönnau*, JuS 2009, 209 (211).

14 Eingehend zu diesem Fall *Krey/Hellmann/Heinrich*, BT/1, Rn. 795 ff.

15 *Roxin*, § 2 Rn. 65; *Wessels/Beulke/Satzger*, Rn. 14.

ethischen Gesinnungswerte«[16]; hierher gehört auch die Redensart von der »sittenbildenden Funktion« des Strafrechts.[17]

Gewiss entfaltet das Strafrecht »sittenbildende Kraft«[18], da es einen Kernbereich rechtlicher Verhaltensnormen durch die Androhung von Kriminalstrafe für den Fall der Normübertretung garantiert. Doch ist diese Garantie – wie bereits betont – nur das Mittel zum **Zweck »Schutz von Rechtsgütern«**. Demgemäß verwechselt Mittel und Zweck, wer jene sittenbildende Funktion als die primäre Aufgabe des Strafrechts bezeichnet.

Darüber hinaus sind Formulierungen wie die von der Aufgabe des Strafrechts, die elementaren sozialethischen Gesinnungswerte zu schützen, aus einem weiteren Grund bedenklich. Sie begründen die Gefahr, ein Rechtsprinzip zu ignorieren, das für ein modernes freiheitlich-rechtsstaatliches Strafrecht schlechthin konstituierend ist; gemeint ist das Prinzip: 12

Aufgabe des Strafrechts darf es niemals sein, bloße Verstöße gegen Normen der Sittlichkeit, Ethik oder Religion zu kriminalisieren.[19]

Unmoralische oder religiösen Geboten widersprechende Handlungen als solche begründen keine staatliche Strafbefugnis (ius puniendi), sofern sie kein Rechtsgut

– wie Schutz der ungestörten sexuellen Entwicklung von Kindern und Jugendlichen (§§ 174, 176, 182 StGB), Schutz des öffentlichen Friedens (§ 166 StGB) etc. –

verletzen. Dieses Prinzip ist die zentrale Botschaft der Lehre vom Rechtsgut.

Beispiele für die gebotene Trennung zwischen dem staatlichen Strafrecht einerseits und Sittlichkeit, Ethik und Religion andererseits: 13

a) Homosexuelle Handlungen unter Erwachsenen mögen religiösen Vorstellungen zuwiderlaufen, sind aber weder sittlich noch ethisch anstößig und dürfen daher schon gar nicht bei Strafe verboten werden.

b) Sexuelle Kontakte zwischen Personen, die nicht miteinander verheiratet sind, dürfen nicht kriminalisiert werden, es sei denn, es geht um den Schutz von Kindern bzw. schutzbedürftigen Jugendlichen gegenüber sexuellen Handlungen von Älteren usw.

c) Es darf nicht strafbar sein, zu konvertieren, d.h. die Religion zu wechseln, oder sich sonst von seiner Religion zu lösen.

Strafgesetze, die hiergegen verstoßen, wären nicht nur kriminalpolitisch unerwünscht, sondern in Deutschland auch **verfassungswidrig**.[20]

16 *Welzel*, S. 3-5.
17 *Welzel*, S. 5.
18 *Jescheck/Weigend*, § 1 II 1 m.w.N.
19 *Baumann/Weber/Mitsch*, § 3 Rn. 4 ff., 10; *Roxin*, § 2 Rn. 17 ff., 43 ff.; siehe auch *Frister*, 3/29 ff.
20 Ähnlich *Roxin*, § 2 Rn. 17, 43 ff., 86 ff., 94.

5. Rechtspolitischer Gestaltungsspielraum des Gesetzgebers bei der Anerkennung von Rechtsgütern und bei ihrem Schutz durch Strafgesetze

– Schranken dieses Spielraumes durch die Verfassung –

14 a) Welche Rechtsgüter durch das Strafrecht geschützt werden und wie dieser Schutz im einzelnen ausgestaltet wird, entscheidet der Gesetzgeber. Dabei räumt ihm unsere Verfassung einen **politischen Gestaltungsspielraum** ein.

Beispielsweise liegt es im politischen Ermessen der Legislative, ob sie:
(1) Strafgesetze gegen Schwarzfahren (§ 265a StGB) oder gegen den Unbefugten Gebrauch von Fahrrädern (§ 248b StGB) schafft:[21]
(2) bei Vergehen wie (einfacher) Körperverletzung (§ 223 StGB) oder Freiheitsberaubung (§ 239 Abs. 1 StGB) nur die vollendete Tat mit Strafe bedroht[22] oder auch den **Versuch**;
(3) bei Straftaten wie Fahrlässiger Tötung (§ 222 StGB) und Fahrlässiger Körperverletzung (§ 229 StGB) jede Fahrlässigkeit einschließlich der **leichten** genügen lässt – so das geltende Recht – oder Leichtfertigkeit (grobe Fahrlässigkeit) fordert.

15 b) Der kriminalpolitische Gestaltungsspielraum des Gesetzgebers ist jedoch durch die **Wertentscheidungen der Verfassung** begrenzt.[23] Dies insbesondere durch die Grundrechte, durch die Staatsstrukturprinzipien wie Rechtsstaatlichkeit, Demokratie und Sozialstaatlichkeit (Art. 20 Abs. 1-3, Art. 23 Abs. 1, Art. 28 Abs. 1 GG) und durch ungeschriebene Verfassungsprinzipien wie den »Grundsatz der Verhältnismäßigkeit«, das »Schuldprinzip für Strafen« etc.[24]

Die Wertentscheidungen unserer Verfassung können dabei dem Rechtsgüterschutz durch das Strafrecht entgegenstehen (Kriminalisierungs**verbote**); sie können aber auch ausnahmsweise den Gesetzgeber zum Schutz von Rechtsgütern durch Strafgesetze zwingen (Kriminalisierungs**gebote**). Hierauf ist im Folgenden (unter III. und IV.) zurückzukommen.

---

21 Gemeint sind solche Taten, die nicht schon als Betrug (Schwarzfahren) bzw. Diebstahl oder Unterschlagung (Unbefugter Gebrauch von Fahrrädern) strafbar sind.

22 So die Rechtslage vor dem 1.4.1998.

23 *Baumann/Weber/Mitsch*, § 3 Rn. 12, 19 ff.; *Roxin*, § 2 Rn. 86 ff.; *Tiedemann*, Verfassungsrecht und Strafrecht, 1991. Das BVerfG hat vielfach befunden, der Gesetzgeber habe zu weit in Freiheitsrechte eingegriffen (so etwa BVerfGE 109, 279 = NJW 2004, 999 (akustische Wohnraumüberwachung); BVerfGE 113, 348 = NJW 2005, 2603 (Telekommunikationsüberwachung); BVerfGE 120, 274 = NJW 2008, 822 (Online-Durchsuchung).

24 Beispielhaft sei der Beschluss des BVerfG zur Verfassungsmäßigkeit des § 173 Abs. 2 S. 2 StGB (Verbot des Geschwisterinzests) genannt. Jedenfalls in der Gesamtheit der durch die Norm geschützten Rechtsgüter (Familie, sexuelle Selbstbestimmung, eugenische Gesichtspunkte) sei die Einschränkung des allgemeinen Persönlichkeitsrechts, Art. 2 Abs. 1 GG, zu legitimieren (BVerfGE 120, 224 = NStZ 2008, 614 = NJW 2008, 1137). Kritisch unter Heranziehung des Grundsatzes der Verhältnismäßigkeit: *Hörnle*, NJW 2008, 2085; *Hassemer*, HRRS 2008, 143.

III. Subsidiarität dieses Rechtsgüterschutzes

1. Das Verfassungsprinzip der Verhältnismäßigkeit als Schranke des gesetzgeberischen Gestaltungsspielraums im Allgemeinen

Für das Verfassungsrecht ist der im Rechtsstaatsprinzip verankerte Grundsatz der Verhältnismäßigkeit (auch **Übermaßverbot** genannt) von elementarer Bedeutung:[25] **16**

a) Eingriffe in Grundrechte der Bürger müssen zur Erreichung des mit dem Eingriff verfolgten Zwecks geeignet sein **(Grundsatz der Geeignetheit)**.

b) Der Eingriff muss erforderlich sein, d.h. es darf kein milderes Mittel zur Verfügung stehen, das zum gleichen Erfolg führt **(Prinzip der Erforderlichkeit)**.

c) Die Belastung des Betroffenen durch den Eingriff darf nicht außer Verhältnis zu dem angestrebten Nutzen stehen; daher muss der Eingriff **angemessen** sein (**Grundsatz der Verhältnismäßigkeit im engeren Sinne** – »Verbot, mit Kanonen auf Spatzen zu schießen«). Es geht auf dieser Ebene um eine Abwägung unter Berücksichtigung der Intensität des Eingriffs, des mithilfe des Eingriffs intendierten Zwecks sowie der zwischen Intensität und Zweck bestehenden Relation.[26]

An den Grundsatz der Verhältnismäßigkeit ist auch der **Gesetzgeber** gebunden; daher sind Gesetze, die gegen das Übermaßverbot verstoßen, verfassungswidrig.

Am 4.5.2011 hat das BVerfG entschieden, dass die seinerzeitige **Regelung der Sicherungsverwahrung** u.a. nicht dem Grundsatz der Verhältnismäßigkeit entsprach. *„Die Berechtigung zur Anordnung und zum Vollzug freiheitsentziehender Maßregeln wie der Sicherungsverwahrung folgt [...] aus dem Prinzip des überwiegenden Interesses. Anordnung und Vollzug sind nur dann legitim, wenn das Sicherheitsinteresse der Allgemeinheit das Freiheitsrecht des Betroffenen im Einzelfall überwiegt.“*[27]

2. Bedeutung des Übermaßverbots speziell für den Strafgesetzgeber

– Strafwürdigkeit und Strafbedürfnis als Erfordernisse für die Normierung von Strafgesetzen –

Der Grundsatz der **Geeignetheit** verlangt für Strafgesetze, dass mit ihrer Hilfe der angestrebte Schutz des jeweiligen Rechtsguts gefördert werden kann. Jedoch begründet dieser Grundsatz keine erhebliche Begrenzung des kriminalpolitischen Ermessens der Legislative; das BVerfG hat dem Gesetzgeber insoweit einen **weiten Beurteilungsspielraum** eingeräumt.[28]

Bedeutsamer als verfassungsrechtliche Schranken bei der Normierung von Strafgesetzen sind demgegenüber der Grundsatz der Verhältnismäßigkeit im engeren Sinne und insbesondere das Prinzip der Erforderlichkeit:

---

25 BVerfGE 19, 342 (349); 28, 264 (280); *Krey*, StPO, Rn. 30-34.

26 Vertiefend: *Klatt/Meister*, JuS 2014, 193, 195 ff.

27 BVerfGE 128, 326 (372 ff.) = NJW 2011, 1931 (1936 f.), Tz. 96 ff.; 104.

28 BVerfGE 90, 145 (172 f.) – Cannabis; *Roxin*, § 2 Rn. 87.

a) Strafwürdigkeit von Normverstößen als Voraussetzung ihrer Kriminalisierung

17 Der Grundsatz der Verhältnismäßigkeit im engeren Sinne begründet für das Strafrecht das Erfordernis der **Strafwürdigkeit**. Nicht jedes rechtswidrige Verhalten, das ein Rechtsgut verletzt oder gefährdet, darf bei Strafe verboten, d.h. kriminalisiert werden. Die Kriminalstrafe ist das schärfste Instrument im System des staatlichen Rechtsgüterschutzes, zumal zu der Strafe selbst noch das sozialethische Unwerturteil des Staates über den Täter tritt:[29] Mit dem Schuldspruch des Strafgerichts wird der Verurteilte »öffentlich gebrandmarkt« (sog. »Verrufswirkung« des Schuldspruchs).

In diesem Sinne spricht man auch vom **fragmentarischen Charakter des Strafrechts**.[30] Das Strafrecht ist seiner Natur nach **„lückenhaft"**: Nur erheblich sozialschädliche Taten erlauben den Gebrauch des »scharfen Schwertes des Strafrechts«, da dieser Gebrauch **angemessen** sein muss. Mit anderen Worten: Straftaten müssen strafwürdige Taten sein.[31]

Beispiele: Das bloße falsche Parken eines Kfz, die völlig ungefährliche Geschwindigkeitsüberschreitung bei Tage auf einsamer Autobahn, das Rauchen trotz Rauchverbots im leeren Treppenhaus eines öffentlichen Gebäudes, wenn jede Brandgefahr ausgeschlossen ist, sind zwar jeweils Normbrüche – aber Bagatellen. Auf sie mag der Staat mit Sanktionen reagieren – jedoch nicht mit **Kriminalstrafe**; denn anderenfalls würde er »mit Kanonen auf Spatzen schießen«.

Allerdings besteht auch hinsichtlich des Kriteriums der Strafwürdigkeit ein Beurteilungsspielraum des Gesetzgebers.[32]

b) Straftaten als strafbedürftige Normverstöße

– Die Strafnorm als »ultima ratio« im Instrumentarium des Gesetzgebers –

18 Hierzu hat das BVerfG zutreffend festgestellt:[33]

Das Strafrecht sei die »schärfste Waffe«, die dem Gesetzgeber zur Verfügung stehe. Sie stelle gewissermaßen die »ultima ratio« in seinem Instrumentarium dar. Gemäß dem rechtsstaatlichen Prinzip der Verhältnismäßigkeit dürfe er von diesem Mittel nur behutsam und zurückhaltend Gebrauch machen. Jedoch müsse auch dieses letzte Mittel eingesetzt werden, wenn anders ein effektiver Rechtsgüterschutz nicht zu erreichen sei.

Der Rechtsgüterschutz durch das Strafrecht ist also **subsidiär**. Gemäß dem dargelegten Verfassungsprinzip der **Erforderlichkeit** (Rn. 16) setzt die Kriminalisierung eines Verhaltens voraus, dass durch mildere rechtliche Instrumente des Zivilrechts oder des öffentlichen Rechts kein ausreichender Rechtsgüterschutz gewähr-

---

29 BVerfGE 90, 145 (172); *Jescheck/Weigend*, § 8 I 2b; siehe bereits Rn. 4.
30 Vertiefend: *Hefendehl*, JA 2011, 401.
31 *Jescheck/Weigend*, § 7 I 1.
32 Siehe hierzu: BVerfGE 120, 224 – Inzestverbot.
33 BVerfGE 39, 1 (45, 47) – Schwangerschaftsabbruch.

leistet ist.[34] Wenn dagegen solche milderen Instrumente als hinreichende Sicherung der fraglichen Rechtsgüter erscheinen, fehlt es am Strafbedürfnis. **Straftaten sind also strafbedürftige Normverstöße.**

Beispiele: 19

(1) Bei fahrlässigen Sachbeschädigungen kann es grundsätzlich mit zivilrechtlichen Reaktionen (Gewährung von Schadensersatzansprüchen) sein Bewenden haben; dasselbe gilt für fahrlässige Vermögensschädigungen durch Vertragsverletzungen.

(2) Verstöße gegen die Straßenverkehrsordnung[35] bedürfen grundsätzlich nicht der strafrechtlichen Ahndung (Geldstrafe oder Freiheitsstrafe). Hier sind für den Rechtsgüterschutz die Sanktionen des Ordnungswidrigkeitenrechts ausreichend

– es sei denn, es handelt sich um schwere und gefährliche Verkehrsverstöße wie die in § 315c Abs. 1 Nr. 2 StGB erfassten sog. »Todsünden im Straßenverkehr«.

Exkurs: Ordnungswidrigkeitenrecht und Strafrecht[36] 20

Seit über 50 Jahren gibt es in Deutschland neben dem Strafrecht das Ordnungswidrigkeitenrecht. Seiner Natur nach handelt es sich um staatliches Sanktionsrecht, das nicht zum Kriminalstrafrecht zählt. Die Hauptsanktion des Ordnungswidrigkeitenrechts ist die **Geldbuße** (§§ 1, 17 OWiG). Ihr Betrag kann je nach Spezialgesetz sehr hoch sein: Extrem hoch sind insbesondere die nach dem »Kartellgesetz« (GWB) angedrohten Geldbußen; sie können gemäß § 81 Abs. 4 S. 1 GWB bis zu 1.000.000 Euro betragen (für Unternehmen siehe § 81 Abs. 4 S. 2 GWB).

Im Gegensatz zur Geldstrafe und Freiheitsstrafe als Sanktionen für Verbrechen und Vergehen ist die Geldbuße nur ein Denkzettel, eine nachdrückliche Ermahnung zur künftigen Pflichterfüllung. Die Geldbuße ist nicht mit dem ehrenrührigen sozialethischen Unwerturteil verbunden, das die Verurteilung zu Geld- oder Freiheitsstrafe beinhaltet.

Formal betrachtet ist die Ordnungswidrigkeit nach der Legaldefinition in § 1 OWiG **»eine rechtswidrige und vorwerfbare Handlung, die den Tatbestand eines Gesetzes verwirklicht, das die Ahndung mit einer Geldbuße zulässt«**.

Materiell lässt sich die Ordnungswidrigkeit als rechtswidrige und schuldhafte Normübertretung umschreiben, bei der es typischerweise um **Verwaltungsunrecht** ohne erhebliche Sozialschädlichkeit geht[37], z.B. um:

- Verletzung von Meldepflichten;
- Verstöße gegen die StVO;
- Erregung unzulässigen Lärms (§ 117 OWiG).

Ob die Differenzierung zwischen Straftaten und Ordnungswidrigkeiten qualitativer Art ist oder nur quantitativer, ist lebhaft umstritten. Herrschend ist als vermittelnde 21

34 *Baumann/Weber/Mitsch*, § 3 Rn. 19, 23; *Roxin*, § 2 Rn. 97-104.

35 Siehe § 24 StVG mit § 49 StVO.

36 Dazu u.a.: *Baumann/Weber/Mitsch*, § 4 Rn. 8 ff.; *Jescheck/Weigend*, § 7 V m.w.N.; *Roxin*, § 2 Rn. 60 ff., 99, 101, 130 ff.

37 *Baumann/Weber/Mitsch*, § 4 Rn. 8 ff.; *Jescheck/Weigend*, § 7 V.

Meinung die »gemischt qualitativ-quantitative Betrachtungsweise«.[38] Orientiert man sich bei dieser Frage an den gesetzlichen Wertungen, so ergibt sich in der Tat kein klares Bild:

Einerseits wird der Betroffene durch die Ahndung von Ordnungswidrigkeiten mit Geldbuße **nicht vorbestraft**.[39] Zudem erfolgt diese Ahndung durch die Verwaltungsbehörde, d.h. durch die **Exekutive**.[40]

Dagegen ist die Verurteilung wegen einer Straftat der rechtsprechenden Gewalt vorbehalten (Art. 92 GG)[41], erfolgt also in richterlicher Unabhängigkeit. Diese Tatsachen sprechen für die Annahme eines qualitativen Unterschieds zwischen Straftat und Ordnungswidrigkeit.

22 Andererseits gilt das Prinzip **»Keine Strafe ohne Gesetz«** (nulla poena sine lege), das in Art. 103 Abs. 2 GG verankert ist, auch für Sanktionen wegen Ordnungswidrigkeiten.[42] Zudem entscheiden auf Einspruch des Betroffenen gegen den Bußgeldbescheid[43] **Strafgerichte** über die Ahndung der Ordnungswidrigkeit, nicht etwa Verwaltungsgerichte. Diese Umstände sprechen für einen nur quantitativen Unterschied zwischen Straftat und Ordnungswidrigkeit.

Im Übrigen besitzt die Legislative bei der Frage, ob sie bestimmte Normverstöße im Interesse eines effektiven Rechtsgüterschutzes als Straftaten bewertet oder die Einstufung als Ordnungswidrigkeit genügen lässt, einen politischen Ermessensspielraum.[44] Denn bei jener Frage geht es ja um das **Strafbedürfnis** gemäß dem Verfassungsprinzip der Erforderlichkeit (Grundsatz des mildesten Mittels) und hierzu hat das BVerfG zu Recht entschieden:[45]

Ein Strafgesetz sei erforderlich, wenn kein gleich wirksames rechtliches Instrument mit geringerer Eingriffsintensität zur Verfügung stehe; jedoch besitze der Gesetzgeber insoweit einen erheblichen Beurteilungsspielraum.

c) Resümee

Aus dem verfassungsrechtlichen Übermaßverbot folgt, dass Straftaten strafwürdige und strafbedürftige Normverstöße sein müssen.

Ungeachtet dieser Feststellung scheint aber der Zeitgeist Vielstraferei und Strafschärfung zu fordern. Leider ist der Gesetzgeber diesem Zeitgeist in den letzten Jahren zunehmend gefolgt. Das ist aus verfassungsrechtlicher Sicht befremdlich, aus kriminalpolitischer Sicht durchaus unklug.

---

38 So u.a.: *Baumann/Weber/Mitsch*, § 4 Rn. 16; *Jakobs*, 3/8 ff.; *Roxin*, § 2 Rn. 130 ff.

39 *Jescheck/Weigend*, § 7 V 4. Anders als Strafen werden Geldbußen nicht in das Bundeszentralregister (das das Bundesamt für Justiz führt, § 1 Abs. 1 BZRG) eingetragen (§ 3 BZRG).

40 §§ 35 ff. OWiG; die Ahndung erfolgt durch Bußgeldbescheid.

41 BVerfGE 22, 49 (77 ff.); 27, 18 (28); *Krey*, StPO, Rn. 59.

42 BVerfGE 71, 108 (114).

43 Der Betroffene kann gegen den Bußgeldbescheid Einspruch einlegen, über den die Strafgerichte (Amtsgericht) entscheiden (§§ 67 ff., 71 ff. OWiG).

44 BVerfGE 27, 18 (28-30); 45, 272 (289).

45 BVerfGE 90, 145 (172 f.) – Cannabis.

IV. Kriminalisierungsgebote (Verfassungsrecht, Europarecht, Völkerrecht)

Der kriminalpolitische Gestaltungsspielraum des Gesetzgebers bei der Frage der Kriminalisierung von Normübertretungen wird – wie dargelegt – zum einen durch Kriminalisierungs**verbote** beschränkt: Das Übermaßverbot des Verfassungsrechts steht der strafrechtlichen Sanktionierung von Taten, die nicht strafwürdig und strafbedürftig sind, entgegen. 23

Schranken jenes politischen Ermessens des Strafgesetzgebers sind zum anderen Kriminalisierungs**gebote**.

1. Verfassungsrechtliche Kriminalisierungsgebote

Fall 3: Der Bundesgesetzgeber erlässt am 1.8.2012 ein »Gesetz zur Förderung der bürgerlichen Freiheiten durch Entkriminalisierung«. Dieses Gesetz, das seine Gegner als »Aprilscherz« beschimpfen, schafft u.a. die folgenden Strafvorschriften ab und erklärt das jeweilige Verhalten für straflos: 24

a) § 216 StGB (Tötung auf Verlangen).
– Begründung des Gesetzgebers: Das menschliche Leben stehe zur beliebigen Disposition des Opfers. –
b) § 242 StGB (Diebstahl).
– Begründung des Gesetzgebers: Der Strafrechtsschutz des Eigentums sei ein überholtes Relikt des spätbürgerlichen Kapitalismus. –

Die Regierung des Freistaates Bayern hält diese Entkriminalisierung für verfassungswidrig und beantragt gemäß Art. 93 Abs. 1 Nr. 2 GG die Entscheidung des BVerfG.

Das BVerfG hat in ständiger Rechtsprechung anerkannt, dass der Staat verpflichtet ist, zum Schutze eines Kernbereichs der Rechtsgüter – namentlich des menschlichen Lebens – auch das Mittel des Strafrechts zu verwenden:[46] 25

Die Strafnorm sei zwar die »ultima ratio« im Instrumentarium des Gesetzgebers. Jedoch müsse auch dieses »letzte Mittel« eingesetzt werden, wenn anders ein effektiver Lebensschutz nicht zu erreichen sei.[47] Das Verfassungsrecht fordere einen angemessenen und wirksamen Schutz fundamentaler Rechtsgüter, notfalls (auch) durch die Schaffung von Strafgesetzen. Wenn der Gesetzgeber auf einen wirksamen strafrechtlichen Schutz des menschlichen Lebens verzichte, könne er das verfassungsrechtliche **»Untermaßverbot«** – als Verbot eines unzureichenden rechtlichen Schutzes bedeutsamer Rechtsgüter – verletzen.[48]

Demgemäß geht das BVerfG auch davon aus, der »Kernbereich des Strafrechts« könne nicht zu Ordnungswidrigkeiten herabgestuft werden.[49] Zum Schutz funda-

46 BVerfGE 27, 18 (28 f.); 39, 1 (47); 45, 272 (288 f.); 88, 203 (204, Ls. 8, 254, 258).
47 BVerfGE 39, 1, 47 – Schwangerschaftsabbruch.
48 BVerfGE 88, 203 (254, 258) – Schwangerschaftsabbruch; MK/*Joecks*, Einl. Rn. 19.
49 BVerfGE 27, 18 (28 f.); 45, 272 (288 f.); so auch u.a.: *Baumann*/*Weber*/*Mitsch*, § 4 Rn. 16; *Jakobs*, 3/10; *Roxin*, § 2 Rn. 132 f.

mentaler Rechtsgüter existiert also ein verfassungsrechtliches **Kriminalisierungsgebot**.[50] Aus dieser Einsicht ergibt sich für Fall 3:

a) Zu Fall 3a:

26 Nach herrschender und zutreffender Ansicht wäre es selbstredend verfassungswidrig, Kapitalverbrechen wie Mord und Totschlag zu entkriminalisieren. Dasselbe gilt für andere Verbrechen wie Vergewaltigung, Raub, Brandstiftung an Wohngebäuden etc., aber auch für schwere Vergehen wie etwa eine Fahrlässige Tötung (bei leichtfertiger, d.h. grob fahrlässiger Begehung[51]), sexueller Missbrauch von Kindern, Einbruch in Wohnungen.

Dagegen ist für das Vergehen der **Tötung auf Verlangen** umstritten, ob solche Taten straffrei gestellt, also entkriminalisiert werden können.

Manche Autoren plädieren dafür, die Tötung auf Verlangen zu legalisieren[52]: *Wenn das Opfer seinen Tod ernstlich verlange, sei es nicht Aufgabe des Strafrechts, es unter Strafdrohung gegenüber dem Täter »vor sich selbst zu schützen«.*

Dieser Auffassung ist entschieden zu widersprechen. Denn zum einen könnten pflegebedürftige Behinderte und alte Menschen sowie unheilbar Erkrankte in die verzweifelte Lage geraten, befürchten zu müssen, dass ihre Angehörigen ungeduldig auf das erlösende Verlangen warteten. Zum anderen würde die Entkriminalisierung der Tötung auf Verlangen das zur Aufrechterhaltung der Achtung fremden Menschenlebens unverzichtbare **Tabu des Lebens anderer** beeinträchtigen.[53] Demgemäß wäre die Entkriminalisierung der Tötung auf Verlangen nicht nur kriminalpolitisch verantwortungslos. Die vollständige Legalisierung der Tötung auf Verlangen dürfte als nicht mehr **verfassungsmäßig** einzustufen sein.[54] Der Verfassungshöchstwert menschliches Leben (Art. 2 Abs. 2 GG) dürfte ein grundsätzliches Kriminalisierungsgebot auch für Fälle der Tötung auf Verlangen des Opfers umfassen. Interessengerechte Lösungen lassen sich über die Rechtsfigur der **Patientenautonomie** erzielen.[55]

b) Zu Fall 3b:

27 Im Schrifttum hat es wiederholt Vorschläge gegeben, leichtere Fälle des Ladendiebstahls zu entkriminalisieren, sei es durch Beschränkung auf spezielle zivil-

---

50 BVerfGE 27, 18 (28 f.); 39, 1 (47); 45, 272 (288 f.); 88, 203; ebenso u.a.: *Jescheck/Weigend,* § 2 I 3; *Roxin*, § 2 Rn. 132 f.

51 Die im Schrifttum verbreiteten kriminalpolitischen Forderungen nach Entkriminalisierung leichter Fahrlässigkeit (dazu m.w.N. *Roxin*, § 24 Rn. 92) dürften daher verfassungsmäßig sein. Eine andere Frage ist ihre rechtspolitische Überzeugungskraft.

52 So u.a.: *Arthur Kaufmann* (Nachweise bei *Krey/Hellmann/Heinrich,* BT/1, Rn. 114); *Jakobs*, Tötung auf Verlangen, S. 3 ff.; *Lüderssen*, JZ 2006, 689 (695).

53 So u.a. *Krey/Hellmann/Heinrich*, BT/1, Rn. 114 (im Anschluss an *Hirsch* und *Otto*); kritisch u.a. auch: *Duttge*, JZ 2006, 899 f.; *Ingelfinger*, JZ 2006, 821 (822 f.).

54 Ebenso *Lackner/Kühl*, § 216 Rn. 1 m.w.N.

55 Hierzu: BGH NJW 2010, 2963 (2967) mit Verweis auf die §§ 1901a ff. BGB; Rn. 1118 ff.

rechtliche Sanktionen[56], sei es durch Herabstufung zu Ordnungswidrigkeiten.[57] Ob ein solcher Verzicht auf den strafrechtlichen Schutz von Eigentum (und Gewahrsam) vor leichteren Fällen des Diebstahls verfassungskonform wäre, soll hier dahinstehen.[58] Jedenfalls der vollständige Strafverzicht bei Diebstahl durch Abschaffung des § 242 StGB würde unserer Verfassung widersprechen: Diebstahl ist eine klassische Straftat, die zum **Kernbereich des Strafrechts** zählt. Es würde das Rechtsbewusstsein der Bevölkerung als Fundament ihrer Rechtstreue untergraben, den Diebstahl schlechthin zu entkriminalisieren. Zudem würde ein solcher Eingriff in jenen Kernbereich dem Verfassungsrang des Eigentums in einer freiheitlich-rechtsstaatlichen Ordnung (Art. 14 GG) widersprechen.

c) Ergebnis:

In Fall 3a ist der Verzicht auf den Strafrechtsschutz evident verfassungswidrig. In Fall 3b dürfte die Entkriminalisierung ebenfalls dem GG widersprechen. **28**

Demgemäß wird das BVerfG auf Antrag der Regierung des Freistaates Bayern wie folgt entscheiden: Erstens wird das Gericht im Wege einer Einstweiligen Anordnung gemäß § 32 BVerfGG das Inkrafttreten der fraglichen Gesetzesreform v. 1.8.2012 verhindern.[59] Zweitens wird das Gericht dann in der Hauptsache die Regelungen dieser Gesetzesreform, die **Diebstahl** und **Tötung auf Verlangen** entkriminalisieren sollten, für nichtig erklären (§ 13 Nr. 6 i.V.m. § 78 S. 1 BVerfGG); dies mit der Folge, dass §§ 216 und 242 StGB unberührt bleiben.

2. Völker- und europarechtliche Kriminalisierungsgebote

Aufgrund europäischer Vorgaben (dazu **§ 4 – Strafrecht und Europarecht**) sowie internationaler Abkommen, d.h. völkerrechtlicher Verträge, kann Deutschland verpflichtet sein, bestimmte Rechtsgüter (auch) mit den Mitteln des Strafrechts zu schützen. Es handelt sich dabei um international als schützenswert anerkannte Rechtsgüter, deren Strafrechtsschutz im Interesse internationaler Solidarität bei der Verbrechensbekämpfung liegt.[60] Derartige Kriminalisierungsgebote aufgrund internationaler Abkommen resultieren also aus dem Rechtsprinzip »pacta sunt servanda« (Verträge sind zu erfüllen), das selbstredend auch für völkerrechtliche Verträge gilt. **29**

Beispiele[61]: Haager Übereinkommen zur Bekämpfung der widerrechtlichen Inbesitznahme von Luftfahrzeugen v. 16.12.1970 (siehe § 6 Nr. 3 StGB); Internationales Übereinkommen gegen Geiselnahme v. 17.12.1979.

---

56 So *Arzt* (u.a.), Entwurf eines Gesetzes gegen den Ladendiebstahl, 1974; *Arzt/Weber*, 2000, 13/26; *Roxin*, § 2 Rn. 99, 101.

57 *Baumann/Weber/Mitsch*, § 4 Rn. 17 m.w.N.; siehe auch *Roxin*, § 2 Rn. 132.

58 Offenbar zweifelnd *Jakobs*, 3/10 m.w.N.; bejahend *Roxin*, § 2 Rn. 132.

59 Zu vergleichbaren Einstweiligen Anordnungen – jeweils zum Schwangerschaftsabbruch – siehe: BVerfGE 37, 324 (325 ff.); 86, 391 (393 ff.); 88, 83 (86).

60 S/S/*Eser*, § 6 Rn. 1; BGHSt 27, 30 (33) – zu § 6 Nr. 5 StGB, Rauschgiftkriminalität.

61 Siehe u.a.: S/S/*Eser*, § 6 Rn. 4, 11; *Jescheck/Weigend*, § 18 III 4 mit Fn. 58; *Wilhelmi*, S. 114 ff.

§ 2 Materielles Strafrecht: Kerngebiet der »Gesamten Strafrechtswissenschaft«

I. Untergliederung des materiellen Strafrechts in den Allgemeinen und Besonderen Teil

30 Wenn in diesem Lehrbuch vom »Strafrecht« die Rede ist, so wird damit – dem üblichen Sprachgebrauch folgend[1] – nur das **materielle Strafrecht** bezeichnet. Dieser Begriff lässt sich am besten verdeutlichen, wenn man auf die **Voraussetzungen der Straftat** und auf die **angedrohten Sanktionen** abstellt.[2] Demgemäß ist Strafrecht im materiellen Sinne die Summe aller Rechtsnormen, die sich mit den folgenden zwei Fragen befassen.

Was sind die Voraussetzungen der **Straftat**, d.h. wann liegt ein Verbrechen oder Vergehen vor?

Mit welchen **Rechtsfolgen** (Strafen, Maßregeln der Besserung und Sicherung) kann der Richter auf solche Taten reagieren?

31 Diese positive Erläuterung des materiellen Strafrechts kann man durch eine negative Definition weiter verdeutlichen:

Der Gegenbegriff zum Strafrecht im materiellen Sinne ist der des **Strafprozessrechts**, auch **formelles Strafrecht** genannt.

Das materielle Strafrecht ist in einen Allgemeinen Teil (AT) und einen Besonderen Teil (BT) untergliedert.

1. Allgemeiner Teil (§§ 1-79b StGB)

32 Der Allgemeine Teil des Strafrecht (AT) hat zwei Funktionen: Zum einen regelt er die von den Besonderheiten der einzelnen Straftaten losgelösten allgemeinen Voraussetzungen der Strafbarkeit, z.B.

- Versuch und Rücktritt vom Versuch (§§ 22 ff. StGB);
- Täterschaft und Teilnahme (§§ 25 ff. StGB);
- Strafbarkeit durch Unterlassen (§ 13 StGB).

Zum anderen enthält der AT die generellen Aussagen über die Rechtsfolgen strafbaren Verhaltens, d.h. über Kriminalstrafen (§§ 38 ff. StGB) sowie Maßregeln der Besserung und Sicherung (§§ 61 ff. StGB), z.B.

- Höchstdauer und Mindestmaß der »zeitigen Freiheitsstrafe«, d.h. der nicht lebenslangen Freiheitsstrafe (§ 38 Abs. 2 StGB);
- Verhängung der Geldstrafe nach Tagessätzen und Bestimmung der Höhe eines Tagessatzes (§ 40 StGB).

---

1 *Baumann/Weber/Mitsch*, § 3 Rn. 1; *Roxin*, § 1 Rn. 8.
2 Ebenso u.a.: *Krey*, StPO, Rn. 1; *Wessels/Beulke/Satzger*, Rn. 17.

Demgemäß regelt der AT als »Produkt der Abstraktion alles, was sich von den Voraussetzungen und Folgen strafbaren Handelns **vor die Klammer** der im BT beschriebenen Einzeldelikte **ziehen lässt**«.[3]

2. Besonderer Teil des Strafrechts

Der Besondere Teil enthält die **einzelnen Straftatbestände (Delikte)**, zusammengefasst zu Gruppen mit der gleichen Schutzrichtung, jeweils verbunden mit einer Strafdrohung. Aufgabe des BT ist also zum einen »die Beschreibung und Abgrenzung der einzelnen Deliktstypen«[4], zum anderen die **Normierung der jeweils angedrohten Strafe** nach Art und Umfang.[5] 33

Die einzelnen Strafgesetze wie § 211 StGB (Mord), § 223 StGB (Körperverletzung) etc. bestehen dabei jeweils aus dem **Tatbestand** und der **Rechtsfolge**.

Beispiel: Körperverletzung, § 223 Abs. 1 StGB (i.V.m. § 15 StGB)
»Wer eine andere Person vorsätzlich körperlich misshandelt oder an der Gesundheit schädigt ‹Tatbestand›, *wird mit Freiheitsstrafe bis zu fünf Jahren oder mit Geldstrafe bestraft* ‹Rechtsfolge›.*«*

Der Tatbestand (Straftatbestand) hat erstens die Funktion, fest umrissene Deliktstypen zu formen; er umfasst den Inbegriff der Merkmale, die den jeweiligen Deliktstyp konstituieren.[6]

Zweitens besitzt der Tatbestand eine Auslesefunktion: Nur solche Normverletzungen, die alle Merkmale eines Straftatbestandes erfüllen, können Straftaten sein.

Im BT ist also *abschließend* geregelt, welche Taten Verbrechen oder Vergehen sind.[7]

Der strafrechtliche BT ist in erster Linie im StGB enthalten (§§ 80 ff.). Doch finden sich zahllose weitere Strafvorschriften in den sog. **strafrechtlichen Nebengesetzen**[8], z.B. Betäubungsmittelgesetz (BtMG)[9], Abgabenordnung (AO; Steuerstraftaten), Waffengesetz, Straßenverkehrsgesetz (vgl. § 21 StVG: Fahren ohne Fahrerlaubnis). 34

---

3 *Roxin*, § 1 Rn. 15.

4 *Maurach/Schroeder/Maiwald*, Einleitung, Rn. 1.

5 Nur für Mord (§ 211 StGB) und Völkermord (§ 6 Abs. 1 Nr. 1, Abs. 2 VStGB) droht das Gesetz eine **absolute**, d.h. dem richterlichen Ermessen entzogene **Strafe** (lebenslange Freiheitsstrafe) an. Bei allen anderen Verbrechen und Vergehen normiert das Strafrecht einen **Strafrahmen** (z.B. bei Raub Freiheitsstrafe von 1 Jahr bis zu 15 Jahren, § 249 Abs. 1 i.V.m. § 38 Abs. 2 StGB; in minder schweren Fällen Freiheitsstrafe von 6 Monaten bis zu 5 Jahren, § 249 Abs. 2 StGB).

6 *Roxin*, § 10 Rn. 1, 19 f.; *Wessels/Beulke/Satzger*, Rn. 174 ff.

7 Vgl. zum Gesetzlichkeitsprinzip, Art. 103 Abs. 2 GG, unten Rn. 40 ff.

8 Dieses Nebenstrafrecht ist grundsätzlich keine Prüfungsmaterie in der Ersten Juristischen Staatsprüfung. Umfassende Sammlung mit Kommentierung: *Erbs/Kohlhaas*, Strafrechtliche Nebengesetze (Loseblatt-Ausgabe in 4 Bänden).

9 Vgl. hierzu den Überblick und Lernbeitrag von *Kirmse*, JA 2011, 613.

II. Materielles Strafrecht und Strafverfahrensrecht

35 Das **Strafverfahrensrecht** (Strafrecht im formellen Sinne) dient der Verwirklichung des materiellen Strafrechts und bestimmt, auf welche Weise der staatliche Strafanspruch geltend gemacht werden kann: Es bezeichnet den Inbegriff derjenigen Vorschriften, bei denen es um die Regelungsmaterie Strafprozess geht, d.h. um das **Verfahren, in dem das Vorliegen einer Straftat ermittelt und gegebenenfalls die im Gesetz vorgesehenen Strafen bzw. Maßnahmen festgesetzt und vollstreckt werden.**[10]

Die Differenzierung zwischen dem Strafrecht (im materiellen Sinne) und dem Strafprozessrecht (formelles Strafrecht) besitzt erhebliche rechtliche Relevanz.[11] So gilt etwa das Prinzip »Keine Strafe ohne Gesetz« (nulla poena sine lege) – wie noch darzulegen sein wird (Rn. 64 ff., 97) – nicht im Strafprozessrecht.

III. Sonstige Disziplinen der »Gesamten Strafrechtswissenschaft«

36 Neben Strafrecht und Strafverfahrensrecht gibt es weitere Disziplinen der Kriminalwissenschaften, die zusammen die sog. »Gesamte Strafrechtswissenschaft« bilden. Genannt seien hier insbesondere[12]

- Strafrechtsgeschichte und
- Strafrechtsvergleichung als strafrechtliche Nebengebiete; zudem
- Jugendstrafrecht,
- Strafvollzugsrecht,
- Kriminologie,
- Kriminalistik,
- Gerichtsmedizin
- Forensische Psychiatrie.

37 Gegenstand dieses Lehrbuchs ist allein der Allgemeine Teil des Strafrechts, einschließlich der **Straftatfolgen** (siehe **§ 7**). Dabei wird allerdings das Strafzumessungsrecht (Sanktionenrecht) ausgeklammert.[13]

---

10 *Roxin/Schünemann*, Rn. 1.

11 Eingehend dazu *Krey*, StPO, Rn. 3-13.

12 *Jescheck/Weigend*, § 6.

13 Zum Strafzumessungsrecht siehe: *Jescheck/Weigend*, §§ 70-84, 87 f.; *Baumann/Weber/Mitsch*, §§ 33-35; *Gropp*, § 15 Rn. 1-63; *Brögelmann*, JuS 2002, 903; 1005; *Meier*, JuS 2005, 769; 879.

§ 3 Strafrecht und Verfassungsrecht

I. Keine Strafe ohne Gesetz (nulla poena sine lege)

Fall 4: – Rückwirkungsverbot – 38
Am 1.4.2012 erlässt der Gesetzgeber das »Gesetz zur energischen Bekämpfung der Steuerhinterziehung«. Es enthält u.a. die folgenden Neuregelungen:
a) Die »Leichtfertige Steuerverkürzung« (§ 378 AO), bisher eine bloße Ordnungswidrigkeit, **wird zu einer Straftat (Vergehen) hochgestuft**: An die Stelle der bisherigen Androhung einer Geldbuße tritt jetzt die Androhung von »Freiheitsstrafe bis zu fünf Jahren oder Geldstrafe«.
b) Die vorsätzliche Steuerhinterziehung (§ 370 Abs. 1 AO), bislang ein Vergehen mit der Strafdrohung »Freiheitsstrafe bis zu fünf Jahren oder Geldstrafe«, wird zu einem Verbrechen (§ 12 Abs. 1 StGB) umgewandelt. Dies durch die folgende **Verschärfung der Strafdrohung**: »wird mit Freiheitsstrafe nicht unter einem Jahr bestraft«.

In Art. 3 jenes Gesetzes v. 1.4.2012 wird angeordnet: »Dieses Gesetz tritt am 1.1.2011 in Kraft«. Ist diese Rückwirkung verfassungsmäßig?

In **Fall 4a** geht es um eine rückwirkende **Strafbegründung**. Aus einer Ordnungs- 39
widrigkeit (Rn. 20 ff.) wird durch Änderung des Gesetzes eine Straftat, und zwar ein Vergehen (§ 12 Abs. 2 StGB). Diese Kriminalisierung erfolgt mit Rückwirkung zum 1.1.2011.

In **Fall 4b** handelt es sich um eine rückwirkende **Strafschärfung**. Der alte Strafrahmen betrug »Freiheitsstrafe von einem Monat (§ 38 Abs. 2 StGB) bis zu fünf Jahren oder Geldstrafe«. Der neue Strafrahmen sieht nur noch Freiheitsstrafe vor, und zwar von »einem Jahr bis zu fünfzehn Jahren« (§ 38 Abs. 2 StGB).

Beide rückwirkenden Neuregelungen könnten gegen **Art. 103 Abs. 2 GG** versto- 40
ßen. Diese Verfassungsnorm garantiert das Prinzip »Keine Strafe ohne Gesetz« (nulla poena sine lege) und lautet[1]:

»Eine Tat kann nur bestraft werden, wenn die Strafbarkeit gesetzlich bestimmt war, bevor die Tat begangen wurde.«

1. Zur Entwicklungsgeschichte dieses Verfassungsprinzips[2]

Das Prinzip »Keine Strafe ohne Gesetz« ist eine Frucht des Rechtsdenkens der 41
Aufklärung, wobei neben *Voltaire* (1694-1778) insbesondere ***Montesquieu*** (1689-1755) und *Beccaria* (1738-1794) hervorzuheben sind. Bei ihnen findet sich die Idee des Gesetzesstaates, verbunden mit der Vorstellung vom Gesetz als Garanten bürgerlicher Freiheit, als Schutz vor behördlicher oder richterlicher Willkür.

1 § 1 StGB hat denselben Wortlaut wie Art. 103 Abs. 2 GG. Letztere Vorschrift ist aber entscheidend, da sie alle drei Staatsgewalten bindet, d.h. Exekutive, Rechtsprechung und Legislative (Art. 20 Abs. 3 GG).

2 Die folgende Darstellung enthält nur wenige knappe Hinweise. Eingehende Erörterung bei: *Krey*, Keine Strafe ohne Gesetz, und *Schreiber*, Gesetz und Richter.

Insbesondere im Strafrecht sollte nicht die Macht der Strafrichter herrschen, sondern das Gesetz.[3]

42 In der berühmten Bill of Rights des Staates Virginia v. 1776 (u.a. nordamerikanischen Verfassungen aus jener Zeit) findet sich in Art. 8 die Formulierung:

»... that no man be deprived of his liberty except ***by the law of the land or the judgement of his peers****«*.[4]

Ob hier schon der Satz »Keine Strafe ohne Gesetz« (nulla poena sine lege) so verankert war wie in der Französischen Menschenrechtserklärung v. 1789[5], ist strittig, richtiger Ansicht nach jedoch zu verneinen.[6]

Dasselbe gilt für den 5. Artikel der Amendments (Zusätze) v. 1791 zur US-Verfassung (1787), der postulierte:

»No person shall ... be deprived of life, liberty or property without ***due process of law****«*.

Auch hier dürfte das Prinzip »nulla poena sine lege« noch nicht im heutigen Sinne als Forderung nach einer ausdrücklichen Strafdrohung im **Gesetz** (statute law) enthalten sein. Indes findet sich in den amerikanischen Verfassungen des 18. Jahrhunderts die erste gesetzliche Verankerung des strafrechtlichen **Rückwirkungsverbots**. Die Verfassung des Staates Maryland v. 1776 statuierte in Art. 15:

»That retrospective laws, punishing facts committed before the existence of such laws, and by them only declared criminal, are oppressive, unjust and incompatible with liberty; wherefore no ex post facto law ought to be made«.

Auch die US-Verfassung v. 1787 normierte in Art. 1 (Section 9 »Limits of Congress«, § 3) für Bundesgesetze und für Gesetze der Einzelstaaten (states) ein Rückwirkungsverbot:

»No bill of attainder or ex post facto law shall be passed«.

43 Die Forderung der Aufklärer (*Montesquieu* u.a.) nach Herrschaft geschriebener Gesetze anstelle von Richterrecht und richterlicher Willkür – also speziell für das Strafrecht das Postulat »nulla poena sine lege« – fand in der Französischen Menschenrechtserklärung v. 1789 ihren ersten eindeutigen und umfassenden Ausdruck. Art. 7 und 8 der »Déclaration des Droits de l'homme et du citoyen« verkündeten:

Art. 7: »Null homme ne peut être accusé, arrêté ni détenu que dans les cas déterminés par la loi et selon les formes, qu'elle a prescrites ...«

---

3 Dazu m.w.N. *Krey*, Keine Strafe ohne Gesetz, Rn. 13, 38, 53, 73, 87.

4 Jene Verfassungsnorm ist stark beeinflusst durch die englische Magna Carta Libertatum v. 1215; dazu *Krey*, Keine Strafe ohne Gesetz, Rn. 40 f.; *Schreiber*, S. 52, 65.

5 Auch das StGB Kaiser Joseph II von Österreich (»Josephina«) v. 1787 und das Preußische Allgemeine Landrecht (ALR) v. 1794 hatten schon das Prinzip »Keine Strafe ohne Gesetz« normiert; dazu m.w.N. *Krey*, Keine Strafe ohne Gesetz, Rn. 14, 39, 74, 88, zudem 55.

6 Dazu m.w.N.: *Krey*, Keine Strafe ohne Gesetz, Rn. 40 f.; *Schreiber*, S. 62 ff., 66 f., 73 m.w.N.

Art. 8: »*La loi ne doit établir, que des peines strictement et évidemment nécessaires, et nul ne peut être puni qu'en vertue d'une loi établie et promulguée antérieurement au délit et légalement appliquée.*«[7]

Im Jahre 1801 hat dann der deutsche Strafrechtswissenschaftler *Anselm von Feuerbach* für den Satz »Keine Strafe ohne Gesetz« die klassische, weltweit bekannte Formulierung **»nulla poena sine lege«** geprägt. *Von Feuerbach* war es auch, der mit dem von ihm ausgearbeiteten StGB für das Königreich Bayern v. 1813 entscheidend zur Anerkennung des »nulla poena sine lege-Prinzips« im Deutschland des 19. Jahrhunderts beitrug.[8] **44**

Für die Durchsetzung des Prinzips »Keine Strafe ohne Gesetz« in Deutschland während des 19. Jahrhunderts ist neben dem **freiheitlich-rechtsstaatlichen Postulat »Schutz des Bürgers vor richterlicher Willkür«** auch demokratisches Gedankengut verantwortlich: **45**

Die Verfassungsbewegung (sog. **Konstitutionalismus**) zielte auf eine demokratische Beschränkung der monarchischen Macht der Könige und sonstiger Landesfürsten ab, und zwar im Wege der Beteiligung des Volkes an der Gesetzgebung durch die Mitwirkung von Parlamenten.

Eingriffe des Staates in Freiheit und Eigentum, also insbesondere Verurteilungen zu Kriminalstrafe, sollten nur aufgrund von Gesetzen erfolgen; diese Gesetze sollten durch die Mitwirkung von Volksvertretern demokratisch legitimiert werden.[9]

Bei der Schaffung des StGB für das Deutsche Reich v. 1871 hatten sich jene rechtsstaatlichen und demokratischen Ideen in erheblichem Umfang durchgesetzt. Demgemäß verstand es sich praktisch von selbst, dass diese Kodifikation das »nulla poena sine lege-Prinzip« anerkannte (§ 2 Abs. 1, heute: § 1 StGB), und zwar mit Wirkung für das gesamte Deutsche Reich.

Verfassungsrang erhielt der Satz »Keine Strafe ohne Gesetz« in Deutschland aber erst im Jahre 1919. Art. 116 der Verfassung des Deutschen Reiches v. 1919 (Weimarer Verfassung) garantierte jenen Satz mit praktisch derselben Formulierung wie heute Art. 103 Abs. 2 GG.[10] **46**

Die Zeit des Nationalsozialismus (1933-1945) bewirkte dann eine praktisch vollständige Preisgabe aller rechtsstaatlich-liberalen und demokratischen Errungenschaften, die sich in Deutschland seit der Aufklärung durchgesetzt hatten. Diese **47**

7 Art. 7: »Niemand darf angeklagt, verhaftet oder in Haft gehalten werden, außer in den vom Gesetz bestimmten Fällen und gemäß den vom Gesetz vorgeschriebenen Formen.«
Art. 8: »Das Gesetz darf nur wirklich notwendige Strafen anordnen, und niemand darf bestraft werden, außer aufgrund eines vor der Tat erlassenen u. verkündeten Gesetzes.«

8 Dieses StGB statuierte in § 1 den Satz »Keine Strafe ohne Gesetz«. Hierzu m.w.N. *Krey*, Keine Strafe ohne Gesetz, Rn. 17 f., 43, 57 f., 77 f., 90 f.

9 Siehe *Krey*, Keine Strafe ohne Gesetz, Rn. 19, 92; *Schreiber*, S. 162 ff.

10 Zu Art. 116 WRV siehe *Krey*, Keine Strafe ohne Gesetz, Rn. 23, 45, 62, 81, 94 m.w.N.

Preisgabe hatte auch die Auflösung der Gesetzesherrschaft im Strafrecht zur Folge: Das Prinzip »nulla poena sine lege« wurde aufgegeben.[11]

48 Nach Beendigung der nationalsozialistischen Diktatur im Jahr 1945 kam es mit Hilfe der Besatzungsmächte zum Wiederaufbau von Rechtsstaatlichkeit und Demokratie in Westdeutschland. Dieser Wiederaufbau fand seinen Ausdruck in der Deutschen Verfassung vom 23.5.1949, dem »**Grundgesetz** für die Bundesrepublik Deutschland« (GG). Diese Verfassung hat in ihrem **Art. 103 Abs. 2** erneut das »nulla poena sine lege-Prinzip« verankert.

2. Rückwirkungsverbot, Verbot von Gewohnheitsrecht, Analogieverbot und Verbot zu unbestimmter Strafgesetze als Einzelprinzipien

49 Der Satz »nulla poena sine lege« beinhaltet nach deutschem Rechtsverständnis, das sich dabei im Rahmen kontinentaleuropäischer Rechtstradition bewegt, vier Einzelprinzipien:[12]

- das Verbot strafbegründender bzw. strafschärfender **Rückwirkung** von Gesetzen,[13]
- das Verbot strafbegründenden bzw. strafschärfenden **Gewohnheitsrechts**,
- das Verbot strafbegründender bzw. strafschärfender **Analogie** (Normanwendung, die vom **Gesetzestext** nicht mehr gedeckt wird),
- das Verbot zu unbestimmter Strafgesetze **(Bestimmtheitsgebot)**.

Diese vier Einzelprinzipien sollen im Folgenden näher dargelegt werden.

50 Zuvor ist freilich noch eine terminologische Klarstellung geboten: Der Gesetzesvorbehalt im Strafrecht, d.h. die Notwendigkeit einer ausdrücklichen Normierung von Strafbarkeit und Strafe im Gesetz (statute law), wird vielfach auch mit der Formulierung umschrieben: »Keine Straftat, keine Strafe ohne Gesetz« (»nullum crimen, nulla poena sine lege«).[14] Gelegentlich wird auch nur die Umschreibung gewählt: »nullum crimen sine lege«.

Die letztere Definition ist jedoch zu eng. Sie könnte zu dem Fehlschluss verleiten, gesetzlich bestimmt brauche nur die Straftat zu sein, nicht die Androhung der Strafe. Ungeachtet seiner mehrdeutigen sprachlichen Fassung (Strafbarkeit statt Strafe) garantiert Art. 103 Abs. 2 GG den Satz **»Keine Straftat ohne Gesetz«** und das

11 Zum Vorstehenden eingehend und m.w.N. *Krey*, Keine Strafe ohne Gesetz, Rn. 24-32, 46, 63, 82, 95; im historischen Kontext *Kalmbach*, JZ 2015, 814-819.

12 Siehe m.w.N. *Krey*, Keine Strafe ohne Gesetz, Rn. 106 ff.; *Krey*, ZStW 101 (1989), 838 (841); *Brodowski*, JuS 2012, 892 (893 ff.) zugleich mit einigen Grundfällen zu den Justizgrundrechten.

13 Dieses Verbot hat der Gesetzgeber in Fall 4a und 4b (Rn. 38) verletzt.

14 *Baumann/Weber/Mitsch*, § 9 Rn. 1, 3, 24; *Roxin*, § 5 Rn. 2, 4 ff.; *Fischer*, § 1 Rn. 1.

Postulat **»Keine Strafe ohne Gesetz«**, enthält also das Prinzip »nullum crimen, nulla poena sine lege«.[15]

Gleichwohl kann es hier und im Folgenden grundsätzlich mit der altehrwürdigen Kurzfassung »Keine Strafe ohne Gesetz« **(nulla poena sine lege)** sein Bewenden haben. Denn in ihr ist das Postulat »Keine Straftat ohne Gesetz« letztlich mit enthalten: Gemeint ist die gesetzlich angedrohte Strafe für eine Straftat. 51

3. Das strafrechtliche Rückwirkungsverbot

a) Grundgedanke

Dieses Verbot hat zunächst eine rechtsstaatliche Wurzel: Es soll Rechtssicherheit und den Schutz der Bürger vor gesetzgeberischer Willkür ex post garantieren.[16] Daneben gibt es für das Rückwirkungsverbot auch eine spezifisch strafrechtliche Wurzel; es lässt sich auch auf die generalpräventive Funktion des Strafrechts zurückführen:[17] Strafnormen können der Natur der Sache nach nicht rückwirkend rechtstreues Verhalten determinieren. 52

b) Verbot strafbegründender und strafschärfender Rückwirkung

Grundsätzlich gilt für die Anwendung von Gesetzen durch den Richter: Maßgeblich ist das zur Zeit seiner Entscheidung geltende Recht.[18] Dieser Grundsatz dominiert insbesondere auch im Prozessrecht.[19] Von jenem Grundsatz macht Art. 103 Abs. 2 GG für Gesetze eine Ausnahme, die strafbegründend oder strafschärfend sind: 53

(1) Verbot **strafbegründender** Rückwirkung

Dieses Verbot ist in **Fall 4a** (Rn. 38 f.) verletzt. Die Kriminalisierung eines bisher straflosen Verhaltens erfolgte mit Rückwirkung und verstieß insoweit gegen Art. 103 Abs. 2 GG. Dieser Verstoß begründet die Nichtigkeit der fraglichen Rückwirkungsanordnung.[20] 54

Strafbegründende Gesetze, für die das Rückwirkungsverbot gemäß Art. 103 Abs. 2 GG gilt, sind nicht nur solche, die neue Straftatbestände normieren. Vielmehr ist ein Gesetz auch dann strafbegründend, wenn es

– **Bestehende Straftatbestände ausweitet.**

Beispiel: § 226 Abs. 1 Nr. 2 StGB hat 1998 als neue Qualifikation den Verlust der Gebrauchsfähigkeit eines wichtigen Gliedes des Körpers eingefügt. Die frühere Fassung

---

15 Heute (fast) unstrittig; so für alle und m.w.N.: BVerfGE 25, 269 (285); BGHSt 18, 136 (139 f.); *Krey*, Gesetzesvorbehalt, S. 215-218; *Roxin*, § 5 Rn. 4-6.

16 Dazu *Krey*, Keine Strafe ohne Gesetz, Rn. 126 m.w.N.; *Roxin*, § 5 Rn. 51 mit § 5 Rn. 19. *Jakobs* spricht von Willkürschutz und Objektivitätsgarantie (4/2, 9, 57).

17 *Krey*, Keine Strafe ohne Gesetz, Rn. 127 m.w.N.; *Roxin*, § 5 Rn. 51 mit § 5 Rn. 22 f.; *Schünemann*, Nulla poena sine lege?, S. 11 ff., 24.

18 *Baumann/Weber/Mitsch*, § 9 Rn. 21.

19 BGHSt 26, 288 (289); *Pföhler*, Rn. 97 f., 148, 1024, 1033; *Roxin*, § 5 Rn. 57.

20 Zur Anrufung des BVerfG im Falle der Nichtigkeit von Gesetzen siehe Art. 93 Abs. 1 Nr. 2 GG, Art. 100 GG und Art. 93 Abs. 1 Nr. 4a GG mit §§ 90 ff. BVerfGG.

der Schweren Körperverletzung (§ 224 Abs. 1 StGB a.F.) hatte nur den Verlust eines wichtigen Gliedes des Körpers erfasst.[21]

– **Rechtfertigungsgründe** wie »Züchtigungsrecht der Eltern«[22] **oder Entschuldigungsgründe** wie »Überschreitung der Notwehr« (§ 33 StGB) **aufhebt oder einengt**.[23]

Demgemäß lässt sich feststellen: Strafbegründende Gesetze, für die das Rückwirkungsverbot gilt, sind alle Normen des materiellen Rechts, die eine Neukriminalisierung zur Folge haben.

(2) Verbot **strafschärfender** Rückwirkung

55 Dieses Verbot ist in **Fall 4b** (Rn. 38-39) verletzt. Eine Strafschärfung liegt dabei erstens in dem Wegfall der milderen Geldstrafe als Alternative zur Freiheitsstrafe, zweitens in der Anhebung des Mindestmaßes der angedrohten Freiheitsstrafe und drittens in der höheren Obergrenze dieser Strafe. Art. 103 Abs. 2 GG gilt auch für die angedrohte Strafe (Rn. 50).

c) Kein Rückwirkungsverbot bei Gesetzen zugunsten des Täters

– Rückwirkungs**gebot** des § 2 Abs. 3 StGB –

56 Rechtsnormen, die eine gesetzlich angedrohte Strafe mildern, fallen naturgemäß nicht unter das Rückwirkungsverbot des Art. 103 Abs. 2 GG. Dasselbe gilt erst Recht für Gesetze, die eine bestehende Strafbarkeit aufheben (Entkriminalisierung), z.B. durch

- Streichung von Straftatbeständen;
- Restriktion solcher Tatbestände;
- Schaffung neuer oder Extension bestehender Rechtfertigungsgründe bzw. Entschuldigungsgründe.

Für solche Gesetzesänderungen **zugunsten** des Täters enthält § 2 Abs. 3 StGB ein Rückwirkungs**gebot**, das sich an den Richter wendet.[24]

57 Diese sog. **»lex mitior-Klausel«** (d.h. Vorrang des milderen Gesetzes) ist wie auch § 2 Abs. 1 StGB missverständlich formuliert.[25]

§ 2 Abs. 1 StGB ordnet für Strafen (und ihre Nebenfolgen[26]) die Anwendbarkeit des zur Tatzeit geltenden Rechts an. Diese Vorschrift konkretisiert das strafrecht-

---

21 Zu dieser Neuregelung des StGB v. 1.4.1998 siehe *Krey/Hellmann/Heinrich*, BT/1, Rn. 276.

22 Ob (und wie weit) die Neufassung des § 1631 Abs. 2 BGB v. 2.11.2000 das elterliche Recht zur angemessenen Züchtigung aufgehoben hat, ist strittig. Siehe Rn. 684 sowie u.a. *Krey/Hellmann/Heinrich*, BT/1, Rn. 344; *Lackner/Kühl*, § 223 Rn. 11 f.; *Wessels/Beulke/Satzger*, Rn. 592 f.

23 Vgl. *Roxin*, § 5 Rn. 55.

24 Zur grund- und menschenrechtlichen Absicherung dieses Grundsatzes vgl. explizit Art. 15 Abs. 1 Satz 3 IPBPR und Art. 49 Abs. 1 S. 3 der Charta der Grundrechte der Europäischen Union (GrCH).

25 Siehe u.a.: *Jakobs*, 4/52, 68; *Roxin*, § 5 Rn. 62.

26 Gemeint sind das Fahrverbot als (einzige) Nebenstrafe (§ 44 StGB; Rn. 174) und Nebenfolgen mit strafähnlichem Charakter (z.B. Bekanntmachung der Verurteilung gemäß §§ 165, 200 StGB); *Lackner/Kühl*, § 2 Rn. 1 mit § 1 Rn. 8.

liche Rückwirkungsverbot des Art. 103 Abs. 2 GG, gilt also nur für strafbegründende und strafschärfende Vorschriften.[27]

§ 2 Abs. 3 StGB meint mit »mildestem Gesetz« nicht nur solche, die eine bestehende Strafbarkeit beibehalten und allein die Strafe mildern. Vielmehr gilt diese »lex mitior-Klausel« erst Recht, wenn vor der Entscheidung des Strafgerichts die zur Tatzeit bestehende Strafbarkeit aufgehoben wird (Entkriminalisierung).[28] Denn selbstredend ist auch ein Gesetz, das eine solche Entkriminalisierung anordnet, »milder« als das Tatzeitrecht. **58**

Beispiel: War zur Tatzeit der Ehebruch eine Straftat, wird die betreffende Strafvorschrift aber vor der Entscheidung des Gerichts aufgehoben[29], so bleibt der Täter gemäß § 2 Abs. 3 StGB straflos: Jenes Aufhebungsgesetz ist das mildere.

§ 2 Abs. 3 StGB beruht letztlich auf folgendem Grundgedanken: Wird ein zur Tatzeit geltendes Strafgesetz später aufgehoben oder gemildert, so bringt diese Gesetzesänderung zum Ausdruck, dass der Gesetzgeber das Tatzeitrecht nicht mehr für angemessen hält. Daher würde eine Anwendung dieses Tatzeitrechts der gesetzlichen Bewertung solcher Taten zur Zeit des gerichtlichen Urteils widersprechen.[30] **59**

Demgemäß geht es bei § 2 Abs. 3 StGB im Grunde um ein **rechtsstaatliches** Postulat, um die Vermeidung von – aus heutiger Sicht – unnötigen bzw. unnötig strengen Strafen.

Es ist daher sachgerecht, dass § 2 Abs. 3 StGB auch noch vom Revisionsgericht berücksichtigt werden muss (§ 354a StPO), sofern mit der Revision die Verletzung materiellen Rechts gerügt wird, d.h. das Urteil nicht nur wegen der Verletzung einer Norm des Strafprozessrechts angefochten wird.[31]

§ 2 Abs. 3 StGB gilt im Übrigen auch für mildere **»Zwischengesetze«**: **60**

Ist die Tat zwar nach dem Recht der Tatzeit und dem zur Zeit der Entscheidung geltenden Recht strafbar, war sie aber **zwischenzeitlich** vom Gesetzgeber entkriminalisiert worden, so kann sie gemäß § 2 Abs. 3 StGB *nicht* bestraft werden.

War die angedrohte Strafe nach der Tatbegehung gesetzlich gemildert worden, so bleibt diese Milderung maßgeblich, auch wenn zur Zeit der Entscheidung des Gerichts wieder die ursprüngliche strengere Strafdrohung gilt.[32]

27 S/S/*Eser*/*Hecker*, § 2 Rn. 1, 3 f.
28 *Jescheck*/*Weigend*, § 15 IV 5; *Roxin*, § 5 Rn. 55.
29 Die Strafbarkeit des Ehebruchs wurde 1969 beseitigt (*Jescheck*/*Weigend*, § 11 IV 2 e).
30 *Jakobs*, 4/51; *Roxin*, § 5 Rn. 62.
31 BGHSt 26, 94; BGH NStZ-RR 2008, 342; OK-StGB/*v. Heintschel-Heinegg*, § 2 Rn. 5; *Fischer*, § 2 Rn. 12 m.w.N.; h.M.
32 BGHSt 39, 353 (370); *Jakobs*, 4/68; *Roxin*, § 5 Rn. 63; MK/*Schmitz*, § 2 Rn. 23.

d) »Zeitgesetze«: § 2 Abs. 4 StGB als Ausnahme vom Rückwirkungsgebot des § 2 Abs. 3 StGB

61 **Fall 5:** Infolge schwerer internationaler Krisen kommt es im Winter 2015/2016 zu katastrophalen Mängeln an Heizöl, Dieselkraftstoff und Benzin. Um die Versorgung mit Heizöl sicherzustellen, erlässt der Gesetzgeber am 1.12.2015 ein »Gesetz zur Behebung der Not auf dem Energiesektor«. In diesem Gesetz wird der Verkauf von Heizöl und Dieselkraftstoff (der auch als Heizöl verwendet werden kann) staatlich reglementiert. Zur Verhinderung der Entstehung eines Schwarzmarktes wird der staatlich nicht genehmigte private Verkauf von Heizöl und Diesel unter Strafdrohung verboten. Jenes Gesetz wird zunächst für die Monate Dezember 2015 bis Februar 2016 in Kraft gesetzt. Im Februar 2016 endet die vorgenannte Krise, so dass sich der Energiemarkt rasch wieder normalisiert. Demgemäß wird das Gesetz mit Wirkung zum 1.3.2016 aufgehoben.

A hat im Januar 2016 durch Schwarzmarktgeschäfte mit Heizöl und Diesel gegen das »Gesetz zur Behebung der Not auf dem Energiesektor« verstoßen und dadurch eine vorsätzliche Straftat begangen. Als die Staatsanwaltschaft gegen ihn ermittelt, meint sein Verteidiger, gemäß § 2 Abs. 3 StGB sei mit der Aufhebung dieses Gesetzes die Strafbarkeit des A entfallen. Was ist von dieser Ansicht zu halten?

62 Der Strafverteidiger irrt: Vom dargelegten Rückwirkungs**gebot** des § 2 Abs. 3 StGB macht § 2 Abs. 4 S. 1 StGB für sog. **Zeitgesetze** eine Ausnahme:

»Ein Gesetz, das nur für eine bestimmte Zeit gelten soll, ist auf Taten, die während seiner Geltung begangen sind, auch dann anzuwenden, wenn es außer Kraft getreten ist.«

Grundgedanke dieser Regelung ist, dass der Wegfall des Zeitgesetzes nicht auf einer veränderten kriminalpolitischen Bewertung des Gesetzgebers beruht, sondern nur auf einer Änderung der wirtschaftlichen (oder anderer tatsächlicher) Umstände.[33] Aus der Sicht des Gesetzgebers sind **Schwarzmarktgeschäfte in Notzeiten** noch immer strafwürdig und strafbedürftig; es ist lediglich die ökonomische Notwendigkeit für die weitere Bewirtschaftung des Energiemarktes entfallen.

Zeitgesetze sind »Notgesetze« zur Bekämpfung von (drohenden) Hungersnöten, Energiemangel, Seuchengefahr etc.[34] Sie gelten für eine kalendermäßig oder in anderer Weise beschränkte Zeit. Nach h.A. sind Zeitgesetze nicht nur solche, bei denen ihr Außer-Kraft-Treten **ausdrücklich** bestimmt ist **(Zeitgesetze im engeren Sinne)**. Nach anderer Ansicht soll es genügen, dass das Gesetz auch ohne solche ausdrückliche Befristung »seiner Natur nach zeitbedingt ist«, d.h. von vornherein mit Rücksicht auf außergewöhnliche Verhältnisse nur für deren Dauer Geltung haben soll **(Zeitgesetz im weiteren Sinne)**.[35]

De lege ferenda sollte aus Gründen der Rechtssicherheit ein Zeitgesetz ausdrücklich als solches bezeichnet werden; insoweit ist eine gesetzgeberische Klarstellung durch Änderung des § 2 Abs. 4 StGB geboten.

---

33 *Roxin*, § 5 Rn. 66.

34 *Baumann/Weber/Mitsch*, § 9 Rn. 50.

35 BGHSt 18, 12 (14 f.); *Jescheck/Weigend*, § 15 IV 6; kritisch *Jakobs*, 4/65.

Im vorliegenden Fall handelt es sich bei dem aufgehobenen Gesetz um ein Zeitgesetz i.S.d. § 2 Abs. 4 StGB. Demgemäß wird die Strafbarkeit des A durch die Aufhebung jener Strafvorschrift gegen Schwarzmarktgeschäfte nicht berührt.

Resümee: Bei Zeitgesetzen wie dem »Notgesetz« in Fall 5 verbleibt es bei ihrer **63** Geltung als Tatzeitrecht gemäß § 2 Abs. 1 StGB, auch wenn sie außer Kraft getreten sind.

Der in § 2 Abs. 3 StGB normierte grundsätzliche Vorrang des milderen Gesetzes (Rn. 56 ff.) besteht wegen der Ausnahmeregelung des § 2 Abs. 4 S. 1 StGB bei solchen nur für eine bestimmte Zeit geltenden Gesetzen nicht.

e) Keine Geltung des Rückwirkungsverbots im Strafprozessrecht

Fall 6: – Rückwirkende Verlängerung von Verjährungsfristen und rückwirkende Aufhebung der Verjährung –[36] **64**

Im Hinblick auf die Strafverfolgung von Verbrechen der **Nazi-Diktatur** (1933-1945) hat der Gesetzgeber zunächst 1965 und 1969 die Verjährungsfristen für Mord rückwirkend verlängert und dann 1979 die Verjährung für Mord rückwirkend aufgehoben. Dabei wurden von jener Rückwirkung **bereits verjährte Taten** ausgenommen.[37]

Waren jene Gesetze mit Art. 103 Abs. 2 GG vereinbar?

(1) Rechtsprechung und h.L. bejahen diese Frage[38], und zwar zu Recht. **65**

(a) Das strafrechtliche Rückwirkungsverbot gilt nach seiner Entwicklungsgeschichte[39] und dem Wortlaut des Art. 103 Abs. 2 GG (»Strafbarkeit«) nicht im Strafprozessrecht, sondern allein im materiellen Strafrecht.[40]

Die vereinzelt vertretene Gegenmeinung[41] läuft auf eine **Gesetzeskorrektur** (Rechtsfindung contra legem) des Art. 103 Abs. 2 GG hinaus, da sie den klaren Wortlaut und Sinn dieser Vorschrift missachtet: Art. 103 Abs. 2 GG garantiert den Satz »nullum crimen, nulla poena sine lege« (keine Straftat, keine Strafe ohne Gesetz) – Rn. 50 –, hat aber keinerlei Relevanz für das Strafprozessrecht.

Im Übrigen ist jene Gegenmeinung auch **disfunktional**: Denn für das Prozessrecht im Allgemeinen und das Strafprozessrecht im Besonderen ist auf Grund der Natur

36 Siehe auch *Krey*, StPO, Rn. 3-5 m.w.N.; grundlegend *Pföhler*, Rn. 35-148, 149 ff., 990 ff. mit Rn. 13 ff. Die Verjährung wird in Rn. 68 noch ausführlicher behandelt.

37 Siehe bei *Pföhler*, Rn. 55 ff., 62, 64, 73 ff., 79 ff.

38 So u.a.: BGHSt 2, 300 (305 ff.); 4, 379 (384 f.); BVerfGE 25, 269 (285 ff.); BVerfG NStZ 1994, 480; *Krey*, StPO, Rn. 3 f.; *Maurach/Zipf*, § 12 Rn. 6; *Pföhler*, Rn. 13 ff., 35 ff., 149 ff., 990 ff., 1018 ff.; *Roxin*, § 5 Rn. 57, 60. Abweichend u.a. *Jakobs*, 4/9 m.w.N.

39 Grundlegend *Pföhler*, Rn. 185-989 m.w.N.

40 BGHSt 46, 310 (317 f.); BVerfGE 25, 269 (284-287); 81, 132 (135); BVerfG NStZ 2000, 251; davon geht auch BVerfGE 39, 156 (166 ff.) aus (Fall der Rückwirkung der §§ 137, 146 StPO i.d.F. v. 1.1.1975).

41 So namentlich: *Jakobs*, 4/9, 57; *Schreiber*, S. 220; *ders.*, ZStW 80 (1968), 348 (365); differenzierend etwa *Roxin*, § 5 Rn. 57, 60.

der Sache die prinzipielle Anwendbarkeit des zur Zeit des Prozesses geltenden Verfahrensrechts charakteristisch.[42]

66 Dass es aufgrund des rechtsstaatlichen Prinzips des Vertrauensschutzes ausnahmsweise auch für Normen des Prozessrechts ein Rückwirkungsverbot geben kann[43]

– namentlich in Fällen **echter** Rückwirkung (d.h. der Rückwirkung auf **abgeschlossene Lebenssachverhalte**) –[44],

hat nichts mit dem strafrechtlichen Rückwirkungsverbot des Art. 103 Abs. 2 GG zu tun, sondern beruht auf dem Verfassungsprinzip der Rechtsstaatlichkeit (Art. 20 Abs. 3, Art. 23 Abs. 1 S. 1, Art. 28 Abs. 1 S. 1 GG) in seiner Ausprägung als Prinzip der Rechtssicherheit.

67 **Beispiel** für das (grundsätzliche) Verbot solcher »echten« Rückwirkung:

Die Verlängerung von Verjährungsfristen und die Aufhebung der Verjährung[45] sind nur bei noch nicht eingetretener Verjährung möglich, dagegen nicht bei schon verjährten Verbrechen. Das ergibt sich nicht aus der Spezialvorschrift des Art. 103 Abs. 2 GG, sondern aus dem allgemeinen rechtsstaatlichen Prinzip des Vertrauensschutzes.[46]

68 (b) Die Verjährung ist ungeachtet ihrer Regelung im StGB (§§ 78 ff.) ein **strafprozessuales** Rechtsinstitut.[47] Bei ihr geht es nicht um die materiellrechtliche Frage: Wann liegt eine Straftat vor und welche Rechtsfolgen (Strafen bzw. Maßregeln der Besserung und Sicherung) können verhängt werden? Vielmehr betrifft die Regelungsmaterie Verjährung lediglich die Frage, wie lange eine strafbare Tat verfolgt werden kann.[48]

Die Verjährung der Tat begründet ein **Verfolgungshindernis** (Verfahrenshindernis), die Nichtverjährung der Tat ist Verfolgungsvoraussetzung (Prozessvoraussetzung); Prozessvoraussetzungen und -hindernisse sind genuin verfahrensrechtlicher Natur.

---

42 Siehe bereits Rn. 53. BGHSt 26, 288 (289): »Dass neue Vorschriften des Verfahrensrechts von ihrem Inkrafttreten an auch für bereits anhängige Verfahren gelten, ist eine Selbstverständlichkeit«; ebenso BVerfGE 24, 33 (55 a.E.); 65, 76 (97 a.E. f.).

43 Dazu BVerfGE 25, 269 (289 a.E., 291); 39, 156 (166-168); 63, 343 (358 a.E. ff.).

44 Hierzu u.a.: BVerfGE 25, 269 (289 a.E., 291); 39, 156 (166-168); 63, 343 (358 a.E. ff.); *Krey*, Parallelitäten, S. 149 f.; *Rensmann*, JZ 1999, 168 ff. – Siehe ergänzend Rn. 67.

45 § 78 Abs. 2 StGB: »Verbrechen nach § 211 (Mord) verjähren nicht.« § 5 VStGB: »Die Verfolgung von Verbrechen nach diesem Gesetz (…) verjähren nicht.«

46 BVerfGE 25, 269; 63, 343.

47 BGHSt 46, 310 (317 f.); BVerfGE 25, 269 (284 a.E. ff.); BVerfG NStZ 2000, 251; *Maurach/Zipf*, § 12 Rn. 6; *Pföhler*, Rn. 13 ff. m.w.N; S/S/*Sternberg-Lieben/Bosch*, Vor § 78 Rn. 3. Sehr str.; abweichend u.a. *Lackner/Kühl*, § 78 Rn. 1 m.w.N.

48 BVerfGE 25, 269; BGHSt 50, 138 (139).

(2) Ergebnis: Art. 103 Abs. 2 GG gilt nicht für die Normen über die Verjährung.[49]

Daher ist auch die nach der deutschen Wiedervereinigung (1990) erfolgte Verlängerung von Verjährungsvorschriften im Hinblick auf die Strafverfolgung von Verbrechen der SED-Diktatur (d.h. des kommunistischen Regimes der ehemaligen DDR)[50] verfassungskonform.

Die Vorschriften über den **Strafantrag** (§§ 77 ff., 123 Abs. 2, 194, 205 StGB etc.) **69**
sind ihrer Natur nach ebenfalls Strafprozessrecht und fallen nicht in den Anwendungsbereich des strafrechtlichen Rückwirkungsverbots (Art. 103 Abs. 2 GG).[51]

f) Rückwirkungsverbot für Maßregeln der Besserung und Sicherung?

Neben **Kriminalstrafen** (Geldstrafe und Freiheitsstrafe als Hauptstrafen; Fahrver- **70**
bot als Nebenstrafe), die an die Schuld des Täters anknüpfen (§ 46 Abs. 1 StGB)[52], gibt es **Maßregeln der Besserung und Sicherung** (§§ 61 ff. StGB). Letztere verlangen keine schuldhafte Tat, sondern lassen rechtswidrige Taten, die einen Straftatbestand erfüllen (§ 11 Abs. 1 Nr. 5 StGB), genügen. Grundlage der Maßregeln ist also nicht die Schuld; vielmehr geht es um die Gefährlichkeit des Täters.[53]

Beispiele für Maßregeln der Besserung und Sicherung sind u.a.

- Unterbringung in einem psychiatrischen Krankenhaus (§§ 61 Nr. 1, 63, 67 ff. StGB);
- Sicherungsverwahrung (§§ 61 Nr. 3, 66 StGB);[54]
- Entziehung der Fahrerlaubnis (§§ 61 Nr. 5, 69-69b StGB).

Dieses Nebeneinander von Strafe und Maßregel nennt man **»Zweispurigkeit« des Sanktionensystems**.

Nach h.A. gilt das Rückwirkungsverbot des Art. 103 Abs. 2 GG nur für Strafen, **71**
nicht für Maßregeln der Besserung und Sicherung, denn letztere sind keine Kriminalstrafen, werden also von Wortlaut und Sinn des Art. 103 Abs. 2 GG (»Strafbarkeit«) nicht erfasst.[55] Davon geht auch der Gesetzgeber aus; **§ 2 Abs. 6 StGB** ordnet an:

»Über Maßregeln der Besserung und Sicherung ist, wenn gesetzlich nichts anderes bestimmt ist, stets nach dem Gesetz zu entscheiden, das zur Zeit der Entscheidung gilt.«

---

49 Allerdings knüpft § 78 Abs. 3 StGB die Länge der Verjährungsfrist an das Höchstmaß der vom jeweiligen Straftatbestand vorgesehenen Strafe an, so dass im Einzelfall bei einer Veränderung der Strafdrohung gem. § 2 Abs. 3 StGB das mildeste Gesetz und mit ihm die kürzere Verjährungsfrist Anwendung finden kann. So BGHSt 50, 138 (141 f.).

50 Vgl. *Baumann/Weber/Mitsch*, § 9 Rn. 29 ff.

51 BGHSt 20, 22 (47); 46, 310 (317 f.); *Maurach/Zipf*, § 12 Rn. 6; *Pföhler*, Rn. 13, 25-31, 35, 82, 111 f., 139, 173 f., 990 ff., 1023; **a.A.** etwa *Roxin*, § 5 Rn. 59 m.w.N.

52 Verhängung wegen der Begehung einer Straftat, auf der Grundlage der Schuld.

53 Dazu u.a.: *Baumann/Weber/Mitsch*, § 35 Rn. 2; *Jescheck/Weigend*, § 9 I, § 77 I; *Roxin*, § 1 Rn. 3 f., § 3 Rn. 63 ff. – Anordnung anlässlich der Begehung einer Straftat, aufgrund der Sozialschädlichkeit des Täters.

54 Zu dieser Maßregel ausführlich: *Esser*, JA 2011, 727.

55 BGHSt 24, 103 (106); BVerfGE 109, 133 (176) – Sicherungsverwahrung; BVerfG JZ 2007, 582 ff.; BVerfGE 128, 326 (389 ff.) = NJW 2011, 1931 (1941 ff.), Tz. 134 ff.

Diese Vorschrift wird als verfassungskonform angesehen,[56] da das Prinzip »nulla poena sine lege« auf jene Maßregeln prinzipiell nicht anwendbar sei. Ob § 2 Abs. 6 StGB allerdings kriminalpolitisch sachgerecht erscheint und bei einzelnen Maßregeln zudem **menschenrechtlichen Standards** entspricht, ist eine andere Frage.[57] In Bezug auf die Maßregel der Sicherungsverwahrung ist das BVerfG der Ansicht, dass das Vertrauensschutzgebot zwar eine enge Verwandtschaft und Strukturähnlichkeit mit dem »nulla-poena-Prinzip« besitzt, dass aber eine Anpassung des grundgesetzlichen Begriffs der *Strafe* in Art. 103 Abs. 2 GG an den Strafbegriff des **Art. 7 Abs. 1 EMRK** nicht geboten sei.[58]

g) Rückwirkungsverbot bei Änderung der höchstrichterlichen Judikatur?

72 **Fall 7: – Absolute Fahruntüchtigkeit bei Trunkenheitsfahrten –**

Bei der alkoholbedingten Fahruntüchtigkeit i.S. der §§ 315c Abs. 1 Nr. 1a und 316 StGB unterscheidet man zwischen absoluter und relativer Fahruntüchtigkeit. Erstere bedeutet, dass aufgrund der Höhe der BAK, unabhängig von weiteren Indizien und unter Ausschluss des Gegenbeweises, Fahruntüchtigkeit anzunehmen ist. Vor dem Beschluss des BGH v. 28.6.1990 ging die Rechtsprechung dabei von einem Grenzwert von 1,3 Promille BAK aus. Demgegenüber hat das Gericht in dieser Entscheidung unter Änderung seiner früheren Judikatur festgestellt: *Kraftfahrer sind bei einer BAK von 1,1 Promille (oder mehr) absolut fahruntüchtig.*[59] Dieser vom BGH neu festgelegte Grenzwert wurde von der Rechtsprechung dabei – rückwirkend – auch für vor dem 28.6.1990 begangene Taten angewandt.

Ist diese Praxis mit dem Rückwirkungsverbot des Art. 103 Abs. 2 GG vereinbar?

73 Die Frage ist zu bejahen:

(1) Zwar postuliert eine Mindermeinung für strafbegründende und strafschärfende Änderungen einer ständigen höchstrichterlichen Rechtsprechung die (analoge) Anwendung des Art. 103 Abs. 2 GG, d.h. ein Rückwirkungsverbot.[60]

(2) Diese Extension des Art. 103 Abs. 2 GG wird allerdings von der Rechtsprechung der Obergerichte und von der h.L. abgelehnt.[61]

Jene Mindermeinung widerspricht zunächst dem **Wortlaut** des Art. 103 Abs. 2 GG. Diese Vorschrift verlangt, dass die Strafbarkeit zur Tatzeit gesetzlich bestimmt war, sie fordert aber gerade nicht, dass die vom Täter verletzte Strafnorm bereits zur Tatzeit genauso ausgelegt wurde wie zur Zeit der Aburteilung.

---

56 Sehr kritisch u.a. *Roxin*, § 5 Rn. 56 m.w.N.

57 Zur Auslegung von »Strafe« i.S.v. Art. 7 Abs. 1 EMRK in Bezug auf die Sicherungsverwahrung (§ 66 StGB): EGMR M./Deutschland, Urt. v. 17.12.2009, 19359/04, NJW 2010, 2495 = NStZ 2010, 263 = StV 2010, 181. Zu diesem Urteil u.a.: *Kinzig*, NStZ 2010, 233; *Müller*, StV 2010, 207; vgl. auch BVerfGE 128, 326 (391 f.) = NJW 2011, 1931 (1942), Tz. 140 ff.

58 Vgl. BVerfGE 128, 326 (392 f.) = NJW 2011, 1931 (1942), Tz. 141 f.

59 BGHSt 37, 89; *Lackner/Kühl*, § 315c Rn. 6-6d.

60 *Baumann/Weber/Mitsch*, § 9 Rn. 38; *Neumann*, ZStW 103 (1991), 331 ff. m.w.N.; *Ranft*, JuS 1992, 468 ff.

61 BVerfG NStZ 1990, 537; *Jakobs*, 4/80-82 m.w.N.; *Roxin*, § 5 Rn. 61.

Zudem wird die Mindermeinung dem **Grundgedanken** des strafrechtlichen Rückwirkungsverbots (Rn. 52) nicht gerecht. Wenn Gerichte Strafgesetze unter Änderung ihrer bisherigen Judikatur strenger, d.h. für den Angeklagten ungünstiger auslegen, sei es aufgrund besserer Einsicht, sei es wegen des Wandels der wirtschaftlichen, sozialen oder sonstigen Verhältnisse, und dabei Wortlaut und ratio legis (Rn. 8) des fraglichen Strafgesetzes respektieren, ist kein schutzwürdiges Vertrauen des Täters verletzt und es liegt keine »Willkür ex post« vor.

Außerdem wäre ein Rückwirkungsverbot für strafbegründende und -schärfende Änderungen der Rechtsprechung auch **disfunktional**. Rechtsprechung ist bereits ihrer Natur nach rückwirkend, da sie immer nur solche Straftaten betrifft, die vor der Entscheidung des Gerichts begangen worden sind.

Darüber hinaus würde ein solches Rückwirkungsverbot die **richterliche Rechtsfortbildung durch Selbstkorrektur** blockieren. Der Richter hat die Auslegung des Gesetzes grundsätzlich an den heutigen Interessen und Wertungen auszurichten. Durch diese gegenwartsbezogene richterliche »Rechtsfortbildung innerhalb des gesetzlichen Regelungsrahmens« kann das Gesetz den sich wandelnden sozialen Bedürfnissen und Anschauungen gerecht werden; denn Gesetze sind gerade auch mit Geltungsanspruch für die Zukunft erlassen.[62] Rechtsprechungsänderungen sind also systemkonform und alltäglich. Naturgemäß können sie sich zugunsten des Täters, aber auch zu seinen Ungunsten auswirken.[63] 74

Ergebnis: Art. 103 Abs. 2 GG tangiert Änderungen der Judikatur nicht.

Ob hingegen in extremen Ausnahmesituationen ein Rückwirkungsverbot für Änderungen der Judikatur aus dem **Verfassungsprinzip des rechtsstaatlichen Vertrauensschutzes** folgen kann, ist eine andere, nicht spezifisch strafrechtliche Frage.[64] Für Konstellationen wie in Fall 7 (Rn. 72) hat das BVerfG ein solches Rückwirkungsverbot verneint.[65] Ebenfalls wäre im Einzelfall das Vorliegen eines **unvermeidbaren Verbotsirrtums** (§ 17 StGB) zu diskutieren. 75

h) Restriktion des Rückwirkungsverbots bei der Bestrafung von Verbrechen der Nazi-Diktatur und der kommunistischen Diktatur in der ehemaligen DDR

Fall 8: Wenige Tage vor dem Ende des Zweiten Weltkriegs, am 23.4.1945, sollen Rotarmisten nahe dem brandenburgischen Städtchen Treuenbrietzen im Zuge einer Massenexekution zahlreiche Männer erschossen haben. Nach einer Strafanzeige im Jahr 2008 will Staatsanwalt S *»gegen unbekannte Angehörige der Roten Armee wegen Mordes zum Nachteil*

62 Zum Vorstehenden siehe *Krey*, Gesetzesvorbehalt, S. 182 f.

63 Vertreter der Mindermeinung wollen das von ihnen postulierte Rückwirkungsverbot für strafbegründende und -schärfende Änderungen der Rechtsprechung mit einem neuen Entscheidungsstil verbinden, nämlich durch Verwendung einer **»Von-nun-an-Klausel«**; sie soll ankündigen, dass das Gericht künftig das fragliche Strafgesetz schärfer auslegen wird (Nachweise dazu bei *Krey*, Keine Strafe ohne Gesetz, Rn. 112).

64 Siehe zu dieser Frage u.a.: BVerfGE 18, 224 (240 f.); *Jakobs*, 4/81 (Abs. 2); *Robbers*, JZ 1988, 481 ff.; *Vogel*, JZ 1988, 833 (839).

65 BVerfG NStZ 1990, 537.

deutscher Zivilpersonen« ermitteln. S überlegt, ob die Ermittlungen nicht nur wegen Mordes, sondern auch wegen eines Kriegsverbrechens oder eines Verbrechens gegen die Menschlichkeit geführt werden können.[66]

Wegen des Rückwirkungsverbots (§ 2 Abs. 1 StGB) bestimmt sich die Strafe nach dem zur Zeit der Tat (§ 8 StGB) geltenden Gesetz. Dies war das Strafgesetzbuch für das Deutsche Reich v. 15.5.1871 in der zur Tatzeit geltenden Fassung. Zwar ergeben sich zentrale Elemente der Straftatbestände der Kriegsverbrechen und der Verbrechen gegen die Menschlichkeit aus dem Völkergewohnheitsrecht. Die allgemeinen Grundsätze des Völkergewohnheitsrechts stehen jedoch lediglich im Range von Bundesrecht (vgl. Art. 25 GG) und können daher die verfassungsrechtlichen Grenzen des Art. 103 Abs. 2 GG nicht beseitigen.

Das Völkerstrafgesetzbuch (VStGB) kennt zwar diese beiden Tatbestände, jedoch ist es erst am 30.6.2002 in Kraft getreten, galt also zum Zeitpunkt der Tat nicht. Damit verbleibt es allein bei einer Strafbarkeit nach dem Strafgesetzbuch (StGB), das diese beiden Tatbestände nicht normiert:

Eine Zuständigkeit des Internationalen Strafgerichtshofs (IStGH – ICC) in Den Haag entfällt, weil sich nach Art. 11 Abs. 1 des Römisches Statuts des Internationalen Strafgerichtshofs (IStGH-Statut) die Gerichtsbarkeit des ICC nur auf Verbrechen erstreckt, die *nach* Inkrafttreten des Statuts (1.7.2002) begangen worden sind.

76 Strittig war in den sog. **Mauerschützenfällen** vor dem BVerfG die Frage, ob die Verurteilung von Soldaten und SED-Funktionären für die Erteilung des Schießbefehls an der innerdeutschen Grenze gegen das Rückwirkungsverbot in Art. 103 Abs. 2 GG verstieß. In diesem Sinne wurde geltend gemacht, die Taten hätten der Staatspraxis der DDR entsprochen und wären durch die Gesetzes- und Befehlslage der DDR gerechtfertigt gewesen, eine Strafbarkeit nach DDR-Recht sei zur Tatzeit mithin nicht gegeben gewesen. Das BVerfG[67] verneinte jedoch einen Verstoß gegen das absolute Rückwirkungsverbot, da dieses ein Ausdruck der besonderen Vertrauensgrundlage sei, welche Strafgesetze tragen, wenn sie von einem an die Grundrechte gebundenen demokratischen Gesetzgeber erlassen werden. An einer solchen besonderen Vertrauensgrundlage fehle es jedoch, wenn der Träger der Staatsmacht über die geschriebenen Normen hinaus zu schwerstem kriminellen Unrecht auffordert, eine Strafbarkeit durch Rechtfertigungsgründe ausschließt und so die in der Völkerrechtsgemeinschaft allgemein anerkannten Menschenrechte in schwerwiegender Weise missachtet. In solchen außergewöhnlichen Fällen müsse der Vertrauensschutz zugunsten des Gebots der materiellen Gerechtigkeit zurücktreten; die Täter durften mithin verurteilt werden.

Auch der **Europäische Gerichtshof für Menschenrechte (EGMR)**[68] verneinte eine Verletzung des Rückwirkungsverbots (Art. 7 EMRK). Die Taten seien auch nach DDR-Recht strafbar gewesen, weil sie von der DDR-Verfassung gewährleistete Grundrechte offensichtlich verletzt und gegen das unerlässliche Gebot, Menschenleben zu schützen, verstoßen

66 Zu diesem Fall siehe Der SPIEGEL Nr. 1 v. 29.12.2008, S. 31.

67 BVerfGE 95, 96 (130 ff.) = JZ 1997, 142 ff. m. Anm. *Starck*; hierzu auch *Frister*, 4/30 ff. Weitere Nachweise bei *Fischer*, § 1 Rn. 15.

68 EGMR Streletz, Kessler u. Krenz/D, 22.3.2001, ECHR 2001-II = NJW 2001, 3035; EGMR K.-H. W./D, 22. 3. 2001, ECHR 2001-II = NJW 2001, 3042.

hätten. Die Strafbarkeit sei auch für Personen in leitender Position erkennbar gewesen, denn sie selbst hätten eine Staatspraxis (mit-) etabliert, die der Rechtslage evident widersprach.

i) Rückwirkungsverbot bei Ordnungswidrigkeiten

Die dargelegten Vorgaben des Art. 103 Abs. 2 GG gelten auch im Recht der Ordnungswidrigkeiten. Hier stellen die §§ 3, 4 Abs. 1 OWiG die einfachgesetzliche Ausgestaltung des strafschärfenden Rückwirkungsverbots dar. Dies bewirkt, dass auch bei Ordnungswidrigkeiten eine rückwirkende Begründung und Schärfung von Sanktionsvorschriften untersagt ist (vgl. Rn. 38).[69] 77

4. Analogieverbot (»nulla poena sine lege stricta«)

a) Begriffsbestimmung

Das in Art. 103 Abs. 2 GG garantierte Verbot strafbegründender und -schärfender Analogie[70] beinhaltet eine Einschränkung der Möglichkeit zur **gesetzesergänzenden Lückenfüllung** durch den Richter, d.h. der Rechtsfortbildung praeter legem[71]: Soweit es um strafbegründende oder -schärfende Entscheidungen geht, ist die richterliche Rechtsfortbildung auf die Konkretisierung der Regelungsrahmen der Strafgesetze, also auf deren **Auslegung** beschränkt[72], während die Rechtsfortbildung *praeter legem* unzulässig ist.[73] 78

b) Grundgedanke des Analogieverbots

Dieses Verbot wurzelt in erster Linie im Rechtsstaatsprinzip: Es bezweckt den Schutz der Bürger vor richterlicher Willkür, dient der Rechtssicherheit und liegt in der Konsequenz der Gewaltenteilung.[74] In zweiter Linie basiert das Analogieverbot auf dem Demokratieprinzip: Nur das aus der Wahl durch das Volk unmittelbar demokratisch legitimierte Parlament soll befugt sein, Strafnormen zu erlassen.[75] 79

»Der Satz ‚nulla poena sine lege' begründet eine strikte Bindung der Strafgerichte an das geschriebene materielle Strafrecht. Die Strafgerichte sind gehalten, den Gesetzgeber beim Wort zu nehmen; ihn zu korrigieren, ist ihnen hingegen verwehrt… Art. 103 II GG (…) will somit sicherstellen, dass jedermann vorhersehen kann, welches Verhalten verboten und mit Strafe bedroht ist«.[76]

---

69 Hierzu instruktiv: *Blaue*, ZJS 2014, 371 ff.

70 Hierzu u.a.: BGHSt 35, 390 (395); BVerfGE 73, 206 (234 ff.); *Krey*, Gesetzesvorbehalt, S. 27 ff., 45 ff., 108 ff., 127 ff., 188 ff., 199 ff.; *ders.*, ZStW 101 (1989), 838 (841-854); *Roxin*, § 5 Rn. 8, 26-44 m.w.N.; *Schünemann*, Nulla poena, S. 4, 17 ff.; *Kertai*, JuS 2011, 976.

71 *Krey*, ZStW 101 (1989), 838 (841-854).

72 Zur Auslegungsmethodik im Strafrecht – beispielhaft am Tatbestandsmerkmal »Besitz«: *Hecker*, JuS 2010, 928.

73 BVerfGE 73, 206 (234 ff.).

74 BVerfG NStZ 1998, 506 bezeichnet das Analogieverbot als »spezielles Willkürverbot für das Strafrecht«.

75 *Krey*, Gesetzesvorbehalt, S. 206 f., 210 ff., 214; *Roxin*, § 5 Rn. 8, Rn. 20 f.

76 BVerfG NJW 2008, 3205 (3206).

c) Wortsinn des Gesetzes als Schranke zwischen erlaubter Auslegung des Gesetzes und verbotener Gesetzesanalogie

80 Das Analogieverbot ist als Verbot jeder strafbegründenden und -schärfenden Anwendung einer Strafvorschrift zu verstehen, die vom **möglichen Wortsinn des Gesetzes** als äußerster Grenze zulässiger richterlicher Interpretation – aus der Sicht des Normadressaten – nicht mehr gedeckt wird.[77] Dieser mögliche Wortsinn bildet als formale Begrenzung des gesetzlichen Regelungsrahmens die Grenze zulässiger richterlicher **Auslegung** des Gesetzes.

81 Gegenüber der an Wortlaut und Sinn des Gesetzes gebundenen Auslegung bedeutet »Gesetzesanalogie« die Anwendung einer Rechtsnorm auf Fälle, die zwar nicht mehr vom möglichen Wortsinn des Gesetzes erfasst werden, für deren Einbeziehung in den Anwendungsbereich der Norm aber die ratio legis (Sinn und Zweck des Gesetzes) spricht.[78] Die **Gesetzesanalogie**

– auch »analoge«, »entsprechende« oder »sinngemäße« Anwendung des Gesetzes genannt –

überschreitet demzufolge den vom Gesetzestext begrenzten Normbereich unter Berufung auf die ratio legis. Dieses wichtigste Mittel der gesetzesergänzenden Lückenfüllung ist im Geltungsbereich des Art. 103 Abs. 2 GG ausgeschlossen.

82 Mithin fungiert der mögliche Wortsinn des Gesetzes als Schranke zwischen erlaubter Auslegung der Strafgesetze und verbotener strafbegründender und strafschärfender Gesetzesanalogie.[79] Dabei dürfen die Tatbestandsmerkmale innerhalb ihres möglichen Wortsinns auch nicht so weit ausgelegt werden, dass sie vollständig in anderen Tatbestandsmerkmalen aufgehen (»Verschleifung« von Tatbestandsmerkmalen).[80]

Der hier vertretene Standpunkt ist aus rechtstheoretischer und verfassungsrechtlicher Sicht einleuchtend.[81] Er ist zudem durch das **BVerfG** in ständiger Judikatur mit Bindungswirkung gemäß § 31 Abs. 1 BVerfGG bestätigt worden.[82]

Aufgrund dieser gesetzlichen **Bindungswirkung** kommt den Stimmen in der Rechtswissenschaft, die dem Analogieverbot mit seiner Begrenzung der richterlichen Rechtsfortbildung durch den möglichen Wortsinn des Gesetzes ablehnend gegenüberstehen[83], lediglich noch

---

77 So für alle: BGHSt 35, 390 (395); BVerfG StRR 2013, 107 (108); *Krey*, ZStW 101 (1989), 838 (842-852) m.w.N.; *Roxin*, § 5 Rn. 26-39 m.w.N.

78 *Canaris*, S. 72 ff., 144 ff., 199 ff.; *Krey*, ZStW 101 (1989), 838 (842 f.) m.w.N.; S/S/*Eser*/*Hecker*, § 1 Rn. 25, 37.

79 So BVerfG NJW 2007, 1666 ff. (zu § 142 Abs. 2 Nr. 2 StGB); *Baumann*/*Weber*/*Mitsch*, § 9 Rn. 55 ff., 84, 87 ff., 94; *Jescheck*/*Weigend*, § 15 III 2, § 17 IV 5; *Otto*, AT, § 2 Rn. 60 f.

80 BVerfG Beschl. vom 1.11.2012 – 2 BvR 1235/11, BeckRS 2012, 59997 = StRR 2013, 107 (108) zum Verhältnis der Pflichtverletzung und des Nachteils im Rahmen des § 266 Abs. 1 StGB.

81 Dazu eingehend: *Krey*, Gesetzesvorbehalt, S. 43 ff., 127 ff.; *Krey*, ZStW 101 (1989), 838 (842 ff.); *Roxin*, § 5 Rn. 26-39.

82 BVerfGE 47, 109 (120 f.); 64, 389 (393 ff.); 71, 108 (114 ff.); 73, 206 (234 ff.); 92, 1 (12).

83 So *Herzberg*, NJW 1991, 1633 (1640 f.); *Jakobs*, 4/35 ff., 41; A. *Kaufmann* und *Schmidhäuser* (Nachweise bei: *Krey*, ZStW 101 (1989), 838 (843 a.E., 845); *Roxin*, § 5 Rn. 36 ff.

die Bedeutung rechtspolitischer Kritik am geltenden Recht zu. Denn die Strafrechtspraxis darf ihnen schon wegen § 31 Abs. 1 BVerfGG nicht folgen.

Einige **Beispiele**[84] sollen das Analogieverbot weiter verdeutlichen:

Fall 9: – »Gefährliches Werkzeug« (§ 224 Abs. 1 Nr. 2 StGB)[85] – **83**
A stößt den Kopf von Frau F gegen eine Wand. Liegt eine gefährliche Körperverletzung gemäß § 224 Abs. 1 Nr. 2 StGB vor?

– § 224 StGB Abs. 1 Nr. 2 StGB qualifiziert (vgl. Rn. 233) die vorsätzliche Körperverletzung (§ 223 StGB), wenn sie »mittels einer Waffe oder eines anderen gefährlichen Werkzeugs« begangen wird. –

A hat den Straftatbestand des § 223 StGB in der Modalität der »körperlichen Miss- **84**
handlung« erfüllt; er hat auch vorsätzlich gehandelt (§ 15 StGB). Es fragt sich, ob die Wand als **»gefährliches Werkzeug«** i.S.d. § 224 Abs. 1 Nr. 2 StGB behandelt werden kann.

Gefährlich ist ein Werkzeug, wenn es unter Berücksichtigung seiner Beschaffenheit und der Art seiner Benutzung konkret geeignet ist, erhebliche körperliche Verletzungen beim Angegriffenen hervorzurufen.[86] Das war hier der Fall. Dabei ist unerheblich, ob der Täter das Werkzeug gegen das Opfer hin bewegt (z.B. Stich mit einem Dolch), oder ob das Opfer gegen das Werkzeug (z.B. ein gezückter Dolch) gestoßen wird. Demgemäß wird von einigen Autoren für Fälle wie den vorliegenden § 224 Abs. 1 Nr. 2 StGB bejaht.[87]

Diese Ansicht verstößt aber gegen das Analogieverbot; dazu hat der BGH zutref- **85**
fend entschieden:[88]

»Werkzeuge (i.S.d. § 224 StGB) sind nur solche Gegenstände, die durch menschliche Einwirkung in Bewegung gesetzt werden können … Das natürliche Sprachempfinden wehrt sich dagegen, eine feste Wand, den Boden oder einen Fels als ‹Werkzeug› zu bezeichnen.«

Da nun die Grenze zwischen erlaubter Auslegung und Gesetzesanalogie vom möglichen Wortsinn der Norm gebildet wird, würde die Anwendung des Tatbestandsmerkmals »gefährliches Werkzeug« auf unbewegliche Gegenstände wie Hauswände, Fußböden etc. eine strafbegründende Gesetzesanalogie bedeuten. Der mögliche Wortsinn des Gesetzes – verstanden als **heutiger Sprachgebrauch des täglichen Lebens**[89] – erlaubt es nicht, eine unbewegliche Sache als »Werkzeug« zu bezeichnen.

---

84 Vgl. hierzu auch: BVerfGE 92, 1 (»Gewalt« i.S.v. § 240 Abs. 1 StGB) – Sitzdemonstrationen; BVerfG NJW 2007, 1666 (§ 142 Abs. 2 Nr. 2 StGB – »unvorsätzliches« Entfernen vom Unfallort); NJW 2008, 3627 (Pkw als »Waffe« i.S.v. § 113 Abs. 2 S. 2 Nr. 1 StGB); NJW 2009, 2370 (§ 266 Abs. 1 StGB – schadensgleiche Vermögensgefährdung als »Nachteil«); BGHSt 28, 100 (inneres Organ als »Glied« i.S.v. § 224 StGB a.F. / § 226 Abs. 1 Nr. 2 StGB n.F.).

85 Fall nach BGHSt 22, 235.

86 *Lackner/Kühl*, § 224 Rn. 5; *Fischer*, § 224 Rn. 9.

87 So u.a.: SK/*Horn/Wolters*, § 224 Rn. 17 f.; *Rengier*, BT II, § 14 Rn. 37 ff. m.w.N.

88 BGHSt 22, 235 (236 f.); ebenso u.a.: BGH NStZ 1988, 361 f.; *Krey/Hellmann/Heinrich*, BT/1, Rn. 261 m.w.N.; *Wessels/Hettinger*, Rn. 274 m.w.N.

89 So z.B. BVerfGE 73, 206 (235 a.E. f.); BGH NStZ 1988, 361 f.; *Krey*, Gesetzesvorbehalt, S. 154-163 m.w.N.; *Schünemann*, Nulla poena, S. 20 f.

Ergebnis: Das Analogieverbot des Art. 103 Abs. 2 GG steht der Anwendung des § 224 Abs. 1 Nr. 2 StGB in Fall 9 entgegen.[90]

86 **Fall 10: – »Auf frischer Tat betroffen« (§ 252 StGB)**[91] –
D ist in das Haus des R eingebrochen und hat dort Bargeld in seine Manteltaschen gesteckt. Als D gerade mit seiner Beute das Haus verlassen will, kommt R nach Hause; er ist angetrunken und ahnt nichts Böses. Um zu verhindern, dass R ihn entdeckt, versteckt sich D hinter der Haustür und schlägt den arglosen R, als dieser das Haus betritt, bewusstlos; dann flieht D. Strafbarkeit des D wegen Räuberischen Diebstahls (§ 252 StGB)?

87 § 252 Abs. 1 StGB lautet: »Wer, bei einem Diebstahl auf frischer Tat betroffen, gegen eine Person Gewalt verübt …, um sich im Besitz des gestohlenen Gutes zu erhalten, ist gleich einem Räuber zu bestrafen.«

Der objektive Tatbestand dieses Verbrechens verlangt das Vorliegen eines **vollendeten** Diebstahls (§ 242 StGB); dies Merkmal ist erfüllt: Als D die Beute in seine Manteltaschen gesteckt hatte, lag eine vollendete Wegnahme vor.[92]

– Zur Ergänzung: **Raub** (§ 249 StGB) scheidet aus. Dieses Verbrechen erfordert den Einsatz des Raubmittels Gewalt als »Mittel zur Ermöglichung der Wegnahme«.

Wird dagegen Gewalt vom Täter angewandt, um den Gewahrsam an der bereits weggenommen Sache zu *erhalten*, so kommt statt Raub das raubähnliche Verbrechen des **Räuberischen Diebstahls** in Betracht.[93] –

Es ist zudem fraglich, ob D **»auf frischer Tat betroffen«** war, als er die Gewalt gegen R verübte. Hiergegen könnte sprechen, dass D durch sein schnelles Zuschlagen dem Bemerktwerden zuvorgekommen ist.

88 Gleichwohl hat der BGH in einem älteren Urteil jene Frage bejaht:[94]

»Ein Dieb, der Gewalt übt, unmittelbar bevor er bemerkt wird, muss genauso behandelt werden wie einer, der zuschlägt, nachdem er bemerkt wurde.«

Hierfür sprechen zwar Sinn und Zweck des § 252 StGB (Gleichstellung der Gewalt zur Verteidigung der weggenommenen Beute mit der Gewalt zur Erlangung der Beute).

Indes ist jenes Urteil aufgrund des Analogieverbots bedenklich[95]: Auf frischer Tat **»betroffen«**, d.h. ertappt,[96] ist der Täter, wenn er alsbald nach Vollendung der Tat am Tatort oder in dessen unmittelbarer Nähe bemerkt wird, sei es durch Sehen, sei

90 Ob § 224 Abs. 1 Nr. 5 StGB (»lebensgefährdende Behandlung«) eingreift, ist Tatfrage; zu diesem Merkmal etwa: BGH NStZ 1988, 361 f.; BGHSt 36, 1 (9).

91 Fall nach BGHSt 26, 95.

92 Dazu m.w.N. *Krey/Hellmann/Heinrich*, BT/2, Rn. 13, 21.

93 BGHSt 26, 95 (96); 28, 224 (226).

94 BGHSt 26, 95 (97); ebenso SK/*Sinn*, § 252 Rn. 12 m.w.N.; *Fischer*, § 252 Rn. 6 m.w.N. Zweifelnd (aber die Frage dahinstellend) BGHSt 28, 224 (227 f.).

95 *Fezer*, JZ 1975, 609-611; **a.A.** *Mitsch*, BT 2/1, 4/31, 32; *Roxin*, § 5 Rn. 34; *Wessels/Hillenkamp*, Rn. 397 f.

96 BGHSt 28, 227.

es durch Hören.[97] Gerade das aber hat D mit Gewalt verhindert. Daher hat jenes Urteil des BGH der Sache nach entschieden:

»Auf frischer Tat betroffen wird auch der Dieb, der durch schnelles Zuschlagen **verhindert**, dass er ertappt wird«.

Hierin liegt eine Missachtung der Auslegungsschranke »möglicher Wortsinn des Gesetzes«, mithin ein Verstoß gegen Art. 103 Abs. 2 GG.[98]

Ergebnis: § 252 StGB entfällt. Doch ist D aus §§ 242, 244 Abs. 1 Nr. 3 (Wohnungseinbruchsdiebstahl), § 223 (Körperverletzung) und § 240 StGB (Nötigung) strafbar.

d) Verbot strafbegründender und -schärfender »teleologischer Reduktion«

Die Gesetzesanalogie als Mittel der gesetzesergänzenden Lückenfüllung bedeutet 89
eine »Überschreitung« des möglichen Wortsinns des Gesetzes unter Berufung auf die ratio legis.

Das Gegenstück dazu ist die **teleologische Reduktion** von Gesetzen[99], ebenfalls eine Methode der Rechtsfortbildung praeter legem; sie stellt eine Art »Unterschreitung« des Wortsinns des Gesetzes dar: Bei der teleologischen Reduktion handelt es sich um die **Einschränkung** einer nach Sinn und Zweck des Gesetzes (ratio legis) zu weit gefassten Norm auf den ihr nach der ratio legis zukommenden Anwendungsbereich. Jene Reduktion dient der gesetzesergänzenden Lückenfüllung, genauer der Füllung der sog. verdeckten Lücken. Von ihnen spricht man, wenn die Norm nach ihrem klaren Wortlaut Fälle erfasst, die sie nach der ratio legis nicht erfassen dürfte. Die Regelungslücke liegt dabei im Fehlen einer Ausnahmevorschrift für solche Fälle.

Wie die Gesetzesanalogie hält sich auch die teleologische Reduktion nicht im Rahmen des möglichen Wortsinns, ist also keine Auslegung der fraglichen Norm. In beiden Fällen wird der Gesetzestext unter Berufung auf die ratio legis vernachlässigt. Demgemäß gilt auch für die teleologische Reduktion als Rechtsfortbildung über den Rahmen der Gesetzesauslegung hinaus:

Soweit sie sich strafbegründend oder -schärfend auswirkt, verstößt sie gegen das Analogieverbot aus Art. 103 Abs. 2 GG.

Strafbegründend nun wäre die teleologische Reduktion von gesetzlichen 90

- **Schuldausschließungsgründen** wie § 20 StGB (Schuldunfähigkeit wegen seelischer Störungen);
- **Entschuldigungsgründen** wie § 35 StGB (Entschuldigender Notstand);
- **Strafausschließungsgründen** wie § 258 Abs. 6 StGB (Strafvereitelung zugunsten von Angehörigen);
- **Strafaufhebungsgründen** wie § 24 StGB (Rücktritt vom Versuch).

---

97 *Lackner/Kühl*, § 252 Rn. 4.

98 Zahlreiche weitere Beispiele für die Bedeutung des Analogieverbots u.a. bei: *Krey* ZStW 101 (1989), 838 (848-853); *Roxin*, § 5 Rn. 29-39.

99 Zu ihr siehe u.a.: *Canaris*, S. 45 Fn. 119, S. 83 Fn. 90, S. 136-138, 151; *Krey*, Gesetzesvorbehalt, S. 25, 27, 47 f., 130, 159, 167 f., 233 ff.; *Larenz*, Methodenlehre, 5. Aufl. 1983, S. 375 ff.; BGHSt 42, 158 (160).

Demgemäß ist fast allgemein anerkannt, dass eine solche teleologische Reduktion mit Art. 103 Abs. 2 GG unvereinbar wäre.[100] Ob der Richter den Bereich des Strafbaren dadurch ausweitet, dass er einen Straftatbestand auf vom Normtext nicht erfasste Fälle analog anwendet (Gesetzesanalogie), oder dadurch, dass er einen gesetzlichen Schuldausschließungs-, Entschuldigungs-, Strafausschließungs- oder Strafaufhebungsgrund, der nach dem Gesetzestext eingreift, nicht anwendet (teleologische Reduktion), bedeutet für den Täter ein und dasselbe: Die Begründung seiner Strafbarkeit im Wege richterlicher Rechtsfortbildung über den Rahmen der Gesetzesauslegung hinaus. Der folgende Fall soll das verdeutlichen:

91 **Fall 11: – Teleologische Reduktion des § 35 StGB im sog. »Mignonette-Fall« –**

aa) Mignonette-Fall: Drei schiffbrüchige Seeleute (S) trieben seit 20 Tagen im offenen Rettungsboot auf dem Meer; sie drohten zu verhungern. In ihrer Not töteten sie ihren vierten Leidensgefährten, einen schon halbtoten Schiffsjungen, und ernährten sich von seinem Blut und Fleisch, bis sie gerettet wurden.[101] Strafbarkeit der Täter nach deutschem Recht?

S haben den **Tatbestand des Totschlags** (§ 212 StGB) erfüllt. Die Tat war auch **rechtswidrig**: Der Rechtfertigungsgrund Notwehr, § 32 StGB, greift mangels Angriffs des Opfers auf S nicht ein. Auch der Erlaubnissatz Rechtfertigender Notstand, § 34 StGB, ist nicht anwendbar. Es fehlt am wesentlichen Überwiegen des geschützten Interesses (Leben der S) im Verhältnis zum beeinträchtigten Interesse (Leben des Opfers).[102]

Doch haben die Täter nach unserem Strafrecht – anders als nach dem (seinerzeit) geltenden englischen Recht[103] – **ohne Schuld gehandelt**; hierzu bestimmt der Entschuldigungsgrund des § 35 Abs. 1 S. 1 StGB: »Wer in einer gegenwärtigen, nicht anders abwendbaren Gefahr für Leben, Leib oder Freiheit eine rechtswidrige Tat begeht, um die Gefahr von sich, einem Angehörigen oder einer anderen ihm nahestehenden Person abzuwenden, handelt ohne Schuld.«

92 **bb) Teleologische Reduktion dieser Vorschrift:** Unterstellt, ein Strafgericht würde in unserem Fall die Anwendung des § 35 Abs. 1 StGB mit folgender Begründung ablehnen:

»Da das menschliche Leben ein Höchstwert unserer Verfassungsordnung ist, wäre es grob unbillig, außerhalb von Notwehr-Fällen einen Täter straffrei ausgehen zu lassen, der einen anderen tötet, um sein Leben zu retten. Daher gilt § 35 Abs. 1 StGB nicht für **Fälle vorsätzlicher Tötung** von Menschen.«

100 So u.a. BGHSt 42, 158 (161), *Canaris*, S. 154 Fn. 44, 193, *Krey*, Gesetzesvorbehalt, S. 27 f., 233 ff., *Seebode*, JZ 1998, 781 (782); ebenso z.B. *Roxin*, § 5 Rn. 41.

101 Zum Mignonette-Fall siehe u.a.: *Jescheck/Weigend*, § 21 I 2 und § 44 VI (mit rechtsvergleichenden Hinweisen); *Radbruch*, Der Geist des Englischen Rechts, 1956, S. 69 ff.; Quelle: The Queen v. Dudley and Stephens, 14 [1884] Law Report 273 ff., 286 ff. (Queens Bench Division).

102 Das Rechtsgut menschliches Leben ist weder qualitativ abstufbar – jedes Leben hat gleichen Rang – noch einer Abwägung nach der Zahl der im Widerstreit stehenden Menschenleben zugänglich; niemand darf einen Menschen töten, um mehrere zu retten (Rn. 616 f.).

103 Im Mignonette-Fall von 1884 wurden zwei Angeklagte wegen Mordes zum Tode verurteilt, später aber von Queen Victoria zu kurzer Freiheitsstrafe begnadigt; siehe u.a.: *Radbruch*, Der Geist des Englischen Rechts, 1956, S. 69 ff.; *Welzel*, JuS 1966, 421.

Wäre eine derartige teleologische Reduktion mit Art. 103 Abs. 2 GG vereinbar?

Die Frage ist zu verneinen. Da § 35 StGB als Entschuldigungsgrund nach seinem klaren Wortlaut in Fall 11 anwendbar ist, bedeutet jene Reduktion eine strafbegründende Rechtsfortbildung, die vom möglichen Wortsinn des Gesetzes nicht mehr gedeckt wird; sie verstößt daher gegen das strafrechtliche Analogieverbot. 93

– Dies unabhängig davon, ob man in Fall 11b noch von Rechtsfindung **praeter** legem mittels teleologischer Reduktion sprechen kann, oder ob das Gericht sich bereits im Bereich der Rechtsfindung **contra** legem (Gesetzeskorrektur) bewegt.[104] –

Strittig ist, ob auch bei gesetzlichen **Rechtfertigungsgründen** (wie Notwehr und Rechtfertigender Notstand) ein Verbot der teleologischen Reduktion aus Art. 103 Abs. 2 GG besteht. 94

Anders als die in Rn. 90 erwähnten gesetzlichen Gründe für den Ausschluss der Strafbarkeit sind Erlaubnissätze **keine genuin strafrechtliche Materie**. Von den zahllosen Erlaubnissätzen, die Verstöße gegen Verbote oder Gebote des Strafrechts rechtfertigen können, sind nur wenige im StGB geregelt (so namentlich §§ 32, 34 StGB); die große Mehrzahl findet sich im Zivilrecht (z.B. §§ 228, 561, 904 BGB) und insbesondere im Öffentlichen Recht.[105]

Weiterhin gelten Rechtfertigungsgründe als Erlaubnissätze nach dem **Prinzip der Einheit der Rechtsordnung** (grundsätzlich) in allen Rechtsgebieten, also im Strafrecht, Zivilrecht und Öffentlichen Recht – gleichgültig, ob sie im StGB, im BGB, im Polizeirecht etc. normiert sind.[106]

Daher sind Rechtfertigungsgründe der richterlichen Rechtsfortbildung praeter legem, auch der mittels teleologischer Reduktion, zugänglich, ohne dass Art. 103 Abs. 2 GG dem entgegensteht.[107]

e) Verstoß gegen das Analogieverbot bei einer »teleologisch« fehlerhaften Gesetzesauslegung?

Das Analogieverbot gilt nicht nur dann, wenn der Richter strafbegründend oder strafschärfend den **möglichen Wortsinn** des Gesetzes vernachlässigt. Vielmehr ist Art. 103 Abs. 2 GG auch verletzt, wenn das Gericht – zum Nachteil des Täters – bei der Anwendung von Strafgesetzen **Sinn und Zweck** der Norm missachtet, d.h. teleologisch falsch entscheidet.[108] Denn neben der *formalen* Begrenzung des 95

---

104 Art. 103 Abs. 2 GG verbietet die strafbegründende und -schärfende Rechtsfortbildung praeter legem und erst Recht contra legem; *Krey*, JZ 1978, 361 (362 a.E. f.) m.w.N.; *Krey*, ZStW 101 (1989), 838 (852 f.).

105 Hier seien die Amtsbefugnisse nach den Polizeigesetzen, die Befugnisse zur Anordnung (und Durchführung) strafprozessualer Zwangsmaßnahmen gemäß der StPO, die Befugnisse von Gerichtsvollziehern nach der ZPO etc. genannt.

106 S/S/*Lenckner*/*Sterberg-Lieben*, Vor § 32 Rn. 27.

107 So u.a.: *Amelung*, JZ 1982, 617 (620); *Krey*, Gesetzesvorbehalt, S. 233-236; *Roxin*, § 5 Rn. 42 m.w.N. Das gilt auch für im StGB normierte Erlaubnissätze.

108 *Krey*, Gesetzesvorbehalt, S. 173 ff., 204 ff., 214, 247 f.; *Krey*, ZStW 101 (1989), 838 (842 f.) m.w.N.

gesetzlichen Regelungsrahmens durch den möglichen Wortsinn des Gesetzes gibt es eine weitere, *materielle* Auslegungsgrenze: Gemeint ist die ratio legis, verstanden als der vom Gesetzgeber verfolgte Regelungszweck.

Art. 103 Abs. 2 GG untersagt dem Strafrichter jede strafbegründende oder strafschärfende Gesetzesanwendung, die entweder
(1) vom möglichen Wortsinn des Gesetzes nicht mehr gedeckt wird oder
(2) den gesetzgeberischen Regelungszweck in einem wesentlichen Punkt verfehlt oder verfälscht.

Ersteres ist h.A. und steht mit Bindungswirkung fest (§ 31 Abs. 1 BVerfGG; Rn. 82). Letzteres ist noch eine Mindermeinung. Doch scheint das BVerfG dahin zu tendieren, Art. 103 Abs. 2 GG auf jede evident gesetzeswidrige Auslegung auszudehnen.[109]

f) Wortlautgrenze und Bedeutungswandel

96 Wenn der mögliche Wortsinn des Gesetzes die äußerste Grenze der zulässigen Interpretation markiert[110], stellt sich die Frage, wie sich ein wandelndes Verständnis von der Bedeutung eines Wortes auswirkt. Für ihre Beantwortung ist an den Grundgedanken des Analogieverbots zu erinnern:

Wird durch die geänderte Bedeutung die Strafbarkeit erweitert, erscheint es angemessen, eine wesentliche Abweichung vom ursprünglichen Sprachverständnis des (demokratisch legitimierten) **Gesetzgebers** unbeachtet zu lassen, um seiner ausschließlichen Zuständigkeit für die Schaffung von Strafgesetzen Rechnung zu tragen. Das ursprünglich nicht vom Wortsinn erfasste Verhalten darf somit nicht zur Strafbarkeit führen.

Wird die Strafbarkeit hingegen durch das neue Verständnis eingeschränkt, so ist das aktuelle Sprachverständnis der Normadressaten zugrunde zu legen. Fortwährend muss die Erkennbarkeit der Strafbarkeit zum Zwecke der **Rechtssicherheit** gewährleistet sein. Kennt die heutige Bevölkerung die alte Bedeutung des Wortes allerdings nicht mehr und kann sie deshalb nicht mehr von dem Verbot der Strafnorm erreicht werden, so darf das Gericht dieses Verhalten nicht mehr darunter subsumieren.

Strafbar ist somit (grundsätzlich) alles, was sich in der **»Schnittmenge«** aus altem und neuem Verständnis befindet. Allerdings kann sich nicht jede Veränderung im tatsächlichen Sprachgebrauch sofort auf die Reichweite der Strafnorm auswirken. Das BVerfG betont, dass bereits die **Erkennbarkeit des »Risikos einer Bestrafung«** in Grenzfällen ausreichen könne. Sie sei erst dann nicht mehr sichergestellt, wenn sich der neue Sprachgebrauch so weit gefestigt und durchgesetzt habe, dass

109 Dazu eingehende und überzeugende Analyse bei *Küper*, JuS 1996, 783 (785 f.) m.w.N.; siehe auch BVerfG NStZ 1998, 455 (456).

110 Vgl. nur BVerfGE 92, 1 (12).

das Bewusstsein für das herkömmliche Verständnis nicht mehr als allgemein vorhanden vorausgesetzt werden könne.[111]

Beispiel: § 1 Abs. 1 BtMG bestimmt: Betäubungsmittel (…) sind die in den Anlagen I bis III aufgeführten Stoffe (…). § 2 Abs. 1 BtMG in der Fassung bis zum 22.7.2009[112]: Im Sinne dieses Gesetzes ist 1. Stoff: eine Pflanze …

Vorausgesetzt, Magic Mushrooms enthalten die in der Anlage I genannten Inhaltsstoffe, sind diese halluzinogenen Pilze dann Pflanzen im Sinne des Betäubungsmittelgesetzes?

In der Naturwissenschaft werden Pilze heute wohl nicht mehr unter den Begriff »Pflanzen« subsumiert.[113] Das OLG Koblenz ging deshalb davon aus, dass Pilze nunmehr als eigenständige Lebensform begriffen würden, und dass dieses Wissen über die Schulbücher etc. Eingang in den allgemeinen Bildungsstand gefunden hätte, so dass der Bürger (jedenfalls seit 2004) seine Strafbarkeit nicht mehr erkennen könne und Pilze somit vom Anwendungsbereich des BtMG nicht mehr erfasst würden.[114] Mit dem BGH[115] und dem BVerfG[116] ist jedoch auf den allgemeinen Sprachgebrauch und nicht auf eine spezifisch wissenschaftliche Terminologie abzustellen. Der allgemeine Sprachgebrauch fasst heute Pilze noch immer und geläufig unter den Begriff der *Pflanzen*. Daher können sie unter den Anwendungsbereich des BtMG fallen.

g) Geltungsbereich des strafrechtlichen Analogieverbots

Art. 103 Abs. 2 GG gilt auch für den **Allgemeinen Teil** des StGB.[117] 97

Jenes Verbot ist nicht nur für die Verhängung von Kriminalstrafen anwendbar, sondern auch für Geldbußen nach dem OWiG (Rn. 20 ff.) und für sonstige strafähnliche Maßnahmen (repressive Denkzettel) wie u.a.:

- Auflagen gemäß § 56b StGB (bei einer Strafaussetzung zur Bewährung);
- Ordnungsgeld und Ordnungshaft wegen Ungebühr vor Gericht (§ 178 GVG).[118]

Das strafrechtliche Analogieverbot gilt nicht für **Maßregeln der Besserung und Sicherung** (§§ 61 ff. StGB; Rn. 70 f.).[119]

---

111 BVerfG StraFo 2009, 526: Bis dahin werden diejenigen, die den Sprachgebrauch tatsächlich nicht mehr verstehen und daher ohne Unrechtsbewusstsein handeln, durch § 17 StGB ausreichend geschützt.

112 § 2 Abs. 1 Nr. 1 BtMG wurde durch Gesetz vom 17.7.2009 (BGBl. 2009 I, S. 1990) dahingehend geändert, dass seit dem 23.7.2009 auch Algen, Pilze und Flechten vom Begriff des Stoffs erfasst werden.

113 Vgl. die Darstellung bei BVerfG StraFo 2009, 526.

114 OLG Koblenz NStZ-RR 2006, 218 (219).

115 BGH NJW 2007, 524.

116 BVerfG StraFo 2009, 526.

117 BGHSt 42, 158 (161); *Roxin*, § 5 Rn. 41.

118 Siehe *Krey*, Gesetzesvorbehalt, S. 220 f. m.w.N. und *Roxin*, § 5 Rn. 40 (Auflagen); *Krey*, Gesetzesvorbehalt, S. 237 f. (Ordnungsgeld und -haft); **a.A.** Schmidt-Bleibtreu/Hofmann/Hopfauf/*Schmahl*, GG, 13. Aufl. 2014, Art. 103 Rn. 54; Maunz/Dürig/*Schmid-Aßmann*, GG, 62. EL 2011, Art. 103 Rn. 195; v. Münch/*Kunig*, GG, 5. Aufl. 2003, Art. 103 Rn. 20; Dreier/*Schulze-Fielitz*, GG, 2. Aufl. 2008, Art. 103 II Rn. 21.

119 BVerfGE 109, 133 (176) – Sicherungsverwahrung; *Krey*, ZStW 101 (1989), 838 (853 f.); *Roxin*, § 5 Rn. 40. Anders z.B. BGHSt 18, 138 (139 f.); *Jescheck*/*Weigend*, § 15 III 2c; S/S/*Eser*/*Hecker*, § 1 Rn. 24. – Für diese Maßregeln gilt aber der allgemeine verfassungsrechtliche Vorbehalt des Gesetzes für Eingriffe in Grundrechte der Bürger; er beinhaltet –

Es ist weiterhin im **Strafprozessrecht** unanwendbar.[120]

Schließlich gilt das Analogieverbot auch im materiellen Strafrecht insoweit nicht, als es um Entscheidungen **zugunsten** des Täters geht.[121]

5. Verbot strafbegründenden und -schärfenden Gewohnheitsrechts (»nulla poena sine lege scripta«)

98 Neben dem geschriebenen Recht wie StGB und StPO gibt es als ungeschriebenes Recht das Gewohnheitsrecht; es wird definiert als langdauernde Übung, die durch die Rechtsüberzeugung der Beteiligten getragen wird.[122] Gewohnheitsrecht scheint damit eine Art »urdemokratische« Legitimation zu besitzen, da es aus der Rechtsüberzeugung der Bürger erwächst. Indes ist es mit dieser vermeintlich besonderen demokratischen Legitimation in Wahrheit nicht allzu weit her; denn tatsächlich ist Gewohnheitsrecht stets (oder doch in aller Regel) **Richterrecht**.

Der Ausschluss von Gewohnheitsrecht beruht zum einen auf dem Rechtsstaatsprinzip: Er dient der Rechtssicherheit und dem Schutz vor richterlicher Willkür. Zudem ist er auch Ausfluss des Prinzips der Gewaltenteilung, da die Aufgabe, Strafgesetze zu normieren, dem Parlament zukommt, während es sich beim Gewohnheitsrecht, wie erwähnt, (grundsätzlich) um Richterrecht handelt. Diese Einsicht zeigt, dass das Verbot strafbegründenden und -schärfenden Gewohnheitsrechts auch eine demokratische Komponente hat.

99 Das Verbot von Gewohnheitsrecht zum Nachteil des Täters gilt in erster Linie für den Besonderen Teil des Strafrechts, darüber hinaus aber auch im **Allgemeinen Teil**:[123]

Zwar sind Begriffe wie »Vorsatz«, »Fahrlässigkeit«, »mittelbare Täterschaft« etc. weitgehend von Judikatur und Rechtswissenschaft konkretisiert worden, wobei es gelegentlich zu einer gewohnheitsrechtlichen Verfestigung bestimmter Auslegungsergebnisse gekommen sein mag. Doch dabei geht es nicht um strafbegründendes (oder -schärfendes) Gewohnheitsrecht, sondern lediglich um die Ausfüllung des gesetzlichen Regelungsrahmens von Vorschriften wie § 15 StGB (Vorsatz), § 222 StGB (Fahrlässigkeit), § 25 Abs. 1 Alt. 2 StGB (mittelbare Täterschaft) unter Beachtung von Wortlaut und ratio legis.[124]

---

vergleichbar mit Art. 103 Abs. 2 GG – ein Analogieverbot; dazu: *Krey*, ZStW 101 (1989), 838 (853-861); *Roxin*, § 5 Rn. 40; BVerfG NJW 1996, 3146 = NStZ 1996, 615.

120 H.M., so u.a.: *Krey*, ZStW 101 (1989), 838 (853-861); *Leister*, S. 92 ff. – Doch gilt für strafprozessuale Zwangsmaßnahmen (Grundrechtseingriffe) aufgrund des Vorbehalts des Gesetzes ein Analogieverbot – vergleichbar dem aus Art. 103 Abs. 2 GG. Siehe dazu u.a.: BVerfGE 29, 183 (195 ff.); BVerfG NJW 1996, 3146 = NStZ 1996, 615; *Amelung*, NStZ 1982, 40; *Krey*, ZStW 101 (1989), 838 (853-861).

121 Dazu – mit Beispielen – u.a. S/S/*Eser*/*Hecker*, § 1 Rn. 30-32.

122 *Jescheck*/*Weigend*, § 12 IV 1; *Kortgen*, Probleme des Gewohnheitsrechts, 1993.

123 Dazu m.w.N. u.a.: *Krey*, Keine Strafe ohne Gesetz, Rn. 107; *Roxin*, § 5 Rn. 45 ff.; **a.A.** etwa *Wessels*/*Beulke*/*Satzger*, Rn. 77.

124 *Krey*, Keine Strafe ohne Gesetz, Rn. 107.

Selbstredend ist Gewohnheitsrecht **zugunsten des Täters** erlaubt: So können Strafnormen aufgrund von Gewohnheitsrecht außer Kraft treten und Rechtfertigungsgründe gewohnheitsrechtlich entstehen.[125] 100

Fall 12: – »Maibaumklau« –

In der Woche vor dem 1. Mai schleicht sich des Nachts eine Gruppe der Freiwilligen Feuerwehr aus der Gemeinde G in Oberbayern in den leicht zugänglichen Hof der Freiwilligen Feuerwehr der Nachbargemeinde N. Von dort entwenden sie den zu diesem Zeitpunkt unbewachten Maibaum und verstecken ihn in der Scheune des S. Am Tatort hinterlassen sie eine Nachricht, in der sie »zwei Kästen Bier und eine g'scheite Brotzeit« im Tausch gegen den Maibaum fordern. Anderenfalls würden sie den Maibaum verkaufen.

Haben sich die Feuerwehrleute wegen Diebstahls (§ 242 Abs. 1 StGB) strafbar gemacht?

Das Maibaumstehlen gehört zum volkstümlichen **Brauchtum**, das in vielen Regionen Deutschlands, zwar auf sehr unterschiedliche Weise jedoch durch ständige Übung, gepflegt und akzeptiert wird.[126] Möglicherweise ist deshalb davon auszugehen, dass jeder, der sich an dem Brauch des Maibaumaufstellens beteiligt, auch mit einem solchen »Diebstahl« einverstanden ist (es entfiele dann die »Wegnahme«). Allerdings erscheint dies doch als Fiktion, die nicht geeignet ist, ein solches Verhalten in jedem Fall straffrei zu stellen.[127]

Genauso kann allerdings argumentiert werden, dass ein Verhalten, das den Regeln des Brauchtums folgt und daher **sozial übliches (»sozialadäquates«) Verhalten** ist, nicht tatbestandsmäßig sein kann (teleologische Reduktion des Tatbestandes zu Gunsten des Täters). Darüber hinaus kommt die Annahme eines im Brauchtum/Gewohnheitsrecht fußenden Rechtfertigungsgrundes in Betracht. 101

Fall 13: – »Weiberfastnacht« –

H, ein »Hamburger Jung«, erlebt seine erste Karnevalszeit in Köln. An Weiberfastnacht verlässt er wie gewohnt mit Anzug und Krawatte das Haus. Nach ein paar Metern bereits trifft er auf eine heitere Damengruppe. Die K geht auch sofort mit einer Schere auf H los und schneidet ihm lachend seine Krawatte ab. H wird dafür mit einem »Bützchen« (Küsschen) entschädigt und betrachtet traurig seine (vormals) schöne Krawatte.

Hat sich K der Sachbeschädigung gem. § 303 StGB strafbar gemacht?

Hier stellen sich im Grunde dieselben Fragen wie beim Maibaumdiebstahl. Bei dem scheinbar in karnevalistischen Angelegenheiten noch unerfahrenen H wird jedoch sehr deutlich, dass nicht in jedem Fall pauschal eine Zustimmung zur Rechtsgutsverletzung angenommen werden kann. Sofern es bei der Tatbestandslosigkeit aufgrund Sozialadäquanz darauf ankommt, dass der betroffene Rechtsgutsträger Teil dieses Brauchtums ist, wird sich die Straflosigkeit der K nicht darauf stützen können, dass H (noch) ein unbeteiligter Dritter ist.[128] Die Straflosigkeit der

125 *Frister*, 4/9; S/S/*Eser*/*Hecker*, § 1 Rn. 11 f., 15.

126 Ausführlich zum »Maibaumdiebstahl« *Dickert*, JuS 1994, 631 m.w.N., der seine Lösung auch im Vergleich mit der Rechtslage bei Sportverletzungen entwickelt.

127 So auch *Dickert*, JuS 1994, 631 (636): Der Maibaum solle gerade nicht gestohlen, sondern feierlich errichtet werden.

128 So etwa *Dickert*, JuS 1994, 631 (636).

K kann sich folglich allenfalls aus einem gewohnheitsrechtlichen Rechtfertigungsgrund ergeben.

6. Verbot zu unbestimmter Strafgesetze (»Bestimmtheitsgebot«)

a) Begriffsbestimmung

102 Strafgesetze müssen hinreichend bestimmt sein: Dieses Verfassungsgebot aus Art. 103 Abs. 2 GG gilt dabei für den **Straftatbestand** und für die Strafdrohung, d.h. für den **gesetzlichen Strafrahmen**.[129]

b) Grundgedanke des Bestimmtheitsgebots

103 Das Bestimmtheitsgebot dient primär der Rechtssicherheit und dem Schutz vor richterlicher Willkür. Es liegt weiterhin in der Konsequenz der Gewaltenteilung und des Demokratieprinzips, denn mit inhaltsleeren Blanketten würde das Parlament der ihm vorbehaltenen Aufgabe, Strafbestimmungen zu erlassen, nicht gerecht.[130]

c) Das Bestimmtheitsgebot als der Problemfall unter den vier Einzelprinzipien des Art. 103 Abs. 2 GG

104 Das Bestimmtheitsgebot hat das unaufhaltsame Vordringen von **Generalklauseln** und sehr **unbestimmten normativen Rechtsbegriffen** im Strafrecht dennoch nicht aufhalten können.[131]

Beispiele: »Niedrige Beweggründe« (§ 211 StGB: Mord); »Böswilligkeit« (§ 225 Abs. 1 StGB: Misshandlung von Schutzbefohlenen); »ähnlicher, ebenso gefährlicher Eingriff« (§ 315b Abs. 1 StGB: Gefährliche Eingriffe in den Straßenverkehr); »andere vergleichbare Handlung« (§ 238 Abs. 1 Nr. 5 StGB: Nachstellung).

105 Rechtsprechung und h.L. haben sich gegenüber jener Entwicklung auf den Standpunkt gestellt: Auch im Strafrecht sind Generalklauseln und unbestimmte normative Rechtsbegriffe nicht von vornherein verfassungswidrig. Anderenfalls könnte der Gesetzgeber der Vielgestaltigkeit des Lebens, dem Wandel der Verhältnisse und den Besonderheiten des Einzelfalls nicht gerecht werden.[132] Doch müssen Strafgesetze gleichsam **auslegungsfähig** sein, d.h. ihr Sinn und Geltungsumfang muss im Wege der Gesetzesauslegung ermittelt werden können.[133]

---

129 BVerfG JZ 2002, 552 ff. – Vermögensstrafe); *Roxin*, § 5 Rn. 80 ff. – Befremdlich BGHSt 13, 190 (191 f.): Hinreichend bestimmt sei die Androhung jeder gesetzlichen Strafe von der geringsten Geldstrafe bis zur lebenslangen Freiheitsstrafe.

130 *Krey*, Keine Strafe ohne Gesetz, Rn. 133 f. Zur zusätzlichen generalpräventiven Funktion des Bestimmtheitsgebots siehe u.a.: *Schünemann*, Nulla poena, S. 29.

131 Dazu u.a.: *Naucke*, Über Generalklauseln und Rechtsanwendung im Strafrecht, 1973; *Greco*, GA 2012, 452; *Schünemann*, Nulla poena, S. 6 f.

132 BVerfGE 48, 48 (56 f.); BVerfG JZ 2004, 303 (304) mit krit. Anm. *Seebode*.

133 BVerfG JZ 2004, 303 (304); *Wessels/Beulke/Satzger*, Rn. 64 f.; siehe auch *Schroeder* JZ 2011, 187 (194), der auf die tendenziell strafbarkeitsreduzierende Wirkung der »normativen Auslegung« hinweist; *Saliger*, JZ 2012, 723 zu den Grenzen normativer Auslegung im Strafrecht.

Damit soll gewährleistet werden, dass die Normadressaten vorhersehen können, welches Verhalten verboten und mit Strafe bedroht ist; in Grenzfällen muss zumindest das »Risiko einer Bestrafung« erkennbar sein.[134]

Hierfür soll es nach h.M. genügen, dass ein nach seinem Wortlaut bedenklich vager Straftatbestand durch die **Rechtsprechung** hinreichend präzisiert worden ist.[135] Insoweit wird Art. 103 Abs. 2 GG gewissermaßen zu einem Verfassungsauftrag an die Judikatur, Strafgesetzen durch Auslegung schärfere Konturen und damit mehr Bestimmtheit zu verleihen.[136]

Normative Tatbestandsmerkmale können aber auch durch einen Rückgriff auf die Maßstäbe des Zivilrechts konkretisiert werden. So lassen sich beispielsweise beim Diebstahl (§ 242 Abs. 1 StGB) bei der Bestimmung der *»Fremdheit«* der Sache nur aus der zivilrechtlichen Betrachtung der Eigentumsverhältnisse die notwendigen Schlüsse ziehen.[137]

d) Beispiele für zu unbestimmte Strafgesetze

Der Bayerische Verfassungsgerichtshof hat eine Strafvorschrift vom 16.10.1945, die denjenigen mit Strafe bedrohte, der *»gegen die öffentliche Ordnung verstößt«* oder *»gegen die Interessen der alliierten Streitkräfte oder eines ihrer Mitglieder handelt«*, in beiden Alternativen wegen verfassungswidriger Unbestimmtheit für nichtig erklärt.[138] **106**

Zu unbestimmt, also mit Art. 103 Abs. 2 GG unvereinbar, war richtiger Ansicht nach auch die frühere Strafvorschrift, die **»groben Unfug«** kriminalisierte; anders freilich in einer groben Fehlentscheidung das BVerfG.[139]

§ 43a StGB i.d.F. v. 1992 **(Vermögensstrafe)** ist vom BVerfG wegen Verstoßes gegen das Bestimmtheitsgebot für nichtig erklärt worden.[140]

7. Art. 103 Abs. 2 GG und Verfassungsbeschwerde

Gemäß Art. 93 Abs. 1 Nr. 4a GG (i.V.m. §§ 90 ff. BVerfGG) kann jedermann gegen Verletzungen seiner Grundrechte durch die öffentliche Gewalt Verfassungsbeschwerde zum BVerfG erheben. Zu den Grundrechten gehört dabei als sog. Justizgrundrecht auch Art. 103 Abs. 2 GG; *öffentliche Gewalt* i.S.d. Art. 93 Abs. 1 Nr. 4a GG sind Legislative, Exekutive und Judikative (als Dritte Gewalt). **107**

Allerdings kann die Verfassungsbeschwerde grundsätzlich erst nach **»Erschöpfung des Rechtswegs«** eingelegt werden (§ 90 Abs. 2 BVerfGG); d.h. der Betroffene muss die zulässigen Rechtsbehelfe und Rechtsmittel (namentlich Berufung und/oder Revision) zu den Fachgerichten erfolglos eingelegt haben.

134 BVerfGE 92, 1 (12) – Sitzblockaden.
135 BVerfGE 26, 41 (43); 48, 48 (56 a.E.); BVerfG JZ 2004, 303 (304); BGHSt 30, 285 (287); dazu m.w.N. *Krey*, Keine Strafe ohne Gesetz, Rn. 119 mit Fn. 407, Rn. 120 f.
136 *Krey*, Keine Strafe ohne Gesetz, Rn. 121 m.w.N.; **a.A.** *Seebode*, JZ 2004, 305 ff.
137 Dazu auch *Bülte*, JuS 2015, 769 f.
138 BayVGH Bd. 4 (1951), II, S. 194 ff.; BayGVBl. 1953, 75 f.
139 BVerfGE 26, 41 (43); kritisch u.a.: *Jakobs*, 4/28 m.w.N.; *Schroeder*, JZ 1969, 775 ff.
140 BVerfG JZ 2002, 552 ff. mit Sondervotum v. *Jentsch*, *DiFabio* und *Mellinghoff*.

II. Schuldprinzip: Keine Strafe ohne Schuld (nulla poena sine culpa)

1. Bedeutung und verfassungsrechtliche Garantie

108 Das Schuldprinzip »nulla poena sine culpa« wird vom BVerfG aus der in Art. 1 GG geschützten Würde des Menschen als eigenverantwortlich handelnde Person sowie aus Art. 2 Abs. 1 GG und dem Rechtsstaatsprinzip abgeleitet. Es besitzt daher Verfassungsrang.[141] Zudem ist es durch die Ewigkeitsgarantie des Art. 79 Abs. 3 GG geschützt.[142]

»Keine Strafe ohne Schuld« bedeutet zum einen, dass die Verhängung einer Strafe überhaupt das Vorliegen individueller Schuld – im Sinne einer **individuellen Zurechenbarkeit und Vorwerfbarkeit** – voraussetzt und eine Bestrafung ohne Schuld gegen das Rechtsstaatsprinzip verstößt.[143] Zum anderen besagt es, dass die **Höhe der Strafe** im Einzelfall ihrerseits zur Schwere der Rechtsgutsverletzung und des individuellen Verschuldens in einem angemessenen Verhältnis stehen, mithin schuldangemessen sein muss. Insoweit deckt sich das Schuldprinzip mit dem Grundsatz der Verhältnismäßigkeit bzw. konkretisiert das sog. **Übermaßverbot** (Rn. 16).[144]

»Die Berechtigung des Staates, Freiheitsstrafen zu verhängen und zu vollziehen, beruht wesentlich auf der schuldhaften Begehung der Straftat. [...] Das Schuldprinzip begrenzt in seiner strafzumessungsleitenden Funktion die Dauer der Freiheitsstrafe auf das der Tatschuld Angemessene. Die Schuld ist einer der legitimierenden Gründe und äußerste Grenze der Anordnung und des Vollzugs der Freiheitsstrafe.«[145]

109 **Fall 14: – »Halterverantwortung im Straßenverkehr« –**
A hat dem B sein Fahrzeug geliehen. B fährt an einer unübersichtlichen Stelle zu schnell, kommt daher von der Fahrbahn ab und beschädigt fahrlässig ein Verkehrszeichen. Die Ermittlungen der Polizei ergeben später, dass die Tat mit dem Fahrzeug des A begangen wurde. Zur Rede gestellt, erklärt nun A, er habe für den Tatzeitpunkt ein Alibi (was zutrifft). Eine andere Person habe das Fahrzeug gefahren, deren Namen er aber nicht preisgebe.

Kann gegen den A als Halter des Pkw ein Strafverfahren wegen des Vorwurfs der Gefährdung des Straßenverkehrs (§ 315c Abs. 1 Nr. 2e, Abs. 3 Nr. 1 StGB) eingeleitet werden?

Nach dem Grundsatz »Keine Strafe ohne Schuld« kann dem A nicht der Vorwurf der Straßenverkehrsgefährdung gemacht werden. Weder die Leihe des Fahrzeugs an den B noch das Verschweigen der Identität des Fahrers vermögen hieran etwas

---

141 StRspr. vgl. nur BVerfGE 9, 167 (169); 20, 323 (331); 25, 269 (285); 57, 250 (275); 86, 288 (313); 95, 96 (140); BVerfG StraFo 2007, 369 (Tz. 22) – Kindesentziehung; BVerfG NJW 2009, 1061 (1062 f.) – Kannibale von Rotenburg.

142 BVerfG NJW 2009, 2267 (2289) – Vertrag von Lissabon.

143 BVerfGE 20, 323 (331); BVerfG StraFo 2007, 369 (Tz. 23) – Kindesentziehung.

144 BVerfGE 50, 205 (215); 73, 206 (253); 120, 224 (Abs.-Nr. 37) – Inzestverbot; BVerfG StraFo 2007, 369 (Tz. 23) – Kindesentziehung; NJW 2009, 1061 (1062 f.) – Kannibale von Rotenburg.

145 BVerfGE 128, 326 (376) = NJW 2011, 1931 (Tz. 104).

zu ändern, da sie für den eigentlichen strafrechtlich relevanten Vorgang keine tauglichen Anknüpfungspunkte darstellen können.

Exkurs: Über eine sog. »Halterhaftung« wird auch europaweit in Bezug auf (nicht-strafrechtliche) Verkehrsverstöße diskutiert. Während z.B. Frankreich und die Niederlande grundsätzlich den Fahrzeughalter in die Pflicht nehmen, selbst wenn dieser nicht gefahren ist, sanktionieren Österreich und Spanien den Halter lediglich dann, wenn er den Fahrer nicht benennt. In vielen anderen EU-Staaten (darunter Deutschland) wird das (OWi-)Verfahren hingegen eingestellt, wenn sich der Fahrer nicht ermitteln lässt (»nulla poena sine culpa«).

2. Konsequenzen des Schuldprinzips

Die **Strafe** darf in keinem Fall das **Maß der Schuld** des Täters übersteigen.[146] **110**

Bei den sog. **erfolgsqualifizierten Delikten** wie z.B.

- Körperverletzung mit Todesfolge (§ 227 StGB),
- Freiheitsberaubung mit Todesfolge (§ 239 Abs. 4 StGB),
- Raub mit Todesfolge (§ 251 StGB)

muss die qualifizierende besondere Folge der Tat **schuldhaft** herbeigeführt sein, also »wenigstens fahrlässig« (§§ 227, 239 Abs. 4 mit § 18 StGB) oder sogar – wie bei § 251 StGB – »wenigstens leichtfertig«. Eine reine Erfolgshaftung ist also auch bei den erfolgsqualifizierten Delikten ausgeschlossen. Dies spiegelt sich in dem Erfordernis des sog. »deliktsspezifischen Zurechnungszusammenhangs« wider – einer besonderen Verknüpfung von Grunddelikt und qualifizierender Folge (vgl. Rn. 1369).

Gesetzlichkeitsprinzip und Analogieverbot finden bei Strafgesetzen nicht nur Anwendung auf den Tatbestand, sondern auch auf die Anordnung der jeweiligen **Rechtsfolge**. Die Tragweite der Straftatbestände muss ebenso erkennbar und durch Auslegung zu ermitteln sein wie ihr Anwendungsbereich.[147]

3. Bestrafung von Verbänden[148]

Fall 15: – »Societas delinquere non potest« – **111**

Geschäftsführer G der X-GmbH führt eine Gewässerverunreinigung herbei. Die Staatsanwaltschaft leitet daher gegen ihn ein Ermittlungsverfahren ein und überlegt, ob neben der Verhängung einer Freiheits-/Geldstrafe gegenüber G auch die Verhängung einer Kriminalstrafe gegenüber der X-GmbH in Betracht käme.

In Deutschlang gilt der Grundsatz »societas delinquere non potest« (eine Gesellschaft kann kein Unrecht begehen).[149] Die Strafbarkeit von juristischen Personen

---

146 Siehe für alle *Roxin*, § 3 Rn. 51 f.

147 BVerfGE 75, 329 (341). Zur Schätzung der Tagessatzhöhe bei der Geldstrafe: BVerfG NStZ-RR 2015, 335 (konkrete Feststellung der Schätzungsgrundlagen und überprüfbare Mitteilung im Urteil).

148 Zur Verbandsstrafe Nachweise bei: *Jescheck/Weigend*, § 23 VII 1; *Roxin*, § 8 Rn. 58 ff.; *Volk*, JZ 1993, 429 ff.; ausführlich auch *Schünemann*, FS Tiedemann, 2008, S. 429 ff. und ZIS 2014, 1 ; *Jäger*, FS Imme Roxin, 2012, S. 43 ff.

und Personenvereinigungen ist u.a. wegen des Schuldprinzips nicht vorgesehen und kann jedenfalls ohne Verfassungsänderung auch nicht gesetzlich eingeführt werden.[150]

Wegen der Deliktsunfähigkeit der Gesellschaft kommt die Verhängung einer Kriminalstrafe gegenüber der X-GmbH folglich nicht in Betracht.[151]

III. Exkurs: Gesetzlichkeitsprinzip und Analogieverbot aus/in Art. 104 GG

112 Während sich Art. 103 Abs. 2 GG allgemein auf »Strafe« bezieht, bestimmt Art. 104 Abs. 1 S. 1 GG ergänzend für Strafvorschriften, die Freiheitsstrafe androhen, dass Art und Maß der Freiheitsstrafe durch den Gesetzgeber in einem förmlichen Gesetz festzulegen sind.[152]

Mit dem Erfordernis eines förmlichen Gesetzes konkretisiert Art. 104 Abs. 1 GG auch den Gesetzesvorbehalt für Freiheitsbeschränkungen aus Art. 2 Abs. 2 S. 3 GG, den er wieder aufnimmt.[153] Auch wenn der weitere Wortlaut des Art. 104 GG so klingt, als erfasse er nur die Freiheitsbeschränkung durch die vorläufige Festnahme bzw. die U-Haft, bezieht sich die Vorschrift doch auf jegliche Form der Freiheitsbeschränkung durch die öffentliche Gewalt, insbesondere auch auf die Freiheitsentziehung bei sämtlichen Formen von Haft unabhängig von deren Rechtsgrundlage. Daher findet sie auch auf die (Verurteilung[154] zu einer) Freiheitsstrafe Anwendung.[155]

Im Hinblick auf die Sicherungsverwahrung hat das BVerfG im Mai 2011 entschieden, dass die bisherige Regelung in StGB und JGG mit dem Freiheitsgrundrecht der Untergebrachten aus Art. 2 Abs. 2 S. 2 i.V.m. Art. 104 Abs. 1 GG nicht vereinbar ist, weil sie den Anforderungen des **verfassungsrechtlichen Abstandsgebots** nicht genüge.[156]

---

149 *Jescheck/Weigend*, § 23 VII 1; *Többens*, NStZ 1999, 1 (5 f.).

150 Dazu u.a. *Peglau*, JA 2001, 606; *Jescheck/Weigend*, § 23 VII 1; *Volk* JZ 1993, 429 ff.; str.; Dagegen gibt es in zahlreichen europäischen Ländern. (z.B. Österreich, Schweiz, Großbritannien) sowie den USA ein Unternehmensstrafrecht. Unternehmen können in diesen Ländern u.a. zu hohen Geld*strafen* verurteilt werden. Für die Einführung eines Verbandsstrafrechts *Dannecker*, GA 2001, 101. Aktuelle Bestandsaufnahme der Diskussion bei *Trüg*, StraFo 2011, 471. Aufgrund der erneut aufgeflammten Diskussion – unabhängig von der grundsätzlichen Frage – mit konkreter Kritik am nordrhein-westfälischen Entwurf eines Verbandsstrafgesetzbuchs: *Hoven*, ZIS 2014, 19.

151 Es besteht allerdings gem. § 30 OWiG die Möglichkeit einer **Verbandsgeldbuße**. Siehe hierzu u.a. *Jescheck/Weigend*, § 23 VII 2, 3; *Többens*, NStZ 1999, 1 (5 f.); *Laue*, Jura 2010, 339 ff.

152 BVerfGE 14, 174; 75, 329 (Tz. 38).

153 BVerfGE 29, 183 (Tz. 33); BVerfG NVwZ-RR 2009, 616 (617); *Maunz/Dürig*, Art. 104 Rn. 1.

154 BVerfGE 14, 174 (Tz. 38): Strafausspruch bildet mit der Strafvollstreckung einen Gesamtvorgang des Freiheitsentzugs, so dass es nicht darauf ankommt, dass der Ausspruch allein die Freiheit noch nicht beschränkt.

155 OK-GG/*Radtke* bzw. Epping/Hillgruber/*Radtke*, Art. 104 Rn. 4; zur Anwendung auf stationäre Maßregeln der Besserung und Sicherung vgl. BVerfG RuP 2009, 58.

156 BVerfGE 128, 326 (374 f., 376 ff.) = NJW 2011, 1931 (1937 ff.), Tz. 100 f., 103 ff.; zum »Abstandsgebot« vgl. außerdem BVerfGE 109, 133 (166); zur Sicherungsverwahrung ausführlich: *Esser*, JA 2011, 727.

In Bezug auf den Gesetzesvorbehalt stimmen Art. 104 Abs. 1 S. 1 GG und Art. 103 Abs. 2 GG sogar vollständig überein, sofern das Gesetz, auf dessen Grundlage die Freiheitsbeschränkung gestützt wird, ein Strafgesetz ist.[157] Es gelten sowohl das Bestimmtheitsgebot als auch das Analogieverbot.[158] Auch für die Auslegung des gesetzlichen Hafttatbestandes markiert der mögliche Wortsinn des Gesetzes die äußerste Grenze zulässiger richterlicher Interpretation. Eine darüber hinausgehende Anwendung der Norm ist ausgeschlossen.[159] Das Erfordernis eines förmlichen Gesetzes verbietet außerdem die Freiheitsbeschränkung aufgrund von ungeschriebenem Gewohnheitsrecht. Auch Zuständigkeitsfragen sind in den Vorbehalt des Gesetzes aus Art. 104 Abs. 1 S. 1 GG einbezogen.[160]

157 OK-GG/*Radtke* bzw. Epping/Hillgruber/*Radtke*, Art. 104 Rn. 6.
158 BVerfGE 29, 183; BVerfG NVwZ 2007, 1296 f. – Abschiebehaft; zur Festnahme von Piraterieverdächtigen *Esser/Fischer*, ZIS 2009, 771.
159 BVerfG NVwZ-RR 2009, 616 (617); NJW-Spezial 2010, 24.
160 BVerfG NVwZ 2011, 1254 (Amtshilfe für andere Behörde).

§ 4 Strafrecht und Europarecht

I. Europäische Union (EU)

1. Europäische Gemeinschaft und Europäische Union vor Inkrafttreten des Vertrags von Lissabon[1]

113 Am 1.12.2009 trat der **Vertrag von Lissabon** in Kraft, der im Vorfeld auf heftige Kritik gestoßen war.[2] Vor diesem Reformvertrag war hinsichtlich strafrechtlicher Vorgaben zwischen der Europäischen Union (EU) und der Europäischen Gemeinschaft (EG) zu unterscheiden.

Der damalige Aufbau der EU als Staatenverbund stellte sich als **Säulenstruktur**[3] dar, wobei die Union nur das institutionelle Dach bildete; ihre eigene Rechtspersönlichkeit war hingegen umstritten.[4] Sehr bedeutend war die sog. **Erste Säule**, unter der die **Europäischen Gemeinschaften** (EG/EAG) gefasst wurden. Die beiden anderen Säulen bildeten die **Gemeinsame Außen- und Sicherheitspolitik (GASP)** und die **Polizeiliche und Justizielle Zusammenarbeit in Strafsachen (PJZS)**.

114 Vor Inkrafttreten des Vertrags von Lissabon war für das Strafrecht vor allem die **Dritte Säule** von Bedeutung. In Form der **intergouvernementalen Zusammenarbeit** wurde das nationale Strafrecht der Mitgliedstaaten einander punktuell angeglichen.[5] Da die PJZS nicht supranational organisiert war, sahen die institutionellen Bestimmungen nur die klassische völkerrechtliche Zusammenarbeit in Form der Einstimmigkeit vor.[6] Um das Strafrecht zu harmonisieren, ergingen zahlreiche **Rahmenbeschlüsse** (Art. 34 Abs. 2 lit. b, c EUV a.F.). Durch sie wurden die Mitgliedstaaten zur Angleichung ihrer nationalen Rechtsvorschriften verpflichtet. Ebenso wie die Richtlinien (aus der früheren Ersten Säule) überließen die Rahmenbeschlüsse den Mitgliedstaaten die Wahl der Form und Mittel zur Umsetzung der in ihnen aufgezeigten Ziele. Sie waren nicht unmittelbar wirksam[7], mussten also erst in nationales Recht umgesetzt werden, waren allerdings **hinsichtlich des zu erreichenden Ziels verbindlich** (Art. 34 Abs. 2 lit. b Satz 2 EUV a.F.).[8]

---

1 Vertrag von Lissabon zur Änderung des Vertrags über die Europäische Union und des Vertrags zur Gründung der Europäischen Gemeinschaft v. 13.12.2007 (BGBl. 2008 II S. 1038).

2 Der damalige Bundespräsident *Köhler* setzte die Ausfertigung der Ratifikationsurkunde aus, um das *Lissabon-Urteil* des BVerfG (BVerfGE 123, 267 = NJW 2009, 2267 ff.) abzuwarten.

3 Zum früheren Drei-Säulen-Modell: *Streinz*, Rn. 37 ff.

4 Calliess/Ruffert/*Cremer*, Art. 24 EUV, Rn. 1, 7 ff., 14 f. einerseits; Calliess/Ruffert/*Wichard*, Art. 1 EGV, Rn. 5-14 andererseits.

5 *Ambos*, § 9 Rn. 11 ff.; *Esser*, § 1 Rn. 10 ff., § 2 Rn. 130 ff.; *Hecker*, § 1 Rn. 7, § 4 Rn. 79.

6 *Schweitzer*, § 1 Rn. 18.

7 Sehr weitgehend daher EuGH, Urt. v. 16.6.2005, Rs. C-105/03 (Pupino), NJW 2005, 2839: Verpflichtung der nationalen Gerichte zur europarechtskonformen Auslegung des nationalen Rechts im Hinblick auf noch nicht umgesetzte Rahmenbeschlüsse. Zu diesem Urteil *Herrmann*, EuZW 2005, 436.

8 Vgl. *Ambos*, § 9 Rn. 17; *Esser*, § 2 Rn 72 f.

Die vor dem 1.12.2009 ergangenen Rahmenbeschlüsse haben gem. Art. 9 des Protokolls Nr. 36 über die Übergangsbestimmungen zum Vertrag von Lissabon ihre Gültigkeit beibehalten, so dass sie noch immer beachtet und eingehalten werden müssen. Ein Beispiel für einen weiterhin gültigen Rahmenbeschluss im Bereich des materiellen Strafrechts ist der *Rahmenbeschluss des Rates vom 24.10.2008 zur Bekämpfung der organisierten Kriminalität.*[9]

Der Erlass supranationalen Rechts war vor Inkrafttreten des Vertrags von Lissabon nur im Rahmen der **Ersten Säule** möglich, soweit den Gemeinschaften EG/EAG ausnahmsweise eine sog. **Annexkompetenz** zu einer ihrer Politiken zuerkannt wurde.[10] Durch den Vertrag von Lissabon wurde das Säulenmodell abgeschafft und die PJZS in den AEUV überführt.

2. EU nach Inkrafttreten des Vertrags von Lissabon

Durch den Vertrag von Lissabon wurden Struktur und Aufbau der EU grundlegend **115**
geändert. Das vormalig bestehende Säulenmodell wurde abgeschafft. Da nicht mehr starr zwischen den drei Bereichen EG/EAG – GASP – PJZS getrennt wird, existiert auch der Begriff des »Gemeinschaftsrechts« nicht mehr. Stattdessen spricht man nun einheitlich von **Unionsrecht**.

Die heutige EU basiert auf zwei gleichrangig nebeneinander stehenden völkerrechtlichen Verträgen, dem **Vertrag über die Europäische Union (EUV)** und dem **Vertrag über die Arbeitsweise der Europäischen Union (AEUV)**. Die GASP ist in den EUV[11], die PJZS in den AEUV eingegliedert worden.

Ein weiterer wichtiger Änderungspunkt ist, dass die EU durch den Reformvertrag von Lissabon den Status einer **internationalen Organisation** verliehen bekommen hat. Als solche ist sie Völkerrechtssubjekt (Art. 47 EUV).[12]

Die EU ist kein Staat, auch **kein Bundesstaat**, sondern wird vom BVerfG[13] plakativ als **»Staatenverbund«** bezeichnet. Ob sie »auf dem Wege« zu einem Bundesstaat ist, erscheint rechtlich höchst zweifelhaft und ist letztlich eine Frage der politischen Ziele der beteiligten und involvierten Staaten und Staatenvertreter.

3. Lissabon-Urteil des BVerfG

Am 30.6.2009 erging das Urteil des BVerfG zur Ratifikation des Vertrags von **116**
Lissabon. Darin entschied das BVerfG über die Vereinbarkeit des Reformvertrags mit dem GG und darüber, ob der Vertrag auf dieser Grundlage von der Bundesrepublik Deutschland ratifiziert werden durfte. Das BVerfG betont vor allem die Fortgeltung des **Prinzips der begrenzten Einzelermächtigung** (Art. 5 Abs. 1 S. 1,

9 ABlEU Nr. L 300 v. 11.11.2008, S. 42.
10 *Esser*, § 2 Rn. 123; siehe hierzu: EuGH Rs. C-176/03, 13.9.2005, Slg. 2005, I-7879; **Richtlinie 2008/99/EG vom 19.11.2008 über den strafrechtlichen Schutz der Umwelt** (ABl. EU Nr. L 328 v. 6.12.2008, S. 28; zur Umsetzung: 45. StRÄndG v. 6.12.2011.
11 Vgl. aber auch: Art. 75 AEUV (»Terrorlisten«).
12 Generell zur Änderung der EU vgl. *Schweitzer*, Rn. 16 ff.
13 BVerfG NJW 2009, 2267 (2271) – Lissabon; vgl. auch schon: BVerfGE 89, 155 (181, 184 ff.) – Maastricht-Urteil.

Abs. 2 EUV) und legt dar, dass »die europäische Vereinigung auf der Grundlage einer Vertragsunion souveräner Staaten [...] nicht so verwirklicht werden [darf], dass in den Mitgliedstaaten kein ausreichender Raum zur politischen Gestaltung der wirtschaftlichen, kulturellen und sozialen Lebensverhältnisse mehr bleibt«.[14]

Gleichzeitig leitet das BVerfG aber aus der Präambel des GG und aus Art. 23 Abs. 1 GG einen Verfassungsauftrag der BR Deutschland zu einer Verwirklichung eines vereinten Europas her.[15]

Als Quintessenz des Urteils kann demnach festgehalten werden, dass das Ziel einer funktionierenden Europäischen Union mit der Souveränität Deutschlands vereinbar sein muss. Gerade in Bezug auf das **Strafrecht** betrachtet das BVerfG die Neuregelungen kritisch und verlangt **eine besondere Notwendigkeit für Maßnahmen in diesem Bereich**.[16]

II. Primäres und sekundäres Unionsrecht

117 **Primäres Unionsrecht** sind insbesondere der EUV in seiner Fassung nach dem Reformvertrag von Lissabon und der AEUV. Hinzu kommen ihre jeweiligen Anhänge und Protokolle, welche die Verträge ergänzen. Außerdem zählen die **allgemeinen Rechtsgrundsätze**, wie etwa das rechtsstaatliche Prinzip der Verhältnismäßigkeit, und die **Charta der Grundrechte der Europäischen Union** zum primären Unionsrecht.[17]

118 Unter **Sekundärem Unionsrecht** versteht man das von den Organen der EU nach Maßgabe des primären EU-Rechts erlassene Recht.[18] In den Fällen, in denen das Primärrecht Rechtssetzungsakte der Union vorsieht, dürfen die Organe der EU im ordentlichen Gesetzgebungsverfahren nach Art. 289 Abs. 1, 294 AEUV **Verordnungen**, **Richtlinien** oder **Beschlüsse** erlassen.[19]

Dieses Unionsrecht, das entscheidend durch die Auslegung des **EuGH** geprägt ist (insbesondere über das **Vorabentscheidungsverfahren – Art. 267 AEUV**), beeinflusst heute die Rechtsordnung der Mitgliedsstaaten – auch im Strafrecht.

119 Für das Verhältnis des Unionsrechts zum nationalen Verfassungsrecht bejaht der EuGH einen sog. **Anwendungsvorrang**.[20] Dies bedeutet, dass in all denjenigen Fällen, in denen ein nationaler Straftatbestand im Widerspruch zum Unionsrecht steht, ersterer nicht zur Anwendung kommen darf. Die unionsrechtwidrige Norm bleibt gültig, wird aber in ihrer Wirkung »neutralisiert«, es besteht insoweit also

14 BVerfG NJW 2009, 2267.

15 BVerfG NJW 2009, 2267 (2270).

16 BVerfG NJW 2009, 2267 (2288).

17 Vgl. *Streinz*, Rn. 3, 453 ff.; Calliess/*Ruffert*, Art. 1 AEUV Rn. 8 ff. mit Art. 19 EVG Rn. 35 ff.; siehe auch Art. 6 Abs. 1 und 2 EUV (Rechtsstaatlichkeit, Grundrechtsschutz).

18 *Schweitzer*, Rn. 334.

19 Dazu m.w.N.: *Schweitzer*, Rn. 227 ff; der Katalog der Rechtsakte ist durch den Vertrag von Lissabon nicht wesentlich verändert worden, vgl. *Nowak*, Europarecht nach Lissabon (2010), S. 126.

20 Grundlegend zum Anwendungsvorrang s. EuGHE 1964, 1251 – Rs. 6/64 (Costa ./. ENEL).

schon kein strafrechtlich tatbestandsmäßiges Verhalten.[21] Es wird in diesem Fall ausschließlich die europarechtliche Norm angewandt.

III. Strafgewalt der EU

1. Kompetenz der EU-Organe zur Schaffung von Strafgesetzen?

a) Setzung supranationaler Strafrechtsnormen

Zur Zeit gibt es noch **kein supranationales europäisches Strafrecht**, das zum Beispiel in Form eines europäischen Strafgesetzbuchs in den einzelnen Mitgliedstaaten der EU unmittelbare Anwendung fände. Durch die Änderungen, die der Vertrag von Lissabon mit sich brachte, ist es nun allerdings in einigen wenigen Bereichen denkbar, dass die EU solche unmittelbaren supranationalen Strafrechtsnormen erlässt. **120**

Weil die EU, wie oben dargestellt, gerade kein Staatenbund sondern ein bloßer »Staatenverbund« ist, gilt weiterhin der **Grundsatz der begrenzten Einzelermächtigung**. Nach Art. 5 Abs. 1 Satz 1, Abs. 2 Satz 1 EUV darf die Union nur dann tätig werden, wenn die Mitgliedstaaten ihr in Verträgen eine bestimmte Zuständigkeit übertragen haben. Dieses Prinzip ist gerade in Bezug auf das Strafrecht von großer Bedeutung, das wie kaum eine andere Rechtsmaterie die staatliche Souveränität verkörpert. So ist das Strafrecht eines Staates aus seiner eigenen Tradition heraus gewachsen, es berücksichtigt die eigene nationale Geschichte und bestimmt, was ein Staat als strafwürdiges Unrecht ansieht. **121**

Von dieser Zuständigkeitsübertragung i.S.d. Art. 5 Abs. 1 EUV haben die Mitgliedstaaten bei **Art. 325 Abs. 4 AEUV** Gebrauch gemacht. Diese Norm räumt der Union die Möglichkeit ein, im Bereich der **Betrugsbekämpfung** »*alle erforderlichen Maßnahmen zur Verhütung und Bekämpfung von Betrügereien, die sich gegen die finanziellen Interessen der EU richten*«, zu treffen. Unter diese »erforderlichen Maßnahmen« dürfte neben dem Erlass von Richtlinien mit umsetzungspflichtigen Rahmenvorgaben auch der Erlass von Verordnungen (Art. 288 UA 2, 289 Abs. 1, 294 AEUV) fallen, die dann ohne weiteren nationalen Umsetzungsakt unmittelbar in den Mitgliedstaaten anwendbar sind und damit supranationales Strafrecht bilden.[22] **122**

Die Kommission hat – im Wesentlichen gestützt auf Art. 325 Abs. 4 AEUV – am 11.7.2012 den **Vorschlag für eine Richtlinie des Europäischen Parlaments und des Rates über die strafrechtliche Bekämpfung von gegen die finanziellen Interessen der EU gerichtetem Betrug**[23] aufgelegt, der auf eine bereichsspezifi-

---

21 *Satzger*, § 9 Rn. 81.

22 So auch: *Satzger*, § 8 Rn. 24 f.; *Sieber*, ZStW 121 (2009), 1 (59); *Mansdörfer*, HRRS 2010, 11 (18); *Geiger/Khan/Kotzur*, EUV/AEUV, 5. Aufl. 2010, Art. 325 AEUV Rn. 6; so schon zu Art. III-415 des Entwurfs der Europäischen Verfassung *Tiedemann*, FS Jung, 2007, S. 987 (988 f.); *Walter*, ZStW 117 (2005), 912 (917 f.); mit Einschränkungen aber: *Heger*, ZIS 2009, 406 (416); vgl. zum diesbezüglichen Streit bei der Vorgängernorm, Art. 280 Abs. 4 EGV: *Hecker*, § 14 Rn. 54; *Esser*, § 2 Rn. 123 ff.

23 Sog. PIF-Richtlinie (protection of financial interests), KOM (2012) 363.

sche Angleichung der einschlägigen nationalen Vorschriften des materiellen Rechts abzielt.[24]

b) Harmonisierung des nationalen Strafrechts

123 Durch den Vertrag von Lissabon wurde das schon zuvor geltende **Prinzip der gegenseitigen Anerkennung** im Primärrecht der EU verankert. Ziel dieses Grundsatzes, der nun in Art. 82 Abs. 1 UA 1 AEUV normiert ist, ist die Anerkennung einer in einem Mitgliedstaat rechtmäßig ergangenen justiziellen Entscheidung durch die anderen Mitgliedstaaten der EU.[25]

Das Prinzip der gegenseitigen Anerkennung, das ursprünglich zur Herstellung eines funktionierenden europäischen Binnenmarkts entwickelt wurde,[26] bekam durch den **Europäischen Rat von Tampere** im Oktober 1999 eine besondere Bedeutung im justiziellen Kontext verliehen, als es zum »Eckstein« der justiziellen Zusammenarbeit in Zivil- und Strafsachen erklärt wurde.[27]

Um dieses Prinzip auf Dauer zu verwirklichen bzw. die gegenseitige Anerkennung innerhalb der Mitgliedstaaten zu fördern, können sowohl im formellen als auch im materiellen Recht durch Richtlinien **Maßnahmen** festgelegt werden, um die **nationalen Rechtssysteme einander anzugleichen**. Art. 82 AEUV regelt dabei die Harmonisierung des Strafverfahrensrechts, während die Möglichkeit, das **materielle Strafrecht** zu harmonisieren, in **Art. 83 AEUV** normiert ist.

124 Solche **Mindestvorschriften zur Festlegung von Straftaten und Strafen** können in allen »Bereichen besonders schwerer Kriminalität« erfolgen, »die aufgrund der Art oder Auswirkungen der Straftaten oder aufgrund einer besonderen Notwendigkeit, sie auf einer gemeinsamen Grundlage zu bekämpfen, eine grenzüberschreitende Dimension haben« (Art. 83 Abs. 1 UA 1 AEUV).[28]

Als solche »Bereiche« werden angesehen: **Terrorismus, Menschenhandel und sexuelle Ausbeutung von Frauen und Kindern, illegaler Drogenhandel, illegaler Waffenhandel, Geldwäsche, Korruption, Fälschung von Zahlungsmitteln, Computerkriminalität und organisierte Kriminalität** (Art. 83 Abs. 1 UA 2 AEUV). Der Rat kann durch einstimmigen Beschluss mit Zustimmung des Europäischen Parlaments diese Liste erweitern (Art. 83 Abs. 1 UA 2, 3 AEUV).

Bei dem Erlass solcher »Harmonisierungs-Richtlinien« ist jedoch zu beachten, dass es sich dabei nicht um die Setzung von supranationalem Strafrecht handelt. **Richtlinien** sind von Verordnungen dadurch zu unterscheiden, dass sie nicht unmittelbar in den einzelnen Mitgliedstaaten anwendbar sind, sondern erst durch einen Umset-

24 Die Rechtsgrundlage der PIF-Richtlinie ist allerdings umstritten: Das EP votiert für Art. 83 Abs. 2 AEUV; hierzu: *Zeder*, JSt 4/2013, 173 (174).
25 Vgl. dazu ausführlich *Satzger*, § 10 Rn. 24.
26 Dazu *Satzger*, StV 2003, 141.
27 Die Schlussfolgerungen des Rates sind abgedruckt bei *Esser*, Europäisches und Internationales Strafrecht – Textsammlung (2012), Nr. 6; siehe auch: *Satzger*, § 10 Rn. 24.
28 Vertiefend *Zöller*, FS Schenke, 2011, S. 579.

zungsakt im nationalen Recht in das jeweilige Rechtssystem integriert werden müssen (Art. 288 UA 2, 291 Abs. 1 AEUV).

Dabei ist den Mitgliedstaaten die Art und Weise, wie sie das in den Richtlinien vorgegebene Ziel verwirklichen wollen, selbst überlassen.[29] So wird ein deutsches Gesetz, das aufgrund einer Richtlinie erlassen wurde, nicht identisch mit einem französischen oder italienischen Gesetz sein, das auf derselben Richtlinie fußt.

Bei der Rechtsangleichung müssen die **Grundsätze der Subsidiarität und der** 125
begrenzten Einzelermächtigung sowie der **Verhältnismäßigkeitsgrundsatz** strikt berücksichtigt werden:

Die Union [wird] nur innerhalb der Grenzen der Zuständigkeit tätig, die die Mitgliedstaaten ihr in den Verträgen zur Verwirklichung der darin niedergelegten Ziele übertragen haben (**Art. 5 Abs. 2 Satz 1 EUV**). Diese Grenzen der Zuständigkeit finden sich in Art. 82 Abs. 2 UA 2 AEUV für die Harmonisierung des Strafverfahrensrechts[30] und in Art. 83 Abs. 1 UA 2, 3 AEUV für den Bereich des materiellen Strafrechts wieder.

Gemäß **Art. 5 Abs. 3 EUV** wird die Union in den Bereichen, die nicht in ihre aus- 126
schließliche Tätigkeit fallen, nur tätig, wenn die angestrebten Ziele »wegen ihres Umfangs oder ihrer Wirkungen auf Unionsebene besser zu verwirklichen sind«.

Außerdem dürfen die »Maßnahmen der Union inhaltlich wie formal nicht über das 127
zur Erreichung der Ziele der Verträge erforderliche Maß hinausgehen« (**Art. 5 Abs. 4 UA 1 EUV**).

Hierzu hat das BVerfG in seinem Lissabon-Urteil entschieden, dass die Vorschriften der Art. 82, 83 AEUV, aus denen der Unionsgesetzgeber seine Kompetenzen zur Strafrechtsangleichung herleitet, wegen der »besonders empfindlichen Berührung der demokratischen Selbstbestimmung durch Straf- und Strafverfahrensnormen« strikt und »keinesfalls extensiv« auszulegen sind.[31]

2. Nationale Blankettstrafgesetze als Einfallstor für das Unionsrecht

Großen Einfluss hat das Unionsrecht – und auch schon vor dem Vertrag von Lissa- 128
bon das Gemeinschaftsrecht – auf das deutsche Strafrecht dadurch erlangt, dass deutsche Blankettstrafgesetze auf **Verordnungen der EG (jetzt EU)** Bezug nehmen.[32] **Blankettstrafgesetze** sind solche Normen, die zwar eine **Strafdrohung**

29 Vgl. EuGH Urt. v. 23.3.1995, Rs. C-365/93 (die Umsetzung einer Richtlinie verlangt nicht notwendig in jedem Mitgliedstaat ein Tätigwerden des Gesetzgebers); *Schweitzer*, Rn. 344.

30 Harmonisierungsmaßnahmen zur Zulässigkeit von Beweismitteln auf gegenseitiger Basis zwischen den Mitgliedstaaten; die Rechte des Einzelnen im Strafverfahren; die Rechte der Opfer von Straftaten; sonstige spezifische Aspekte des Strafverfahrens, die zuvor vom Rat durch Beschluss bestimmt worden sind.

31 BVerfG NJW 2009, 2267 (2288).

32 Die Zulässigkeit dieser Verweisungen grundlegend bejahend: BVerfGE 29, 198 = NJW 1970, 2155; so auch: BVerfG wistra 2010, 396; dazu u.a.: *Krey*, EWR 1981, 109 ff.; *Moll*, S. 24 ff.; *Tiedemann*, AT, Rn. 208 ff.; *Satzger*, § 9 Rn. 58 ff.; Beispiele: § 56 LMBG; § 48 Abs. 1 Nr. 3, 4, § 49 Abs. 1 Nr. 6, 7 WeinG.

enthalten, hinsichtlich der **tatbestandlichen** Voraussetzungen aber ganz oder teilweise auf andere Rechtsnormen verweisen[33] – z.B. auf Verordnungen. Solche Blankettgesetze begegnen in vielen Fällen verfassungsrechtlichen Bedenken, insbesondere angesichts der Anforderungen des **Bestimmtheitsgrundsatzes** (Art. 103 Abs. 2 GG (Rn. 102 ff.).[34]

IV. Europäische Menschenrechtskonvention und materielles Strafrecht

129 Die Europäische Menschenrechtskonvention (EMRK) hat ihre Hauptbedeutung im Strafverfahrensrecht, das sie inzwischen in erheblichem Umfang prägt.[35] Dagegen ist sie im materiellen Strafrecht von geringerer Relevanz, sieht man von der Diskussion der Frage ab, ob tödliche Notwehrhandlungen zur Verteidigung bloßer Sachgüter mit Art. 2 EMRK vereinbar sind.[36]

Zu beachten ist, dass die Gewährleistungen der EMRK verfassungsrechtliche Bedeutung genießen, wenngleich sie innerstaatlich nur im Rang eines Bundesgesetzes und damit unter dem Grundgesetz stehen. »Der Konventionstext und die Rechtsprechung des Europäischen Gerichtshofs für Menschenrechte dienen […] auf der Ebene des Verfassungsrechts als Auslegungshilfen für die Bestimmung von Inhalt und Reichweite von Grundrechten und rechtsstaatlichen Grundsätzen des Grundgesetzes […].«[37]

Unter diesem Gesichtspunkt hat das BVerfG bei der Behandlung der Frage der Verfassungsmäßigkeit der **Sicherungsverwahrung** auf die Wertungen des Art. 5 EMRK und des Art. 7 EMRK zurückgegriffen und entschieden, dass die seinerzeitige Regelung das Freiheitsgrundrecht (Art. 2 Abs. 2 Satz 2 i.V.m. Art. 104 Abs. 1 S. 1 GG) der Untergebrachten verletzte.[38] Insbesondere müsse die Wertung des Art. 7 EMRK bei der Ausgestaltung der Sicherungsverwahrung berücksichtigt werden, da ein deutlicher **Abstand** zwischen der rein präventiven Sicherungsverwahrung und dem repressiven – an der Schuld orientierten – Strafvollzug bestehen müsse.[39]

---

33 *Jescheck/Weigend*, § 12 III 2; *Krey*, EWR 1981, 172-174; *Moll*, S. 24 ff.

34 Zu jenen Bedenken: *Dannecker*, JZ 1996, 869 (874); *Moll*, S. 63 ff., 201 ff., 273 ff.

35 Grundlegend *Esser*, Auf dem Weg zu einem europäischen Strafverfahrensrecht (2002); *Kühl* ZStW 100 (1988), 406 ff., 601 ff.; *Kühne*, Rn. 29 ff.; vertiefend: LR/*Esser*, Bd. 11, EMRK, 26. Aufl. 2012, SK-StPO/*Paeffgen*, EMRK, 4. Aufl. 2012; siehe zusammenfassend auch: *Braasch*, JuS 2013, 602; *Eisele*, JA 2005, 390 ff.; *ders.*, JA 2005, 901 ff.; *Hombrecher*, JA 2010, 731 ff.; *Satzger*, Jura 2009, 759 ff.

36 Siehe Rn. 549 ff.; hierzu: LR/*Esser*, Art. 2 EMRK Rn. 53-54.

37 Vgl. BVerfGE 128, 326 (367 f.) = NJW 2011, 1931 (1935), Tz. 88.

38 Vgl. BVerfGE 128, 326 (366 ff., 393 ff.) = NJW 2011, 1931 (1935, 1942), Tz. 86 ff., 143 ff.

39 Vgl. BVerfGE 128, 326 (374 ff.) = NJW 2011, 1931 (1937), Tz. 100 ff.

§ 5 Sinn und Zweck der Strafe (Straftheorien)

Zielt Strafe auf **Vergeltung**? Bezweckt sie die Verhinderung künftiger Straftaten **(Prävention)**? Oder dient sie sogar der Vergeltung **und** der Prävention? Um diese Fragen geht es bei dem seit der Antike (Athen, Rom) anhaltenden Streit über den Sinn und Zweck der Strafe.[1] Im Folgenden sollen die wesentlichen Straftheorien dargestellt werden. Breiter als vielfach üblich wird dabei der Standpunkt der **Rechtsprechung** berücksichtigt. **130**

Fall 16: – »Gerechte« Strafe für Taten in der NS-Zeit – **131**

A ist wegen Mordes (§ 211 StGB) in 200 Fällen angeklagt. Die Anklage legt ihm zur Last, diese Taten als Angehöriger der SS 1944 in Auschwitz begangen zu haben, und zwar durch Mitwirkung an dem Massenmord der Nazi-Diktatur an den europäischen Juden. A legt ein Geständnis ab und zeigt ehrliche Reue. Da er schon 90 Jahre alt ist und wegen einer unheilbaren Erkrankung ohnehin nur noch kurze Zeit zu leben hat, erklärt sein Verteidiger in seinem Plädoyer (§ 258 Abs. 3 StPO):

»Hohes Gericht! Ich stelle anheim, den Angeklagten wegen Mordes schuldig zu sprechen. Aber ich beantrage, von seiner ***Bestrafung*** *abzusehen. Für eine lebenslange Freiheitsstrafe gibt es im vorliegenden Fall angesichts des hohen Alters und der nur noch kurzen Lebenserwartung des Angeklagten keinen rationalen präventiven Zweck; seine Bestrafung wäre nichts als* ***irrationale Rache****, mithin verfassungswidrig.«*

Was ist hiervon zu halten?

I. Die wesentlichen Straftheorien

1. Absolute Straftheorie (Strafe als Vergeltung)

Diese Theorie sieht Rechtsgrund und Sinn der Strafe allein in der **Vergeltung**. Sie heißt »absolute Theorie«, weil sie die Strafe *losgelöst* (lateinisch: absolutus) von der Verfolgung sozial nützlicher Zwecke begründet.[2] Der Täter wird bestraft, weil er eine Straftat begangen hat; weitere Zwecke verfolgt die Strafe nicht. Die Vergeltungslehre ist u.a. aus den folgenden Gründen bis heute von zentraler Bedeutung: **132**

a) Sie wird der historischen Entwicklung der staatlichen Strafe am besten gerecht. Denn an die Stelle von Privatrache durch den Verletzten (und/oder seine Angehörigen) bzw. von Fehden zwischen den Sippen des Opfers und des Täters ist mit dem Siegeszug des staatlichen Gewaltmonopols die staatliche Strafe getreten.[3] **Der Staat ahndet die Tat »anstelle des Verletzten«**[4]; private Rache wird ersetzt durch Vergeltung seitens des strafenden Staates. **133**

b) Die Deutung der Strafe als Vergeltung entspricht auch der sozialen Wirklichkeit und dem Rechtsgefühl der Bürger: Zumindest juristische Laien empfinden beispielsweise die Verurteilung zu einer Freiheitsstrafe ohne Bewährung als vergeltendes Übel. Eine These, wonach die Strafe wesensmäßig »**keine** Vergeltung oder **134**

---

1 Dazu u.a.: *Jescheck/Weigend*, § 8 II-V; *Roxin*, § 3 Rn. 1-62; *Neubacher*, Jura 2000, 514.

2 *Freund*, § 1 Rn. 3; *Gropp*, § 1 Rn. 171.

3 Dazu u.a.: *Jescheck/Weigend*, § 10 I-IV; *Rüping/Jerouschek*, Rn. 12-18, 48 ff., 63 ff., 85 ff., 88; *Wesel*, Rn. 183, 199, 201, 236 ff., 257 ff.

4 *Otto*, AT, § 1 Rn. 52; *Weber*, S. 165 ff. (Thesen 8-11, 16).

auch nur **Übelszufügung**« sei[5], dürfte in der Bevölkerung auf wenig Verständnis stoßen.

c) Sehr bedeutsam für die Überzeugungskraft der absoluten Straftheorie ist ihre Anerkennung und Fundierung durch *Kant* und *Hegel* geworden.

135 *Immanuel* ***Kant*** *(1724-1804)*

Sein rechtsphilosophischer Standpunkt besagt:

Der Täter dürfe durch die Strafe nicht als »Mittel zum Zweck« gebraucht werden, weder zu seinem Nutzen, noch zum Nutzen der Allgemeinheit (etwa als Mittel zur Abschreckung, s. Rn. 139); denn anderenfalls würde er »unter die Gegenstände des Sachenrechts gemengt«. Vielmehr erfolge die Bestrafung **nur** deswegen, weil er eine Straftat begangen habe; das sei ein Gebot der Gerechtigkeit.[6]

Dazu heißt es in *Kants* berühmtem *»Inselbeispiel«:*[7]

»Selbst wenn sich die bürgerliche Gesellschaft … auflöste (z.B. das eine Insel bewohnende Volk beschlösse, auseinander zu gehen und sich in alle Welt zu zerstreuen), müsste der letzte im Gefängnis befindliche Mörder vorher hingerichtet werden, damit jedermann das widerfahre, was seine Taten wert sind …« – anderenfalls, so *Kant*, würde die Gerechtigkeit »verletzt«.

136 *Georg Wilhelm Friedrich* ***Hegel*** *(1770-1831)*

Seine Konzeption besagt:

Die Straftat sei die Negation der Rechtsordnung. Durch die Strafe werde die Rechtsverletzung des Täters negiert; die Strafe sei die »**Aufhebung des Verbrechens**, das sonst gelten würde, und die **Wiederherstellung des Rechts**«.[8]

Gegen präventive Zwecke der Strafe wendet sich *Hegel* ähnlich wie *Kant*: *Das wäre so, als wenn man gegen einen Hund den Stock erheben würde.*[9]

137 d) Die absolute Theorie wird heute nur noch selten vertreten. Sie findet sich bei »Neoklassikern« wie *Köhler* und *Zaczyk*[10], deren Standpunkt in etwa besagt:

»Staatliche Strafe ist die dem Straftäter zugefügte Einbuße an seinem Grundrechtsstatus wegen des begangenen Verbrechens. Rechtsgrund der Strafe ist die notwendige Negation des Verbrechens.«[11]

---

5 *Roxin*, § 3 Rn. 46; **a.A.** zu Recht *Jescheck/Weigend*, § 8 I 2b.

6 In: Methaphysik der Sitten (1797); Nachweise bei: *Jescheck/Weigend*, § 8 III 1; *Roxin*, § 3 Rn. 3. Abweichendes Verständnis von *Kant* bei *Byrd/Hruschka*, JZ 2007, 957: *Kant* sei in Wirklichkeit kein Vertreter der absoluten Theorie.

7 Dazu eingehend *Zaczyk*, in: Landwehr (Hrsg.), Freiheit, Gleichheit …, 1999, S. 73 ff.

8 In: Grundlinien der Philosophie des Rechts … (1821); Nachweise bei: *Gropp*, § 1 Rn. 179; *Jescheck/Weigend*, § 8 III 2; *Roxin*, § 3 Rn. 4. – Demgemäß wird *Hegels* Straftheorie oft auf die Formel gebracht, die Strafe sei die **»Negation der Negation«** (so u.a.: *Hassemer*, S. 284; *Roxin*, § 3 Rn. 3).

9 Nachweise bei *Roxin*, § 3 Rn. 3.

10 *Köhler*, Kap. 1, III 1, 1.2.2., 1.3.2.; III 2; *Zaczyk*, in: Landwehr (Hrsg.), Freiheit, Gleichheit, 1999, S. 73 ff.

11 *Köhler*, Kap. 1, III (vor 1).

2. Relative Straftheorien (Verbrechensprävention als Strafzweck)

Ihre Anhänger vertreten eine entschiedene Gegenposition: Die Strafe habe nicht Gerechtigkeit durch Vergeltung zu verwirklichen; vielmehr diene sie der Verhinderung zukünftiger Straftaten. Diese utilitaristische Deutung der Strafe als eines **präventiven** Instruments findet sich schon in der aus der Antike stammenden lateinischen Formulierung von Seneca:[12] »nemo prudens punit quia peccatum est, sed ne peccetur.« – Frei übersetzt: »Kein Weiser bestraft, weil eine Straftat begangen wurde, sondern damit künftig Straftaten unterbleiben.« 138

Die relativen, präventiven Straftheorien gibt es dabei in folgenden Spielarten:

a) Theorie der negativen Generalprävention (Abschreckung)

Bei der Generalprävention geht es primär um die **Wirkung der Strafe auf die Gesellschaft**. Mit der Bestrafung wird das Ziel verfolgt, die anderen Mitbürger abzuschrecken; die Strafe soll der Bevölkerung als warnendes Beispiel dienen.[13] 139

Aus rechtshistorischer Sicht der wohl einflussreichste Verfechter jener Lehre ist der Rechtsgelehrte und Präsident des Appellationsgerichts in Bamberg *Paul Johann Anselm Ritter v. Feuerbach (1775-1833)* mit seiner »Theorie vom psychologischen Zwang«. Nach ihr ist Zweck der **Strafdrohung** die Abschreckung: Jeder Bürger solle durch die gesetzliche Strafdrohung wissen, »auf seine Tat werde unausweichlich ein Übel folgen, welches größer ist als die Unlust, die aus dem nicht befriedigten Antrieb zur Tat entspringt«[14].

Diese von *Feuerbach* selbst als »psychologischer Zwang« bezeichnete Abschreckungswirkung der Strafgesetze führte dazu, dass auch die Bestrafung als solche, d.h. die **Verhängung und Vollstreckung der Strafe**, von ihm abschreckend verstanden wurde. Denn als leere Drohung mit Strafe (d.h. ohne deren Zufügung im Falle von Verstößen gegen Strafgesetze) würde die Abschreckungswirkung der Strafdrohung unwirksam bleiben.[15]

Bis heute basiert die **Kriminalpolitik** im Kern auf dem Gedankengut der negativen Generalprävention: Strafgesetze wie §§ 211, 212 StGB (Mord, Totschlag), § 242 StGB (Diebstahl) etc. normieren zum Schutz von Rechtsgütern **Verbote** wie »Du sollst nicht töten!« oder »Du sollst nicht stehlen!«. 140

Ausnahmsweise beinhalten Strafgesetze auch **Gebote**, so § 138 StGB (Nichtanzeige geplanter Straftaten) und § 323c StGB (Unterlassene Hilfeleistung).

Solche Verbote (und Gebote) werden mit einer Strafdrohung für den Fall der Missachtung verbunden, um die Allgemeinheit zu ihrer Beachtung zu bewegen, und zwar durch die Abschreckungsfunktion von Strafdrohung und Bestrafung.

Ob und wieweit eine generalpräventive Wirkung der Strafgesetze empirisch nachweisbar (verifizierbar) ist, ist strittig. Diese Frage ist aber nicht von entscheidender

---

12 *Seneca*: Römischer Politiker und Philosoph, gestorben 65 n.Chr.; zitiert nach: *Gropp*, § 1 Rn. 181; *Roxin*, § 3 Rn. 11.

13 *Frister*, 2/8 ff.; *Jescheck/Weigend*, § 8 II 3a; *Otto*, AT, § 1 Rn. 67 f.; *Roxin*, § 3 Rn. 21 ff.

14 *Feuerbach* in: Lehrbuch (1801), Revision (1799/1800); dazu u.a.: *Jakobs*, 1/27; *Krey*, Keine Strafe ohne Gesetz, Rn. 43, 57 m.w.N.; *Roxin*, § 3 Rn. 22 f.

15 Dazu *Roxin*, § 3 Rn. 23.

Bedeutung, da die Theorie der negativen Generalprävention eine Alltagstheorie von höchster Plausibilität darstellt und **nicht falsifizierbar** ist.[16]

b) Theorie der positiven Generalprävention (Manifestation der Geltung der Rechtsordnung / Stärkung der Rechtstreue der Bürger)

141 In der deutschen Strafrechtswissenschaft kommt dieser Theorie heute eine zentrale Bedeutung zu[17]; sie besagt: Unabhängig vom Gedanken der Abschreckung bezweckt die Strafe eine Stabilisierung des Rechtsbewusstseins der Bevölkerung, und zwar dadurch, dass sie den Geltungsanspruch der Rechtsordnung durch die Umsetzung der abstrakten Strafdrohung im konkreten Fall dokumentiert. Dazu heißt es bei dem Hauptvertreter jener Theorie, *Jakobs*:

Die Straftat als Normbruch sei eine »Desavouierung der Norm«. Die Strafe bedeute, dass die Norm »nach wie vor maßgeblich ist«. Damit sei die Strafe der »Widerspruch gegen den Normbruch« des Täters; sie habe also die Aufgabe der Erhaltung von ***»Normvertrauen«*** und ***»Rechtstreue«***.[18]

Und bei *Roxin* lesen wir[19]: Funktion der Strafe sei es, »die Unverbrüchlichkeit der Rechtsordnung zu erweisen und so die Rechtstreue der Bevölkerung zu stärken«.

c) Spezialprävention

142 Die Straftheorie der Spezialprävention stellt auf die Rückfallgefahr beim Täter ab und stellt die Wirkung der Strafe auf den einzelnen Täter in den Mittelpunkt. Die Strafe soll verhindern, dass er erneut Straftaten begeht.[20] Ihr einflussreichster Vorkämpfer war ***Franz v. Liszt*** (1851-1919), der Wortführer der modernen (soziologischen) Strafrechtsschule. In seiner berühmten Schrift **»Der Zweckgedanke im Strafrecht« (1882)** unterscheidet *v. Liszt* drei Erscheinungsformen der spezialpräventiven Einwirkung auf Straftäter:

(1) Abschreckung des nicht besserungsbedüftigen **Gelegenheitstäters** (»Appellfunktion«, »positive Spezialprävention«).
(2) Besserung des **besserungsfähigen »Gewohnheitsverbrechers«** (»Appellfunktion«, »positive Spezialprävention«).
(3) »Unschädlichmachung« des **nicht besserungsfähigen »Gewohnheitsverbrechers«** (»negative Spezialprävention«).[21]
Mit dem Wort »Unschädlichmachen« meint *v. Liszt* freilich nicht etwa die Todesstrafe; sie lehnt er als moderner, rationaler und rechtsstaatlich denkender Strafrechtswissenschaftler ab. Vielmehr denkt er an »Einsperrung auf Lebenszeit (bzw. auf unbestimmte Zeit)«[22].

143 Die spezialpräventive Theorie ist nach ihrem eigenen Selbstverständnis im Kern eine Theorie der **Resozialisierung** von Straftätern:

---

16 Zutreffend *Roxin*, § 3 Rn. 30 m.w.N.
17 Siehe für alle: *Hassemer*, S. 316 ff., 324 ff.; *Jakobs*, 1/4 ff., 14 f.
18 *Jakobs*, 1/11, 15.
19 *Roxin*, § 3 Rn. 26.
20 Dazu: *Baumann/Weber/Mitsch*, § 3 Rn. 36 ff.; *Jescheck/Weigend*, § 8 IV 3-5; *Roxin*, § 3 Rn. 11 ff., 37 ff.
21 *v. Liszt*, ZStW 3 (1883), 1 ff. (sog. **»Marburger Programm«**).
22 *v. Liszt*, ZStW 3 (1883), 1 ff.; siehe *Gropp*, § 1 Rn. 191 Fn. 169.

Zwar bedarf der keiner Besserung bedürftige Gelegenheitstäter (1) nicht der Resozialisierung; und beim nicht besserungsfähigen »Gewohnheitsverbrecher« [moderner: »Hangtäter«] (3) versagt die Resozialisierung. Der besserungsfähige Hangtäter (2) aber ist das eigentliche Zielobjekt der Spezialprävention und damit Objekt für eine Unzahl von Resozialisierungskonzepten (»Sozialtherapie« etc.).

Besserung von Straftätern als Strafzweck für die problematische Gruppe der Hangtäter – soweit sie nicht ausnahmsweise als absolut unverbesserlich erscheinen: Dies ist eine gleichsam faszinierende wie verführerische Sicht des Strafrechts, die den Strafrechtspraktikern und -wissenschaftlern ein gutes Gewissen bei ihrer beruflichen Tätigkeit vermitteln kann, da selbst die Verhängung einer Freiheitsstrafe ohne Bewährung »zum Nutzen des Verurteilten geschieht«.

Sieht man indes genauer hin, so ist die Theorie der Spezialprävention keine reine **144** Straftheorie, sondern eine Lehre vom Zweck der **Strafe** und insbesondere der schuldunabhängigen **Maßregeln der Besserung und Sicherung** (§§ 61 ff. StGB).[23] Denn der Zweck dieser Maßregeln ist ja primär spezialpräventiver Art, da sie künftige Straftaten des Täters verhindern sollen.[24]

Im Übrigen ist die Theorie der Spezialprävention, auch soweit sie die Strafe (und **145** nicht nur Maßregeln der Besserung und Sicherung) betrifft, eher eine **Strafzumessungs**lehre und eine **Strafvollzugs**theorie als eine spezifische Theorie für Sinn und Zweck der Strafe.[25]

Zur Strafzumessung siehe insbesondere **§ 46 Abs. 1 S. 2 StGB** (Grundsätze der Strafzumessung): »Die Wirkungen, die von der Strafe für das künftige Leben des Täters in der Gesellschaft zu erwarten sind, sind zu berücksichtigen.« Weiterhin sei auf **§ 47 Abs. 1 StGB** (Verhängung einer kurzen Freiheitsstrafe »zur Einwirkung auf den Täter«) und **§ 56 Abs. 1 StGB** (spezialpräventive Voraussetzungen für die Strafaussetzung zur Bewährung) hingewiesen.[26]

Zum **Strafvollzug** bestimmt **§ 2 S. 1 StVollzG**[27]: »Im Vollzug der Freiheitsstrafe soll der Gefangene fähig werden, künftig in sozialer Verantwortung ein Leben ohne Straftaten zu führen (Vollzugsziel).«[28] Diese spezialpräventive Zielsetzung des Strafvollzugs wird in Satz 2 jener Vorschrift allerdings durch die Klarstellung

23 Dazu u.a.: *Baumann/Weber/Mitsch*, § 3 Rn. 39, § 35 Rn. 2-4; *Jescheck/Weigend*, § 8 IV 5, § 9 I, § 77 I. Siehe auch *Schmidhäuser*, 2/18 ff., 3/17, 30, 32. Zu den Maßregeln vgl. Rn. 70.

24 *Baumann/Weber/Mitsch*, § 3 Rn. 39, § 35 Rn. 2-4; *Roxin*, § 3 Rn. 63 f.; *Streng*, S. 17 f.

25 Dazu bzgl. der Strafzumessung: *Bruns*, S. 94 ff.; *Streng*, S. 261 ff.; bzgl. des Strafvollzugs: *Kaiser/Kerner/Schöch*, § 4 Rn. 10 ff.

26 Siehe Rn. 156, 177-178.

27 Nachdem die Gesetzgebungskompetenz für den Strafvollzug im Rahmen der Föderalismusreform (2006) vom Bund auf die Länder übergegangen war, konnten diese Landesgesetze erlassen, die das StVollzG des Bundes ersetzen. In den Ländern, die von ihrer Kompetenz keinen Gebrauch machen, gilt weiterhin das StVollzG des Bundes (Art. 125a GG). Strafvollzugsgesetze wurden zwischenzeitlich in 13 Bundesländern erlassen. In Berlin, Sachsen-Anhalt und Schleswig-Holstein gilt weiterhin das StVollzG des Bundes fort; eigene Landesgesetze sind aber bereits auf dem Weg (Stand: 01/2016).

28 Dieses Vollzugsziel hat Verfassungsrang (BVerfGE 116, 69).

ergänzt: »Der Vollzug der Freiheitsstrafe dient auch dem Schutz der Allgemeinheit vor weiteren Straftaten.«

3. Vereinigungslehren

a) Verbindung von Vergeltung und Prävention

146 Diese in der Rechtsprechung dominierende (Rn. 150-152) und auch in der Rechtswissenschaft herrschende Theorie zu Sinn und Zweck der Strafe (»vergeltende Vereinigungslehre«[29]) besagt: Vergeltung und Prävention schließen sich nicht aus; vielmehr bezweckt die Strafe gleichzeitig **Vergeltung als Schuldausgleich und Verbrechensvorbeugung** (Prävention). Dabei umfasst die präventive Funktion der Strafe sowohl die General- als auch die Spezialprävention. Die vergeltende Vereinigungslehre[30] nun versteht sich nicht etwa als Summierung von Standpunkten, die einander widersprechen; vielmehr sieht sie sich als sachgerechte Verbindung unterschiedlicher Strafzwecke, die sich sinnvoll ergänzen.[31]

b) Rein präventive Vereinigungstheorie

147 Sie ist in der Strafrechtswissenschaft weit verbreitet[32] und wird durch ihre scharfe Absage an jede Vergeltungsfunktion der Strafe gekennzeichnet. Diese Theorie »vereinigt« also nur die verschiedenen präventiven Deutungen der Strafzwecke.

c) Fundierung im Schuldprinzip und dessen Akzeptanz: Unterschiede zwischen vergeltender und rein präventiver Vereinigungstheorie

148 In der Sache ist der wohl bedeutsamste Unterschied zwischen den erwähnten Vereinigungslehren ihr Verhältnis zum **Schuldprinzip**:

(1) Die **vergeltende Strafe** als Gebot der Gerechtigkeit ist die schuldangemessene Strafe als Ausgleich des verschuldeten Unrechts. Daher darf sie das Maß der Schuld nicht übersteigen (siehe bereits Rn. 110). Darüber hinaus darf sie dieses Maß aber auch nicht unterschreiten.[33] Auch die Strafe, deren Höhe hinter dem Maß der Schuld zurückbleibt, ist kein gerechter Schuldausgleich; schuldangemessen ist weder die zu strenge noch die offensichtlich zu milde Strafe.

In diesem Sinne postuliert die auf der vergeltenden Vereinigungslehre beruhende »Spielraumtheorie« (»Schuldrahmentheorie«), die im Strafzumessungsrecht dominiert:[34]

---

29 Terminologie nach *Roxin*, § 3 Rn. 33, der diese Theorie aber ablehnt (§ 3 Rn. 44 ff.).

30 So insbesondere BGH und BVerfG (siehe Rn. 150 ff.); ebenso die h.L., so u.a.: *Jescheck/Weigend*, § 8 V; *Maurach/Zipf*, § 6 Rn. 8.

31 *Gropp*, § 1 Rn. 197; *Jescheck/Weigend*, § 8 V (vor 1).

32 So u.a. *Roxin*, § 3 Rn. 37 ff., 44 ff.

33 H.M., so u.a.: BGHSt 7, 28 (32); 29, 319 (320 ff.); 32, 60 (65); 34, 345 (349) (GS); *Jescheck/Weigend*, § 82 IV 5b m.w.N. Abweichend etwa: *Günther*, JZ 1989, 1025 (1029); *Roxin*, § 3 Rn. 51 ff., 54 m.w.N.; S/S/*Stree/Kinzig*, Vor § 38 Rn. 6, 17 ff.

34 So BGHSt 7, 28 (32); 20, 264 (266 f.); 29, 319 (320); *Bruns*, S. 105 ff.; *Jescheck/Weigend*, § 82 IV 6 m.w.N.; *Streng*, S. 309 ff.

»Welche Strafe schuldangemessen ist, kann nicht genau bestimmt werden. Es besteht hier ein Spielraum, der nach unten durch die **schon** schuldangemessene Strafe und nach oben durch die **noch** schuldangemessene Strafe begrenzt wird«.[35]

Innerhalb dieses Spielraums (Schuldrahmen) nun sei den zulässigen Präventionszwecken Rechnung zu tragen: **Prävention im Rahmen des Schuldausgleichs**.[36]

Mithin lässt sich feststellen: Die vergeltende Vereinigungstheorie findet ihre Basis im Schuldprinzip, das als Verfassungsprinzip (Rn. 108 f.) das Strafrecht beherrscht. Zusätzlich akzeptiert sie das Schuldprinzip nicht nur einseitig als Verbot zu strenger, sondern auch als Verbot zu milder Strafe.

(2) Demgegenüber hat die **rein präventive Vereinigungslehre** keine Basis im **149**
Schuldprinzip. Ihr geht es nicht um Schuldausgleich, sondern allein um präventive Verbrechensvorbeugung.

Demgemäß hat diese Theorie auch Probleme damit, die Begrenzungsfunktion des Schuldprinzips bei der Bestrafung des Täters konsequent zu akzeptieren.

Ihre Anhänger erkennen zwar an, dass die Strafe nicht höher sein darf als die Schuld des Täters[37], obwohl diese Schranke für rein präventive Intentionen letztlich systemfremd ist. Dagegen wenden sich die Anhänger jener Theorie gegen die Annahme eines Verbots zu milder Strafen, die das Maß der Schuld unterschreiten.[38] Eine solche Unterschreitung des Schuldrahmens aus präventiven Gründen sei legal.

II. Standpunkt der Judikatur (BVerfG, BGH)

BVerfG und BGH stehen auf dem Boden der vergeltenden Vereinigungstheorie:

1. BVerfG

Das Gericht hat sich in einer Reihe von Entscheidungen zu den angeführten Straf- **150**
zwecken geäußert und sie dabei alle anerkannt:

- Die Strafe sei »**Vergeltung** durch Zufügung eines Strafübels«; sie diene dem »Schuldausgleich«[39], sie antworte auf ein rechtswidriges sozialethisches Fehlverhalten.[40]
- Weiterhin zähle die **Generalprävention** zu den Strafzwecken; dies gelte sowohl für die **negative** Generalprävention (»Abschreckung«) als auch für die **positive Generalprävention** (»Erhaltung und Stärkung« des Vertrauens in die Rechtsordnung).[41]

---

35 BGHSt 7, 28 (32).
36 *Bruns*, S. 105 ff.; *Streng*, S. 183. Siehe ergänzend Rn. 151.
37 *Roxin*, § 3 Rn. 51 ff.
38 *Roxin*, § 3 Rn. 54.
39 BVerfGE 22, 125 (132); 45, 187 (253 f., 258 a.E.) – lebenslange Freiheitsstrafe; BVerfG NJW 2004, 739 (745 f.).
40 BVerfG StraFo 2007, 369 (Tz. 23).
41 BVerfGE 39, 1 (57) – Schwangerschaftsabbruch; 45, 187 (255 ff.).

- Schließlich diene die Strafe auch der **Spezialprävention**, wobei es zum einen um die »Sicherung vor dem Täter« gehe[42], zum anderen um seine **»Resozialisierung«** (Besserung)[43]. Letztere erfordere einen »Behandlungsvollzug« für die Strafgefangenen.[44]

2. BGH

151 Auch der BGH vereinigt alle erörterten Strafzwecke:

- Funktion der Strafe sei zwar der **»Schuldausgleich«**, die Strafe müsse also »schuldangemessen« sein.[45] Der gerechte Schuldausgleich sei aber nicht Selbstzweck; vielmehr diene die Strafe zugleich als Mittel der Verbrechensprävention.[46] Für die schuldangemessene Strafe gebe es einen Spielraum; innerhalb dieses Schuldrahmens sei den präventiven Strafzwecken Rechnung zu tragen.[47]
- Zu ihnen zähle zum einen die **Generalprävention**, und zwar als »Abschreckung« und als »Stärkung der Rechtstreue und des Vertrauens in die Bestandskraft der Rechtsordnung«.[48]
- Zum anderen gehöre zu den zulässigen präventiven Strafzwecken die **Spezialprävention**.[49] Bei ihr gehe es nicht nur um die »Resozialisierung« von »schon entsozialisierten Tätern«; vielmehr seien auch unerwünschte Nebenfolgen von Verurteilung und Vollzug bei »bisher sozial angepassten Tätern« möglichst zu vermeiden.[50]

3. Resümee

152 BVerfG und BGH ist das Bekenntnis zur vergeltenden Vereinigungstheorie gemeinsam. Dabei versteht sich das **BVerfG** aber offensichtlich primär als Motor für einen **resozialisierenden Behandlungsvollzug** an den Strafgefangenen, und zwar selbst für die zu lebenslanger Freiheitsstrafe Verurteilten.[51]

Dagegen steht für den **BGH** offenbar der **gerechte Schuldausgleich** an erster Stelle der Strafzwecke. Denn nach Ansicht des Gerichts dürfen präventive Zwecke nur im Rahmen der schuldangemessenen Strafe berücksichtigt werden: Sie können weder eine Überschreitung des Maßes der Schuld rechtfertigen[52] noch eine Unterschreitung jenes Maßes, d.h. eine zu milde Strafe.[53]

---

42 BVerfGE 45, 187 (257).
43 BVerfGE 45, 187 (258); 116, 69.
44 So BVerfGE 35, 202 (235) – Lebach; 36, 174 (188); 45, 187 (238 f., 258).
45 BGHSt 20, 264 (266 f.); 24, 132 (133 f.).
46 BGHSt 24, 40 (42) – Verteidigung der Rechtsordnung.
47 BGHSt 24, 132 (133 f.); 28, 318 (326 f.); 34, 150 (151).
48 BGHSt 20, 264 (266 f.); 24, 40 (44); 28, 318 (326 f.); 34, 150 (151).
49 BGHSt 24, 40 (42 f.); 28, 318 (326 f.).
50 BGHSt 24, 40 (42 f.); so auch BVerfGE 116, 69: »… negative Auswirkungen des Strafübels auf die Lebenstüchtigkeit des Gefangenen [sind] weitestmöglich zu mindern…«.
51 BVerfGE 45, 187 (228 f., 238 f., 258); 86, 288 (312). Siehe § 57a Abs. 1 StGB.
52 So auch BVerfGE 50, 5 (12); 54, 100 (108).
53 Diese Feststellung findet sich beim BVerfG nicht, jedenfalls nicht ausdrücklich.

III. Standpunkt des geltenden Rechts zu den Strafzwecken

Das **StGB** steht auf dem Standpunkt der **vergeltenden Vereinigungstheorie**[54]; sie ist die Strafzwecklehre, die dem Gebot der Gesetzestreue am besten gerecht wird: **153**

1. Vergeltender Schuldausgleich

Dazu ordnet § 46 Abs. 1 S. 1 StGB im Einklang mit dem Verfassungsprinzip »Keine Strafe ohne Schuld« (Rn. 108 ff.) an: **»Die Schuld des Täters ist die Grundlage für die Zumessung der Strafe.«** **154**

Wortlaut, Entstehungsgeschichte und die Fundierung dieser Vorschrift im Schuldprinzip sprechen dafür, sie als Anerkennung der **vergeltenden** Vereinigungstheorie zu sehen[55], und zwar in ihrer Erscheinungsform als Spielraumtheorie: Funktion der Strafe ist der »Schuldausgleich«; die Berücksichtigung präventiver Zwecke (dazu Rn. 155 f.) muss sich im Rahmen der schuldangemessenen Strafe halten. Nichts anderes meint § 46 Abs. 1 S. 1 StGB.

Demgegenüber müssten die Anhänger der **rein präventiven Vereinigungstheorie** (Rn. 147) diese Vorschrift in etwa wie folgt umdeuten, um ihr gerecht werden zu können: »Grundlage für die Zumessung der Strafe sind allein präventive Zwecke; doch darf das Maß der Schuld nicht überschritten werden.« Eine solche Umdeutung des § 46 Abs. 1 S. 1 StGB würde die Schranken der Gesetzesauslegung evident missachten; sie wäre unzulässige Gesetzeskorrektur (Rechtsfortbildung contra legem).[56] Dem geltenden StGB widerspricht daher ein rein präventives Verständnis der Strafzwecke.

2. Generalprävention

a) Dass die Normierung von Strafgesetzen und die Verhängung von Strafen im Falle der Verletzung solcher Gesetze auf dem Gedankengut der **»negativen Generalprävention«** beruht, wurde bereits dargelegt (Rn. 140). Dieser Strafzweck der Abschreckung ist dem Strafrecht immanent; mithin ist es unschädlich, dass er im StGB nicht ausdrücklich genannt wird. Doch ist er nach der zutreffenden Ansicht des BGH in der Formulierung **»Verteidigung der Rechtsordnung«** (§§ 47 Abs. 1, 56 Abs. 3 StGB) mit enthalten.[57] **155**

b) Diese Formulierung erfasst auch, und zwar sogar in erster Linie, die **positive Generalprävention**.[58]

c) Demgemäß lässt sich feststellen: Das StGB basiert u.a. auf der Konzeption der Abschreckung; zudem erkennt das Gesetz sie und insbesondere auch die positive

---

54 *Baumann/Weber/Mitsch*, § 3 Rn. 62 – die zu Recht zusätzlich § 57a Abs. 1 Nr. 2 StGB (»besondere Schwere der Schuld« als Hindernis für eine Aussetzung des Strafrestes zur Bewährung bei lebenslanger Freiheitsstrafe) nennen; *Gropp*, § 1 Rn. 201 ff.; *Jescheck/Weigend*, § 8 V 2.

55 So *Baumann/Weber/Mitsch*, § 3 Rn. 62; *Gropp*, § 1 Rn. 202 f.; *Jescheck/Weigend*, § 8 V 2.

56 Zur Rechtsfortbildung contra legem siehe *Krey*, ZStW 101 (1989), 838 (840 f., 861 ff.).

57 BGHSt 24, 40 (44 f., 47). S/S/*Stree/Kinzig*, Vor § 38 Rn. 12 f. m.w.N. Primär ist aber mit jener Formulierung die positive Generalprävention gemeint.

58 BGHSt 24, 40 (44 f., 47); 24, 64 (66).

Generalprävention der Sache nach durch die Formulierung »Verteidigung der Rechtsordnung« an.

3. Spezialprävention

156 Sie findet in dem bereits angesprochenen **§ 46 Abs. 1 S. 2 StGB** ihre Anerkennung, zudem in den schon erwähnten **§§ 47 Abs. 1** und **56 Abs. 1 StGB** (Rn. 145). Es sei nochmals betont, dass die Lehre von der Spezialprävention keine genuine Straftheorie darstellt, sondern eine Lehre vom Zweck der Strafe und insbesondere der schuldunabhängigen Maßregeln der Besserung und Sicherung (Rn. 144). Aber auch soweit sie die Strafe betrifft, ist sie primär eine Strafvollzugstheorie (Rn. 145). Folglich ist es irreführend, wenn die Spezialprävention zu dem *Straf*zweck erklärt wird, der nach den Wertungen des StGB dominiere.

IV. Eigener Standpunkt

157 Da die verfassungskonformen Wertentscheidungen des demokratischen Gesetzgebers Vorrang vor richterlichen Wertungen und Theorien der Strafrechtswissenschaft besitzen[59], bedarf der eigene Standpunkt im Grunde keiner weiteren Begründung; er orientiert sich an der Konzeption des StGB. Mithin ist Sinn und Zweck der Strafe der **vergeltende Schuldausgleich**.

Die verbreitete Formulierung, bei der Strafe gehe es um **»Sühne«**[60], sollte man vermeiden. Entweder handelt es sich um eine missverständliche Gleichsetzung mit »Vergeltung«. Oder jene Formulierung meint, das Strafrecht müsse dem Täter die Möglichkeit der inneren Umkehr als sittliche Leistung eröffnen; »Sühne als sittlicher Läuterungsakt« kann aber nicht die Funktion der Strafe eines modernen StGB sein, dem es um Rechtsgüterschutz und nicht um die Sittlichkeit der Bürger geht.[61]

Darüber hinaus dient die Strafe der negativen und der positiven **Generalprävention**. Schließlich erfüllt die Strafe auch **spezialpräventive** Funktionen.

158 Dabei **dominiert** der **Strafzweck des gerechten Schuldausgleichs**: Nur im Rahmen der schuldangemessenen Strafe dürfen präventive Zwecke verfolgt werden.

159 Der hier vertretene Standpunkt ist gesetzestreu, im Übrigen auch verfassungsmäßig: Der vergeltende Schuldausgleich durch den Staat verhindert Privatrache, Fehden zwischen den Sippen von Tätern und Opfern sowie Lynchjustiz.[62] Damit dient die vergeltende schuldangemessene Strafe dem Gerechtigkeitsprinzip, dem Schuldprinzip[63] und der Realisierung des staatlichen Gewaltmonopols als der wichtigsten Errungenschaft des modernen Staates.[64] Schon deswegen wäre der Vorwurf der »irrationalen Rache« absurd. Als vergeltender Schuldausgleich dient die staat-

59 *Krey*, ZStW 101 (1989), 838 (840 f., 861 ff.) m.w.N.
60 BVerfGE 45, 187 (253 f.); *Baumann/Weber/Mitsch*, § 3 Rn. 55, 59, 62.
61 *Stratenwerth/Kuhlen*, 1/10. Siehe bereits oben Rn. 11-13.
62 Siehe Rn. 133.
63 Dazu Rn. 108-111, 148.
64 Vgl. Rn. 133.

liche Strafe letztlich auch dem **Genugtuungsinteresse des Opfers**[65]; dieser Gesichtspunkt wird freilich weitgehend vernachlässigt, was befremdet, weil Straftaten nicht nur Staat und Täter angehen.

Konsequenzen für **Fall 16** (Rn. 131):

Eine Bestrafung des A ist als vergeltender Schuldausgleich legal und dürfte auch der positiven Generalprävention dienen. Dass die Abschreckungsfunktion der Strafe in casu zurücktritt und Belange der Spezialprävention gar nicht eingreifen, ist daher unschädlich.

65 Grundlegend und m.w.N. *J. Weber*. Siehe auch: *Hörnle*, JZ 2006, 950 (954, 956) gegen *Hassemer/Reemtsma*; *Jerouschek*, JZ 2000, 193 (194).

§ 6 Rechtsquellen des Strafrechts

I. Strafgesetzbuch (StGB)

160 Wie auch die USA ist Deutschland ein Bundesstaat. Anders jedoch als in den USA ist in Deutschland das Strafrecht – ebenso wie das Strafprozessrecht – **Bundesrecht**. Die 16 deutschen Einzelstaaten (»Bundesländer«) haben keine eigenen Strafgesetzbücher und keine eigenen Strafprozessordnungen. Vielmehr sind StGB und StPO Gesetze des Bundes (**konkurrierende Gesetzgebung**).[1] Das **StGB** stammt von **1871** und gilt i.d.F. der (Neu-) Bekanntmachung vom November 1998.[2]

Raum für eine abweichende oder ergänzende Landes(-straf-)gesetzgebung (Art. 72 Abs. 1 GG) zum Schutz desselben Rechtsguts verbleibt, *solange* und *soweit* auf Bundesebene noch keine abschließende Regelung vorgesehen ist.

So führt etwa § 171 StGB (Verletzung der Fürsorge- oder Erziehungspflicht) nicht zur formellen Verfassungswidrigkeit des § 182 HessSchulG, der eine Sanktionierung von Schulpflichtverletzungen vorsieht.[3]

161 Das StGB als strafrechtliche Kodifikation aus dem Gründungsjahr des Deutschen Reiches (1871) ist jedoch nicht etwa das erste Deutsche Reichs-Strafgesetzbuch. Vielmehr kommt diese Stellung der **»Constitutio Criminalis Carolina« (CCC) von 1532** zu, auch »Peinliche Gerichtsordnung Kaiser Karls V.« genannt. Sie wurde als Strafprozessordnung und zugleich Strafgesetzbuch des *»Heiligen Römischen Reiches Deutscher Nation«* in jenem Jahr vom Reichstag beschlossen.[4] Die mit der CCC verfolgten Ziele waren dabei **Rechtsvereinheitlichung** und der **Schutz der Bürger vor richterlicher Willkür**.[5] Im Wesentlichen auf der CCC fußte auch die deutsche Strafrechtswissenschaft, die sich in der Folge, namentlich ab dem 17. Jahrhundert, entwickelte.[6]

162 Das zweite Deutsche Reichs-Strafgesetzbuch, das **StGB von 1871**, hat mit Wirkung v. 1.1.1975 einen neuen Allgemeinen Teil erhalten.[7] Der Besondere Teil gilt zwar noch i.d.F. von 1871, ist aber durch zahlreiche Reformen modernisiert und den aktuellen Verhältnissen angepasst worden.

---

1 Vgl. Art. 74 Abs. 1 Nr. 1 GG. Zu vereinzelten Strafvorschriften der Bundesländer siehe *Jescheck/Weigend*, § 13 I. Solchen Bestimmungen, für die Art. 1 Abs. 2, Art. 2-4 EGStGB gelten, kommt keine nennenswerte Bedeutung zu.

2 BGBl. 1998 I, S. 3322. – Zur Geschichte des StGB: MK/*Joecks*, Einl. Rn. 77 ff.

3 BVerfG Beschl. v. 15.10.2014 – 2 BvR 920/14, NJW 2015, 44, Tz. 10 ff.

4 Dazu m.w.N. *Krey*, Keine Strafe ohne Gesetz, Rn. 10 f., 36, 50, 71, 85; *Wesel*, Rn. 258. Text der CCC: Die Peinliche Gerichtsordnung Kaiser Karls V., hrsg. und erläutert von *Schroeder*, 2000 (Reclam).

5 *Krey*, Keine Strafe ohne Gesetz, Rn. 10 m.w.N.

6 Dazu m.w.N.: *Jescheck/Weigend*, § 10 V; *Wesel*, Rn. 259.

7 Siehe u.a.: *Baumann/Weber/Mitsch*, § 6 Rn. 62; *Roxin*, § 4 Rn. 24 ff., 42.

II. Weitere Rechtsquellen

1. Verfassung (Grundgesetz für die Bundesrepublik Deutschland) von 1949

Das Grundgesetz (GG) enthält eine Reihe von Rechtsnormen und Verfassungsprinzipien, die materielles Strafrecht darstellen, und zwar Strafrecht mit Verfassungsrang, das auch den Gesetzgeber bindet (Art. 20 Abs. 3 GG). Als **Beispiele** seien namentlich genannt: **163**

- Art. 103 Abs. 2 GG (nulla poena sine lege);
- Art. 102 GG (Abschaffung der Todesstrafe);
- Art. 46 Abs. 1 GG (Indemnität von Abgeordneten des Bundestages)[8];
- Schuldprinzip; siehe Rn. 108 ff.;
- Verfassungsprinzip der Verhältnismäßigkeit; siehe Rn. 16 ff.

Im Übrigen müssen Legislative, Exekutive und Judikative die **Grundrechte** der Bürger respektieren (Art. 1 Abs. 1-3 mit Art. 2-19 GG).

2. JGG

Zu den strafrechtlichen Hauptgesetzen zählt neben dem StGB auch das **Jugendgerichtsgesetz** (JGG), welches – als Sonderstrafrecht für **Jugendliche** und **Heranwachsende** (§ 1 Abs. 2 JGG) – nicht nur das materielle Jugendstrafrecht, sondern zugleich die Regelung der Jugendgerichtsverfassung und die für das Verfahren vor den Jugendgerichten geltenden Sonderbestimmungen enthält. Das JGG selbst normiert jedoch keine Straftatbestände. Was strafbar ist, bestimmt sich vielmehr nach den allgemeinen Vorschriften (§ 1 Abs. 1 JGG). **164**

Die materiell-rechtlichen Regelungen beschränken sich somit auf die **Rechtsfolgenseite**, bei der zentral auf den im Jugendstrafrecht vorherrschenden **Erziehungsgedanken** abgestellt wird. Die Rechtsfolgen unterteilen sich im Jugendstrafrecht in **Erziehungsmaßregeln**, **Zuchtmittel** und die **Jugendstrafe**. Gemäß § 18 Abs. 1 S. 3 JGG gelten die Strafrahmen des allgemeinen Strafrechts nicht für die Bemessung der Jugendstrafe.

3. VStGB

Eine weitere Rechtsquelle des Strafrechts ist schließlich das deutsche **Völkerstrafgesetzbuch v. 26.6.2002** (VStGB), welches der Anpassung des deutschen materiellen Strafrechts an das Rom-Statut des Internationalen Strafgerichtshofs (IStGH – ICC) in Den Haag dient und somit Verbrechen gegen das Völkerrecht unter Strafe stellt. Das VStGB ist, wie das StGB, ein Bundesgesetz; es enthält folgende Straftatbestände: **Völkermord**, **Verbrechen gegen die Menschlichkeit** und **Kriegsverbrechen**. **164a**

Um die Strafverfolgung des Verbrechens der Aggression durch deutsche Behörden zu ermöglichen, soll das Völkerstrafgesetzbuch (VStGB) durch einen eigenständigen Straftatbestand der **Aggression** ergänzt werden, der die bisherigen §§ 80, 80a StGB ersetzen soll.

---

8 Dazu u.a.: *Lackner/Kühl*, § 36 Rn. 1 ff.; *Roxin*, § 23 Rn. 24.

Das VStGB ermöglicht es der deutschen Strafjustiz, die genannten, auch in die Zuständigkeit des Internationalen Strafgerichtshof fallenden Straftaten, selbst zu verfolgen.[9] Dabei gilt der **Grundsatz der Komplementarität**, der besagt, dass die **nationale Gerichtsbarkeit und Strafverfolgung stets Vorrang** vor der Gerichtsbarkeit des IStGH hat, es sei denn, dass der Staat »nicht willens« oder »nicht in der Lage« ist, die Strafverfolgung selbst ernsthaft durchzuführen (Art. 17 IStGH-Statut).

4. Nebengesetze

164b Ergänzend treten zahlreiche **strafrechtliche Nebengesetze** (dazu Rn. 34) hinzu, d.h. Straftatbestände, die nicht vom StGB direkt, sondern aus Gründen der Sachnähe von diversen Nebengesetzen erfasst sind. Auf sie ist der Allgemeine Teil des StGB gleichermaßen anwendbar.

III. Bedeutung von Rechtsprechung und Lehre

1. Rechtsprechung

165 In Deutschland gibt es grundsätzlich keine Präjudizienbindung, sieht man von § 31 Abs. 1 BVerfGG (Verbindlichkeit der Entscheidungen des BVerfG) und einigen anderen Ausnahmeregelungen[10] ab. Demgemäß haben Gerichtsentscheidungen, auch die des BGH und der Oberlandesgerichte, keine Bindungswirkung für andere Verfahren. Sie sind also **keine Rechtsquellen**, wenn man mit diesem Begriff nur die »für den Rechtsanwender verbindlichen Rechtssätze i.S.d. Art. 20 Abs. 3 GG« versteht.[11] Gleichwohl kommt der Rechtsprechung für unser Strafrecht zentrale Bedeutung zu; denn das »Law in Action«, d.h. das den Rechtsalltag prägende Recht, ist zu einem großen Teil richterliches Fallrecht.

2. Strafrechtswissenschaft

166 Eine Besonderheit des deutschen Strafrechts ist der starke Einfluss der Rechtswissenschaft auf die Rechtsprechung. Namentlich der BGH orientiert sich bei der Auslegung der Strafnormen am Meinungsstand im Schrifttum. Dabei zitiert er in seinen Entscheidungen häufig Äußerungen der Strafrechtswissenschaft.[12] Bei vielen wichtigen Grundsatzentscheidungen des Gerichts kann man gewissermaßen von einem »Dialog mit der Wissenschaft« sprechen.[13] Umgekehrt orientiert sich die Strafrechtswissenschaft weitgehend an der höchstrichterlichen Judikatur:

Das geltende Strafrecht ist demgemäß ein Produkt arbeitsteiligen Zusammenwirkens von Gesetzgebung, Rechtsprechung und Rechtswissenschaft.

---

9 Vgl. hierzu u.a. *Satzger*, § 17 Rn. 6 ff.; *Esser*, § 21.

10 Siehe u.a. § 358 StPO; §§ 121 Abs. 2, 132 Abs. 2-4 GVG; *Rüthers*, Rn. 239, 246 ff.

11 Dazu u.a. *Rüthers*, Rn. 218, 219, 244 (er selbst sieht Richterrecht entgegen der h.M. als Rechtsquelle an, Rn. 57, 236 ff., 239 ff.).

12 Siehe u.a.: BGHSt 35, 116 (126 f.); 42, 158 ff.

13 Vgl. hierzu auch die Konzeption des *»Karlsruher Strafrechtsdialogs«*, zuletzt: Jahn/Radtke (Hrsg.), Deutsche Strafprozessreform und Europäische Grundrechte – Herausforderungen auch für die Rechtsprechung des BGH in Strafsachen?, 2015.

§ 7 Rechtsfolgen der Straftat – Sanktionensystem – Verjährung

I. »Zweispurigkeit« des deutschen Strafrechts

Das deutsche Strafrecht unterscheidet zwei verschiedene Arten von Sanktionen, mit denen der Staat auf die gerichtlich festgestellte Straftat reagieren kann. Zum einen die **Kriminalstrafe** (§§ 38 ff. StGB), die an die **Schuld** des Täters anknüpft (§ 46 Abs. 1 StGB). Zum anderen enthält das Strafgesetzbuch so genannte **Maßregeln der Besserung und Sicherung** (§§ 61 ff. StGB). Die Unterbringung einer Person auf Grund einer solchen Maßregel *»findet ihre Berechtigung dagegen nicht in der Schuld des Betroffenen, sondern in der von ihm ausgehenden Gefahr für die Allgemeinheit«*.[1] **167**

Beide Sanktionsformen schließen sich prinzipiell nicht gegenseitig aus, sondern ergänzen sich vielfach sogar. Dieses Nebeneinander von Strafe und Maßregel nennt man »Zweispurigkeit« des strafrechtlichen Sanktionensystems.

Fall 17: – »Ärger im Büro« –
Der strafrechtlich bislang unbescholtene A will seinen Ärger im Büro mit ein paar Bierchen herunterspülen und begibt sich in seine Stammkneipe. Nach einer guten Stunde setzt sich A mit einem BAK-Gehalt von 1,3 ‰ ans Steuer. A wird wegen Trunkenheit im Verkehr (§ 316 Abs. 1 StGB) angeklagt. Richter R überlegt, welche Sanktionen er im Falle einer Verurteilung des A verhängen kann.

II. (Kriminal-)Strafe

Nach dem Grundsatz »nulla poena sine lege« (Art. 103 Abs. 2 GG; § 1 StGB) kann eine Tat nur dann bestraft werden, wenn die Strafbarkeit **gesetzlich bestimmt** war, bevor die Tat begangen wurde. **168**

Weitere Voraussetzung für die Verhängung einer Strafe für eine gesetzlich bestimmte Tat ist deren **schuldhafte Begehung**.[2] Handelte der Täter entschuldigt oder schuldlos, scheidet eine Bestrafung aus.[3] Steht die Schuld des Täters jedoch fest, muss dieser besondere Unwert der Tat von der Öffentlichkeit im Regelfall getadelt werden (vgl. aber §§ 153, 153a StPO). Deswegen versteht man den Begriff der Strafe auch als »missbilligende öffentliche Reaktion«.[4] Für ein solches **soziales Unwerturteil** ist aber gerade die Schuld Grundvoraussetzung.

Innerhalb der Kriminalstrafen wird zwischen Haupt- und Nebenstrafen unterschieden.

---

1 BVerfGE 91, 1 (27 f.); 109, 133 (174); 128, 326 (374); NJW 2012, 1784 (Tz. 52).
2 Vgl. *Lackner/Kühl*, Vor § 38 Rn. 1; S/S/*Stree/Kinzig*, Vor § 38 Rn. 17.
3 Die Verhängung einer Maßregel der Besserung und Sicherung bleibt möglich (vgl. Rn. 182 ff.).
4 Vgl. BVerfGE 105, 135 (157); 109, 133.

1. Hauptstrafen

Hauptstrafen sind die Freiheitsstrafe (§§ 38 f. StGB) und die Geldstrafe (§§ 40 ff. StGB).[5]

a) Freiheitsstrafe (§§ 38-39 StGB)

169 Die Freiheitsstrafe ist, wenn das Gesetz nicht lebenslange Freiheitsstrafe androht, **zeitig** (§ 38 Abs. 1 StGB). Dabei beträgt das **Höchstmaß** der zeitigen Freiheitsstrafe **15 Jahre** und ihr **Mindestmaß einen Monat** (§ 38 Abs. 2 StGB).

Die Zeitspanne, in der die zeitige Freiheitsstrafe verhängt werden kann, bestimmt das Gesetz in der Rechtsfolge. So kann etwa der Täter einer gefährlichen Körperverletzung (§ 224 StGB) mit einer Freiheitsstrafe von drei Monaten bis zu fünf Jahren bestraft werden, während die Freiheitsstrafe bei Raub (§ 249 Abs. 1 StGB) nicht weniger als ein Jahr beträgt.

170 Die **lebenslange Freiheitsstrafe** darf nur verhängt werden, wenn das Gesetz sie ausdrücklich androht (vgl. etwa § 211 Abs. 1 StGB für den Mord).

Die lebenslange Freiheitsstrafe wurde vom BVerfG mehrfach auf ihre Verfassungsmäßigkeit hin überprüft.[6] Bedenklich ist sie vor allem in Hinblick auf den **Resozialisierungsgedanken**.

Ziel der Freiheitsstrafe ist es, den Straftäter wieder in die Gesellschaft einzugliedern, ihn zu *re-sozialisieren*. Dieses Ziel kann jedoch nicht verwirklicht werden, wenn die Freiheitsstrafe tatsächlich ein ganzes Leben lang anhält.

Die Menschenwürde gebietet es den »Mensch nie als bloßes Mittel zu gesellschaftlichen Zwecken, sondern stets auch selbst als Zweck – als Subjekt mit eigenen Rechten und zu berücksichtigenden eigenen Belangen – zu behandeln«.[7]

Die Freiheit der Person »darf nur aus besonders gewichtigen Gründen eingeschränkt werden [...]. Belange von ausreichendem Gewicht sind insbesondere die unabweisbaren Bedürfnisse einer wirksamen Strafverfolgung [...] und der Schutz der Allgemeinheit [...]. Der Freiheitsanspruch des Untergebrachten kollidiert insoweit mit dem Erfordernis, die Allgemeinheit vor zu erwartenden erheblichen Rechtsgutverletzungen zu schützen; beide Belange sind gegeneinander abzuwägen«.[8]

Auch zur Wahrung des **Grundsatzes der Verhältnismäßigkeit** »ist die Freiheitsstrafe als besonders tief greifender Grundrechtseingriff nur vereinbar, wenn sie

5 Die Vermögensstrafe (§ 43a StGB) wurde vom BVerfG als verfassungswidrig eingestuft: BVerfGE 105, 135 = NJW 2002, 1779.

6 BVerfGE 116, 69; BVerfG StraFo 2010, 63; BVerfGE 45, 187 (245); 64, 261 (272).

7 BVerfGE 116, 69; vgl. BVerfGE 109, 133 (150 f.).

8 BVerfG NJW 2012, 1784, Tz. 50.

unter Berücksichtigung ihrer gesellschaftlichen Schutzfunktion konsequent auf eine straffreie Zukunft des Betroffenen gerichtet ist«.[9]

Der Verurteilte muss auch bei einer lebenslangen Freiheitsstrafe die **Aussicht haben, irgendwann wieder in Freiheit zu gelangen**.[10]

b) Geldstrafe (§§ 40-43 StGB)

Neben der Freiheitsstrafe sieht das StGB als weitere Kriminalstrafe die Geldstrafe **171**
vor. Sie ist in den §§ 40 ff. StGB geregelt und stellt die mildeste Form der Strafe dar.

In der Regel wird entweder **Geld- oder Freiheitsstrafe** verhängt. So wird etwa die (einfache) Körperverletzung mit Freiheitsstrafe bis zu fünf Jahren oder mit Geldstrafe bestraft (§ 223 Abs. 1 StGB).

In einigen Fällen kann jedoch eine Geldstrafe auch **neben eine Freiheitsstrafe** treten. So bestimmt **§ 41 S. 1 StGB**, dass neben einer Freiheitsstrafe eine sonst nicht oder nur wahlweise angedrohte Geldstrafe verhängt werden kann, wenn dies unter Berücksichtigung der persönlichen und wirtschaftlichen Verhältnisse des Täters angebracht ist. Voraussetzung dafür ist, dass der Täter sich durch die Tat bereichert oder dies zumindest versucht hat.

Die Geldstrafe wird in vollen **Tagessätzen** verhängt (vgl. § 40 Abs. 1 S. 1 StGB). Sie bemisst sich nach den allgemeinen Regeln der Strafzumessung (§ 46 Abs. 1 S. 1 StGB), also nach dem **Schuldgehalt** der Tat.[11]

Die **Anzahl der Tagessätze** beträgt **mindestens fünf** und, wenn das Gesetz nichts anderes bestimmt, **höchstens dreihundertsechzig** (§ 40 Abs. 1 S. 2 StGB). Ein solcher gesetzlicher Milderungsgrund, *in dem das Gesetz etwas anderes bestimmt*, liegt in § 49 Abs. 1 Nr. 2 StGB.

Neben der Anzahl der Tagessätze ist in einem zweiten Schritt vom Gericht die **Höhe des einzelnen Tagessatzes** unter Berücksichtigung der **persönlichen und wirtschaftlichen Verhältnisse des Täters** zu bestimmen. Dabei wird das durchschnittliche Tagesnettoeinkommen des Täters zu Grunde gelegt. Ein Tagessatz wird auf **mindestens einen** und **höchstens dreißigtausend Euro** festgelegt (§ 40 Abs. 2 StGB).

Ist der Täter nicht in der Lage, die auferlegte Geldstrafe zu erbringen, tritt an die Stelle der Geldstrafe die Freiheitsstrafe. Einem Tagessatz entspricht ein Tag Freiheitsstrafe; das Mindestmaß dieser **Ersatzfreiheitsstrafe** ist ein Tag (§ 43 StGB).

Im **Fall 17** muss sich R bei der Bestrafung des A nach dem gesetzlich vorgeschriebenen **172**
Strafrahmen des § 316 Abs. 1 StGB richten. Demzufolge kann A für seine Tat »mit Freiheitsstrafe bis zu einem Jahr oder mit Geldstrafe bestraft« werden. Zunächst muss R jedoch

9 BVerfGE 116, 69.
10 BVerfG StraFo 2010, 63 (Tz. 21).
11 Vgl. LPK/*Kindhäuser*, § 40 Rn. 3.

die **Schuld des A feststellen** (vgl. § 46 Abs. 1 StGB). Die Schwere der Schuld richtet sich danach, inwieweit dem A sein rechtswidriges Verhalten vorgeworfen werden kann. A setzte sich im Zustand der absoluten Fahruntüchtigkeit ans Steuer, war folglich nicht in der Lage, ein Fahrzeug sicher zu führen. Es liegen keine Gründe vor, welche die Tat des A entschuldigen könnten (etwa § 35 StGB). A war auch nicht schuldunfähig.[12]

Damit steht seine Schuld fest und R kann – soweit er das Verfahren nicht wegen geringer Schuld (§ 153 Abs. 2 StPO) bzw. kompensierbarer Schuld (§ 153a Abs. 2 StPO) einstellt – entweder[13] eine zeitige **Freiheitsstrafe oder eine Geldstrafe** verhängen.

Bei der **Strafzumessung** ist zu berücksichtigen, dass A in der Vergangenheit nie straffällig geworden ist. Es ist davon auszugehen, dass das Vergehen des A eine Ausnahme zu seinem ansonst rechtmäßigen Verhalten darstellt. R wird daher sehr wahrscheinlich nur eine Geldstrafe verhängen. Für den Fall, dass er eine Freiheitsstrafe verhängt, wird R auf eine Dauer von weniger als einem Jahr erkennen. Diese Freiheitsstrafe *wird* dann unter den Voraussetzungen des § 56 Abs. 1 StGB zur Bewährung ausgesetzt (vgl. Rn. 178).

Droht das Gesetz jeweils **nur die Freiheitsstrafe als Strafart** an, ohne dabei ein besonderes, erhöhtes Mindestmaß (s.o.) vorzuschreiben (z.B. bei § 303 Abs. 1 StGB;), besteht für das Gericht gleichwohl die Möglichkeit der Verhängung einer **Geldstrafe**. Dies folgt aus **Art. 12 Abs. 1 EGStGB**. Für Fälle der Anwendbarkeit eines Strafrahmens mit erhöhtem Mindestmaß (z.B. § 224 Abs. 1 StGB) ist dagegen § 47 Abs. 2 StGB maßgeblich.[14]

c) Vermögensstrafe (ex-§ 43a StGB)

173 Die in § 43a Abs. 1 S. 1 StGB geregelte Vermögensstrafe sah vor, dass das Gericht neben einer lebenslangen oder zeitigen Freiheitsstrafe von mehr als zwei Jahren auf Zahlung eines Geldbetrages erkennen konnte, dessen Höhe durch den Wert des Vermögens begrenzt sein sollte.

Das BVerfG urteilte am 20.3.2002, dass »§ 43a des Strafgesetzbuchs […] **mit Artikel 103 Absatz 2 des Grundgesetzes unvereinbar und nichtig**«[15] sei. Die Norm verstoße gegen das Gebot der Gesetzesbestimmtheit, welches auch für die Strafandrohung gelte.

Dem Gesetzgeber sei es nicht gelungen, das verfassungsrechtliche Minimum an gesetzlicher Vorausbestimmung zur Auswahl und Bemessung dieser Strafe bereitzustellen. Dadurch werde es dem von der Vermögensstrafe Betroffenen in rechtlich

---

12 Für eine Anwendung des § 20 StGB reicht eine BAK von 1,3 ‰ nicht aus (Rn. 696).

13 Eine Geldstrafe neben der Freiheitsstrafe (§ 41 StGB) scheidet mangels Bereicherung aus.

14 Vgl. hierzu den besonders gelagerten Fall, wenn zwar der Normalstrafrahmen des anzuwendenden Straftatbestands eine erhöhte Mindeststrafe vorsieht, dieser Strafrahmen im Einzelfall aber durch einen vertypten Milderungsgrund so abgesenkt wird, dass er im Ergebnis bei der gesetzlichen Mindeststrafe beginnt (BGH NJW 2015, 1769).

15 BVerfGE 105, 135 = NJW 2002, 1779.

nicht mehr hinnehmbarer Weise erschwert, Art und Maß der Sanktion vorherzusehen, die er als staatliche Reaktion auf seine Straftat zu erwarten hat.[16]

2. Nebenstrafe: Fahrverbot (§ 44 StGB)

In dem Fall, dass der Täter wegen einer Straftat verurteilt wird, die er bei oder im Zusammenhang mit dem Führen eines Kraftfahrzeugs oder unter Verletzung der Pflichten eines Kraftfahrzeugführers begangen hat, kann das Gericht neben der Verhängung einer Freiheits- oder Geldstrafe ein **Fahrverbot von einem Monat bis zu drei Monaten** aussprechen (§ 44 Abs. 1 S. 1 StGB). Diese (einzige dem StGB bekannte) **Nebenstrafe** kommt hauptsächlich bei den Straßenverkehrsdelikten (§§ 315b ff. StGB) zur Anwendung. 174

Das Fahrverbot als Nebenstrafe (§ 44 StGB) ist streng von der **Entziehung der Fahrerlaubnis (§ 69 StGB)** zu unterscheiden. Bei letzterer handelt es sich nicht um eine (Neben-)Strafe, sondern um eine Maßregel der Besserung und Sicherung (vgl. Rn. 187).

Im **Fall 17** wird R *zusätzlich* zu einer Geld- oder Freiheitsstrafe – ein **Fahrverbot** als **Nebenstrafe** anordnen (§ 44 Abs. 1 StGB), d.h. bestimmen, dass A in den folgenden ein bis drei Monaten kein Kraftfahrzeug führen darf.

3. Nebenfolgen: Verlust der Amtsfähigkeit, Wählbarkeit und des Stimmrechts (§§ 45 ff. StGB)

Wer wegen eines *Verbrechens* (§ 12 Abs. 1 StGB) zu einer Freiheitsstrafe von mindestens einem Jahr verurteilt wird, verliert automatisch nach **§ 45 Abs. 1 StGB** für die Dauer von fünf Jahren die **Fähigkeit, öffentliche Ämter zu bekleiden** und **Rechte aus öffentlichen Wahlen** zu erlangen. Eines besonderen Ausspruchs des Richters bedarf es nicht, der Verlust der Amtsfähigkeit tritt kraft Gesetzes ein. 175

Davon zu unterscheiden sind die Nebenfolgen der **Absätze 2 und 5 des § 45 StGB**. Die Aberkennung der **Amtsfähigkeit, der Wählbarkeit und des Stimmrechts** erfolgt nach pflichtgemäßem Ermessen des Richters. Es muss also, anders als bei Absatz 1, ein besonderer Ausspruch erfolgen.

Nach h.M. handelt es sich dabei *materiell* um »Nebenstrafen«. Um aber nicht den Strafgedanken, der hier nur eine sekundäre Rolle spielt, zu sehr zu betonen, spricht das Gesetz nicht von Strafen, sondern nur von Nebenfolgen.[17] Die allgemeinen Strafzumessungsregeln nach § 46 StGB sind daher auch auf die Nebenfolgen anwendbar.

4. Strafrahmen

Der Strafrahmen ist eine gesetzliche Strafdrohung, die sich in der Regel aus der jeweiligen Strafnorm ergibt (z.B. »mit Freiheitsstrafe bis zu fünf Jahren oder mit Geldstrafe«, »mit Freiheitsstrafe von sechs Monaten bis zu zehn Jahren«). Durch 176

16 BVerfGE 105, 135 (164) = NJW 2002, 1779 (1783).
17 *Lackner/Kühl*, § 45 Rn. 3; *Nelles*, JZ 1991, 17 (19).

diese Bestimmung der Mindest- und Höchststrafe wird dem Gericht ein Entscheidungsspielraum zuerkannt. Dabei hat es die Schwere der Schuld und das Unrecht der Tat zu beurteilen und auf dieser Grundlage innerhalb des gegebenen Strafrahmens das Urteil zu fällen. Damit knüpft der Strafrahmen an das Schuldprinzip an (§ 46 StGB).

5. Grundsätze der Strafzumessung (§ 46 StGB)

177 Grundlage für die Zumessung der Strafe ist die Schuld des Täters (§ 46 Abs. 1 S. 1 StGB). Damit wird der Bezug zum gesetzlichen Strafrahmen hergestellt. Innerhalb dieses abstrakten Rahmens erfolgt die konkrete Strafzumessung anhand der individuellen Schuld des Täters.

Das Gericht hat die Umstände, die für und gegen den Täter sprechen, gegeneinander abzuwägen. Namentlich in Betracht kommen die Beweggründe und Ziele des Täters, seine Gesinnung, die in der Tat erkennbar wurde, sein Wille, mit dem er die Tat begangen hat, das Maß der Pflichtwidrigkeit, die Art und Weise, wie die Tat ausgeführt wurde, das Vorleben des Täters und sein Verhalten nach der Tat (vgl. **§ 46 Abs. 2 StGB**).

Umstände, die schon Merkmal des gesetzlichen Tatbestandes sind, dürfen bei der Strafzumessung nicht mehr berücksichtigt werden, vgl. **§ 46 Abs. 3 StGB**. Tatbestandsmerkmale dürfen also weder strafschärfend noch strafmildernd berücksichtigt werden (**Verbot der Doppelverwertung von Tatbestandsmerkmalen**).[18] Sie sind als Voraussetzung dafür, dass das entsprechende Delikt überhaupt verwirklicht wurde, gewissermaßen »verbraucht« und überdies strikt von der Rechtswidrigkeit und der Schuld zu trennen.

6. Strafaussetzung zur Bewährung (§§ 56 ff. StGB)

178 In einigen Fällen muss die Freiheitsstrafe zur Resozialisierung des Täters nicht vollzogen werden, sondern kann zur Bewährung ausgesetzt werden. Die Voraussetzungen dafür regelt § 56 StGB.

Durch die Strafaussetzung soll dem Täter die Möglichkeit eingeräumt werden, ein straffreies Leben außerhalb der Vollzugsanstalt zu führen. Mithilfe von **Auflagen** und **Weisungen** (vgl. §§ 56b, 56c StGB) soll seine schnelle Resozialisierung direkt im gesellschaftlichen Alltag gefördert werden.

Bei Geldstrafe und Fahrverbot kommt eine Bewährung hingegen nicht in Betracht.[19]

Wird der Täter zu einer **Freiheitsstrafe von nicht mehr als einem Jahr** verurteilt, so *muss* das Gericht nach Absatz 1 die Vollstreckung der Strafe zur Bewährung

---

18 *Lackner/Kühl*, § 46 Rn. 10a.

19 Vgl. *Fischer*, § 56 Rn. 2. Siehe aber für die Geldstrafe § 59 StGB (**Verwarnung mit Strafvorbehalt**).

aussetzen, wenn zu erwarten ist, dass der Verurteilte schon die Verurteilung an sich als Warnung auffassen wird und in Zukunft auch dann keine Straftaten mehr begeht, wenn die Vollstreckung der Freiheitsstrafe ausbleibt. Eine Ausnahme darf dabei nach Absatz 3 (bei Freiheitsstrafen von mindestens sechs Monaten) nur gemacht werden, wenn die Verteidigung der Rechtsordnung die Vollstreckung der Freiheitsstrafe gebietet.

Wird der Täter zu einer **Freiheitsstrafe von mehr als einem Jahr bis zu zwei Jahren** verurteilt, richtet sich die Strafaussetzung zur Bewährung nach § 56 Abs. 2 StGB. Dabei tritt zu den Voraussetzungen des Absatzes 1 das Erfordernis der Gesamtwürdigung von Tat und Persönlichkeit des Verurteilten. Liegen danach besondere Umstände vor, die eine Strafaussetzung rechtfertigen und hat der Täter sich bemüht, den von ihm verursachten Schaden wiedergutzumachen, so kann das Gericht nach seinem Ermessen die Strafe zur Bewährung aussetzen.

Die Strafaussetzung kann nicht auf einen Teil der Strafe beschränkt werden (§ 56 Abs. 4 StGB). Sie bezieht sich immer auf die gesamte Strafe.

Die **Dauer der Bewährungszeit** wird vom Gericht bestimmt. Sie darf fünf Jahre nicht überschreiten und zwei Jahre nicht unterschreiten (§ 56a Abs. 1 S. 2 StGB). Das Gericht kann bzw. muss dem Verurteilten nach §§ 56b, 56c StGB **Auflagen und Weisungen** auferlegen und ihm gemäß § 56d StGB einen **Bewährungshelfer** zur Seite stellen.

Begeht der Täter während der Bewährungszeit eine Straftat oder verstößt er beharrlich und grob gegen Weisungen oder Auflagen, **widerruft** das Gericht die Strafaussetzung zur Bewährung (§ 56f StGB). Soweit es um die Begehung einer neuen Straftat geht, hat es dabei die **Unschuldsvermutung (Art. 6 Abs. 2 EMRK)** zu beachten.[20]

7. Aussetzung des Strafrestes zur Bewährung (§§ 57, 57a StGB)

a) Zeitige Freiheitsstrafe (§ 57 StGB)

§ 57 StGB sieht die Möglichkeit vor, dass ein Täter, der zu einer zeitigen Freiheits- **179**
strafe verurteilt wurde, frühzeitig aus dem Strafvollzug entlassen werden kann, um sich in der Freiheit zu bewähren und wieder zu einem straffreien Leben zurückzukehren. Die Vollstreckung des noch ausstehenden Restes der Freiheitsstrafe wird vom Gericht zu diesem Zweck zur Bewährung ausgesetzt.

Diese Aussetzung ist zwingend vom Gesetz vorgeschrieben, wenn die (kumulativen) Voraussetzungen des **Absatzes 1** vorliegen. Dem Gericht steht in dieser Frage kein Ermessen zu. Für die Aussetzung des Strafrestes zu Bewährung müssen **zwei Drittel der verhängten Strafe**, mindestens jedoch zwei Monate verbüßt sein, die Aussetzung muss unter Berücksichtigung des Sicherheitsinteresses der Allgemein-

20 EGMR, Böhmer ./. Deutschland, 3.10.2002, Nr. 37568/97, NJW 2004, 43; El Kaada ./. Deutschland, 12.11.2015, Nr. 2130/10.

heit verantwortet werden können und die verurteilte Person muss in die Aussetzung einwilligen. Bei der Entscheidung, ob die Aussetzung in Hinblick auf das »Sicherheitsinteresse der Allgemeinheit« verantwortet werden kann (Nr. 2), sind insbesondere die Persönlichkeit, die Lebensweise des Täters und sein Verhalten im Vollzug, sein Vorleben, die Tatumstände und das Gewicht des Rechtsgut, das bei einem Rückfall verletzt werden könnte, zu berücksichtigen.

Gemäß **Absatz 2** *kann* der Rest einer zeitigen Freiheitsstrafe sogar schon nach **Verbüßung der Hälfte** zur Bewährung ausgesetzt werden, wenn die oben genannten Voraussetzungen des Absatzes 1 gegeben sind *und* der Täter erstmals eine Freiheitsstrafe verbüßt, die zwei Jahre nicht übersteigt (§ 57 Abs. 2 Nr. 1 StGB) *oder* die Gesamtwürdigung des Sachverhalts ergibt, dass besondere Umstände vorliegen (§ 57 Abs. 2 Nr. 2 StGB). Besondere Umstände sind zum Beispiel das Mitwirken an der Tataufklärung oder über das übliche Maß hinausgehende Wiedergutmachungsleistungen.[21]

Die Vorschriften der §§ 56a ff. StGB, welche die Strafaussetzung zur Bewährung bereits durch das erkennende Gericht regeln, gelten entsprechend (vgl. Rn. 178).

b) Lebenslange Freiheitsstrafe (§ 57a StGB)

180 Um dem Resozialisierungsgedanken Rechnung zu tragen, ist die Strafrestaussetzung auch bei einer lebenslangen Freiheitsstrafe möglich. So erhält auch ein Täter, der zu lebenslanger Freiheitsstrafe verurteilt wird, die Chance auf ein Leben in Freiheit. Die Voraussetzungen einer Strafrestaussetzung sind allerdings strenger als bei der zeitigen Freiheitsstrafe. Nach § 57a Abs. 1 S. 1 StGB müssen **fünfzehn Jahre** der Freiheitsstrafe verbüßt worden sein, die besondere Schwere der Schuld des Verurteilten darf der Strafaussetzung nicht entgegenstehen, die Sicherheit der Allgemeinheit muss gewährleistet sein und der Verurteilte muss in die Strafaussetzung zur Bewährung einwilligen.

8. Absehen von Strafe (§ 60 StGB)

181 Das Gericht kann nach § 60 StGB von Strafe absehen, wenn die Folgen der Tat, die den Täter getroffen haben, so schwer sind, dass die Verhängung einer Strafe offensichtlich verfehlt wäre. Das ist zum Beispiel dann der Fall, wenn ein Elternteil aus Unachtsamkeit leicht fahrlässig bei einem Unfall sein Kind verletzt oder tötet. Der Tod des Kindes ist für den Vater oder die Mutter bereits so schwer zu ertragen, dass eine Strafe weder angemessen noch geboten wäre.

21 LPK/*Kindhäuser*, § 57 Rn. 17.

III. Maßregeln der Besserung und Sicherung

– unabhängig von der Schuld / neben oder anstelle der Strafe –

Die Maßregeln der Besserung und Sicherung bilden die »zweite Spur« der Sankti- **182**
onen bzw. Rechtsfolgen des deutschen Strafrechts. Sie werden unabhängig von der Schuld neben oder anstelle der Kriminalstrafe verhängt.

Anordnung und Vollzug einer freiheitsentziehenden Maßregel finden ihre Rechtfertigung im **Sicherungsbedürfnis der Allgemeinheit** und können zum **Schutz von Grundrechten** wie des Lebens oder der Gesundheit in Wahrnehmung der dem Staat obliegenden Schutzpflicht aus Art. 2 Abs. 2 S. 1 GG geboten sein.[22]

Maßregeln dienen daher allein dem Zweck, den Täter zu bessern und die Gesellschaft vor ihm zu sichern. Sie knüpfen demnach allein an die **Gefährlichkeit des Täters** an.[23]

§ 61 StGB listet die dem deutschen Recht bekannten Maßregeln der Besserung und Sicherung abschließend auf. Die nähere Ausgestaltung erfolgt in den §§ 63 ff. StGB. Auch und vor allem bei der Verhängung einer Maßregel muss das Gericht den **Grundsatz der Verhältnismäßigkeit** beachten (§ 62 StGB). Eine Maßregel der Besserung und Sicherung darf daher nicht angeordnet werden, wenn sie zur Bedeutung der vom Täter begangenen und zu erwartenden Taten sowie zu dem Grad der von ihm ausgehenden Gefahr außer Verhältnis steht.

»Da sich der Maßregelvollzug allein aus dem Prinzip des überwiegenden Interesses rechtfertigt, muss er umgehend beendet werden, wenn die Schutzinteressen der Allgemeinheit das Freiheitsrecht des Untergebrachten nicht länger überwiegen.«[24]

1. Freiheitsentziehende bzw. stationäre Maßregeln

a) Unterbringung in einem psychiatrischen Krankenhaus (§ 63 StGB)[25]

Begeht jemand eine rechtswidrige Tat im Zustand der Schuldunfähigkeit (§ 20 **183**
StGB), kann er, da die Strafe an die Schuld anknüpft, nicht bestraft werden. Ein schuldunfähiger Täter kann jedoch unter Umständen für die Allgemeinheit genauso gefährlich sein wie ein Täter, der eine Straftat schuldhaft begangen hat. Aus diesem Grund sieht das Gesetz in § 63 StGB die freiheitsentziehende Maßregel der Unterbringung in einem psychiatrischen Krankenhaus vor. Für ihre Anordnung ist die Schuld des Täters gerade nicht Voraussetzung.

Hat jemand im Zustand der Schuldunfähigkeit (§ 20 StGB) oder verminderten Schuldfähigkeit (§ 21 StGB) eine **rechtswidrige Tat** (§ 11 Abs. 1 Nr. 5 StGB) begangen und ergibt sich aus der Gesamtwürdigung des Täters und seiner Tat, dass

---

22 Vgl. BVerfGE 58, 208 (224 f.); 91, 1 (27); 109, 133 (174); BVerfG NJW 2012, 1784, Tz. 53.
23 LPK/*Kindhäuser*, § 61 Rn. 1.
24 BVerfGE 128, 326 (377) = NJW 2011, 1931, Tz. 107; NJW 2012, 1784, Tz. 53.
25 Zu den einzelnen Voraussetzungen und zum Verfahren: *Meyer*, JuS 2014, 408 ff.

von ihm infolge seines Zustandes weitere erhebliche rechtswidrig Taten zu erwarten sind, und dass er deshalb für die Allgemeinheit gefährlich ist, so ordnet das Gericht die Unterbringung an. Als Gefahr für die Allgemeinheit lässt die Rechtsprechung schon die Gefahr für eine Einzelperson genügen.[26]

Der Zustand des Täters, der zur Schuldunfähigkeit bzw. verminderten Schuldfähigkeit bei Begehung der Tat geführt hat, muss länger andauern und darf nicht nur vorübergehend sein. Er muss außerdem den Grad einer krankhaften seelischen Störung erreicht haben.[27]

b) Unterbringung in einer Entziehungsanstalt (§ 64 StGB)

184 Die Unterbringung in einer Entziehungsanstalt kommt bei Tätern in Betracht, die im Rauschzustand eine rechtswidrige Tat begangen haben (§ 64 StGB).

Voraussetzung ist ein **Hang des Täters zu alkoholischen Getränken oder anderen berauschenden Mitteln** (Drogen) im Sinne einer psychischen Abhängigkeit.[28] Ist die Person auch körperlich schwer abhängig und hat sie, aufgrund des Drogenkonsums, bereits eine krankhafte Störung entwickelt, so kommt anstelle der Maßnahme nach § 64 StGB auch die Unterbringung in einem psychiatrischen Krankenhaus (§ 63 StGB) in Betracht.

Ferner muss der Täter eine **rechtswidrige Tat im Rausch** begangen haben oder aber die Tat muss auf die Abhängigkeit der Person zurückzuführen sein. Grundlage für die Begehung der rechtswidrigen Tat muss stets die psychische Abhängigkeit des Täters sein; die Tat muss symptomatisch für die Gewöhnung des Täters an das Rauschmittel sein.[29] Dieser Zusammenhang zwischen Abhängigkeit und Tat ist regelmäßig bei Verkehrsdelikten und bei der sog. Beschaffungskriminalität gegeben.

Der Täter muss wegen der rechtswidrigen Tat verurteilt oder gerade deshalb nicht verurteilt worden sein, weil die Schuldunfähigkeit erwiesen oder nicht auszuschließen ist. Dieser Gesetzeswortlaut macht noch einmal deutlich, dass diese Maßregel der Besserung und Sicherung sowohl neben der Kriminalstrafe als auch unabhängig von ihr angeordnet werden kann.

Das Gericht soll die Unterbringung dann anordnen, wenn die Gefahr besteht, der Täter werde infolge seines Hanges erhebliche rechtswidrige Taten begehen. Seine **psychische Abhängigkeit** muss also auch Grundlage und Voraussetzung seiner erwarteten zukünftigen Taten sein.

Satz 2 stellt klar, dass die Anordnung nur dann ergehen darf, wenn eine hinreichend konkrete Aussicht besteht, die Person durch die Behandlung in einer Entzie-

26 BGHSt 34, 22 (29).
27 BGHSt 34, 22 (27 f.); 49, 347 (351).
28 *Lackner/Kühl*, § 64 Rn. 2.
29 BGH NStZ-RR 1997, 231; NStZ 2004, 681 (682).

hungsanstalt zu heilen oder über eine erhebliche Zeit vor dem Rückfall in die Abhängigkeit zu bewahren, und dadurch dann von der Begehung erheblicher rechtswidriger Taten abzuhalten, die eben auf diese Abhängigkeit zurückzuführen sind.

Erscheint die Unterbringung in einer Entziehungsanstalt nicht erfolgversprechend, so scheidet sie von vornherein aus. Das Gericht wird für die Prognose, ob der Täter von seiner psychischen Abhängigkeit geheilt werden kann, ein psychiatrisches Gutachten einholen und mithilfe dieser Grundlage seine Entscheidung treffen.

c) Unterbringung in der Sicherungsverwahrung (§ 66 StGB)

Unter den Voraussetzungen des § 66 StGB können schwerkriminelle Straftäter **185** zum Schutz der Allgemeinheit *zusätzlich* zur Strafe in einer sog. Sicherungsverwahrung untergebracht werden. Da diese Form der Unterbringung einen besonders schweren Eingriff in die Grundrechte des Täters darstellt, sind die Anforderungen sehr streng.

Die Anordnung der Unterbringung trifft das Strafgericht in dem Urteil, in dem auch die Strafe verhängt wird. Daneben kennt das Gesetz noch die Möglichkeit, eine Unterbringung in der Sicherungsverwahrung **im Urteil vorzubehalten** (§ 66a StGB), d.h. es wird dann erst später über die Unterbringung entschieden.

In Folge eines Urteils des EGMR[30] sind die §§ 66 ff. StGB Ende 2010 geändert worden.[31] So ist insbesondere die dritte Variante der Sicherungsverwahrung, die sog. **nachträgliche Anordnung** gegenüber einem zur Entlassung anstehenden Strafgefangenen (§ 66b StGB), weitgehend abgeschafft worden.

Das BVerfG hat im Mai 2011 – auf Druck des EGMR – entschieden, dass alle Vorschriften des StGB und JGG über die Anordnung und Dauer der Sicherungsverwahrung verfassungswidrig sind. Sie sind mit dem Freiheitsgrundrecht der Untergebrachten aus Art. 2 Abs. 2 S. 2 i.V.m. Art. 104 Abs. 1 GG nicht vereinbar, weil sie den Anforderungen des verfassungsrechtlichen **»Abstandsgebots«** nicht entsprechen. Freiheitsstrafe und Sicherungsverwahrung erfordern einen deutlichen Abstand des Freiheitsentzugs in der Sicherungsverwahrung von dem des Strafvollzugs. Überdies verletzen die Vorschriften zur (nachträglichen) *Verlängerung* der Sicherungsverwahrung über die früher bei erstmaliger Anordnung geltende Zehnjahreshöchstfrist hinaus (sog. »Altfälle«) und zur *nachträglichen Anordnung* der Sicherungsverwahrung das rechtsstaatliche **Vertrauensschutzgebot**. In diesen Fällen darf Sicherungsverwahrung nur noch angeordnet werden, wenn eine hochgradige Gefahr schwerster Gewalt oder Sexualstraftaten abzuleiten ist und der Betroffene an einer psychischen Störung i.S.d. § 1 Abs. 1 Nr. 1 ThUG leidet. Auch die übrigen Vorschriften über Anordnung und Dauer der Sicherungsverwahrung dürfen nur unter strenger Wahrung der Verhältnismäßigkeit Anwendung finden.[32]

---

30 EGMR M./Deutschland, 17.12.2009, NJW 2010, 2495.

31 Gesetz zur Neuregelung des Rechts der Sicherungsverwahrung und zu begleitenden Regelungen v. 22.12.2010 (BGBl. I S. 2300); hierzu: *Esser*, JA 2011, 727 (732 ff.).

32 BVerfGE 128, 326 = NJW 2011, 1931; Pressemitteilung Nr. 31/2011.

§ 66 Abs. 1 StGB bestimmt (zwingend) die Anordnung der Unterbringung in der Sicherungsverwahrung aus Anlass einer Verurteilung zu einer Freiheitsstrafe von mindestens zwei Jahren wegen einer bestimmten schweren Straftat, sofern bereits mehrere (spezielle) Vorstrafen des Täters vorliegen. Zu beachten ist, dass der Täter die Straftat vorsätzlich begangen haben muss und dass sich auch die Vorverurteilungen auf vorsätzliche Straftaten bezogen haben müssen.

§ 66 Abs. 2 StGB räumt dem Gericht ein Ermessen für die Fälle ein, in denen **frühere Verurteilungen oder Freiheitsentziehungen** i.S.v. Absatz 1 Nr. 2 und 3 **nicht vorliegen**. Allerdings muss der Verurteilte drei vorsätzliche Straftaten begangen haben, für die er jeweils eine Freiheitsstrafe von mindestens einem Jahr verwirkt hat und wegen einer oder mehrerer dieser Taten zu Freiheitsstrafe von mindestens drei Jahren verurteilt werden. Außerdem müssen auch hier die Tatbestandsmerkmale des Absatzes 1 Nr. 4 gegeben sein. Der Täter muss also immer für die Allgemeinheit gefährlich sein.

§ 66 Abs. 3 S. 1 StGB regelt im Wesentlichen die Möglichkeit der Unterbringung von Sexualstraftätern sowie von Tätern, die eine solche Tat im Vollrausch (§ 323a StGB) begangen haben. Sie müssen zu mindestens zwei Jahren Freiheitsstrafe verurteilt worden sein und schon wegen gleicher Deliktstypen in der Vergangenheit eine Freiheitsstrafe von mindestens drei Jahren verwirkt haben. Auch hier müssen zusätzlich die Voraussetzungen des Absatzes 1 Nr. 3 und 4 vorliegen.

2. Maßregeln ohne Freiheitsentziehung

Maßregeln ohne Freiheitsentzug sind die Führungsaufsicht (§§ 68 ff. StGB), die Entziehung der Fahrerlaubnis (§§ 69 ff.) und das Berufsverbot (§§ 70 ff. StGB).

a) Führungsaufsicht (§§ 68 ff. StGB)

186 Bei einzelnen Strafnormen (z.B. beim Betrug, § 263 Abs. 6 StGB) bestimmt das Gesetz, dass das Gericht Führungsaufsicht gem. § 68 StGB anordnen kann.

Das Gericht kann für die Dauer von mindestens zwei und höchstens fünf Jahren Führungsaufsicht anordnen, wenn der Täter eine Freiheitsstrafe von mindestens sechs Monaten verbüßt hat und die Gefahr besteht, dass er nach der Haftentlassung weitere Straftaten begeht (§§ 68 Abs. 1; 68c Abs. 1 S. 1 StGB).

Durch die Führungsaufsicht soll zum einen die Gesellschaft vor neuen Straftaten des Täters geschützt werden, indem dieser überwacht wird. Zum anderen wird dem Täter Unterstützung bei der Rückkehr in ein Leben gegeben, das sich an der Rechtsordnung und den sozialen Regeln orientiert,.

§ 68a StGB bestimmt dabei die Art und Weise, wie die Führungsaufsicht ausgeübt werden soll. Mit der Führungsaufsicht wird ein **Bewährungshelfer** betraut. Das Gericht kann gegenüber der verurteilten Person zudem für die Dauer der Führungsaufsicht oder für eine kürzere Zeit eine **Weisung** (§ 68b StGB) anordnen. So kann das Gericht den Täter also z.B. anweisen, den Wohnort nicht ohne Erlaubnis der Aufsichtsstelle zu verlassen (§ 68b Abs. 1 S. 1 Nr. 1 Var. 1 StGB) oder auch keine alkoholischen Getränke zu sich zu nehmen (§ 68b Abs. 1 S. 1 Nr. 10 Var. 1 StGB).

Absatz 2 stellt klar, dass die Voraussetzungen des Absatzes 1 nicht vorliegen müssen, wenn die Führungsaufsicht kraft Gesetzes eintritt (vgl. u.a. § 67b Abs. 2 StGB).

b) Entziehung der Fahrerlaubnis (§§ 69 ff. StGB)

Die Entziehung der Fahrerlaubnis, § 69 StGB, dient ausschließlich der Sicherheit **187** des Straßenverkehrs[33] und ist abhängig von der zukünftigen Gefährlichkeit des Täters anzuordnen.[34] Es muss sich aus der Tat ergeben, dass der Täter, der **bei oder im Zusammenhang mit dem Führen eines Kraftfahrzeuges** oder unter **Verletzung der Pflichten eines Kraftfahrzeugführers** eine rechtswidrige Tat begangen hat, »ungeeignet« ist, ein Kraftfahrzeug zu führen.

Absatz 2 enthält eine (widerlegbare) **Vermutung** dafür, dass eine Person, die eines der Straßenverkehrsdelikte rechtswidrig verwirklicht hat, zum Führen von Kraftfahrzeugen ungeeignet ist.

Wird dem Täter die Fahrerlaubnis durch das Gericht entzogen, wird gleichzeitig eine **Sperre** dahingehend verhängt, dass dem Täter für die Dauer von sechs Monaten bis zu fünf Jahren keine neue Fahrerlaubnis erteilt werden darf (§ 69a Abs. 1 S. 1 StGB). Das Gericht darf die Sperre im Extremfall auch für immer anordnen, so dass es dem Täter nie wieder erlaubt ist, ein Fahrzeug zu führen (vgl. § 69a Abs. 1 S. 2 StGB). Die Sperre beginnt mit der Rechtskraft des Urteils (§ 69a Abs. 5 S. 1 StGB).[35]

Im **Fall 17** entzieht R dem A neben der Verurteilung zu einer Freiheits- oder einer Geldstrafe die Fahrerlaubnis, wenn A zum Führen von Kraftfahrzeugen ungeeignet ist. Diese mangelnde Fähigkeit folgt grundsätzlich schon daraus, dass A wegen der Verwirklichung des § 316 Abs. 1 StGB verurteilt wurde (vgl. § 69 Abs. 2 StGB). Auf den Schuldgehalt seiner Tat kommt es dabei nicht an. Die Entziehung der Fahrerlaubnis richtet sich nur danach, ob auch in Zukunft eine Gefährdung der Allgemeinheit (im Straßenverkehr) durch A nicht auszuschließen ist. **188**

Im Gegensatz zum Fahrverbot nach § 44 StGB, dem nur eine Warnfunktion zukommt, dient die Entziehung der Fahrerlaubnis dazu, ungeeignete Kraftfahrer aus dem Straßenverkehr auszuschließen und dadurch Gefahren für andere Verkehrsteilnehmer zu verringern.[36] Die Entziehung der Fahrerlaubnis hat also nicht den

33 BGH NJW 2004, 3497 (3499).

34 Davon zu unterscheiden ist das **Fahrverbot als Nebenstrafe** (§ 44 StGB), das sich allein auf die Schuld des Täters (bei Begehung der Tat) bezieht (vgl. Rn. 174).

35 Unter den Voraussetzungen des Absatzes 7 kann das Gericht die Sperre vorzeitig wieder aufheben.

36 S/S/*Stree*/*Kinzig*, § 69 Rn. 2.

Charakter einer Nebenstrafe[37] und dient auch nicht der allgemeinen Kriminalitätsbekämpfung.[38]

c) Berufsverbot (§§ 70 ff. StGB)

189 Auch die Verhängung eines Berufsverbots, § 70 StGB, dient der Sicherung der Allgemeinheit (bzw. einiger Personen). Die Schuld des Täters ist für die Anordnung dieser Maßregel keine Voraussetzung. Die der Anordnung eines Berufsverbots zugrundeliegende Tat muss der Täter allerdings unter **Missbrauch seines Berufs oder Gewerbes oder unter grober Verletzung der mit ihnen verbundenen Pflichten** begangen haben.[39] Die Verhängung eines Berufsverbots setzt eine Gefahr voraus, dass der Täter weitere erhebliche rechtswidrige Taten begehen wird, sollte er seinen Beruf oder sein Gewerbe weiterhin ausüben.

Nach Satz 1 *kann* das Gericht das Berufsverbot für die Dauer von einem Jahr bis zu fünf Jahren aussprechen. Satz 2 erweitert die Dauer auf unbefristete Zeit, wenn zu erwarten ist, dass die fünf Jahre zur Abwehr der von dem Täter drohenden Gefahr nicht ausreichen.

Der Täter darf während der Dauer des Berufsverbots den Beruf bzw. das Gewerbe auch nicht für einen anderen ausüben oder ihn durch eine andere, von seinen Weisungen abhängige Person ausüben lassen (§ 70 Abs. 3 StGB).

IV. Verfall und Einziehung / Unbrauchbarmachung

1. Verfall (§§ 73 ff. StGB)

190 Beim sog. Verfall handelt es sich weder um eine Strafe noch um eine Maßregel der Besserung und Sicherung, sondern um eine **Maßnahme eigener Art**[40], die ebenfalls im Urteil angeordnet werden kann. Der mit ihr verfolgte Zweck besteht in der **Gewinnabschöpfung** dessen, was der Täter durch eine (vorsätzliche oder fahrlässige) *rechtswidrige* Tat erlangt hat:[41] Eine Straftat soll sich für niemanden, weder für den Täter noch für etwaige Teilnehmer oder eine dritte Person, lohnen.[42]

Hat der Täter oder Teilnehmer für die Tat (Entgelt) oder aus ihr (Gewinn) etwas erlangt, so ordnet das erkennende Gericht dessen Verfall an (§ 73 Abs. 1 S. 1 StGB). Der Verfall erstreckt sich gemäß § 73 Abs. 2 StGB auch auf die gezogenen **Nutzungen** (z.B. Zinsen aus dem erlangten Gewinn[43]) und *kann* auch erlangte **Surrogate** umfassen (z.B. der Veräußerungserlös einer gestohlenen Sache[44]).

---

37 BGH NZV 2003, 46; NStZ-RR 2003, 74.
38 BGHSt (GS) 50, 93 = NJW 2005, 1957.
39 Vgl. hierzu näher: *Lackner/Kühl*, StGB, § 70 Rn. 3.
40 LPK/*Kindhäuser*, Vor §§ 73-76a Rn. 2.
41 Vgl. BGHSt 31, 145 (146); 47, 369 (373 ff.). Zur Sicherung von Verfall und Einziehung durch die §§ 111b ff. StPO: *Dittmann/Reichhart*, JA 2011, 540.
42 Vgl. *Kiethe/Hohmann*, NStZ 2003, 505 (506).
43 S/S/*Eser*, § 73 Rn. 31.
44 S/S/*Eser*, § 73 Rn. 32.

Durch den Verfall geht das Eigentum an dem Gegenstand oder an dem verfallenen Recht an den Staat über, wenn dem Täter, dem Teilnehmer oder einer durch die Tat begünstigten Person zur Zeit der Rechtskraft der Entscheidung das Eigentum bzw. Recht zusteht. **Rechte Dritter** an dem Gegenstand bleiben allerdings bestehen (§ 73e Abs. 1 S. 2 StGB).

Ist der Verfall eines durch die Tat erlangten Gegenstandes nicht möglich, etwa aufgrund von Verarbeitung, Vermischung oder Verbindung (§§ 946 ff. BGB),[45] so ordnet das Gericht den **Verfall eines Geldbetrages** an, der dem Wert des Erlangten entspricht (§ 73a S. 1 StGB).[46]

Der Verfall ist ausgeschlossen, wenn dem Verletzten aus der Tat ein (zivilrechtlicher) Anspruch entstanden ist, dessen Erfüllung dem Täter oder Teilnehmer den Wert des aus der der Tat Erlangten entziehen würde (§ 73 Abs. 1 S. 2 StGB; **Vorrang der Verletztenrechte**).

Zum sog. **erweiterten Verfall** siehe § 73d StGB.

§ 11 Nr. 8 StGB fasst den Verfall neben Maßregeln der Besserung und Sicherung (§§ 61-72 StGB), der Einziehung (§§ 74-76a StGB) und der Unbrauchbarmachung (§ 74d StGB) unter den Begriff der sog. »Maßnahme« zusammen. Bei diesem Oberbegriff handelt es sich nicht um eine Legaldefinition, sondern um ein technisches Mittel zur Erleichterung von Verweisungen innerhalb des StGB. Die verweisungstechnische Erleichterung durch die Bildung des Begriffes der Maßnahme ist dabei gering.[47]

2. Einziehung (§§ 74 ff. StGB)

In einigen Fällen können **Gegenstände, die in Zusammenhang mit einer *vorsätzlich* begangenen Straftat stehen**, eingezogen werden. Betroffen sind Gegenstände, die entweder durch die Straftat hervorgebracht oder bei der Begehung oder Vorbereitung der Straftat gebraucht worden oder dazu bestimmt gewesen sind. 191

Durch die Tat hervorgebracht ist stets deren Endprodukt. Es muss daher in seiner Entstehung unmittelbar aus der Tat hervorgehen.[48] So ist z.B. die gefälschte Urkunde das *productum sceleris* einer Urkundenfälschung (§ 267 StGB).

Nicht eingezogen wird das **durch die Straftat *Erlangte***, wie z.B. das Diebesgut. Hier kommt die **Anordnung des Verfalls** nach §§ 73 ff. StGB in Betracht (Rn. 190). Auch nicht aus der Straftat hervorgegangen ist der Gegenstand, auf den sich die Straftat bezog, so zum Beispiel die unbefugt getragene Uniform (vgl. § 132a Abs. 1 Nr. 4 StGB).

45 S/S/*Eser*, § 73a Rn. 4.

46 Der Wert und der Umfang des Erlangten und auch die Höhe des Anspruchs, der unter Umständen dem Opfer zusteht, können nach § 73b StGB geschätzt werden.

47 Näher: MK/*Radtke*, § 11 Rn. 128 f.

48 *Lackner*/*Kühl*, 74 Rn. 4.

Zur Straftat *gebraucht* wird eine **Waffe oder ein Werkzeug** (*instrumentum sceleris*).

§ 74 Abs. 2 StGB erlaubt die Einziehung, wenn die betroffenen Gegenstände zum Zeitpunkt der Entscheidung dem Täter oder Teilnehmer gehören oder zustehen (Nr. 1), zum anderen, wenn die Gegenstände nach Art und Umfang die Allgemeinheit gefährden oder wenn die Gefahr besteht, dass sie der Begehung (neuer) rechtswidriger Taten dienen werden (Nr. 2).

Auch bei der Einziehung ist der **Grundsatz der Verhältnismäßigkeit** zu beachten (vgl. § 74b StGB). Parallel zu § 73a StGB ist die Einziehung des **Wertersatzes** in § 74c StGB geregelt.

Nach § 74d StGB können **Schriften** (§ 11 Abs. 3 StGB) eingezogen werden, wenn mindestens eine Ausfertigung durch eine rechtswidrige Tat verbreitet oder zur Verbreitung bestimmt worden ist. Die Schrift muss einen solchen Inhalt aufweisen, dass jede vorsätzliche Verbreitung in Kenntnis dieses Inhalts den Tatbestand eines Strafgesetzes verwirklichen würde.[49] Den Schriften gleichgestellt sind u.a. Ton- und Bildträger sowie Datenspeicher. Eine Rolle spielt die Einziehung nach § 74d StGB zum Beispiel bei der **Verbreitung kinderpornographischen Materials** (vgl. § 184b Abs. 6 S. 2 StGB).

Rechtsfolge der Einziehung ist, dass das Eigentum der eingezogenen Sache oder das eingezogene Recht mit Rechtskraft der Entscheidung an den Staat übergeht (§ 74e Abs. 1 StGB).[50]

V. Verjährung

191a Die Verjährung von Straftaten ist im Strafrecht in den §§ 78 ff. StGB geregelt.[51] Zu unterscheiden ist dabei die **Verfolgungsverjährung** (§§ 78-78c StGB) und die **Vollstreckungsverjährung** (§§ 79-79b StGB). Ist Verfolgungsverjährung eingetreten, so kann eine Straftat nicht mehr von Polizei und Staatsanwaltschaft verfolgt (§ 152 Abs. 2; 163 Abs. 1 StPO) oder vom Gericht durch Schuldspruch geahndet werden. Es kann mithin nicht mehr zu einer Verurteilung des Täters kommen.

Hingegen bestimmt die Vollstreckungsverjährung, ob ein bereits rechtskräftiges Urteil noch vollstreckt werden kann, zum Beispiel ob ein zu einer Freiheitsstrafe verurteilter Täter noch dazu gezwungen werden kann, die Freiheitsstrafe im Gefängnis abzusitzen. Im Folgenden soll die Verfolgungsverjährung näher behandelt werden.

---

49 Vgl. *Fischer*, § 74d Rn. 7.

50 Rechte Dritter an dem Gegenstand bleiben bestehen (§ 74e Abs. 2 S. 1 StGB).

51 Für einen vertiefenden Überblick über die Materie vgl. *Asholt*, Verjährung im Strafrecht (2016); *Satzger*, Jura 2012, 433. Zur Problematik der rückwirkenden Verschärfung von Verjährungsvorschriften siehe bereits Rn. 64 ff.

Hintergrund der Verjährung ist vor allem der Gedanke, dass **mit zunehmender zeitlicher Entfernung zur Tat das Strafbedürfnis abnimmt**.[52] Die Erfüllung der mit der Ahndung einer Straftat verfolgten Strafzwecke (Spezialprävention, Generalprävention, Vergeltung; Rn. 130 ff.) erscheint durch den Ablauf der Zeit als nicht mehr erforderlich bzw. erreichbar. **191b**

Indem ein Täter auch lange Zeit nach der Tat keine neue Straftat begeht, zeigt er, dass er die Ziele der Resozialisierung und der Beachtung des Rechts bereits ohne staatliche Intervention erreicht hat. Das jahrelange Leben in Furcht vor Strafverfolgung kann dabei ebenfalls als »Bestrafung« angesehen werden. Überdies steigt ab einem gewissen Zeitpunkt das Bedürfnis, zu Gunsten des Rechtsfriedens endlich einen Schlussstrich unter den Fall zu ziehen.

Vor diesem Hintergrund steht auch § 78 Abs. 2 StGB: **Mord verjährt nicht**, denn bei Mord kann aufgrund des hohen Unrechtsgehalts der Tat das öffentliche Strafbedürfnis nie entfallen.

Strittig ist hingegen die Frage nach der **Rechtsnatur** der Verjährung, mithin, ob die Verjährung die Strafbarkeit des Verhaltens betrifft (materielle Regelung), oder nur die Frage nach der Zulässigkeit der Straf*verfolgung* (prozessuale Regelung). **191c**

Die h.M. kombiniert diese beiden Theorien, indem sie die Verjährung in ihrer **rechtlichen Wirkung als Verfahrens-/Prozesshindernis** einordnet, jedoch gleichzeitig das mit der Zeit **abnehmende materielle Strafbedürfnis als Legitimation** der Verjährung anerkennt.[53]

Demnach ist die Tat auch mit Eintritt der Verjährung zwar immer noch strafbar, aber es besteht ein Verfahrenshindernis und das Verfahren muss eingestellt werden (je nach Verfahrensstadium nach §§170 Abs. 2, 206a, 260 Abs. 3 StPO).[54] Die Straftat ist nicht mehr verfolgbar. Bei Anhaltspunkten im Sachverhalt ist die Verjährung somit am Ende der Prüfung eines Delikts unter der Überschrift »Strafverfolgungshindernis« zu prüfen.[55]

Unterliegt eine Tat der Verjährung (Ausnahmen: Mord, § 78 Abs. 2 StGB; Verbrechen nach dem Völkerstrafgesetzbuch, § 5 VStGB, Rn. 164a), so richtet sich die **Verjährungsfrist** nach dem Höchstmaß der vorgesehenen Strafe des jeweiligen Straftatbestandes, vgl. § 78 Abs. 3 und 4 StGB.

Die Frist **beginnt** mit der Beendigung der Straftat, § 78a S. 1 StGB.[56] Der Fristbeginn oder -lauf kann allerdings aus bestimmten Gründen nach § 78b StGB für eine **191d**

52 Vgl. zu den hier genannten sowie weiteren Argumenten: MK/*Mitsch*, § 78 Rn. 2 ff.; *Satzger*, Jura 2012, 433 (434).

53 LK/*Kühl*, § 78 Rn. 1; MK/*Mitsch*, § 78 Rn. 1; *Satzger*, Jura 2012, 433 (435).

54 BGHSt 46, 310 (317 f.); BVerfGE 25, 269 (284 a.E. ff.); BVerfG NStZ 2000, 251; *Krey*, StPO, Rn. 4.

55 Ebenso *Wessels/Beulke/Satzger*, Rn. 210.

56 Zur Beendigung sowie der Abgrenzung zur bloßen Vollendung, vgl. Rn 1195 ff.

gewisse Zeit »**ruhen**«,[57] d.h. der Fristlauf wird aufgeschoben bzw. angehalten und nach Beendigung des Ruhens läuft die alte Frist weiter.

Ebenso kann die Verjährung nach § 78c StGB »**unterbrochen**« werden (d.h. nach dem Ende der Unterbrechung beginnt die Verjährungsfrist in voller Länge neu zu laufen).[58]

191e Viel diskutiert wurden in jüngerer Zeit die Verjährungsfristen für Straftaten im Bereich des **sexuellen Missbrauchs**. Aus Angst und Scham ist es Missbrauchsopfern oft jahrelang nicht möglich, sich gegenüber Strafverfolgungbehörden zur Tat zu äußern. Dem wurde schon durch **§ 78b Abs. 1 Nr. 1 StGB** a.F. Rechnung getragen, wonach die Verjährung bei den meisten Straftaten gegen die sexuelle Selbstbestimmung bis zur Vollendung des 18. Lebensjahres des Opfers ruhte. Erst danach begann die Verjährungsfrist zu laufen.

Das Gesetz zur Stärkung der Rechte von Opfern sexuellen Missbrauchs **(StORMG)** vom 26.6.2013[59] hatte diesen Zeitpunkt auf die Vollendung des **21. Lebensjahres** ausgedehnt. Längere Verjährungsfristen wurden angesichts von befürchteten Beweisschwierigkeiten abgelehnt. Allerdings wurden die zivilrechtlichen Verjährungsfristen für Schadensersatzansprüche von drei auf 30 Jahre verlängert (§ 197 Abs. 1 Nr. 1 BGB).

Das **49. StRÄndG** (Umsetzung europäischer Vorgaben zum Sexualstrafrecht) vom 21.1.2015[60] hat den Beginn der Verjährung der zentralen Sexualstraftaten auf die Vollendung des 30. Lebensjahres hochgesetzt (§ 78b Abs. 1 Nr. 1 StGB; »**ruht**«).

57 Ähnlich der Hemmung der Verjährung im Zivilrecht, § 209 BGB.
58 Näher dazu und zu den einzelnen Gründen vgl. z.B. MK/*Mitsch*, § 78b und § 78c.
59 BGBl. I S. 1805; zum Gesetzentwurf: BT Drucks. 17/6261.
60 BGBl. I S. 10.

§ 8 Einteilung der Straftaten

I. Verbrechen / Vergehen (§ 12 StGB)

Das deutsche Strafrecht kennt heute nur noch zwei Arten von Straftaten: die schwereren Verbrechen und die leichteren Vergehen.[1] Hierzu findet sich in § 12 Abs. 1 und Abs. 2 StGB die gesetzliche Definition (Legaldefinition)[2]: 192

(1) Verbrechen sind rechtswidrige Taten, die im Mindestmaß mit Freiheitsstrafe von einem Jahr oder darüber bedroht sind.

(2) Vergehen sind rechtswidrige Taten, die im Mindestmaß mit einer geringeren Freiheitsstrafe oder die mit Geldstrafe bedroht sind.

Entscheidend ist dabei das **Mindestmaß der angedrohten Freiheitsstrafe**. Der Grenzwert liegt bei **einem Jahr** (siehe Rn. 194).

1. Beispiele:

Verbrechen sind danach u.a.: Mord und Totschlag (§§ 211, 212 StGB); Raub, Räuberischer Diebstahl und Räuberische Erpressung[3] (§§ 249, 252, 255 StGB); Sexuelle Nötigung/Vergewaltigung (§ 177 StGB); Brandstiftung (§ 306 StGB). 193

Vergehen sind u.a.: Diebstahl, Hehlerei und Betrug (§§ 242, 259, 263 StGB); Missbrauch von Scheck- und Kreditkarten (§ 266b StGB); Urkundenfälschung (§ 267 StGB); Körperverletzung und Gefährliche Körperverletzung (§§ 223, 224 StGB).

In Deutschland sind zahlreiche Straftaten nur als **Vergehen** eingestuft, obwohl man ihre Folgen durchaus als »schwerwiegend« bewerten kann, so z.B.:

- Ausbeuterische Zuhälterei (§ 181a Abs. 1 Nr. 1 StGB);
- Diebstahl mit Waffen, Bandendiebstahl, Einbruch in Wohnungen (§ 244 StGB);[4]
- Fahrlässige Tötung (§ 222 StGB), auch die leichtfertige; dies selbst dann, wenn sie auf Fahren trotz alkoholbedingter Fahruntüchtigkeit beruht.[5]

Grund hierfür ist das Schuldprinzip (Rn. 108), das neben den Folgen der Tat die Berücksichtigung zahlreicher anderer Faktoren bei der Strafzumessung verlangt (§ 46 Abs. 1 StGB).

2. Maßgeblichkeit der gesetzlichen Mindeststrafe, § 12 Abs. 3 StGB

a) Ob eine Straftat ein Verbrechen oder nur ein Vergehen ist, bestimmt sich demzufolge abstrakt-generell nach der **gesetzlichen** Mindeststrafe, nicht konkret-individuell nach der im Einzelfall verhängten Strafe. 194

1 Die im StGB v. 1871 noch enthaltenen »Übertretungen« – bei denen es sich um ausgesprochene Bagatelldelikte handelte – als dritte Kategorie von Straftaten sind seit dem 1.1.1975 aufgehoben. Die oben (Rn. 20 ff.) behandelten Ordnungswidrigkeiten sind keine Straftaten.

2 Beachte auch § 11 Abs. 1 Nr. 5 StGB, der den Begriff der »rechtswidrigen Tat« für das StGB definiert: »nur eine solche, die den Tatbestand eines Strafgesetzes verwirklicht«.

3 Die einfache »Erpressung« (§ 253 StGB) ist ein Vergehen.

4 Ein Verbrechen ist allerdings der Schwere Bandendiebstahl (§ 244a StGB), also u.a. die Begehung von Diebstahl mit Waffen oder Einbruch in Wohnungen durch eine Bande.

5 Das Mindestmaß der Freiheitsstrafe ergibt sich bei § 222 StGB (sowie bei §§ 223, 242, 259, 263, 266b, 267 StGB) aus § 38 Abs. 2 StGB. Zur Fahrlässigen Tötung durch alkoholisierte Verkehrsteilnehmer siehe schon Rn. 1, 3 f.

Beispiel: Wird der Täter eines Diebstahls mit Waffen (§ 244 Abs. 1 Nr. 1 StGB) zu einer Freiheitsstrafe von zwei Jahren verurteilt, so bleibt die Tat gleichwohl ein Vergehen; denn die vom Gesetz angedrohte Mindeststrafe beträgt sechs Monate Freiheitsstrafe.

Die gesetzliche Mindeststrafe ist entweder der **Strafnorm** selbst zu entnehmen (z.B. bei § 221, 225 StGB), ansonsten (z.B. bei § 222 StGB sowie bei §§ 223, 239, 242, 259, 263, 266b, 267 StGB) ergibt sie sich aus **§ 38 Abs. 2 StGB (ein Monat)**.

b) **§ 12 Abs. 3 StGB**

195 »Schärfungen oder Milderungen, die nach den Vorschriften des Allgemeinen Teils oder für besonders schwere oder minder schwere Fälle vorgesehen sind, bleiben für die Einteilung [von Verbrechen und Vergehen] außer Betracht.«

196 **Fall 18: – Milderungen für »minder schwere Fälle« –**
A hat einen Raub (§ 249 StGB) begangen; das Gericht bejaht zutreffend einen »minder schweren Fall« (Abs. 2 dieser Vorschrift). Hat A sich eines Verbrechens oder nur eines Vergehens schuldig gemacht?

Die gesetzliche Mindeststrafe für Raub beträgt Freiheitsstrafe nicht unter einem Jahr (§ 249 Abs. 1 StGB). Mithin ist Raub gemäß § 12 Abs. 1 StGB ein Verbrechen. Allerdings ist die Strafdrohung für »minder schwere Fälle« in § 249 Abs. 2 StGB reduziert, und zwar auf Freiheitsstrafe von sechs Monaten bis zu fünf Jahren. Gleichwohl ist die Tat des A ein Verbrechen, denn gemäß § 12 Abs. 3 StGB bleiben »Milderungen für minder schwere Fälle« für die Einordnung einer Tat als Verbrechen unberührt. Die bloße Strafzumessungsvorschrift des § 249 Abs. 2 StGB ist also für die Verbrechensnatur des Raubes irrelevant.

197 **Fall 19: – Schärfungen für »besonders schwere Fälle« –**
A hat eine Erpressung (§ 253 Abs. 1 StGB) begangen, und zwar in einem »besonders schweren Fall«, da er gewerbsmäßig gehandelt hat (§ 253 Abs. 4 S. 1, 2 StGB). Liegt ein Verbrechen oder ein Vergehen vor?

§ 253 StGB normiert ein Vergehen, da die Mindeststrafe für Erpressung gemäß Abs. 1 dieser Norm i.V.m. § 38 Abs. 2 StGB weniger als ein Jahr Freiheitsstrafe beträgt. In besonders schweren Fällen ist die Mindeststrafe allerdings ein Jahr Freiheitsstrafe (§ 253 Abs. 4 S. 1 StGB). Gleichwohl ist die Tat des A nur ein Vergehen. Denn gemäß § 12 Abs. 3 StGB ändern Strafschärfungen, die das Gesetz für besonders schwere Fälle vorsieht, nichts an der aus § 12 Abs. 2 StGB resultierenden Einordnung einer Straftat als Vergehen.

198 Das gilt auch dann, wenn das Gesetz wie in § 253 Abs. 4 S. 2 StGB **Regelbeispiele** für das Vorliegen eines besonders schweren Falles normiert[6] und ein solches Regelbeispiel (in casu: »gewerbsmäßiges« Handeln) erfüllt ist.[7] Denn § 253 Abs. 4 StGB ist kein eigener Straftat-

---

6 Zu Regelbeispielen im Allgemeinen: *Krey/Hellmann/Heinrich*, BT/2, Rn. 132 ff. (zu § 243 StGB).

7 Wie hier u.a.: *Frister*, 7/23; *Roxin*, § 9 Rn. 9, 11; *Fischer*, § 12 Rn. 11.

bestand, sondern lediglich eine **Strafzumessungsregel** für besonders schwere Fälle[8], die an der Vergehensnatur der Erpressung nichts ändert.

Fall 20: – »Milderungen nach den Vorschriften des AT« – 199
A hat sich wegen Beihilfe zum Raub (§§ 249, 27 StGB) strafbar gemacht. Hat er ein Verbrechen oder Vergehen begangen?

Raub ist wegen seiner Mindeststrafe von einem Jahr Freiheitsstrafe (§ 249 Abs. 1 StGB) gemäß § 12 Abs. 1 StGB ein Verbrechen. Die Strafe für den Gehilfen ist aber gemäß § 27 Abs. 2 i.V.m. § 49 Abs. 1 StGB zu mildern. Danach beträgt die Mindeststrafe für **Beihilfe** zum Raub drei Monate Freiheitsstrafe (§ 49 Abs. 1 Nr. 3 Alt. 3 StGB). Gleichwohl ist auch sie ein Verbrechen, denn gemäß § 12 Abs. 3 StGB ändern »Schärfungen oder Milderungen, die nach den Vorschriften des AT vorgesehen sind«, nichts an der Deliktsnatur einer Straftat.

»Milderungen nach dem AT« sind außer § 27 Abs. 2 StGB u.a.:
- § 13 Abs. 2 StGB (Begehen durch Unterlassen);
- § 23 Abs. 2, 3 StGB (Versuch);
- § 30 Abs. 1 S. 2, Abs. 2 StGB (Versuch der Beteiligung).

3. Praktische Bedeutung der Differenzierung Verbrechen / Vergehen

- »Der **Versuch eines Verbrechens** ist stets strafbar, der Versuch eines Vergehens nur dann, wenn das Gesetz es ausdrücklich bestimmt« (§ 23 Abs. 1 StGB). 200
- Die **versuchte Anstiftung** und die **Verabredung** mit einem anderen, eine Straftat zu begehen, sind nur bei Verbrechen strafbar (§ 30 StGB).
- Eine **Einstellung des Strafverfahrens** wegen Geringfügigkeit (§ 153 StPO) und eine Einstellung nach Erfüllung von Auflagen (§ 153a StPO) sind nur bei Vergehen möglich.[9]

II. Vorsatztaten / Fahrlässigkeitsdelikte / Erfolgsqualifizierte Delikte

1. Vorsatztaten

Gemäß **§ 15 StGB** erfassen alle Straftatbestände des Besonderen Teils »nur vorsätzliches Handeln, wenn nicht das Gesetz fahrlässiges Handeln ausdrücklich mit Strafe bedroht«. Folglich ist bei allen Strafgesetzen des BT, die nicht expressis verbis die Fahrlässigkeit nennen, (gedanklich) das Wort »vorsätzlich« einzufügen. 201

2. Fahrlässigkeitstaten

Die meisten Straftaten sind Vorsatztaten. Fahrlässigkeitsdelikte bilden die Ausnahme; die wichtigsten Beispiele für sie sind: 202
- Fahrlässige Tötung (§ 222 StGB);
- Fahrlässige Körperverletzung (§ 229 StGB);
- Fahrlässige Trunkenheit im Verkehr (§ 316 Abs. 2 StGB)[10].

---

8 *Krey/Hellmann/Heinrich*, BT/2, Rn. 132, 467.

9 §§ 153, 153a StPO sind die wichtigsten Beispiele für Durchbrechungen des strafprozessualen **Legalitätsprinzips** (Pflicht zur Verfolgung von Straftaten; siehe §§ 152 Abs. 2, 170 Abs. 1 StPO) durch Fälle des **Opportunitätsprinzips**; dazu u.a.: *Beulke*, StPO, Rn. 333 ff.; *Krey*, StPO, Rn. 421 ff., 424-443.

Zu den Fahrlässigkeitsdelikten gehören auch Straftaten, die **»leichtfertig«** begangen werden; denn Leichtfertigkeit bedeutet **grobe Fahrlässigkeit.**[11] Beispiele für solche Leichtfertigkeitsdelikte sind u.a.:

- Leichtfertige Nichtanzeige geplanter Straftaten (§ 138 Abs. 3 StGB);
- Leichtfertige Geldwäsche (§ 261 Abs. 5 StGB);
- Leichtfertiger Subventionsbetrug (§ 264 Abs. 4 StGB).

Solche Leichtfertigkeitstatbestände dienen vielfach dazu, andernfalls auftretende Beweisprobleme (Vorsatz) zu vermeiden. Sie sind nach Maßgabe des Schuldprinzips allerdings nur dann verfassungskonform, wenn sie wegen des groben Handlungsunrechts und groben Verschuldens (grobe Fahrlässigkeit) hinreichend strafbedürftig und -würdig erscheinen.[12]

3. Bedeutung des Unterschiedes Vorsatz- / Fahrlässigkeitstaten

203 – Einen strafbaren Versuch (§§ 22, 23 StGB) gibt es nur bei Vorsatzdelikten.[13]
- Teilnahme (Anstiftung, Beihilfe) ist nur bei Vorsatztaten (§§ 26, 27 StGB) möglich.
- Darüber hinaus gibt es nur vorsätzliche Anstiftung[14] bzw. Beihilfe, also keine fahrlässige Teilnahme (§§ 26, 27 StGB).

4. Erfolgsqualifizierte Delikte

Erfolgsqualifizierte Delikte stellen eine Sonderform der qualifizierten Delikte dar. Die erhöhte Strafdrohung folgt bei ihnen aus der Herbeiführung einer bestimmten schweren Folge (z.B. den Tod eines Menschen), die über das (vorsätzlich verwirklichte) Grunddelikt hinausgeht.[15]

a) Unterscheidung von drei Gruppen erfolgsqualifizierter Delikte

204 Bei diesen Straftaten ist nach der im Tatzeitpunkt erforderlichen psychischen Beziehung des Täters zu der schweren Folge wie folgt zu differenzieren:[16]

(1) Die 1. Gruppe bilden solche, für die **§ 18 StGB** uneingeschränkt gilt; hier wird mit der Formulierung **»wenigstens fahrlässig«** die fahrlässige und die vorsätzliche Herbeiführung des Erfolges erfasst.

Beispiele:

- Aussetzung mit Todesfolge (§ 221 Abs. 3 mit § 18 StGB);
- Freiheitsberaubung mit Todesfolge (§ 239 Abs. 4 mit § 18 StGB).

---

10 Zur alkoholbedingten Fahruntüchtigkeit bei § 316 (und § 315c Abs. 1 Nr. 1a) StGB siehe Rn. 72.

11 BGHSt 33, 66 (67); *Krey/Hellmann/Heinrich*, BT/1, Rn. 290; *Krey/Hellmann/Heinrich*, BT/2, Rn. 299.

12 So (zu § 261 Abs. 5 StGB) BGHSt 43, 158 (165 ff.) mit Nachweis kritischer Stimmen; *Krey/Dierlamm*, JR 1992, 353 (359).

13 Allgemeine Ansicht (dazu für alle *Lackner/Kühl*, § 22 Rn. 1 f.).

14 § 26 StGB: »Als Anstifter wird gleich einem Täter bestraft, wer vorsätzlich einen anderen zu dessen vorsätzlich begangener rechtswidriger Tat bestimmt hat.«

15 Zu den erfolgsqualifizierten Delikten in der Fallbearbeitung *Kudlich*, JA 2009, 246.

16 Dazu u.a. *Krey/Hellmann/Heinrich*, BT/1, Rn. 285 (für § 226 StGB), 290.

Fall 21: – Aussetzung mit Todesfolge – 205
Frau A hat ihr neugeborenes Kind in einem Korb auf eine Parkbank gelegt und sich dann entfernt; das Kind erfriert. – Strafbarkeit der A?
a) Die A hat darauf vertraut, dass das Kind von Passanten gerettet wird und deswegen nicht mit seinem Tod gerechnet; sie hätte das Baby anderenfalls nicht ausgesetzt.
b) A hat damit gerechnet, ihr Baby könne erfrieren, zumal es schon dunkel und kälter wurde. Sie hat sich mit seinem Tod abgefunden, weil sie um jeden Preis von ihren Mutterpflichten frei werden wollte.

Zu **Fall 21a**: Die A hat eine Aussetzung gemäß § 221 Abs. 1 Nr. 1 StGB begangen.[17] Sie hat durch die Tat den Tod des Opfers verursacht (§ 221 Abs. 3 StGB). Nach § 18 StGB muss ihr hinsichtlich dieser Folge »wenigstens Fahrlässigkeit« zur Last fallen. Es liegt zwar kein Tötungsvorsatz (siehe Rn. 207) vor. Die Tötung des Kindes war aber **fahrlässig**: 206

Durch die Aussetzung hat A die objektiv gebotene Sorgfalt verletzt; der Erfolg (Tod des Kindes durch Erfrieren) war auch objektiv vorhersehbar. Mithin liegt **objektive Fahrlässigkeit** als Bestandteil des Tatbestandes des § 221 Abs. 3 mit § 18 StGB in der Alternative der Fahrlässigkeit vor.[18] Auch die im Rahmen der Schuld zu prüfende **subjektive Fahrlässigkeit**[19] ist anzunehmen. Denn mangels entgegenstehender Anhaltspunkte im Sachverhalt ist davon auszugehen: Die A war nach dem Maß ihres individuellen Könnens und Wissens erstens zur Erfüllung der *objektiv* gebotenen Sorgfalt in der Lage und hätte zweitens ihren individuellen Fähigkeiten nach (*subjektiv*) den Tod des Kindes vorhersehen können.

Ergebnis: A hat ein Verbrechen der Aussetzung mit Todesfolge begangen (§§ 221 Abs. 3, 18 StGB). Die zugleich gegebene Fahrlässige Tötung (§ 222 StGB) tritt hinter § 221 Abs. 3 StGB zurück; letztere Norm ist lex specialis.[20]

Zu **Fall 21b**: Frau A hat einen Totschlag (§ 212 StGB) begangen. Der Tötungsvorsatz (§ 15 StGB) liegt in der Form des *dolus eventualis* (bedingter Vorsatz) vor. 207

Dolus eventualis erfordert nach Rechtsprechung und h.L., dass der Täter die Möglichkeit des Erfolgseintritts erkennt – oder besser: mit dem Erfolg rechnet – und sich damit abfindet (Rn. 386 ff.). Beides war bei A der Fall.

Zugleich hat A eine Aussetzung mit Todesfolge (§ 221 Abs. 3 mit § 18 StGB in der Alternative Vorsatz, Rn. 204) verwirklicht, wobei § 221 Abs. 3 StGB im Wege der Subsidiarität hinter § 212 StGB zurücktritt (siehe Rn. 1390).[21]

(2) Die 2. Gruppe der erfolgsqualifizierten Delikte bilden solche, bei denen das Gesetz unter Abweichung von § 18 StGB verlangt, dass der Täter den Erfolg **»wenigstens leichtfertig«** herbeigeführt hat. Wie bereits erwähnt (Rn. 202) bedeutet 208

17 Zu dieser Vorschrift *Krey/Hellmann/Heinrich*, BT/1, Rn. 127-130.
18 Zum Tatbestand der Fahrlässigkeitsdelikte gehört jene objektive Fahrlässigkeit, Rn. 1339 ff.; *Jescheck/Weigend*, § 54 I, 3 f.; *Rengier*, AT, § 52 Rn. 13 ff.
19 Siehe Rn. 1339 ff., 1365 ff.; *Roxin*, § 24 Rn. 53 ff.; *Wessels/Beulke/Satzger*, Rn, 975.
20 *Fischer*, § 221 Rn. 28. Zur »Gesetzeskonkurrenz« nach dem Prinzip: »das Spezialgesetz verdrängt die generelle Regelung«, vgl. *Wessels/Beulke/Satzger*, Rn. 1099 ff.
21 BGHSt 4, 113 (116); S/S/*Eser*, § 221 Rn. 18; **a.A.** Idealkonkurrenz, § 52 StGB wegen des zusätzlichen Unwertgehaltes der »Aussetzung«: SK/*Horn*/*Wolters*, § 221 Rn. 17.

»Leichtfertigkeit« grobe Fahrlässigkeit; durch die Formulierung »wenigstens leichtfertig« wird der Vorsatz mit umfasst.[22]

Beispiele für jene 2. Gruppe sind u.a.:

- § 251 StGB (Raub mit Todesfolge);
- §§ 239a Abs. 3 und 239b Abs. 2 StGB (Erpresserischer Menschenraub mit Todesfolge und Geiselnahme mit Todesfolge);
- § 306c StGB (Brandstiftung mit Todesfolge).

209 **Fall 22: – Raub mit Todesfolge? –**
Bei einem Raubüberfall des A auf Juwelier J erleidet dieser infolge der Bedrohung mit einem Revolver vor Furcht und Schrecken einen Herzinfarkt. A entflieht mit reicher Beute, während J wenig später stirbt. Ist A wegen Raubes mit Todesfolge (§ 251 StGB) strafbar?

A hat durch den Raub (§ 249 StGB), genauer: durch die »Anwendung von Drohungen mit gegenwärtiger Gefahr für Leib oder Leben«, den Tod des J verursacht.[23] Indes fällt ihm hinsichtlich dieser qualifizierenden Folge keine Leichtfertigkeit zur Last.[24] Leichtfertigkeit als Tatbestandsmerkmal verlangt erstens eine **grobe** Verletzung der objektiv gebotenen Sorgfalt und zweitens einen **erhöhten Grad** an objektiver Vorhersehbarkeit des Erfolges (die Gefahr des Erfolgseintritts muss sich gewissermaßen aufgedrängt haben).[25] Zumindest an letzterem Erfordernis scheitert die Annahme grober Fahrlässigkeit.

Doch hat A außer einem Schweren Raub (§ 250 Abs. 2 Nr. 1 StGB – Verwendung einer Waffe) noch eine **Fahrlässige Tötung** (§ 222 StGB) begangen, worauf zurückzukommen sein wird[26]; denn für dieses Vergehen genügt jede Form der Fahrlässigkeit.

210 (3) Die **3. Gruppe** der erfolgsqualifizierten Delikte bilden solche, bei denen sich aus der ratio legis, d.h. aus Sinn und Zweck des Gesetzes, ergibt, dass entgegen § 18 StGB **nur** die fahrlässige Erfolgsherbeiführung vom Tatbestand erfasst wird, dagegen nicht die vorsätzliche. Das gilt – entgegen der h.M.[27] – für die Körperverletzung mit Todesfolge (§ 227 StGB), die eine Kombination aus vorsätzlicher Körperverletzung (§ 223 StGB) und Fahrlässiger Tötung (§ 222 StGB) darstellt. Dagegen erfüllen Mord und Totschlag als Fälle vorsätzlicher Tötung nicht zugleich den Tatbestand des § 227 StGB.[28]

---

22 Vgl. *Krey/Hellmann/Heinrich*, BT/2, Rn. 290, 299 ff.

23 Bei § 251 StGB kann der Tod auch Folge der tatbestandsmäßigen Drohung sein; allgemeine Ansicht (*Krey/Hellmann/Heinrich*, BT/2, Rn. 297; *Lackner/Kühl*, § 251 Rn. 1; S/S/*Eser/Bosch*, § 251 Rn. 4).

24 OLG Nürnberg NStZ 1986, 556; ebenso u.a.: *Krey/Hellmann/Heinrich*, BT/2, Rn. 204.

25 *Krey/Hellmann/Heinrich*, BT/2, Rn. 299, 764a.

26 Siehe Rn. 345; ebenso OLG Nürnberg NStZ 1986, 556.

27 *Lackner/Kühl*, § 227 Rn. 5; S/S/*Stree/Sternberg-Lieben*, § 227 Rn. 7; *Rengier*, BT II, 16/25; *Wessels/Hettinger*, Rn. 308: § 212 StGB verdränge § 227 StGB nicht schon tatbestandlich, sondern erst im Konkurrenzwege.

28 *Krey/Hellmann/Heinrich*, BT/1, Rn. 289 m.w.N.

b) Erfolgsqualifizierte Delikte als strafschärfende Tatbestände

Gemäß § 18 StGB (»schwerere Strafe«) ist die Erfolgsqualifikation nicht strafbegründend, sondern **strafschärfend**. Daher ist für erfolgsqualifizierte Delikte Voraussetzung, dass ein **strafbares Grunddelikt** – § 223 bei § 227 StGB, § 249 bei § 251 StGB – vorliegt. Dieses muss also tatbestandsmäßig, rechtswidrig und schuldhaft sein. **211**

c) Vorsatz-Fahrlässigkeits-Kombination (§ 11 Abs. 2 StGB)

Hat der Täter bei einem erfolgsqualifizierten Delikt die qualifizierende Folge nur fahrlässig herbeigeführt, wozu auch der Fall der Leichtfertigkeit zählt, so handelt es sich bei diesem Delikt um eine Vorsatz-Fahrlässigkeits-Kombination (V-F-K), sofern das Grunddelikt, was in aller Regel der Fall ist, eine Vorsatztat darstellt. **212**

Beispiele: § 227 StGB ist eine Kombination aus *vorsätzlicher* Körperverletzung und *fahrlässiger* Tötung (Rn. 210); § 221 Abs. 3 StGB in Fall 21a (Rn. 205 f.) ist eine Kombination aus *vorsätzlicher* Aussetzung und *fahrlässiger* Tötung.

In **§ 11 Abs. 2 StGB** hat der Gesetzgeber aber angeordnet, dass solche Fälle einer V-F-K als **Vorsatztaten** zu behandeln sind; das ist z.B. für die Teilnahme (Anstiftung, Beihilfe) an derartigen Taten von Bedeutung (Rn. 203).[29]

Neben erfolgsqualifizierten Delikten gibt es noch weitere Beispiele für die V-F-K, so § 315c Abs. 1 i.V.m. Abs. 3 Nr. 1 StGB; auch hier gilt die Fiktion des § 11 Abs. 2 StGB.[30] **213**

III. Begehungsdelikte / Unterlassungsdelikte

1. Begehungsdelikte

Straftaten sind i.d.R. Begehungsdelikte, also durch **aktives Tun** verwirklicht. Sie verstoßen gegen **Verbote**, die im Tatbestand der jeweiligen Strafvorschrift zum Ausdruck kommen und deren Verletzung mit Strafe bedroht wird (Rn. 140). **214**

So missachtet z.B. der Dieb (§ 242 StGB) das Verbot: »Du sollst nicht stehlen!«

2. Unterlassungsdelikte

Bei dieser Deliktskategorie ist zwischen echten und unechten Unterlassungsdelikten zu differenzieren: **215**

a) Unechte Unterlassungsdelikte (§ 13 StGB)

Bei ihnen verstößt der Täter wie bei den Begehungsdelikten gegen ein **Verbot**[31], was der Grund für die Bezeichnung ***unechtes*** *Unterlassungsdelikt* ist. So kann der Täter das Verbot »Du sollst nicht töten!« dadurch verletzen, dass er sein Kind erwürgt (Totschlag durch aktives Tun, § 212 StGB), oder dadurch, dass er es verhungern lässt (Totschlag durch Unterlassen, §§ 212, 13 StGB).

29 Dazu *Lackner/Kühl*, § 11 Rn. 23-25; *Fischer*, § 11 Rn. 32.
30 Zu § 315c Abs. 3 Nr. 1 StGB siehe *Krey/Hellmann/Heinrich*, BT/1, Rn. 1129-1131 m.w.N.
31 *Wessels/Beulke/Satzger*, Rn. 983.

Für die unechten Unterlassungsdelikte bestimmt sich dabei nach **§ 13 StGB**, wann das bloße Unterlassen dem aktiven Tun gleichzustellen ist. Für diese Gleichstellung ist stets erforderlich, dass der Täter »rechtlich dafür einzustehen hat, dass der Erfolg nicht eintritt« (**sog. »Garantenstellung«**). Das soll der folgende Fall verdeutlichen:

216 **Fall 23:** Ein Kleinkind (K) ist ins Wasser gefallen und droht zu ertrinken. Sein Vater (V) und ein Passant (P) könnten K ohne weiteres retten, lassen das Kind aber aus Gleichgültigkeit ertrinken. Strafbarkeit von V und P wegen Totschlags durch Unterlassen?

V ist als Kindesvater *Garant* i.S.d. § 13 StGB:[32] Er hat rechtlich dafür einzustehen, dass der Erfolg (Tod des K) nicht eintritt. Demgemäß ist er wegen Totschlags durch Unterlassen strafbar (§§ 212, 13 StGB). P dagegen ist nicht als Garant zum Schutze des K »auf Posten gestellt«; daher scheidet er gemäß § 13 StGB als Täter eines Totschlags durch Unterlassen aus.

b) Echte Unterlassungsdelikte

217 Ausnahmsweise können Strafgesetze auch **Gebote** beinhalten, die sich an jedermann richten (Rn. 140).[33] Wer ein solches Gebot verletzt, begeht ein **echtes** Unterlassungsdelikt.[34] Die wichtigsten Beispiele für solche Delikte sind:

- § 138 StGB (Nichtanzeige geplanter Straftaten);
- § 323c StGB (Unterlassene Hilfeleistung).

Für echte Unterlassungsdelikte gilt § 13 StGB nicht; eine Garantenstellung des Täters ist also nicht erforderlich. Umgekehrt begründen die in §§ 138 und 323c StGB normierten Pflichten keine Garantenpflicht.[35] Der Täter einer unterlassenen Hilfeleistung verletzt zwar seine Pflicht zur Hilfe, ist aber für die »Erfolgsabwendung« (in Fall 23: Rettung des Kindes) nicht rechtlich verantwortlich. P ist also zwar aus § 323c StGB strafbar; der Tod des Kindes ist ihm aber nicht zuzurechnen.

Ergebnis: V hat sich nach §§ 212, 13 StGB strafbar gemacht, P nur aus § 323c StGB.

IV. Erfolgsdelikte / Schlichte Tätigkeitsdelikte

1. Erfolgsdelikte

218 Straftaten wie Totschlag, Körperverletzung und Sachbeschädigung sind Erfolgsdelikte: Für sie ist der Eintritt eines **von der Handlung abgrenzbaren Erfolges in der Außenwelt** (z.B. der Tod des Opfers) charakteristisch.[36] Erfolgsdelikte verlangen einen **ursächlichen Zusammenhang** (Kausalität; Rn. 302 ff.) zwischen Handlung und Erfolg. Zusätzlich muss der Erfolg dem Täter als sein Werk objektiv

32 V ist »Beschützergarant« für K aus §§ 1626, 1631 BGB (elterliche Sorge); vgl. Rn. 1132.

33 *Jescheck/Weigend*, § 26 II 3; *Wessels/Beulke/Satzger*, Rn. 982.

34 Nach BGH, NJW 2012, 546 ist auch § 221 I Nr. 2 StGB ein echtes Unterlassungsdelikt. Zustimmend: *Jäger*, JA 2012, 154.

35 *Krey/Hellmann/Heinrich*, BT/1, Rn. 866, 1159.

36 Zur Relevanz in der Fallbearbeitung: *Rönnau*, JuS 2010, 961 (963).

zurechenbar sein (Rn. 325 ff.). Zu den Erfolgsdelikten gehören im übrigen auch die **unechten Unterlassungsdelikte** (Rn. 215 f.).

2. Schlichte Tätigkeitsdelikte

Bei den Tätigkeitsdelikten ist der Tatbestand schon mit der tatbestandsmäßigen Handlung erfüllt, ohne dass ein von ihr abgrenzbarer Erfolg eingetreten sein muss.[37] Beispiele bieten u.a.: **219**

- Meineid (§ 154 StGB). Mit der Tathandlung »falsch Schwören« ist der Meineid vollendet; ob das Gericht dem Täter geglaubt hat, ist irrelevant.
- Trunkenheit im Verkehr (§ 316 StGB). Mit dem »Führen des Fahrzeugs« ist der Tatbestand erfüllt, ohne dass es zu einem Unfall gekommen sein muss.

Hierzu gehören auch die *echten Unterlassungsdelikte* (Rn. 217), denn auch bei ihnen ist der Tatbestand mit dem sozialschädlichen Verhalten des Täters (z.B. dem Unterlassen der Hilfeleistung bei § 323c StGB) erfüllt, ohne dass ein Erfolg in der Außenwelt eingetreten sein muss.

3. Kupierte Erfolgsdelikte

Das StGB kennt auch sog. kupierte Erfolgsdelikte (»gestutzte Erfolgsdelikte«). Die **220** Bezeichnung kommt daher, dass die Tat zwar auf einen bestimmten Erfolg gerichtet sein muss, sein Eintreten tatsächlich aber nicht zur Vollendung des Delikts erforderlich ist. Das Delikt wurde also um den eigentlichen Taterfolg gekürzt und auf das Erfordernis einer Tathandlung mit entsprechender (Erfolgs-)Absicht reduziert. Das wichtigste **Beispiel** hierfür ist der **Diebstahl** (§ 242 StGB), der die Zueignungs*absicht*, nicht jedoch die Zueignung verlangt.[38]

V. Verletzungsdelikte / Gefährdungsdelikte

Fall 24: – Abwandlungen von Fall 1 (Rn. 1) –
a) P ist heil nach Hause gekommen. Er hat weder einen Verkehrsunfall verursacht noch eine konkrete Gefahr für Leib oder Leben eines anderen Menschen oder fremde Sachen von bedeutendem Wert herbeigeführt.
b) P ist zwar heil nach Hause gekommen. Er hat aber infolge seiner alkoholbedingten Fahruntüchtigkeit »um ein Haar« die beiden Fußgänger überfahren. Es war nur noch ein glücklicher Zufall, dass beide weder getötet noch verletzt wurden.

Strafbarkeit des P?

1. Verletzungsdelikte

Verletzungsdelikte sind naturgemäß Erfolgsdelikte. Bei ihnen kommt es zu einer **221** realen Schädigung des fraglichen Handlungsobjektes, z.B. zur

- Tötung eines Menschen (Totschlag, § 212 StGB; Fahrlässige Tötung, § 222 StGB);
- Zerstörung oder Beschädigung einer fremden Sache (§ 303 StGB).

37 *Frister*, 8/16 ff.; *Roxin*, § 10 Rn. 103; *Wessels/Beulke/Satzger*, Rn. 39.
38 Vgl. insofern den Wortlaut von § 246 StGB, der eine tatsächliche Zueignung vorsieht. Zu diesem Merkmal *Krey/Hellmann/Heinrich*, BT/2, Rn. 224 ff.

Im Fall 1 (Rn. 1) hatte der Täter eine Fahrlässige Tötung (§ 222 StGB), also ein Verletzungsdelikt begangen.

2. Gefährdungsdelikte

Hier sind konkrete und abstrakte Gefährdungsdelikte zu unterscheiden:

a) Konkrete Gefährdungsdelikte

222 Bei ihnen erfordert die Erfüllung des objektiven Tatbestandes, dass es zu einer konkreten Gefahr für Leib, Leben, Eigentum oder anderen Rechtsgütern des betroffenen Rechtsgutinhabers kommt.

Dabei ist eine Gefahr **konkret**, wenn der Eintritt eines Schadens nach den Umständen des Einzelfalls wahrscheinlich war,[39] oder genauer: wenn sich das jeweilige Handlungsobjekt (ein anderer Mensch oder eine fremde Sache) in einer so bedrohlichen Situation befand, dass seine Verletzung **nur noch vom Zufall abhing**.[40]

223 In Fall 24b hat P den objektiven Tatbestand einer Gefährdung des Straßenverkehrs, § 315c Abs. 1 Nr. 1a StGB, erfüllt: Er hat im Straßenverkehr ein Fahrzeug geführt, obwohl er alkoholbedingt fahruntüchtig war (Rn. 1 mit Fn. 1, Rn. 72). Er hat dadurch Leib und Leben der beiden bedrohten Fußgänger konkret gefährdet (Rn. 222).

Eine solche Gefahr ist für § 315c Abs. 1 StGB erforderlich; diese Vorschrift normiert ein konkretes Gefährdungsdelikt.[41]

Weitere **Beispiele** für solche Delikte sind u.a.:

- § 315b StGB (Gefährlicher Eingriff in den Straßenverkehr);
- § 221 StGB (Aussetzung).

Zum subjektiven Tatbestand des § 315c Abs. 1 StGB – Vorsatz: Laut Sachverhalt (Rn. 1) hatte P, was die in Nr. 1a dieser Vorschrift umschriebene gefährliche Tathandlung angeht, Vorsatz. Dagegen fehlte ihm dieser bezüglich der konkreten Gefährdung anderer Menschen. Demgemäß scheidet eine Vorsatztat nach § 315c Abs. 1 Nr. 1a, § 15 StGB aus.

Doch greift § 315c Abs. 3 Nr. 1 StGB ein[42], der die folgende Konstellation erfasst: Der Täter handelt vorsätzlich, was die Tathandlung angeht, verursacht die konkrete Gefahr aber nur fahrlässig. Eine solche **V-F-K** (Rn. 212) ist in Fall 24b gegeben.

b) Abstrakte Gefährdungsdelikte

224 Konkrete Gefährdungsdelikte sind Erfolgsdelikte; die konkrete Gefahr ist der tatbestandsmäßige Erfolg. Anders ist es bei den abstrakten Gefährdungsdelikten: Sie sind **schlichte Tätigkeitsdelikte** (Rn. 219). Ihr Tatbestand verlangt weder die Verletzung noch die konkrete Gefährdung von Leib, Leben, Eigentum oder anderen Rechtsgütern eines betroffenen Rechtsgutinhabers. Vielmehr ist der Tatbestand

39 Nachweise bei *Fischer*, § 315c Rn. 15-15a; *Lackner/Kühl*, § 315c Rn. 22.
40 *Lackner/Kühl*, § 315c Rn. 22 m.w.N.; *Roxin*, § 10 Rn. 124.
41 Allgemeine Ansicht; dazu m.w.N. *Krey/Hellmann/Heinrich*, BT/1, Rn. 122-1128.
42 Siehe *Krey/Hellmann/Heinrich*, BT/1, Rn. 1129 ff.

abstrakter Gefährdungsdelikte bereits mit der Vornahme der tatbestandsmäßigen Handlung erfüllt. Deren typische Gefährlichkeit ist lediglich das gesetzgeberische Motiv für ihre Pönalisierung[43], nicht aber Tatbestandsmerkmal. Beispiele für abstrakte Gefährdungsdelikte sind u.a.:

- Trunkenheit im Verkehr (§ 316 StGB);
- Schwere Brandstiftung (§ 306a **Abs. 1** StGB);[44]
- Fahren ohne Fahrerlaubnis (§ 21 StVG).

In Fall 24a (Rn. 220) hat P weder ein Verletzungsdelikt noch ein konkretes Gefährdungsdelikt begangen, sondern sich nur nach § 316 Abs. 1 StGB wegen vorsätzlicher Trunkenheit im Verkehr strafbar gemacht.

VI. Zustandsdelikte / Dauerdelikte

Straftaten wie Totschlag, Körperverletzung und Sachbeschädigung sind **Zustandsdelikte**. Ihr Tatbestand ist bereits mit Herbeiführung eines bestimmten Zustandes verwirklicht (= formelle Vollendung[45]). Dagegen ist für die **Dauerdelikte** charakteristisch, dass der Täter einen herbeigeführten Zustand aufrecht erhält. Die Tat ist zwar wie beim Zustandsdelikt (meist) schon durch die Begründung des rechtswidrigen Zustandes vollendet, das tatbestandsmäßige Geschehen ist damit aber noch nicht abgeschlossen. Vielmehr wird der Straftatbestand bis zur Aufhebung des Zustandes weiter verwirklicht, so dass die Tat erst in diesem Moment beendet[46] ist.[47] 225

Fall 25: – »Zu später Stunde« –
Auch nach Beginn der Sperrstunde und der Aufforderung durch die Wirtin weigert sich A, die Kneipe zu verlassen. Erst zwei Polizeibeamte können ihn erfolgreich vor die Tür setzen. Nachdem diese weggefahren sind, fährt A völlig betrunken mit seinem Pkw nach Hause. Am nächsten Abend wird A von seiner Frau in seinem Zimmer eingeschlossen, um ihn an einem weiteren Kneipenbesuch zu hindern. Erst am nächsten Morgen lässt sie ihn wieder raus.

Verwirklicht sind die Tatbestände des *Hausfriedensbruchs* in der Variante des »Verweilens ohne Befugnis und Nichtentfernens auf die Aufforderung des Berechtigten« (§ 123 Abs. 1 StGB), der *Trunkenheit im Verkehr* (§ 316 Abs. 1 StGB) sowie der *Freiheitsberaubung* durch »Einsperren« (§ 239 StGB).[48]

Bedeutung erlangt die Unterscheidung u.a. für die **Teilnahme**. Sie ist grundsätzlich bis zur Beendigung möglich (Rn. 1088). Bei den Zustandsdelikten tritt die Beendigung meist bereits mit der Vollendung, d.h. der Herbeiführung des rechtswidrigen

43 *Roxin*, § 10 Rn. 124; *Wessels/Beulke/Satzger*, Rn. 39, 43 m.w.N.
44 Dazu *Krey/Hellmann/Heinrich*, BT/1, Rn. 1063 ff. m.w.N.
45 *Kühl*, § 14 Rn. 20-21.
46 Eine Tat ist (materiell) beendet, wenn die Rechtsgutsverletzung materiell abgeschlossen ist, *Heinrich*, AT, Rn. 713; *Walter*, ZJS 2008, 456; ausführlich zu dieser Deliktsstufe *Kühl*, § 14 Rn. 21 ff.
47 *Fischer*, Vor § 52 Rn. 58; *Roxin*, § 10 Rn. 105-107; *Wessels/Beulke/Satzger*, Rn. 46.
48 Umstritten ist die Einordnung etwa bei § 238 StGB (Nachstellung). Gegen die Einordnung als Dauerdelikt BGHSt 54, 189; **a.A.** *Mitsch*, NStZ 2010, 513 (514).

Zustandes ein,[49] so dass früher als beim Dauerdelikt die Möglichkeit der Teilnahme entfällt.

VII. Allgemeindelikte / Sonderdelikte / Eigenhändige Delikte

Ihre Abgrenzung erfolgt anhand des möglichen Täterkreises.

1. Allgemeindelikte

226 Tauglicher Täter dieser Straftaten kann jedermann sein. Das stellt der Gesetzgeber i.d.R. durch die Verwendung des Wortes »Wer« klar, z.B. in § 212 StGB *(»Wer einen Menschen tötet ...«)*. Die meisten Straftaten sind solche Allgemeindelikte.

2. Sonderdelikte

227 Bei ihnen kann nicht jeder Mensch Täter sein; vielmehr verlangt das Gesetz hier eine bestimmte Eigenschaft **(Täterqualifikation)**. Beispiele für Sonderdelikte sind insbesondere Pflichtdelikte wie:

- §§ 331 ff. StGB (Straftaten im Amt);
- § 203 Abs. 1 StGB (Verletzung von Privatgeheimnissen durch Ärzte, Rechtsanwälte, Verteidiger etc.);
- § 142 StGB (Unerlaubtes Entfernen vom Unfallort); nur der Unfallbeteiligte, Abs. 5 dieser Vorschrift, kann Täter sein.

Bei den Sonderdelikten unterscheidet man echte und unechte:

a) Echte Sonderdelikte

228 Bei ihnen ist die Täterqualifikation als Richter, sonstiger Amtsträger, Arzt etc. **strafbegründend**. Echte Sonderdelikte sind u.a.:

- Rechtsbeugung (§ 339 StGB);
- Bestechlichkeit (§ 332 StGB).

Hier ist für Teilnehmer **§ 28 Abs. 1 StGB** (obligatorische Strafmilderung) anwendbar, sofern die Täterqualifikation – wie bei den Amtsdelikten – ein »besonderes persönliches Merkmal« i.S.d. § 28 StGB darstellt (Rn. 1012, 1016).

b) Unechte Sonderdelikte

229 Bei ihnen ist die besondere Täterqualifikation, z.B. als Amtsträger, nur **strafschärfend**. Sie sind qualifizierte Tatbestände gegenüber einem Grunddelikt, das jedermann begehen kann.[50] Beispiele sind insbesondere:

- § 258a StGB (Strafvereitelung im Amt). Der hierzu gehörige Grundtatbestand als Allgemeindelikt ist § 258 StGB.
- § 340 StGB (Körperverletzung im Amt). Das Grunddelikt als Allgemeindelikt ist hier § 223 StGB.

---

49 Ausnahme § 242 StGB: Der Diebstahl ist bereits vollendet, wenn die Sache weggenommen wurde, während die Beendigung erst mit der Sicherung oder dem Verlust der Beute eintritt.

50 *Kindhäuser*, AT, § 8 Rn. 15, 17; § 38 Rn. 50 f.; *Krey/Hellmann/Heinrich*, BT/1, Rn. 887, 892 ff.; *Roxin*, § 10 Rn. 130; *Wessels/Beulke/Satzger*, Rn. 39.

Für Teilnehmer gilt bei diesen unechten Sonderdelikten **§ 28 Abs. 2 StGB** (Rn. 1013, 1021).[51]

3. Eigenhändige Delikte

Straftaten wie 230

- Beischlaf zwischen Verwandten (§ 173 StGB, sog. Inzest),
- Gefährdung des Straßenverkehrs (§ 315c StGB),
- Vollrausch (§ 323a StGB),
- Meineid (§ 154 StGB),

nennt man eigenhändige Delikte.[52] Bei ihnen verlangt der Tatbestand einen vom Täter selbst körperlich zu vollziehenden Akt (z.B. »Beischlaf«[53]) oder sonst die Vornahme der Tathandlung in eigener Person (z.B. »Führen eines Fahrzeugs«; »Sich in einen Rausch Versetzen«, »Schwören«).

4. Bedeutung der Differenzierung zwischen Allgemeindelikten einerseits und Sonderdelikten sowie eigenhändigen Delikten andererseits[54]

Bei den Sonderdelikten können Tatbeteiligte nur dann **Mittäter** (§ 25 Abs. 2 StGB) oder **mittelbarer Täter** (§ 25 Abs. 1 Alt. 2 StGB – durch einen anderen –) sein, wenn sie selbst die erforderliche **Täterqualifikation** besitzen.[55] Fehlt es daran, kann der Betreffende nur als Anstifter oder Gehilfe bestraft werden und ggf. als Täter des Grunddelikts.[56] 231

Entsprechend sind Mittäterschaft und mittelbare Täterschaft bei den eigenhändigen Delikten ausgeschlossen, wenn der Beteiligte den vom StGB missbilligten Akt wie »Beischlaf« beim Inzest oder »Schwören« beim Meineid nicht unmittelbar selbst in eigener Person vornimmt.[57] Denn nur durch diese Eigenhändigkeit wird der besondere Handlungsunwert dieser Delikte begründet. Anstiftung und Beihilfe sind dagegen ohne Weiteres möglich.

VIII. Grunddelikt / qualifizierende und privilegierende Tatbestände / eigenständiges Delikt (delictum sui generis)

Beim Erlass von Strafnormen bildet der Gesetzgeber i.d.R. Deliktsgruppen wie: 232

- Straftaten gegen das Leben (§§ 211 ff. StGB);
- Straftaten gegen die körperliche Unversehrtheit (§§ 223 ff. StGB).

Hierbei bedient er sich typischerweise der folgenden Methode: Ein Deliktstyp wird »in seiner einfachsten Form« als **Grundtatbestand** normiert. Er ist in sich abge-

51 Dazu – am Beispiel des § 340 StGB – *Krey/Hellmann/Heinrich*, BT/1, Rn. 887.

52 Aufgrund der fehlenden gesetzlichen Regelung lehnt eine Mindermeinung die Existenz eigenhändiger Delikte gänzlich ab, vgl. *Schubarth*, ZStW 110 (1998), 827 (839 ff.).

53 Vgl. u.a. *Jescheck/Weigend*, § 26 II 6; *Wessels/Beulke/Satzger*, Rn. 55 f.

54 Eingehend zur Bestimmung der Eigenhändigkeit und zum Unterschied zwischen Sonderdelikten und eigenhändigen Delikten: *Satzger*, Jura 2011, 103 ff.

55 *Jescheck/Weigend*, § 26 II 6; *Kühl*, § 20 Rn. 13.

56 *Heinrich*, AT, Rn. 1196.

57 *Jescheck/Weigend*, § 26 II 6; *Wessels/Beulke/Satzger*, Rn. 55 f.

schlossen, kann aber durch **tatbestandliche Abwandlungen** ergänzt werden, die i.d.R. Strafschärfungen darstellen und daher **qualifizierende** Tatbestände heißen. Die tatbestandlichen Abwandlungen können aber auch Strafmilderungen sein und werden dann als **privilegierende Tatbestände** bezeichnet.[58] Da sie den Grundtatbestand lediglich ergänzen, sind sie vom Vorliegen seiner sämtlichen Voraussetzungen abhängig und werden auch »unselbständige (Tatbestands-)Abwandlungen« genannt.[59] Sie werden von § 12 Abs. 3 StGB nicht erfasst.

1. Qualifizierende und privilegierende Tatbestände

a) Beispiel: Vorsätzliche Tötungsdelikte

233 Die vorsätzliche Tötung »in ihrer einfachsten Form« ist der **Totschlag** (§ 212 StGB); er fungiert als Grunddelikt gegenüber Mord und Tötung auf Verlangen.[60]

Mord (§ 211 StGB) ist gegenüber dem Totschlag ein qualifizierender Tatbestand; die Mordmerkmale (z.B. Habgier oder Heimtücke) sind **strafschärfend**. Dagegen ist die **Tötung auf Verlangen** (§ 216 StGB; Rn. 24-26) ein privilegierender Tatbestand;[61] seine Tatbestandsmerkmale sind gegenüber § 212 StGB **strafmildernd**.

b) Beispiel: Diebstahl

234 Grunddelikt ist hier der Diebstahl gemäß § 242 StGB. Tatbestandliche Abwandlungen sind als **qualifizierende** Tatbestände § 244 StGB (Diebstahl mit Waffen, Bandendiebstahl, Wohnungseinbruchdiebstahl) und § 244a StGB (Schwerer Bandendiebstahl).[62]

Bei den Diebstahlsdelikten fehlt es an einem privilegierenden Tatbestand, der eine Strafmilderung enthält. § 247 StGB (Haus- und Familiendiebstahl) und § 248a StGB (Diebstahl geringwertiger Sachen) sind nur strafprozessuale Privilegierungen: § 247 StGB ist ein (absolutes) Antragsdelikt[63], § 248a StGB ist ein relatives Antragsdelikt.[64]

c) Strafschärfungen für besonders schwere Fälle und Strafmilderungen für minder schwere Fälle: Keine tatbestandlichen Abwandlungen

235 Solche Strafschärfungen bzw. -milderungen, z.B.

- § 243 StGB (Besonders schwerer Fall des Diebstahls),
- § 213 StGB (Minder schwerer Fall des Totschlags),

---

58 *Roxin*, § 10 Rn. 132; *Wessels/Beulke/Satzger*, Rn. 32, 160.

59 *Heinrich*, AT, Rn. 179; *Wessels/Beulke/Satzger*, Rn. 161.

60 H.L.; LK/*Jähnke*, Vor § 211 Rn. 39 ff.; *Krey/Hellmann/Heinrich*, BT/1, Rn. 19, 26 f.; *Fischer*, § 211 Rn. 88 m.w.N.; *Küper*, JZ 2006, 1157 ff.; S/S/*Eser/Sternberg-Lieben*, Vor § 211 Rn. 3, 5 f. – Zur (noch) abweichenden Position der Rechtsprechung: BGHSt 22, 375; 24, 106 (107 f.); 36, 231 (233 ff.); doch folgt in einem obiter dictum BGH JZ 2006, 629 (632) (5. Strafsenat) der h.L.

61 *Eisele*, BT I, Rn. 203; *Kindhäuser*, BT I, § 3 Rn. 8; *Lackner/Kühl*, § 216 Rn. 1; *Maurach/Schroeder/Maiwald*, BT 1, § 2 Rn. 62.

62 *Wessels/Beulke/Satzger*, Rn. 160, 165.

63 Zu den Antragsdelikten näher Rn. 237 sowie *Krey*, StPO, Rn. 387.

64 Siehe Rn. 237 sowie *Krey/Hellmann/Heinrich*, BT/2, Rn. 258; *Krey*, StPO, Rn. 388, 423, 460.

stellen keine qualifizierenden bzw. privilegierenden Straftatbestände dar, sondern bloße Strafzumessungsregeln.[65] Dabei ist unerheblich, ob sie durch Regelbeispiele (§ 243 StGB) oder gesetzliche Beispiele (§ 213 StGB) konkretisiert werden.

2. Delictum sui generis (eigenständiges Delikt)

Straftaten wie Raub (§ 249 StGB) und Räuberischer Diebstahl (§ 252 StGB) werden vielfach als **»delictum sui generis«** bezeichnet: Bei ihnen handele es sich um **verselbständigte** Abwandlungen vom Diebstahl.[66] Zwar enthält der Raub alle Merkmale des § 242 StGB; er ist aber kein qualifizierter Diebstahlstatbestand, sondern ein eigenständiger Deliktstyp; dasselbe gilt für den Räuberischen Diebstahl. Die Konsequenz aus dieser Eigenständigkeit der §§ 249, 252 StGB ist insbesondere, dass Privilegierungen für den Diebstahl wie §§ 247, 248a, zudem § 243 Abs. 2 StGB, beim Raub und Räuberischen Diebstahl nicht gelten. **236**

Dies ergibt sich allerdings schon aus *ratio legis* und systematischer Stellung der genannten Privilegierungen. Der Begriff des delictum sui generis ist also letztlich ohne eigenen dogmatischen Erkenntniswert.[67]

IX. Antragsdelikte

Straftaten werden grundsätzlich unabhängig vom Willen des Verletzten von Amts wegen verfolgt (sog. **Offizialdelikte**).[68] Berührt eine Straftat die Allgemeinheit allerdings nur geringfügig, so erscheint es angemessen, eine Strafverfolgung vom **Verfolgungsinteresse des Verletzten** abhängig zu machen (vgl. z.B. § 123 Abs. 2; § 248a; § 248b Abs. 3 StGB). Andere Straftaten werden nur auf Antrag verfolgt, um insbesondere nicht in familiäre Beziehungen einzugreifen, vgl. z.B. § 247 StGB.[69] **237**

Bei **echten (absoluten) Antragdelikten** ist eine Strafverfolgung nur dann möglich, wenn ein **Strafantrag**[70] gestellt ist, vgl. z.B. § 123 Abs. 2 StGB[71] (Hausfriedensbruch).

Bei den **unechten (relativen) Antragsdelikten** kann der grundsätzlich erforderliche Strafantrag durch die Bejahung eines »besonderen öffentlichen Interesses« durch die Staatsanwaltschaft ersetzt werden, vgl. z.B. §§ 303, 303c StGB (Sachbeschädigung).

Einen **Sonderfall** bilden Delikte, die zwar grundsätzlich ohne Antrag (z.B. § 242 StGB) verfolgbar sind, in bestimmten Fällen aber einen Strafantrag erfordern. Hierbei kann es sich entweder um ein absolutes (vgl. z.B. § 247 StGB – Verweis auf »Diebstahl und Unterschlagung«, einschließlich § 244 StGB) oder um ein relatives Antragserfordernis handeln (vgl. z.B. § 248a StGB – Diebstahl/

65 So u.a.: *Krey/Hellmann/Heinrich*, BT/2, Rn. 132 ff. (zu § 243 StGB); S/S/*Eser/Sternberg-Lieben*, § 213 Rn. 2.
66 *Roxin*, § 10 Rn. 135 f.; *Wessels/Beulke/Satzger*, Rn. 162, 165.
67 *Jescheck/Weigend*, § 26 III 3; *Roxin*, § 10 Rn. 136 m.w.N.
68 S/S/*Stree/Sternberg-Lieben/Bosch*, § 77 Rn. 1; *Lackner/Kühl*, § 77 Rn. 1.
69 *Lackner/Kühl*, § 77 Rn. 1; S/S/*Stree/Sternberg-Lieben/Bosch*, § 77 Rn. 3.
70 Vertiefend: *Bosch*, Jura 2013, 368.
71 KG NJW 2015, 3527, 3528 (Strafantragsberechtigung des Mieters bei Hausfriedensbruch).

Unterschlagung geringwertiger Sachen;[72] Verweis nur auf §§ 242, 246 StGB, d.h. nicht auf § 244 StGB).

Hinsichtlich des Strafantrags gelten die allgemeinen Vorschriften der §§ 77 ff. StGB.[73] **Antragsberechtigt** ist stets der **Verletzte**, § 77 Abs. 1 StGB. Stirbt dieser, kann das Antragsrecht gemäß § 77 Abs. 2 StGB auf einen **Angehörigen** übergehen. Ist der Antragsberechtigte geschäftsunfähig oder nur beschränkt geschäftsfähig, so kann der gesetzliche Vertreter bzw. der Personensorgeberechtigte den Antrag stellen, § 77 Abs. 3 StGB.[74]

Die **Form** des Strafantrags richtet sich nach § 158 Abs. 2 StPO,[75] die **Frist** nach § 77b StGB. Nach § 77d StGB ist der Antragsberechtigte grundsätzlich auch zur Rücknahme des Antrags berechtigt.[76]

Nicht zu verwechseln ist der Strafantrag mit der **Strafanzeige** (§ 158 Abs. 1 StPO). Sie ist die Mitteilung eines Tatverdachts, verbunden mit der Anregung, zu prüfen, ob ein Ermittlungsverfahren einzuleiten ist. Sie kann von **jedermann** gestellt werden und ist an keine bestimmte Form gebunden. Zuständig zur Entgegennahme sind **Staatsanwaltschaft, Behörden oder Beamte des Polizeidienstes und Amtsgerichte**. Die Straf*anzeige* begründet jedoch keine Verpflichtung, den Hinweisgeber zu bescheiden, vgl. § 171 S. 1 StPO, wohl aber diesem eine Eingangsbestätigung zukommen zu lassen (§ 158 Abs. 1 S. 3-5 StPO). Der Straf*antrag* hingegen enthält über diese bloße Wissensvermittlung hinaus gerade das erkennbare Begehren nach Strafverfolgung.[77]

X. Unternehmensdelikte

237a Zudem lassen sich einige Delikte als sog. Unternehmensdelikte einordnen.[78] **Echte Unternehmensdelikte** zeichnen sich dadurch aus, dass ihr Tatbestand das Wort »unternimmt« enthält, siehe z. B. die §§ 81, 82, 108e, 307, 309 StGB. Dieses Wort ist in § 11 Abs. 1 Nr. 6 StGB definiert und hat für die echten Unternehmensdelikte als Besonderheit zur Folge, dass bereits ein Versuch des Deliktes der Vollendung des Deliktes gleichgestellt wird.[79] Daher ist bei echten Unternehmensdelikten ein strafbefreiender Rücktritt nicht möglich (näher dazu Rn. 1281a).

Unechte Unternehmensdelikte hingegen bedrohen ein objektiv ambivalentes Verhalten deshalb mit Strafe, weil der Täter mit ihm deliktische Absichten

---

72 Hierzu: *Kudlich/Noltensmeier/Schuhr*, JA 2010, 342 (344).

73 Vertiefend: *Kett-Straub*, JA 2011, 694.

74 S/S/*Stree/Sternberg-Lieben/Bosch*, § 77 Rn. 15; zur Wirksamkeit des Strafantrags eines Minderjährigen vgl. *Schwarz*, NStZ 2006, 673, der sich i.E. für ein Antragsrecht des Minderjährigen neben dem in § 77 Abs. 3 StGB berechtigten Personenkreis ausspricht.

75 S/S/*Stree/Sternberg-Lieben/Bosch*, § 77 Rn. 34.

76 MK/*Mitsch*, § 77 Rn. 1.

77 *Meyer-Goßner*, § 158 Rn. 4.

78 Für einen guten Überblick über die Unternehmensdelikte und ihre Probleme siehe *Mitsch*, Jura 2012, 526.

79 Näher zu Versuch und Vollendung in den Kapiteln 40 ff. dieses Buches.

verfolgt, ohne dass ein Erfolg eintreten muss.[80] Siehe zum Beispiel § 292 StGB (»Nachstellen«) oder § 113 StGB (»Widerstand leisten«). Für sie gilt § 11 Abs. 1 Nr. 6 StGB jedoch nicht und der Sinn dieser Einteilung wird teilweise in Frage gestellt.[81]

80 S/S/*Eser*/*Hecker*, § 11 Rn. 47.
81 *Lackner*/*Kühl*, § 11 Rn. 19.

§ 9 Anwendbarkeit deutschen Strafrechts

Es stellt sich die Frage, auf welche Straftaten deutsches Strafrecht zur Anwendung kommen kann.[1]

238 **Fall 26: – »Straftäter auf Reisen« –**
Ein Australier (A) begeht in Australien eine Straftat. Als A sich auf einer Geschäftsreise in Deutschland aufhält, überlegt Staatsanwalt S, ob er einen Haftbefehl gegen A beantragen soll (§§ 112 ff. StPO). Kann der A nach deutschem Strafrecht zur Verantwortung gezogen werden?

239 **Fall 27: – »Tod auf Distanz« –**
Über den Grenzfluss Inn führt bei Simbach eine Brücke. Auf der deutschen Seite schießt A auf den B, der sich bereits auf der österreichischen Seite befindet. B stirbt. Kann A nach deutschem Strafrecht bestraft werden?

240 Anders als das Privatrecht, das in Art. 3 ff. EGBGB die Frage beantwortet, *welches* von mehreren nationalen Rechten anzuwenden ist (sog. **Kollisionsrecht**[2]), stellen die §§ 3-7, 9 StGB **bloßes Strafanwendungsrecht** dar. Sie bestimmen mit einer »Entweder-oder-Lösung«, ob *deutsches* (materielles) Strafrecht anzuwenden ist oder nicht.[3]

Hierbei kann auf verschiedene »Prinzipien« des internationalen Strafrechts zurückgegriffen werden. Der maßgebliche Ansatz ist in **§ 3 StGB** niedergelegt. Nach dem **»Territorialitätsprinzip«**[4] greift deutsches Strafrecht ein, wenn die Tat im Inland[5] begangen ist. Wann Letzteres der Fall ist, regelt **§ 9 StGB**. Weitere Prinzipien sind das **Weltrechtsprinzip**, **§ 6 StGB** (hier wird genau das Gegenteil des ersten Prinzips, d.h. das Eingreifen deutschen Strafrechts *unabhängig* vom Begehungsort des § 9 StGB statuiert), das passive und das aktive **Personalitätsprinzip**, § 7 StGB, und das **Staatsschutzprinzip**, § 5 StGB. Zusammenfassend kann man von einem partiell erweiterten Territorialitätsprinzip sprechen.[6]

I. Territorialitätsprinzip

241 Zentral und in **§ 3 StGB** an erster Stelle geregelt ist das Territorialitätsprinzip. Es stellt die Geltung deutschen Strafrechts für Inlandstaten auf. Wann eine solche »Inlandstat« vorliegt, regelt § 9 StGB. Dieser differenziert in Abs. 1 und Abs. 2 zwischen Täter und Teilnehmer.

1. Tatort bei Täterhandeln

§ 9 Abs. 1 StGB lässt zur Bestimmung des Tatorts sowohl den Handlungsort als auch den Erfolgsort ausreichen.

1 Umfassend dazu *Ambos*, 1. Teil; *Satzger*, Kapitel B; *Esser*, § 14.
2 *Fischer*, Vor § 3-7 Rn. 1.
3 Übersicht und Fallbeispiele bei *Satzger*, Jura 2010, 108.
4 Insoweit ähnlich auch das »Flaggenprinzip«, Rn. 245.
5 Zum Begriff des »Inlands« *Fischer*, Vor §§ 3-7 Rn. 12 ff.
6 So z.B. *Satzger*, § 5 Rn. 4.

a) Handlungsort

Begangen ist die Tat dort, wo der Täter, Mittäter[7] oder mittelbare Täter[8] gehandelt hat. Also z.B. an der Stelle, wo im Rahmen des § 212 Abs. 1 StGB die zum Tod führende Handlung, etwa der tödliche Messerstich ins Herz, vorgenommen worden ist. Im Fall des **Unterlassens** gilt der umgekehrte Fall: die Tat gilt dort als begangen, wo der Täter hätte handeln müssen.[9] 242

Probleme können sich bei **mehraktigen Delikten**[10] oder **Dauerdelikten** ergeben. Wird etwa ein Opfer in Österreich in eine Kiste gesperrt und dann nach Deutschland transportiert, so stellt sich die Frage, ob die Handlung (Einsperren) unter den Handlungsort des § 9 Abs. 1 StGB fällt und deutsches Strafrecht schon unter diesem Gesichtspunkt anzuwenden ist. Dies ist zu bejahen, da alle Teilakte, die der Aufrechterhaltung des rechtswidrigen Zustands dienen, tatortbegründend sind.[11]

b) Erfolgsort

Auch der Erfolgsort, also der Ort, wo im Fall des § 212 Abs. 1 StGB der Tod tatsächlich eingetreten ist oder im Fall des Versuchs hätte eintreten sollen, vgl. § 9 Abs. 1 StGB, ist tatortbegründend. Dabei ist der Erfolgsort auch der Ort der sog. Zwischenerfolge, etwas des Irrtums oder der Verfügung als tatbestandliche Voraussetzung des Betrugs (§ 263 StGB). 243

Probleme können sich hier bei den sog. Gefährdungsdelikten (vgl. dazu Rn. 222-224) ergeben. Hier muss zwischen konkreten und abstrakten Gefährdungsdelikten differenziert werden. **Konkrete Gefährdungsdelikte** besitzen jedenfalls einen zum Tatbestand gehörigen Erfolg (z.B. die Gefahr einer Gesundheitsschädigung in § 306a Abs. 2 StGB).

Dagegen setzen **abstrakte Gefährdungsdelikte** keinen *tatbestandsmäßigen* Erfolg voraus,[12] sondern stellen besonders gefährliche Handlungsweisen unter Strafe. Dies führt aber nicht unmittelbar dazu, die Möglichkeit der Bestimmung eines *Erfolgsortes* i.S.d. § 9 Abs. 1 StGB von vornherein abzulehnen. Teilweise wird ein Erfolgsort überall dort angenommen, wo die (abstrakte) Gefahr in eine Verletzung des geschützten Rechtsguts umschlagen kann.[13] Eine andere Meinung verneint die Möglichkeit eines Erfolgsortes bei abstrakten Gefährdungsdelikten,[14] so dass es

---

7 Umstritten ist aber in diesem Zusammenhang, ob der Handlungsort für jeden Mittäter gesondert zu bestimmen ist (so etwa SK/*Hoyer*, § 9 Rn. 5) oder ob jeder Ort, an dem auch nur ein Mittäter gehandelt hat, Handlungsort ist; so die h.M., etwa BGHSt 39, 90; BGH NStZ-RR 2009, 197; *Rotsch*, ZIS 2010, 168 (172 f.; m.w.N.).

8 Hier wird der soeben dargestellte Streit parallel mit mittelbarem Täter und Werkzeug geführt. Vgl. Darstellung bei *Satzger*, § 5 Rn. 20.

9 Vgl. zu Problemen *Rotsch*, ZIS 2010, 168 (171 ff.).

10 Beispiel bei *Satzger*, § 5 Rn. 21.

11 *Fischer*, § 9 Rn. 3.

12 *Fischer*, § 9 Rn. 4e.

13 *Hecker*, ZStW 115 (2003), 885 ff.; *Rath*, JA 2006, 437 f.

14 NK/*Böse*, § 9 Rn. 11; *Satzger*, § 5 Rn. 25.

lediglich bei einer Tatortbegründung über den Handlungsort oder andere Prinzipien bleibt.[15]

2. Tatort beim Teilnehmer[16]

244 Bei der Teilnahme kommen im Rahmen der Tatortbestimmung ungleich mehr Anknüpfungspunkte in Betracht. Einerseits lässt sich an die **Teilnahmehandlung** (Anstiftung: Bestimmungshandlung, Beihilfe: Beihilfehandlung), andererseits an den **Teilnahmeerfolg** (Anstiftung: Bestimmungserfolg[17], Beihilfe: Realisierung der Beihilfehandlung) anknüpfen. Darüber hinaus kommen auch die **Tatorte der Haupttat** (insoweit § 9 Abs. 1 StGB) in Betracht. Ist die Haupttat eine Auslandstat, die Teilnahme aber im Inland verwirklicht, so gilt für den Teilnehmer auch dann das deutsche Strafrecht, wenn die Haupttat an ihrem ausländischen Tatort nicht mit Strafe bedroht ist.[18]

3. Flaggenprinzip

245 Nach dem Flaggenprinzip gilt deutsches Strafrecht auch für auf **deutschen Schiffen oder Luftfahrzeugen** begangene Taten. Es ist mit dem Territorialitätsprinzip eng verwandt.[19]

Für **Fall 26** ergibt sich aus dem Territorialitätsprinzip kein Anknüpfungspunkt. In **Fall 27** liegt zwar der Erfolgsort im Ausland, so dass § 9 Abs. 1 2. Hs. StGB nicht einschlägig ist. Allerdings hat A in Deutschland gehandelt, somit liegt der Handlungsort in Deutschland und das deutsche Strafrecht ist schon aufgrund des Territorialitätsprinzips anwendbar.

II. Weltrechtsprinzip

246 Bei bestimmten, als besonders schwerwiegend eingeschätzten Delikten, die sich gegen international geschützte Rechtsgüter richten, hat sich der deutsche Gesetzgeber entschieden, eine Anwendung deutschen Strafrechts unabhängig vom Recht des Tatorts anzunehmen, § 6 StGB.[20] Besondere Aktualität im Zusammenhang mit der Bekämpfung der **Piraterie** weist § 6 Nr. 3 StGB auf.[21]

---

15 Vgl. zur besonderen Problematik bei (vom Ausland aus) im Internet begangenen Delikten etwa *Fischer*, § 9 Rn. 5 ff.; *Satzger*, § 5 Rn. 43 ff.; *Ambos*, § 1 Rn. 19 f.

16 Hierzu ausführlich und mit guter Übersicht *Satzger*, § 5 Rn. 34 ff.

17 Allerdings strittig, vgl. *Satzger*, § 5 Rn. 35.

18 BGHSt 4, 335; *Fischer*, § 9 Rn. 10; ausführlich MK/*Ambos/Ruegenberg*, § 9 Rn. 39 ff.

19 *Wessels/Beulke/Satzger*, Rn. 89.

20 Zur Kritik an § 6 Nr. 9 StGB *Satzger*, § 5 Rn. 76 m.w.N. Weitere kritische Anmerkungen zum Weltrechtsprinzip finden sich bei *Ambos*, § 3 IV. Teilweise wird im Rahmen des neu eingeführten § 299 Abs. 3 StGB eine Erweiterung des Weltrechtsprinzips diskutiert, vgl. *Haft/Schwoerer*, FS Weber, 2004, 367 (382). Hiergegen aber zu Recht die h.M. vgl. nur NK/*Dannecker*, § 299 Rn. 75. Anders *Wollschläger*, StV 2010, 387.

21 Hierzu: *Esser/Fischer*, ZIS 2009, 771 (Geltung des § 127 StPO); *dies.*, JR 2010, 513 (menschenrechtlicher Kontext); *dies.*, JZ 2010, 217 (Aspekt der Strafvereitelung, § 258 StGB).

III. Staatsschutzprinzip

§ 5 StGB normiert das sog. Staatsschutzprinzip. Damit wird das Territorialitätsprinzip weiter aufgeweicht, denn es wird eine Einschlägigkeit deutschen Strafrechts für Auslandtaten aufgestellt, wenn mit den im Katalog des § 5 StGB bezeichneten Straftaten deutsche Rechtsgüter gefährdet werden. Letzteres wird durch das Vorliegen des jeweiligen Deliktes als erfüllt angesehen. **247**

IV. Personalitätsprinzip

1. Passives Personalitätsprinzip

In § 7 Abs. 1 StGB wird die Anwendung deutschen Strafrechts erklärt, wenn ein »Deutscher«[22] im Ausland betroffen ist und entweder die Tat dort mit Strafe bedroht ist oder der Tatort keiner Strafgewalt unterliegt.[23] Sinn und Zweck der Vorschrift ist es, **Deutsche, die im Ausland Opfer von Straftaten werden**, zu schützen. Damit geraten Ausländer, die im Ausland Straftaten verüben, in den Fokus deutschen Strafrechts. Auch dies ist eine Ausnahme vom Territorialitätsprinzip.[24] Damit es beim Ausnahmecharakter der Vorschrift bleibt, ist sie eng auszulegen.[25] **248**

2. Aktives Personalitätsprinzip

Das aktive Personalitätsprinzip stellt in § 7 Abs. 2 StGB **für Taten Deutscher** und der in § 7 Abs. 2 Nr. 2 StGB Bezeichneten[26] eine Anwendung deutschen Strafrechts auf Auslandstaten auf, wenn wiederum entweder die Tat dort mit Strafe bedroht ist oder der Tatort keiner Strafgewalt unterliegt. Sinn und Zweck ist dabei, Straftaten, die Deutsche im Ausland verüben, unter bestimmten Vorschriften der deutschen Strafrechtsgewalt zu unterwerfen. Einen Grund findet diese Regelung im (grundsätzlichen) Verbot der Auslieferung deutscher Staatsangehöriger (Art. 16 Abs. 2 S. 1 GG).[27] **249**

V. Verfahrensfragen

1. Strafverfolgungsvoraussetzung / Verfahrenshindernis

Liegt kein Anknüpfungspunkt für die Verfolgung einer Tat i.S.d. §§ 3 ff. StGB vor und ist dementsprechend deutsches Strafrecht nicht auf die Tat anwendbar, so fehlt es an einer Strafverfolgungsvoraussetzung. Verfahrensrechtlich liegt ein sog. Verfahrenshindernis vor, das von Staatsanwaltschaft und Gerichten stets von Amts **250**

---

22 Vgl. hierzu *Fischer*, § 7 Rn. 2a ff.
23 Etwa die Antarktis oder der Weltraum, für weitere Beispiele vgl. MK/*Ambos*/*Ruegenberg*, § 7 Rn. 17 f.
24 Zur Kritik etwa *Ambos*, § 3 Rn. 71.
25 *Satzger*, § 5 Rn. 83.
26 Vgl. dazu *Fischer*, § 7 Rn. 10 ff.
27 Hierzu *Ambos*, § 3 Rn. 44. Die Rahmenbedingungen für eine Auslieferung Deutscher sieht Art. 16 Abs. 2 GG vor.

wegen zu beachten ist (auch im Rechtsmittelverfahren der Revision[28], §§ 333 ff. StPO). Ein strafrechtliches Ermittlungsverfahren kann demzufolge nicht eingeleitet werden; ein bereits eingeleitetes Ermittlungsverfahren ist nach § 170 Abs. 2 StPO einzustellen. Sollte sich das Verfahrenshindernis erst im gerichtlichen Verfahren herausstellen, so hat das Gericht das Verfahren einzustellen (§§ 206a; 260 Abs. 3 StPO).

2. Problem doppelter Bestrafung (»ne bis in idem«)

251 Andere Staaten regeln in ihren Strafrechtsordnungen ebenfalls und in ähnlicher Weise die Voraussetzungen für die Anwendung ihres nationalen Strafrechts. Dies hat logischerweise die Folge, dass auf *dieselbe Tat* (*idem*) neben dem deutschen Strafrecht auch das Strafrecht eines anderen Staats zur Anwendung kommen kann.

252 **Fall 28: – Mord in den Niederlanden während der NS-Zeit –**
Ein 88 Jahre alter früherer SS-Mann muss sich wegen dreifachen Mordes während der deutschen Besatzung in den Niederlanden (1944) vor einem deutschen Gericht verantworten. Wegen der Taten war der heute in einem Altenheim lebende Angeklagte bereits vor 60 Jahren in den Niederlanden zunächst zum Tode, später zu lebenslanger Haft verurteilt worden. Diese Strafe war aber nie vollstreckt worden.

253 Da das deutsche StGB bereits zum Zeitpunkt der Tat (1944) galt, ist deutsches Strafrecht gemäß § 7 Abs. 2 Nr. 1 StGB auf die Auslandstat des S anwendbar. Eine doppelte Bestrafung wegen derselben Tat begegnet nicht nur moralischen sondern auch rechtsstaatlichen Bedenken (Schuldprinzip). Auf *nationaler Ebene* ist das Verbot doppelter Bestrafung und Verfolgung (»ne bis in idem«) in Art. 103 Abs. 3 GG niedergelegt. Es entfaltet aber nur innerhalb der deutschen Rechtsordnung Wirkung.[29]

Einen transnationalen Strafklageverbrauch auf europäischer Ebene sehen **Art. 50 der Charta der Grundrechte der Europäischen Union** und **Art. 54 des Schengener Durchführungsübereinkommens (SDÜ)**[30] vor.

In einem vergleichbaren Fall hatte das LG Aachen einen Strafklageverbrauch durch das in den Niederlanden ergangene Urteil (Art. 50 GrCH) abgelehnt, da die Strafe nie vollstreckt worden war (Art. 54 SDÜ i.V.m. Art. 52 Abs. 1 GrCH).[31]

Um eine Bestrafung wegen derselben Tat in verschiedenen Ländern außerhalb der Europäischen Union bzw. des Schengen-Verbundes zu verhindern, müssen völker-

28 So ist der Tatrichter verpflichtet die Anwendbarkeit deutschen Strafrechts so darzulegen – ggf. Tatsachen festzustellen und zu würdigen –, dass sie vom Revisionsgericht nachgeprüft werden kann, vgl. BGH NStZ-RR 2012 247 (248).

29 *Ambos*, § 4 Rn. 5. Gleiches gilt für die in Art. 4 des 7. ZP-EMRK (»desselben Staates«) und Art. 14 Abs. 7 IPBPR getroffenen Regelungen (»des jeweiligen Landes«). Siehe *Esser*, § 7.

30 Diesem Abkommen sind neben allen 28 EU-Staaten auch Island, Norwegen und die Schweiz beigetreten.

31 LG Aachen StV 2010, 237 mit Anm. *Reichling*; der EuGH (C-129-14 PPU – Zoran Spasic, BeckRS 2014, 396465) und der BGH (NJW 2011, 1014) haben die fortgeltende Anwendbarkeit der Vollstreckungsklausel auch bei Art. 50 GrCH bejaht; zum Zusammenspiel von Art. 50 GrCH und Art. 54 SDÜ auch: *Esser*, § 7 Rn. 39 ff.; *Hecker*, JuS 2012, 261; *Zöller*, FS Krey, 2010, 501.

rechtliche Verträge geschlossen werden. Ansonsten kann der Umstand doppelter Bestrafung im Prozess, § 153c StPO (Möglichkeit der Verfahrenseinstellung) oder bei der Strafzumessung, § 51 Abs. 3 StGB, berücksichtigt werden.

Auch im **Fall 26** ist eine Anwendbarkeit deutschen Strafrechts möglich. Dies hängt aber, je nach herangezogenem Prinzip, von unterschiedlichen Faktoren ab. Begeht A eine Straftat, die den Katalogen der §§ 5, 6 StGB entspricht und die nicht zusätzlich an die Staatsangehörigkeit anknüpft (vgl. Katalog des § 5 StGB), so ist deutsches Strafrecht anzuwenden. Denkbar ist auch eine Anwendbarkeit über § 7 Abs. 1 StGB. Das Tatopfer müsste dann Deutscher und die Tat auch nach australischem Recht strafbar sein.

VI. Prüfungshinweise

Ist die Anwendung deutschen Strafrechts in einer Klausur tatsächlich einmal prob- **254**
lematisch, so muss eine Prüfung, ggf. eine bloße Feststellung, der Anwendbarkeit deutschen Strafrechts bei jedem Delikt noch vor Prüfung der Tatbestandsmäßigkeit erfolgen[32] (jedoch nicht als »Vorprüfung« o.ä., sondern unter der Überschrift »Anwendbarkeit deutschen Strafrechts« o.ä.).

32 Ebenso *Wessels/Beulke/Satzger*, Rn. 97; vgl. zu den Konsequenzen etwaiger Irrtümer auch: *Ambos*, § 1 Rn. 9.

Zweiter Teil: Das vollendete vorsätzliche Begehungsdelikt

Gegenstand dieses Abschnitts sind Vorsatztaten, soweit sie nicht nur versucht, sondern vollendet sind und durch aktives Tun verwirklicht werden.

Kapitel 1: Der Straftatbestand

§ 10 Zum dreistufigen Deliktsaufbau

I. Tatbestandsmäßigkeit, Rechtswidrigkeit und Schuld als Wertungsstufen

255 Für das deutsche Strafrecht ist die Unterteilung des Deliktsaufbaus in **Tatbestand**, **Rechtswidrigkeit** und **Schuld** charakteristisch.[1] Dabei geht es bei den ersten beiden Stufen des Deliktsaufbaus darum, ob die **Tat** nach den Wertungen des StGB (Tatbestandsmäßigkeit) und der Gesamtrechtsordnung (Rechtswidrigkeit der Tat mangels Eingreifens eines Erlaubnissatzes) **Unrecht** ist, also der Rechtsordnung widerspricht.[2]

In der Schuld wird anschließend geprüft, ob die Tat dem **Täter** auch persönlich vorwerfbar ist.

Diese strikte Differenzierung zwischen jenen drei Bewertungsstufen erlaubt ein sachgerechtes, gesetzeskonformes Verständnis der Struktur von Straftaten.[3]

Eine Straftat, d.h. ein Verbrechen oder Vergehen, ist also ein tatbestandsmäßiges, rechtswidriges und schuldhaftes Verhalten.

Diese **Dreistufigkeit** liegt auch dem StGB zugrunde. Zur Verdeutlichung können folgende Fälle dienen.

256 **Fall 29: – Verhalten, das keinen Straftatbestand erfüllt –**
A, ein begeisterter Segler, geht am Ufer eines großen Sees spazieren. Als er an einem Steg ein angebundenes Segelboot entdeckt, bindet er es los und segelt davon. Dabei hat er vor, das Boot ca. zwei Stunden später zurückzubringen, was er dann auch tut.

Fall 30: – Tatbestandsmäßige, aber *nicht rechtswidrige* Tat –
Frau A wird vom bärenstarken M überfallen, der sie vergewaltigen will. Da sie sich nicht anders helfen kann, sticht sie dem M in höchster Not ein Messer in den Leib.[4] Dabei rechnet sie damit, der Stich könne tödlich sein, und findet sich hiermit ab. M stirbt.

Fall 31: – Tatbestandsmäßiges und rechtswidriges, aber *schuldloses* Verhalten –
= Fall 11 (»Mignonette-Fall«, Rn. 91).

---

1 Siehe u.a.: *Frister*, 7/9; *Jakobs*, 6/46 f., 54 ff.; *Kühl*, § 1 Rn. 22 ff., § 6 Rn. 1 ff. (7 f.), § 13 Rn. 73; *Roxin*, § 10 Rn. 16 ff., 19 ff.; *Wessels/Beulke/Satzger*, Rn. 125 ff., 171 f.

2 S/S/*Lenckner/Eisele*, Vor § 13 Rn. 12; *Wessels/Beulke/Satzger*, Rn. 126, 171 ff., 386.

3 Diese Dreiteilung geht auf den deutschen Strafrechtswissenschaftler *Beling* (Die Lehre vom Verbrechen, 1906) zurück; doch ist sein Verständnis des Tatbestandes als rein objektive und wertfreie Deliktstufe seit langem überholt. Dazu *Roxin*, § 10 Rn. 1, 7 ff.; *Wessels/Beulke/Satzer*, Rn. 126, 174.

4 Es ist davon auszugehen, dass A den Einsatz des Messers nicht vorher androhen konnte (Androhung als milderes Mittel), da M sie dann wahrscheinlich sofort kampfunfähig geschlagen hätte. Eine solche Androhung wäre also unzumutbar gefährlich gewesen.

In **Fall 29** hat der Täter **keinen Straftatbestand erfüllt**. Sein Verhalten war zwar rechtswidrig (verbotene Eigenmacht, § 858 Abs. 1 BGB), so dass der betroffene Besitzer sich mit Gewalt hätte wehren dürfen (Notwehr, § 32 StGB).[5] A hat aber kein Strafgesetz verletzt; er ist daher nicht strafbar. 257

- Diebstahl (§ 242 StGB) entfällt mangels Zueignungsabsicht, denn von den beiden Zueignungskomponenten *»Aneignung«* und *»Enteignung des Berechtigten«* ist letztere wegen des Rückführungswillens des Täters nicht erfüllt.[6]
- Demgemäß scheidet mangels Zueignung des Bootes durch A auch Unterschlagung (§ 246 StGB) aus.
- Die bloße Gebrauchsanmaßung (»furtum usus«[7]) ist gemäß § 248b StGB nur bei Kraftfahrzeugen und Fahrrädern strafbar, nicht jedoch bei Segelbooten.[8]

In **Fall 30** hat die A den **Tatbestand** des Totschlags (§ 212 StGB) erfüllt.[9] Ihre Tat ist aber mangels **Rechtswidrigkeit** straflos. Eine tatbestandsmäßige Handlung ist zwar widerrechtlich, wenn kein Rechtfertigungsgrund (Erlaubnissatz) eingreift. A konnte sich aber auf Notwehr (§ 32 StGB)[10] berufen: 258

Ein »gegenwärtiger rechtswidriger Angriff« des M auf Rechtsgüter der A (sexuelle Selbstbestimmung, Fortbewegungsfreiheit) lag vor. Die Verteidigung war auch »erforderlich«, da der A kein zumutbares milderes Abwehrmittel zur Verfügung stand. Sie hat auch in Kenntnis und aufgrund der rechtfertigenden Umstände, d.h. mit »Verteidigungswillen« gehandelt. Damit sind die objektiven und die (im Gesetz nicht ausdrücklich genannten, aber erforderlichen) subjektiven Voraussetzungen des § 32 Abs. 2 StGB erfüllt.

Weiterhin war die Notwehr auch i.S.d. § 32 Abs. 1 StGB »geboten«. Die Tötung des Angreifers zur Verhinderung einer Vergewaltigung ist, sofern diese Verteidigung erforderlich ist, kein Fall eines »krassen Missverhältnisses zwischen Angriff und Verteidigung«, bei dem das Korrektiv des § 32 Abs. 1 StGB eingreifen würde.

Wegen des Erlaubnissatzes Notwehr war die Tat der A also rechtmäßig.

Im Mignonette-Fall **(Fall 31 = 11)** haben die Täter den **Tatbestand** des Totschlags erfüllt, und zwar in Mittäterschaft, § 25 Abs. 2 StGB. Ihre Tat war auch **rechtswidrig**, da kein Rechtfertigungsgrund eingreift (siehe Rn. 91). 259

Das hat zur Folge, dass der Schiffsjunge ein Notwehrrecht (§ 32 StGB) besaß und jeder der anderen Schiffbrüchigen ihn hätte verteidigen dürfen (Nothilfe, § 32 StGB).

Doch handelten die Täter gemäß § 35 Abs. 1 StGB (entschuldigender Notstand) **ohne Schuld**: Die Rechtsordnung missbilligt zwar ihre Tat; doch verzichtet sie

---

5 Siehe ergänzend § 859 Abs. 1, 2 BGB.
6 Dazu *Krey/Hellmann/Heinrich*, BT/2, Rn. 69-73.
7 Übersetzt: »Diebstahl des Gebrauchs«. Zum furtum usus siehe *Krey/Hellmann/Heinrich*, BT/2, Rn. 72, 76 ff.
8 Zur Klarstellung: »Kraftfahrzeuge« (§ 248b StGB) sind auch Wasserfahrzeuge, wenn sie durch Maschinenkraft bewegt werden.
9 Der erforderliche Tötungsvorsatz (§ 15 StGB) liegt hier in der Form des dolus eventualis vor.
10 Eingehend zu § 32 StGB unter Rn. 470 ff.

wegen der Zwangslage der Täter auf einen individuellen Schuldvorwurf (vgl. Rn. 749 ff.).

II. Funktion der Deliktsstufe »Tatbestandsmäßigkeit«

260 Tatbestandsmäßig handelt der Täter, der den Tatbestand eines Strafgesetzes erfüllt. Das ist der Fall, wenn er alle gesetzlichen Merkmale des fraglichen Delikts verwirklicht, das bedeutet m.a.W., wenn sein Verhalten mit der Beschreibung des **verbotenen Tuns**[11] im gesetzlichen Tatbestand übereinstimmt.[12]

Beispiele: Den Tatbestand des Totschlags (§ 212 StGB) erfüllt, wer vorsätzlich einen anderen Menschen tötet. Einen tatbestandsmäßigen Diebstahl (§ 242 StGB) begeht, wer vorsätzlich »eine fremde bewegliche Sache einem anderen in der Absicht wegnimmt, die Sache sich oder einem Dritten rechtswidrig zuzueignen«.

Der Straftatbestand hat dabei insbesondere die folgenden **Funktionen**:

261 Erstens: Strafgesetze normieren **Verbote**, ausnahmsweise auch **Gebote** (Rn. 140). Der Tatbestand der jeweiligen Strafnorm hat dabei die Aufgabe, die Verbotsmaterie (bzw. Gebotsmaterie) und den typischen Unrechtsgehalt der Tat zu beschreiben. Diese Beschreibung dient u.a. der Orientierung der Bürger (**Generalpräventive Funktion des Straftatbestandes**). Gleichzeitig beinhaltet sie die Grundlage für die Bemessung der Schwere des Unrechts und somit für die Rechtfertigung der jeweiligen Strafdrohung.[13]

Zweitens: Nur solche Normverstöße, die alle Merkmale eines Straftatbestandes erfüllen, können Straftaten sein. Jede strafbegründende und -schärfende Anwendung einer Strafvorschrift, die vom möglichen Wortsinn des Gesetzes nicht mehr gedeckt wird, verstößt gegen das Analogieverbot (**Rechtsstaatliche Funktion des Tatbestandes; Art. 103 Abs. 2 GG**).

Drittens: Die Tatbestandsmäßigkeit indiziert die Rechtswidrigkeit, was besagt: Ein tatbestandsmäßiges Verhalten ist rechtswidrig, wenn kein Rechtfertigungsgrund (Erlaubnissatz) wie Notwehr etc. eingreift (**Indizwirkung der Tatbestandsmäßigkeit für die Rechtswidrigkeit**).[14]

III. Funktion der Deliktsstufe »Rechtswidrigkeit«

262 Aus der dargelegten Funktion der Tatbestandsmäßigkeit als Indiz für die Rechtswidrigkeit der Tat ergibt sich: Die Feststellung der Rechtswidrigkeit erfolgt »durch ein rein negatives Verfahren«[15], d.h. durch die **Prüfung, ob ein Rechtfertigungsgrund ausnahmsweise die Tat erlaubt**. Verneint man diese Frage – wie in Fall 31 –, so steht die Rechtswidrigkeit der Tat fest. Bejaht man jene Frage – wie in Fall 30 –, so ist die Tat trotz ihrer Tatbestandsmäßigkeit, d.h. trotz des bereits festgestellten, grundsätzlich für strafwürdig angesehenen Verhaltens erlaubt.

11 Ausnahmsweise auch des gebotenen Handelns (Rn. 261).
12 *Jescheck/Weigend*, Vor § 27 b); *Wessels/Beulke/Satzger*, Rn. 171.
13 *Hohn*, JuS 2008, 494.
14 BGHSt 35, 270 (275); *Roxin*, § 14 Rn. 1; *Wessels/Beulke/Satzger*, Rn. 122.
15 *Welzel*, S. 82.

Dabei betrifft die Prüfung der Frage, ob ein Straftatbestand erfüllt ist, d.h. ob der Täter tatbestandsmäßig gehandelt hat, *genuin* ***strafrechtliche*** *Probleme*. Demgegenüber erfolgt die Feststellung, ob Rechtfertigungsgründe eingreifen, typischerweise nach den *Wertungen der* ***Gesamtrechtsordnung***. Rechtfertigungsgründe als Erlaubnissätze sind keine spezifisch strafrechtliche Materie. Vielmehr sind sogar nur wenige solcher Erlaubnissätze im StGB geregelt, z.B.

- Notwehr (§ 32 StGB),
- Rechtfertigender Notstand (§ 34 StGB).

Der Großteil der Rechtfertigungsgründe findet sich dagegen im Zivilrecht und insbesondere im Öffentlichen Recht, so u.a.:

- Defensiver Notstand (§ 228 BGB), Aggressiver Notstand (§ 904 BGB), Selbsthilfe (§§ 229, 230 BGB);
- Festnahmerecht (§ 127 StPO); Pfändung durch Gerichtsvollzieher (§ 808 ZPO); polizeilicher Schusswaffengebrauch gegen Personen.[16]

IV. Funktion der Deliktsstufe »Schuld«

263 Aus dem mit Verfassungsrang geltenden **Schuldprinzip** folgt der Satz: Keine Strafe ohne Schuld (**»nulla poena sine culpa«**; Rn. 108). Demgemäß ist unter Straftat die tatbestandsmäßige, rechtswidrige und schuldhafte Tat zu verstehen.

264 Die Feststellung, jemand habe eine tatbestandsmäßige und rechtswidrige Handlung vorgenommen, begründet bereits ein sozialethisches Unwerturteil der Rechtsordnung über die Tat, aber noch nicht über den Täter. Erst bei der Deliktsstufe **Schuld** geht es darum, ob die Tat dem individuellen **Täter** persönlich zum Vorwurf gemacht werden kann.[17] Denn die Strafe bedeutet einen »sozialethischen Tadel gegen ihn« und erfordert seine »persönliche Verantwortlichkeit« für das tatbestandsmäßige, rechtswidrige Verhalten, sein »Dafür-Können«.[18] Aus dieser Feststellung folgt zweierlei:

265 Erstens ist Anknüpfungspunkt für das Schuldurteil die konkrete tatbestandsmäßige, rechtswidrige Tat. Es geht nicht um »Lebensführungsschuld« oder »Charakterschuld«, sondern um »Einzeltatschuld«.[19] Daher gibt es zwar Unrecht ohne Schuld,

- z.B. die rechtswidrige Tat, § 11 Abs. 1 Nr. 5 StGB, eines Kindes (§ 19 StGB) oder Geisteskranken (§ 20 StGB)[20] –,

aber keine Schuld ohne Tatbestandsmäßigkeit und Rechtswidrigkeit.[21]

266 Zweitens verlangt Schuld als »sozialer Tadel«, als »persönlicher Vorwurf« gegen den Täter die **Vorwerfbarkeit** seiner Willensbildung.[22] Diese Vorwerfbarkeit setzt

---

16 Beispielhaft: Art. 67 PAG Bayern; § 64 Abs. 1 POG Rheinland-Pfalz.
17 S/S/*Lenckner*/*Eisele*, Vor § 13 Rn. 12, 103 f.
18 *Welzel*, S. 138 ff.; *Wessels*/*Beulke*/*Satzger*, Rn. 605, 612 ff.; BGHSt (GS) 2, 194 (200).
19 *Jescheck*/*Weigend*, § 38 IV; S/S/*Lenckner*/*Eisele*, Vor § 13 Rn. 105 f. m.w.N.
20 Weiterhin ist hier Fall 31 (Rn. 256 mit Rn. 91) zu nennen.
21 S/S/*Lenckner*/*Eisele*, Vor § 13 Rn. 20.
22 *Jescheck*/*Weigend*, vor § 37 (2. Abschnitt), § 38 II 5; S/S/*Eisele*, Vor § 13 Rn. 110, 118; *Wessels*/*Beulke*/*Satzger*, Rn. 612 f., 619.

voraus, dass der Täter die tatbestandsmäßige und rechtswidrige Tat hätte vermeiden, dass er anders hätte handeln können (**Normativer Schuldbegriff**).[23]

Dazu hat der BGH festgestellt:[24]

»Strafe setzt Schuld voraus. Schuld ist Vorwerfbarkeit. Mit dem Unwerturteil der Schuld wird dem Täter vorgeworfen, dass er sich nicht rechtmäßig verhalten (...) hat, obwohl er sich rechtmäßig verhalten, sich für das Recht hätte entscheiden können.«

267 Das **Anders-Handeln-Können** wird beim erwachsenen Straftäter normalerweise vorausgesetzt. Nur ausnahmsweise kann seine individuelle Verantwortlichkeit für eine tatbestandsmäßige und rechtswidrige Tat entfallen, z.B. wegen psychischer Mängel (§ 20 StGB) oder wegen des Vorliegens einer außergewöhnlichen Zwangslage[25], die ihm eine Entscheidung für normgemäßes Verhalten ganz erheblich erschwert bzw. unzumutbar macht[26] und bei der das StGB aus diesem Grund von einem individuellen Schuldvorwurf absieht.

Demgemäß erfolgt die Prüfung der Schuld grundsätzlich in einem negativen Verfahren: Eine tatbestandsmäßige und rechtswidrige Tat ist schuldhaft, wenn kein **Schuldausschließungsgrund** vorliegt, z.B.

- § 19 StGB (Schuldunfähigkeit von Kindern),
- § 20 StGB (Schuldunfähigkeit wegen seelischer Störungen),
- § 17 S. 1 StGB (unvermeidbarer Verbotsirrtum).

Darüber hinaus verzichtet das StGB auf einen Schuldvorwurf gegen den Täter, wenn ein **Entschuldigungsgrund** eingreift, z.B.

- § 33 StGB (Überschreitung der Notwehr – »Notwehrexzess« –[27]),
- § 35 StGB (Entschuldigender Notstand).

Resümee: Bei der dritten Deliktsstufe »Schuld« wird grundsätzlich nur geprüft, ob Schuldausschließungs- oder Entschuldigungsgründe anzunehmen sind.

---

23 *Jescheck/Weigend*, § 22 III 2d, § 38 II 3-5; LK/*Hirsch*, Vor § 32 Rn. 183; S/S/*Lenckner/Eisele*, Vor § 13 Rn. 113; *Welzel*, S. 139 ff. Zu abweichenden Schuldkonzeptionen, insbesondere von *Jakobs* und *Roxin*, siehe unten, Kapitel 3.

24 BGHSt (GS) 2, 194 (200).

25 Vgl. zu § 35 StGB den Mignonette-Fall, Rn. 91, 256, 259.

26 *Kühl*, § 12 Rn. 10 (Entschuldigungsgründe auch als Unzumutbarkeitsfälle).

27 Vgl. dazu das Fallbeispiel bei *Esser/Gerson*, JA 2015, 662 ff.

V. Der dreistufige Deliktsaufbau als Gebot des geltenden Rechts und als sachgerechte Differenzierung

1. Gegen die »Lehre von den negativen Tatbestandsmerkmalen« mit ihrem zweistufigen Deliktsaufbau

a) Nach dieser früher vertretenen Lehre[28] sind die Voraussetzungen der Rechtfertigungsgründe »negative Tatbestandsmerkmale«: **268**

Für den Unrechtstatbestand seien das *Vorliegen der positiven unrechtsbegründenden Merkmale*, die im Straftatbestand im engeren Sinne (z.B. §§ 212, 242 StGB – Rn. 260) enthalten seien, und das *Nichtvorliegen der Voraussetzungen von Rechtfertigungsgründen* in gleicher Weise unrechtskonstituierend. Daher sei es für die Bewertung einer Tat gleichgültig, ob sie schon *nicht den Tatbestand eines Strafgesetzes erfülle* oder ob sie zwar tatbestandsmäßig, aber *durch einen Erlaubnissatz gerechtfertigt sei*. In beiden Fällen fehle es am Unrechtstatbestand. Für ihn seien die Tatbestandsmerkmale der Strafnorm **positive**, die Merkmale der Rechtfertigungsgründe **negative** Tatbestandsmerkmale.

Gemäß dieser Lehre ist von einem **zweistufigen** Deliktsaufbau auszugehen: Tatbestandsmäßigkeit und Rechtswidrigkeit bilden nur eine Wertungsstufe, den Unrechtstatbestand (»Gesamtunrechts-Tatbestand«). Er besteht aus dem Tatbestand der Strafnorm und dem *Nichtvorliegen der Voraussetzung von Rechtfertigungsgründen.*[29] Die zweite Deliktsstufe ist nach dieser Konzeption die Schuld.

b) Die heute h.M. verwirft jene Lehre.[30] Dafür sprechen folgende Gründe: **269**

Die Theorie vom zweistufigen Deliktsaufbau ist »Etikettenschwindel«, denn der Sache nach nimmt auch sie eine dreistufige Deliktsprüfung vor (1. Stufe: Ist der Straftatbestand erfüllt? 2. Stufe: Greifen Rechtfertigungsgründe wie Notwehr ein? 3. Stufe: Schuld).[31]

Zudem verkennt die These von der nur gesetzestechnischen Bedeutung der Unterscheidung zwischen Tatbestandsmäßigkeit als **positiver** Unrechtsbegründung und dem Fehlen der Voraussetzungen von Erlaubnissätzen als **negativer** Unrechtsbegründung, dass die Tötung einer Mücke einerseits und die Tötung eines Menschen in Notwehr andererseits mehr als nur einen gesetzestechnischen Unterschied begründet.[32]

---

28 Sie wird u.a. von *Engisch*, *Arthur Kaufmann* und *Schaffstein* vertreten. Nachweise bei: S/S/*Lenckner*/*Eisele*, Vor § 13 Rn. 15 ff.; *Roxin*, § 10 Rn. 13 ff. (16).

29 Zu einem ebenfalls vom dreistufigen Deliktsaufbau abweichenden Prüfungsmodell, bei dem zahlreiche Rechtfertigungsgründe als Tatbestandsausschließungsgründe interpretiert werden: *Jäger*, Zurechnung.

30 *Hirsch*, Die Lehre von den negativen Tatbestandsmerkmalen, 1960; *Jakobs*, 6/54 ff.; *Jescheck*/*Weigend*, § 25 III; S/S/*Lenckner*/*Eisele*, Vor § 13 Rn. 17 ff.; *Wessels*/*Beulke*/*Satzger*, Rn. 183 ff.; heute auch *Roxin*, § 10 Rn. 19 ff. Weitere Nachweise bei *Krey*/*Hellmann*/ *Heinrich*, BT/1, Rn. 564 ff.

31 *Krey*/*Hellmann*/*Heinrich*, BT/1, Rn. 565; ähnlich *Kühl*, § 6 Rn. 8.

32 LK/*Rönnau*, Vor § 32 Rn. 13; *Jakobs*, 6/58; *Krey*/*Hellmann*/*Heinrich*, BT/1, Rn. 566; kritisch gegenüber diesem Argument: *Jäger*, Zurechnung, S. 4.

270 Drittens missachtet die Lehre von den negativen Tatbestandsmerkmalen das Wesen der Rechtfertigungsgründe, wenn sie diese als bloße Einschränkungen der Verbotsnorm betrachtet. Ein von keinem Straftatbestand erfasstes Verhalten kann gleichwohl **Unrecht** sein (Rn. 257) und damit ein Notwehrrecht des Betroffenen und Nothilferechte Dritter begründen. Demgegenüber ist das von einem Rechtfertigungsgrund gedeckte Verhalten **erlaubt und daher vom Betroffenen zu dulden**. Erlaubnissätze (Rn. 262) gewähren also »in atypischen Situationen Eingriffsrechte«[33], was ihre Bedeutung als selbständige Wertungsstufe zeigt.[34]

Schließlich bestehen zwischen den Deliktsstufen Tatbestandsmäßigkeit und Rechtswidrigkeit bedeutsame Unterschiede, was die Geltung des strafrechtlichen Analogieverbots (Art. 103 Abs. 2 GG) betrifft.[35]

Resümee: Die Differenzierung zwischen Tatbestandsmäßigkeit und Rechtswidrigkeit als zwei selbständiger Wertungsstufen ist gesetzeskonform und sachgerecht.

2. Trennung von Rechtswidrigkeit und Schuld als unterschiedliche Deliktsstufen: Eine Forderung des geltenden Strafrechts und der »Natur der Sache«

271 Wie erwähnt bedeutet Rechtswidrigkeit einer tatbestandsmäßigen Handlung das sozialethische Unwerturteil der Rechtsordnung über die **Tat**, während es bei der Schuld um einen sozialethischen Tadel gegen den **Täter** geht. Diese Differenzierung hat bedeutsame Konsequenzen, die zeigen, dass jene Trennung sachgerecht ist und vom geltenden Recht gefordert wird:[36]

272 a) Ist ein tatbestandsmäßiges Verhalten durch einen Rechtfertigungsgrund, z.B. Notwehr, **erlaubt**, so hat der Betroffene die Tat zu **dulden**.[37] Auch die Polizei hat solche erlaubten Taten hinzunehmen.[38]

Demgegenüber ist gegen rechtswidrige, aber **schuldlose** Taten – z.B. in den Fällen des § 20 StGB oder des § 35 Abs. 1 StGB (Rn. 267) – Notwehr bzw. Nothilfe

33 *Krey/Hellmann/Heinrich*, Rn. 465; S/S/*Lenckner/Eisele*, Vor § 13 Rn. 18; *Roxin*, § 10 Rn. 21.

34 *Roxin*, § 10 Rn. 21 f.; *Wessels/Beulke/Satzger*, Rn. 172.

35 Siehe oben, Rn. 78-82, 89-90, 94.

36 Dazu u.a.: *Jescheck/Weigend*, § 39 I 1; S/S/*Lenckner/Eisele*, Vor § 13 Rn. 20. – Siehe auch *Eser/Fletcher* (Hrsg.), Rechtfertigung und Entschuldigung. Rechtsvergleichende Perspektiven/Justification and Excuse. Comparative Perspectives, Bd. I (1987), Bd. II (1988).

37 Notwehr ist nur gegen rechtswidrige Angriffe möglich (§ 32 Abs. 2 StGB), so dass es keine Notwehr gegen Taten gibt, die durch Rechtfertigungsgründe erlaubt sind.

38 Grundsätzlich darf die Polizei gegen erlaubtes Verhalten der Bürger nicht vorgehen, da Taten, die durch Notwehr oder andere Rechtfertigungsgründe gerechtfertigt sind, als solche keine »Störung der öffentlichen Sicherheit oder Ordnung« i.S. des Polizeirechts (vgl. etwa Art. 2 Abs. 1, 11 PAG Bayern; §§ 1, 9 POG Rheinland-Pfalz) darstellen. Allerdings können Notwehr, Rechtfertigender Notstand und andere Rechtfertigungsgründe (z.B. das Festnahmerecht für jedermann gemäß § 127 Abs. 1 S. 1 StPO) als subsidiär zurücktreten, wenn die Polizei bereit und in der Lage ist, den Angriff zu beenden bzw. die Gefahr abzuwenden oder die Festnahme des Straftäters selber vorzunehmen (Rn. 524).

möglich.[39] Die Polizei darf bei solchen Taten unter dem Gesichtspunkt der Gefahrenabwehr eingreifen.[40]

Beispiel: In Fall 30 (Rn. 256, 258) hätte die A auch dann ein Notwehrrecht gegenüber dem Angreifer, wenn er wegen Geisteskrankheit gemäß § 20 StGB ohne Schuld handeln würde. Und die Polizei hätte auch in diesem Fall zur Gefahrenabwehr eingreifen dürfen – im Übrigen auch müssen.[41]

b) Strafen erfordern stets eine tatbestandsmäßige, rechtswidrige und schuldhafte **273** Tat. Dagegen können (die meisten) **Maßregeln der Besserung und Sicherung** (Rn. 182 ff.) wie

- Unterbringung in einem **psychiatrischen Krankenhaus** (§§ 61 Nr. 1, 63, 67 ff. StGB),
- Unterbringung in einer **Entziehungsanstalt** (§§ 61 Nr. 2, 64, 67 ff. StGB),
- **Entziehung der Fahrerlaubnis** (§§ 61 Nr. 5, 69, 69a StGB),
- **Anordnung eines Berufsverbots** (§§ 61 Nr. 6, 70 StGB),

auch angeordnet werden, wenn nur eine »rechtswidrige Tat« vorliegt, d.h. zwar tatbestandsmäßiges Unrecht (§ 11 Abs. 1 Nr. 5 StGB), aber gemäß § 20 StGB keine **Schuld**.[42]

c) Das StGB unterscheidet in Fällen des Notstandes – d.h. bei der Begehung einer **274** Tat zur »Abwehr einer gegenwärtigen, nicht anders abwendbaren Gefahr für Leben, Leib oder ein anderes Rechtsgut« – strikt zwischen dem **»Rechtfertigenden Notstand«** (§ 34 StGB[43]) und dem nur **»Entschuldigenden Notstand«** (§ 35 StGB[44], was die folgenden Fälle verdeutlichen sollen:

Fall 32: – »Schneesturm im Gebirge« – **275**
Bei einer Gebirgswanderung gerät A in einen Schneesturm und droht zu erfrieren. Als er zufällig eine Jagdhütte entdeckt, dringt er in sie ein, um sich zu retten.
Strafbarkeit des A wegen Hausfriedensbruchs (§ 123 StGB)?

(1) A hat den Tatbestand des § 123 Abs. 1 StGB in der Modalität »Eindringen in **276** eine Wohnung« erfüllt.

»Wohnung« ist der Inbegriff der Räume, die einer oder mehreren Personen zur Unterkunft dienen, sei es auch nur vorübergehend.[45] »Eindringen« bedeutet Betreten gegen den Willen des Berechtigten.[46]

---

39 Notwehr erfordert zwar einen rechtswidrigen, aber keinen schuldhaften Angriff; das folgt schon aus dem klaren Wortlaut des Gesetzes. Vgl. näher unten, Rn. 477 ff.

40 Siehe z.B. Art. 2, 11 PAG Bayern; §§ 1, 9 POG Rheinland-Pfalz.

41 Die Polizei ist gemäß §§ 1, 9 POG Rheinland-Pfalz (als Beispiel für das einschlägige Polizeirecht der Länder) zur Gefahrenabwehr befugt (pflichtgemäßes Ermessen). Doch kann dieses Ermessen »auf Null schrumpfen«, so dass eine Rettungspflicht entsteht, und zwar als Garantenpflicht i.S.d. § 13 StGB. So u.a.: BGHSt 38, 388 (389 ff.) m.w.N.; *Krey*, Rechtsprobleme, Rn. 498-516 (i.V.m. Rn. 494-497) m.w.N. und mit Fallbeispielen.

42 Anders: Unterbringung in der Sicherungsverwahrung (§§ 61 Nr. 3, 66 StGB) und Führungsaufsicht (§§ 61 Nr. 4, 68 StGB), die eine bzw. mehrere rechtswidrige und schuldhafte Tat(en), d.h. eine bzw. mehrere Straftat(en), voraussetzen.

43 Rn. 576, 585 ff.

44 Rn. 576, 749 ff.

45 S/S/*Lenckner*/*Sternberg-Lieben*, § 123 Rn. 4.

(2) Doch greift der Erlaubnissatz des Rechtfertigenden Notstandes gemäß § 34 StGB ein:[47] A befand sich in einer *gegenwärtigen Lebensgefahr*. Diese war auch *nicht anders*, d.h. durch ein milderes Mittel, *abwendbar*. Bei der nach Satz 1 des § 34 StGB erforderlichen *Abwägung der widerstreitenden Interessen* ergibt sich, dass *das geschützte Interesse* (Leben des A) *das beeinträchtigte Interesse* (Hausrecht des Betroffenen) *wesentlich überwog*.[48]

Ergebnis: Gemäß § 34 StGB war die Tat des A rechtmäßig. Jenes **wesentliche Überwiegen** ist dabei letztlich der entscheidende Gesichtspunkt dafür, dass der Notstand die Tat erlaubt und nicht nur entschuldigt.

Aus der Rechtmäßigkeit der Tat folgt weiter, dass keine Notwehr oder Nothilfe gegen den Hausfriedensbruch des A erlaubt gewesen wäre. Im Übrigen wären etwaige Sachbeschädigungen bei dem Eindringen in die Jagdhütte nach § 904 BGB[49] (und auch nach § 34 StGB) erlaubt; doch hätte A dann gemäß Satz 2 dieser Vorschrift Schadensersatz zu leisten.

277 **Fall 33: – »Brett des Karneades« –**[50]
Bei einem Schiffsuntergang retten sich A und O auf einen Holzbalken. Da dieser nur eine Person tragen kann, drohen A und O zu ertrinken. Daraufhin stößt der kräftigere A den O von dem Balken ins Meer; O ertrinkt. Strafbarkeit des A?

278 A hat den **Tatbestand** des § 212 StGB erfüllt. Seine Tat wird durch keinen Rechtfertigungsgrund erlaubt: Notwehr scheidet mangels »rechtswidrigen Angriffs« des O auf A aus. Rechtfertigender Notstand (§ 34 StGB) entfällt, da das geschützte Interesse (Leben des A) das beeinträchtigte Interesse (Leben des O) nicht »wesentlich überwog«. Mithin hat A auch **rechtswidrig** gehandelt. Doch verzichtet das StGB in solchen Fällen auf einen individuellen **Schuldvorwurf**:

A handelte zur Abwehr einer gegenwärtigen, nicht anders, d.h. durch mildere Mittel, abwendbaren Lebensgefahr (§ 35 Abs. 1 StGB).

279 Dieser Fall und der Mignonette-Fall (Rn. 91, 259) verdeutlichen die Sachgerechtigkeit der Differenzierung zwischen Rechtfertigung und Entschuldigung im Allgemeinen sowie zwischen Rechtfertigendem und Entschuldigendem Notstand im Besonderen:

Einerseits wäre in beiden Fällen die Annahme einer **Rechtfertigung** grob sachwidrig: Die Rechtsordnung kann es außerhalb von Notwehrfällen (grundsätzlich) **nicht** erlauben, dass der Täter andere Personen tötet, um sein Leben zu retten. Vielmehr

46 *Krey/Hellmann/Heinrich*, BT/1, Rn. 529 m.w.N.

47 Die in § 123 Abs. 1 StGB genannte »Widerrechtlichkeit« ist kein Tatbestandsmerkmal, sondern nur ein deklaratorischer Hinweis auf die Deliktsstufe »Rechtswidrigkeit« (Rn. 262); S/S/*Lenckner/Sternberg-Lieben*, § 123 Rn. 31.

48 Zu den weiteren Voraussetzungen des § 34 StGB vgl. Rn. 585 ff.

49 Zu § 904 BGB siehe Rn. 580 ff.

50 Diesen Fall hat im zweiten Jahrhundert v. Chr. der griechische Philosoph *Karneades* gebildet. Dazu und zur Straflosigkeit des Täters gemäß § 35 StGB u.a.: *Baumann/Weber/Mitsch*, § 12 Rn. 27-33, § 23 Rn. 13, 20; *Jescheck/Weigend*, § 44 vor I; *Stratenwerth/Kuhlen*, 10/98. – Schon *Kant* (1724-1804) trat für Straflosigkeit in diesem Fall ein (vgl. *Jescheck/Weigend*, § 44 vor I und *Stratenwerth/Kuhlen*, 10/98).

begingen die Täter in beiden Fällen Unrecht; gegen ihr Verhalten wären Notwehr und Nothilfe erlaubt gewesen.

Andererseits bestehen Bedenken dagegen, hier wegen Totschlags zu bestrafen.[51] Vielmehr erscheint es kriminalpolitisch sachgerecht (oder zumindest einleuchtend), dass das deutsche StGB darauf verzichtet, den Tätern einen individuellen **Schuldvorwurf** zu machen. Für diesen Verzicht sprechen folgende Argumente:

Zunächst die erhebliche **Unrechtsminderung**, die darin liegt, dass die Taten jeweils zur Abwehr einer gegenwärtigen Lebensgefahr erforderlich waren. Zweitens die zusätzliche massive Minderung des Schuldgehalts unter dem Aspekt der **Unzumutbarkeit anderen Verhaltens**.[52]

Im Übrigen besteht in den Fällen 32 und 11a auch keine Bestrafungsnotwendigkeit aus präventiven Gründen (vgl. Rn. 749).

51 Zur Begnadigung der Täter im Mignonette-Fall vgl. Rn. 91 Fn. 113.
52 Zu diesen Gründen für die Regelung des § 35 StGB siehe Rn. 748-749.

§ 11 Objektiver Tatbestand

280 Seit der Anerkennung subjektiver Tatbestandsmerkmale wie der »Zueignungsabsicht« beim Diebstahl (§ 242 StGB), oder der »Bereicherungsabsicht« beim Betrug (§ 263 StGB) ist für das deutsche Strafrecht die Unterscheidung zwischen dem objektiven und dem subjektiven Tatbestand charakteristisch.[1]

I. Elemente des objektiven Tatbestandes

281 1. Zu den objektiven Tatbestandsmerkmalen gehört bei den Erfolgsdelikten in erster Linie der tatbestandsmäßige **Erfolg**, z.B.

- Tod eines anderen Menschen beim Totschlag (§ 212 StGB);
- Beschädigung bzw. Zerstörung einer fremden Sache bei der Sachbeschädigung (§ 303 StGB);
- die konkrete Gefährdung von Leib oder Leben eines anderen Menschen oder einer fremden Sachen von bedeutendem Wert bei der Gefährdung des Straßenverkehrs (§ 315c StGB).

Der Erfolgseintritt ist für das Unrecht eines **vollendeten Erfolgsdeliktes** von konstituierender Bedeutung, denn dessen Unrechtsgehalt gründet auf dem **Erfolgsunwert** und dem **Handlungsunwert**[2] der Erfüllung des Straftatbestandes:[3]

So besteht das Unrecht des Totschlags aus dem Erfolgsunwert »Tod eines anderen Menschen« und dem Handlungsunwert »Tötungsvorsatz«.

Demgemäß ist der Unrechtsgehalt des vollendeten Erfolgsdeliktes entschieden höher als der des bloßen Versuchs.

282 2. Zum objektiven Tatbestand gehört ferner das **Tatsubjekt**, d.h. der taugliche Täter. Das Tatsubjekt wird bei den Allgemeindelikten (Rn. 226) mit dem Wort »wer« umschrieben. Bei den Sonderdelikten (Rn. 227-229) zählt die besondere **Täterqualifikation** (z.B. als Amtsträger) zum objektiven Tatbestand. Sie ist bei diesen Delikten daher an erster Stelle zu prüfen.

283 3. Weiterhin gehört die **Handlung** zum objektiven Tatbestand. Wer nicht handelt, kommt nicht als Täter einer Straftat in Frage.[4]

Beispiel: A stößt den O in eine Fensterscheibe, um sie zu zerstören; die Scheibe geht zu Bruch. Hat O den objektiven Tatbestand einer Sachbeschädigung (§ 303 StGB) erfüllt?

Zwar liegt der tatbestandsmäßige Erfolg des § 303 StGB vor (Beschädigung einer fremden Sache [Gebäude] durch Zerbrechen der Glasscheibe). O hat aber nicht gehandelt, denn an der Handlungsqualität fehlt es, wenn ein Mensch wie hier das **Opfer unwiderstehlicher Gewalt (vis absoluta)** ist.[5] Demgemäß hat O mangels einer eigenen Handlung nicht den Tatbestand des § 303 StGB erfüllt.

---

1 *Jescheck/Weigend*, § 44 vor I; *Wessels/Beulke/Satzger*, Rn. 192 ff.
2 Zum Handlungsunwert des subjektiven Tatbestandes siehe § 12.
3 Ganz h.M.; *Jakobs*, 6/69 ff.; *Jescheck/Weigend*, § 24 III 1, 2; *Roxin*, § 10 Rn. 88, 94 ff.
4 Dazu u.a. *Otto*, AT, § 5 Rn. 40 f.; S/S/*Eisele*, Vor § 13 Rn. 37.
5 *Kühl*, § 2 Rn. 2, 5; S/S/*Eisele*, Vor § 13 Rn. 38; *Roxin*, § 8 Rn. 65.

Dagegen ist **A** wegen Sachbeschädigung strafbar. Und zwar als unmittelbarer Alleintäter (§ 25 Abs. 1 Alt. 1 StGB: »selbst begeht«), nicht als mittelbarer Täter (§ 25 Abs. 1 Alt. 2 StGB: »durch einen anderen«), denn von »Begehung durch einen anderen« kann man nicht sprechen, wenn der andere nicht handelt, sondern wie eine Sache als Wurfgeschoss benutzt wird. – § 25 Abs. 1 StGB lautet: »Als Täter wird bestraft, wer die Straftat selbst oder durch einen anderen begeht.«

4. Schließlich verlangt der objektive Tatbestand der Erfolgsdelikte noch **Kausalität** zwischen Handlung und Erfolg. Zusätzlich muss der Erfolg dem Täter als sein Werk **objektiv zurechenbar** sein.[6] **284**

II. Zum strafrechtlichen Handlungsbegriff

In der deutschen Strafrechtswissenschaft wird der Handlungsbegriff in ungewöhnlicher (und letztlich übertriebener) Breite erörtert.[7] Deutschen Praktikern und ausländischen Strafjuristen dürfte sich insoweit der Eindruck aufdrängen, es gehe in erheblichem Umfang um ein dogmatisches »Glasperlenspiel«. Dieser Eindruck trügt nicht. Für die Rechtsprechung ist der exorbitante Aufwand, mit dem sich die Strafrechtswissenschaft um die Klärung des strafrechtlichen Handlungsbegriffs bemüht, ohne nennenswerte Bedeutung. Die folgenden Darlegungen sind daher nur als Skizzierung der Problematik »strafrechtlicher Handlungsbegriff« konzipiert; sie beschränken sich im Wesentlichen auf zwei Fragen: **285**

Erstens: Gibt es einen Handlungsbegriff als **vortatbestandlichen »Basisbegriff«**, der **aktives Tun** (vorsätzliches und fahrlässiges) einerseits sowie (vorsätzliches und fahrlässiges) **Unterlassen** andererseits erfasst? Kann ein solcher »verbrechenssystematischer Oberbegriff« dabei mehr sein als eine Leerformel ohne verbrechenssystematischen Erkenntniswert?[8] **286**

Zweitens: Gibt es eine **negative Funktion** des Handlungsbegriffs in dem Sinne, dass bestimmte »Verhaltensweisen« wie Reflexe als **Nicht-Handlungen** von vornherein keine strafrechtliche Verantwortlichkeit begründen, genauer: keinen Straftatbestand erfüllen können (vgl. Rn. 283)? **287**

1. Strafrechtliche Handlungslehren

Anliegen einer Reihe von strafrechtlichen Handlungstheorien ist die Entwicklung eines Begriffs der Handlung, der als vortatbestandlicher Oberbegriff (»Basisbegriff«)[9] sowohl aktives Tun als auch Unterlassen umfassen soll, und zwar vorsätzliches sowie fahrlässiges Verhalten:

6 Zur Kausalität und objektiven Zurechnung siehe Rn. 302 ff., 325 ff.

7 Siehe für alle: *Baumann/Weber/Mitsch*, § 13 Rn. 1-96; *Jakobs*, 6/1-42a; *Jescheck/Weigend*, § 23 I-VI; *Roxin*, § 8 Rn. 1-75.

8 Kritisch gegenüber dem Bemühen um einen solchen Oberbegriff (Basisbegriff) u.a.: *Frister*, 8/2; *Jakobs*, 6/30; *Otto*, AT, § 5 Rn. 34-42; S/S/*Eisele*, Vor § 13 Rn. 23 ff., 37.

9 Siehe u.a.: *Jescheck/Weigend*, § 23 VI; *Roxin*, § 8 Rn. 1 ff., 51; *Welzel*, S. 31 f., 37 f., 129 ff.; *Wessels/Beulke/Satzger*, Rn. 128 ff.

a) Kausale Handlungslehre[10]

288 Diese Theorie, die heute fast allgemein als überholt angesehen wird, besagt: Handlung ist die Verursachung einer Veränderung in der Außenwelt durch ein vom Willen beherrschbares **(»willkürliches«)** menschliches Verhalten. Dabei ist der Inhalt jenes Willens irrelevant: Vorsatz und Fahrlässigkeit haben nichts mit der Handlung zu tun, sondern betreffen allein die Schuld.

Kritik: Jene Handlungslehre ist ein »blutleeres Gespenst«.[11] Soweit sie auf die Verursachung beliebiger Veränderungen in der Außenwelt abstellt, die nichts mit dem jeweiligen Straftatbestand zu tun haben, bewegt sie sich gewissermaßen im »luftleeren Raum«. Auf die Verursachung des tatbestandsmäßigen **Erfolges** aber kann sie nicht rekurrieren, weil anderenfalls beim **versuchten** Erfolgsdelikt eine Handlung fehlen würde. Wichtiger ist indes, dass jene Handlungslehre nicht in der Lage ist, aktives Tun und **Unterlassen** zu erfassen, denn beim Unterlassen fehlt es an jeder realen Kausalität und am »willkürlichen Verhalten«.[12]

b) Finaler Handlungsbegriff

289 Er ist von *Welzel* entwickelt worden[13] und hat große Bedeutung für das heutige Verständnis vom strafrechtlichen Deliktsaufbau erlangt. Jener Handlungsbegriff ist in der modernen deutschen Strafrechtslehre zwar nicht mehr herrschend[14], er hat aber zu der heute dominierenden Einsicht geführt, der Vorsatz sei ein subjektives Unrechtselement, genauer: subjektives Tatbestandsmerkmal. Darin liegt das bleibende Verdienst jener Lehre, mag sie auch als **Handlungs**theorie überholt sein.[15]

Welzels Konzeption besagt: »Menschliche Handlung ist Ausübung der Zwecktätigkeit. Handlung ist darum ›finales‹, nicht lediglich ›kausales‹ Geschehen […]. Finale Tätigkeit ist bewusst vom Ziel her gelenktes Wirken […]. Finalität ist daher – bildlich gesprochen – ›sehend‹, Kausalität ›blind‹ […]. Die finale Struktur des menschlichen Handelns ist für die strafrechtlichen Normen schlechthin konstituierend […].«

Diese Thesen führen *Welzel* zu seiner Kernaussage: »Der finale Wille gehört zur Handlung; der Vorsatz ist finales Handlungselement.«

Das erläutert er an folgendem **Beispiel**: »Die Krankenschwester, die ahnungslos [gutgläubig] eine zu starke, tödlich wirkende Morphiumspritze injiziert, nimmt (…) keine finale Tötungshandlung vor«.[16]

---

10 Für sie u.a.: *v. Liszt* und *Radbruch* (Nachweise und eingehende Darstellung bei: *Gropp*, § 2 Rn. 80 ff.; *Welzel*, S. 39 ff.; so heute noch u.a. *Naucke*, § 7 Rn. 132, 136, 151, 161.

11 So schon *Beling* (als Mitbegründer dieser Lehre); dazu *Roxin*, § 8 Rn. 16.

12 Ebenso u.a.: *Jescheck*/*Weigend*, § 23 II m.w.N.; *Otto*, AT, § 5 Rn. 34; *Roxin*, § 8 Rn. 13; krit. *Baumann*/*Weber*/*Mitsch*, § 13 Rn. 22 ff., 40 ff., 96 (V).

13 *Welzel*, S. 33 ff. Ebenso u.a.: *Hirsch*, ZStW 93 (1981), 831; *ders.*, ZStW 94 (1982), 239; *Küpper*, S. 44 ff.; einschränkend *Stratenwerth*/*Kuhlen*, 6/6 ff.

14 Ablehnend u.a.: *Jescheck*/*Weigend*, § 23 III 2; *Roxin*, § 8 Rn. 19 ff.; S/S/*Eisele*, Vor § 13 Rn. 31 f. (h.L.).

15 So für alle *Roxin*, § 8 Rn. 18, 26.

16 *Welzel*, S. 36.

Kritik: So überzeugend die finale Handlungslehre das Wesen vorsätzlicher Begehungsdelikte erfasst, so wenig ist ihr Handlungsbegriff als Oberbegriff für Tun und Unterlassen, für Vorsatz und Fahrlässigkeit geeignet. Dass sie für **Unterlassen** nicht passt, folgt aus der fehlenden finalen Steuerung des Geschehens. Zudem hat jene Handlungslehre auch Probleme mit der Erfassung **fahrlässiger** Handlungen,[17] was insbesondere bei der unbewussten Fahrlässigkeit auf der Hand liegt.

c) Soziale Handlungstheorien[18]

Heute herrschend sind die sozialen Handlungslehren. Sie sehen die Gemeinsamkeit **290**
zwischen aktivem Tun und Unterlassen in der **»sozialen Relevanz«** des Täterverhaltens und halten daher am Handlungsbegriff als Oberbegriff fest. Zudem heben sie als weiteren gemeinsamen Nenner, der für aktives Tun und Unterlassen gelte, die **Beherrschbarkeit** des Verhaltens hervor. Plakativ wird der Handlungsbegriff mit den Worten beschrieben: *»Handlung i.S. des Strafrechts ist das vom menschlichen Willen beherrschte oder beherrschbare sozialerhebliche Verhalten.«*[19]

Kritik: Der Preis, den die sozialen Handlungslehren dafür »zahlen müssen«, dass sie *aktives Tun und Unterlassen, vorsätzliches und fahrlässiges Verhalten* durch einen gemeinsamen Oberbegriff »Handlung« verbinden können, ist zu hoch. Das Kriterium der **sozialen** Erheblichkeit ist zum einen disfunktional, da es Aufgabe des Gesetzgebers ist, in den Straftatbeständen die Frage der strafrechtlichen Relevanz zu entscheiden.[20] Zum anderen ist das Kriterium der Sozialerheblichkeit ein **inhaltsleeres** (vages), mithin strafrechtssystematisch wertloses Blankett.[21] Gleichwohl ist dieser Lehre zuzugestehen, dass sie menschliche Handlung als sinnstiftendes Phänomen auffasst: Sozialerheblichkeit setzt Wahrnehmbarkeit und Interpretierbarkeit der getätigten Aktion voraus, was die dahinterstehende Idee der Handlung mit einem starken, voluntativen Element versieht.

d) Sonstige Handlungslehren

Als weitere Handlungsbegriffe, die sich als Oberbegriff für vorsätzliches und fahrlässiges aktives Tun und Unterlassen verstehen, seien noch genannt:

(1) *Herzbergs* **negativer Handlungsbegriff**:[22] Er vereinigt aktives Tun und Unter- **291**
lassen unter Rückgriff auf die unechten Unterlassungsdelikte (Rn. 215) durch die Formel: *»Vermeidbares Nichtvermeiden **in Garantenstellung**«*. Bei aktivem Tun sei die Garantenpflicht, es zu vermeiden, verletzt.

---

17 So u.a.: *Jakobs*, 6/15; *Roxin*, § 8 Rn. 20 ff. m.w.N. Anders z.B.: *Struensee*, JZ 1987, 57 ff. u. *Weidemann*, GA 1984, 408 ff.

18 So u.a.: *Jescheck/Weigend*, § 23 VI; *Wessels/Beulke/Satzger*, Rn. 133, 136. Ebenso etwa: *Engisch*, *Maihofer*, *Eb. Schmidt*, *E. A. Wolff* (Nachweise bei *Jescheck/Weigend* und *Wessels/Beulke/Satzger*, Rn. 133).

19 Vgl. *Wessels/Beulke/Satzger*, Rn. 136.

20 Berechtigte Kritik z.B. bei: *Baumann/Weber/Mitsch*, § 13 Rn. 87-89; *Gropp*, § 2 Rn. 120 f.; *Roxin*, § 8 Rn. 27 ff.; *Stratenwerth/Kuhlen*, 6/11 ff.

21 *Otto*, AT, § 5 Rn. 36.

22 *Herzberg*, Die Unterlassung im Strafrecht und das Garantenprinzip, 1972, S. 177; ihm folgend *Behrendt*, Die Unterlassung im Strafrecht, 1979, S. 130 ff.

Kritik: Durch diese Unterwerfung des Handlungsbegriffs für die Begehungsdelikte unter die Herrschaft der für jene Unterlassungsdelikte geltenden Regeln »werden die Dinge auf den Kopf gestellt«.[23] Zudem ist *Herzbergs* Handlungsbegriff – was er einräumt – nicht in der Lage, die echten Unterlassungsdelikte (Rn. 217) zu erfassen.

292 (2) *Roxins* **personaler Handlungsbegriff**:[24] Er versteht die Handlung als *»Persönlichkeitsäußerung«*. Dieser Begriff sei geeignet, alle Erscheinungsformen strafbaren Verhaltens bis hin zur »unbewusst fahrlässigen Unterlassung« zu erfassen – was zutreffen mag.

Kritik: Der Preis für die Bildung eines solchen Oberbegriffs ist auch hier zu hoch. Das Kriterium der Persönlichkeitsäußerung ist eine Leerformel ohne verbrechenssystematischen Erkenntniswert.[25]

2. Verzicht auf die Bildung eines Handlungsbegriffs als Oberbegriff für alle Begehungs- und Unterlassungsdelikte; Beschränkung auf eine rein negative Funktion (Ausschluss von Nichthandlungen)

293 Straftaten können durch **aktives Tun** und durch **Unterlassen** begangen werden. Bei den Begehungsdelikten liegt eine verbotene Handlung vor: Der Täter verstößt aktiv gegen das im Straftatbestand enthaltene Verbot. Bei den Unterlassungsdelikten **handelt** der Täter gerade **nicht**; hier bildet das Unterlassen, d.h. die **Untätigkeit**, das Unrecht.

294 Bei **Begehungstaten** kann man eine normwidrige tatbestandsmäßige Handlung nur dann annehmen, wenn das Verhalten des Täters **vermeidbar**, d.h. der **Willenssteuerung** zugänglich war. Anderenfalls liegt keine normwidrige Handlung vor. Diese Einsicht erlaubt es, als »Nicht-Handlungen« alle menschlichen »Verhaltensweisen« aus dem Handlungsbegriff herauszunehmen[26], bei denen eine strafrechtliche Verantwortlichkeit aus normtheoretischen Gründen von vornherein nicht in Betracht kommt. Strafgesetze als Bestimmungsnormen können Handlungen nur verbieten, soweit diese vermeidbar, beherrschbar, also der Willenssteuerung zugänglich sind. Auf eine solche negative Ausscheidungsfunktion und damit eine **auf den konkreten Fall bezogene Abgrenzung von Nicht-Handlungen** sollte man den strafrechtlichen Handlungsbegriff beschränken. Bietet das Verhalten des Täters demnach keinen Anlass zur Prüfung einer Nicht-Handlung erübrigt sich also eine Darstellung dieser Problematik. Hiervon unabhängig ist jedoch stets die konkrete Handlung zu benennen, an die die Prüfung der Strafbarkeit im konkreten Fall anknüpfen soll.

23 Kritisch auch S/S/*Eisele*, Vor § 13 Rn. 36; *Gropp*, § 2 Rn. 125 f.; *Jescheck/Weigend*, § 23 IV; *Roxin*, § 8 Rn. 33 ff.; vgl. zusammenfassend *Kühl*, § 2 Rn. 1a.

24 *Roxin*, § 8 Rn. 44-75.

25 So *Gropp*, § 2 Rn. 136. Kritisch: *Jescheck/Weigend*, § 23 V; S/S/*Eisele*, Vor § 13 Rn. 36.

26 Diese negative Funktion des Handlungsbegriffs wird fast allgemein anerkannt: So von den Vertretern der dargelegten Handlungslehren (Rn. 287 Fn. 10, Rn. 288-292) und von ihren Kritikern, die wie Verf. nur jene negative Funktion anerkennen (Rn. 286 Fn. 9).

a) Beispiele für Fälle fehlender Vermeidbarkeit (Nicht-Handlungen)

(1) Opfer von vis absoluta (unwiderstehlicher Gewalt)

Anders ist es in Fällen von vis compulsiva (nicht unwiderstehliche Gewalt): **295**
Zwingt der A den O mit Schlägen, die Fensterscheibe einzuschlagen, so liegt eine Handlung des O vor. (vgl. auch Rn. 283).

(2) Körperbewegungen in Schlaf und Bewusstlosigkeit

Fall 34: – Einschlafen am Steuer – **296**
A sitzt seit Stunden am Steuer seines Lkw. Er wird immer müder und droht einzunicken; schließlich wird er vom Schlaf übermannt. Dadurch kommt er von der Fahrbahn ab, gerät auf den Bürgersteig und überfährt den O, der in der Folge seinen Verletzungen erliegt. Strafbarkeit des A wegen Fahrlässiger Tötung (§ 222 StGB)?

A hat im Schlaf nicht gehandelt, denn Bewegungen in Schlaf und Bewusstlosigkeit sind mangels Vermeidbarkeit **Nicht-Handlungen**, da sie keiner Willenssteuerung zugänglich sind.[27] Daher scheint A auf den ersten Blick straflos zu sein. – Doch ergibt sich seine Strafbarkeit bei genauerem Hinsehen aus einer Anknüpfung an sein **Handeln vor dem Einschlafen**. Dazu der BGH:[28]

»Nach dem Stand der Wissenschaft besteht der Erfahrungssatz, dass ein Kraftfahrer, bevor er am Steuer seines Fahrzeugs während der Fahrt einschläft, stets deutliche Zeichen der Ermüdung (Übermüdung) an sich wahrnimmt oder wenigstens wahrnehmen kann.«

Folglich hat A fahrlässig gehandelt, als er trotz seiner Übermüdung weiterfuhr. Dieses Verhalten war objektiv pflichtwidrig; der eingetretene Erfolg war objektiv vorhersehbar. Damit hat A den Tatbestand einer Fahrlässigen Tötung erfüllt.

Da kein Rechtfertigungsgrund eingreift, war die Tat rechtswidrig. Sie war auch schuldhaft, da kein Schuldausschließungs- bzw. Entschuldigungsgrund vorliegt und die im Rahmen der Schuld zu prüfende individuelle Fahrlässigkeit gegeben ist.[29]

Fall 35: – Epileptischer Anfall am Steuer eines Kfz – **297**
A ist Epileptiker und leidet unter regelmäßigen, nicht kontrollierbaren epileptischen Anfällen. Gleichwohl nimmt er trotz ärztlicher Warnungen weiterhin als Kraftfahrer am Straßenverkehr teil. Bei einem epileptischen Krampfanfall verursacht er im Zustand der Bewusstlosigkeit einen schweren Verkehrsunfall, bei dem O zu Tode kommt. – Strafbarkeit des A wegen Fahrlässiger Tötung (§ 222 StGB) ?

Während seines epileptischen Anfalls hat A nicht gehandelt[30], doch ergibt die **Anknüpfung an sein Handeln vor dem Anfall** den Vorwurf Fahrlässiger Tötung:[31] Seine Teilnahme am Straßenverkehr als Führer eines Kfz war angesichts seiner

27 *Jescheck/Weigend*, § 23 IV 2a; *Roxin*, § 8 Rn. 44, 71-72.
28 BGHSt 23, 156 ff.
29 Zur Unterscheidung objektiver/subjektiver Fahrlässigkeit siehe oben, Rn. 206. – Im Übrigen liegt zusätzlich § 315c Abs. 1 Nr. 1b (Übermüdung als »körperlicher Mangel«) mit Abs. 3 Nr. 1 StGB vor.
30 *Jescheck/Weigend*, § 23 IV 2a; S/S/*Eisele*, Vor § 13 Rn. 39.
31 BGHSt 40, 341 (343 ff.); S/S/*Eisele*, Vor § 13 Rn. 39; MK/*Freund*, Vor § 13 Rn. 140 f.

Erkrankung objektiv pflichtwidrig. Dass es bei unkontrollierbaren Krampfanfällen zu tödlichen Unfällen kommen konnte, war auch objektiv vorhersehbar.[32]

(3) Reine Reflexe

Beispiel: Beim Berühren einer elektrischen Leitung (Stromschlag) zuckt O zusammen und beschädigt dadurch eine wertvolle Vase.

Hier fehlt es mangels Steuerbarkeit an einer Handlung, da die Bewegung allein durch einen äußeren Reiz und ohne Zwischenschaltung des Bewusstseins herbeigeführt wurde.[33] Eine tatbestandsmäßige Sachbeschädigung entfällt daher.

(4) Keine Handlung durch Unternehmen

298 Nach überwiegender Ansicht können Handlungen nicht von Unternehmen oder Verbänden vorgenommen werden (str.).[34] Die Handlungslehren knüpfen alle an ein menschliches Verhalten an, so dass juristische Personen und Personenvereinigungen auch nur durch ihre Organe handlungsfähig sind.[35]

b) Gegenbeispiele

299 **Fehl-/Schreckreaktionen** im Straßenverkehr sind grundsätzlich Handlungen.

Beispiel: A weicht bei nächtlicher Autobahnfahrt vor einem auf die Fahrbahn laufenden Tier aus und prallt dabei gegen die Leitplanke, was zum Tod seines Beifahrers führt.

Hier liegt trotz weitgehend automatisierter Reaktion eine Handlung vor.[36] Es bleibt erlerntes und damit der Willenssteuerung zugängliches Verhalten übrig, auch wenn es im Alltag letztlich unterhalb der Bewusstseinsschwelle bleibt.

Auch Taten im hochgradigen **Affekt** sowie im Zustand schwerster **Trunkenheit**[37] gehören keineswegs zu den Nicht-Handlungen.[38]

3. Vermeidbarkeit (Beherrschbarkeit) bei den Unterlassungsdelikten

300 Wie dargelegt gibt es keinen verbrechenssystematischen Oberbegriff »Handlung« für aktives Tun und Unterlassen, sieht man von unbrauchbaren Leerformeln einmal ab. Doch haben Begehungs- und Unterlassungsdelikte eine Gemeinsamkeit, die sich aus normtheoretischen Gründen ergibt: Für beide Deliktstypen ist der Ge-

---

32 Im Übrigen liegt auch hier zusätzlich § 315c Abs. 1 Nr. 1b (Epilepsie als »geistiger bzw. körperlicher Mangel«), Abs. 3 Nr. 1 StGB vor.

33 *Kühl*, § 2 Rn. 7; *Frister*, 8/5; S/S/*Eisele*, Vor § 13 Rn. 40; *Roxin*, § 8 Rn. 44, 67.

34 MK/*Freund*, Vor §§ 13 ff. Rn. 146; *Roxin*, § 8 Rn. 59 (Fehlen einer »psychisch-geistigen Substanz«, die für eine Äußerung erforderlich ist); vgl. zur Deliktsunfähigkeit von Unternehmen Rn. 111, Fall 15.

35 *Otto*, Jura 1998, 409 (415). Zur strafrechtlichen Organ- und Vertreterhaftung (§ 14 StGB) vgl. *Radtke*, JR 2010, 233.

36 OLG Frankfurt VRS 28 (1965) 364: Fahrlässige Tötung; zustimmend die h.L., so u.a.: S/S/*Eisele*, Vor § 13 Rn. 41; *Roxin*, § 8 Rn. 68. – Siehe ergänzend OLG Hamm JZ 1974, 716 (Kraftfahrer macht unkontrollierte Abwehrbewegungen, weil ihm ein Insekt gegen das Auge fliegt und verursacht dadurch einen Unfall; Fahrlässigkeit).

37 *Roxin*, § 8 Rn. 70 m.w.N.; differenzierend S/S/*Eisele*, Vor § 13 Rn. 39 m.w.N.

38 *Jakobs*, 6/41; *Roxin*, § 8 Rn. 66, 69.

sichtspunkt der **Vermeidbarkeit (Beherrschbarkeit)** als Voraussetzung für die Annahme eines normwidrigen tatbestandsmäßigen Verhaltens erheblich.

Bei den Begehungsdelikten fehlt es an einer normwidrigen **Handlung**, wenn das Verhalten des Täters keiner Willenssteuerung zugänglich, d.h. nicht vermeidbar war. Bei solchen Nicht-Handlungen gehen die in den Strafgesetzen normierten Verbote ins Leere.

Bei den Unterlassungsdelikten gilt Entsprechendes: An einem normwidrigen tatbe- **301**
standsmäßigen **Unterlassen** fehlt es, wenn der Täter keine Handlungsmöglichkeit besaß, wenn sein Unterlassen also **nicht vermeidbar** war.[39]

Beispiel 1: Der von Verbrechern gefesselte Vater, der hilflos die Ermordung seines Sohnes ansehen muss, tötet diesen nicht durch Unterlassen.[40] Sein Verhalten kommt mangels Beherrschbarkeit des Geschehens nicht als Verstoß gegen das in § 212 i.V.m. § 13 StGB normierte Verbot der Tötung durch Unterlassen (Rn. 215-216) in Betracht.

Beispiel 2: Der an seinen Rollstuhl gefesselte taubstumme Zeuge eines Unglücksfalles, bei dem ein Kleinkind ertrinkt, hat es wegen fehlender Handlungsmöglichkeit nicht normwidrig unterlassen, die erforderliche Hilfe zu leisten. Sein Verhalten ist kein Unterlassen der durch § 323c StGB (Rn. 217) gebotenen Hilfeleistung.

III. Kausalität zwischen Handlung und tatbestandsmäßigem Erfolg

Bei den Erfolgsdelikten (Rn. 218) verlangt der objektive Tatbestand eine Verbin- **302**
dung des Erfolgseintritts mit der Handlung des Täters, die es erlaubt, ihm den Erfolg objektiv als »sein Werk« zuzurechnen.[41] Notwendige Bedingung hierfür ist zunächst **Kausalität:** Die **Handlung** des Täters muss den **Erfolg verursacht** haben.

Die Kausalität ist im Kern eine naturwissenschaftliche Kategorie.[42] Es geht beim Problem der Ursächlichkeit des Täters für den Erfolg um eine empirische Fragestellung,[43] die im Wege des Sachverständigenbeweises[44] zu klären ist, soweit das Gericht die erforderliche Sachkunde nicht selbst besitzt.

Diese **Ursächlichkeit** ist das **Fundament für die Zurechnung des Erfolges**. **303**
Doch ist sie hierfür keine hinreichende Bedingung. Es gibt zahlreiche Konstellationen, in denen jemand durch seine Handlung zwar den tatbestandsmäßigen Erfolg eines Strafgesetzes verursacht, in denen man aber gleichwohl nicht sagen kann, dieser Erfolg sei objektiv betrachtet »sein Werk« (dazu Rn. 325 ff.).

Fall 36: – »Fliegen ist gefährlich« – **304**
A möchte seinen Vater (V) beerben. Daher überredet er ihn zu einer Flugreise nach Hawaii. A hofft, die Linienmaschine werde abstürzen. Erstaunlicherweise kommt es wirklich zu einem Absturz, bei dem alle Passagiere sterben. Strafbarkeit des A?

---

39 So für alle: *Jakobs*, 6/32; *Roxin*, § 8 Rn. 66; SK/*Rudolphi*/*Stein*, Vor § 13 Rn. 2 m.w.N.; abweichend *Jescheck*/*Weigend*, § 23 VI 2b.

40 *Roxin*, § 8 Rn. 66; ebenso u.a. *Baumann*/*Weber*/*Mitsch*, § 13 Rn. 46 (a.E.).

41 Bei den schlichten Tätigkeitsdelikten wird der Tatbestand dagegen bereits durch die Handlung als solche erfüllt.

42 *Jescheck*/*Weigend*, § 28 I 2; *Kühl*, § 4 Rn. 6.

43 *Roxin*, § 11 Rn. 4, 15-16; *Wessels*/*Beulke*/*Satzger*, Rn. 215.

44 Etwa durch das Sachverständigengutachten eines Gerichtsmediziners.

Indem A den V zu der Flugreise überredet hat, hat er im Prinzip zwar dessen Tod **verursacht**. Gleichwohl erscheint der Erfolg bei normativer Betrachtung als Werk des Zufalls bzw. als Realisierung des **allgemeinen Lebensrisikos**, sodass A der Erfolg nicht als »sein Werk« objektiv zuzurechnen ist (Rn. 334)[45] und daher schon der objektive Tatbestand eines Tötungsdelikts entfällt. A ist folglich weder wegen Totschlags (§ 212 StGB) noch wegen Mordes (§ 211 StGB, »Habgier«) strafbar.

305 Ein weiteres **Beispiel** dafür, dass Kausalität noch nicht notwendig die objektive Zurechenbarkeit des Erfolges begründet, bietet der Waffenhändler (W), der gutgläubig und legal eine Schusswaffe verkauft hat, mit der M einen Mord begeht: Zwar ist das Handeln des W für die Tat kausal geworden. Doch ist das Tötungsdelikt ihm schon objektiv nicht als sein Werk zuzurechnen, sodass er bereits den objektiven Tatbestand des Mordes nicht erfüllt hat.[46]

Im Folgenden ist stets zu bedenken, dass die Bejahung von Kausalität noch nicht notwendig bedeutet, dass der Täter den objektiven Tatbestand verwirklicht hat.

1. Kausalitätstheorien

a) Bedingungstheorie (»Äquivalenztheorie«)

306 Diese Theorie (herrschend) besagt: **Ursächlich ist im Strafrecht »jede Bedingung, die nicht hinweggedacht werden kann, ohne dass der tatbestandliche Erfolg in seiner konkreten Gestalt entfiele«.**[47] Jede der i.S. dieser **Conditio-sine-qua-non-Formel**[48] kausalen Bedingungen ist dabei gleichwertig (»äquivalent«).[49]

Im Beispiel des Waffenhändlers W (Rn. 305) sind daher neben dem Mörder noch u.a. der Produzent der Waffe, weiterhin W, schließlich auch die Eltern des Mörders als seine Erzeuger für den Tod des Opfers ursächlich geworden.[50]

b) Einzelfragen der Äquivalenztheorie

(1) Abstellen auf den konkreten Erfolg

307 Maßgeblich für die Anwendung der Kausalitäts-Definition jener Theorie ist der **konkrete** Erfolg. Wer einen Sterbenden aus Mitleid durch eine tödliche Überdosis Morphium »erlöst«[51], hat den Tod des Opfers verursacht. Denn die Handlung des Täters kann nicht hinweggedacht werden, ohne dass der konkrete Erfolg »Tod durch das Morphium« entfiele.[52] Im Übrigen zeigt dieses Beispiel, dass auch die Abkürzung todgeweihten Lebens eine kausale Tötungshandlung ist.[53]

---

45 Ebenso *Roxin*, § 11 Rn. 1; *Wessels/Beulke/Satzger*, Rn. 285 (erlaubtes Risiko).
46 *Kühl*, § 4 Rn. 7, 46.
47 RGSt 1, 373; 44, 137 (139); BGHSt 1, 332 (333); 2, 20 (24); 7, 112; 39, 195 (197 f.); *Kühl*, § 4 Rn. 9; *Wessels/Beulke/Satzger*, Rn. 218.
48 Übersetzt: »Bedingung, ohne die nicht«-Formel.
49 Daher die Bezeichnung »Äquivalenztheorie«.
50 *Kühl*, § 4 Rn. 7.
51 Zu solcher aktiven Sterbehilfe vgl. m.w.N. *Krey/Hellmann/Heinrich*, BT/1, Rn. 9 ff.
52 *Roxin*, § 11 Rn. 21; *Welzel*, S. 43 a.E.
53 *Krey/Hellmann/Heinrich*, BT/1, Rn. 9 f. m.w.N.; S/S/*Eisele*, Vor § 13 Rn. 79.

(2) Keine Berücksichtigung »hypothetischer Reserveursachen«

Da es allein auf die Kausalität für den konkreten Erfolg ankommt, ist es für die Ursächlichkeit irrelevant, ob der tatbestandsmäßige Erfolg (z.B. Tod eines anderen Menschen) später auf andere Weise ebenfalls eingetreten wäre. D.h. die Berücksichtigung von »hypothetischen Reserveursachen«, die anstelle der wegzudenkenden Handlung den Erfolg herbeiführen würden,[54] ist ausgeschlossen:[55] **308**

Fall 37: – »Es dauert mir zu lang!« – **309**
a) Ein Tag im »Wilden Westen«: Ein zum Tode verurteilter Mörder (M) soll hingerichtet werden. Auf dem Weg zum Galgen wird er jedoch gelyncht: Die Täter prügeln M zu Tode.

b) Der krebskranke O hat nur noch wenige Wochen zu leben. Seinem habgierigen Sohn dauert das Sterben des O zu lang; um schneller zu erben, vergiftet er seinen Vater.

In beiden Fällen können die Täter nicht mit Erfolg geltend machen, das Opfer wäre wenig später ohnehin (Henker am Galgen bzw. Exitus infolge des Krebses) zu Tode gekommen. Die Berücksichtigung solcher **»hypothetischer Ersatzbedingungen«** bei der Kausalitätsprüfung ist unzulässig. Denn sie »standen zwar bereit«[56]; sie sind aber eben nicht tatsächlich ursächlich geworden. **310**

Vielmehr haben in Fall 37a die Täter der Lynchjustiz den konkreten Erfolg »zu Tode Prügeln« verursacht. In Fall 37b ist der Sohn für den konkreten Erfolg »Vergiften« kausal geworden.

Anders ist dies im Falle **rettender Kausalverläufe** zu beurteilen, wenn sie von dem Täter durch aktives Eingreifen abgebrochen werden. **311**

Fall 38: – Hinzudenken rettender Kausalverläufe –
Nichtschwimmer N droht im Inn zu ertrinken. Passant P wirft ihm einen Rettungsring zu. Bevor N diesen jedoch ergreifen kann, fischt T den Ring mit einer langen Stange wieder aus dem Wasser. In der Folge treibt N soweit ab, dass ein erneuter Rettungsversuch nicht mehr möglich ist und N ertrinkt. Mit Hilfe des Rettungsrings wäre N mit an Sicherheit grenzender Wahrscheinlichkeit gerettet worden.

Denkt man sich hier die Handlung des T hinweg und lässt gleichzeitig den hypothetischen Kausalverlauf, den P in Gang gesetzt hat, außer Betracht, dann entfällt der Erfolg (Tod des N durch Ertrinken) nicht.[57] Dieses Ergebnis erscheint jedoch nicht sachgerecht, da das Unrecht der hindernden Handlung auf diese Weise nicht zur Geltung kommt. Umstände, die den Erfolg verhindert hätten, wenn man die Handlung des Täters hinweg denkt, sind folglich **hinzuzudenken**.[58]

---

54 *Kühl*, § 4 Rn. 12.

55 *Roxin*, § 11 Rn. 23; *Wessels/Beulke/Satzger*, Rn. 229 ff.; BGHSt 30, 228 (231 f.).

56 *Kühl*, § 4 Rn. 13.

57 Einem strengen Verständnis der Kausalität zufolge muss der Täter die auf das Opfer wirkenden, den äußeren Erfolg herbeiführenden Umstände seinerseits »bewirkt« haben, was aber im Fall 38 mit Blick auf das letztlich den Tod herbeiführende Wasser gerade nicht vorliege. Ein derart enger Bewirkensbegriff ist jedoch für das Strafrecht abzulehnen. Vgl. hierzu auch *Kühl*, § 4 Rn. 17 f. und *Roxin*, § 11 Rn. 33 f. (jew. m.w.N.).

58 *Kühl*, § 4 Rn. 18; *Roxin*, § 11 Rn. 34 (Hinzugedacht wird gerade kein Ersatz der Tathandlung, sondern lediglich eine Ergänzung.); *Gropp*, § 4 Rn. 73 (eigentlicher Grund: Quasikausalität beim Unterlassungsdelikt).

(3) Überholte bzw. Überholende Kausalität

312 Da es bei der Anwendung der Bedingungstheorie (Äquivalenztheorie) auf den konkreten Erfolg ankommt und »hypothetische Reserveursachen« irrelevant sind, liegt auch die Lösung der Fälle sog. »überholter« Kausalität auf der Hand.

313 **Fall 39: – Abbruch des Kausalverlaufs bei »überholter« Kausalität –**
O hat zwei Neffen, die im Falle seines Todes seine Alleinerben wären. Der eine, A, verabreicht dem ahnungslosen O ein langsam wirkendes Gift, das ihn innerhalb von ca. zwölf Stunden getötet hätte. Der andere, B, erschießt den O, bevor das Gift wirkt.

Die Handlung des A kann hinweggedacht werden, ohne dass der konkrete Erfolg »Tod des O durch Schussverletzung« entfiele. Die von A begonnene Kausalwirkung »Vergiftung« ist durch die Tat des B abgebrochen worden.[59] Folglich hat A mangels Kausalität nicht den objektiven Tatbestand eines Totschlags bzw. Mordes erfüllt.

Die Handlung des B dagegen kann **nicht** hinweggedacht werden, ohne dass der konkrete Erfolg »Tod durch Erschießen« entfiele, so dass B den Tod des O verursacht hat. Demgemäß hat A nur einen **versuchten** Mord (§§ 211, 22, 23 StGB – Habgier, Heimtücke) begangen. Dagegen liegt bei B ein **vollendeter** Mord vor.

314 In solchen Fällen spricht man vom »Abbruch des Kausalverlaufs«; dieser Abbruch der **überholten** Kausalität (hier: Wirkung des Giftes) erfolgt durch die **überholende** Kausalität (hier: Erschießen des O). Nur letztere begründet Ursächlichkeit und kann den objektiven Tatbestand des fraglichen Erfolgsdelikts erfüllen, da sie die Fortwirkung der ursprünglichen Bedingung beseitigt und eine neue Ursachenreihe eröffnet, die allein den Erfolg herbeiführt.[60] Solange die spätere Bedingung lediglich an die erste anknüpft, bleibt der Kausalzusammenhang bestehen.

(4) Kumulative Kausalität

315 **Führen mehrere, voneinander unabhängig gesetzte Bedingungen den Erfolg erst durch ihr Zusammenwirken herbei** und können sie jeweils für sich betrachtet diesen nicht erzielen, so spricht man von kumulativer Kausalität.[61]

Fall 40: – Abwandlung von Fall 39 –
A und B wollen den O vergiften; keiner von ihnen kennt den Plan des anderen. Beide schütten unabhängig voneinander jeweils eine allein nicht tödliche Dosis des gleichen Gifts in den Tee des O. Kurz darauf trinkt O den Tee und stirbt aufgrund der Gesamtmenge des Gifts. Denkt man eine der Giftmenge hinweg, so kann die verbliebene allein den Erfolg nicht mehr herbeiführen, so dass dieser entfällt.

Der Fall zeigt, dass diese Konstellation problemlos mithilfe der Conditio-sine-qua-non-Formel gelöst werden kann.

---

59 *Wessels/Beulke/Satzger*, Rn. 237; ebenso u.a.: *Kühl*, § 4 Rn. 33; BGH NStZ 1989, 431.
60 So u.a.: *Kühl*, § 4 Rn. 33; *Roxin*, § 11 Rn. 30; SK/*Rudolphi/Jäger*, Vor § 1 Rn. 77.
61 *Wessels/Beulke/Satzger*, Rn. 223.

c) Modifizierung der Bedingungstheorie in Fällen »alternativer Kausalität«

Fall 41: – »Mord ohne Mörder?« – Abwandlung von Fall 39 –[62]
A und B wollen den O vergiften; keiner von ihnen kennt den Plan des anderen. Beide schütten unabhängig voneinander jeweils eine tödliche Dosis des gleichen Gifts in den Tee des O. Kurz darauf trinkt O den Tee und stirbt.

In solchen Fällen »alternativer Kausalität« (z.T. auch »Doppelkausalität« genannt)[63] würde die oben (Rn. 306) dargelegte Definition der Bedingungstheorie für die Kausalität zu einem absurden Ergebnis führen: Die **Handlung des A** könnte hinweggedacht werden, ohne dass der konkrete Erfolg »Tod des O durch das Gift« entfiele; denn auch die Dosis Gift des B war ja tödlich. Dasselbe würde für die **Handlung des B** gelten. Folglich wären weder A noch B für den Tod des O kausal; es gäbe also einen Mord ohne Mörder. 316

Daher modifiziert die h.M. die Bedingungstheorie (Äquivalenztheorie) für derartige Fälle, und zwar durch die Formel[64]: **»Von mehreren Bedingungen, die zwar alternativ, aber nicht kumulativ hinweggedacht werden können, ohne dass der konkrete Erfolg entfiele, ist jede erfolgsursächlich.«** 317

Fall 42: – Tod des Opfers durch zwei tödliche Schüsse desselben Täters – 318
A hat im Abstand von wenigen Minuten zweimal auf O geschossen. Jeder der beiden Schüsse war in dem Sinne tödlich, dass er schon für sich allein, also ohne Hinzutreten weiterer Umstände, zum Tod des O geführt hätte. O starb jedoch an den »vielfachen, durch die beiden Schüsse entstandenen Verletzungen«, also an einem Zusammentreffen der Verletzungsfolgen beider Schüsse. Beim ersten Schuss handelte A mit Tötungsvorsatz; beim zweiten Schuss fiel ihm bezüglich des Todes des O nur Fahrlässigkeit zur Last.

Der BGH hat im vorliegenden Fall **zwei kausale Tötungshandlungen** angenommen, eine vorsätzliche (erster Schuss) und eine fahrlässige (zweiter Schuss)[65]: 319

»Stirbt das Opfer am Zusammentreffen der Verletzungsfolgen zweier Schüsse, von denen jeder auch allein zum Tode geführt hätte, so sind beide Schüsse ursächlich für den Erfolg **(sog. alternative Kausalität)**«.[66]

d) Abweichende Kausalitätstheorien

(1) Lehre von der gesetzmäßigen Bedingung

Im Schrifttum ist diese Lehre weit verbreitet. Sie stellt darauf ab, »ob sich an eine Handlung zeitlich nachfolgende Veränderungen in der Außenwelt angeschlossen 320

62 Fall nach: *Kühl*, § 4 Rn. 19; *Roxin*, § 11 Rn. 13, 25-26; SK/*Rudolphi*/*Jäger*, Vor § 1 Rn. 78.
63 Von »alternativer Kausalität« sprechen u.a.: BGHSt 39, 195; *Wessels*/*Beulke*/*Satzger*, Rn. 222. Die Bezeichnung »Doppelkausalität« findet sich z.B. bei *Kühl*, § 4 Rn. 19.
64 So u.a.: *Heinrich*, AT, Rn. 229; *Wessels*/*Beulke*/*Satzger*, Rn. 222 m.w.N.
65 Dabei tritt die Fahrlässige Tötung (§ 222 StGB) als subsidiär hinter der vorsätzlichen Tötung (Totschlag, § 212 StGB) zurück.
66 BGH 39, 195; zustimmend u.a.: *Rogall*, JZ 1993, 1066 f.; *Roxin*, § 11 Rn. 25. – Das Ergebnis, dass der Täter sowohl eine vorsätzliche als auch eine fahrlässige Tötung gegen dasselbe Opfer begangen hat, ist freilich »erstaunlich« (*Kühl*, § 4 Rn. 20a m.w.N.).

haben, die mit der Handlung nach den uns bekannten Naturgesetzen notwendig verbunden waren und sich als tatbestandsmäßiger Erfolg darstellen«.[67]

Diese Formel, so meinen ihre Anhänger, sei der Conditio-sine-qua-non-Formel überlegen: Sie sei exakter und habe keine Probleme mit der alternativen Kausalität.[68] Allerdings kommt auch sie nicht in allen Fällen ohne weitere Erläuterungen aus, so etwa, wenn sie ebenfalls nicht wirksam gewordene Reserveursachen für unbeachtlich erklärt.[69] Tatsächlich führt sie zu keinen anderen Ergebnissen als die Bedingungstheorie (Äquivalenztheorie) und ist m.E. lediglich eine deklaratorische Präzisierung dieser Theorie.

(2) Adäquanztheorie, Relevanztheorie[70]

321 Beide sind der Sache nach keine Kausaltheorien, sondern Lehren von der Beschränkung der objektiven Zurechenbarkeit bei vorliegender Kausalität. Daher werden sie erst im Rahmen der objektiven Zurechnung besprochen.

2. Sonderprobleme: »Generelle Kausalität«; »Ursächlichkeit bei Gremienentscheidungen (Kollegialentscheidungen)«

322 Insbesondere im Rahmen der strafrechtlichen Produkthaftung[71] spielen diese Spezialprobleme eine erhebliche Rolle:

a) Generelle Kausalität

Von ihr spricht man, wenn bei einem Produkt mit toxischer Wirkung zwar der Kausalzusammenhang zwischen dem Gebrauch des Mittels

– z.B. Lederspray, Holzschutzmittel, Thalidomid, vergiftetes Speiseöl[72] –

und Gesundheitsschäden feststeht, aber nicht geklärt werden kann, welche Substanzen des Produkts gesundheitsschädlich sind. Dazu hat der BGH entschieden:[73]

»Der Ursachenzusammenhang zwischen der Beschaffenheit eines Produkts und Gesundheitsbeeinträchtigungen seiner Verbraucher ist auch dann rechtsfehlerfrei festgestellt, wenn offen bleibt, welche Substanz den Schaden ausgelöst hat, aber andere Schadensursachen auszuschließen sind.«

Dem ist schon deswegen zu folgen, weil die **exakte Isolierung der toxischen Substanzen** in gesundheitsschädigenden chemischen, pharmazeutischen etc. Erzeugnissen häufig nicht möglich ist.[74]

---

67 *Jescheck/Weigend*, § 28 II 4 (mit Fn. 25) im Anschluss an *Engisch*; ebenso u.a.: *Jakobs*, 7/5 ff., 8 ff., 12; *Roxin*, § 11 Rn. 15 m.w.N.; *Stratenwerth/Kuhlen*, 8/19.

68 *Jescheck/Weigend* aaO; MK/*Freund*, Vor § 13 Rn. 335, 338; *Roxin*, § 11 Rn. 13, 15.

69 Vgl. insoweit die Darstellung bei *Kühl*, § 4 Rn. 24.

70 Dazu u.a.: *Jescheck/Weigend*, § 28 III 2, 3; *Wessels/Beulke/Satzger*, Rn. 242 f.

71 Hierzu: *Jähnke*, Jura 2010, 582.

72 BGHSt 37, 106 (Leder-Spray); 41, 206 (Holzschutzmittel); LG Aachen JZ 1971, 507 (Thalidomid – »Contergan«); Spanischer Oberster Gerichtshof NStZ 1994, 37 (vergiftetes Speiseöl); *Kuhlen*, JZ 1994, 1142 ff.

73 BGHSt 37, 106 (111). Ebenso u.a.: *Kuhlen*, JZ 1994, 1142 (1145 f.); *Roxin*, § 11 Rn. 17; *Wohlers*, JuS 1995, 1019; kritisch u.a.: G. *Hassemer*, Produktverantwortung im modernen Strafrecht, 2. Aufl. 1996, S. 33 ff.; *Volk*, NStZ 1996, 105 (108).

b) Kausalität bei Entscheidungen eines Gremiums (Kollegiums)

Fall 43: – Der verantwortungslos handelnde Vorstand – 323
Der Vorstand der XY-Aktiengesellschaft beschließt nach lebhafter Diskussion, ein Produkt, das möglicherweise erhebliche Gesundheitsschäden verursacht, weiter herzustellen und zu verkaufen. Die Entscheidung ergeht mit fünf gegen zwei Stimmen. Als es später zu einem Strafverfahren gegen die fünf Vorstandsmitglieder kommt, die für den Beschluss gestimmt haben, macht jeder von ihnen gegen den Vorwurf vorsätzlicher Körperverletzung geltend: *Für die Mehrheit im Vorstand hätten vier Stimmen genügt. Daher sei sein Abstimmungsverhalten nicht kausal für jenen Beschluss geworden. Sein Verhalten könne hinweggedacht werden, ohne dass der Beschluss entfiele.* Was ist von dieser Verteidigung zu halten?

Dass die fünf beschuldigten Vorstandsmitglieder mit dieser Argumentation nicht 324 ihre **Ursächlichkeit** für den Mehrheitsbeschluss in Zweifel ziehen können, ist allgemein anerkannt.[75] Zur Begründung für dieses Ergebnis bieten sich u.a. die folgenden Wege an:

Der Rückgriff auf § 25 Abs. 2 StGB **(Mittäterschaft)**[76], der aber nur bei Vorsatzdelikten möglich ist.[77]

Das Abstellen auf die dargelegte Modifizierung der Bedingungstheorie für Fälle der **alternativen Kausalität**.[78]

Teilweise wird auch von vornherein nicht auf das Abstimmungsergebnis abgestellt, sondern darauf, dass der Täter es im Vorfeld und nach der Abstimmung pflichtwidrig unterlassen hat, **auf ein Ende des Vertriebs hinzuwirken**, wenn dieses Unterlassen für den eingetretenen Erfolg kausal geworden ist. Auf sein Abstimmungsverhalten kommt es dann nicht mehr zwingend an.[79] Der BGH hat hierzu folgendes entschieden:

»Kann die zur Schadensabwendung erforderliche Maßnahme nur durch das Zusammenwirken mehrerer Beteiligter zustande kommen, so setzt jeder, der es trotz seiner Mitwirkungskompetenz unterläßt, seinen Beitrag dazu zu leisten, eine Ursache dafür, daß die Maßnahme unterbleibt.«[80]

---

74 *Hilgendorf*, JZ 1997, 611. So die in Fn. 75 genannten Gerichtsentscheidungen.

75 BGHSt 37, 106 (126 ff., 129-132); *Heinrich*, AT, Rn. 237; *Hilgendorf*, NStZ 1994, 561 (564); *Kühl*, § 4 Rn. 20b; *Kuhlen*, JZ 1994, 1142 (1145 f.); *Roxin*, § 11 Rn. 19.

76 BGHSt 37, 106 (129-130).

77 Kritisch daher auch *Satzger*, Jura 2014, 186 (193).

78 *Kühl*, § 4 Rn. 20b; *Hanft*, Jura 2007, 58, der die Kausalität einer Enthaltung ablehnt. Zur Zurechnung der Mehrheitsentscheidung bei Stimmenthaltung: BGH NJW 2006, 522 (527) – (Mannesmann); krit., aber i. Erg. zustimmend *Vogel/Hocke*, JZ 2006, 568 f.

79 *Heinrich*, AT, Rn. 238.

80 BGHSt 48, 77 (94) – Politbüro; dazu auch *Dreher*, JuS 2004, 17 (18) und *Ranft*, JZ 2003, 582, der auf § 25 Abs. 2 StGB abstellt; zur »Quasikausalität« beim Unterlassen Rn. 1123 ff.

IV. Lehre von der objektiven Zurechnung

1. Funktion und Stellenwert dieser Theorie

325 Unsere Darlegungen zur Ursächlichkeit haben bereits verdeutlicht, dass die »uferlose Weite« der für die Kausalität maßgeblichen Bedingungstheorie ein »haftungsbeschränkendes Korrektiv« erforderlich macht[81]; insoweit sei erinnert an:

- Fall 36 (»Flugreise«, Rn. 304);
- die Beispiele des Waffenhändlers sowie der Eltern des Mörders (Rn. 305).

Dabei besteht heute weitgehend Einigkeit, dass eine Einschränkung der strafrechtlichen Verantwortlichkeit in solchen Fällen fehlender **»Beherrschbarkeit des Kausalverlaufs«**, fehlender **»objektiver Vorhersehbarkeit«** oder fehlender **»Realisierung der typischen Gefährlichkeit der normwidrigen Handlung im Erfolg«** nicht erst im Rahmen der Schuld erfolgen kann.[82] Es geht nicht um mangelnde individuelle Vorwerfbarkeit, sondern um mangelndes tatbestandsmäßiges Unrecht: Der Tatbestand des fraglichen Erfolgsdeliktes ist nicht erfüllt.[83]

326 Zur Begründung dieses Ergebnisses dient der heute herrschenden Ansicht im Schrifttum die »Lehre von der objektiven Zurechnung«, die in derartigen Fällen den objektiven Tatbestand verneint. Nach ihr gehört bei den Erfolgsdelikten, neben der Kausalität die objektive Zurechenbarkeit zum objektiven Tatbestand: **Der tatbestandsmäßige Erfolg muss dem Täter als sein Werk objektiv zurechenbar sein.**[84]

Damit ist die objektive Zurechenbarkeit ein ungeschriebenes strafbarkeitsbeschränkendes Merkmal des Tatbestandes. Die **Rechtsprechung** hat diese Lehre bislang nicht ausdrücklich übernommen.[85]

Für die studentische Fallbearbeitung hat dieser Umstand jedoch keine Auswirkungen.

327 Gegenüber dieser Konzeption könnte man geltend machen: Zumindest bei den vorsätzlichen Erfolgsdelikten sei sehr zweifelhaft, ob es der im Gesetz nicht erwähnten Rechtsfigur der objektiven Zurechenbarkeit überhaupt bedürfe, um die strafrechtliche Verantwortlichkeit schon auf der Deliktsstufe der Tatbestandsmäßigkeit sachgerecht zu begrenzen.[86]

Dieser Einwand ist ernst zu nehmen. In der Tat ist bei einer Reihe von Konstellationen, in denen trotz gegebener Kausalität die Bejahung des Tatbestandes des

---

81 *Wessels/Beulke/Satzger*, Rn. 248; ausführlich: *Frisch*, JuS 2011, 19; 116; 205; zur Entwicklung der objektiven Zurechnung und ihrer Kritik vgl. auch *Schumann*, Jura 2008, 408; zum Einstieg: *von der Meden*, JuS 2015, 22.

82 *Kühl*, § 4 Rn. 39 m.w.N.; h.M.; abweichend *Baumann/Weber/Mitsch*, § 14 Rn. 100.

83 H.L., u.a.: *Kühl*, § 4 Rn. 39; *Roxin*, § 11 Rn. 39 ff., 44 ff.; SK/*Rudolphi/Jäger*, Vor § 1 Rn. 91 ff.

84 *Roxin*, § 11 Rn. 1; *Wessels/Beulke/Satzger*, Rn. 246 ff.; S/S/*Eisele*, Vor § 13 Rn. 91 ff.

85 Vgl. *Fischer*, Vor § 13 Rn. 31 (*begriffliche* Behandlung als Frage der Kausalität); vgl. auch die Darstellung bei *Block*, S. 158 ff.

86 So u.a.: *Hirsch* , FS Lenckner, 1998, S. 119 ff.; *Armin Kaufmann*, FS Jescheck, 1985, S. 251 ff.; kritisch auch *Kühl*, § 4 Rn. 38, 42.

fraglichen vollendeten Erfolgsdeliktes (z.B. Totschlag) fernliegend wäre, der Rückgriff auf die Rechtsfigur der objektiven Zurechnung unnötig. Dies deswegen, weil der Täter **ohne Vorsatz** handelt, so dass es am **subjektiven Tatbestand** fehlt. Das ist für die Beispiele des *Waffenhändlers* und der *Eltern des Mörders* evident.

Auch im Falle eines **Messerstiches**, bei dem das Opfer nicht an der Stichverlet- **328**
zung stirbt, sondern bei einem **Brand des Krankenhauses**, ist der subjektive Tatbestand des Totschlags nicht erfüllt. Mag der Täter auch mit Tötungsvorsatz zugestochen haben – der Tod beim Brand ist nicht von seinem Vorsatz erfasst: Dieser Vorsatz entfällt unter dem Gesichtspunkt der *»wesentlichen Abweichung des tatsächlichen Kausalverlaufs vom vorgestellten«*.

Der Vorsatz muss bei den Erfolgsdelikten neben dem Erfolg auch den »Kausalverlauf in seinen wesentlichen Zügen« umfassen. Wesentliche Abweichungen des tatsächlichen vom vorgestellten Kausalverlauf lassen den Vorsatz hingegen entfallen.[87] Erfasst werden hiervon Kausalverläufe, die ganz unwahrscheinlich, also nicht objektiv vorhersehbar sind.[88]

Gleichwohl ist die Lehre von der objektiven Zurechenbarkeit einleuchtend. Zum **329**
einen lassen sich die von ihr erfassten Konstellationen nicht alle unter Berufung auf den fehlenden Vorsatz lösen.[89] Zum anderen ist jener Lehre darin zuzustimmen, dass der objektive Tatbestand den verbrechenssystematisch sachgerechten Standort im Deliktsaufbau für die Behandlung der wichtigsten Fallgruppen darstellt, welche von jener Lehre als Beispiele fehlender objektiver Zurechnung angeführt werden. In den Fällen mangelnder »Beherrschbarkeit des Kausalverlaufs«, mangelnder »objektiver Vorhersehbarkeit« oder mangelnder »Realisierung der typischen Gefährlichkeit der normwidrigen Handlung im Erfolg« lässt sich schon **aus normtheoretischen Gründen** nicht sagen, der Erfolg sei dem Täter **objektiv** als sein Werk zuzurechnen (Rn. 332 ff.).

Spezialprobleme der fahrlässigen Erfolgsdelikte wie der **»Pflichtwidrigkeitszusammenhang«** zwischen sorgfaltswidriger Handlung und Erfolg[90] werden aus didaktischen Gründen nicht im Rahmen der objektiven Zurechnung beschrieben, sondern im Themenkomplex Fahrlässigkeit (§ 50; Rn. 1354) behandelt.

Spezifische Probleme erfolgsqualifizierter Delikte (Rn. 204-210) wie der sog. **»Unmittelbarkeitszusammenhang«** stellen ein Sonderproblem der jeweiligen Straftatbestände (§§ 227, 251 StGB etc.) dar und werden in einem speziellen Abschnitt (§ 52) untersucht.

2. Adäquanztheorie, Relevanztheorie[91]

Beide Theorien sind nur ihrem Ursprung nach Kausaltheorien. Im Kontext des **330**
heutigen Verständnisses von Kausalität (naturwissenschaftliche Ursächlichkeit)

87 BGHSt 7, 325 (329); 14, 193 (194); *Wessels/Beulke/Satzger*, Rn. 374.
88 *Roxin*, § 11 Rn. 39, 45, 47 (verneint schon die objektive Zurechnung).
89 *Roxin*, § 11 Rn. 40, 44-46; *Wessels/Beulke/Satzger*, Rn. 249 f.; *Frisch*, JuS 2011, 19 (21, 23) m.w.N.; vgl. hier etwa Fall 36 (Rn. 304, 325).
90 BGHSt 11, 1; *Jescheck/Weigend*, § 55 II 2b.
91 Dazu u.a.: *Jescheck/Weigend*, § 28 III 2, 3.

und objektiver Zurechnung (wertendes Kriterium) entfalten sie ihre Wirkungen erst bei der Beschränkung der objektiven Zurechenbarkeit im Anschluss an die Feststellung der Kausalität.

a) Die **Adäquanztheorie** will die strafrechtliche Verantwortlichkeit für ganz ungewöhnliche, nach der Lebenserfahrung **unwahrscheinliche Kausalverläufe** ausschließen: Nicht vorhersehbare Verknüpfungen von Ursache und Wirkung, d.h. *nicht »adäquate«* Kausalverläufe könnten keine Ursächlichkeit begründen.

Beispiele für solche mangelnde Vorhersehbarkeit des Kausalzusammenhangs sind:
- der Tod des V in Fall 36 (Rn. 304);
- der Tod, den das Opfer eines Messerstichs bei seinem Aufenthalt im Krankenhaus erleidet, als dieses abbrennt.

Jener Theorie ist darin zuzustimmen, dass eine strafrechtliche Verantwortlichkeit für nicht vorhersehbare Kausalverläufe entfällt und dass in solchen Fällen schon der objektive Tatbestand des fraglichen Erfolgsdelikts zu verneinen ist. Ihr Lösungsweg ist jedoch ein »Holzweg«. Denn sie verneint die Kausalität, die als **naturwissenschaftliche Kategorie** vorliegt. In Wirklichkeit geht es um das Fehlen der **normativ** zu bestimmenden objektiven Zurechnung (Rn. 325 ff.). Die Adäquanztheorie ist also als Kausallehre insofern verfehlt, als sie Verursachung und normative Erfolgszurechnung vermengt.[92]

331 b) Die **Relevanztheorie** dagegen trennt zwischen der Kausalität, die sie mit der h.M. anhand der Bedingungstheorie bestimmt, und der normativ zu beschränkenden objektiven Zurechnung des Erfolges.

3. Fallgruppen fehlender objektiver Zurechnung

332 Eine gängige Definition für jene Zurechnung lautet: »Objektiv zugerechnet wird ein Erfolg dann, wenn der Täter eine rechtlich relevante Gefahr geschaffen hat, die sich im tatbestandsmäßigen Erfolg realisiert.«[93]

Dabei wird die unpräzise Formulierung *»rechtlich relevante Gefahr«* von vielen durch die genauere Formel von der *»rechtlich missbilligten«* bzw. *»verbotenen Gefahr«* ersetzt.[94]

333 Indes sollte man sich bewusst sein, dass eine solche »Grundformel« nur als Ausgangspunkt für die anschließende Prüfung dienen kann und die objektive Zurechnung grundsätzlich kaum positiv zu begründen ist. Daher erfolgt ihre Prüfung m.E. durch ein **negatives Verfahren**: Festzustellen ist, ob eine Konstellation vorliegt, die die Annahme ausschließt, der tatbestandsmäßige Erfolg sei dem Täter als sein Werk objektiv zuzurechnen. Als Konsequenz dieser Herangehensweise kann im Grundsatz vom Vorliegen der objektiven Zurechenbarkeit ausgegangen werden, wenn nicht aufgrund besonderer Umstände ausnahmsweise das Gegenteil möglich erscheint.

92 So zutreffend: *Roxin*, § 11 Rn. 39-43; *Wessels/Beulke/Satzger*, Rn. 242.
93 *Wessels/Beulke/Satzger*, Rn. 251; ähnlich u.a. S/S/*Eisele*, Vor § 13 Rn. 92.
94 So u.a. SK/*Rudolphi/Jäger*, Vor § 1 Rn. 96, dazu m.w.N. Vgl. auch *Kühl*, § 4 Rn. 43.

Solche Konstellationen, die, zu Fallgruppen gefasst, griffigere Kriterien zur Prüfung bzw. Ablehnung der objektiven Zurechnung bieten als die bloße Grundformel, sollen im Folgenden dargelegt werden. Sie erheben keinen Anspruch auf absolute Geltung und stehen zueinander auch nicht in einem Ausschlussverhältnis, da die Abgrenzung oftmals sehr schwierig ist und sich verschiedene Blickwinkel anbieten. Die Grundformel bleibt jedoch in jedem Fall die Basis der Prüfung, da an die erwähnten Kriterien der (normwidrigen) *Schaffung* bzw. *Vergrößerung einer Gefahr* und der *Realisierung der typischen Gefährlichkeit* der konkreten (normwidrigen) Handlung *im Erfolg* angeknüpft werden kann. Dabei wird sich zeigen, dass es insbesondere normtheoretische Gründe sind, die zum Ausschluss der objektiven Zurechenbarkeit führen.

a) Mangelnde Beherrschbarkeit des Kausalverlaufs als Grund für den Ausschluss der objektiven Zurechnung

Fall 44: – »Sport ist Mord« – 334
A hat gehört, dass Wintersport seine Tücken hat: Manche Skifahrer werden das Opfer von Lawinen. Daher überredet er seinen Onkel O, Weihnachten in den Bergen zu verbringen. Und in der Tat kommt O beim Abgang einer Lawine zu Tode. A freut sich, weil er der Alleinerbe des O ist.

Fall 45: – »Tod im Gewitter« –
Der Bauer B und sein Knecht K sind Nebenbuhler; beide lieben die hübsche Magd M. Daher will B den K aus dem Weg räumen. Bei einem Gewitter schickt B den K ins Freie, dort wird er, was B gehofft hat, von einem Blitz erschlagen.[95]

Diese Fälle verdeutlichen jene angesprochenen Konstellation exemplarisch.[96] Die Kausalität der Handlungen für den Tod des Opfers ist jeweils gegeben. Ebenso offenkundig ist aber, dass die objektive Zurechnung ausgeschlossen ist. Der Grund hierfür liegt in der **mangelnden Beherrschbarkeit** des Kausalverlaufs.[97] Diese verbietet die Feststellung, dem Täter sei der Erfolg als *sein Werk* objektiv zuzurechnen (objektiver Zurechnungsausschließungsgrund). Der Täter hat bereits **keine rechtlich relevante Gefahr** geschaffen. Das ergibt sich insbesondere aus den folgenden normtheoretischen Erwägungen:

Strafgesetze dienen dem **Rechtsgüterschutz**. Zu diesem Zweck normieren sie **Verbote**, gelegentlich auch Gebote. So enthalten z.B. §§ 211, 212 StGB (Mord, Totschlag) zum Schutz des Rechtsguts *Leben eines Anderen* das Verbot: »Du sollst nicht vorsätzlich töten!«. Entsprechend normiert § 222 StGB (Fahrlässige Tötung) das Verbot: »Du sollst nicht durch Fahrlässigkeit töten!«. Beide Verbote wollen verhindern, dass der Täter mit Tötungsvorsatz oder aus Fahrlässigkeit (was den möglichen Tod angeht) eine **Gefahr** für das Leben Anderer schafft, die nicht ganz unerheblich ist. Genauer:

95 Vgl. *Wessels/Beulke/Satzger*, Rn. 257; *Kühl*, § 4 Rn. 47, 62.

96 Weiterhin Fall 36 (Rn. 304) und die Beispiele des Waffenproduzenten, des Waffenhändlers sowie der Eltern des Mörders (Rn. 305).

97 So u.a.: *Gropp*, § 4 Rn. 89; *Jäger*, Zurechnung, S. 5; *Kühl*, § 4 Rn. 76 ff. – Zum Prinzip der Steuerbarkeit (Beherrschbarkeit) als zentralem Element der objektiven Zurechnung siehe auch *Otto*, AT, § 6 Rn. 8, 43 ff.

Verboten sind **lebensgefährdende Handlungen**, d.h. solche, die wegen ihrer allgemeinen Gefährlichkeit dazu geeignet sind, das Leben Anderer in Gefahr zu bringen. Eine solche normwidrige Handlung fehlt in den Fällen 36 (Rn. 204), 44 und 45. Die Täter haben hier jeweils keine lebensgefährdende Handlung begangen, die wegen ihrer allgemeinen Gefährlichkeit eine rechtserhebliche, das allgemeine Lebensrisiko übersteigende Gefahr für das Leben der Opfer begründen konnte. Deren Tod lag nicht im **beherrschbaren Machtbereich der Täter**, sondern erscheint als unglücklicher **Zufall** bzw. **Unfall**. Es fehlt also bereits objektiv an einem Verstoß gegen das Tötungsverbot aus §§ 211, 212 und § 222 StGB.

Zusätzliche Argumente für das »Fehlen der objektiven Zurechnung« sind hier:

- die **mangelnde objektive Vorhersehbarkeit** bzw. **geringe Wahrscheinlichkeit des Erfolges**[98]
- das **Handeln des Opfers auf eigene Gefahr**
- die **Schaffung eines erlaubten Risikos**.[99]

b) Fehlende objektive Vorhersehbarkeit des Erfolgseintritts und/oder des Kausalverlaufs als Grund für den Ausschluss der objektiven Zurechnung

335 **Fall 46: – Tod auf dem Weg zum Krankenhaus –**
A sticht dem O mit Tötungsvorsatz ein Messer in die Brust. Bevor er weiter zustechen kann, wird er von Passanten niedergeschlagen. O hat eine schwere, aber nicht tödliche Verletzung erlitten. Auf der Fahrt zum Krankenhaus stirbt er bei einem Verkehrsunfall: Der Krankenwagen wird von einem unaufmerksamen Lkw-Fahrer gerammt. Ist A wegen **vollendeten** Totschlags (§ 212 StGB) oder nur wegen **Versuchs** strafbar?

Nach heute (fast) allgemeiner Meinung hat A **nicht** den objektiven Tatbestand des Totschlags erfüllt. Der Unfalltod des O ist dem A nicht als sein Werk objektiv zuzurechnen; es fehlt also an der objektiven Zurechnung dieses Erfolges.[100] A ist demgemäß nur wegen versuchten Totschlags strafbar (§§ 212, 22, 23 StGB).

336 Der Grund hierfür liegt in der mangelnden **objektiven Vorhersehbarkeit** des Erfolgseintritts bzw. des Ursachenzusammenhanges zwischen der Handlung des Täters (Messerstich) und dem konkreten Erfolg (Unfalltod).[101] Ganz ungewöhnliche, nach der Lebenserfahrung unwahrscheinliche Kausalverläufe lassen die objektive Zurechnung entfallen,[102] dagegen nicht, wie bereits erwähnt, die Kausalität.

337 Auch dies folgt aus den bereits beschriebenen normtheoretischen Erwägungen. Nimmt der Täter eine wegen ihrer allgemeinen Gefährlichkeit beschriebene Handlung vor und realisiert sich die typische Gefährlichkeit seines Tuns im Erfolg, so sind Erfolgseintritt und Kausalverlauf objektiv vorhersehbar.

---

98 So u.a.: *Kühl*, § 4 Rn. 47; ähnlich S/S/*Eisele*, Vor § 13 Rn. 93.
99 Hierzu: *Wessels/Beulke/Satzger*, Rn. 258.
100 Vgl. *Gropp*, § 4 Rn. 92; *Jescheck/Weigend*, § 28 IV 3; *Kühl*, § 4 Rn. 61.
101 *Kühl*, § 4 Rn. 61 (»atypischer Kausalverlauf«).
102 *Kühl*, § 4 Rn. 61 ff. Kritisch gegenüber diesem Gesichtspunkt des »nicht adäquaten« Kausalverlaufs u.a. *Jakobs*, 7/30-34.

Dagegen fehlt es an der objektiven Zurechenbarkeit mangels dieser Vorhersehbarkeit in folgenden Konstellationen:

Das Verhalten des Täters begründet mangels allgemeiner Gefährlichkeit **kein rechtserhebliches Risiko für das geschützte Rechtsgut**.[103] 338

In diesem Fall liegt keine **normwidrige** Schaffung einer Gefahr vor; es fehlt schon objektiv an einer Verletzung des Verbots »Du sollst nicht töten!«, das nur Handlungen erfasst, die nach der Lebenserfahrung ein solches Risiko für das Leben anderer begründen, dass der Eintritt des Todes nicht ganz unwahrscheinlich ist. Handlungen, bei denen die Verursachung des Todes nicht vorhersehbar ist, sind keine normwidrigen Tötungshandlungen.

Im **Fall 46** hat der Täter gegen das Tötungsverbot durch normwidrige Schaffung eines Risikos für das Leben des Opfers verstoßen; nach der Lebenserfahrung hätte ein Messerstich in die Brust tödlich sein können.

Eine weitere Konstellation, in der die objektive Zurechnung mangels Vorhersehbarkeit entfallen kann, verdeutlicht **Fall 46** (»Verkehrsunfall«; ebenso »Brand des Krankenhauses«, Rn. 328). Hier ist zwar objektiv vorhersehbar, dass das Opfer an der **Stichverletzung** sterben könnte. Nicht objektiv vorhersehbar sind dagegen der Tod beim Verkehrsunfall und der Tod beim Krankenhausbrand. 339

In beiden Fällen liegt ein nach der Lebenserfahrung ganz ungewöhnlicher, völlig atypischer Kausalverlauf vor. *Ein solcher objektiv nicht vorhersehbarer Kausalverlauf führt zum Ausschluss der objektiven Zurechnung des konkreten Erfolges.* Denn die Norm »Du sollst nicht töten!« verbietet lebensgefährdende Handlungen wie Messerstiche wegen der mit ihnen typischerweise verbundenen Risiken für das Leben des Opfers. Dagegen bezweckt jene Norm mit dem Verbot von Messerstichen nicht, den Tod **bei Verkehrsunfällen** oder **durch den Brand von Krankenhäusern** zu verhindern (**Schutzzweck der Norm**).

Ergebnis: Mangels objektiver Vorhersehbarkeit des Kausalzusammenhanges ist der konkrete Erfolg in **Fall 46** dem Täter nicht als sein Werk objektiv zuzurechnen. Vielmehr gehören der Unfalltod – und in gleicher Weise der Tod beim Brand des Krankenhauses – zum **allgemeinen Lebensrisiko**; der konkrete Erfolg beruhte nicht auf der Lebensgefährlichkeit des Messerstiches. Demgemäß liegt der objektive Tatbestand der §§ 211, 212 StGB nicht vor. A ist im Fall 46 nur wegen **versuchten** Totschlags strafbar. 340

Eine zusätzliche, vertiefende Begründung hierfür bietet der Zurechnungsausschließungsgrund der **fehlenden Realisierung der vom Täter normwidrig geschaffenen Gefahr im tatbestandsmäßigen Erfolg**. Dieser Aspekt klang in den vorstehenden Ausführungen schon an (Rn. 337, 339).

Gegenbeispiele, bei denen die objektive Vorhersehbarkeit des Erfolgseintritts und des Kausalverlaufes gegeben ist: 341

- A wirft den B von einer hohen Brücke, damit er ertrinkt. B prallt jedoch auf einen **Brückenpfeiler** und bricht sich das Genick.

103 Beispiele: Fall 36 (Rn. 304) und Fall 44 (Rn. 334).

– A schlägt den O zusammen; der bewusstlose O erbricht sich und **erstickt an dem Mageninhalt**, den er einatmet.

In beiden Fällen ist der tödliche Kausalverlauf nicht unwahrscheinlich, sondern objektiv vorhersehbar, weil gerade auch die Gefahr eines derartigen Verlaufs typischerweise mit der Tathandlung verknüpft ist. Der Tod von B und O sind dem A als sein Werk objektiv zuzurechnen.[104]

c) Sonderproblem: Vorhersehbarkeit des Kausalverlaufs bei mehraktigem Geschehen

342 **Fall 47: – Tod in der Jauchegrube –**[105]
A hat die O bis zur Bewusstlosigkeit gewürgt; er hält sie für tot. Um die vermeintliche Leiche zu beseitigen, versenkt er sie in einer Jauchegrube; dadurch kommt die O zu Tode.

Bevor zum ebenfalls problematischen Vorsatz (Rn. 425 ff.) Stellung genommen werden kann, ist zunächst zu klären, ob sich die von A durch das Würgen geschaffene Lebensgefahr in dem Tod des O durch Ertrinken in der Jauchegrube realisiert hat oder ein derart atypischer Kausalverlauf vorliegt, dass der Erfolg nicht mehr als Werk des A erscheint. Isoliert betrachtet haftet dem Würgen nicht die Gefahr des Ertrinkens an. Sie wird erst mit der Zweithandlung geschaffen.[106] Allerdings haftet dem Würgen bis zur Bewusstlosigkeit die Gefahr an, dass der Täter (als medizinischer Laie) fälschlicherweise vom Tod des Opfers ausgeht und diesen erst mit der Beseitigungshandlung herbeiführt.[107] Ein derartiger Verlauf liegt damit keineswegs so außerhalb jeder Lebenserfahrung, dass der Erfolg dem A nicht mehr zurechenbar wäre.[108]

Diese Gefahr der Erfolgsverursachung mit der Beseitigungshandlung nur dann zu bejahen, wenn sie sich aus dem **Tatplan** des Täters ergibt, weil dieser zu der Handlung von Anfang an entschlossen war; regelmäßig aber nicht, wenn der Entschluss hierzu erst nach Abschluss der Ersthandlung gefasst wird, überzeugt nicht. Der Tatplan ist jedoch kein Kriterium der objektiven Zurechnung und kann daher auch für diese Konstellation nicht herangezogen werden.

d) Objektiver Zurechnungsausschließungsgrund der fehlenden Realisierung der vom Täter geschaffenen Gefahr im konkreten Erfolg

343 Diesen Grund für den Ausschluss der objektiven Zurechenbarkeit verdeutlichen **Fall 46** und das *Beispiel des Todes beim Krankenhausbrand* (Rn. 328). Das Charakteristikum des Zurechnungsausschließungsgrundes mangelnder Gefahrverwirklichung liegt dabei in Folgendem:

---

104 *Roxin*, § 11 Rn. 70 (zu beiden Fällen); BGHSt 24, 213 ff. (Tod des O).

105 Fall nach BGHSt 14, 193.

106 Die objektive Zurechnung daher verneinend: *Kühl*, § 13 Rn. 48; *Noltensmeier/Henn*, JA 2007, 772 (774).

107 *Roxin*, FS Würtenberger, 1977, S. 109 (117).

108 So auch *Sowada*, Jura 2004, 814 (815); Nach *Beulke*, KK I, S. 49 sind verspätete Erfolgseintritte durch Zweithandlungen stets einzukalkulieren. Ähnlich auch den Fällen, in denen ein Dritter fahrlässig an die Ersthandlung des Täters anknüpft.

Der Täter hat zwar normwidrig eine Gefahr für das Rechtsgut geschaffen. Doch erfordert die objektive Zurechnung des tatbestandsmäßigen Erfolges darüber hinaus, **dass sich in diesem Erfolg gerade das vom Täter normwidrig geschaffene Risiko verwirklicht hat.** An jenem **Risikozusammenhang** fehlt es, wenn der Erfolg nicht Auswirkung der vom Täter normwidrig geschaffenen Gefahr ist, »sondern nur in zufälligem Zusammenhang mit ihr eintritt«.[109]

In Fall 46 und im Beispiel des Krankenhausbrandes hat sich nicht das normwidrig durch die **lebensgefährdende Handlung »Messerstich«** begründete Risiko für das Leben des Opfers realisiert, sondern das allgemeine Lebensrisiko, bei Verkehrsunfällen bzw. beim Brand von Gebäuden zu Tode zu kommen. Der Kausalverlauf fällt daher nicht mehr in den **Schutzbereich der verletzten Norm** (§ 212 StGB).

Ein weiteres Beispiel für einen fehlenden Risikozusammenhang liefert

Fall 48: – Tod des Verletzten infolge groben ärztlichen Kunstfehlers – 344
A hat den O mit Tötungsvorsatz niedergeschossen. Bei der erforderlichen Operation stirbt O infolge eines leichtfertigen Behandlungsfehlers des Arztes X. Ohne diesen hätte er mit an Sicherheit grenzender Wahrscheinlichkeit überlebt.

Hier verneint die h.M. zu Recht mangels *Realisierung der vom Täter geschaffenen Gefahr* die objektive Zurechnung des konkreten Erfolges:[110] **Grobe** ärztliche Kunstfehler lassen den Risikozusammenhang entfallen. Der **Schutzzweck der** durch den Schuss auf O **verletzten Norm** ist es, den Tod infolge der Schussverletzung zu verhindern. In casu war aber nicht diese Verletzung tödlich, sondern grobes ärztliches Fehlverhalten. Dieses liegt außerhalb des Verletzungsrisikos der lebensgefährdenden Handlung des A. Folglich ist der konkrete Erfolg Tod durch Leichtfertigkeit des X dem A nicht als **sein Werk** objektiv zuzurechnen.

A hat also nicht den objektiven Tatbestand des § 212 StGB erfüllt; daher ist er nur wegen **versuchten** Totschlags (§§ 212, 22, 23 StGB) strafbar.

Fall 49: – Tödlicher Schrecken einer sensiblen Passantin – 345
Rentnerin R wird Zeugin eines von A fahrlässig verursachten Verkehrsunfalls mit erheblichem Sachschaden am Pkw des O. Vor Schreck erleidet sie einen tödlichen Herzinfarkt. Hat A eine fahrlässige Tötung begangen?

Die Frage ist zu verneinen.[111] Die objektive Zurechenbarkeit des tatbestandsmäßigen Erfolges (Tod der R infolge Herzinfarkts) entfällt schon unter dem Aspekt mangelnder Vorhersehbarkeit. Darüber hinaus fehlt es am **Risikozusammenhang** zwischen dem Verhalten des A und dem Tod der R. Zwar hat A durch Verstoß gegen die StVO normwidrig ein Risiko für Rechtsgüter des O geschaffen. Man kann aber beim besten Willen nicht sagen, dass der Tod der R eine Verwirklichung dieses Risikos war. Der Schutzzweck der verletzten Norm dient nicht der Verhinderung derartiger Schreckreaktionen unbeteiligter Passanten.

---

109 Vgl. *Roxin*, § 11 Rn. 69; S/S/*Eisele*, Vor § 13 Rn. 95-96.

110 *Jäger*, AT, Rn. 42 f.; *Jescheck*/*Weigend*, § 28 IV 3;*Roxin*, § 11 Rn. 141-143 m.w.N. Im Ergebnis ebenso OLG Celle NJW 1958, 271 f.; anders *Frisch*, JuS 2011, 205 (209), der darauf abstellt, ob bereits der Ersttäter eine Todesgefahr geschaffen hat oder ob diese erst über die verfehlte ärztliche Behandlung eröffnet wurde.

111 Vgl. *Roxin*, § 11 Rn. 77, 145, § 24 Rn. 43 f.; OLG Karlsruhe NJW 1976, 1853.

Allerdings gibt es **Ausnahmen** von dem Prinzip, wonach es zum allgemeinen Lebensrisiko gehört, wie man auf seelische Belastungen, Erschrecken etc. reagiert.[112] Eine solche Ausnahme dürfte in **Fall 22** (tödlicher Herzinfarkt des Bedrohten bei einem bewaffneten Überfall; Rn. 209) anzunehmen sein.

Zwar scheidet Raub mit Todesfolge (§ 251 StGB) mangels **Leichtfertigkeit** aus. Doch dürfte Fahrlässige Tötung (§ 222 StGB) vorliegen:[113] Der Erfolgseintritt ist nicht ganz ungewöhnlich, also objektiv vorhersehbar. Nicht von ungefähr spricht man vom »tödlichen Erschrecken«. Auch gehört es zu den Risiken der Bedrohung anderer mit einer Schusswaffe, dass sie aus panischer Angst eine Herzattacke erleiden können. Mithin ist der Tod dem Täter als sein Werk objektiv zuzurechnen.

e) Atypische Konstitution des Opfers

346 Davon zu unterscheiden ist die Frage, wieweit tatbestandsmäßige Erfolge (z.B. Tod aufgrund einer Verletzung) dem Täter objektiv zuzurechnen sind, wenn sie auf einer **»abnormen Konstitution« des Opfers** beruhen.

Fall 50: – »Tod eines Bluters« –[114]
Während eines Streits zwischen L und S gibt L dem S eine mäßige Ohrfeige auf die linke Wange, die ungezielt die knochigen Teile in der Nähe der Nase trifft und bei S wegen seiner angeborenen Blutungskrankheit (Hämophilie) hartnäckiges Nasenbluten auslöst. Die Blutgerinnung ist bei S so stark eingeschränkt, dass er infolge des hohen Blutverlustes verstirbt. Strafbarkeit des L?

Problematisch ist zum einen die **Vorhersehbarkeit des Erfolges**[115] und zum anderen die Frage, ob sich die vom Täter hervorgerufene Gefahr oder vielmehr vor allem die besondere Veranlagung des Opfers im Erfolg niedergeschlagen hat. Letztere tritt allerdings regelmäßig weder von allein zutage noch führt sie unabhängig von der vom Täter gesetzten Gefahr zum Erfolg, so dass davon ausgegangen werden kann, dass sich die rechtlich missbilligte Gefahr, die mit einer Verletzungshandlung des Täters verbunden ist, in dem Erfolg realisiert hat.[116] Die Gefahr des Erfolgseintritts wurde jedenfalls **in relevanter Weise gesteigert**, so dass der Erfolg noch als Werk des Täters bezeichnet werden kann.

Die **Rechtsprechung** behandelt diese Frage im Rahmen der Kausalität und geht ebenfalls davon aus, dass eine *Mit*wirkung der besonderen Opferkonstitution im

---

112 *Jakobs*, 7/65 m.w.N. – Im Ergebnis ebenso BGHZ 172, 263.: Ein Polizeibeamter musste hilflos mit ansehen, wie die Insassen zweier Unfallwagen verbrannten; die dadurch bei ihm verursachte Gesundheitsschädigung (posttraumatische Belastungsstörung) gehört zum allgemeinen Lebensrisiko.

113 Ebenso u.a. OLG Nürnberg NStZ 1986, 556; so auch BGH NStZ 1986, 186 (Fahrlässige Körperverletzung durch Verursachung eines – nicht tödlichen – Herzinfarkts des Kassierers beim Überfall); zweifelnd *Rengier*, BT I, § 9 Rn. 11.

114 Abgewandelt nach BGHSt 14, 52 (Bluter-Fall 2).

115 Diese ablehnend *Maurach/Zipf*, AT, § 18 Rn. 66; *Baumann/Weber/Mitsch*, § 14 Rn. 25.

116 Bejahend auch *Heinrich*, AT, Rn. 249; *Kühl*, § 4 Rn. 65 m.w.N.; *Jescheck/Weigend*, § 28 IV 6, die auch solche atypischen Gefährdungen vom Schutzbereich der Norm umfasst sehen; **a.A.** *Block*, S. 87, 100 f. (zum Bluter-Fall 1).

Einzelfall als solche zunächst unschädlich ist.[117] Im Wesentlichen stellt sie auf die Frage der **Vorhersehbarkeit des Kausalverlaufs** ab. Maßgeblich ist danach nicht die Vorhersehbarkeit in allen Einzelheiten, sondern die Vorhersehbarkeit des Kausalverlaufs in seinen *wesentlichen* Zügen. Der tatsächliche Verlauf darf nicht **außerhalb aller Lebenserfahrung** liegen.[118]

Auch im Fall 50 dürfte daher ein atypischer Kausalverlauf vorliegen, der den Tötungserfolg mehr als Werk des Zufalls denn als Werk des L erscheinen lässt.

f) Unvernünftiges Verhalten des Opfers nach der Tat

Letztlich noch nicht geklärt ist die Frage, ob (und unter welchen Voraussetzungen) die objektive Zurechnung des Erfolges deswegen entfällt, weil das verletzte Opfer nach der Tat seinen Tod durch ganz unvernünftiges Fehlverhalten (mit-) verschuldet. **347**

Fall 51: – Unvernünftige Ablehnung ärztlicher Hilfe –
A verletzt die angetrunkene Alkoholikerin O durch brutale Schläge gegen den Kopf lebensgefährlich. O wird in ein Krankenhaus eingeliefert und nachdrücklich darüber belehrt, dass sie stationär behandelt werden müsse, da Lebensgefahr bestehe. O kehrt aber eigenmächtig in ihre Wohnung zurück, um dort weiter zu trinken. Wenige Tage später stirbt sie an den Folgen einer durch die Schläge verursachten Hirnblutung. Hätte O die stationäre Behandlung im Krankenhaus nicht verweigert, wäre ihr Leben gerettet worden. – Strafbarkeit des A, der bei seiner Tat nicht die Möglichkeit erkannt hatte, die Schläge könnten zu tödlichen Verletzungen führen?[119]

A hat ohne Tötungsvorsatz gehandelt: Auch dolus eventualis (bedingter Vorsatz) scheidet aus, da er nicht mit der Möglichkeit des Erfolgseintritts Tod der O gerechnet hat.[120] Daher entfallen Mord und Totschlag (§§ 211, 212 mit § 15 StGB). **348**

Doch kommt in Fall 51 eine Strafbarkeit wegen Körperverletzung mit Todesfolge (§§ 227, 18 StGB) in Betracht. Der Grundtatbestand (§ 223 StGB) liegt offensichtlich vor. Qualifizierende Merkmale des § 227 StGB:[121]

A hat den qualifizierenden Erfolg Tod der O **verursacht**. Ihre Mitursächlichkeit durch die unvernünftige Ablehnung ärztlicher Hilfe ändert hieran nichts. Das Verhalten des A kann nämlich nicht hinweggedacht werden, ohne dass der Erfolg entfiele.

Es fragt sich, ob der Tod der O dem A als **sein Werk** objektiv zuzurechnen ist; diese Frage ist mit dem BGH zu bejahen:[122] A hat durch die brutalen Schläge **349**

117 Vgl. BGHSt 14, 52 (Bluterfall 2); BGH NStZ 2008, 686 m. krit. Anm. *Hardtung*, StV 2008, 407.

118 Vgl. zu § 222 StGB: OLG Stuttgart NJW 1956, 1451 (Opfer mit besonders großer Disposition zur Thrombosebildung) m. Anm. *Henkel*, der von einem völlig inadäquaten Kausalverlauf ausgeht; RGSt 54, 349 (Bluterfall 1): unerheblich, ob die allgemein vorhersehbare Folge (Tod durch Steinwurf) nicht eingetreten wäre, wenn nicht die besondere Konstitution des Verletzten bei dessen Herbeiführung mitgewirkt hätte.

119 Fall nach BGH NStZ 1994, 394 f.

120 Zum dolus eventualis siehe Rn. 386 ff.

121 Zu § 227 StGB siehe *Krey/Hellmann/Heinrich*, BT/1, Rn. 289 ff. m.w.N.

normwidrig ein massives Risiko für das Leben der O geschaffen. Zudem hat sich im konkreten Erfolg auch die typische Gefährlichkeit seines Verhaltens realisiert; der **Risikozusammenhang** ist also zu bejahen. Nur in extremen Ausnahmefällen mag die objektive Zurechnung entfallen, wenn das Opfer den tatbestandsmäßigen Erfolg durch **grob unvernünftiges Verhalten** mitverschuldet hat.[123]

Beispiel: X fügt dem B eine leichte Verletzung zu. B stirbt an Wundstarrkrampf, weil er entgegen dem nachdrücklichen Rat seines Arztes eine Tetanusimpfung verweigert.

Hier lässt sich nicht sagen, der Tod des B sei dem X als sein Werk objektiv zuzurechnen. Vielmehr sprechen gegen diese objektive Zurechnung die folgenden Gründe:

- **mangelnde Beherrschbarkeit des Kausalverlaufs**, da B die Rettung seines Lebens selbst in der Hand hatte;
- **fehlende objektive Vorhersehbarkeit des Ursachenzusammenhanges**, da die Unvernünftigkeit des B der Lebenserfahrung völlig widersprach;
- **mangelnde Realisierung des von X geschaffenen Risikos im konkreten Erfolg**. Denn angesichts der sichergestellten lebensrettenden ärztlichen Hilfe durch eine ungefährliche medizinische Routinebehandlung (Injektion) lässt sich nicht sagen, der Tod des B sei eine typische Folge jener von X verursachten **leichten** Verletzung.

350 In **Fall 51** schließt die unvernünftige Ablehnung ärztlicher Hilfe die objektive Zurechnung nicht aus. Die brutalen Schläge gegen den Kopf der O waren schon als solche konkret lebensgefährlich. Das Opfer war – anders als B im Tetanus-Fall – nicht freiverantwortliche Herrin ihrer Entschlüsse. Frau O war alkoholkrank, angetrunken und schließlich süchtig nach weiterem Alkohol.[124] Im Übrigen hatten die brutalen Schläge, die unmittelbar die Hirnblutung auslösten, mit Sicherheit einen Zustand der »Benommenheit und Bewusstseinstrübung«[125] herbeigeführt. Aus diesen Gründen war der Tod der O nicht primär unmittelbare Folge ihrer Unvernunft. Vielmehr hat sich in ihrem »Tod durch Hirnblutung« das typische Risiko der normwidrigen Handlung des A realisiert.

Dass die schwerverletzte, angetrunkene Alkoholikerin O vernünftig und besonnen ärztliche Hilfe in Anspruch nehmen würde, war nach den Umständen nicht als sicher zu erwarten; ihre Unvernunft war demzufolge nicht ganz unwahrscheinlich.

g) Tod des Opfers brutaler Gewalt bei panischer Flucht

351 Kommt das Opfer eines brutalen, massiven Angriffs auf seine körperliche Unversehrtheit bei »panischer Flucht« zu Tode[126], so ist dies **kein Fall unvernünftiger**

122 BGH NStZ 1994, 394 f.; kritisch u.a.: *Otto*, BT, § 18 Rn. 8; *Wessels/Beulke/Satzger*, Rn. 275 mit Fn. 80.
123 *Kühl*, § 4 Rn. 52 m.w.N.; S/S/*Eisele*, Vor § 13 Rn. 102 a.E.
124 BGH NStZ 1994, 394 f.: Die O hatte »dem Drang nach weiterem Alkohol nachgegeben«.
125 Zu diesem Gesichtspunkt: BGH NStZ 1992, 335 f. (mit Anm. *Graul*, JR 1992, 344).
126 Dazu BGH NStZ 1992, 335 f. mit Anm. *Graul*, JR 1992, 344; BGHSt 48, 34 = JZ 2003, 635-637 mit Anm. *Kühl*.

Selbstgefährdung, der es erlauben könnte, den Tod des Opfers dem Täter nicht als sein Werk zuzurechnen.[127]

Hierzu hat der BGH klargestellt[128]: War die panische Flucht eine **»nachvollziehbare Reaktion«** auf das Täterverhalten, so ist der Tod des Opfers dem Angreifer als sein Werk zuzurechnen. Solches selbstgefährdendes Opferverhalten ist für »durch Gewalt und Drohung geprägte Straftaten« geradezu »deliktsspezifisch«.

Dem ist für solche Konstellationen zu folgen, in denen die panische Flucht und ihr tödlicher Ausgang objektiv vorhersehbar waren *und* Flucht und Todesfolge als ein typisches Risiko des aggressiven Täterverhaltens zu bewerten sind.[129]

h) Objektive Zurechnung von Folgeschäden, die aus einer strafbaren Vorschädigung resultieren?

Fall 52: – Unfalltod des durch eine Körperverletzung erblindeten Opfers – **352**
A hat dem O vorsätzlich Säure ins Gesicht geschüttet und dabei fahrlässig nicht bedacht, dass O das Sehvermögen verlieren könne; O erblindet auf beiden Augen. Drei Jahre später kommt er wegen seiner Blindheit bei einem Verkehrsunfall zu Tode. Strafbarkeit des A?

A hat durch den Säureanschlag das erfolgsqualifizierte Delikt der **Schweren Körperverletzung** begangen (§§ 223, **226** Abs. 1 Nr. 1 – »Verlust des Sehvermögens« –, § 18 StGB).

Doch fragt sich, ob A auch wegen des von ihm verursachen Unfalltodes des O[130] der **Körperverletzung mit Todesfolge (§§ 227, 18 StGB)** schuldig ist.[131]

Diese Frage dürfte mangels objektiver Zurechnung zu verneinen sein:[132] Zwar mag der Kausalverlauf vorhersehbar sein, was hier dahingestellt werden kann. Auch mag sich in dem Verkehrsunfall ein typisches Risiko der von A normwidrig herbeigeführten Blindheit des O realisiert haben. Gleichwohl bestehen Bedenken dagegen, dem A außer der Blindheit des O auch dessen späteren Unfalltod als sein Werk objektiv zuzurechnen. Die massive Strafdrohung für die Schwere Körperverletzung (§ 226 Abs. 1 StGB)[133], selbst wenn der Täter die schwere Folge nur fahrlässig verursacht hat, beruht bei qualifizierenden Folgen wie

- *Verlust des Sehvermögens* oder des *Gehörs* (§ 226 Abs. 1 Nr. 1 StGB),
- *Verlust eines wichtigen Gliedes des Körpers* (§ 226 Abs. 1 Nr. 2 StGB),
- *Lähmung* (§ 226 Abs. 1 Nr. 3 StGB)

insbesondere auch auf der erheblichen Steigerung der Lebensrisiken des Opfers: Der Blinde, Taube bzw. Gelähmte kann leichter als andere das Opfer von

127 BGHSt 48, 34 (*Gubener Hetzjagd*: aus Angst vor brutalen, fremdenfeindlichen Gewalttätigkeiten war das Opfer durch eine Glastür gesprungen und hatte sich dabei tödlich verletzt).

128 BGHSt 48, 34 (37-39).

129 So auch BGH NStZ 2008, 278 zu § 227 StGB (Sturz des Opfers, das in einer Kurzschlussreaktion auf das Fensterbrett gesprungen war).

130 Das Säureattentat des A kann nicht hinweggedacht werden, ohne dass der konkrete Erfolg Unfalltod infolge der Blindheit entfiele.

131 Zu den erfolgsqualifizierten Delikten siehe Rn. 204 ff., 1368 ff.

132 *Kühl*, § 4 Rn. 71; *Roxin*, § 24 Rn. 43, 45 m.w.N.; SK/*Rudolphi*, Vor § 1 Rn. 77; S/S/*Sternberg-Lieben*/*Schuster*, § 15 Rn. 162; **a.A.** wohl *Puppe*, 10/16 ff.

133 Freiheitsstrafe von einem Jahr bis zu zehn Jahren.

Verkehrsunfällen werden; Blinde und Gelähmte können leichter bei einem Brand zu Tode kommen. Diese Steigerung des Lebensrisikos des Opfers der Schweren Körperverletzung ist durch die Bestrafung **wegen dieses Verbrechens** bereits abgegolten.[134] Daher würde eine Bestrafung wegen **Folgeschäden** in Fällen wie dem vorliegenden Sinn und Zweck des § 226 StGB nicht gerecht. Der Tod des O ist also dem A nicht als sein Werk objektiv zuzurechnen.[135] Demgemäß scheidet nicht nur § 227 StGB aus, sondern auch Fahrlässige Tötung (§ 222 StGB).

i) Eingreifen Dritter in den Kausalverlauf

353 **Fall 53: – »Gelegenheit macht Mörder« –**
J kommt von der Jagd. In einer Bar hängt er sein geladenes Gewehr in die Garderobe. Dort sieht A die Waffe und erschießt mit ihr den Barkeeper B, der ihn gerade massiv beleidigt und ihm ein Hausverbot erteilt hatte. Strafbarkeit des J wegen Fahrlässiger Tötung?

J hat den Tod des B verursacht. Sein Verhalten kann nicht hinweggedacht werden, ohne dass der Erfolg entfiele. Der Umstand, dass ein **vorsätzlich handelnder Dritter** *an das fahrlässige Fehlverhalten des Täters* (Aufhängen der geladenen Schusswaffe) *anknüpft* und für sein Verbrechen **ausnutzt**, ändert an der Kausalität der Handlung des J nichts. Solch ein Eingreifen Dritter begründet keine »Unterbrechung« des Kausalverlaufs[136] und erst recht keinen Abbruch der Kausalität. Doch könnte die **objektive Zurechnung** entfallen.

354 Das vorsätzliche Eingreifen **Dritter** kommt als Grund für den Ausschluss der Zurechnung in Frage, *wenn* das Anknüpfen des Dritten an eine vom Täter verursachte Gefahrenlage **nicht vorhersehbar** war, so dass in seiner Ausnutzung des Verhaltens des Täters keine Realisierung des von diesem geschaffenen Risikos zu sehen ist.[137]

Für Fälle wie dem vorliegenden ist die Frage der objektiven Zurechnung des Erfolges für den fahrlässig handelnden Gefahrverursacher (J) strittig.[138] *Roxin* verneint diese Frage[139] zu Unrecht: Erstens ist ein Ursachenzusammenhang wie der vorliegende keineswegs ganz unwahrscheinlich. Zweitens hat sich im tatbestandsmäßigen Erfolg durchaus eine typische Gefährlichkeit des normwidrigen Täterverhaltens realisiert. In einer Bar kann keiner, der eine geladene Schusswaffe öffentlich zugänglich macht, darauf vertrauen, es werde schon

---

134 So u.a.: *Roxin*, aaO; *Schünemann*, JA 1975, 720.

135 Ein weiteres Argument ist strafprozessualer Natur: Wäre A vor dem Unfalltod des O rechtskräftig aus § 226 Abs. 1 StGB verurteilt worden, würde seiner Bestrafung aus § 227 StGB schon diese Rechtskraft entgegenstehen (Art. 103 Abs. 3 GG); BVerfGE 65, 377 (381); *Krey*, StPO, Rn. 1198-1199 m.w.N.

136 *Kühl*, § 4 Rn. 31 f.; *Wessels/Beulke/Satzger*, Rn. 276 f.; BGH NStZ 2001, 29 (30). – Für die Kausalität begründet ein derartiges Eingreifen Dritter also kein »Regressverbot« (Verbot des Rückgriffs auf den Erstverursacher, hier: J); *Roxin*, FS Tröndle, 1989, S. 177 m.w.N.

137 Zum Wegfall der objektiven Zurechnung bei der vorsätzlichen Anknüpfung an die durch den Täter geschaffene Gefahr durch Dritte siehe u.a.: *Kühl*, § 4 Rn. 49 ff., 78a, 98; *Roxin*, FS Tröndle, 1989, S. 179 ff., 190 ff.; SK/*Rudolphi*/*Jäger*, Vor § 1 Rn. 123 ff.; *Wessels/Beulke/Satzger*, Rn. 277; differenzierend S/S/*Eisele*, Vor § 13 Rn. 102.

138 Siehe für alle *Roxin*, FS Tröndle, 1989, S. 183 f., 190 ff., 194 f.; *Werle*, Fahrlässige Beteiligung am Vorsatzdelikt – Regressverbot, 1986, S. 107 ff.

139 *Roxin*, § 24 Rn. 33 a.E.; *ders*., FS Tröndle, 1989, Fn. 124, 126.

niemand diese zu kriminellen Handlungen missbrauchen. Gegen ein solches Vertrauen sprechen schon die mögliche Alkoholisierung von Besuchern sowie der Umstand, dass nicht alle Gäste von Bars zu den besonnenen, rechtstreuen Bürgern gehören müssen.

Im Falle von **tödlichen Wettrennen im Straßenverkehr** erfolgt eine Zurechnung des Handelns Dritter, denn § 29 Abs. 1 StVO verbietet Rennen im Straßenverkehr und bezweckt damit, dass sich andere Verkehrsteilnehmer nicht zu ähnlichem Fehlverhalten angestachelt fühlen und daraus resultierend Dritte gefährden oder ihnen Schaden zufügen.[140]

Ähnliche Überlegungen sind im Fall der Mitverursachung des Erfolges durch einen später handelnden Dritten anzustellen.

Fall 54: – »Beseitigung der Pflegemutter« –
S versetzt J mit einem Messer 16 Stichverletzungen in Bauch und Brust, um J zu töten. In der Annahme, J sei tot, benachrichtigt S den W, damit dieser ihr bei der Beseitigung der Leiche hilft. Als W allein an den Tatort zurückkehrt, atmet J noch hörbar, woraufhin ihr W, in der Absicht, die Sterbende zu töten, weitere Kopfverletzungen zufügt, die aber nicht sofort zum Tod der J führen. Strafbarkeit der S?[141]

Auch in diesem Fall ist das Handeln der S **Bedingung für das Eingreifen** des W, d.h. W knüpft lediglich daran an und setzt keine davon unabhängige Ursachenreihe in Gang, so dass die Handlung der S weiterhin kausal für den Eintritt des Erfolges ist. Das Eingreifen des W hält sich auch noch im Rahmen des Vorhersehbaren. Außerdem ist sein Verhalten so spezifisch mit dem typischen Risiko des Verhaltens der S verbunden, dass sich dieses und nicht ein von W neu geschaffenes eigenständiges Risiko im Erfolg realisiert.[142]

4. »Handeln des Opfers auf eigene Gefahr« als Spezialfall des Ausschlusses der objektiven Zurechnung

Die objektive Zurechnung eines vom Täter mitverursachten Erfolges kann weiter- 355
hin unter dem Gesichtspunkt des *freiverantwortlichen Handelns des Opfers auf eigene Gefahr* (sog. »eigenverantwortliche Selbstgefährdung«) entfallen, wenn sich in diesem Erfolg letztlich eine vom Opfer selbst (von Anfang an) gesetzte Gefahr realisiert.[143]

Abzugrenzen ist diese Konstellation sowohl von den Fällen, in denen ein Opferverhalten sich erst *im Anschluss* an eine das Rechtsgut Leib oder Leben tangieren-

140 Vgl. *Mitsch*, JuS, 2013 20 (22) zu OLG Stuttgart, StV 2012, 23, das eine Strafbarkeit unter Ausblendung des § 29 Abs. 1 StVO konsequent ablehnt und OLG Celle, StV 2013, 27, das eine Strafbarkeit trotz Nichtheranziehung des § 29 Abs. 1 StVO richtigerweise annimmt; hierzu auch *Rengier*, StV 2013, 27; vgl. BGHSt 53, 55.

141 Nach BGH NStZ 2001, 29 – **Pflegemutter-Fall**.

142 So auch im **Gnadenschuss-Fall** BGH MDR/D 1956, 526; im Ergebnis zustimmend u.a. *Wessels/Beulke/Satzger*, Rn. 234, 277. Nach Ansicht von *Wessels/Beulke/Satzger* (Rn. 235) hätte der **Bratpfannen-Fall** (NJW 1966, 1823) aber anders entschieden werden müssen.

143 *Heinrich*, AT, Rn. 252; *Kühl*, § 4 Rn. 83 ff.; *Roxin*, § 11 Rn. 48, 106 ff.; *Wessels/Beulke/Satzger*, Rn. 276 ff.; *Lasson*, ZJS 2009, 359 (363); *Beulke*, FS Zoll, 2012, S. 735 (737). Siehe auch *Krey/Hellmann/Heinrich*, BT/1, Rn. 116, 118; 120-124 (dort wird freilich nicht primär die objektive Zurechnung, sondern vor allem die Fahrlässigkeit verneint, Rn. 122).

de Handlung des Täters auf den Erfolgseintritt auswirkt (dazu bereits Rn. 347 ff.), als auch von der »einverständlichen Fremdgefährdung« (Rn. 369 ff.)

a) Teilnahme an einer freiverantwortlichen Selbstgefährdung des Opfers

(1) Ausschluss der objektiven Zurechnung wegen der Straflosigkeit der Beteiligung am freiverantwortlichen Suizid

356 **Fall 55: – Fahrlässige Suizidteilnahme –**[144]
Polizeibeamter P hat den Selbstmord seiner Freundin F dadurch fahrlässig mitverursacht, dass er ihr pflichtwidrig seine geladene Dienstpistole zugänglich gemacht hatte: Die F hat die auf dem Armaturenbrett seines Pkw abgelegte Pistole ergriffen und sich erschossen. – Strafbarkeit des P wegen Fahrlässiger Tötung (§ 222 StGB), wenn der Suizid der F »freiverantwortlich« war?

Zwar hat P den Tod der F **mitverursacht**. Auch war sein Verhalten normwidrig; denn es war pflichtwidrig und damit fahrlässig, die Dienstwaffe auf dem Armaturenbrett des Pkw Dritten zugänglich zu machen. Gleichwohl entfällt hier die objektive Zurechnung des Erfolgs und damit eine Strafbarkeit des P aus dem Gesichtspunkt der bloßen *Beteiligung an einem freiverantwortlichen Suizid*:[145]

357 Der Suizid und entsprechend der Suizidversuch erfüllen keinen **Straftatbestand**. Die Tötungsdelikte erfassen nur die Tötung eines *anderen* Menschen, nicht die Selbsttötung.[146] Demgemäß ist die vorsätzliche Teilnahme am freiverantwortlichen Suizid eines anderen straflos, denn Teilnahme (Anstiftung, Beihilfe) verlangt eine **tatbestandsmäßige** und rechtswidrige **Haupttat** (§§ 26, 27 i.V.m. § 11 Abs. 1 Nr. 5 StGB). Hätte somit P der F **vorsätzlich** bei ihrem Suizid geholfen, indem er ihr beispielsweise in Kenntnis ihres Vorhabens die Waffe gereicht hätte, wäre seine Beihilfe mangels tatbestandsmäßiger Haupttat straflos gewesen.

358 Wenn nun die **vorsätzliche** Mitverursachung eines freiverantwortlichen Suizids, sei es in der Form der Anstiftung, sei es als Beihilfe[147], straflos ist, kann für die nur **fahrlässige** Mitverursachung einer solchen Selbsttötung zwingend nichts anderes gelten (Erst-Recht-Argument). Anderenfalls würde nämlich die bloße Fahrlässigkeit strenger bewertet als der Vorsatz[148]; das aber wäre ein mit dem Gerechtigkeits- und dem Schuldprinzip unvereinbarer Wertungswiderspruch.[149]

---

144 Fall nach BGHSt 24, 342; dazu eingehend *Krey/Hellmann/Heinrich*, BT/1, Rn. 116-119 m.w.N.

145 Vgl. *Krey/Hellmann/Heinrich*, BT/1, Rn. 118 m.w.N.; vgl. auch die Entscheidung der StA München I (NStZ 2011, 345 ff.), das Verfahren gemäß § 170 Abs. 2 StPO einzustellen, wenn die Kinder, die dem völlig freiverantwortlichen Suizid ihrer Mutter beiwohnen, nicht ihrer Garantenpflicht nachkommen und nicht versuchen, den Todeseintritt abzuwenden.

146 BGHSt 32, 367 (371 f.); *Krey/Hellmann/Heinrich*, BT/1, Rn. 100 ff.; *Roxin*, FS Dreher, 1977, S. 336 ff.

147 Zur Problematik der einseitig fehlgeschlagenen Doppelselbsttötung (mittäterschaftliche Mitwirkung des Überlebenden am Suizid) siehe m.w.N. *Krey/Hellmann/Heinrich*, BT/1, Rn. 108 ff.

148 BGHSt 24, 342 (343 f.); 32, 262 (264) m.w.N.; zuletzt BGHSt 53, 288; *Krey/Hellmann/Heinrich*, BT/1, Rn. 118 m.w.N.

149 Zur Beteiligung am unfreien Suizid (z.B. dem eines Kindes oder Geisteskranken) siehe: *Krey/Hellmann/Heinrich*, BT/1, Rn. 105, 108, 119.

(2) Straflosigkeit der Beteiligung an der freiverantwortlichen Selbstgefährdung eines anderen

Fall 56: – »Russisches Roulette Nr. 1« – **359**
A und O gehören zur »Russen-Mafia«. Aus Imponiergehabe spielen sie »Russisches Roulette«: A hält sich einen mit nur einer Patrone geladenen Revolver an die Schläfe, ohne zu wissen, in welcher der acht Kammern der Revolvertrommel sich die Patrone befindet, und drückt ab; er hat Glück. Dann gibt er die Waffe dem O, der sich, nachdem er die Revolvertrommel hat rotieren lassen, ebenfalls den Revolver an die Schläfe setzt und abdrückt. O hat weniger Glück und stirbt. Strafbarkeit des A wegen Fahrlässiger Tötung, wenn beide Gangster nicht mit der Möglichkeit eines tödlichen Ausgangs gerechnet hatten?

Die Frage ist zu verneinen: O war das Opfer einer freiverantwortlichen Selbstgefährdung. A war lediglich an dieser Gefährdung beteiligt. Für solche Konstellationen hat der BGH zutreffend entschieden:[150]

»Eigenverantwortlich gewollte und verwirklichte Selbstgefährdungen unterfallen nicht dem Tatbestand eines Körperverletzungs- oder Tötungsdelikts, wenn das mit der Gefährdung bewusst eingegangene Risiko sich realisiert. Wer lediglich eine solche Selbstgefährdung veranlasst, ermöglicht oder fördert, macht sich nicht wegen eines Körperverletzungs- oder Tötungsdelikts strafbar.«

Die Begründung hierfür liegt auf der Hand: Aus der Straflosigkeit der vorsätzli- **360**
chen Mitverursachung des freiverantwortlichen Suizids und der Selbstverletzung anderer folgt mittels eines Erst-Recht-Arguments die Straflosigkeit der vorsätzlichen Mitverursachung der freiverantwortlichen **Selbstgefährdung** des Opfers.[151]

Soweit die Teilnahme am Suizid oder an der Selbstverletzung straflos ist, kann die Teilnahme an der wissentlichen Selbstgefährdung, auch wenn sich die Gefahr realisiert, nicht als Fahrlässige Tötung oder Fahrlässige Körperverletzung strafbar sein.[152] In casu ist von einer **freiverantwortlichen** Selbstgefährdung des O auszugehen.[153] Somit ist der Tod des O dem A nicht als sein Werk objektiv zuzurechnen und A hat sich nicht der Fahrlässigen Tötung schuldig gemacht.[154]

Als weitere **Beispiele** für den Ausschluss der objektiven Zurechnung wegen frei- **361**
verantwortlicher Selbstgefährdung des Opfers werden in Rechtsprechung und Lehre diskutiert:

- Tödlich ausgehendes **Motorrad-Wettrennen** zweier Mitglieder einer Bande: Keine Strafbarkeit des Überlebenden aus § 222 StGB;[155]

150 BGHSt 32, 262 (264 f.); 53, 55; vgl. hierzu *Eisele*, JuS 2012, 577 (581 f.).

151 BGHSt 32, 262 (264 f.); *Krey/Hellmann/Heinrich*, BT/1, Rn. 123 m.w.N.; *Roxin*, § 11 Rn. 48, 106-120; SK/*Rudolphi/Jäger*, Vor § 1 Rn. 132; *Schünemann*, JA 1975, 720 f. Kritisch *Zaczyk*, S. 50 ff., zudem *Jäger*, Zurechnung, S. 9 ff.

152 BayObLG JZ 1997, 521 f. mit Anm. *Otto*; SK/*Rudolphi/Jäger*, Vor § 1 Rn. 132; *Schünemann*, JA 1975, 720 f.

153 Zur Freiverantwortlichkeit siehe Rn. 362 ff.

154 Vgl. *Kühl*, § 4 Rn. 86 f. Zu abweichenden Begründungen u.a. *Zaczyk*, S. 50 ff. m.w.N.

155 Dazu m.w.N.: *Krey/Hellmann/Heinrich*, BT/1, Rn. 120 ff.; *Roxin*, § 11 Rn. 108; *Puppe*, 6/1 ff.; bedenklich (und wohl durch BGHSt 32, 262 (264 f.) überholt) BGHSt 7, 112.

- **Abgabe von Heroin** an einen Drogenkonsumenten, der sich das Rauschgift injiziert und daran stirbt;[156]
- Beischlaf eines **HIV-positiven** Mannes mit seiner Freundin, die diese Infektion und das Übertragungsrisiko kennt.[157]

Anders dagegen lag es beim sog. **»Konstanzer Wagenrennen«**: Der Tod des Beifahrers war den Fahrern auch objektiv zurechenbar, weil sie im Gegensatz zum Beifahrer die Herrschaft über das Geschehen innehatten (Fremdgefährdung).[158]

Entfällt die vorsätzliche Strafbarkeit des Mitwirkenden aufgrund eigenverantwortlicher Selbstgefährdung des Opfers, bleibt aber immer noch die Frage zu klären, ob er nicht wegen **fahrlässiger Tatbegehung** verurteilt werden kann. Dazu folgender Fall:[159]

Ein Arzt (A) hatte in einer sog. **psycholytischen Sitzung** seinen Patienten fahrlässigerweise eine zehnfach zu hoch dosierte Menge der **illegalen Droge MDMA** bereitgestellt. Nach deren Einnahme verstarb ein Patient (P). Eine Strafbarkeit des A gem. § 227 StGB (Körperverletzung mit Todesfolge) scheitert an der eigenverantwortlichen Selbstgefährdung des P: »Sämtliche Mitglieder der Gruppe nahmen das Betäubungsmittel MDMA [wissentlich und] willentlich zu sich. Ungeachtet der Tatsache, dass der A die Dosierung bestimmte und die Betäubungsmittelportionen auch selbst abwog, verblieb ihnen ohne jede Einschränkung die letzte Entscheidung über die Einnahme.« Da der A aber »die maßgebliche Risikoerhöhung durch die Falschdosierung nicht erkannt hat, liegt […] ein durch fahrlässiges Tun herbeigeführter Irrtum der Gruppenmitglieder vor.« A hat sich daher der Fahrlässigen Tötung strafbar gemacht.

Demzufolge kommt immer dann eine Strafbarkeit aus fahrlässiger Begehung des an einer eigenverantwortlichen Selbstgefährdung Mitwirkenden in Betracht, wenn er über ein – gegenüber dem Opfer – **gesteigertes Erkenntnispotential** verfügt, welches er in fahrlässiger Weise nicht voll ausgeschöpft hat und auf das von Seiten des Opfers billigerweise vertrauen durfte.[160]

362 **(3) »Freiverantwortlichkeit« von Suizid, Selbstverletzung bzw. Selbstgefährdung**

(a) Nach verbreiteter, früher herrschender Ansicht wird ein »nicht verantwortlicher« Suizid in **analoger Anwendung der Exkulpationsregeln (§§ 19, 20, 35 StGB)** nur dann angenommen, wenn das Opfer unter solchen Umständen

156 BGHSt 32, 262 (mit Zweifeln an der Freiverantwortlichkeit: 265); 37, 179; *Krey/Hellmann/Heinrich*, BT/1, Rn. 194 ff., 198-202; *Roxin*, § 11 Rn. 110 ff.; *Schünemann*, NStZ 1982, 60 ff.; *Zaczyk*, S. 60 f.

157 BayObLG JZ 1989, 1073 f.; *Krey/Hellmann/Heinrich*, BT/1, Rn. 124; *Lackner/Kühl*, Vor § 211 Rn. 12a m.w.N.; *Wessels/Beulke/Satzger*, Rn. 274 a.E.; *Zaczyk*, S. 58 f. Offengelassen in BGHSt 36, 1 (17); ebenfalls LG Würzburg JuS 2007, 772.

158 BGHSt 53, 55; vgl. hierzu *Jahn*, JuS 2009, 370; zu ähnlichen Fällen von tödlichen Wettrennen im Straßenverkehr: OLG Stuttgart StV 2012, 23 und OLG Celle StV 2013, 27.

159 BGH NStZ 2011, 341 (**Drogenarzt-Fall**) m. Anm. *Stam*, StV 2011, 536; zu diesem Fall auch: *Puppe*, JZ 2011, 910; *Kotz*, JR 2011, 266; *Jäger*, JA 2011, 474.

160 So auch *Beulke*, FS Zoll, 2012, 735 (749) mit Bezug auf BGHSt 53, 288, BGH NStZ 2011, 341 (vgl. oben) und AG Garmisch-Patenkirchen SpuRt 2011, 128.

gehandelt hat, die im Falle der Tötung eines **anderen** durch ihn seine strafrechtliche Verantwortlichkeit gemäß jenen Vorschriften ausschließen würden.[161]

Danach ist unfrei, d.h. **nicht freiverantwortlich**, der Suizid

- eines **Kindes** (§ 19 StGB analog)[162];
- eines **Geisteskranken** (§ 20 StGB analog);
- eines unter den Voraussetzungen des **§ 35 Abs. 1 StGB** Handelnden.[163]

Dieselben Maßstäbe (§§ 19, 20, 35 StGB analog) gelten nach jener früher h.M. für die Freiverantwortlichkeit einer Selbstverletzung bzw. **Selbstgefährdung**.

(b) Die dargelegte Ansicht ist zu eng. Vielmehr wird die Frage der Freiverantwortlichkeit von Suizid, Selbstverletzung und -gefährdung von der **heute h.M.** zutreffend nach den Maßstäben der **Einwilligungslehre** (i.V.m. der Dogmatik zur »Ernstlichkeit des Verlangens« nach dem eigenen Tod, § 216 StGB) bestimmt:[164] **363**

Freiverantwortlich ist der Entschluss zum Suizid, zur Selbstverletzung bzw. zur Selbstgefährdung, wenn er nach diesen Maßstäben **Ausdruck eines freien und ernstlichen Verlangens nach dem eigenen Tod, der Verletzung des eigenen Körpers bzw. der Gefährdung des eigenen Lebens oder Leibes** ist.[165]

Die Selbsttötung, Selbstverletzung bzw. Selbstgefährdung muss auf einer Einwilligung i.S. eines »Aktes wirklicher Selbstbestimmung« beruhen.[166] Dazu gehört vor allem auch die **volle Kenntnis des Risikos**. Die betreffende Person darf keinen wesentlichen Willensmängeln unterliegen wie es bei Drohung, Täuschung, Zwang, einem Irrtum[167] oder einer Intoxikationspsychose (vorübergehende psychische Vergiftungserscheinung u.a. nach Drogenkonsum) der Fall ist.[168]

Die Einwilligungslehre kommt dort, wo von der früher h.A. in analoger Anwendung der Exkulpationsregeln eine freiverantwortliche Selbsttötung, Selbstverletzung bzw. Selbstgefährdung verneint wird (Rn. 362), zu demselben Ergebnis. Denn in solchen Situationen analogen Rückgriffs auf §§ 19, 20 bzw. 35 StGB fehlt es allemal an einem **»Akt wirklicher Selbstbestimmung«** des Opfers. Jedoch geht der Bereich **nicht freiverantwortlichen** Handelns des Opfers gemäß der Einwilligungslehre noch erheblich weiter: **364**

161 *Roxin*, FS Dreher, 1977, S. 331 (346 f.); *Zaczyk*, S. 36, 43 m.w.N.

162 Für **Jugendliche** (§ 1 Abs. 2 JGG) wäre danach **§ 3 JGG analog** maßgeblich; so u.a.: *Bottke*, AIFO 1988, 628 (633, 637); *Roxin*, § 25 Rn. 144-147.

163 Beispiel: Ein Diktator zwingt einen regimefeindlichen, populären General mit der Drohung, anderenfalls seine Familie zu liquidieren, zum Suizid.

164 So im Anschluss an *Geilen* und *Herzberg*: *Krey/Hellmann/Heinrich*, BT/1, Rn. 92; *Lackner/Kühl*, Vor § 211 Rn. 13a; *Wessels/Beulke/Satzger*, Rn. 266. Ebenso MK/*Freund*, Vor § 13 Rn. 421 ff. Dahingestellt von BGHSt 32, 262 (266).

165 *Krey/Hellmann/Heinrich*, BT/1, Rn. 92, 119, 198 ff.; *Lackner/Kühl*, Vor § 211 Rn. 13a.

166 S. die Begründung bei *Krey/Hellmann/Heinrich*, BT/1, Rn. 90-94, 198 ff.

167 *Eisele*, JuS 2012, 577 (580) zur Behandlung eines Motivirrtums, bspw. wenn das Opfer irrtümlich davon ausgeht, dass der Partner mit aus dem Leben scheidet.

168 BGHSt 53, 288 m. Anm. *Lange/Wagner*, NStZ 2011, 67: irrige Annahme, die konsumierte Droge sei Kokain und nicht Heroin. Dagegen liegt die Ungewissheit bzgl. Wirkstoffkonzentration und Gehalt evtl. beigemengter Stoffe innerhalb des üblichen Gefahrenbereichs.

Nicht freiverantwortlich ist der Suizid mangels freien, ernstlichen Verlangens nach dem eigenen Tod i.S. der Einwilligungslehre u.a. bei(m)

- **mangelnder Willensfreiheit** des Opfers aufgrund von Gewalt, Drohung mit einem empfindlichen Übel oder Täuschung; hier kann von einer Einwilligung als Akt wirklicher Selbstbestimmung keine Rede sein;[169]
- **Suizid aus »heulendem Elend«**; beim Kurzschluss-Selbstmord unter starkem Alkoholeinfluss; beim Suizidversuch, der offensichtlich den Charakter eines Hilferufs trägt;[170]
- **drogensüchtigen Opfer**, das unter massiven Entzugsfolgen leidet oder sie fürchtet.[171]

Diese Beispiele zeigen, dass der Maßstab einer analogen Anwendung der §§ 19, 20, 35, zudem § 16 Abs. 1 StGB zu eng ist.

(4) Verursachung riskanter, tödlich ausgehender Rettungshandlungen

– Wissentliche Selbstgefährdung des Opfers aufgrund von Berufspflichten bzw. aus Berufsethos oder zur Rettung nahestehender Personen –

365 **Fall 57: – Tod des Retters beim Brand –**[172]
A hat das Wohngebäude des O in Brand gesetzt (§ 306a Abs. 1 Nr. 1 StGB). O, der gerade hinzukommt, eilt in das brennende Haus, um Angehörige zu retten; dabei stirbt er.
Strafbarkeit des A wegen Fahrlässiger Tötung (§ 222 StGB)?[173]

A hat den Tod des O verursacht. Der Erfolg war auch objektiv vorhersehbar; zudem hat sich im Tod des O ein typisches Risiko des von A normwidrig geschaffenen Gefahrenherdes (Brand des Hauses) realisiert. Doch könnte die objektive Zurechnung unter dem Gesichtspunkt der **Selbstgefährdung** des Opfers ausgeschlossen sein. Indes hat der BGH einen solchen Zurechnungsausschluss in Fällen vergleichbarer Art verneint;[174] dies zu Recht:

(a) Kommen bei einer vom Täter normwidrig geschaffenen Gefahrenlage **Berufsretter** wie Feuerwehrleute, Polizeibeamte, Ärzte etc. zu Tode, so kann von einer »freiverantwortlichen Selbstgefährdung« des Opfers keine Rede sein, sofern der getötete Retter **im Rahmen** seiner beruflichen Rettungs**pflichten** handelte.[175]

Eine Gefährdung der Berufsretter ist mit der geschaffenen Gefahrenlage gerade typischerweise verbunden, wenn der Täter ohne deren Mitwirkung oder Einverständnis eine erhebliche Gefahr für andere begründet und dadurch ein einsichtiges Motiv auch für gefährliche Rettungsmaßnahmen schafft.[176]

---

169 *Krey/Hellmann/Heinrich*, BT/1, Rn. 200, 205, 207 ff.
170 *Krey/Hellmann/Heinrich*, BT/1, Rn. 119, 124.
171 *Krey/Hellmann/Heinrich*, BT/1, Rn. 199 (sehr str.).
172 Fall nach BGHSt 39, 322 mit Anm. *Amelung*, NStZ 1994, 338; ausführlich zu den sog. »Retterschäden« auch *Radtke/Hoffmann*, GA 2007, 201.
173 Zu § 306c StGB (Brandstiftung mit Todesfolge) siehe Rn. 367.
174 BGH aaO. Zustimmend u.a.: *Wessels/Beulke/Satzger*, Rn. 282 ff.; *Eisele*, JuS 2012 577 (583); differenzierend *Roxin*, § 11 Rn. 115-117.
175 *Krey/Hellmann/Heinrich*, BT/1, Rn. 124; *Satzger*, Jura 2014, 695 (702 f.); **a.A.** *Roxin*, § 11 Rn. 139.
176 BGHSt 39, 322 (325).

(b) Dasselbe muss bei wertender Betrachtung gelten, wenn sich das Opfer aus Berufs**ethos** bei jener Gefahrenlage wissentlich selbst gefährdet[177], mithin **überobligatorische Rettungshandlungen** vornimmt.

Allerdings können Verletzungen oder gar der Tod des Retters dem Täter nicht unbegrenzt als sein Werk zugerechnet werden. Die **Grenze** wird dort gezogen, wo der Rettungsversuch von vornherein **sinnlos** erscheint oder mit offensichtlich unverhältnismäßigen, **gänzlich unvertretbaren Risiken** für Leib und Leben der Retter verbunden und deshalb offensichtlich unvernünftig ist. Zu beurteilen ist dies anhand einer objektivierten ex-ante Betrachtung der Risikofaktoren unter Berücksichtigung der situationsbedingten psychischen Belastung der Rettungskräfte.[178]

Mit Überschreitung dieser Grenze besteht wieder die *Möglichkeit* des Zurechnungsausschlusses und der alleinigen Verantwortlichkeit des Retters für den Erfolg. Voraussetzung hierfür bleibt aber, dass dieser eigenverantwortlich den Entschluss zur Rettungshandlung gefasst hat.[179]

(c) Schließlich dürfte auch in Fällen wie dem vorliegenden die objektive Zurechnung des **Todes von Rettungswilligen** zu bejahen sein.[180] Dass es bei Bränden zu riskanten Rettungsaktionen zugunsten von Angehörigen oder sonst nahestehenden Personen kommen kann, gehört zu den typischen Risiken der Brandstiftung, für die der Täter verantwortlich ist. Der Gesichtspunkt »freiverantwortlicher Selbstgefährdung« erscheint hingegen unpassend. Soweit für die Grenze der Zurechnung auf den Umfang der Handlungspflichten der Retter abgestellt wird[181], gehen diejenigen der ausgebildeten Personen mit Schutzausrüstung über diejenigen der ungeschützten Laien hinaus, so dass die Grenze der Unvernunft und damit die Grenze der Zurechnung bei letzteren früher überschritten sein wird.

(d) Bei normativer Betrachtung sind also demjenigen, der die Gefahr verschuldet 366
hat, selbstgefährdende Rettungshandlungen von **Berufsrettern** und **Angehörigen** (bzw. nahestehenden Personen) in der Regel als sein Werk objektiv zuzurechnen. Das Argumentieren mit der »Straflosigkeit der Beteiligung am freiverantwortlichen Suizid« wäre hier gänzlich deplaziert.[182]

Darüber hinaus dürfte der Brandstifter auch für den Tod **unbeteiligter Dritter** verantwortlich sein, die z.B. bei dem Versuch, Kinder aus dem brennenden Haus zu retten, umkom-

177 S/S/*Eisele*, Vor § 13 Rn. 101f.

178 OLG Stuttgart NJW 2008, 1971 (bei arbeitsteiligen Vorgängen wie einem Feuerwehreinsatz soll sich der Retter auch die offensichtlich unvernünftigen Entscheidungen seiner Kollegen zurechnen lassen müssen, so dass für die Beurteilung als unvernünftig auf das gesamte Handeln der beteiligten Einsatzkräfte abzustellen sein soll); ausführlich zu diesem Aspekt *Puppe*, NStZ 2009, 333 (335).

179 Insofern krit. zum Beschluss des OLG Stuttgart: *Puppe*, NStZ 2009, 333 (im konkreten Fall fehlte es an einer vollen Kenntnis des Risikos).

180 Ebenso offenbar: *Frister*, 10/18 f.

181 OLG Stuttgart NJW 2008, 1971 (Zurechnung der erhöhten Risiken erscheint angesichts der gleichzeitig erhöhten Rettungswahrscheinlichkeit sachgerecht).

182 *Krey*/*Hellmann*/*Heinrich*, BT/1, Rn. 124; *Puppe*, 6/10 ff.

men.[183] Im Übrigen soll nach der Rechtsprechung dasselbe für Rettungswillige gelten, die beim Versuch, **bloße Sachwerte** vor der Vernichtung zu bewahren, in den Flammen umkommen, *sofern* es sich nicht um eine **evident unvernünftige Rettungsaktion** handelt.[184]

367 Ist A auch aus **§ 306c StGB** (Brandstiftung mit Todesfolge) strafbar? – Diese Vorschrift erfasst auch den Tod von Rettungswilligen.[185] Daher ist A nach § 306c StGB strafbar, wenn er den Erfolg **leichtfertig** (Rn. 208) verursacht hat.

(5) Objektive Zurechnung in den sog. Verfolgerfällen?

368 Strittig ist, ob ein Straftäter, der sich seiner Festnahme durch Flucht zu entziehen sucht, strafrechtlich für Verletzungen von Polizeibeamten verantwortlich ist, die bei der »Verfolgungsjagd« zu Schaden kommen. Die Zivilgerichte bejahen grundsätzlich eine Verantwortlichkeit des Fliehenden.[186] Dagegen dürfte **strafrechtlich** eine Verantwortlichkeit wegen Fahrlässiger Körperverletzung (§ 229 StGB) oder gar Fahrlässiger Tötung (§ 222 StGB) ausscheiden.[187] Anderenfalls würde man den Wertentscheidungen unserer Rechtsordnung nicht gerecht, die eine Flucht des Beschuldigten bei drohender Festnahme nicht missbilligt. Es wäre sachwidrig, den fliehenden Ladendieb wegen Fahrlässiger Tötung zu bestrafen, wenn ein Polizeibeamter bei der Verfolgung unglücklich stürzt und stirbt.

b) Straflosigkeit in den Fällen »einverständlicher Fremdgefährdung«

369 **Fall 58: – »Russisches Roulett Nr. 2« –**
Abwandlung von Fall 56 (Rn. 359): O hatte zunächst dem A den Revolver an den Kopf gehalten und abgedrückt. Anschließend hat A, nachdem O die Trommel mehrfach hatte rotieren lassen, dem O mit dessen freiverantwortlicher Einwilligung den Revolver an die Schläfe gedrückt und den Abzug betätigt; dabei hat sich der tödliche Schuss gelöst.

370 **Fall 59: – »Zirkusartisten leben gefährlich« –**
A und O sind Zirkusartisten. In ihrer »Sensationsnummer« wirft A in Richtung auf die an ein Holzbrett gebundene, leicht bekleidete O Messer, mit denen er die Konturen ihres Körpers nachzeichnet. Eines Tages trifft A die O versehentlich und verletzt sie schwer; dies passierte, weil ein angetrunkener Zuschauer ihn beim Wurf furchtbar erschreckt hatte.

In beiden Fällen hat das Opfer auf eigene Gefahr gehandelt; hierin liegt die Gemeinsamkeit mit den Fällen 55-57. Der Unterschied zu diesen besteht jedoch in Folgendem: Dort hatten die Opfer jeweils die Herrschaft über die Gefährdung; es ging also um eine eigenverantwortliche ***Selbstgefährdung***.

Dagegen setzten sich der Getötete in Fall 58 sowie die Verletzte in Fall 59 bewusst der gefährlichen Handlung eines anderen aus und wurden daher Opfer einer ***vom Täter beherrschten Fremdgefährdung***, die grundsätzlich tatbestandsmäßig ist und strafbares Unrecht verkörpert. Allerdings hatten die Opfer freiverantwortlich **eingewilligt**.

183 Ebenso offenbar BGHSt 39, 322 (Leitsatz); S/S/*Eisele*, Vor § 13 Rn. 101f.
184 BGHSt 39, 322 (326); *Puppe*, 6/11.
185 *Krey/Hellmann/Heinrich*, BT/1, Rn. 1085 m.w.N.; differenzierend: *Fischer*, § 306c Rn. 4a.
186 BGHZ 132, 164 mit Anm. *Teichmann*, JZ 1996, 1181 m.w.N.
187 So zutreffend *Roxin*, § 11 Rn. 140.

Diese letztere Konstellation soll erst später erörtert werden, und zwar wegen des Sachzusammenhanges mit dem Rechtfertigungsgrund **Einwilligung** (Rn. 655 ff.).

c) Abgrenzung zwischen Selbst- und Fremdgefährdung

Fall 59a: – Substitutionsbehandlung Rauschgiftsüchtiger –[188] 371
Ein auf Substitutionsbehandlung spezialisierter Arzt (A) hatte zwei seiner Patienten in Kenntnis ihrer Heroinabhängigkeit Fentanyl-Pflaster verschrieben, ohne zuvor eine umfassende Untersuchung durchgeführt zu haben. Die Patienten hatten sich die Pflaster allerdings nicht – wie gedacht – aufgeklebt, sondern sie ausgekocht und sich den Wirkstoff anschließend gespritzt. Dabei verfügten sie aufgrund ihrer langen Suchtkarriere über hinreichendes Sachwissen und wussten um die grundlegenden Risiken ihres Handelns. Infolge der Injektion verstarben beide an einer Überdosis.

Da die Fremdgefährdung oder -schädigung grundsätzlich strafbar ist, die Beteiligung an der (eigenverantwortlichen) Selbstgefährdung aber nicht, kommt der Abgrenzung von Fremd- und Selbstgefährdung wesentliche Bedeutung zu. Maßgeblich ist die »Trennlinie« zwischen Täterschaft und Teilnahme, d.h. insbesondere die Frage, wer **Herr über die Gefährdungs- bzw. Schädigungshandlung** ist.[189]

Zur Schaffung eines ersten Verständnisses für die Abgrenzung von Täterschaft und Teilnahme:

Hat neben dem Gefährdeten bzw. Geschädigten zumindest *auch* der andere die Macht über den zum Erfolg führenden Geschehensablauf, so ist auch er für diesen **(mit-)verantwortlich**, so dass nicht mehr nur von seiner bloßen Beteiligung an der Tat des Gefährdeten und dessen alleiniger Verantwortung gesprochen werden kann. Vielmehr wird die Tat (auch) zu einer eigenen Tat des Beteiligten.[190]

Die Tatherrschaft kann durch ein **überlegenes Sachwissen** des die Selbstgefährdung bzw. -verletzung Fördernden begründet werden. Zur Beurteilung der Überlegenheit des Sachwissens sind Feststellungen zum Wissensstand sowohl des die Selbstgefährdung Fördernden als auch des sich selbst Gefährdenden anzustellen.[191] In Fall 59a darf daher die Tatherrschaft nicht allein mit Verweis auf das Sonderwissen des A angenommen werden; vielmehr kann die adäquate Risikokenntnis der Patienten eine Zurechnung sogar ausschließen.

---

188 Fall nach LG Augsburg Urt. v. 7.2.2013 – 8 Ks 200 Js 105371/11; ein weiteres Bsp. für die Fallbearbeitung findet sich bei *Rostalski*, JuS 2015, 525 ff.

189 BGHSt 53, 55 – »Konstanzer Wagenrennen« (gilt auch bzgl. des Geschehensablaufs bei der fahrlässigen Selbst- bzw. Fremdgefährdung); OLG Celle StV 2013, 27 (29 ff.); ausführlich zu dem gesamten Problemkreis *Lasson*, ZJS 2009, 359 und *Eisele*, JuS 2012, 577 (578 f.); **a.A.** *Puppe*, GA 2009, 486.

190 Vgl. BGHSt 49, 34; 53, 55 (60): tatbestandslose Selbstgefährdung nur bei alleiniger Herrschaft des Opfers; ihr gleichgestellt u.U. die Fremdgefährdung bei gleicher Verantwortung und vollem Risikobewusstsein von Täter und Gefährdetem: OLG Zweibrücken JR 1994, 518; vgl. auch *Eisele*, JuS 2012, 577 (579, 582), der eine Fremdschädigung ausschließt, so lange das Opfer es selbst in der Hand hat, den Erfolgseintritt zu vermeiden; weitere Beispiele zum Doppelsuizid und zum Beischlaf zwischen HIV-Infizierten und nicht Infizierten.

191 BGH Beschl. v. 16.1.2014 – 1 StR 389/13; BGH StV 2014, 601 f.

V. Objektive Bedingung der Strafbarkeit

372 In den Tatbeständen des Besonderen Teils findet sich gelegentlich eine objektive Bedingung der Strafbarkeit[192], die zwar zur Begründung der Strafbarkeit zwingend vorliegen muss, jedoch **ohne Relevanz für Vorsatz und Fahrlässigkeit** ist. Auch die **persönliche Vorwerfbarkeit** auf der Schuldebene wird von ihr **nicht berührt**.[193]

Sie dient vielmehr der Beschränkung der Strafbarkeit in den Fällen, in denen zwar ein Unrechtstatbestand erfüllt ist, die Strafwürdigkeit des Verhaltens vom Gesetzgeber aber letztlich nur in den durch die objektive Bedingung spezifizierten Fällen bejaht wird.[194]

Eine objektive Bedingung der Strafbarkeit stellt z.B. dar:

- die **Nichterweislichkeit der ehrenrührigen Tatsache** bei § 186 StGB (Üble Nachrede);
- der **Tod** eines Menschen oder eine **schwere Körperverletzung** bei § 231 StGB (Beteiligung an einer Schlägerei);
- die Begehung einer **rechtswidrigen Tat** bei § 323a StGB (Vollrausch).[195]

Da sich der Vorsatz auf sie nicht zu erstrecken braucht, wird ihr Vorliegen nicht im objektiven Tatbestand, sondern überwiegend **im Anschluss an den subjektiven Tatbestand** (unter einer eigenen Überschrift) als sog. **Tatbestandsannex** geprüft.[196] § 16 Abs. 1 S. 1 StGB findet keine Anwendung.

Fall 59b: – »Das Unheil wartet auf der Straße« –
A und B prügeln – ohne Tötungsvorsatz – gemeinsam auf O ein. Es gelingt O sich loszureißen und auf die Straße zu laufen. Dort wird er von einem um die Ecke kommenden Autofahrer F, der nicht mehr bremsen kann, überfahren. O stirbt an seinen Verletzungen.

A und B sind nach §§ 223, 224 Abs. 1 Nr. 4 StGB strafbar (nicht nach § 224 Abs. 1 Nr. 5 StGB, da sie – mangels näherer Anhaltspunkte – keinen Vorsatz für eine lebensgefährdende Behandlung hatten), außerdem nach § 227 StGB, wenn ihnen (was Tatfrage ist) hinsichtlich des Todes des O Fahrlässigkeit zur Last fällt (§ 18 StGB), näher dazu Rn. 204 ff., 1368 ff.

Da eine in § 231 StGB genannte Folge (Tod des O) eingetreten ist, sind A und B nach § 231 StGB strafbar (und zwar in der Variante des Angriffes mehrerer, da eine Schlägerei wechselseitige Körperverletzungen, also auch solche durch O, voraussetzt, wofür keine Anhaltspunkte vorliegen; die amtliche Überschrift von § 231 StGB ist insoweit irreführend), selbst wenn ihnen kein Fahrlässigkeitsvorwurf bezüglich des Todes des O zu machen wäre.

---

192 Für einen guten vertieften Überblick: *Rönnau*, JuS 2011, 697; vgl. auch *Satzger*, Jura 2006, 108.

193 Vgl. *Jescheck/Weigend*, § 53 I 1, III 1, die zwar verschiedene Fallgruppen unterscheiden, diese jedoch ausdrücklich alle nach dem auch hier vertretenen Prinzip behandeln.

194 Vgl. *Wessels/Beulke/Satzger*, Rn. 206 f. (auch zur Kritik an diesen Merkmalen); *Jescheck/Weigend*, § 53 I 2: verkappte Strafschärfungsgründe bzw. verschleierte strafbegründende Tatumstände; ebenfalls für eine individuelle Prüfung der Funktion *Baumann/Weber/Mitsch*, § 25 Rn. 3.

195 Dazu m.w.N. *Krey/Hellmann/Heinrich*, BT/1, Rn. 1144.

196 So auch *Heinrich*, AT, Rn. 133; *Wessels/Beulke/Satzger*, Rn. 206, 1201; dagegen für eine Einordnung im Anschluss an die Schuld *Baumann/Weber/Mitsch*, § 25 Rn. 3.

Es wäre im übrigen verfehlt, im Rahmen des Prüfungspunktes der objektiven Bedingung der Strafbarkeit Ausführungen zu Vorsatz oder Fahrlässigkeit bezüglich dieser Bedingung (Tod des O) zu machen.

Fall 59c: – »Das Unheil kommt vom Rand der Straße« –
Wie Fall 59a, aber dieses Mal gelingt es F auszuweichen. Er fährt mit dem Wagen an eine Hauswand und erleidet durch den Unfall so schwere Verletzungen, dass er sein rechtes Bein verliert.

Es ist erneut eine schwere Folge i.S.d. § 231 StGB eingetreten (vgl. § 226 Abs. 1 Nr. 2 StGB). Dass diese Folge bei einer Person eingetreten ist, die mit dem Angriff mehrerer (oder der Schlägerei) gar nichts zu tun hatte, spielt keine Rolle. Es genügt, dass sich die typische Gefährlichkeit des Angriffs mehrerer bzw. der Schlägerei im herbeigeführten Erfolg realisiert hat.

§ 12 Subjektiver Tatbestand

373 Alle Straftatbestände verlangen Vorsatz des Täters, es sei denn, dass im Gesetz ausdrücklich fahrlässiges Handeln mit Strafe bedroht ist (§ 15 StGB).

I. Vorsatz als subjektives Tatbestandsmerkmal

Nach heute fast allgemeiner Ansicht in der Strafrechtswissenschaft ist der Vorsatz subjektives Tatbestandsmerkmal, genauer: Bei allen Vorsatztaten bildet der Vorsatz den subjektiven Tatbestand.[1]

Einige Straftatbestände enthalten zusätzlich noch *sonstige* subjektive Tatbestandsmerkmale (Rn. 375). Dass es derartige subjektive Tatbestandsmerkmale gibt, ist heute unstrittig und beispielsweise für die »Zueignungsabsicht« beim Diebstahl (§ 242 StGB) sowie für die »Bereicherungsabsicht« beim Betrug (§ 263 StGB) allgemein anerkannt (sog. **überschießende Innentendenzen**). Sie gehören zur Verbotsmaterie und sind als subjektive **Unrechts**elemente von bloßen Schuldmerkmalen zu unterscheiden.

Das verdeutlicht z.B. Fall 29 (Rn. 256-257): Die dort begangene Wegnahme **ohne Zueignungsabsicht** verstößt nicht gegen das Verbot »Du sollst nicht stehlen!« (§ 242 StGB). Hätte A dagegen ohne Rückführungswillen und demgemäß mit Zueignungsabsicht gehandelt, wäre der Tatbestand des Diebstahls erfüllt.[2]

1. Gründe für das Verständnis des Vorsatzes als subjektives Tatbestandsmerkmal

374 Ursprünglich wurde der Vorsatz als Schuldform, d.h. als Ausprägung der persönlichen Vorwerfbarkeit begriffen. Die Zuordnung zum subjektiven Unrechtstatbestand erfolgte unter dem Einfluss der finalen Handlungslehre erst nach Anerkennung der sonstigen subjektiven Merkmale.[3]

a) Straftatbestände enthalten Verbote (bzw. ausnahmsweise Gebote). Zur Verbotsmaterie gehört nun gerade auch der Vorsatz. So lautet das den Strafvorschriften der §§ 211, 212 StGB (Mord, Totschlag) zugrunde liegende Verbot: *»Du sollst nicht* ***vorsätzlich*** *töten!«* Dagegen beinhaltet § 222 StGB (Fahrlässige Tötung) das Verbot: *»Du sollst nicht durch Fahrlässigkeit töten!«* Wer also unvorsätzlich den Tod eines anderen Menschen verursacht, hat nicht das in den Strafgesetzen gegen Mord und Totschlag verankerte Verbot vorsätzlicher Tötung verletzt,[4] mithin nicht das **Unrecht** eines Totschlags oder gar Mordes erfüllt.

b) Mord und Totschlag einerseits und Fahrlässige Tötung andererseits unterscheiden sich also nicht nur durch die Schwere der individuellen Schuld des Täters.

---

1 So u.a.: *Jakobs*, 8/1; *Jescheck/Weigend*, § 24 III 4c; *Otto*, AT, § 7 Rn. 47 ff.; *Roxin*, § 10 Rn. 8-9, 61 ff.; S/S/*Eisele*, Vor § 13 Rn. 63; *Wessels/Beulke/Satzger*, Rn. 199 ff.

2 Dazu *Krey/Hellmann/Heinrich*, BT/2, Rn. 72, 76 ff.

3 *Roxin*, § 10 Rn. 61.

4 *Jescheck/Weigend*, § 24 III 4c; S/S/*Eisele*, Vor § 13 Rn. 54; *Wessels/Beulke/Satzger*, Rn. 197 ff.

Vielmehr ist bereits der **Unrechtsgehalt der Tat** beim Totschlag deutlich höher als bei der nur fahrlässigen Verursachung des Todes anderer.[5]

c) Wenn Unrechtselemente wie Zueignungs- und Bereicherungsabsicht subjektive Tatbestandsmerkmale sind, kann für den Vorsatz nichts anderes gelten. Beide Tatbestandsmerkmale setzen Vorsatz des Täters zur Begehung eines Diebstahls bzw. eines Betruges voraus, bauen gleichsam auf ihm auf, so dass er selbst auch zum Tatbestand gehören muss.[6]

d) Beim strafbaren **Versuch** gehört der Vorsatz (Tatentschluss) ganz offensichtlich zum Tatbestand, was heute nicht mehr bestritten wird, denn ohne den Tatentschluss hängt der objektive Tatbestand des Versuchs (das »unmittelbare Ansetzen« zur Verwirklichung der geplanten Tat i.S.d. § 22 StGB) in der Luft: Wie will man schließlich beurteilen, ob der Täter zur Tat unmittelbar ansetzt, wenn man seinen Tatentschluss nicht kennt? Dann ist aber nicht nachvollziehbar, warum der Vorsatz seine Bedeutung als subjektives Tatbestandsmerkmal verlieren soll, wenn der Versuch zur Vollendung gelangt.[7]

2. Sonstige subjektive Tatbestandsmerkmale

Zu den sonstigen subjektiven Tatbestandsmerkmalen zählen namentlich: **375**

a) Die *Zueignungsabsicht* bei §§ 242, 249 StGB (Diebstahl, Raub);[8]
b) die *Bereicherungsabsicht* bei §§ 263, 253 StGB (Betrug, Erpressung),
c) die *Mordmerkmale* (§ 211 Abs. 2 StGB) der ersten Gruppe (»aus Mordlust, zur Befriedigung des Geschlechtstriebs, aus Habgier oder sonst aus niedrigen Beweggründen«) und der dritten Gruppe (»um eine andere Straftat zu ermöglichen oder zu verdecken – Ermöglichungs- und Verdeckungsabsicht«).[9]

Allerdings sieht eine verbreitete Ansicht die Mordmerkmale der 1. und 3. Gruppe nicht als subjektive Tatbestandsmerkmale, die das **Unrecht** der Tat erhöhen, sondern lediglich als Schuldelemente (**»spezielle Schuldmerkmale«**).[10]

Dem ist jedoch zu widersprechen. Alle Mordmerkmale, auch die der ersten und der dritten Gruppe, begründen nicht nur erhöhte Schuld gegenüber dem Totschlag, sondern auch erhöhtes tatbestandsmäßiges **Unrecht**.[11] Die These, »Mord aus Habgier« oder »Mord zur Ermöglichung einer anderen Straftat« habe keinen höheren Unrechtsgehalt als der bloße Totschlag, ist lebensfern und verfassungsrechtlich angesichts der Strafdrohung für Mord (§ 211 Abs. 1 StGB) befremdlich.

---

5 S/S/*Eisele*, Vor § 13 Rn. 55.

6 *Roxin*, § 10 Rn. 61, 66.

7 Ebenso u.a.: *Roxin*, § 10 Rn. 64; *Wessels/Beulke/Satzger*, Rn. 199.

8 Zur Prüfung der Zueignungsabsicht in der Fallbearbeitung: *Kudlich/Oğlakcıoğlu*, JA 2012, 321 ff.

9 So u.a.: LK/*Jähnke*, Vor § 211 Rn. 46 ff.; *Krey/Hellmann/Heinrich*, BT/1, Rn. 20 f.; *Otto*, BT, § 4 Rn. 1; wohl auch *Maurach/Schroeder/Maiwald*, BT 1, § 2 Rn. 23; i. Erg. ebenso BGHSt 1, 368 (370 f.).

10 So für alle: *Roxin*, § 10 Rn. 71, 73, 74-77; *Wessels/Beulke/Satzger*, Rn. 149, 199 ff.

11 Ebenso *Jakobs*, 8/96, 98.

3. Gemischt subjektiv-objektive Tatbestandsmerkmale

376 Dass man Verbrechensmerkmale wie Vorsatz und Bereicherungsabsicht nicht wegen ihres subjektiven Charakters als bloße **Schuld**elemente einordnen kann, zeigt im Übrigen auch die Existenz gemischt subjektiv-objektiver Tatbestandsmerkmale[12], deren Zugehörigkeit zum Straftatbestand allgemein anerkannt wird. Gemeint sind »finale« Merkmale wie:

- ***»Zueignung«*** (§ 246 StGB) als Manifestierung des **Zueignungswillens**;[13]
- ***»Widerstand leisten«*** (§ 113 StGB), d.h. jede Tätigkeit, welche die Durchführung der Vollstreckungsmaßnahme verhindern oder erschweren soll;[14]
- ***»dem Wild nachstellen«*** (§ 292 StGB) als jede Handlung, die mit **Jagdwillen** auf das Fangen, Erlegen oder Zueignen des Wildes gerichtet ist.[15]

Diese Tatbestandsmerkmale gehören als Tathandlungen zum objektiven Tatbestand.

II. Drei Erscheinungsformen des Vorsatzes: Absicht, direkter Vorsatz, Eventualvorsatz

377 Vorsatz bedeutet nach einer gängigen Formel **»Wissen und Wollen«** der Merkmale des objektiven Tatbestandes.[16] Diese Umschreibung wird von vielen als ungenau bezeichnet[17], jedoch zu Unrecht; denn Vorsatz ist »Wissen und Wollen«: Für den Vorsatz in allen seinen Erscheinungsformen ist die Verbindung einer intellektuellen (**Wissen**) mit einer voluntativen Komponente (**Wollen**) kennzeichnend, mögen beide Komponenten auch bei den verschiedenen Arten des Vorsatzes in unterschiedlicher Intensität auftreten. Im Folgenden soll jene Formel vom »Wissen und Wollen« anhand der Differenzierung zwischen den drei Erscheinungsformen des Vorsatzes näher konkretisiert werden.[18]

Nach allgemeiner Ansicht gibt es **drei Arten des Vorsatzes**:

- die **Absicht** im technischen Sinne;
- den **direkten Vorsatz** (dolus directus)[19];
- den **dolus eventualis** (»bedingter Vorsatz« oder besser: »Eventualvorsatz«[20]).

---

12 Dazu u.a. *Roxin*, § 10 Rn. 65.

13 *Krey/Hellmann/Heinrich*, BT/2, Rn. 67; *Lackner/Kühl*, § 246 Rn. 4; h.M.

14 *Krey/Hellmann/Heinrich*, BT/1, Rn. 655; *Fischer*, § 113 Rn. 22.

15 MK/*Zeng*, § 292 Rn. 27.

16 *Jescheck/Weigend*, § 29 II 2; *Kühl*, § 5 Rn. 6; *Roxin*, § 10 Rn. 62; *Sternberg-Lieben/Sternberg-Lieben*, JuS 2012, 884 insb. zum Bezugspunkt des Vorsatzes; BGH NStZ 1988, 175.

17 *Jescheck/Weigend*, § 29 II 2; *Kühl*, § 5 Rn. 6.

18 Vgl. auch *Sternberg-Lieben/Sternberg-Lieben*, JuS 2012, 977 für einen kompakten Überblick insbesondere über die verschiedenen Vorsatzformen.

19 Zur Terminologie: Wie hier verwenden die Formel »dolus directus« nur für den direkten Vorsatz und nicht auch für die Absicht u.a.: *Jescheck/Weigend*, § 29 III 1, 2. Andere bezeichnen Absicht als **»dolus directus 1. Grades«** und den direkten Vorsatz als **»dolus directus 2. Grades«** (z.B. BGH JZ 2002, 413 und *Roxin*, § 12 Rn. 2), was aber verwirrend ist (so zu Recht *Kühl*, § 5 Rn. 32).

1. Absicht

a) Sie erfordert, dass es dem Täter **auf den Erfolg ankommt**;[21] Absicht ist also der zielgerichtete Wille. Dabei ist gleichgültig, ob der vom Täter angestrebte Erfolg sein Endziel ist oder nur notwendiges Zwischenziel auf dem Weg zu jenem Endziel.[22] Demgemäß ist Absicht nicht gleichbedeutend mit Motiv.[23] 378

Beispiel: A erschießt seine Ehefrau E, da er von ihrer Lebensversicherung profitieren will. Hier ist der Tod des Opfers notwendiges Zwischenziel zur Erreichung des Endziels Erlangung der Versicherungssumme. Folglich hat A die E absichtlich getötet.

Bei der Absicht handelt es sich um die stärkste Vorsatzform. Nicht von ungefähr lautet der schwerste Vorwurf, wenn es z.B. beim Sport, Spiel oder Balgereien zu Verletzungen kommt: »Das war Absicht!« Und die typische Verteidigung geht in solchen Fällen dahin, den Verletzungswillen zu leugnen. Die Absicht ist also geprägt vom Element des **Wollens**; hier dominiert die voluntative Vorsatzkomponente.[24]

Dagegen kann die **Wissens**komponente sehr schwach ausgebildet sein. Absicht liegt, sofern es dem Täter auf den Erfolg ankommt, auch vor, wenn er den Erfolgseintritt nicht für sicher, sondern nur für möglich hält.[25] 379

Beispiel: A geht am Ufer eines Flusses spazieren. Überraschend entdeckt er auf der anderen Seite des Flusses seinen Feind O. A schießt auf O, um ihn zu töten. Dabei hat er allerdings erhebliche Zweifel, ob er auf diese Distanz treffen kann. Gleichwohl hat A mit Tötungsvorsatz in der Form der Absicht gehandelt.

b) »Absicht« als **Vorsatzform** kennt das Gesetz z.B. in § 226 Abs. 2 StGB: Nach dieser Vorschrift ist die Schwere Körperverletzung (§ 226 Abs. 1 StGB) qualifiziert, wenn der Täter »**absichtlich** [oder wissentlich]« gehandelt hat. Auch § 258 StGB (Strafvereitelung) fordert – für den Vereitelungserfolg – als Vorsatzform **Absicht** [oder wissentliches Handeln; Rn. 383]. 380

Im Übrigen gibt es eine Reihe von **sonstigen subjektiven Tatbestandsmerkmalen**, die Absicht im technischen Sinne verlangen: 381

- die *Zueignungsabsicht* bei Diebstahl (§ 242 StGB) und Raub (§ 249 StGB)[26];
- die *Bereicherungsabsicht* bei Betrug (§ 263 StGB) und Erpressung (§ 253 StGB)[27];
- die *Absicht*, dem Vortäter die Vorteile der Tat zu sichern, bei der Begünstigung (§ 257 StGB).[28]

---

20 Von »Eventualvorsatz« sprechen u.a.: *Kühl*, § 5 Rn. 43; *Wessels/Beulke/Satzger*, Rn. 323, *Rengier*, AT, § 14 Rn. 6.

21 *Gropp*, § 4 Rn. 159; *Kühl*, § 5 Rn. 33.

22 *Kühl*, § 5 Rn. 35; *Roxin*, § 12 Rn. 10. Nach MK/*Joecks*, § 16 Rn. 12 ist Letzteres (Zwischenziel) sogar die Regel.

23 *Jescheck/Weigend*, § 29 III 1a; *Roxin*, § 12 Rn. 10; zu den Funktionen und Bedeutungen des Absichtsbegriffs im Strafrecht: *Witzigmann*, JA 2009, 488.

24 *Gropp*, § 5 Rn. 158 f.; *Jescheck/Weigend*, § 29 III 1.

25 *Jescheck/Weigend*, § 29 III 1, 1a; *Kühl*, § 5 Rn. 36; *Roxin*, § 12 Rn. 4, 8.

26 *Krey/Hellmann/Heinrich*, BT/2, Rn. 122 ff., 276; *Lackner/Kühl*, § 242 Rn. 20 ff., 25.

27 *Rengier*, BT/1, § 2 Rn. 86 ff., § 13 Rn. 237 ff.; *Krey/Hellmann/Heinrich*, BT/2, Rn. 461; *Lackner/Kühl*, § 263 Rn. 58 ff.

382 Leider wird in Rechtsprechung und Lehre der Begriff der Absicht bei der Auslegung von subjektiven Tatbestandsmerkmalen nicht durchgehend mit der Absicht im technischen Sinne gleichgesetzt. Vielmehr wird bei einer Reihe von Tatbestandsmerkmalen, die ihrem Wortlaut nach Absicht fordern, der **dolus directus mit einbezogen**. D.h. man versteht die fraglichen Vorschriften so, als wenn das Gesetz statt der Formulierung »Absicht« die Worte »absichtlich oder wissentlich« verwandt hätte.

Beispiele für eine solche Extension sind u.a. die Auslegung:

- der *Absicht, ein behördliches Verfahren oder andere behördliche Maßnahmen gegen den wider besseres Wissen einer Straftat Verdächtigten herbeizuführen,* bei § 164 StGB[29];
- der *Absicht, einem anderen Nachteil zuzufügen,* bei § 274 StGB.[30]

Hier wird von der h.M. nicht verlangt, dass es dem Täter auf den Erfolg ankommt (Absicht im technischen Sinne), sondern es wird wissentliches Handeln (dolus directus) einbezogen. Ob diese Meinung mit dem Wortlaut des Gesetzes vereinbar ist oder ob sie angesichts der klaren Trennung zwischen absichtlich und wissentlich im StGB (§§ 226 Abs. 2, 258 StGB) Bedenken begegnet, ist ein Problem des BT und soll an dieser Stelle daher dahinstehen.

2. Direkter Vorsatz (dolus directus)

383 Dolus directus wird vom Gesetz dort gefordert, wo es von »wissentlich« spricht (z.B. in §§ 226 Abs. 2, 258 StGB) bzw. Handeln »wider besseres Wissen« verlangt (u.a. in §§ 164, 187 StGB – Falsche Verdächtigung, Verleumdung).[31]

Beim dolus directus dominiert das **Wissens**element des Vorsatzes: Der Täter hält die Verwirklichung des Tatbestandes für **sicher**.[32] Da es ihm – anders als bei der Absicht – nicht auf den tatbestandsmäßigen Erfolg ankommt, lässt sich der direkte Vorsatz auf die plakative Formel bringen: *Es geht um die (aus der Sicht des Täters)* ***sichere Nebenfolge.***[33] Das mag der folgende Fall verdeutlichen:

384 **Fall 60: – »Ermordung der geliebten Großmutter« –**
A will einen Versicherungsbetrug (§ 263 Abs. 1, Abs. 3 S. 2 Nr. 5 StGB) begehen. Daher zündet er seinen Bauernhof an. Im Obergeschoss wohnt seine gelähmte Großmutter O. A hält für sicher, dass O in den Flammen umkommen wird und bedauert dies zutiefst, weil er sehr an ihr hängt. A führt die Tat wie geplant aus. Hat er die O absichtlich getötet?

Absicht im technischen Sinne entfällt, weil es dem A nicht auf den Tod der O ankam; dieser Erfolg war für ihn weder sein Endziel noch notwendiges Zwischenziel. Doch liegt direkter Vorsatz vor. Der Tod der O war für A eine sichere Nebenfolge seines Verhaltens.

---

28 *Geppert*, Jura 1980, 327 f.; *Lackner/Kühl*, § 257 Rn. 5 f.

29 *Jescheck/Weigend*, § 29 III 1b; *Lackner/Kühl*, § 164 Rn. 9.

30 *Lackner/Kühl*, § 274 Rn. 7; S/S/*Cramer/Heine*, § 274 Rn. 14 ff.; **a.A.** *Freund*, Urkundenstraftaten, 2. Aufl. 2010, Rn. 296.

31 Dazu u.a.: *Jescheck/Weigend*, § 29 III 2; *Kühl*, § 5 Rn. 38; *Roxin*, § 12 Rn. 18.

32 *Kühl*, § 5 Rn. 38; *Wessels/Beulke/Satzger*, Rn. 322. Da es um eine Prognose des Täters geht, lassen manche Autoren genügen, dass er den Erfolgseintritt für höchstwahrscheinlich hält (so u.a. *Jescheck/Weigend*, § 29 III 2).

33 *Jakobs*, 8/18; *Kühl*, § 5 Rn. 39.

Dieser Fall zeigt, dass die typische Erscheinungsform des dolus directus die zwar **unerwünschte, aber sichere Nebenfolge** ist.[34] Dass bei ihr Absicht als Vorsatzform ausscheidet, ist allgemeine Ansicht.

Strittig ist die Behandlung der vom Täter für sicher gehaltenen **erwünschten Nebenfolge**. Beide Formen des dolus directus sollten gleich behandelt werden. In beiden Fällen wäre demnach Absicht im technischen Sinne zu verneinen. Wenn es dem Täter nicht auf den Erfolgseintritt ankommt, obwohl er ihn für sicher hält (sichere Nebenfolge), begründet dies dolus directus, nicht jedoch Absicht, mag die Nebenfolge dem Täter dabei auch *unerwünscht*, *gleichgültig* oder gar *erwünscht* sein. Allerdings kann bei der Annahme einer für sicher gehaltenen »erwünschten Nebenfolge« nach den **Umständen des Einzelfalles** ausnahmsweise auch der Fall vorliegen, dass der Täter zwei Absichten zugleich verfolgt, dass er zielgerichtet einen anderen Erfolg **und** die vermeintliche »Nebenfolge« ansteuert. **385**

3. Eventualvorsatz (dolus eventualis)

Der Terminus »bedingter Vorsatz« wird vermieden, da er Anlass zu Missverständnissen geben könnte. Denn Vorsatz erfordert einen unbedingten Handlungswillen.[35] Wenn z.B. der betrogene Ehemann noch nicht weiß, ob er seinen Nebenbuhler töten will, hat er noch keinen Tötungsvorsatz, mag er auch schon tatgeneigt sein. Jedoch ist Vorsatz dann anzunehmen, wenn der Täter für den Fall des Eintritts bestimmter Umstände schon fest zur Tat entschlossen ist.[36] **386**

Beispiel: A lädt seine Verlobte, die ihn verlassen will, zu einer letzten Aussprache in sein Haus ein; dort will er sie töten, falls sie an ihrem Entschluss festhält.[37]

Der Eventualvorsatz ist in der gerichtlichen Praxis die häufigste Vorsatzform. Auch wenn er die schwächste Form des Vorsatzes darstellt, ist sein Vorliegen für die Annahme vorsätzlichen Handelns i.S.d. § 15 StGB ausreichend, sofern dem Tatbestand des Delikts nicht etwas anderes zu entnehmen ist (vgl. Rn. 380, 383). Über die Minimalvoraussetzung des Wissenselements hinaus sind seine Voraussetzungen in der Strafrechtswissenschaft allerdings sehr umstritten. Demgemäß gehört er zu den wichtigsten Gegenständen der strafrechtlichen Judikatur und Lehre. Dabei geht es in erster Linie um die **Abgrenzung des Eventualvorsatzes zur bewussten Fahrlässigkeit**.[38]

Vorsatz und Fahrlässigkeit stehen zueinander in einem Ausschlussverhältnis, allerdings überschneiden sich Eventualvorsatz und bewusste Fahrlässigkeit nach h.M. bei ihrem Wissenselement.[39] Ihre Unterscheidung erlangt deshalb besondere Bedeutung, weil sich aus dem Gesetz jeweils unterschiedliche Folgen für die Straf-

34 *Roxin*, § 12 Rn. 19; *Wessels/Beulke/Satzger*, Rn. 319.

35 Relevant wird dies im Rahmen des Versuchs (Rn. 1212 m.w.N.).

36 BGHSt 21, 14 (17-18); ebenso *Jescheck/Weigend*, § 29 III 3e; *Roxin*, § 12 Rn. 24; *Wessels/Beulke/Satzger*, Rn. 324.

37 Zu einem Parallelfall siehe BGHSt 21, 14.

38 BGHSt 7, 363 (369 f.); 36, 1 (9 ff.); *Roxin*, § 12 Rn. 25 ff., 74; *Wessels/Beulke/Satzger*, Rn. 325; instruktiv *Artkämper/Dannhorn*, NStZ 2015, 241 ff.

39 Vgl. u.a. *Satzger*, Jura 2008, 112 (117); zu den abweichenden Ansichten Rn. 393 ff.

barkeit sowohl des vollendeten (§ 15 StGB) als auch des versuchten Delikts ergeben, da letzteres notwendigerweise ausschließlich vorsätzlich begangen werden kann (vgl. § 22 StGB). Außerdem schließt der Wortlaut der §§ 26, 27 StGB die Möglichkeit einer strafbaren Teilnahme an einer fahrlässigen Tat aus.

a) Standpunkt der Rechtsprechung (»Einwilligungs- bzw. Billigungstheorie«)

387 **Fall 61:** – **»Lederriemen-Fall«** –[40]
Bei einem Raubüberfall wollen A und B den O mit einem Hosengürtel aus Leder (Lederriemen) würgen, um ihn kampfunfähig zu machen. Aus Angst, O dadurch zu töten, versuchen sie allerdings zunächst, ihn auf andere Weise zu betäuben. Als dies misslingt, würgen sie O mit dem Hosengürtel solange, bis er sich nicht mehr rührt. Dabei ist ihnen klar, dass O durch Erdrosseln zu Tode kommen könnte. Diese Vorstellung ist ihnen zwar unangenehm, sie wollen aber den O um jeden Preis »ruhigstellen«.

Der BGH hat hier Tötungsvorsatz von A und B in der Form des dolus eventualis (das Gericht spricht von »bedingtem Vorsatz«) bejaht:

388 Entsprechend der Umschreibung des Vorsatzes als Wissen und Wollen verlangt das Gericht auch beim dolus eventualis eine intellektuelle (Wissen) und eine voluntative Komponente (Wollen).

Für die **Wissenskomponente** lässt der BGH bereits genügen, dass der Täter den Erfolgseintritt **»als möglich voraussieht«**.[41]

Für die Wollenskomponente fordert er »Billigung des Erfolges«, wobei sich in späteren Entscheidungen die viel zitierte Formel findet: Der Täter müsse den Erfolg **»billigend in Kauf nehmen«**.[42]

Dieses »Billigen« dient dem BGH als das entscheidende Abgrenzungsmerkmal des dolus eventualis zur bewussten Fahrlässigkeit. »Billigen des Erfolges« bedeute aber nicht etwa, dass der Erfolgseintritt dem Täter »erwünscht« sein müsse. Vielmehr könne diese Vorsatzform auch dann gegeben sein, wenn dem Täter der Erfolg unerwünscht sei. Im Rechtssinne billige er ihn trotzdem, wenn er sich, um des erstrebten Zieles willen, notfalls auch damit abfinde, dass seine Handlung den an sich unerwünschten Erfolg herbeiführe.[43]

Zusammenfassend besagt der Standpunkt des BGH im »Lederriemen-Fall« demgemäß: Mit Eventualvorsatz handelt, wer den Erfolgseintritt als möglich voraussieht und sich damit abfindet, seine Handlung könne den Erfolg herbeiführen.

An jenem Billigen soll es nach Ansicht des BGH fehlen, wenn der Täter darauf vertraut, der Erfolg werde nicht eintreten; dann komme nur **bewusste Fahrlässigkeit** in Betracht.[44]

40 Fall nach BGHSt 7, 363.
41 BGHSt 7, 363 (368 ff.).
42 So für alle BGHSt 36, 1 (9).
43 BGHSt 7, 363 (369 f.).
44 BGHSt 7, 363 (370).

Im vorliegenden Fall hatten die Täter die Möglichkeit des Erfolges vorausgesehen. Sie hatten auch nicht etwa darauf vertraut, O werde überleben, sondern sich damit abgefunden, er könne zu Tode kommen; denn sie wollten ihn um jeden Preis »ruhigstellen«.

Zur weiteren Entwicklung der Judikatur **388a**

In späteren Entscheidungen umschreibt der BGH den Eventualvorsatz wie folgt:

Eventualvorsatz setze voraus, dass der Täter den Eintritt des tatbestandsmäßigen Erfolges als möglich und nicht ganz fernliegend erkenne, ferner, dass er ihn billige oder sich um des erstrebten Zieles willen mit dem Erfolgseintritt abfinde.[45]

Dagegen sei nur bewusste Fahrlässigkeit anzunehmen, wenn der Täter angesichts der als möglich erkannten Tatbestandsverwirklichung *ernsthaft* – nicht nur vage – darauf vertraue, der tatbestandsmäßige Erfolg werde nicht eintreten.[46]

In diesen Umschreibungen des dolus eventualis fällt auf: Zum einen schränkt der BGH die Wissenskomponente durch das Korrektiv »nicht ganz fernliegend« ein. Zum anderen verlangt das Gericht für die Annahme bloßer bewusster Fahrlässigkeit jetzt ein »ernsthaftes – nicht nur vages« Vertrauen auf den Nichteintritt des Erfolges.

Dieser verbalen Ausweitung des Bereichs des Eventualvorsatzes gegenüber der bewussten Fahrlässigkeit steht aber in der Rechtswirklichkeit eine erhebliche Restriktion des Anwendungsbereichs des dolus eventualis gegenüber. Ein Grund hierfür ist die These von der **»Hemmschwelle« bei den Tötungsdelikten**.[47] **389**

Nach Ansicht des BGH liegt es zwar nahe, dass der Täter bei äußerst gefährlichen Gewalthandlungen mit Tötungsvorsatz gehandelt habe, weshalb auch ein Schluss von der objektiven Gefährlichkeit der Handlung auf die subjektive Einstellung des Täters zulässig ist.[48] Allerdings ist im Rahmen einer Gesamtschau auch die Möglichkeit in Betracht zu ziehen, dass der Täter die Gefahr der Tötung gar nicht erkannt oder darauf vertraut hat, ein solcher Erfolg werde nicht eintreten.[49] So sei stets zu berücksichtigen, dass eine viel höhere **Hemmschwelle** vor dem **Tötungs**vorsatz als vor dem **Gefährdungs-** oder **Verletzungs**vorsatz stehe. Insbesondere kann nicht ohne Weiteres angenommen werden, dass ein Täter, dessen Wahrnehmungsfähigkeit durch eine erhebliche Alkoholisierung beeinträchtigt ist, erkennt, dass seine Gewalthandlung zum Tode des Opfers führen kann.[50]

Allerdings ist das Vertrauen in der Regel dann zu verneinen, wenn der vom Täter vorgestellte Geschehensablauf einem tödlichen Ausgang so nahe käme, dass nur

---

45 BGHSt 36, 1 (9 f.); zuletzt BGH NStZ 2013, 159 (160); NStZ-RR 2013 89 (90).

46 BGH NStZ 1988, 175 und 361; BGHSt 36, 1 (9 f.); BGH NStZ 1999, 507 (508).

47 Kritik an dieser Restriktion bei: *Puppe*, NStZ 1992, 576 f.; *Roxin*, § 12 Rn. 79-81.

48 BGH NStZ 1983, 407; NStZ 1988, 175 und 361 f.; NStZ 1989, 114; NStZ-RR 2013, 169; Kritik bei *Puppe* und *Roxin*, aaO. – Dass der BGH die These von der »Hemmschwelle« vollständig aufgegeben hat, ist nicht ersichtlich; vgl. BGH NStZ 2002, 314 (315); NStZ 2002, 541 (542); NStZ 2009, 91; 210 (211); NStZ 2012, 151; BGH NStZ-RR 2012, 207; BGH NJW 2012, 1524; BGH StV 2012, 663; so auch *Puppe*, 9/28.

49 BGH NStZ 2013, 159 zum Fehlen eines Tötungsvorsatzes beim Übergießen des Tatopfers mit Brandbeschleuniger und anschließendem Anzünden; ähnlich BGH StV 2015, 695 f.

50 BGH NStZ 2012, 151; BGH NStZ 2004, 51.

noch ein glücklicher Zufall diesen verhindern könne.[51] Es bedarf deshalb stets einer **sorgfältigen Prüfung des Einzelfalls**.[52]

390 Die Berücksichtigung der Hemmschwelle hat bei der Annahme von dolus eventualis zu einigen Entscheidungen des BGH geführt, die man als befremdlich bezeichnen muss:[53]

- A hatte »mit großer Wucht nach Art eines Fußballers« einen am Boden liegenden Säugling getreten; der Tritt hatte eine tödliche Schädelfraktur zur Folge. Der BGH hält die Verneinung von Tötungsvorsatz für rechtmäßig;[54]
- Brutaler, tödlicher Handkantenschlag »nach Art eines Karatekämpfers« gegen den Schädel eines Kleinkindes. Der BGH rügt die Bejahung von Tötungsvorsatz durch das Tatgericht.[55]

In solchen und ähnlichen Fällen ist die Annahme des BGH, der Täter hätte im Vertrauen darauf gehandelt, das Opfer werde überleben, rational kaum mehr nachvollziehbar. Für ein solches – ernsthaftes (Rn. 388) – Vertrauen fehlt auf den ersten Blick jeder Anhaltspunkt. Bezweckt wird allerdings mit der These der Hemmschwelle nicht eine Einschränkung des Vorsatzbegriffes im Bereich der Tötungsdelikte. Die Anforderungen an den Vorsatz sind für alle Delikte stattdessen gleich. In den Fällen, in denen von äußeren Umständen auf innere Vorgänge im Täter geschlossen werden soll, verlangt der BGH jedoch vor einer Verurteilung wegen eines Tötungsdeliktes eine **besonders gewissenhafte und umfassende Prüfung sämtlicher Tatumstände des Einzelfalls**.[56]

390a In diesem Sinne hat auch der 4. Strafsenat des BGH kritisch angemahnt, **die Bedeutung der Hemmschwellentheorie dürfe nicht überschätzt werden**.[57] Die Wertung der hohen und offensichtlichen Lebensgefährlichkeit von Gewalthandlungen als ein gewichtiges auf Tötungsvorsatz hinweisendes Beweisanzeichen solle durch die Hemmschwellentheorie in der praktischen Rechtsanwendung nicht in Frage gestellt oder auch nur relativiert werden.[58] Zur Verneinung des voluntativen Vorsatzelements bedürfe es vielmehr in jedem Einzelfall tragfähige Anhalts-

---

51 BGH NStZ 2009, 91; NStZ-RR 2012, 77; NJW 2012, 1524.

52 BGH NStZ-RR 2010, 178 (Inbrandsetzen eines Gebäudes); NStZ 2015, 516 (517).

53 Weitere befremdliche Rechtsprechungsbeispiele bei *Roxin*, § 12 Rn. 80. Erschreckend auch: BGH NStZ 2002, 314 f. und LG Rostock NStZ 1997, 391 f. mit kritischer Anm. *Fahl*. Im Ergebnis richtig dagegen: BGH NJW 2006, 386 (Fall »Karolina«); NStZ 2007, 151 (152); 639 (640); NStZ 2009, 264 (»Schütteln« eines Kleinkindes).

54 BGH NStZ 1986, 549.

55 BGH NStZ 1988, 175.

56 Vgl. hierzu insbesondere BGH NJW 2012, 1524. Im Sinne einer gründlichen Prüfung auch BGH NStZ 2012, 86: Allein aus dem Umstand, dass ein Arzt zur Vertuschung eigener Fehler nach Eintritt von Komplikationen keine hinreichenden Rettungsbemühungen unternimmt, kann noch nicht auf bedingten Tötungsvorsatz geschlossen werden.

57 BGH NJW 2012, 1524, vgl. auch zust. Anm. *Puppe*, JR 2012, 477 und die Anm. von *Sinn/Bohnhorst*, StV 2012, 661, *Trück*, JZ 2013, 179 und *Leitmeier*, NJW 2012, 2850; verhaltener, aber i.E. ebenfalls zust. Anm. *Fahl*, JuS 2013, 499 (502).

58 BGH NJW 2012, 1524 (1526).

punkte dafür, dass der Täter ernsthaft darauf vertraut haben könnte, der Geschädigte werde nicht zu Tode kommen.[59]

Vor dem Hintergrund dieser Distanzierung des BGH von der Hemmschwellentheorie ist somit auch in der **Übungsklausur** davon abzuraten, pauschal auf diese als Argument zur Verneinung eines Tötungsvorsatzes zu verweisen.[60] Es ist vielmehr stets eine ausführliche Auseinandersetzung mit der gesamten Abgrenzungsproblematik vorzunehmen.[61] Damit ist auf der anderen Seite ebenso ausgeschlossen, dass die offensichtliche Lebensgefährlichkeit einer Handlung als alleiniges Kriterium zur Bejahung von Tötungsvorsatz führt.[62] **390b**

Diese Prüfungspflicht korrespondiert mit der Verpflichtung des Gerichts, die **maßgeblichen Umstände im Urteil festzustellen** und die hierzu angestellten Überlegungen zu dokumentieren. Der Schluss auf den Vorsatz soll auch aufgrund der hohen Strafdrohung nicht zu schnell anhand von nur wenigen Anhaltspunkten gezogen werden. Die Prüfung des Vorsatzes ist gerade nicht allein deshalb entbehrlich, weil die Handlung zur Herbeiführung des Todes geeignet war. Manche Rüge des BGH ergibt sich daher auch daraus, dass aus dem Urteil des Instanzgerichts nicht hervorgeht, ob bestimmte Umstände in die Erwägungen eingestellt wurden – ohne dass der BGH tatsächlich im konkreten Fall den Vorsatz verneinen will. **390c**

b) Standpunkt der h.L. (»Einwilligungs- bzw. Billigungstheorie«)

Für die **Wissens**komponente des dolus eventualis fordert die h.L., der Täter müsse den Eintritt des tatbestandsmäßigen Erfolges **»ernstlich für möglich halten«**.[63] **391**

Bei der **Wollens**komponente verzichtet die h.L. auf die Formulierung des BGH vom »billigend in Kauf nehmen« und verwendet von vornherein nur die Umschreibung: Der Täter müsse sich mit der Tatbestandsverwirklichung **abfinden**.

Bewusste Fahrlässigkeit nimmt die h.L. an, wenn der Täter zwar die Möglichkeit des Erfolgseintritts erkennt, aber leichtsinnig auf das Ausbleiben des Erfolges vertraut. Dieses Vertrauen ist dabei mehr als ein »bloßes, vages Hoffen«.[64]

Wie schon für den Standpunkt des BGH ist auch für die h.L. die Bezeichnung »Einwilligungs-« bzw. »Billigungstheorie« verbreitet.[65] Jedoch halte ich eine solche terminologische Gleichsetzung für zweifelhaft, da sie die folgenden Unterschiede zwischen der Judikatur und der h.M. im Schrifttum verschleiert: **392**

- Letztere verlangt einschränkend, der Täter müsse den Erfolg **ernstlich** für möglich halten;
- sie verzichtet weiterhin auf die Formel »billigend in Kauf nehmen«.

---

59 BGH NJW 2012, 1524 (1527).

60 Vgl. dazu das Fallbeispiel von *Esser/Gerson*, JA 2015, 662 ff.

61 *Müller*, JA 2013, 584 (589).

62 BGH NStZ 2014, 35, mit Anmerkung *Schiemann*.

63 Siehe für alle: *Jescheck/Weigend*, § 29 III 3a (m.w.N.); *Kühl*, § 5 Rn. 85; *Roxin*, § 12 Rn. 6, 22 ff., 27; *Wessels/Beulke/Satzger*, Rn. 331.

64 So u.a.: *Roxin*, § 12 Rn. 27.

65 So u.a.: *Baumann/Weber/Mitsch*, § 20 Rn. 53-54; *Gropp*, § 4 Rn. 192; anders z.B. *Roxin*, § 12 Rn. 36-39.

Wegen dieses Verzichts passt die Formulierung »Billigungstheorie« jedenfalls nicht für die h.L. Man sollte daher ihren Standpunkt besser als »Theorie des sich Abfindens mit der Tatbestandsverwirklichung« bezeichnen. Im Übrigen würde diese Terminologie auch der Konzeption des BGH besser gerecht (Rn. 388).

c) »Gleichgültigkeitstheorie«

393 Die Gleichgültigkeitstheorie verlangt für den Eventualvorsatz, dass der Täter den **Eintritt des Erfolges für möglich hält** und **diesem gleichgültig gegenüber steht.**[66] Damit soll dem im Verhältnis zur Fahrlässigkeit erhöhten Gesinnungsunwert angemessen Rechnung getragen werden. Allerdings verlangt der Vorsatz lediglich, dass der Täter sich willentlich für die (Möglichkeit der) Rechtsgutsverletzung entscheidet, ohne dass hierfür eine nähere Bewertung dieser Entscheidung erforderlich ist; der Gesinnungsunwert hat insofern auf das Vorliegen des Vorsatzes keinen Einfluss.[67]

d) »Möglichkeitstheorie« und »Wahrscheinlichkeitstheorie« – Lehren von der Entbehrlichkeit der voluntativen Vorsatzkomponente –

394 Sowohl die Möglichkeits-[68] als auch die Wahrscheinlichkeitstheorie[69] bedeuten im Kern eine radikale Absage an die h.M.: Vorsatz wird nicht als Handeln mit Wissen und Wollen verstanden; vielmehr verzichten beide Theorien auf die **Wollenskomponente**, das voluntative Element des Vorsatzes,[70] und unterscheiden Fahrlässigkeit und Vorsatz allein anhand der Wissenskomponente. Mithin entfällt das Problem der Abgrenzung des Eventualvorsatzes von der bewussten Fahrlässigkeit, da es neben dem auf das Wissenselement reduzierten Vorsatz keine bewusste, d.h. ebenfalls über das Wissenselement verfügende Fahrlässigkeit geben kann: Alle Fahrlässigkeit ist danach **unbewusste** Fahrlässigkeit.[71]

395 **Fall 62: – Lebensgefährlicher Leichtsinn beim Überholen –**[72]
A fährt mit seinem Pkw auf einer Landstraße. Trotz schlechter Sichtverhältnisse wegen Nebels überholt er einen Lkw. Dabei ist ihm bewusst, dass sein Überholmanöver grob verkehrswidrig, waghalsig und lebensgefährlich ist. Ungeachtet dieses Gefahrenbewusstseins vertraut A aber ernstlich darauf, es werde nicht zu einem Unfall kommen. Jedoch verursacht er beim Überholen einen schweren Verkehrsunfall, bei dem ein entgegenkommender Motorradfahrer getötet wird. Hat A einen Totschlag (§ 212 StGB) begangen?

---

66 S/S/*Sternberg-Lieben*, § 15 Rn. 82, 84; *Schroth*, JR 2003, 250 (252).

67 So auch *Satzger*, Jura 2008, 112 (118).

68 So u.a.: *Schmidhäuser*, 10/89 ff.; *ders.*, JuS 1980, 241 ff.; *Schröder*, FS Sauer, 1949, S. 207 ff.; ähnlich etwa: *Jakobs*, 8/21 ff.

69 Hauptvertreter: *H. Mayer*, Strafrecht, AT, 1967, S. 121; ähnlich *Jakobs*, 8/23. Kritisch u.a.: *Kühl*, § 5 Rn. 68 f.; *Roxin*, § 12 Rn. 36-39, 45-46; *Wessels/Beulke/Satzger*, Rn. 327.

70 So u.a.: *Schmidhäuser*, 10/89 ff.; *ders.*, JuS 1980, 241; *Schröder*, FS Sauer, 1949, S. 207 ff.; ähnlich etwa: *Jakobs*, 8/21 ff. Berechtigte Kritik hieran u.a. bei: *Köhler*, Kap. 3, 3.3.2; *Roxin*, § 12 Rn. 41 ff.; *Wessels/Beulke/Satzger*, Rn. 323, 326 ff. m.w.N.

71 So u.a. *Schmidhäuser*, 10/95; *Schröder*, FS Sauer, 1949, S. 207 ff. Kritisch u.a. *Roxin*, § 12 Rn. 41 ff.; *Wessels/Beulke/Satzger*, Rn. 204 f., 217 m.w.N.

72 Fall nach: *Roxin*, § 12 Rn. 43; *Schmidhäuser*, JuS 1980, 241; *Wessels/Beulke/Satzger*, Rn. 326.

Da A die *Möglichkeit* des tatbestandsmäßigen Erfolges *erkannt* hat, drängt sich nach der **Möglichkeitstheorie** eigentlich die Annahme von Tötungsvorsatz (dolus eventualis) auf. Dass A ernstlich auf das Ausbleiben des tatbestandsmäßigen Erfolges (Tod eines anderen Menschen) vertraut, sich also mit dem Erfolg nicht abgefunden hat, spielt für die Möglichkeitstheorie – anders als nach Rechtsprechung und h.L. – keine Rolle. Indes wird von namhaften Vertretern jener Theorie für Fälle wie den vorliegenden Tötungsvorsatz verneint, und zwar durch Leugnen der **Wissenskomponente** des Eventualvorsatzes.[73] Vielfach wird dazu geltend gemacht, es fehle das aktuelle Bewusstsein einer konkreten Lebensgefahr.

Für die **Wahrscheinlichkeitstheorie** ist entscheidend, ob A nicht nur die Möglichkeit des Erfolgseintritts erkannt hat, sondern diesen sogar für wahrscheinlich hielt. Dagegen könnte sprechen, dass A auf das Ausbleiben des Erfolges vertraute, jedoch erweist sich hier, dass das Wahrscheinlichkeitskriterium letztlich sehr unpräzise und der Grad der erforderlichen Wahrscheinlichkeit schwer zu bestimmen ist.

Der Fall zeigt, dass die h.A. mit ihrem Festhalten am Wollenselement des Vorsatzes und die divergierende Möglichkeits- bzw. Wahrscheinlichkeitstheorie nicht notwendig zu unterschiedlichen Ergebnissen gelangen. Gleichwohl kann der Streit hier nicht dahinstehen, da es um die Frage des richtigen Verständnisses von Vorsatz und Fahrlässigkeit geht.

e) Eigene Ansicht

Vorsatz erfordert Wissen und Wollen. Für den bedingten Vorsatz ist nötig, dass der 396
Täter mit der Verwirklichung des Tatbestandes **ernstlich rechnet** (Wissen) und sich hiermit **abfindet** (Wollen).

Dagegen ist trotz Vorliegens jener Wissenskomponente nur bewusste Fahrlässigkeit anzunehmen, wenn der Täter nur deswegen handelt, weil er ernsthaft darauf vertraut, den Tatbestand nicht zu verwirklichen.

Dieser Standpunkt fasst die Wissenskomponente des dolus eventualis deutlich enger als der BGH und wohl auch enger als die meisten Vertreter der h.L.[74] Was die Wollenskomponente angeht, so ist der h.L. zu folgen:

Erstens zeigt Fall 62, dass es **bewusste Fahrlässigkeit** gibt. Zweitens entspricht das Verständnis des Vorsatzes als Wissen und Wollen dem allgemeinen Sprachgebrauch und dem Rechtsgefühl: Leichtsinn, selbst bodenloser, ist auch bei Gefahrenbewusstsein noch nicht ohne Weiteres mit Tötungsvorsatz gleichzusetzen.[75]

Doch sei der Möglichkeitstheorie eingeräumt: In aller Regel wird mit dem Bejahen der 397
Wissensseite des dolus eventualis zugleich die Wollensseite anzunehmen sein, so dass die Wissensseite faktisch maßgeblich ist. Wer ernstlich damit rechnet, er könne einen anderen töten, kann grundsätzlich nicht geltend machen, er habe im »ernsthaften Vertrauen« darauf gehandelt, nicht zu töten. Im Übrigen haben die Vertreter der Möglichkeitstheorie, die für Fälle wie den vorliegenden dolus eventualis mangels des Wissenselementes verneinen, im Ergebnis Recht: A hat ja nicht ernstlich mit einem tödlichen Unfall gerechnet.

73 So insbesondere *Schmidhäuser*, JuS 1980, 241.

74 Die Formel, der Täter müsse mit dem Erfolg »ernstlich rechnen«, findet sich allerdings auch bei *Roxin*, § 12 Rn. 27.

75 Ebenso u.a.: *Kühl*, § 5 Rn. 10 f., 43 ff., 61 ff., 85; *Roxin*, § 12 Rn. 22 ff., 42, 72.

398 Für die Frage, ob der Täter ernstlich mit dem Erfolgseintritt rechnet, sowie dafür, ob er sich mit dem Erfolg abfindet, können als **Indizien** u.a. eine Rolle spielen:

- Die Wahrscheinlichkeit des Erfolgseintritts.
  Das ist der richtige Kern der »**Wahrscheinlichkeitstheorie**«, die aber den Aspekt der Wahrscheinlichkeit zu Unrecht verabsolutiert.
- Das Ausbleiben ernsthafter Bemühungen des Täters, den Erfolg zu vermeiden.
  Insoweit hat die »**Theorie vom nicht betätigten Vermeidungswillen**«[76] Recht. Doch trifft auch sie der Vorwurf, ein – wenn auch wichtiges – Indiz für den dolus eventualis zum maßgeblichen Abgrenzungskriterium zu machen.
- Die Schaffung einer »nicht abgeschirmten Gefahr«, bei der das Ausbleiben des Erfolges ganz oder weitgehend von »Glück und Zufall« abhängt.
  Das ist der richtige Kern von *Herzbergs* »**Theorie der unabgeschirmten Gefahr**«.[77] Auch durch sie wird aber ein Indiz für den dolus eventualis sachwidrig verabsolutiert.

f) Verdeutlichung des Eventualvorsatzes anhand weiterer Beispiele

399 **Fall 63: – Durchbrechen von Polizeisperren –**[78]
A entzieht sich einer Verkehrskontrolle dadurch, dass er mit seinem Pkw auf den Polizeibeamten P, der auf der Fahrbahn Haltezeichen gibt, zufährt und ihn so zum Beiseitespringen zwingt. P kann sich mit knapper Not retten. A hat bei seiner Handlung zwar erkannt, dass er Leben und Leib des P gefährden könnte, aber ernsthaft darauf vertraut, P werde mit einem solchen Durchbrechen der Polizeisperre rechnen und sich als sportlicher, erfahrener Polizeibeamter durch einen Sprung zur Seite in Sicherheit bringen können. Hat A mit Tötungsvorsatz (dolus eventualis) gehandelt?

400 Wäre die Frage zu bejahen, läge zumindest versuchter Totschlag vor.[79] Indes ist hier Tötungsvorsatz zu verneinen: Bei lebensnaher Sachverhaltsinterpretation wird man schon nicht sagen können, A habe **ernstlich damit gerechnet**, P zu töten. Gegen dieses Wissenselement spricht der Aspekt der Unwahrscheinlichkeit des Erfolgseintritts. In Fällen wie dem vorliegenden kommt es nämlich in der Regel nicht zu tödlichen Verletzungen. Zudem rechnen Polizeibeamte mit derartigen Aktionen und sind auf den rettenden Sprung zur Seite meist schon innerlich eingestellt. Im Übrigen hat A **ernsthaft darauf vertraut** (und nicht nur vage gehofft), P werde nicht zu Tode kommen. Mithin fehlt es am Wissens- und am Wollenselement des dolus eventualis. Versuchter Totschlag scheidet also aus.[80]

401 **Fall 64: – Tödliche Steinwürfe von Brücken auf die Autobahn –**
A, angeregt durch Presseberichte über ähnliche Vorfälle, wirft von einer Brücke schwere Steine auf Fahrzeuge, die auf der Autobahn fahren. Ein Stein durchschlägt die Windschutz-

---

76 *Armin Kaufmann*, ZStW 70 (1958), 64, 73 ff.; *Schlehofer*, NJW 1989, 2017 (2020); *Schroth*, JuS 1992, 1 (8); ähnlich *Kühl*, § 5 Rn. 81 ff. Kritisch u.a. *Roxin*, § 12 Rn. 53-54.

77 *Herzberg*, JuS 1987, 777; *ders*., JZ 1988, 573 ff., 635 ff. Kritisch u.a.: *Roxin*, § 12 Rn. 65 ff.; *Wessels/Beulke/Satzger*, Rn. 336 m.w.N.

78 Fall nach *Krey/Hellmann/Heinrich*, BT/1, Rn. 1102; siehe auch *Roxin*, § 12 Rn. 77 m.w.N.

79 Weiterhin käme versuchter Mord (Verdeckungsabsicht) in Frage.

80 Dafür greifen u.a. § 315b StGB (Gefährliche Eingriffe in den Straßenverkehr) und § 113 StGB (Widerstand gegen Vollstreckungsbeamte) ein; dazu *Krey/Hellmann/Heinrich*, BT/1, Rn. 1102-1113. – Für § 315b StGB zu Unrecht einschränkend BGHSt 48, 233 = NJW 2003, 1613.

scheibe des Pkws des O und tötet ihn. A wusste durch jene Presseberichte, dass es zu solchen tödlichen Folgen kommen kann. Dies war ihm jedoch gleichgültig; er wollte um jeden Preis, dass »etwas passierte«. Hat A mit Tötungsvorsatz gehandelt?

A hat ernstlich mit dem tatbestandsmäßigen Erfolg gerechnet. Weiterhin hat er sich **402**
mit ihm abgefunden. Denn zum einen wollte er **um jeden Preis**, also notfalls auch um den Preis eines Menschenlebens, dass etwas passiert. Zum anderen war ihm der mögliche Tod von Kraftfahrern **gleichgültig**, so dass die Annahme ausgeschlossen ist, er habe auf das Ausbleiben eines solchen Erfolges vertraut.[81] Demgemäß ist Tötungsvorsatz zu bejahen. A ist daher wegen Totschlags strafbar.[82]

III. Alternativer Vorsatz (dolus alternativus)

Von alternativem Vorsatz spricht man, wenn der Täter es bei der Tatbegehung für **403**
sicher hält oder ernstlich damit rechnet, **einen** von zwei sich prinzipiell gegenseitig ausschließenden Tatbeständen zu erfüllen, und wenn er sich mit beiden Alternativen zumindest abfindet.[83]

Beispiel[84]: A wird von einem Polizeibeamten und dessen Schäferhund verfolgt. Er feuert seine letzte Patrone in Richtung auf die beiden, wobei er hofft, wenigstens einen zu töten.

a) Der Hund wird getroffen und verendet.
b) Der Polizeibeamte (P) wird tödlich getroffen.

Strafbarkeit des A in beiden Alternativen?

Trotz seiner Bezeichnung handelt es sich um ein Problem, dessen Diskussion im Wesentlichen auch im Rahmen der Konkurrenzen (Rn. 1380 ff.) stattfindet. Weit überwiegend wird vertreten, dass der Vorsatz bzgl. des einen Delikts durch den Vorsatz hinsichtlich des anderen Delikts unberührt bleibt.[85]

In der **Alternative a)** hat der Täter den objektiven Tatbestand des § 303 Abs. 1 StGB erfüllt (»Zerstörung einer fremden Sache« durch Tötung des Hundes); dabei hat er auch wissentlich und willentlich gehandelt. Darüber hinaus liegt versuchter Totschlag (§§ 212, 22, 23 StGB) bezüglich des P vor, der in Tateinheit (§ 52 StGB) zur Sachbeschädigung steht.[86]

In der **Alternative b)** hat A den objektiven und subjektiven Tatbestand des Totschlags verwirklicht (Tötung des P). Zudem ist A – in Tateinheit hierzu – wegen versuchter Sachbeschädigung (Hund) strafbar.[87]

Das Beispiel zeigt also: »Alternative Vorsätze können ohne Weiteres **nebeneinander** bestehen«.[88]

---

81 Vgl. *Roxin*, § 12 Rn. 30, 37, 40, zum Wollenselement bei Gleichgültigkeit.

82 Weiterhin kommt Mord (niedrige Beweggründe, Heimtücke) in Betracht.

83 Dazu: *Jescheck/Weigend*, § 29 III 4; *Roxin*, § 12 Rn. 93 f.; *Wessels/Beulke/Satzger*, Rn. 340 ff.; ausführlich *Jeßberger/Sander*, JuS 2006, 1065.

84 Fall nach: *Lackner/Kühl*, § 15 Rn. 29; *Wessels/Beulke/Satzger*, Rn. 340.

85 *Roxin*, § 12 Rn. 94; *Wessels/Beulke/Satzger*, Rn. 341; *Jescheck/Weigend*, § 29 III 4; vgl. auch BGH NStZ-RR 2006, 168.

86 *Jakobs*, 8/33; *Jescheck/Weigend*, § 29 III 4; NK/*Puppe*, § 15 Rn. 115 f.; *Roxin*, § 12 Rn. 93 f.; *Wessels/Beulke/Satzger*, Rn. 344.

87 So u.a. *Jakobs*, 8/33; *Roxin*, § 12 Rn. 93 f.

88 *Roxin*, § 12 Rn. 94; h.M.

404 Dagegen berufen sich Teile der Literatur darauf, dass der Täter trotz allem nur eine Handlung mit der Möglichkeit nur einer einzelnen Tatbestandsverwirklichung vornehmen wolle, so dass der Vorsatz tatsächlich nur auf die Verwirklichung eines Delikts gerichtet und die Bestrafung aus zwei vorsätzlichen Delikten mithin unbillig sei. Aus welchem Delikt der Täter allerdings bestraft werden soll, wird unterschiedlich beantwortet.[89] Teilweise wird auf das vollendete[90], teilweise (zur vollen Ahndung der Gefahr) auf das schwerere[91] oder sogar auf das leichtere Delikt[92] abgestellt und es werden darüber hinaus jeweils für sämtliche Alternativen Differenzierungen vorgenommen. Der Vorsatz bzgl. des anderen Delikts soll keine Berücksichtigung finden bzw. »verbraucht« werden.[93]

Das hieße für die **Alternative a)**: Strafbarkeit des A aus § 303 Abs. 1 StGB (Freiheitsstrafe 1 Monat – 2 Jahre) oder §§ 212, 22, 23 StGB (unter Berücksichtigung der fakultativen Milderung nach § 49 Abs. 1 StGB: 2 – 11 Jahre – 3 Monate); in **Alternative b)** jeweils Strafbarkeit aus § 212 Abs. 1 StGB.

Die Lösungsansätze, die ein Nebeneinander alternativer Vorsätze ablehnen, können logische Brüche nicht vermeiden. Dies wird insbesondere dann deutlich, wenn auf den Vorsatz bzgl. des schwereren Delikts abgestellt wird, das mildere Delikt jedoch vollendet wurde. Zu leugnen, dass der Täter hinsichtlich der Vollendung wissentlich und willentlich gehandelt hat, ist nicht nachvollziehbar. Beide Möglichkeiten der Tatbestandsverwirklichung hat der Täter faktisch in seinen Vorsatz aufgenommen und insoweit auch jeweils mit unbedingtem Handlungswillen gehandelt. Unsicherheit bestand lediglich darüber, welchen Tatbestand er letztlich tatsächlich verwirklichen könnte.[94] Dies ist jedoch in solchen Fällen dem Machtbereich des Täters entzogen und hat keinerlei Einfluss auf dessen Vorsatz. Der befürchteten Unbilligkeit kann auf Konkurrenzebene vorgebeugt werden. Der Vorsatz ist dafür jedenfalls nicht der geeignete Ansatzpunkt.

Im Gegensatz zum alternativen Vorsatz wirft der kumulative Vorsatz (»**dolus cumulativus**«), bei dem der Täter in Kauf nimmt, durch sein Handeln mehrere Tatbestände zu verwirklichen und auch mehrere Erfolge herbeizuführen, keine Probleme auf. Unstreitig ist hier, dass der Täter nach den allgemeinen Regeln aus allen in Betracht kommenden Delikten zu bestrafen ist.

IV. Zum maßgeblichen Zeitpunkt für das Vorliegen des Vorsatzes

405 Der Vorsatz muss bei Begehung der Tat (§ 16 Abs. 1 S. 1 StGB), d.h. bei der Vornahme der tatbestandsmäßigen Handlung vorliegen (§ 8 S. 1 StGB). Das mögen die folgenden **Beispiele** verdeutlichen:

---

89 Ausführlich zu den bisherigen Lösungsansätzen *Schmitz*, ZStW 112 (2000), 301.

90 Vgl. *Heinrich*, AT, Rn. 292, 294 (bei tatbestandlich gleichwertigen Tatobjekten sowie bei Verletzung eines höherwertigen Rechtsguts; dagegen Vorsatz bzgl. beider Objekte, wenn das geringwertigere Rechtsgut verletzt wird).

91 *Kühl*, § 5 Rn. 27b; LR/*Vogel*, § 15 Rn. 136 (bei gleich schweren Delikten sei auf das vollendete abzustellen); *Otto*, AT, § 7 Rn. 23 m.w.N.

92 *Lampe*, NJW 1958, 333.

93 *Kühl*, § 5 Rn. 27b; LK/*Vogel*, § 15 Rn. 136.

94 Vgl. *Roxin*, § 12 Rn. 93 (Auch bei tatbestandsrelevanten Zweifeln über den Sachverhalt, z.B. beim Entwenden einer Brieftasche, wenn der Täter unsicher ist, ob das Opfer tot (dann: § 242 StGB) oder nur bewusstlos ist (dann: § 246 StGB), er aber beide Möglichkeiten in Kauf nimmt.).

A lauert dem O auf, um ihn totzuschlagen. Als er O kommen sieht, lässt er den Tötungsvorsatz fallen und beschließt, ihn nur zu verprügeln. Jedoch kommt O aufgrund eines Kinnhakens so unglücklich zu Fall, dass er stirbt.

Hier scheiden Mord und Totschlag mangels Tötungsvorsatzes aus.[95] Während der tatbestandsmäßigen Handlung hatte A nicht mehr den Vorsatz, O zu töten. Der vorherige Vorsatz stellt lediglich einen unbeachtlichen *dolus antecedens* dar.

A hat Streit mit seiner Ehefrau B. Er schlägt sie – ohne Tötungsvorsatz – zu Boden; dabei kommt die B zu Tode. Als A merkt, was er angerichtet hat, ist er zwar überrascht; doch ist ihm ihr Tod sehr recht.

Auch hier scheiden Mord und Totschlag aus, da der Täter während der Verwirklichung des objektiven Tatbestandes noch keinen Tötungsvorsatz hatte.[96] Die nachträgliche Billigung des Erfolges (sog. *dolus subsequens*) ist unschädlich.

Zur Klarstellung: Zwar muss der Vorsatz **bei Begehung der Tat**, also bei der **406**
Vornahme der tatbestandsmäßigen **Handlung** vorliegen. Das bedeutet aber keineswegs, dass der Vorsatz vom Versuchbeginn bis zum Eintritt des tatbestandsmäßigen Erfolges weiterbestehen muss (vgl. § 16 Abs. 1 S. 1, § 8 S. 2 StGB). Vielmehr bleibt die Tat eine Vorsatztat, auch wenn der Täter seinen Vorsatz nach der Vornahme der tatbestandsmäßigen Handlung und vor Eintritt des Erfolges aufgibt.[97]

Beispiel: A sticht dem O in Tötungsabsicht ein Messer in die Brust. Als O zusammenbricht, packt den A Reue. Er ruft ärztliche Hilfe herbei. Gleichwohl stirbt O an seiner Verletzung.

A hat eine vollendete vorsätzliche Tötung (Totschlag) begangen. Dass er seinen Tötungsvorsatz **vor der Vollendung** des Verbrechens (Tod des Opfers) aufgegeben hat, ändert hieran nichts.[98] Entscheidend ist, dass seine Tötungshandlung vorsätzlich war.

V. Zum Wissenselement des Vorsatzes

– Mitbewusstsein und Begleitwissen; Gegenstand des Vorsatzes –

1. Intensität des Wissens: Es genügt das sog. »Mitbewusstsein«

Vorsatz erfordert **aktuelle** Kenntnis der Merkmale des objektiven Tatbestandes, **407**
während **potentielle** Kenntnis nicht ausreicht.[99]

Demgemäß liegt z.B. keine Vorsatztat nach § 142 Abs. 1 StGB (Unfallflucht) vor, wenn der Täter nicht bemerkt hat, dass er einen Verkehrsunfall verursacht hatte. Dass er, bei gewissenhafter Prüfung der Situation, Kenntnis von dem Unfall hätte erlangen können, ändert

95 Dazu u.a.: *Kühl*, § 5 Rn. 21 f.; *Roxin*, § 12 Rn. 89.

96 *Kühl*, § 5 Rn. 21, 23; *Roxin*, § 12 Rn. 91.

97 *Roxin*, § 12 Rn. 90; *Wessels/Beulke/Satzger*, Rn. 310.

98 Vgl. *Kühl*, § 5 Rn. 27 m.w.N.; *Roxin*, § 12 Rn. 90. Vgl. zum Rücktritt bei Vollendung der Tat auch Rn. 1265 ff.

99 *Kühl*, § 5 Rn. 98 m.w.N.; *Wessels/Beulke/Satzger*, Rn. 349.

hieran nichts:[100] Vorsatz verlangt Wissen. Dagegen kann Unkenntnis, die vermeidbar war, allenfalls Fahrlässigkeit begründen.[101]

Jedoch ist für die aktuelle Kenntnis nicht nötig, dass der Täter über die Merkmale des objektiven Tatbestandes »bewusste Reflexionen anstellt«, dass er besonders »an sie denkt«.[102] Vielmehr ist das sog. **Mitbewusstsein** ausreichend. Dieses Mitbewusstsein gibt es erstens in der Form des »wahrnehmungsbedingten« Mitbewusstseins[103] (auch »sachgedankliches«[104] genannt).

Beispiel: Der Kriminalbeamte D ist auf dem Weg zum Dienst und hat daher seine Dienstpistole bei sich. In einem Warenhaus entwendet er einen Mantel.

D hat den objektiven Tatbestand eines Diebstahls mit Waffen erfüllt (§ 244 Abs. 1 Nr. 1a StGB).[105] Er hat auch vorsätzlich gehandelt. Hierfür ist nicht nötig, dass er über das Beisichführen der Dienstwaffe bewusst reflektiert hat, sondern es genügt sein – insoweit evident gegebenes[106] – unreflektiertes Mitbewusstsein.

Zum Mitbewusstsein gehört zweitens das sog. **Begleitwissen**, d.h. ein Wissen, das dem Täter ständig verfügbar ist, das er »verinnerlicht« hat, ohne bewusste Reflexionen hierüber.[107]

Beispiel: Ein Beamter, der für eine Diensthandlung Geld annimmt (§ 331 StGB), muss nicht besonders daran denken, dass er Beamter ist. Für seinen Vorsatz ist ausreichend, dass seine Amtsträgereigenschaft für ihn ein verinnerlichtes Begleitwissen darstellt.

408 Die Kritiker jener Konzeption vom »Mitbewusstsein«[108] verkennen, dass die Vorsatzlehre die Erkenntnisse der Psychologie nicht ignorieren und keine sachwidrig hohen Anforderungen stellen sollte.[109] Doch sei ihnen eingeräumt: Die Lehre vom unreflektierten Mitbewusstsein darf nicht dazu führen, die Schranke zwischen **aktueller** Kenntnis (Vorsatz) und nur **potentieller** zu verwässern. Denn lediglich potentielle Kenntnis genügt nicht zur Begründung des Vorsatzes. Das Mitbewusstsein fingiert aber keine Kenntnis, die tatsächlich nicht vorhanden ist, sondern ermöglicht die Berücksichtigung des vorhandenen – und auf Nachfrage spontan und zweifelsfrei abrufbaren[110] – aber nicht stets aufs Neue reflektierten Wissens. Dies ist etwa vergleichbar mit der Unterscheidung zwischen Handlung und Nichthandlung anhand der Steuerung durch einen menschlichen Willen (vgl. Rn. 294 ff.). Dieser Wille entfällt ebenfalls nicht, wenn eine Person, ohne groß nachzudenken, Routinehandlungen (z.B. Betätigen der Gangschaltung beim Autofahren) vornimmt.

---

100 *Krey/Hellmann/Heinrich*, BT/2, Rn. 950; *Roxin*, § 12 Rn. 122; verkannt von OLG Stuttgart JZ 1959, 579.
101 *Jakobs*, 8/10 m.w.N.; *Krey/Hellmann/Heinrich*, BT/2, Rn. 950; *Roxin*, § 12 Rn. 122.
102 *Kühl*, § 5 Rn. 98; *Roxin*, § 12 Rn. 123; *Wessels/Beulke/Satzger*, Rn. 349.
103 *Roxin*, § 12 Rn. 123.
104 *Kühl*, § 5 Rn. 99 f.; *Wessels/Beulke/Satzger*, Rn. 240.
105 Dazu m.w.N.: BGHSt 30, 44; *Jäger*, AT, Rn. 70; *Krey/Hellmann/Heinrich*, BT/2, Rn. 208.
106 Dazu *Otto*, AT, § 7 Rn. 9 (zu unserem Beispiel).
107 *Kühl*, § 5 Rn. 100; *Roxin*, § 12 Rn. 123.
108 So für alle *Jakobs*, 8/11, 12 m.w.N.
109 *Otto*, AT, § 7 Rn. 7 ff.; *Roxin*, § 12 Rn. 123 ff.
110 Vgl. *Satzger*, Jura 2008, 112 (115).

2. Gegenstand des Vorsatzes

Aus § 16 Abs. 1 S. 1 StGB folgt, dass der Täter Kenntnis aller Umstände des gesetzlichen Tatbestandes haben muss, genauer: des objektiven Tatbestandes.[111] Der subjektive Tatbestand ist grundsätzlich das »subjektive Spiegelbild« des objektiven Tatbestandes.[112] **409**

a) Merkmale des objektiven Tatbestandes als Gegenstand des Vorsatzes

Daher muss das Wissenselement des Vorsatzes bei den Erfolgsdelikten umfassen:

- den tatbestandsmäßigen *Erfolg*;
- die tatbestandsmäßige *Handlung*;
- den *Kausalverlauf* in seinen wesentlichen Zügen.[113]

Bei Sonderdelikten (Rn. 227) erfordert jenes Wissenselement weiterhin Kenntnis des Täters von seiner *Täterqualifikation*. Bei qualifizierten Tatbeständen (Rn. 233) muss der Täter Kenntnis vom Vorliegen der qualifizierenden Merkmale haben, soweit es sich bei diesen um *objektive* Tatbestandsmerkmale handelt (z.B. »Heimtücke« beim Mord, § 211 StGB).

Dagegen gilt für **subjektive** Merkmale qualifizierender Tatbestände (z.B. für die Mordmerkmale »Habgier« oder »Verdeckungsabsicht«) nichts anderes als für alle anderen subjektiven Tatbestandsmerkmale: Sie sind nicht Gegenstand des Vorsatzes, sondern müssen schlicht vorliegen. **410**

Der Gesetzgeber verlangt z.B. in § 211 Abs. 2 StGB »Habgier« und nicht etwa Habgier plus Vorsatz bezüglich dieses subjektiven Merkmals.[114] Entsprechend fordert § 242 StGB »Zueignungsabsicht« und nicht etwa Zueignungsabsicht plus Vorsatz bezüglich dieser Absicht.[115] Diese »überschießende Innentendenz« ist gerade dadurch gekennzeichnet, dass sie keinen Bezugspunkt im objektiven Tatbestand hat und somit ein Mehr (»überschießend«) im subjektiven Tatbestand (»Innentendenz«) darstellt.

b) Kein Gegenstand des Vorsatzes: Rechtswidrigkeit der Tat

Tatbestandsmäßigkeit einer Straftat einerseits und Rechtswidrigkeit der Tat andererseits sind strikt zu trennen; beide stellen unterschiedliche Bewertungsstufen im Rahmen des dreistufigen Deliktsaufbaus dar (Rn. 260 ff.). **411**

Die **Rechtswidrigkeit der Tat** ist kein Merkmal des objektiven Tatbestandes und folglich nicht Gegenstand des Vorsatzes. Der Täter braucht also kein Unrechtsbewusstsein zu haben.[116] Das bedeutet für den sog. **Verbotsirrtum**, d.h. für das Fehlen der Einsicht, Unrecht zu tun: Ein solcher Irrtum lässt den Vorsatz unberührt. So hat es der Gesetzgeber in § 17 StGB (i.V.m. § 16 Abs. 1 StGB –

---

111 *Kühl*, § 5 Rn. 6; *Roxin*, § 12 Rn. 132 ff.; *Wessels/Beulke/Satzger*, Rn. 306; BGHSt 36, 221 (222); differenzierend bzgl. Wissens- und Willenselement *Satzger*, Jura 2008, 112 (113).

112 Vgl. *Satzger*, Jura 2008, 112 (120).

113 Näher dazu Rn. 425 ff.

114 Im Ergebnis ebenso: S/S/*Sternberg-Lieben/Schuster*, § 15 Rn. 23 f.; *Fischer*, § 16 Rn. 18.

115 *Roxin*, § 12 Rn. 132. Im Ergebnis ebenso S/S/*Sternberg-Lieben/Schuster*, § 15 Rn. 23 f.

116 *Kühl*, § 5 Rn. 18; *Wessels/Beulke/Satzger*, Rn. 350.

lesen!) eindeutig normiert[117], und zwar im Einklang mit unserer Verfassung.[118] Frühere abweichende Konzeptionen haben sich damit erledigt.

412 Allerdings gibt es einige Straftatbestände, in denen die Rechtswidrigkeit ein **einzelnes Tatbestandsmerkmal** näher kennzeichnet. Beispiele sind die »Rechtswidrigkeit der Zueignung« bei der Unterschlagung (§ 246 StGB), die »Rechtswidrigkeit der beabsichtigten Zueignung« bei Diebstahl und Raub (§§ 242, 249 StGB) und die »Rechtswidrigkeit der beabsichtigten Bereicherung« bei Betrug und Erpressung (§§ 263, 253 StGB).[119] Diese **auf ein singuläres Tatbestandsmerkmal bezogene Rechtswidrigkeit** ist von der Rechts-widrigkeit der Tat als zweiter Deliktsstufe strikt zu trennen. Erstere ist Tatbestandsmerkmal und Gegenstand des Vorsatzes – doch handelt es sich bei ihr um ein Sonderproblem des BT, das hier nicht zu vertiefen ist.

3. Tatsachenkenntnis als Kern des Wissenselements

– Kenntnis bei deskriptiven und normativen Tatbestandsmerkmalen –

a) § 16 Abs. 1 S. 1 StGB

413 Aus dieser Vorschrift folgt, dass der Täter einer Vorsatztat alle Umstände kennen muss, die zum *gesetzlichen Tatbestand* gehören.[120] Die fehlende Kenntnis auch nur eines Tatumstandes schließt als Tatbestandsirrtum[121] gemäß § 16 Abs. 1 S. 1 StGB den Vorsatz aus.[122]

b) Wissenselement bei deskriptiven Tatbestandsmerkmalen

414 Die h.A. unterscheidet deskriptive und normative Tatbestandsmerkmale:[123]

Deskriptive (beschreibende) Tatbestandsmerkmale sind solche, »die Gegenstände oder Vorgänge der realen Welt« umschreiben[124] und die vom Richter daher »sinnlich wahrgenommen« werden können.[125] Bei deskriptiven Tatbestandsmerkmalen genügt für das Wissenselement des Vorsatzes Kenntnis im Wege ihrer »sinnlichen Wahrnehmung«[126], oder besser: **Tatsachenkenntnis**.[127]

---

117 So für alle: *Kühl*, § 5 Rn. 18; *Roxin*, § 12 Rn. 98-99.

118 BVerfGE 41, 121 (124 ff.).

119 Hierzu m.w.N.: *Krey/Hellmann/Heinrich*, BT/2, Rn. 122 ff., 692 ff.

120 Zu den Irrtümern auf Tatbestandsebene *Exner*, ZJS 2009, 516 (517 ff.); zusammenfassende Darstellung der Irrtumsproblematik bei *Knobloch*, JuS 2010, 864 sowie ausführlich mit vielen Beispielen *Sternberg-Lieben*, JuS 2012, 289.

121 Für die Bezeichnung als Tatumstandsirrtum u.a. *Kühl*, § 13 Rn. 9.

122 Für den Bereich der Steuerhinterziehung hat der BGH allerdings die Anforderungen erhöht. Die Unkenntnis von Steueransprüchen würde eigentlich einen Tatumstandsirrtum begründen. Informiert sich ein Kaufmann jedoch nicht über seine steuerlichen Pflichten oder unterlässt es ein Steuerpflichtiger, in Zweifelsfällen Rechtsrat einzuholen, kann dies nach dem BGH auf Eventualvorsatz hindeuten: BGH NStZ 2012, 160.

123 Dazu: *Jescheck/Weigend*, § 26 IV 1, 2; *Roxin*, § 10 Rn. 57 ff., § 12 Rn. 100 ff.; *Wessels/Beulke/Satzger*, Rn. 189 ff., 351 ff.; kritisch u.a. NK/*Puppe*, § 16 Rn. 41.

124 *Jescheck/Weigend*, § 26 IV 1, § 29 II 3a.

125 *Roxin*, § 10 Rn. 57, § 12 Rn. 100.

126 *Kühl*, § 5 Rn. 91; *Roxin*, § 10 Rn. 57, § 12 Rn. 100.

Beispiele: Mensch, Tier, Gebäude, Brücke; töten, fahren, wegnehmen.[128]

c) Kenntnis bei normativen Tatbestandsmerkmalen

Normative Tatbestandsmerkmale sind dagegen solche, deren Annahme nicht im Wege bloßer Feststellung von Tatsachen erfolgt, sondern eine richterliche Wertung erfordert. Ihre Feststellung setzt ein ergänzendes Werturteil voraus.[129] 415

Beispiele: Öffentliche Urkunde, Amtsträger, fremde (d.h. einem anderen gehörende) Sache; zueignen, beleidigen.[130]

Wenn die rechtliche Wertung Bestandteil des Merkmals ist, dann steht genau genommen hierfür im objektiven Tatbestand als Bezugspunkt des Vorsatzes: Tatsachen/Umstände *und* rechtliche Wertung. Daher ist bei normativen Tatbestandsmerkmalen nach herrschender und zutreffender Ansicht Kenntnis der Tatsachen, die jenes Merkmal begründen, zwar notwendige Bedingung für jenes Wissenselement. Diese Tatsachenkenntnis ist aber noch nicht ausreichend. Vielmehr muss hinzukommen, dass der Täter den »rechtlich-sozialen Bedeutungsgehalt des Tatumstandes« nach Laienart richtig erfasst hat[131] (sog. **Parallelwertung in der Laiensphäre**[132]). Das mag der folgende Fall verdeutlichen:

Fall 65: – Der manipulierte Bierdeckel –[133] 416
S sitzt beim Bier. Als die Polizeistunde naht, schaut er auf seinen Bierdeckel, auf dem der Kellner jedes dem S servierte Bier mit einem Strich vermerkt hat. Der Anblick der vielen Striche macht S traurig. Um Geld zu sparen, radiert er einige der Striche auf dem Bierdeckel aus. Als S wegen Urkundenunterdrückung (§ 274 Abs. 1 Nr. 1 StGB) angeklagt wird, macht er zu seiner Verteidigung geltend: *»Ich habe nicht gewusst, dass Striche auf Bierdeckeln im Strafrecht als Urkunden behandelt werden; Urkunden, so dachte ich, seien Schriftstücke.«* Hat diese Behauptung Bedeutung für den Vorsatz des S?

S hat den objektiven Tatbestand des § 274 Abs. 1 Nr. 1 StGB erfüllt, und zwar in der Modalität »Vernichtung einer Urkunde, die ihm nicht gehört«.[134] Jeder einzelne Strich auf dem Bierdeckel stellt eine **Urkunde** i.S. der §§ 267, 274 StGB dar, denn er *verkörpert die Gedankenerklärung* des Kellners: »Ich habe Dir, Gast, ein Bier gebracht«. Diese Verkörperung ist auch *zum Beweis geeignet und bestimmt*, da die Striche als Abrechnungsgrundlage für die Zahl der servierten Biere dienen. Auch der *Aussteller* jener verkörperten Gedankenerklärung, der Kellner, ist für die Beteiligten erkennbar. Der Umstand, dass diese Urkunden keine Schriftstücke sind, 417

127 So für alle: *Wessels/Beulke/Satzger*, Rn. 352.
128 *Jescheck/Weigend*, § 29 II 3a; *Roxin*, § 10 Rn. 58.
129 *Krey*, Gesetzesvorbehalt, S. 71, 101 f.; *Wessels/Beulke/Satzger*, Rn. 190; siehe BGHSt 3, 248 (255).
130 *Jescheck/Weigend*, § 26 IV 2, § 29 II 3a.
131 *Kühl*, § 5 Rn. 93; *Wessels/Beulke* Rn. 353; kritisch *Puppe*, 8/13 ff.
132 BGHSt 3, 248 (255); 4, 347 (352); *Jakobs*, 8/49; *Jescheck/Weigend*, § 29 II 3a; *Roxin*, § 12 Rn. 101, 117; *Wessels/Beulke/Satzger*, Rn. 243.
133 Fall nach: *Krey/Hellmann/Heinrich*, BT/1, Rn. 971 ff., 984, 1019; *Kühl*, § 5 Rn. 94; *Roxin*, § 12 Rn. 102.
134 Dazu eingehend und m.w.N. *Krey/Hellmann/Heinrich*, BT/1, Rn. 971 ff., 984 (h.M.). – Zur Frage, ob auch § 267 StGB (Urkundenfälschung durch Verfälschen des Bierdeckels als Gesamturkunde) vorliegt, siehe *Krey/Hellmann/Heinrich*, BT/1, Rn. 978 ff., 1019 m.w.N.

sondern nur Beweiszeichen, ist unerheblich (h.M.). Durch das Ausradieren der Striche hat S jeweils eine Urkunde vernichtet.

418 Er hat auch vorsätzlich gehandelt. *Urkunde* i.S. der §§ 267, 274 StGB ist ein normatives Tatbestandsmerkmal[135]; denn die Entscheidung des Richters über sein Vorliegen bedarf, wie Fall 65 zeigt, eines ergänzenden Werturteils. Demgemäß verlangt Vorsatz des Täters bezüglich des Merkmals der Urkunde erstens *Kenntnis der Tatsachen* und zweitens seine *»Parallelwertung in der Laiensphäre«*.

Beide Voraussetzungen sind hier erfüllt: S wusste, dass er Striche des Kellners auf dem Bierdeckel ausradierte, und er kannte »nach Laienart« die rechtlich-soziale Bedeutung seines Verhaltens, nämlich die Vernichtung von Beweismitteln für die Zahl der servierten Biere zum Nachteil des Gastwirtes.

Neben dem Vorsatz fordert § 274 Abs. 1 Nr. 1 StGB als weiteres Merkmal der subjektiven Tatbestands die »Absicht, einem anderen Nachteil zuzufügen«.[136] Auch dieses Tatbestandsmerkmal ist erfüllt.

d) Irrelevanz des »Subsumtionsirrtums« für den Vorsatz

419 In Fall 65 kannte der Täter alle **Tatsachen**, die das Tatbestandsmerkmal Urkunde begründeten; weiterhin lag die erforderliche **Parallelwertung in der Laiensphäre** vor. Folglich handelte er mit Vorsatz. Seine – wirkliche oder vorgetäuschte – Fehlvorstellung, nur Schriftstücke seien Urkunden i.S. des Strafrechts, nicht aber bloße Striche auf Bierdeckeln, ist ein Subsumtionsirrtum; er lässt den Vorsatz unberührt.[137]

Von einem **Subsumtionsirrtum**, einem Irrtum über die Bedeutung und den Anwendungsbereich strafrechtlicher Tatbestandsmerkmale, spricht man, wenn der Täter trotz Tatsachenkenntnis und »Parallelwertung in der Laiensphäre« nicht weiß, dass er Merkmale eines Straftatbestandes erfüllt.

Neben Fall 65 mag das folgende **Beispiel** solche Irrtümer verdeutlichen:

A öffnet nachts die Ventile aller vier Reifen am Pkw des O. Als er wegen Sachbeschädigung angeklagt wird, verteidigt er sich mit der Behauptung: *»Ich habe nicht gewusst, dass Strafjuristen mein Verhalten als Sachbeschädigung ansehen, da ich die Substanz des Pkw nicht beschädigt habe.«*

Tatsächlich liegt aber unter dem Aspekt der Beeinträchtigung der »bestimmungsmäßigen Brauchbarkeit« (Funktionsvereitelung) Sachbeschädigung am Pkw vor.[138] A hat auch vorsätzlich gehandelt, weil er die Tatsachen kannte und laienhaft die rechtlich-soziale Bedeutung des Tatumstandes »Beschädigung einer fremden Sache« erfasst hat;[139] denn er wusste, dass er die Benutzungsmöglichkeit des Pkw beeinträchtigte.

Subsumtionsirrtümer sind also keine Tatbestandsirrtümer gemäß § 16 Abs. 1 S. 1 StGB; folglich sind sie für den Vorsatz ohne Bedeutung. In Betracht kommt aber ein Verbotsirrtum (§ 17 StGB).

135 *Kühl*, § 5 Rn. 94.
136 Hierzu *Rengier*, BT/2, § 36 Rn. 8; *Krey/Hellmann/Heinrich*, BT/1, Rn. 984 m.w.N.
137 *Jescheck/Weigend*, § 29 V 7a; *Warda*, Jura 1979, 81 f.
138 BGHSt 13, 207; *Krey/Hellmann/Heinrich*, BT/2, Rn. 346 ff., 351 m.w.N.
139 Wie hier die h.M., so u.a.: *Kühl*, § 5 Rn. 95; *Roxin*, § 12 Rn. 101.

Erst recht lässt die irrige Annahme eines Straftäters, sein Verhalten sei **straflos**, den Vorsatz unberührt: Ein Irrtum über die Strafbarkeit ist kein Tatbestandsirrtum.[140]

e) Tatsachenkenntnis als Indiz für die »Parallelwertung in der Laiensphäre«

(1) Zur Differenzierung von deskriptiven und normativen Tatbestandsmerkmalen und zu den für erstere genannten Beispielen (Rn. 414) sei kritisch angemerkt: Grundsätzlich sind alle Rechtsbegriffe normativ, weil im Zweifelsfall jeder Begriff im Rahmen seiner Auslegung auch einer rechtlichen Wertung unterzogen wird.[141] Rein deskriptiv sind nur Zahlen oder mathematische, physikalische und chemische Formeln (z.B. Grenzwerte im Umwelt- und Lebensmittelrecht). Daher sind die von der h.A. angeführten Beispiele für deskriptive Rechtsbegriffe wenig überzeugend: **420**

Beim Rechtsbegriff »Mensch« bedarf es z.B. einer Wertentscheidung, um zu klären, wann das menschliche Leben im strafrechtlichen Sinne beginnt und wann es endet.[142] Und die »Wegnahme« (§ 242 StGB) ist sogar ein durch und durch normativer, d.h. wertausfüllungsbedürftiger Rechtsbegriff. Man denke nur an die Abgrenzung »Trickdiebstahl« vom Betrug[143] und die Frage der Vollendung der Wegnahme, etwa bei Warenhausdiebstählen.[144]

Daraus folgt für die **Wissenskomponente des Vorsatzes**: Da grundsätzlich alle Tatbestandsmerkmale normativ sind, müssen grundsätzlich für alle Merkmale des objektiven Tatbestandes Tatsachenkenntnis des Täters und seine »Parallelwertung in der Laiensphäre« vorliegen.

(2) Faktisch ist aber die Tatsachenkenntnis das entscheidende Element für jene Wissenskomponente: Der Täter, der alle Tatsachen kennt, erfasst in aller Regel auch nach Laienart die rechtlich-soziale Bedeutung des Tatumstandes, oder genauer: er weiß in einem rechtlich-sozialen Sinne, was er tut. Das haben Fall 65 und das Beispiel der Sachbeschädigung (Pkw) gezeigt. Demgemäß kann man feststellen, dass die Tatsachenkenntnis grundsätzlich zugleich die »Parallelwertung in der Laiensphäre« begründet. Eine Ausnahme von dieser Regel sei im Folgenden dargelegt: **421**

f) Sonderproblem: Wissenselement bei zivilrechtlichen Vorfragen

– »fremde« Sache; »Rechtswidrigkeit« der beabsichtigten Zueignung –

Diese Tatbestandsmerkmale bestimmen sich nach dem Zivilrecht: **422**

»Fremd« i.S. der §§ 242, 246, 249 StGB (Diebstahl, Unterschlagung, Raub) ist eine Sache, die »einem anderen gehört«, d.h. »im Eigentum eines anderen steht«.[145]

---

140 *Wessels/Beulke/Satzger*, Rn. 352 (allgemeine Meinung).

141 *Krey*, Gesetzesvorbehalt, S. 68 ff., 71 m.w.N., 97 ff., 101; *Roxin*, § 10 Rn. 59, § 12 Rn. 100; *Satzger*, Jura 2008, 112 (114).

142 Dazu *Krey/Hellmann/Heinrich*, BT/1, Rn. 2 ff., Rn. 15 ff. m.w.N; *Kühl*, JA 2009, 321 (ebenso zum Begriff des Tötens).

143 Siehe *Krey/Hellmann/Heinrich*, BT/2, Rn. 55, 555, 581 ff. m.w.N.

144 *Krey/Hellmann/Heinrich*, BT/2, Rn. 40 ff. m.w.N.

145 *Krey/Hellmann/Heinrich*, BT/2, Rn. 3 m.w.N.; vgl. auch *Kudlich/Noltensmeier*, JA 2007, 863, ausführlich zum Merkmal der Fremdheit.

»Rechtswidrig« ist die (beabsichtigte) Zueignung (§§ 242, 246, 249 StGB), wenn der Täter keinen Anspruch auf Übereignung der Sache hat.[146]

Hier ist für den Vorsatz die laienhafte Vorstellung des Täters vom Zivilrecht maßgeblich:

Glaubt der Täter irrig, die weggenommene Sache »gehöre ihm«, d.h. er sei ihr Eigentümer, so fehlt ihm der Vorsatz (Wissen), die Sache sei »fremd«.[147] **Dabei ist unerheblich, ob der Täter über Fakten irrt oder über die zivilrechtlichen Normen**.[148]

Nimmt der Täter irrig an, er habe einen Anspruch auf Übereignung der weggenommenen Sache, so fehlt es am Vorsatz bezüglich der »Rechtswidrigkeit der beabsichtigten Zueignung«, mag dieser Irrtum nun auf Unkenntnis der Sachlage oder der zivilrechtlichen Regelung beruhen.[149]

Solche Fehlvorstellungen über das Zivilrecht lassen die »Parallelwertung in der Laiensphäre« entfallen.[150]

g) Zusammenfassung

423 Zusammenfassend lässt sich also feststellen: Ein Tatbestandsirrtum, der den Vorsatz ausschließt, liegt vor, wenn der Täter ein Merkmal des objektiven Tatbestandes nicht kennt. Das ist der Fall:

a) Bei fehlender Kenntnis[151] der Tatsachen, die das Merkmal begründen (Regelfall des Tatbestandsirrtums).

Beispiel: Bei einer Treibjagd erschießt ein Jäger einen Treiber, weil er ihn im Dämmerlicht irrtümlich für eine Hirschkuh hält. Hier entfällt Totschlag (§ 212 StGB) mangels Vorsatzes, denn der Täter wusste nicht, dass er auf einen Menschen schoss. Jedoch liegt Fahrlässige Tötung vor, § 222 StGB (i.V.m. § 16 Abs. 1 S. 2 StGB).

b) Bei trotz Tatsachenkenntnis fehlender »Parallelwertung in der Laiensphäre«.[152]

424 Einen **Sonderfall** des Irrtums über Tatumstände regelt **§ 16 Abs. 2 StGB** (Irrtum über privilegierende Tatbestandsmerkmale): Irrt der Täter über tatsächliche Umstände und stellt er sich infolgedessen vor, er erfülle den Tatbestand eines milderen Gesetzes, so bestimmt § 16 Abs. 2 StGB, dass der Täter wegen vorsätzlicher Begehung nur nach dem milderen Gesetz bestraft werden darf (weil ihm der Vorsatz hinsichtlich des schwereren Tatbestandes fehlt).[153]

---

146 *Krey/Hellmann/Heinrich*, BT/2, Rn. 121 ff. Zur Rechtswidrigkeit als Tatbestandsmerkmal, siehe auch Rn. 411 f.

147 *Kühl*, § 5 Rn. 96.

148 BGHSt 3, 248 (255); *Krey/Hellmann/Heinrich*, BT/2, Rn. 128; *Kühl*, § 5 Rn. 96; *Roxin*, § 12 Rn. 103 f.

149 BGH JuS 2014, 366 mit Anm. *Hecker*.

150 *Krey/Hellmann/Heinrich*, BT/2, Rn. 129 m.w.N.

151 Zugrunde liegen können Unkenntnis, Gedankenlosigkeit und positive Fehlvorstellung: *Kühl*, § 13 Rn. 7 ff.

152 Siehe Rn. 420; **A.A.** *Heinrich*, AT, Rn. 1087 (Verbotsirrtum).

153 Anerkennung eines gegenüber § 212 StGB geminderten Tötungsunrechts und eines Vorsatzes, der dementsprechend nicht das volle Unrecht des § 212 StGB umfasst: *Küper*, Jura 2007, 260 (263), auch zu den Gegenansichten; *Heinrich*, AT, Rn. 1077.

Beispiel: In der irrigen Annahme, der schwerkranke S habe von ihm ausdrücklich und ernstlich verlangt, ihn zu töten, spritzt K dem S eine tödlich wirkende Dosis Schlafmittel, um dessen letzten Wunsch zu erfüllen.

K tötete den S wissentlich und willentlich und handelte daher mit Vorsatz hinsichtlich sämtlicher Merkmale des § 212 Abs. 1 StGB. Weil er sich aber zusätzlich die privilegierenden Umstände des § 216 StGB[154] vorgestellt hatte und deshalb handelte, untersagt § 16 Abs. 2 StGB eine Bestrafung des K nach § 212 StGB.

VI. Sonderprobleme: Irrtum über den Kausalverlauf; Irrtum über das Tatobjekt (error in persona / error in objecto); Fehlschuss (aberratio ictus)

1. Irrtum über den Kausalverlauf

Fall 66: – »Tod in der Jauchegrube« –[155] 425
A hat die O bis zur Bewusstlosigkeit gewürgt; er hält sie für tot. Um die vermeintliche Leiche zu beseitigen, versenkt er sie in einer Jauchegrube; erst dadurch kommt die O zu Tode. Hat A ihren Tod vorsätzlich verursacht?

Der objektive Tatbestand des Totschlags ist erfüllt. Auch die erforderliche objektive Zurechenbarkeit liegt vor; denn Erfolg und Kausalverlauf waren objektiv vorhersehbar. Zudem hat sich im Erfolg (Tod in der Jauchegrube) eine typische Gefährlichkeit des normwidrigen Täterverhaltens realisiert.

Jedoch könnte der Vorsatz unter dem Gesichtspunkt der **Abweichung des realen vom vorgestellten Kausalverlauf** entfallen. Nach h.M. muss der Vorsatz des Täters auch den ursächlichen Zusammenhang zwischen seiner Handlung und dem Erfolg umfassen, genauer: **Objekt des Vorsatzes ist auch der Kausalverlauf in seinen wesentlichen Zügen**.[156] 426

Demgemäß schließen »wesentliche Abweichungen« des wirklichen Kausalverlaufs vom vorgestellten Kausalverlauf den Vorsatz aus, während »unwesentliche Abweichungen« ihn unberührt lassen.[157]

Für die Frage der **Unwesentlichkeit/Wesentlichkeit** der Abweichung vom Kausalverlauf sind (grundsätzlich) die Regeln über das Vorliegen der objektiven Zurechenbarkeit (speziell des atypischen Kausalverlaufs) maßgeblich:[158] 427

– Ist bei einer Abweichung des realen vom vorgestellten Kausalverlauf die objektive Zurechenbarkeit des Erfolges zu bejahen, weil jene Abweichung sich noch »innerhalb der

---

154 Nach dem Wegfall vieler Privilegierungstatbestände stellt ein Irrtum über die Voraussetzungen des § 216 StGB den wesentlichen Anwendungsbereich für § 16 Abs. 2 StGB dar. Vgl. S/S/*Sternberg-Lieben/Schuster*, § 16 Rn. 26-27.

155 Fall nach BGHSt 14, 193 – Jauchegrubenfall.

156 BGHSt 7, 325 (329); 14, 193 (194); *Wessels/Beulke/Satzger*, Rn. 374.

157 BGHSt 14, 193 (194); ebenso u.a.: *Jescheck/Weigend*, § 29 V 6b m.w.N.; S/S/*Sternberg-Lieben/Schuster*, § 15 Rn. 55; kritisch *Puppe*, 10/6 ff.; *Roxin*, § 12 Rn. 151 ff.

158 Insofern können Lit. und BGH auch dann zu demselben Ergebnis gelangen, wenn der BGH im objektiven Tatbestand auf das Erfordernis der objektiven Zurechnung verzichtet und die Abweichung des Kausalverlaufs erst im subjektiven Tatbestand prüft.

Grenzen des nach der allgemeinen Lebenserfahrung Vorhersehbaren« bewegt, so liegt eine unwesentliche Abweichung vor; sie berührt den Vorsatz nicht.[159]

Beispiel: Rn. 341 (Wurf des Opfers von der Brücke / Ersticken am Mageninhalt).[160]

– Fehlt es dagegen an der objektiven Zurechenbarkeit des Erfolges, so entfällt zugleich wegen wesentlicher Abweichung des Kausalverlaufs der Vorsatz.[161]

Beispiel: Rn. 328 (Messerstich / Brand im Krankenhaus)

Im letzteren Fall ist eine Prüfung des Vorsatzes überflüssig, da mangels objektiver Zurechenbarkeit bereits der objektive Tatbestand des Erfolgsdelikts nicht erfüllt ist.

Eine Abweichung vom Kausalverlauf wird also dann als unerheblich betrachtet, wenn sie sich noch innerhalb der **Grenzen des nach allgemeiner Lebenserfahrung Voraussehbaren** hält und keine andere Bewertung der Tat rechtfertigt.[162]

In Fall 66 ist angesichts des Vorliegens der objektiven Zurechenbarkeit eine unwesentliche Abweichung vom Kausalverlauf, mithin **Vorsatz** anzunehmen.[163]

428 Speziell bei der Abweichung vom Kausalverlauf im Rahmen zweiaktiger Geschehensverläufe, bei denen der Täter glaubt, den Erfolg bereits mit dem ersten Akt herbeigeführt zu haben, während dieser tatsächlich aber erst mit der zweiten Handlung eintritt (Fall 66), wurde früher die Lehre vom **dolus generalis** vertreten.

Diese ging davon aus, dass das Verbergen des Opfers nur ein unselbständiger Teilakt der einheitlichen Gesamthandlung wäre, wenn der Wille des Täters von Anfang an auf die heimliche Tötung gerichtet gewesen sei.[164]

Diese Ansicht widerspricht allerdings dem Grundsatz, dass Anknüpfungspunkt der Strafbarkeit immer eine konkrete menschliche Handlung ist, und der Vorsatz im Moment dieser Handlung vorliegen muss (§ 8 S. 1 StGB).[165] Mit Tötungsvorsatz handelt A aber nur während des Würgens und angesichts seiner irrigen Vorstellung vom Tod des O nicht mehr beim Versenken in der Grube. Eine Ausdehnung des Vorsatzes auf den zweiten Akt ist nicht möglich. Heute ist diese Lehre daher überholt.

---

159 So (ausdrücklich bzw. der Sache nach): BGHSt 7, 325 (329); 14, 193 (194); 23, 133 (135); *Jescheck/Weigend*, § 29 V 6b; **a.A.** *Henn*, JA 2008, 854 (858): Es gilt für die Frage der Vorhersehbarkeit bzw. Wesentlichkeit jeweils ein anderer Maßstab, der im Einzelfall zu abweichenden Ergebnissen führen kann: im obj. Tatbestand erfolgt eine objektive Betrachtung ex ante (unbeteiligter Dritter mit Gesamtüberblick), im subjektiven Tatbestand eine ex-ante-Betrachtung vom Standpunkt des Täters aus.

160 Dazu u.a.: *Jescheck/Weigend*, § 29 V 6b; *Wessels/Beulke/Satzger*, Rn. 375 ff. Im Ergebnis ebenso: *Puppe*, 10/1 ff.; *Roxin*, § 11 Rn. 70, § 12 Rn. 153-154; weiteres Beispiel in BGH NStZ-RR 2014, 109: Tritt der Täter mit Körperverletzungsvorsatz sowohl in Richtung des Geschädigten als auch in Richtung einer neben dem Geschädigten befindlichen Sache, so stellt es eine unwesentliche Abweichung vom Kausalverlauf dar, wenn der Geschädigte nicht unmittelbar aufgrund eines Tritts, sondern durch die umstürzende Sache verletzt wird.

161 Ebenso der Sache nach: *Jescheck/Weigend*, § 29 V 6b; kritisch u.a. *Roxin*, § 12 Rn. 154-155; eingehend S/S/*Sternberg-Lieben/Schuster*, § 15 Rn. 54a.

162 BGHSt 7, 325 (329); 38, 32 (34).

163 BGHSt 14, 193 (194); ebenso u.a.: *Jescheck/Weigend*, § 29 V 6d; *Wessels/Beulke/Satzger*, Rn. 375 ff. Kritisch u.a.: *Otto*, AT, § 7 Rn. 90-91 m.w.N.

164 *Welzel*, S. 74 (Beseitigungsvorsatz erst nach der vermeintlichen Tötung genügt hierfür nicht).

165 Vgl. *Heinrich*, AT, Rn. 1093; *Valerius*, JA 2006, 261 (262).

Richtig an dieser Ansicht ist der Ansatz, das **Geschehen** (Tötung und Beseitigung der Leiche) soweit **als natürliche Einheit** zu betrachten, dass eine vollständig isolierte Behandlung beider Akte willkürlich und unnatürlich erscheint. Diese würde dazu führen, dass der A in Fall 66 trotz Tötungsvorsatz und (objektiv zurechenbarer) Herbeiführung des Tötungserfolges lediglich wegen versuchten Totschlags (durch das Würgen) in Tatmehrheit mit fahrlässiger Tötung (durch das Versenken ohne Tötungsvorsatz, § 16 Abs. 1 S. 1 StGB) strafbar wäre.[166]

Einen weiteren Ansatzpunkt wählt *Roxin*. Er differenziert nach der Form des Tötungsvorsatzes und fordert, dass sich der eingetretene Erfolg noch als Verwirklichung des Tatplans darstellen müsse. Nur dann habe der Täter erreicht, was er wollte, so dass die Abweichung des Kausalverlaufs für den Vorsatz eine unwesentliche sei. Dies sei im Falle absichtlichen Handelns für den Tod erst durch die zweite Handlung noch zu bejahen, so dass dieser vom Vorsatz umfasst werde, sofern der Vorsatz nicht bis zur Zweithandlung[167] aufgegeben worden sei. Anders soll dies zu beurteilen sein, wenn der Täter lediglich bedingt vorsätzlich (oder mit direktem Vorsatz)[168] handle.[169] Der BGH hat hier zu Recht festgestellt, dass die Vorsatzform keinen Einfluss auf das Maß der Abweichung haben kann.[170]

Es ist daher der h.M. zu folgen. Sie führt auch dazu, dass das Eingreifen eines Dritten und das des Täters in den Kausalverlauf sachgerecht nach denselben Maßstäben behandelt wird.[171]

Fall 67: – »Tod ‚vor' der Jauchegrube« –
X schlägt O nieder und versenkt den leblosen Körper anschließend sofort in der Jauchegrube. Mit dem Schlag auf den Kopf hatte X einer Gegenwehr der O vorbeugen wollen. Sterben sollte O erst durch Ertrinken in der Jauchegrube, um so den Anschein eines Arbeitsunfalls zu erwecken. Von X unbemerkt war jedoch bereits der Schlag auf den Kopf tödlich. Hat X den Tod der O vorsätzlich herbeigeführt? **429**

Die vorliegende Konstellation entspricht dem »umgekehrten Jauchegrubefall«, da **430** der Täter den Erfolg, den er nach seiner Vorstellung erst durch den zweiten Akt bewirken wollte, bereits mit dem ersten Akt herbeigeführt hat. Maßgeblicher Zeitpunkt für das Vorliegen des Vorsatzes ist auch hier die » Begehung der Tat« (§ 16 Abs. 1 S. 1 StGB) bzw. der Moment der Tathandlung (§ 8 S. 1 StGB). Eine solche setzt voraus, dass der Täter entweder bereits die Schwelle zum Versuch überschritten hat oder mit der fraglichen Handlung überschreitet und nicht mehr

166 So etwa *Kühl*, § 13 Rn. 48 m.w.N.; *Noltensmeier/Henn*, JA 2007, 772 (773), sog. Trennungs- oder Versuchslösung.

167 Bis zum Eintritt des Erfolgs braucht der Vorsatz ohnehin nicht zu bestehen: § 8 S. 2 StGB.

168 *Roxin*, FS Würtenberger, 1977, S. 109 (120, 125).

169 *Roxin*, § 12 Rn. 177 m.w.N., auch zu den anderen Ansichten; kritisch u.a. *Jakobs*, 8/79, der betont, dass ein mit der Zweithandlung geschaffenes Risiko sich nicht unter Verdrängung des ersten Risikos allein verwirklichen dürfe.

170 BGHSt 14, 193 (194) – **Jauchegruben-Fall**; kritisch konsequenterweise *Roxin*, FS Würtenberger, 1977, S. 109 (124).

171 Ein Abstellen auf die Wesentlichkeit des Kausalverlaufs ablehnend, aber eine Gleichbehandlung der beiden Fälle befürwortend *Block*, Atypische Kausalverläufe in objektiver Zurechnung und subjektivem Tatbestand (2008), S. 241 f. in Anlehnung an MK/*Joecks*, § 16 Rn. 58.

nur eine (straflose) Vorbereitungshandlung vornimmt.[172] War das Niederschlagen also lediglich eine Vorbereitungshandlung, so scheidet eine vorsätzliche Tötung von vornherein aus.[173] Erst mit Versuchsbeginn (§ 22 StGB) kann geprüft werden, ob eine für den Vorsatz (un-)wesentliche Abweichung des Kausalverlaufs vorlag.[174]

Im vorliegenden Fall hat X die O in direkter zeitlicher Folge und räumlicher Nähe zum Ort der Ersthandlung versenkt. Das Niederschlagen bildete für X folglich den Auftakt zur Tötung, mit dem er subjektiv die Schwelle zum »Jetzt-geht's-los« überschritt. Mit der Eliminierung sämtlicher Verteidigungsmöglichkeiten bestand nach seiner Vorstellung von der Tat gerade wegen der Nähe zum Versenken auch eine unmittelbare Gefahr für das Leben der O, so dass X mit dem Niederschlagen unmittelbar i.S.d. § 22 StGB zur Tötung angesetzt und die Schwelle zum Versuch überschritten hat.[175] Allerdings war die Tötung durch den Schlag nicht geplant. X dachte vielmehr, er müsste O erst noch in der Jauchegrube versenken.

Aus diesem Grund bezeichnen **Teile der Literatur** den Vorsatz noch als unvollständig und nicht ausreichend für die Annahme einer Vollendungsstrafbarkeit.[176] Es fehle solange an einem »vollwertigen« Vollendungswillen bis der Täter glaube, mit seiner (Versuchs-)Handlung alles zur Tatbestandsverwirklichung Erforderliche getan zu haben (sog. beendeter Versuch). Erst dann habe der Täter auch bewusst den Kausalverlauf aus der Hand gegeben und nach seiner Vorstellung eine Gefahr geschaffen, die sich im Erfolg realisieren könne.[177]

Damit wird dem Grundsatz, dass vollendetes und versuchtes Delikt in subjektiver Hinsicht identisch sind und es beim Versuch lediglich am Erfolgseintritt fehlt, eine Absage erteilt.[178] Auch findet sich im Gesetz für eine solche Differenzierung keine Stütze und hinsichtlich der Erfolgsgefährlichkeit der Handlung hat diese Unterscheidung ersichtlich keine Auswirkungen.[179] Die **h.M.** sieht daher auch die gesamte Tötungshandlung vom Beginn des Versuchs bis zur Vollendung als von

---

172 BGH NJW 2002, 1057; NStZ 2002, 475 (Luftinjektion); i.Erg. zustimmend *Jäger*, JR 2002, 383 (384); LK/*Vogel*, § 16 Rn. 73; *Roxin*, § 12 Rn. 184. **A.A.** wohl *Fad*, JA 2002, 745 (747), der unter Berufung auf die »Passauer Giftfalle« (BGHSt 43, 177) darauf hinweist, dass die Tathandlung schon vor dem Beginn des Versuchs erbracht werden und sich hieran im Einzelfall frühzeitig eine Abweichung vom Kausalverlauf anschließen könne.

173 Im Zeitpunkt des Versenkens lag zwar Vorsatz vor, die tote O war aber kein taugliches Tatobjekt (§ 212 Abs. 1 StGB: (lebender) »Mensch«) mehr. In Bezug auf die erste Handlung war der Vorsatz bei der zweiten Handlung ein unbeachtlicher *dolus subsequens*.

174 Hinweise zur Klausurbearbeitung bei *Gaede*, JuS 2002, 1058 (1061 f.) und *Sowada*, Jura 2004, 814 (mit umfassender Darstellung der Problematik).

175 Vgl. hierzu § 42. In dem Fall BGH NJW 2002, 1057 bestand anders als hier ein wesentliches Problem in der Bestimmung des Versuchsbeginns. Dieser wurde i.Erg. verneint.

176 Vgl. *Küper* ZStW 112 (2000), 1 (35 f.); *Struensee*, S. 47 ff.; krit. Auseinandersetzung bei *Roxin*, GA 2003, 257 (261 ff.); Erwiderung *Wolter*, GA 2006, 406 mit vermittelnder Strafmilderungslösung.

177 *Jakobs*, AT, 8/76; i. Erg. *Freund*, § 7 Rn. 145 f.; *Gaede*, JuS 2002, 1058 (1059) fordert ebenfalls, dass der Täter die Möglichkeit der Erfolgsherbeiführung durch die (Versuchs-) Handlung selbst erkannt hat.

178 Ausdrücklich *Struensee*, S. 48.

179 *Sowada*, Jura 2004, 814 (819); vgl. auch die weiteren Argumente bei *Roxin*, § 12 Rn. 188 ff.

einem einheitlichen Tötungsvorsatz getragen an.[180] Ohne Tötungsvorsatz im Zeitpunkt der ersten Handlung läge schließlich schon kein Versuch vor; außerdem kennzeichnet der Versuchsbeginn den Moment, in dem nach der Vorstellung und dem Willen des Täters derjenige Kausalverlauf in Gang gesetzt wird, der in die Tatvollendung münden soll. Abweichungen dieses Kausalverlaufs können daher mit Versuchsbeginn nach den allgemeinen Regeln behandelt werden. Danach ist auch die vorzeitige Herbeiführung des Erfolges durch den Schlag auf den Kopf der O eine unbeachtliche Kausalabweichung. X hat den Tod vorsätzlich herbeigeführt.[181]

2. Error in persona / error in objecto

In der höchstrichterlichen Judikatur hat der »error in persona«, d.h. der »Irrtum des Täters über die Identität des Opfers«, wiederholt eine Rolle gespielt.[182] **431**

Fall 68: – »Tod infolge Personenverwechslung« –[183]
Bauer B überredet seinen Knecht K, den X zu töten. K legt sich auf die Lauer. In der Dämmerung hält er den O irrtümlich für den X und erschießt ihn (O). Strafbarkeit des K?

K hat den objektiven Tatbestand des Totschlags (§ 212 StGB) erfüllt. Er hat auch den konkreten Menschen getroffen, auf den er gezielt hat. Nur unterlag er dabei einem Irrtum über die Identität des O. Diese lieferte dem K das Motiv zur Handlung, ist aber kein Tatumstand i.S.d. §§ 212 Abs. 1, 16 Abs. 1 S. 1 StGB, so dass sein **error in persona** den Vorsatz unberührt lässt.[184] Die Identität des Opfers ist angesichts der rechtlichen Gleichwertigkeit zwischen dem Leben des X und des O für den Tötungsvorsatz irrelevant; der Irrtum über die Identität des Opfers ist mithin ein unerheblicher »Motivirrtum«.[185]

Der error in persona ist für den Vorsatz ohne Bedeutung, sofern das vorgestellte Opfer und das wirklich verletzte tatbestandlich gleichwertig sind.

Dasselbe gilt für den **error in objecto**, den Irrtum über die Identität oder eine sonstige Eigenschaft des Tatobjektes. **432**

Beispiel: A beschädigt den Pkw des O (§ 303 StGB); er glaubt, der Pkw gehöre dem X.

Nur bei fehlender tatbestandlicher Gleichwertigkeit zwischen vorgestelltem und wirklich verletztem Tatobjekt können der error in persona bzw. der error in objecto rechtlich relevant werden. **433**

Beispiel: O, Präsident eines südamerikanischen Staates, hält sich zu einem Staatsbesuch in Deutschland auf. Als er inkognito morgens joggt, wird er von B erschossen. Dieser wollte

180 Für alle *Kühl*, § 13 Rn. 48a; kritisch zur Annahme des Vollendungsvorsatzes beim unbeendeten Versuch *Schliebitz*, S. 52 ff.

181 Zur Problematik des strafbefreienden Rücktritts für den Fall, dass X die O nach dem Schlag doch nicht mehr ertränken will *Schliebitz*, S. 25 ff.; 90 ff.

182 Preußisches Obertribunal GA 1859, 332 (**Rose-Rosahl-Fall**); BGHSt 11, 268 (270); 37, 214 (216); BGH NStZ 1998, 294 (295).

183 Fall nach Preuß. Obertribunal und BGHSt 37, 214 (216).

184 Ebenso u.a.: *Jakobs*, 8/82; *Roxin*, § 12 Rn. 194 ff.; *Lubig*, Jura 2006, 655 (656).

185 *Jakobs* aaO; *Jescheck/Weigend*, § 29 V 6a m.w.N.; *Kühl*, § 13 Rn. 24 f.

den deutschen Minister X, einen begeisterten Jogger, töten und hatte den O für X gehalten. Strafbarkeit des B?

B hat den objektiven Tatbestand des § 212 StGB (Totschlags) und des § 102 StGB (Angriff gegen Organe und Vertreter ausländischer Staaten[186]) erfüllt. Sein Irrtum über die Identität des Opfers ist bezüglich des Totschlags (§ 212 StGB) für den Vorsatz irrelevant, denn O und X sind tatbestandlich gleichwertig.

Dagegen schließt der error in persona des B bei § 102 StGB den Vorsatz aus: Die Eigenschaft als ausländisches Staatsoberhaupt ist ein Tatumstand i.S.d. §§ 102, 16 Abs. 1 S. 1 StGB und bezüglich dieser Vorschrift waren O und X nicht tatbestandlich gleichwertig. Daher führt der error in persona hier zu einem Tatbestandsirrtum.

434 **Fall 68** (Rn. 431) verdeutlicht im Übrigen noch ein Problem, das die **Anstiftung** betrifft: **Wie wirkt sich der error in persona des Täters (K) für den Anstifter (B) aus?** Die h.M. vertritt den Standpunkt, der error in persona sei sowohl für Mittäter (§ 25 Abs. 2 StGB) als auch für Anstifter (§ 26 StGB) irrelevant, schließe also ihren Vorsatz nicht aus.[187] Dem ist zu folgen, *sofern* der error in persona nicht außerhalb der Grenzen des nach der Lebenserfahrung Vorhersehbaren liegt.[188] – B ist also wegen Anstiftung zum Totschlag schuldig[189], da kein Anhaltspunkt dafür besteht, der error in persona des K sei nicht vorhersehbar gewesen.

3. Aberratio ictus[190]

435 Auch dieser vieldiskutierte Irrtum hat die Judikatur der Obergerichte bereits wiederholt beschäftigt.[191] Dabei geht es um Fälle wie den folgenden:

Fall 69: – »Bodyguards leben gefährlich« –
A schießt auf den Politiker P. Statt des P, den er im Visier seines Gewehres hatte, trifft er jedoch dessen Leibwächter O. Mit einem solchen Fehlschuss hatte A nicht gerechnet. O stirbt. Strafbarkeit des A?

a) **Tötung des O:** A hat den objektiven Tatbestand des Totschlags, § 212 StGB, erfüllt.[192] Doch fragt sich, ob Tötungsvorsatz anzunehmen ist.

436 Eine Mindermeinung (die Vertreter der sog. **»Vollendungslösung« bzw. »Gleichwertigkeitstheorie«**)[193] bejaht diese Frage, und zwar mit einer ähnlichen Argumentation wie im Falle des error in persona: A habe einen Menschen töten

186 »Angriff auf das Leben eines ausländischen Staatsoberhauptes«.

187 Preuß. Obertribunal aaO; eingehend BGHSt 37, 214 (216 ff.); BGH NStZ 1998, 294. Dem folgen ganz oder grundsätzlich: *Maurach/Zipf*, § 23 Rn. 26; NK/*Puppe*, § 16 Rn. 107 ff., 113; *Wessels/Beulke/Satzger*, Rn. 824 ff. Abweichend u.a.: *Roxin*, § 12 Rn. 200.

188 So zutreffend BGHSt 37, 214 (216 ff.) Näher dazu Rn. 1094 ff.

189 Vgl. BGH aaO. Anders z.B. *Roxin* (B sei nur wegen versuchter Anstiftung, § 30 Abs. 1 StGB, zum Totschlag schuldig).

190 Abirrung (Fehlgehen) des Schusses bzw. Schlages.

191 BGHSt 34, 53 (55); 37, 214 (219); BGH NStZ 1998, 294 f.; OLG Neustadt NJW 1964, 311.

192 Mord (§ 211 StGB) soll hier ausgeklammert werden.

193 Zur Terminologie: *Kühl*, § 13 Rn. 35 (für Ersteres), *Roxin*, § 12 Rn. 160 (für Letzteres); beide lehnen jene Mindermeinung aber ab.

wollen, und er habe auch tatsächlich einen Menschen getötet. Da das Leben des P und das des O rechtlich gleichwertig seien und zudem die Möglichkeit des Fehlschusses auch objektiv vorhersehbar gewesen sei, umfasse der Vorsatz des A auch die Tötung des O. Daher liege vollendeter Totschlag vor.[194]

Demgegenüber kommen Rechtsprechung und h.L. in der Regel zur Verneinung **437**
einer (vollendeten) vorsätzlichen Tötung des O[195] (sog. **»Konkretisierungstheorie«**)[196], und zwar zu Recht: Die aberratio ictus ist dadurch gekennzeichnet, **dass der Täter auf ein konkretes Tatobjekt zielt,** aber ein anderes Tatobjekt trifft, das er nicht im Visier hatte.[197]

Bei einer solchen Konkretisierung des Vorsatzes ergibt die rechtlich-soziale Bewertung des Geschehens: Die gewollte Verletzung (Tötung des P) ist nicht eingetreten; die tatsächlich verursachte Verletzung (Tod des O) war nicht gewollt.[198] Verschiedene Tatobjekte sind auch verschiedene Umstände i.S.d. § 16 Abs. 1 S. 1 StGB; das gilt selbst dann, wenn sie rechtlich derselben Gattung angehören.[199]

Demgemäß verfälscht den Sinn des Geschehens, wer trotz der **Individualisierung** des Tötungsvorsatzes auf P Tötungsvorsatz bezüglich O annimmt. Dass eine Individualisierung des Opfers wie in Fall 69 für den Vorsatz nicht unbedingt nötig ist[200], ändert nichts an der Bedeutung einer solchen Individualisierung (Konkretisierung) für den Vorsatz, wenn sie – wie in aller Regel – erfolgt ist.[201] Ist sie nicht erfolgt oder hat der Täter die Möglichkeit des Fehlgehens erkannt und zumindest billigend in Kauf genommen, so bleibt es bei der vorsätzlichen Begehung der Tat. Im Ergebnis ist somit der Vorsatz anhand der allgemeinen Grundsätze zu prüfen.

Ergebnis: Totschlag (§ 212 StGB) gegenüber O entfällt mangels Tötungsvorsatzes. Doch liegt insoweit Fahrlässige Tötung (§ 222 StGB) vor.

b) Gemäß der h.M. (Rn. 437) hat A neben der Fahrlässigen Tötung des O (§ 222 **438**
StGB) noch einen **Versuch** des Totschlags **gegenüber P** begangen (§§ 212, 22, 23 StGB).

---

194 So u.a.: *Puppe*, GA 1981, 1, die die aberratio ictus als (Unter-)Fall des error in persona betrachtet (S. 20); NK/*Puppe*, § 16 Rn. 95 ff.; *Welzel*, S. 73; *Frister*, 11/56 ff.

195 *Jakobs*, 8/80; *Kühl*, § 13 Rn. 33 ff.; *Roxin*, § 12 Rn. 160 ff.; *Stratenwerth/Kuhlen*, 8/95, 96; *Wessels/Beulke/Satzger*, Rn. 366 ff.

196 Auch **»Versuchslösung«** genannt. Zur Terminologie: *Kühl*, § 13 Rn. 33 (für Ersteres); *Roxin*, § 12 Rn. 160 (für Letzteres).

197 BGHSt 37, 214 (219).

198 *Wessels/Beulke/Satzger*, Rn. 366.

199 *Hillenkamp*, Vorsatzkonkretisierungen, 1971, S. 24 f., 99: Die abstrakte Fassung der Tatbestandsmerkmale im Gesetz (z.B. »Mensch«) ist eine technische Notwendigkeit, um allen gleichwertigen Tatobjekten zunächst unabhängig von ihrer Individualität den gleichen Rechtsschutz zu gewähren; sie schließt aber die Berücksichtigung einer weiteren Konkretisierung nicht aus. Siehe auch *Toepel*, JA 1997, 556 (557, 561): Das Wissen um den Erfolgseintritt ist elementar für die Bestrafung aus einem Vorsatzdelikt.

200 Beispiel: Der Amokläufer, der in eine Menschenmenge schießt, um irgendjemanden zu töten, handelt natürlich mit Tötungsvorsatz bzgl. der getroffenen Person.

201 Vgl. hierzu auch *Rath*, JA 2005, 709 (711).

c) Dass der Fehlschuss (aberratio ictus) den Vorsatz bzgl. des getroffenen Objektes ausschließt, gilt natürlich nur, wenn der Täter wie in casu eine solche aberratio ictus *nicht* in seinen Vorsatz aufgenommen hatte.[202] Anderenfalls wäre P nicht mehr alleiniges Angriffsziel des A, so dass der Angriff nicht fehl ginge. In Fall 69 wäre dann auch der Alternativvorsatz anzusprechen gewesen (1 Schuss, 1 Kugel, nur 1 Tötungserfolg möglich; Rn. 403).

439 d) Schießt A auf den Politiker P, weil er denkt, P sei X, und trifft A wie in Fall 69 stattdessen Leibwächter O, so ist diese **Kombination eines error in persona mit einer aberratio ictus** nach denselben Grundsätzen zu lösen. Im Zeitpunkt der Schussabgabe ist P alleiniges Angriffsobjekt. Dessen Irrtum über die Identität des P lässt als bloßer Motivirrtum seinen Vorsatz unberührt. Den Erfolgseintritt bei O dagegen hat A nicht in seinen Vorsatz aufgenommen, so dass A auch hier wegen versuchter Tötung des P in Tateinheit mit fahrlässiger Tötung des O strafbar ist.

4. Abgrenzung error in persona / aberratio ictus bei Attentaten wie Bombenanschlägen

440 **Fall 70: – »Autobombe« –**

A will den X töten. Daher installiert er im Pkw des X eine Bombe; sie soll detonieren, wenn X die Zündung des Motors betätigt. X erlaubt jedoch seiner Tochter (O), den Wagen zu benutzen, womit A nicht gerechnet hatte. Als sie den Motor startet, explodiert die Bombe. Hat A die O vorsätzlich getötet?

441 Sowohl beim error in persona als auch bei der aberratio ictus hat der Täter seinen Vorsatz auf ein Tatobjekt konkretisiert. Zu unterscheiden sind beide Figuren danach, ob bei diesem Tatobjekt, dem Angriffsobjekt, der Erfolg auch eintritt oder nicht. Sind Angriffs- und Verletzungsobjekt identisch, so liegt ein unbeachtlicher error in persona vor, sofern beide tatbestandlich gleichwertig sind. Der eigentliche Irrtum über die Identität oder sonstige Eigenschaften des Opfers hat von Anfang an keinen Einfluss auf die Vorsatzkonkretisierung und bleibt ein unbeachtlicher Motivirrtum.

Anders dagegen beim Fehlgehen der Tat: Angriffs- und Verletzungsobjekt sind hier nicht identisch, weil die Angriffsrichtung durch äußere, vom Willen des Täters unabhängige, unvorhergesehene Umstände verändert wurde, so dass im Regelfall der Erfolg am Verletzungsobjekt nicht vom Vorsatz des Täters umfasst wird.[203]

Maßgeblich für die Fallprüfung sind somit die Fragen:

442 **Frage 1:** Wer war das Angriffsobjekt bzw. auf wenn hatte sich der Vorsatz des Täters bei der Tat konkretisiert?

Frage 2: Ist der Erfolg a) bei diesem Tatobjekt oder b) bei einem anderen eingetreten?

---

202 BGH NStZ 2009, 210; h.M., so für alle: *Kühl*, § 13 Rn. 31; *Roxin*, § 12 Rn. 164 f.

203 Str., ob ein (wesentlicher) Irrtum über den Kausalverlauf vorliegt. So z.B. *Kindhäuser*, AT, § 27 Rn. 57; S/S/*Sternberg-Lieben/Schuster*, § 15 Rn. 57; *Hoyer*, AT, S. 62; zustimmend *Lubig*, Jura 2006, 655 (657 f.).

Frage 3: a) Sind das vorgestellte Tatobjekt und das Verletzungsobjekt tatbestandlich gleichwertig oder handelte der Täter gem. § 16 Abs. 1 S. 1 StGB ohne Vorsatz, weil er einen tatbestandlich relevanten Umstand bzw. eine rechtlich relevante Eigenschaft nicht kannte?

Frage 3: b) Wenn der Erfolg an einem anderen Objekt eingetreten ist, hat der Täter dann ausnahmsweise auch diesen Erfolgseintritt in seinen Vorsatz aufgenommen?

Die Beantwortung dieser Fragen ist in der Regel einfach, wenn der Täter das Opfer direkt vor sich sieht (Fälle 68, 69). Nicht so offensichtlich stellt sich die Lage dar, wenn das Opfer im Zeitpunkt der Tathandlung (Bombenlegen, Aufbau einer Giftfalle etc.) für den Täter nicht sinnlich wahrnehmbar ist, z.B. weil es sich noch nicht am Tatort befindet. Dann stellt sich die Frage, nach welchen Kriterien das konkrete Angriffsobjekt zu bestimmen ist. Wen hatte X in Fall 70 »im Visier«, als er die Bombe unter dem Auto anbrachte? Was ist am besten geeignet, die sinnliche Wahrnehmung des Opfers und die Konkretisierung des Handelns darauf (Zielen über Kimme und Korn) zu ersetzen? Hier liegt die eigentliche Schwierigkeit der Abgrenzung in der vorliegenden Konstellation.

Sinnlich wahrnehmbar ist in jedem Fall der **Gegenstand**, der mit Gift versetzt oder zu einer Sprengfalle umgebaut als Waffe gegen das Opfer eingesetzt werden soll. Es bietet sich also an, diesen als Ausgangspunkt der Überlegungen heranzuziehen. In Betracht kommt daher die »mittelbare«, d.h. über den Gegenstand **vermittelte Individualisierung des Tatobjektes**.

»Im Visier« ist dann die **Person, der dieser Gegenstand zugeordnet** wird. Die Zuordnung kann über objektivierbare Kriterien wie beispielsweise die tatsächliche Sachherrschaft bestimmt werden. Wird der Gegenstand verwechselt[204] oder eine von mehreren Personen verletzt, denen der Gegenstand zugeordnet wird, dann liegt ein **error in persona** vor.[205]

Ein **Fehlgehen der Tat** ist dagegen zu bejahen, wenn eine andere Person verletzt wird, die nicht in der erforderlichen **Beziehung zu dem Gegenstand** steht und daher vom Täter nicht (über diesen Gegenstand) anvisiert wurde, sei es der Bekannte, dem das Auto ausnahmsweise geliehen wird oder der Passant, der bei einer vorzeitigen Explosion verletzt wird. Die Gefahr, sie zu verletzen, hat der Täter nicht erkannt.[206]

Mit diesem Ansatz wird versucht, das vom Täter erkannte Risiko soweit wie möglich einem individuellen Opfer zuzuordnen und von dem Risiko abzugrenzen,

---

204 So die Konstellation in BGH NStZ 1998, 294 (295): »…die fehlerhafte Zuordnung des Fahrzeugs zum Zeugen R [ist] (…) kein nach § 16 I 1 StGB beachtlicher Irrtum über den Kausalverlauf (…) Es handelt sich um eine Verwechslung des angegriffenen Tatopfers (»error in persona«) …«. Dies erkennt auch *Kudlich*, JA 2009, 185 (188).

205 Ähnlich *Grotendiek*, S. 122; vgl. auch *Rath*, S. 292 f.; Nach *Kudlich*, JA 2009, 185 (188) befindet sich jedenfalls derjenige noch in der vom Vorsatz umfassten »Streubreite des Risikos«, der berechtigterweise den Pkw nutzt.

206 So *Herzberg*, NStZ 1999, 217 (221), der allerdings auch bei Verwechslung des Gegenstandes von einem Fehlgehen der Tat ausgeht; siehe auch *Jescheck/Weigend*, § 29 V 6c; vgl. ferner BGHSt 43, 177 (183) – Passauer Giftfalle; *Rath*, S. 285 f.; Klausurfall bei *Esser/Röhling* Jura 2009, 866.

das nicht erkannt und daher nicht vom Vorsatz umfasst wurde.[207] In Fall 70 wird das Auto des X jedenfalls dem X selber, aber auch seiner Tochter O zugeordnet.

Zur Behandlung dieses Problems werden **unterschiedliche Ansichten** vertreten:

443 a) Abgestellt wird dabei überwiegend auf den **Tatplan**: Tatobjekt ist dasjenige, welches der zeitlichen und örtlichen Planvorgabe des Täters im Handlungszeitpunkt entspricht bzw. die Bedingungen erfüllt, von denen der Täter den Angriff abhängig macht (z.B. *erster* Benutzer des Pkw).[208] Es erfolgt auf diese Weise nur eine generelle Bestimmung des Tatobjekts[209], weil der Täter es letztlich nicht in der Hand habe, welche konkrete Person getroffen werden würde, so dass sein Vorsatz auf jedes Objekt gerichtet sei, das in den Wirkungskreis seiner Handlung trete[210] und dieses letztlich unabhängig von seiner Identität gerade nicht zufällig getroffen werde wie im Falle der aberratio ictus.[211]

Hat also die Autobombe, wie beabsichtigt, mit O die Person getötet, die *als erste* die Zündung des Motors betätigte, so sind Angriffs- und Verletzungsobjekt identisch. Die irrige Annahme, dass X zum Opfer würde, begründet dann lediglich einen Identitätsirrtum (error in persona).[212] Danach bleibt als Anwendungsbereich einer aberratio ictus praktisch nur die Konstellation, in der nicht der Fahrer des präparierten Wagens Opfer des Anschlags wird, sondern vielmehr ein Passant o.ä.

Schwierig wird es, wenn über diese generelle Bestimmung hinaus Präzisierungen über den Tatplan vorgenommen werden sollen und insbesondere die zeitliche Planvorgabe entsprechend einem sehr detaillierten Tatplan konkreter gefasst werden müsste. Würde die unvorhergesehene Tötung um 4:30 Uhr statt um 8:00 Uhr das Fehlgehen der Tat begründen, wäre derjenige Täter begünstigt, der viel Energie in eine besonders genaue Planung investiert.[213] Es würde gleichzeitig zu Schwierigkeiten bei der Feststellung der maßgeblichen Tätervorstellung führen.

444 b) Eine weitere Ansicht stellt nach wertenden Grundsätzen für die Relevanz der Abweichung darauf ab, ob der Täter wusste, dass er auch bei einem fehlgehenden Angriff **typischerweise** nur **ein anderes tatbestandlich gleichwertiges Objekt**

207 Bei einer derartigen »Verdichtung« des Risikos will auch *Jakobs*, 8/81, eine aberratio ictus annehmen, während er dies sonst bei einer Identifizierung des Opfers lediglich über seine Stellung im Kausalverlauf (1. Autofahrer etc.) und der nur vermeintlichen Konkretisierung über davon unabhängige Umstände (»Der nächste Autofahrer wird schon der X sein, weil er grundsätzlich morgens der erste ist.«) verneint.

208 *Wessels/Beulke/Satzger*, Rn. 364 ff.; *Stratenwerth*, FS Baumann, 1992, S. 57 (60 f.).

209 *Kindhäuser*, AT, § 27 Rn. 60.

210 BGH NStZ 1998, 294 (295): »... Bei Herstellen einer Autobombe mag zudem eine Konkretisierung des Tötungsvorsatzes durch den Täter von vornherein nur auf diejenige Person erfolgen können, welche zuerst das Auto benutzt.« m.w.N.

211 S/S/*Sternberg-Lieben/Schuster*, § 15 Rn. 59.

212 So BGH NStZ 1998, 294 (295) m. krit. Besprechungen *Herzberg*, JuS 1999, 224 ff. u. *Schliebitz*, JA 1998, 833 ff.; *Jäger*, AT, Rn. 90, 275; *Jakobs*, 8/81; *Kühl*, § 13 Rn. 27; *Roxin*, § 12 Rn. 197; *Stratenwerth/Kuhlen*, 8/96 f.; *Wessels/Beulke/Satzger*, Rn. 364 ff.

213 Ein unmittelbares Ansetzen zum Versuch ist zu bejahen, wenn der Täter das Geschehen aus der Hand gibt und davon ausgeht, dass es bei ungestörtem Fortgang in der Tatbestandsverwirklichung mündet.

verletzen würde oder ob nur zufällig – **»gelegentlich« der Tat** – ein tatbestandlich gleichwertiges Objekt getroffen wird.[214] Die **zufälligen Taterfolge** können hiernach nicht mehr als Verwirklichung der gewollten Entscheidung des Täters bezeichnet werden; die Bestrafung aus einem Vorsatzdelikt wäre unbillig. Wenn der Täter wusste, dass er in jedem Fall ein gleichwertiges Objekt treffen würde, stellt sich allerdings bereits die Frage, ob er dann nicht ohnehin mit Eventualvorsatz gehandelt hat.

Im Ergebnis unterscheiden sich die dargestellten Meinungen nur hinsichtlich der Beurteilung derjenigen Konstellation von einander, in welcher das Verletzungsobjekt sonst nichts mit dem Gegenstand zu tun hat, den der Täter als Werkzeug verwendet.[215]

c) Teilweise wird aber auch *allein* danach differenziert, ob der Täter sein Opfer **sinnlich wahrgenommen** (aberratio ictus möglich) hat oder nicht (immer error in persona).[216] Hierauf kann es jedoch nicht ankommen.[217] Dieses Kriterium führte selbst dann noch zu der Bejahung eines (unbeachtlichen) error in persona, wenn ein Passant von der frühzeitig explodierenden Bombe erfasst wird. Die Annahme einer (vollendeten) Vorsatztat ist in diesem Fall jedoch nicht plausibel.[218] **445**

Ein weiteres Beispiel für solche Irrtümer über die Identität des Opfers bei Attentaten bietet der folgende

Fall 71: – »Vergifteter Whiskey« – **446**
A vergiftet den Inhalt einer Whiskey-Flasche seines Onkels X, um ihn zu töten. X bietet jedoch überraschend seinem Gast (O) von dem Whiskey an; O stirbt.

Hier ist nicht etwa ein error in persona[219] sondern eine aberratio ictus anzunehmen. A hat den O nicht vorsätzlich getötet, weil er nicht daran gedacht hat, ein anderer als X könne von dem Whiskey trinken. Das Giftattentat hat gerade nicht »wie geplant« funktioniert: Zwar wurde die erste Person, die aus der Flasche trank, vergiftet. A war aber nicht lediglich über die Identität dieser Person im Irrtum, sondern darüber, dass überhaupt eine andere Person als der X aus der Flasche trinken würde. Eine aberratio ictus entfällt auch nicht deswegen, weil der A den X »nicht im Visier« hatte, also nicht vor sich sah, als er die Tat beging.[220]

---

214 *Geppert*, Jura 1992, 163 (165) m.w.N.; *Janiszewski*, MDR 1985, 533 (537); ähnlich *Gropp*, FS Lenckner, 1998, S. 55 (64 f.).

215 *Roxin*, § 12 Rn. 197, kritisiert zwar die Individualisierung nach Tatort und Tatzeit, hält aber i. Erg. daran fest. Kritisch zu seinem Argument *Herzberg*, NStZ 1999, 217 (221).

216 *Prittwitz*, GA 1983 (130), 110 (128); *Hoyer*, AT, S. 62 f.

217 U.a. BGH NStZ 1998, 294 (295); *Schlehofer*, Vorsatz und Tatabweichung, 1996, S. 174.

218 So auch die Kritik von *Stratenwerth*, FS Baumann, 1992, S. 57 (60).

219 Ebenso für den gleichgelagerten Enzian-Fall: *Jakobs*, 8/81; *Kühl*, § 13 Rn. 27; S/S/*Sternberg-Lieben*/*Schuster*, § 15 Rn. 59; **a.A.:** *Jäger*, AT, Rn. 90; *Jescheck*/*Weigend* § 29 V 6c (»Beispiele«); *Otto*, AT, § 7 Rn. 92, 95-96.

220 Ebenso *Jäger*, AT, Rn. 90, 275.

Kapitel 2: Rechtswidrigkeit

§ 13 Rechtswidrigkeit – Allgemeines

I. Funktion der Deliktsstufe Rechtswidrigkeit im dreistufigen Deliktsaufbau

447 Der **dreistufige Deliktsaufbau** (Tatbestandsmäßigkeit, Rechtswidrigkeit, Schuld) und die **Funktion der Rechtswidrigkeit** im Verhältnis zur Tatbestandsmäßigkeit sowie zur Schuld wurden bereits dargelegt;[1] darauf sei hier verwiesen.

II. Rechtfertigungsgründe und das Prinzip »Einheit der Rechtsordnung«

1. Erlaubnissätze: Keine spezifisch strafrechtliche Materie

448 Rechtfertigungsgründe sind als Erlaubnissätze keine genuin strafrechtliche Materie. Nur wenige Rechtfertigungsgründe sind im StGB normiert, insbesondere die Notwehr (§ 32 StGB) und der Rechtfertigende Notstand (§ 34 StGB). Dagegen finden sich der Großteil der Erlaubnissätze im Zivilrecht und im Öffentlichen Recht.

2. Geltung der Rechtfertigungsgründe des Zivilrechts und des Öffentlichen Rechts auch im Strafrecht

449 Gemäß dem Prinzip der **Einheit der Rechtsordnung**[2] schließen Erlaubnissätze (Befugnisnormen) des Zivilrechts und Öffentlichen Rechts auch im Strafrecht die Rechtswidrigkeit aus: Ist ein solcher Erlaubnissatz anwendbar, so ist das von ihm legalisierte Verhalten auch dann rechtmäßig, wenn es einen Straftatbestand erfüllt.[3]

Beispiele:
Soweit das Zivilrecht in § 228 BGB (analog) die Tötung von Wild erlaubt, das einen Wanderer angreift[4], erfüllt die Tat zwar den Straftatbestand der Wilderei (§ 292 Abs. 1 Nr. 1 StGB), doch sie ist durch § 228 BGB auch mit Wirkung für das Strafrecht erlaubt.

Wenn ein Polizeibeamter gemäß § 127 Abs. 2 i.V.m. § 112 StPO rechtmäßig einen Beschuldigten festnimmt, liegt zwar der Straftatbestand der Freiheitsberaubung (§ 239 Abs. 1 StGB) vor, doch ist die Tat auch im Strafrecht durch § 127 StPO gerechtfertigt.

Wer zur Sicherung eines zivilrechtlichen Anspruchs einem unbekannten, der Flucht verdächtigen Schuldner Gegenstände im Wege der Selbsthilfe abnimmt, um dadurch die Durchsetzung von Schadensersatzansprüchen zu ermöglichen, handelt gem. § 229 BGB auch i.S.d. Strafrechts rechtmäßig.[5]

---

1 Siehe Rn. 255 ff., 262 ff. Siehe auch *Kretschmer*, NStZ 2012, 177, der die dogmatischen Parallelen zwischen der objektiven Zurechnung und den Rechtfertigungsgründen herausarbeitet.

2 Dazu *Engisch*, Einheit der Rechtsordnung, 1935; *Günther*, S. 89-98 m.w.N.; S/S/*Lenckner*/*Sternberg-Lieben*, Vor § 32 Rn. 27.

3 *Jescheck*/*Weigend*, § 31 III 1; LK/*Rönnau*, Vor § 32 Rn. 21, 59; *Roxin*, § 14 Rn. 31 f.; zum Verhältnis der Rechtfertigungsgründe zueinander u.a. *Gierhake*, JA 2008, 429 (435 f.).

4 *Krey*/*Hellmann*/*Heinrich*, BT/2, Rn. 397 a.E.; S/S/*Heine*/*Hecker*, § 292 Rn. 11.

5 BGH NStZ 2012, 144 mit Anm. *Grabow*; ausführlich zu diesem Fall: Rn. 638a.

Anderenfalls läge ein unerträglicher Wertungswiderspruch vor, d.h. eine Missachtung der Einheit der Rechtsordnung.[6] Weiterhin würde es einen Verstoß gegen die **Subsidiarität des Rechtsgüterschutzes durch das Strafrecht** (Rn. 16 ff., 25) begründen, wenn man ein nach Zivilrecht oder Öffentlichem Recht legales Verhalten strafrechtlich als Unrecht behandeln wollte.[7] 450

Straftaten müssen strafwürdige und strafbedürftige Normverstöße sein (Rn. 17 f.). Taten, die das Zivilrecht bzw. das Öffentliche Recht erlauben, erfüllen diese Voraussetzung naturgemäß nicht.

3. Geltung der im Strafrecht geregelten Rechtfertigungsgründe auch im Zivilrecht und Öffentlichen Recht?

Die h.M. bejaht diese Frage[8], im Grundsatz zu Recht: **Rechtfertigungsgründe als Erlaubnissätze** begründen für den Täter, der sich auf sie berufen kann, **Eingriffsbefugnisse**. Der Betroffene muss das erlaubte Verhalten des Täters dulden, ohne hiergegen – mangels *»rechtswidrigen Angriffs«*– ein Notwehrrecht zu besitzen (**Duldungspflicht**; vgl. Rn. 272, 276). 451

Gemäß dem Prinzip der Einheit der Rechtsordnung ist es dabei grundsätzlich ohne Bedeutung, ob der fragliche Erlaubnissatz im Zivilrecht, im Öffentlichen Recht oder im Strafrecht normiert ist.[9] Das verdeutlichen insbesondere die Erlaubnissätze Notwehr (§ 32 StGB) und Rechtfertigender Notstand (§ 34 StGB).

Gleichwohl ist die Geltung der strafrechtlichen Rechtfertigungsgründe auch in anderen Rechtsgebieten nur ein Grundsatz; es mag Ausnahmen geben.[10] Strittig und ungeklärt ist etwa die Frage, welche Bedeutung § 32 StGB und § 34 StGB im Polizeirecht besitzen.[11]

Nach einer in der Literatur vertretenen Ansicht[12] soll in Abweichung von der h.M. zwischen **allgemeinen Rechtfertigungsgründen** (z.B. Notwehr und Festnahmerecht nach § 127 StPO) und bloßen »**Strafunrechtsausschließungsgründen**« (d.h. Gründen, die nur spezifisches strafrechtliches Unrecht ausschließen sollen; z.B. mutmaßliche Einwilligung) zu differenzieren sein.[13] 452

---

6 *Jescheck*/*Weigend*, § 31 III 1; *Roxin*, § 14 Rn. 31 f.; *Wessels*/*Beulke*/*Satzger*, Rn. 392 f.

7 *Roxin*, § 14 Rn. 31 f.

8 *Jescheck*/*Weigend*, § 31 III 1; S/S/*Lenckner*/*Sternberg-Lieben*, Vor § 32 Rn. 27; LR/*Rönnau*, Vor § 32 Rn. 22 ff., 26 a.E. Ebenso grundsätzlich BVerfGE 88, 203 (273) – Schwangerschaftsabbruch. Abweichend: SK/*Hoyer*, Vor § 32 Rn. 5 ff. m.w.N.; *ders.*, S. 89 ff., 251 ff., 361 ff.; *Jakobs*, 11/6; *Roxin*, § 14 Rn. 31-37 m.w.N.

9 *Jescheck*/*Weigend*, § 31 III 1; S/S/*Lenckner*/*Sternberg-Lieben*, Vor § 32 Rn. 27.

10 Vgl. *Roxin*, § 14 Rn. 31-37.

11 Dazu: *Schenke*, Polizei- und Ordnungsrecht, 6. Aufl. 2009, Rn. 40, 562; *Beaucamp*, JA 2003, 402; *Rengier*, AT, § 18 Rn. 94 ff.; *Amelung*, JuS 1986, 329; *Krey*, Rechtsprobleme, Rn. 92, 443 ff., 557 ff., 601 ff., 608 ff.; *Rogall*, JuS 1992, 551 ff.; BayObLG JZ 1991, 936 f.

12 SK/*Hoyer*, Vor § 32 Rn. 5-15 ff., 39 ff.; *ders.*, S. 89 ff., 251 ff., 361 ff.

13 Kritisch hierzu die h.L., so u.a.: *Jakobs*, 11/4 Fn. 10a; S/S/*Lenckner*/*Sternberg-Lieben*, Vor § 32 Rn. 9; LK/*Rönnau*, Vor § 32 Rn. 26; *Roxin*, § 14 Rn. 2, 37, 107 m.w.N. pro und contra.

III. Rechtsquelle für Rechtfertigungsgründe: auch Gewohnheitsrecht

453 Erlaubnissätze müssen nicht im Gesetzesrecht (geschriebenes Recht) normiert sein. Sie können sich vielmehr auch aus **Gewohnheitsrecht** (Rn. 98 ff.) ergeben.[14]

Diese Feststellung ist mit Art. 103 Abs. 2 GG (nulla poena sine lege) vereinbar: Rechtfertigungsgründe sind nicht strafbegründend, sondern wirken sich zugunsten des Täters aus.[15] Zudem gilt Art. 103 Abs. 2 GG nicht im Bereich der allgemeinen Rechtfertigungsgründe, weil diese keine genuin strafrechtliche Materie darstellen (siehe Rn. 94).

Demgemäß können Rechtfertigungsgründe auch von Rechtsprechung und Lehre im Wege der Rechtsfindung *praeter legem* (gesetzesergänzende Lückenfüllung) neu entwickelt bzw. eingeschränkt werden.[16]

Die meisten Erlaubnissätze gehören dem Gesetzesrecht an (vgl. Rn. 94, 262). Gewohnheitsrechtlich geltende Rechtfertigungsgründe sind namentlich:

- die rechtfertigende Einwilligung (Rn. 655 ff.);
- die mutmaßliche Einwilligung (Rn. 677 ff.);
- die Pflichtenkollision (Rn. 630);
- landsmannschaftliche Gepflogenheiten und Bräuche (**Beispiele:** Abschneiden der Krawatte an Weiberfastnacht[17]; Maibaumdiebstahl[18]).

IV. Die subjektiven Rechtfertigungselemente

1. Notwendigkeit des Handelns in Kenntnis und aufgrund der rechtfertigenden Situation

a) Meinungsstand[19]

454 Nach h.A. ist das Vorliegen der objektiven Voraussetzungen eines Rechtfertigungsgrundes zwar notwendige, aber noch nicht hinreichende Bedingung für das Eingreifen des jeweiligen Erlaubnissatzes. Vielmehr muss als **subjektives Rechtfertigungselement** hinzukommen, dass der Täter in Kenntnis und aufgrund der rechtfertigenden Situation handelt.[20] Subjektiv muss also Vorsatz bzgl. der objektiven Voraussetzungen des Rechtfertigungsgrundes vorliegen. Zusätzlich erforderlich ist die Intention, aufgrund des Erlaubnissatzes »recht handeln zu wollen«. Der Gegenangriff muss demnach als dominanten Beweggrund die Wahrung des Rechts bzw. die Abwehr des vorangegangenen Angriffs haben, wobei der Verteidigungswille auch dann noch anzuerkennen ist, wenn weitere Beweggründe hinzutreten (z.B. Feindschaft). Diese müssen allerdings untergeordnet bleiben.[21]

---

14 LK/*Rönnau*, Vor § 32 Rn. 59; S/S/*Eser*/*Hecker*, § 1 Rn. 12; *Wessels*/*Beulke*/*Satzger*, Rn. 393.

15 Siehe Rn. 56, 97.

16 Zu Ersterem siehe z.B. *Roxin*, § 16 Rn. 1-7.

17 Siehe Rn. 101; vgl. auch *Proppe*, JA 2001, 174.

18 Siehe Rn. 100; vgl. hierzu *Dickert*, JuS 1994, 631.

19 Ausführlich zum subjektiven Rechtfertigungselement: *Rönnau*, JuS 2009, 594.

20 BGHSt 5, 245 (247); BGH NStZ 1996, 29 (30); NStZ 2000, 365 f.; JZ 2003, 961 (963 a.E.); *Gropp*, § 6 Rn. 32; *Jescheck*/*Weigend*, § 31 IV 1 mit Fn. 25; *Fischer*, § 32 Rn. 25 f.

21 BGH NJW 2013, 2135, vgl. hierzu *Jäger*, JA 2013, 708 ff.

Das letztere Erfordernis verlangt z.B. bei der Notwehr (§ 32 StGB) einen **Verteidigungswillen**[22], beim Festnahmerecht des Bürgers (§ 127 Abs. 1 S. 1 StPO)[23] die **Absicht, die Strafverfolgung zu ermöglichen**.[24]

Die früher vertretene **rein objektive Deutung** der Rechtfertigungsebene – unter Verzicht auf jegliche subjektiven Rechtfertigungselemente[25] – findet aktuell keine Anhänger mehr. **455**

Kritiker der dargelegten h.A. bejahen zwar wie diese die Notwendigkeit subjektiver Rechtfertigungselemente. Sie lassen aber entgegen der h.M. ausreichen, dass der Täter **Kenntnis der rechtfertigenden Situation** hat. Sie verzichten also auf das subjektive Rechtfertigungselement »Handeln aufgrund der rechtfertigenden Situation«, d.h. auf die Intention, »recht handeln zu wollen«.[26] **456**

b) Eigene Ansicht

Fall 72: – »Mord aus Habgier« in Notwehr? – **457**
A und B treffen sich nach einem Banküberfall, um die Beute zu teilen. A beschließt nunmehr, den B zu töten, um die gesamte Beute zu erhalten. Den gleichen Entschluss hat inzwischen auch B gefasst. Daher haben beide »Mordgelüste« und einen Dolch als Waffe bei sich. A sticht den B mit Tötungsabsicht nieder. Ohne dies zu wissen, rettet er dadurch sein Leben. B seinerseits wollte nämlich gerade den A erstechen – der arglose A war dem B zufällig um Sekundenbruchteile zuvorgekommen. B stirbt. Hat A in Notwehr gehandelt?

Hier fehlt es schon an der Kenntnis der Notwehrlage.

Fall 73: – Der fehlende Verteidigungswille – **458**
A und B, die verfeindet sind, treffen sich zufällig auf der Straße und stürmen aggressiv aufeinander los. A hat einen Schlagring in der Hand, B eine Gaspistole. Beide wollen den anderen verletzen; beide wissen, dass der andere dasselbe beabsichtigt. Jeder könnte dem Angriff des anderen ausweichen, verzichtet hierauf aber aus Aggressivität: Beiden geht es allein darum, dem anderen eine »schmerzhafte Lektion« zu erteilen. Wie beabsichtigt, verletzt A den B mit dem Schlagring am Arm, während B, wie geplant, den A durch einen Schuss ins Gesicht leicht an den Augen verletzt. Greift für A und B Notwehr ein?

Hier handelten die Täter zwar in Kenntnis, aber nicht aufgrund der Notwehrlage.

Bei den vorsätzlichen Erfolgsdelikten, z.B. dem Totschlag, besteht das **Unrecht der Tat** aus dem **Erfolgs**unwert und dem **Handlungs**unwert (Rn. 281, 374).

Dieses Unrecht wird im Falle des Eingreifens eines Erlaubnissatzes, wie der Notwehr, kompensiert: Der **Erfolgswert der Notwehr** (Abwendung eines gegenwärtigen, rechtswidrigen Angriffs durch die erforderliche Verteidigung) kompensiert den **Erfolgsunwert** des tatbestandsmäßigen Totschlags (Tötung eines

22 Siehe Rn. 567. Ebenso BGH NStZ 2007, 325 (326), Notwehr i.Erg. ablehnend.
23 Zu § 127 Abs. 1 S. 1 StPO als Rechtfertigungsgrund vgl. auch *Satzger*, Jura 2009, 107.
24 *Krey*, StPO, Rn. 536; *Meyer/Goßner/Schmitt*, § 127 Rn. 8.
25 So LK/*Spendel*, 11. Aufl., § 32 Rn. 138 ff. m.w.N.
26 Vgl. *Jakobs*, 11/20 f.; *Kühl*, § 6 Rn. 11a, 12, § 7 Rn. 124 ff., 128-130; *Roxin*, § 14 Rn. 94 ff. m.w.N.; S/S/*Lenckner/Sternberg-Lieben*, Vor § 32 Rn. 14; *Streng*, FS Otto, 2007, S. 469 (470 f.): nicht ausreichend ein »für möglich Halten«; *Rönnau*, JuS 2009, 594 (596).

anderen Menschen). Der **Handlungswert der Notwehr** (Handeln in Kenntnis und aufgrund der rechtfertigenden Situation) kompensiert den *Handlungsunwert* (Tötungs-vorsatz) jener Tat.[27] Demgemäß folgt bereits aus der Unrechtslehre die Notwendigkeit subjektiver Rechtfertigungselemente.

459 Dafür spricht auch die **Wertentscheidung des Gesetzgebers** in **§ 34 StGB** (Rechtfertigender Notstand), der zu Recht als gesetzliche Anerkennung des herrschenden Standpunktes verstanden wird.[28]

Hier wird durch die Formulierung: »**um** die Gefahr … abzuwenden« eindeutig klargestellt, dass der Täter nicht nur in Kenntnis, sondern auch »aufgrund der Notstandssituation«, also mit Rettungsintention, handeln muss.[29] Wenn aber der Gesetzgeber für diesen Erlaubnissatz verlangt, dass der Täter die rechtfertigende Situation erkennt und durch sie zumindest mitmotiviert wird, ist nicht einzusehen, warum bei anderen Rechtfertigungsgründen geringere Anforderungen an das subjektive Rechtfertigungselement zu stellen sein sollen.

460 Schließlich sprechen für die h.M. auch **kriminalpolitische Erwägungen**:

In **Fall 72** wäre die Annahme einer **erlaubten** Tat schlicht befremdlich. Aber auch in **Fall 73** muss eine Erlaubnis durch Notwehr ausscheiden. Zwar erkannten A und B, dass sie angegriffen wurden. Aber beide begingen ihre Taten (§ 224 Abs. 1 Nr. 2 StGB[30]) nicht in der Intention, »recht zu handeln«, sondern waren statt durch einen Verteidigungswillen **allein durch Aggressivität motiviert**.[31]

461 Auch die Lehrmeinung, die zwar das Erfordernis subjektiver Rechtfertigungselemente an sich akzeptiert, aber die **bloße Kenntnis der rechtfertigenden Situation** genügen lässt, begegnet Bedenken:

Erstens: Wer nur aus Aggressivität ohne jede Intention, »recht zu handeln«, den Tatbestand eines Totschlags, einer Körperverletzung, einer Freiheitsberaubung etc. erfüllt, hat den Handlungsunwert jener Vorsatztat nicht ausreichend kompensiert. Das macht Fall 73 deutlich; und das zeigt auch das folgende Beispiel:

462 **Fall 74: – »An den Pranger stellen« –**
A nimmt den B, der gerade eine exhibitionistische Handlung (§ 183 Abs. 1 StGB) begangen hat und fliehen will, auf frischer Tat fest. Er will den B aber nicht zwecks Strafverfolgung der Polizei übergeben, sondern zur Belustigung der Passanten 30 Minuten lang an einer Straßenlaterne anbinden (»an den Pranger stellen«).

---

27 *Kühl*, § 6 Rn. 12; S/S/*Lenckner*/*Sternberg-Lieben*, Vor § 32 Rn. 13; *Wessels*/*Beulke*/*Satzger*, Rn. 407 ff.; *Streng*, FS Otto, 2007, S. 469 (470); *Rönnau*, JuS 2009, 594 (595).

28 So z.B.: LK/*Hirsch*, 11. Aufl., Vor § 32 Rn. 51, 53; *Jescheck*/*Weigend*, § 31 IV 1 mit *Kühl*, § 6 Rn. 11 ff.; siehe auch BGHSt 35, 270 (279).

29 LK/*Hirsch*, 11. Aufl., Vor § 32 Rn. 50, 51, 53; *Jescheck*/*Weigend*, § 31 IV 1; *Fischer*, § 34 Rn. 25 f.; *Wessels*/*Beulke*/*Satzger*, Rn. 401; *Rönnau*, JuS 2009, 594 (595): auch als nur objektive Zweckhaftigkeit auslegbar.

30 Diese Qualifikation erfasst die »Begehung der Körperverletzung mittels einer Waffe oder eines gefährlichen Werkzeuges«.

31 Im Übrigen erlaubt § 32 Abs. 1 StGB nur solche Taten, die »durch Notwehr geboten« sind. Die Handlungen von A und B nun erfüllen auch dieses Erfordernis evident nicht. Näher zur Gebotenheits-Klausel des § 32 Abs. 1 StGB unten, Rn. 528 ff.

Selbstredend greift hier die Befugnis zur vorläufigen Festnahme aus § 127 Abs. 1 S. 1 StPO nicht ein[32] (wegen des Fehlens des subjektiven Rechtfertigungselementes »Handeln aufgrund des Erlaubnissatzes«), denn hierfür ist die Absicht erforderlich, die Strafverfolgung zu ermöglichen (Rn. 654). Eine Freiheitsberaubung wie im konkreten Fall kann nicht erlaubt sein. Daher ist A wegen Freiheitsberaubung, § 239 Abs. 1 StGB, strafbar.

Der Verzicht auf ein *»Handeln aufgrund des Erlaubnissatzes«* wird auch § 34 StGB nicht gerecht. Zwar wird versucht, diesen Verzicht mit dieser Vorschrift zu harmonisieren, indem auch bei ihr auf eine rechtfertigende Intention verzichtet wird und bloße Kenntnis der Notstandslage genügen soll.[33] Indes widerspricht dies dem klaren Wortlaut des Gesetzes. Es erscheint daher sachgerechter, den eigenen Standpunkt an § 34 StGB anzupassen, statt diese Vorschrift i.S. der eigenen Ansicht korrigierend auszulegen. **463**

Schließlich ist die These, die bloße Kenntnis reiche als subjektives Rechtfertigungselement aus, auch kriminalpolitisch fragwürdig. Es ist kein vernünftiger Grund dafür ersichtlich, Taten wie in Fall 73 und 74 durch Notwehr zu erlauben. **463a**

c) Handeln »aufgrund der rechtfertigenden Situation« bei einer Mehrzahl von Motiven (sog. »Motivbündel«)

Allerdings dürfen die Anforderungen an das subjektive Rechtfertigungselement der **Intention, »recht handeln zu wollen«**, nicht überspannt werden. Es ist unschädlich, wenn neben dieser Intention auch andere Beweggründe eine Rolle spielen, z.B. Zorn, Hass oder Streben nach Rache.[34] Doch dürfen solche anderen Beweggründe jenes subjektive Rechtfertigungselement **nicht völlig in den Hintergrund** drängen.[35] Daraus folgt für den Fall eines Motivbündels beim Täter: Das subjektive Rechtfertigungselement des Handelns aufgrund der rechtfertigenden Situation, z.B. bei der Notwehr (§ 32 StGB) der **Verteidigungswille**, darf neben den anderen Beweggründen nicht nur von ganz untergeordneter Bedeutung sein[36], sondern muss den Täter **mitmotiviert** haben. **464**

2. Rechtsfolgen des Fehlens subjektiver Rechtfertigungselemente

Liegen wie in Fall 72 und 73 die **objektiven** Merkmale eines Erlaubnissatzes vor (hier die der Notwehr gemäß § 32 Abs. 2 StGB), fehlt es aber am **subjektiven** Rechtfertigungselement, so hat dies die folgenden rechtlichen Konsequenzen: **465**

32 Dazu: *Krey*, StPO, Rn. 536; *Meyer/Goßner/Schmitt*, § 127 Rn. 8; *Roxin*, § 14 Rn. 103, 106; S/S/*Lenckner/Sternberg-Lieben*, Vor § 32 Rn. 16 m.w.N.; *Stratenwerth/Kuhlen*, 9/150.

33 *Roxin*, § 14 Rn. 97, 100; ebenso z.B. S/S/*Perron*, § 34 Rn. 48.

34 BGHSt 3, 194 (198); 5, 245 (247); BGH NJW 2013, 2133 (2136) = ZJS 2013, 511 (517); BGH GA 1980, 67; BGH NStZ 1983, 117 m.w.N.; NStZ 2000, 365 (366); OLG Koblenz NStZ-RR 2011, 171 = JuS 2011, 655; *Fischer*, § 32 Rn. 26.

35 BGH JZ 2003, 961 (963) a.E. (mit Anm. *Roxin*); vgl. auch BGH NStZ 2005, 332 (334).

36 *Krey*, JuS 1971, 193, 194 (mit Beispiel).

a) Rechtswidrigkeit der Tat

466 In solchen Fällen ist der fragliche Rechtfertigungsgrund nicht anwendbar; die Tat wird also durch ihn »nicht erlaubt«. Erfüllt sie den Tatbestand eines Strafgesetzes, so ist sie daher rechtswidrig, es sei denn, ein anderer Erlaubnissatz greift ein. Demgemäß kann das Handeln des Täters in den Fällen 72, 73 und 74 für den Betroffenen ein Notwehrrecht begründen.[37]

Der im Fall 74 festgenommene B hat daher gegen die Freiheitsberaubung durch Fesselung (»an den Pranger stellen«) ein Notwehrrecht. Dagegen werden A und B in den Fällen 72 und 73 zwar **rechtswidrig angegriffen**, können sich aber mangels subjektiven Rechtfertigungselementes nicht auf Notwehr berufen.

b) Konsequenz

467 Die weiteren Konsequenzen für die Strafbarkeit des Täters bleiben aber umstritten: Möglich ist zum einen folgende Schlussfolgerung: Erfüllt der Täter den Tatbestand eines Strafgesetzes

- in Fall 72: Totschlag (§ 212 StGB)[38],
- in Fall 73: Gefährliche Körperverletzung (§ 224 StGB; Rn. 460),
- in Fall 74: Freiheitsberaubung (§ 239 StGB; Rn. 462)

und scheitert eine Rechtfertigung der Tat daran, dass zwar die objektiven Voraussetzungen eines Erlaubnissatzes vorliegen, aber nicht die subjektiven, so ist der Täter aus jenem Strafgesetz strafbar.

In Fall 72 wird A also wegen **vollendeten Totschlags** bestraft;
in Fall 73 sind A und B wegen **vollendeter Gefährlicher Körperverletzung** strafbar;
in Fall 74 wird A wegen **vollendeter Freiheitsberaubung** bestraft.

Dieses Ergebnis entspricht der Ansicht des BGH sowie weiter Teile der Literatur, wonach dem Täter Umstände, die er nicht kennt, nicht angelastet werden dürfen (vgl. § 16 S. 1 StGB), aber aus dem Umkehrschluss ihn auch nicht rechtfertigen können (sog. **»Vollendungslösung«**).[39]

468 Anders demgegenüber die heute herrschende **»Versuchslösung«**:[40] Sie nimmt in Fällen wie 72 bis 74 mit folgender Argumentation nur eine Strafbarkeit wegen **Versuchs** an: Das Vorliegen der objektiven Elemente des Rechtfertigungsgrundes kompensiert den **Erfolgsunwert** des objektiven Tatbestandes, den der Täter erfüllt

---

37 Abweichend (für Fälle wie 72, 73) *Roxin*, § 14 Rn. 97 ff. Damit aber entwertet er die Lehre von den subjektiven Unrechtselementen in einem ganz zentralen Punkt.

38 § 211 StGB (Mord) soll hier ausgeklammert werden.

39 BGHSt 2, 111 (114 f.); BGH NStZ 2005, 332 (334); *Gallas*, FS Bockelmann, 1979, S. 172 ff.; *Heinrich*, AT, Rn. 392, 433; LK/*Hirsch*, 11. Aufl., Vor § 32 Rn. 59 m.w.N.; *Köhler*, Kap. 5, VI, 1.3; *Schmidhäuser*, 9/17.

40 Vgl. *Herzberg*, JA 1986, 190 ff.; LK/*Hillenkamp*, § 22 Rn. 199 f.; *Jäger*, AT, Rn. 129, 131; *Jakobs*, 11/23; *Jescheck/Weigend*, § 31 IV 2; *Kühl*, § 6 Rn. 15 f.; *Roxin*, § 14 Rn. 104 f.; *Stratenwerth/Kuhlen*, 9/151 ff.; S/S/*Lenckner/Sternberg-Lieben*, Vor § 32 Rn. 15; *Fischer*, § 32 Rn. 27; *Wessels/Beulke/Satzger*, Rn. 406.

hat. Demgemäß bleibt nur der **Handlungsunwert** dieser Straftat übrig.[41] Das aber entspricht strukturell der Situation des (untauglichen) Versuchs, denn dort fehlt es ebenfalls bis zum Eintritt des Erfolges am Erfolgsunwert, während der Handlungsunwert bereits vorliegt, wenn der Wille des Täters zur Tatbestandsverwirklichung mit dem unmittelbaren Ansetzen hierzu nach außen tritt (vgl. § 22 StGB). Dabei gehen einige Autoren von einer analogen Anwendbarkeit der §§ 22, 23 StGB aus, andere von einer unmittelbaren Geltung.[42]

Diskussion: Von den Vertretern der Vollendungslösung (Rn. 467) wird vorgebracht: **469**

Erstens: Die Versuchslösung widerspreche den **Regeln über den strafrechtlichen Deliktsaufbau**, da der Täter objektiv zurechenbar, vorsätzlich und rechtswidrig den Tatbestand eines vollendeten Verbrechens oder Vergehen erfüllt habe.

Die Versuchslösung behauptet aber gar nicht, dass der Tatbestand oder gar der tatbestandliche Erfolg (nachträglich) entfalle. Allerdings weist sie zu Recht darauf hin, dass die Erfüllung allein des Handlungsunrechts nicht die Strafbarkeit aus einem vollendeten Vorsatzdelikt rechtfertigen kann.

Der geminderte Unrechtsgehalt der Tat sollte dabei durch ihre Verneinung auch nach außen hin deutlich gemacht und nicht nur im Rahmen der Strafzumessung berücksichtigt werden. Sollte die Versuchsstrafbarkeit für das einschlägige Vergehen nicht angeordnet sein, so ist dies wie beim Versuch allgemein als gesetzgeberische Entscheidung zu akzeptieren.[43]

Zweitens: Die Versuchslösung könne von ihren Anhängern nicht für alle Rechtfertigungsgründe durchgehalten werden. So kämen insbesondere bei **§ 127 Abs. 1 S. 1 StPO** auch Anhänger der Versuchslösung zur Strafbarkeit wegen vollendeter Freiheitsberaubung.

Dem ist entgegenzuhalten, dass sich diese scheinbare Ausnahme aus der Struktur des § 127 StPO als »unvollkommen zweiaktiger Rechtfertigungsgrund« ergibt und daher letztlich einer konsequenten Anwendung der Versuchslösung entspricht.[44]

§ 127 Abs. 1 StPO erlaubt dem Bürger deshalb die vorläufige Festnahme, weil die Rechtsordnung ein Interesse daran hat, das »Opfer« dieser Festnahme strafrechtlich zu verfolgen, auch wenn gerade kein Polizeibeamter vor Ort ist, der dafür Sorge tragen könnte. Die Festnahme als solche wird der Verfolgung dieses Interesses jedoch noch nicht gerecht, so dass eine Kompensation des mit der Freiheitsberaubung verbundenen Erfolgsunwertes erst dann eintreten kann, wenn die private Festnahme die Vorstufe zum behördlichen Gewahrsam ist. Dies ist aber objektiv

41 OLG Celle JuS 2013, 1042 mit Anm. *Jahn*; *Streng*, FS Otto, 2007, S. 469 (474) spricht von einer »Teilrechtfertigung« hinsichtlich des vollendeten Delikts, die ausreiche, um insoweit zur Straflosigkeit zu gelangen (S. 487).

42 Für Ersteres z.B. *Wessels/Beulke/Satzger*, Rn. 406; für Letzteres z.B. *Roxin*, § 14 Rn. 104; *Puppe*, 25/6; *Streng*, FS Otto, 2007, S. 469 (474); *Rönnau*, JuS 2009, 594 (596).

43 So auch *Kühl*, § 6 Rn. 16; *Roxin*, § 14 Rn. 105.

44 *Roxin*, § 14 Rn. 106; S/S/*Lenckner/Sternberg-Lieben*, Vor § 32 Rn. 16; *Stratenwerth/Kuhlen*, Rn. 150, 154.

ausgeschlossen, wenn der Täter den anderen nicht auch zu diesem Zweck festhält.[45] Es fehlt somit nicht nur an einer Kompensation des Handlungs-, sondern zusätzlich an einer Kompensation des Erfolgsunwertes, so dass das Unrecht in vollem Umfang bestehen bleibt und die Anwendung der Versuchsregeln somit von vornherein nicht in Betracht kommt.

Aufbauhinweis: Wer der Versuchslösung folgt, muss die Prüfung des vollendeten Delikts wegen des fehlenden subjektiven Rechtfertigungselements abbrechen. Zwar ist auch nach dieser Auffassung eine Rechtfertigung ausgeschlossen, aber eben auch eine Strafbarkeit aus dem *vollendeten* Delikt.

Im Anschluss ist die Strafbarkeit wegen des versuchten Delikts in analoger oder direkter Anwendung der §§ 22, 23 StGB zu prüfen. Die Nichtvollendung der Tat folgt aus dem fehlenden Erfolgsunrecht, der Tatentschluss aus dem i.R.d. bei der Prüfung des vollendeten Delikts festgestellten Vorsatz. Das unmittelbare Ansetzen ergibt sich ebenfalls aus dem festgestellten objektiven Tatbestand des vollendeten Delikts (zum **Versuchaufbau** Rn. 1207).

45 *Roxin*, § 14 Rn. 103; vgl. schon Rn. 454, 462.

§ 14 Notwehr (§ 32 StGB)

I. Rang und Rechtsgrund der Notwehr

Das Notwehrrecht ist im Kern naturrechtlicher Herkunft.[1] Ein Staat, der dem Einzelnen die Befugnis zur Selbstverteidigung gegen Angriffe Dritter nehmen oder eine solche Befugnis nur sehr eingeschränkt gewähren würde, wäre kein liberaler Rechtsstaat. 470

Das Notwehrrecht basiert auf dem Prinzip: **Das Recht braucht dem Unrecht nicht zu weichen**.[2] Dabei hat die Regelung des § 32 StGB bei genauerer Betrachtung zwei Wurzeln: Zum einen eine **individualethische** (Selbstverteidigung), zum anderen eine **sozialethische** (Verteidigung der Rechtsordnung).[3]

Wer z.B. den Angriff eines Räubers auf sein Eigentum und seinen Besitz mit Gewalt abwehrt (Notwehr) oder einen Dritten gegen einen solchen Angriff verteidigt (Nothilfe), kann sich nicht nur auf jene individualethische Komponente der Notwehr berufen. Vielmehr verteidigt er zugleich die Unverbrüchlichkeit der Rechtsordnung.

Doch sei vorsorglich betont, dass die individualethische Komponente, also das Prinzip der Selbstverteidigung, dominiert. Daher darf die sozialethische Wurzel der Notwehr nicht dazu dienen, das Notwehrrecht sachwidrig einzuschränken. Vielmehr hat die Hervorhebung jener doppelten Fundierung der Notwehr eher umgekehrt die Funktion, die Sachgerechtigkeit eines weiten, »schneidigen« Notwehrrechts zu verdeutlichen. Die Notwehrbefugnis ist zu Recht als der weitest reichende und gravierendste Erlaubnissatz für den Bürger ausgestaltet: Er darf, soweit erforderlich, in Ausübung der Notwehr einen Schaden anrichten, der schwerer wiegt als der durch den Angriff drohende; insoweit ist das Prinzip des überwiegenden Interesses nicht einschlägig.[4] Zudem braucht er grundsätzlich dem Angriff nicht auszuweichen; auch bei bestehender Fluchtmöglichkeit darf er in aller Regel in erlaubter Notwehr dem Angreifer gewaltsam Widerstand leisten. 471

Beispielsweise darf der Angegriffene den Angreifer vorsätzlich töten, um einen Raub abzuwehren oder um zu verhindern, dass er zusammengeschlagen wird, sofern kein milderes Verteidigungsmittel zur Verfügung steht. Auch dürfen unter Umständen *Sachgüter* mit lebensgefährlichen Abwehrmitteln verteidigt werden, etwa wenn es darum geht, die Brandstiftung an einem Wohngebäude zu verhindern, mag auch zur Tatzeit kein Bewohner gefährdet sein. 472

Schließlich darf z.B. der von einem Schläger Angegriffene zur Verteidigung seiner körperlichen Unversehrtheit Gewalt anwenden – etwa dadurch, dass er den Angreifer niederschlägt, weil kein milderes Abwehrmittel zur Verfügung steht –, auch wenn er sich dem Angriff durch **Flucht** entziehen könnte.[5] Die Rechtsordnung erlaubt die Gegenwehr

1 Nachweise bei LK/*Spendel*, 11. Aufl., § 32 Rn. 15 mit Fn. 35.

2 LK/*Rönnau*/*Hohn*, § 32 Rn. 66; *Roxin*, § 15 Rn. 1 ff.; RGSt 21, 168 (170).

3 BGHSt 24, 356 (359); BGH JZ 2003, 961 (963); *Roxin*, § 15 Rn. 1-3; LK/*Spendel*, 11. Aufl., § 32 Rn. 11 ff. Abweichend z.B.: *Frister*, GA 1988, 299 ff.; *Schmidhäuser*, § 9 Rn. 86.

4 BGH JZ 2003, 961 (963); *Roxin*, § 15 Rn. 2, 47; LK/*Spendel*, 11. Aufl., § 32 Rn. 6, 224, 313; AnwK-StGB/*Hauck*, § 32 Rn. 1; *Wessels*/*Beulke*/*Satzger*, Rn. 507.

5 BGH NJW 1980, 2263 m.w.N.; *Jakobs*, 12/36; *Roxin*, § 15 Rn. 49; S/S/*Perron*, § 32 Rn. 40.

und verpflichtet den Angegriffenen nicht dazu, dem Angriff **auszuweichen**. Dabei ist gleichgültig, ob man von »schimpflicher Flucht, die nicht zumutbar ist«, spricht, oder von »verständigem Ausweichen«, das § 32 StGB nicht fordert.[6]

II. Notwehrlage (»gegenwärtiger, rechtswidriger Angriff«)[7]

473 Die Legaldefinition der Notwehr findet sich in § 32 Abs. 2 StGB. Danach muss ein gegenwärtiger, rechtswidriger Angriff vorliegen. Maßgeblich ist insoweit die objektive Sachlage im Zeitpunkt der Tat (der Notwehrhandlung), wie sie sich im Nachhinein darstellt (**objektives Urteil »ex post«**).[8] Logischerweise kann nur die tatsächlich vorliegende und nicht die bloß vorgestellte Notwehrlage das Recht begründen, in die Rechtsgüter eines anderen einzugreifen.

Nimmt also jemand irrig eine Notwehrlage an (**sog. Putativnotwehr**), so scheidet die Rechtfertigung nach § 32 StGB aus. Es kommt dann aber ein **sog. »Erlaubnistatbestandsirrtum«** (irrige Annahme der tatsächlichen Voraussetzungen eines Rechtfertigungsgrundes) in Betracht.[9]

Die **Gegenmeinung** lässt es hingegen genügen, dass sich das Verhalten objektiv **»ex ante«** als Angriff darbietet.[10] Für diese Auffassung spricht, dass strafrechtliche Erlaubnisnormen erst ihren Sinn entfalten, wenn ihre Voraussetzungen auch »ex ante« erkennbar sind.[11] Es stellt sich dann noch die Frage, welche Perspektive (die des Handelnden oder die eines objektiven Dritten als Beobachter) einzunehmen ist, um das »ex ante«-Urteil zu bilden.[12]

Beispiel: A droht mit einer ungeladenen Pistole, auf T zu schießen.

Aus »ex-ante«-Sicht liegt ein Angriff des A vor, so dass man unmittelbar über die Anwendung des § 32 StGB zur Rechtfertigung und damit die Straflosigkeit des T gelangen kann. Ex post betrachtet handelt es sich hingegen um einen bloßen **Scheinangriff**, so dass eine Strafbarkeit nicht an § 32 StGB scheitert (sog. Putativnotwehr). Es folgt dann die Prüfung des Erlaubnistatbestandsirrtums, die ebenfalls den Ausschluss der Strafbarkeit als Ergebnis haben *kann*. Im Ergebnis können also beide Auffassungen – auf unterschiedlichem Wege – zur Straflosigkeit des T führen.[13]

1. Angriff

474 a) Der von § 32 StGB geforderte Angriff muss von einem **Menschen** ausgehen. Attacken von **Tieren** oder sonstigen **Sachen** können Abwehrbefugnisse gemäß § 228 BGB (Rechtfertigender Notstand, genauer: Defensivnotstand) begründen,

---

6 BGH NJW 1980, 2263; BSG JZ 2000, 96 (97); *Jakobs*, 12/36.

7 Für eine kompakte Übersicht der Rechtsprechung des BGH seit 2004 zu den Voraussetzungen der Notwehr siehe *Erb*, NStZ 2012, 194.

8 *Kühl*, § 7 Rn. 21; *Wessels/Beulke/Satzger*, Rn. 492; S/S/*Perron*, § 32 Rn. 27; *Jescheck/Weigend*, § 32 II 1d.

9 Vgl. dazu BGH NJW 2014, 1121; Rn. 574, 719; eingehender Rn. 731 ff.

10 *Amelung*, Jura 2003, 91 (92 f.); *Kaufmann*, FS Welzel, 1974, S. 393; AnwK-StGB/*Hauck*, § 32 Rn. 9.

11 *Rudolphi*, FS Kaufmann, 1990, S. 384.

12 Vorzugswürdig ist die Position des objektiven Dritten, vgl. *Schröder*, JuS 2000, 235 (237 f.).

13 Siehe dazu *Hillenkamp*, AT, 10. Problem; *Nippert/Tinkl*, JuS 2002, 964 ff.; *Kraatz*, Jura 2014, 787 (789 f.).

aber kein Notwehrrecht.[14] Hierfür spricht erstens der Text des § 32 Abs. 2 StGB: Tiere agieren nicht »rechtswidrig«. Zweitens folgt jener Standpunkt aus der sozialethischen Wurzel der Notwehr: Gegenüber Tieren und sonstigen gefährlichen Sachen bedarf es keiner »Verteidigung der Rechtsordnung«.

Etwas anderes gilt allerdings dann, wenn ein Mensch das Tier bzw. die (sonstige) Sache **als Werkzeug für seinen Angriff einsetzt**. Hier liegt jeweils ein Angriff eines Menschen vor.[15]

Beispiele: A hetzt seinen Kampfhund auf O, um diesen zu verletzen. / A sägt einen hohen Baum auf seinem Grundstück an; der Baum soll auf das Haus seines Nachbarn O stürzen und das Hausdach beschädigen.

b) **Angriff** i.S.d. § 32 StGB ist die drohende Verletzung von Rechtsgütern (und rechtlich geschützten Interessen) durch menschliches Verhalten.[16] Prinzipiell ist jedes **Rechtsgut notwehrfähig**[17], unabhängig davon, ob es umfassend (z.B. der Besitz) oder nur gegenüber Beeinträchtigungen besonderer Art[18] durch das Strafrecht geschützt wird. Erfasst ist dabei auch das Vermögen, also beispielsweise ein Schadensersatzanspruch aus § 823 Abs. 1 BGB.[19] Ein Angriff liegt also nicht erst dann vor, wenn der Angreifer durch sein Verhalten einen Straftatbestand verwirklicht. Jedoch muss die Grenze eines sozial üblichen und tolerierten Verhaltens überschritten sein.[20] **475**

Beispiel: A pustet dem B bewusst aus kurzer Distanz einmalig Zigarettenrauch ins Gesicht.[21] Es stellt sich die Frage, ob ein *einmaliges* Anrauchen – mag es auch despektierlich sein – die Schwelle zur Inadäquanz sozialen Verhaltens überschreitet und somit einen *Angriff* i.S.d. § 32 StGB auf ein notwehrfähiges Rechtsgut darstellt. *Kurzzeitiges* Passivrauchen ergibt sich im Alltag vielfach und wird von der Gesellschaft auch als unvermeidlich gebilligt. Vor diesem Hintergrund ist jedenfalls die Annahme eines Angriffs auf die körperliche Unversehrtheit des B abwegig. Ein solcher könnte sich allenfalls auf das körperliche Wohlbefinden richten, müsste hierfür aber eine üble und unangemessene Behandlung darstellen, die das körperliche Wohlbefinden *mehr als unerheblich* beeinträchtigt. Auch dies wird bei einem einmaligen Anrauchen abzulehnen sein. Man wird insoweit allenfalls einen Angriff auf die persönliche Ehre des B in Betracht ziehen können, sofern dem Anrauchen im kon-

---

14 *Jakobs*, 12/14; *Kühl*, § 7 Rn. 26; *Fischer*, § 32 Rn. 6; **a.A.** LK/*Spendel*, 11. Aufl., § 32 Rn. 38 ff.

15 *Jakobs*, 12/14; *Kühl*, § 7 Rn. 27; *Fischer*, § 32 Rn. 6; *Heinrich*, AT, Rn. 484.

16 *Roxin*, § 15 Rn. 6; *Wessels/Beulke/Satzger*, Rn. 483.

17 *Roxin*, § 15 Rn. 30; S/S/*Perron*, § 32 Rn. 4 ff.; zur Notwehrfähigkeit einer Zutrittsverweigerung durch Türsteher *Sickor*, Jura 2008, 14.

18 Vgl. *Kühl*, § 7 Rn. 59: z.B. Angriff auf das Eigentum durch Gebrauchsanmaßung über die engen Grenzen des § 248b StGB hinaus.

19 Vgl. dazu die Konstellation der Notwehr gegen Forderungsentziehung (durch Unfallflucht) von *Brodowski*, JuS 2015, 430 ff.

20 *Kühl*, § 7 Rn. 25; *Heinrich*, AT, Rn. 341.

21 In Anlehnung an AG Erfurt NStZ 2014, 160 (§ 223 StGB und konsequent auch einen *Angriff* iSv § 32 StGB bejaht, sogar unter dem Aspekt der Gesundheitsbeeinträchtigung wegen der karzinogenen Anteile des Zigarettenrauches und der potentiellen Viren und Bakterien der Körperflüssigkeit »Spucke«).

kreten Einzelfall die Qualität einer Beleidigung (§ 185 StGB) beizumessen ist.[22]

Ausnahmen von dem Grundsatz der Notwehrfähigkeit aller Rechtsgüter:

- Nicht notwehrfähig sind trotz des Schutzes durch die Rechtsordnung **Ehe** und **Verlöbnis** *als solche*:[23] Gegen den Ehebrecher/die Ehebrecherin darf der betrogene Ehepartner auch dann nicht Gewalt üben, wenn dies zur Abwehr des Angriffs auf die Ehe erforderlich wäre.
- Ebenfalls nicht notwehrfähig ist nach umstrittener, aber zutreffender Ansicht das **Vorfahrtsrecht im Straßenverkehr** als solches, z.B. der **»Vorrang des Erstkommenden beim Parken« gemäß § 12 Abs. 5 StVO**.[24] Die Vorschriften der StVO über die Vorfahrt etc. dienen der Aufrechterhaltung der öffentlichen Sicherheit und Ordnung, begründen aber keine notwehrfähigen subjektiven Rechte des Bürgers.[25]
- Schließlich gibt es noch eine Ausnahme speziell für die **Nothilfe** (die Verteidigung anderer): Der Bürger ist nicht befugt, eigenmächtig **Rechtsgüter der Allgemeinheit** wie die **»öffentliche Sicherheit oder Ordnung«** zu verteidigen.[26] Deren Schutz ist Aufgabe der zuständigen Staatsorgane.

Das **Recht am eigenen Bild** wird durch das allgemeine Persönlichkeitsrecht aus Art. 2 Abs. 1 i.V.m. Art. 1 Abs. 1 GG geschützt. Danach würde das Herstellen eines Bildnisses einer Person (Foto, Film) einen Eingriff in ein notwehrfähiges Rechtsgut darstellen und könnte neben zivilrechtlichen Unterlassungs- und Schadensersatzansprüchen auch die Anwendung von Gewalt des Betroffenen gegenüber dem Fotografen rechtfertigen. Allerdings gilt es die grundgesetzlichen Wertungen der Informations- und Pressefreiheit zu beachten. Demnach bedarf es einer einschränkenden Auslegung im Wege der Abwägung der widerstreitenden Interessen. So dürften bei absoluten und relativen Personen der Zeitgeschichte das Informationsrecht und die Pressefreiheit überwiegen. Hingegen erscheint in Fällen kleiner Kriminalität das allgemeine Persönlichkeitsrecht vorrangig.[27]

476 c) Wenn ein Angriff i.S.d. § 32 StGB »menschliches Verhalten« verlangt, so folgt daraus, dass **Nicht-Handlungen** wie Bewegungen in Bewusstlosigkeit als Angriffe ausscheiden.[28] Darüber hinaus ist aber nicht erforderlich, dass dieses Verhalten zielgerichtet und aggressiv oder gar gewalttätig ist.[29]

Begründen solche Nicht-Handlungen Gefahren für die Rechtsgüter anderer, so kommen

---

22 Vgl. *Jahn*, JuS 2014, 176 (177); *Jäger*, JA 2014, 472 (473), der auf die weitreichenden Folgen der § 223 StGB und damit Ansicht hinweist; vgl. auch *Reinhardt*, ZJS 2015, 222 (223).

23 RGSt 48, 215; OLG Köln NJW 1975, 2344; *Roxin*, § 15 Rn. 32; S/S/*Perron*, § 32 Rn. 5a (a.E.); **a.A.** LK/*Spendel*, 11. Aufl., § 32 Rn. 183.

24 Hierzu *Krey/Hellmann/Heinrich*, BT/1, Rn. 401 ff. m.w.N.

25 *Krey/Hellmann/Heinrich*, BT/1, Rn. 366 ff. m.w.N. pro und contra.

26 BGHSt 5, 245 (247); BGH NJW 1975, 1161; *Roxin*, § 15 Rn. 36 ff.; *Wessels/Beulke/Satzger*, Rn. 484.

27 OLG Hamburg, Kriminalistik 2013, 184 mit. Bspr. *Hecker*, JuS 2012, 1039; siehe auch: *Lorenz*, StRR 2012, 393.

28 *Baumann/Weber/Mitsch*, § 17 Rn. 5; *Kühl*, § 7 Rn. 28; LK/*Rönnau/Hohn*, § 32 Rn. 100; *Roxin*, § 15 Rn. 8; **a.A.** LK/*Spendel*, 11. Aufl., § 32 Rn. 27.

29 *Kühl*, § 7 Rn. 28; *Heinrich*, AT, Rn. 342.

Abwehrbefugnisse nach § 34 StGB (Rechtfertigender Notstand) in Betracht.[30]

In aller Regel werden Angriffe durch Handlungen (aktives Tun) erfolgen. Jedoch kann auch pflichtwidriges **Unterlassen** einen Angriff darstellen. Das wird für das Unterlassen entgegen einer **Garantenpflicht gemäß § 13 StGB** (Rn. 215 f., 1127) weitgehend anerkannt[31], und zwar zu Recht.

Beispiel: Den Vater, der sich weigert, sein schwerverletztes Kind zum Krankenhaus zu fahren, darf ein Dritter notfalls mit Gewalt bzw. Drohungen zu dieser Fahrt zwingen, falls er (Nothelfer) selbst nicht fahren kann.

Richtiger Ansicht nach muss dasselbe für solche Fälle des Unterlassens gelten, die zwar nicht gegen Garantenpflichten verstoßen, aber **echte Unterlassungsdelikte** wie Unterlassene Hilfeleistung, § 323c StGB (Rn. 217), verwirklichen.[32] Zwar ist der Unterlassende in dem Fall weder für die Entstehung der Gefahrenlage noch für die gefährdete Person besonders verantwortlich, dennoch trifft ihn eine Handlungspflicht. Jedermann ist im Rahmen seiner Solidarpflicht zur Leistung von Nothilfe verpflichtet, um das gefährdete Rechtsgut zu erhalten. Ein Unterlassen dieser Hilfe bedroht daher seinerseits das jeweilige Rechtsgut und stellt mithin einen Angriff dar.

Beispiel: Bei einem Unfall wird O lebensgefährlich verletzt; er droht zu verbluten. Ein zufällig vorbeikommender Arzt weigert sich, Hilfe zu leisten, obwohl seine Hilfe erforderlich und zumutbar ist. Hier darf der Arzt notfalls zur Hilfeleistung genötigt werden.[33]

2. Rechtswidrigkeit des Angriffs

a) Rechtswidrig ist ein Angriff, wenn er Rechtsnormen (Verboten bzw. Geboten) **477**
widerspricht und nicht durch Rechtfertigungsgründe erlaubt wird.[34] Gegen ein durch einen Erlaubnissatz gestattetes Verhalten gibt es keine Notwehr. Es besteht vielmehr eine **Duldungspflicht** (Rn. 270, 272, 276).

Umstritten ist, wann **hoheitliches Handeln** aus strafrechtlicher Perspektive als rechtswidrig einzuordnen ist.[35]

Der BGH folgt – parallel zu § 113 Abs. 3 StGB – dem sog. **»strafrechtlichen Rechtmäßigkeitsbegriff«**. Danach ist die Diensthandlung eines Hoheitsträgers rechtmäßig, wenn dieser sachlich und örtlich zuständig ist, er die vorgeschriebenen wesentlichen Förmlichkeiten einhält und ihm bei der Beurteilung der sachlichen Voraussetzungen seines Handelns keine Sorgfaltsmängel unterlaufen. Im Rahmen

---

30 *Kühl*, § 7 Rn. 28; *Roxin*, § 15 Rn. 8.

31 *Jescheck*/*Weigend*, § 32 II 1a; LK/*Rönnau*/*Hohn*, § 32 Rn. 101; *Roxin*, § 15 Rn. 11 ff.; *Wessels*/*Beulke*/*Satzger*, Rn. 485; **a.A.** S/S/*Perron*, § 32 Rn. 10.

32 *Jescheck*/*Weigend*, § 32 II 1a; *Kühl*, § 7 Rn. 30; LK/*Rönnau*/*Hohn*, § 32 Rn. 101; **a.A.** MK/*Erb*, § 32 Rn. 64; *Roxin*, § 15 Rn. 13; *Heinrich*, AT, Rn. 343. Weitergehend: BayObLG NJW 1963, 824 (825); *Baumann*/*Weber*/*Mitsch*, § 17 Rn. 6.

33 Ähnlich z.B. LK/*Spendel*, 11. Aufl., § 32 Rn. 47.

34 *Wessels*/*Beulke*/*Satzger*, Rn. 331; zur Notwehr gegen Akte der öffentlichen Gewalt OLG Hamm NStZ-RR 2009, 271; BeckRS 2009, 14281.

35 Eine ausführliche Darstellung hierzu bei *Krey*/*Hellmann*/*Heinrich*, BT/1, § 7 Rn. 666 ff., *Wessels*/*Hettinger*, § 14 Rn. 635 ff.

eines Auftragsverhältnisses darf auf die Rechtmäßigkeit der Anordnung vertraut werden.[36]

Andere bevorzugen hingegen eine akzessorische Beurteilung an verwaltungsrechtlichen[37] oder vollstreckungsrechtlichen[38] Maßstäben.

Beispiel:[39] Der Asylantrag des Irakers A wurde von der Ausländerbehörde abgelehnt. Zugleich wurde dessen Abschiebung angeordnet, ohne dass dies A mitgeteilt wurde. Jedoch hatte dieselbe Behörde kurz zuvor eine über den Abschiebungszeitpunkt hinausgehende Duldungsverfügung erlassen und A ausgehändigt. Als der beauftragte Polizeibeamte P in Unkenntnis der Duldung die Abschiebung durchführen möchte, wehrt sich der überraschte A nach Vorlage seiner Duldung mit wuchtigen Messerstichen gegen P, ohne diesen dabei zu verletzen (versuchter Totschlag).

Das Verhalten des A könnte gem. § 32 StGB gerechtfertigt sein. Ein gegenwärtiger Angriff seitens P auf die Fortbewegungsfreiheit des A liegt vor. Fraglich ist aber die Rechtswidrigkeit des Angriffs. Folgt man dem BGH so fehlt diese bei Einhaltung der genannten Kriterien. Stellt man hingegen auf den **»vollstreckungsrechtlichen Rechtmäßigkeitsbegriff«** ab, so könnte der Vollstreckbarkeit der Abschiebeanordnung die mit der Duldungsverfügung verbundene Aussetzung der Vollstreckung als Vollzugshindernis entgegenstehen.

478 b) Nach dem eindeutigen Wortlaut des Gesetzes und dem Willen des Gesetzgebers[40] muss der Angriff **nicht schuldhaft** begangen sein. § 32 Abs. 2 StGB knüpft das Notwehrrecht aufgrund klarer und zudem sachgerechter gesetzgeberischer Wertung an den rechtswidrigen Angriff, mag der Angreifer auch gemäß Vorschriften wie §§ 19, 20, 35 StGB ohne Schuld handeln.[41]

Die Gegenmeinung, die einen **schuldhaften** Angriff fordert[42], verneint bei Angriffen durch Kinder und Geisteskranke Notwehrbefugnisse des Angegriffenen und verweist ihn auf Abwehrrechte aus § 34 StGB (Rechtfertigender Notstand).

Diese Gegenmeinung stellt eine unzulässige **Rechtsfindung contra legem** dar.[43] Sie missachtet den klaren Wortlaut des Gesetzes und den Willen des Gesetzgebers.

Darüber hinaus widerspricht sie auch dem Grundgedanken des in § 32 StGB garantierten Notwehrrechts: Dass die individualethische Wurzel der Notwehr (**Selbstverteidigung**) die Anwendbarkeit des § 32 StGB auch bei Angriffen von Kindern und Geisteskranken fordert, ist evident. Man denke etwa an 13-jährige Kinder, die ein anderes Kind erhängen wollen, um zu sehen, wie es stirbt; oder an einen Geisteskranken, der eine Frau vergewaltigen will.

---

36 Vgl. etwa BGHSt 4, 161 (163 ff.); 21, 365 f.

37 So etwa *Wagner*, JuS 1975, 224 (226).

38 So etwa *Amelung*, JuS 1986, 329 (336 f.).

39 Fall nach BGH NStZ 2015, 574 mit Anm. *Engländer*.

40 *Roxin*, § 15 Rn. 18.

41 BayObLG NJW 1991, 2031 mit Besprechung *Mitsch*, JuS 1992, 289 (291); *Baumann/Weber/Mitsch*, § 17 Rn. 16; *Jescheck/Weigend*, § 32 II 1a, 1c; *Roxin*, § 15 Rn. 17-20; S/S/*Perron*, § 32 Rn. 24; LK/*Rönnau/Hohn*, § 32 Rn. 109, 242.

42 *Hoyer*, JuS 1988, 89 ff.; *Jakobs*, 12/18; *Otto*, AT, § 8 Rn. 20-22; *Schmidhäuser*, 9/86.

43 Zur grundsätzlichen Unzulässigkeit der Rechtsfindung contra legem (Gesetzeskorrektur) siehe *Krey*, ZStW 101 (1989), 838 (861 ff.) und JR 1995, 221 ff. m.w.N.

Aber auch die sozialethische Wurzel der Notwehr (**Verteidigung der Rechtsordnung**) spricht in den vorgenannten Fällen für eine Befugnis zur Abwehr des Angriffs gemäß § 32 StGB. Dass die Rechtsordnung in diesen Fällen der Verteidigung bedarf, dass die »Unverbrüchlichkeit des Rechts« hier durch Notwehr bzw. Nothilfe manifestiert werden sollte, ist offensichtlich.[44] **479**

Resümee: Notwehr ist gegen rechtswidrige Angriffe erlaubt, auch wenn sie schuldlos erfolgen. Daher besteht z.B. ein Notwehrrecht, wenn der Angreifer zwar rechtswidrig, aber gemäß § 35 StGB entschuldigt handelt.[45] Dagegen ist Notwehr gegen gemäß § 34 StGB erlaubte Angriffe ausgeschlossen.[46]

c) Umstritten und ungeklärt ist, ob für die Annahme eines rechtswidrigen Angriffs der drohende **Erfolgsunwert** genügt, oder ob man zusätzlich einen **Handlungsunwert** fordern muss: **480**

Fall 75: – Rechtswidriger Angriff nur bei zumindest objektiv sorgfaltswidrigem Verhalten –
A fährt mit seinem Rad auf einer einsamen Landstraße. Seine Geschwindigkeit ist den Sichtverhältnissen angepasst. Mit spielenden Kindern braucht A nach den Umständen nicht zu rechnen. Dennoch bringt er, wenn auch ohne irgendein **objektiv sorgfaltswidriges** Verhalten, ein Kind in Lebensgefahr: Hinter einem Gebüsch hat sich ein kleiner Junge versteckt, der sich das Spiel »Radfahrer erschrecken« ausgedacht hat. Er will hier, wo niemand mit Kindern rechnet, überraschend vor Fahrräder springen, um die Reaktion der Radfahrer zu testen. Liegt ein **rechtswidriger Angriff** des A auf das Kind vor?[47]

Die herkömmliche Auffassung bejaht in diesen Fällen einen rechtswidrigen Angriff. A bringt durch sein Handeln Leib und Leben des Kindes in Gefahr. Dieser drohende **Erfolgsunwert** soll für die Rechtswidrigkeit ausreichen.[48] Danach dürfte ein Dritter Nothilfe gemäß § 32 StGB zugunsten des Kindes leisten, z.B. dadurch, dass er den A unmittelbar vor dem Gebüsch zu Fall bringt. **481**

Im Schrifttum dominiert indes zu Recht der Gegenstandpunkt. Die Rechtswidrigkeit des Angriffs erfordere einen **Handlungsunwert** beim Angreifer. Daher sei ein zumindest **objektiv sorgfaltswidriges** Verhalten nötig.[49] **482**

Hierfür spricht folgende Überlegung: Rechtswidrig ist ein Angriff, wenn er Rechtsnormen (Verboten bzw. Geboten) widerspricht und nicht durch Rechtfertigungsgründe erlaubt wird.

Wenn der »Angreifer« alle Rechtsnormen beachtet hat und kein objektiv sorgfaltswidriges Verhalten vorliegt, ist kein Normwiderspruch gegeben.

44 Ebenso *Roxin*, § 15 Rn. 19; S/S/*Perron*, § 32 Rn. 24.
45 H.M.; siehe Rn. 259, 271-272, 279. So für alle LK/*Rönnau*/*Hohn*, § 32 Rn. 109, 242.
46 Allgemeine Ansicht; siehe Rn. 270, 276.
47 »Gegenwärtig« wäre der Angriff spätestens dann, wenn A sich dem Gebüsch unmittelbar nähern würde.
48 *Geilen*, Jura 1981, 256; *Jescheck*/*Weigend*, § 32 II 1a, 1c; LK/*Spendel*, 11. Aufl., § 32 Rn. 54, 57, 60 ff.
49 *Baumann*/*Weber*/*Mitsch*, § 17 Rn. 17; *Graul*, JuS 1995, 1055; *Hirsch*, FS Dreher, 1977, S. 211 ff.; S/S/*Perron*, § 32 Rn. 21; LK/*Rönnau*/*Hohn*, § 32 Rn. 109; *Roxin*, § 15 Rn. 14 ff.

»Rechtswidrigkeit ohne Normverstoß« gibt es aber nicht.

Daher ist kein rechtswidriger Angriff des A auf das Kind anzunehmen, so dass zur Abwehr der dem Kind drohenden Gefahr nur Handlungen erlaubt sind, die sich im Rahmen des Rechtfertigenden Notstandes (§ 34 StGB) bewegen.[50]

Zur Klarstellung: Das Erfordernis »Verletzung der objektiv gebotenen Sorgfalt« für die Annahme eines rechtswidrigen Angriffs hat nichts mit der Frage zu tun, ob ein schuldloser Angriff Notwehrrechte begründen kann. Jene objektive Sorgfaltspflichtverletzung betrifft als Handlungsunwert die **Deliktsstufe des Unrechts** und nicht die der Schuld.

483 Unser Standpunkt (Notwendigkeit von Erfolgs- und Handlungsunwert für die **»Rechtswidrigkeit«** des Angriffs) zeigt, dass es für dieses Notwehrelement darauf ankommt, *was der handelnde* ***Angreifer*** *darf.* Aus seinen Befugnissen folgen die Duldungspflichten des »Angegriffenen«. Daher stellt die Dinge auf den Kopf, wer auf die Sicht des **Angegriffenen** und darauf, was dieser noch zu dulden hat,[51] statt auf die Beurteilung der Rechtswidrigkeit des Angriffs nach den Befugnissen des Angreifers rekurriert.[52]

484 d) Bei einer **einverständlichen Prügelei** fehlt es an einem rechtswidrigen Angriff,[53] solange keiner der »Kampfhähne« den abgesprochenen Rahmen sprengt.[54]

3. Gegenwärtigkeit des Angriffs

a) Funktion dieses Notwehrelements

485 Dieses Notwehrelement hat die **Funktion**, das »schneidige« Notwehrrecht in zeitlicher Hinsicht auf die »aktuelle Kampfsituation«[55] zu begrenzen. Den abgeschlossenen, d.h. beendeten Angriff, kann man nicht mehr abwehren, sondern allenfalls im Wege verbotener Rache vergelten.[56] Der drohende künftige Angriff, der noch nicht gegenwärtig ist, darf noch nicht mittels Notwehr abgewehrt werden. Hier kommt allenfalls die Ausübung von Notstandsbefugnissen gemäß § 34 StGB in Betracht.[57]

»Gegenwärtig ist ein Angriff, der unmittelbar bevorsteht, gerade stattfindet oder noch fortdauert«.[58]

---

50 Vgl. *Roxin*, § 15 Rn. 16 m.w.N.

51 *Kühl*, § 7 Rn. 54.

52 *Lackner/Kühl*, § 32 Rn. 5; *Fischer*, § 32 Rn. 21; *Wessels/Beulke/Satzger*, Rn. 495; **a.A.** LK/*Spendel*, 11. Aufl., § 32 Rn. 54 ff.

53 BGH NJW 1990, 2263; OLG Stuttgart NJW 1992, 850 (851); *Kühl*, § 7 Rn. 76.

54 Etwa durch Einsatz eines Messers oder durch Fortsetzung des Angriffs, obwohl der andere aufgegeben hat. Vgl. *Kühl*, § 7 Rn. 76.

55 *Roxin*, § 15 Rn. 23.

56 LK/*Rönnau/Hohn*, § 32 Rn. 148 a.E.

57 *Roxin*, § 15 Rn. 23, 27; LK/*Rönnau/Hohn*, § 32 Rn. 140. – Näher dazu unten, Rn. 488 ff.

58 *Jescheck/Weigend*, § 32 II 1d; *Roxin*, § 15 Rn. 21; *Wessels/Beulke/Satzger*, Rn. 487.

b) Unmittelbar bevorstehender und noch stattfindender Angriff

Die »Gegenwärtigkeit« **beginnt**, wenn der Angriff »unmittelbar bevorsteht«. **486**

(1) Hier wird vereinzelt eine Orientierung am Versuchsbeginn (§ 22 StGB) vertreten.[59] Daran ist richtig: Wenn der Angreifer zur Verwirklichung des geplanten Deliktes (z.B. Totschlag) *unmittelbar ansetzt*, steht i.S.d. § 32 Abs. 2 StGB der Angriff auf das betroffene Rechtsgut »unmittelbar bevor«.[60]

Die Orientierung der Gegenwärtigkeit des Angriffs am Versuchsbeginn ist aber zu eng, weil ein Angriff schon gegenwärtig sein kann, obwohl sich die geplante Tat noch im Vorbereitungsstadium befindet, genauer gesagt: »im Endstadium der Vorbereitung unmittelbar vor Versuchsbeginn«[61], wenn und weil das Verhalten des Angreifers unmittelbar in eine Rechtsgutsverletzung umschlagen kann.[62]

Beispiel: **487**
A zieht seinen Revolver, um O zu erschießen. – Hier liegt gemäß § 22 StGB ein unmittelbares Ansetzen zur Verwirklichung des Tatbestandes des § 212 StGB vor, also **versuchter** Totschlag.[63] Daher ist erst recht schon ein **gegenwärtiger** Angriff auf das Leben des O gegeben.

Abwandlung:
A greift in Richtung seiner Brusttasche, in der sich ein geladener Revolver befindet; er will O erschießen. O kommt ihm aber zuvor.

Hier ist zweifelhaft, ob A schon einen Totschlagsversuch begangen hatte.[64] Doch kann diese Frage dahinstehen. A befand sich zumindest bereits im »Endstadium der Vorbereitungshandlung unmittelbar vor Versuchsbeginn«. Demgemäß stand auch hier der Angriff auf das Leben des O unmittelbar bevor, war also gegenwärtig.[65]

Dazu der BGH: Der Angegriffene müsse mit seiner Gegenwehr nicht warten, bis er verletzt werde. In casu habe eine vom Angreifer ausgehende unmittelbare gefährliche Bedrohung für den Angegriffenen bestanden; der Griff zur Brusttasche hätte sich in Sekundenschnelle zur Verletzungshandlung entwickeln können.[66]

(2) **Künftige Angriffe**, die sich noch nicht im Versuchsstadium oder im Endstadium der Vorbereitung unmittelbar vor Versuchsbeginn befinden, sind noch nicht gegenwärtig. § 32 StGB erlaubt also keine »Präventivnotwehr«: **488**

Fall 76: – »Präventivnotwehr« (»notwehrähnliche Lage«) –
A und O betreiben mit ihrer Motorjacht Drogenschmuggel. Eines Tages erklärt O dem A bei einer Schmuggelfahrt, er sei den Job leid und steige daher aus. A zieht blitzschnell seinen Revolver und erklärt dem O, er werde ihn als »Verräter und Sicherheitsrisiko« erschießen. Da A ein Sadist ist, fügt er hinzu: Die Bootsfahrt dauere etwa drei Stunden; O solle die Fahrt

---

59 SK/*Günther*, § 32 Rn. 70 f.; *Jakobs*, 12/23.
60 *Kühl*, § 7 Rn. 40; *Roxin*, § 15 Rn. 22, 24-27.
61 *Kühl*, § 7 Rn. 41; MK/*Erb*, § 32 Rn. 100; *Roxin*, § 15 Rn. 22-27; S/S/*Perron*, § 32 Rn. 14.
62 BGH NStZ 2000, 365; *Heinrich*, AT, Rn. 345.
63 *Jakobs*, 12/23; *Roxin*, § 15 Rn. 25.
64 *Roxin*, § 15 Rn. 22, 24-27 lehnt Versuchsbeginn ab (erst mit Ergreifen der Waffe).
65 BGH NJW 1973, 255; S/S/*Perron*, § 32 Rn. 14; *Roxin*, § 15 Rn. 25.
66 BGH NJW 1973, 255.

noch zwei Stunden lang »genießen«, danach solle er langsam anfangen zu beten. O merkt, dass es dem A ernst ist. Er wartet auf eine Chance, den A vor Ablauf der zwei Stunden über Bord zu werfen. Nach einer Stunde, als A für Sekundenbruchteile unaufmerksam ist, kann O ihn ins Wasser stoßen. A (Nichtschwimmer) ertrinkt.

Notwehr entfällt hier mangels eines **gegenwärtigen** Angriffs des A auf das Leben des O:

489 (a) Eine Mindermeinung will für solche Fälle der **Präventivnotwehr** die Anwendbarkeit des § 32 StGB mittels **Extension** des Merkmals der Gegenwärtigkeit erreichen, und zwar durch Abstellen auf die Effizienz der Verteidigung: Der Angriff müsse nicht unbedingt unmittelbar bevorstehen; es genüge, dass er vom Angreifer so vorbereitet sei, dass eine spätere Abwehr nicht mehr möglich wäre.[67] Diese Extension widerspricht Wortlaut sowie Sinn und Zweck des § 32 Abs. 2 StGB; sie wird daher zu Recht allgemein abgelehnt.[68]

490 (b) Eine weitere Mindermeinung will in Fällen der Präventivnotwehr **§ 32 StGB analog** anwenden.[69] Hierzu postuliert *Suppert*[70], eine solche Analogie bei der Abwehr künftiger Angriffe erfordere (neben den sonstigen Notwehrvoraussetzungen wie »Erforderlichkeit« der Verteidigung) insbesondere:

- Die *Ankündigung* des Angriffs durch den Aggressor.
- *Gegenwärtigen Handlungszwang* für den in Präventivnotwehr Handelnden. Er müsse vor der Alternative stehen, entweder sofort zu agieren und dadurch dem künftigen Angriff zu entgehen oder den Angriff später nicht mehr wirksam abwehren zu können.
- Fehlen der Möglichkeit, rechtzeitig *Hilfe der Polizei* zu erlangen, und Unmöglichkeit bzw. Unzumutbarkeit, *dem Angriff auszuweichen.*

491 (c) Diese **Analogie** zu § 32 StGB wird jedoch von der h.M. **abgelehnt**.[71] Dabei wird zum einen angezweifelt, ob das »schneidige« Notwehrrecht überhaupt im Wege der Analogie ausgedehnt werden dürfe, da es vom Gesetzgeber für die aktuelle Kampfsituation konzipiert sei.[72] Zum anderen wird eingewandt, für jene »gesetzesergänzende Lückenfüllung« mittels Analogie fehle es am Erfordernis der Regelungslücke,[73] denn für die Fälle der Abwehr künftiger Angriffe liege die sachgerechte Lösung in den Vorschriften über den Rechtfertigenden Notstand:

Ob und wieweit »Präventivnotwehr« erlaubt sei, bestimme sich nach § 34 StGB[74] – bzw. gemäß dieser Vorschrift i.V.m. § 228 BGB analog (»Defensivnotstand gegen

---

67 *Schmidhäuser*, § 9 Rn. 94.

68 S/S/*Perron*, § 32 Rn. 17; *Roxin*, § 15 Rn. 23-27; LK/*Spendel*, § 32 Rn. 126 ff.; *Wessels*/*Beulke*/*Satzger*, Rn. 489. Ebenso BGHSt 39, 133 (136 f.).

69 *Suppert*, Studien zur Notwehr und notwehrähnlichen Lage, 1973, S. 356 ff., 371 ff., 382 ff.; weitgehend zustimmend: *Jakobs*, 12/27; *Krey*, ZStW 90 (1978), 186 (188 f.).

70 *Suppert*, aaO, S. 404.

71 SK/*Günther*, § 32 Rn. 74; *Jescheck*/*Weigend*, § 32 II 1d; *Kühl*, § 7 Rn. 42; *Roxin*, § 15 Rn. 27; S/S/*Perron*, § 32 Rn. 16 f.; *Schroeder*, JuS 1980, 341.

72 *Kühl*, § 7 Rn. 42; *Roxin*, § 15 Rn. 23.

73 SK/*Günther*, § 32 Rn. 74. – Zur »Regelungslücke« siehe *Krey*, JZ 1978, 361 (364 ff.).

74 BGH NJW 1979, 2053; BGHSt 39, 133 (136 f.); *Kühl*, § 7 Rn. 42; *Roxin*, § 15 Rn. 27.

Menschen«).[75]

Diese herrschende Konzeption soll hier zugrunde gelegt werden, wobei Details bei der Darstellung des Rechtfertigenden Notstandes zu erörtern sein werden.

(3) Fall 76 zeigt, dass die »Gegenwärtigkeit des **Angriffs**« bei der Notwehr und die »Gegenwärtigkeit der **Gefahr**« beim Rechtfertigenden Notstand sauber zu unterscheiden sind.[76] **492**

Das verdeutlicht im Übrigen auch Fall 78 (Rn. 500): In Fall 76 fehlt es an einem gegenwärtigen Angriff auf das Leben des O; auch in Fall 78 liegt noch kein solcher Angriff auf das Leben des Z vor. Der jeweilige Angriff stand noch nicht unmittelbar bevor. Demgegenüber ist in beiden Fällen eine gegenwärtige Lebensgefahr für den Bedrohten (O bzw. Z) gegeben, und zwar in der Form der »**Dauergefahr**«, worauf noch zurückzukommen sein wird.

(4) Die Frage der Gegenwärtigkeit des Angriffs ist für jedes der bedrohten Rechtsgüter einzeln zu prüfen: **493**

In Fall 78 (Rn. 500) liegt mit dem Aussprechen der Drohung ein gegenwärtiger Angriff auf die Entschlussfreiheit des Z vor[77], während es an einem gegenwärtigen Angriff auf sein Leben fehlt.

c) Beendeter Angriff

Neben dem unmittelbar bevorstehenden und dem gerade stattfindenden ist auch der **»noch fortdauernde«** Angriff gegenwärtig. Der **beendete**, also vollständig abgeschlossene, Angriff ist dagegen nicht mehr gegenwärtig. Das ist der Fall bei einem Fehlschlag des Angriffs sowie bei einem endgültigen und vollständigen Verlust des Rechtsgutes: **494**

(1) Eine **Beleidigung**, z.B. durch Schimpfworte wie »Idiot«, ist i.d.R. beendet, sobald sie ausgesprochen ist. Daher scheitert die Notwehr gegen Beleidigungen zur Verteidigung der Ehre meist schon an der fehlenden Gegenwärtigkeit des Angriffs auf dieses Rechtsgut.

Ausnahmsweise kann eine Beleidigung einen noch fortdauernden, also durchaus gegenwärtigen Angriff darstellen, z.B. im Falle einer nicht enden wollenden Beschimpfung (**»Schimpfkanonade«**), die der Beleidigte schließlich mit Gewalt stoppt.[78]

(2) Bei einer Körperverletzung mittels Ohrfeige ist der Angriff vollständig abgeschlossen, wenn kein weiterer Schlag mehr droht. Dann scheidet Notwehr mangels Gegenwärtigkeit des Angriffs aus; ein »Gegenangriff« wäre verbotene Privatrache.

(3) Im Falle der **Wiederholungsgefahr**, z.B. der Gefahr erneuter Tätlichkeiten, ist wie folgt zu differenzieren:[79] **495**

---

75 *Hirsch*, JR 1980, 115 ff.; *Hruschka*, JuS 1979, 391 f.; S/S/*Perron*, § 34 Rn. 31; *Schroeder*, JuS 1980, 340; *Wessels/Beulke/Satzger*, Rn. 489.

76 *Wessels/Beulke/Satzger*, Rn. 454, 487.

77 Siehe Rn. 501. – Die Entschlussfreiheit wird durch § 240 StGB (Nötigung) geschützt.

78 *Roxin*, § 15 Rn. 28; LK/*Spendel*, 11. Aufl., § 32 Rn. 122.

79 *Kühl*, § 7 Rn. 48; S/S/*Perron*, § 32 Rn. 15 f.; *Fischer*, § 32 Rn. 18.

- Droht eine »*unmittelbare* Wiederholung des Angriffs«, so liegt noch ein gegenwärtiger Angriff vor, da er »noch fortdauert«.
- Besteht dagegen kein unmittelbarer räumlich-zeitlicher Zusammenhang zwischen dem *ersten* und dem *drohenden neuen* Angriff, so fehlt es an einem gegenwärtigen Angriff.

(4) Bei **Dauerdelikten** wie § 239 StGB (Freiheitsberaubung) und § 123 StGB (Hausfriedensbruch) ist der Angriff gegenwärtig, solange der Angegriffene eingesperrt ist bzw. der Angreifer in dem fraglichen Raum widerrechtlich verweilt.[80]

496 (5) Bei Nötigung und Erpressung mittels Drohung (§§ 240, 253 StGB) ist der Angriff auf die **Freiheit der Willensentscheidung** noch nicht beendet, also noch gegenwärtig, solange der Angreifer die Drohung aufrechterhält.[81] Die Gegenmeinung macht geltend, jener Angriff sei mit dem Aussprechen der Drohung bereits beendet[82]; dieser Standpunkt ist jedoch sachwidrig und lebensfremd.

Schranken der Notwehr gegen solche Drohungen können sich indes durch die Notwehrelemente der »Erforderlichkeit« und namentlich der »Gebotenheit« ergeben.[83]

(6) Die Beendigung des Angriffs beim **Diebstahl** verdeutlicht der folgende Fall:

497 **Fall 77: – Der kleine Schritt vom Diebstahl zum »Räuberischen Diebstahl« –**
A hat in einem Supermarkt in Diebstahlsabsicht je eine Flasche Whiskey in seine beiden Manteltaschen gesteckt. Dabei ist er vom Ladendetektiv D beobachtet worden. Als A die Kasse passiert hat, ohne zu bezahlen, wird er von D aufgefordert, wegen des Diebstahls der Flaschen mit in sein Büro zu kommen. A läuft schnell weg, wird aber von D verfolgt. Auf dem Parkplatz vor dem Supermarkt holt D den A ein und hält ihn fest, um ihm die Beute abzujagen und ihn der Polizei zu übergeben. A schlägt den D jedoch überraschend zu Boden, weil er den Whiskey und seine Freiheit behalten möchte.

Strafbarkeit des A?

(a) Verhalten, bevor D ihn festhielt

A hat einen Diebstahl an den beiden Flaschen begangen. Die Wegnahme war spätestens vollendet, als er den Supermarkt mit der Beute verlassen hatte.[84]

(b) Strafbarkeit aufgrund der Gewaltanwendung gegen D

Raub, § 249 StGB, entfällt mangels »Wegnahme mit Gewalt« (Rn. 87). Doch ist **Räuberischer Diebstahl**, § 252 StGB[85], anzunehmen:

Der **objektive Tatbestand** dieser Norm verlangt einen »vollendeten Diebstahl«, der hier vorliegt. Weiterhin muss der Täter »auf frischer Tat betroffen« sein; auch dieses Merkmal

80 *Hellmann*, S. 143; *Kühl*, § 7 Rn. 45; *Roxin*, § 15 Rn. 28.

81 Rn. 493, 501; BGH JZ 2003, 961 (963); SK/*Günther*, § 32 Rn. 66, 76.

82 *Arzt*, MDR 1965, 344.

83 Dazu u.a.: BGH JZ 2003, 961 (965); *Amelung*, GA 1982, 381 ff.; *ders.*, NStZ 1998, 70; *Roxin*, § 15 Rn. 100 ff.; gegen sie SK/*Günther*, § 32 Rn. 77 m.w.N.

84 Ob der Diebstahl schon vollendet war, als A die Beute in seine Kleidung gesteckt hatte (so die h.M., siehe *Krey/Hellmann/Heinrich*, BT/2, Rn. 48 ff.), kann hier dahinstehen; denn diese Frage ist für die Lösung des Falles irrelevant: Die Gewaltanwendung durch A erfolgte auf jeden Fall erst später.

85 Zu dieser Vorschrift siehe Rn. 86 ff.

ist erfüllt (vgl. Rn. 88). Schließlich hat A »gegen eine Person Gewalt verübt«.

Der **subjektive Tatbestand** fordert Vorsatz, d.h. Wissen und Wollen der Merkmale des objektiven Tatbestandes, weiterhin die *Absicht*, *»sich im Besitz des gestohlenen Gutes zu erhalten«*. Sie braucht dabei nicht der einzige oder auch nur dominierende Zweck zu sein.[86] Daher ist unschädlich, dass A auch seine Freiheit verteidigen wollte.

Die Tat des A (§ 252 StGB) war auch rechtswidrig, da kein Erlaubnissatz eingreift:

Indem D den A festhielt, hat er zwar einen Angriff auf die Freiheit des A und dessen Gewahrsam an den Flaschen begangen. Dieser Angriff des D war aber rechtmäßig. Denn D besaß gemäß § 32 StGB eine Befugnis zur **Nothilfe**, genauer: zur Verteidigung von Eigentum und Besitz des Inhabers des Supermarktes an den Flaschen. Mit der Wegnahme der Beute hatte A diese Rechtsgüter rechtswidrig angegriffen. Sein Angriff war auch noch gegenwärtig, als D ihn festhielt: 498

Beim Diebstahl ist der Angriff gegenwärtig, solange die Wegnahme noch nicht beendet ist. Demgemäß ist im **Stadium zwischen Vollendung und Beendigung** der Wegnahme noch Notwehr (bzw. Nothilfe) zulässig.[87] Beendet ist der Diebstahl dabei erst dann, wenn der Dieb gesicherten Gewahrsam erlangt hat[88] oder wenn er die Beute zurückgegeben, weggeworfen oder sonst aufgegeben hat.

In Fall 77 war der Diebstahl also noch nicht beendet, als D den A festhielt. Folglich lag noch ein gegenwärtiger Angriff des A vor, den D rechtmäßig mittels Nothilfe abwehren durfte. Gegen dieses erlaubte Verhalten des D hatte A kein Notwehrrecht: Es gibt keine Notwehr gegen Notwehr (bzw. Nothilfe). Da A auch schuldhaft gehandelt hat, ist er aus § 252 StGB – im Übrigen auch aus § 223 StGB (Körperverletzung) – strafbar.

III. Notwehrhandlung

Neben der Notwehrlage stellt die Notwehrhandlung das zweite zentrale Element innerhalb der Prüfung der objektiven Voraussetzungen der Notwehr als Rechtfertigungsgrund dar. Die Notwehrhandlung muss sich gegen die Rechtsgüter des Angreifers richten (**Verteidigungshandlung**); sie muss des weiteren **erforderlich** und **geboten** sein. 499

Dem Angegriffenen wird über § 32 StGB die **wehrhafte Verteidigung gegen den Angriff** erlaubt, wohingegen die Flucht keine solche Abwehr ist und grundsätzlich nicht verlangt wird.

Im Rahmen der Abwehr des Angriffs gestattet die Notwehr aber allein die Verletzung von Rechtsgütern **des Angreifers**; dies gilt dann allerdings unabhängig davon, ob der Angreifer das betreffende Rechtsgut auch im Rahmen des Angriffs einsetzt.[89] Eine Rechtsbewährung, wie sie dem Notwehrrecht zu Grunde liegt, kommt nur dem Angreifer gegenüber in Betracht, nicht aber gegenüber 500

86 *Krey/Hellmann/Heinrich*, BT/2, Rn. 312 m.w.N.

87 *Kühl*, Jura 1993, 62 f.; S/S/*Perron*, § 32 Rn. 15; *Roxin*, § 15 Rn. 28.

88 RGSt 55, 82 (84 f.); BGH bei Holtz, MDR 1979, 985; *Hellmann*, NStZ 1987, 455 (456) m.w.N.; *Kühl*, Jura 1993, 62 f.; S/S/*Perron*, § 32 Rn. 15; *Roxin*, § 15 Rn. 28.

89 LK/*Rönnau/Hohn*, § 32 Rn. 159 m.w.N. Beispiel: Auf der Flucht vor dem Angreifer in *dessen* Haus, versucht das Opfer, ihm möglichst viele Hindernisse zu bereiten. Dabei werden u.a. das Porzellan und mehrere Stühle des Angreifers zerstört oder beschädigt.

unbeteiligten Dritten.[90] Nur aufgrund der besonderen Angriffssituation hat der Gesetzgeber das Notwehrrecht als derart weitreichendes Eingriffsrecht ausgestaltet und damit die Interessenabwägung zulasten des Angreifers vorweggenommen.

Dabei kommt es z.B. bei der **Beschädigung von Sachen des Angreifers** nicht darauf an, dass er diese Sachen gerade für den Angriff einsetzt. Das mögen die folgenden Fälle verdeutlichen.

Fall 78: – Begehung einer Falschaussage (§ 153 StGB) in Notwehr? –
Z ist als Belastungszeuge in einem Strafverfahren gegen den Mafioso M geladen. P, der Pate der Mafiafamilie, ruft Z an und teilt ihm mit: »Wenn du nicht wahrheitswidrig den M vor Gericht entlastest, legen wir dich um!« Daraufhin sagt Z aus Angst falsch aus und wird wegen dieses Vergehens angeklagt; er beruft sich auf Notwehr. Zu Recht?

Fall 79: – Beschädigung von Sachen Dritter (1) in Notwehr? –
A wird von S angegriffen, der ihn verprügeln will. Da A unterlegen ist, ergreift er in seiner Verzweiflung den Stockschirm einer Passantin und schlägt den S damit zu Boden. Der Schirm wird dabei beschädigt. Ist diese Sachbeschädigung durch Notwehr erlaubt?

501 In **Fall 78** liegt zwar ein gegenwärtiger, rechtswidriger Angriff auf die Freiheit der Willensentschließung des Z vor.[91] Gleichwohl entfällt eine Rechtfertigung der Falschaussage durch Notwehr evident. Angreifer war P; die Falschaussage aber ist eine Straftat gegen die Rechtspflege. Da Notwehr nur Verletzungen von Rechtsgütern des Angreifers erlaubt, scheidet dieser Rechtfertigungsgrund aus.[92]

In **Fall 79** ist die Sachbeschädigung ebenfalls nicht durch Notwehr erlaubt.[93] Denn die Eigentümerin des Schirmes war eine Passantin, nicht der Angreifer S.

Doch ist der Rechtfertigungsgrund des »aggressiven Notstandes« (§ 904 BGB) einschlägig.[94] Diese Lösung ist auch deswegen sachgerecht, weil § 904 S. 2 BGB ausdrücklich einen Schadensersatzanspruch der Passantin gegen A begründet.

502 **Fall 80: – Beschädigung von Sachen Dritter (2) in Nothilfe? –**
In dem völlig überfüllten Wirtshaus »Zum Wilden Eber« fühlt sich Gast G durch das allgemeine Gedränge gestört und ergreift einen Bierkrug, um damit dem neben ihm stehenden N auf den Kopf zu schlagen. N erkennt die Gefahr und zielt seinerseits mit dem Metallknauf seines Spazierstocks auf den Krug, woraufhin dieser zerschmettert wird. Ist diese Sachbeschädigung durch Notwehr erlaubt?

Auch in diesem Fall war der Angreifer G nicht Eigentümer der zerstörten Sache. Allerdings hat N den Krug hier nicht als Verteidigungsmittel verwendet. Vielmehr setzte G ihn als Angriffswerkzeug ein. Für diese Konstellation hat das **RG** eine Verteidigung i.S.d. § 32

90 Zur Notwehr gegen Schwangere und die Frage, ob auch der daraus resultierende Schwangerschaftsabbruch gerechtfertigt wäre: *Mitsch*, JR 2006, 124 mit Echo *Ladiges*, JR 2007, 104.

91 Siehe z.B.: *Amelung*, GA 1982, 381 (384); NK/*Kindhäuser*, § 32 Rn. 51; *Roxin*, § 15 Rn. 29; S/S/*Perron*, § 32 Rn. 18; *Wessels/Beulke/Satzger*, Rn. 487; **a.A.** KG JR 1981, 254; *Arzt*, MDR 1965, 344 (345; Gegenwärtigkeit des Angriffs fehle).

92 Die Problematik einer Rechtfertigung gemäß § 34 StGB muss hier dahinstehen, ebenso die Frage der Entschuldigung nach § 35 StGB (siehe Rn. 601, 612, 761).

93 So für alle: *Baumann/Weber/Mitsch*, § 17 Rn. 21 f.; *Jakobs*, 12/28; *Roxin*, § 15 Rn. 124 f.; S/S/*Perron*, § 32 Rn. 31; **a.A.** etwa LK/*Spendel*, 11. Aufl., § 32 Rn. 211 m.w.N.

94 *Baumann/Weber/Mitsch*, § 17 Rn. 21 f.; *Jakobs*, 12/28; *Roxin*, §15 Rn. 124 f.; S/S/*Perron*, § 32 Rn. 31; **a.A.** LK/*Spendel*, 11. Aufl., § 32 Rn. 211 m.w.N. – Zu § 904 BGB, Rn. 580 ff.

StGB bejaht. Die Abwehr könne sich auch gegen die vom Angreifer gebrauchten Angriffsmittel richten, gleichviel, in wessen Eigentum diese stünden.[95] Schließlich dürfe sich der Verteidiger gegen die rechtswidrige Angriffshandlung im Ganzen wehren, also auch gegen die rechtswidrig eingesetzten Gegenstände. Die Verantwortung liege allein beim Angreifer und könne nicht auf das Opfer des Angriffs übertragen werden.[96]

Anders sieht es jedoch die **h.M.**, die **ausnahmslos Eingriffe in die Rechtsgüter Dritter im Rahmen der Notwehr verbietet**. Die Anwendung der §§ 228, 904 BGB bleibe auch in diesen Fällen sachgerecht[97] und ermögliche eine angemessenere Differenzierung.

Außerdem finde keine »Rechtsgutverschmelzung« zwischen Angreifer und Angriffswerkzeug statt, die deren Betrachtung als Einheit erlauben könnte.[98] Es gilt somit auch weiterhin der Grundsatz, dass die Rechtfertigungsgründe in Bezug auf jedes betroffene Rechtsgut gesondert zu prüfen sind.

In Betracht kommt in **Fall 80** somit die Rechtfertigung gem. § 228 BGB (»Verteidigungsnotstand«): Erforderlich ist dafür allerdings, dass die Sache unmittelbar aus sich selbst heraus die Gefährdung begründet und nicht lediglich als Waffe missbraucht wird. In diesem Fall solle § 227 BGB eingreifen[99], wobei Notwehr in § 32 StGB und § 227 BGB einheitlich ausgelegt werden solle.[100] Dann aber wiederum ist ein Eingriff in das Eigentumsrecht eines Dritten nicht gerechtfertigt (s.o.)[101], so dass § 34 StGB zu prüfen und nach Abwägung der widerstreitenden Interessen zu bejahen ist.

IV. Erforderlichkeit der Notwehrhandlung

1. Maßgebliche Perspektive 503

Erlaubt ist gem. § 32 Abs. 2 StGB die Verteidigung, die erforderlich ist, um den Angriff abzuwenden. Die übliche Definition der Erforderlichkeit lautet:

Erforderlich ist somit die Verteidigung, die einerseits zur Abwehr des Angriffs geeignet ist und andererseits das mildeste Abwehrmittel darstellt.[102]

Die Erforderlichkeit ist zwar wie die Notwehrlage objektiv zu bestimmen; maßgeb- 504
lich ist aber der Standpunkt **ex ante**, d.h. die Beurteilung erfolgt aus der **Sicht eines besonnenen Dritten** nach den **zur Zeit der Verteidigung objektiv** erkenn-

95 RGSt 58, 27 (29); MK/*Erb*, § 32 Rn. 119, für den Fall, dass die Sache dem Angreifer vom Berechtigten einverständlich überlassen wurde; LK/*Rönnau*/*Hohn*, § 32 Rn. 163 weiter einschränkend auf die vorsätzliche Überlassung für den Angriff, da der Dritte dann ebenfalls Angreifer sei.

96 *Matt*, S. 131 Rn. 20.

97 S/S/*Perron*, § 32 Rn. 32; *Roxin*, § 15 Rn. 127; *Jakobs*, 12/28; SK/*Günther*, § 32 Rn. 84 f.; *Baumann*/*Weber*/*Mitsch*, § 17 Rn. 21 f.; *Frister*, 16/19.

98 Vgl. NK/*Kindhäuser*, § 32 Rn. 80 f.

99 *Bamberger*/*Roth*/*Dennhardt*, BGB, 2. Aufl. 2007, § 228 Rn. 5 f. (in Abgrenzung zu § 904 BGB); **a.A.** *Schreiber*, Jura 2007, 29 (31): § 904 BGB.

100 *Palandt*/*Ellenberger*, BGB, 70. Aufl. 2011, § 227 Rn. 1.

101 Daher spricht sich *Geilen*, Jura 1981, 256 (260 f.) wohl auch für die analoge Anwendung des § 228 BGB auf den »Quasi-Angriff« der Sache aus.

102 S/S/*Perron*, § 32 Rn. 34; ebenso z.B. *Jescheck*/*Weigend*, § 32 II 2b; *Kühl*, § 7 Rn. 91; *Roxin*, § 15 Rn. 42.

baren Umständen.[103] So geht es bei der Erforderlichkeit immer um eine Prognose. Mithilfe der Betrachtung ex ante wird hinsichtlich dieser Prognose eine gerechte Risikoverteilung erreicht.

505 Liegt ein gegenwärtiger rechtswidriger Angriff vor, so gilt für die Erforderlichkeit der Verteidigung bei einer Divergenz zwischen der *realen Gefährlichkeit* des Angriffs und der vom Angreifer ***vorgetäuschten Gefährlichkeit***: Die reale Sachlage, die sich **nachträglich** herausstellt (objektives Urteil **ex post**) ist irrelevant.

Daher ist z.B. bei einer Geiselnahme oder einem Bankraub mit ungeladener Maschinenpistole (**Scheinwaffe**) ggf. der Schusswaffengebrauch gegen den Angreifer die erforderliche Abwehr: Wer wirklich angreift, muss sich bei vorgetäuschter Gefährlichkeit der Angriffsmittel »beim Wort nehmen lassen«.[104]

Das **Risiko der Fehleinschätzung** trägt also derjenige, der den Anschein der Gefährlichkeit erweckt und nicht sein Opfer. Das bedeutet, dass der Angreifer ggf. mehr »einstecken« muss, als angesichts seiner tatsächlichen Gefährlichkeit eigentlich »erforderlich« gewesen wäre und der Angegriffene dafür strafrechtlich nicht zur Verantwortung gezogen wird, so dass die Strafdrohung ihn nicht dazu zwingt, das Risiko einer möglicherweise nicht effektiven Verteidigung einzugehen. Eine andere Risikoverteilung erschiene unbillig.

506 **2. Abgrenzung zur Gebotenheit**

Dabei ist das Notwehrelement der **Erforderlichkeit** von dem in § 32 Abs. 1 StGB enthaltenen Korrektiv der **»Gebotenheit«** zu unterscheiden:[105]

Für die **Erforderlichkeit** der Notwehrhandlung ist **keine Güterabwägung zwischen den angegriffenen und den durch die Verteidigung gefährdeten Rechtsgütern des Angreifers** anzustellen.[106]

Vielmehr kann – soweit es kein milderes Abwehrmittel gibt – auch die Tötung des Angreifers zur Verteidigung weniger »wertvoller« Rechtsgüter erforderlich sein,

- z.B. um eine Vergewaltigung oder einen Raub abzuwenden (Rn. 256, 258, 472);
- um zu verhindern, dass jemand zusammengeschlagen wird (Rn. 472);
- um Wohngebäude oder andere wertvolle Sachen zu verteidigen (vgl. Rn. 472).

---

103 SK/*Günther*, § 32 Rn. 90; *Jescheck/Weigend*, § 32 II 2b; *Kühl*, § 7 Rn. 107; *Roxin*, § 15 Rn. 46; *Wessels/Beulke/Satzger*, Rn. 502 ff. Siehe auch BGH NJW 1969, 802; NStZ 1983, 117; NJW 1989, 3027; NStZ-RR 2013 139 (140); **a.A.** *Erb*, NStZ 2011, 186 (188), der der ex-ante-Beurteilung die Perspektive des Handelnden zugrunde legt. Beide Ansichten kommen letztlich zu gleichen Ergebnissen, da im Falle der Unerkennbarkeit aus der Verteidigerperspektive jedenfalls ein unvermeidbarer Erlaubnistatbestandsirrtum vorläge.

104 *Wessels/Beulke/Satzger*, Rn. 504; ebenso z.B.: *Frisch*, Vorsatz und Risiko, 1983, S. 433; *Kühl*, § 7 Rn. 108 ff. Abweichend z.B. SK/*Günther*, § 32 Rn. 90; S/S/*Perron*, § 32 Rn. 34; diese Autoren stellen auf Putativnotwehr ab.

105 BSG JZ 2000, 96 ff.; SK/*Günther*, § 32 Rn. 102 ff.; *Krey*, JZ 1978, 702 (710, 713 f.) m.w.N.; *Roxin*, § 15 Rn. 47, 49, 55 ff.; S/S/*Perron*, § 32 Rn. 43 ff.; *Fischer*, § 32 Rn. 36; krit. LK/*Rönnau/Hohn*, § 32 Rn. 228.

106 Siehe Rn. 543 ff. Lesen: *Merkel*, JZ 2007, 373 (376).

Dagegen kann die **Gebotenheit** der Notwehr bei einem **»unerträglichen Missverhältnis«** zwischen dem durch die Notwehr angerichteten und dem durch sie abgewehrten Schaden entfallen. So wie die Rechtswidrigkeit innerhalb des Deliktsaufbaus eine Wertungsstufe darstellt, ermöglicht das Merkmal der Gebotenheit ebenfalls eine Wertung im Anschluss an die Feststellung, dass dem Täter grundsätzlich ein Notwehrrecht zustünde.

In besonderen Ausnahmefällen, in denen der Täter das Eingriffsrecht nach gesellschaftlich anerkannten Wertvorstellungen nicht in seiner vollen Reichweite »verdient« hat, kann es mithilfe dieser Wertungsstufe eingeschränkt und gänzlich unbillige Ergebnisse, die sich gerade auch als Folge einer fehlenden Güterabwägung ergeben könnten, können vermieden werden. Die Gebotenheit ist somit ein Einfallstor für gewisse **äußerste »sozialethische Schranken«** des Notwehrrechts.[107] – Nicht geboten ist z.B. der Schusswaffengebrauch gegen einen fliehenden Dieb, der keine erhebliche Beute gemacht hat.

Da die **Flucht** keine Verteidigungshandlung darstellt, ist die Möglichkeit des **507**
Angegriffenen, zu fliehen, auch **nicht als milderes Abwehrmittel** in die Prüfung der Erforderlichkeit einzustellen.[108]

In besonderen Ausnahmesituationen mag zwar ein »verständiges Ausweichen« anstelle gefährlicher Notwehrhandlungen **geboten** sein (§ 32 Abs. 1 StGB), etwa bei Angriffen durch nahe Angehörige (Rn. 538 ff.). In aller Regel aber wird das Notwehrrecht auch bei bestehender Fluchtmöglichkeit durch das Korrektiv der Gebotenheit nicht eingeschränkt.

3. »Geeignetheit«

Die Verteidigungshandlung muss zur Abwehr des Angriffs geeignet sein. Hierfür **508**
genügt es, dass die Verteidigung eine, wenn auch nur geringe, tatsächliche Chance bietet, den Angriff abzuwehren, abzuschwächen oder zu verzögern. Nicht gefordert wird die Wahl des optimalen Mittels. Damit wird im Wesentlichen die Notwehr durch Handlungen ausgeschlossen, die bereits **denkgesetzlich zur Erhaltung des Rechtsguts ungeeignet** sind bzw. genau genommen gar nicht in diese Richtung zielen und **eher der Vergeltung dienen**.[109]

Beispiel: Das Zerkratzen eines den Gehweg blockierenden Pkw ist als Mittel zur Beseitigung der Blockade völlig ungeeignet und dient auch nicht der Abwehr des Angriffs, sondern eher der Rache. Daher ist diese Handlung nicht von § 32 StGB gedeckt.

Darüber hinaus werden nur sehr geringe Anforderungen an die Eignung der Verteidigungshandlung gestellt. Durch die Beurteilung ex ante wird darüber hinaus erreicht, dass ein tatsächlicher **Fehlschlag der Verteidigung** ihre **grundsätzliche Eignung unberührt** lässt. Der Streit darüber, ob auch die völlig aussichtslose

---

107 H.M., vgl. *Kindhäuser*, AT, § 16 Rn. 35 f., 39 ff.; *Krey*, JZ 1978, 702 (714) m.w.N.; S/S/*Perron*, § 32 Rn. 43 f.; *Roxin*, § 15 Rn. 47, 49, 55 ff.; *Wessels/Beulke/Satzger*, Rn. 508 ff.

108 *Kühl*, § 7 Rn. 78. – Doch wird ggf. ein Wegducken bzw. Beiseitetreten zu fordern sein, wenn es nicht als Flucht zu verstehen ist (SK/*Günther*, § 32 Rn. 95; *Wessels/Beulke/Satzger*, Rn. 506; *Roxin*, § 15 Rn. 49).

109 *Frister*, 16/22.

Verteidigung geeignet sein kann,[110] wird sich daher praktisch nicht auswirken.

Konsequenz der Ungeeignetheit von aussichtslosen Handlungen wäre, dass das schwache Opfer den Angriff »kampflos dulden« müsste.[111] Dies widerspricht aber den Grundprinzipien der Notwehr, nach denen diese sowohl der Selbstverteidigung als auch der Verteidigung der Rechtsordnung dient und vom Angegriffenen eine Preisgabe seiner Rechtsgüter nicht verlangt wird. Dabei darf der Angegriffene **unter mehreren Mitteln auch das gefährlichere wählen, wenn die Wirkung der anderen Mittel für die Abwehr zweifelhaft ist**.[112] Warum er dann den Angriff kampflos dulden muss, wenn damit der Verlust seines Rechtsguts besiegelt wird, während auf der anderen Seite die Eignung der ihm möglichen Gegenwehr zumindest nicht denkgesetzlich ausgeschlossen ist, ist nicht ersichtlich. Anders gefragt: Warum darf der Angegriffene den Angreifer im Zweifel töten, wenn die bloße Verletzung möglicherweise nicht ausreicht aber in derselben Situation nicht kratzen und beißen, wenn andere Mittel nicht zur Verfügung stehen?[113]

509 Anerkannt ist dies inzwischen jedenfalls für den Fall des **Angriffs durch mehrere Personen**. Hier darf sich der Angegriffene – notfalls durch Verletzung oder gar Tötung eines der Angreifer – auch dann verteidigen, wenn er die anderen Angreifer dadurch nicht von der Fortsetzung des Angriffs abhalten kann.[114]

Für den **Angriff einzelner Personen** kann nichts anderes gelten. Auch hier darf der Angegriffene »seine Haut so teuer wie möglich verkaufen«, d.h. sich auch dann verteidigen, wenn er keine Abwehrchance hat.

Beispiel: Auch bei Aussichtslosigkeit der Verteidigung etwa durch Kratzen, Beißen, Treten darf sich das Opfer einer Vergewaltigung auf diese Art zur Wehr setzen.[115]

510 **Ergebnis:** Auch der Widerstand als solcher stellt eine erforderliche Verteidigung dar, mag er auch aussichtslos sein. Auch ein Fehlschlag der Verteidigung lässt die Eignung unberührt.

Die Gegenmeinung, der schwache Verteidiger müsse notfalls den Angriff kampflos dulden[116], missachtet Sinn und Zweck des Notwehrrechts: Das Recht braucht dem Unrecht nicht kampflos zu weichen.

---

110 So in der 3. Auflage *Krey*, AT I, Rn. 458 f.; i.Erg. auch *Alwart*, JuS 1996, 953 (956) m. Anm. *Schneble*, JuS 1997, 959; MK/*Erb*, § 32 Rn. 139 ff., das Geeignetheitserfordernis gänzlich ablehnend; ähnlich *Roxin*, § 15 Rn. 42; *Frister*, 16/21; *Kühl*, § 7 Rn. 97 f.

111 So *Kühl*, § 7 Rn. 97; *Jakobs*, 12/34.

112 Vgl. BGH NStZ 2006, 152.

113 *Alwart*, JuS 1996, 953 (957 f.): Die Rechte des Angreifers seien ausreichend dadurch geschützt, dass die Handlung überhaupt dem Widerstand dienen muss und nur solche Verletzungen hervorrufen darf, die auch durch eine geeignete Verteidigung hätten hervorgerufen werden können.

114 So im Anschluss an *Warda*, Jura 1990, 393; SK/*Günther*, § 32 Rn. 92; *Roxin*, § 15 Rn. 42; S/S/*Perron*, § 32 Rn. 35.

115 Ebenso S/S/*Perron*, § 32 Rn. 35 (im Anschluss an *Joecks*).

116 *Jakobs*, 12/34; *Kühl*, § 7 Rn. 97; **a.A.** SK/*Günther*, § 32 Rn. 92; S/S/*Perron*, § 32 Rn. 35.

4. Notwehrelement der Erforderlichkeit als Prinzip des mildesten Mittels

a) Zum Prinzip des mildesten Mittels

Der Angegriffene ist nicht befugt, wenn ein nach Art und Maß geringeres Verteidigungsmittel zur Abwehr ausreicht, das schwerere anzuwenden. Vielmehr muss er unter mehreren möglichen Verteidigungsarten diejenige wählen, die dem Angreifer den geringsten Schaden zufügt.[117] **511**

Daraus folgt **beispielsweise**:

- Wer sich mit Fausthieben effektiv verteidigen kann, darf grundsätzlich nicht zu lebensgefährlichen Waffen greifen.[118]
- Wer sich mit einem Messerstich oder Schuss in Arme, Beine oder Schulter des Angreifers verteidigen kann, darf grundsätzlich keinen lebensgefährlichen Messerstich oder Schuss in den Brustkorb als Abwehrmittel einsetzen.[119]
- Wer den Angriff mittels Androhung des Einsatzes einer Schusswaffe abwehren kann, muss sich grundsätzlich zunächst auf die Drohung mit der Schusswaffe beschränken.

Der Einsatz einer Schusswaffe kann nur das letzte Mittel der Verteidigung sein. In der Regel muss der Angegriffene den Gebrauch der Waffe zunächst **androhen** oder, sofern dies nicht hilft, wenn möglich vor dem »gezielten Schuss auf den Angreifer« einen **Warnschuss** abgeben.[120]

b) Relativierung des Prinzips des mildesten Mittels

Hierzu hebt der **BGH** in ständiger Rechtsprechung hervor: Ob die Verteidigung i.S.d. § 32 Abs. 2 StGB erforderlich ist, hängt im Wesentlichen von Art und Maß des Angriffs sowie – damit verbunden – von der Zeit ab, die dem Angegriffenen bleibt, um sein Abwehrmittel auszuwählen und dessen Gefährlichkeit abzuschätzen.[121] Dabei darf sich der Angegriffene grundsätzlich des Abwehrmittels bedienen, das er zur Hand hat und das eine **sofortige und endgültige Beseitigung der Gefahr** erwarten lässt.[122] Dazu gehört notfalls auch der Einsatz lebensgefährlicher Mittel – selbst wenn der Angegriffene die Waffe unberechtigt führt.[123] **512**

---

117 BGH GA 1956, 49; zustimmend die h.L., so z.B. *Roxin*, § 15 Rn. 42. Kritisch zur Aushöhlung des Notwehrrechts durch lebensfremde tatrichterliche Unterstellungen: *Erb*, NStZ 2011, 186. Die Behauptung, der Angeklagte hätte mit milderen Mitteln eine sichere Abwehr des Angriffs erreichen können, bezeichnet er als »Verhöhnung eines Gewaltopfers durch willkürliche Zuschreibung irrealer Fähigkeiten«.

118 *Roxin*, § 15 Rn. 42.

119 BGH NStZ 1987, 172; NStZ 1991, 32 f.; NStZ 1995, 177; Ausnahme: BGH NStZ 2002, 140; Beispiel für die Erforderlichkeit eines Stiches in den Brustkorb: BGH StV 2013, 503 (506) m. Anm. *von Heintschel-Heinegg*, JA 2013, 69.

120 BGH NStZ 1997, 96; NStZ 1987, 172; OLG Frankfurt NStZ-RR 2013, 107 (108).

121 BGH NStZ 1996, 29; NStZ 2005, 31; NStZ-RR 2013 139 (140); NStZ-RR 2013, 105 (106); OLG Frankfurt NStZ-RR 2013, 107 (108) zum sofortigen, tödlichen Schuss eines Polizisten auf den Oberkörper; vgl. *Roxin*, § 15 Rn. 43-44; *Wessels/Beulke/Satzger*, Rn. 500.

122 OLG Hamm BeckRS 2013, 13245; *Jahn*, JuS 2014, 80 (82).

123 BGH NStZ 1986, 357; 2011, 82; *Jahn*, JuS 2014, 80 (82); *Hillenkamp*, JuS 1994, 769 (773) m.w.N.; S/S/*Perron*, § 32 Rn. 37; *Fischer*, § 32 Rn. 33.

Der BGH betont das **»Prinzip des mildesten Abwehrmittels«** und relativiert dieses Prinzip im gleichen Atemzug wie folgt:

»Der Angegriffene ist nicht gehalten, auf die Anwendung weniger gefährlicher Verteidigungsmittel zurückzugreifen, wenn deren Wirkung für die Abwehr zweifelhaft ist. **Auf einen Kampf mit ungewissem Ausgang braucht er sich nicht einzulassen.**«[124]

c) Verdeutlichung des Prinzips des mildesten Mittels anhand von Fällen

513 **Fall 81: – Notwehr durch Schusswaffengebrauch auf den fliehenden Dieb –**
D hat einen Einbruch in das Haus des J begangen und ist dabei von ihm auf frischer Tat betroffen worden. Er flieht mit Schmuck und Geld im Wert von ca. 2.000 Euro. J verfolgt den D, kann ihn aber nicht einholen. Daher ruft J: »Halt oder ich schieße!« und gibt, als D unbeeindruckt weiterläuft, einen Warnschuss ab. Da auch dieser wirkungslos bleibt, schießt J auf das rechte Bein des D. Als geübter Schütze ist er davon überzeugt, er werde den D nicht tödlich verletzen. D wird ins Bein getroffen und überlebt tatsächlich. Strafbarkeit des J, der die Flucht des D mit der Beute verhindern und den Dieb der Polizei übergeben wollte?

514 (1) **Versuchter Totschlag** (§§ 212, 22, 23 StGB) entfällt mangels Tötungsvorsatz: J hat nicht ernstlich damit gerechnet, er könne D tödlich verletzen, so dass schon das Wissenselement des dolus eventualis fehlt.

(2) **Körperverletzung** (§ 223 StGB)? Der Tatbestand dieser Vorschrift ist in der Alternative der **körperlichen Misshandlung** und der **Gesundheitsschädigung** erfüllt. Doch fragt sich, ob die Tat durch Notwehr erlaubt war. D hatte einen rechtswidrigen Angriff auf Eigentum und Besitz des J begangen; dieser Angriff war noch gegenwärtig, da der Diebstahl noch nicht beendet war (Rn. 498).

515 Die Verteidigung durch den gezielten Schuss müsste aber **erforderlich** gewesen sein: Der Schuss war zur Verteidigung von Eigentum und Gewahrsam des J geeignet. J konnte den Dieb nicht einholen; die Drohung mit dem Schusswaffengebrauch und der Warnschuss waren wirkungslos geblieben. Mildere Verteidigungsmöglichkeiten als der Schuss auf das Bein des D standen dem J daher nicht zur Verfügung. Folglich war der Schuss auf D i.S.d. § 32 Abs. 2 StGB erforderlich.[125]

Die Frage, ob bei der Verteidigung materieller Rechtsgüter (Eigentum, Vermögen) der Einsatz lebensgefährlicher Abwehrmittel unter dem Gesichtspunkt des **unerträglichen Missverhältnisses** verboten sein kann, betrifft nicht die **Erforderlichkeit** der Abwehr. Jener Gesichtspunkt kann allerdings die **Gebotenheit** der Notwehr nach § 32 Abs. 1 StGB entfallen lassen (Rn. 506); doch sei klargestellt, dass die Notwehr in casu auch »geboten« war (dazu Rn. 545 ff.).

516 **Fall 82: – Waffengebrauch ohne vorherige Androhung –**
a) A wird von O mit Fausthieben angegriffen. O, ein eher schwächlicher Angeber, will damit seiner Freundin imponieren. A ist kräftiger als O, zudem Amateurboxer. Er streckt den O mit einem Fausthieb zu Boden. O steht jedoch wieder auf; er ist zwar angeschlagen,

---

124 BGH NStZ 1998, 508; ebenso: BGH NStZ-RR 2007, 199; 2013, 105 (106); 2013 139 (140); OLG Frankfurt NStZ-RR 2013, 107 (108).

125 Einen weiteren, heiklen Anwendungsfall bei: *Esser/Gerson*, JA 2015, 662 ff.

versucht aber weiter, auf den A einzuprügeln. Jetzt wird dem A die Sache lästig. Er sticht dem O ein Messer in die Brust; O stirbt. Kann sich A auf Notwehr berufen?

b) Frau F ist auf dem Weg nach Hause. Obwohl es schon dunkel wird, geht sie wie immer durch den Stadtpark. Zu ihrem Schutz hat sie vor Monaten illegal eine Schusswaffe erworben, die sie bei sich führt. Plötzlich wird sie von drei Männern angegriffen, von denen zwei ein Messer in der Hand haben. Da die Angreifer nur noch wenige Meter entfernt sind, schießt F in Todesangst dem nächsten von ihnen (X) in die Brust. Entsetzt entfliehen die beiden anderen. X stirbt. War die Tat der F durch Notwehr erlaubt? **517**

Zu Fall 82a: Hier fehlt es evident an der Erforderlichkeit der Verteidigung: Zwar brauchte sich A, obwohl er körperlich überlegen und Amateurboxer war, nicht auf bloße **»Schutzwehr«** als rein defensive Abwehr zu beschränken, z.B. durch ein bloßes Abblocken der Schläge des O. **518**

Vielmehr durfte er sich auch im Wege der **»Trutzwehr«**, also durch einen Gegenangriff, verteidigen, indem er den O niederschlug;[126] denn erforderlich ist diejenige Verteidigungshandlung, die eine *sofortige und endgültige Abwehr des Angriffs* erwarten lässt (Rn. 512), soweit diese Abwehr nicht durch ein milderes Mittel zu erreichen ist. – Der lebensgefährliche Stich mit dem Messer in die Brust war aber nicht erforderlich. A hat hierdurch das Prinzip des **mildesten** Abwehrmittels missachtet:

Es drängt sich schon die Frage auf, ob für A nicht ein erneutes Niederschlagen des schon angeschlagenen O ein sicheres milderes Abwehrmittel gewesen wäre. Da A körperlich überlegen und Amateurboxer war, hätte eine solche »Trutzwehr« für ihn sicher kein Risiko einer unzulänglichen Abwehr, d.h. keinen »Kampf mit ungewissem Ausgang« (Rn. 512), bedeutet. Daher dürfte jene Frage zu bejahen sein.[127] **519**

Ferner hätte A vor dem Gebrauch des Messers den Einsatz dieser Waffe zunächst **androhen** müssen.[128] Es gibt keinerlei Anhaltspunkte dafür, dass eine solche Androhung für A das Risiko einer unzulänglichen Abwehr begründet hätte. **520**

Schließlich liegt ein Verstoß gegen das Prinzip des mildesten Mittels auch darin, dass A den O mit einem lebensgefährlichen Stich in die Brust statt mit einem weniger gefährlichen in den Arm bzw. in die Schulter abgewehrt hat.

Zu Fall 82b: Zwar hat die F den Gebrauch der Waffe nicht angedroht. Eine solche Drohung ist aber ausnahmsweise dann nicht zu fordern, wenn nach den Umständen des Einzelfalls die Gefahr besteht, dass die vorherige Androhung des Einsatzes der Waffe eine effektive Verteidigung vereiteln könnte. Im vorliegenden Fall waren die Angreifer nur noch wenige Meter entfernt. Hätte die F versucht, sie zunächst durch die Androhung des Schusswaffengebrauchs oder durch einen Warnschuss abzuschrecken, so hätten die Angreifer sie mit hoher Wahrscheinlichkeit niederschlagen oder niederstechen können, bevor sie auch nur auf einen von ihnen hätte **521**

126 *Jescheck/Weigend*, § 32 II 2b; *Kühl*, § 7 Rn. 79; abweichend SK/*Günther*, § 32 Rn. 95.
127 *Kühl*, § 7 Rn. 100; *Roxin*, § 15 Rn. 44; S/S/*Perron*, § 32 Rn. 36 ff.
128 OLG Koblenz StV 2010, 622; ähnlich BGH NStZ 2013, 139.

schießen können.[129]

Auch die Abgabe eines Warnschusses sowie die Beschränkung auf einen Schuss auf Arme, Beine oder Schultern werden vom Angegriffenen nicht verlangt, wenn dies die Gefahr des Misslingens seiner Abwehr begründet.[130] Das Risiko, den X bei einem solchen Schuss zu verfehlen, musste F daher nicht auf sich nehmen. Ein hinreichend sicheres Abwehrmittel, das zugleich milder als der gezielte Schuss in die Brust des X gewesen wäre, stand der F folglich nicht zur Verfügung. Der Schuss war mithin eine erforderliche Abwehrhandlung. Die Tat der F ist durch Notwehr (§ 32 StGB) erlaubt.[131]

Im Übrigen ist für die Rechtfertigung der F aus § 32 StGB ohne Bedeutung, ob sie die Schusswaffe legal oder illegal bei sich führte.[132]

d) Notwehr mit Waffen bei unbewaffneten Angreifern

522 Sofern kein effektives, milderes Abwehrmittel zur Verfügung steht, darf man sich auch dann mit Waffen gegen den Angreifer verteidigen, wenn dieser unbewaffnet ist.[133] Anderenfalls müsste sich beispielsweise eine Frau – ohne die Möglichkeit einer erlaubten Gegenwehr – mittels eines Messers oder einer Schusswaffe vergewaltigen, berauben oder verprügeln lassen, nur weil der Angreifer zwar stärker, aber unbewaffnet ist.

Rechtsordnungen, die das anders sehen, vernachlässigen die Interessen körperlich unterlegener Angegriffener und missachten das Recht auf Selbstverteidigung.

e) Maßgeblichkeit der Abwehrhandlung für die Erforderlichkeit der Verteidigung

523 Ist die konkrete Verteidigungs**handlung** erforderlich, so gilt für **ungewollte Auswirkungen**, z.B. Tod des Angreifers: Auch wenn dieser Erfolg nicht erforderlich war, weil es genügte, den Angreifer kampfunfähig zu machen, bleibt jene Verteidigungshandlung erlaubte Notwehr.

Beispiel: A greift den B mit einem Messer an. B schießt auf den Angreifer, nachdem er zuvor vergeblich versucht hatte, ihn durch einen Warnschuss zu stoppen. Dabei zielt B auf die Schulter des A, trifft ihn aber, weil die akute Lebensgefahr durch den drohenden Messerstich ein ruhiges Zielen unmöglich macht, ungewollt tödlich.

---

129 Vgl. BGH NStZ 1997, 96 f.; NStZ 1998, 508 f.; JZ 2001, 664 (666); *Hillenkamp*, JuS 1994, 769 (773).

130 Dazu für vergleichbare Fälle: BGHSt 25, 229 (231); BGH NStZ 1991, 32 f.; NStZ 1995, 177; SK/*Günther*, § 32 Rn. 96; *Roxin*, § 15 Rn. 44.

131 Zu weiteren Fällen, in denen die Androhung des Schusswaffengebrauchs und/oder ein Warnschuss ausnahmsweise unzumutbar sein können, siehe u.a.: BGH NStZ 2001, 590 (591); NStZ 2001, 591 (592 f.); NStZ 2002, 140.

132 BGH NStZ 1986, 357; 2011, 82; *Hillenkamp*, JuS 1994, 769 (773) m.w.N.; S/S/*Perron*, § 32 Rn. 37; *Fischer*, § 32 Rn. 33.

133 BGH NJW 1980, 2263; NStZ 1994, 581; NStZ 1998, 508; S/S/*Perron*, § 32 Rn. 37; *Fischer*, § 32 Rn. 33a f.

Für derartige Fälle hebt die h.M. zu Recht hervor:[134] Wenn die Verteidigung mit einem gefährlichen Abwehrmittel erforderlich ist, hat der Angegriffene für Folgen, die aus dieser **typischen Gefährlichkeit** resultieren, nicht einzustehen. Diese Folgen hat vielmehr der Angreifer selbst zu verantworten.

Allerdings kann **ausnahmsweise** eine strafrechtliche Verantwortlichkeit des Angegriffenen wegen **Fahrlässiger Tötung** (§ 222 StGB) in Betracht kommen, wenn die ungewollten, nicht erforderlichen Folgen der gefährlichen Abwehrhandlung bei Beachtung der gebotenen Sorgfalt vermeidbar waren.[135]

f) Subsidiarität der Selbstverteidigung gegenüber Hilfe Dritter?

Die h.M. bejaht eine Subsidiarität gegenüber **präsenter polizeilicher Hilfe**. In **524** solchen Fällen sei die Verteidigung durch den Angegriffenen nicht erforderlich.[136] Dem ist angesichts des staatlichen Gewaltmonopols, das von § 32 StGB lediglich durchbrochen wird, grundsätzlich zu folgen. Doch sind hierbei die folgenden Einschränkungen zu beachten: Die Abwehr des Angriffs durch den Angegriffenen selbst statt durch die Polizei ist nur dann nicht »erforderlich«, wenn

- die Polizei **präsent** *und* **einsatzbereit** ist,
- die Hilfe der Polizei eine sofortige und endgültige Beseitigung der Gefahr garantiert **und**
- das **Abwarten** der polizeilichen Gefahrenabwehr im konkreten Fall **zumutbar** ist.

Grundsätzlich muss sich der Angegriffene hingegen nicht auf die **Hilfe privater** **525** **Dritter** verweisen lassen. Fraglich ist jedoch, inwieweit dies auch dann gilt, wenn jener Dritte den Angriff mit milderen Mitteln hätte abwehren können. Hierbei ist zwischen der Inanspruchnahme konkret angebotener Hilfe und der Herbeiholung Dritter zu unterscheiden.

Nach h.L. ist die Selbstverteidigung durch den Angegriffenen grundsätzlich nicht erforderlich, wenn private Dritte den Angriff mit milderen Mitteln abwehren könnten und konkret ihre Hilfe **angeboten** haben.[137] Mit ihrem Hilfsangebot stehen die privaten Helfer dem Angegriffenen als Verteidigungsmittel zur Verfügung. In diesem Fall darf der Angegriffene die Hilfe nur aus gutem Grund ablehnen, zum Beispiel weil er dem Helfer eine Verletzung nicht zumuten möchte.[138] Zu beachten ist womöglich auch, ob unter den Umständen ein Verzicht auf Selbstverteidigung generell zumutbar ist.[139] Will der Angegriffene die Verteidigung ohne Grund dennoch selber vornehmen, so darf er zur sicheren Abwehr des Angriffes jedenfalls

134 BGHSt 27, 313 (314); BGH NStZ 2001, 591 f.; NStZ 2005, 31; *Roxin*, § 15 Rn. 45; *Jäger*, AT, Rn. 118; *Jescheck*/*Weigend*, § 32 II 2b; *Wessels*/*Beulke*/*Satzger*, Rn. 500 f.

135 BGHSt 25, 229; 27, 313 (314); *Roxin*, § 15 Rn. 45 f.

136 *Jescheck*/*Weigend*, § 32 II 2c; *Kühl*, § 7 Rn. 119 ff.; MK/*Erb*, § 32 Rn. 131; *Roxin*, § 15 Rn. 50; S/S/*Perron*, § 32 Rn. 41.

137 S/S/*Perron*, § 32 Rn. 41; MK/*Erb*, § 32 Rn. 144; NK/*Kindhäuser*, § 32 Rn. 96; *Lackner*/*Kühl*, § 32 Rn. 11a; *Jescheck*/*Weigend*, § 32 II 2c; *Kühl*, § 7 Rn. 123; LK/*Rönnau*/*Hohn*, § 32 Rn. 188; *Roxin*, § 15 Rn. 50.

138 MK/*Erb*, § 32 Rn. 144; *Roxin*, § 15 Rn. 50.

139 In diese Richtung BGH NJW 1980, 2263 f: Einem 18-jährigen Schüler kann es nicht zugemutet werden, bei einer Lehrkraft Schutz vor einem auf tätliche Auseinandersetzung ausgehenden Mitschüler zu suchen; dies würde wie eine Flucht wirken.

keine schwerwiegenderen Mittel als der Nothelfer verwenden.[140]

526 Im Übrigen ist strittig, ob der Angegriffene verpflichtet ist, **bei fehlender Präsenz** polizeilicher oder privater Hilfe Nothelfer **herbeizuholen**, wenn dadurch der Erfolg der Abwehr nicht gefährdet wird. Eine solche Verpflichtung wird für **polizeiliche** Nothilfe grundsätzlich bejaht, *sofern* Polizeibeamte in der Nähe sind.[141]

Eine solcher Standpunkt ist allenfalls akzeptabel, wenn die oben (Rn. 524) genannten Einschränkungen strikt beachtet werden; dies gilt insbesondere für das Korrektiv der Unzumutbarkeit.

Dagegen wird eine Verpflichtung, **private** Nothelfer herbeizurufen, richtigerweise weitgehend abgelehnt.[142] § 32 StGB erlaubt dem Angegriffenen die Selbstverteidigung; diese braucht er nicht zurückstellen, um die Hilfe Privater zu holen. Ein solches Ausweichen vor dem Angriff, mag es feige oder klug erscheinen, verlangen weder der Wortlaut noch Sinn und Zweck des § 32 StGB. Im Übrigen ist es dem Angegriffenen zumeist schon nicht zumutbar, die für ihn unberechenbare Reaktion Dritter als Alternative in Betracht zu ziehen und sich um Hilfe zu bemühen.[143]

5. Verteidigung durch »automatisierte Gegenwehr«

527 Selbstschutzanlagen wie elektrisch geladene Zäune, Schussautomaten, zudem der Einsatz scharfer Hunde usw. können **ausnahmsweise** eine erlaubte erforderliche Verteidigung sein. Für die Bejahung der Erforderlichkeit der Abwehr wird dabei vereinzelt ein sog. »System abgestufter Reaktionen« vorgeschlagen: Zunächst sollen schwächere defensive Maßnahmen wie etwa Alarmsignale eingesetzt werden, um dem Angreifer die Gefährlichkeit seines Angriffs und die Ernsthaftigkeit der bevorstehenden Verteidigung vorzuhalten. Erst im Anschluss darf es zu schwerwiegenden Angriffen auf die körperliche Gesundheit des Angreifers kommen.[144]

Das Risiko, dass nicht nur der Angreifer getroffen oder dass das Prinzip des mildesten Mittels missachtet wird, geht indes grundsätzlich zu Lasten desjenigen, der eine solche Abwehr installiert.[145] Nichts anderes gilt für das Risiko mangelnder Gebotenheit der Notwehr (§ 32 Abs. 1 StGB).[146]

Die strafrechtliche Verantwortlichkeit des Angegriffenen für Verletzungen des Angreifers

---

140 MK/*Erb*, § 32 Rn. 144 m.w.N.

141 *Kühl*, § 7 Rn. 120; S/S/*Perron*, § 32 Rn. 41; *Roxin*, § 15 Rn. 50; LK/*Rönnau*/*Hohn*, § 32 Rn. 184; **a.A.** *Spendel*, JZ 1984, 507 (508).

142 BGH NJW 1980, 2263 f.; JZ 1984, 529 (530); S/S/*Perron*, § 32 Rn. 41; *Spendel*, JZ 1984, 507 (508); MK/*Erb*, § 32 Rn. 145; differenzierend *Roxin*, § 15 Rn. 50; **a.A.** *Kühl*, § 7 Rn. 123; *Lackner*/*Kühl*, § 32 Rn. 11a (Verpflichtung nur wenn die Herbeirufung hilfsbereiter Dritter ohne weiteres möglich ist).

143 MK/*Erb*, § 32 Rn. 145; *Fischer*, § 32 Rn. 32; BGH NJW 1978, 898.

144 *Rönnau*, JuS 2015, 880 (883).

145 Dazu: *Jakobs*, 12/35; *Jescheck*/*Weigend*, § 32 II 1d (a.E.) – Zur Gegenwärtigkeit des Angriffs in diesen Fällen; *Roxin*, § 15 Rn. 51, der allerdings § 32 StGB bei Selbstschussanlagen für unpassend hält, Rn. 52.

146 Man denke an das Auslösen eines Schussautomaten durch einen 11-jährigen Apfeldieb.

durch Selbstschussanlagen, bissige Hunde etc. wird bei entsprechenden **Warnhinweisen** häufig schon wegen der Unterbrechung des Zurechnungszusammenhangs aufgrund der **eigenverantwortlichen Selbstgefährdung** des Opfers (Rn. 356 ff.) entfallen. An jener Freiverantwortlichkeit fehlt es aber bei Kindern, u.U. auch bei alkoholisierten Angreifern, etc.

V. Gebotenheit der Notwehr

1. Gebotenheit als »Einfallstor für äußerste sozialethische Schranken des Notwehrrechts«

Was Notwehr ist, wird in § 32 Abs. 2 StGB definiert. Die hier normierten **528** objektiven und subjektiven Notwehrelemente

- gegenwärtiger, rechtswidriger Angriff (Notwehrlage),
- Erforderlichkeit der Verteidigung (Notwehrhandlung),
- Handeln in Kenntnis und aufgrund der rechtfertigenden Situation[147]

begründen bei ihrem Vorliegen ein **schneidiges Notwehrrecht**. Es nimmt aber nach der klaren Regelung des § 32 Abs. 2 StGB keine Rücksicht:

- auf die Person des Angreifers,
- auf den Grundsatz der Verhältnismäßigkeit,
- auf die Möglichkeit der Flucht.[148]

Daher bedarf die Notwehrbefugnis gewisser »sozialethischer Schranken« für besondere Ausnahmesituationen. Das Einfalltor für solche Schranken bietet § 32 Abs. 1 StGB. Diese Vorschrift ist dabei wie folgt zu verstehen:

Wer in Notwehr (§ 32 Abs. 2 StGB) eine Tat begeht, handelt rechtmäßig, **es sei denn, dass wegen der besonderen Umstände des Einzelfalles die Notwehr ausnahmsweise nicht geboten ist.**

Allerdings bietet das Korrektiv der Gebotenheit selbst keine inhaltlichen Anhaltspunkte für jene »sozialethischen Schranken«. Es ist vielmehr ein inhaltsarmer Blankettbegriff.[149] Solche Anhaltspunkte lassen sich aber aus den bereits dargelegten Grundgedanken der Notwehr,[150] der Selbstverteidigung und der Bewährung der Rechtsordnung, ableiten:

Beispielsweise wäre ein Schuss auf einen Apfeldieb unter beiden Gesichtspunkten nicht geboten. Zum einen ist in solchen Fällen dem Angegriffenen der Verzicht auf eine effektive Verteidigung mit gefährlichen Mitteln zumutbar; zum anderen würde die Rechtsordnung hier nicht »bewährt«, sondern pervertiert.[151]

---

147 Dazu Rn. 454-469.

148 Vgl. Rn. 477 ff. (Angriffe Schuldloser); Rn. 503, 515 (Unverhältnismäßigkeit); Rn. 507 (Fluchtmöglichkeit).

149 *Krey*, JZ 1979, 702 (714); *Rönnau*, JuS 2012, 404 (405); S/S/*Perron*, § 32 Rn. 44; Ein Eingreifen des Gesetzgebers erscheint mit Blick auf Art. 103 Abs. 2 GG allerdings wünschenswert.

150 S/S/*Perron*, § 32 Rn. 47; *Roxin*, § 15 Rn. 56; *ders.*, ZStW 93 (1981), 68 ff.; *Rönnau*, JuS 2012, 404 (405) auch zu divergierenden Ansätzen.

151 *Krey*, JZ 1979, 702 (714).

529 Allerdings müssen die »sozialethischen Grenzen« des Notwehrrechts auf **extreme Ausnahmesituationen** beschränkt werden[152]: Außergewöhnliche Umstände des Einzelfalles müssen ergeben, dass ohne vernünftige Zweifel

- dem Angegriffenen zuzumuten ist, auf eine wirksame Abwehr aus sozialer Rücksichtnahme auf den Angreifer zu verzichten, *und*
- die Rechtsordnung nicht der Verteidigung bedarf.

Eine Verteidigung ist dann nicht geboten, wenn vom Angegriffenen aus Rechtsgründen ein anderes Verhalten, entweder die Hinnahme der Rechtsgutverletzung oder ein eingeschränkteres, risikoloseres Verteidigungsverhalten zu erwarten gewesen wäre.[153]

Die genannten Voraussetzungen dürfen dabei nicht nur aus der Sicht friedfertiger Bürger, die aus Angst oder Überzeugung eine Gegenwehr mit Gewalt scheuen, beurteilt werden. Vielmehr müssen jene Voraussetzungen gerade auch aus der Sicht solcher **»wehrhaften« Bürger** evident vorliegen, die aufgrund ihres Rechtsgefühls, Ehrgefühls oder zur Vermeidung künftiger Übergriffe des Angreifers auf dem Standpunkt stehen: *»Das Recht braucht dem Unrecht nicht kampflos zu weichen.«* Ihr Standpunkt ist schließlich der des Gesetzes.

530 Für unsere Feststellung, dass nur in extremen Ausnahmesituationen eine erforderliche Notwehr (§ 32 Abs. 2 StGB) **nicht** auch **geboten** sei, sprechen folgende Argumente:

Im Konflikt zwischen den Interessen des Angegriffenen und denen des Angreifers muss das Recht auf der Seite des Angegriffenen stehen. Wer eine erforderliche Notwehr als nicht geboten bewertet, stigmatisiert sie als illegal und erklärt damit den **Angegriffenen** zum Rechtsbrecher – mit der Folge, dass gegen seine Selbstverteidigung Notwehr und Nothilfe in Betracht kommen.

531 Noch gravierender und *in der Regel* eine **Verhöhnung des Angegriffenen und der Geltung der Rechtsordnung** sind die **strafrechtlichen** Konsequenzen einer Verneinung der Gebotenheit für den Notwehrübenden, der sich mit den erforderlichen Abwehrmitteln verteidigt hat: Seine Notwehr wird kriminalisiert; er selbst wird zum Straftäter abqualifiziert – und dies typischerweise in der Existenz vernichtenden oder gefährdenden Modalität der Bestrafung wegen eines Kapitalverbrechens:

Im Raum stehen dabei regelmäßig schwere Verbrechen wie die *Körperverletzung mit Todesfolge* (§§ 227, 18 StGB), bei Tötungsvorsatz in der Form des Eventualvorsatzes (dolus eventualis) auch vollendeter bzw. versuchter *Totschlag* (§ 212 StGB).[154]

---

152 Der Sache nach findet sie sich aber z.B. in folgenden Entscheidungen des BGH: NJW 1980, 2263 f.; NStZ 1994, 581 (582 a.E.).

153 Vgl. *Fischer*, § 32 Rn. 36.

154 Beispiele für die sachwidrige und ungerechte Kriminalisierung des Angegriffenen unter Berufung auf angebliche sozialethische Schranken der Notwehr bieten: BGH NJW 1962, 308; NJW 1975, 62 f. (jeweils Verurteilung wegen Kapitalverbrechen!). Bedenklich auch BGHSt 39, 374 (379 f.): Der Angegriffene hätte die Gefahr hinnehmen müssen, erschossen zu werden (!), weil er den Angriff selbst – mit Eventualvorsatz – provoziert hat. Zumindest zweifelhaft: BGHSt 42, 97.

Meist betrifft die Diskussion der Gebotenheit der Notwehr i.S.d. § 32 Abs. 1 StGB die Fälle der Verteidigung mit lebensgefährlichen Mitteln.

2. Fallgruppen fehlender Gebotenheit

Mittlerweile haben sich insbesondere unter dem Gesichtspunkt des Rechtsmiss- 532
brauchs verschiedene Fallgruppen herausgebildet, die in der Regel zu einer Einschränkung oder gar zum Ausschluss des Notwehrrechts führen:

- Angriffe **schuldlos handelnder Personen** (z.B. Angriffe von Kindern);
- Angriffe **naher Angehöriger** (z.B. Angriff des Ehemannes auf seine Ehefrau);
- **»unerträgliches Missverhältnis« zwischen den betroffenen Rechtsgütern** (z.B. Abwehr unerheblicher Angriffe auf Sachgüter mit lebensgefährlichen Mitteln);
- **Notwehrprovokation** (absichtliche oder sonst vorwerfbare Provokation des Angriffs durch den Angegriffenen, z.B. mittels Beleidigungen).

Sofern hiernach das Verteidigungsrecht eingeschränkt wird, folgt die Beschränkung einem **Stufenverhältnis**,[155] das sich den jeweiligen Umständen des Einzelfalls anpasst und mittlerweile auf fast alle Fallgruppen Anwendung findet, nachdem es vom BGH zunächst anhand der Notwehr gegen Angriffe schuldlos handelnder Personen entwickelt worden war.

a) Angriffe schuldlos handelnder Personen

(1) Auch Angriffe von Kindern, Geisteskranken und Volltrunkenen (§ 19 bzw. 533
§ 20 StGB) sind rechtswidrige Angriffe i.S.d. § 32 Abs. 2 StGB, begründen also ein Notwehrrecht. Unter dem Gesichtspunkt des Selbstschutzbedürfnisses hat es auch gegenüber diesen Angreifern seine Berechtigung. Allerdings sind die Angreifer insofern besonders, als die Rechtsordnung mangels Schuld bei ihren Handlungen auf eine strafrechtliche Sanktionen verzichtet. Dieser Entscheidung wird nun die Wertung entnommen, dass die Rechtsordnung grundsätzlich ihnen gegenüber nicht in demselben Maße verteidigt werden muss wie gegenüber einem schuldhaft handelnden Täter.[156] Damit fehlt es zur Begründung der weitreichenden Eingriffsbefugnis an ihrer sozialethischen Komponente (Rn. 470). Nach der h.M. soll das Notwehrrecht daher wie folgt **eingeschränkt** sein:[157]

(a) Soweit möglich müsse der Angegriffene grundsätzlich **ausweichen** (Flucht).[158] 534

(b) Sei ein »verständiges Ausweichen« nicht möglich, so müsse der Angegriffene sich auf eine rein defensive Abwehr (**Schutzwehr**) beschränken.

---

155 Teilweise wird hierfür die Bezeichnung »Drei-Stufen-Modell« bzw. »Drei-Stufen-Theorie« verwendet. Vgl. u.a. *Stuckenberg*, JA 2002, 172 (174); *Engländer*, Jura 2001, 834 (835); *Heinrich*, AT, Rn. 361; *Jäger*, JR 2001, 512 (513).

156 Vgl. nur *Kühl*, § 7 Rn. 195; *Heinrich*, AT, Rn. 383.

157 Etwa BGHSt 3, 217 f.; BGH JZ 2003, 961 (965); OLG Frankfurt VRS 40, 424 ff.; NK/*Kindhäuser*, § 32 Rn. 107; *Kühl*, § 7 Rn. 196; *Roxin*, § 15 Rn. 61 ff.; S/S/*Perron*, § 32 Rn. 52; *Wessels/Beulke/Satzger*, Rn. 511, 518.

158 *Jescheck/Weigend*, § 32 III 3a; *Roxin*, § 15 Rn. 61 ff.; *Wessels/Beulke/Satzger*, Rn. 511, 518.

Diese Zurückhaltung sei allerdings nicht erforderlich, wenn sie keine baldige Beendigung des Angriffs erwarten lasse oder die Gefahr nicht ganz unerheblicher Beeinträchtigungen des Angegriffenen begründe.[159]

(c) Auch bei der **Trutzwehr** (Abwehr durch Gegenangriff) bestehe eine Pflicht, den Angreifer nach Möglichkeit zu schonen. Doch habe diese Pflicht enge Grenzen: Selbst der Einsatz lebensgefährlicher Abwehrmittel sei »geboten« (§ 32 Abs. 1 StGB), wenn anderenfalls für den Angegriffenen die Gefahr des Todes oder erheblicher Körperverletzungen bestünde. Niemand braucht sich von Geisteskranken oder noch nicht Strafmündigen verletzen zu lassen. Vielmehr ist sogar die Notwehr mit Waffen geboten, wenn keine mildere Abwehrmöglichkeit existiert.

(d) Teilweise wird noch gefordert, vor dem Einsatz gefährlicher Abwehrmittel müsse der Angegriffene versuchen, fremde Hilfe herbeizuholen.[160]

535 (2) **Stellungnahme:** Jene h.M. erscheint bedenklich weit;[161] sie bedarf daher der folgenden Einschränkungen:

(a) Die Pflicht, dem Angriff soweit wie möglich auszuweichen, und die Pflicht, im Falle fehlender Ausweichmöglichkeiten den schuldlos handelnden Angreifer bei der Ausübung der Verteidigungshandlung möglichst zu schonen, ist unter dem Aspekt der **Zumutbarkeit** jedenfalls strikt zu begrenzen.

Beispiele: Die Frau, die von einem 13-jährigen Jungen vergewaltigt werden soll, muss keineswegs *weglaufen* und auch nicht *»einige Schläge einstecken«*, bevor sie zur Verteidigung mit lebensgefährlichen Abwehrmitteln übergeht, sofern mildere Mittel nicht ausreichen.

Ein Ausländer, der von noch nicht strafmündigen Minderjährigen (§ 19 StGB) durch eine rassistische oder sonst fremdenfeindliche »Schimpfkanonade« beleidigt wird, darf den *anhaltenden Angriff* auf seine Ehre notfalls mit einer Ohrfeige beenden, wenn die Drohung hiermit wirkungslos war.[162] Keineswegs ist er dazu verpflichtet, dem Angriff auszuweichen.

536 (b) Die Gleichstellung von **Volltrunkenen**, d.h. alkoholbedingt Schuldunfähigen, mit Kindern und Geisteskranken sollte *grundsätzlich* überdacht werden.[163]

Hierfür spricht § 323a StGB (»Vollrausch«). Diese Vorschrift zeigt, dass die Abwehr von Angriffen Volltrunkener, in qualitativ stärkerer Weise der Verteidigung der Rechtsordnung dient, als dies bei Angriffen von Kindern und

---

159 SK/*Günther*, § 32 Rn. 119; *Wessels/Beulke/Satzger*, Rn. 511, 518. Vgl. *Roxin*, § 15 Rn. 62 (»Die Gefahr, »einige Schläge« einzustecken, müsse der Angegriffene zwecks Schonung des schuldlosen Angreifers auf sich nehmen.«); ebenso *Kühl*, § 7 Rn. 196; diese Ansicht ist zumindest zweifelhaft.

160 SK/*Günther*, § 32 Rn. 119; *Roxin*, § 15 Rn. 62.

161 Scharfe, z.T. bedenkenswerte, aber zu weitgehende Kritik an der h.M. bei LK/*Spendel*, 11. Aufl., § 32 Rn. 309 (m.w.N. und plakativen Beispielen).

162 So zu Recht BayObLG NStZ 1991, 433; zustimmend die h.L.: SK/*Günther*, § 32 Rn. 119; *Mitsch*, JuS 1992, 289 (292); *Roxin*, § 15 Rn. 61 f.; **a.A.** NK/*Kindhäuser*, § 32 Rn. 108; *Vormbaum*, JR 1992, 163.

163 *Geilen*, Jura 1981, 257; *Maurach/Zipf*, § 26 Rn. 38; kritisch auch S/S/*Perron*, § 32 Rn. 52. Anders die h.M.: BGHSt 3, 217 f.; BGH JZ 2003, 961 (965); SK/*Günther*, § 32 Rn. 118, 119; *Jescheck/Weigend*, § 32 III 3a; *Roxin*, § 15 Rn. 61 f.

Geisteskranken der Fall ist, da sie **Straftaten** verhindert.

Zudem verdeutlicht § 323a StGB durch die Kriminalisierung des Volltrunkenen, der rechtswidrig Strafgesetze verletzt, dass dieser weniger Schonung verdient als etwa Kinder als Angreifer.

Es empfiehlt sich daher bei einem Angriff von alkoholisierten Angreifern zu differenzieren: Eine Einschränkung des Notwehrrechts bei einer alkoholisierten und besonders aggressiven Person abzulehnen, wenn dem Angegriffenen keine andere Handlungsalternative zur Verfügung steht. Wenn der Volltrunkene aber schon erheblich in seinen Fähigkeiten zur Koordination und in seiner Bewegung eingeschränkt ist, kann anders zu entscheiden sein.[164]

(3) Nach der h.M. sollen die von ihr postulierten sozialethischen Einschränkungen des Notwehrrechts nicht nur bei Angriffen von Kindern und Geisteskranken gelten, sondern **ganz allgemein bei schuldlosen Angriffen**,[165] etwa im Fall: 537

- des **erkennbar Irrenden** (unvorsätzlich handelnden) Angreifers;[166]
- des **unvermeidbaren Verbotsirrtums** (§ 17 S. 1 StGB) beim Angreifer;
- des den Angriff **entschuldigenden Notstandes** (§ 35 Abs. 1 StGB);
- der Entschuldigung des Angriffs durch **Notwehrexzess** (§ 33 StGB);
- der **Putativnotwehr** (Erlaubnistatbestandsirrtum) des Angreifers.[167]

Dasselbe soll bei Angriffen gelten, die im Irrtum über die tatsächlichen Voraussetzungen eines anderen Rechtfertigungsgrundes als Notwehr (Rn. 731 ff.) begangen werden.[168]

(4) Ob die Gebotenheit der Notwehr auch bei nur **verminderter** Schuldfähigkeit (§ 21 StGB) des Angreifers entfallen kann, ist str.[169], aber im Grundsatz zu verneinen.

b) Angriffe naher Angehöriger

Hier liegt die Besonderheit darin, dass der Angegriffene gegenüber dem Angreifer eine Garantenstellung (§ 13 StGB) innehat[170], genauer: Der Angegriffene ist **Beschützergarant**[171] und hat die Rechtsgüter des Angreifers gegen Angriffe aus 538

164 Zum ganzen *Eisele*, JuS 2015, 465 (466); vgl. auch BGH JR 2015, 544 (545) m. Anm. *Hinz*.

165 SK/*Günther*, § 32 Rn. 118 f.; *Jescheck/Weigend*, § 32 III 3a; *Kühl*, § 7 Rn. 192; *Roxin*, § 15 Rn. 61.

166 *Heinrich*, AT, Rn. 384, geht davon aus, dass der Angegriffene zunächst versuchen muss, den Irrtum aufzuklären.

167 OLG Hamm JuS 2006, 466 (468) m. Anm. *Jahn*.

168 BSG JZ 2000, 96; SK/*Günther*, § 32 Rn. 118 f. und *Jescheck/Weigend*, § 32 III 3a. – Bei fehlender objektiver Pflichtwidrigkeit des Irrtums wird im neueren Schrifttum bereits ein rechtswidriger Angriff verneint (SK/*Günther*, § 32 Rn. 29, 118; S/S/*Perron*, § 32 Rn. 21, 52). Zur objektiven Pflichtwidrigkeit siehe Rn. 480 ff.

169 Bejahend: S/S/*Perron*, § 32 Rn. 52; *Roxin*, § 15 Rn. 64; *Wessels/Beulke/Satzger*, Rn. 518; **a.A.** offenbar: BGH JZ 2003, 961 (965); SK/*Günther*, § 32 Rn. 119 ff.; *Fischer*, § 32 Rn. 37.

170 SK/*Günther*, § 32 Rn. 128; *Roxin*, § 15 Rn. 93 ff.; *Wessels/Beulke/Satzger*, Rn. 519.

171 SK/*Günther*, § 32 Rn. 128. Näheres zum Beschützergaranten Rn. 1127, 1132 ff.; *Kühl*, § 18 Rn. 44 f., 47 ff.; vgl. zur Garantenstellung und zur Einschränkung des Notwehrrechts in der nichtehelichen Lebensgemeinschaft sowie der Lebenspartnerschaft *Kretschmer*, JR 2008, 51.

allen Richtungen zu beschützen.[172] Demgemäß besteht ein *»Spannungsverhältnis« zwischen dem Recht auf Selbstverteidigung des Angegriffenen aus § 32 StGB einerseits und seiner Solidaritätspflicht als Garant für den Angreifer aus § 13 Abs. 1 StGB andererseits*.[173] Aus dieser Solidaritätspflicht sollen sich nach h.M. sozialethische Einschränkungen des Notwehrrechts ergeben.

539 **Fall 83: – »Bis das der Tod Euch scheide ...«**[174] –
Frau V ist mit M verheiratet, der trinkt und sie häufig, wenn er alkoholisiert nach Hause kommt, verprügelt. Eines Nachts, als M gegen 2.00 Uhr angetrunken die gemeinsame Wohnung betritt und wieder auf die V einschlägt, greift sie in ihrer Verzweiflung zu einem Brotmesser. M lacht und holt zu einem Schlag gegen ihren Kopf aus. Daraufhin sticht V zu; M stirbt. Zu ihrer Verteidigung macht sie geltend: Sie hätte sich nicht innerhalb der Wohnung einschließen können, denn M habe schon einmal in einem solchen Fall die Tür eingetreten. Sie hätte auch nicht versucht, vor M wegzulaufen, da sie sich um diese Zeit nicht allein auf die Straße getraut habe. Strafbarkeit der V?

540 Nach h.M. ist das Recht der Ehefrau, sich mit **lebensgefährlichen Abwehrmitteln** gegen tätliche Angriffe ihres Mannes zu wehren (oder umgekehrt), wie folgt eingeschränkt:[175]

- Soweit möglich sei ein verständiges Ausweichen geboten.[176]
- Fehlen dagegen Ausweichmöglichkeiten, so müsse die Ehefrau bzw. der Ehemann auf den Einsatz lebensgefährlicher Verteidigungsmittel verzichten, wenn sie/er nur »leichte Körperverletzungen« zu befürchten habe.[177] Dagegen sei ihr/sein Notwehrrecht nicht eingeschränkt, soweit das Risiko erheblicher Verletzungen bestehe.[178]

541 **Kritik:** Die h.M. ist allenfalls mit den folgenden Restriktionen vertretbar:[179]

(1) Die postulierte Ausweichpflicht muss strikt durch den Gesichtspunkt der **Unzumutbarkeit** beschränkt werden.

(2) Der Verzicht auf die Verteidigung mit lebensgefährlichen Abwehrmitteln, wenn nur »leichte Körperverletzungen« zu befürchten sind, bedeutet die Begründung einer **Pflicht zur Duldung** solcher Verletzungen, sofern kein milderes Verteidigungsmittel existiert.[180] Ein solcher Verzicht ist allenfalls dann zumutbar, wenn es um sehr leichte Misshandlungen geht.

---

172 *Kühl*, § 18 Rn. 45; S/S/*Stree/Bosch*, § 13 Rn. 9.

173 *Kühl*, § 7 Rn. 202; *Wessels/Beulke/Satzger*, Rn. 519; zur Nothilfe *Kasiske*, Jura 2004, 832 (837).

174 Fall nach BGH NStZ 1994, 581 f.

175 BGH NStZ-RR 2002, 203 lässt offen, ob an dieser Rspr. festgehalten werden kann.

176 SK/*Günther*, § 32 Rn. 130 mit Rn. 119; *Jakobs*, 12/58; *Wessels/Beulke/Satzger*, Rn. 511, 518; BGH JZ 2003, 50 (51 f.) mit Anm. *Walther*.

177 *Jakobs* aaO; *Jescheck/Weigend*, § 32 III 3a; *Roxin*, § 15 Rn. 94 f.; BGH NJW 1975, 62 (63); abweichend z.B. S/S/*Perron*, § 32 Rn. 53 a.E.

178 BGH NJW 1975, 62 (63); BGH JZ 1984, 529 f.; SK/*Günther*, § 32 Rn. 130 mit Rn. 119; *Roxin*, § 15 Rn. 94 f.

179 Jene h.M. ablehnend z.B.: LK/*Spendel*, 11. Aufl., § 32 Rn. 310 m.w.N.; *Wohlers*, JZ 1999, 434 (441 f.) (beide mit beachtlichen Argumenten). Zweifelnd BGH JZ 1984, 529 f.

180 Nur eine erhöhte Gefahrtragungs-, keine Duldungspflicht bejaht dagegen S/S/*Perron*, § 32 Rn. 53 a.E.

Auf keinen Fall darf man aber von **leichten** Körperverletzungen sprechen,

- wenn eine Frau verprügelt werden soll;[181]
- wenn ihr Fausthiebe gegen den Kopf drohen;[182]
- wenn es um länger anhaltende Misshandlungen geht.[183]

Für die hier vertretene Ausweitung des Notwehrrechts im Vergleich zum restriktiveren Standpunkt der h.M. spricht folgendes: **542**

Der Gesichtspunkt der Garantenstellung des Angegriffenen wiegt letztlich wenig, denn der Angreifer selbst hat ja durch den Angriff gerade seine eigene Garantenpflicht gegenüber dem Angegriffenen missachtet[184] und damit die Solidarität zwischen beiden aufgehoben. Dies muss jedenfalls für solche Tätlichkeiten gelten, die den Bereich des Geringfügigen überschreiten, z.B. beim Verprügeln.

Für **Fall 83** ergibt sich: Ein Ausweichen durch Flucht war der V nicht zumutbar. Hierzu sagt der BGH knapp und überzeugend: Die *»Flucht aus der Ehewohnung mit unbestimmtem Ziel zur Nachtzeit war von der Angeklagten nicht zu verlangen.«*[185] Ob ein Verzicht auf die – mangels milderer Mittel erforderliche – Verteidigung mit dem Messer, d.h. die Duldung des Angriffs, zumutbar ist, wenn nur sehr »leichte Körperverletzungen« drohen, kann hier offen bleiben, da die V Prügel und insbesondere einen Fausthieb gegen den Kopf befürchten musste. Daher kann man hier nicht von einem unerheblichen Angriff auf die Ehefrau sprechen.[186]

Ergebnis: Die Tat der V war durch Notwehr geboten, also erlaubt.

Zur Ergänzung: Soweit der BGH bei Eheleuten im Fall der endgültigen Trennung eine Beschützergarantenstellung verneint,[187] müsste das Gericht in solchen Fällen konsequenterweise auch auf **Einschränkungen des Notwehrrechts** verzichten.[188] Die Solidaritätspflicht wird damit aufgehoben.

c) »Unerträgliches Missverhältnis« bei unerheblichen Angriffen

(1) Notwehr zur Abwehr unerheblicher Angriffe auf Sachgüter

§ 32 StGB verlangt nicht, dass das verteidigte Rechtsgut das durch die Abwehr des Angriffs beeinträchtigte Rechtsgut überwiegt. Im Gegenteil: Der Bürger darf in Notwehr einen Schaden anrichten, der schwerer wiegt als der durch den Angriff drohende. Dieser wichtige Grundsatz ist stets zu bedenken, wenn es um die Frage einer Beschränkung des Notwehrrechts geht. Er verhindert, dass ein bloßes »Missverhältnis« der betroffenen Rechtsgüter (z.B. pauschal Eigentum gegen Leben) die Verteidigungsbefugnis schmälert (Rn. 471 f.). **543**

---

181 Insoweit bedenklich unklar BGH NJW 1975, 62 (63); zu eng *Roxin*, § 15 Rn. 94 f.
182 So zutreffend BGH JZ 1984, 529 f.
183 SK/*Günther*, § 32 Rn. 130 mit Rn. 119; *Roxin*, § 15 Rn. 95.
184 So zutreffend: S/S/*Perron*, § 32 Rn. 53; *Otto*, AT, § 8 Rn. 91; *Wohlers*, JZ 1999, 434 (441 f.); *Kretschmer*, JR 2008, 51 (53), der zur Vermeidung eines unzumutbaren Strafbarkeitsrisikos allein die Schranke der Erforderlichkeit für maßgeblich hält.
185 BGH NStZ 1994, 581 (582 a.E.); *Walther*, JZ 2003, 55 f.
186 BGH JZ 1984, 529 f.
187 BGH NJW 2003, 3212.
188 Anders BGH JZ 2003, 50 (51 f.); dagegen *Roxin*, § 15 Rn. 98.

Doch kann ausnahmsweise die Gebotenheit der Notwehr (§ 32 Abs. 1 StGB) unter dem Gesichtspunkt des ***»unerträglichen Missverhältnisses«*** zwischen dem durch Notwehr angerichteten und dem durch sie abgewendeten Schaden entfallen. Insoweit sei an den Schusswaffengebrauch auf einen Apfeldieb (Rn. 528) erinnert. Die Bewertung als »unerträglich« bedarf einer Abwägung sämtlicher Umstände für den konkreten Einzelfall. Die Abwägung muss über einen konkreten Vergleich der geschützten Rechtsgüter hinausgehen und die **besonderen Gesichtspunkte des Falles** belegen.[189]

Diese äußerste sozialethische Schranke erlaubter Notwehr wird mit Unterschieden im Detail und mit divergierenden Begründungen von Rechtsprechung und h.L. anerkannt.[190]

Die wichtigsten Ansätze für die Begründung jener Schranke sind:

544 Es fehle in diesen Fällen an der Gebotenheit der Notwehr

- unter dem Aspekt des *Rechtsmissbrauchs*;[191]
- wegen des Verstoßes gegen das *Verfassungsprinzip der Verhältnismäßigkeit*, das die gesamte Rechtsordnung beherrsche;[192]
- mangels Legitimation der Notwehr durch ihre *individualethische und ihre sozialethische Wurzel* (Selbstverteidigung, Verteidigung der Rechtsordnung), da auch diese im Falle des unerträglichen Missverhältnisses einen Verzicht auf die Notwehr verlangten.[193]

545 **Lösung von Fall 81 (Rn. 513-515):**
Wie dargelegt hat J gemäß § 32 Abs. 2 StGB in Notwehr gehandelt. Doch ist fraglich, ob die Tat i.S.d. Abs. 1 geboten war. Das ist zu bejahen, da kein Fall des »unerträglichen Missverhältnisses« anzunehmen ist; D hat Geld und Schmuck im Wert von 2000 € erbeutet.[194]

546 Zwar vertritt eine **Mindermeinung** die These, **Sachgüter dürften niemals mit lebensgefährlichen Abwehrmitteln verteidigt werden**.[195] Dieser Ansicht ist jedoch zu widersprechen, da sie zu abwegigen Konsequenzen führt.

Man denke etwa an die mangels milderer Mittel erforderliche Verteidigung von unersetzlichen Sachgütern oder Wohngebäuden mit der Schusswaffe. Ferner hätte jene Extremposition eine sachwidrige und ungerechte Kriminalisierung des rechtstreuen Bürgers zur Folge (Rn. 530 f.). Wer wegen fehlender polizeilicher Hilfe und angesichts der Wirkungslosigkeit milderer Mittel mit Schusswaffengebrauch verhindert, dass sein Haus niedergebrannt wird (mag auch kein Bewohner an Leib und

189 *Heinrich*, AT, Rn. 364.

190 BGH bei Holtz, MDR 1979, 985; BGH NStZ 1981, 22 (23); LG München JZ 1988, 565 (567) m. Anm. *Schroeder*; *Krey*, JZ 1979, 702 (711 ff.); *Kühl*, Jura 1990, 244; *Wessels/Beulke/Satzger*, Rn. 512; **a.A.** *Baumann/Weber/Mitsch*, § 17 Rn. 36.

191 BayObLG NJW 1954, 1377 f.; *Wessels/Beulke/Satzger*, Rn. 508 f.

192 *Roxin*, Kriminalpolitik und Strafrechtssystem, 2. Aufl. 1973, S. 26; LK/*Spendel*, 11. Aufl., § 32 Rn. 314 m.w.N. – Kritisch *Krey*, JZ 1979, 702 (710, 714).

193 *Roxin*, ZStW 93 (1981), 68 (94); S/S/*Perron*, § 32 Rn. 50 f.; *Wessels/Beulke/Satzger*, Rn. 508 f. Ebenso *Krey*, JZ 1979, 702 (710, 714).

194 Zu diesem Ergebnis kommen z.B. *Jescheck/Weigend*, § 32 III 3b; S/S/*Perron*, § 32 Rn. 50 f.; *Roxin*, § 15 Rn. 83-92 (h.M.).

195 *Bernsmann*, ZStW 104 (1992), 290 ff.; *Frister*, GA 1985, 553 ff.

Leben gefährdet sein), ist kein Verbrecher.

Vielmehr gebieten sowohl der Aspekt der »Selbstverteidigung« als auch der Gesichtspunkt der »Verteidigung der Rechtsordnung« eine solche Notwehr. Daher bedeutet jene Mindermeinung eine Missachtung des Grundrechts auf Eigentum (Art. 14 GG). Schließlich würde ein solches Zurückweichen vor erheblicher Kriminalität das Rechtsbewusstsein der Bevölkerung erschüttern.

Fernliegend ist freilich auch die **umgekehrte Extremposition**, die besagt: Die Verteidigung von Sachgütern mit lebensgefährlichen Abwehrmitteln, wenn mildere Mittel fehlten, sei **immer geboten – es sei denn**, es gehe nur um **»geringwertige« Sachen** i.S.d. § 248a StGB (Wert von weniger als 50 Euro).[196] Diese Extremposition vernachlässigt jedoch den Rang des Menschenlebens als Höchstwert unserer Verfassung. Bei Konkretisierung des Begriffs der Gebotenheit unter Berücksichtigung von Art. 2 Abs. 2 S. 1 GG (Recht auf Leben)[197] ist es nicht tolerabel, den Schusswaffengebrauch auf Menschen zum Schutz von z.B. 75 € zu erlauben. Auch sprechen weder die individualethische noch die sozialethische Wurzel des Notwehrrechts für eine Gebotenheit der Verteidigung mit lebensgefährlichen Abwehrmitteln gegen solch unerhebliche Angriffe. Vielmehr ist hier ein unerträgliches Missverhältnis anzunehmen. 547

Herrschend und überzeugend ist mithin der folgende Standpunkt, der gerade zwischen den Extremen vermittelt: Liegt unter Berücksichtigung der Umstände des Einzelfalles ein erheblicher Angriff auf Sachgüter vor, so ist notfalls auch die Abwehr mit lebensgefährlichen Verteidigungsmitteln »geboten«.[198] Bei solchen erheblichen Angriffen auf Eigentum und Vermögen steht der Aspekt des unerträglichen Missverhältnisses der Notwehr nicht entgegen. Diese ist vielmehr durch Sinn und Zweck des § 32 StGB gedeckt. 548

In **Fall 81** nun handelt es sich evident um einen erheblichen Angriff.[199]

(2) Sachgüternotwehr und Art. 2 EMRK

Die 1950 von den Mitgliedstaaten des Europarates unterzeichnete »Konvention zum Schutze der Menschenrechte und Grundfreiheiten« (EMRK) gilt in der BR Deutschland seit 1953 im Rang eines Bundesgesetzes; sie besitzt keinen 549

196 So z.B. SK/*Günther*, § 32 Rn. 110, 112, 114 f. – Noch extensiver, was die Anerkennung des Notwehrrechts angeht, LK/*Spendel*, 11. Aufl., § 32 Rn. 313 ff.

197 Dazu: *Krey*, JZ 1979, 702 (713 f.); zustimmend *Roxin*, § 15 Rn. 84. – Zur verfassungskonformen Konkretisierung von Generalklauseln und unbestimmten, normativen Rechtsbegriffen: *Krey*, Gesetzesvorbehalt, S. 70 Fn. 24; *Krey/Hellmann/Heinrich*, BT/1, Rn. 484.

198 BGH bei Holtz MDR 1979, 985; JZ 2003, 961 (963); *Jescheck/Weigend*, § 32 III 3b; eingehend *Krey*, JZ 1979, 702 (712 ff.); *Roxin*, § 15 Rn. 83-92. Zu eng LG München JZ 1988, 565 (567) mit kritischer Besprechung von: *Beulke*, Jura 1988, 641 (644); *Mitsch*, NStZ 1989, 26 (27); *Schroeder*, JZ 1988, 567 (568).

199 *Roxin*, § 15 Rn. 91, will die Erheblichkeitsschwelle bei ca. 50 Euro ansetzen, was zu niedrig ist. Bei 2.000 Euro aber wird niemand ernstlich jene Erheblichkeit bezweifeln (siehe auch BGH JZ 2003, 961 wo es um 2.500 Euro ging). Maßgeblich sind aber immer die Umstände des Einzelfalles (dazu: *Krey*, JZ 1979, 702 (713); S/S/*Perron*, § 32 Rn. 50 f.).

Verfassungsrang.[200] Art. 2 EMRK verbietet in Abs. 1 die **»absichtliche Tötung«** eines Menschen (mit einer – überholten – Ausnahme für die Todesstrafe) und bestimmt in Abs. 2 *lit.* a EMRK:

»Die Tötung wird nicht als Verletzung dieses Artikels betrachtet, wenn sie sich aus einer unbedingt erforderlichen Gewaltanwendung ergibt: a) um die Verteidigung eines Menschen gegenüber rechtswidriger Gewaltanwendung sicherzustellen …«

Eine Mindermeinung leitet aus Art. 2 Abs. 1 i.V.m. Abs. 2 *lit.* a EMRK eine Einschränkung des Notwehrrechts ab: Die **Tötung** des Angreifers zum Schutz bloßer Sachgüter sei verboten; dieses Verbot habe Vorrang vor § 32 StGB.[201]

Eine vermittelnde Position nehmen diejenigen ein, die sich auf den Wortlaut des Art. 2 Abs. 1 EMRK berufen und nur die absichtliche Tötung für verboten halten.[202]

550 Dem widerspricht die h.M. zu Recht:[203] Zwar ist den Mindermeinungen zuzugestehen, dass eine Verletzung der EMRK auch möglich ist, wenn ein Mitgliedstaat seine Schutzpflicht zugunsten des Lebens unterschreitet, was bei einer zu »großzügigen« Gestaltung des Notwehrrechts grundsätzlich der Fall sein kann.[204] Das Gegenargument der h.M., die EMRK betreffe nur das Verhältnis Staat-Bürger,[205] greift also insoweit zu kurz. Auch das zusätzliche Argument der h.M., die EMRK gehe dem StGB mangels Verfassungsranges nicht vor, so dass bei einer Normkollision § 32 StGB als »jüngeres« Gesetz und **Spezialvorschrift** für das Notwehr-recht Vorrang besitze,[206] kann nicht überzeugen. Der sog. Lex-posterior-Grundsatz wird durch das Gebot der **völkerrechtskonformen Auslegung** überlagert.

Die Bundesrepublik unterschreitet ihre Schutzpflicht zugunsten des Lebens des Angreifers allerdings nicht, wenn sie dem Notwehrübenden als ultima ratio auch die Tötung des Angreifers erlaubt, da der Angreifer hier nicht schutzbedürftig ist.[207]

---

200 *Jescheck/Weigend*, § 32 V; *Krey*, JZ 1979, 702 (708); *Roxin*, § 15 Rn. 86. – Zur **»EMRK-konformen Auslegung«** des übrigen deutschen Rechts siehe BVerfGE 74, 358 (370); 111, 307 (327) = NJW 2004, 3407 (»Görgülü«); 128, 326 (371) = NJW 2011, 1931; zuletzt bestätigt in: BVerfG NJW 2015, 1083 (Tatprovokation).

201 *Frister*, GA 1985, 553; *Marxen*, Die »sozialethischen« Grenzen der Notwehr, 1979, S. 60 f.; jetzt auch S/S/*Perron*, § 32 Rn. 62.

202 *Roxin*, § 15 Rn. 87 f.; zudem *Jäger*, AT, Rn. 128.

203 *Baumann/Weber/Mitsch*, § 17 Rn. 35; *Jakobs*, 12/39 f.;SK/*Günther*, § 32 Rn. 117; *Heinrich*, AT, Rn. 365 ff.; NK/*Kindhäuser*, § 32 Rn. 103 ff.; *Jescheck/Weigend*, § 32 V; *Krey*, JZ 1979, 702 (708); vgl. zum Streitstand auch *Hillenkamp*, AT, 3. Problem; dazu und zu weiteren Problemen im Zusammenhang mit dem Missverhältnis von Tötungshandlungen zur Verteidigung von Vermögenswerten *Ladiges*, JuS 2011, 879 (881).

204 Vgl. LR/*Esser*, Art. 2 EMRK Rn. 52.

205 *Rengier*, AT, § 18 Rn. 60.

206 *Krey*, JZ 1979, 702 (708); ebenso *Jakobs*, 12/40. Anders *Frister*, GA 1985, 553 (560, 564).

207 LR/*Esser*, Art. 2 EMRK Rn. 53 m.w.N.

(3) Sonstige Fälle des »unerträglichen Missverhältnisses«

Auch außerhalb der unerheblichen Angriffe auf **Sachgüter** kann die Gebotenheit der Notwehr wegen eines »unerträglichen Missverhältnisses« entfallen. 551

Beispiele:
- Beendigung eines anhaltenden Angriffs auf die Ehre (»Schimpfkanonade«) durch einen lebensgefährlichen Messerstich
- Schusswaffengebrauch zum Unterbinden unerlaubter nächtlicher Ruhestörung durch betrunkene Nachbarn

Hier scheidet Notwehr grundsätzlich auch bei einem Fehlen milderer Mittel aus.[208]

(4) Unfugabwehr

Bei der Unfugabwehr geht es um rechtswidrige, aber unerhebliche Beeinträchtigungen, die an der Grenze zu noch sozialüblichen Belästigungen liegen. 552

- **Beispiel:** Drängeln und Schubsen an Kassen bei Großveranstaltungen oder beim Einsteigen in öffentliche Verkehrsmittel.

Hier fehlt es oft schon am Notwehrmerkmal des **Angriffs**. Wohingegen ein Angriff anzunehmen ist, bestehen aber unter dem Aspekt des unerträglichen Missverhältnisses Schranken für die **Gebotenheit** der Notwehr gemäß § 32 Abs. 1 StGB:

Die Abwehr mit Gewalt ist zwar nicht von vornherein verboten.[209] Jedoch scheidet die *Verteidigung mit lebensgefährlichen Mitteln* immer, die *Abwehr mit erheblichen Körperverletzungen*, z.B. einem kräftigen Fausthieb gegen den Kopf, zumindest grundsätzlich aus.[210]

d) Notwehrprovokation

Die »Notwehrprovokation« stellt eine weitere Fallgruppe dar, für die im Rahmen der Gebotenheit Einschränkungen des Notwehrrechts diskutiert werden.[211] Unter »Notwehrprovokation« versteht man Fälle, in denen letztlich **das Verhalten des späteren Verteidigers den Angriff hervorruft** (»provoziert«). Die Provokation als solche stellt dabei noch keinen *Angriff* i.S.d. § 32 StGB dar, so dass dem Provozierten hiergegen kein Notwehrrecht zusteht. Dem Provokateur und Verteidiger wird daher nicht bereits aus diesem Grund eine Duldungspflicht auferlegt. 553

Die »Notwehrprovokation« umfasst auch nicht jegliche Verursachung des Angriffs. Dem Angegriffenen muss sein Verhalten **vorwerfbar** sein. Die bloße Kenntnis oder die – wenn auch billigende – Annahme, sein Verhalten werde einen rechtswidrigen Angriff provozieren, genügt hierfür nicht.[212] Die Vorwerfbarkeit

208 Weitere Beispiele bei: SK/*Günther*, § 32 Rn. 110; S/S/*Perron*, § 32 Rn. 50 f.

209 SK/*Günther*, § 32 Rn. 110; NK/*Kindhäuser*, § 32 Rn. 109 f.; *Jakobs*, 12/48; *Kühl*, § 7 Rn. 191. Enger *Jescheck*/*Weigend*, § 32 III 3b und S/S/*Perron*, § 32 Rn. 49.

210 NK/*Kindhäuser*, § 32 Rn. 109 f.; *Jakobs*, 12/48; *Roxin*, § 15 Rn. 85.

211 Zu ihren Ursprüngen *Stuckenberg*, JA 2001, 894 (895 f.); vgl. zu dieser Problematik *Exner*, ZJS 2010, 347 (352 ff.).

212 BGH NStZ 2006, 332; BGH NStZ-RR 2011, 74 (75) = StV 2011, 222; BGH NStZ-RR 2011, 82 = StV 2011, 156 mit Anm. *Kudlich*, JuS 2011, 233; verfehlt daher die Annahme von

setzt weiter voraus, dass zwischen dem provozierenden Verhalten und dem Angriff ein **enger zeitlicher und räumlicher Ursachenzusammenhang** besteht,[213] der durch die Dauer eines ununterbrochenen Provokationsverhaltens und nicht allein durch die messbare Zeitspanne bestimmt wird.[214]

Darüber hinaus wird wie folgt differenziert:

(1) Absichtsprovokation

554 **Fall 84: – Absichtsprovokation; »Exzess« des provozierten Angreifers –**
Schläger A will den schwächeren, aber leicht reizbaren O straflos verprügeln. Er provoziert ihn mit Beleidigungen, um zu erreichen, dass O ihn tätlich angreift; dann will er den O »in Notwehr« mit kräftigen Fausthieben kampfunfähig machen.

a) Alles läuft wie geplant.
b) Zum Entsetzen des A zieht O ein Messer. A versucht zu fliehen, wird aber von O eingeholt. Nun zieht A selbst ein Messer und ruft dem O zu, er solle »keinen Quatsch machen«. O jedoch versucht, den A niederzustechen. In höchster Not sticht A dem O in die Schulter. – Strafbarkeit des A?

555 **Zu Fall 84a: – Absichtsprovokation –**
Kennzeichnend für Fälle der Absichtsprovokation ist, dass der Angreifer unter dem Deckmantel der Notwehr verletzt werden soll. Dies ist das ausschließliche Ziel[215] der Provokation. Die »Verteidigung« ist in Wahrheit ein rechtswidriger Angriff.[216] A kann daher nicht durch Notwehr gerechtfertigt sein, er ist wegen vorsätzlicher Schädigung des Angreifers strafbar.[217] Von den divergierenden Ansätzen zur Begründung dieses Ergebnisses seien hier die beiden überzeugendsten genannt:[218]

Erstens fehlt es bei normativer Bewertung am **Verteidigungswillen**.[219] *Zweitens* ist die Notwehr hier offensichtlich **nicht** i.S.d. § 32 Abs. 1 StGB **geboten**. Beide Wurzeln der Notwehrbefugnis (Selbstverteidigung und Verteidigung der Rechtsordnung) ergeben, dass die Absichtsprovokation die Berufung auf die Notwehr ausschließt: Die Rechtsordnung bedarf nicht der Bewährung und die Rechtsgüter

---

BGH NStZ-RR 2002, 203 (204), eine Ehefrau, die immer wieder zu ihrem prügelnden Ehemann zurückkehrt, hätte allein deswegen ein eingeschränktes Notwehrrecht. So auch S/S/*Perron*, § 32 Rn. 59.

213 BGH NStZ 1998, 508 (509); BGH NStZ-RR 2011, 74 (75) = StV 2011, 222; zustimmend S/S/*Perron*, § 32 Rn. 59; AnwK-StGB/*Hauck*, § 32 Rn. 16.

214 *Roxin*, StV 2006, 235 (237).

215 Absicht und sicheres Wissen hinsichtlich des rechtswidrigen Angriffs sollen nach Ansicht von *Kühl*, Jura 1991, 157 gleich behandelt werden.

216 BGH NStZ 1983, 452 m.w.N.; JZ 2001, 664 (665); *Wessels/Beulke/Satzger*, Rn. 522.

217 Vgl. BGH NStZ 1983, 452 f.; *Heinrich*, AT, Rn. 375; NK/*Kindhäuser*, § 32 Rn. 121; *Maurach/Zipf*, § 26 Rn. 41; *Roxin*, § 15 Rn. 65 ff.; *Wessels/Beulke/Satzger*, Rn. 522; **a.A.** *Baumann/Weber/Mitsch*, § 17 Rn. 38. Vermittelnd wollen einige Autoren das Notwehrrecht bei der Absichtsprovokation nicht negieren, sondern nur einschränken (Nachweise bei *Kühl*, § 7 Rn. 246 mit Fn. 590).

218 Vgl. i.Ü. die Darstellung bei *Hillenkamp*, AT, 2. Problem.

219 BGH bei Dallinger MDR 1954, 335; BGH NStZ 1983, 452 f.; JZ 2001, 664 (665). Kritisch u.a. *Kühl*, § 7 Rn. 233 m.w.N.; S/S/*Perron*, § 32 Rn. 54; *Stuckenberg*, JA 2001, 894 (897).

des A bedürfen nicht der Verteidigung.[220] Bei wertender Betrachtung ist *er* der Angreifer,[221] der sein (provoziertes) Eingriffsrecht missbrauchen will.

Dies sehen Teile der Literatur allerdings anders.[222] Auch wenn der Angriff provoziert worden sei, erfülle er sämtliche Voraussetzungen, an die das Gesetz das Notwehrrecht knüpfe. Daher brauche das Recht dem Unrecht auch im Anschluss an eine Provokation nicht zu weichen. Eine Verwirkung des Notwehrrechts gäbe es nicht; vielmehr verlange die Rechtsordnung vom Angreifer, dass er der Provokation widersteht. Wer dennoch angreife, tue dies eigenverantwortlich und müsse die Folgen tragen. Dass sich der Provokateur nach einer Gesamtbetrachtung des Geschehens bewusst gegen die Rechtsordnung stellt, bleibt nach dieser Ansicht letztlich unberücksichtigt. Diese Folge ist jedoch mit den obigen Argumenten abzulehnen. 556

Zu Fall 84b: – Keine Absichtsprovokation beim »Exzess« des Provozierten – Den *lebensgefährlichen* Angriff des O mit dem Messer hat A nicht absichtlich provoziert. Geht der Provozierte nach Art und Schwere des Angriffs erheblich über das vom Provokateur (A) Gewollte hinaus, entfällt eine Absichtsprovokation, so dass § 32 StGB anwendbar ist.[223] In diesen Fällen kann dem Angegriffenen hinsichtlich der konkreten Notwehrhandlung ein Verteidigungswille nicht abgesprochen werden. Überdies wird das Maß des Unrechts, welches mit der Provokation verwirklicht wurde, auch soweit überschritten, dass der Rechtsbewährungsgedanke wieder uneingeschränkt Geltung erlangt.[224] Jedoch ist das Notwehrrecht gemäß den Regeln für die sonst vorwerfbare Notwehrprovokation (Rn. 558 ff.) eingeschränkt: 557

(2) Nicht absichtlich, aber sonst vorwerfbar provozierte Angriffe

(a) Im Falle der nicht absichtlich, aber sonst vorwerfbar provozierten Angriffe soll das **Notwehrrecht** nach h.M.[225] nicht gänzlich versagt werden, sondern denselben Schranken unterliegen wie bei Angriffen schuldlos Handelnder (Rn. 533 ff.).[226] 558

- Soweit möglich müsse der Angegriffene **ausweichen** (Flucht).[227]
- Sei ein Ausweichen nicht möglich, müsse er sich im Rahmen des Zumutbaren auf defensive **Schutzwehr** beschränken.[228]
- Sei die Beschränkung auf bloße Schutzwehr nicht ausreichend oder unzumutbar, so dürfe der Angegriffene zur **Trutzwehr** übergehen, d.h. *notfalls* auch lebens-

220 NK/*Kindhäuser*, § 32 Rn. 121; *Roxin*, § 15 Rn. 65 ff.
221 BGH NStZ 1983, 452 m.w.N.; JZ 2001, 664 (665); *Wessels/Beulke/Satzger*, Rn. 522.
222 *Baumann/Weber/Mitsch*, § 17 Rn. 38; *Matt*, NStZ 1993, 271 (272 f.); einschränkend MK/*Erb*, § 32 Rn. 200 f.
223 NK/*Kindhäuser*, § 32 Rn. 122; *Maurach/Zipf*, Rn. 44 f.
224 S/S/*Perron*, § 32 Rn. 59.
225 Wer dem Täter bei der Absichtsprovokation ein uneingeschränktes Notwehrrecht zuspricht, der muss Einschränkungen bei der sonst vorwerfbaren Provokation erst recht ablehnen.
226 Auf diese Parallele weist z.B. *Roxin* hin (§ 15 Rn. 69). BGH NStZ 2002, 425 ff. stellt auf die Umstände des konkreten Einzelfalles ab.
227 BGH NStZ 1988, 269 f. u. 450 f.; NStZ 1992, 327; BGHSt 42, 97 (100); BGH JZ 2001, 664 (665); NStZ 2002, 425 (427); BGH NStZ-RR 2011, 74 (75) = StV 2011, 222.
228 BGHSt 24, 356 (359); BGH NStZ 1988, 269 f.; JZ 2001, 664 (665); *Wessels/Beulke/Satzger*, Rn. 524. Geringe Verletzungen habe der Angegriffene hinzunehmen: BGHSt 24, 356 (359).

gefährliche Mittel, z.B. Messer oder Schusswaffen, einsetzen.[229]

Eine **Nuancierung** ergibt sich im Einzelfall anhand der **Schwere der Provokation** und der **Gefährlichkeit des Angriffsverhaltens**.[230]

Teilweise wird noch gefordert, vor dem Gebrauch gefährlicher Mittel müsse der Angegriffene »fremde Hilfe, auch privater Art«, in Anspruch nehmen.[231]

559 **Stellungnahme:** Der h.M. kann mit den folgenden Einschränkungen (bzw. Klarstellungen) zugestimmt werden:[232]

Das Verhalten des Angegriffenen, das den Angriff provoziert hat, muss **rechtswidrig** sein.[233] Die zwar »sozialethisch missbilligte«, aber nicht verbotene Provokation ist nicht geeignet, das Notwehrrecht einzuschränken.[234]
Hatte der Angreifer selbst den Angegriffenen zuvor provoziert, und zwar ebenfalls durch rechtswidriges Verhalten (**»Provokation der Notwehrprovokation»)**, so wird das Notwehrrecht dann nicht eingeschränkt, wenn:

- zwischen beiden Provokationen ein enger räumlicher sowie zeitlicher Zusammenhang besteht und zusätzlich
- die Provokation des Angegriffenen durch den Angreifer folgendes Urteil erlaubt: Der Angriff ist zumindest ebenso stark vom Angreifer wie vom Angegriffenen provoziert worden.

Der Gedanke, dass von einer das Notwehrrecht ausschließenden Provokation nicht ausgegangen werden kann, wenn das (spätere) Opfer das »provozierende« Vorverhalten des (späteren) Angreifers seinerseits provoziert hat (»Provokation der Provokation«), wird inzwischen auch in der Rechtsprechung berücksichtigt.[235]

Das **»Ausweichen« muss möglich und zumutbar sein**. Dabei dürfen an die **Zumutbarkeit** der »Beschränkung auf Schutzwehr« und des »Verzichtes auf erforderliche lebensgefährliche Verteidigungsmittel« keine sachwidrig strengen Anforderungen gestellt werden: Der Angegriffene ist nicht verpflichtet zu dulden, dass er verprügelt wird.[236] Erst recht braucht er nicht das Risiko des Todes oder

229 BGH NStZ 1988, 269 f.; JZ 2001, 664 (665 f.); BGH NStZ-RR 2011, 74 (75) = StV 2011, 222; *Roxin*, § 15 Rn. 70; *Wessels/Beulke/Satzger*, Rn. 524.

230 BGH StV 2006, 234 (235) m. Anm. *Roxin*.

231 BGHSt 42, 97 (100); *Roxin*, § 15 Rn. 69.

232 Gegen die h.A.: *Baumann/Weber/Mitsch*, § 17 Rn. 38; *Hassemer*, FS Bockelmann, 1979, S. 243 f.; LK/*Spendel*, 11. Aufl., § 32 Rn. 281 ff., 290, 294.

233 **A.A.** BGH NJW 1962, 308; JZ 2003, 961 (964); StV 2006, 234 (enger zeitlicher und räumlicher Zusammenhang und Wissen um Eignung zur Provokation) m. Anm. *Roxin*; *Wessels/Beulke/Satzger*, Rn. 525. Unklar BGHSt 42, 97 (101). Allerdings BGH NStZ 1993, 332 f. und NStZ 2002, 425 (426) (»rechtswidrige und vorwerfbare Provokation«); NStZ 2006, 332 (»rechtswidriges, jedenfalls aber sozialethisch zu missbilligendes Vorverhalten«).

234 SK/*Günther*, § 32 Rn. 124 f.; *Köhler*, Kap. 5 III 2.3.3.; *Roxin*, § 15 Rn. 71-73; S/S/*Perron*, § 32 Rn. 59.

235 BGH NStZ-RR 2011, 238 m. Anm. *Hecker*, JuS 2011, 369.

236 *Roxin*, § 15 Rn. 70; **a.A.** offenbar BGH NStZ 2002, 425 (427) – die Hinnahme der Gefahr weiterer Schläge sei zumutbar gewesen.

erheblicher Verletzungen infolge des Verzichts auf lebensgefährliche Abwehr auf sich zu nehmen.[237]

Bei zwar nicht absichtlicher, aber **sonst vorsätzlicher** Notwehrprovokation sind die Schranken erlaubter Notwehr grundsätzlich dieselben wie bei nur **fahrlässig** provozierten Angriffen.[238] Jedoch sind im ersten Fall in der Regel höhere Anforderungen an die Verneinung jener Zumutbarkeit zu stellen. **560**

Konsequenzen für Fall 84b (Rn. 554): A hat den Angriff des O mit dem Messer durch rechtswidriges Verhalten provoziert; dies zwar nicht absichtlich, aber fahrlässig. Daher war sein Notwehrrecht eingeschränkt. Diese Schranken hat er jedoch beachtet: **561**

- A hat versucht, dem Angriff durch Flucht *auszuweichen*.
- Die Beschränkung auf *Schutzwehr* war nicht möglich.
- Beim Einsatz seines Messers hat er in die Schulter und *nicht in die Brust* gestochen.

Daher kann dahinstehen, ob diese Zurückhaltung wegen der Notwehrprovokation gemäß § 32 Abs. 1 StGB rechtlich notwendig war; unter dem Aspekt des unzumutbaren Risikos für das Leben (Rn. 521) wäre es vertretbar, dies zu verneinen.

Fall 85: – Wiederaufleben des vollen Notwehrrechts –
O beobachtet, wie A seine 16-jährige Freundin (F) misshandelt. Er greift A an, um der F zu helfen, wird von ihrem Freund jedoch zu Boden geschlagen. O muss mit tiefem Befremden zusehen, wie A und F nun friedlich von dannen gehen. Wütend greift O den A *erneut* an. Über eine Strecke von 15 Metern wehrt sich A rückwärts gehend mittels Schutzwehr und fordert den O wiederholt auf, endlich aufzuhören. Als all dies nicht hilft, schlägt A den O ins Gesicht; O stürzt so unglücklich, dass er an einer Kopfverletzung stirbt. Strafbarkeit des A wegen Körperverletzung mit Todesfolge (§§ 227, 18 StGB)?

Das LG hat A wegen Körperverletzung mit Todesfolge (§§ 227, 18 StGB) verurteilt. Der BGH als Revisionsinstanz hob das Urteil jedoch auf, weil das LG die **zeitlichen Grenzen** der »Pflicht zur Zurückhaltung bei der Abwehr provozierter Angriffe« vernachlässigt habe:[239] **562**

Als O den A erneut angriff, konnte er sich nicht mehr auf Nothilfe zugunsten der F berufen, da der Angriff des A auf F nicht mehr gegenwärtig war. Folglich begründete jener erneute Angriff eine Notwehrlage für A. Allerdings war sein Notwehrrecht unter dem Gesichtspunkt der Notwehrprovokation zunächst eingeschränkt. Denn sein rechtswidriges Verhalten (Niederschlagen des in erlaubter Nothilfe handelnden O) hatte dessen »wütendes« erneutes Angreifen fahrlässig provoziert. Demgemäß war A verpflichtet, zunächst auszuweichen und sich gegebenenfalls im Rahmen des Zumutbaren auf Schutzwehr zu beschränken. Dem ist er eine geraume Zeit durch sein Zurückweichen unter Beschränkung auf bloße defensive Abwehr der Schläge des O nachgekommen.

Das LG nun war offensichtlich der Ansicht, jene **Pflicht zur Zurückhaltung bei der Abwehr provozierter Angriffe** habe noch bestanden, als A den O kräftig ins Gesicht schlug und damit dessen Angriff beendete.

237 *Roxin*, § 15 Rn. 70; *Wessels/Beulke/Satzger*, Rn. 524; BGHSt 24, 356 (358 f.); BGH NStZ 1988, 269 f.; BGH JZ 2001, 664 (vorsätzliche Tötung des Angreifers).

238 **A.A.** BGHSt 39, 374 (379 f.); *Roxin*, § 15 Rn. 70 (a.E.).

239 Fall nach BGHSt 26, 256 (257).

Dem widerspricht der BGH:[240] Jene »Pflicht zur Zurückhaltung« dauere nicht unbegrenzt. Vielmehr werde diese Pflicht zur Schonung des Angreifers »gleichsam verbraucht«, wenn die vom Verteidiger (A) geübte mildere Form der Abwehr nachhaltig ohne Wirkung bleibe. Dann lebe das Notwehrrecht wieder auf, und zwar ohne irgendwelche »Einschränkungen aufgrund der Provokation«.

Im konkreten Fall hat der BGH den Angeklagten allerdings nicht freigesprochen (§ 354 Abs. 1 StPO), sondern die Sache zur erneuten Verhandlung und Entscheidung an ein anderes LG zurückverwiesen (§ 354 Abs. 2 StPO). Dieses müsse klären, ob es an der Erforderlichkeit der Verteidigung gefehlt habe, und zwar unter dem Aspekt des **milderen Mittels**: A war im konkreten Fall ein geübter Boxer. Als solcher müsse er einen gefährlichen Fausthieb möglicherweise zuerst androhen, bevor er zuschlage.[241]

(b) Strafbarkeit wegen Fahrlässigkeit bei fahrlässiger Notwehrprovokation?

563 Kann sich im Falle fahrlässiger Notwehrprovokation der Provokateur trotz jener Provokation auf Notwehr berufen, war also seine Verteidigungshandlung erlaubt, so ist seine Verletzung des Angreifers straflos.

Beispiel: A will O erheblich verletzen. O kann den Angriff abwehren und ihn beenden. Aus Wut will er aufgrund eines neuen Entschlusses den A mit einem Totschläger umbringen. Der verletzte und benommene A kann nicht ausweichen. In höchster Not schießt er O in die Brust. Der Einsatz eines milderen Abwehrmittels (Androhung des Schusswaffengebrauchs oder ein kontrollierter Schuss in die Schulter statt in die Brust) hätte die akute Lebensgefahr nicht beseitigt, weil O nur noch ca. 30 cm entfernt war. O wird tödlich verletzt.

Hier hat der BGH[242] zu Recht die vorsätzliche Tötung (§ 212 StGB) des O durch A als durch Notwehr erlaubt bewertet: Diese Verteidigungshandlung sei erforderlich und geboten gewesen. Die Einschränkungen des Notwehrrechts aufgrund der rechtswidrigen Provokation seien dann nicht einschlägig, wenn der Provokateur sonst Opfer einer tödlichen Racheaktion des Provozierten würde, wie es hier der Fall war.

Allerdings wollte der BGH die Straflosigkeit der (tödlichen) Verteidigung nicht akzeptieren. Deshalb greift er auf das **rechtswidrige Vorverhalten** des A (den ursprünglichen Angriff auf O) zurück und bejaht **Fahrlässige Tötung** (§ 222 StGB):

Wer durch rechtswidriges Vorverhalten die Gefahr einer tätlichen Auseinandersetzung mit tödlichem Ausgang herbeigeführt habe, könne auch dann wegen Fahrlässiger Tötung bestraft werden, wenn er den tödlichen Schuss in Notwehr abgegeben habe.

Dieser Versuch, den Provokateur doch noch zu bestrafen, obwohl seine Verteidigung trotz der fahrlässigen Provokation durch Notwehr geboten, also erlaubt war, begegnet massiven Bedenken:[243]

---

240 BGHSt 26, 256 (257). Siehe ergänzend: BGHSt 39, 374 (379); 42, 97 (100).

241 BGHSt 26, 256 (258). Zweifelhaft, siehe Rn. 512, 516, 518.

242 Vgl. BGH JZ 2001, 664 mit Anm. *Roxin*; diese Entscheidung billigend BGH NStZ 2011, 82 = StV 2011, 156.

243 Eingehende Kritik bei *Roxin*, JZ 2001, 667, zudem *Jäger*, JR 2001, 512; *Wessels/Beulke/Satzger*, Rn. 527 m.w.N.; *Hruschka*, ZStW 113 (2001), 870; *Engländer*, Jura 2001, 534 (536 f.); *Eisele*, NStZ 2001, 416; Hecker JuS 2011, 272 (274). Letztere verneinen im konkreten Fall u.a. die objektive Zurechnung wegen des eigenverantwortlichen Handelns des Angreifers.

- Der Sache nach rekurriert der BGH auf die überholte[244], sachwidrige und vom Gericht selbst bereits abgelehnte[245] Figur der **actio illicita in causa** (»aiic«).[246]
- Es bedeutet einen Widerspruch in sich, eine in casu **erlaubte** Tötung als fahrlässige, also unerlaubte Tötung zu bewerten.[247] Nach einer anderen Ansicht liege kein Wertungswiderspruch vor, da ausschlaggebend sei, ob die Handlungen – und eben nicht der Erfolg – rechtmäßig oder rechtswidrig sind. Auch wenn sich damit das Vorverhalten als sorgfaltswidrig klassifizieren lasse, scheitere eine Strafbarkeit letztlich – aufgrund der eigenverantwortlichen Selbstgefährdung – an der objektiven Zurechnung.[248]
- Das Urteil des BGH begründet eine **Gesetzesumgehung**: Das Notwehrrecht wird in Fällen **fahrlässiger Provokation** nicht aufgehoben, aber eingeschränkt. Wo es trotzdem die Verteidigungshandlung des Provokateurs erlaubt, greift der BGH strafbegründend erneut auf jene Provokation zurück und korrigiert die Erlaubnis des § 32 StGB durch die Bestrafung wegen Fahrlässiger Tötung. Damit wird die Rechtfertigung aus Notwehr umgangen.
- Der Gerechtigkeit wäre mit der Bestrafung des A wegen seines versuchten Angriffs auf O (also der fraglichen Provokation)[249] genüge getan.

e) Abwehrprovokation

Von der Notwehrprovokation zu unterscheiden ist die sog. »Abwehrprovo- **564**
kation«.[250] Sie bezeichnet die Fälle, in denen der spätere Verteidiger sich in Erwartung einer Notwehrlage auf diese vorbereitet und sich bewusst mit einem gefährlichen Verteidigungsmittel ausstattet und sich anderer, milderer, ihm zur Verfügung stehender Mittel vorab »entledigt«. In der späteren konkreten Notwehrsituation ist dann mangels anderer Mittel das vorher ausgewählte gefährlichere Mittel auch *erforderlich* i.S.d. § 32 StGB.[251]

Fall 86: – Schikane auf dem Schulhof –
V wird täglich auf dem Schulhof von A schikaniert und mit Fäusten geschlagen. Für den nächsten Tag steckt V daher eine Schusswaffe ein. Das Pfefferspray lässt er bewusst zuhause. Zwar glaubt er, dass das Pfefferspray ausreichen würde, sich den A vom Leib zu halten, aber seiner Ansicht nach hat A mal eine richtige Abreibung verdient.

»Provoziert« wird durch das **bewusste »Aufrüsten«**, die exzessive Abwehr des

---

244 Noch vertreten von *Lindemann/Reichling*, JuS 2009, 496; *Satzger*, Jura 2006, 513 (518 f.), der jedoch ihre Anwendung bei der Notwehrprovokation kritisch betrachtet und sie für eigenhändige oder verhaltensgebundene Delikte gänzlich ablehnt. Siehe auch *Freund*, GA 2006, 267.

245 BGH JZ 2001, 664 (665) r.Sp.

246 Die Vertreter der aiic bestreiten nicht die Rechtfertigung der Verteidigungshandlung. Sie knüpfen die Strafbarkeit vielmehr an das provozierende Vorverhalten, das sie als Beginn der späteren Verletzungshandlung begreifen. So soll das mit der Provokation verwirklichte Unrecht noch Berücksichtigung finden können. Dazu *Satzger*, Jura 2006, 513 (518 ff.); *Roxin*, § 15 Rn. 68, 74 m.w.N.; *Stuckenberg*, JA 2001, 894 (901 ff.); JA 2002, 172.

247 So zu Recht etwa *Roxin*, § 15 Rn. 68, 74; *Jäger*, JR 2001, 512 (514): Die rechtswidrige Verursachung eines rechtmäßigen Erfolges bewirkt keinerlei Erfolgsunwert.

248 *Kretschmer*, Jura 2012, 189 (193 f.).

249 In casu §§ 226 Abs. 2, 22, 23 StGB: BGH JZ 2001, 664.

250 Zweifelnd, ob es sie überhaupt gibt: S/S/*Perron*, § 32 Rn. 61b.

251 *Lindemann/Reichling*, JuS 2009, 496 (497).

erwarteten Angriffs.[252] Da aber die Notwehrlage selbst von dem Angegriffenen nicht herbeigeführt wird und in der konkreten Verteidigungssituation die Erforderlichkeit des Mittels gegeben ist, wird die Beschränkung seiner Notwehrbefugnisse teilweise abgelehnt.[253]

Allerdings erscheint die absichtliche »Aufrüstung« und die damit erhöhte Gefahr der Eskalation der Verteidigung auch nicht ganz unbedenklich, weshalb für die Abwehrprovokation ähnlich wie bei der Notwehrprovokation Einschränkungen des Notwehrrechts vertreten werden. Vorgeworfen wird dem Verteidiger die ***»pflichtwidrige Auswahl des Abwehrmittels«***.[254] Hat der Angegriffene durch sein Vorverhalten bewusst die Gefahr schwererer Verletzungen erhöht, wird von ihm verlangt, dass er in der aktuellen Verteidigungssituation jegliche Eskalation vermeidet.[255] Hieran schließt sich die **dreifache Abstufung** der beschriebenen Beschränkungen an (Rn. 558).

Anders als bei der Notwehrprovokation sollen dem Verteidiger jedoch bei sozialethisch zu billigenden Vorbereitungen auf höchstens vorhersehbare Angriffe und ohne entsprechende Absicht keine Beschränkungen auferlegt werden.[256]

Beispiel: Bereitlegen einer Waffe, nachdem in der Nachbarschaft bereits vermehrt Einbruchdiebstähle gemeldet worden sind.[257]

Die Befürworter der »actio illicita in causa« wiederum wollen diese auch in Fällen der Abwehrprovokation anwenden und so trotz der Rechtfertigung der Verteidigungs- als der eigentlichen Verletzungshandlung die Strafbarkeit des Angegriffenen begründen.[258]

f) Notwehr gegen Schweigegelderpressung (Chantage)

565 Unter einer Chantage versteht man die Drohung mit einer für das Opfer nachteiligen Offenbarung von kompromittierenden (sozialethisch oder rechtlich verwerflichen) wahren Tatsachen für den Fall, dass der Betroffene nicht auf die Forderungen (in der Regel Geldzahlungen) des Täters eingeht.[259] Sie stellt einen viel diskutierten **Sonderfall der Erpressung** dar, für den im Rahmen der Notwehr überwiegend eine sozialethische Beschränkung der Eingriffsbefugnisse vertreten wird.[260]

Die Besonderheit besteht darin, dass die Inanspruchnahme polizeilicher Hilfe nicht geeignet ist, das angedrohte Übel, die Offenbarung seines Geheimnisses, zu verhindern.[261]

---

252 *Kühl*, Jura 1991, 175 (181); *Arzt*, JR 1980, 211 (212).
253 NK/*Kindhäuser*, § 32 Rn. 124; BGH StV 2006, 234 m. Anm. *Roxin*.
254 S/S/*Perron*, § 32 Rn. 61b; *Roxin*, § 15 Rn. 82: Erforderlichkeitsbeurteilung vorverlegt.
255 *Küpper*, JA 2001, 438 (440).
256 BGH JZ 2003, 961 (964); S/S/*Perron*, § 32 Rn. 61b.
257 *Küpper*, JA 2001, 438 (440).
258 So z.B. *Lindemann*/*Reichling*, JuS 2009, 496; siehe auch BGH JR 1980, 210 m. Anm. *Arzt*.
259 *Fischer*, § 32 Rn. 38; *Kaspar*, GA 2007, 36.
260 Vgl. *Roxin*, § 15 Rn. 100 ff.; *Amelung*, NStZ 1998, 70; **a.A.** *Kaspar*, GA 2007, 36.
261 Ausführlich zur Chantage: *Eggert*, NStZ 2001, 225; *Müller*, NStZ 1993, 366.

Zur **Gegenwärtigkeit** des Angriffs: Rn. 493, 495, 501. Zur **Erforderlichkeit** der Verteidigungshandlung: *Amelung*, GA 1982, 381 ff.; *ders.*, NStZ 1998, 70; *Kaspar*, GA 2007, 36 (43 ff.).

Die Zahlung des Schweigegeldes stellt kein Abwehrmittel dar, sondern die Duldung des Angriffs auf das eigene Vermögen.[262] Die Einschaltung der Polizei würde dagegen bewirken, was der Angegriffene verhindern will, nämlich die Aufdeckung der kompromittierenden Tatsachen. Auch bietet **§ 154c Abs. 2 StPO**, der in dieser Konstellation ein Absehen von der Strafverfolgung vorsieht, keine hinreichende Sicherheit für den Fall, dass es sich bei diesen Tatsachen um ein vom Opfer begangenes Vergehen behandelt. Es handelt sich nämlich um eine bloße Kann-Vorschrift.

Das Hauptproblem der Notwehr gegen eine Schweigegelderpressung ist das Element der **Gebotenheit**.[263] Die erforderliche Verteidigung müsste nämlich typischerweise heimlich erfolgen. Notwehr, die im Verborgenen bleiben muss, dient aber nicht der Verteidigung der Rechtsordnung, sondern führt zu einer Erschütterung des Rechtsvertrauens, weil die Bevölkerung, der die Umstände der Tat unbekannt bleiben, die Rechtfertigung nicht nachvollziehen kann.[264]

3. Vereinbarkeit der »sozialethischen Schranken des Notwehrrechts« mit dem Analogieverbot (Art. 103 Abs. 2 GG)

Die dargelegten sozialethischen Schranken der Notwehr verstoßen nicht gegen das strafrechtliche Analogieverbot.[265] Bei den Fällen fehlender Gebotenheit der Notwehr handelt es sich keineswegs um eine *»gesetzesergänzende Lückenfüllung«* mittels teleologischer Reduktion (Rn. 89-94) im Geltungsbereich des Analogieverbots: *Erstens* gilt dieses Verbot nicht für Erlaubnissätze.[266] **566**

Zweitens handelt es sich bei den von Rechtsprechung und Lehre entwickelten sozialethischen Schranken der Notwehr nicht um Rechtsfortbildung *praeter legem* als gesetzesergänzende Lückenfüllung.[267] Vielmehr geht es um die **Auslegung des § 32 Abs. 1 StGB**, genauer um die Konkretisierung der »Gebotenheit« gemäß Sinn und Zweck des Notwehrrechts.[268] Die Bestimmtheit wird durch eine Auslegung und Konkretisierung durch die jahrzehntelange Rechtsprechung gewahrt.[269]

262 *Arzt*, JR 2001, 1052 (generell zur Strafbarkeit eines Erpressungsopfers und speziell zur Schutzgelderpressung).

263 Dazu: BGH JZ 2003, 961 (965) m.w.N.; *Amelung*, NStZ 1998, 70 (71); *Eggert*, NStZ 2001, 225 (227 ff.); *Roxin*, § 15 Rn. 100, 102 m.w.N.

264 *Amelung*, NStZ 1998, 70 (71) m.w.N.; *Roxin*, § 15 Rn. 100, 102; kritisch: *Eggert*, NStZ 2001, 225 (227 ff.); SK/*Günther*, § 32 Rn. 77; *Kaspar*, GA 2007, 36 (39 f.).

265 H.M.: SK/*Günther*, § 32 Rn. 104; *Krey*, JZ 1978, 702 (712); *Lackner*/*Kühl*, § 32 Rn. 16; *Roxin*, § 15 Rn. 56; **a.A.**: *Kratzsch*, GA 1971, 65 ff.; LK/*Spendel*, 11. Aufl., § 32 Rn. 308; kritisch auch LK/*Rönnau*/*Hohn*, § 32 Rn. 228.

266 Rn. 94, 270. Im Übrigen siehe zum Analogieverbot Rn. 38 ff., 49, 78-97.

267 **A.A.** *Hassemer*, FS Bockelmann, 1979, S. 227.

268 *Krey*, JZ 1978, 702 (712); *Roxin*, § 15 Rn. 56. Terminologisch abweichend *Kühl*, § 7 Rn. 164.

269 *Roxin*, StV 2006, 236.

VI. Subjektives Rechtfertigungselement

567 Eine Rechtfertigung aus Notwehr (§ 32 StGB) setzt neben dem Vorliegen der objektiven Voraussetzungen (Rn. 473-566) stets voraus, dass der Angegriffene bei der Abwehr mit einem entsprechenden **Verteidigungswillen** handelt (Rn. 454 ff.).

VII. Sonderfragen der Nothilfe als Verteidigung »eines anderen«

568 Für die *Nothilfe* gelten grundsätzlich dieselben Regeln wie für die *Notwehr als* Selbstverteidigung. Auch die Nothilfe muss erforderlich, geboten und von einem Verteidigungswillen getragen sein. Bei der Bestimmung des mildesten Verteidigungsmittels hat der Nothelfer allerdings auch die Mittel des Angegriffenen einzubeziehen.[270]

Darüber hinaus gibt es noch weitere Besonderheiten:

1. Verbot der »aufgedrängten Nothilfe«

Nothilfe **gegen den Willen des Angegriffenen**, also aufgedrängte Nothilfe, ist grundsätzlich nicht zulässig:

a) Das liegt auf der Hand, wenn der Angegriffene wirksam **eingewilligt** hat, z.B. bei einer einverständlichen Schlägerei (Rn. 484). Denn dann fehlt es mangels Rechtswidrigkeit des Angriffs bereits an einer Notwehrlage.[271] Die aufgedrängte Nothilfe ist also zunächst von Einwilligungsfällen abzugrenzen.

Die Einwilligung kann den Angriff allerdings nur dann rechtfertigen, wenn **disponible Rechtsgüter des Einzelnen** betroffen sind. Individualrechtsgüter nun sind grundsätzlich für den Betroffenen disponibel. Nicht disponibel ist aber das Rechtsgut Leben, was sich aus § 216 StGB ergibt. Eine Einschränkung folgt außerdem für das Rechtsgut der körperlichen Unversehrtheit aus § 228 StGB.

569 b) Hat der Angegriffene nicht wirksam in den Angriff eingewilligt, so ist eine Nothilfe gleichwohl nicht erlaubt, wenn sie gegen seinen Willen erfolgt,[272] z.B. weil er

- den Angriff ohne Gegenwehr hinnehmen[273] oder
- sich selbst verteidigen will[274].

Wer einen solchen entgegenstehenden Willen des Angegriffenen ignoriert, handelt in **aufgedrängter Nothilfe**. Sie ist grundsätzlich verboten.[275] Denn das Notwehrrecht ist bei disponiblen Rechtsgütern eine Befugnis des Betroffenen, auf die er verzichten kann. Der Nothelfer muss einen solchen Verzicht respektieren. Das

270 *Roxin*, § 15 Rn. 116; *Kasiske*, Jura 2004, 832 (836), auch zur sozialethischen Einschränkung der Nothilfe; ebenfalls *Kuhlen*, GA 2008, 282; vertiefend *Engländer*, Grund und Grenzen der Nothilfe, 2009.

271 *Jakobs*, 12/59; *Kühl*, § 7 Rn. 138; *Roxin*, § 15 Rn. 117.

272 Vgl. zu den einzelnen Konstellationen *Sternberg-Lieben*, JuS 1999, 444.

273 Z.B. um den Angreifer zu schonen, oder um ihn nicht noch mehr zu reizen.

274 Etwa aus (übertriebenem) Stolz; *Kasiske*, Jura 2004, 832 (839) löst dies über die Erforderlichkeit.

275 BGHSt 5, 245 (247 f.); *Jescheck/Weigend*, § 32 IV; *Kühl*, § 7 Rn. 143; *Roxin*, § 15 Rn. 1, 116, 118; differenzierend *Jakobs*, 12/59-60; **a.A.** *Schmidhäuser*, 9/107.

folgt aus der individualethischen Wurzel der Notwehr (Selbstverteidigung, Rn. 470). Die sozialethische Wurzel (Verteidigung der Rechtsordnung) allein vermag die Befugnisse aus § 32 StGB nicht zu legitimieren.[276]

Jedoch sollte man »aufgedrängte Nothilfe« nur annehmen, wenn der Angegriffene seinen entgegenstehenden Willen erklärt hat *und* der Nothelfer diesen Willen kennt. Für ersteres spricht der Aspekt der Rechtsklarheit; für Letzteres der Schutz des rechtstreuen Nothelfers, den man insoweit vom Irrtumsrisiko entlasten sollte.

c) **Ausnahmen** vom Verbot der aufgedrängten Nothilfe gelten bei Angriffen auf **570** nicht disponible Rechtsgüter (Rn. 568).[277]

2. Einschränkungen des Nothilferechts für private Sicherheitsdienste?

Einschränkungen des Nothilferechts für private Sicherheitsdienste sind nach **571** geltendem Recht nicht anzunehmen.[278] Im Übrigen sollte man solche Einschränkungen auch nicht durch Gesetzesänderung einführen. Ohne die Unterstützung des privaten Sicherheitsgewerbes könnte die ohnehin schon dramatisch überforderte Polizei ihrer Aufgabe der Gewährleistung der inneren Sicherheit (Gefahrenabwehr) nicht ausreichend nachkommen.[279]

3. Keine Nothilfe zum Schutz der öffentlichen Sicherheit oder Ordnung

Der Bürger ist nicht berechtigt, eigenmächtig **Rechtsgüter der Allgemeinheit** wie **572** die »öffentliche Sicherheit oder Ordnung« zu verteidigen.[280] Deren Schutz ist allein Aufgabe der zuständigen Staatsorgane (dazu bereits Rn. 475).

VIII. Nothilfe und Folter; Polizeiliche Notwehr- und Nothilfebefugnisse

Ob in Extremsituationen körperliche Misshandlungen (»Folter«) oder deren An- **573** drohung durch Nothilfe **Privater** (z.B. Angehörige) erlaubt sein kann, ist strittig.[281]

Beispiel: Der Vater eines entführten Kindes will vom (mutmaßlichen) Täter durch Prügel den Aufenthaltsort des Opfers erfahren, da es zu ersticken droht.

Sofern staatliche Hilfe nicht zur Verfügung steht, ist richtigerweise davon auszugehen, dass sowohl die physische Gewalt durch Private selbst als auch deren Androhung nach § 32 StGB gerechtfertigt ist. Denn das Verbot der »Folter« gilt

---

276 Ebenso offenbar *Roxin*, § 15 Rn. 116.

277 So für alle: *Kühl*, § 7 Rn. 143; *Roxin*, § 15 Rn. 119; vgl. auch *Kaspar*, JuS 2014, 769 (773).

278 Siehe *Kühl*, § 7 Rn. 139; *Kunz*, ZStW 95 (1983), 973 ff.; *Roxin*, Rn. 121, 123; S/S/*Perron*, § 32 Rn. 42. Abweichend: *Hoffmann-Riem*, ZRP 1977, 277 ff. (dagegen *Schwabe*, ZRP 1978, 165 ff.); *Seelmann*, ZStW 89 (1977), 57-59 (dagegen *Kühl*, § 7 Rn. 140, Fn. 286 m.w.N.).

279 *Krey*, Zur Problematik privater Ermittlungen des durch eine Straftat Verletzten, 1994, S. 35 ff.

280 BGHSt 5, 245 (247); *Roxin*, § 15 Rn. 36 ff.; *Wessels/Beulke/Satzger*, Rn. 484.

281 Beispiel in Anlehnung an den Fall *Daschner*. Umfassend zu diesem Problem *Engländer*, Grund und Grenzen der Nothilfe, 2008, S. 331 ff.; verneinend u.a. *Roxin*, § 15 Rn. 103 ff.; S/S/*Perron*, § 32 Rn. 62a; **a.A.** etwa: *Herzberg*, JZ 2005, 321 ff.; *Otto*, JZ 2005, 473 (480 f. m.w.N.).

nur für staatliche Organe.[282] Grenzen ergeben sich allerdings aus der Erforderlichkeit der Nothilfehandlung. Verfügbare staatliche Hilfe ist vorrangig in Anspruch zu nehmen. Zugunsten der diesem Gebot zuwiderhandelnden Eltern oder sonstiger nahe stehender Personen kann allerdings § 35 StGB eingreifen.[283]

In diesem Zusammenhang stellt sich auch die Frage, ob das Aussetzen eines Kopfgeldes auf einen Kindesentführer durch die Eltern nach § 32 StGB gerechtfertigt werden kann. Eine solche Auslobung, §§ 657 ff. BGB, ist regelmäßig nach § 138 Abs. 1 BGB sittenwidrig.

Nach dem Grundsatz der Einheit der Rechtsordnung scheidet daher im Rahmen der Gebotenheit auch ein entsprechendes Notwehrrecht aus. Handelt es sich hingegen um die Rettung eines nahestehenden Angehörigen, kommt für den Täter auf der Ebene der Schuld § 35 StGB (entschuldigender Notstand) in Betracht.[284]

Ob § 32 StGB auch für **Polizeibeamte** als *Rechtfertigungsgrund* gilt und *hoheitliches Handeln* erlauben kann, ist umstritten (vgl. Rn. 451).[285]

Unabhängig davon gilt, dass **Folter und Androhung von Folter stets verboten sind**.[286] Auch die Schutzpflicht des Staates (z.B. bezüglich entführter Personen) besteht stets nur in den Grenzen der Gesetze. Die Folter, wie auch ihre Androhung stellen aber einen Verstoß gegen Art. 1 Abs. 1 S. 1 GG und Art. 3 EMRK und ggf. auch gegen Art. 104 Abs. 1 S. 2 GG dar.[287] Eine sog. **»Rettungsfolter«** ist damit **ausnahmslos verboten**.

IX. Erlaubnisirrtum / Erlaubnistatbestandsirrtum[288]

574 Zwei (auch und gerade) im Rahmen der Notwehr häufig auftretende Irrtumskonstellationen seien hier bereits kurz skizziert:

Von einem **Erlaubnisirrtum** (»Irrtum über die Rechtslage«) als Spezialfall eines Verbotsirrtums (§ 17 StGB) spricht man, wenn der Täter

- die *rechtlichen* Schranken eines anerkannten Rechtfertigungsgrundes verkennt oder
- irrig einen *rechtlich* nicht anerkannten Erlaubnissatz annimmt.

Um einen **Erlaubnistatbestandsirrtum**, z.B. Putativnotwehr, geht es dagegen bei der irrigen Annahme der *tatsächlichen* Voraussetzungen eines Rechtfertigungsgrundes (»Irrtum über die Sachlage«).

---

282 Vgl. Art. 1 UNCAT; dazu auch: *Jäger*, JA 2008, 678 (681); *Reschke*, JuS 2011, 50 (55) – Fallbearbeitung.

283 *Rengier*, AT, § 18 Rn. 99.

284 Näher *Fahl*, JA 2014, 808 (811 f.).

285 Die Frage betrifft primär das Polizeirecht. Dazu vgl. *Amelung*, JuS 1986, 329; *Krey*, Rechtsprobleme, Rn. 92, 443 ff., 557 ff., 601 ff., 608 ff.; *Rogall*, JuS 1992, 551 ff.; BayObLG JZ 1991, 936 f. mit Anm. *Schmidhäuser*; *Pewestorf*, JA 2009, 43; *Béguelin*, GA 2013, 473 (487).

286 EGMR (GK) Gäfgen/Deutschland, Urt. v. 1.6.2010, NJW 2010, 3145 m. Anm. *Grabenwarter*, NJW 2010, 3128 (3130); Kammer-Urteil v. 30.6.2008, NStZ 2008, 669 m. Bespr. *Esser*, NStZ 2008, 657; mit ethischen Überlegungen hierzu *Fahl*, JR 2011, 338 (342).

287 LG Frankfurt a.M. NJW 2005, 692 (693) – Fall Daschner.

288 Auf beide Irrtümer wird zurückzukommen sein (Rn. 473, 577, 718 f., 731 ff.).

Prüfungsschema: Notwehr (§ 32 StGB)

Standort der Prüfung: **Rechtswidrigkeit**

I. Objektive Merkmale

1. Notwehrlage

a) Angriff auf ein rechtlich geschütztes Interesse
b) Rechtswidrigkeit des Angriffs
c) Gegenwärtigkeit des Angriffs

2. Notwehrhandlung

a) Verteidigungshandlung

Verletzung von Rechtsgütern des Angreifers (nicht: Rechtsgüter anderer Personen)

b) Erforderlichkeit der Notwehrhandlung

(1) Geeignetheit
(2) Wahl des relativ mildesten Mittels

c) Gebotenheit der Notwehrhandlung

(nur bei Anhaltspunkten zu prüfen)

(1) Angriffe schuldlos handelnder Personen (Kinder, Irrende, Geisteskranke, Volltrunkene)
(2) Angriffe naher Angehöriger / enge familiäre Beziehungen
(3) »Unerträgliches/krasses Missverhältnis« zwischen den betroffenen Rechtsgütern
 (a) Unerhebliche Angriffe auf Sachgüter
 (b) Sachgüternotwehr und Tötung des Angreifers, Art. 2 EMRK
 (c) Sonstige Fälle
 (d) Unfugabwehr
(4) Notwehrprovokation, vorwerfbares Vorverhalten
 (a) Absichtsprovokation
 (b) Sonst vorwerfbar provozierte Angriffe
(5) Sonderfall: Abwehrprovokation
(6) Sonderfall: Notwehr gegen *Chantage*

II. Subjektives Rechtfertigungselement (Verteidigungswille)

1. Kenntnis der Notwehrlage

2. Wille zur *Verteidigung* der betroffenen Rechtsgüter

§ 15 Rechtfertigender Notstand (§§ 228, 904 BGB; § 34 StGB)

I. Differenzierung rechtfertigender / entschuldigender Notstand

575 Notstand ist ein Zustand gegenwärtiger *Gefahr* für Leben, Leib, Freiheit, Eigentum oder ein anderes Rechtsgut, deren Abwendung nur auf Kosten fremder Rechtsgüter möglich ist.[1] Dabei ist zwischen den Notstandsregeln, die Erlaubnissätze enthalten, und Notstandsfällen, die den Täter lediglich entschuldigen, zu unterscheiden.

Diese Differenzierung hatte sich in der Strafrechtswissenschaft ca. 1930 durchgesetzt.[2] Sie ist vom geltenden StGB ausdrücklich übernommen worden (§ 34 StGB / § 35 StGB).[3]

576 **Erlaubnissätze** enthalten **§ 34 StGB** (sowie der gleichlautende § 16 OWiG für das Ordnungswidrigkeitenrecht) und **§§ 228, 904 BGB**.

Dagegen ist **§ 35 StGB** ein **Entschuldigungsgrund**. Dasselbe gilt für den von der h.L. anerkannten, im Gesetz nicht geregelten »übergesetzlichen entschuldigenden Notstand«.

Handelt der Täter im *rechtfertigenden* Notstand, so ist gegen seine Tat mangels Rechtswidrigkeit des Angriffs keine Notwehr möglich.

Liegt dagegen für den Täter nur ein *entschuldigender* Notstand vor, so stellt sein Handeln aus der Perspektive seines Opfers einen Angriff dar, der wiederum eine Notwehrlage schafft, die für den Betroffenen ein Notwehrrecht begründet, mag dieses auch wegen der Schuldlosigkeit des Angreifers eingeschränkt sein (Rn. 533-537).

577 Weitere Konsequenzen der Differenzierung zwischen dem Notstand als Rechtfertigungsgrund und dem lediglich entschuldigenden Notstand:

- Bei Taten im entschuldigenden Notstand liegt ein Rechtsbruch, also eine *»Störung der öffentlichen Sicherheit« i.S. des Polizeirechts* vor (Rn. 272).
- Die irrige Annahme der tatsächlichen Voraussetzungen des § 34 StGB (oder eines der anderen Fälle rechtfertigenden Notstandes) lässt als »Erlaubnistatbestandsirrtum« analog § 16 Abs. 1 S. 1 StGB die Strafbarkeit wegen vorsätzlicher Tatbegehung entfallen (Rn. 731 ff.). Dagegen lässt die irrige Annahme der tatsächlichen Voraussetzungen des § 35 Abs. 1 StGB den Vorsatz unberührt und bei Vermeidbarkeit des Irrtums auch die Schuld (§ 35 Abs. 2 StGB).

II. § 228 BGB (»Defensivnotstand« gegen Sachen) als Erlaubnissatz

578 Dieser Rechtfertigungsgrund gilt auch im Strafrecht (Rn. 449). Er wird üblicherweise als Spezialfall des rechtfertigenden Notstandes angesehen, der wie § 34 StGB auf dem Prinzip des überwiegenden Interesses beruhe.[4] Diese Deutung mag grundsätzlich zutreffen; sie bedarf aber der folgenden Ergänzung:

§ 228 BGB ist ein **notwehrähnlicher** Sonderfall des rechtfertigenden Notstandes,[5] denn beim Defensivnotstand wird der Eigentümer der Sache betroffen, von der die Gefahr ausgeht. Es handelt sich gewissermaßen um die **»Verteidigung gegen den Gefahrenherd«**.

---

1 *Jescheck/Weigend*, § 33 I 1; *Lenckner*, S. 7; *Maurach/Zipf*, § 27 Rn. 1.
2 *Lenckner*, S. 7-9; MK/*Erb*, § 34 Rn. 9 f.; *Roxin*, § 16 Rn. 1.
3 Text des § 34 StGB: (»... handelt nicht rechtswidrig ...«); Text des § 35 Abs. 1 S. 1 StGB: (»... handelt ohne Schuld«).
4 *Roxin*, § 16 Rn. 3, 111; *Wessels/Beulke/Satzger*, Rn. 432 ff.
5 *Jescheck/Weigend*, § 33 II 1; *Kühl*, § 9 Rn. 13 i.V.m. § 7 Rn. 26 m.w.N.

Demgemäß beruht § 228 BGB zumindest auch auf dem Prinzip der **Verantwortlichkeit des von der Notstandshandlung Betroffenen für die Notstandslage.**[6]

Das Prinzip des überwiegenden Interesses, das § 904 BGB und § 34 StGB prägt, ist bei § 228 BGB modifiziert. Das **geschützte** Interesse muss nicht schwerer wiegen als das durch die Notstandshandlung **verletzte**. Vielmehr ist beim Defensivnotstand der Verhältnismäßigkeitsgrundsatz nur eine negative Schranke: Der angerichtete Schaden darf nicht außer Verhältnis zum abgewendeten Schaden stehen; ersterer darf also durchaus größer sein.

Der Normbereich des § 228 BGB erfasst **nur die Beschädigung oder Zerstörung fremder, d.h. im Eigentum anderer stehender Sachen**. Doch gilt diese Vorschrift analog bei herrenlosen Sachen, von denen eine Gefahr ausgeht, z.B. Wild.[7] 579

Beispiele für § 228 BGB bieten namentlich:
- Verletzen oder Töten eines Hundes, der einen Menschen beißen will.[8]
- Absägen eines Baumes, der auf das Nachbarhaus zu stürzen droht.

Ein Grenzfall ist das Erschießen eines wertvollen Hundes, der die Hose des im Notstand Handelnden zu beschädigen droht. Hier wird überwiegend noch kein Fall der Unverhältnismäßigkeit angenommen.[9]

III. § 904 BGB (»Aggressiver Notstand«) als Rechtfertigungsgrund

Die h.M. sieht § 904 S. 1 BGB als Sonderfall des allgemeinen Rechtfertigenden Notstandes gemäß § 34 StGB: Wie dieser beruhe auch jener auf dem **Prinzip des überwiegenden Interesses.**[10] Dieser Standpunkt bedarf jedoch der folgenden Ergänzung: Dass der von der Notstandshandlung betroffene Eigentümer ein Opfer zugunsten des Gefährdeten erbringen soll, obwohl er Unbeteiligter ist, kann letztlich nur durch das Prinzip der **Solidarität** legitimiert werden.[11] Normbereich und tatbestandliche Voraussetzungen des § 904 S. 1 BGB mag der folgende Fall verdeutlichen: 580

Fall 87: – Berghütten-Fall –[12]
Bei einer Wanderung im Hochgebirge gerät A völlig überraschend in einen schweren Schneesturm. Um nicht zu erfrieren, rettet er sich in eine Berghütte, in die er gewaltsam eindringt; hierbei beschädigt er ein Fenster der Hütte. In der Hütte ist es so kalt, dass der unterkühlte A den Gasofen anmachen muss, um nicht krank zu werden. Strafbarkeit des A?

Durch die **Beschädigung des Fensters** hat A den Tatbestand des § 303 StGB erfüllt. Doch ist diese Tat durch § 904 S. 1 BGB gerechtfertigt: 581

A befand sich in einer *gegenwärtigen Lebensgefahr*. Seine Tat war zur Abwendung der Gefahr *notwendig*, da kein milderes Mittel bestand. Der ihm drohende Schaden war *unverhältnismäßig größer* als der durch die Sachbeschädigung entstandene Schaden. Auch das erforderliche subjektive Rechtfertigungselement (»Gefahrabwendungswille«) ist gegeben.

6 *Jakobs*, 11/3; *Kindhäuser*, AT, § 17 Rn. 46.
7 Oben, Rn. 401 m.w.N.; *Jescheck/Weigend*, § 33 II 1.
8 *Jescheck/Weigend*, § 33 II 1. Siehe auch § 90a BGB.
9 *Kühl*, § 9 Rn. 16; *Roxin*, § 16 Rn. 111.
10 *Jescheck/Weigend*, § 33 III 1; *Roxin*, § 16 Rn. 3, 107.
11 *Jakobs*, 11/3; *Kühl*, § 9 Rn. 17; *Lenckner*, S. 49 f.; *Wessels/Beulke/Satzger*, Rn. 441.
12 Ergänzung zu Fall 32 (»Schneesturm im Gebirge«; Rn. 275).

582 Durch das eigenmächtige **Betreten der Hütte** hat A den Tatbestand des Hausfriedensbruchs, § 123 StGB, erfüllt. Diese Tat nun vermag § 904 BGB, der nur Einwirkungen auf das Eigentum erfasst, nicht zu rechtfertigen.[13] Denn Hausfriedensbruch ist keine Straftat gegen das **Eigentum**, sondern gegen das Hausrecht des Betroffenen; der Inhaber des Hausrechts ist nicht zwingend der Eigentümer. Doch greift der Erlaubnissatz des § 34 StGB ein (Rn. 276).

583 A hat den **Gasofen** eigenmächtig angeschaltet, also Gas verbraucht. Damit hat er den Tatbestand des Diebstahls, § 242 StGB, erfüllt:

Das verbrauchte Gas war eine »bewegliche Sache«[14]; es stand im Eigentum eines anderen, war also »fremd«. Durch den Verbrauch hat A das Gas »weggenommen«. Er hat dabei vorsätzlich und mit Zueignungsabsicht gehandelt.[15] Die angestrebte Zueignung war auch »rechtswidrig«, weil A keinen zivilrechtlichen Anspruch auf Übereignung des Gases besaß.

Zu **dieser** Rechtswidrigkeit, die *Tatbestandsmerkmal* ist und nicht zur zweiten Deliktsstufe *Rechtswidrigkeit der Tat* gehört: Rn. 412, 422. Erlaubnissätze wie § 904 BGB, § 34 StGB spielen bei jenem Tatbestandsmerkmal keine Rolle. Bei ihm geht es (bzgl. § 242 StGB) allein darum, ob der Täter einen Anspruch auf Übereignung der Sache hat.[16]

Da A wohl nicht angenommen hat, einen solchen Anspruch zu besitzen, ist bezüglich der Rechtswidrigkeit der beabsichtigten Zueignung auch Vorsatz zu bejahen.

Jedoch ist seine Tat gemäß § 904 BGB gerechtfertigt:

A befand sich in einer *gegenwärtigen Gefahr* für seine Gesundheit. Zur Abwendung dieser Gefahr war das Heizen der Hütte durch den Gasofen *notwendig*, da es kein milderes Mittel gab. Der drohende Schaden für die Gesundheit war auch gegenüber der Schädigung des Eigentümers (Verbrauch des Gases) *unverhältnismäßig groß*.

584 Nach § 904 S. 2 BGB kann der Eigentümer allerdings vom Täter Schadensersatz verlangen. Dieser Anspruch ist keine Forderung aus Delikt gemäß § 823 Abs. 1 BGB, da es an einer rechtswidrigen Verletzung des Eigentums fehlt. Vielmehr handelt es sich um einen zivilrechtlichen Aufopferungsanspruch.

IV. Der allgemeine »Rechtfertigende Notstand«, § 34 StGB

1. Geschichtliche Entwicklung und Rechtsgrund dieses Erlaubnissatzes

585 a) Vor dem Inkrafttreten des § 34 StGB (1.1.1975) kannte das deutsche Gesetzesrecht nur zwei eng begrenzte Sonderfälle des rechtfertigenden Notstandes: §§ 228, 904 BGB. Es gab keine gesetzliche Normierung eines allgemeinen Erlaubnissatzes für sonstige Notstandsfälle. Insoweit lag eine Regelungslücke im Gesetzesrecht vor. Diese Lücke hat die deutsche Judikatur im Wege der richterlichen Rechtsfortbildung praeter legem (gesetzesergänzende Lückenfüllung) geschlossen.[17]

---

13 *Kühl*, § 9 Rn. 18; *Roxin*, § 16 Rn. 109; **a.A.** offenbar *Jescheck/Weigend*, § 33 III 1.
14 *Krey/Hellmann/Heinrich*, BT/2, Rn. 1.
15 Zur angestrebten Zueignung durch den Verbrauch von Sachen siehe *Krey/Hellmann/Heinrich*, BT/2, Rn. 75.
16 *Rengier*, BT/1, 2/187 ff.
17 Dazu: *Jescheck/Weigend*, § 33 IV 1, 2; *Roxin*, § 16 Rn. 3-5.

In seinem berühmten Urteil von 1927 hat das RG[18] einen neuen Rechtfertigungsgrund geschaffen, der wenig später den Namen »übergesetzlicher Notstand« erhielt.[19] Das RG stellte hierzu fest:

In Fällen, in denen eine den Tatbestand einer Straftat erfüllende Handlung das einzige Mittel sei, um ein Rechtsgut zu schützen, müsse die Frage, ob die Handlung erlaubt oder rechtswidrig sei, anhand der dem geltenden Recht zu entnehmenden Wertverhältnisse der im Widerstreit stehenden Rechtsgüter entschieden werden – Grundsatz der Güterabwägung.[20]

Damit ist das Gericht der in der Strafrechtswissenschaft entwickelten **Güterabwägungstheorie** gefolgt, die postulierte:[21] Nicht rechtswidrig handelt, wer ein geringwertiges Rechtsgut verletzt oder gefährdet, wenn nur dadurch ein höherwertiges Rechtsgut gerettet werden kann. 586

Mit dieser Theorie konkurrierte die **Zwecktheorie**, die besagte: Die Verfolgung eines rechtlich anerkannten Zweckes mit angemessenen Mitteln ist nicht widerrechtlich.[22] Ihr ist das RG mit dem Hinweis auf ihre uferlose Weite zu Recht entgegengetreten.[23]

In der Folge setzte sich jener neue Erlaubnissatz des »übergesetzlichen Notstandes« in Judikatur und Lehre so durch, dass er den Rang von Gewohnheitsrecht erlangte. Dieses Gewohnheitsrecht wurde am 1.1.1975 durch den neuen § 34 StGB abgelöst.

b) § 34 StGB beruht nach h.M. auf dem Prinzip der Güter- und Interessenabwägung, genauer: auf dem **Prinzip des überwiegenden Interesses**.[24] Dieses Prinzip muss aber durch das **Solidaritätsprinzip** (Rn. 580) ergänzt werden. 587

Allerdings soll die Angemessenheitsklausel in § 34 S. 2 StGB auf der Zwecktheorie basieren.[25] Das bedeutet jedoch nicht, dass auch sie den Rechtfertigenden Notstand prägt. Denn bei näherer Analyse wird sich erweisen, dass jene Klausel keine zusätzliche zweite Wertung zu der nach § 34 S. 1 StGB erforderlichen verlangt. Vielmehr besitzt § 34 S. 2 StGB nur eine klarstellende, rein deklaratorische Bedeutung (Rn. 603 ff.).

2. Notstandslage (»gegenwärtige Gefahr« für ein Rechtsgut)

Zu den objektiven Voraussetzungen des § 34 S. 1 StGB gehört zunächst das Vorliegen einer Notstandslage, d.h. einer *»gegenwärtigen Gefahr für Leben, Leib, Freiheit, Ehre, Eigentum oder ein anderes Rechtsgut«*. 588

a) Notstandsfähig gemäß § 34 StGB sind grundsätzlich alle Rechtsgüter. Dabei geht es in der Regel um **Rechtsgüter des Einzelnen**, wobei zusätzlich zu den im Gesetz ausdrücklich aufgezählten z.B. zu nennen sind:

---

18 RGSt 61, 242 (med. indizierter Schwangerschaftsabbruch – heute: § 218a Abs. 2 StGB).
19 RGSt 62, 35 (46, 47).
20 RGSt 61, 242 (254).
21 Dazu m.w.N.: *Lenckner*, S. 51-59; *Roxin*, § 16 Rn. 3.
22 Siehe m.w.N.: *Lenckner*, S. 60-62.
23 RGSt 61, 242 (253).
24 *Lenckner*, S. 70 ff., 120 ff., 133 ff., 145 f.; *Otto*, AT, § 8 Rn. 5, 164; *Wessels/Beulke/Satzger*, Rn. 445.
25 *Roxin*, § 16 Rn. 91; S/S/*Perron*, § 34 Rn. 2, 46.

– das allgemeine Persönlichkeitsrecht[26]; das Hausrecht; das Vermögen[27].

Daneben kann auch der Schutz der **Rechtsgüter Dritter** einen Rechtfertigungsgrund bilden. Dazu folgender Fall:[28]

Ein Arzt (A) hatte das Jugendamt und die Polizei eingeschaltet, weil die Untersuchung des Patienten auf eine Kindesmisshandlung schließen ließ. Durch die Information des Jugendamts und der Polizei hat A den Tatbestand des § 203 Abs. 1 Nr. 1 StGB (Verletzung der ärztlichen Schweigepflicht) verwirklicht. Allerdings kommt eine Rechtfertigung des A gem. § 34 StGB in Betracht. Sofern die Behandlung des Kindes den ernstzunehmenden Verdacht einer Kindesmisshandlung nahelegt und Wiederholungsgefahr besteht, liegt eine gegenwärtige, nicht anders abwendbare Gefahr für ein notstandsfähiges Rechtsgut (körperliche Unversehrtheit des Kindes) vor. Eine Strafbarkeit des A gem. § 203 Abs. 1 Nr. 1 StGB scheidet somit aus.

Jedoch kommen auch **Rechtsgüter der Allgemeinheit** in Betracht, so z.B.:

Sicherheit des Straßenverkehrs vor alkoholisierten Fahrern[29]; Volksgesundheit[30]; Schutz der Funktionsfähigkeit und Lauterkeit von Verwaltung und Rechtspflege.[31]

589 b) Die Gefahr für das Rechtsgut muss **gegenwärtig** sein. Das ist der Fall,

»wenn ein Zustand besteht, der erfahrungsgemäß bei natürlicher Weiterentwicklung der gegebenen Sachlage den Eintritt einer Schädigung sicher oder doch höchst wahrscheinlich macht, wenn nicht alsbald eine Abwehrmaßnahme ergriffen wird«.[32]

Diese langatmige Definition wird anschaulicher, wenn man sie mit dem Unterschied zwischen einer Augenblicksgefahr und einer Dauergefahr verdeutlicht:

590 (1) Bei Augenblicksgefahren steht der Eintritt des Schadens unmittelbar bevor. Bei solchen Gefahren ist die Gegenwärtigkeit offensichtlich.

Beispiel: Ein Kind ist ins Wasser gefallen und droht zu ertrinken.[33]

591 (2) Gegenwärtig kann aber auch eine **Dauergefahr** sein.[34] Bei ihr sind zwei Erscheinungsformen zu unterscheiden:

(a) Zum einen liegt eine Dauergefahr als gegenwärtige Gefahr vor, wenn ein Gefährdungszustand erreicht ist, **der jederzeit, also auch alsbald, in einen Schaden**

---

26 *Kühl*, § 8 Rn. 23 zum sog. »Spanner-Fall« (BGH NJW 1979, 2053 f.) m.w.N.

27 BGH NJW 1976, 680 (681); *Kühl*, § 8 Rn. 23; NK/*Neumann*, § 34 Rn. 27-29.

28 KG NJW 2014, 640 f.

29 So für die Verhinderung einer Trunkenheitsfahrt durch Wegnahme des Pkw-Schlüssels (im Anschluss an OLG Frankfurt): *Roxin*, § 16 Rn. 13 a.E.; *Wessels/Beulke/Satzger*, Rn. 448.

30 Dazu – im Hinblick auf die Bekämpfung der Drogenkriminalität: BGH NStZ 1988, 558 (559 a.E.) m.w.N.; *Krey*, Rechtsprobleme, Rn. 565, 579 m.w.N.; *Kühl*, § 8 Rn. 29; krit. NK/*Neumann*, § 34 Rn. 30, 31.

31 Eingehend *Krey*, Rechtsprobleme, Rn. 566-570, 578.

32 *Krey*, ZRP 1975, 97 (98); *ders.*, Rechtsprobleme, Rn. 571-573, 574 ff. – Einprägsame Kurzdefinition unten, Rn. 593.

33 *Krey*, Rechtsprobleme, Rn. 571; *Kühl*, § 8 Rn. 63 m.w.N.

34 BGH NJW 1979, 2053 f. (Spanner-Fall); JZ 2004, 44 (46); *Krey*, ZRP 1975, 97 f.; *Kühl*, § 8 Rn. 65 ff.

umschlagen kann, mag auch die Möglichkeit bestehen, dass der Eintritt des Schadens noch eine Zeit lang auf sich warten lässt.[35] Eine solche permanente Gefährdung, bei der die Möglichkeit des Schadenseintritts »ständig in der Luft liegt«[36], ist beispielsweise anzunehmen:

- bei einem baufälligen Haus, das jederzeit einstürzen kann;
- bei einem gefährlichen Geisteskranken, der jederzeit Gewalttaten begehen kann.

(b) Zum anderen ist eine gegenwärtige Gefahr als Dauergefahr auch dann gegeben, **592** wenn der Eintritt des drohenden Schadens zwar erst **nach Ablauf einer gewissen Zeit zu erwarten ist, aber die wirksame Verhinderung des Schadens sofortiges Handeln erfordert**.[37]

- In Fall 78 bestand eine gegenwärtige Lebensgefahr für den Zeugen (Rn. 500).
- Auch in Fall 76 befand sich der Bedrohte in einer solchen Gefahr (Rn. 488).

Resümee: Der gemeinsame Nenner aller drei Modalitäten der gegenwärtigen Ge- **593** fahr ist die »Notwendigkeit sofortigen Handelns zu ihrer Abwendung«.[38]

Diese Einsicht erlaubt die folgende plakative und einprägsame Kurzdefinition:

Gegenwärtig ist jede Gefahr (Augenblicks- oder Dauergefahr), bei der die Notwendigkeit sofortigen Handelns zu ihrer sicheren Abwendung besteht.

Weitere **Beispiele** einer gegenwärtigen Gefahr:

- Um das Leben einer Geisel zu retten, befolgen die zuständigen staatlichen Stellen die Forderung der Entführer und lassen in Strafhaft befindliche Terroristen frei.[39]
- Ein Richter begeht eine Rechtsbeugung (§ 339 StGB); hierzu hat ihn der »Pate« einer Mafiafamilie mit Todesdrohungen genötigt.[40]

Im ersten Fall bestand eine gegenwärtige Lebensgefahr für die Geisel. Im zweiten Fall befand sich der Richter in einer gegenwärtigen Lebensgefahr. Jedoch ist sein Verhalten selbstredend nicht legal: Es fehlt am wesentlichen Überwiegen seiner Interessen.

3. Erforderlichkeit der Notstandshandlung: Die Gefahr darf »nicht anders abwendbar sein«

a) Wie bereits betont bestehen zwischen § 34 StGB und § 32 StGB bedeutsame Unterschie- **594** de schon hinsichtlich der **Gegenwärtigkeit der Gefahr** (Notstand) im Vergleich zur Gegenwärtigkeit des Angriffs (Notwehr): Bei der gegenwärtigen Dauergefahr fehlt es grundsätzlich an einem gegenwärtigen Angriff, mag die Gefahr auch auf dem Verhalten eines Menschen beruhen (Rn. 492, 591 – Geisteskranker).

Auch bezüglich des Rechtfertigungselementes der **Erforderlichkeit** der Rettungshandlung gibt es bedeutsame Unterschiede zwischen Notstand und Notwehr:

---

35 BGH aaO; *Krey*, Rechtsprobleme, Rn. 572 m.w.N.; *Kühl*, § 8 Rn. 64-65; S/S/*Perron*, § 34 Rn. 17; MK/*Erb*, § 34 Rn. 82.

36 *Kühl*, § 8 Rn. 65 mit Fn. 116.

37 *Krey*, Rechtsprobleme, Rn. 573; *Kühl*, § 8 Rn. 66 (im Anschluss an *Hirsch*); im Ergebnis ebenso: NK/*Neumann*, § 34 Rn. 57; *Roxin*, § 16 Rn. 20; S/S/*Perron*, § 34 Rn. 17; *Schroeder*, JuS 1980, 339.

38 *Krey*, Rechtsprobleme, Rn. 573 a.E.; *Kühl*, § 8 Rn. 66, 68; NK/*Neumann*, § 34 Rn. 57.

39 *Krey*, ZRP 1975, 97 (Fall Peter Lorenz); *Krey*/*Meyer*, ZRP 1973, 1.

40 *Krey*, Jura 1979, 316 (318-321). – Siehe Fall 88 (Rn. 597).

Der unterschiedliche Sprachgebrauch des Gesetzes – »erforderlich« bei der Notwehr, »nicht anders abwendbar« beim Notstand – spielt allerdings keine Rolle. Dass die Gefahr nicht anders abwendbar ist, soll dasselbe bedeuten wie die Feststellung: Die Notstandshandlung muss zur Abwendung der Gefahr erforderlich sein.[41]

Trotz der im Grundsatz gegebenen Parallelität zwischen Notstand und Notwehr, was die Erforderlichkeit der Rettungshandlung angeht, ist dieses Rechtfertigungselement aber beim Notstand **erheblich enger als bei der Notwehr**:

595 (1) Wie bei der Notwehr fordert die h.M. auch beim Notstand die **Eignung** der Rettungshandlung; anderenfalls fehle die Erforderlichkeit.

Bei der Notwehr kann auch der aussichtslose Widerstand eine erforderliche Verteidigung sein: Das Recht braucht dem Unrecht nicht kampflos zu weichen (Rn. 508-510).

Anders ist es dagegen bei § 34 StGB, bei dem es nicht um die Abwehr eines gegenwärtigen rechtswidrigen Angriffs und nicht um die Verteidigung der Rechtsordnung geht. Hier muss die Tat eine **Rettungschance** für das gefährdete Rechtsgut bieten, mag diese Chance auch gering sein.[42]

Demgemäß entfällt § 34 StGB in folgendem Fall: Ein alkoholisierter Arzt fährt zu einem Patienten, den er aber wegen seiner Trunkenheit nicht mehr sachgerecht behandeln kann. Hier war die Tat (§ 316 StGB) nicht zur Abwendung der Gefahr geeignet.[43]

596 (2) Wie bei der Notwehr gilt auch beim Notstand das **Prinzip des mildesten Mittels**: Die Rettungshandlung ist nicht erforderlich, wenn ein hinreichend sicheres milderes Abwehrmittel zur Verfügung steht. In einem solchen Fall fehlt es an der Notstandsvoraussetzung der **»nicht anders abwendbaren«** Gefahr.[44]

Im Gegensatz zu § 32 StGB ist jedoch bei § 34 StGB eine bestehende **Ausweichmöglichkeit** wahrzunehmen.[45] Auch muss beim Notstand nicht nur jede präsente Hilfe in Anspruch genommen werden. Vielmehr muss darüber hinaus **jede erreichbare Hilfe** – auch die Privater – herbeigerufen werden.[46]

597 b) Jenes Prinzip des hinreichend sicheren milderen Rettungsmittels mag der folgende Fall verdeutlichen.

Fall 88: – Polizeischutz als milderes Rettungsmittel für die Opfer von Drohungen? –[47]
Mafioso M wird wegen des dringenden Verdachts des Schweren Raubes (§ 250 StGB) von der Polizei vorläufig festgenommen und am nächsten Tag dem Richter R vorgeführt. Die Staatsanwaltschaft beantragt bei R die Anordnung von Untersuchungshaft. Obwohl die Voraussetzungen für einen Haftbefehl (§ 114 StPO) durch den Richter vorliegen und R das auch weiß, lehnt er gegen seine richterliche Überzeugung dessen Erlass ab und ordnet die Freilassung des M an (§ 128 Abs. 2 S. 1 StPO). M verschwindet auf Nimmerwiedersehen. R

41 *Krey*, Jura 1979, 316 (318); S/S/*Perron*, § 34 Rn. 18; *Roxin*, § 16 Rn. 23.
42 Siehe *Kühl*, § 8 Rn. 80-85; S/S/*Perron*, § 34 Rn. 18 f.; *Roxin*, § 16 Rn. 23.
43 *Jakobs*, 13/17; *Roxin*, § 16 Rn. 23 (beide im Anschluss an OLG Koblenz).
44 *Krey*, Jura 1979, 316 (319); *Kühl*, § 8 Rn. 86, 88, 90; *Wessels/Beulke/Satzger*, Rn. 457.
45 *Kühl*, § 8 Rn. 77; S/S/*Perron*, § 34 Rn. 20; NK/*Neumann*, § 34 Rn. 58.
46 *Kühl*, § 8 Rn. 76, 86; *Roxin*, § 16 Rn. 23; BGHSt 39, 133 (137); **a.A.** *Pelz*, NStZ 1995, 305 (309).
47 Fall nach *Krey*, Jura 1979, 316-326.

hat diese grobe, absichtliche Fehlentscheidung deswegen getroffen, weil P, der »Pate« der Mafiafamilie, ihn kurz zuvor angerufen und ihm absolut glaubhaft angedroht hatte: *»Wenn Sie den M nicht freilassen, werden wir Sie liquidieren. Vertrauen Sie nicht auf Polizeischutz; es gibt Bomben und Gewehre mit Zielfernrohr. Und drücken Sie sich nicht um die Entscheidung. Sie entgehen dem Tod nur, wenn Sie M auf freien Fuß setzen!«* R hatte die Drohung ernst genommen. Strafbarkeit des R wegen Rechtsbeugung, § 339 StGB?

R hat den objektiven und subjektiven Tatbestand der Rechtsbeugung erfüllt. Es **598**
fragt sich, ob seine Tat durch § 32 StGB oder § 34 StGB erlaubt war.

§ 32 StGB vermag die Rechtsbeugung nicht zu rechtfertigen, weil Notwehr allein die Verletzung von Rechtsgütern des **Angreifers** erlaubt (Rn. 500-502). § 339 StGB ist ein Verbrechen gegen die Rechtspflege; Angreifer aber war P. Doch könnte **§ 34 StGB** eingreifen.

Notstandslage: R befand sich in Lebensgefahr. Diese war auch als Dauergefahr **599**
gegenwärtig; ihre sichere Abwendung erforderte sofortiges Handeln des R.

Nicht anders abwendbar: Es fragt sich, ob es für R kein milderes Mittel zur Abwendung der Gefahr gab. Dabei kommt als milderes Abwehrmittel nur ein solches in Betracht, dass eine **hinreichende Sicherheit** der Gefahrenabwehr bietet.[48]

Ein milderes Mittel könnte zum einen das »Sich Drücken um die Entscheidung« sein (Fernbleiben vom Dienst oder »Selbstablehnung« wegen Befangenheit, § 30 StPO). Indes hatte P glaubhaft dem R auch für diesen Fall mit dem Tode gedroht. Folglich scheidet jenes Mittel als hinreichend sichere mildere Möglichkeit der Gefahrenabwendung aus.

Zum anderen könnte als milderes Abwehrmittel das Anfordern von **Polizeischutz** **600**
in Frage kommen. Jedoch hat die Erfahrung gelehrt, dass Polizeischutz die Gefahr zwar reduzieren, *nicht aber mit hinreichender Sicherheit beseitigen kann.*

Das ist bei terroristischen Anschlägen in Deutschland (RAF) und Italien (Rote Brigaden) sowie bei der Ermordung von Richtern durch die Mafia deutlich geworden. Die Gefahr für R war demgemäß nicht anders abwendbar.

Zur Vertiefung: Begeht ein **durch Drohung eingeschüchterter Zeuge** aus Angst **601**
eine Falschaussage (§ 153 StGB), so ist zu differenzieren:

In Fällen (vgl. Fall 78, Rn. 500), in denen der Zeuge dazu genötigt werden soll, den Angeklagten **durch eine Falschaussage zu entlasten**, ist es jedoch kein hinreichend sicheres »milderes Abwehrmittel«, wenn der Zeuge nicht vor Gericht erscheint oder die Aussage verweigert. Maßnahmen des Zeugenschutzes nach § 68 Abs. 1-4 StPO sind hier in der Regel ebenfalls keine sicheren milderen Mittel, da die Drohung zeigt, dass der Zeuge den ihn bedrohenden Personen bekannt ist.

Anders ist es wiederum, wenn der Zeuge mittels Drohungen genötigt werden soll, von einer belastenden Zeugenaussage abzusehen (»Schweig oder stirb!«). Hier ist eine entlastende Falschaussage grundsätzlich nicht erforderlich. Vielmehr ist die Gefahr **anders abwendbar**, und zwar durch entschuldigtes Nichterscheinen vor

48 *Krey*, Jura 1979, 316 (317, 319); *Kühl*, § 8 Rn. 88; vgl. *Wessels/Beulke/Satzger*, Rn. 457.

Gericht[49] oder durch befugte Verweigerung der Zeugenaussage wegen der Drohung als mildere Mittel.[50]

Zum Merkmal **nicht anders abwendbar** siehe ergänzend Rn. 627-629 (Ermordung des »Haus-/Familientyrannen«).

4. Wesentliches Überwiegen des geschützten Interesses gegenüber dem beeinträchtigten Interesse (§ 34 S. 1 StGB)

– Verhältnis zum Erfordernis der »Angemessenheit« (§ 34 S. 2 StGB) –

602 Hat der Täter in einer *Notstandslage* gehandelt und war die Gefahr auch *nicht anders abwendbar*, so liegen die objektiven Voraussetzungen des Rechtfertigenden Notstandes nach dem Gesetzestext des § 34 StGB vor, wenn: erstens i.S. dieser Vorschrift **das geschützte Interesse** (Fall 88: das Leben des R) **das beeinträchtigte** (Rechtspflege) **wesentlich überwiegt**, § 34 S. 1 StGB, und zweitens die Tat (in casu die Rechtsbeugung) ein angemessenes Mittel ist, die Gefahr abzuwenden, § 34 S. 2 StGB.

Damit scheint § 34 StGB zwei Wertungen zu fordern, nämlich erstens die umfassende Interessenabwägung nach Satz 1, zweitens zusätzlich eine ergänzende Angemessenheitsprüfung nach Satz 2.

a) Nur deklaratorische Bedeutung des § 34 S. 2 StGB?

603 Eine verbreitete Ansicht versteht diese Vorschrift als Normierung einer zweiten Wertungsstufe:[51] Nach Bejahung des wesentlichen Überwiegens i.S.d § 34 S. 1 StGB aufgrund einer Interessenabwägung müsse der Richter eine **weitere Wertung** vornehmen, nämlich die nach § 34 S. 2 StGB. Bei ihr gehe es um die Feststellung der Angemessenheit der Tat am Maßstab »der Prinzipien der Gesamtrechtsordnung«[52] bzw. »der anerkannten Wertvorstellung der Allgemeinheit«.[53]

604 Dagegen spricht die **h.L.** dem Angemessenheitskorrektiv **nur deklaratorische Bedeutung** zu:[54] Sämtliche bei der Angemessenheitsprüfung relevanten Umstände seien bereits im Rahmen der umfassenden Interessenabwägung nach § 34 S. 1 StGB zu berücksichtigen. Dem ist zu folgen:

---

49 Dazu *Krey*, GedS Meyer, 1990, S. 239 (258; zu § 51 Abs. 2 StPO – »genügende Entschuldigung«). Zur Sperrung von Zeugen wegen Gefahr für Leben, Leib oder Freiheit (§ 96 i.V.m. § 110b Abs. 3 S. 3 StPO analog) siehe *Krey*, StPO, Rn. 925 ff.; *ders.*, FS Kohlmann, 2003, S. 627 (643 ff.).

50 *Beulke/Satzger*, JZ 1993, 1013; *Krey*, GedS Meyer, 1990, S. 258-260; ein Schritt in die richtige Richtung: BGH NStZ 1993, 293 f. u. 350 f.

51 *Grebing*, GA 1979, 81; *Jescheck/Weigend*, § 33 IV 3d; *Kühl*, § 8 Rn. 166 f.; NK/*Neumann*, § 34 Rn. 21, 117 ff.; *Fischer*, § 34 Rn. 12 ff.; *Wessels/Beulke/Satzger*, Rn. 458.

52 *Kühl*, § 8 Rn. 166.

53 *Jescheck/Weigend*, § 33 IV 3d m.w.N.

54 *Baumann/Weber/Mitsch*, § 17 Rn. 83; *Haft*, S. 102, 105; *Krey*, ZRP 1975, 97 (98); *Küper*, JZ 1980, 755; *Otto*, AT, § 8 Rn. 178; S/S/*Perron*, § 34 Rn. 46 m.w.N.; LK/*Zieschang*, § 34 Rn. 79. Vermittelnd: *Jakobs*, 13/36 (§ 34 S. 2 StGB schließe die Rechtfertigung aus, wenn das Gesetz für die Lösung des Konfliktes ein bestimmtes Verfahren vorsehe, z.B. Sozialhilfeverfahren).

Erstens ist die Angemessenheitsprüfung nicht anders als im Wege der *die beteiligten Interessen abwägenden Wertung* möglich. Diese Interessenabwägung aber lässt sich nicht von der *in § 34 S. 1 StGB geforderten umfassenden Abwägung der widerstreitenden Interessen* trennen. Daher verlangt § 34 S. 2 StGB keine **zusätzliche** Wertung zu der gemäß Satz 1 erforderlichen.[55]

Zweitens sind alle Versuche, bestimmte Abwägungsgesichtspunkte der Interessenabwägung nach § 34 S. 1 StGB zu entziehen und nur im Rahmen der Wertung gemäß Satz 2 zu berücksichtigen[56], willkürlich. Denn für diese Einordnung bei Satz 2 statt Satz 1 gibt es keine sachlich überzeugenden Differenzierungskriterien.[57] Die h.L. missachtet auch nicht Wortlaut und Sinn des § 34 S. 2 StGB. Auch als rein deklaratorische Regelung bleibt diese Vorschrift sinnvoll, da sie den Richter an die Notwendigkeit der umfassenden sozialethischen Gesamtwertung erinnert (»**Appellfunktion**«).[58]

b) Abwägungsfaktoren bei der Interessenabwägung gemäß § 34 S. 1 StGB

Bei der erforderlichen umfassenden Abwägung aller widerstreitenden Interessen[59] **605**
sind insbesondere die folgenden Gesichtspunkte zu berücksichtigen:

Der Wert der beteiligten Rechtsgüter.

Hierfür bieten die Strafdrohungen (Strafrahmen) von Strafgesetzen, die dem Schutz der jeweiligen Rechtsgüter dienen, wesentliche Anhaltspunkte.[60]

Der Grad der den beteiligten Rechtsgütern drohenden Gefahren.

Gegebenenfalls kann die Begehung eines **abstrakten** Gefährdungsdeliktes erlaubt sein, um eine **konkrete** Gefahr abzuwenden.[61]

Die Intensität des abgewendeten Schadens im Vergleich zu dem durch die Rettungshandlung angerichteten.

Daher kann eine **leichte** Schädigung von Eigentum oder Vermögen eines anderen erlaubt sein, wenn dadurch die Gefahr einer **erheblichen** Schädigung seines Eigentums bzw. Vermögens abgewendet wird.[62]

Die Frage des Verschuldens der Notstandslage.

Zwar schließt ein solches Verschulden die Berufung auf § 34 StGB grundsätzlich nicht aus. Diese Vorschrift wäre auch anwendbar, wenn A in den **Fällen 32** und **87** (Rn. 275,

---

55 *Krey*, ZRP 1975, 97 (98) m.w.N.

56 Dazu *Grebing*, GA 1979, 81; *Jescheck/Weigend*, § 33 IV 3d; *Kühl*, § 8 Rn. 166 f.; NK/*Neumann*, § 34 Rn. 21d, 117 ff.; *Fischer*, § 34 Rn. 12 ff.; *Wessels/Beulke/Satzger*, Rn. 458.

57 Siehe S/S/*Perron*, § 34 Rn. 46.

58 *Krey*, ZRP 1975, 97 (98) (im Anschluss an *Hirsch*). *Kühl*, § 8 Rn. 167 spricht insoweit vom »Appelleffekt«; ebenso *Stratenwerth/Kuhlen*, 9/114. – Für *Roxin*, § 16 Rn. 26, 91-100, soll die Funktion des § 34 S. 2 StGB in einem klarstellenden Hinweis darauf liegen, dass ein Verstoß gegen die Menschenwürde der Annahme eines überwiegenden Interesses gemäß § 34 S. 1 StGB stets entgegenstehe.

59 *Krey*, ZRP 1975, 97; *Roxin*, § 16 Rn. 26, 91 ff.

60 *Kühl*, § 8 Rn. 109; *Roxin*, § 16 Rn. 27-28.

61 *Kühl*, § 8 Rn. 116 ff.; *Roxin*, § 16 Rn. 43 ff.

62 BGHSt 12, 299; BGH NJW 1976, 680 (681); **a.A.** *Roxin*, § 16 Rn. 101.

580) fahrlässig Warnungen von Einheimischen »in den Wind geschlagen« hätte. Das Verschulden ist aber bei der Interessenabwägung auf die Waagschale zu legen.[63]

Berufliche Gefahrtragungspflichten wie die von Polizisten, Strafrichter etc.

Hierauf ist sogleich zurückzukommen (Lösung von Fall 88).

c) Abwägung der widerstreitenden Interessen in Fall 88 (Rn. 597)

606 Bei der Interessenabwägung stehen sich in unserem Fall gegenüber:

(1) Auf der einen Seite das **Leben des R** (geschütztes Interesse). Dabei ist zu berücksichtigen, dass das Menschenleben nach der Wertordnung unserer Verfassung zwar ein Höchstwert ist, dass es aber andere Rechtsgüter gibt, die gleichrangig oder doch zumindest nicht **wesentlich** minderrangig sind[64], so z.B.

- Der äußere Bestand der Bundesrepublik Deutschland; er ist notfalls militärisch, d.h. unter Opferung von Menschenleben, zu verteidigen.
- Die freiheitliche demokratische Verfassungsordnung unseres Staates.
- Die Menschenwürde, Art. 1 Abs. 1 GG: (»unantastbar« und damit dem Leben vorrangig).

607 (2) Auf der anderen Seite **(beeinträchtigtes Interesse)** geht es um mehr als nur die Staatsräson in Gestalt der **Rechtspflege**. Vielmehr dient eine lautere, gesetzestreue Strafrechtspflege so grundlegenden Rechtswerten wie der Verteidigung der Rechtsordnung; dies gerade auch zum Schutz der Rechtsgüter der Bürger. Daher ist das von R verletzte, d.h. das beeinträchtigte Interesse von großer Bedeutung.

608 Wägt man nun dieses Interesse gegen das **geschützte** ab, so ist bei letzterem zu berücksichtigen, dass R nicht vor der Alternative stand: Sicherer Tod oder Freilassung des M. Vielmehr hätte er die Gefahr für sein Leben durch Polizeischutz zwar nicht beseitigen, aber erheblich reduzieren können (Rn. 600). Nur diese **reduzierte**, wenn auch immer noch schwerwiegende **Lebensgefahr** ist als geschütztes Interesse auf die Waagschale zu legen.[65]

Ob man allein deswegen schon sagen kann, das geschützte Interesse habe das beeinträchtigte nicht wesentlich überwogen, kann jedoch dahinstehen. Denn hier scheidet eine Rechtfertigung des R gemäß § 34 StGB unter zwei anderen Gesichtspunkten aus: Erstens unter dem **Aspekt der erhöhten Gefahrtragungspflicht** des Richters (Rn. 610) und zweitens unter dem Gesichtspunkt des Nötigungsnotstandes (hierzu Rn. 612).

Bevor diese beiden Aspekte näher erörtert werden, bedarf indes noch der Klärung, was das Erfordernis des **wesentlichen** Überwiegens bedeutet.

609 Diese Frage ist strittig: Ein Teil der Lehre verlangt ein **graduell gesteigertes, qualifiziertes Übergewicht**.[66] Danach genügt kein geringfügiges Überwiegen. Andere Autoren fordern stattdessen kein qualifiziertes, sondern lediglich ein **evidentes**

63 *Jescheck/Weigend*, § 33 IV 3c; *Kindhäuser*, AT, § 17 Rn. 40 m.w.N.; *Kühl*, § 8 Rn. 142; *Küper*, Der »verschuldete« rechtfertigende Notstand, 1983.

64 *Krey*, ZRP 1975, 97 (98 f.); *ders.*, Jura 1989, 316 (320); *Roxin*, § 16 Rn. 95-100.

65 *Krey*, Jura 1979, 316 (320).

66 *Bergmann*, JuS 1989, 109 (111); *Frister*, 17/9; *Jakobs*, 13/33; *Krey*, Rechtsprobleme, Rn. 585 m.w.N.; NK/*Neumann*, § 34 Rn. 21, 67; *Renzikowski*, Notstand und Notwehr, 1994, S. 240-241; LK/*Zieschang*, § 34 Rn. 76.

Überwiegen.[67] Diesen letzten Standpunkt bringt *Kühl* auf die plakative Formel: Schon ein geringes Interessenübergewicht, wenn es nur eindeutig sei, könne zur Anwendbarkeit des § 34 StGB führen.[68]

Für das Erfordernis eines **qualifizierten**, also gesteigerten Übergewichts spricht zum einen der Wortlaut des Gesetzes, der verfälscht wird, wenn man »wesentlich« als evident bzw. zweifelsfrei versteht. Zum anderen kann sich der hier vertretene Standpunkt auf Sinn und Zweck des § 34 StGB berufen. Unbeteiligte brauchen Eingriffe in ihre Rechtsgüter zum Schutz der Rechtsgüter anderer gemäß dem **Prinzip der Solidarität** (Rn. 580) nur zu dulden, wenn das geschützte Interesse ihr beeinträchtigtes Interesse mehr als nur geringfügig überwiegt.[69]

Ein wesentliches Überwiegen der Interessen des R (Rn. 597) entfällt erstens unter dem Gesichtspunkt der erhöhten **Gefahrtragungspflicht** von (Straf-)Richtern.[70] Bei der Interessenabwägung gemäß § 34 S. 1 StGB ist dem Umstand Rechnung zu tragen, dass bestimmte Personen kraft ihrer dienstlichen Stellung in nicht unerheblichem Umfang mehr als andere Bürger Gefahren standhalten müssen. **610**

Beispiele: Soldaten, Feuerwehrleute, Polizeibeamte, Staatsanwälte, Richter, Seeleute.

Die Gefahr, in die R geraten war, gehörte zu den berufstypischen Risiken, die er kraft seines Amtes zu bestehen hatte. Freilich geht die Gefahrtragungspflicht nicht so weit, dass R den sicheren Tod in Kauf nehmen müsste. Wie ausgeführt hätte er die Gefahr aber durch Polizeischutz erheblich **reduzieren** können (Rn. 600, 608). Diese reduzierte Gefahr musste er kraft Amtes auf sich nehmen.

Die Bedeutung der Angemessenheitsklausel soll auch folgender Fall verdeutlichen: **611**

Fall 89: – »Aufgezwungene Blutspende« –
Zur Rettung des P aus gegenwärtiger, nicht anders abwendbarer Lebensgefahr lässt der Arzt Dr. A dem Krankenhauspatienten O trotz dessen heftigen Widerstandes gewaltsam Blut entnehmen, das er für P benötigt (Bluttransfusion).[71]

Hier greift § 34 StGB nach fast einhelliger Ansicht nicht ein.[72] Denn die mit Gewalt erzwungene »Blutspende« macht den O zum Objekt; sie verletzt damit außer seinem Selbstbestimmungsrecht auch seine **Menschenwürde**. Das persönliche Opfer der Blutspende muss in einem freiheitlichen Rechtsstaat der eigenen sittlichen Entscheidung überlassen bleiben. Bei der Abwägung der widerstreitenden Interessen kann man wegen jener Verletzung der Menschenwürde nicht sagen, das Interesse des P (Lebensrettung) überwiege die beeinträchtigten Interessen des O **wesentlich**.[73]

---

67 *Jescheck/Weigend*, § 33 IV 3c (»zweifelsfreies« Überwiegen); *Kühl*, § 8 Rn. 97 ff.; *Küper*, GA 1983, 289 (296); S/S/*Perron*, § 34 Rn. 45; *Roxin*, § 16 Rn. 89 f.

68 *Kühl*, § 8 Rn. 101.

69 LK/*Zieschang*, § 34 Rn. 76; *Krey*, Rechtsprobleme, Rn. 585 m.w.N.; NK/*Neumann*, § 34 Rn. 21, 67.

70 *Krey*, Jura 1979, 316 (320); NK/*Neumann*, § 34 Rn. 100; *Roxin*, § 16 Rn. 65 f.

71 Fall nach: *Gallas*, FS Mezger, 1954, S. 311 (325 f.).

72 *Gallas*, FS Mezger, 1954, S. 311 (325 f.); *Jakobs*, 13/25; *Jescheck/Weigend*, § 33 IV 3d; *Krey*, ZRP 1975, 97 (99); S/S/*Perron*, § 34 Rn. 41e; *Pawlik*, S. 251 ff.; *Stratenwerth/Kuhlen*, 9/112; **a.A.** *Baumann/Weber/Mitsch*, § 17 Rn. 78; *Roxin*, § 16 Rn. 49. – *Wessels/Beulke/Satzger*, Rn. 474 weisen zu Recht auf mögliche Ausnahmen bei Garanten hin.

73 *Jescheck/Weigend*, § 33 IV 3d u.; *Wessels/Beulke/Satzger*, Rn. 475, verneinen die Angemessenheit.

Folglich ist vor der Fehlvorstellung zu warnen, zur Rettung eines Menschenlebens dürfe notfalls jedes andere Rechtsgut geopfert werden.

d) Zur Problematik des Nötigungsnotstandes

612 In Fall 88 (Rn. 597) steht einer Rechtfertigung der Rechtsbeugung außerdem entgegen, dass R im Nötigungsnotstand handelte:[74]

Ein Nötigungsnotstand liegt vor, wenn die Notstandslage auf einer **Nötigung** (§ 240 StGB) beruht. Durch die Rettungshandlung macht sich der Genötigte zum *Werkzeug des Täters der Nötigung und stellt sich damit auf die Seite des Unrechts.*[75]

Den Nötigungsnotstand verdeutlichen neben Fall 88 die bereits erwähnten Beispiele:

- Falschaussage des durch Drohung eingeschüchterten Zeugen (Rn. 500 f., 601);
- Freilassung von inhaftierten Terroristen, um das Leben einer Geisel zu retten (Rn. 593).

613 Eine Mindermeinung geht davon aus, der Nötigungsnotstand könne das Handeln des Genötigten nicht rechtfertigen, sondern allenfalls entschuldigen (§ 35 Abs. 1 StGB). Die Rechtsordnung dürfe nicht **erlauben**, dass sich der Täter, wenn auch infolge der Nötigung, zum Werkzeug des Verbrechens machen lasse.[76] Gegen eine Rechtfertigung spreche außerdem, dass man das **Notwehrrecht** etwaiger betroffener Dritter respektieren müsse.[77]

Demgegenüber geht die **h.L.** zu Recht davon aus, der Rechtfertigende Notstand (§ 34 StGB) gelte auch für Fälle des Nötigungsnotstandes.[78] Jedoch sei der Umstand, dass der Genötigte »auf die Seite des Unrechts trete«, bei der Interessenabwägung zu seinem Nachteil zu berücksichtigen.[79] Nach dem Gesetzestext sei grundsätzlich unerheblich, wer oder was die Gefahr verursacht habe.[80] Auch der im Nötigungsnotstand handelnde Mitbürger habe Anspruch auf Solidarität.[81]

614 Der *grundsätzlich* überzeugende Standpunkt der h.L. bedarf der **folgenden Einschränkung**:

Beim Nötigungsnotstand wird eine **Rechtfertigung** nur in Frage kommen, soweit es um die Abwehr von **Gefahren für erhebliche Rechtsgüter** geht.[82]

Im Hinblick auf das Notwehrrecht betroffener Bürger ist eine Rechtfertigung durch Nötigungsnotstand primär bei leichteren Straftaten gegen die Allgemeinheit denk-

---

74 Eine übersichtliche Darstellung der wesentlichen Probleme des Nötigungsnotstandes findet sich bei *Brand/Lenk*, JuS 2013, 883 (886).

75 S/S/*Perron*, § 34 Rn. 41b; *Roxin*, § 16 Rn. 67; *Wessels/Beulke/Satzger*, Rn. 663.

76 *Jescheck/Weigend*, § 44 II 3; *Kelker*, Der Nötigungsnotstand, 1993, S. 156 ff.; *Kühl*, § 8 Rn. 127-132; S/S/*Perron*, § 34 Rn. 41 b; *Wessels/Beulke/Satzger*, Rn. 663.

77 *Kühl*, § 8 Rn. 132; *Wessels/Beulke/Satzger*, Rn. 663.

78 *Baumann/Weber/Mitsch*, § 17 Rn. 81; *Frister*, 17/18; *Jakobs*, 13/14; *Krey*, Jura 1979, 316 (321 Fn. 33); *Küper*, Nötigungsnotstand, S. 47 ff.; NK/*Neumann*, § 34 Rn. 53 ff.; *Pawlik*, S. 299 ff.; *Roxin*, § 16 Rn. 67-70; *Schmidhäuser*, 9/69; *Stratenwerth/Kuhlen*, 9/103; LK/*Zieschang*, § 34 Rn. 69a.

79 So z.B.: *Roxin*, § 16 Rn. 67-70; *Stratenwerth/Kuhlen*, 9/103.

80 *Krey*, Jura 1979, 316 (321).

81 *Jakobs*, 13/14; *Krey*, Jura 1979, 316 (321); ebenso *Kindhäuser*, AT, § 17 Rn. 36.

82 NK/*Neumann*, § 34 Rn. 53 ff.

bar; hier kann der Genötigte in gewissem Umfang die Solidarität der Gemeinschaft in Anspruch nehmen.[83]

Beispiel: Der alkoholisierte Taxifahrer T wird trotz lebhaften Protestes von einem fliehenden Verbrecher mittels Todesdrohung dazu gezwungen, ihn zu fahren. – Hier kommt wegen des Solidaritätsanspruchs des T gegen die Allgemeinheit eine Rechtfertigung seiner Tat (§ 316 StGB) gemäß § 34 StGB in Betracht.

Schließlich ist bei Straftaten gegen den Einzelnen eine Rechtfertigung durch Nötigungsnotstand nur bei leichteren Beeinträchtigungen materieller Rechtsgüter (z.B. Eigentum, Vermögen) möglich. Bei schwereren Straftaten gegen solche Rechtsgüter und erst Recht bei (nicht unerheblichen) Taten gegen höchstpersönliche Rechtsgüter darf man dem Betroffenen sein Notwehrrecht nicht nehmen.[84]

In Fall 88 (Rn. 597; Rechtsbeugung des Richters) scheidet Nötigungsnotstand als Rechtfer- **615**
tigungsgrund offensichtlich aus: R hatte eine schwere Straftat begangen. Solche Verbrechen kann die Rechtsordnung dem im Notstand handelnden Genötigten, der sich zum Werkzeug des Unrechts machen lässt, **nicht erlauben**.

Ergebnis: Die Tat des R ist nicht nach § 34 StGB gerechtfertigt.

Im Übrigen greift auch § 35 Abs. 1 StGB (Entschuldigender Notstand) unter Umständen nicht ein; hierauf ist zurückzukommen (dazu Rn. 749 ff.).

e) Sonderprobleme bei der Interessenabwägung gemäß § 34 S. 1 StGB

(1) Keine Abwägung »Leben gegen Leben« **616**

Nach unserer Verfassungsordnung (Art. 1 Abs. 1 GG) hat jedes Menschenleben gleichen Rang: Der **kranke Greis** mit nur noch kurzer Lebenserwartung besitzt keinen geringeren Lebenswert als ein **junger Patient** mit hoher Überlebenschance.[85] Der sozialschädliche Kriminelle hat rechtlich keinen geringeren Lebenswert als der rechtstreue Bürger.[86] Demgemäß ist es strikt verboten, Menschenleben unter qualitativen Aspekten zu gewichten und im Rahmen des § 34 S. 1 StGB dem Leben eines Menschen höheren Rang zuzusprechen als dem eines anderen.[87]

Auch eine quantitative Abwägung nach der Zahl der Menschenleben ist unzulässig. **617**
§ 34 StGB erlaubt es nicht, einen Menschen zu töten, um den Tod vieler Menschen zu verhindern.[88] Das gilt selbst dann, wenn bei einer Gefahrengemeinschaft (z.B. Bergbesteigung im Himalaya; Antarktis-Expedition; Schiffbrüchige in einem Rettungsboot, Rn. 91, 259), alle Mitglieder **todgeweiht** sind, wenn nicht einer zur Rettung der anderen geopfert wird. Auch hier ist es nicht *erlaubt*, im Rahmen des

83 So schon *Krey*, Jura 1979, 316 (321).
84 Ebenso u.a. *Roxin*, § 16 Rn. 68.
85 *Krey*, JuS 1971, 248; *Roxin*, § 16 Rn. 33.
86 *Roxin*, § 16 Rn. 33.
87 *Jescheck/Weigend*, § 33 IV 3c; *Krey*, JuS 1971, 248; *Krey/Hellmann/Heinrich*, BT/1, Rn. 167, 170 (Perforation).
88 BGHSt 35, 347 (350) m.w.N.; *Küper*, JuS 1981, 785; *Lackner/Kühl*, § 34 Rn. 8; *Roxin*, Rn. 34 ff. – So schon der „Mignonette-Fall", Rn. 91.

§ 34 S. 1 StGB das Leben der geretteten Menschen als höherrangig zu gewichten als das der geopferten Person.[89]

618 **(2) Beurteilungsspielraum der zuständigen staatlichen Stellen beim Austausch von Strafgefangenen zur Rettung von Geiseln**

Bei der Entscheidung der Frage, ob zur Rettung von Geiseln die Freilassung inhaftierter Terroristen erfolgen darf,[90] ist zu beachten:

Es handelt sich um die Konstellation des **Nötigungsnotstandes**, denn jene Freilassung würde den Straftatbestand der Gefangenenbefreiung (§ 120 StGB) und den der Strafvereitelung (§ 258 StGB) erfüllen.[91] Mit dem Austausch Geisel gegen Strafgefangene würden sich die zuständigen Staatsorgane daher auf die Seite des Unrechts stellen.

Gleichwohl wird von der h.M. die Möglichkeit einer Rechtfertigung solcher Auslösung von Geiseln aus § 34 StGB bejaht, und zwar zu Recht.[92]

- Dass die fragliche Freilassung **hoheitliches Handeln** des Staates darstellt, steht nicht entgegen. § 34 StGB gilt auch im Öffentlichen Recht und erlaubt hoheitliches Handeln.[93]
- Die zuständigen staatlichen Stellen[94] haben bei der Wertentscheidung, ob das **geschützte** Interesse (Leben der Geisel) die **beeinträchtigten** Interessen (Strafrechtspflege, Bewährung der Rechtsordnung, Schutz der Bürger vor gefährlichen Straftätern) wesentlich überwiegt, einen Beurteilungsspielraum: Es geht um eine staatspolitische Grundsatzentscheidung, die von Staatsanwaltschaft und Strafgerichten als bindend hinzunehmen ist.[95]

5. Subjektive Rechtfertigungselemente bei § 34 StGB

619 Der Täter muss in Kenntnis und aufgrund der Notstandslage handeln (Rn. 459). Dagegen ist nicht erforderlich, dass er die Notstandsvoraussetzungen sorgfältig geprüft und eine gewissenhafte Interessenabwägung vorgenommen hat.[96]

V. Defensivnotstand bei drohenden, aber noch nicht gegenwärtigen Angriffen

1. § 34 StGB i.V.m. einer analogen Anwendung des § 228 BGB

620 **Fall 90: – »Präventivnotwehr« (»notwehrähnliche Lage«) –**
Wie Fall 76 (»Drohende Erschießung bei mehrstündiger Bootsfahrt«; Rn. 488). Hier fehlt es an einem gegenwärtigen Angriff, so dass Notwehr entfällt. Eine analoge Anwendung des § 32 StGB ist ebenfalls nicht möglich. Vielmehr sind solche Fälle der Präventivnotwehr

89 BGH NJW 1953, 513 (514); OGHSt 1, 321 (334 f.); BVerfG JZ 2006, 408 (412 ff.) (LuftSiG); *Küper*, JuS 1981, 785; MK/*Erb*, § 34 Rn. 117 ff.; *Roxin*, § 16 Rn. 34 ff. m.w.N.

90 *Krey*, ZRP 1975, 97; *Krey/Meyer*, ZRP 1973, 1; *Küper*, Nötigungsnotstand, S. 14 ff., 77 ff., 139 ff.; *Roxin*, § 16 Rn. 70; S/S/*Perron*, § 34 Rn. 41b a.E.

91 *Kühl*, § 8 Rn. 133.

92 So die in Fn. 95 Genannten; **a.A.** *Jakobs*, 13/42.

93 *Krey*, ZRP 1975, 97; *ders.*, Rechtsprobleme, Rn. 305, 556 ff. – Strittig ist, ob § 34 StGB Eingriffe in Grundrechte des Bürgers erlauben kann; für Ausnahmesituationen bejahend: *Krey*, Rechtsprobleme, Rn. 600 622; *Fischer*, § 34 Rn. 22 m.w.N.

94 Hierzu *Krey/Meyer*, ZRP 1973, 1-3.

95 *Krey*, ZRP 1975, 97 (100); ebenso in der Sache: BVerfGE 46, 160 (Fall *Schleyer*); *Roxin*, § 16 Rn. 70; S/S/*Perron*, § 34 Rn. 41b.

96 *Kühl*, § 8 Rn. 186 m.w.N.; S/S/*Perron*, § 34 Rn. 49 m.w.N.

nach Notstandsregeln zu lösen. Konstellationen wie diese nennt man **Defensivnotstand** (gegen Menschen). Dasselbe gilt für folgenden Fall.

Fall 91: – »Spanner-Fall« –[97]
Bei den Eheleuten A erscheint über ein Jahr lang mehrfach nachts ein unbekannter Mann (X) im Schlafzimmer und zwar durch das geöffnete Fenster. Er flieht, wenn er bemerkt wird. A bringt eine Alarmanlage an und erwirbt eine Pistole. Er gibt daraus einmal bei einem »Besuch« des Unbekannten einen Warnschuss ab. Gleichwohl kommt der Mann immer wieder. Der beantragte Polizeischutz wird nicht gewährt. Die Eheleute befürchten, der Eindringling habe es auf die Ehefrau oder die Kinder abgesehen. Deswegen gehen sie abends nicht mehr aus und »verschanzen« sich förmlich. Das Schlafzimmerfenster schließen die Eheleute nicht, da sie sonst nicht schlafen können, zumal A unter Asthma leidet.

Eines Nachts erwacht A und sieht am Fußende des Bettes X stehen. Er ergreift die Pistole, läuft hinter dem fliehenden X her, ruft »halt, oder ich schieße!«, gibt einen Warnschuss ab und schießt schließlich, da X nicht stehen bleibt, in Richtung der Beine des Flüchtenden.

A wollte X durch den Schuss dingfest machen und die unerträgliche Situation beenden, vertraute aber darauf, dass die Schüsse nicht tödlich wirken. Der Schuss geht aber fehl.

A hat den Tatbestand der versuchten gefährlichen Körperverletzung (§§ 224 Abs. 1 Nr. 2, 5, 22, 23 StGB) erfüllt. Als Rechtfertigungsgrund entfällt Notwehr, da von dem fliehenden X kein **gegenwärtiger** Angriff mehr ausging. Wie erwähnt scheidet in solchen Situationen der Präventivnotwehr (A wollte künftige Angriffe des X verhindern) auch eine analoge Anwendung des § 32 StGB aus.

Doch ist das Verhalten des A durch den Rechtfertigungsgrund **Defensivnotstand** **621**
gegen Menschen (§ 34 StGB i.V.m. § 228 BGB analog) erlaubt:

a) Für die Eheleute bestand eine gegenwärtige Dauergefahr für die Rechtsgüter Freiheit (genauer: Fortbewegungsfreiheit),[98] Hausrecht und Intimsphäre (allgemeines Persönlichkeitsrecht).[99] Diese Gefahr war auch nicht anders abwendbar, da kein sicheres milderes Mittel zu ihrer Abwehr bestand.[100] Polizeischutz hatte A nicht erhalten. Der frühere und der jetzige Warnschuss waren vergeblich gewesen. Das Schlafen bei geschlossenem Fenster war den Eheleuten nicht zuzumuten. Ebenfalls unzumutbar war das Anbringen von Fenstergittern oder ähnlichen Sicherungsmaßnahmen:[101] Der Bürger muss sich nicht in seinem Heim verbarrikadieren, um Rechtsbrecher vor Notwehr- oder Notstandsmaßnahmen zu bewahren!

b) Doch fehlt es bei Abwägung der geschützten Interessen (Freiheit, Hausrecht, Intimsphäre) mit den beeinträchtigten (Leib und Leben des X[102]) gemäß § 34 S. 1 StGB am **Überwiegen** der geschützten Interessen, zumindest am **wesentlichen**.[103]

97 Fall nach BGH NJW 1979, 2053.
98 BGH NJW 1979, 2053 (2054).
99 *Schroeder*, JuS 1980, 336 (337). – Dass X Angriffe auf Leben, Leib oder sexuelle Selbstbestimmung plante, ist dem Sachverhalt nicht zu entnehmen.
100 BGH NJW 1979, 2053 (2054); *Schroeder*, JuS 1980, 336 (339 f.).
101 *Schroeder*, JuS 1980, 336. Das hält der BGH offenbar für selbstverständlich.
102 Der Schuss sollte X ins Bein treffen und gefährdete zugleich sein Leben.
103 *Kühl*, § 8 Rn. 136; *Schroeder*, JuS 1980, 336 (340).

622 c) Bei isolierter Betrachtung ohne Berücksichtigung der Besonderheiten unseres Falles entfällt also eine Rechtfertigung des A aus Notstand. Bezieht man dagegen jene Besonderheiten in die Interessenabwägung ein, so ergibt sich ein anderes Bild:

Die Fälle 90 und 91 sind Beispiele des **Defensivnotstandes gegen Menschen** nach § 34 StGB i.V.m. § 228 BGB analog. Hier geht die Gefahr von einem **rechtswidrig handelnden Menschen** aus, in dessen Rechtsgüter der Täter zur Abwehr der Gefahr eingreift.[104]

Der Normalfall des § 34 StGB betrifft dagegen die Beeinträchtigung der Interessen unbeteiligter Dritter. Hierauf beruht das strenge Erfordernis des »wesentlichen Überwiegens« der geschützten Interessen über die beeinträchtigten (S. 1 dieser Vorschrift).

Demgegenüber muss beim Defensivnotstand gegen Menschen der folgende Umstand die Interessenabwägung entscheidend beeinflussen: Der Täter **verletzt oder gefährdet die Interessen des für die Notstandslage Verantwortlichen**. Dieser hat sich die Beeinträchtigung seiner Rechtsgüter aufgrund seiner rechtswidrigen Verursachung der Gefahr selbst zuzuschreiben.

623 Diese Erwägungen führen die heute h.L.[105] zu Recht zu dem Standpunkt, beim Defensivnotstand sei bei der Interessenbewertung **die Abwägungsklausel des § 228 BGB** (Rn. 578) **analog anzuwenden** und zwar mit der Folge:

In einem solchen Defensivnotstand darf der Täter zur Abwehr einer gegenwärtigen, nicht anders abwendbaren Gefahr einen Schaden anrichten, der schwerer wiegt als der durch die Gefahr drohende. Der angerichtete Schaden **darf nur nicht außer Verhältnis zu der drohenden Gefahr stehen**.

Ob dieser Erlaubnissatz (§ 34 StGB mit § 228 BGB analog) dabei ein selbständiger Rechtfertigungsgrund ist oder die Vorschrift des § 34 StGB sachgerecht modifiziert, kann dahinstehen. Entscheidend ist, dass die fragliche analoge Anwendung des § 228 BGB sich deswegen aufdrängt, weil der Geschädigte für die Schaffung der Gefahr verantwortlich ist.

2. Präventivnotwehr als Notstand i.S.v. § 34 StGB

624 In **Fall 90** ist ebenfalls eine Rechtfertigung aus § 34 StGB i.V.m. mit einer analogen Anwendung des § 228 BGB gegeben. O befand sich in einer gegenwärtigen, nicht anders abwendbaren Lebensgefahr. Zwar erlaubt § 34 StGB keine Abwägung »Leben gegen Leben« (Rn. 616). Im hier vorliegenden Defensivnotstand gegen Menschen aber bedarf es einer solchen Bewertung gerade nicht. Vielmehr darf – wie ausgeführt – der Täter einen Schaden anrichten, der schwerer wiegt als der

---

104 *Hirsch*, JR 1980, 116; *Kühl*, § 8 Rn. 134 ff.; S/S/*Perron*, § 34 Rn. 30 f.; *Otto*, NStZ 2004, 142 (143 f.); *Roxin*, § 16 Rn. 72 ff.; *Schroeder*, JuS 1980, 336 (340); *Wessels/Beulke/Satzger*, Rn. 461, 464; LK/*Zieschang*, § 34 Rn. 72 ff. – Siehe auch unten, Rn. 626, 627-629.

105 *Kühl*, § 8 Rn. 136; S/S/*Perron*, § 34 Rn. 30 f.; *Otto*, NStZ 2004, 142; *Schroeder*, JuS 1980, 336 (340); *Wessels/Beulke/Satzger*, Rn. 461, 464. – *Roxin*, § 16 Rn. 72 ff., will § 228 BGB nicht analog heranziehen. Andere stellen statt auf § 34 StGB i.V.m. § 228 BGB analog allein auf den Grundgedanken des § 228 BGB ab, so: *Hruschka*, NJW 1980, 21 (22); NK/*Neumann*, § 34 Rn. 86-90.

abgewendete, solange der Schaden nicht außer Verhältnis zur drohenden Gefahr steht (§ 228 BGB analog). Hier war die Tötung des Angreifers durch den Bedrohten selbstredend nicht unverhältnismäßig schwerer wiegend als die drohende Gefahr. Fall 90 zeigt also, dass in derartigen Fällen des Defensivnotstandes auch die Tötung des für die Gefahr Verantwortlichen erlaubt sein kann.[106]

3. Resümee

In den Fällen 90 und 91 ist die Tat durch den Rechtfertigungsgrund des Defensivnotstandes gemäß § 34 StGB i.V.m. § 228 BGB analog erlaubt. **625**

Das ist für Fall 91 fast unstrittig.[107] Für Konstellationen wie in Fall 90 liegt das Problem darin, dass der Rechtfertigende Notstand nach h.M. grundsätzlich nicht die Tötung von Menschen erlaubt, was zutrifft.[108] Doch gilt dieser Grundsatz nicht für den dargelegten **Defensivnotstand**, weil *dieser* kein wesentliches Überwiegen des geschützten Interesses verlangt.

Wer in jenen Fällen eine Rechtfertigung verneinen würde, müsste § 35 Abs. 1 StGB (**Entschuldigender** Notstand) bejahen.[109] Diese ebenfalls zur Straflosigkeit führende Lösung wäre sachwidrig; sie hätte insbesondere die folgenden nicht tolerablen Konsequenzen:

- Gegen die im nur entschuldigenden Notstand handelnden Täter wären Notwehr und Nothilfe erlaubt (Rn. 259, 272, 279, 576).
- Bei Notstands**hilfe** zugunsten anderer ist § 35 StGB nur anwendbar, wenn es um den Schutz »nahestehender Personen« geht.
- § 35 StGB erfasst nur Notstandslagen für Leben, Leib oder Freiheit.

4. Vorschlag für eine präzisere Terminologie beim »Defensivnotstand«

Zur Vermeidung terminologischer Verwirrung und zur besseren Unterscheidbarkeit zwischen dem Defensivnotstand gemäß § 228 BGB (Rn. 578 f.) – Abwehr der von Sachen ausgehenden Gefahren – und dem Defensivnotstand gemäß § 34 StGB i.V.m. einer analogen Anwendung des § 228 BGB (Rn. 620-625) – Abwehr von Gefahren, die von rechtswidrig handelnden Menschen herrühren – sollte man besser vom **Defensivnotstand gegen Sachen** bzw. vom **Defensivnotstand gegen Menschen** sprechen. **626**

106 *Frister*, 17/29; LK/*Zieschang*, § 34 Rn. 74; *Merkel*, JZ 2007, 373 (384); *Otto*, NStZ 2004, 142; *Rogall*, NStZ 2008, 1 (3); *Roxin*, § 16 Rn. 78; **a.A.** S/S/*Perron*, § 34 Rn. 30 f.

107 *Hirsch*, JR 1980, 113-118 m.w.N.; *Jescheck*/*Weigend*, § 33 IV 5 Fn. 50; *Kühl*, § 8 Rn. 136; S/S/*Perron*, § 34 Rn. 31; *Schroeder*, JuS 1980, 336. Abweichend: *Günther*, S. 337. Der BGH NJW 1979, 2053 (2054) lässt in unserem Fall offen, ob der Täter gerechtfertigt war.

108 *Krey*/*Hellmann*/*Heinrich*, BT/1, Rn. 14 mit Fn. 31, Rn. 167. Siehe schon Rn. 616-617.

109 BGH NJW 1979, 2053 (2054); *Schroeder*, JuS 1980, 336 (341); **a.A.** *Roxin*, § 16 Rn. 86.

VI. Defensivnotstand bei der Tötung des »Familientyrannen«

627 **Fall 92: – Interessenabwägung/Erforderlichkeit –**[110]
Seit mehr als zehn Jahren hatte O seine Ehefrau E brutal und lebensgefährlich misshandelt, in der letzten Zeit immer schlimmer; dies u.a. mit Faustschlägen in Gesicht und Magen, Fußtritten in den Bauch und die Nierengegend, Stoß ihres Kopfes gegen die Wand mit der Folge von Blutverlust und Bewusstlosigkeit, Schlägen mit einem Baseballschläger. Hinzu kamen Misshandlungen und wüste Beleidigungen vor seinen Freunden.

In den letzten Jahren war es auch zu Misshandlungen ihrer Töchter durch O gekommen (Schläge ins Genick). E fühlte, dass sie den sich steigernden Gewalttätigkeiten bald nicht mehr standhalten würde und fürchtete zudem eine Verschlimmerung der Misshandlungen der Töchter.

E hielt ihre Situation für »vollkommen ausweglos«: Ihre Eltern hatten Angst vor O und wollten sie nicht aufnehmen. Selbstmord, den sie schon dreimal versucht hatte, wollte sie aus Angst um ihre Töchter nicht begehen. Die Flucht in ein Frauenhaus wagte sie nicht, weil O für diesen Fall ihre Töchter und sie bedroht hatte (»er könne sie jederzeit ausfindig machen …«). Auch eine Einschaltung der Polizei schied für E aus. Denn O hatte ihr angedroht: Seine (äußerst gewalttätigen) Freunde würden ihr »etwas antun«; er selbst würde ja irgendwann wieder aus dem Gefängnis herauskommen und sich rächen.

E tötete O im Schlaf, weil sie keinen anderen Ausweg sah, sich und ihre Töchter zu retten.

628 Das LG hat E wegen **Mordes (Heimtücke)** verurteilt und wegen des Vorliegens außergewöhnlicher Umstände i.S. der Rechtsfolgenlösung des BGH (GS)[111] zu einer Freiheitsstrafe von neun Jahren verurteilt. Der BGH hob das Urteil des LG auf und stellt dazu im Wesentlichen fest:

Die Annahme von Heimtücke (§ 211 Abs. 2 StGB) sei zutreffend.

Wie § 32 StGB scheide auch **§ 34 StGB** aus: Es fehle am wesentlichen Überwiegen der geschützten Interessen (von E und ihren Töchtern) gegenüber dem beeinträchtigten (Leben des O). Das würde selbst in einer »zugespitzten Situation mit akuter Lebensgefahr« für E und/oder die Töchter gelten.

Doch sei **§ 35 Abs. 1 StGB** zu prüfen. Erstens habe zur Tatzeit eine **gegenwärtige** Gefahr (Dauergefahr) für E und ihre Töchter bestanden.[112] Zweitens sei eine Hinnahme der Gefahr der E nicht i.S.d. § 35 Abs. 1 S. 2 StGB **zuzumuten** gewesen. Doch dürfe die Gefahr **nicht anders abwendbar** gewesen sein (§ 35 Abs. 1 S. 1 StGB). Zwar brauche sich die Abwehr nicht darauf zu beschränken, die Realisierung der Gefahr bei einer Dauergefahr »nur hinauszuschieben«. Es sei aber bei Gefährdeten wie E und ihren Töchtern **grundsätzlich davon auszugehen, dass ihnen von staatlichen Stellen und karitativen Einrichtungen »wirksame Hilfe zuteil werde«.**

Im Falle der Ablehnung des § 35 Abs. 1 StGB mangels des Merkmals *nicht anders abwendbare Gefahr* sei § 35 Abs. 2 StGB zu erwägen.[113]

---

110 Fall nach BGHSt 48, 255 ff. = JZ 2004, 44 ff. (mit Anm. *Hillenkamp*) = NStZ 2003, 482 ff. (mit Anm. *Otto*, NStZ 2004, 142 ff.); ebenso BGH Beschl. v. 3.5.2011 – 1 StR 140/11; dazu u.a.: *Rengier*, NStZ 2004, 233 ff.; *Welke*, ZRP 2004, 15 ff.; *Widmaier*, NJW 2003, 2788 f.

111 BGHSt 30, 105; dazu eingehend und m.w.N. *Krey/Hellmann/Heinrich*, BT/1, Rn. 62-75.

112 Anders dagegen im Fall BGH NStZ-RR 2006, 200.

113 Dazu näher BGH NStZ-RR 2006, 200 (201).

Das Urteil des BGH ist in den folgenden Punkten abzulehnen: **629**

(1) Die Annahme von **Heimtücke** (§ 211 Abs. 2 StGB) überzeugt nicht. Mit der h.L. ist für dieses Mordmerkmal ein besonders verwerflicher Vertrauensbruch zu fordern,[114] an dem es hier fehlt.

Im Übrigen hat der BGH eine plausible normative Begrenzung der »Arglosigkeit« entwickelt, die der Sache nach besagt: Heimtücke könne mangels Arglosigkeit des Opfers entfallen, wenn es aufgrund seiner rechtswidrigen Angriffe auf den Täter **gar nicht arglos sein durfte**.[115] Eine Anwendung dieser normativen Schranke drängt sich hier geradezu auf. Denn O durfte wegen der durch sein rechtswidriges Verhalten begründeten Dauergefahr für Leib und Leben der E nicht arglos sein.[116]

(2) Die Ablehnung rechtfertigenden Notstandes ist sachwidrig. Fall 92 verdeutlicht die Notwendigkeit, den dargelegten **Defensivnotstand gegen Menschen** anzuerkennen, exemplarisch:[117] Geht eine gegenwärtige, nicht anders abwendbare Lebensgefahr für unschuldige Bürger von einem rechtswidrig agierenden Menschen aus, so muss seine Tötung als ultima ratio **erlaubt** sein und darf nicht an der zufällig fehlenden Gegenwärtigkeit des Angriffs scheitern.[118] Die plausible Begründung hierfür bieten **§ 34 StGB i.V.m. § 228 BGB** analog. Das Leben unschuldiger Dritter wird hier ja nicht geopfert.

(3) Die These des BGH zur Erforderlichkeit der Notstandshandlung: grundsätzlich könnten Staat und karitative Einrichtungen wirksame Hilfe leisten, ist bei äußerst brutalen Gewalttätern lebensfremd und angesichts der Umstände des Falles hier fernliegend.[119]

(4) Im Rahmen des § 35 Abs. 2 StGB würde die Annahme einer **Vermeidbarkeit** des Irrtums angesichts der Umstände eine unbillige Härte bedeuten.

(5) **Resümee**: Staat und Gesellschaft können dem Opfer von Tätern wie O häufig nicht mit hinreichender Sicherheit dauerhaft helfen. Sie sollten sich daher hüten, selbstgerecht über solche Opfer »den Stab zu brechen«, wenn sie ihr Martyrium in auswegloser Lage durch Tötung des Familientyrannen beenden – »gestraft« sind solche Opfer ohnehin mehr als genug.

---

114 Nachweise bei *Krey/Hellmann/Heinrich*, BT/1, Rn. 34, 64 ff.; *Otto*, NStZ 2004, 142.

115 BGHSt 48, 207 (209 ff.) = JZ 2003, 961 ff. mit Anm. *Roxin*; dazu *Krey/Hellmann/Heinrich*, BT/1, Rn. 48 f. m.w.N.

116 Überzeugend: *Otto*, NStZ 2004, 142; *Rengier*, NStZ 2004, 233 (236 f.); siehe auch *Hillenkamp*, JZ 2004, 44.

117 Ebenso *Otto*, NStZ 2004, 142, zudem u.a.: MK/*Erb*, § 34 Rn. 157 f.; NK/*Neumann*, § 34 Rn. 90; **a.A.** etwa: *Hillenkamp*, JZ 2004, 44; *Roxin*, § 16 Rn. 87.

118 Siehe Rn. 576-581; ebenso *Otto*, NStZ 2004, 142 (lesen!).

119 *Otto*, NStZ 2004, 142; *Rengier*, NStZ 2004, 233 (237 ff.); siehe auch *Hillenkamp*, JZ 2004, 44 (51); abweichend *Widmaier*, NJW 2003, 2788, zudem etwa *Frister*, 20/8; differenzierender *Roxin*, § 22 Rn. 18. – Das gilt ungeachtet des Gewaltschutzgesetzes v. 11.12.2001. Die nach ihm möglichen Verbote zum Schutz von Frauen vor Gewalt würden so brutale Gewalttäter wie O nicht daran hindern, ihre Frauen und/oder Kinder zu überfallen; anders, aber: *Widmaier*, NJW 2003, 2788.

§ 16 Pflichtenkollision; Selbsthilferecht aus §§ 229, 230 BGB; Recht zur vorläufigen Festnahme gemäß § 127 Abs. 1 S. 1 StPO

630 Notwehr und Rechtfertigender Notstand sind die bedeutsamsten Erlaubnissätze für den Bürger, sieht man vom Sonderfall der noch zu erörternden Einwilligung ab. Dagegen sind die Rechtfertigungsgründe »Pflichtenkollision«, »Selbsthilferecht« und »Festnahmebefugnis als Bürgerrecht« von geringerer Relevanz.

I. Rechtfertigende Pflichtenkollision

1. Dieser gesetzlich nicht geregelte **Erlaubnissatz** hat den Rang von Gewohnheitsrecht (Rn. 98). Er gilt nur für die Kollision von rechtlichen **Handlungspflichten** (Rettungspflichten) – *nicht* dagegen für Kollisionen von Handlungs- mit Unterlassungspflichten.[1]

Beispiel: M rettet seine Ehefrau (E) dadurch vor einem Mordanschlag, dass er einen unbeteiligten Passanten (P) als »Schild« in die Schussbahn des tödlichen Schusses stößt. – Hier kollidierten aus der Sicht des M eine *Handlungspflicht* (Pflicht als Garant, § 13 StGB: Rettung seiner Ehefrau) mit einer *Unterlassungspflicht* (»Du sollst nicht töten!«). Diese Kollision ist kein Fall der rechtfertigenden Pflichtenkollision, sondern ein Fall des rechtfertigenden Notstandes nach § 34 StGB.[2] So greift der Täter im Falle der Kollision von Handlungs- und Unterlassungspflichten in das Rechtsgut eines unbeteiligten Dritten ein, während er im Falle der Kollision von Handlungspflichten lediglich die Rettung eines gefährdeten Rechtsgutes unterlässt. In casu scheidet § 34 StGB aber mangels »wesentlichen Überwiegens« der geschützten Interessen aus (Rn. 616).

631 **2.** Der Anwendungsbereich des **Rechtfertigungsgrundes** »Pflichtenkollision« lässt sich wie folgt präzisieren: Treffen den Täter zwei Handlungspflichten (Rettungspflichten), von denen er nur eine erfüllen kann, so ist sein Unterlassen der anderen Handlung gerechtfertigt, wenn er

- bei Pflichten **unterschiedlichen Ranges** der **höherrangigen** den Vorzug gibt oder
- bei **gleichrangigen** Pflichten **eine von ihnen** auf Kosten der anderen erfüllt.

Welcher Rang den Handlungspflichten zukommt, ist in einer Gesamtbetrachtung der folgenden Kriterien zu beurteilen:

- Wert der geschützten Rechtsgüter (Leben, Gesundheit, Vermögen);
- rechtliche Stellung des Täters zum gefährdeten Objekt (Garantenstellung oder allgemeine Hilfspflicht);
- Nähe der drohenden Gefahr (entfernt oder akut);

---

1 *Kühl*, § 18 Rn. 134 mit Fn. 284a; *Küper*, Grund- und Grenzfragen, S. 19, 29, 34; *Roxin*, § 16 Rn. 116-118, 125; *Wessels/Beulke/Satzger*, Rn. 1035; *Rönnau*, JuS 2013, 113; *Satzger*, Jura 2010, 753 (755).

2 *Küper*, Grund- und Grenzfragen, S. 34, 119; *Roxin*, § 16 Rn. 116-117; S/S/*Lenckner*/ *Sternberg-Lieben*, Vor § 32 Rn. 71-72; *Rönnau*, JuS 2013, 113; a.A. *Jäger*, Zurechnung, 30, der bei Pflichtenkollision wegen ausgeschlossener Zurechnung einen Tatbestandsausschluss annimmt.

– Ausmaß des drohenden Schadens bei gleichwertigen Rechtsgütern.[3]

Für die Bewertung im Einzelfall genügt nicht immer die Heranziehung bloß eines einzelnen Aspektes.

a) Kollision rangverschiedener Pflichten

Beispiel: Bei einem Brand drohen die Tochter (T) des A und die Richterin (R), mit der A vor wenigen Tagen eine Beziehung begonnen hat, zu verbrennen. Als A erkennt, dass er allenfalls noch eine von beiden retten kann, entscheidet er sich für T. R stirbt in den Flammen. **632**

Hier war A für die T Garant, § 13 StGB (dazu Rn. 1132). Dagegen war er (noch) nicht Garant für die R; hier traf ihn nur eine minderrangige allgemeine Pflicht zur Hilfeleistung aus § 323c StGB.[4] Für solche Konstellationen der Erfüllung der **höherrangigen** Pflicht ist der Rechtfertigungsgrund »Pflichtenkollision« allgemein anerkannt.[5]

b) Kollision gleichrangiger Pflichten

Beispiel: V kann von seinen beiden Kindern, die zu ertrinken drohen, nur eines retten.[6] Er entscheidet sich mehr oder weniger willkürlich für das jüngere Kind; das andere ertrinkt. **633**

Für solche Fälle verneint eine Mindermeinung den Rechtfertigungsgrund Pflichtenkollision; hier sei die Pflichtenkollision nur ein Entschuldigungsgrund.[7]

Dagegen nimmt die h.M. zu Recht eine Rechtfertigung aus Pflichtenkollision an.[8] Die Rechtswidrigkeit verlangt einen Verstoß gegen ein rechtliches Verbot oder Gebot. Mehr als die Rettung eines der beiden Kinder kann die Rechtsordnung aber nicht gebieten, denn anderenfalls würde sie Unmögliches verlangen.[9]

Im Übrigen hätte die Ansicht, das Verhalten des V sei Unrecht, weil er ein Kind nicht gerettet habe, die abwegige Konsequenz, dass es für ihn in unserem Beispiel **keine** legale Verhaltensalternative gäbe:[10] Der Verzicht auf jede Rettungsaktivität wäre Unrecht; der Versuch, wenigstens ein Kind zu retten, wäre ebenfalls Unrecht; die Rettung beider Kinder aber war objektiv unmöglich. Zudem führt dies dazu, dass zu Gunsten des nicht geretteten Kindes ein Notwehrrecht bestünde infolgedessen sich die Pflichten gegenseitig aufhöben und letzten Endes das »Recht des Stärkeren« obsiegen würde.[11]

---

3 *Wessels/Beulke/Satzger*, Rn. 1036; S/S/*Lenckner/Sternberg-Lieben*, Vor § 32 Rn. 74 f.; *Satzger*, Jura 2010, 753 (755).

4 Die Garantenpflicht zur Lebensrettung aus §§ 212, 13 StGB ist deutlich höherrangig gegenüber der Jedermannspflicht zur Hilfeleistung aus § 323c StGB (Rn. 216-217).

5 Siehe für alle: *Kühl*, § 18 Rn. 134, 136; *Roxin*, § 16 Rn. 122, 125; *Rönnau*, JuS 2013, 113 (114).

6 Beispiel nach *Roxin*, § 16 Rn. 118.

7 *Gallas*, FS Mezger, 1954, S. 330 ff.; *Jescheck/Weigend*, § 33 V 1c.

8 *Kindhäuser*, § 34 Rn. 57, 60; *Krey*, JuS 1971, 248 (249); *Kühl*, § 18 Rn. 134, 137 m.w.N.; *Küper*, Grund- und Grenzfragen, S. 19 ff., 118 f.; S/S/*Lenckner/Sternberg-Lieben*, Vor § 32 Rn. 73; *Roxin*, § 16 Rn. 122, 125; *Satzger*, Jura 2010, 753 (755 f.).

9 *Krey*, JuS 1971, 248 mit Fn. 10; *Kühl*, § 18 Rn. 137.

10 *Roxin*, § 16 Rn. 119, 120.

11 *Rönnau*, JuS 2013, 113.

II. Selbsthilferecht gemäß §§ 229, 230 BGB

1. § 229 BGB: Ausnahme vom Verbot zivilrechtlicher »Selbstjustiz«?

634 Das Gewaltmonopol des Staates[12] verbietet den Bürgern, zur Durchsetzung von Forderungen gegen andere Bürger Gewalt anzuwenden. Vielmehr muss der Gläubiger Ansprüche durch Einschaltung der Zivilgerichte und der Zwangsvollstreckungsorgane durchsetzen[13] (Prinzip des Vorranges staatlicher Zwangsmittel[14]). Dieses Verbot wird für bestimmte Ausnahmesituationen, in denen obrigkeitliche Hilfe nicht rechtzeitig zu erlangen ist, sei es wegen Unerreichbarkeit, sei es wegen rechtswidriger Verweigerung der Hilfe, in §§ 229, 230 BGB eingeschränkt, aber keineswegs aufgehoben.[15] Denn das **Selbsthilferecht** aus § 229 BGB dient der **Sicherung** des Gläubigers, **nicht aber der endgültigen Befriedigung** seines Anspruchs.[16] Das folgt aus § 230 Abs. 2, 3 BGB.

635 **Beispiel:** In einem Restaurant weigert sich der Gast G, sein Essen zu bezahlen; er rügt die mangelnde Qualität der Speisen. Die resolute Kellnerin K versperrt ihm die Tür ins Freie, um ihn zum Zahlen zu zwingen.

Im sog. **»Gänsebrust-Fall«** hat das BayObLG zu Recht ausgeführt,[17] K sei es darum gegangen, den Preis für das Essen zu erhalten. Selbst bei einem tatsächlich bestehenden Anspruch hätte das Selbsthilferecht gemäß §§ 229, 230 BGB aber nur zu einer **vorläufigen Sicherung**, nicht aber zu einer **eigenmächtigen Befriedigung** dieses Anspruchs führen dürfen. § 229 BGB hätte in unserem Fall nur die Durchsetzung des »Anspruchs auf Mitteilung der Personalien des G zur Ermöglichung einer Klärung der Rechtslage« erlaubt.

2. Beispiele für die Anwendbarkeit des Selbsthilferechts; Gegenbeispiele

636 § 229 BGB gestattet dem Gläubiger also nicht, Ansprüche gegen Schuldner eigenmächtig durchzusetzen. Vielmehr erlaubt das Selbsthilferecht nur die **vorläufige Sicherung** gemäß § 230 Abs. 2, 3 BGB. Dabei kann man vom rechtsunkundigen Bürger jedoch nicht erwarten, dass er in Kenntnis der ZPO in der Absicht handelt:

- im Falle der Wegnahme von Sachen den »dinglichen Arrest« zu beantragen;
- im Falle der Festnahme des Verpflichteten Antrag auf »persönlichen Sicherheitsarrest« zu stellen.

Vielmehr muss es für die Anwendbarkeit des § 229 BGB ausreichen, wenn der Täter plant, mit der weggenommenen Sache bzw. dem festgenommenen Schuldner zur **Polizei** zu gehen bzw. die Polizei zu rufen.[18]

---

12 *Krey*, Zum Gewaltbegriff, Rn. 18-21.

13 *Jescheck/Weigend*, § 35 IV 1; *Krey/Hellmann/Heinrich*, BT/2, Rn. 465; *Kühl*, § 9 Rn. 2.

14 *Krey/Hellmann/Heinrich*, BT/2, Rn. 465; *Roxin*, JuS 1964, 376 (377).

15 Ein Prüfungsschema findet sich bei *Heinrich*, AT, Rn. 496.

16 BGHSt 17, 87 (89); BayObLG NStZ 1991, 133 (134) m.w.N.; *Jescheck/Weigend*, § 35 IV 1; *Kühl*, § 9 Rn. 5; *Roxin*, § 17 Rn. 30.

17 BayObLG NStZ 1991, 133 (134); ebenso: *Jescheck/Weigend*, § 35 IV 1; *Roxin*, § 17 Rn. 30.

18 OLG Düsseldorf NStZ 1991, 599 (600).

Erst recht muss es erlaubt sein, den Schuldner gegebenenfalls festzuhalten, um seine Personalien festzustellen.[19] Das ergibt sich zwar nicht aus dem Wortlaut der §§ 229, 230 Abs. 2, 3 BGB, aber aus Sinn und Zweck des Selbsthilferechts.

Hat der Täter bei der Wegnahme von Sachen gemäß § 229 BGB dagegen die Absicht, die weggenommene Sache eigenmächtig zu behalten, so greift dieser Erlaubnissatz mangels subjektiven Rechtfertigungselementes nicht ein.[20]

Beispiel für die Anwendbarkeit des Selbsthilferechts: 637
A trifft auf der Straße B, der ihm 1.000 Euro schuldet. Als B seinen Gläubiger sieht, entflieht er, wird aber von A eingeholt. Da A den Wohnsitz des B nicht kennt, nimmt er ihn fest und bringt ihn zur Polizei. Diese ermittelt die Personalien des B und verweist den A dann auf das Zivilprozessrecht.

Hier greift § 229 BGB ein, weil es dem A nur um die Sicherung der Durchsetzbarkeit seines Anspruches ging.

Gegenbeispiel (Abwandlung):

A beabsichtigte bei der Verfolgung und Festnahme des B, ihm gewaltsam 1.000 Euro wegzunehmen und zu behalten, was er dann auch tut. Diese Selbsthilfe war *nicht* erlaubt, weil sie auf eine eigenmächtige, endgültige Durchsetzung der Forderung gerichtet war.

§ 229 BGB gilt nur für wirklich bestehende, gerichtlich durchsetzbare Ansprüche. 638
Bei der Wahrnehmung des Selbsthilferechts sind leichtere Beeinträchtigungen der Rechtsgüter des Betroffenen, die zwangsläufig mit der Wegnahme bzw. Festnahme verbunden sind, erlaubt (z.B. leichte körperliche Misshandlungen durch das Festhalten). Doch werden erhebliche Körperverletzungen oder lebensgefährliche Handlungen nicht nach § 229 BGB gerechtfertigt.[21]

3. Zusammenspiel von Selbsthilfe und Notwehr

Ist eine Selbsthilfe gemäß § 229 BGB rechtmäßig, kommt gegen sie keine Notwehr 638a
in Betracht. Die erlaubte Selbsthilfe kann somit maßgeblich sein für die Frage, ob ein für ein Notwehrrecht erforderlicher Angriff vorliegt oder ob dem Angreifer selbst ein Notwehrrecht zustand.

Beispiel im Zusammenhang mit § 32 StGB:[22]

A gerät mit dem ihr unbekannten K in einen Streit, bei dem K die Kopfhörer des MP3-Players des A zerstört. Daraufhin nimmt A dem K sein Mobiltelefon weg, um ihn zur Abgabe seiner Personalien zu zwingen. In dem Versuch, A das Mobiltelefon wieder abzunehmen, entwickelt sich eine heftige Auseinandersetzung, in deren Verlauf der K die A im Gesicht verletzt. Um K abzuwehren, sticht A diesem mit einem Taschenmesser in die Brust.

Strafbarkeit der A gemäß §§ 223 Abs. 1, 224 Abs. 1 Nr. 2, 5 StGB?

---

19 BayObLG NStZ 1991, 133 (134); *Jescheck/Weigend*, § 35 IV 1; *Kühl*, § 9 Rn. 8; *Roxin*, § 17 Rn. 30.

20 Sachlich übereinstimmend BGHSt 17, 87; BayObLG NStZ 1991, 133; *Jescheck/Weigend*, § 35 IV 1; *Kühl*, § 9 Rn. 5 f.; *Roxin*, § 17 Rn. 30.

21 RGSt 69, 308; *Roxin*, § 17 Rn. 29.

22 Vereinfacht dargestellt nach BGH NStZ 2012, 144 m. Anm. *Grabow*; siehe auch die Anm. von *Hecker*, JuS 2011, 940 f.

Der objektive und der subjektive Tatbestand der gefährlichen Körperverletzung ist erfüllt. Der Messerstich der A könnte jedoch durch Notwehr (§ 32 StGB) gerechtfertigt sein. Ein gegenwärtiger Angriff des K könnte darin liegen, dass K mit Gewalt versucht sein Mobiltelefon wieder an sich zu bringen. Der gegenwärtige Angriff des K ist allerdings nicht rechtswidrig, wenn K sich seinerseits gegenüber A auf ein Notwehrrecht berufen kann. Ein solches könnte daher rühren, dass A dem K gegen dessen Willen sein Mobiltelefon weggenommen hat.

Allerdings war die Wegnahme des Telefons durch A durch erlaubte Selbsthilfe nach §§ 229, 230 BGB gerechtfertigt.

Der BGH führt dazu aus: «Um die Identifizierung eines fluchtverdächtigen Schuldners mit Namen und ladungsfähiger Anschrift zu ermöglichen, darf der Geschädigte eine dem Schuldner gehörende Sache im Wege der Selbsthilfe nach §§ 229, 230 BGB wegnehmen.

Die Wegnahme einer Sache im Wege erlaubter Selbsthilfe ist rechtmäßig, so dass gegen sie kein Notwehrrecht besteht. Insbesondere stellt sie sich – da das Gesetz die Wegnahme gestattet – nicht als verbotene Eigenmacht (§ 858 BGB) dar.«

K war somit zur Duldung der Wegnahme verpflichtet und sein Versuch, das Mobiltelefon wieder an sich zu nehmen, stellt einen rechtswidrigen Angriff dar. Würde man im konkreten Fall den Messerstich der A als erforderlich und geboten zur Abwehr des von K ausgehenden Angriffs ansehen, entfiele eine Strafbarkeit der K gemäß §§ 223 Abs. 1, 224 Abs. 1 Nr. 2, 5 StGB wegen Notwehr.

4. Sonderfälle der Selbsthilfe (§§ 561, 859 BGB etc.)

639 Vorschriften wie § 561 BGB (Selbsthilferecht des Vermieters) und § 859 Abs. 2 BGB (»Besitzkehr«) werden überwiegend als Spezialfälle des Selbsthilferechts aus § 229 BGB bezeichnet.[23] Jedoch ist bezüglich **§ 859 BGB** eine genauere Bewertung geboten:

§ 859 Abs. 1 BGB (Besitzwehr) ist ein »notwehrähnlicher« Rechtfertigungsgrund.

§ 859 Abs. 2 BGB dagegen enthält zwar Elemente der Selbsthilfe, ist aber primär »notwehrähnlich«.[24]

Beide Erlaubnissätze geben dem Besitzer keine Befugnisse, die über die Schranken des Notwehrrechts hinausgehen.[25]

Daher kann es bei Angriffen auf den **Besitz**, für die § 859 Abs. 1 und 2 BGB gelten, nach der Verneinung von Notwehr z.B. mangels »Gebotenheit« (Rn. 528, 543 ff.) mit der Feststellung sein Bewenden haben: Auch § 859 Abs. 1 und 2 BGB

23 *Jakobs*, 16/25; *Jescheck*/*Weigend*, § 35 IV 1; *Kühl*, § 9 Rn. 10 m.w.N.

24 Zu letzterem S/S/*Lenckner*/*Sternberg-Lieben*, Vor § 32 Rn. 64. Für die Einordnung von § 859 Abs. 2 BGB als Notwehrfall: *Hellmann*, NStZ 1987, 455 (456) m.w.N. Zur Besitzkehr bei der Wegnahme von Drogen (BtM): BGH NJW 2015, 2898 (ablehnend) m. krit. Anm. *Kudlich* = NStZ 2015, 571 m. Anm. *Oğlakcıoğlu* sowie *Jäger*, JA 2015, 874 (876).

25 *Hellmann,* S. 144 ff.; *Jakobs*, 16/25; möglicherweise abweichend OLG Schleswig NStZ 1987, 75 (eine im Ergebnis und in der Begründung zweifelhafte Entscheidung; *Hellmann,* S. 144 ff.).

können die Tat nicht rechtfertigen; denn sie normieren keine Abwehrrechte, die § 32 StGB nicht einräumt.

III. Vorläufige Festnahme durch Bürger, § 127 Abs. 1 S. 1 StPO

1. Objektive Voraussetzungen des § 127 Abs. 1 S. 1 StPO

a) Festnahmebefugnis nach dieser Vorschrift als Jedermannsrecht

Die Aufgabe der Strafverfolgung im Allgemeinen und die Anwendung strafprozessualer Zwangsmaßnahmen (Grundrechtseingriffe) wie **Festnahme**, Durchsuchung etc. im Besonderen sind Staatsaufgaben. **640**

Als Ausnahme hierzu hat das Strafprozessrecht dem **Bürger** das Recht eingeräumt, auf frischer Tat betroffene oder verfolgte Täter vorläufig festzunehmen. Wer dieses Jedermannsrecht wahrnimmt, handelt »pro magistratu«[26], d.h. anstelle der zuständigen Strafverfolgungsorgane im Interesse der Allgemeinheit.

Das bedeutet allerdings nicht, dass der Bürger bei einer Festnahme gemäß § 127 Abs. 1 S. 1 StPO hoheitliche Gewalt ausübt. Insoweit ist die verbreitete Formulierung, diese Vorschrift übertrage dem Bürger »eine öffentliche Aufgabe«[27], missverständlich und folglich zu vermeiden.

»Jedermann« i.S.d. § 127 Abs. 1 S. 1 StPO ist im Übrigen nicht nur der einzelne als Privatperson. Vielmehr gilt diese Vorschrift auch für Polizeibeamte, Staatsanwälte und Richter.[28] **641**

b) Festnahmelage/-situation: »Auf frischer Tat betroffen oder verfolgt«

Auf frischer Tat **betroffen** ist der Täter, der bei ihrer Begehung oder unmittelbar nach ihrer Vollendung am Tatort oder in dessen unmittelbarer Nähe gestellt wird. **642**

Auf frischer Tat **verfolgt** wird ein Täter, wenn er sich zwar bereits vom Tatort entfernt hat, aber unmittelbar nach der Entdeckung der Tat Maßnahmen zu seiner Ergreifung eingeleitet werden.[29]

Bei der Festnahme selbst muss die Tat nicht mehr **»frisch«** sein; das ist wichtig, wenn die Festnahme erst nach langer Verfolgung möglich ist.[30]

Dass gerade derjenige, der den Täter auf frischer Tat betroffen hat, ihn selbst festnimmt, ist nicht nötig; es genügt, wenn jener Entdecker der Tat für die Verfolgung und Festnahme Helfer herbeiruft.[31]

---

26 *Jakobs*, 16/16; *Jescheck/Weigend*, § 35 IV 1, 2; *Roxin*, § 17 Rn. 22.

27 RGSt 17, 127 (128); *Meyer-Goßner/Schmitt*, § 127 Rn. 1.

28 *Kühl*, § 9 Rn. 83 m.w.N.; *Wagner*, ZJS 2011, 465 (466). Zur Geltung des § 127 StPO bei der Festnahme von Piraterieverdächtigen auf Hoher See durch Marinesoldaten *Esser/Fischer*, ZIS 2009, 771.

29 *Krey*, StPO, Rn. 531; *Meyer-Goßner/Schmitt*, § 127 Rn. 5 f.

30 *Roxin*, § 17 Rn. 23.

31 *Meyer-Goßner/Schmitt*, § 127 Rn. 6.

643 **(1) Erfordernis einer wirklich begangenen Tat: Kein Festnahmerecht des Jedermann gegen »Unschuldige«, auch nicht bei dringendem Tatverdacht**

Außerordentlich kontrovers ist die Frage, ob § 127 Abs. 1 S. 1 StPO nur die Festnahme des **wirklichen** Täters erlaubt. Womöglich rechtfertigt diese Vorschrift auch die Festnahme anderer Personen, wenn sie die Tat zwar objektiv nicht begangen haben, aber ein **dringender Tatverdacht** gegen sie besteht. Dazu folgender Fall:

644 **Fall 93: – Die Festnahme des »Unschuldigen« durch den irrenden Privatmann –**[32]
Gegen 23 Uhr überfällt R den Spaziergänger O und entreißt ihm mit Gewalt seine goldene Armbanduhr. O wehrt sich erfolgreich und kann dem R die Uhr mit Gewalt wieder wegnehmen. Aus Angst vor einem erneuten Angriff entflieht O. Die Straftat des R hatte im Dunklen stattgefunden. Bei seinem Gegenangriff (Notwehr) hatte O den R jedoch in den Lichtschein einer Straßenlaterne gezerrt. Das hat für ihn fatale Konsequenzen: Sportstudent S hatte zwar den *Überfall des R auf O* nicht gesehen, im Licht der Laterne aber wahrgenommen, *wie O dem R mit Gewalt die Uhr wegnahm.* Daher ist S sich sicher, Zeuge eines Raubüberfalles des O auf R geworden zu sein. S eilt hinter dem vermeintlichen Räuber O her, holt ihn ein und erklärt ihn für festgenommen. O versteht die Welt nicht mehr und wehrt sich mit Fausthieben gegen die Festnahme, wobei er seine Unschuld beteuert. S jedoch, der ihm nicht glaubt, bricht den Widerstand des O mit Gewalt und bringt ihn mit schmerzhaftem »Polizeigriff« zur nächsten Polizeiwache, wo sich die Unschuld des O herausstellt. War das Verhalten des S durch § 127 Abs. 1 S. 1 StPO erlaubt?

645 Eine verbreitete Meinung **(sog. »Verdachtslösung«** oder **»prozessuale Theorie«)** geht zwar davon aus, das Jedermannsrecht der vorläufigen Festnahme verlange nicht, dass die festgenommene Person wirklich eine Tat begangen habe. Vielmehr genüge, dass objektiv ein **dringender Verdacht**[33] gegen diese Person bestehe. Zur Begründung hierfür wird insbesondere geltend gemacht: Bei »strafprozessualen Befugnissen« gehe es nicht um die objektive Täterschaft (Schuldfrage), sondern um **Verdachtsgrade**. Im Übrigen sei es unbillig, dem Festnehmenden das Risiko eines Irrtums aufzuerlegen, da er im öffentlichen Interesse handele.[34]

646 Dagegen besagt die wohl h.M. (**»materiellrechtliche Theorie«** oder **Lehre vom Verbot der Festnahme »Unschuldiger«**): Maßnahmen nach § 127 Abs. 1 S. 1 StPO durch »jedermann« sind nur dann erlaubt, wenn sie sich **gegen den wirklichen Täter** richten. Nicht ausreichend ist dagegen, dass nur der dringende Verdacht der Tatbegehung durch den Festgenommenen besteht.[35] Dieser Standpunkt ist aus den folgenden Gründen gesetzestreu und sachgerecht:

---

32 Dazu eingehend *Krey*, StPO, Rn. 529 ff. m.w.N.

33 Instruktiv OLG Celle Urt. v. 26.11.2014 – 32 Ss 176/14 m. Anm. *Satzger*, Jura (JK) 2015, S. 1261 und *Jahn*, JuS 2015, 565.

34 OLG Hamm NStZ 1998, 370; KK/*Schultheis*, § 127 Rn. 9; *Wagner*, ZJS 2011, 465 (468 ff.); *Fincke*, JuS 1973, 87; *Heinrich*, AT, Rn. 508; *Hellmann*, StPO, 2. Aufl. 2006, Rn. 266; *Jäger*, AT, Rn. 166; *Kargl*, NStZ 2000, 8 ff.; *Kühne*, Rn. 450 mit Fn. 2; *Roxin*, § 17 Rn. 24 f.; *Putzke/Scheinfeld*, Strafprozessrecht, 6. Aufl. 2015, Rn. 351.

35 RGSt 12, 194 (195); OLG Hamm NJW 1972, 1826 (1827); NJW 1977, 590 (591); KG VRS 45, 35; *Beulke*, StPO, 12. Aufl. 2012, Rn. 235; *Frister*, 14/15; *Jakobs*, 16/16; *Jescheck/Weigend*, § 35 V 2; *Kindhäuser*, AT, § 20 Rn. 5; *Krey*, StPO, Rn. 531, 536; *Kühl*, § 9

Als Grenze jeder Auslegung erlaubt es schon der Wortlaut der Norm nicht, von Festnahme des Täters **»auf frischer Tat«** zu sprechen, wenn

- nach einem Diebstahl aufgrund des Rufes »Haltet den Dieb!« nicht der Dieb, sondern sein **Opfer** festgenommen wird;
- nicht der Räuber, sondern aufgrund Irrtums des Festnehmenden das Opfer des Raubes wegen seiner **erlaubten Notwehr** Objekt der Festnahme ist.

Weiterhin verkennt die »Verdachtslösung« den systematischen Zusammenhang des § 127 Abs. 1 S. 1 StPO mit **Abs. 2** dieser Vorschrift.[36] § 127 Abs. 2 (i.V.m. § 112 Abs. 1 S. 1) StPO lässt für die Festnahme durch **Polizeibeamte und Staatsanwälte** bereits den **»dringenden Tatverdacht«** ausreichen. Würde man nun schon bei § 127 Abs. 1 S. 1 StPO »dringenden Tatverdacht« genügen lassen, wäre jener Abs. 2 überflüssig; zudem würde seine Beschränkung auf Polizeibeamte und Staatsanwälte leerlaufen. **647**

Schließlich vernachlässigt die »Verdachtslösung« den entscheidenden Unterschied zwischen der Festnahme durch Private (§ 127 Abs. 1 S. 1 StPO) und der Festnahme gemäß § 127 Abs. 2 (i.V.m. § 112) StPO durch Strafverfolgungsbeamte: Der Privatmann hat zwar die Befugnis zur Festnahme, ist aber *frei von jeder Pflicht* zur Festnahme. Demgegenüber besteht für die in § 127 Abs. 2 StPO genannten Verfolgungsbeamten eine **Strafverfolgungspflicht** (§§ 152 Abs. 2, 160 Abs. 1, 163 StPO), wenn »dringender Tatverdacht« vorliegt.[37] Daher ist es bei Polizeibeamten und Staatsanwälten sachgerecht, ihnen schon bei »dringendem Tatverdacht« die vorläufige Festnahme zu erlauben und ihnen insoweit das Irrtumsrisiko abzunehmen.[38]

Dagegen muss der Privatmann, der bei einer vorläufigen Festnahme die Freiheitsrechte eines Unschuldigen beeinträchtigt, das Irrtumsrisiko tragen.[39] Dem Festgenommenen kann man in solcher Bedrängnis nicht noch sein Notwehrrecht nehmen.[40]

Ergebnis: Wäre S **Polizist**, so hätte O trotz seiner Unschuld die vorläufige Festnahme dulden müssen. Denn § 127 Abs. 2 (i.V.m. § 112 Abs. 1 S. 1) StPO gibt Polizeibeamten ein Festnahmerecht bereits bei dringendem Tatverdacht gegen den Festgenommenen, gleichgültig, ob er der wirkliche Täter ist. **648**

Der **Privatperson S** aber stand ein Recht zur vorläufigen Festnahme gemäß § 127 Abs. 1 S. 1 StPO nur gegenüber dem **wirklichen Täter R** zu, dagegen nicht gegen dessen **Opfer**. Demgemäß waren die von S gegen O begangenen Taten

---

Rn. 85 f.; S/S/*Lenckner*/*Sternberg-Lieben*, Vor § 32 Rn. 81-82; *Meyer-Goßner*/*Schmitt*, § 127 Rn. 4; *Fischer*, Vor § 32 Rn. 7a; *Volk*/*Engländer*, StPO, 7. Aufl. 2010, § 10 Rn. 67.

36 *Günther*, FS Kühl, 2014, S. 887 f.; *Wiedenbrüg*, JuS 1973, 418 (419).

37 Die Verfolgungspflicht gemäß diesen Vorschriften beginnt schon mit dem bloßen »Anfangsverdacht« (*Meyer-Goßner*/*Schmitt*, § 152 Rn. 4); dem Grad nach ist der »dringende Tatverdacht« noch deutlich stärker.

38 So *Kindhäuser*, AT, § 20 Rn. 5; *Krey*, StPO, Rn. 534; *Wiedenbrüg*, JuS 1973, 418 (419 f.).

39 Dieses Risiko dürfte eher gering sein, vgl. *Günther*, FS Kühl, 2014, S. 887 (888 f.).

40 *Krey*, StPO, Rn. 534; *Meyer-Goßner*/*Schmitt*, § 127 Rn. 4.

- Freiheitsberaubung (§ 239 StGB),
- Nötigung (§ 240 StGB) durch das Verbringen zur Polizei,
- Körperverletzung (§ 223 StGB) durch die körperliche Misshandlung beim »Brechen des Widerstandes mit Gewalt« und durch den »Polizeigriff«

rechtswidrig. Hiergegen durfte sich O mit Gewalt wehren (§ 32 StGB).

649 Doch liegt bei S ein **»Erlaubnistatbestandsirrtum«** vor (Irrtum über die **tatsächlichen Voraussetzungen** der Festnahmebefugnis aus § 127 Abs. 1 S. 1 StPO), der analog § 16 Abs. 1 StGB eine Strafbarkeit wegen jener **Vorsatz**taten entfallen lässt (Rn. 731 ff.). Im Übrigen ist S auch nicht wegen Fahrlässiger Körperverletzung (§ 229 StGB) strafbar, wenn jener Irrtum nicht auf Fahrlässigkeit beruhte, sondern unvermeidbar war.[41]

(2) Anforderungen an die wirklich begangene »Tat« für das Festnahmerecht

650 Sie muss den **Tatbestand einer Strafnorm** erfüllen, denn Sinn und Zweck des Festnahmerechts ist die Sicherung der Durchführung des Strafverfahrens.

Sie muss ferner auch **rechtswidrig** sein. Eine durch Notwehr erlaubte Tat oder die von einem Polizeibeamten im Rahmen seiner Amtsbefugnisse legal vorgenommene Handlung sind keine Taten, die ein Festnahmerecht zur Ermöglichung der Strafverfolgung begründen können.[42]

Jedoch dürfte der Begriff der »frischen **Tat**« i.S.d. § 127 Abs. 1 S. 1 StPO grundsätzlich kein **Verschulden** verlangen: Auch schuldlose Taten von Geisteskranken (§ 20 StGB) können ein Festnahmerecht nach jener Vorschrift begründen[43]; denn das materielle Strafgesetz (§§ 61 ff. StGB) und das Strafprozessrecht (§§ 126a, 413 ff. StPO) sehen auch Maßnahmen und Verfahren gegen solche Täter vor.

Nach einer Ansicht soll § 127 Abs. 1 S. 1 StPO selbst bei Taten von nach § 19 StGB schuldunfähigen **Kindern** gelten.[44] Dagegen spricht allerdings, dass auf von strafunmündigen Kindern begangene rechtswidrige Taten nur außerstrafrechtlich reagiert werden kann; strafrechtliche Reaktionen gegen sie sind nicht möglich. Die vorläufige Festnahme kann daher von vornherein nicht zu dem Zweck erfolgen, die Strafverfolgung durch die Einleitung eines Strafverfahrens zu sichern.[45]

c) Festnahmegrund

650a Hinzutreten zum »Betreffen bzw. Verfolgen auf frischer Tat« muss ein **Festnahmegrund**, d.h. der Umstand, dass der Festgenommene **»der Flucht verdächtig ist oder seine Identität nicht sofort festgestellt werden kann«** (§ 127 Abs. 1 S. 1 StPO).

---

41 Dazu Rn. 740 ff., 745. – Der Irrtum des S dürfte unvermeidbar gewesen sein.

42 *Jescheck/Weigend*, § 35 V 2; *Krey*, StPO, Rn. 536; *Meyer-Goßner/Schmitt*, § 127 Rn. 5; *Wiedenbrüg*, JuS 1973, 418 (420 f.).

43 *Jakobs*, 16/17; *Jescheck/Weigend*, § 35 V 2; *Roxin*, § 17 Rn. 26; *Fischer*, Vor § 32 Rn. 7.

44 KG JR 1971, 30; *Jakobs*, 16/17; *Krause*, FS Geerds, 1995, S. 489; *Fischer*, Vor § 32 Rn. 7; **a.A.** *Meyer-Goßner/Schmitt*, § 127 Rn. 3a m.w.N.; *Roxin*, § 17 Rn. 26.

45 *Rengier*, AT, § 22 Rn. 4; *Wagner*, ZJS 2011, 465 (467); *Satzger*, Jura 2009, 107 (108).

Fluchtverdacht ist anzunehmen, wenn der Festnehmende nach den erkennbaren Umständen des Falles vernünftigerweise damit rechnen muss, dass sich der Verdächtige anderenfalls der Strafverfolgung entziehen wird.[46]

Für die **Unmöglichkeit der Identitätsfeststellung** genügt, dass der Festgenommene Angaben zu seiner Person gänzlich verweigert oder seinen Namen zwar nennt, aber nicht die Möglichkeit eröffnet, diese Angabe zu verifizieren.[47]

d) Festnahmehandlung: Erlaubte Festnahmemittel im Rahmen des § 127 Abs. 1 S. 1 StPO

(1) Legale Beeinträchtigungen von Rechtsgütern des Festgenommenen 651

Die Festnahme gegen den Willen des Betroffenen verletzt seine Fortbewegungsfreiheit; diese Freiheitsberaubung wird durch § 127 Abs. 1 S. 1 StPO erlaubt.

Weiterhin gestattet das Recht des Bürgers zur vorläufigen Festnahme die **Freiheitsberaubung** und **Nötigung**, die durch das zwangsweise Verbringen zur Polizei begangen werden.

Schließlich werden auch **Körperverletzungen** durch § 127 Abs. 1 S. 1 StPO erlaubt, die in dem festen Zupacken, Zerren – soweit erforderlich und nicht unverhältnismäßig auch **im Fesseln** – bei der Festnahme und/oder bei dem Verbringen zur Polizei zu sehen sind.[48] Insoweit enthält § 127 Abs. 1 S. 1 StPO eine **Annexkompetenz**, die sich aufgrund der Natur der Sache von selbst versteht.[49]

Auch kann die ***Drohung* mit Schusswaffengebrauch**, u.U. auch ein **Warnschuss**, durch diese Vorschrift gerechtfertigt sein.[50]

Bei Bestimmung von zulässiger Art und Umfang einer Festnahmehandlung ist – obgleich der Wortlaut diese Einschränkung nicht vorsieht – der **Grundsatz der Verhältnismäßigkeit** zu beachten. Das gewählte Mittel muss also zur Festnahme sowohl **geeignet** als auch **erforderlich** sein (vgl. dazu Rn. 503 ff.).

Ein genereller Ausschluss des Festnahmerechts bei weniger schweren Straftaten folgt daraus aber nicht.[51]

(2) Verbotene Mittel zur Ermöglichung der Festnahme 652

Dagegen erlaubt das Festnahmerecht des Jedermann nicht den gezielten **Schusswaffengebrauch gegen Personen**.[52]

---

46 *Meyer-Goßner/Schmitt*, § 127 Rn. 10; *Wagner*, ZJS 2011, 465 (471 f.); Der Begriff des Fluchtverdachtes ist damit weitergehender als jener der Fluchtgefahr § 112 Abs. 2 Nr. 2 StPO.

47 *Meyer-Goßner/Schmitt*, § 127 Rn. 11; *Wagner*, ZJS 2011, 465 (472).

48 Siehe *Krey*, StPO, Rn. 537; *Roxin*, § 17 Rn. 28.

49 Zur Annexkompetenz siehe m.w.N. *Krey*, StPO, Rn. 490 ff.

50 *Krey*, ZRP 1971, 224 (225); *Meyer-Goßner/Schmitt*, § 127 Rn. 15.

51 *Wagner*, ZJS 2011, 465 (474 ff.).

52 RGSt 34, 443 (446); 65, 392; *Frister*, 13/20; *Jakobs*, 16/19; *Jescheck/Weigend*, § 35 V 2; *Kindhäuser*, AT, § 20 Rn. 8; *Krey*, StPO, Rn. 492, 537; *ders.*, ZRP 1971, 224 (225); *Lackner/Kühl*, Vor § 32 Rn. 23; *Meyer-Goßner/Schmitt*, § 127 Rn. 15; *Roxin*, § 17 Rn. 28; S/S/*Lenckner/Sternberg-Lieben*, Vor § 32 Rn. 81-82; *Wessels/Beulke/Satzger*, Rn. 603.

Die Gegenmeinung will bei schwerwiegenden Straftaten einen solchen Schusswaffengebrauch im Rahmen des Verhältnismäßigkeitsprinzips zulassen.[53] Jedoch ist dieser Standpunkt von fehlendem verfassungsrechtlichen Problembewusstsein geprägt und beruht auch im Übrigen auf einer Überschreitung der Auslegungsschranken:

Der **Gesetzestext** erlaubt den Schusswaffengebrauch nicht, auch nicht unter dem Aspekt der Annexkompetenz kraft Sachzusammenhangs.

Auch für Polizeibeamte folgt die Befugnis, bei der Verfolgung von Straftätern bzw. Verdächtigen (Rn. 647) zwecks Festnahme auf den Verfolgten zu schießen, keineswegs aus § 127 StPO. Vielmehr ist jene Befugnis im **Polizeirecht** normiert.

Für die Polizei der Länder in den Landespolizeigesetzen; für Polizeivollzugsbeamte des Bundes (Bundeskriminalamt, Bundespolizei) in § 10 Abs. 1 Nr. 2 UZwG.[54]

Diese Regelungen sind dabei stark von präventivpolizeilichen Aspekten (Gefahrenabwehr) mitgeprägt.[55] Wenn nun § 127 StPO selbst für Polizeibeamte keine Befugnisnorm für den Schusswaffengebrauch gegen den Festzunehmenden enthält, ist es fernliegend, in dieser Vorschrift eine solche Erlaubnisnorm für Private zu sehen.

Im Übrigen erlaubt § 127 Abs. 1 S. 1 StPO auch nicht das lebensgefährdende **Würgen** des Festgenommenen, um ihn »ruhig zu stellen«.[56]

Der hier vertretene Standpunkt hat für **Fall 81** (Schusswaffengebrauch auf fliehenden Dieb; Rn. 513) die Konsequenz: Der Schusswaffengebrauch auf den fliehenden Dieb war zwar aus Notwehr erlaubt (Rn. 514-515, 543-548), dagegen nicht zugleich aus § 127 Abs. 1 S. 1 StPO.

653 **(3) Anwendung leichterer Mittel als Ersatz für die Festnahme?**

Nach h.A. soll es nach § 127 Abs. 1 S. 1 StPO gerechtfertigt sein, unter Verzicht auf die Festnahme an ihrer Stelle leichtere Eingriffe vorzunehmen wie Wegnahme von Ausweisen, Kfz-Schlüsseln, Beweisgegenständen.[57] Hiergegen ist jedoch einzuwenden, dass jener Standpunkt auf eine unzulässige strafprozessuale Beschlagnahme durch **Private** hinausläuft.[58]

53 BGH bei Holtz, MDR 1979, 985 f. (wohl überholt durch BGHSt 45, 378 (381)).
54 Siehe auch *Krey*, StPO, Rn. 538.
55 *Krey*, ZRP 1971, 224-226 (eingehend).
56 BGHSt 45, 378 (381 ff.); *Meyer-Goßner/Schmitt*, § 127 Rn. 15.
57 *Jakobs*, 16/19; *Roxin*, § 17 Rn. 28; *Wessels/Beulke/Satzger*, Rn. 602.
58 *Wagner*, ZJS 2011, 465 (473 f.) (mit Hinweis auf die Möglichkeit einer analogen Anwendung des § 127 Abs. 1 S. 1 StPO); *Krey*, StPO, Rn. 537 im Anschluss an Eb. *Schmidt*.

(4) Notwehrrecht des Festnehmenden bei Gegenwehr des Festgenommenen

Selbstredend ist die legale Festnahme mit erlaubten Mitteln kein rechtswidriger Angriff des Festnehmenden auf den Festzunehmenden. Daher hat Ersterer bei rechtswidriger Gegenwehr ein Notwehrrecht gemäß § 32 Abs. 1, 2 StGB.[59]

2. Subjektive Voraussetzungen des § 127 Abs. 1 S. 1 StPO

Wie für alle Rechtfertigungsgründe so ist auch für das Jedermann-Festnahmerecht **654**
nach § 127 Abs. 1 S. 1 StPO ein sog. subjektives Rechtfertigungselement erforderlich (**Festnahmewille**).

Damit ist gemeint, dass der Festnehmende neben dem **Wissen um die Festnahmelage** auch die **Absicht** haben muss, **den Festgenommenen der Strafverfolgung** zuzuführen.[60]

Aufbauschema: § 127 Abs. 1 Satz 1 StPO

Standort der Prüfung: Rechtswidrigkeit

I. Objektive Voraussetzungen

1. Festnahmebefugnis
2. Festnahmelage/-situation
   »Auf frischer Tat betroffen oder verfolgt«
   (P) Erfordernis einer wirklich begangenen Tat (ggf.)
3. Festnahmegrund: Fluchtverdacht oder Sicherstellung der Feststellung der Identität
4. Festnahmehandlung
   a) Erlaubtes Festnahmemittel
   b) Geeignetheit und Erforderlichkeit des Mittels (Grundsatz der Verhältnismäßigkeit)

II. Subjektives Rechtfertigungselement (Festnahmewille)

1. Kenntnis der Festnahmelage
2. Absicht zur Festnahme zum Zwecke der Strafverfolgung

59 Zur analogen Anwendung des § 33 StGB im Falle des Vorliegens des § 127 Abs. 1 S. 1 StPO bei gleichzeitigem Nichtvorliegen des § 32 StGB siehe *Sickor*, JuS 2012, 1074 (1079).

60 *Rengier*, AT, § 22 Rn. 23; S/S/*Lenckner*/*Sternberg-Lieben*, Vor 32 Rn. 16.

§ 17 Einwilligung als Rechtfertigungsgrund

I. Differenzierung zwischen rechtfertigender Einwilligung und tatbestandsausschließendem Einverständnis

655 Nach herrschender und zutreffender Ansicht ist die Zustimmung des Opfers in der Form einer **Einwilligung** bei Straftaten gegen den Einzelnen ein **Rechtfertigungsgrund.**[1] Doch gibt es eine Reihe von Straftatbeständen, bei denen die Zustimmung des betroffenen Rechtsgutsträgers bereits den **objektiven Tatbestand** entfallen lässt (sog. **Einverständnis**).[2]

1. Tatbestandsausschließendes Einverständnis

656 Von einem Einverständnis des Betroffenen spricht man bei Straftatbeständen, die nach Sinn und Zweck **(ratio legis)** bzw. in der **Natur der Sache** ein Handeln **gegen den Willen des Betroffenen** verlangen:

- § 177 StGB (Sexuelle Nötigung; Vergewaltigung); § 240 StGB (Nötigung). Diese Delikte richten sich gegen die Freiheit der sexuellen Selbstbestimmung (§ 177 StGB) bzw. der Willensentschließung und -betätigung (§ 240 StGB).[3] Daher versteht sich von selbst, dass jene Straftatbestände entfallen, wenn das Opfer mit dem Handeln des »Täters« einverstanden ist.[4]
- § 239 StGB (Freiheitsberaubung)[5]
- § 123 StGB (Hausfriedensbruch). »**Eindringen**« bedeutet Betreten gegen den Willen des Hausrechtsinhabers, so dass sein Einverständnis den Tatbestand ausschließt.[6]
- § 242 StGB (Diebstahl). »**Wegnahme**« als Bruch fremden und Begründung neuen Gewahrsams erfordert die Aufhebung des bisherigen Gewahrsams gegen den Willen des Betroffenen. Daher lässt sein Einverständnis das Tatbestandsmerkmal Wegnahme entfallen.[7]

2. Einwilligung als Rechtfertigungsgrund

657 Bei solchen Straftaten gegen disponible Rechtsgüter des Einzelnen, deren deliktischer Charakter nicht spezifisch dadurch geprägt wird, dass sie gegen den Willen des Betroffenen erfolgen, gilt dagegen Folgendes: Ihr Tatbestand wird durch die Einwilligung nicht berührt.

---

1 BGHSt 12, 379 (383); 23, 1 (3 f.); *Frister*, 15/4; *Jescheck/Weigend*, § 34 I 2c, 3; *Kühl*, § 9 Rn. 22; S/S/*Lenckner/Sternberg-Lieben*, Vor § 32 Rn. 33; *Wessels/Beulke/Satzger*, Rn. 550 ff. Normtheoretische Überlegungen zur Einwilligung bei *Kindhäuser*, GA 2010, 490.

2 *Krey/Hellmann/Heinrich*, BT/2, Rn. 33; *Kühl*, § 9 Rn. 25; *Wessels/Beulke/Satzger*, Rn. 543-549; zu den unterschiedlichen Folgen eines Irrtums *Heinrich*, AT, Rn. 449 ff.; insgesamt zu Einwilligung und Einverständnis *Rönnau*, JuS 2007, 18; *Beckert*, JA 2013, 507 (zum Irrtum des Täters über das [Nicht-]Vorliegen einer Einwilligung bzw. Einverständnisses).

3 *Lackner/Kühl*, § 177 Rn. 1, § 240 Rn. 1.

4 *Jescheck/Weigend*, § 34 I 1b; *Wessels/Beulke/Satzger*, Rn. 549.

5 *Krey/Hellmann/Heinrich*, BT/2, Rn. 31-32; S/S/*Lenckner/Sternberg-Lieben*, Vor § 32 Rn. 31; *Wessels/Beulke/Satzger*, Rn. 543; str., aber h.M.

6 *Krey/Hellmann/Heinrich*, BT/1, Rn. 529 m.w.N.

7 *Krey/Hellmann/Heinrich*, BT/2, Rn. 32; *Eisele*, BT/2, Rn. 51.

Vielmehr kommt die Einwilligung hier nur als **Rechtfertigungsgrund** (Erlaubnissatz) in Betracht.[8]

Beispiele für solche Straftaten sind:

- § 223 StGB (Körperverletzung). Hier folgt die Natur der Einwilligung als Rechtfertigungsgrund schon aus dem klaren Wortlaut des Gesetzes (§ 228 StGB).
- § 303 StGB (Sachbeschädigung).[9]
- § 142 StGB (Unfallflucht, siehe Rn. 669).
- § 274 StGB (Urkundenunterdrückung).[10]

Der dargelegte Standpunkt ist zwar herrschend. Er wird aber von einer Mindermeinung abgelehnt. Diese besagt: **Bei allen Straftaten gegen disponible Rechtsgüter des Einzelnen sei die Einwilligung tatbestandsausschließend**. Es gebe also keinen Unterschied zwischen Einwilligung als Erlaubnissatz und **tatbestandsausschließendem Einverständnis**; vielmehr sei nur **letzteres** anzuerkennen.[11] **658**

Jene Mindermeinung vernachlässigt jedoch das geltende Recht (§ 228 StGB).[12]

Sie verkürzt zudem der Sache nach die Natur von Rechtsgütern wie Eigentum und körperliche Unversehrtheit (§§ 303, 223 StGB) auf die bloße Dispositionsbefugnis des Inhabers des Rechtsguts. Damit verkennt sie, dass es bei Strafnormen zum Schutz dieser Rechtsgüter primär um die **Unversehrtheit des angegriffenen Objekts** geht und nur sekundär um die Dispositionsfreiheit des Opfers.[13]

Die Mindermeinung läuft ferner Gefahr, den entscheidenden Unterschied zwischen der ersten Deliktsstufe »Tatbestandsmäßigkeit« und der zweiten Deliktsstufe »Rechtswidrigkeit« im dreistufigen Deliktsaufbau aus dem Blick zu verlieren:

Der bloße **Tatbestandsausschluss** wegen des Einverständnisses des Opfers besagt nichts darüber, ob die Tat mit Wirkung für alle Rechtsgebiete **erlaubt** war. Denn auch Taten, die nicht gegen Strafgesetze verstoßen, können rechtswidrig sein (Rn. 257, 270) und beispielsweise zu disziplinarrechtlichen Sanktionen oder zivilrechtlichen Konsequenzen führen.

Demgegenüber ist die **rechtfertigende** Einwilligung ein **Erlaubnissatz**, der die Tat mit Wirkung für alle Rechtsgebiete legalisiert – und Notwehr ausschließt. Diese Einsicht zeigt die Unverzichtbarkeit der Unterscheidung zwischen dem bloßen

---

8 BGHSt 12, 379; 23, 1; *Frister*, 15/4; *Jescheck/Weigend*, § 34 I 2c, 3; *Kühl*, § 9 Rn. 22; S/S/*Lenckner/Sternberg-Lieben*, Vor § 32 Rn. 33-33a; *Wessels/Beulke/Satzger*, Rn. 550; *Gropp*, § 5 Rn. 74, 108; *Stratenwerth/Kuhlen*, 9/9.

9 *Jescheck/Weigend*, § 34 I 2c, 3; S/S/*Lenckner/Sternberg-Lieben*, Vor § 32 Rn. 33a; **a.A.** *Wessels/Beulke/Satzger*, Rn. 544; vgl. dazu auch *Beckert*, JA 2013, 507 (Differenzierung zwischen § 303 Abs. 1 und Abs. 2 StGB).

10 S/S/*Cramer/Heine*, § 274 Rn. 11; *Fischer*, § 274 Rn. 10.

11 So z.B. *Jäger*, Zurechnung, S. 22, 23; *Kindhäuser*, AT, § 12 Rn. 4 f.; *Kühne*, JZ 1979, 241; MK/*Schlehofer*, Vor § 32 Rn. 124 ff.; *Roxin*, § 13 Rn. 11 ff. m.w.N.

12 *Jescheck/Weigend*, § 34 I 3; S/S/*Lenckner/Sternberg-Lieben*, Vor § 32 Rn. 33a; **a.A.** *Roxin*, § 13 Rn. 29 unter Hinweis auf § 11 Abs. 1 Nr. 5 StGB.

13 Vgl. *Jescheck/Weigend*, § 34 I 3; *Gropp*, § 5 Rn. 110; S/S/*Lenckner/Sternberg-Lieben*, Vor § 32 Rn. 33a; *Wessels/Beulke/Satzger*, Rn. 541.

Ausschluss des Straftatbestandes durch das Einverständnis einerseits und der Bedeutung der Einwilligung als Rechtfertigungsgrund andererseits.

(4) Schließlich ist jene Mindermeinung auch deswegen sachwidrig, weil die Anforderungen an das bloße **tatbestandsausschließende Einverständnis** deutlich geringer sind als die für eine **rechtfertigende Einwilligung**:

II. Unterschiedliche Anforderungen an das tatbestandsausschließende Einverständnis und die Einwilligung

659 1. Das **Einverständnis** muss zwar wirklich vorliegen. Es braucht aber weder ausdrücklich noch konkludent erklärt zu sein, noch muss der Täter es kennen.

Ein **Schulbeispiel** hierfür ist die **»Diebesfalle«**, mit der man einen notorischen Dieb überführen will: Hier ist der Gewahrsamsinhaber damit einverstanden, dass der »Dieb« die Sache ergreift. Dieses Einverständnis schließt eine Wegnahme aus, so dass vollendeter Diebstahl entfällt (Rn. 656). Dass der »Dieb« das Einverständnis nicht kennt, ist insoweit unerheblich.[14] Jedoch liegt versuchter Diebstahl vor.

Bei der rechtfertigenden **Einwilligung** als Erlaubnissatz dagegen ist Handeln in Kenntnis und aufgrund der Einwilligung nötig (Rn. 454 ff.).[15]

660 2. Für das tatbestandsausschließende Einverständnis genügt wegen dessen rein tatsächlichen Charakters (Rn. 662) die natürliche **Willensfähigkeit** des Betroffenen. Sie kann schon bei Kindern und Geisteskranken vorliegen.[16]

Demgegenüber erfordert die primär normativ zu verstehende Einwilligung als Rechtfertigungsgrund eine genügende **»Einsichts- und Urteilsfähigkeit«**. Für sie ist zwar keine Geschäftsfähigkeit nach Zivilrecht nötig. Doch muss das Opfer nach seiner geistigen und sittlichen Entwicklung in der Lage sein, die *Bedeutung des* ***Eingriffes in seine Rechte*** *und seines* ***Verzichts auf Rechtsschutz*** zu erkennen.[17]

Diese **Einwilligungsfähigkeit** verlangt mehr als nur natürliche Willensfähigkeit und ist jeweils gesondert für den Einzelfall zu bestimmen.

661 3. Da das freiwillige tatbestandsausschließende Einverständnis nur tatsächlich vorzuliegen braucht, sind **Willensmängel** beim Opfer grundsätzlich irrelevant.

Insbesondere lässt grundsätzlich auch das durch **Täuschung** erschlichene, nicht jedoch das mittels Gewalt oder Drohung erzwungene (§ 240 StGB) Einverständnis den Tatbestand entfallen.[18]

14 Zur Diebesfalle *Krey/Hellmann/Heinrich*, BT/2, Rn. 41 f. m.w.N.; *Eisele*, BT/2, Rn. 53.

15 *Wessels/Beulke/Satzger*, Rn. 567 (str.).

16 BGHSt 23, 1 (3 f.); *Krey/Hellmann/Heinrich*, BT/2, Rn. 34 (für § 242 StGB) m.w.N.; S/S/*Lenckner/Sternberg-Lieben*, Vor § 32 Rn. 32a; *Wessels/Beulke/Satzger*, Rn. 545 f.

17 *Krey/Hellmann/Heinrich*, BT/1, Rn. 92, 203; *Kühl*, § 9 Rn. 33; *Stratenwerth/Kuhlen*, 9/24 f.; *Wessels/Beulke/Satzger*, Rn. 554 – Eine Mindermeinung verlangt dagegen bei der Verletzung von Vermögensrechten für die Einwilligungsfähigkeit zivilrechtliche Geschäftsfähigkeit (*Jakobs*, 7/114; S/S/*Lenckner/Sternberg-Lieben*, Vor § 32 Rn. 39 f.); hiergegen überzeugend *Stratenwerth/Kuhlen*, 9/25.

18 S/S/*Lenckner/Sternberg-Lieben*, Vor § 32 Rn. 32 f.; *Wessels/Beulke/Satzger*, Rn. 367.

Beim Diebstahl (§ 242 StGB) schließt auch das erschlichene Einverständnis des Gewahrsamsinhabers mit der Aufhebung seines Gewahrsams die »Wegnahme« aus. In solchen Fällen kommt dann nicht Diebstahl, sondern Betrug (§ 263 StGB) in Betracht.[19]

Beim Hausfriedensbruch (§ 123 StGB) lässt das Einverständnis des Betroffenen auch dann den Tatbestand entfallen (Rn. 656), wenn es auf Täuschung beruht.[20]

Dagegen entfällt der Rechtfertigungsgrund Einwilligung bei Willensmängeln, die für die Zustimmung **mitursächlich** waren. Das gilt insbesondere bei durch Nötigung mit Gewalt oder Drohung (§ 240 StGB) und bei durch Täuschung erlangter Einwilligung; sie ist unwirksam.[21]

Die sonstigen Motive des Opfers sind allerdings jeweils unbeachtlich, so dass auch ein **Motivirrtum unschädlich** ist.[22]

Erforderlich ist, dass das Opfer aufgrund des Irrtums die Bedeutung und Tragweite seiner Einwilligung nicht erkennt, mithin gar nicht weiß, dass es durch seine Einwilligung das Rechtsgut aufgibt (»**rechtsgutsbezogener** Irrtum«).[23]

III. Begründung für diese gesteigerten Anforderungen an die rechtfertigende Einwilligung

Wenn Straftatbestände ein Handeln gegen den Willen des Opfers erfordern, so hat dies zur Folge, dass sie bei jedem tatsächlich gegebenen Einverständnis ausscheiden müssen. Das ist mit der Formel vom »rein tatsächlichen Charakter des Einverständnisses« gemeint.[24] **662**

Anders ist es beim Erlaubnissatz der Einwilligung. Seine Anerkennung beruht auf dem Prinzip der **mangelnden Schutzbedürftigkeit**:

Mit seiner Einwilligung erklärt der Betroffene einen **Verzicht auf Rechtsschutz**, den das Recht wegen des Selbstbestimmungsrechtes des Einwilligenden akzeptiert.

Aufgrund dieses Verzichts sieht das Recht keinen Anlass, die betroffenen Rechtsgüter zu schützen[25], obwohl ihre Erhaltung prinzipiell auch im Interesse der Allgemeinheit liegt.

Jedoch stellt die Rechtsordnung hohe Anforderungen an die Wirksamkeit eines solchen Verzichts: Sie akzeptiert ihn nur, wenn die Einwilligung **ein Akt**

---

19 *Krey/Hellmann/Heinrich*, BT/2, Rn. 33, 45, 555 ff., 573.

20 *Krey/Hellmann/Heinrich*, BT/1, Rn. 528; *Lackner/Kühl*, § 123 Rn. 5; S/S/*Lenckner/Sternberg-Lieben*, § 123 Rn. 22; *Fischer*, § 123 Rn. 16, 23; **a.A.** BayObLG NJW 1972, 2275; SK/*Rudolphi/Stein*, § 123 Rn. 18b.

21 *Jescheck/Weigend*, § 34 IV 5; *Kühl*, § 9 Rn. 35-39a; *Stratenwerth/Kuhlen*, 9/27.

22 Vgl. Streitdarstellung bei *Heinrich*, AT, Rn. 461, 468 ff. und *Hillenkamp*, AT, 7. Problem.

23 *Wessels/Beulke/Satzger*, Rn. 569; *Arzt*, Willensmängel, S. 17 ff.; ähnlich S/S/*Lenckner/Sternberg-Lieben*, Vor § 32 Rn. 46; **a.A.** *Amelung*, Irrtum, S. 1 ff.; *Baumann/Weber/Mitsch*, § 17 Rn. 111; *Mitsch*, JZ 1999, 513; LK/*Rönnau*, Vor § 32 Rn. 199 ff.; differenzierend *Roxin*, § 13 Rn. 99 ff.

24 Siehe *Wessels/Beulke/Satzger*, Rn. 545-548.

25 *Kühl*, § 9 Rn. 23; S/S/*Lenckner/Sternberg-Lieben*, Vor § 32 Rn. 33.

wirklicher Selbstbestimmung ist.[26] Das erfordert insbesondere Einwilligungsfähigkeit des Opfers (Rn. 660) und Freiheit von relevanten Willensmängeln (Rn. 661).

IV. Voraussetzungen der rechtfertigenden Einwilligung im Überblick

663 1. Dieser Erlaubnissatz gilt nicht für Straftaten gegen die Allgemeinheit. Das Delikt muss sich gegen **disponible Rechtsgüter** richten (Rn. 9, 568). Folglich kann die Einwilligung des Opfers weder vorsätzliche noch fahrlässige Tötungsdelikte (§§ 211, 212, 216, 222 StGB) rechtfertigen;[27] hier ist ein nicht disponibles Rechtsgut des Einzelnen betroffen.[28]

664 Bei der Körperverletzung (§§ 223 ff. StGB) ist die Wirkung der tatsächlich vorliegenden Einwilligung durch **§ 228 StGB** beschränkt.[29] Sie vermag die Körperverletzung ausnahmsweise nicht zu rechtfertigen, wenn die **Tat** gegen die guten Sitten verstößt. Das Rechtsgut der körperlichen Unversehrtheit steht somit nicht zur vollen Disposition des Bürgers. Stattdessen wird das individuelle Selbstbestimmungsrecht des Einzelnen zugunsten der Fürsorge des Staats zurückgedrängt. Verwendet wird üblicherweise die Formel:

Sittenwidrig ist *die Tat*, **wenn sie gegen das Anstandsgefühl aller billig und gerecht Denkender verstößt.**

Beispiele für Körperverletzungen, die trotz Einwilligung rechtswidrig sind:
– Ein Jugendlicher lässt sich brutal zusammenschlagen, da dies Voraussetzung für die Aufnahme in eine Jugendgang ist.[30]
– Zwei rivalisierende Gruppen verabreden sich zu einer Schlägerei ohne Regeln oder andere effektive Sicherungen (und damit im Unterschied zu erlaubten sportlichen Wettkämpfen wie Boxen).[31]
– Massive sado-masochistische Misshandlungen mit *erheblichen* Verletzungen bzw. mit **konkreter Lebensgefahr** für den Einwilligenden.[32]
– Ausbilder der Bundeswehr simulieren Geiselnahme mit anschließendem Verhör in Gefangenschaft, bei der sowohl physisch als auch psychisch derart auf die Opfer eingewirkt wird, dass sie zum bloßen Objekt degradiert werden.[33]

---

26 *Krey/Hellmann/Heinrich*, BT/1, Rn. 199 (a.E.), im Anschluss an *Stratenwerth/Kuhlen*, 9/24.

27 Der BGH lässt die Einwilligung in eine lebensgefährdende Handlung zu, solange nicht aufgrund der Umstände eine konkrete Lebensgefahr die Sittenwidrigkeit der Tat begründet (§ 228 StGB). Vgl. BGHSt 49, 166 (170 f.); 53, 55 (62).

28 BGHSt 4, 88 (93); 7, 112 (114); *Krey/Hellmann/Heinrich*, BT/1, Rn. 122 a.E. m.w.N. Vgl. außerdem zu §§ 315b, 315c StGB: BGHSt 53, 55 (63).

29 Vgl. zu § 228 StGB auch *Bott/Volz*, JA 2009, 421.

30 BayObLG JR 1999, 122 ff. (mit Anm. *Otto*) = NStZ 1999, 458 (mit Anm. *Amelung*).

31 BGH NJW 2013, 1397; *Jäger*, JuS 2013, 634 (637); kritisch u.a. *Hardtung*, NStZ 2014, 267.

32 BGHSt 49, 166 (dazu *Krey/Hellmann/Heinrich*, BT/1, Rn. 342); Sittenwidrigkeit allein aufgrund einer »Moralwidrigkeit« ablehnend schon *Sitzmann*, GA 1991, 71; eingehend und m.w.N. *Niedermair*, S. 185-192 (der allerdings selbst a.A. ist); *May*, S. 155, lehnt die Einwilligungsfähigkeit von Jugendlichen für jegliche Form sado-masochistischer Handlungen ab.

33 BGH NZWehrr 2009, 78 (speziell zum WStG; Verletzung der Menschenwürde).

Lässt sich kein allgemein gültiger, d.h. allgemeinkundiger und vernünftigerweise nicht anzweifelbarer moralischer Maßstab ermitteln, ist die **Sittenwidrigkeit im Zweifel abzulehnen**.[34] 664a

Die einzelnen Kriterien der Sittenwidrigkeit sind umstritten. Maßgeblich für die Bewertung als sittenwidrig sind nach heute vorherrschendem Verständnis **Art und Gewicht des Körperverletzungserfolgs** sowie der **Grad der möglichen Lebensgefahr**.[35]

Nach anderer Ansicht sollen bei der Beurteilung **ausschließlich die Ziele und Beweggründe der Beteiligten** in Betracht gezogen werden.[36] Dieser Ansicht ist jedoch entgegenzuhalten, dass § 228 StGB ausdrücklich von der Sittenwidrigkeit *der Tat* spricht und daher nicht etwa Gesichtspunkte der Sittenwidrigkeit der Einwilligung berücksichtigt werden sollen. Darüber hinaus stellt § 228 StGB einen Eingriff in das durch das Grundgesetz geschützte Recht auf Selbstbestimmung (allgemeines Persönlichkeitsrecht, Art. 2 Abs. 1 i.V.m. Art. 1 Abs. 1 GG / allgemeine Handlungsfreiheit, Art. 2 Abs. 1 GG) dar, der nur bei schwerwiegenden Verletzungen gerechtfertigt werden kann.[37] 664b

Die Gesamtbeurteilung *ex-ante*[38] muss darüber hinaus ergeben, dass die Tat von der Rechtsordnung trotz Einwilligung nicht mehr hinnehmbar und ein generalpräventiv-fürsorgliches Eingreifen des Staates in das Selbstbestimmungsrecht des Opfers gerechtfertigt ist.[39] Dies ist u.a. wegen der Nähe zu § 216 StGB jedenfalls dann der Fall, wenn die Körperverletzungshandlung eine ***konkrete*** **Todesgefahr** in sich birgt[40], d.h. das Ausbleiben des Tötungserfolges als bloßer Zufall erscheint.[41]

Mit Blick auf den in § 231 StGB liegenden Schutzzweck soll eine erteilte Einwilligung nach Ansicht des BGH auch dann sittenwidrig sein, wenn es sich um wechselseitige Körperverletzungen handelt (z.B. verabredete Auseinandersetzungen rivalisierender Gruppen), die zwar mit einer Einwilligung des jeweils anderen erfolgt sind, aber aufgrund ihrer **Unkontrollierbarkeit, der Eskalationsgefahr und gegebenenfalls fehlender Absprachen und Sicherungen** dennoch gegen die guten Sitten verstoßen.[42] Die entsprechende Gefährlichkeit der zu Tage tretenden 664c

34 BGHSt 49, 34 (41); 49, 166.
35 BGHSt 49, 34 (42); 49, 166 (170 f.); BeckOK-StGB/*Eschelbach*, § 228 Rn. 24.
36 *Lackner/Kühl*, § 228, Rn. 10.
37 *Zöller/Lorenz*, ZJS 2013, 431.
38 BGHSt 49, 166 (173).
39 BGHSt 49, 166 (170 f.): Nähe zu § 226 StGB (Schwere Körperverletzung).
40 BGHSt 49, 166 (173); 53, 55 (62 f.) – Konstanzer Wagenrennen; zustimmend für den Fall einer vorsätzliche Körperverletzung *Roxin*, JZ 2009, 399 (400); siehe auch: BGH Urt. v. 9.10.2013 – 5 StR 214/13, BeckRS 18620 (sadomasochistische Handlungen), als Klausurfall bei *Gerhold/El-Ghazi*, JuS 2014, 524.
41 *Fischer*, § 315c Rn. 15a m.w.N.
42 BGH NJW 2013, 1379 (1381 f.); kritisch: *Zöller/Lorenz*, ZJS 2013, 429 ff.; *Jäger*, JuS 2013, 634 (637); *Satzger*, Jura (JK) 2015, 1138. Im Rahmen einer Fallbearbeitung: *Mavany*, JA 2015, 823 (826 f.).

Handlungen müsse dabei aus einer ex-ante Perspektive erfolgen.[43] Dies soll selbst dann gelten, wenn keine konkrete Todesgefahr droht, was nicht überzeugend ist.

Den mit der Tat **verfolgten Zweck** zieht die Rechtsprechung nur noch heran, wenn dieser geeignet ist, die Negativbewertung der Körperverletzung zu kompensieren, z.B. bei lebensgefährlichen ärztlichen Eingriffen, die der Lebenserhaltung dienen.[44] Als bedenklich vage Generalklausel ist **§ 228 StGB** nur bei **restriktiver Auslegung** rechtsstaatlich tolerabel. Bei der Einwilligung in andere Rechtsgüter ist die Vorschrift nicht analog anwendbar.[45]

665 2. Der Einwilligende muss befugt sein, über das betroffene Rechtsgut zu verfügen, sei es als Inhaber des Rechtsguts, sei es als sonst **Verfügungsberechtigter**.[46]

Beispiel für Letzteres: Einwilligung der Eltern in die Operation eines Kindes.

3. Die Einwilligung muss als Zustimmung erfolgen, also **vor der Tat erklärt** werden. Die **nachträgliche Genehmigung ist irrelevant**,[47] da die Strafbarkeit des Eingriffs im Moment der Tatbegehung feststehen muss.[48]

666 4. Als Akt wirklicher Selbstbestimmung (Rn. 662) erfordert die Einwilligung eine ausreichende **Einwilligungsfähigkeit** (Rn. 660).

Fall 94: – Einwilligung in ärztliche Heileingriffe bei Minderjährigen –
Der 17-jährige A hat bei einem Unfall schwere Verletzungen erlitten. Um sein Leben zu retten, ist eine Amputation beider Beine erforderlich.
a) A ist mit der Operation einverstanden. Seine Eltern lehnen dies ab, um A ein Leben als »Krüppel« zu ersparen.
b) Die Eltern des A erklären ihr Einverständnis. A dagegen verbietet nach reiflicher Überlegung den Ärzten den Eingriff ernstlich und mit Entschiedenheit: Er will lieber sterben, als ohne Beine weiterleben.

In beiden Fällen respektieren die Ärzte den Willen des A.

667 **Ärztliche Heileingriffe**, insbesondere Amputationen, auch wenn sie medizinisch indiziert, nach den Regeln der ärztlichen Heilkunst durchgeführt und erfolgreich sind, erfüllen den **Tatbestand der Körperverletzung** (§ 223 StGB). Sie bedürfen daher zu ihrer Rechtfertigung der **Einwilligung des Patienten**.[49]

Das gilt auch bei **lebensrettenden Eingriffen**: Selbst solche Operationen dürfen nicht ohne Einwilligung des Patienten durchgeführt werden.[50] Sein **Selbstbestimmungsrecht** hat Vorrang vor medizinischen Notwendigkeiten.

---

43 BGH NJW 2015, 1540 (1544) mit krit. Anm. *Mitsch*.

44 BGHSt 49, 166 (171); zustimmend *Hirsch*, JR 2004, 475 (476); stattdessen für eine entsprechende Anwendung von § 34 StGB: *Renzikowski*, HRRS 2009, 347 (354).

45 *Jescheck/Weigend*, § 34 III 4 m.w.N.; *Roxin*, § 13 Rn. 70; differenzierend S/S/*Lenckner/Sternberg-Lieben*, Vor § 32 Rn. 37; **a.A.** *Jakobs*, 14/9; für die Anwendbarkeit auf §§ 222, 229 StGB: *Brüning*, ZJS 2009, 194 (195).

46 S/S/*Lenckner/Sternberg-Lieben*, Vor § 32 Rn. 41; *Wessels/Beulke/Satzger*, Rn. 553.

47 *Jescheck/Weigend*, § 34 IV 1; *Kühl*, § 9 Rn. 32; S/S/*Lenckner/Sternberg-Lieben*, Vor § 32 Rn. 44.

48 *Roxin*, § 13 Rn. 97 m.w.N. (daher keine Anwendung der §§ 119 f., 123 BGB).

49 RGSt 25, 375; BGHSt 11, 111; *Krey/Hellmann/Heinrich*, BT/1, Rn. 206-224a m.w.N.

50 BGHSt 11, 111 (113 f.); *Krey/Hellmann/Heinrich*, BT/1, Rn. 11, 209-212; *Roxin*, § 18 Rn. 24.

Zur sog. **Sterbehilfe** und zur Beachtlichkeit einer **Patientenverfügung** siehe Rn. 1111 ff.

Zu Fall 94a: Hier lag eine wirksame Einwilligung vor. Zwar war A noch nicht geschäftsfähig, da die Volljährigkeit erst mit 18 Jahren beginnt (§ 2 BGB). Geschäftsfähigkeit aber ist für die Einwilligungsfähigkeit nicht nötig (Rn. 660). Vielmehr kommt es auf die **»Einsichts- und Urteilsfähigkeit«** an. Ein normal entwickelter Jugendlicher besitzt mit 16, spätestens aber mit 17 Jahren die Fähigkeit, eigenverantwortlich zu entscheiden, ob er sich durch eine Amputation beider Beine »verstümmeln« lassen oder lieber sterben will. Wenn der Minderjährige einwilligungsfähig ist, muss **seine** Einwilligung maßgeblich sein;[51] die Operation war also erlaubt, ohne dass es noch der Zustimmung der Eltern bedurft hätte.

Zu Fall 94b: Auch hier haben die Ärzte richtig gehandelt, als sie den Willen des A respek- **668**
tierten. Angesichts seiner Einwilligungsfähigkeit kam es allein auf seine Einwilligung an. Seine freiverantwortliche Operationsverweigerung nahm den Ärzten das Recht zum lebensrettenden Eingriff (Rn. 667). Die Einwilligung seiner Eltern konnte die fehlende Einwilligung des A nicht ersetzen.

Ob etwas anderes gilt, wenn die Einwilligung oder ihre Verweigerung durch den einsichtsfähigen Minderjährigen eine »evidente Fehlentscheidung aus sachfremden Gründen«[52] ist, soll hier dahinstehen. Von einer Fehlentscheidung kann hier keine Rede sein.

Im Falle der **Einwilligungsunfähigkeit** des Rechtsgutträgers kann die Einwilli- **668a**
gung, im Rahmen des Rechts und der Pflicht zur Vermögens- bzw. Personensorge, vom gesetzlichen Vertreter erteilt werden.[53] Überschreiten oder missbrauchen Eltern, die infolge ihres elterlichen Sorgerechts grundsätzlich vertretungsbefugt sind, §§ 1626 Abs. 1, 1629 Abs. 1 BGB, ihre Befugnis, so ist die Einwilligung unwirksam.[54] Wird die Tat durch die Eltern selbst begangen (also nicht wie etwa beim ärztlichen Heileingriff durch einen Dritten), ist es im Übrigen aber vorzugswürdig, anstelle der Einwilligung das **Erziehungs- und Sorgerecht der Eltern** als Rechtfertigungsgrund heranzuziehen.[55]

Lebhaft diskutiert wurde in diesem Zusammenhang insbesondere das Urteil des LG **668b**
Köln vom 7.5.2012[56] zur Strafbarkeit der **religiös motivierten Beschneidung** nicht einwilligungsfähiger männlicher Kleinkinder. Das LG Köln hatte die Ansicht vertreten, die Beschneidung erfülle den Tatbestand der Körperverletzung, § 223 Abs.

---

51 *Jescheck/Weigend*, § 34 IV Fn. 51; LPK/*Kindhäuser*, Vor § 13 Rn. 178; S/S/*Lenckner/Sternberg-Lieben*, Vor § 32 Rn. 42; *Roxin*, § 13 Rn. 85, 92.

52 BGHSt 11, 111; *Krey/Hellmann/Heinrich*, BT/1, Rn. 11, 209 ff.; *Roxin*, § 18 Rn. 24; **a.A.** *Jakobs*, 7/114 Fn. 176.

53 Etwa S/S/*Lenckner/Sternberg-Lieben*, Vor § 32 Rn. 41 m.w.N.

54 *Roxin*, § 13 Rn. 93 (grundsätzlicher Ausschluss der Wirksamkeit der von den Eltern erteilten Einwilligung sei dort anzunehmen, wo es sich um nicht vertretbare Entscheidungen, welche die Existenz betreffen, handelt).

55 Siehe hierzu die Klausurlösung von *Esser/Beckert*, JA 2012, 590 (593) zum Fall der Strafbarkeit von impfskeptischen Eltern, die ihre Kinder bewusst auf sog. »Masern-Partys« mit Masernviren in Kontakt bringen. Im Gegensatz zu einer (kaum gefährlichen) Masernimpfung besteht bei einer Masernerkrankung jedoch eine reale Todesgefahr, die Autoren verneinen daher die Rechtfertigung der Körperverletzung durch Einwilligung oder Sorgerecht.

56 LG Köln Urt. v. 7.5.2012 – 151 Ns 169/11, NJW 2012, 2128.

1 StGB, und sei auch nicht durch die Einwilligung der Eltern gerechtfertigt, da sie entgegen § 1627 S. 1 BGB nicht dem Wohl des Kindes diene.[57] Die Grundrechte des Kindes auf körperliche Unversehrtheit nach Art. 2 Abs. 2 S. 1 GG und sein Selbstbestimmung aus Art. 2 Abs. 1, Art. 1 Abs. 1 GG seien schwerer zu gewichten als die grundrechtlich verbürgten Rechte der Eltern aus Art. 4 Abs. 1, Art. 2 GG und Art. 6 Abs. 2 GG. Diese Abwägung könne jedoch im Einzelfall auch zu einem anderen Ergebnis führen.[58] Als Reaktion auf das Urteil beschloss der Gesetzgeber, dass die Personensorge auch das Recht umfasse, in eine medizinisch nicht erforderliche, aber *lege artis* durchgeführte Beschneidung des männlichen Kindes einzuwilligen (§ 1631d Abs. 1 S. 1 BGB).[59]

668c Das OLG Hamm[60] hat als Vorreiter wesentliche Grundsätze zur Handhabung des § 1631d BGB entwickelt. Zu den Voraussetzungen zählen neben der Personensorge die fehlende Einsichts- und Urteilsfähigkeit des Kindes, wobei die Personensorgeberechtigten und der Arzt auch die Wünsche und Neigungen des Kindes zu ermitteln hätten. Zusätzlich wird als ungeschriebenes Tatbestandsmerkmal die umfassende Aufklärung der Eltern über Chancen und Risiken des Eingriffs vorausgesetzt.

669 5. **Fehlen entscheidungserheblicher Willensmängel**: Die Einwilligung darf nicht auf Gewalt, Drohung, Täuschung bzw. anderen Willensmängeln beruhen (Rn. 661).

Beispiel: Nach einem Verkehrsunfall erlaubt der Geschädigte (G) dem wartepflichtigen Unfallbeteiligten A, sich vom Unfallort zu entfernen. Denn A hatte vorgetäuscht, er sei ernstlich verletzt und müsse dringend zum Arzt. – Das in § 142 StGB (Unfallflucht) geschützte Feststellungsinteresse der anderen Unfallbeteiligten bzw. Geschädigten ist ein disponibles Rechtsgut. Die Einwilligung der feststellungsberechtigten Unfallbeteiligten bzw. Geschädigten mit dem Entfernen des Täters vor Ermöglichung der Feststellungen ist also ein Rechtfertigungsgrund. Wird die Einwilligung aber durch Täuschung erschlichen, so ist sie unwirksam.

669a Beim **ärztlichen Heileingriff** ist eine autonome Entscheidung nur möglich, wenn der Arzt den Patienten vor dem Eingriff darüber aufgeklärt hat, welche Tragweite der Eingriff in die körperliche Unversehrtheit hat. Der Patient muss also in die Lage versetzt worden sein, die »Art, Chancen und Risiken der vorgesehenen Maßnahme«[61] überblicken zu können.[62]

57 Siehe LG Köln, NJW 2012, 2128 (religiöse Beschneidung) mit krit. Anm. *Rox*, JZ 2012, 806; *Jahn*, JuS 2012, 850; *Brocke/Weidling*, StraFo 2012, 450. Zu den Argumenten des LG Köln vgl. *Putzke*, NJW 2008, 1568.

58 So u.a. *Brocke/Weidling*, StraFo 2012, 450; *Jahn*, JuS 2012, 850; Anm. *Rox*, JZ 2012, 806.

59 Siehe dazu auch *Hassemer*, ZRP 2012, 179.

60 OLG Hamm NJW 2013, 3662; siehe dazu auch *Peschel-Gutzeit*, NJW 2013, 3617 ff.

61 *Fischer*, § 228 Rn. 13.

62 BVerfG NJW 1979, 1929 ff., BGHZ 29, 51, 180, BGH NJW 1956, 1106; S/S/*Eser/Sternberg-Lieben*, § 223 Rn. 40b ff.

Mit dem **Patientenrechtegesetz**[63] wurden die von der Rechtsprechung entwickelten Grundsätze des Behandlungsvertrags mittlerweile ausdrücklich in den **§§ 630a bis 630h BGB** normiert. Fraglich ist allerdings, ob die in **§ 630d BGB** geregelte Einwilligung und die damit korrespondierenden Informations- und Aufklärungspflichten gem. **§§ 630c** und **630e BGB** Einfluss auf die strafrechtliche Beurteilung der Einwilligung nehmen können.[64] Für die Beachtlichkeit sprechen zunächst das Prinzip der Einheit der Rechtsordnung und die in § 630c Abs. 2 S. 3 BGB vorgesehenen gebietsübergreifenden Fernwirkungen.[65] Allerdings hat sich der BGH im Rahmen der Sterbebegleitung gegen eine zivilrechtsakzessorische Behandlung der Rechtfertigung nach den §§ 1901a ff. BGB ausgesprochen und autonom nach materiell-strafrechtlichen Grundsätzen entschieden.[66] Da zudem Regelungen im Strafrecht den Auslegungen des Zivilrechts nicht zwingend akzessorisch sind, bedarf es somit, trotz der Existenz der §§ 630 ff. BGB, weiterhin der Hinzuziehung der bisherigen – wenn auch zum Teil einzelfallbezogenen – Rechtsprechung.[67] 669b

Ebenso muss über die Risiken einer möglicherweise notwendigen Folgebehandlung oder Folgeoperation bereits **vor dem ersten Eingriff** aufgeklärt werden, wenn sie dem Eingriff bereits spezifisch anhaften und so schwer wiegen, dass sie bei ihrer Verwirklichung die Lebensführung des Patienten besonders belasten würden.[68]

Ärztliche Der Umfang der Aufklärung lässt sich nicht pauschal bestimmen, sondern richtet sich nach den Umständen des Einzelfalls.[69] Erfolgte die Aufklärung nur unzureichend, kommt allenfalls eine **hypothetische Einwilligung** in Betracht (Rn. 682), wenn davon auszugehen ist, dass der Patient auch bei ordnungsgemäßer Aufklärung eingewilligt hätte.[70] Ob der Patient dagegen auch vollständig auf seine Aufklärung verzichten kann, wird dabei unterschiedlich beurteilt. 669c

Beispiel: M ist Stürmer bei einem Fußballclub. Kurz vor der Halbzeitpause verdreht er sich das Knie. Der Vereinsarzt V kann während einer Untersuchung einen Anriss des Kreuzbands nicht ausschließen. Um die Situation zu klären, müsste M in ein Krankenhaus gebracht werden. M ist jedoch nicht einverstanden; er will unbedingt weiterspielen. Daher gibt V dem M – die zweite Spielhälfte steht unmittelbar bevor – eine schmerzstillende Spritze

63 Gesetz zur Verbesserung der Rechte von Patientinnen und Patienten vom 20.2.2013, BGBl. 2013 I, S. 277; vgl. hierzu ausführlich etwa *Katzenmeier*, NJW 2013, 817 ff.

64 Dazu auch *Wessels/Beulke/Satzger*, Rn. 558.

65 *Spickhoff*, ZRP 2012, 65 (68); *Lechner*, MedR 2013, 429 (430).

66 BGH NJW 2010, 2963; ausführlich zu diesem Urteil Rn. 1117 ff.; vgl. auch *Frister*, 15/36.

67 So vor allem *Wessels/Beulke/Satzger*, Rn. 558; ebenso *Frister*, 15/36.

68 BGH NJW 2011, 1088 (sog. **Zitronensaft-Fall**): Im konkreten Fall wurde eine Aufklärungspflicht des Arztes *vor dem ersten Eingriff* im Hinblick auf die Risiken einer Folgeoperation (und den unüblichen Einsatz von Zitronensaft zur Infektionsverhinderung) verneint, da keine schwerwiegenden Schäden gedroht hätten. Da allerdings auch *vor der Folgeoperation* nicht über den Einsatz von Zitronensaft aufgeklärt wurde, sei die gesamte Einwilligung zu der Folgeoperation unwirksam gewesen. Kritisch zu dieser »Alles oder nichts«-Betrachtung: *Hardtung*, NStZ 2011, 635.

69 *Fischer*, § 228 Rn. 14; *Wessels/Beulke/Satzger*, Rn. 557 f.; *Zöller*, ZJS 2011, 173 (175).

70 *Jahn*, JuS 2011, 468 (469).

und verbindet das verletzte Knie. V kann den M nicht mehr über den Eingriff und mögliche Folgen aufklären. Gegen Ende der zweiten Spielhälfte reißt schließlich das vorgeschädigte Kreuzband des M. Konnte M in die Preisgabe seiner körperlichen Unversehrtheit wirksam einwilligen? Es ist davon auszugehen, dass dies die erste Behandlung dieser Art bei M war.[71]

669d M müsste dem V eine **Einwilligung in das »Fittspritzen«** vor dem Eingriff ausdrücklich erklärt haben. Hierfür fehlen jedoch die Anhaltspunkte, sodass nur **schlüssiges Handeln**[72] in Betracht kommt. Ob einer Handlung der Wert einer schlüssigen Erklärung zukommt, entscheidet sich anhand der konkret vorliegenden Umstände; insbesondere bedarf es äußerer Anzeichen für eine Willenskundgabe.[73] Begibt sich ein Sportler in der Pause oder wegen einer verletzungsbedingten Unterbrechung des Wettkampfes beispielsweise in die Hände des Vereinsarztes, kann man darin eine konkludente Einwilligung in typische Eingriffe wie Untersuchung, Schmerzmittelvergabe oder die Anlegung von Verbänden erkennen.[74] M hat daher konkludent in die Behandlung des V eingewilligt.

Fraglich ist ferner, wie es sich auswirkt, dass V den M **nicht** über die Behandlung und ihre möglichen Folgen **aufgeklärt** hat und inwieweit der M auch vollständig auf seine Aufklärung verzichten konnte. In Fällen, in denen der Sportler bereits in der Vergangenheit mit einer ähnlichen Behandlungssituation konfrontiert wurde, kann man davon ausgehen, dass er sich an die damals erfolgte Aufklärung erinnert. Von einem Verzicht kann daher nicht ausgegangen werden. Das Gleiche gilt, wenn der Sportler aufgrund eigener medizinischer Kenntnisse das Geschehen selbst einschätzen kann.[75]

Keine der beiden Alternativen trifft auf den M zu: Weder verfügt M über ausreichende medizinische Fachkenntnisse, noch fanden bei ihm in der Vergangenheit vergleichbare medizinische Eingriffe statt. Dies führt zu der abschließenden Frage, ob eine Aufklärung des Arztes eine unverzichtbare Voraussetzung einer rechtfertigenden Einwilligung darstellt.

669e Einige Stimmen ziehen dabei den **Vergleich zur Patientenverfügung, zum Gendiagnostikgesetz** und zum **Schwangerenkonflikthilfe-Gesetz**. Aus deren Regelungen könne man folgern, dass eine wirksame Einwilligung in einen Eingriff nicht notwendig von einer ärztlichen Aufklärung abhänge. So sei etwa eine Patientenverfügung auch dann verbindlich, wenn der Patient vor ihrer Abfassung kein Gespräch mit seinem Arzt geführt habe.[76] Andere verzichten ebenfalls auf eine Aufklärung, ziehen dafür allerdings das **allgemeine Persönlichkeitsrecht** aus Art. 2 Abs. 1 i.V.m. Art. 1 Abs. 1 GG heran. Hieraus solle sich ein Recht auf »Nichtwissen« ergeben, das im Falle einer Zwangsaufklärung zu einer Verletzung des Persönlichkeitsrechts des Sportlers führen soll.[77]

Nach beiden Ansichten konnte der M wirksam auf eine Aufklärung verzichten. Da zudem eine konkludente Einwilligung seinerseits vorliegt, ist das Verhalten des V i.E. gerechtfertigt.

71 Fall nach *Heger*, medstra 2015, 199-205.
72 BayObLG NJW 1968, 665.
73 BeckOK-StGB/*Eschelbach*, § 228 Rn. 16.
74 *Heger*, medstra 2015, 199 (203).
75 Zum Ganzen *Heger*, medstra 2015, 199 (204).
76 *Lutz*, Die strafrechtliche Verantwortlichkeit des Arztes bei der Betreuung von Spitzensportlern, 2014, S. 90 ff.
77 *Heger*, medstra 2015, 199 (204 f.).

6. Die Einwilligung muss **erklärt** (verlautbart) sein, und der Täter muss in Kenntnis sowie aufgrund der Einwilligung handeln (**subjektives Rechtfertigungselement**, Rn. 659).

7. Bei Erfolgsdelikten muss sich die Einwilligung auf die Handlung des Täters und auf den tatbestandsmäßigen **Erfolg** (z.B. Gesundheitsschädigung, §§ 223, 229 StGB) beziehen;[78] es genügt nicht die bloße Einwilligung in die *Handlung*. **670**

Jedoch kann die Einwilligung des Opfers in die gefährliche Handlung unter dem Gesichtspunkt der **»einverständlichen Fremdgefährdung«** (Gefährdung anderer mit deren Einwilligung, Rn. 369 f.) die objektive Zurechnung der Tat entfallen lassen:

V. »Einverständliche Fremdgefährdung«

Erörtert wurde bereits der Ausschluss der objektiven Zurechnung unter dem Gesichtspunkt des freiverantwortlichen Handelns des Opfers auf eigene Gefahr (Rn. 356-368). Dabei ging es um Fälle der **Teilnahme an einer freiverantwortlichen Selbstgefährdung**. **671**

Im Folgenden sollen nun Fälle **»einverständlicher Fremdgefährdung«**[79] (Fall 58, 59, Rn. 369 ff.) im Mittelpunkt stehen – wegen ihres Sachzusammenhanges mit der Einwilligung.

1. In den **Fällen 58** (»Russisches Roulett Nr. 2«) und **59** (»Zirkusartisten«) scheidet die Argumentation *Straflosigkeit der »Beteiligung am freiverantwortlichen Suizid«* (Rn. 356-358) aus. Denn die Opfer waren nicht aufgrund freiverantwortlicher *Selbst*gefährdung zu Tode gekommen bzw. verletzt worden. Vielmehr sind sie nach dem Maßstab der Tatherrschaft über das Geschehen (s. Rn. 371)[80] Opfer einer »einverständlichen *Fremd*gefährdung«, d.h. **einer mit ihrer Einwilligung erfolgten Gefährdung durch einen anderen**. **672**

2. Viele Autoren wollen die Beteiligung an freiverantwortlicher Selbstgefährdung einerseits und die Fälle einverständlicher Fremdgefährdung andererseits **im Grundsatz gleich behandeln**.[81] Dieser Standpunkt widerspricht aber der Wertung des Gesetzes. Das StGB differenziert deutlich zwischen eigenverantwortlicher *Selbst*schädigung und einverständlicher *Fremd*schädigung. Das folgt aus der Straflosigkeit des Suizids und der Selbstverletzung im Gegensatz zur Strafbarkeit der Tötung auf Verlangen (§ 216 StGB) und der Körperverletzung mit Einwilligung des Opfers bei sittenwidrigen Taten (§ 228 StGB). Daher können auch Selbstgefährdung und einverständliche Fremdgefährdung nicht gleichgestellt werden.

78 *Preuß*, Untersuchungen zum erlaubten Risiko im Strafrecht, 1974, S. 137 ff.; *Roxin*, § 13 Rn. 78, § 24 Rn. 108; **a.A.** *Schaffstein*, FS Welzel, 1974, S. 563 ff.; OLG Düsseldorf JuS 1998, 274 (275) (»Auto-Surfen«). Dies gilt auch für Fahrlässigkeitsdelikte; abweichend *Kühl*, § 17 Rn. 83; S/S/*Lenckner*/*Sternberg-Lieben*, Vor § 32 Rn. 102.

79 So die herrschende Terminologie: *Klein*, § 15 III 2, § 16 I; S/S/*Lenckner*/*Sternberg-Lieben*, Vor § 32 Rn. 107; *Roxin*, § 11 Rn. 121-136, § 24 Rn. 108; *Wessels*/*Beulke*/*Satzger*, Rn. 268; *Eisele*, JuS 2012, 577 (584).

80 *Kindhäuser*, AT, § 12 Rn. 65; *Wessels*/*Beulke*/*Satzger*, Rn. 268; ähnlich *Zaczyk*, Strafrechtliches Unrecht, S. 56, 61; BGHSt 49, 34 (39); **a.A.** *Puppe*, GA 2009, 486.

81 So z.B.: *Otto*, AT, § 6 Rn. 61; *Schünemann*, JA 1975, 715 (722 f.).

Zudem wäre es aus kriminalpolitischer Sicht falsch, die Fälle 56 (»Russisches Roulett Nr. 1«, Rn. 359) und 58 (»Russisches Roulett Nr. 2«, Rn. 369) gleich zu behandeln.

673 3. Differenzierender als jene Konzeption ist *Roxins* Standpunkt: Die einverständliche Fremdgefährdung sei dann wie die Beteiligung an eigenverantwortlicher Selbstgefährdung zu behandeln, wenn sie letzterer unter allen rechtlichen Aspekten gleichstehe. Für einen **Zurechnungsausschluss** sei insbesondere nötig, dass der Gefährdete für das gemeinsame Tun **dieselbe Verantwortung** trage wie der Täter der gefährdenden Handlung.[82] Jedoch wird auch diese Ansicht der dargelegten Wertung des Gesetzes, zudem der **Tatherrschaft** des Täters nicht gerecht.

674 4. Die h.M. will das Problem einverständlicher Fremdgefährdung durch den Rückgriff auf die **rechtfertigende Einwilligung** lösen.[83]

Hiergegen spricht, dass dieser Erlaubnissatz sich auch auf den tatbestandsmäßigen **Erfolg** beziehen muss (Rn. 670).[84] Die Gegenmeinung vernachlässigt, dass der Erfolg das Unrecht mitkonstituiert, so dass die Rechtfertigung durch Einwilligung auch diesen »Erfolgsunwert« ausgleichen muss.[85]

Jener h.M. widerspricht zudem der Lebenswirklichkeit. Das Opfer der einverständlichen Fremdgefährdung vertraut in aller Regel darauf, dass der Erfolg nicht eintritt; daher ist der Gesichtspunkt der Einwilligung sachwidrig, genauer: die Einwilligung in den Erfolg ist i.d.R. eine Fiktion.

675 5. In den Fällen der einverständlichen Fremdgefährdung wird es häufig bereits an der **Pflichtwidrigkeit** des Täterverhaltens (objektive **Fahrlässigkeit**) als Tatbestandsmerkmal fehlen.[86] Das Einverständnis des Opfers mit seiner Gefährdung, sein »Handeln auf eigene Gefahr«, dient dabei unter dem Gesichtspunkt eines **»vom Täter erlaubten Risikos«** als regulatives Rechtsprinzip zur **Konkretisierung der Sorgfaltsanforderungen**. Voraussetzung für diesen Wegfall der Fahrlässigkeit ist dabei erstens, dass das Opfer sein Einverständnis **freiverantwortlich** erklärt hat.[87]

---

82 *Roxin*, § 11 Rn. 123 f.; **a.A.** etwa *Kindhäuser*, AT, § 12 Rn. 70.

83 BGHSt 49, 34 (39 ff.); 49, 166; 53, 55 – »Konstanzer Wagenrennen«; OLG Düsseldorf JuS 1998, 274; *Frister*, 15/14; *Kühl*, § 17 Rn. 82-88; S/S/*Lenckner*/*Sternberg-Lieben*, Vor § 32 Rn. 102-104; *Wessels*/*Beulke*/*Satzger*, Rn. 274; *Beulke*, FS Zoll, 2012, 735 (739) unter Hinweis auf einen an sich wünschenswerten, aber systematisch nicht durchführbaren Gleichlauf von Selbst- und Fremdgefährdung; **a.A.** *Jäger*, AT, Rn. 51.

84 Zu den Folgeproblemen: *Walter*, NStZ 2013, 673 (677); selbst wenn das für Vorsatzdelikte gelten sollte, heißt das jedoch noch nicht, dass es dann auch für Fahrlässigkeitsdelikte gelten muss.

85 Insoweit übereinstimmend *Roxin*, § 11 Rn. 121; *Renzikowski*, HRRS 2009, 347 (353).

86 So sachlich übereinstimmend: RGSt 57, 172 (173 f.) – Memel-Fall; BGHSt 4, 88 (93); 7, 112 (115); *Krey*/*Hellmann*/*Heinrich*, BT/1, Rn. 122 a.E. m.w.N.; *Fischer*, § 222 Rn. 3; ablehnend *Roxin*, JZ 2009, 399 (400): Sorgfaltswidrigkeit ist Merkmal der Handlung selbst und daher nicht vom Verhalten eines anderen abhängig; kritisch auch *Lasson*, ZJS 2009, 359 (365 f.).

87 *Krey*/*Hellmann*/*Heinrich*, BT/1, Rn. 122 a.E. – Zur Freiverantwortlichkeit siehe Rn. 362-364.

Zweitens darf der Täter bei seinem gefährdenden Verhalten **nicht »in anderer Beziehung Sorgfaltspflichten verletzt haben«**.[88]

Zudem ist ein **zusätzliches normatives Korrektiv** nötig: Die einverständliche Fremdgefährdung darf nicht »gegen die **guten Sitten** verstoßen«.[89] Die Rechtsordnung kann nicht tolerieren, dass Bürger mutwillig und völlig verantwortungslos ohne jedes anerkennungswürdige Motiv mit Leib und Leben *anderer* spielen.

Sind jene Voraussetzungen erfüllt, kann auch bei **lebensgefährlichem** Tun die Pflichtwidrigkeit und damit eine Fahrlässige Tötung entfallen. Danach scheidet in **Fall 59** (»Zirkusartisten«; Rn. 370) Fahrlässige Körperverletzung mangels Pflichtwidrigkeit aus. Dagegen ist in **Fall 58** (»Russisches Roulett Nr. 2«; Rn. 371) wegen evidenter Sittenwidrigkeit der einverständlichen Fremdgefährdung eine Strafbarkeit des A aus Fahrlässiger Tötung zu bejahen. **676**

Prüfungsschema: Einwilligung

Standort: **Rechtswidrigkeit**

1. Objektive Merkmale: Einwilligungslage

a) Disponibilität des Rechtsguts
   Vorhanden bei individuellen Rechtsgütern wie körperlicher Unversehrtheit

b) Verfügungsberechtigung des Einwilligenden
   z.B. Einwilligender ist alleiniger Rechtsgutsinhaber

c) Einwilligungserklärung
   ausdrücklich, konkludent

d) Subjektive Voraussetzungen beim Einwilligenden:
   - Einsichts- und Urteilsfähigkeit?
   - Drohung oder Gewalt
   - Täuschung
   - Sonstiger Irrtum (nicht täuschungsbedingt)

e) (ggf.) keine Sittenwidrigkeit bei Körperverletzungsdelikten, § 228 StGB

2. Subjektives Rechtfertigungselement

Handeln in Kenntnis und auf Grund der Einwilligung

88 BGHSt 4, 88; *Krey/Hellmann/Heinrich*, BT/1, Rn. 122 (mit Beispiel).

89 OLG Düsseldorf, JuS 1998, 274; *Baumann/Weber/Mitsch*, § 14 Rn. 74 (Verabreichung gefährlicher Dopingmittel an Sportler); zum Doping *Kargl*, NStZ 2007, 489 (491).

§ 18 Mutmaßliche und hypothetische Einwilligung

I. Wesen der mutmaßlichen Einwilligung

677 Die mutmaßliche Einwilligung ist ein gewohnheitsrechtlich anerkannter **Rechtfertigungsgrund**.[1] Sie ist nach heutigem Verständnis kein Sonderfall des Rechtfertigenden Notstandes[2] (§ 34 StGB), sondern ein Einwilligungsersatz[3]:

Eine mutmaßliche Einwilligung liegt vor, wenn die Zustimmung des Betroffenen nicht rechtzeitig eingeholt werden kann, eine Würdigung aller Umstände aber die Annahme erlaubt, dass er, falls man ihn fragen könnte, zustimmen würde.[4]

Bei diesem Einwilligungssurrogat geht es also um ein **»Wahrscheinlichkeitsurteil über den wahren Willen des Rechtsgutsinhabers«**.[5] Ersetzt wird lediglich die Erklärung des Betroffenen, so dass die übrigen Voraussetzungen der Einwilligung, insbesondere die Verfügbarkeit des Rechtsguts und die Einwilligungsfähigkeit, im Zeitpunkt des Eingriffs gegeben sein müssen.[6]

Die mutmaßliche Einwilligung ist **nicht tatbestandsausschließend**. Nur das tatsächliche (ggf. auch das mutmaßliche) Einverständnis lässt bei Straftaten, die ein Handeln gegen den Willen des Betroffenen verlangen (Rn. 656), den Tatbestand entfallen.[7]

677a Anhaltspunkte für den mutmaßlichen Willen des Betroffenen sind primär seine **subjektiven** Interessen, Wünsche und Werturteile, mögen sie auch unvernünftig sein. Denn das Selbstbestimmungsrecht des Betroffenen ist vorrangig, unabhängig davon, was sonst als »normal« oder »vernünftig« angesehen wird. Erst, wenn es an konkreten Anhaltspunkten für den individuellen Willen fehlt, insbesondere an Äußerungen des Betroffenen, aus denen auf seinen tatsächlichen Willen geschlossen werden kann, können objektive Kriterien zur Ermittlung des mutmaßlichen Willens herangezogen werden. Dann ist davon auszugehen, dass er eine **objektiv vernünftige** Entscheidung getroffen hätte.[8]

Eine solches Wahrscheinlichkeitsurteil unterliegt jedoch trotz allem dem Risiko einer Fehleinschätzung. Sollte sich das Urteil nach Begehung der Tat als falsch herausstellen, ist eine Rechtfertigung des Täters durch eine mutmaßliche Einwilligung dennoch möglich, sofern sein Urteil sich als Ergebnis einer gewissenhaften Prüfung »ex ante« darstellt. Die Rechtfertigung findet dann unter dem Gesichtspunkt der Schaffung eines erlaubten Risikos statt.[9] Nimmt der Täter eine solche

1 BGHSt 35, 246 (249); *Roxin*, § 18 Rn. 3; *Wessels/Beulke/Satzger*, Rn. 569.
2 Differenzierend *Otto*, Jura 2004, 679 (681 f.).
3 *Roxin*, § 18 Rn. 8; S/S/*Lenckner/Sternberg-Lieben*, Vor § 32 Rn. 54.
4 Vgl. *Otto/Albrecht*, Jura 2010, 264 (265): auf Mutmaßungen beruhende Einwilligung.
5 *Wessels/Beulke/Satzger*, Rn. 571.
6 Vgl. auch *Bollacher/Stockburger*, Jura 2006, 908 (911).
7 *Roxin*, FS Welzel, 1974, S. 449.
8 *Kühl*, § 9 Rn. 47; LK/*Rönnau*, Vor § 32 Rn. 223; BGHSt 35, 246 (249); 45, 219 (221).
9 Vgl. *Gropp*, § 6 Rn. 199

gewissenhafte Prüfung der Willensrichtung/Interessenlage gar nicht vor, fehlt ihm das erforderliche subjektive Rechtfertigungselement (Versuchsstrafbarkeit; siehe Rn. 454).[10]

II. Subsidiarität der mutmaßlichen Einwilligung

Ein **entgegenstehender Wille** des Betroffenen darf nicht durch Berufung auf eine mutmaßliche Einwilligung überspielt werden. 678

Beispiel: Im Falle der Operationsverweigerung (Rn. 666 ff.) kann der Eingriff nicht auf mutmaßliche Einwilligung gestützt werden.[11]

Soweit eine **Zustimmung** des Betroffenen **rechtzeitig eingeholt werden könnte**, es also an der Dringlichkeit der Tatbegehung fehlt, greift die mutmaßliche Einwilligung nicht ein.[12] Eine Ausnahme hiervon wird aber zu Recht für solche Fälle akzeptiert, in denen mit Sicherheit davon ausgegangen werden darf, dass der Betroffene keinen Wert darauf legt, vorher gefragt zu werden.[13] Solche Ausnahmesituationen können insbesondere unter Angehörigen oder engen Freunden in Betracht kommen.

III. Mutmaßliche Einwilligung beim »Handeln im materiellen Interesse des Betroffenen« oder beim »Fehlen entgegenstehender Interessen«

Die wichtigste Fallgruppe der mutmaßlichen Einwilligung ist die **Verletzung eines Rechtsguts des Betroffenen in dessen Interesse**.[14] Dieses Interesse muss dabei – anders als beim Rechtfertigenden Notstand – nicht zwangsläufig in der Abwendung einer Gefahr bestehen.[15] 679

Beispiele: Ein Arzt nimmt am bewusstlosen Unfallopfer einen lebensrettenden Eingriff vor. Ein Chirurg erweitert eine begonnene Operation, um den Patienten nicht dem Risiko einer erforderlichen neuen, u.U. gefährlicheren, jedenfalls zusätzlich belastenden Operation auszusetzen.[16] Ein Nachbar bricht die Tür eines Hauses auf, um dort einen Brand zu löschen.

Daneben gibt es noch eine zweite Fallgruppe: **Handeln bei »mangelndem Interesse des Rechtsgutsinhabers«**. Bei ihr wird das Fehlen eines entgegenstehenden Interesses des Betroffenen vermutet, z.B. wegen der Bagatellnatur der Beeinträchtigung oder wegen persönlicher Verbundenheit mit dem Täter.[17]

10 Zum Problem des Fehlens der gewissenhaften Prüfung: *Mitsch*, ZJS 2012, 38 (43).

11 So der Sache nach: *Krey/Hellmann/Heinrich*, BT/1, Rn. 10, 211 ff. m.w.N.; BGHSt 11, 111 (114); 40, 257 (262). So ausdrücklich z.B.: *Kühl*, § 9 Rn. 47; *Roxin*, FS Welzel, 1974, S. 449.

12 *Jescheck/Weigend*, § 34 VII 1; *Roxin*, § 18 Rn. 10 f. Bedenklich BGHSt 35, 246 (249 f.) (fahrlässiges Unterlassen der Einholung einer Einwilligung; krit. hierzu *Roxin*, § 18 Rn. 12); *Mitsch*, JZ 2005, 279 (282) bevorzugt den Begriff »Sperrwirkung« statt »Subsidiarität«.

13 *Jescheck/Weigend*, § 34 VII 1; *Kühl*, § 9 Rn. 46; **a.A.** *Roxin*, § 18 Rn. 11.

14 LPK/*Kindhäuser*, Vor § 32 Rn. 51, 56 f.; *Krey/Hellmann/Heinrich*, BT/2, Rn. 636; *Roxin*, FS Welzel 1974, S. 447 ff.; *Wessels/Beulke/Satzger*, Rn. 569 f.

15 *Mitsch*, ZJS 2012, 38 (39).

16 Keine Beschränkung auf Fälle gegenwärtiger Lebensgefahr: BGHSt 35, 246; 45, 219 (222 f.).

17 Zur Bagatellgrenze: *Joecks*, Vor § 32 Rn. 30; vgl. auch *Krey/Hellmann/Heinrich*, BT/2, Rn. 636; *Roxin*, FS Welzel, 1974, S. 447 ff.; *Wessels/Beulke/Satzger*, Rn. 569, 579.

Beispiele: Kinder heben Fallobst auf, um es zu essen. Der Täter benutzt eigenmächtig das Fahrrad eines Freundes, um einen wichtigen Termin nicht zu versäumen.

680 In **Fall 32** (»Schneesturm im Gebirge«; Rn. 275) lag bezüglich des Hausfriedensbruchs (§ 123 StGB) keine dieser beiden Erscheinungsformen der mutmaßlichen Einwilligung vor: Weder handelte der Täter »im Interesse des Hausrechtsinhabers« noch kann man bei einem solchen Hausfriedensbruch vom »Fehlen entgegenstehender Interessen« ausgehen. Doch greift § 34 StGB ein (Rn. 276).

681 Zur **»Hilfe zum Sterben«** durch Abbruch **lebenserhaltender Maßnahmen** (wie künstliche Ernährung) unter Berufung auf den ihnen entgegenstehenden (**mutmaßlichen) Willen** eines zur Tatzeit einwilligungsunfähigen Patienten (**Patientenverfügung**) siehe Rn. 1111 ff.; dazu: BGH NJW 2010, 2963 (2967) mit Verweis auf die §§ 1901a ff. BGB; ebenso BGH Beschl. v. 10.11.2010 – 2 StR 320/10, Rn. 14; zur früheren Rechtslage BGHSt 40, 257; BGHZ 154, 205 = NJW 2003, 1588; *Höfling/Rixen*, JZ 2003, 884 ff.

Zur mutmaßlichen Einwilligung bei **§ 142 StGB** (Unerlaubtes Entfernen vom Unfallort) siehe *Krey/Hellmann/Heinrich*, BT/2, Rn 634-638.

IV. Hypothetische Einwilligung

682 Eine sog. hypothetische Einwilligung schließt nach h.M. ebenfalls die Rechtswidrigkeit der Tat aus.[18] Relevant wird diese Rechtsfigur bislang nur[19] im Falle von **Aufklärungsmängeln vor ärztlichen Eingriffen**:[20]

1. Begrifflichkeit

682a Die Annahme einer *wirksamen* **Einwilligung** des Patienten scheitert hier regelmäßig an den Willensmängeln, die durch den Aufklärungsmangel hervorgerufen wurden.[21] In der Regel wird letzterer den Umfang des Eingriffs oder seine Risiken bzw. Behandlungsalternativen betreffen,[22] so dass ein **relevanter Willensmangel** selbst dann zu bejahen sein wird, wenn man verlangt, dass der Irrtum rechtsgutbezogen ist, d.h. sich auf den Umfang der Preisgabe des Rechtsguts bezieht. Erst recht gilt dies für eine fehlerhafte bzw. lückenhafte Aufklärung in Bezug auf die Art des Eingriffs. Will man trotzdem die Straflosigkeit des Arztes begründen, bleibt nur noch die Rechtsfigur der *hypothetischen* Einwilligung:

---

18 **A.A.** *Otto/Albrecht*, Jura 2010, 264 (269 f.).

19 Für die Anwendung auf alle Erfolgsdelikte, bei denen eine rechtfertigende Einwilligung möglich ist: *Kuhlen*, FS Müller-Dietz, 2001, S. 431 (451). Die Frage einer Ausweitung zumindest aufwerfend *Eisele*, JA 2005, 252 (254); kritisch insofern *Sickor*, JA 2008, 11 (16); *Rönnau*, ZStW 119 (2007/2008), 887 (908) m. Fn. 84; *Satzger*, Jura (JK) 2015, 882 zu BGH NJW 2015, 96.

20 Die hypothetische Einwilligung wurde ursprünglich in der Zivilrechtsprechung zur Beschränkung der Arzthaftung entwickelt. Vgl. *Mitsch*, JZ 2005, 279; *Böcker*, JZ 2005, 925 u.a. zu Problemen der Übertragung; *Sickor*, JA 2008, 11; *Otto/Albrecht*, Jura 2010, 264. In der Fallbearbeitung: *Berster*, JA 2015, 911 (914).

21 Vgl. BGH NStZ 2004, 442; *Mitsch*, JZ 2005, 279 (281).

22 Zum Umfang der Aufklärungspflicht bei mehreren Behandlungsalternativen BGH NStZ 1996, 34 – »Surgibone«-Dübel«, m. Anm. *Ulsenheimer*, NStZ 1996, 132; vgl. auch *Rönnau*, StV 2008, 466 (467) m.w.N.

Die Rechtswidrigkeit eines ohne ordnungsgemäße Aufklärung durchgeführten ärztlichen Eingriffs entfällt, wenn der Patient auch bei wahrheitsgemäßer Aufklärung in die Behandlung eingewilligt hätte.[23] 682b

Hierbei ist jedoch nicht auf das Verhalten eines verständigen Patienten abzustellen, sondern darauf, wie sich der **konkret betroffene Patient** verhalten hätte.[24]

Keinesfalls darf dabei die »hypothetische« mit der **»mutmaßlichen Einwilligung«** verwechselt werden.[25] Die mutmaßliche Einwilligung käme nur dann in Betracht, wenn es dem Täter nicht möglich gewesen ist, vor dem Eingriff die ausdrückliche Einwilligung des Betroffenen einzuholen (Rn. 678).

Die hypothetische Einwilligung betrifft dagegen die Konstellation, dass vor Beginn des Eingriffs eine Einwilligung des Patienten eingeholt wurde, diese Einwilligung unwirksam ist *und vor dem Eingriff die ausdrückliche Einwilligung des Betroffenen nicht mehr eingeholt werden könnte*.[26]

2. Rechtfertigungsgrund

Nach derzeit überwiegender Ansicht stellt die hypothetische Einwilligung einen (weiteren) **Rechtfertigungsgrund** dar,[27] der (allenfalls) dann eingreift, wenn weder eine Einwilligung noch eine mutmaßliche Einwilligung zur Rechtfertigung der Tat führen. Als Rechtfertigungsgrund lässt die hypothetische Einwilligung das Erfolgsunrecht der Körperverletzung (Eingriff in die körperliche Integrität) entfallen. Dabei kann sich die hypothetische Einwilligung nur auf eine ***lege artis***, d.h. nach dem Stand der medizinischen Wissenschaft (nicht zwingend der sog. »Schulmedizin«)[28] durchgeführte Heilbehandlung beziehen[29], auch wenn dies eine alternative, hochexperimentelle Behandlungsmethode darstellt.[30] Damit wird sorgfaltswidriges Handeln während des Eingriffs nicht gerechtfertigt. 682c

Auch im Falle der hypothetischen Einwilligung zum Ausschluss des Handlungsunrechts wird nicht auf ein **subjektives Rechtfertigungselement** verzichtet. Der Arzt muss daher in der Vorstellung handeln, die Behandlung entspreche dem (hypothetischen) Willen des Patienten.[31]

23 BGH NStZ-RR 2004, 16 (Selbsteinschätzung des Patienten muss nachvollziehbar – nicht vernünftig – sein); BGH NStZ 2012, 205 mit krit. Anm. *Jäger*, JA 2012, 70; *Bollacher/Stockburger*, Jura 2006, 908 (912); kritisch *Puppe*, JR 2004, 470: eine solche Feststellung sei unmöglich und die hypothetische Einwilligung ohnehin allenfalls eine unbeachtliche Ersatzursache (Verweis auf BGHSt 13, 13); dazu *Kuhlen*, JR 2004, 227 (228); zweifelnd auch *Sternberg-Lieben*, StV 2008, 190 (192).

24 *Conrad/Koranyi*, JuS 2013, 982.

25 *Rönnau*, JZ 2004, 801 (802); *Eisele*, JA 2005, 252 (253); *Kuhlen*, JR 2004, 227.

26 *Mitsch*, JZ 2005, 279 (282).

27 BGH NStZ-RR 2004, 16; **a.A.** *Otto*, Jura 2004, 679 (683); *Kuhlen*, JR 2004, 227; *ders.*, FS Roxin, 2001, S. 331 (334): Ausschluss der objektiven Zurechnung bei Rechtfertigungsmängeln.

28 *Fischer*, § 223 Rn. 30.

29 BGH JA 2008, 70 m. krit. Anm. *Bosch*.

30 BGH NJW 2013, 1688.

31 *Eisele*, JA 2005, 252 (254); *Valerius*, HRRS 2014, 22 (24); kritisch *Bollacher/Stockburger*, Jura 2006, 908 (913).

Wenn der Arzt das Fehlen einer Einwilligung für möglich, den Eingriff aber gleichwohl für zulässig hält, weil er medizinisch geboten ist, kommt ein **Verbotsirrtum** in Betracht (§ 17 S. 1 StGB), der im Regelfall vermeidbar ist.

Nimmt der Arzt hingegen irrig an, der Patient hätte bei vorheriger Befragung der Behandlung zugestimmt (Einwilligung), liegt ein – entsprechend § 16 StGB zu behandelnder – **Erlaubnistatbestandsirrtum** vor (Rn. 731 ff.). **Verbleiben weiterhin Zweifel** bezüglich des hypothetischen Willens, so ist zugunsten des Arztes nach dem Grundsatz »in dubio pro reo« zu entscheiden.[32]

682d Eine Allerdings kann auch gegen diese Sicht Kritik vorgebracht werden. Zum einen ist diese Sicht in Bezug darauf, wie sich der Patient entschieden hätte, letztlich **spekulativ**. Des weiteren wird durch die Anerkennung der hypothetischen Einwilligung als Rechtfertigungsgrund auch das **Selbstbestimmungsrecht** des betroffenen Patienten nicht hinreichend beachtet, da eine nachträgliche Befragung des Patienten (ob er die Behandlung durchführen möchte) nicht mit einer vorherigen Aufklärung gleichgesetzt werden kann; der Eingriff kann dadurch nicht rückgängig gemacht werden. Ebenso wird durch die Anerkennung der hypothetischen Einwilligung als Rechtfertigungsgrund mit dem Grundsatz gebrochen, dass an sich für das Strafrecht das »Verbot einer Rückwirkungsfiktion« besteht (vgl. § 8 StGB). Die für eine Strafbarkeit relevanten Umstände müssen im Zeitpunkt der Begehung der Tat (Tathandlung) vorliegen bzw. eben nicht vorliegen und es darf nicht erst nachträglich darüber entschieden werden (dazu auch Rn. 665).

3. Objektive Zurechnung

682e Eine Der h.M. steht eine **Lehre** gegenüber, welche die **Regeln der objektiven Zurechnung auf die Ebene der Rechtswidrigkeit überträgt**. Danach soll die objektive Zurechnung im Falle der hypothetischen Einwilligung für das *vollendete* Delikt entfallen, weil sich die Pflichtwidrigkeit, d.h. die fehlerhafte Aufklärung, nicht im Erfolg realisiere.[33] Der große Unterschied zur Rechtfertigungslösung liegt vor allem darin, dass der Arzt weiterhin wegen **Versuchs** strafbar sein soll,[34] während die Rechtfertigung des vollendeten Delikts auch die Strafbarkeit wegen Versuchs entfallen lässt.

Zur Begründung der Versuchsstrafbarkeit bedarf es dann allerdings noch der Feststellung, dass der Arzt zumindest billigend in Kauf nahm, dass sein Handeln nicht mit dem hypothetischen Willen seines Opfers übereinstimmte.[35]

32 Zu allem: BGH NStZ 2012, 205, mit krit. Anm. *Jäger*, JA 2012, 70; zusammenfassend: *Schneider*, RÜ 2012, 175.

33 *Kuhlen*, JR 2004, 227; *ders.*, JZ 2005, 713 (716); differenzierend *Mitsch*, JZ 2005, 279 (283); *Kühl*, § 9 Rn. 47a (rechtmäßiges Alternativverhalten); *Rönnau*, JZ 2004, 801; mit Tendenz in diese Richtung BGH NJW 2013, 1688.

34 *Mitsch*, JZ 2005, 279 (282).

35 Da diese Ansicht zur Straffreiheit kein subjektives Element benötigt, stellt dies grundsätzlich keinen Widerspruch dar. Vgl. *Kuhlen*, FS Roxin, 2001, S. 331 (338 f.).

4. Ablehnung der Rechtsfigur

Eine Eine weitere Ansicht bezweifelt, dass das **Selbstbestimmungsrecht des Patienten** noch ausreichend geschützt wird, wenn die Straffreiheit aufgrund hypothetischer Einwilligung anerkannt wird.[36] Schließlich werden die Voraussetzungen einer *mutmaßlichen* Einwilligung bewusst streng gefasst. Demnach dürfe der Täter gar nicht die Möglichkeit gehabt haben, den Betroffenen vor dem Eingriff zu fragen. Im Vergleich hierzu sind die Anforderungen bei der *hypothetischen* Einwilligung geringer, wenn der Arzt den Patienten nicht aufklärt und dennoch straffrei bleibt.[37] Eine Übertragung der **Grundsätze des rechtmäßigen Alternativverhaltens** auf die Ebene der Rechtswidrigkeit scheitere allerdings daran, dass nur das rechtswidrige Verhalten durch ein rechtmäßiges ersetzt werden könne. Das rechtmäßige Verhalten bestehe bei fehlender ordnungsgemäßer Aufklärung aber gerade in einem Unterlassen des ärztlichen Eingriffs und nicht etwa in einer ordnungsgemäßen Aufklärung.[38] Die Anerkennung der hypothetischen Einwilligung sei auch nicht aus Gründen der **Harmonisierung** des Strafrechts mit dem Zivilrecht geboten.[39] Nur die Verantwortungsübernahme durch den Patienten *vor* dem Eingriff könne hingegen die Tat des Arztes rechtfertigen.[40] Dies gelte umso mehr, wenn es sich nicht um eine dringende Heilbehandlung, sondern um eine bloße Diagnosebehandlung handele.[41] 682f

Zu Recht wird daher von den Kritikern auf die Gefahr hingewiesen, dass der Schutz der Patienten jedenfalls dann nicht mehr ausreichend gewährleistet wird, wenn der Anwendungsbereich der hypothetischen Einwilligung auf die Fälle der **unterbliebenen Aufklärung** ausgeweitet werden sollte.[42] Damit würde die eigenständige Bedeutung der mutmaßlichen Einwilligung praktisch aufgehoben.

Eine Diese Kritik kann auch aufrechterhalten werden, obwohl in **§ 630h Abs. 2 S. 2 BGB** nun die hypothetische Einwilligung (zivilrechtlich) ausdrücklich normiert wurde. Zwar könnte dies für ihre generelle Anerkennung auch im Strafrecht sprechen. Jedoch handelt es sich gemäß der amtlichen Überschrift der Vorschrift nur um eine (zivilrechtliche) Beweislastregelung, die aufgrund der strukturellen Unterschiede nicht unmodifiziert auf das Strafrecht und den dort geltenden Zweifelsgrundsatz übertragen werden könne.[43] 682g

36 Gänzlich ablehnend *Jäger*, FS Jung, 2007, S. 345; *ders.*, Zurechnung, S. 24; *ders.*, JA 2012, 70; *Swoboda*, NStZ 2012, 1.

37 Dagegen lässt sich allerdings anführen, dass hinsichtlich der Zustimmung des Opfers weiterhin allein auf dessen subjektive Vorstellung abzustellen ist, nicht auf die Entscheidung eines »vernünftigen« Patienten; vgl. *Rönnau*, JZ 2004, 801 (802).

38 *Jäger*, JA 2012 70 (72).

39 *Jäger*, JA 2012 70 (72).

40 *Jäger*, FS Jung, 2007, 345 (350).

41 BGH NStZ-RR 2012 364 (365), insbes. auch zu den Auswirkungen der unterschiedlichen beweisrechtlichen Regelungen im Zivilrecht und im Strafrecht bezogen auf die Feststellung des Vorliegens oder Nicht-Vorliegens einer hypothetischen Einwilligung.

42 *Bollacher/Stockburger*, Jura 2006, 908 (913; Abschaffung des Selbstbestimmungsrechts).

43 *Conrad/Koranyi*, JuS 2013, 983 ff.; *Rönnau*, Jus 2014, 882 (885); *Valerius*, HRRS 2014, 22 f.; zur Frage der Anwendbarkeit der §§ 630a ff. BGB vgl. auch Rn. 669a.

§ 19 Weitere Rechtfertigungsgründe

I. Handeln auf Befehl/dienstliche Weisung

683 Um die Funktionsfähigkeit hierarchisch organisierter Systeme möglichst lange aufrecht zu erhalten, kommt es im Rahmen der Bundeswehr sowie bei Behörden nicht nur auf die Rechtmäßigkeit eines Befehls oder einer Weisung, sondern auch auf deren Verbindlichkeit an. Daran anknüpfend ist die umstrittene Frage zu klären, ob der »Befehl« oder die »**dienstliche Weisung**« im Falle eines strafrechtlich relevanten Verhaltens einen Rechtfertigungs- oder lediglich einen Entschuldigungsgrund darstellt.[1]

1. Handeln auf Befehl

683a Für den **militärischen Befehl**, der in § 2 Nr. 2 WStG für das gesamte Wehrrecht legaldefiniert wird,[2] besteht grundsätzlich eine Rechtmäßigkeits- und Verbindlichkeitsvermutung.[3] Der Befehl ist nach § 10 Abs. 4 SG dann **rechtmäßig**, wenn er zu dienstlichen Zwecken und unter Beachtung der Regeln des Völkerrechts, der Gesetze und der Dienstvorschriften erteilt wird.

Unabhängig von der Rechtmäßigkeit ist der militärische Befehl aber so lange verbindlich, wie kein **obligatorischer oder fakultativer Unverbindlichkeitsgrund** vorliegt. Ein solcher liegt gemäß § 11 Abs. 1 S. 3, Abs. 2 SG dann vor, wenn durch den Befehl eine Straftat begangen würde, der Befehl die Menschenwürde verletzt oder er zu nicht-dienstlichen Zwecken erteilt wurde. Die Aufzählung des § 11 Abs. 1 S. 3 SG ist dabei nicht abschließend (»insbesondere«) und umfasst unter anderem noch Befehle, die gegen die Gewissensfreiheit (Art. 4 Abs. 1 GG) verstoßen.

Für die Auslösung einer rechtfertigenden Wirkung ergibt sich damit folgendes:

- Ein Befehl, der **sowohl rechtmäßig, als auch verbindlich** ist, ist ein tauglicher Rechtfertigungsgrund.[4]

- Ein **rechtswidriger, unverbindlicher Befehl**, ist dementsprechend kein Rechtfertigungsgrund.[5] Er kann allenfalls auf der Ebene der Schuld Bedeutung erlangen, § 5 WStG.

- Ein Konflikt, der sich schon im Wortlaut zeigt, stellt sich hinsichtlich der rechtlichen Behandlung des **rechtswidrigen aber gleichzeitig verbindlichen Befehls**. Nach h.M. stellt auch ein solcher Befehl einen **Rechtfertigungsgrund** dar.[6] Auf diese Weise wird das widersprüchliche Ergebnis vermieden, dass der Untergebene auf Grund der Weisung einerseits von Rechts wegen zu einem Tun verpflichtet wird, sich aber andererseits strafbar machen müsste.[7]

---

1 Dazu z.B.: *Amelung*, JuS 1986, 337; S/S/*Lenckner*/*Sternberg-Lieben*, Vor § 32 Rn. 87 ff; *Meyer*, GA 2012, 556.
2 MK/*Weigend*, § 3 VStGB, Rn. 18.
3 *Kühl*, § 12 Rn. 159.
4 *Gropp*, § 6 Rn. 174, 180.
5 MK/*Dau*, § 2 WStG Rn. 42.
6 *Wessels*/*Beulke*/*Satzger*, Rn. 674.
7 S/S/*Lenckner*/*Sternberg-Lieben*, Vor § 32 Rn. 89.

2. Handeln auf dienstliche Weisung

Auch bei Beamten muss nach Rechtmäßigkeit und Verbindlichkeit unterschieden werden. Werden Beamte zu einem rechtmäßigen Handeln angewiesen, so ist die diesbezügliche Weisung verbindlich und es liegt zweifellos ein Rechtfertigungsgrund vor. **683b**

Falls die Anordnung rechtswidrig ist, sind Beamte gemäß § 63 Abs. 2 S. 3 BBG verpflichtet, diese nach Bestätigung durch den nächsthöheren Vorgesetzten auszuführen – es liegt also eine **rechtswidrige, verbindlich (bestätigte) Weisung** vor, bei deren Befolgung der Beamte ebenfalls grundsätzlich **gerechtfertigt** ist.

Eine Rechtfertigung scheidet nur dann aus, wenn für den Beamten erkennbar ist, dass er strafrechtswidrig oder ordnungswidrig handelt oder die Menschenwürde durch die Befolgung der Weisung verletzt wird (§ 63 Abs. 2 S. 3 und 4 BBG; 36 Abs. 2 S. 3 und 4 BeamtStG).

II. Elterliches Erziehungsrecht

In welchem Umfang das **Erziehungsrecht der Eltern** (§§ 1626 Abs. 1, 1631 Abs. 1 BGB) körperliche Misshandlungen i.S.v. § 223 StGB erlaubt, war lange Zeit umstritten. **684**

Heute wird nach dem Vorbild der gewaltfreien Erziehung nach § 1631 Abs. 2 BGB auch im Strafrecht ein **gewaltfreier Erziehungsstil** propagiert und ein »elterliches Züchtigungsrecht« weitgehend abgelehnt.[8]

Die Gegenansicht hingegen geht – vor dem Hintergrund des mehrfach geänderten Wortlauts dieser Vorschrift – davon aus, dass durch die aktuelle Fassung das – früher gewohnheitsrechtlich anerkannte – Erziehungsrecht nur insoweit »abgeschafft worden [sei], als es um körperliche Bestrafungen geht, die zugleich entwürdigende Maßnahmen darstellen«; eine Rechtfertigung komme dagegen weiterhin in Betracht, wenn die Maßnahme im Hinblick auf die Verfehlung des Kindes angemessen sei und als subjektives Rechtfertigungselement der Erziehungswille vorliege.[9]

8 Ablehnend *de lege lata*: AG Köln Urt. v. 16.10.2003 – Az. 524 Ds 337/03; AG Burgwedel JAmt 2005, 50; vgl. die ausführliche Auseinandersetzung mit weiteren Nachweisen bei *Riemer*, FPR 2006, 387, der zustimmungswürdig eine Lösung der Grenzfälle, in denen die Verfolgung der Eltern im Ergebnis unverhältnismäßig erscheint, materiell-rechtlich nicht auf der Ebene des Tatbestandes oder der Rechtswidrigkeit, sondern allenfalls auf der Schuldebene befürwortet; so auch *Jäger*, AT, Rn. 165; *Fischer*, § 223 Rn. 38; differenzierend S/S/*Eser/Sternberg-Lieben*, § 223 Rn. 19-23; *Roxin*, JuS 2004, 177; *Kargl*, NJ 2003, 57; abweichend: *Wessels/Beulke/Satzger*, Rn. 592 ff.; offenbar auch *Kindhäuser*, AT, § 20 Rn. 18.

9 *Lackner/Kühl*, § 223 Rn. 11 m.w.N.

III. »Züchtigungsrecht des Lehrers«

685 Nicht als Erlaubnissatz anerkannt ist ein bisweilen immer noch behauptetes »Züchtigungsrecht des Lehrers«.[10]

Während ein Teil der Literatur früher in der körperlichen Züchtigung von Schülern durch den Lehrer bereits eine Erfüllung des objektiven Tatbestands des § 223 StGB verneinte, sofern die Maßnahme zum Zwecke der Erziehung erfolgte und sich in »maßvollen, angemessenen« Grenzen hielt (wo auch immer diese gelegen haben mögen), ging die ständige Rechtsprechung schon immer von einer tatbestandlichen Körperverletzung aus.[11]

Für eine sodann auf der Ebene der Rechtswidrigkeit lange Zeit anerkannte Züchtigungsbefugnis des Lehrers gab es keine bundesgesetzliche Regelung, vielmehr unterfiel sie der **Länderkompetenz**, was sich aus der Stellung des Lehrers als Landesbeamter ergab. Letztlich handelte es sich dabei um eine schulrechtliche Frage, die ins Strafrecht ausstrahlt.

Eine Rechtfertigung des Lehrers für die anlassbezogene Züchtigung von Schülern wurde teilweise **kraft Gewohnheitsrechts** angenommen.[12] Allerdings war diese Annahme angesichts von **Art. 2 Abs. 2 S. 1 GG** bedenklich, insbesondere bedürfen Eingriffe in die körperliche Unversehrtheit gem. Art. 2 Abs. 2 S. 3 GG eines Gesetzes. Schon in Anbetracht der vom BVerfG entwickelten **Wesentlichkeitstheorie** kann ein vorkonstitutionelles Gewohnheitsrecht körperliche Eingriffe des Lehrers gegenüber seinen Schülern nicht legitimieren.[13]

In vielen Bundesländern wurde ein gewohnheitsrechtliches Züchtigungsrecht dennoch lange Zeit angenommen,[14] mittlerweile aber **durchgehend abgelehnt**.

In Bayern etwa normiert Art. 131 der Landesverfassung den **Bildungs- und Erziehungsauftrag der Schulen**. Art. 59 Abs. 1 BayEUG hebt die pädagogische Verantwortung der Lehrkräfte für die Erziehung der Schüler hervor. Die Lehrkräfte sind befugt **Ordnungsmaßnahmen als Erziehungsmaßnahmen** vorzunehmen, wenn die Schüler gegen ihre schulischen Pflichten verstoßen, Art. 86 BayEUG. Diese Vorschrift ermächtigt allerdings zu **keinen körperlichen Einwirkungen** auf die Schüler.

Auch eine Übertragung einer etwaigen (abzulehnenden) Züchtigungsbefugnis durch die Eltern auf den Lehrer kommt aufgrund einer damit einhergehenden unzulässigen Erweiterung amtlicher Befugnisse des Lehrers und unterschiedlichen Umgangs innerhalb einer Klasse, nicht in Betracht.

Insbesondere weist **§ 1631 Abs. 2 BGB** auf das **Recht der Kinder auf gewaltfreie Erziehung** hin. Körperliche Bestrafungen sind unzulässig. Ein Züchtigungsrecht des Lehrers als Rechtfertigungsgrund ist mit dem heutigen Erziehungsverständnis mithin nicht mehr vereinbar.

---

10 Vgl. *Kühl*, JuS 2007, 745 (Ausbildungsverhältnis).
11 BGH NJW 1958, 799.
12 BGH NJW 1958, 800; *Kühl*, § 9 Rn. 80; BGH NJW 1976, 1949.
13 *Kühl*, § 9 Rn. 80.
14 BayObLGSt 1978, 184.

IV. »Unbestellte Leistungen«, § 241a Abs. 1 BGB

Auch **§ 241a Abs. 1 BGB (»Unbestellte Leistungen«)** schließt die Strafbarkeit des Empfängers der Lieferung für Zueignungshandlungen bzw. Beschädigung oder Zerstörung der gelieferten Sache aus, sei es als spezieller **Rechtfertigungsgrund** gemäß dem Prinzip der Einheit der Rechtsordnung, sei es als Umstand, der schon den Tatbestand ausschließt.[15] **686**

Ein **Verbraucher** (§ 13 BGB), der von einem Unternehmer (§ 14 BGB) eine unbestellte bewegliche Sache geliefert bekommt oder demgegenüber eine sonstige Leistungen erbracht wird, sieht sich dem Unternehmer gegenüber **zivilrechtlich grundsätzlich keinerlei vertraglichen oder gesetzlichen Ansprüche ausgesetzt**.[16] Er kann mithin mit der Sache nach seinem Belieben verfahren, sie also z.B. ge- oder verbrauchen, anderweitig vernichten, beschädigen usw.

Um einen Wertungswiderspruch zu vermeiden (**»Einheit der Rechtsordnung«**; **»Zivilrechtsakzessorietät des Strafrechts«**), darf eine zivilrechtlich erlaubte Handlung nicht zu einer strafrechtlichen Sanktion führen.

Eine Möglichkeit bestünde darin, bereits im Tatbestand die **Fremdheit** der betreffenden Sache zu verneinen (etwa bei der Sachbeschädigung § 303 StGB, oder bei der Unterschlagung § 246 StGB). Jedoch können sich Probleme aus der unterschiedlichen Bewertung von Eigentumsverhältnissen im Zivil- und Strafrecht ergeben.

Die wohl überwiegende Ansicht kompensiert im Rahmen der **Rechtswidrigkeit** das Unwerturteil der Tat durch die Wertung des § 241a BGB und hält dies entsprechende Handlung (s.o.) für **erlaubt**, mit der Folge, dass Nothilfe gegen sie ausgeschlossen ist.

Fraglich ist, ob man auch hier wie bei allen anderen Rechtfertigungsgründen als zusätzliche Voraussetzung ein **Handeln in Kenntnis der Rechtfertigungslage** verlangen muss bzw. darf. Für diesen Fall müsste der Verbraucher für eine Rechtfertigung in Kenntnis der Umstände des § 241a BGB gehandelt haben. § 241 Abs. 2 BGB trifft zivilrechtlich allerdings eine andere Wertung, da gesetzliche Ausgleichsansprüche nur für den Fall ausgeschlossen sind, dass der Verbraucher in Bezug auf die äußeren Umstände fahrlässig gehandelt hat; in die Begünstigung des § 241 BGB kommt also auch derjenige, der sich keinerlei oder geringe Vorstellun-

---

15 Ausführlich *Reichling*, JuS 2009, 111 (eigener Rechtfertigungsgrund oder Einwilligung nach Übergang der Einwilligungsbefugnis); *Lamberz*, JA 2008, 425 (faktisches Eigentum schließt Fremdheit der Sache aus); Nachweise bei *Jäger*, Zurechnung, S. 29, der selbst letztere Konzeption vertritt. – Eingehend zur zivilrechtlichen Bedeutung jener Vorschrift die Kommentierung von *Dorn*, in: Schmoeckel u.a. (Hrsg.), Historisch-kritischer Kommentar zum BGB, Bd. II, 2007, zu § 241a.

16 Auf die in § 241 Abs. 1 BGB (»auf Grund von Zwangsvollstreckungsmaßnahmen oder anderen gerichtlichen Maßnahmen verkauft«) bzw. § 241 Abs. 2 BGB (»Gesetzliche Ansprüche sind nicht ausgeschlossen, wenn die Leistung nicht für den Empfänger bestimmt war oder in der irrigen Vorstellung einer Bestellung erfolgte und der Empfänger dies erkannt hat oder bei Anwendung der im Verkehr erforderlichen Sorgfalt hätte erkennen können.«) soll hier nicht vertieft eingegangen werden.

gen zur »Bestellung« einer Ware bzw. Leistung macht, solange darin kein Vorwurf der Fahrlässigkeit begründet liegt.

V. Weitere Erlaubnissätze

686a Als weitere strafrechtlich relevante Rechtfertigungsgründe seien erwähnt:

- **§ 193 StGB** (Wahrnehmung berechtigter Interessen) – allerdings nur im Rahmen der Beleidigungsdelikte (§§ 185 ff. StGB),[17]
- **Widerstandsrecht** gemäß **Art. 20 Abs. 4 GG** – nicht aber bereits sog. **»ziviler Ungehorsam«** (civil disobedience).[18]
- **Amtsbefugnisse**, z.B. von Polizisten (z.B. nach der StPO oder Polizeirecht).

17 Dazu *Krey/Hellmann/Heinrich*, BT/1, Rn. 480, 501, 504.
18 BVerfGE 73, 206 (250, 255).

Kapitel 3: Die Schuld

§ 20 Normativer Schuldbegriff

I. Allgemeines

Das verfassungsrechtliche **Schuldprinzip** »nulla poena sine culpa« (keine Strafe ohne Schuld) und die Aufgabe der Strafe als vergeltender **Schuldausgleich** neben präventiven Zwecken wurden bereits erörtert.[1] Dasselbe gilt für den **dreistufigen Deliktsaufbau** und die Funktion der Schuld als dritte Stufe nach Tatbestandsmäßigkeit und Rechtswidrigkeit[2], zudem für das Erfordernis der **Einzeltatschuld**. 687

Weiterhin wurden bereits angesprochen:

– die grundsätzlich nur *negative Prüfung der Schuld* durch die Klärung der Frage, ob Schuldausschließungs- oder Entschuldigungsgründe eingreifen (Rn. 267);
– den *entschuldigenden Notstand* (Rn. 91, 259, 267, 272, 277 ff., 625).

II. Zum überholten psychologischen Schuldbegriff

Anfang des 20. Jahrhunderts definierte *Beling* den Schuldbegriff wie folgt: »*Schuld besteht in der psychischen Beziehung des Täters zur Tat.*«[3] Dieser psychologische Schuldbegriff verstand **Vorsatz** und **Fahrlässigkeit** als **»Schuldarten«**. Die Schuld wurde entweder durch den Vorsatz oder durch die Fahrlässigkeit als die beiden unterschiedlichen Formen der psychischen Beziehung des Täters zur Tat konstituiert.[4] 688

Dieser psychologische Schuldbegriff ist seit langem überholt: Zum einen hatte er Probleme mit der Regelung über *Schuldunfähigkeit wegen seelischer Störungen* (heute: § 20 StGB); denn auch der wegen Geisteskrankheit schuldlos handelnde Täter kann mit Wissen und Wollen, also vorsätzlich tätig werden. Zum anderen konnte jener Schuldbegriff nicht erklären, warum die Schuld des Vorsatztäters im *entschuldigenden Notstand* (heute: § 35 StGB) entfällt[5]; denn dieser Notstand tangiert den Vorsatz nicht.

Heute hat man erkannt, dass Vorsatz und Fahrlässigkeit keine Schuldarten sind. Vielmehr gehört der **Vorsatz** zur Verbotsmaterie und ist **subjektives Tatbestandsmerkmal** (Rn. 373-376).

Auch die (objektive) **Fahrlässigkeit** zählt zur Verbotsmaterie (Rn. 334, 374), mithin zum **Tatbestand**;[6] denn dessen Aufgabe ist die Normierung von Verboten bzw. Geboten.

---

1 Rn. 108-112, 132-137, 146, 148-150, 154, 157-159.
2 Rn. 255 ff., 263 ff., 271 ff.
3 Zitiert nach *Stratenwerth/Kuhlen*, 10/2.
4 Dazu: *Roxin*, § 19 Rn. 10 m.w.N.; *Wessels/Beulke/Satzger*, Rn. 618.
5 *Roxin*, § 19 Rn. 11; *Stratenwerth/Kuhlen*, 10/5.
6 *Rengier*, AT, 10/11 ff.; *Roxin*, § 24 Rn. 3 ff.; S/S/*Cramer/Sternberg-Lieben*, § 15 Rn. 116 ff.; *Murmann*, 30/8 ff.

III. Der normative Schuldbegriff: Schuld als Vorwerfbarkeit

689 Schuld bedeutet »Vorwerfbarkeit«: Dem Täter wird vorgeworfen, dass er rechtswidrig gehandelt, also das Verbot bzw. Gebot verletzt hat, obwohl er sich rechtmäßig hätte verhalten können.

Das **»Anders-Handeln-Können«** als Voraussetzung des Schuldvorwurfs basiert auf der Annahme menschlicher Willensfreiheit. Hierzu betont der BGH apodiktisch:[7] *»Der innere Grund des Schuldvorwurfs liegt darin, dass der Mensch auf freie, verantwortliche, sittliche Selbstbestimmung angelegt und deshalb befähigt ist, sich für das Recht und gegen das Unrecht zu entscheiden ...«.*

Dieses Bekenntnis des Gerichts zum **Indeterminismus**[8] (Postulat der menschlichen Willensfreiheit) ist für das Strafrecht eine blanke Selbstverständlichkeit. Ohne die Annahme der Willensfreiheit wäre schon die Normierung von Verboten und Geboten als Spielregeln für das menschliche Zusammenleben sinnlos. Erst recht sinnlos wäre die **Normierung von Strafgesetzen** zur Garantie eines Kernbereichs rechtlicher Sollenssätze. Demgemäß ist jene Annahme der Willensfreiheit die Grundvoraussetzung jeder Rechtsordnung im Allgemeinen und des Strafrechts im Besonderen.[9]

Nach **neueren Erkenntnissen der Neurobiologie** soll das menschliche Verhalten weitgehend nicht von einem freien Willen gesteuert werden, da bereits vor der (bewussten) Entscheidung, eine bestimmte Handlung zu vollziehen, vorbereitende elektrische Impulse im Gehirn nachweisbar seien.[10] Damit ist aber noch nicht bewiesen, dass der Mensch bei seinen Entscheidungen schlechthin unfrei ist.[11]

Für die Eigenverantwortlichkeit menschlichen Handelns sprechen nicht zuletzt Erkenntnisse der psychologischen Forschung, nach denen das Gehirn wenigstens drei Möglichkeiten hat, eine Abfolge von externen Kausalitäten zum eigenen Vorteil zu modifizieren.[12] Der freie Wille des Täters kann also nach wie vor zur Grundlage des Schuldvorwurfs als einem »Anders-Handeln-Können« gemacht werden.

IV. Rein negative Prüfung der Schuld

690 Die Vorwerfbarkeit als »Anders-Handeln-Können« wird beim Normalbürger vom Recht vorausgesetzt. Daher beschränkt sich die Feststellung der Schuld auf die Frage, »ob ausnahmsweise aufgrund außergewöhnlicher Situationen oder geistiger oder psychischer Mängel Schuld ausgeschlossen ist«.[13] Demgemäß erfolgt die Prüfung der Schuld grundsätzlich in einem rein negativen Verfahren:

---

7 BGHSt 2, 194 (200) (GS).

8 Zur Willensfreiheit des Menschen (verneinend der »Determinismus«, bejahend der »Indeterminismus«) siehe: *Hochhuth*, JZ 2005, 745; *Jescheck/Weigend*, § 37 I; *Roxin*, § 19 Rn. 20-22, 37 ff.; *Wessels/Beulke/Satzger*, Rn. 608; *Wolff*, JZ 2006, 925 ff.

9 BGHSt 2, 194 (200) (GS); *Hirsch*, ZStW 106 (1994), 759 ff.; S/S/*Lenckner/Eisele*, Vor § 13 Rn. 108 ff., 110.

10 Nachweise bei NK/*Paeffgen*, Vor §§ 32 ff. Rn. 230a.

11 *Wessels/Beulke/Satzger*, Rn. 608.

12 *Seidel*, NJOZ 2009, 2106 (2112).

13 SK/*Rudolphi*, Vor § 19 Rn. 1.

Eine tatbestandsmäßige und rechtswidrige Tat ist schuldhaft begangen, wenn weder ein **Schuldausschließungsgrund** noch ein **Entschuldigungsgrund** eingreift.

V. Zur Lehre von der Vorsatz- und Fahrlässigkeitsschuld

– Vorsatz als Merkmal des subjektiven Tatbestandes **und** als Schuldtypus –

691 Der normative Schuldbegriff – Schuld als Vorwerfbarkeit – wird nach h.L. durch das Postulat ergänzt, es sei **zwischen Vorsatz- und Fahrlässigkeitsschuld** zu trennen. Der Vorsatz ist also nicht nur subjektives Tatbestandsmerkmal, sondern zugleich auch ein Schuldtypus (**sog. Doppelfunktion des Vorsatzes**).[14]

Für diese Ansicht spricht u.a. der unterschiedliche **»Gesinnungsunwert«**, den die **Vorsatztat** einerseits und die **Fahrlässigkeitstat** andererseits aufweisen. Nicht nur das Unrecht, sondern auch die Schuld eines vorsätzlichen Verbrechens (z.B. Totschlag) sind schwerwiegender als bei der entsprechenden Fahrlässigkeitstat (Fahrlässige Tötung). Demnach dient der Vorsatz im subjektiven Tatbestand der Beschreibung der psychischen Beziehung des Täters zum äußeren Tatgeschehen als Entscheidung gegen das straftatbestandlich geschützte Rechtsgut,[15] während er in der Schuld die rechtsfeindliche Einstellung des Täters charakterisiert, die eben in der bewussten Zurückweisung des Achtungsanspruchs des verletzten Rechtsguts[16] zum Ausdruck kommt.[17]

Da von dieser rechtsfeindlichen Gesinnung des Täters bei einer vorsätzlichen Tatbegehung regelmäßig auszugehen ist, kommt der Vorsatzschuld – und mit ihr die Bedeutung der Doppelfunktion des Vorsatzes – für die Klausurbearbeitung nur ausnahmsweise Bedeutung zu, nämlich dann, wenn sie fehlt.

692 Wichtigstes Beispiel hierfür ist die Behandlung des **Erlaubnistatbestandsirrtums** durch die **»rechtsfolgeneinschränkende Schuldtheorie«**.[18] Jene Theorie besagt: Beim Erlaubnistatbestandsirrtum (Rn. 731 ff.) fehle nicht der Vorsatz als subjektives Tatbestandsmerkmal, sondern analog § 16 Abs. 1 StGB nur die **Vorsatzschuld** (Rn. 742).

---

14 *Gallas*, ZStW 67 (1955), 1 (46); *Jescheck/Weigend*, § 39 IV 4; S/S/*Lenckner/Eisele*, Vor § 13 Rn. 120-121; *Wessels/Beulke/Satzger*, Rn. 200 ff., 645 f., 1201; kritisch dagegen *Kindhäuser*, AT, § 13 Rn. 5.

15 *Rönnau*, JuS 2010, 675.

16 Vgl. NK/*Puppe*, § 15 Rn. 3.

17 *Wessels/Beulke/Satzger*, Rn. 202.

18 Für sie sind z.B.: *Gallas*, FS Bockelmann, 1979, S. 170 ff.; *Jescheck/Weigend*, § 41 IV 1d; *Maurach/Zipf*, § 37 Rn. 41-43; *Fischer*, § 16 Rn. 22-22d; *Wessels/Beulke/Satzger*, Rn. 708 f. m.w.N.

§ 21 Schuldausschließungsgründe

693 Schuldausschließungsgründe betreffen die **Schuldfähigkeit** des Täters. Liegen sie vor, so ist der Täter als schuldunfähig zu behandeln; das Gesetz normiert insoweit eine unwiderlegliche Vermutung. Das Strafgesetzbuch enthält drei Schuldausschließungsgründe: § 19, § 20 und § 17 S. 1 StGB. Dies ergibt sich jeweils aus ihren Normtexten. Mit ihnen wird empirisch (psychiatrisch oder psychologisch) feststellbaren Defiziten Rechnung getragen.[1] Begeht jemand eine rechtswidrige Tat im Zustand der Schuldunfähigkeit (§ 20 StGB), kann er nicht bestraft werden, da die Strafe an die Schuld anknüpft. Es kommen jedoch die **freiheitsentziehenden Maßregeln** der Unterbringung in einem psychiatrischen Krankenhaus (§ 63 StGB) oder der Unterbringung in einer Entziehungsanstalt (§ 64 StGB) in Betracht.[2]

I. Schuldunfähigkeit von Kindern, § 19 StGB

693a Anders als etwa in England und den USA beginnt die Strafmündigkeit von Minderjährigen im deutschen Recht erst mit **14 Jahren**.

II. Schuldfähigkeit von Jugendlichen, § 3 S. 1 JGG

693b § 3 S. 1 JGG stellt fest, dass **Jugendliche**[3] (vgl. § 1 Abs. 2 JGG) **bedingt**, d.h. nur unter den dort beschriebenen Voraussetzungen, **schuldfähig** sind.[4] Diese Vorschrift gehört zum Jugendstrafrecht und wird hier nicht näher erörtert. Nur soviel sei gesagt: Eine Beurteilung der Schuldfähigkeit anhand der Kriterien des § 3 S. 1 JGG bereitet in der Praxis oft große Schwierigkeiten.

Wenn es in strafrechtlichen Klausuren und Hausarbeiten um Jugendliche als Täter oder Teilnehmer geht, kann eine solche Begutachtung folglich nicht verlangt werden, so dass man die Schuldfähigkeit von Jugendlichen gemäß § 3 JGG grundsätzlich bejahen sollte, sofern der Fall keine **entgegenstehenden Anhaltspunkte**[5] nennt.

III. »Schuldunfähigkeit wegen seelischer Störungen« (§ 20 StGB)

694 Das Verständnis von § 20 StGB erfordert ein ausreichendes Basiswissen im Bereich der **Psychiatrie** und profunde Kenntnisse der **gerichtlichen Praxis**.

Dies kann der Rechtsstudent in einer Klausur nicht leisten. Daher betont z.B. *Kühl* zutreffend die geringe Übungs- und Examensrelevanz der Frage, was unter den in § 20 StGB angeführten anormalen Zuständen (»krankhafte seelische Störung« etc.) zu verstehen ist und ob sie im konkreten Fall vorliegen.

---

1 *Hörnle*, JuS 2009, 873 f.

2 Siehe dazu ausführlich Rn. 183 ff.

3 Gemäß § 1 Abs. 2 JGG ist Jugendlicher, »wer **zur Zeit der Tat** vierzehn, aber noch nicht achtzehn Jahre alt ist«.

4 »Ein Jugendlicher ist strafrechtlich verantwortlich, wenn er zur Zeit der Tat nach seiner sittlichen und geistigen Entwicklung reif genug ist, das Unrecht der Tat einzusehen und nach dieser Einsicht zu handeln.«

5 Etwa durch Hinweise wie: »Der geistig und seelisch spätentwickelte 14-jährige A …«.

In strafrechtlichen Klausuren und Hausarbeiten muss somit eine etwaige Schuldunfähigkeit gemäß § 20 StGB vom Aufgabensteller »mehr oder weniger deutlich vorgegeben werden«[6], z.B. durch Hinweise wie: *»Der wegen Geisteskrankheit schuldunfähige A ...«*

1. Zum zweistufigen Aufbau des § 20 StGB

a) Voraussetzung der Schuldunfähigkeit (§ 20 StGB) ist die Unfähigkeit des Täters, **das Unrecht der Tat einzusehen oder nach dieser Einsicht zu handeln.** **695**

Aus dieser Vorschrift sowie § 3 JGG folgt also, dass der Kern der Schuldfähigkeit aus jener Einsichtsfähigkeit und der Fähigkeit, nach der Unrechtseinsicht zu handeln (Hemmungsvermögen, Steuerungsfähigkeit), besteht.

b) Diese üblicherweise als **»psychologische Komponente«** bezeichnete Voraussetzung genügt aber nicht. Vielmehr muss jene Unfähigkeit auf einem der in § 20 StGB abschließend aufgezählten **Defekte** (»krankhafte seelische Störung« etc.) beruhen. Sie werden üblicherweise, aber ungenau als **»biologische Komponente«** der Schuldfähigkeit bezeichnet.[7]

Beide Voraussetzungen müssen **»bei Begehung der Tat«** (§§ 20, 8 StGB) vorliegen. Es genügt jedoch dabei zum Ausschluss der Strafbarkeit insgesamt nicht, wenn die Schuldunfähigkeit irgendwann während der Tatausführung eintritt (z.B. durch einen sog. Blutrausch). Sie muss vielmehr durchgehend bei der gesamten Tatbegehung vorliegen.[8] Umgekehrt reicht es zur Begründung der Strafbarkeit, wenn der Täter zu irgendeinem Zeitpunkt der Tatbegehung (z.B. bei Versuchsbeginn) schuldfähig ist.[9] Für die Strafbarkeit aus dem vollendeten Delikt gilt dies zumindest dann, wenn die im Zustand der Schuldunfähigkeit vorgenommenen Handlungen vom ursprünglichen Vorsatz erfasst waren und der Tatablauf der Vorstellung entsprach, die der Täter sich noch vor Eintritt der Schuldunfähigkeit vom Tatgeschehen gemacht hat. Dann stellt sich ihr Eintritt als unerhebliche Abweichung vom Kausalverlauf dar.[10]

2. Psychische Defekte des § 20 StGB im Überblick

a) »Krankhafte seelische Störung«

Hierunter fallen **exogene Psychosen**, die auf hirnorganischer Ursache beruhen, **696**

- wie Epilepsie, Alzheimer, traumatische Psychosen nach Hirnverletzungen[11];
- Volltrunkenheit und andere toxische Beeinträchtigungen der Hirntätigkeit, z.B. der Drogenrausch.[12]

6 *Kühl*, § 11 Rn. 3.

7 Demgemäß spricht man gemeinhin, wenn auch unpräzise, von der »gemischt biologisch-psychologischen Methode«, nach der die Schuldunfähigkeit normiert sei. Dazu S/S/*Perron*/*Weißer*, § 20 Rn. 1.

8 BGH NStZ 2003, 535 (536).

9 *Heinrich*, AT, Rn. 542. Dann ist zumindest die Versuchsstrafbarkeit gegeben.

10 BGHSt 23, 133 (135); 23, 356; BGH NStZ 2003, 535 (536).

11 *Lackner*/*Kühl*, § 20 Rn. 4; LK/*Schöch*, § 20 Rn. 92; *Fischer*, § 20 Rn. 10.

12 LK/*Schöch*, § 20 Rn. 92, 95 ff.

Ferner gehören hierher die **endogenen Psychosen**, bei denen die Psychiatrie die körperlichen Ursachen nicht kennt, nämlich

- Schizophrenie[13] und
- Ziklothymie (früher »manisch-depressives Irresein« genannt).

Von besonderer Bedeutung ist die **Volltrunkenheit** als toxische Beeinträchtigung der Hirntätigkeit durch Alkohol. Sie kommt in der Regel bei einer BAK von 3 Promille oder mehr in Betracht.[14] Doch ist dieser Wert keineswegs mehr als ein »nicht schematisch anwendbarer statistischer Erfahrungssatz«, ein wichtiges **Indiz** für den Vollrausch.[15] Maßgeblich sind immer die **besonderen Umstände des Einzelfalls** wie Überempfindlichkeit gegen Alkohol, Alkoholgewöhnung beim Alkoholiker, Schwere der Tat etc. Insbesondere ist zu berücksichtigen, dass die **Hemmschwelle** gegenüber der Tötung eines Menschen besonders hoch ist und nur selten gänzlich infolge Alkoholmissbrauchs in Frage gestellt sein wird. Schuldunfähigkeit bei Tötungsdelikten kommt daher grundsätzlich erst ab **3,3 Promille** in Betracht.[16]

697 Für die Volltrunkenheit ist die Spezialvorschrift des **§ 323a StGB**[17] zu beachten. Sie hat zur Folge, dass der Täter, der im Zustand der alkoholbedingten Schuldunfähigkeit eine **»rechtswidrige Tat«** begeht[18], nicht gänzlich straffrei ausgeht.

Beispiel: Im Zustand der Volltrunkenheit tötet A den O vorsätzlich.

– A hat den Tatbestand des Totschlags (§ 212 StGB) erfüllt; er hat auch rechtswidrig gehandelt. Doch fehlt es gemäß § 20 StGB an seiner Schuld. Daher ist A nicht nach § 212 StGB strafbar. Er kann aber aus § 323a StGB bestraft werden.[19]

b) »Tiefgreifende Bewusstseinsstörung«

698 Hierunter fallen *nicht* Bewusstlosigkeit und Schlaf; denn bei ihnen fehlt es schon an einer Handlung (Rn. 296).[20]

Als Beispiele einer tiefgreifenden Bewusstseinstörung werden genannt: **Übermüdung**, **Schlaftrunkenheit**, extreme **Erschöpfungszustände**, **Hypnose**.[21]

Das praktisch bedeutsamste Beispiel ist der **hochgradige Affekt** (»Affektsturm«). Jedoch ist die Klarstellung wichtig, dass ein schuldausschließender Affekt nur in seltenen Ausnahmefällen in Frage kommt.[22]

---

13 Achtung: Entscheidend ist, wie sich diese *konkret* bei Begehung der Taten auf die Einsichts- und Steuerungsfähigkeit ausgewirkt hat und nicht etwa schon allein die Diagnose einer Schizophrenie: BGH NStZ-RR 2013, 368.

14 Ständige Rechtsprechung, vgl. BGH NStZ 1991, 126; vertiefend: *Satzger*, Jura 2013, 345 ff.

15 *Lackner/Kühl*, § 20 Rn. 18; *Fischer*, § 20 Rn. 19 f.; vgl. auch BGH NJW 2012, 2672 mit Anm. *Kudlich*, JA 2012, 871: in diesem Fall wurde ein alkoholgewöhnter Mann trotz einer BAK von über 3 Promille weder als schuldunfähig nach § 20 StGB noch als vermindert schuldfähig nach § 21 StGB angesehen; ebenso BGH NJW 2015, 3525 (3526).

16 Siehe etwa BGH NStZ 1987, 453; BGH NStZ 1991, 126; *Lackner/Kühl*, § 20 Rn. 18.

17 Zu § 323a StGB siehe *Krey/Hellmann/Heinrich*, BT/1, Rn. 1134 ff.

18 Zum Begriff der »rechtswidrigen Tat«: § 11 Abs. 1 Nr. 5 StGB.

19 Zur actio libera in causa siehe Rn. 702 ff.

20 LK/*Schöch*, § 20 Rn. 2, 61; *Wessels/Beulke/Satzger*, Rn. 145.

21 *Lackner/Kühl*, § 20 Rn. 6 f.; LK/*Schöch*, § 20 Rn. 61; BGH NStZ 1983, 280.

22 *Fischer*, § 20 Rn. 30 ff.; BGHSt 11, 20 (23) (»seltene Ausnahmefälle«); BGH NStZ 1997, 333 (334).

Gerät der Täter **während der Begehung** eines Tötungsdelikts in einen Affektsturm (sog. »Blutrausch-Fälle«), so berührt dieser Umstand weder die *objektive Zurechenbarkeit* noch den *Vorsatz* [23] noch die *Schuld*. Es genügt für seine Strafbarkeit, dass er bei Versuchsbeginn (§ 22 StGB) als Beginn des strafbaren Verhaltens noch schuldfähig war (vgl. Rn. 695).[24] – Auf die Problematik des selbstverschuldeten Affektsturms kann hier nicht näher eingegangen werden.[25] **699**

c) »Schwachsinn« und andere »schwere seelische Abartigkeit«

Schwachsinn ist angeborene Intelligenzschwäche ohne nachweisbare organische Ursache; § 20 StGB erfasst dabei nur schwere Formen des Schwachsinns.[26] **700**

Schwere seelische Abartigkeit: Die Aufnahme dieser Gruppe von psychischen Defekten in § 20 StGB erscheint problematisch.[27] Es geht um diffuse Zustände wie Psychopathien, Neurosen, Triebstörungen, Spielsucht und andere nicht-stoffgebundene Süchte.[28] Bei solchen Defekten kommt grundsätzlich allenfalls eine *verminderte Schuldfähigkeit* in Betracht und nur ganz ausnahmsweise *Schuldunfähigkeit*.

3. Verminderte Schuldfähigkeit, § 21 StGB

Als **Strafzumessungsregelung** ist § 21 StGB nicht Gegenstand dieses Lehrbuchs. In strafrechtlichen Übungsarbeiten und Examensklausuren bedarf es nach Ablehnung des § 20 StGB keiner Prüfung, ob § 21 StGB anwendbar ist. **701**

4. Vorsätzliche Selbstverursachung der Schuldunfähigkeit / »actio libera in causa« (alic) – Keine Geltung des § 20 StGB

Fall 95: – »Prügel im Vollrausch« – **702**
A trinkt sich vorsätzlich einen Vollrausch (§ 20 StGB) an; anschließend verprügelt er O.

a) A hatte sich für diese Tat, die er von vornherein vorhatte, Mut antrinken wollen.
b) A hatte schon häufiger im Vollrausch Tätlichkeiten begangen. Er war sich der Gefahr bewusst, er könne im Zustand der Volltrunkenheit den O verprügeln; dies war ihm aber gleichgültig, als er sich betrank.
Strafbarkeit des A?

Fall 96 (Abwandlung von Fall 95)
Die von A im Vollrausch begangene Tat war ein Totschlag.

In **Fall 95a** hat A den objektiven Tatbestand des **§ 223 StGB** (Modalität: »körperliche Misshandlung«) erfüllt. Er hat auch vorsätzlich gehandelt; die Volltrunkenheit ändert nichts daran, dass er mit Wissen und Wollen auf O einschlug.[29] **703**

---

23 Es liegt keine »wesentliche Abweichung vom Kausalverlauf« (Rn. 425-430) vor; BGHSt 23, 133 (135 f.).

24 BGHSt 23, 133 ff.; 23, 356 (358 f.); S/S/*Perron*/*Weißer*, § 20 Rn. 40.

25 Dazu: BGHSt 35, 143; BGH NStZ 1997, 333 (334); S/S/*Perron*/*Weißer*, § 20 Rn. 15a; LK/*Schöch*, § 20 Rn. 140; *Fischer*, § 20 Rn. 34 m.w.N.

26 S/S/*Perron*/*Weißer*, § 20 Rn. 18; LK/*Schöch*, § 20 Rn. 150.

27 *Stratenwerth*/*Kuhlen*, 10/28 f.; weitere Nachweise bei *Fischer*, § 20 Rn. 36 ff.

28 *Lackner*/*Kühl*, § 20 Rn. 11; LK/*Schöch*, § 20 Rn. 152 ff.; BGH NStZ 1999, 610; BGH NStZ 2015, 688 (Pädophilie).

29 *Krey*/*Hellmann*/*Heinrich*, BT/1, Rn. 1135.

Auch in **Fall 95b** hat A vorsätzlich, und zwar mit dolus eventualis, eine körperliche Misshandlung i.S.d. § 223 StGB begangen.

In Fall 96 ist der Tatbestand der vorsätzlichen Tötung gemäß **§ 212 StGB** erfüllt. Die Taten waren auch rechtswidrig, da kein Erlaubnissatz eingreift.

Doch könnte A jeweils **ohne Schuld** gehandelt haben, denn **bei Begehung** jener Delikte war er volltrunken, also gemäß § 20 StGB schuldunfähig.

704 Würde man in solchen Fällen Schuldunfähigkeit gemäß § 20 StGB annehmen, so käme man indes zu einem sachwidrigen Ergebnis: Der Täter wäre nur wegen eines Vergehens nach § 323a StGB (Rn. 697) strafbar. Insbesondere bei schweren Verbrechen wäre dieser bloße Auffangtatbestand völlig ungeeignet, den Unrechts- und Schuldgehalt der Tat ausreichend zu erfassen. Der Umstand, dass der Täter sich **vorsätzlich in den Zustand der Schuldunfähigkeit versetzt hat und dabei schon Vorsatz bezüglich der später in diesem Zustand begangenen Tat** hatte, nötigt zu der Feststellung: Der Standpunkt, A habe die vorsätzliche Körperverletzung des O bzw. den Totschlag *gemäß § 20 StGB »ohne Schuld«*, mithin *»nicht vorwerfbar«*, begangen, ist schlicht abwegig.

705 Nach ganz h.M. ist A in Fall 95a, b wegen vorsätzlicher Körperverletzung und in Fall 96 wegen Totschlags strafbar. Zur Begründung hierfür ist die **Figur der vorsätzlichen actio libera in causa** entwickelt worden; sie besagt:[30]

Wer eine rechtswidrige Tat (§ 11 Abs. 1 Nr. 5 StGB) im Zustand der Schuldunfähigkeit begeht, diesen Zustand aber vorsätzlich herbeigeführt und dabei jene Tat bereits in seinen Vorsatz aufgenommen hatte, ist wegen vorsätzlicher und schuldhafter Begehung der fraglichen rechtswidrigen Tat verantwortlich.

Der Vorsatz muss also neben der geplanten Tat auch die Herbeiführung der Schuldunfähigkeit umfassen (sog. **Doppelvorsatz**).[31] Das Verschulden wird dann auf den Zeitpunkt bezogen, in dem der Täter noch schuldfähig war, aber bereits den Vorsatz gefasst hatte, im Zustand der alkoholbedingten Schuldunfähigkeit die fragliche mit Strafe bedrohte Handlung zu begehen.

706 Allerdings hat der 4. Strafsenat des BGH den Anwendungsbereich der vorsätzlichen **alic eingeschränkt**:[32] Er hat für Straßenverkehrsdelikte, die wie § 315c StGB (Gefährdung des Straßenverkehrs) und § 21 StVG (Fahren ohne Fahrerlaubnis) das Führen eines Fahrzeuges verlangen, »die Grundsätze der actio libera in causa« für nicht anwendbar erklärt. Dabei stellt das Gericht in seinen Entscheidungsgründen u.a. darauf ab, jene Straftaten seien *keine reinen Erfolgsdelikte*, sondern **eigenhändige Straftaten**.

30 *Joecks*, § 323a Rn. 32 ff.; *Kindhäuser*, AT, § 23 Rn. 1-32; *Krey/Hellmann/Heinrich*, BT/1, Rn. 1134 ff.; *Kühl*, § 11 Rn. 6-26; MK/*Streng*, § 20 Rn. 114 ff.; *Otto*, AT, § 13 Rn. 18-28; *Roxin*, § 20 Rn. 56-76; S/S/*Perron/Weißer*, § 20 Rn. 33-39; LK/*Schöch*, § 20 Rn. 194 ff.; *Fischer*, § 20 Rn. 49 ff.; *Wessels/Beulke/Satzger*, Rn. 633 ff.

31 Dazu u.a.: S/S/*Perron/Weißer*, § 20 Rn. 36 f.; *Roxin*, § 20 Rn. 67; *Wessels/Beulke/Satzger*, Rn. 637 ff.; BGH NStZ 2002, 28.

32 BGHSt 42, 235 (238 ff.).

Indes hat der 3. Strafsenat des BGH entschieden[33], er halte an den Grundsätzen der alic fest, und zwar zumindest für andere Straftaten als die erwähnten § 315c StGB und § 21 StVG. Dem folgt auch der 2. Strafsenat.[34] 707

Auch die **h.L.** wendet die Prinzipien der alic weiterhin an,[35] zumindest für Erfolgsdelikte, die keine reinen eigenhändigen Delikte sind.[36]

An der **vorsätzlichen actio libera in causa** ist grundsätzlich festzuhalten. Eine Ausnahme hiervon kommt allenfalls für solche eigenhändigen Delikte in Betracht, die **schlichte Tätigkeitsdelikte** sind, z.B. § 316 StGB, § 21 StVG. 708

Denn erstens wären die Folgen einer prinzipiellen Ablehnung der vorsätzlichen alic **kriminalpolitisch unerträglich**:

Wer sich vorsätzlich bis zur Volltrunkenheit (§ 20 StGB) »voll laufen lässt«, um sich für einen von vornherein geplanten Mord Mut anzutrinken, darf sich nicht auf fehlende Schuld berufen, wenn er im Vollrausch diesen Mord begeht. Eine bloße Bestrafung des Täters aus § 323a StGB wäre hier nach dem **Schuldspruch** völlig inakzeptabel, nach dem **Strafrahmen** unangemessen milde.

Zweitens ist die Figur der vorsätzlichen alic auch **verfassungskonform**: Eine tatbestandsmäßige und rechtswidrige Vorsatztat ist schuldhaft, wenn kein Schuldausschließungs- oder Entschuldigungsgrund eingreift. § 20 StGB nun ist nach seiner Entstehungsgeschichte sowie nach Sinn und Zweck des Gesetzes von vornherein für Fälle der alic nicht einschlägig.[37] Dem Gesetzgeber des 2. Strafrechtsreformgesetzes von 1969, auf das § 20 StGB zurückgeht, war die Figur der alic sehr wohl bekannt; er wollte sie keineswegs abschaffen: § 20 StGB sollte die alic von vornherein nicht tangieren. Die alic fällt nicht in den Normbereich dieser Vorschrift. 709

Die Figur der vorsätzlichen alic beruht mithin auf einer **restriktiven Auslegung des § 20 StGB**, die besagt: Auf solche Taten ist diese Norm nicht anwendbar.[38] 710

Diese Konzeption mag man **»Ausnahmemodell«** nennen.[39] Genauer wäre aber die hier vorgeschlagene Bezeichnung als »restriktive Auslegung« des § 20 StGB.

Demgemäß verstößt die alic nicht gegen das strafrechtliche Gesetzlichkeitsprinzip »nulla poena sine lege« (Art. 103 Abs. 2 GG).[40]

---

33 BGH JR 1997, 391 mit Anm. *Hirsch* = NStZ 1997, 230; BGH NStZ 2002, 28.

34 BGH NStZ 2000, 584 f. m.w.N.

35 So z.B.: *Frister*, 18/20 ff.; *Haft*, S. 134 ff.; *Hirsch* NStZ 1997, 230; *Jerouscheck*, JuS 1997, 385 ff.; *Joecks*, § 323a Rn. 32 ff.; *Krey/Hellmann/Heinrich*, BT/1, Rn. 1134 ff.; *Roxin*, § 20 Rn. 67; *Stratenwerth/Kuhlen*, 10/44-48; *Fischer*, § 20 Rn. 49 ff.; *Wessels/Beulke/Satzger*, Rn. 634 ff. Kritisch z.B.: *Hruschka*, JZ 1997, 22 ff. m.w.N.; *Kindhäuser*, AT, § 23 Rn. 20 ff.; *Salger/Mutzbauer*, NStZ 1993, 561 ff.; S/S/*Perron/Weißer*, § 20 Rn. 35b (a.E.).

36 Teilweise werden aber auch die Einschränkungen des 4. Strafsenats für Straßenverkehrsdelikte (Rn. 706) abgelehnt: *Haft*, S. 134 ff.; *Hirsch*, NStZ 1997, 230 ff.

37 *Krey/Hellmann/Heinrich*, BT/1, Rn. 1138; ebenso z.B.: *Otto*, AT, § 13 Rn. 24 f.; *Wessels/Beulke/Satzger*, Rn. 634; siehe auch *Streng*, JZ 2000, 20 (25).

38 Ausführliche Darstellung sämtlicher Ansichten bei *Hillenkamp*, AT, 13. Problem.

39 *Otto*, AT, § 13 Rn. 24 f.; *Wessels/Beulke/Satzger*, Rn. 634 m.w.N.; ähnlich: *Jescheck/Weigend*, § 40 VI 1; *Kühl*, § 11 Rn. 18. Kritisch *Hettinger*, FS Geerds, 1995, S. 623 (633 ff.).

Folglich kann dahinstehen, ob die abweichende Begründung der alic mit dem **»Tatbestandsmodell«** zutreffend ist. Diese Konzeption besagt: Das Schuldprinzip verlange zwar Koinzidenz (zeitliches Zusammentreffen) von Tatbegehung und Schuld. Diese Koinzidenz sei aber gegeben, wenn man den **Beginn der Tat schon in der vorsätzlichen Herbeiführung des Zustandes der Volltrunkenheit** sehe.[41]

Teilweise wird hierfür gedanklich auf die Rechtsfigur der **mittelbaren Täterschaft** zurückgegriffen.[42] Danach könne der Täter als sein eigenes schuldunfähiges Werkzeug betrachtet werden. Die vorsätzliche Herbeiführung der Schuldunfähigkeit zum Zwecke der schuldlosen Tatbegehung ließe sich dann zwanglos als Tathandlung des »Hintermannes« begreifen und als Anknüpfungspunkt der Strafbarkeit heranziehen. Allerdings wird der Täter durch die Volltrunkenheit nicht zu »einem anderen« i.S.d. § 25 Abs. 1 Alt. 2 StGB. Außerdem wäre nach diesem Modell in den Fällen 95a, b und 96 schon das *Sich-Betrinken als Versuch der Körperverletzung bzw. als Totschlagsversuch* anzusehen – was bedenklich erscheint.[43]

Auch wenn man diesem Modell folgt, zeigt sich jedoch sehr deutlich, warum jedenfalls für eigenhändige bzw. schlichte Tätigkeitsdelikte die Anwendbarkeit der alic abgelehnt wird. Dort ist eine Verlängerung der Kausalkette vom Erfolg zu einem bestimmten Verhalten gerade nicht möglich, weil es ausschließlich um ein bestimmtes Verhalten (z.B. Fahrzeugführen i.S.d. § 316 StGB) geht, das keinesfalls mit dem Trinken beginnt. Außerdem ist bei den eigenhändigen Delikten die mittelbare Täterschaft ausgeschlossen.

711 **Ergebnis:** A ist wegen der Unanwendbarkeit des § 20 StGB bei vorsätzlicher alic in den Fällen 95a, b wegen Körperverletzung, in Fall 96 wegen Totschlags strafbar. § 323a StGB – als Auffangdelikt schon tatbestandlich subsidiär – greift nicht ein.[44]

5. Fahrlässige actio libera in causa

712 **Fall 97: – Fahrlässige actio libera in causa –**
A hatte, als er sich vorsätzlich betrank, **keinen Vorsatz**, den O zu verletzen oder zu töten. Vielmehr hatte er
a) fahrlässig nicht erkannt, er könne im Zustand der Volltrunkenheit eine solche Tat begehen (unbewusste Fahrlässigkeit);
b) fahrlässig im Vertrauen darauf gehandelt, er werde eine solche Tat vermeiden (bewusste Fahrlässigkeit).[45]

(1) In **Fall 97a** i.V.m. **Fall 95a/b** hat A jeweils den Tatbestand des § 223 StGB erfüllt und zwar rechtswidrig. Doch entfällt hier eine Strafbarkeit wegen vorsätzlicher Körperverletzung mangels Verschulden (§ 20 StGB). Diese Vorschrift gilt zwar nicht im Falle vorsätzlicher alic. Letztere liegt aber nicht vor. A hatte keinen

40 **A.A.** *Swoboda*, Jura 2007, 224 (227): Verstoß gegen das Analogieverbot des Art. 103 Abs. 2 GG; so auch *Heinrich*, AT, Rn. 606.
41 So für alle: *Roxin*, § 20 Rn. 59-67 m.w.N.
42 So etwa *Dold*, GA 2008, 427.
43 Kritisch z.B. S/S/*Perron*/*Weißer*, § 20 Rn. 35; *Wessels*/*Beulke*/*Satzger*, Rn. 634.
44 *Krey*/*Hellmann*/*Heinrich*, BT/1, Rn. 1138 f.
45 Zur bewussten Fahrlässigkeit siehe Rn. 387 ff., 396.

Vorsatz bezüglich der später im Vollrausch begangenen Taten, als er sich betrank. Dieser Vorsatz gehört aber zu den Voraussetzungen der vorsätzlichen alic (Rn. 705).

Entsprechend scheidet in **Fall 97a** i.V.m. Fall 96 Totschlag mangels Verschuldens aus (§ 20 StGB), da auch hier keine vorsätzliche alic vorliegt.

Doch könnte in Fall 97a (i.V.m. Fall 95a/b) Fahrlässige Körperverletzung eingreifen (§ 229 StGB), in Fall 97a (i.V.m. Fall 96) Fahrlässige Tötung (§ 222 StGB). Allerdings scheint dem entgegenzustehen, dass A bei Begehung der Tat gemäß § 20 StGB schuldunfähig war.

Gleichwohl ist A aus § 229 bzw. § 222 StGB strafbar. **713**

Zum Teil wird hierbei (jedenfalls bei Erfolgsdelikten) auf die Rechtsfigur der **fahrlässigen alic** rekurriert. Diese soll eingreifen, wenn jemand im Zustand der Schuldunfähigkeit eine rechtswidrige Tat begeht, der erstens diesen Zustand vorsätzlich oder fahrlässig herbeigeführt und zweitens dabei fahrlässig nicht erkannt hat, er könne in jenem Zustand eine solche Tat begehen, bzw. fahrlässig im Vertrauen darauf gehandelt hat, er werde derartige Taten vermeiden.[46]

Diese Voraussetzungen sind in Fall 97a und b erfüllt. Nach h.M. wäre A also in beiden Fällen wegen Fahrlässiger Körperverletzung bzw. Fahrlässiger Tötung des O strafbar.

BGH und ein Teil der Lehre halten für Erfolgsdelikte wie §§ 222 und 229 StGB mit überzeugender Argumentation die Figur der fahrlässigen alic letztlich für **überflüssig**. Hier ergebe sich schon aus der Struktur dieser Straftatbestände:

Der Fahrlässigkeitsvorwurf dürfe unmittelbar an das pflichtwidrige Vorverhalten (hier: das wegen der Vorhersehbarkeit des weiteren Geschehens fahrlässige Sich-Betrinken) anknüpfen.[47] Dieser Ansatz vermeidet durch die Koinzidenz von Tatbegehung und Schuld die teilweise an der restriktiven Auslegung des § 20 StGB geübte Kritik.

Ergebnis: A ist in Fall 97a – und in gleicher Weise in Fall 97b – wegen Fahrlässiger Körperverletzung bzw. Fahrlässiger Tötung strafbar. Im Übrigen greift zusätzlich **§ 323a StGB** ein, was hier nicht vertieft werden kann.[48]

IV. Unvermeidbarer Verbotsirrtum, § 17 S. 1 StGB

1. Verbotsirrtum als fehlendes Unrechtsbewusstsein

a) Zum Wesen des Verbotsirrtums

Gemäß § 17 S. 1 StGB liegt ein solcher Irrtum vor, wenn dem Täter bei Begehung **714** der Tat die Einsicht fehlt, Unrecht zu tun. Dabei ist ein Verbotsirrtum nicht nur anzunehmen, wenn der Täter in der Fehlvorstellung handelt, seine Tat sei erlaubt.

46 *Frister*, 18/24; *Jerouscheck*, JuS 1997, 385; *Roxin*, § 20 Rn. 59, 76; *Wessels/Beulke/Satzger*, Rn. 640 f.

47 BGHSt 42, 235 (236 f.); *Hruschka*, JZ 1997, 22; *Krey/Hellmann/Heinrich*, BT/1, Rn. 1141; *Otto*, AT, § 13 Rn. 32 f.; *Swoboda*, Jura 2007, 224 (227).

48 Dazu *Krey/Hellmann/Heinrich*, BT/1, Rn. 1141 f. m.w.N.

Vielmehr genügt auch die nur fehlende Einsicht in das Unrecht beim arglos Handelnden, der sich keine Gedanken über Recht oder Unrecht macht.[49]

Keinen Verbotsirrtum begründet dagegen die fehlende Kenntnis der **Strafbarkeit** der Tat; diese Unkenntnis ist rechtlich unerheblich. Wer erkennt, dass sein Verhalten rechtlich verboten, also Unrecht ist, hat Unrechtsbewusstsein, mag er auch nicht wissen, dass seine Tat sogar strafbar ist.[50]

Beispiel:[51] Wer unbefugt gegen den Willen des Berechtigten ein Fahrrad gebraucht (§ 248b StGB) und weiß, dass dies **verboten** ist[52], hat auch Unrechtsbewusstsein, wenn er sein Delikt nicht für eine **Straftat** hält.

Daher liegt auch kein Verbotsirrtum vor, wenn der Täter irrig annimmt, seine Tat sei kein Verbrechen oder Vergehen (§ 12 Abs. 1, 2 StGB), sondern nur eine Ordnungswidrigkeit (Rn. 20 f.).

715 Die Einsicht, etwas *rechtlich* Verbotenes zu tun, ist aber nicht gleichzusetzen mit der Vorstellung, die Tat sei *unmoralisch* oder *unsittlich*. Letzteres beeinflusst die Unrechtseinsicht i.S.d. § 17 StGB nicht und kann einen Verbotsirrtum folglich auch nicht ausschließen, da es hierfür allein auf die fehlende Einsicht in das **rechtliche** Verbot ankommt.[53]

Beispiel: A kommt aus einem Land, in dem der Beischlaf mit 13-jährigen Mädchen nicht verboten ist. Er verführt in Deutschland seine hier lebende frühreife 13-jährige Cousine. Dabei hat er wegen moralischer Skrupel ein schlechtes Gewissen, weiß aber nicht, dass seine Tat **Unrecht** ist. – Hier fehlt die Einsicht, gegen ein rechtliches Verbot (§ 176 Abs. 1 StGB) zu verstoßen, so dass trotz jener moralischen Bedenken ein Verbotsirrtum vorliegt.

b) Verbotsirrtum als Fall fehlender Schuldfähigkeit bzw. geminderter Schuld

716 Der Verbotsirrtum lässt gemäß § 17 S. 1 StGB die Schuld des Täters entfallen[54], wenn er den Irrtum nicht vermeiden konnte. Diese Regelung beruht auf dem Gesichtspunkt **fehlender Schuldfähigkeit**: Dem im unvermeidbaren Verbotsirrtum handelnden Täter mangelt es an der Fähigkeit, sich für das Recht und gegen das Unrecht zu entscheiden.[55]

Der unvermeidbare Verbotsirrtum ist folglich ein Schuldausschließungsgrund.

---

49 *Roxin*, § 21 Rn. 20, 27 f.; *Wessels/Beulke/Satzger*, Rn. 691.

50 BGHSt 2, 194 (202) (GS); 45, 97 (100 f.); *Kühl*, § 11 Rn. 28, § 13 Rn. 58; *Roxin*, § 21 Rn. 13; *Wessels/Beulke/Satzger*, Rn. 428.

51 Nach *Roxin*, § 21 Rn. 13.

52 Verbotene Eigenmacht, § 858 BGB.

53 BGHSt 2, 194 (GS); *Kühl*, § 11 Rn. 28; *Roxin*, § 21 Rn. 12.

54 Nicht dagegen den Vorsatz oder die Rechtswidrigkeit, vgl. Rn. 411. Diese Vorschrift hat aus kriminalpolitischer und verbrechenssystematischer Sicht zu Recht die Position der Schuldtheorie normiert; dazu: BGHSt 2, 194 (200-209) (GS); *Roxin*, § 21 Rn. 1-11; *Stratenwerth/Kuhlen*, 10/75-80; *Wessels/Beulke/Satzger*, Rn. 691. Zur Verfassungsmäßigkeit des § 17 StGB: BVerfGE 41, 121 (124 ff.); *Krey*, ZStW 101 (1989), 838, 867 f. m.w.N.

55 BGHSt 2, 194 (200 f.) (GS); *Roxin*, § 21 Rn. 6, 35.

Der **vermeidbare Verbotsirrtum** begründet dagegen nur einen fakultativen gesetzlichen **Strafmilderungsgrund**.[56] Er beruht auf dem Gesichtspunkt **reduzierter Schuld**.[57]

Aus § 17 S. 2 StGB folgt also: Schuld als Vorwerfbarkeit verlangt keine reale Unrechtseinsicht, sondern nur die Möglichkeit, das Unrechtsbewusstsein zu erlangen **(potentielles Unrechtsbewusstsein)**.[58] Letzteres ist beim vermeidbaren Verbotsirrtum gegeben.

2. Erscheinungsformen des Verbotsirrtums

a) »Direkter Verbotsirrtum«

Der klassische Fall des Verbotsirrtums ist die Unkenntnis der **Verbotsnorm**.[59] 717

Beispiel: Ein Ausländer weiß nicht, dass der Beischlaf von Geschwistern miteinander (§ 173 StGB) rechtlich verboten ist.

Weiterhin ist ein direkter Verbotsirrtum gegeben, wenn der Täter die Verbotsnorm irrig für verfassungswidrig hält[60] oder glaubt, sie sei aufgehoben. Schließlich handelt im Verbotsirrtum, wer das Unrecht seiner Tat deswegen nicht erkennt, weil er die Verbotsnorm **falsch interpretiert**.[61]

Beispiel: Der Täter glaubt irrig, das Verbot der Nötigung mit Gewalt (§ 240 StGB) gelte nicht für Blockadeaktionen durch angekettete Personen.[62]

b) »Indirekter Verbotsirrtum«: Erlaubnisirrtum

Ein indirekter Verbotsirrtum liegt in den Fällen des sog. **Erlaubnisirrtums** vor; er tritt in *zwei* Erscheinungsformen auf: 718

Der Täter nimmt **irrig eine Rechtfertigung durch einen Erlaubnissatz** an, den die Rechtsordnung in Wirklichkeit nicht kennt (Rn. 574).[63]

Beispiele:
Die Täter einer rechtswidrigen Lkw-Blockade von Grenzübergängen glauben, ihr Verhalten sei durch »zivilen Ungehorsam« (Widerstandsrecht) erlaubt.

Studenten, die eine Vorlesung durch Lärmen und Pfeifen »sprengen«, sind der irrigen Ansicht, sie könnten sich auf ein studentisches Streikrecht als Erlaubnissatz berufen.[64]

Der Täter verkennt die **rechtlichen Schranken eines anerkannten Rechtfertigungsgrundes** (Rn. 574).[65]

---

56 Vgl. den Wortlaut des § 17 S. 2 StGB: die Strafe »kann gemildert werden«.
57 BGHSt 2, 194 (208 f.); *Roxin*, § 21 Rn. 4.
58 *Kühl*, § 11 Rn. 29; *Wessels/Beulke/Satzger*, Rn. 691, 696.
59 *Kühl*, § 13 Rn. 53; *Roxin*, § 21 Rn. 21; *Wessels/Beulke/Satzger*, Rn. 684.
60 *Kühl*, § 13 Rn. 59; *Roxin*, § 21 Rn. 25 f.
61 *Wessels/Beulke/Satzger*, Rn. 684, 691.
62 Zur Anwendbarkeit des § 240 StGB (Alternative: Nötigung mit Gewalt) auf solche Blockaden: BVerfG NJW 2002, 1031 (1032); *Krey/Hellmann/Heinrich*, BT/1, Rn. 368, 386 ff., 414.
63 *Kühl*, § 13 Rn. 53 f.; *Roxin*, § 21 Rn. 22; *Wessels/Beulke/Satzger*, Rn. 687, 712 f. – Siehe Rn. 574.
64 Beispiel nach *Roxin*, § 21 Rn. 22. Zur Anwendbarkeit des § 240 Abs. 1 StGB (Nötigung mit Gewalt): BGH NStZ 1982, 158 (159 f.); *Krey/Hellmann/Heinrich*, BT/1, Rn. 397.
65 *Kühl*, § 13 Rn. 55; *Roxin*, § 21 Rn. 22; *Wessels/Beulke/Satzger*, Rn. 687, 712 f.

Beispiele:
A, Opfer eines Einbruchs, schießt auf den mit Bagatellbeute fliehenden Dieb und nimmt dabei irrig an, Notwehr erlaube den Einsatz lebensgefährlicher Verteidigungsmittel auch bei unerheblichen Angriffen auf Sachgüter.[66]

Die Teilnehmer einer Blockadeaktion durch angekettete Personen glauben, das Demonstrationsrecht erlaube ihr Verhalten.[67]

719 Solche Erlaubnisirrtümer sind Verbotsirrtümer gemäß § 17 StGB. Sie sind Bewertungs- oder **Rechtsirrtümer**:

Wie beim direkten Verbotsirrtum fehlt auch beim Erlaubnisirrtum dem Täter die Einsicht, Unrecht zu tun, obwohl dieser die tatsächlichen Umstände richtig erfasst. Und beiden Spielarten des Verbotsirrtums ist gemeinsam, dass der Täter die Grenze zwischen Recht und Unrecht nach subjektiven juristischen Vorstellungen zieht, die den rechtlichen Wertentscheidungen des Gesetzes widersprechen.[68]

Letzteres gilt nicht für den Irrtum über die **tatsächlichen** Voraussetzungen eines Rechtfertigungsgrundes (**»Erlaubnistatbestandsirrtum«**, z.B. Putativnotwehr).[69] Er ist kein Fall des Verbotsirrtums, sondern schließt in Anlehnung an § 16 Abs. 1 StGB die Vorsatzschuld aus.

3. Sonderfragen des Verbotsirrtums

a) Teilbarkeit des Unrechtsbewusstseins

720 Das Unrechtsbewusstsein muss sich auf den jeweils erfüllten Straftatbestand beziehen; demgemäß ist es bei der Verletzung mehrerer Strafgesetze teilbar.[70]

Beispiel: Wenn A (Rn. 715) seine Cousine vergewaltigt hätte (§ 177 StGB), wäre bezüglich dieses Verbrechens selbstverständlich Unrechtsbewusstsein gegeben. Dagegen lag im Hinblick auf seine Straftat nach § 176a StGB (»Schwerer sexueller Missbrauch von Kindern«), wie ausgeführt, kein Unrechtsbewusstsein vor.

b) Zweifel über das Unrecht der Tat (»bedingtes Unrechtsbewusstsein«)

721 Wer damit rechnet, seine Tat könne verboten sein, und sich hiermit abfindet, handelt nicht im Verbotsirrtum.[71]

c) Überzeugungstäter

722 Wer bewusst seine subjektiven Rechtsüberzeugungen über die Wertentscheidungen des Gesetzes stellt – etwa aus politischer Verblendung – kann sich nicht auf einen Verbotsirrtum berufen.[72]

Dasselbe gilt für den Gewissenstäter, der wissentlich Rechtsnormen zuwiderhandelt.[73]

---

66 Zur wirklichen Rechtslage Rn. 543-548.
67 Dazu *Krey/Hellmann/Heinrich*, BT/1, Rn. 386 ff., 414 ff.
68 *Wessels/Beulke/Satzger*, Rn. 714.
69 Siehe bereits Rn. 473, 574, 577, 692.
70 BGHSt 10, 35; *Kühl*, § 11 Rn. 32; *Roxin*, § 21 Rn. 16 ff.
71 BGHSt 4, 1 (4); *Kühl*, § 11 Rn. 30; S/S/*Sternberg-Lieben/Schuster*, § 17 Rn. 5a m.w.N.
72 S/S/*Cramer/Sternberg-Lieben/Schuster*, § 17 Rn. 7; *Jakobs*, 19/24; *Roxin*, § 21 Rn. 15.
73 Zur Problematik des »Gewissenstäters« im Allgemeinen siehe u.a.: *Kühl*, § 12 Rn. 115-125 m.w.N.; *Roxin*, § 22 Rn. 100-129 m.w.N.

d) »Gebotsirrtum« bei den echten Unterlassungsdelikten als Verbotsirrtum

Verwirklicht der Täter ein echtes Unterlassungsdelikt (§§ 138, 323c StGB), so verstößt er gegen ein gesetzliches (Handlungs-)**Gebot**. Wer eine solche Straftat begeht und dabei das fragliche Gebot[74] nicht kennt (sog. Gebotsirrtum), kann sich zwar nicht auf einen Tatbestandsirrtum (§ 16 Abs. 1 StGB) berufen. Doch ist dieser Gebotsirrtum ein Sonderfall des Verbotsirrtums nach § 17 StGB.[75] 723

4. Zur Vermeidbarkeit des Verbotsirrtums

a) »Anspannung des Gewissens«, »Nachdenken« und »Pflicht zur Erkundigung«

Der Große Senat für Strafsachen des BGH hat in seiner grundlegenden Entscheidung zum Verbotsirrtum ausgeführt:[76] 724

»Der Mensch ist ... jederzeit in die verantwortliche Entscheidung gerufen, sich als Teilhaber der Rechtsgemeinschaft rechtmäßig zu verhalten und das Unrecht zu vermeiden. Dieser Pflicht genügt er nicht, wenn er nur das nicht tut, was ihm als Unrecht klar vor Augen steht. Vielmehr hat er bei allem, was er zu tun im Begriff steht, sich bewusst zu machen, ob es mit den Sätzen des rechtlichen Sollens im Einklang steht. Zweifel hat er durch ***Nachdenken*** *oder* ***Erkundigung*** *zu beseitigen. Hierzu bedarf es der* ***Anspannung des Gewissens****, ihr Maß richtet sich nach den Umständen des Falles und nach dem Lebens- und Berufskreis des Einzelnen*[77] *... Wenn bei gehöriger Anspannung des Gewissens der Täter das Unrechtmäßige seines Tuns hätte erkennen können, schließt der Verbotsirrtum die Schuld nicht aus.«*

Auch in späteren Entscheidungen stellt das Gericht im Wesentlichen auf den Gesichtspunkt der Anspannung des Gewissens ab[78] und ergänzt ihn durch die Kriterien des Nachdenkens und der Pflicht zur Erkundigung.[79]

Hierzu sei kritisch angemerkt: Das Kriterium der *gehörigen Anspannung des Gewissens* ist fragwürdig, denn das Gewissen dürfte primär für Fragen der **Moral**[80] zuständig sein, nicht aber für komplexe Fragen von Recht oder Unrecht. »Das Gewissen sagt zu schwierigen Rechtsfragen gar nichts. Wäre es anders, so wäre das juristische Studium überflüssig.«[81] Maßgeblich sind vielmehr die Gesichtspunkte des Nachdenkens und der Erkundigungspflicht[82]: 725

---

74 Bei § 138 StGB die Anzeigepflicht, bei § 323c StGB die Verpflichtung zum Hilfeleisten.

75 BGHSt 19, 295; *Krey/Hellmann/Heinrich*, BT/1, Rn. 872, 1163.

76 BGHSt 2, 194 (201) (Hervorhebungen vom Verf.); BGH StraFo 2013, 73 (74).

77 BGH StraFo 2013, 73 (74) ergänzt oder überlagert den dogmatischen Anknüpfungspunkt der Vermeidbarkeit in Form des (objektiven) Lebens- und Berufskreises zunehmend durch die (subjektiven) individuellen Fähigkeiten.

78 BGHSt 3, 357 (365 f.); 4, 1 (3, 5); 4, 236 (237, 243); 21, 18 (20); 35, 347 (350).

79 BGHSt 4, 1 (5); 4, 236 (243); 21, 18 (20); 35, 347 (350); BGH NStZ 2000, 307 (309).

80 Siehe aber Rn. 715.

81 *Baumann/Weber/Mitsch*, § 21 Rn. 60; NK/*Neumann*, § 17 Rn. 57; *Roxin*, § 21 Rn. 46; S/S/*Sternberg-Lieben/Schuster*, § 17 Rn. 15.

82 H.L.: *Kühl*, § 13 Rn. 61 f.; *Roxin*, § 21 Rn. 45, 62 ff.

Hat der Täter Zweifel an der Rechtmäßigkeit seines geplanten Verhaltens oder müsste er nach den Umständen des Einzelfalles sowie nach seinen Fähigkeiten und Kenntnissen solche Zweifel haben, so ist er rechtlich verpflichtet, diese Zweifel zu beseitigen. In erster Linie hat er sich um eine **zuverlässige Rechtsauskunft** zu bemühen; dies ist der eigentliche Gehalt der »Erkundigungspflicht«.

Wenn die Einholung einer solchen Rechtsauskunft unmöglich ist, sei es wegen Unerreichbarkeit einer zuverlässigen Auskunftsperson, sei es wegen Gefahr im Verzug, muss der Täter sich durch gründliches Nachdenken um die Unrechtseinsicht bemühen.

Hier mag im Bereich des Kernstrafrechts auch die Gewissensanspannung eine gewisse Hilfe sein, während das Gewissen bei schwierigen Rechtsfragen etwa im Bereich des Steuer-, Wirtschafts- und Umweltrechts als Kontrollinstanz versagt.[83]

Beispiel: Der vietnamesische, seit zwei Jahren in Deutschland lebende A tötet seine Katze, um diese anschließend zu verspeisen. Dabei nimmt er irrig an, das Töten und der Verzehr von Katzen seien in Deutschland erlaubt.

A hat den Tatbestand des § 17 Nr. 1 TierSchG (Töten) und den des § 23 I Nr. 10 Tier-LMHV (Verzehr) verwirklicht. Dabei handelte er nicht nur in Unkenntnis dieser Verbotsnormen, sondern auch ohne Unrechtsbewusstsein (direkter Verbotsirrtum). Vom Schuldvorwurf wird A jedoch nur befreit, wenn er den Irrtum nicht vermeiden konnte. Da er einem Kulturkreis entstammt, in dem der Verzehr von Katzenfleisch nicht unüblich ist, und die Verbotsunkenntnis gerade auf diesem kulturellen Unterschied beruht, hätte ihm die bloße Gewissensanspannung nicht zur Unrechtseinsicht verhelfen können. Angesichts seines 2-jährigen Aufenthalts in Deutschland hätte er allerdings Zweifel an der Rechtmäßigkeit seines Verhaltens haben müssen. Ihn traf somit eine Erkundigungspflicht, deren Erfüllung ihm auch möglich gewesen wäre. Insoweit dürften an ihn keine geringeren Anforderungen zu stellen sein als an einen Inländer.[84]

b) Höhere Anforderungen an die »Vermeidbarkeit des Verbotsirrtums« als an die Beachtung der objektiv gebotenen und dem Täter subjektiv möglichen Sorgfalt bei den Fahrlässigkeitsdelikten?

726 Der BGH bejaht diese Frage. Das Gericht stellt an die **Vermeidbarkeit** des Verbotsirrtums strengere Anforderungen als an die Vermeidbarkeit des Vorwurfs der Fahrlässigkeit bei den Fahrlässigkeitsdelikten.[85] Dem widerspricht jedoch die h.L.[86] zu Recht. Das Gericht vernachlässigt das Schuldprinzip (Rn. 108):

Der unvermeidbare Verbotsirrtum begründet Schuldunfähigkeit und schließt daher die Schuld des Täters aus, während der vermeidbare Verbotsirrtum die Schuld zwar mindert, aber nicht entfallen lässt (Rn. 716).

83 *Jahn*, JuS 2013 79 (80) nimmt beim unerlaubten Glücksspiel nach § 284 StGB aufgrund der verworrenen Rechtslage eine Indizwirkung für die Unvermeidbarkeit eines Verbotsirrtums an.

84 Vgl. allgemein zu durch die Ausländereigenschaft bedingten Verbotsirrtümern: *Laubenthal/Baier*, GA 2000, 205 ff.

85 BGHSt 4, 236 (237, 243), Ls. 2; 21, 18 (20).

86 *Jescheck/Weigend*, § 41 II 2b; *Lackner/Kühl*, § 17 Rn. 7; *Roxin*, § 21 Rn. 45 m.w.N.; *Zaczyk*, JuS 1990, 889 (892 f.).

Demgemäß besagt der Vorwurf, der Täter hätte den Verbotsirrtum **vermeiden** können, nichts anderes als dies: Der Täter hat den Irrtum **verschuldet**, sein Irrtum ist **vorwerfbar**. Für diesen Schuldvorwurf können keine strengeren Maßstäbe gelten als für den sonstigen Vorwurf der Fahrlässigkeit.

c) Erkundigungspflicht: Pflicht, eine zuverlässige Rechtsauskunft einzuholen

Sowohl die **Auskunftsperson** als auch die **Auskunft** müssen aus der Sicht des Täters **verlässlich** sein. Die Auskunft muss selbstverständlich das Unrecht des fraglichen Verhaltens verneinen. Wobei der Täter nicht vorschnell gegenteilige Ansichten und Entscheidungen verwerfen und sich auf die Richtigkeit eines günstigen Standpunktes verlassen darf. Insofern kommt es auf die konkreten Umstände des Einzelfalls bzw. auf die konkreten Angaben im Klausursachverhalt an.[87] **727**

(1) Orientiert sich der Täter an der **höchstrichterlichen Rechtsprechung**, so kann ihm eine Änderung der Judikatur, die sein zur Tatzeit als legal behandeltes Verhalten nunmehr als Unrecht deklariert, nicht schaden: Die zur Zeit der Tatbegehung dominierende Rechtsprechung begründet für den Täter einen unvermeidbaren Verbotsirrtum.[88]

Dagegen soll ein Verbotsirrtum nicht schon dadurch unvermeidbar sein, dass der Täter sich bei strittigen Rechtsfragen an vereinzelten Urteilen von *Instanzgerichten* orientiert, was zweifelhaft erscheint.[89]

(2) Auskünfte über die Rechtslage durch die **zuständigen Behörden** begründen grundsätzlich einen unvermeidbaren Verbotsirrtum.[90]

Darüber hinaus kann auch die Erkundigung bei einer **unzuständigen Behörde** unter Umständen einen Verbotsirrtum unvermeidbar machen. Dazu hat der BGH festgestellt:[91]

»Fragt ein Bürger bei einer nicht offensichtlich unzuständigen Behörde nach der Erlaubtheit eines Vorhabens, so muss diese den Anfragenden darauf hinweisen, wenn sie sich selbst nicht für genügend kompetent zur Beurteilung hält.«

Unterbleibt eine solche Klarstellung, so begründet die Rechtsauskunft jener Behörde grundsätzlich einen unvermeidbaren Verbotsirrtum.

(3) Rechtsauskünfte von **Rechtsanwälten** führen nicht stets zu einem unvermeidbaren Verbotsirrtum;[92] vielmehr ist hier zu differenzieren: **728**

87 LK/*Vogel*, § 17 Rn. 78, 85.

88 S/S/*Sternberg-Lieben*/*Schuster*, § 17 Rn. 20; NK/*Neumann*, § 17 Rn. 68; *Roxin*, § 21 Rn. 65.

89 OLG Düsseldorf NJW 1981, 2478; kritisch auch: NK/*Neumann*, § 17 Rn. 73; *Roxin*, § 21 Rn. 65.

90 NK/*Neumann*, § 17 Rn. 74; *Roxin*, § 21 Rn. 64; S/S/*Sternberg-Lieben*/*Schuster*, § 17 Rn. 18.

91 BGH NStZ 2000, 364 (365).

92 Offenbar weitergehend: *Kühl*, § 13 Rn. 61; *Roxin*, § 21 Rn. 62 f. m.w.N.; LK/*Vogel*, § 17 Rn. 54. Zurückhaltender: BGH NStZ 2000, 307; KG JR 1977, 379 f.; OLG Bremen NStZ 1981, 265 f.; BayObLG StV 1992, 421; *Rudolphi*, JR 1977, 381.

Die Rechtsauskunft einer **zuverlässigen Person** schließt zwar i.d.R. die Vermeidbarkeit des Verbotsirrtums aus.

Zuverlässig in diesem Sinne ist dabei nach der Judikatur *»eine zuständige, sachkundige, unvoreingenommene Person, die mit der Erteilung der Auskunft keinerlei Eigeninteresse verfolgt und die Gewähr für eine objektive, sorgfältige, pflichtgemäße und verantwortungsbewusste Auskunftserteilung bietet«.*[93]

Diese strengen Voraussetzungen mit ihrer entmutigenden Häufung von Prädikaten[94] sollte man reduzieren auf die drei Kriterien der **Sachkunde**, **Unvoreingenommenheit** und **Seriosität** der Auskunftsperson.

Danach kann auch der Rechtsrat eines Rechtsanwaltes (bzw. eines Rechtsprofessors) ausnahmsweise die Vermeidbarkeit des Verbotsirrtums unberührt lassen. Insoweit kommen insbesondere die folgenden Konstellationen in Betracht:

729 Dem Rechtsanwalt fehlt ersichtlich die erforderliche Sachkunde.

Beispiel: Ein Anwalt äußert sich zu komplizierten Rechtsfragen des Steuerrechts, obwohl er kein Fachanwalt für Steuerrecht ist.

Der Anwalt ist nicht unvoreingenommen, sondern offensichtlich »parteiisch«.

Beispiel: Ein Anwalt, als Sympathisant militanter Rechtsextremisten bekannt, bezeichnet die Blockade einer Asylbewerberunterkunft zwecks »Demonstration gegen den Missbrauch des Asylrechts« rechtsfehlerhaft als legal.

Der Anwalt agiert ersichtlich unseriös.

Beispiel: Er erteilt eine Rechtsauskunft über schwierige Rechtsfragen offensichtlich ohne gründliche Überprüfung aus dem Stegreif »zwischen Tür und Angel«.[95]

Der Anwalt erstellt ein Gefälligkeitsgutachten oder die erteilte Auskunft ist eindeutig oberflächlich und mangelhaft.[96]

(4) Ausnahmsweise kommen als Auskunftspersonen für die gebotene Erkundigung der Rechtslage auch Nichtjuristen in Betracht, z.B. Ärzte[97], Polizeibeamte.

d) Unvermeidbarkeit des Verbotsirrtums trotz Verletzung der »Pflicht zur Erkundigung« bei fehlender Kausalität dieser Verletzung

730 Verletzt der Täter die Pflicht, über die Frage von Recht oder Unrecht seines geplanten Tuns eine zuverlässige Rechtsauskunft einzuholen, so ist sein Verbotsirrtum grundsätzlich vermeidbar.

Das gilt jedoch nicht, wenn auch eine vertrauenswürdige Auskunftsperson den Täter in seinem Irrtum bestärkt hätte. Denn zwischen der fehlenden Einsicht, Un-

93 BGHSt 40, 257 (264); BGH StraFo 2013, 73 (74); NJW-Spezial 2013, 314; S/S/*Sternberg-Lieben*/*Schuster*, § 17 Rn. 18.
94 *Zaczyk*, JuS 1990, 889 (894).
95 OLG Bremen NStZ 1981, 265; BayObLG StV 1992, 421; *Rudolphi*, JR 1977, 381; kritisch aber: *Roxin*, § 21 Rn. 62 f. m.w.N.; LK/*Vogel*, § 17 Rn. 85.
96 BGH NStZ 2013, 461, 462; Kriminalistik 2013, 515.
97 BGHSt 40, 257 (264).

recht zu tun, und der Verletzung der Pflicht zur Erkundigung muss **Kausalität** bestehen: Hätte der Täter auch bei Einholung eines vertrauenswürdigen Rechtsrates eine falsche Auskunft erhalten, so fehlt jene Kausalität. Der Verbotsirrtum ist dann unvermeidbar.[98]

V. Irrige Annahme der tatsächlichen Voraussetzungen eines Rechtfertigungsgrundes (»Erlaubnistatbestandsirrtum«)

– Kein Verbotsirrtum (§ 17 StGB), sondern Behandlung als Tatbestandsirrtum (§ 16 Abs. 1 StGB analog) –

Der **Erlaubnisirrtum** als Rechtsirrtum über Erlaubnissätze ist ein Verbotsirrtum (vgl. Rn. 718 f.). 731

Anders ist es dagegen beim **»Erlaubnistatbestandsirrtum«** als *irrige Annahme der* ***tatsächlichen*** *Voraussetzungen eines anerkannten Rechtfertigungsgrundes.*[99] Bei ihm stellt sich der Täter einen **Sachverhalt** vor, der bei wirklichem Vorliegen die Tat erlauben würde. Das soll durch den folgenden Fall am Beispiel der **Putativnotwehr** verdeutlicht werden:[100]

Fall 98: – Putativnotwehr – 732
a) Abwandlung von Fall 82b (Waffengebrauch ohne Androhung; Rn. 517):
Die drei Männer wollen Frau F nur erschrecken; sie haben keinen Angriff auf Leben, Leib oder ein anderes Rechtsgut der F vor. Jedoch hält die F den vermeintlichen Angriff für ernst gemeint und fürchtet um ihr Leben.

b) Abwandlung von Fall 81 (Schusswaffengebrauch auf fliehenden Dieb; Rn. 513):
D flieht ohne Beute. J glaubt irrig, der Einbrecher habe Beute im Wert von 2.000 € dabei.

c) T nimmt A in Notwehr in den »Schwitzkasten«. Als sich dieser nicht mehr wehrt, glaubt T, A simuliere nur, um ihn erneut anzugreifen. A stirbt.[101]

1. Voraussetzungen eines Erlaubnistatbestandsirrtums

a) In **Fall 98a** fehlt es zwar an einer Notwehrlage. Die F befand sich aber in einem Irrtum über die tatsächlichen Voraussetzungen eines Rechtfertigungsgrundes. Unterstellt man nämlich ihre Sicht der tatsächlichen Situation als richtig, so sind alle Voraussetzungen der Notwehr (§ 32 StGB) gegeben: 733

- Notwehrlage (Rn. 473 ff., 732);
- Erforderlichkeit der Verteidigung (Rn. 521),
- Handeln in Kenntnis und aufgrund der Notwehrlage (Rn. 454 ff.),
- Gebotenheit der Notwehr (Rn. 528 ff.).

b) Auch in **Fall 98b** nahm der Täter irrig die tatsächlichen Voraussetzungen der Notwehr an, handelte also im »Erlaubnistatbestandsirrtum«. Denn würde seine 734

98 Hierzu: BGHSt 37, 55 (68); BayObLG JZ 1989, 599 (600); S/S/*Sternberg-Lieben/Schuster*, § 17 Rn. 22; *Roxin*, § 21 Rn. 69; LK/*Vogel*, § 17 Rn. 90; *Zaczyk*, JuS 1990, 889.
99 Siehe bereits Rn. 473, 574, 577, 649, 719.
100 Zum Erlaubnistatbestandsirrtum in der Falllösung: *Esser/Langbauer*, JA 2013, 28; *Christoph*, JA 2016, 32.
101 Angelehnt an BGH NStZ 2014, 30; Darstellung des Originalfalls bei *Kudlich*, JA 2014, 153.

Sicht des Sachverhalts zutreffen, so wären alle Voraussetzungen des § 32 StGB zu bejahen (Rn. 514-515, 545 ff.):

- Notwehrlage,
- Erforderlichkeit der Verteidigung,
- Handeln in Kenntnis und aufgrund der Notwehrlage,
- Gebotenheit der Notwehr.

735 c) In **Fall 98c** entfiel die ursprüngliche Notwehrlage durch die zwischenzeitlich eingetretene Kampfunfähigkeit des A. Der T ging bei Aufrechterhaltung des Würgegriffs irrtümlich von einer andauernden Notwehrsituation aus, so dass ein Erlaubnistatbestandsirrtum in Betracht kommt.[102]

d) Die Feststellung, ein Erlaubnistatbestandsirrtum liege vor, erfordert also eine hypothetische Prüfung: Man unterstellt, der vom Täter irrig angenommene Sachverhalt sei zutreffend. Auf der Basis dieser **Unterstellung** prüft man gewissenhaft, ob alle Voraussetzungen des fraglichen Rechtfertigungsgrundes erfüllt sind.[103]

Fall 98d): – »Hell's Angels v. Bandidos«/Putativnotwehr/Erforderlichkeit der Notwehrhandlung[104] –
Der A, ein Mitglied der »Hell's Angels« hatte erfahren, dass er von den konkurrierenden »Bandidos« ermorden werden solle. Zur selben Zeit erging in einem gegen A laufenden Ermittlungsverfahren ein richterlicher Durchsuchungsbeschluss für seine Wohnung. Wegen der bekannten Gewaltbereitschaft das A wurde zu dessen Vollzug ein Spezialeinsatzkommando (SEK) der Polizei hinzugezogen. Am Tattag versuchte das SEK gegen 6.00 Uhr morgens die Tür des Wohnhauses des A aufzubrechen, um A im Schlaf zu überraschen. Der durch die Geräusche geweckte A bewaffnete sich mit einer Pistole. Er erblickte durch die Teilverglasung der Haustür Gestalten und nahm irrig an, es handele sich um bewaffnete »Bandidos«, die ihn töten wollen. Trotz des Zurufs «Verpisst Euch!« und Einschalten des Lichts gaben sich die SEK-Beamten nicht zu erkennen. Da bereits zwei von drei Türverriegelungen aufgebrochen waren und A in jedem Augenblick mit dem Eindringen der vermeintlichen Angreifer rechnete, schoss er ohne weitere Warnung, insbesondere ohne einen Warnschuss abzugeben, durch die Teilverglasung der Tür, wobei er billigend in Kauf nahm, einen der vermeintlichen Angreifer tödlich zu treffen. Durch den Schuss wurde der an der Tür arbeitende Polizeibeamte (P) tödlich getroffen.

Das LG[105] hat A wegen Totschlags zu einer Freiheitsstrafe von acht Jahren und sechs Monaten verurteilt. Der BGH[106] hingegen ist auf der Grundlage der landgerichtlichen Feststellun-

---

102 Kritisch zu diesem Ergebnis im Originalfall: *Brüning*, ZJS 2014, 206 (208) unter Verweis auf das subjektive Rechtfertigungselement; Lösungshinweise für die Fallbearbeitung: *Steinberg/Mengler/Wolf*, ZJS 2014, 687.

103 Vgl. auch *Rönnau*, JuS 2009, 594 (597): »...entspricht exakt den Anforderungen an das subjektive Rechtfertigungselement«.

104 Leicht gekürzt nach BGH Urteil v. 2.11.2011 – 2 StR 375/11, NStZ 2012, 272; hierzu auch: *Jäger*, JA 2012, 227; *Erb*, JR 2012, 204; *Schneider*, JuS 2012, 163; *Hecker*, JuS 2012, 263; *Hoffmann Holland/Voigt*, NStZ 2012, 362. Ausführliche Fallbesprechung: *Esser/Langbauer*, JA 2013, 28.

105 LG Koblenz Urteil v. 28.2.2011 – 3 Ks 2090 JS 16853/10.

106 BGH Urteil v. 2.11.2011 – 2 StR 375/11, NStZ 2012, 272 m. Anm. *Engländer*; Bspr. von *Hecker*, JuS 2012, 263 u. *Jäger*, JA 2012, 227.

gen von einem Fall **strafloser Putativnotwehr** (Erlaubnistatbestandsirrtum) ausgegangen und hat die Verurteilung des A aufgehoben.

LG und BGH stimmen noch darin überein, dass A – zumindest[107] – irrig die Voraussetzungen einer Notwehrlage angenommen hat, **in seiner Vorstellung** also irrig von einem Sachverhalt ausging, der bei tatsächlichem Vorliegen die Voraussetzungen einer Notwehrlage erfüllt hätte (»Putativnotwehrlage«).

A nahm an, dass die Gestalten vor der Tür bewaffnete »Bandidos« waren, die ihn töten wollten (Angriff). Zwei von drei Verriegelungen waren schon aufgebrochen, so dass A in jedem Augenblick mit einem Eindringen der vermeintlichen Angreifer rechnete (gegenwärtig). Die »Bandidos« wären zu diesem Vorgehen nicht berechtigt gewesen, ihr Handeln wäre also rechtswidrig gewesen.

Die bloße Annahme einer Notwehrlage genügt aber nicht für die Bejahung eines Erlaubsnistatbestandsirrtums, vielmehr müssen zusätzlich – den irrig angenommenen Sachverhalt als wahr unterstellt – **alle Voraussetzungen der Notwehr bejaht werden können**, also auch die Geeignetheit, Erforderlichkeit und Gebotenheit der Notwehrhandlung.

Das LG hatte die **Erforderlichkeit** der (vermeintlichen) Notwehrhandlung abgelehnt. Entsprechend der Rechtsprechung des BGH zum abgestuften Vorgehen beim **Einsatz von Schusswaffen** (Androhung – Warnschuss – Schuss auf weniger gefährdete Körperpartien – lebensgefährlicher Schuss), sei der lebensgefährliche Schuss des A nicht erforderlich gewesen.

Der BGH hingegen bejaht die Erforderlichkeit. Zwar seien Schusswaffen grds. abgestuft einzusetzen, jedoch müsse der (vermeintlich) Angegriffene nicht das Risiko des Fehlschlags seiner Verteidigungshandlung eingehen.

Wenn (weitere) Warnungen nicht erfolgversprechend erscheinen oder gar die Gefahr für geschützte Rechtsgüter des Verteidigers noch vergrößern, dürfe die Waffe auch unmittelbar zu einem lebensgefährlichen Schuss eingesetzt werden.

Im Augenblick – irrtümlich angenommener – höchster Lebensgefahr war dem A die Abgabe eines Warnschusses nicht zumutbar. Für den BGH entfiel damit wegen eines Erlaubnistatbestandsirrtums die Strafbarkeit wegen vorsätzlichen Tötung gem. § 212 StGB.

Zur Frage der Gebotenheit der Notwehrhandlung schweigt das Urteil des BGH. Denkbar wäre u.U. eine Einschränkung des Notwehrrechts mit Blick auf die Tatsache gewesen, dass A trotz Erwartung eines Angriffs nicht die Polizei verständigt hatte, sondern sich dafür entschied, die Angelegenheit selbst – gewaltsam – zu klären.[108]

---

107 Angesichts der Vorgehensweise – die Durchsuchung gem. §§ 102 ff. StPO ist offen durchzuführen und ist auch bzgl. der Art und Weise ihrer Durchführung durch den Verhältnismäßigkeitsgrundsatz begrenzt – ergeben sich Bedenken an der Rechtmäßigkeit des Polizeieinsatzes (vgl. hierzu *Erb*, JR 2012, 204 (208 f.); *Schneider*, RÜ 2012, 163 (164 f.). Geht man von der Rechtswidrigkeit der Maßnahme aus, läge tatsächlich ein rechtswidriger Angriff vor, eine Notwehrlage wäre demzufolge schon objektiv zu bejahen.

108 *Jäger*, JA 2012, 227 (230).

Auch eine Fahrlässige Tötung gem. **§ 222 StGB** schied im Ergebnis aus, weil A seinen Irrtum nicht fahrlässig verursacht hatte. Nachdem der Plan der Polizisten, den A im Schlaf zu überraschen, offensichtlich misslungen war, hätten sie sich zu erkennen geben müssen.

2. Behandlung des Erlaubnistatbestandsirrtums

736 Der Gesetzgeber hat auf eine ausdrückliche Normierung jenes Irrtums verzichtet. Daher ist sehr strittig, wie er zu behandeln ist.

a) »Lehre von den negativen Tatbestandsmerkmalen«: Unmittelbare Anwendung des § 16 Abs. 1 StGB

Diese Theorie (Rn. 268-270) hat für solche Irrtümer die unmittelbare Anwendung des § 16 Abs. 1 StGB zur Folge.[109] Jedoch wird die Lehre von den negativen Tatbestandsmerkmalen heute zu Recht überwiegend abgelehnt. Sie ist daher für die Behandlung des Erlaubnistatbestandsirrtums unmaßgeblich.[110]

b) »Vorsatztheorien«: Unmittelbare Anwendung des § 16 Abs. 1 StGB

737 Ebenfalls zur unmittelbaren Anwendung des § 16 Abs. 1 StGB gelangten die Vorsatztheorien, weil sie das Unrechtsbewusstsein noch als Teil des Vorsatzes begriffen. Wie bereits beschrieben (Rn. 269-270) ist diese Ansicht jedoch mit der heutigen Rechtslage nicht mehr zu vereinbaren, da § 17 S. 1 StGB das Unrechtsbewusstsein ausdrücklich der Schuld zuordnet. Vertretbar sind daher heute nur noch die Schuldtheorien.

c) »Strenge Schuldtheorie«: Anwendung des § 17 StGB

738 Diese nur noch vereinzelt vertretene Ansicht behandelt sämtliche[111] Irrtümer auf der Ebene der Rechtswidrigkeit als Verbotsirrtümer gemäß § 17 StGB; so auch den **Erlaubnistatbestandsirrtum**.

Das hätte für Fall 98 die folgenden Konsequenzen:

Fall 98a*:* Nach der strengen Schuldtheorie hätte die F tatbestandsmäßig und rechtswidrig eine vollendete vorsätzliche Tötung (Totschlag, § 212 StGB) begangen. Ihr Irrtum würde nur zur Anwendbarkeit des § 17 StGB führen.

- Bei **Unvermeidbarkeit** ihres Erlaubnistatbestandsirrtums hätte die F ohne Schuld gehandelt (§ 17 S. 1 StGB).
- Bei **Vermeidbarkeit** des Irrtums wäre sie wegen Totschlags strafbar (§ 17 S. 2 StGB).

Ihr Irrtum dürfte allerdings unvermeidbar gewesen sein. Anders wäre z.B. zu entscheiden, wenn die vermeintlichen Angreifer gute Freunde gewesen wären, deren amüsierte Gesichter sie hätte erkennen können und müssen; aber solche Anhaltspunkte für eine Vermeidbarkeit des Irrtums fehlen in Fall 98a.

739 Fall 98b*:* Nach jener Theorie wäre J bei Vermeidbarkeit seiner Fehlvorstellung über den Sachverhalt wegen Gefährlicher Körperverletzung, § 224 Abs. 1 Nr. 2, 5 StGB, strafbar:

---

109 Dazu: *Krey/Hellmann/Heinrich*, BT/1, Rn. 563 f.; *Wessels/Beulke/Satzger*, Rn. 704.

110 Ganz h.M., siehe z.B.: *Krey/Hellmann/Heinrich*, BT/1, Rn. 565 ff.; *Kühl*, § 13 Rn. 73; S/S/*Eisele*, Vor § 13 Rn. 17 ff.

111 Daher die Bezeichnung als »strenge« Schuldtheorie.

Seine Tat war nicht durch Notwehr gerechtfertigt, da der Angriff des D nicht mehr »gegenwärtig« war. D floh ja ohne Beute.

Im Übrigen erlaubt auch das **Festnahmerecht** aus § 127 Abs. 1 S. 1 StPO nicht den Schusswaffengebrauch (Rn. 652-653).[112]

Der Irrtum des J begründet nach der strengen Schuldtheorie nur einen Verbotsirrtum, der wegen seiner Vermeidbarkeit die Schuld nicht ausschließt (§ 17 S. 2 StGB). Bei **Unvermeidbarkeit** seines Irrtums wäre die Tat des J schuldlos begangen (§ 17 S. 1 StGB).

In Fall 98b wäre Vermeidbarkeit z.B. zu bejahen, wenn J keine hinreichende Anhaltspunkte für seine Annahme gehabt hätte, D entfliehe mit erheblicher Beute.

d) »Eingeschränkte Schuldtheorie«: Analoge Anwendung des § 16 Abs. 1 S. 1 StGB (Gleichbehandlung mit dem Tatbestandsirrtum)

Diese Theorie besagt: § 16 Abs. 1 S. 1 StGB gilt für die irrige Annahme der tatsächlichen Voraussetzungen eines Rechtfertigungsgrundes analog.[113] Das gilt mit der Maßgabe, dass die Tat mit allen Konsequenzen wie eine unvorsätzliche behandelt wird. Jene Konzeption lässt also analog § 16 Abs. 1 StGB den **subjektiven Tatbestand** der fraglichen Vorsatztat entfallen. Die Gleichbehandlung dieses Irrtums mit dem Tatbestandsirrtum wird damit begründet, dass bei beiden Irrtümern in gleichwertiger Weise das Unrecht reduziert sei, da durch den Erlaubnistatbestandsirrtum der Handlungsunwert der Vorsatztat aufgehoben werde.[114] Dieser werde kompensiert durch den Handlungswert des subjektiven Rechtfertigungselementes (Handeln in Kenntnis und aufgrund der – irrig angenommenen – rechtfertigenden Situation). **740**

Die eingeschränkte Schuldtheorie hat für Fall 98 (Rn. 732) die folgenden Konsequenzen:

Fall 98a: Der Irrtum der F (Putativnotwehr) schließt analog § 16 Abs. 1 StGB den **Vorsatz** als subjektives Tatbestandsmerkmal aus, so dass Totschlag ausscheidet. Da ihr Irrtum nicht auf Fahrlässigkeit beruhte, entfällt auch eine Strafbarkeit wegen Fahrlässiger Tötung.

Fall 98b: Eine Vorsatztat (§ 224 StGB) scheidet wegen des Irrtums des J analog § 16 Abs. 1 StGB aus. Jedoch ist er, wenn sein Irrtum auf Fahrlässigkeit beruhte, der Fahrlässigen Körperverletzung (§ 229 StGB) schuldig.

Für **Anstiftung und Beihilfe** (Teilnahme) hat jene Theorie zur Folge: Handlungen, die im Erlaubnistatbestandsirrtum begangen werden, sind keine Vorsatztaten i.S. **741**

---

112 Das gilt auch dann, wenn man der abzulehnenden (früheren) Judikatur des BGH – Rn. 652 – folgt. Denn auch sie käme hier zur Verneinung einer Befugnis zum Schusswaffengebrauch aus § 127 Abs. 1 S. 1 StPO, und zwar mangels Verhältnismäßigkeit.

113 BGHSt 3, 105 (106); 3, 357 (364); 31, 264 (286 f.); OLG Düsseldorf NStZ 1994, 343 f.; *Frister*, 14/30-34; *Kindhäuser*, AT, § 29 Rn. 19; *Krey/Hellmann/Heinrich*, BT/1, Rn. 569; *Kühl*, § 13 Rn. 73; S/S/*Eisele*, Vor § 13 Rn. 19; S/S/*Sternberg-Lieben/Schuster*, § 16 Rn. 16 ff.; *Roxin*, § 14 Rn. 64 ff.; S/S/*Sternberg-Lieben*, § 16 Rn. 16 ff.

114 *Krey/Hellmann/Heinrich*, BT/1, Rn. 480; *Kühl*, § 13 Rn. 72; *Roxin*, § 14 Rn. 64, 73; S/S/*Sternberg-Lieben/Schuster*, § 16 Rn. 18; S/S/*Eisele*, Vor § 13 Rn. 19; *Stratenwerth/Kuhlen*, 9/163; *Joecks*, § 27 Rn. 18; *Stiebig*, Jura 2009, 274: Es fehlt das kognitive Vorsatzelement.

der §§ 26, 27 StGB,[115] denn analog § 16 Abs. 1 StGB werden solche Taten wie unvorsätzliche behandelt, bei denen der subjektive Tatbestand entfällt. Teilnahme ist gemäß §§ 26, 27 StGB nur an tatbestandsmäßigen und rechtswidrigen Vorsatztaten möglich.

Die eingeschränkte Schuldtheorie führt also dazu, dass die irrige Annahme der tatsächlichen Voraussetzungen eines Rechtfertigungsgrundes durch den Täter **Anstiftung und Beihilfe zu seiner Tat ausschließt**.

e) »Rechtsfolgeneinschränkende Schuldtheorie« (Lehre von der fehlenden Vorsatzschuld)[116]

742 Diese Theorie ist insbesondere deswegen entwickelt worden, um die soeben dargelegten Konsequenzen der h.M. für die **Teilnahme** zu vermeiden.[117] Der BGH hat sich klar zu dieser Theorie bekannt:[118]

Beim Erlaubnistatbestandsirrtum ist § 16 Abs. 1 S. 1 StGB zwar analog anwendbar, aber nur mit der folgenden Maßgabe: Es entfalle nicht der Vorsatz als subjektives Tatbestandsmerkmal. Vielmehr bleibe die Handlung eine **tatbestandsmäßige und rechtswidrige Vorsatztat** i.S. der §§ 26, 27 StGB.

Daher sind nach dieser Ansicht Anstiftung und Beihilfe an Taten möglich, die in einem solchen Irrtum begangen werden.

Nur die **»Vorsatzschuld«** (Rn. 691) werde durch jenen Irrtum ausgeschlossen.

f) Eigene Stellungnahme

743 Die rechtsfolgeneinschränkende Schuldtheorie (»Lehre vom Wegfall der Vorsatzschuld«) verdient den Vorzug.

Der strengen Schuldtheorie ist schon wegen ihrer sachwidrigen, unbilligen Ergebnisse zu widersprechen: Nach ihr wäre wegen Totschlags zu verurteilen, wer in Putativnotwehr mit Wissen und Wollen den vermeintlichen Angreifer tötet, sofern dieser Erlaubnistatbestandsirrtum vermeidbar war, also auf **Fahrlässigkeit** beruhte (Rn. 738). Sachgerecht erscheint in solchen Fällen nur eine Verurteilung wegen *Fahrlässiger* Tötung, § 222 StGB.[119]

An sich handelt der B vorliegend rechtstreu, d.h. er folgt denselben Wertvorstellungen wie die Rechtsordnung, erfasst aber den **Sachverhalt** nicht richtig. Die strenge Schuldtheorie verkennt, dass der Täter sich damit in einer grundlegend anderen Lage befindet als der Täter, der einem Verbotsirrtum unterliegt und sich daher mit seiner Wertvorstellung gerade im Widerspruch zur Rechtsordnung be-

---

115 *Herzberg*, S. 109 ff.; *Joecks*, § 27 Rn. 18 f., § 16 Rn. 45; *Krey/Hellmann/Heinrich*, BT/1, Rn. 576, 579 ff. m.w.N.; S/S/*Heine/Weißer*, Vor § 25 Rn. 29.

116 Zu abweichenden Bezeichnungen für diese Lehre siehe *Wessels/Beulke/Satzger*, Rn. 708 f.

117 Kritisch zum Argument der anderweitigen Strafbarkeitslücken: *Kertai*, JuS 2011, 976.

118 BGH Urt. v. 2.11.2011 – 2 StR 375/11, NStZ 2012, 272.

119 *Krey/Hellmann/Heinrich*, BT/1, Rn. 571 f.; S/S/*Sternberg-Lieben/Schuster*, § 16 Rn. 15; *Wessels/Beulke/Satzger*, Rn. 699, 709.

findet. Die Anwendung von § 17 StGB muss folglich aus Wertungsgründen ausscheiden.[120]

Die eingeschränkte Schuldtheorie (»Lehre vom Wegfall des Vorsatzes als subjektivem Tatbestandsmerkmal«) überzeugt im Ergebnis ebenfalls nicht. **744**

Der Täter begeht seine Tat mit *Wissen und Wollen der Merkmale des objektiven Tatbestandes*. Mag auch durch den Handlungswert des subjektiven Rechtfertigungselementes der Handlungsunwert kompensiert werden, so kann dies gleichwohl nicht auf der Tatbestandsebene Berücksichtigung finden. Anderenfalls würde man sich in Widerspruch zur tatsächlichen Kongruenz von objektivem und subjektivem Tatbestand setzen. Das Vorliegen des subjektiven Rechtfertigungselementes spiegelt sich vielmehr im Fehlen des für den Schuldvorwurf erforderlichen Gesinnungsunwertes wider. Folglich erscheint es sachgerecht, bei der irrigen Annahme der tatsächlichen Voraussetzungen eines Rechtfertigungsgrundes in analoger Anwendung des § 16 Abs. 1 StGB erst die **Vorsatzschuld** entfallen zu lassen.

Ergebnis: Die überzeugende Lösung für solche Irrtümer bietet die »rechtsfolgeneinschränkende Schuldtheorie« (Lehre vom Wegfall der Vorsatzschuld). Die Parallelitäten und Divergenzen zur Lehre vom Wegfall des Vorsatzes als subjektivem Tatbestandsmerkmal liegen dabei in Folgendem: **745**

Beide Ansichten stimmen darin überein,

– dass der Täter nicht wegen vorsätzlicher Tatbegehung bestraft werden kann;
– dass er aber wegen fahrlässiger Begehung strafbar ist, sofern diese ein Strafgesetz verletzt und sein Irrtum auf Fahrlässigkeit beruht.[121]

Der entscheidende Unterschied zwischen beiden Ansichten besteht in den Konsequenzen für die Teilnahme. Eine teilnahmefähige Haupttat kann es aber nicht nur nach der »rechtsfolgeneinschränkenden Schuldtheorie« geben, sondern auch im Falle der Entschuldigung nach § 17 S. 1 StGB (»strenge Schuldtheorie«), bei der allerdings – anders als nach § 16 Abs. 1 S. 2 StGB – die Möglichkeit der Strafbarkeit wegen fahrlässiger Tatbegehung ausscheidet.

3. »Doppelirrtum«

Fall 99: – Abwandlung von Fall 98b (Rn. 732) – **746**
D flieht ohne Beute. J aber glaubt irrig, der Einbrecher habe Beute im Werte von 200 € bei sich. Strafbarkeit des J?

Hier hat J den objektiven Tatbestand einer Gefährlichen Körperverletzung, § 224 Abs. 1 Nr. 2, 5 StGB erfüllt. Vorsatz als Handeln mit Wissen und Wollen bzgl. der Merkmale des objektiven Tatbestandes ist ebenfalls gegeben. Die Tat ist auch rechtswidrig. Denn Notwehr greift mangels gegenwärtigen Angriffs nicht ein. § 127 Abs. 1 S. 1 StPO vermag seine Tat ebenfalls nicht zu rechtfertigen (Rn. 739).

Doch könnte ein **Erlaubnistatbestandsirrtum** (Putativnotwehr) eingreifen. Unterstellt man, der vom Täter irrig angenommene Sachverhalt sei zutreffend und prüft

120 So auch *Roxin*, § 14 Rn. 65.
121 Siehe den deklaratorischen Hinweis in § 16 Abs. 1 S. 2 StGB.

auf der Basis dieser Unterstellung, ob die Notwehrvoraussetzungen vorliegen (Rn. 736), so ergibt sich: Notwehr entfällt mangels Gebotenheit (Rn. 548 mit Fn. 184). Daher liegt keine irrige Annahme der tatsächlichen Voraussetzungen eines Rechtfertigungsgrundes (Notwehr) vor.[122]

Vielmehr handelte J im **Erlaubnisirrtum** (§ 17 StGB), d.h. in Verkennung der rechtlichen Schranken der Notwehr. Sie gestattet gerade nicht den Einsatz lebensgefährlicher Abwehrmittel zum Schutze unerheblicher Vermögenswerte. Sein Erlaubnisirrtum war auch offensichtlich vermeidbar (§ 17 S. 2 StGB).

Für Fälle wie den vorliegenden wird häufig vom **»Doppelirrtum«** gesprochen, weil der Täter irrtümlich vom Vorliegen der tatsächlichen Voraussetzungen eines Rechtfertigungsgrundes ausgeht und gleichzeitig sein vermeintliches Recht überschreitet.[123]

Doch ist diese Wortwahl eher irreführend. Denn es liegt ja gerade keine Kumulation von Erlaubnisirrtum und Erlaubnistatbestandsirrtum vor. Schließlich setzt der Erlaubnistatbestandsirrtum voraus, dass der Täter gerechtfertigt wäre, wenn seine Vorstellung von den Umständen zuträfe. Das ist hier jedoch nicht der Fall, so dass im Ergebnis nur ein Erlaubnisirrtum vorliegt.

4. Exkurs: Aufbauhinweise für Falllösungen[124]

747 Theoretisch könnte ein **Erlaubnistatbestandsirrtum** im Gutachten überall dort angesprochen werden, wo er sich – je nach vertretener Theorie – auswirken soll.[125] Für den folgenden Aufbau spricht, dass ein Erlaubnistatbestandsirrtum erst dann sinnvoll geprüft und bejaht werden kann, wenn zunächst die Rechtswidrigkeit mangels Eingreifens eines Rechtfertigungsgrundes verneint wurde.

1. **Tatbestand des fraglichen Delikts** (z.B. § 212 StGB in Fall 98a; Rn. 732)
   a) Objektiver Tatbestand
   b) Vorsatz als Handeln mit Wissen und Wollen bzgl. der Merkmale des objektiven Tatbestandes
2. **Rechtswidrigkeit**
3. **Erlaubnistatbestandsirrtum** (z.B. Putativnotwehr in Fall 98a)
   a) Liegt ein solcher Irrtum vor (siehe Rn. 736)?

---

122 Auch eine Putativ-Festnahmebefugnis (irrige Annahme der tatsächlichen Voraussetzungen des § 127 Abs. 1 S. 1 StPO) entfällt, denn diese Vorschrift erlaubt den Schusswaffengebrauch auf den Festzunehmenden entweder gar nicht (heute h.M.) oder nur im Rahmen des Verhältnismäßigkeitsprinzips (Rn. 652-653).

123 So z.B. von *Wessels/Beulke/Satzger*, Rn. 715 (die jenen Begriff aber selbst »nicht unbedenklich« finden); kritisch u.a. *Frister*, 14/36.

124 Vgl. auch *Schuster*, JuS 2007, 617 zum Doppelirrtum.

125 Vgl. u.a. *Stiebig*, Jura 2009, 274 (276).

b) Wenn ja: Wie ist er zu behandeln?

Hier sind die drei in Rn. 738, 740, 742 genannten Ansichten zu berücksichtigen; dagegen bedürfen die Lehre von den negativen Tatbestandsmerkmalen und die Vorsatztheorien keiner Prüfung.

(1) Führen diese drei Ansichten zum selben Ergebnis, so bedarf es keiner Entscheidung, welcher von ihnen zu folgen ist. Das ist der Fall, wenn der Irrtum **unvermeidbar** war, also nicht auf Fahrlässigkeit beruhte, weil der Täter dann straffrei ausgeht.

(2) War der Irrtum **vermeidbar** (fahrlässig verursacht), so hat die strenge Schuldtheorie Vorsatzstrafbarkeit zur Folge, so dass mit Begründung zu entscheiden ist, welche jener Ansichten vorzugswürdig ist.

(3) Auch im Falle der **Unvermeidbarkeit** des Irrtums bedarf es ausnahmsweise einer Entscheidung, wenn es um die Teilnahmefähigkeit der Tat geht.

§ 22 Entschuldigungsgründe

748 Eine tatbestandsmäßige und rechtswidrige Handlung ist schuldhaft begangen, wenn kein Schuldausschließungs- oder Entschuldigungsgrund eingreift (Rn. 267, 690). Die **Schuldausschließungsgründe** betreffen dabei die »Schuldfähigkeit« des Täters (Rn. 693).

Dagegen lassen die **Entschuldigungsgründe** seine Schuldfähigkeit unberührt.[1] Ihre Normierung beruht auf den folgenden Erwägungen:

Bei den Entschuldigungsgründen **Entschuldigender Notstand** (§ 35 StGB) und **Überschreitung der Notwehr** (auch »Notwehrexzess« genannt; § 33 StGB) ist der **Unrechtsgehalt** der Tat erheblich reduziert. Zudem ist die **Schuld** des Täters durch seine außergewöhnliche Motivationslage deutlich gemindert. Der Täter befindet sich in einer außergewöhnlichen Konfliktsituation, in welcher ihm die Beachtung der Ge- und Verbote des geltenden Rechts nicht mehr möglich bzw. zumutbar und die Begehung der Tat nicht Ausdruck einer rechtsfeindlichen Gesinnung ist.

Diese **Kumulation aus Unrechts- und Schuldminderung** hat zur Folge, dass es beim Eingreifen eines jener Entschuldigungsgründe an der »Strafwürdigkeit der Tat« fehlt:[2] Die verbleibende Schuld liegt unterhalb der **Strafwürdigkeitsgrenze**.[3]

Demzufolge sind die Regelungen der §§ 35 und 33 StGB ein **Gebot des Verfassungsrechts** – auch wenn nach dem GG ein rechtspolitischer Gestaltungsspielraum des Gesetzgebers bei der Normierung der Entschuldigungsgründe *im Detail* besteht. Die schwerwiegende Reduzierung des Unrechts und der Schuld zwingen den Gesetzgeber letztlich, in bestimmten Konstellationen nachsichtig zu reagieren und auf die Erhebung eines Schuldvorwurfs zu verzichten.

Bei der Schaffung der Entschuldigungsgründe dürften neben der erheblichen Minderung von Unrecht und Schuld auch präventive Erwägungen eine Rolle spielen.[4] Doch ändert diese Einsicht nichts an der strafrechtsdogmatischen Einordnung der §§ 35 und 33 StGB in die dritte Deliktsstufe **»Schuld«**. Beide Vorschriften beruhen auf der gesetzlichen Wertentscheidung, hier keinen Schuldvorwurf zu erheben.

I. § 35 StGB (Entschuldigender Notstand)[5]

749 Die Differenzierung zwischen rechtfertigendem Notstand einerseits und entschuldigendem Notstand andererseits sowie die Konsequenzen dieser Unterscheidung wurden bereits erörtert (Rn. 274-279, 575-577).[6] Im Folgenden sollen nun die Voraussetzungen des lediglich entschuldigenden Notstandes dargelegt werden. Vorab sei aber die erwähnte Reduzierung von Unrecht und Schuld des unter den Voraussetzungen des § 35 Abs. 1 StGB handelnden Täters näher begründet:[7]

---

1 *Jescheck/Weigend*, § 43 II; *Kühl*, § 12 Rn. 9.
2 *Jescheck/Weigend*, § 43 II 2; *Kühl*, § 12 Rn. 3; *Wessels/Beulke/Satzger*, Rn. 652.
3 *Kühl*, § 12 Rn. 3.
4 *Jescheck/Weigend*, § 43 III 2b, c; SK/*Rogall*, § 35 Rn. 3 ff.
5 Hinweise zur Fallbearbeitung bieten *Bosch*, Jura 2015, 347; *Hörnle*, JuS 2009, 873 (880); *Zieschang*, JA 2007, 679.
6 Zu sämtlichen Formen des Notstandes *Zieschang*, JA 2007, 679.
7 Ausführlich *Hörnle*, JuS 2009, 873 (875 ff.).

Die Abwehr der in Satz 1 dieser Vorschrift genannten Gefahr und das Handeln in Kenntnis und aufgrund der Notstandslage haben eine erhebliche Minderung des **Erfolgs- und des Handlungsunwertes** der im Notstand begangenen Tat zur Folge.[8] Eine Reduzierung des Unrechts auf Null entfällt freilich mangels des in § 34 StGB verlangten »wesentlichen Überwiegens« (Rn. 587-602). Die massive Minderung des **Schuldgehalts** der Tat beruht auf der **außergewöhnlichen Motivationslage des Täters**, die ihm ein rechtmäßiges Verhalten durch Verzicht auf die Notstandshandlung praktisch unzumutbar macht.[9]

1. Voraussetzungen des § 35 Abs. 1 S. 1 StGB

a) Notstandslage

Erforderlich ist eine **»gegenwärtige Gefahr für Leben, Leib oder Freiheit«**; sie muss dem **Täter**, einem seiner **Angehörigen** oder einer anderen **»ihm nahestehenden Person«** drohen. **750**

(1) Anders als § 34 StGB erfasst § 35 StGB also lediglich Gefahren für jene drei Rechtsgüter, nicht dagegen für andere Rechtsgüter wie Eigentum, Vermögen etc.

Eine Gefahr für den **Leib** verlangt dabei die Gefahr erheblicher Körperverletzungen. **Freiheit** ist nur die in § 239 StGB geschützte Fortbewegungsfreiheit.[10]

Notstandshilfe zugunsten Dritter wird in § 35 StGB im Gegensatz zu § 34 StGB nur erfasst, wenn sie für »Sympathiepersonen« geleistet wird.

Wer **Angehöriger** ist, bestimmt sich nach **§ 11 Abs. 1 Nr. 1 StGB**. Andere dem Täter **nahestehende Personen** sind z.B. Partner einer eheähnlichen Gemeinschaft und enge Freunde.[11]

(2) Von jenen Einschränkungen abgesehen gelten für die Notstandslage die Ausführungen zur **Notstandslage bei § 34 StGB** (Rn. 588-593).

b) Erforderlichkeit der Notstandshandlung: Die Gefahr darf »nicht anders abwendbar sein«

(1) Insoweit sei auf die Ausführungen zu § 34 StGB verwiesen.[12] **751**

(2) Zusätzlich zu dieser Erforderlichkeit als **Prinzip des mildesten Mittels** wird weitgehend noch verlangt, dass zwischen dem drohenden und dem durch die Notstandshandlung angerichteten Schaden keine Unverhältnismäßigkeit besteht: Ungeschriebene Voraussetzung des § 35 Abs. 1 S. 1 StGB sei, dass der Schaden nicht in einem offensichtlichen Missverhältnis zur Schwere der Gefahr stehe.[13]

Als **Beispiel** wird die Tötung unschuldiger Dritter zur Abwehr der Gefahr von Körperschäden genannt.[14]

---

8 *Jescheck/Weigend*, § 43 II 2, III 2b; SK/*Rogall*, § 35 Rn. 1 ff.; S/S/*Perron*, § 35 Rn. 2.

9 *Jakobs*, 17/53; *Kühl*, § 12 Rn. 10; *Stratenwerth/Kuhlen*, 10/95 ff.

10 Zum Vorstehenden: *Kühl*, § 12 Rn. 28 ff.; S/S/*Perron*, § 35 Rn. 5 f.

11 *Fischer*, § 35 Rn. 7 m.w.N.

12 Rn. 594-601, 627-629.

13 *Wessels/Beulke/Satzger*, Rn. 659; vgl. auch RGSt 66, 397 (399); SK/*Rogall*, § 35 Rn. 18.

14 *Wessels/Beulke/Satzger*, Rn. 659. Im Ergebnis ebenso *Roxin*, § 22 Rn. 54 (zu § 35 Abs. 1 S. 2 StGB).

Die wohl h.M. ordnet jenes ungeschriebene Korrektiv der evidenten Unverhältnismäßigkeit dagegen zu Recht als Fall der **Zumutbarkeit**[15], die Gefahr hinzunehmen (§ 35 Abs. 1 S. 2 StGB), ein.[16]

752 c) **Beispiele** für eine »gegenwärtige, nicht anders abwendbare Gefahr für Leben, Leib oder Freiheit« bieten namentlich:

Fall 11 = Fall 31, Rn. 91, 256, 259 (**Mignonette**),
Fall 33, Rn. 277-279 (**Brett des Karneades**),
Fall 78, Rn. 492, 500, 601 (**Falschaussage des Zeugen aus Angst**),
Fall 88, Rn. 597, 599, 600 (**Rechtsbeugung des Richters aus Angst**).

2. »Zumutbarkeitsklausel« des § 35 Abs. 1 S. 2 StGB: Wegfall des entschuldigenden Notstandes

753 Jenes Zumutbarkeitskorrektiv lautet: *»Dies* (gemeint ist die Entschuldigung des Täters) *gilt nicht, soweit dem Täter nach den Umständen, namentlich weil er die Gefahr selbst verursacht hat oder weil er in einem besonderen Rechtsverhältnis stand, zugemutet werden konnte, die Gefahr hinzunehmen.«*

Rechtsgrund für diese Ausnahmeregelung dürfte sein, dass die erwähnte Reduzierung von Unrecht und Schuld (Rn. 748 f.) hier deutlich geringer ausfällt.

754 **Kritik:** Das Zumutbarkeitskorrektiv des § 35 Abs. 1 **S. 2** StGB ist kein Beispiel gelungener Reformgesetzgebung.

Erstens spielt der Gesichtspunkt der Zumutbarkeit bereits im Rahmen des § 35 Abs. 1 S. 1 StGB eine Rolle; dies beim Merkmal, die Gefahr dürfe *nicht anders abwendbar sein.*[17]

Zweitens ist die Regelung jenes Satz 2 nicht einfach zu durchschauen. Denn die im Gesetz genannten **Beispiele** für die Zumutbarkeit (eigene »Verursachung der Gefahr«, »besonderes Rechtsverhältnis«) sind zum einen **nicht abschließend**, was aus der Formulierung »namentlich« folgt.[18] Zum anderen sind diese Beispiele **nicht zwingend**. Vielmehr kann die Zumutbarkeit, die Gefahr hinzunehmen, nach den Umständen des Einzelfalls (ausnahmsweise) zu verneinen sein, obwohl eines jener Beispiele vorliegt.[19]

Drittens ist die Formulierung *selbst verursacht* irreführend, weil bloße Kausalität nicht ausreicht, sondern zumindest objektive Pflichtwidrigkeit hinzukommen muss (Rn. 755).

Eine Grenze der Zumutbarkeit existiert jedenfalls in dem Fall, in dem es um das eigene Leben geht. So schreibt etwa *Roxin*, dass auch »dem Soldaten, Polizisten

15 Zu dieser Zumutbarkeitsklausel Rn. 753 ff.
16 *Kühl*, § 12 Rn. 53 m.w.N.; S/S/*Perron*, § 35 Rn. 30, 33; *Roxin*, § 22 Rn. 52, 54.
17 S/S/*Perron*, § 35 Rn. 13 f., 18.
18 *Roxin*, § 22 Rn. 52; SK/*Rogall*, § 35 Rn. 26; S/S/*Perron*, § 35 Rn. 18.
19 S/S/*Perron*, § 35 Rn. 18; NK/*Neumann*, § 35 Rn. 30; *Fischer*, § 35 Rn. 10.

und Feuerwehrmann [...] das sichere Opfer des eigenen Lebens nicht zuzumuten« ist.[20]

a) Eigene »Verursachung« der Gefahr durch den Täter

(1) Nach h.M. ist hierfür Kausalität allein noch nicht genügend. Jedoch ist strittig, ob **Verschulden** erforderlich ist, oder ob es ausreicht, dass jene Verursachung **objektiv pflichtwidrig** war, also die objektiv gebotene Sorgfalt (Rn. 482) verletzte. Die Forderung einer schuldhaften Verursachung der Gefahr[21] dürfte dem Schuldprinzip (Rn. 108 ff.) am besten gerecht werden.[22] **755**

(2) Problematisch ist die Handhabung jenes Beispiels, wenn es um **Notstandshilfe** zugunsten Angehöriger oder anderer nahestehender Personen geht. Hier sind folgende Konstellationen zu unterscheiden: **756**

Erstens: Der Täter und der gefährdete Angehörige haben die Gefahr **beide** selbst verschuldet. Hier ist die Anwendbarkeit jenes Beispiels unproblematisch: Dem Täter ist zuzumuten die Gefahr hinzunehmen (§ 35 Abs. 1 S. 2 StGB).

Zweitens: Der **Täter** hat die Gefahr selbst verschuldet, nicht aber der Angehörige. Hier liegt zwar das Beispiel »eigene Verursachung der Gefahr« durch den Täter vor. Wie ausgeführt sind die in § 35 Abs. 1 S. 2 StGB genannten Beispiele für die Zumutbarkeit aber nicht zwingend (Rn. 754): Ausnahmsweise kann auch bei Vorliegen eines solchen Beispiels jene Zumutbarkeit entfallen. Eine derartige Ausnahmesituation ist hier zu bejahen. *»Nichts liegt näher, als dem Angehörigen zu helfen, den man selbst pflichtwidrig in Lebensgefahr gebracht hat«.*[23] Daher ist hier eine Entschuldigung gemäß § 35 Abs. 1 StGB anzunehmen.

Drittens: Nicht der Täter, sondern der gefährdete **Angehörige** hat die Gefahr verschuldet. Diese Konstellation ist außerordentlich strittig. Das gesetzliche Beispiel der Selbstverursachung liegt nicht vor. Doch sind die in § 35 Abs. 1 S. 2 StGB genannten Beispiele für die **Zumutbarkeit** nicht abschließend (Rn. 754). Hier könnte ein ungeschriebener Fall jener Zumutbarkeit, die Gefahr hinzunehmen, vorliegen.[24] Folgt man dem, weil gute Gründe gegen eine extensive Anwendung des entschuldigenden Notstandes sprechen, so bleibt immerhin noch die Möglichkeit der Strafmilderung gemäß § 35 Abs. 1 S. 2 letzter Halbsatz StGB.

(3) Ein gutes **Beispiel** für den Wegfall der Entschuldigung, weil der *Täter* die Gefahr selbst verursacht hat, bietet der folgende Fall:

---

20 *Roxin*, § 22 Rn. 52; *Bosch*, Jura 2015, 347 (353). Zur Frage, ob sich der Kapitän eines sinkenden Schiffes (»Costa Concordia«) durch das vorzeitige Verlassen desselben strafbar macht: *Esser/Bettendorf*, NStZ 2012, 233; hierzu auch: *Fahl*, JA 2012, 161.

21 *Jescheck/Weigend*, § 44 III 2a; S/S/*Perron*, § 35 Rn. 29 ff. m.w.N.; für objektive Pflichtwidrigkeit: *Jäger*, AT, Rn. 194; SK/*Rogall*, § 35 Rn. 15; *Wessels/Beulke/Satzger*, Rn. 661.

22 Doch sei eingeräumt, dass der Normtext dieser Konzeption eher entgegensteht. Die Formulierung »verursacht« ist nach dem üblichen Sprachgebrauch des StGB nicht identisch mit »verschuldet«. Daher entfernt sich die Forderung einer schuldhaften Verursachung weiter vom Normtext als das Korrektiv der nur objektiven Pflichtwidrigkeit.

23 *Jescheck/Weigend*, § 44 III 2a; *Roxin*, § 22 Rn. 50. Im Ergebnis ebenso: NK/*Neumann*, § 35 Rn. 38; SK/*Rogall*, § 35 Rn. 29 ff.; *Fischer*, § 35 Rn. 11.

24 *Lackner/Kühl*, § 35 Rn. 10; SK/*Rogall*, § 35 Rn. 36 m.w.N.; *Timpe*, JuS 1985, 35 (38); **a.A.** S/S/*Perron*, § 35 Rn. 20a; NK/*Neumann*, § 35 Rn. 39 f. m.w.N.; *Roxin*, § 22 Rn. 51.

757 **Fall 100: – »Der genötigte Mafioso« –**
Mafioso M begeht einen Totschlag aus Angst um sein Leben. Denn der »Pate« der Mafia-Familie hatte ihm die Tat befohlen und, als M Bedenken äußerte, gedroht: *»Du kennst die Gesetze unserer Familie. Auf Ungehorsam steht der Tod.«* Strafbarkeit des M?

M hat den Tatbestand des § 212 StGB erfüllt.

- Seine Tat war auch rechtswidrig; Notwehr (§ 32 StGB) entfällt, weil das Opfer nicht Angreifer war (Rn. 159). Rechtfertigender Notstand (§ 34 StGB) scheidet mangels »wesentlichen Überwiegens« und unter dem Gesichtspunkt des »Nötigungsnotstandes« aus (Rn. 91, 612-615; 616).

758 Allerdings liegen die Voraussetzungen des Entschuldigenden Notstandes gemäß § 35 Abs. 1 S. 1 StGB vor,

- eine gegenwärtige Gefahr (Rn. 750 mit Rn. 591-592) für das Leben des M;
- Erforderlichkeit der Notstandshandlung: Die Gefahr war nicht mit hinreichender Sicherheit durch mildere Mittel abwendbar (Rn. 751 mit Rn. 599-600).

Jedoch entfällt eine Entschuldigung, da das Zumutbarkeitskorrektiv des § 35 Abs. 1 **S. 2** StGB eingreift, denn M hatte die Gefahr selbst verschuldet: Als er Mitglied der Mafia-Familie wurde, kannte er deren »Gesetze«, also auch die Alternative: **»Gehorsam oder Tod«**. Daher war es ihm i.S.d. § 35 Abs. 1 S. 2 StGB **zuzumuten**, die Gefahr hinzunehmen.[25]

b) »Besonderes Rechtsverhältnis«

759 In einem besonderen Rechtsverhältnis stehen Personen, die aufgrund ihrer dienstlichen Stellung typischerweise eine **erhöhte eigene Gefahrtragungspflicht** sowie die Verpflichtung trifft, Gefahren von anderen Menschen abzuwenden.[26] Das gilt u.a. für Soldaten, Feuerwehrleute, Polizeibeamte, Richter, Staatsanwälte und Seeleute (Rn. 610). Selbstverständlich wird ihnen diese besondere Gefahrtragungspflicht nur dann auferlegt, wenn sie die Tat auch im Zusammenhang mit ihrer beruflichen Tätigkeit begangen haben. Nur für diesen Fall haben sie mit der Übernahme der gefahrträchtigen Aufgabe erklärt, möglicherweise drohende eigene Verletzungen in Kauf zu nehmen. Umgekehrt ist es in dieser Situation mit ihrer Schutzaufgabe unvereinbar, das Risiko auf die zu Schützenden abzuwälzen.[27]

Die Modalität: »weil der Täter in einem besonderen Rechtsverhältnis steht« (§ 35 Abs. 1 S. 2 StGB), erfasst aber nicht den **Garanten** (§ 13 StGB). Gleichwohl ist bei ihm i.d.R. eine *»Zumutbarkeit, die Gefahr hinzunehmen«*, zu bejahen.[28]

Ein **Beispiel** hierfür ist der Fall, dass sich der Täter auf Kosten des Lebens seiner Ehefrau oder Kinder aus einer Lebensgefahr rettet.

Für **Fall 88** (Rn. 597) ergibt sich daher: Die tatbestandsmäßige und rechtswidrige Rechtsbeugung des R (Rn. 598-600, 602-611, 612-615) ist nicht nach § 35 Abs. 1 StGB entschul-

25 Dieses Ergebnis ist auch nicht unbillig, zumal M die Intensität der Lebensgefahr durch Einschalten der Polizei hätte reduzieren können (Rn. 600).

26 *Jescheck/Weigend*, § 44 III 2b; *Krey*, Jura 1979, 316 (321); *Fischer*, § 35 Rn. 12; *Hörnle*, JuS 2009, 873 (878 f.).

27 *Hörnle*, JuS 2009, 873 (878 f.).

28 *Kühl*, § 12 Rn. 82 ff.; S/S/*Perron*, § 35 Rn. 22 ff., 31; *Roxin*, § 22 Rn. 53.

digt.[29] R stand als Richter in einem besonderen Rechtsverhältnis. Wegen seiner erhöhten Gefahrtragungspflicht war es ihm zuzumuten, die Gefahr hinzunehmen (§ 35 Abs. 1 S. 2 StGB).

c) Fälle der Zumutbarkeit, die Gefahr hinzunehmen, obwohl keines der in § 35 Abs. 1 S. 2 StGB genannten Beispiele vorliegt

Wie ausgeführt (vgl. Rn. 754, Gesetzeswortlaut »namentlich«) sind die in § 35 **760**
Abs. 1 S. 2 StGB genannten Beispiele nicht abschließend. Als **ungeschriebene** Fallgruppen für jene Zumutbarkeit kommen insbesondere in Betracht:

(1) Der Fall des **evidenten Missverhältnisses** zwischen dem durch die Notstandshandlung angerichteten Schaden und der Schwere der Gefahr (Rn. 751).

(2) Fälle **legaler staatlicher Einschränkung der Freiheit** wie vorläufige Festnahme (§ 127 Abs. 2 StPO), Untersuchungshaft (§§ 112 ff. StPO) und Verurteilung zu Freiheitsstrafe.[30] Hier ist es dem Täter zuzumuten, den Eingriff zu dulden, also »die Gefahr für die Freiheit hinzunehmen«.

(3) Auch die **Gegenwehr gegen legales Tun Privater**, z.B. gegen deren Handeln in Notwehr, kann selbstredend nicht aus § 35 Abs. 1 StGB entschuldigt werden. Auch hier besteht eine Duldungspflicht, d.h. die Zumutbarkeit, die Gefahr hinzunehmen.

(4) **Zeugen**, die aufgrund einer **Bedrohung mit dem Tode** eine **Falschaussage** **761**
begehen (Rn. 500 f., 601), sind nicht stets aus § 35 Abs. 1 StGB entschuldigt. Besteht die Möglichkeit, jene Todesgefahr anderweitig zu reduzieren (Rn. 600 f.), namentlich durch das Gebrauchmachen von Zeugnisverweigerungsrechten,[31] ist die Falschaussage unter Umständen zur Abwendung der Gefahr nicht erforderlich.

Ist diese allerdings tatsächlich nicht anders als durch eine Falschaussage abwendbar, kann auch die staatsbürgerliche Zeugenpflicht nicht dazu führen, dass der Zeuge sein Leben aufs Spiel setzen muss. Ausnahmsweise ist die Falschaussage dann nach § 35 StGB entschuldigt.[32]

(5) Der Täter hat eine **Garantenposition** gegenüber dem Opfer der Notstandshandlung (siehe Rn. 759 Fn. 25).

---

29 *Krey*, Jura 1979, 316 (321). – Für den Fall der Notstandshilfe zugunsten nahestehender Personen (Beispiel: In einem Fall wie dem vorliegenden, Rn. 597, stiftet die Ehefrau des Richters ihn zu der Rechtsbeugung an), ist zu beachten: Auch wenn nicht den Täter, sondern nur den gefährdeten Angehörigen eine erhöhte Gefahrtragungspflicht trifft, steht § 35 Abs. 1 S. 2 StGB einer Entschuldigung grundsätzlich entgegen. So: *Krey*, Jura 1979, 316 (323 f.); *Kühl*, § 12 Rn. 76.

30 *Jescheck/Weigend*, § 44 III 3 m.w.N.; S/S/*Perron*, § 35 Rn. 24.

31 *Fischer*, § 35 Rn. 14.

32 Wie hier die h.M.: BGHSt 5, 371 (373); *Jescheck/Weigend*, § 44 I 2; S/S/*Perron*, § 35 Rn. 30, 33 a.E.; NK/*Neumann*, § 35 Rn. 50; *Fischer*, § 35 Rn. 14; *Wessels/Beulke/Satzger*, Rn. 604, 664.

3. Putativ-Notstand, § 35 Abs. 2 StGB

762 Die irrige Annahme der **tatsächlichen** Voraussetzungen einer Entschuldigung gemäß § 35 Abs. 1 StGB begründet weder einen Tatbestandsirrtum (§ 16 Abs. 1 StGB) noch einen Verbotsirrtum (§ 17 StGB). Vielmehr handelt es sich um einen **Irrtum eigener Art**, der jedoch dem § 17 StGB nachgebildet ist, aber wiederum eine **obligatorische Strafmilderung** vorsieht.

Neben der irrigen Annahme der Voraussetzungen des § 35 Abs. 1 S. 1 StGB erfasst er auch die Unkenntnis bezüglich derjenigen Umstände, die gemäß § 35 Abs. 1 S. 2 StGB die Zumutbarkeit der Gefahr begründen.[33] Hinsichtlich der Vermeidbarkeit eines solchen Irrtums gilt ähnliches wie beim Verbotsirrtum.

Den Täter trifft grundsätzlich die Pflicht, die Notstandsvoraussetzungen gründlich zu prüfen. Hierbei ist aber zu beachten, dass die Möglichkeiten des Täters hierzu aufgrund der (vorgestellten) Bedrohungssituation ggf. eingeschränkt sind.

§ 35 Abs. 2 StGB gilt **für andere Entschuldigungsgründe analog**.[34]

Stellt sich der Täter bei der Tatbegehung wahnbedingt Umstände vor, welche bei ihrem Vorliegen zur Bejahung einer Notstandslage i.S.d. § 35 Abs. 1 S. 1 StGB führen würden, liegt ein Fall des **wahnbedingten Putativnotstandes** vor.

Beispiel:[35] Der unter einer paranoiden Psychose leidende A fühlt sich von mehreren Personen verfolgt und abgehört. Als einzig sicherer Zufluchtsort erscheint ihm die JVA. Um seine Inhaftierung zu erreichen, entschließt er sich eine Bank zu überfallen. A wird festgenommen; später wird festgestellt, dass A zum Tatzeitpunkt aufgrund seiner Psychose schuldunfähig (§ 20 StGB) war.

Die Verhängung einer Kriminalstrafe kommt in solchen Fällen aufgrund der Schuldunfähigkeit des Täters (§ 20 StGB) nicht in Betracht. Jedoch erscheint im Einzelfall die Unterbringung in einem psychiatrischen Krankenhaus (§ 63 StGB) angebracht, um weitere von ihm ausgehende Taten zu verhindern. Da insbesondere dem unter Wahnzuständen leidenden Täter oftmals infolge seiner Erkrankung der Vorsatz für die von § 63 StGB geforderte *rechtswidrige Tat* (§ 11 Abs. 1 Nr. 5 StGB) fehlen wird, käme man zu dem paradoxen Ergebnis, dass eine Unterbringung nicht in Frage kommt. Daher lässt die h.M. mit Blick auf das Verhältnis von § 20 StGB zu § 63 StGB einen »natürlichen« oder »echten Vorsatz« des Täters genügen, welcher krankheitsbedingte Fehlvorstellungen unberücksichtigt lässt.[36]

Auch eine Anwendbarkeit des § 35 Abs. 2 StGB scheidet nach h.M. aus.

Der wahnbedingte Putativnotstand wird daher überwiegend als unbeachtlich behandelt.

---

33 S/S/*Perron*, § 35 Rn. 42.

34 *Küper*, JZ 1989, 617 (626 f.) – »Katzenkönig-Fall«; *Wessels*/*Beulke*/*Satzger*, Rn. 721 m.w.N.

35 Nach BGH NStZ 2011, 337.

36 NK/*Pollähne*, § 63 Rn. 62.

4. Rettungswille als »subjektives Entschuldigungselement« bei § 35 StGB

Eine Entschuldigung nach § 35 Abs. 1 StGB erfordert nach herrschender und zutreffender Ansicht, dass der Täter **in Kenntnis der Gefahrenlage** und zum Zweck der Abwendung der Gefahr handelt, also mit Rettungswillen.[37] 763

Dieses subjektive Entschuldigungselement ist auch für die Straflosigkeit wegen eines unvermeidbaren **Irrtums** gemäß § 35 Abs. 2 S. 1 StGB erforderlich.

II. § 33 StGB (»Notwehrexzess«) als Entschuldigungsgrund[38]

§ 33 StGB wird fast allgemein als Entschuldigungsgrund interpretiert.[39] Rechtsgrund ist die Minderung von Unrecht und Schuld:[40] Die Unrechtsminderung liegt in der Abwehr eines gegenwärtigen, rechtswidrigen Angriffs mit Verteidigungswillen. 764

Eine volle Rechtfertigung scheitert an der Überschreitung der Grenzen der **Erforderlichkeit** der Verteidigung, u.U. der **Gebotenheit** der Notwehr.

Hinzu tritt eine zusätzliche Reduzierung der Schuld wegen des motivierenden Einflusses von »Verwirrung, Furcht oder Schrecken«. Jene Kombination aus erheblicher Unrechts- und Schuldminderung erlaubt dem Gesetzgeber den Verzicht auf einen Schuldvorwurf.[41]

1. Objektive Voraussetzungen

a) § 33 StGB verlangt das Vorliegen eines **gegenwärtigen, rechtswidrigen Angriffs**, d.h. einer **Notwehrlage**. 765

Dagegen gilt § 33 StGB *nicht* für Fälle, in denen die Gegenwärtigkeit des Angriffs entfällt (»**extensiver** Notwehrexzess«).[42] Hier fehlt es an einer ausreichenden Unrechtsminderung, immerhin wird das Erfolgsunrecht ohne tatsächlich bestehende Notwehrlage überhaupt nicht kompensiert. Außerdem kann die Grenzen eines Rechts nur überschreiten, wer auch Inhaber dieses Rechts ist.

Die **Gegenansicht** geht hingegen davon aus, dass auch die zeitliche Überschreitung der Notwehrlage von § 33 StGB erfasst wird. Die Grenze der Gegenwärtigkeit kann ebenfalls überdehnt werden. Für eine Schuldminderung komme es dann nur darauf an, dass die Tat überhaupt im Zusammenhang mit der Ausübung eines Notwehrrechts verübt werde. Aus kriminalpolitischen Gründen sei es gleichgültig,

---

37 *Kühl*, § 12 Rn. 55 ff.; *Otto*, AT, § 14 Rn. 10; S/S/*Perron*, § 35 Rn. 16 f.; *Wessels/Beulke/Satzger*, Rn. 658; **a.A.** *Jakobs*, 20/10 f.

38 Einen Überblick über die streitigen Konstellationen liefert *Engländer*, JuS 2012, 408.

39 BGHSt 3, 194 (198); 39, 133; *Heinrich*, AT, Rn. 582; *Jescheck/Weigend*, § 45 II 2 m.w.N.; *Kühl*, § 12 Rn. 126 ff.

40 *Jescheck/Weigend*, § 45 II 2; *Kühl*, § 12 Rn. 129; *Wessels/Beulke/Satzger*, Rn. 667.

41 Jedoch sei *Roxin* eingeräumt, dass auch präventive Erwägungen bei der Normierung des § 33 StGB eine Rolle gespielt haben mögen (*Kühl*, § 12 Rn. 130).

42 RGSt 54, 36 (37); BGHSt 27, 336 (339); BGH NStZ 1987, 20; *Frister*, 16/40 m.w.N.; *Jescheck/Weigend*, § 45 II 4; *Kühl*, § 12 Rn. 139 ff.; *Müller-Christmann*, JuS 1989, 717; SK/*Rogall*, § 33 Rn. 4; *Fischer*, § 33 Rn. 5. Abweichend z.B. *Otto*, AT, § 14 Rn. 20-24; differenzierend *Kindhäuser*, AT, § 25 Rn. 12; NK/*Kindhäuser*, § 33 Rn. 10 ff.

ob doppelt so stark oder ein weiteres Mal zugeschlagen würde. Der psychische Druck, der im Umfeld eines nicht gegenwärtigen Angriffs auf dem Täter laste, könne der gleiche sein wie bei einem schon/noch bestehenden Angriff.[43]

Nach einer differenzierenden Ansicht ist zwischen dem **»vorzeitigen extensiven Notwehrexzess«**, bei dem der Angriff *noch nicht gegenwärtig* ist, und dem **»nachzeitigen extensiven Notwehrexzess«** im Anschluss an einen *bereits abgeschlossenen* Angriff zu trennen. Begründet wird dies damit, dass nur die psychische Situation nach einem Angriff derjenigen des intensiven Notwehrexzesses entspreche.[44]

In der Fallbearbeitung ist das Merkmal der Gegenwärtigkeit stets genau zu prüfen und vor der schnellen Bejahung eines »nachzeitigen extensiven Notwehrexzesses« darauf zu achten, dass ein Angriff auch dann noch gegenwärtig ist, wenn eine unmittelbare Wiederholung zu befürchten ist (Rn. 495).

»Überschreitung der Grenzen der Notwehr« meint also in erster Linie den Fall, dass der Täter einen gegenwärtigen, rechtswidrigen Angriff mit Mitteln abwehrt, die den Bereich des **Erforderlichen** überschreiten, d.h. das »Prinzip des mildesten Mittels« (Rn. 511-527) verletzen.[45]

766 Jedoch wird nach h.L. auch die Konstellation erfasst, dass der Täter sich gegen einen solchen Angriff mit den erforderlichen Mitteln verteidigt, aber die Schranken der **Gebotenheit** der Notwehr (§ 32 Abs. 1 StGB, Rn. 528 ff.) überschreitet.[46]

Beispiel: Bei einem Angriff von Kindern (Rn. 533 ff.) oder dem Angriff eines vom Angegriffenen fahrlässig Provozierten (Rn. 557 ff.) verteidigt sich der Angegriffene im Rahmen des Erforderlichen;[47] er überschreitet aber aus »Verwirrung, Furcht oder Schrecken« die Schranken der Gebotenheit (§ 32 Abs. 1 StGB).

Für jene h.L. spricht der Gesetzestext des § 33 StGB, zudem Sinn und Zweck dieser Norm. Hier liegen **Notwehrlage** und zusätzlich **Erforderlichkeit** der Verteidigung vor; insoweit ist die Unrechtsminderung noch größer als beim Regelfall des § 33 StGB (Rn. 765). Beide Fälle des Notwehrexzesses durch zu starke Verteidigung bei bestehender Notwehrlage nennt man **»intensiven Notwehrexzess«**.

b) Ob dieser Entschuldigungsgrund auch bei **krassen** Überschreitungen der Grenzen der Notwehr eingreift, ist strittig und zweifelhaft.[48]

2. Subjektive Voraussetzungen der Entschuldigung

767 a) Der Täter muss aus **»Verwirrung, Furcht oder Schrecken«** handeln (sog. **»asthenische**[49] **Affekte«**). Der psychische Ausnahmezustand, in dem sich der Täter durch das Gefühl des Bedrohtseins befindet, muss dazu führen, dass er das

43 *Roxin*, § 22 Rn. 88; S/S/*Perron*, § 33 Rn. 7; vgl. Darstellung bei *Heinrich*, AT, Rn. 584 ff.

44 *Wessels/Beulke/Satzger*, Rn. 669; *Rengier*, AT, § 27 Rn. 18 f.

45 *Lackner/Kühl*, § 33 Rn. 2; SK/*Rogall*, § 33 Rn. 4.

46 *Kühl*, § 12 Rn. 195; S/S/*Perron*, § 33 Rn. 7; *Fischer*, § 33 Rn. 2; *Wessels/Beulke/Satzger*, Rn. 668. Bedenklich: BGHSt 39, 133 (138 ff.).

47 D.h. unter Beachtung des »Prinzips des mildesten Mittels« (Rn. 511 ff.).

48 Verneinend: *Kühl*, § 12 Rn. 150 m.w.N.; *Roxin*, § 22 Rn. 79; h.L.

49 Auf einem Zustand der Schwäche beruhend.

Geschehen nur noch in erheblich reduziertem Maße verarbeiten kann und er dadurch zur Notwehrüberschreitung hingerissen wird.[50]

So bedeutet etwa **»Furcht«** nicht einfach Angst, sondern ein gesteigertes Angstgefühl, ähnlich einer Panik.[51]

Die Mitursächlichkeit von Wut, Zorn und Kampfeslust (sog. **»sthenische**[52] **Affekte«**) ist unschädlich. Jedoch dürfen letztere nicht dominieren: »Verwirrung, Furcht oder Schrecken« müssen den Täter entscheidend mitmotiviert haben.[53]

Unschädlich ist, ob der Täter den **Affekt verschuldet** hat.[54]

b) Solange der Täter mit Verteidigungswillen handelt, erfasst § 33 StGB neben der **768**
unbewussten auch die **bewusste Überschreitung** der Grenzen der Notwehr.[55] Dafür sprechen der Gesetzestext, Sinn und Zweck des § 33 StGB sowie der Umstand, dass bei Handlungen in Notwehrlage unter »Verwirrung, Furcht oder Schrecken« die Grenze zwischen bewusster und unbewusster Notwehrüberschreitung oft schwer zu ziehen sein wird.[56]

c) Eine spezielle Problematik des Notwehrexzesses besteht bei dem **Täter, der die** **769**
Notwehrsituation planmäßig mit verursacht oder sogar bewusst provoziert hat.[57]

d) Der Entschuldigungsgrund »Notwehrexzess« gilt nicht, wenn der Täter eine Notwehrlage nur irrig annimmt: Solche Fälle des **»Putativ-Notwehrexzesses«**, bei denen der Täter nicht in einer wirklichen, sondern nur in einer **vermeintlichen** Notwehrlage die Grenzen der Notwehr überschreitet, werden von § 33 StGB nicht erfasst.[58]

Der Wortlaut dieser Vorschrift fordert eine **wirkliche Notwehrlage** (Rn. 765). Besteht nämlich mangels Notwehrlage gar kein Notwehrrecht, kann schwerlich von einem »Überschreiten« der Notwehrgrenzen gesprochen werden. Ferner fehlt es mangels Verteidigung gegen einen realen gegenwärtigen, rechtswidrigen

---

50 BGH NJW 2013, 2133 (2137) = ZJS 2013, 511 (517).

51 BGH NStZ-RR 1997, 194; *Fischer*, § 33 Rn. 3; S/S/*Perron*, § 33 Rn. 3. Ein solcher Affekt wird nicht allein dadurch ausgeschlossen, dass der Täter z.B. Berufsboxer ist, BGH NStZ-RR 2009, 70.

52 Kraftvoll (med.).

53 Eine Dominanz der letzteren Affekte ist nicht nötig: *Heinrich*, AT, Rn. 589; NK/*Kindhäuser*, § 33 Rn. 23; *Kühl*, § 12 Rn. 146; *Wessels/Beulke/Satzger*, Rn. 667; **a.A.** *Roxin*, § 22 Rn. 80 f.

54 NK/*Kindhäuser*, § 33 Rn. 20; *Kühl*, § 12 Rn. 147; *Roxin*, § 22 Rn. 78.

55 BGH NStZ 1989, 474 (475); *Baumann/Weber/Mitsch*, § 23 Rn. 46; *Kühl*, § 12 Rn. 148 f. m.w.N.; *Roxin*, § 22 Rn. 82 f.; *Wessels/Beulke/Satzger*, Rn. 446; **a.A.** S/S/*Perron*, § 33 Rn. 6.

56 *Roxin*, § 22 Rn. 82; das räumen auch S/S/*Perron*, § 33 Rn. 6 ein; siehe hierzu auch BGH NStZ 2011, 630 f.: Irrtum über eine Intensivierung der Notwehrlage kann auch auf einem asthenischen Affekt beruhen.

57 Vgl. *Heinrich*, AT, Rn. 591 m. Fn. 71 f.; *Roxin*, § 22 Rn. 93.

58 BGH NJW 1968, 1885; NStZ 1983, 453; *Heinrich*, AT, Rn. 592 f.; *Jakobs*, 20/33; *Kühl*, § 12 Rn. 155 ff.; *Müller-Christmann*, JuS 1989, 717; *Engländer*, JuS 2012, 408 (409 f.); *Roxin*, § 22 Rn. 94 f.; *Wessels/Beulke/Satzger*, Rn. 671; **a.A.** SK/*Rogall*, § 33 Rn. 14 f. m.w.N.

Angriff an einer hinreichenden Unrechtsminderung. Den Schuldvorwurf hier entfallen zu lassen, während er beim extensiven Notwehrexzess bestehen bliebe, würde einen Wertungswiderspruch bedeuten.

Demgemäß gelten beim Putativ-Notwehrexzess die allgemeinen Irrtumsregeln:

- Er ist kein *Erlaubnistatbestandsirrtum* (Rn. 731 ff.), da der Täter nicht die rechtlichen Schranken der Notwehr einhält (Rn. 736, 746).
- Doch kann ein Erlaubnisirrtum als Verbotsirrtum (Rn. 718 f.) vorliegen, nämlich dann, wenn der Täter die rechtlichen Schranken der Notwehr verkennt.

Davon zu unterscheiden sind Fälle, in denen zwar objektiv eine Notwehrlage gegeben ist, der Täter aber aus Verwirrung, Furcht oder Schrecken über die Angriffs*intensität* irrt und daher eine objektiv nicht erforderliche Verteidigungshandlung vornimmt. Der BGH bejahte die Anwendung des § 33 StGB in einer Konstellation, in der der Täter irrig eine unmittelbar bevorstehende Intensivierung des bereits andauernden rechtswidrigen Angriffs annahm.[59] Dem ist zuzustimmen. Es kann nicht entscheidend sein, ob der Täter zwar die Notwehrlange noch erkennt, aber aufgrund eines asthenischen Affekts ein nicht mehr adäquates Verteidigungsmittel wählt, oder ob er bereits die Intensität des Angriffs verkennt und sich deshalb intensiver verteidigt als objektiv erforderlich.[60]

III. Sonstige Entschuldigungsgründe?

1. Handeln auf dienstliche Weisung – Rechtswidriger Dienstbefehl

770 Umstritten[61] ist, ob die »**dienstliche Weisung**« einen Rechtfertigungsgrund oder lediglich einen Entschuldigungsgrund darstellt (siehe differenzierend Rn. 683).[62]

2. Unzumutbarkeit normgemäßen Verhaltens

771 Sie stellt nach ganz herrschender und zutreffender Ansicht keinen allgemeinen ungeschriebenen Entschuldigungsgrund dar: Zumindest bei den vorsätzlichen Begehungsdelikten ist dies fast allgemein anerkannt.[63]

Ob und wieweit bei den Fahrlässigkeits- und Unterlassungsdelikten etwas anderes gilt, siehe Rn. 1171-1175.

3. Übergesetzlicher entschuldigender Notstand

772 **Fall 101: – »Anstaltsmorde« im Rahmen von Hitlers »Euthanasie-Aktion«**
An der aufgrund Hitlers »Euthanasie«-Befehl von 1939 durchgeführten Vernichtungsaktion gegen Geistes- und Gemütskranke hatten sich zahlreiche Anstaltsärzte durch Selektion der zu tötenden Kranken beteiligt. Dies deswegen, weil sie durch Preisgabe eines Teils der ihnen anvertrauten Kranken einen erheblichen Teil der übrigen von jenem Befehl betroffe-

---

59 BGH NStZ 2011, 630; dazu *Engländer* JuS 2012, 408; *Hecker*, JuS 2012, 465; Zwar war der Täter bereits nach den Regeln des Erlaubnistatbestandsirrtums nicht mehr aus dem Vorsatzdelikt zu bestrafen, im Raum stand aber noch die Strafbarkeit wegen fahrlässiger Verkennung des Sachverhaltes (§ 16 Abs. 1 S. 2 StGB).

60 *Engländer*, JuS 2012, 408 (409).

61 Dazu z.B. *Amelung*, JuS 1986, 337; S/S/*Lenckner*/*Sternberg-Lieben*, Vor § 32 Rn. 87 ff.

62 Hierzu u.a. *Gropp*, § 5 Rn. 353 ff.; *Jescheck*/*Weigend*, § 46 I, II; *Kühl*, § 12 Rn. 159.

63 LK/*Hirsch*, 11. Aufl., Vor § 32 Rn. 196; *Roxin*, § 22 Rn. 142-143, 145; *Stratenwerth*/*Kuhlen*, 10/102 a.E.; *Wessels*/*Beulke*/*Satzger*, Rn. 676.

nen Patienten retten wollten. Hätten sie jene Mitwirkung abgelehnt, wären an ihre Stelle willfährigere Ärzte getreten, die alle betroffenen Patienten geopfert hätten.[64]

a) In solchen Fällen scheidet eine Rechtfertigung durch Erlaubnissätze nach (fast) allgemeiner Meinung aus:[65] 773

§ 34 StGB entfällt mangels »wesentlichen Überwiegens« (Rn. 617).

Eine rechtfertigende Pflichtenkollision kommt nicht in Frage, weil sie nur bei der Kollision von Handlungspflichten (Rettungspflichten) eingreift (Rn. 630 f.).

Den Tätern hilft auch kein **gesetzlicher** Entschuldigungsgrund.

§ 35 Abs. 1 StGB entfällt schon deswegen, weil die Opfer für die Täter keine Angehörigen oder andere nahestehende Personen waren.

b) Die ganz h.L. hält aber zu Recht einen Schuldvorwurf gegen die Täter in unserem Fall für sachwidrig. Sie hat daher für solche und vergleichbare extreme Konfliktsituationen den **übergesetzlichen entschuldigenden Notstand** entwickelt,[66] den die höchstrichterliche Judikatur jedoch bis heute nicht anerkannt hat.[67] 774

Dieser ungeschriebene Entschuldigungsgrund soll dabei folgendes voraussetzen:[68]

Der Täter steht in einer Notsituation für Menschenleben vor der Entscheidung, *entweder* den Dingen ihren Lauf zu lassen und dadurch moralisch die Mitverantwortung für den eingetretenen Schaden zu tragen, *oder* zur Verhütung größeren Unheils einzugreifen, dabei aber aktiv an der rechtswidrigen Herbeiführung des – wenn auch geringeren – Schadens mitzuwirken.

Fall 102: – Notstand beim Abschuss entführter Flugzeuge – [69]

Am 11.9.2001 kam es in den USA zu einem Terroranschlag, der beide Türme des World Trade Center zerstörte und tausende Menschen tötete. **Unterstellt**, P, ein Pilot der US-Luftwaffe, hätte das zweite von den Terroristen entführte Flugzeug kurz vor dem geplanten Einschlag in den zweiten Turm über dem Meer bzw. dem Hudson River abschießen können und dadurch zwar das Leben der ohnehin todgeweihten Flugzeuginsassen abgekürzt, aber zahllose andere Menschen gerettet: Wäre P dann, wenn sich eine solche Rettungsaktion in Deutschland abgespielt hätte und er Kampfpilot der Luftwaffe gewesen wäre, des Totschlags (§ 212 StGB) schuldig? 775

a) Der Tatbestand des Totschlags ist erfüllt: Kausal ist auch die Abkürzung todgeweihten Lebens (Rn. 308-311). 776

64 Zu diesem Fall siehe: BGH NJW 1953, 513 (514); OGHSt 1, 321; *Krey*, JuS 1971, 248 (249); *Kühl*, § 12 Rn. 95 ff.; *Wesel*, Rn. 306.

65 BGH NJW 1953, 513 (514); OGHSt 1, 321 (324, 331 ff.); 2, 117 (120 ff.); *Kühl*, § 12 Rn. 96; *Küper*, Grund- und Grenzfragen, S. 30, 31, 34 ff., 49 ff., 53 ff., 61 ff., 121 m.w.N. – Für Rechtfertigung *Otto*, AT, § 8 Rn. 195; für bloßen Ausschluss des Strafunrechts in vergleichbaren Fällen *Günther*, S. 334 f.

66 *Kühl*, § 12 Rn. 92 ff.; *Küper*, JZ 1989, 617 (626); S/S/*Lenckner*/*Sternberg-Lieben*, Vor § 32 Rn. 115 ff.; *Stratenwerth*/*Kuhlen*, 10/123-128; *Welzel*, S. 184 f.; *Wessels*/*Beulke*/*Satzger*, Rn. 677.

67 BGH NJW 1953, 513; BGHSt 35, 347 (350 f.) – »Katzenkönig-Fall«; OGHSt 1, 321; 2, 117.

68 *Krey*, JuS 1971, 248; *Kühl*, § 12 Rn. 99 ff.; *Wessels*/*Beulke*/*Satzger*, Rn. 677.

69 Dazu u.a.: *Roxin*, ZIS 2011, 552; *Rogall*, NStZ 2008, 1; *Gropp*, GA 2006, 284.

b) Rechtswidrigkeit der Tat?

Eine gesetzliche Eingriffsermächtigung für das Verhalten des P fehlt. Zwar hatte § 14 Abs. 3 LuftSiG (2005) für solche Fälle den Abschuss von Flugzeugen erlaubt; jene Spezialermächtigung ist aber vom BVerfG mangels Gesetzgebungskompetenz des Bundes und wegen Verstoßes gegen Art. 2 Abs. 2 S. 1 (Recht auf Leben) i.V.m. Art. 1 Abs. 1 GG (Menschenwürde), soweit Tatunbeteiligte an Bord des Flugzeuges betroffen seien, für verfassungswidrig und nichtig erklärt worden.[70]

Nothilfe (§ 32 StGB) scheidet aus, weil die tatunbeteiligten Personen keine Angreifer waren. Auch **§ 34 StGB** erlaubt den Abschuss nach h.M. nicht, da es am wesentlichen Überwiegen fehlt (Rn. 617).

Defensivnotstand gegen Menschen (Rn. 620-629) greift nach h.A. ebenfalls nicht ein, weil den tatunbeteiligten Passagieren und Crew-Mitgliedern jede »Zuständigkeit« für den terroristischen Anschlag fehlt; er ist ihnen nicht objektiv zuzurechnen.[71]

777 Mithin wird von der h.M. ein tatbestandsmäßiger und **rechtswidriger** Totschlag an den tatunbeteiligten Passagieren und Crew-Mitgliedern angenommen.[72] Die logische Folge (vom BVerfG nicht angesprochen) ist, dass damit andere Luftwaffenpiloten das Recht hätten, P in Nothilfe abzuschießen.

Zwar lässt das Gericht die strafrechtliche Beurteilung der Tat offen; doch wird die Rechtswidrigkeit eines Abschusses nachdrücklich betont,[73] womit der 1. Senat des BVerfG dem Gesetzgeber eine Rechtfertigung ausdrücklich verbietet (§ 31 Abs. 1 BVerfGG).

778 c) Die **h.M.** verneint allerdings die Schuld: In casu sei **übergesetzlicher entschuldigender Notstand** zu bejahen.[74]

Dem ist, sofern man nicht bereits die Rechtswidrigkeit verneinen will, zu folgen: In Fällen wie 101, 102 wäre ein strafrechtlicher Schuldvorwurf eine unerträgliche Anmaßung und durch keinen Strafzweck zu legitimieren. P verdient Respekt; hätte er dem Terroranschlag tatenlos seinen Lauf gelassen, wäre dies ein »bequemer Ausweg« gewesen, der weniger Achtung verdient hätte.

An dieser Bewertung sollte man ungeachtet der vom BVerfG ins Feld geführten »Ungewissheiten im Tatsächlichen«[75] festhalten: Es gibt Fälle, in denen die Ziele von Flugzeugentführern evident sind.

In seinen zum LuftSiG folgenden Beschlüssen stellte das BVerfG weiter klar, dass § 13 Abs. 3 S. 2 u. 3 LuftSiG mit Art 35 III GG unvereinbar sei. § 13 Abs. 3 S. 2 u. 3 LuftSiG gestattet

---

70 BVerfGE 115, 118 = JZ 2006, 408 (l. Sp.) mit Anm. *Starck*; dazu u.a.: *Dreier*, JZ 2007, 261 (265 ff.); *Hillgruber*, JZ 2007, 209 (214-218); *Merkel*, JZ 2007, 373 ff.; *Schenke*, NJW 2006, 736; zuvor zu § 14 Abs. 3 LuftSiG: *Sinn*, NStZ 2004, 585.

71 So für alle *Pawlik*, JZ 2004, 1045 (1048 f.); **a.A.** etwa *Rogall*, NStZ 2008, 1 (3 ff.).

72 BVerfGE 115, 118; *Pawlik*, JZ 2004, 1045 ff.; *Roxin*, § 16 Rn. 88, § 22 Rn. 152 (zögernd); *Wessels/Beulke/Satzger*, Rn. 316b, 452a; abweichend: *Hillgruber*, JZ 2007, 209; MK/*Erb*, § 34 Rn. 118 ff.; NK/*Neumann*, § 34 Rn. 77a ff.; *Rogall*, NStZ 2008, 1 (3 ff.) m.w.N.

73 Sehr kritisch hierzu etwa: *Hillgruber*, JZ 2007, 209; *Rogall*, NStZ 2008, 1 (3 ff.) m.w.N.

74 *Dreier*, JZ 2007, 261 (267); *Lackner/Kühl*, Vor § 32 Rn. 31; *Wessels/Beulke/Satzger*, Rn. 678; kritisch hierzu *Roxin*, ZIS 2011, 552 (562), der – orientiert am Zweck der Strafe – die strafrechtliche Verantwortlichkeit des Täters ausschließt.

75 BVerfGE 115, 118.

es dem Bundesminister der Verteidigung in Eilfällen im Einvernehmen mit dem Bundesminister des Inneren anstelle der Bundesregierung über einen Einsatz der Streitkräfte zu entscheiden.[76] Ein solcher Einsatz darf aber nur auf Grund eines Beschlusses der Bundesregierung als *Kollegialorgan* zulässig sein.[77] Auch die positive Entscheidung des Gerichts über den Einsatz von militärischen Kampfmitteln der Bundeswehr bei terroristischen Angriffen im Inland unter strengen Auflagen ändert nichts an dem Verbot des Abschlusses eines von Terroristen gekaperten Flugzeugs mit unbeteiligten Passagieren an Bord: Erlaubt seien dann allenfalls Warnschüsse von Kampfflugzeugen oder ein Abdrängen der Passagiermaschine.[78]

d) **Resümee:** Die Beurteilung der Tat des P führt an die Grenzen des Rechts; Patentlösungen sind hier nicht zu erwarten. Das BVerfG freilich hat sich die Entscheidung durch mangelnde Folgenkontrolle (Nothilferechte gegen P etc.) wohl etwas zu leicht gemacht; Nicht unbedenklich ist daneben, dass sich das BVerfG auf Art. 1 Abs. 1 GG beruft, wodurch auch der verfassungsändernde Gesetzgeber gebunden ist.

Prüfungsschema: Entschuldigender Notstand (§ 35 StGB)

Standort: **Schuld**

I. Voraussetzungen (§ 35 Abs. 1 S. 1 StGB)

1. **Notstandslage**

   Gefahr

   a) für Leben, Leib oder Freiheit

   b) Rechtsgut des Täters, eines Angehörigen oder einer anderen ihm nahestehenden Person

   c) ist gegenwärtig

2. **Notstandshandlung** (die gerade geprüfte rechtswidrige Tat)

   Erforderlichkeit (Gefahr darf »nicht anders abwendbar« sein; mildestes Mittel)

3. **Subjektives Element: Rettungswille**

   a) Kenntnis der Gefahrenlage

   b) Handeln zum Zweck der Gefahrabwendung

II. Zumutbarkeit der Gefahrhinnahme (§ 35 Abs. 1 S. 2 StGB)

1. Eigene Verursachung der Gefahr
2. Besonderes Rechtsverhältnis
3. Sonstige Fälle (ungeschriebene Fallgruppen, vgl. »namentlich«)

75 BVerfGE 132, 241.
76 Vertiefend BVerfG Beschl. v. 3.7.2012 – 2 PBvU 1/11, NVwZ 2012, 1239.
77 BVerfG Beschl. v. 3.7.2012 – 2 PBvU 1/11.

§ 23 Persönliche Strafausschließungs- und Strafaufhebungsgründe

779 Tatbestandsmäßigkeit, Rechtswidrigkeit und Schuld konstituieren das Vorliegen einer Straftat. Doch existieren gesetzliche Ausnahmeregelungen, die »jenseits von Unrecht oder Schuld stehen«[1], aber aus **täterbezogenen**, primär präventiven Gründen, die Strafbarkeit ausschließen oder aufheben. Diese lassen Rechtswidrigkeit und Schuld unangetastet und führen dennoch – ausnahmsweise – zur Straflosigkeit des Täters. Im Prüfungsaufbau sind sie daher **im Anschluss an die Schuld zu prüfen**. Da sie streng auf die Person bezogen sind, kann von ihnen nur profitieren, wer sie in seiner Person erfüllt.

I. Persönliche Strafausschließungsgründe

Persönliche Straf*ausschließungs*gründe schließen die Strafbarkeit *von vornherein* aus, sofern sie bereits bei Begehung der Tat (§ 8 StGB) vorliegen. Der Gesetzgeber trägt mit ihrer Normierung ganz unterschiedlichen Umständen Rechnung. Zum Teil sind dies kriminalpolitische Zweckmäßigkeitserwägungen, wie etwa bei der

– Indemnität von Abgeordneten (Art. 46 Abs. 1 GG, § 36 StGB),[2] die im Plenum des Bundestages etc. eine möglichst freie Diskussion ermöglichen soll.[3]

Zum Teil finden notstandsähnliche Konfliktsituationen, die den Schuldgehalt der Tat mindern, auf diese Weise Berücksichtigung, so z.B. im Falle

– der Strafvereitelung zugunsten eines Angehörigen (§ 258 Abs. 6 StGB)[4] oder
– einer Beteiligung an der Vortat bei Strafvereitelung (§ 258 Abs. 5 StGB) bzw. der Begünstigung (§ 257 Abs. 3 StGB).

Ebenfalls auf Schulderwägungen beruht der persönliche Strafausschließungsgrund des

– § 173 Abs. 3 StGB: jugendliches Alter von Abkömmlingen und Geschwistern beim Beischlaf zwischen Verwandten.[5]

Spezielle Strafausschließungsgründe zugunsten der Schwangeren gibt es außerdem beim Schwangerschaftsabbruch:

– § 218 Abs. 4 Satz 2 StGB lässt den versuchten Schwangerschaftsabbruch durch die Schwangere straffrei, damit sie sich angesichts der mit der Tat verbundenen Gesundheitsgefahr ohne Angst in ärztliche Hilfe begeben kann.[6]
– § 218a Abs. 4 S. 1 StGB.

Für alle persönlichen Strafausschließungsgründe gilt: Sie sind besondere persönliche Merkmale, so dass sie nur die Strafbarkeit desjenigen Täters (oder Teilnehmers) ausschließen, der in seiner Person das Merkmal (Angehörigeneigenschaft, Jugendlicher, Schwangere, Abgeordneter etc.) verwirklicht.

---

1 *Wessels/Beulke/Satzger*, Rn. 725.
2 *Heinrich*, AT, Rn. 620.
3 S/S/*Perron*, § 36 Rn. 1.
4 *Krey*/Hellmann/*Heinrich*, BT/1, Rn. 842-848 m.w.N.; *Wessels/Beulke/Satzger*, Rn. 726.
5 *Lackner/Kühl*, § 173 Rn. 7 m.w.N.
6 MK/*Gropp*, § 218 Rn. 35.

Ist die Strafbarkeit des Täters aus einem der genannten Gründe ausgeschlossen, bleibt die Tat im Übrigen vorsätzlich und rechtswidrig, so dass eine Teilnahme an ihr weiterhin möglich bleibt (vgl. § 26 StGB).

II. Persönliche Strafaufhebungsgründe

Persönliche Straf*aufhebungs*gründe hindern nicht von vornherein die Strafbarkeit des Täters, sondern *beseitigen* diese nach Begehung der Tat rückwirkend. Wichtigster Strafaufhebungsgrund ist der **Rücktritt vom Versuch** nach § 24 StGB. Er spielt auch in strafrechtlichen Prüfungsarbeiten häufig eine Rolle und wird daher später noch ausführlich erörtert **(§§ 44-48**, Rn. 1256 ff.). 780

Neben dem Rücktritt vom Versuch gibt es noch

- den **Rücktritt vom Versuch der Beteiligung an einem Verbrechen** (§ 31 StGB),
- die **„tätige Reue“** nach Vollendung bestimmter Delikte (z.B. §§ 98 Abs. 2, 306e Abs. 2, 314a Abs. 3, 320 Abs. 3, 330b StGB),
- die **Berichtigung einer falschen Aussage** bei fahrlässigem Falscheid (§ 161 Abs. 2 S. 1 StGB) sowie
- die **Selbstanzeige** im Falle der Steuerhinterziehung (§ 371 AO).

Bereits aus dieser Auflistung wird ersichtlich, dass hier ein **bestimmtes Verhalten** des Täters belohnt wird und weniger eine bestimmte Eigenschaft wie bei den Strafausschließungsgründen. Von dem Täter wird erwartet, dass er das Unrecht seiner Tat verhindert, aufhebt oder zumindest (in ausreichendem Maße) mindert.

Dieser Unterschied wird z.B. deutlich bei der Straflosigkeit der Nichtanzeige der geplanten Straftat. Gemäß § 139 Abs. 3 S. 1 StGB ist straffrei, wer eine Anzeige unterlässt, die er gegen einen Angehörigen erstatten müsste, wenn er sich ernsthaft bemüht hat, ihn von der Tat abzuhalten oder den Erfolg abzuwenden (es sei denn, dass es sich um eine der aufgelisteten Katalogtaten handelt). Die Angehörigeneigenschaft, die allein bereits gem. § 258 Abs. 6 StGB die Straffreiheit der Strafvereitelung zugunsten eines Angehörigen begründet, genügt hier nicht. Vielmehr muss ein bestimmtes Verhalten des Täters hinzutreten.

Dritter Teil: Täterschaft und Teilnahme

Gegenstand dieses Abschnitts ist die »Beteiligung« (Täterschaft oder Teilnahme) an vorsätzlichen Begehungsdelikten.

Kapitel 1: Grundlagen (differenzierendes Beteiligungssystem; restriktiver Täterbegriff; Täterschaft als Tatherrschaft)

§ 24 Differenzierendes Beteiligungssystem (Täterschaft / Teilnahme)

Fall 103: – Täter, Anstifter und Gehilfe als Beteiligte an der Tat –
T erschießt aus Eifersucht den Freund (F) seiner Ehefrau. Hierzu hatte ihn **A** Tage zuvor angestiftet. Die Tatwaffe hatte T am Vortag von **G** erhalten, der diese Beihilfe in Kenntnis des von T beabsichtigten Tötungsverbrechens begangen hat.

I. Einheitstäterbegriff

781 Im Ordnungswidrigkeitenrecht gilt der Einheitstäterbegriff; dazu bestimmt § 14 Abs. 1 S. 1 OWiG: *»Beteiligen sich mehrere an einer Ordnungswidrigkeit, so handelt jeder von ihnen ordnungswidrig.«* Das bedeutet: Jeder der Beteiligten wird als Täter behandelt.

Auch das StGB von Österreich, in Kraft seit 1975, hat sich in § 12 öStGB zum Prinzip des Einheitstäters bekannt: »Nicht nur der unmittelbare Täter begeht die strafbare Handlung, sondern auch jeder, der einen anderen dazu bestimmt, sie auszuführen, oder der sonst zu ihrer Ausführung beiträgt.«

782 Gemäß diesem Einheitstäterbegriff wären in Fall 103 neben dem T auch A und G des Totschlags (§ 212 StGB) schuldig;[1] jeder von ihnen wäre *Täter* eines Totschlags.

II. Differenzierendes Beteiligungssystem des deutschen Strafrechts

783 Gemäß §§ 25-27 StGB differenziert unser Strafrecht zwischen **Täterschaft** (§ 25 StGB) einerseits und **Teilnahme** (Anstiftung oder Beihilfe, §§ 26, 27 StGB) andererseits. Daher wird vielfach auch vom »dualistischen Beteiligungssystem« gesprochen.[2]

Was die **Terminologie** des Gesetzes angeht, ist zu beachten:

Der Begriff *»Beteiligter«* ist Oberbegriff für Täter und Teilnehmer (§ 28 Abs. 2 StGB). Entsprechend ist *»Beteiligung«* Oberbegriff für Täterschaft und Teilnahme.

»Teilnehmer« ist der Oberbegriff für Anstifter und Gehilfen (§ 28 Abs. 1 StGB). Entsprechend ist *»Teilnahme«* der Oberbegriff für Anstiftung und Beihilfe.

---

1 Ob sogar Mord eingreift (§ 211 StGB), soll hier dahinstehen.
2 *Wessels/Beulke/Satzger*, Rn. 738. *Roxin*, § 25 Rn. 1, redet von der »Dreiteilung der Beteiligungsformen« (Täter/Anstifter/Gehilfe); siehe auch: *Kühl*, § 20 Rn. 8.

Nach geltendem Recht ist demgemäß in Fall 103 nur T des Totschlags schuldig. Dagegen haben A und G selbst keinen Totschlag begangen. Sie sind nicht *Täter* gemäß §§ 212, 25 StGB, sondern nur *Teilnehmer an der Tat eines anderen:* A ist der Anstiftung zum Totschlag (§§ 212, 26 StGB) schuldig, G der Beihilfe zu diesem Verbrechen (§§ 212, 27 StGB).

III. Verfassungsrechtliche und kriminalpolitische Argumente gegen den Einheitstäterbegriff

Die saubere Differenzierung zwischen Täterschaft, Anstiftung und Beihilfe anstelle **784** einer undifferenzierten Gleichbehandlung erscheint sachgerecht, zudem aus rechtsstaatlicher Sicht vorzugswürdig:[3]

Erstens würde der Einheitstäterbegriff dem **Schuldprinzip** (dazu Rn. 108-110) und dem **Gleichheitssatz des Art. 3 Abs. 1 GG** mit seinem Verbot, ohne sachlich einleuchtenden Grund Ungleiches gleich zu behandeln[4], widersprechen. Wer etwa den bloßen Gehilfen in gleicher Weise wie den Täter, der das Opfer eigenhändig tötet, als »Mörder« behandeln möchte, verkennt: Unrecht und Schuld bloßer Beihilfe wiegen erheblich weniger schwer als die eigenhändige Tatbegehung. Demgemäß wäre es sachwidrig, **Beihilfe** und **Täterschaft** gleich zu behandeln.

Zweitens führt der Einheitstäterbegriff zu einer aus kriminalpolitischer Sicht unan- **785** gemessenen **Ausweitung der Strafbarkeit**:[5]

- Nach geltendem Recht ist die versuchte Beihilfe nicht strafbar (§§ 27, 30 Abs. 1 StGB).
- Die versuchte Anstiftung ist gemäß § 30 Abs. 1 StGB lediglich bei Verbrechen strafbar.

Unter der Herrschaft des Einheitstäterbegriffs wären der Versuch der Beihilfe und der Versuch der Anstiftung dagegen in gleichem Umfang strafbar wie die versuchte eigenhändige Tatbegehung durch den Täter (§ 23 Abs. 1 StGB).

Wegen dieser und weiterer Bedenken[6] ist der Einheitstäterbegriff im Strafrecht disfunktional.

IV. Einheitstäterbegriff bei den Fahrlässigkeitsdelikten[7]

Das differenzierende Beteiligungssystem des deutschen Strafrechts (Rn. 783) gilt **786** nur für Vorsatztaten. Bei den Fahrlässigkeitsdelikten gibt es nur Täterschaft, nicht aber Teilnahme; m.a.W: *Anstiftung oder Beihilfe zu fahrlässigen Straftaten* kennt das StGB nicht.[8]

3 So z.B. *Roxin*, § 25 Rn. 3; *Wessels/Beulke/Satzger*, Rn. 738 f.

4 Der Gleichheitssatz besagt bekanntlich, dass wesentlich Gleiches nicht ungleich und wesentlich Ungleiches nicht gleich behandelt werden darf, sofern kein sachlich einleuchtender Grund hierfür vorliegt (siehe m.w.N.: *Krugmann*, JuS 1998, 7; *Sachs*, JuS 1997, 124).

5 *Jakobs*, 21/6; *Jescheck/Weigend*, § 61 II 1; *Roxin*, § 25 Rn. 3.

6 Dazu z.B. *Jakobs*, 21/6; *Roxin*, § 25 Rn. 3; LK/*Schünemann*, Vor § 25 Rn. 5-10.

7 Siehe: *Frister*, 25/5; *Heinrich*, AT, Rn. 1177.

8 Zur abzulehnenden Figur fahrlässiger Mittäterschaft siehe Rn. 1342.

V. Restriktiver Täterbegriff

1. Zum überholten extensiven Täterbegriff

787 Er besagt:[9] Die Tatbestände des Besonderen Teils des Strafrechts erfassen nicht nur den **Täter**, sondern auch den **Anstifter** und **Gehilfen.** Demgemäß sind die Vorschriften des StGB über Beihilfe und Anstiftung nicht etwa strafbegründend. Vielmehr schränken sie den Bereich des Strafbaren ein.

Bei dieser **Einschränkung** der Strafbarkeit der Teilnehmer gegenüber der des Täters durch die Regelungen für Beihilfe und Anstiftung geht es um Folgendes:

788 Für die Beihilfe ist in § 27 Abs. 2 S. 2 StGB eine obligatorische Strafmilderung angeordnet. Für den **Gehilfen** gilt also ein **milderer Strafrahmen** als für den Täter.

Beispiel: Wer eigenhändig einen Mord begeht, wird mit lebenslanger Freiheitsstrafe bestraft (§ 211 Abs. 1 StGB). Dagegen beträgt der Strafrahmen für den bloßen Gehilfen gemäß § 27 Abs. 2 S. 2, § 49 Abs. 1 Nr. 1 (mit § 38 Abs. 2) StGB 3 bis 15 Jahre Freiheitsstrafe.

Weiterhin ist, wie bereits erwähnt, der **Versuch der Beihilfe stets straflos**.

789 Für den Anstifter gilt zwar derselbe Strafrahmen wie für den Täter (§ 26 StGB), was z.B. beim Mord bedeutet:

Wie der Mörder selbst wird auch der bloße Anstifter zum Mord mit lebenslanger Freiheitsstrafe bestraft (Rn. 794 ff.).

Beim Versuch gibt es aber, wie bereits betont (Rn. 785), einen Unterschied in der Strafbarkeit des Anstifters gegenüber der des Täters.

Bei den meisten **Vergehen** ist der Versuch strafbar, z.B.

- bei der Körperverletzung (§ 223 Abs. 2 StGB),
- bei der Freiheitsberaubung (§ 239 Abs. 2 StGB),
- beim Diebstahl (§ 242 Abs. 2 StGB),
- bei der Hehlerei (§ 259 Abs. 3 StGB).

Wer also als Täter einen Versuch solcher Vergehen begeht, macht sich strafbar. Dagegen ist die **versuchte Anstiftung** zu Vergehen stets straflos (§ 30 Abs. 1 StGB).

790 Der extensive Täterbegriff beruht letztlich auf der »Äquivalenztheorie« mit ihrer Kernaussage von der Gleichwertigkeit aller Ursachen der Straftat für die Kausalität: Wer als Anstifter oder Gehilfe eine Tat mit verursache, **begehe** sie wegen jener Gleichwertigkeit ebenso wie der Täter, der sie eigenhändig verwirkliche.[10]

9 Siehe die Darstellung bei: *Herzberg*, S. 2; *Jakobs*, 21/8; *Roxin*, § 25 Rn. 4.

10 Vgl. Rn. 307. Siehe hierzu auch die Analyse jenes Täterbegriffs bei: *Herzberg*, S. 2; *Jescheck/Weigend*, § 61 IV 1; *Roxin*, § 25 Rn. 4 m.w.N.

2. Zum restriktiven Täterbegriff des geltenden Strafrechts

791 Jener extensive Täterbegriff wird heute fast allgemein abgelehnt.[11] Er widerspricht dem geltenden Strafrecht. Dem StGB liegt der restriktive Täterbegriff zugrunde: Wer Täter ist, folgt aus Wortlaut, Struktur sowie Sinn und Zweck des jeweiligen Straftatbestandes. Der Täterbegriff ist also **tatbestandsbezogen**.[12] Die in den Tatbeständen des StGB-BT mit dem Wort **»Wer«** bezeichnete Person ist Täter des fraglichen Verbrechens bzw. Vergehens.[13]

Beispiele:
- »**Wer** eine andere Person vorsätzlich körperlich misshandelt oder an der Gesundheit schädigt« (§§ 223, 15 StGB), ist **Täter** einer Körperverletzung.
- »**Wer** einen Menschen vorsätzlich tötet« (§§ 212, 15 StGB), ist **Täter** eines Totschlags.

792 Der **Gehilfe** (§ 27 StGB) und der **Anstifter** (§ 26 StGB) erfüllen dagegen den Tatbestand der fraglichen Straftat gerade nicht. Sie begehen diese Tat nicht, sondern beteiligen sich lediglich an der **Straftat eines anderen**:

Wer vorsätzlich einen anderen zur Begehung eines Totschlags bestimmt (§ 26 StGB), ist der Anstiftung zu diesem Verbrechen schuldig; er ist aber nicht derjenige, der tötet.

Wer vorsätzlich einem anderen zu dessen Totschlag Hilfe leistet (§ 27 StGB), ist nicht der Totschläger (Täter des § 212 StGB), sondern begeht lediglich Beihilfe zu jener Tat.

793 Demgemäß werden Anstifter und Gehilfen von den Tatbeständen des StGB-BT nicht erfasst, was besagt:

Die Vorschriften über Anstiftung und Beihilfe sind **strafbegründend**. Sie erweitern den Bereich strafbaren Verhaltens **über die von den Tatbeständen des BT erfassten Taten** hinaus.[14] Das ist die zutreffende Aussage des restriktiven Täterbegriffs.

VI. Kritik an der Einstufung des Anstifters im differenzierenden Beteiligtensystem des deutschen Strafrechts

794 Wie ausgeführt gibt es in unserem StGB drei unterschiedliche Beteiligungsformen: Täterschaft (§ 25 StGB), Anstiftung (§ 26 StGB) und Beihilfe (§ 27 StGB). Bei sachgerechter Differenzierung zwischen diesen drei Stufen der Deliktsbeteiligung müsste auch die **Strafdrohung** für sie **dreistufig** ausfallen: Für alle drei Beteiligungsformen müssten in angemessener Abstufung jeweils unterschiedliche Strafrahmen normiert werden.

795 Das **Modell**, das sich hierfür geradezu aufdrängt, würde wie folgt aussehen: Die für das jeweilige Verbrechen oder Vergehen angedrohte Strafe trifft nur den *Täter*.

---

11 *Herzberg*, S. 3; *Jakobs*, 21/8; *Jescheck/Weigend*, § 61 I 1, III 3, IV 3; *Kühl*, § 20 Rn. 4 f., 8; *Roxin*, § 25 Rn. 4 f.

12 *Jescheck/Weigend*, § 61 I 1, III 3, IV 3; *Kühl*, § 20 Rn. 4 f., 8; *Roxin*, § 25 Rn. 5; *ders.*, Täterschaft, S. 34 ff.; *Wessels/Beulke/Satzger*, Rn. 508.

13 *Herzberg*, S. 1; *Jescheck/Weigend*, § 61 I 1; *Kühl*, § 20 Rn. 4 f.

14 *Jescheck/Weigend*, § 61 I 2, III 1; LPK/*Kindhäuser*, Vor § 25 Rn. 5-6; *Kühl*, § 20 Rn. 4 f., 7; *Roxin*, § 25 Rn. 5.

So das geltende Recht in § 25 StGB (i.V.m. der jeweiligen gesetzlichen Regelung des Strafrechts für jene Tat).

Die Strafe für den *Anstifter* richtet sich zwar nach der Strafdrohung für den Täter. Sie **kann** aber nach § 49 Abs. 1 StGB gemildert werden.

Anders § 26 StGB, der keine solche **fakultative** Strafmilderung enthält.

Die Strafe für den *Gehilfen* richtet sich ebenfalls nach der Strafdrohung für den Täter. Sie **ist** jedoch nach § 49 Abs. 1 StGB zu mildern.

So in § 27 Abs. 2 StGB, der eine solche **obligatorische** Strafmilderung anordnet.

796 Dass das deutsche Strafrecht von diesem sachgerechten Modell eines dreifach abgestuften Strafrahmens für jene drei Stufen der Deliktsbeteiligung abweicht und für den Anstifter denselben Strafrahmen wie für den Täter gelten lässt, wird von vielen kritisiert.[15] In der Tat bestehen gegen die **Gleichbehandlung des bloßen Anstifters** mit dem Täter erhebliche Bedenken:

Der Täter ist die Zentralgestalt des Geschehens; er besitzt die Tatherrschaft. Demgegenüber ist Anstiftung die bloße Teilnahme an der Tat eines anderen, und zwar als Beteiligung ohne Tatherrschaft. Der Täter eines Totschlags tötet das Opfer vorsätzlich, während der Anstifter diese Tat gerade nicht begeht.

Täterschaft verlangt in der Regel eine erhöhte kriminelle Energie gegenüber der bloßen Anstiftung: Zwar ruft der Anstifter den Tatentschluss beim Täter hervor.[16]

Die tatsächliche Begehung der Tat als Realisierung des Tatentschlusses ist aber in der Regel nach Unrechts- und Schuldgehalt gravierender als das bloße Hervorrufen des Tatentschlusses: *Der Mörder **tötet** das Opfer, nicht der Anstifter.* Letzterer mag ein feiger »Maulheld« sein. Der Täter dagegen muss den typischerweise schwereren Schritt vom Entschluss zur realen Tötung vollziehen.

Insbesondere leichtere Formen der Anstiftung können im Übrigen der Beihilfe näher stehen als der Täterschaft.[17] Das verdeutlichen die Schwierigkeiten der Abgrenzung zwischen Anstiftung und Beihilfe.

797 *Resümee:* Kriminalpolitisch angemessener und im Hinblick auf das Schuldprinzip und den Gleichheitssatz einleuchtend wäre es, wenn der Gesetzgeber für die Anstiftung eine fakultative Strafmilderung vorsehen würde[18], und zwar des Inhalts:

»Die Strafe für den Anstifter kann nach § 49 Abs. 1 StGB gemildert werden«.

Damit wäre der gesetzliche Strafrahmen für den Anstifter milder als der für den Täter.

Die Kritiker der Regelung in § 26 StGB[19] halten sie gleichwohl für verfassungsmäßig. Denn der Richter könne in den Grenzen des gesetzlichen Strafrahmens, wenn die Umstände des

15 So z.B.: Alternativ-Entwurf eines StGB, Begründung zu § 28 Abs. 2 (S. 66, 67 a.E., 68); *Jakobs*, 22/31; *Roxin*, § 26 Rn. 182.
16 Mit der Formulierung »Bestimmen« meint § 26 StGB das Hervorrufen des Tatentschlusses.
17 *Roxin*, § 26 Rn. 182.
18 So schon der Alternativ-Entwurf; *Jakobs*, 22/31; *Roxin*, § 26 Rn. 182 m.w.N.
19 So z.B.: *Jakobs*, 22/31; *Roxin*, § 26 Rn. 182.

Einzelfalles hierfür sprächen, den Anstifter milder bestrafen als den Täter. Dieses Argument geht jedenfalls dann ins Leere, wenn wie bei Mord eine absolute Strafe angedroht wird (lebenslange Freiheitsstrafe), also gar kein Spielraum für die Strafzumessung besteht.

Wenn die Legislative daran festhält, dass für den bloßen Anstifter dieselbe gesetz- **798**
liche Strafdrohung gilt wie für den Täter (§ 26 StGB), hat das im Übrigen noch die folgende missliche Konsequenz:

Die Problematik der Abgrenzung zwischen **Anstiftung** einerseits und

- **mittelbarer Täterschaft** (§ 25 Abs. 1 Alt. 2 StGB: Begehung *»durch einen anderen«*) bzw.
- **Mittäterschaft** (§ 25 Abs. 2 StGB) andererseits[20]

wird in Rechtsprechung und Lehre kontrovers diskutiert. Diese diffizile und bis heute noch nicht befriedigend gelöste Abgrenzung wird wegen derselben Strafdrohung für Täter und Anstifter im Wesentlichen zu einem reinen »Glasperlenspiel« ohne Praxisrelevanz, sieht man von dem erwähnten Unterschied bei der Strafbarkeit des Versuchs (Rn. 785, 788) ab.

Das wird beim Mord besonders deutlich, ohne dass sich Strafrechtspraxis und **799**
-lehre durch diese fehlende Entscheidungsrelevanz bei ihrem aufwendigen Bemühen um die Abgrenzung zwischen täterschaftlicher Mordbegehung und bloßer Anstiftung zum Mord beirren lassen.

Jene fehlende Praxisrelevanz gilt aber allgemein, denn bei der Zumessung der Strafe innerhalb eines gesetzlichen Strafrahmens[21] ist nicht die Etikettierung des Beteiligten als Täter (mittelbarer Täter, Mittäter) oder Anstifter maßgeblich. Vielmehr kommt es auf den Unrechts- und Schuldgehalt der jeweiligen Beteiligung nach den Umständen des konkreten Einzelfalles an.

20 Zu den erwähnten Erscheinungsformen der Täterschaft siehe vorerst Rn. 800 ff.
21 Siehe als Beispiel § 242 StGB (Diebstahl): Freiheitsstrafe bis zu 5 Jahren oder Geldstrafe.

§ 25 Täterbegriff des StGB: Täterschaft als Tatherrschaft

I. Drei Erscheinungsformen der Täterschaft

800 Das StGB unterscheidet in § 25 drei Formen der Täterschaft:

1. **Unmittelbarer Täter** (§ 25 Abs. 1 Alt. 1 StGB); er »begeht die Tat selbst«.

Beispiel: A stößt O mit Tötungsvorsatz ein Messer in die Brust (Totschlag, § 212 StGB).

Insoweit ist § 25 StGB rein deklaratorisch. Der unmittelbare Täter ist evident derjenige, den die Straftatbestände, z.B. § 212 StGB, mit dem Wort **»Wer«** im Auge haben (Rn. 791). Auch ohne die Regelung des § 25 Abs. 1 Alt. 1 StGB wäre Täter, wer das fragliche Verbrechen oder Vergehen selbst begeht, d.h. eigenhändig den Straftatbestand erfüllt.

801 2. **Mittelbarer Täter** (§ 25 Abs. 1 Alt. 2 StGB); er »begeht die Tat durch einen anderen«.

Beispiele:
a) T erreicht durch Falsche Verdächtigung (§ 164 Abs. 1 StGB), dass der unschuldige O von der Polizei rechtmäßig wegen des Verdachts einer Straftat festgenommen wird (§ 127 Abs. 2 i.V.m. § 112 StPO).[1] T hat eine Freiheitsberaubung in mittelbarer Täterschaft »durch rechtmäßig handelnde Werkzeuge« (die getäuschten Polizisten als »andere« i.S.d. § 25 Abs. 1 Alt. 2 StGB) begangen. Er ist also aus § 239 Abs. 1 StGB strafbar.[2]

b) T überredet den 10-jährigen W, der wegen seines schlechten Zeugnisses völlig verzweifelt ist, sich von einer Brücke zu stürzen. Hier ist T wegen Totschlags in mittelbarer Täterschaft strafbar (Identität des Opfers mit dem schuldunfähigen Werkzeug als »anderer«).

802 Ob die gesetzliche Normierung in § 25 Abs. 1 Alt. 2 StGB den Bereich der Täterschaft *konstitutiv* ausweitet oder ob dieser Normierung nur *deklaratorische* Bedeutung zukommt, ist strittig.[3] Die Frage ist zwar ohne Praxisrelevanz; jedoch dient ihre Beantwortung dem besseren Verständnis der mittelbaren Täterschaft.

Die Straftatbestände erfassen mit dem Wort **»Wer«** neben dem unmittelbaren auch den mittelbaren Täter. Beide sind jeweils die »Zentralgestalt« des tatbestandsmäßigen Geschehens, deren »Schlüsselfigur«. Beide haben die **Tatherrschaft** über das jeweilige Verbrechen oder Vergehen inne.

T wäre in den erwähnten Beispielen auch dann als Täter strafbar, wenn es die Klarstellung in § 25 Abs. 1 Alt. 2 StGB nicht gäbe.[4]

803 3. **Mittäter**: »Begehen mehrere die Straftat gemeinschaftlich, so wird jeder als Täter bestraft« (§ 25 Abs. 2 StGB).

Beispiele:
a) A und B verprügeln aufgrund gemeinsamen Tatentschlusses gemeinschaftlich den O. Beide sind Mittäter und werden nach § 223 Abs. 1 StGB bestraft.

---

1 Zu § 127 Abs. 2 StPO i.V.m. § 112 StPO vgl. Rn. 647-648.

2 Näher dazu: *Krey/Hellmann/Heinrich*, BT/1, Rn. 364 m.w.N.

3 Für Ersteres: SK/*Hoyer*, Vor § 25 Rn. 15 m.w.N.; *Kühl*, § 20 Rn. 6.

4 Schon vor dieser Klarstellung im neuen AT v. 1.1.1975 wurden solche Fälle als Beispiele für mittelbare Täterschaft behandelt (S/S, StGB, 17. Aufl. 1974, Vor § 47 Rn. 15 ff.).

b) X und Y wollen den O ausrauben. Gemäß ihrem Tatplan hält X den O mit einem Revolver in Schach, während Y dem O die Brieftasche wegnimmt. Hier haben X und Y gemeinschaftlich einen Raub begangen: In arbeitsteiligem Zusammenwirken erfüllen sie den Tatbestand des § 249 StGB in der Modalität der *»Wegnahme unter Anwendung von Drohungen mit gegenwärtiger Gefahr für Leib oder Leben«*. Beide üben die Tatherrschaft gemeinsam aus. Sie begehen den Raub in »funktionaler Tatherrschaft«[5]

- X durch die Anwendung des Raubmittels »Drohung«,
- Y durch die Begehung der »Wegnahme«.

Beide müssen sich wegen der gemeinschaftlichen Begehung der Tat aufgrund gemeinsamen Entschlusses **den Tatbeitrag des anderen wie einen eigenen zurechnen lassen**.

Ob die gesetzliche Normierung der Mittäterschaft in § 25 Abs. 2 StGB *strafbegründend* ist, d.h. den Bereich der Täterschaft konstitutiv ausweitet[6], ist strittig. Einem differenzierenden Standpunkt folgend[7] ist jene gesetzliche Regelung **teils deklaratorisch, teils konstitutiv**. **804**

Im soeben angeführten Beispiel der gemeinschaftlichen Körperverletzung wären A und B auch ohne die Regelung des § 25 Abs. 2 StGB als Täter strafbar, da jeder von Ihnen alle Tatbestandsmerkmale des § 223 StGB erfüllt. – Anders ist es im Fall des gemeinschaftlich begangenen Raubes. Hier ergibt erst das arbeitsteilige Zusammenwirken die Tatbestandsverwirklichung. Keiner der beiden Mittäter erfüllt allein alle Tatbestandsmerkmale des § 249 StGB.

Dass § 25 Abs. 2 StGB als **Zurechnungsnorm** in gewissem Umfang **strafbegründend** ist, verdeutlicht auch der folgende Fall:

Fall 104: – Attentat in Mittäterschaft –[8] **805**

Die Terroristen A, B, C und D wollen den Politiker P liquidieren. Um die Erfolgsaussichten der Tat zu erhöhen und den Zusammenhalt in ihrer terroristischen Vereinigung zu stärken, vereinbaren sie, dass *alle vier gleichzeitig auf P schießen sollen*, wenn er sein Haus verlässt. Wie geplant wird das Attentat durchgeführt; P wird erschossen. Dabei haben die Schüsse von A und B ihn tödlich verletzt, C hat nur die Schulter des P getroffen, D hat mit seinem Schuss das Opfer verfehlt. Strafbarkeit von A, B, C und D wegen der Tötung des P?

Dass **A** und **B** des Totschlags[9] schuldig sind, ist evident, ebenso, dass beide auch **806** dann wegen Totschlags strafbar wären, wenn die Regelung des § 25 Abs. 2 StGB nicht existierte. Denn die Handlungen von A und B waren für den Erfolg in gleicher Weise kausal;[10] beide haben die Tat beherrscht. Jeder von ihnen hat alle Tatbestandsmerkmale des § 212 StGB selbst erfüllt. Daher stellt § 25 Abs. 2 StGB für sie letztlich nur deklaratorisch eine »Mittäterschaft« fest; die Täterschaft von A und B ergäbe sich bereits aus § 25 Abs. 1 Alt. 1 StGB.

Hinweis für die Fallbearbeitung: Verwirklicht einer von mehreren (Mit-)Tätern **807** *alle* relevanten objektiven Merkmale der Tathandlung in eigener Person, so ist bei ihm § 25 Abs. 2 StGB zunächst nicht anzusprechen. Seine Strafbarkeit folgt bereits

5 *Roxin*, § 25 Rn. 188 ff. – Näher hierzu Rn. 809, 832 ff.
6 So z.B. SK/*Hoyer*, Vor § 25 Rn. 15 m.w.N.; *Kühl*, § 20 Rn. 6; ebenso *Heinrich*, S. 185.
7 Dazu eingehend *Herzberg*, S. 56 ff.
8 Fall in Anlehnung an *Herzberg*, S. 56.
9 Ob sogar Mord eingreift (§ 211 StGB), soll hier dahinstehen.
10 Sog. »alternative Kausalität« (Rn. 316 ff.).

aus § 25 Abs. 1 Alt. 1 StGB, der ebenfalls neben dem einschlägigen Straftatbestand des BT im Gutachten keine Erwähnung findet. Erst am Ende – nach der Prüfung der übrigen Täter – erfolgt ggf. die Feststellung, dass alle Täter Mittäter sind.

§ 25 Abs. 2 StGB als **Zurechnungsnorm** *dient im Gutachten* ausschließlich dazu, einem Täter, der die Tathandlung nicht selbst in eigener Person (vollständig) vornimmt, die bei ihm fehlenden Handlungselemente (**Tatbeiträge**), die ein anderer Täter auf der Basis eines gemeinsamen Tatentschlusses verwirklicht, *strafbegründend* zurechnen zu können.

808 Auch **C** und **D** haben nach herrschender und zutreffender Ansicht einen Totschlag begangen, und zwar als Mittäter:[11]

Mittäterschaft verlangt zunächst einen **gemeinsamen Tatentschluss/Tatplan**.

Dieses Erfordernis wird im Gesetz zwar nicht ausdrücklich genannt. Es ist aber fast allgemein anerkannt[12], denn die Notwendigkeit eines Handelns aufgrund gemeinsamen Tatentschlusses folgt zum einen aus der Struktur der Mittäterschaft als **bewusstem und gewolltem arbeitsteiligen Zusammenwirken**;[13] eine Zurechnung von Tatbeiträgen verlangt eine Zurechnungsgrundlage: Den gemeinsamen Tatentschluss.

Zum anderen resultiert jene Notwendigkeit aus § 15 StGB. Die – teils deklaratorische, teils konstitutive – Anordnung des Gesetzgebers in § 25 Abs. 2 StGB erklärt alle, die eine Tat gemeinschaftlich begehen, zu Tätern (»Mittäter«). Damit ergänzt § 25 Abs. 2 StGB die einzelnen Straftatbestände des BT, wird also der Sache nach zum Bestandteil dieser Straftatbestände. Demgemäß gilt § 15 StGB nicht nur für letztere, sondern auch für § 25 Abs. 2 StGB. Mittäterschaft fordert also gemäß § 15 StGB die ***vom Vorsatz getragene*** *gemeinschaftliche Begehung der Straftat*. Dafür aber ist ein gemeinsamer Tatentschluss nötig.

Ein solcher Entschluss liegt bei A, B, C und D vor.

809 Weiterhin verlangt § 25 Abs. 2 StGB eine **gemeinschaftliche Begehung** der Straftat. Hierfür bedarf es der **»funktionalen Tatherrschaft« durch arbeitsteiliges Zusammenwirken**. Im Fall 104 haben alle vier Terroristen absprachegemäß gleichzeitig geschossen. Ex ante, d.h. aus der Perspektive der Tatzeit gesehen, hat jeder der vier durch seinen Tatbeitrag den Erfolgseintritt wahrscheinlicher gemacht.[14] Aus dieser Sicht war jeder der vier Schüsse ein wesentlicher Tatbeitrag, da jeder von ihnen den Tod des P herbeiführen konnte.[15]

---

11 Vgl. *Herzberg*, S. 56-60; SK/*Hoyer*, § 25 Rn. 111; *Kühl*, § 20 Rn. 109 m.w.N.; *Roxin*, § 25 Rn. 229 f.: sog. »additive Mittäterschaft«; ebenso *Heinrich*, S. 297 f. Ablehnend *Jakobs*, 21/55.

12 BGHSt 6, 248 (249); 24, 286 (288); 37, 289 (291 f.); *Baumann*/*Weber*/*Mitsch*, § 29 Rn. 82; *Herzberg*, S. 62; SK/*Hoyer*, § 25 Rn. 121; MK/*Joecks*, § 25 Rn. 198; *Roxin*, § 25 Rn. 190 ff.; *Wessels*/*Beulke*/*Satzger*, Rn. 761; **a.A.** *Lesch*, ZStW 105 (1993), 271.

13 BGHSt 6, 248 (249); 24, 286 (288); *Baumann*/*Weber*/*Mitsch*, § 29 Rn. 82; *Kühl*, § 20 Rn. 98 f.

14 SK/*Hoyer*, § 25 Rn. 111; *Roxin*, § 25 Rn. 229 f. Siehe auch BGHSt 39, 1 (30 f.).

15 *Kühl*, § 20 Rn. 109. Kritisch zu der hier (im Anschluss an *Roxin* u.a.) vertretenen Begründung *Herzberg*, S. 56-61.

Daher haben C und D den Totschlag »gemeinschaftlich« mit A und B begangen. **Alle vier** handelten in arbeitsteiligem Zusammenwirken als Mitträger der funktionalen Tatherrschaft, die **Mittäterschaft** begründet: Nach § 25 Abs. 2 StGB müssen sich C und D die tödlichen Schüsse wie eigenes Tun zurechnen lassen.

Gleichwohl lässt sich nicht leugnen, dass **C** und **D** – anders als die beiden anderen **810**
Mittäter – den Tatbestand des Totschlags an sich nicht erfüllt haben: Sie haben den P nicht selbst getötet.[16] Erst die gesetzliche Anordnung in § 25 Abs. 2 StGB macht C und D zu Tätern (Mittäter). Insoweit ist diese Vorschrift für beide strafbegründend. Demgemäß lässt sich für die Mittäterschaft feststellen:

Die **»funktionale Tatherrschaft«**, die Mittäterschaft konstituiert, hat in vielen Fällen dieselbe Intensität wie die Tatherrschaft des unmittelbaren Täters.

Das gilt für A und B in dem oben (Rn. 803) angeführten Beispiel des gemeinschaftlichen Verprügelns, zudem für A und B in Fall 104 (Rn. 806).

In anderen Fällen ist die »funktionale Tatherrschaft« von Mittätern mangels eigener Erfüllung aller Tatbestandsmerkmale schwächer als die des unmittelbaren Täters, der die Tat selbst begeht.

Das gilt für X und Y im Raubbeispiel (Rn. 803) und namentlich für C und D in Fall 104.

Hier wird jene Tatherrschaft **normativ** durch den insoweit strafbegründenden § 25 Abs. 2 StGB der Tatherrschaft des unmittelbaren Täters **gleichgestellt**.

Herzberg hat daher Recht, wenn er für Mittäter wie C und D feststellt: Es stecke in **811**
der Mittäterschaft etwas vom Geist der archaischen Rechtsregel *»mitgegangen – mitgehangen«*.[17] C und D werden so bestraft, als ob sie selbst tödlich getroffen hätten.

Diese gesetzliche Gleichstellung durch § 25 Abs. 2 StGB ist allerdings weder aus verfassungsrechtlicher noch aus kriminalpolitischer Sicht bedenklich. Der Handlungsunwert der Tatbeiträge von C und D entspricht dem des Verhaltens von A und B. Für das Opfer waren alle vier Schüsse bei Betrachtung ex ante gleich gefährlich.

II. Anstiftung und Beihilfe als Teilnahme ohne Tatherrschaft an der Tat eines anderen

Unmittelbarer Täter, mittelbarer Täter und Mittäter sind nach der klaren gesetzli- **812**
chen Wertung des § 25 StGB diejenigen, die den Straftatbestand erfüllen, d.h. die Tat begehen, sei es **»selbst«**, sei es **»durch einen anderen«**, sei es **»gemeinschaftlich«**. Sie haben die Tatherrschaft über das Verbrechen bzw. Vergehen inne, sei es auch nur in der Form normativ fundierter »funktionaler Tatherrschaft«.

16 So zutreffend *Herzberg*, S. 59 f.
17 *Herzberg*, S. 61.

813 Im Gegensatz dazu sind Teilnehmer (Anstifter, Gehilfe) Beteiligte ohne Tatherrschaft an der Straftat eines anderen.[18] Das ergibt sich aus der klaren Legaldefinition in §§ 26, 27 StGB:

- Der Anstifter bestimmt einen anderen zu dessen Tat.
- Der Gehilfe leistet einem anderen bei dessen Tat Hilfe.

Weder Anstifter noch Gehilfe begehen die Straftat, sei es selbst, sei es durch einen anderen, sei es gemeinschaftlich. Sie sind daher Tatbeteiligte ohne Tatherrschaft.

Die Tatherrschaft ist daher das maßgebliche Kriterium für die Abgrenzung zur Täterschaft.

III. Täterbegriff der subjektiven Theorie: »Täter ist, wer die Tat als eigene will«

1. Äquivalenztheorie und extensiver Täterbegriff als Basis der subjektiven Theorie

814 Die vom RG in ständiger Rechtsprechung vertretene subjektive Theorie basiert

- auf der *Äquivalenztheorie* mit ihrer Kernaussage von der Gleichwertigkeit aller Ursachen der Straftat für die Kausalität, zudem
- auf dem *extensiven Täterbegriff* (Rn. 787-790), der sich auf jene Äquivalenz beruft:

Da bereits jede Mitverursachung der Straftat Täterschaft begründen könne und eine ***objektive*** *Abgrenzung zwischen Täterschaft und Teilnahme wegen jener Äquivalenz aller kausalen Beiträge unmöglich sei, verspreche allein eine* ***subjektive*** *Abgrenzung Erfolg.*[19]

2. Täterwille (animus auctoris) als Kriterium der Täterschaft

815 Die Kernaussage der subjektiven Theorie lautet:

Wer eine Straftat vorsätzlich mitverursacht, ist **Täter**, wenn er seinen Tatbeitrag mit **»Täterwillen«** (animus auctoris) geleistet, d.h. die Tat **»als eigene gewollt«** hat.[20]

Teilnehmer ist dagegen, wer nur mit **»Teilnehmerwillen«** (animus socii) handelt, also lediglich »eine fremde Tat als fremde« unterstützen will.[21]

816 Nach der Judikatur des RG sollte dabei das **Tatinteresse**, genauer: »der Grad des eigenen Interesses am Erfolg«, das wichtigste **Indiz** für jenen Täterwillen sein.[22]

---

18 *Jakobs*, 21/6 (d), 22/1; *Jescheck/Weigend*, § 64 II 1, III 1; *Kühl*, § 20 Rn. 7, 25 f., 130; *Roxin*, § 25 Rn. 10, 13, § 26 Rn. 1; *Wessels/Beulke/Satzger*, Rn. 738, 743, 793, 797.

19 RGSt 74, 84 f.; *Baumann*, NJW 1963, 561 ff.; *Baumann/Weber/Mitsch*, § 29 Rn. 38, 59.

20 RGSt 74, 84 (85 f.); BGHSt 18, 87 (89 f., 95 f.) m.w.N.; 28, 346 (348 f.); 37, 289 (293); *Arzt*, JZ 1984, 428 (429); *Baumann*, NJW 1963, 561 ff.; *ders.*, JuS 1963, 51 ff. (85 ff.); *Baumann/Weber/Mitsch*, § 29 Rn. 38-47, 59 ff.; *Hartung*, JZ 1954, 430 (431).

21 RGSt 74, 84 (85 f.); BGHSt 18, 87 (89 f., 95 f.); 28, 346 (348 f.); *Baumann*, NJW 1963, 561 ff.; *Baumann/Weber/Mitsch*, § 29 Rn. 38-47, 59 ff., 100, 151.

22 RGSt 74, 84 (85 f.): »Ob jemand die Tat als eigene will, richtet sich vornehmlich … nach dem Grad seines eigenen Interesses am Erfolg.« Auch BGHSt 18, 87 (95 f.) stellt in casu primär auf das eigene Tatinteresse als Indiz für den Täterwillen ab.

Animus auctoris wurde weitgehend mit eigenem Interesse am Erfolg gleichgesetzt, animus socii mit Fehlen jenes eigenen Interesses.[23]

Heute wird von den Anhängern der subjektiven Theorie ein weiteres Indiz für den Täterwillen genannt, der »**Wille zur Tatherrschaft**«.[24]

3. Extrem-subjektive Theorie

a) Badewannen-Fall (RG)[25]

Fall 105: – Annahme von Beihilfe trotz eigenhändiger Tatbegehung – **817**
Frau A bringt ein nichteheliches Kind zur Welt. Gleich nach der Geburt ertränkt S, die Schwester der A, das Kind auf deren Drängen in der Badewanne. Die S wollte der A helfen, um ihr Vorwürfe ihres Vaters und »öffentliche Missachtung als uneheliche Mutter« in ihrem Dorf zu ersparen. Strafbarkeit von A und S?

(1) Die **S** hat eigenhändig das Kind getötet; sie hat also i.S.d. § 25 Abs. 1 Alt. 1 **818**
StGB die Straftat »Totschlag« **selbst begangen**. Folglich ist sie als **unmittelbare Täterin** aus § 212 StGB schuldig.

Die Kindesmutter **A** hat sich laut Sachverhalt darauf beschränkt, die S zu der Tat zu drängen. Darin liegt mangels arbeitsteiligen Zusammenwirkens (funktionale Tatherrschaft) keine »gemeinschaftliche Begehung« der Tötung. Mittäterschaft (§§ 212, 25 Abs. 2 StGB) scheidet also aus. – Doch hat die A den Tatentschluss der S hervorgerufen, die Täterin also zu deren Tat »bestimmt«, so dass A als **Anstifterin** zum Totschlag strafbar ist.

(2) Indes hat das RG seinerzeit – im Jahre 1940 – in einem Aufsehen erregenden **819**
Urteil anders entschieden, um die **S** vor der damals zwingend angedrohten Todesstrafe zu bewahren:[26]

Nach dem zur Tatzeit geltenden StGB wäre die **S** nicht nur wegen Totschlags, sondern wegen Mordes schuldig gewesen. D.h. ihre Verurteilung als Täterin hätte die Verhängung der Todesstrafe zur Folge gehabt. – Die **A** dagegen war wegen des seinerzeit geltenden privilegierenden Tatbestandes der »Kindestötung« (§ 217 StGB a.F.[27]) vor dem Henker sicher: Sowohl als Täterin einer Kindestötung als auch als Anstifterin zur Tat der S wäre sie unter den privilegierenden Strafrahmen des § 217 StGB gefallen.[28]

---

23 *Baumann/Weber/Mitsch*, § 29 Rn. 41.

24 *Baumann*, NJW 1963, 561 ff.; *ders.*, JuS 1963, 51 (58 f.), 85 (88); *Baumann/Weber/Mitsch*, § 29 Rn. 44, 47, 59, 61; BGHSt 18, 87 (90). – Der BGH verwendet i.d.R. die Formulierung: Neben dem Tatinteresse sei ein weiteres Indiz für den Täterwillen »die Tatherrschaft oder wenigstens der Wille zur Tatherrschaft« (so z.B.: BGHSt 37, 289 (291) m.w.N.; 38, 315 (319)). Damit lässt der BGH offensichtlich den bloßen »Willen zur Tatherrschaft« genügen, wenn die Tatherrschaft selbst fehlt. Zum heutigen Standpunkt des BGH siehe Rn. 834 ff.

25 RGSt 74, 84, Urt. v. 19.2.1940. Siehe dazu *Hartung*, JZ 1954, 430 f.

26 RGSt 74, 84; näher dazu – zustimmend – *Hartung*, JZ 1954, 430 f.

27 Text: »Eine Mutter, welche ihr uneheliches Kind in oder gleich nach der Geburt vorsätzlich tötet, wird mit Zuchthaus nicht unter drei Jahren bestraft. Sind mildernde Umstände vorhanden, so tritt Gefängnisstrafe nicht unter zwei Jahren ein.«

28 Dazu: RGSt 74, 84 (86); *Hartung*, JZ 1954, 430 (431). – Für die nichteheliche Mutter galt der Strafrahmen des § 217 StGB a.F. auch dann, wenn sie die Kindstötung nicht als Täterin

Vor diesem Hintergrund hat das RG das Leben der S dadurch gerettet, dass es die subjektive Theorie »auf die Spitze getrieben« hat, indem es entschied:

820 *Auch wer die Straftat vorsätzlich und eigenhändig ausführe, also* ***selbst begehe****, könne als bloßer* ***Gehilfe*** *statt als Täter strafbar sein, nämlich dann, wenn er ohne Täterwillen gehandelt, d.h. die Tat nicht als eigene gewollt habe.* Hierin liegt die Kernaussage der extrem-subjektiven Theorie.

Sie erlaubte es dem Gericht, in casu die Bestrafung der S wegen bloßer **Beihilfe** zur Tötung des Kindes zu ermöglichen – nach dem Tatzeitrecht als »Beihilfe zum Mord«.[29] – Die A dagegen hat das RG in konsequenter Anwendung der subjektiven Theorie als **Täterin** der Kindestötung angesehen, da sie nach dem primär maßgeblichen Kriterium des eigenen Interesses am Erfolg (Rn. 816) mit Täterwillen gehandelt habe.

b) Staschynskij-Fall (BGH)[30]

821 **Fall 106: – Mordanschlag auf Befehl von Regierungsmitgliedern der ehemaligen Sowjetunion –**
Der KGB-Agent Staschynskij (S) tötete auf Befehl sowjetischer Regierungskreise in München einen russischen Exilpolitiker mit einer Giftpistole. Strafbarkeit des S?

S hat eigenhändig das Opfer getötet, d.h. die Tat selbst begangen. Demgemäß hat er sich in **unmittelbarer Täterschaft** (§ 25 Abs. 1 Alt. 1 StGB) wegen Totschlags, § 212 StGB, strafbar gemacht.[31]

822 Der BGH hat jedoch unter Berufung auf die extrem-subjektive Theorie nur auf **Beihilfe** zu jenem Tötungsdelikt erkannt und dazu entschieden:[32] *Täter* jenes Tötungsdelikts seien diejenigen *Regierungsmitglieder* der ehemaligen Sowjetunion gewesen, die dem S den Auftrag zur Tötung erteilt hätten. Als »Drahtzieher«, als die »eigentlichen Taturheber« hätten sie mit Täterwillen gehandelt; sie seien daher Täter, und zwar »mittelbare Täter«.

823 S dagegen sei bloßer **Gehilfe.** Dazu führt der BGH aus:[33]

»Gehilfe ist, wer die Tat nicht als eigene begeht, sondern nur (…) bei fremder Tat mitwirkt … Dieser (…) subjektiven Teilnahmelehre hat sich im Grundsatz auch der BGH in ständiger Rechtsprechung (…) angeschlossen. Nach Entscheidungen des BGH kann insbesondere **auch derjenige bloßer Gehilfe sein, der alle Tatbestandsmerkmale selber erfüllt** … Die Anwendung dieser Rechtsgrundsätze ergibt (…), dass er [S] diese Tat nicht als eigene gewollt, dass er kein Interesse an ihr gehabt, dass er sich fremdem Täterwillen (…) gebeugt (…) hat.«

---

beging, sondern einen anderen hierzu anstiftete (Erst-recht-Argument; *Maurach/Schroeder/Maiwald*, BT 1, 8. Aufl. 1995, 2/70).

29 RGSt 74, 84 (86); *Hartung*, JZ 1954, 430 (431).

30 BGHSt 18, 87, Urt. v. 19.10.1962.

31 Nach der Judikatur des BGH wäre wegen Verwirklichung des Mordmerkmals »Heimtücke« sogar Mord anzunehmen. Hierzu: BGHSt 18, 87 (88); 30, 105 (112 ff., 115 a.E. f.) – pro »Heimtücke« –; hiergegen die h.L. (dazu m.w.N. *Krey/Hellmann/Heinrich*, BT/1, Rn. 29, 31, 49 ff., 64-66.

32 BGHSt 18, 87 (88 f., 95 f.).

33 BGHSt 18, 87 (89 f., 95).

Jenes Aufsehen erregende Urteil dürfte u.a. darauf beruht haben, dass der BGH den Angeklagten S als »geständigen Überläufer« durch die Annahme bloßer Beihilfe *belohnen* wollte und zugleich Teile der damaligen Regierung in Moskau *als »Mörder« brandmarken* konnte.

Die extrem-subjektive Theorie wird heute weitgehend als **überholt** bezeichnet.[34] **824**
Wenn damit gesagt werden soll, sie widerspreche jedenfalls dem heute geltenden StGB, so ist dieser Bewertung zu folgen. Wenn jedoch mit jener Etikettierung der extrem-subjektiven Theorie gemeint ist, sie sei in Rechtsprechung und Lehre inzwischen aufgegeben worden, so ist eine vorsichtigere Stellungnahme geboten:

Erstens stimmen von den wenigen Anhängern der subjektiven Theorie in der Strafrechtswissenschaft einige dem Staschynskij-Urteil des BGH im Ergebnis zu.[35] Zweitens hat der BGH auch in jüngeren Entscheidungen wiederholt offengelassen, ob die extrem-subjektive Theorie wirklich durch das geltende StGB *überholt* oder ob sie für besondere Ausnahmesituationen weiterhin sachgerecht und legal sei.[36]

IV. Tatherrschaftslehre (materiell-objektive Theorie)

– Täterschaft als Tatherrschaft –

1. »Formal-objektive Theorie« als Grundlage für die Tatherrschaftslehre

Jene Theorie wird heute zwar (fast) allgemein als **überholt** angesehen, weil sie der **825**
gesetzlichen Regelung in § 25 Abs. 1 Alt. 2 und § 25 Abs. 2 StGB nicht gerecht wird.[37] Ihre Erörterung dient aber dem besseren Verständnis der in der Strafrechtswissenschaft dominierenden, überzeugenden Tatherrschaftslehre (materiell-objektive Theorie):

Die formal-objektive Theorie reduziert die Täterschaft auf die Person, die den Straftatbestand *eigenhändig erfüllt, d.h. die Straftat selbst begeht.*[38] Demgemäß erfasst ihr Täterbegriff grundsätzlich nur den unmittelbaren Täter (§ 25 Abs. 1 Alt. 1 StGB – Rn. 800).

Insoweit ist diese Theorie mit dem geltenden StGB unvereinbar. Denn das deut- **826**
sche Strafrecht kennt neben dem unmittelbaren noch den **mittelbaren Täter** (§ 25 Abs. 1 Alt. 2 StGB – Rn. 801 f.) und den **Mittäter** (§ 25 Abs. 2 StGB – Rn. 802 ff.). Die mittelbare Täterschaft nun wird vom Täterbegriff der formal-objektiven Theorie gar nicht erfasst.[39] Und der Mittäterschaft wird diese Theorie jedenfalls dann nicht gerecht, wenn es wie in Fall 104 bei C und D um Mittäter

---

34 So z.B. *Freund*, § 10 Rn. 40; MK/*Joecks*, § 25 Rn. 27; *Kühl*, § 20 Rn. 21-23 (*Frisch* und *Küpper* folgend); *Wessels/Beulke/Satzger*, Rn. 748.

35 *Baumann*, NJW 1963, 561 ff.; *Baumann/Weber/Mitsch*, § 29 Rn. 43, 68 f.

36 BGH NStZ 1987, 224 f.; BGHSt 39, 1 (31 a.E., 32); BGH NStZ-RR 1999, 186 (187).

37 *Jescheck/Weigend*, § 61 III 2, 3; *Kühl*, § 20 Rn. 21, 24; *Roxin*, § 25 Rn. 29; *ders.*, Täterschaft, S. 34-37. Abweichend *Freund*, § 10 Rn. 35-37.

38 Siehe Darstellung bei: *Jakobs*, 21/25; *Jescheck/Weigend*, § 61 III 2, 3; *Roxin*, § 25 Rn. 29.

39 *Jescheck/Weigend*, § 61 III 2, 3; *Kühl*, § 20 Rn. 24; *Roxin*, § 25 Rn. 29; *Wessels/Beulke/Satzger*, Rn. 744.

geht, die den Tatbestand nicht selber erfüllen (Rn. 808-811), für die sich *§ 25 Abs. 2 StGB* also *täterschafts**begründend*** auswirkt.[40]

Versuche, die formal-objektive Theorie »modern« zu verstehen und auf den gesamten Bereich der in § 25 StGB normierten Formen der Täterschaft auszudehnen[41], verfälschen diese Theorie und weichen daher der Sache nach von ihr ab.

Die formal-objektive Theorie ist mithin wegen ihrer »einseitigen Fixierung auf die Eigenhändigkeit der Tatbegehung«[42] zu eng. Sie ist **zu formal**.[43]

2. Tatherrschaftslehre als »materiell-objektive Theorie«

827 Die These der formal-objektiven Theorie: ***wer die Straftat eigenhändig begehe, sei Täter***, ist jedoch in zwei zentralen Punkten zutreffend.
Erstens begründet diese Eigenhändigkeit die strafrechtliche Verantwortlichkeit als Täter, ohne dass irgendwelche Spekulationen darüber, ob der Handelnde »die Tat als eigene wollte«, hieran etwas ändern könnten.

Zweitens wäre jene These auch ohne die ausdrückliche Klarstellung in § 25 Abs. 1 Alt. 1 StGB evident einleuchtend, denn wer den Tatbestand eigenhändig erfüllt, ist die **»Zentralgestalt«** des tatbestandsmäßigen Geschehens, ist derjenige, der die **Tatherrschaft** in Händen hat, kurz: **Er begeht die Tat.**

Jene Theorie ist daher erstens **objektiv** ausgerichtet und zweitens an der **Tatherrschaft** orientiert.[44] Insoweit ist sie sachgerecht und gesetzeskonform (§ 25 Abs. 1 Alt. 1 StGB).

828 Indes bedarf es auf dieser zutreffenden, aber **zu engen** Grundlage einer Theorie, die auch den beiden anderen Formen der Täterschaft gerecht wird, nämlich der mittelbaren Täterschaft und der Mittäterschaft. Diese Aufgabe übernimmt die **Tatherrschaftslehre** (»materiell-objektive Theorie«). Sie ist *objektiv*, weil sie nicht darauf abstellt, ob der Tatbeteiligte »die Tat als eigene wollte«, sondern auf die *Tatherrschaft* rekurriert. Sie ist *materiell-objektiv*, weil sie die Tatherrschaft nicht *formal* auf die Fälle eigenhändiger Tatbegehung beschränkt.[45]

829 Die Tatherrschaftslehre ist maßgeblich von *Roxin* entwickelt worden.[46] Sie dominiert in der heutigen Strafrechtswissenschaft[47] und besagt:

Der Täter ist **Zentralgestalt** (Schlüsselfigur) des tatbestandsmäßigen Geschehens.[48] Voraussetzung für diese Rolle ist **Tatherrschaft**. Sie wird umschrieben als

40 *Jakobs*, 21/25; *Jescheck/Weigend*, § 61 III 2, 3; *Kühl*, § 20 Rn. 24; *Roxin*, § 25 Rn. 29.
41 *Freund*, § 10 Rn. 35-37; siehe auch SK/*Hoyer*, Vor § 25 Rn. 9.
42 LK/*Roxin*, 11. Aufl., § 25 Rn. 34.
43 *Kühl*, § 20 Rn. 24.
44 *Roxin*, § 25 Rn. 17, 27, 29, 32.
45 SK/*Hoyer*, § 25 Rn. 10, 12; *Kühl*, § 20 Rn. 25.
46 *Roxin*, Täterschaft u. Tatherrschaft (1. Aufl. 1963).
47 So z.B. *Herzberg*, S. 7 f.; SK/*Hoyer*, Vor § 25 Rn. 11-15; *Jakobs*, 21/32 ff.; *Jescheck/Weigend*, § 61 V; *Kühl*, § 20 Rn. 25-29; *Otto*, AT, § 21 Rn. 15 ff., 23 ff.; *Roxin*, § 25 Rn. 13, 17, 27 ff.; *Rudolphi*, FS Bockelmann, 1979, S. 369 ff.; *Stratenwerth/Kuhlen*, 12/15 ff.; *Wessels/Beulke/Satzger*, Rn. 745 ff. m.w.N., 518. Kritisch u.a.: *Freund*, § 10 Rn. 45 ff., 50 f., 63 ff., 155; *Köhler*, Kap. 9, I 2, II 3.2; *Stein*, S. 221 ff., 238 ff. (dazu ablehnend *Roxin*, § 25 Rn. 35, 36); wohl auch S/S/*Heine/Weißer*, Vor § 25 Rn. 57.

- **das vom Vorsatz umfasste In-den-Händen-Halten der Erfüllung des Straftatbestandes,**[49]
- **die vom Willen getragene beherrschende Steuerung der Tat.**[50]

Tatherrschaft besitzt, wer die Tatbestandserfüllung nach seinem Willen ablaufen lassen, hemmen oder abbrechen kann.[51]

Dabei wird im Anschluss an *Roxin* wie folgt zwischen den drei Erscheinungsformen der Täterschaft (Rn. 800-811) differenziert: **830**

Der **unmittelbare Täter** begeht die Tat *selbst* und besitzt daher die **»Handlungsherrschaft«**; sie liegt in der eigenhändigen Erfüllung des Tatbestandes.[52]

Der **mittelbare Täter** begeht die Tat nicht selbst, sondern **»durch einen anderen«**. Letzterer wird »Tatmittler« oder, anschaulicher, Werkzeug genannt. Er ist – entweder begriffsnotwendig oder zumindest grundsätzlich – nicht selbst Täter der fraglichen vorsätzlichen Straftat des mittelbaren Täters.[53] **831**

Zentralgestalt der »durch den anderen« begangenen Tat ist der mittelbare Täter. Seine Tatherrschaft liegt in der Beherrschung des tatbestandsmäßigen Geschehens durch Einsatz eines menschlichen Werkzeuges, das er (»Hintermann«) in der Hand hat.[54] Diese Form der Tatherrschaft wird als **»Willensherrschaft«** bezeichnet.[55]

Im Beispiel der **Falschen Verdächtigung** (Rn. 801) beruht sie auf der Täuschung der Polizeibeamten.[56] Bei der **Verleitung des Kindes zum Suizid** (Rn. 801) folgt die Tatherrschaft daraus, dass der Suizid nicht freiverantwortlich, sondern »unfrei« war.[57]

3. Tatherrschaftslehre im engeren oder weiteren Sinne?

Mittäterschaft als *arbeitsteiliges Zusammenwirken* bei der Erfüllung des Straftatbestandes verlangt gemeinsame Tatherrschaft (Mitherrschaft); sie wird als **»funktionale Tatherrschaft«** bezeichnet.[58] **832**

a) Dabei lassen viele Vertreter der Tatherrschaftslehre eine Mitwirkung im Stadium der **Vorbereitung** der Tat genügen, verlangen also keine »gemeinschaftliche Begehung« i.S. einer funktionalen Tatherrschaft über die Ausführung der Tat.

48 *Kühl*, § 20 Rn. 26; *Roxin*, § 25 Rn. 10, 27; *Wessels/Beulke/Satzger*, Rn. 746, 751; insoweit zustimmend *Heinrich*, S. 34 ff.

49 *Gropp*, § 10 Rn. 80 m.w.N.; *Kühl*, § 20 Rn. 26 m.w.N.

50 *Jescheck/Weigend*, § 61 V 1; *Kühl*, § 20 Rn. 26.

51 *Kühl*, § 20 Rn. 26; *Wessels/Beulke/Satzger*, Rn. 746, 751.

52 *Gropp*, § 10 Rn. 91; SK/*Hoyer*, § 25 Rn. 13, 27; *Kühl*, § 20 Rn. 27; *Roxin*, § 25 Rn. 28, 38 ff.

53 Dazu Rn. 876 ff., 889, 923 ff., 939. – Eingehend *Krey/Nuys*, FS Amelung, 2009, S. 203 ff.

54 *Jescheck/Weigend*, § 62 I.

55 *Gropp*, § 10 Rn. 91; SK/*Hoyer*, § 25 Rn. 13, 27; *Roxin*, § 25 Rn. 28, 45 ff. Zu jener Willensherrschaft und ihren Erscheinungsformen im Detail Rn. 874 ff.

56 Dazu Rn. 886-888, 890 ff.

57 Dazu Rn. 905 ff., 907, 914.

58 *Gropp*, § 10 Rn. 91; SK/*Hoyer*, § 25 Rn. 13, 27, 108; *Jescheck/Weigend*, § 61 V 3b; *Roxin*, Täterschaft und Tatherrschaft (1. Aufl. 1963), S. 275 ff., 527; *ders.*, § 25 Rn. 28, 188 ff. Kritisch *Herzberg*, S. 56-61; instruktiv auch: *Kühl*, JA 2014, 668 ff.

Danach kann insbesondere der **Bandenchef** auch dann Mittäter sein, wenn er zwar die Tat geplant und ihre Durchführung organisiert, die tatbestandsmäßige Ausführung der Tat aber ohne weitere Einflussnahme seinen Komplizen anvertraut hat: Die funktionale Tatherrschaft verlange keine Mitwirkung im Stadium zwischen Versuchsbeginn und Vollendung der Straftat.[59]

Diese Konzeption kann man als Lehre von der funktionalen Tatherrschaft **im weiteren Sinne** bezeichnen. Ihre Kernaussage lautet: Auch Tatbeiträge, die außerhalb des Kerngeschehens im Stadium der Vorbereitung des Verbrechens oder Vergehens geleistet werden, können funktionale Tatherrschaft begründen, sofern es sich um **»wesentliche Vorbereitungsakte«** handelt.[60]

833 b) Demgegenüber fordern *Roxin* und andere Autoren Mitherrschaft als funktionale Tatherrschaft gerade für das **Stadium der Ausführung** der Straftat:[61]

»Da Täterschaft Tatbestandsverwirklichung ist, kann Mittäterschaft nur Mitherrschaft bei der Tatbestandshandlung, d.h. bei der Ausführung selbst, sein.«[62]

Mittäter ist nach dieser Lehre von der funktionalen Tatherrschaft **im engeren Sinne** nur, wer die Straftat im Stadium zwischen Versuchsbeginn und Vollendung mitbeherrscht. Nur dann lässt sich von »gemeinschaftlicher Begehung der Straftat« (§ 25 Abs. 2 StGB) sprechen.[63]

V. Täterbegriff des BGH: Subjektive Theorie mit Annäherungen an die Tatherrschaftslehre

1. Subjektive Theorie als Ausgangspunkt für den Täterbegriff des BGH

834 In zahlreichen Entscheidungen postuliert der BGH, *Täter sei jeder Tatbeteiligte, **der die Tat als eigene wolle***[64], d.h. mit Täterwillen handele.[65]

Ganz im Sinne dieses subjektiven Standpunktes stellt das Gericht auf das Tatinteresse – genauer: auf den »Grad des eigenen Interesses am Taterfolg«[66] – als wesentliches Indiz für den Täterwillen ab.

2. Annäherung an die Tatherrschaftslehre in der Rechtsprechung des BGH?

835 Im Schrifttum wird der Standpunkt des Gerichts zur Abgrenzung von Täterschaft und Teilnahme, wie er in der neueren Judikatur zum Ausdruck komme, vielfach als

59 *Gropp*, § 10 Rn. 87; *Jakobs*, 21/47, 48; *Jescheck/Weigend*, § 63 III 1 (a.E.); *Joecks*, § 25 Rn. 66; *Kühl*, § 20 Rn. 108-112 m.w.N.; *Wessels/Beulke/Satzger*, Rn. 517, 529; *Stratenwerth/Kuhlen*, 12/91-94. Differenzierend: SK/*Hoyer*, § 25 Rn. 112-120.

60 So z.B. *Kühl*, § 20 Rn. 110 ff.

61 *Roxin*, § 25 Rn. 198 ff. m.w.N.; *ders.*, Täterschaft, S. 292-305; ebenso: *Herzberg*, S. 64-67; *ders.*, JZ 1991, 859; *Rudolphi*, FS Bockelmann, 1979, S. 369 (372 ff.); eine Beteiligung an der eigentlichen Tatausführung verlangt auch *Heinrich*, S. 289 ff.

62 *Roxin*, § 25 Rn. 198; LK/*Schünemann*, § 25 Rn. 182.

63 Dazu näher Rn. 975 ff.

64 BGHSt 18, 87 (89, 95 f.); 28, 346 (348 f.); 37, 289 (293); BGH NStZ 2008, 273 (275).

65 BGHSt 18, 87 (89, 95 f.); 43, 381 (396); abweichend aber BGHSt 48, 52 (56).

66 BGHSt 18, 87 (89, 95 f.); 43, 381 (396); 48, 52 (56): »eigenes Interesse am Taterfolg«; BGHSt 51, 324.

»subjektive Theorie auf objektiv-tatbestandlicher Grundlage« bezeichnet.[67] Der Grund hierfür liegt darin, dass der BGH seit längerem den Gesichtspunkt der Tatherrschaft in seinen Täterbegriff einbaut:

Die Tatherrschaft wird als eines von mehreren Indizien für den Täterwillen bewertet.[68] Charakteristisch ist insoweit die folgende Formulierung des Gerichts: Ob der Täter die Tat als eigene gewollt, d.h. mit *Täterwillen* gehandelt habe, bestimme sich in erster Linie

- *nach dem **»Grad des eigenen Interesses am Taterfolg«**,*
- *nach dem **»Umfang der Tatbeteiligung«** und*
- *nach der **»Tatherrschaft oder dem Willen zur Tatherrschaft«**.*[69]

Analysiert man diese Formel entsteht der Eindruck eines mehr oder weniger »unentschiedenen Schwankens« (*Roxin*[70]) der Strafsenate des BGH zwischen der subjektiven Theorie und der Tatherrschaftslehre, wobei erstere die Basis bildet:

Immer noch ist Ausgangspunkt vieler Entscheidungen die Leerformel vom Täterwillen (»die Tat als eigene wollen«). Und noch immer steht das **»Tatinteresse«** an der Spitze der vom BGH genannten Indizien für den Täterwillen. **836**

Die **Tatherrschaft** ist für den BGH nicht Voraussetzung der Täterschaft, sondern nur ein **Indiz** für den Täterwillen. Dabei reicht es aus, wenn der Beteiligte objektiv irgendeinen kausalen Tatbeitrag leistet, sei es auch nur im Vorbereitungsstadium.[71] Im Übrigen wird dieses Indiz dadurch noch weiter abgewertet, dass es schlechthin ersetzt werden kann durch den »Willen zur Tatherrschaft«: Wo die Tatherrschaft fehlt, kann das subjektive Element des **»Willens zur Tatherrschaft«** an die Stelle der Tatherrschaft treten. **837**

Das objektive Kriterium des »Umfangs der Tatbeteiligung« (Rn. 835) ist ebenfalls nur ein Indiz unter mehreren für den Täterwillen. Im Übrigen wird das Verhältnis dieses Indizes zu dem der Tatherrschaft vom BGH nicht klargestellt. Der Gesichtspunkt des »Umfangs der Tatbeteiligung« dürfte nur ein Anhaltspunkt für die **Tatherrschaft** sein. Und da dieses objektive Element durch das subjektive des »Willens zur Tatherrschaft« ersetzbar ist, spielt erst recht das Indiz des Umfanges der Tatbeteiligung keine entscheidende Rolle. **838**

3. Unberechenbarkeit der Ergebnisse angesichts des unentschiedenen Schwankens in der Judikatur des BGH

Die Abgrenzung zwischen Täterschaft und Teilnahme in der Rechtsprechung des Gerichts ist durch Beliebigkeit in der Argumentation gekennzeichnet.[72] Je nach den **839**

67 *Kühl*, § 20 Rn. 30 a.E. (im Anschluss an *Frisch*); *Wessels/Beulke/Satzger*, Rn. 749.

68 BGHSt 28, 346 (349); 37, 289 (291, 293); 38, 315 (319); 48, 52 (56). Noch stärker betont BGHSt 8, 393 (395 f.) den Aspekt der Tatherrschaft.

69 BGHSt 37, 289 (291); 38, 315 (319); 43, 219 (232); 48, 52 (56); BGH NStZ 2008, 273 (275); NStZ-RR 2011, 111 (112); NStZ-RR 2012, 209; NStZ-RR 2016, 6, 7.

70 LK/*Roxin*, 11. Aufl., § 25 Rn. 28; LK/*Schünemann*, § 25 Rn. 17 ff. (30).

71 BGH NStZ-RR 2012, 209.

72 *Herzberg*, JZ 1991, 861; *Krey*, ZStW 101 (1989), 848 Fn. 43; *Kühl*, § 20 Rn. 35 (»Unberechenbarkeit«); LK/*Roxin*, 11. Aufl., § 25 Rn. 28; *ders.*, § 25 Rn. 25 (»erhebliche Abgrenzungsunsicherheit«); *Schroth*, JZ 2003, 215; LK/*Schünemann*, § 25 Rn. 30.

Umständen des Einzelfalles und dem (bewusst oder unbewusst) erwünschten Ergebnis kann das Gericht unter einer Fülle von überwiegend subjektiven, z.T. auch objektiven Abgrenzungskriterien die »passenden« auswählen: Einerseits

- *den Grad des eigenen Tatinteresses und/oder*
- *den Willen zur Tatherrschaft als* ***subjektive*** *Kriterien,*

andererseits

- *den Umfang der Tatbeteiligung und/oder*
- *die Tatherrschaft als* ***objektive*** *Kriterien.*

Einen zusätzlichen Entscheidungsspielraum verschafft sich der BGH dadurch, dass alle diese Kriterien nur als **Indizien für den »Täterwillen«** (»die Tat als eigene wollen«) gelten. Diese maßgebliche Formel für die Annahme von Täterschaft aber ist letztlich ein inhaltsarmes Blankett.

840 Die damit zu diagnostizierende Beliebigkeit bei der Wahl der Argumente in der Judikatur »hat Methode«: Sie erlaubt dem Gericht eine fast schrankenlose Billigkeitsrechtsprechung, losgelöst von den objektiven Auslegungsschranken, die § 25 Abs. 1 und Abs. 2 StGB i.V.m. den einzelnen Straftatbeständen des Besonderen Teils für die Annahme von Täterschaft normiert haben.[73] Demgemäß verhindert der BGH durch jene Beliebigkeit hinreichend vorhersehbare Ergebnisse und begründet die Gefahr willkürlicher Entscheidungen.

4. Zum Abstellen auf »Tatherrschaft« bei der Annahme mittelbarer Täterschaft in der Judikatur des BGH

841 Allerdings hat die Tatherrschaftslehre einen Teilerfolg erzielt: Speziell für die **mittelbare Täterschaft** hat der BGH inzwischen offensichtlich anerkannt, dass die Tatherrschaft den entscheidenden Maßstab für die Annahme von Täterschaft bildet.[74] Dabei stellt das Gericht nicht nur der Sache nach auf die Tatherrschaft des Hintermannes ab, der die Straftat durch ein menschliches Werkzeug begeht (Rn. 831), sondern verwendet auch den Begriff der Tatherrschaft selbst.

Jedoch vermag sich der BGH auch hier nicht vom Ballast der subjektiven Theorie zu befreien. In wichtigen Entscheidungen zur mittelbaren Täterschaft rekurriert das Gericht nicht nur auf die Tatherrschaft, sondern zusätzlich auf subjektive Kriterien:

- »eigenes Tatinteresse«;
- »den Erfolg als Ergebnis des eigenen Handelns wollen«;
- »Wille zur Tatherrschaft«.[75]

5. Abstellen auf die Tatherrschaft bei der Abgrenzung der Tötung auf Verlangen von der straflosen Suizid-Teilnahme

842 Eine weitere Konzession des BGH an die Tatherrschaftslehre bedeutet der Standpunkt des Gerichts zu dieser Abgrenzungsproblematik:

---

73 Siehe näher Rn. 844 ff.

74 BGHSt 32, 38 (42 f.) – »Sirius«; 35, 347 (353 f.) – »Katzenkönig«; 40, 218 (232 ff., 236) – Nationaler Verteidigungsrat der DDR; 45, 270 (296, 302, 304) – Politbüro der SED; 48, 77 (90 f.) – Politbüro.

75 BGHSt 40, 218 (236 f.); 45, 270 (296, 304); 48, 77 (91).

»Beim ›einseitig fehlgeschlagenen Doppelselbstmord‹ ist der Überlebende nach § 216 StGB zu bestrafen, wenn er das zum Tode führende Geschehen beherrscht hat (Tatherrschaft). Anderenfalls liegt straflose Beihilfe zum Selbstmord vor.«[76]

In den Entscheidungsgründen hierzu heißt es:

»Nach Ansicht des erkennenden Senats sind jedenfalls für den Sonderfall der tatbestandlichen Abgrenzung des § 216 StGB gegenüber der straflosen Beihilfe zur Selbsttötung subjektiv bestimmte Kriterien, ob nämlich der Handelnde die Tat als eigene wollte, ob er den (…) Willen zur Tatherrschaft oder ein eigenes Interesse an der Tat hatte, nicht geeignet, sinnvolle Ergebnisse zu gewährleisten.«[77]

Das ist zutreffend.[78] Jedoch gilt diese **Untauglichkeit der subjektiven Theorie zur Abgrenzung der Täterschaft von der Teilnahme** ganz allgemein und nicht nur für die erwähnte Sonderproblematik bei § 216 StGB.

6. Resümee

Der BGH folgt grundsätzlich der subjektiven Theorie; Annäherungen an die Tat- **843**
herrschaftslehre werden durch subjektive Einschränkungen relativiert (Rn. 835-838). Jedoch hat der BGH für die **mittelbare** Täterschaft offenbar weitgehend den Standpunkt der Tatherrschaftslehre übernommen (Rn. 841). Damit ist der Meinungsstreit im Wesentlichen auf die Abgrenzung der **Mittäterschaft** von der Teilnahme (Anstiftung und Beihilfe) beschränkt.[79]

Diese letztere Abgrenzung ist aber innerhalb der Differenzierung Täterschaft/Teilnahme die mit großem Abstand wichtigste. Folglich hat die Einsicht des BGH bei der mittelbaren Täterschaft den Streit um die Abgrenzung zwischen Täterschaft und Teilnahme nicht entscheidend entschärft.

VI. Eigener Standpunkt: Täterschaft als Tatherrschaft

Durch die bisherigen Ausführungen zum Täterbegriff des StGB (Rn. 791) dürfte **844**
bereits hinreichend deutlich geworden sein, dass die Tatherrschaftslehre aus folgenden Gründen den Vorzug verdient.

1. Widerspruch der subjektiven Theorie zum geltenden Recht

a) Extrem-subjektive Theorie

Gemäß § 25 Abs. 1 StGB ist Täter (unmittelbarer Täter), »wer die Tat selbst **845**
begeht« (Rn. 800). Diese Vorschrift, in Kraft seit 1975, schließt nach Wortlaut und Sinn jenen extrem-subjektiven Standpunkt aus. Derjenige, der wie die Schwester im Badewannen-Fall bzw. der Attentäter im Staschynskij-Fall (Rn. 817, 821) ei-

76 BGHSt 19, 135 – »Romeo und Julia«; dazu *Krey/Hellmann/Heinrich*, BT/1, Rn. 108-110 m.w.N.

77 BGHSt 19, 135 (138).

78 Ebenso u.a.: BGH JZ 1987, 474; OLG München JZ 1988, 201; LK/*Jähnke*, § 216 Rn. 12-15; *Krey/Hellmann/Heinrich*, BT/1, Rn. 108 m.w.N. pro und contra; *Roxin*, Täterschaft, S. 567-573; ähnlich *Zaczyk*, Strafrechtliches Unrecht, S. 41-43. Abweichend z.B. *Arzt/Weber/Heinrich/Hilgendorf*, § 3 Rn. 40-41; siehe auch *Jakobs*, Tötung auf Verlangen, 1998.

79 So auch *Roxin*, § 25 Rn. 218.

genhändig den Straftatbestand erfüllt, ist Täter, da er die Straftat selbst begeht. Ihn erfasst das verletzte Strafgesetz (§ 212 StGB) mit der Formulierung *»Wer«*, was § 25 Abs. 1 Alt. 1 StGB unmissverständlich klarstellt. Mithin steht spätestens seit In-Kraft-Treten von § 25 StGB fest: **Jedenfalls die extrem-subjektive Theorie verstößt gegen das geltende Recht**[80]; sie bedeutet eine unzulässige Rechtsfindung contra legem.[81]

846 Sie führt im Übrigen auch zu »absurden Konsequenzen« (*Herzberg*[82]): Wenn die Schwester im Badewannen-Fall irrtümlich angenommen hätte, die Kindesmutter habe sie zur Tötung des Kindes gedrängt, während die Mutter in Wirklichkeit die Tat nicht wollte, hinge die vom RG bejahte Beihilfe der Schwester mangels Täterschaft der Kindesmutter »in der Luft«. Entsprechend wäre die Situation im Staschynskij-Fall, wenn der Attentäter irrig von einem Mordauftrag durch Moskauer Regierungsmitglieder ausgegangen wäre. Dann wären letztere keine Täter, und damit würde die Annahme von Beihilfe durch den BGH gegenstandslos.

b) Subjektive Theorie im Allgemeinen

847 Diese Theorie ist nicht nur in ihrer extremen Spielart mit § 25 StGB unvereinbar. Vielmehr widerspricht sie ganz allgemein der gesetzlichen Regelung über die Täterschaft, wie sie sich aus § 25 StGB i.V.m. den einzelnen Tatbeständen des geltenden Strafrechts ergibt.[83] Wer Täter z.B. eines Totschlags (§ 212 StGB) oder eines Raubes (§ 249 StGB) ist, bestimmt sich nach diesen Strafgesetzen i.V.m. § 25 StGB. Danach ist für die Täterschaft ein *objektives* Element konstitutiv, nämlich die **Begehung** der Straftat. Täter ist danach:

- derjenige, der die Tat *selbst begeht*, d.h. den Straftatbestand eigenhändig erfüllt (§ 25 Abs. 1 Alt. 1 StGB),
- derjenige, der die Tat *durch einen anderen begeht*, d.h. durch ein menschliches »Werkzeug«, das er in der Hand hat (§ 25 Abs. 1 Alt. 2 StGB), und
- derjenige, der die Straftat *gemeinschaftlich* mit einem oder mehreren anderen (als Mittäter) *begeht*.

848 Damit entscheidet über die Frage, wer Täter einer Straftat ist, das objektive Tatbestandsmerkmal der Begehung und eben nicht das subjektive Element »die Tat als eigene wollen« (Täterwille). Begehen nun meint *Erfüllen des Straftatbestandes –*

---

80 *Freund*, § 10 Rn. 40; *Herzberg*, S. 5; SK/*Hoyer*, § 25 Rn. 7; *Jescheck*/*Weigend*, § 61 IV 3; *Kühl*, § 20 Rn. 21-23; *Roxin*, Täterschaft, S. 547 ff. m.w.N.; *ders.*, § 25 Rn. 40 f. m.w.N.; S/S/*Heine*/*Weißer*, Vor § 25 Rn. 52-54, 74 ff.; OLG Stuttgart NJW 1978, 715. Offen gelassen von: BGH NStZ 1987, 224 f.; BGHSt 39, 1 (31) a.E., 32 (Tz. 47). Abweichend: *Baumann*/*Weber*/*Mitsch*, § 29 Rn. 43; *Geerds*, Jura 1990, 176; *Maurach*/*Gössel*/*Zipf*, § 47 Rn. 46; *Schmidhäuser*, 14/168.

81 Zur grundsätzlichen Unzulässigkeit solcher Gesetzeskorrektur siehe *Krey*, JZ 1978, 361 ff., 428 ff., 465 ff.; *ders.*, ZStW 101 (1989), 838 (861 ff.); *ders.*, JR 1995, 221 ff.

82 *Herzberg*, S. 6; siehe auch *Jakobs*, 21/30: »gespenstische Vision einer Tat ohne jeden Täter«.

83 So ausdrücklich bzw. der Sache nach: *Jakobs*, 21/27, 36; *Jescheck*/*Weigend*, § 61 IV 3; *Köhler*, Kap. 9, I 2, II 3.2; LK/*Schünemann*, § 25 Rn. 32 ff.; *Wessels*/*Beulke*/*Satzger*, Rn. 750.

z.B. »vorsätzliches Töten eines anderen Menschen« (§ 212 StGB) – mit **Tatherrschaft**. Nur derjenige begeht eine Tat, der Zentralgestalt des Geschehens ist, der die Ausführung der Tat beherrscht, sei es in der Form der

- »Handlungsherrschaft« als unmittelbarer Täter,
- »Willensherrschaft« als mittelbarer Täter oder
- »funktionalen Tatherrschaft« als Mittäter.

Begehen heißt also: Die Erfüllung des Straftatbestandes **beherrschen** bzw. in funktionaler Arbeitsteilung mitbeherrschen.

Diese Feststellung folgt aus Wortlaut und Entstehungsgeschichte des § 25 StGB.[84] **849**

Wer also ohne Tatherrschaft an der von einem anderen begangenen Straftat beteiligt ist
- sei es durch Hervorrufen des Tatentschlusses als Anstifter,
- sei es durch Hilfeleisten als Gehilfe,

wird nicht dadurch zum Mittäter, dass er die Tat »als eigene will«, was immer diese »Zauberformel« besagen mag: Die **Begehung** des Totschlags tötet das Opfer, nicht der »Täterwille«. Folglich verfehlt die subjektive Theorie die gesetzliche Basis des Täterbe-griffs: Den jeweiligen Straftatbestand i.V.m. § 25 StGB.[85]

c) »Tatinteresse« und »Wille zur Tatherrschaft«: Mangels normativer Basis im StGB keine tauglichen Indizien für Täterschaft

Für die subjektive Theorie sind das Tatinteresse und der Wille zur Tatherrschaft **850**
besonders wichtige Indizien für die Täterschaft. Beiden fehlt aber die gesetzliche Basis im geltenden StGB.

Das **Tatinteresse** ist schon deswegen kein tauglicher Anhaltspunkt für eine Täterschaft, weil wichtige Straftaten gerade auch durch die Absicht, **Dritte** zu begünstigen, gekennzeichnet sind; so z.B.

- §§ 242, 249 StGB (Absicht, sich *oder einem Dritten* die Sache zuzueignen);
- §§ 253, 263 StGB (Absicht, sich *oder einen Dritten* zu bereichen).[86]

Im Übrigen ist weder nach der gesetzlichen Regelung in §§ 26, 27 StGB für Anstifter oder Gehilfen eine altruistische Motivation gefordert, noch ist ein Handeln primär im Interesse eines anderen für die Teilnahme charakteristisch.[87] Das zeigt etwa das Beispiel des vom Anstifter gedungenen Mörders.[88]

Auch der **»Wille zur Tatherrschaft«** ist kein Indiz für Täterschaft, das sich auf **851**
eine gesetzliche Grundlage im StGB stützen könnte. Die Tatbegehung verlangt

---

84 Ähnlich, aber schwächer LK/*Roxin*, 11. Aufl., § 25 Rn. 34 (mit Rn. 2): Der Gesetzgeber »favorisiere« in § 25 StGB die Tatherrschaftslehre.

85 *Kühl*, § 20 Rn. 29: Nur die Tatherrschaftslehre erfülle die Forderung nach »Tatbestandsbezogenheit« der Täterschaft. *Jescheck/Weigend*, § 61 IV 3; *Wessels/Beulke/Satzger*, Rn. 750: Die subjektive Theorie verfehle die »Tatbestandsgebundenheit« der Täterschaft.

86 Ebenso *Jescheck/Weigend*, § 61 IV 3; *Kindhäuser*, AT, § 38 Rn. 40; *Kühl*, § 20 Rn. 32 m.w.N.

87 *Jakobs*, 21/30; *Kühl*, § 20 Rn. 32.

88 *Kühl*, § 20 Rn. 32 m.w.N.

Tatherrschaft; sie ist durch Wunschvorstellungen als Surrogat nicht ersetzbar. Zudem ist jenes Indiz ein inhaltsarmes, wenn nicht schon inhaltsleeres Blankett.

2. Die subjektive Theorie als Einfallstor für Rechtsunsicherheit und Willkür

852 *»Das Willkürliche ist bei der subjektiven Theorie konstitutionell«* – so *Jakobs* in schonungsloser Deutlichkeit.[89] In der Tat ist sein Vorwurf zutreffend. Die subjektive Theorie ist ein Einfallstor für Rechtsunsicherheit und Willkür:

Das maßgebliche Kriterium des **die Tat als eigene wollen** ist eine Zauberformel, die es erlaubt, das jeweilige Ergebnis nach Belieben »aus dem Hut zu zaubern«.[90]

Der Rekurs auf das **Tatinteresse** als Indiz für den Täterwillen erlaubt ebenfalls keine vorhersehbaren, am Gesetz orientierten Ergebnisse, sondern gibt Raum für Willkür.

Am ärgerlichsten aber ist die Formel von der »Tatherrschaft bzw. dem **Willen zur Tatherrschaft**« als weiteres Indiz für den animus auctoris. Sie spiegelt objektive, gesetzesorientierte Rationalität vor, ersetzt aber in Wirklichkeit die Tatherrschaft durch die subjektive, wenig besagende Leerformel vom Willen zur Tatherrschaft.

853 Damit widerspricht die subjektive Theorie dem Gebot der verfassungskonformen Konkretisierung von Strafgesetzen im Hinblick auf das Bestimmtheitsgebot des Art. 103 Abs. 2 GG. Es enthält den Verfassungsauftrag an die Judikatur, Strafgesetzen durch Auslegung schärfere Konturen und damit mehr Bestimmtheit zu verleihen. Dieser **Verfassungsauftrag**, der selbstredend auch für § 25 StGB gilt, wird von der subjektiven Theorie offensichtlich missachtet:

Sie verhindert Vorhersehbarkeit und Berechenbarkeit der Ergebnisse bei der Abgrenzung Täterschaft/Teilnahme, sie ermöglicht Beliebigkeit und Willkür. Darin liegt zugleich ein Verstoß gegen das Verfassungsprinzip der Rechtssicherheit.

3. Vernachlässigung des geltenden Strafrechts und des verfassungsrechtlichen Bestimmtheitsgebots auch in der Rechtsprechung des BGH

854 Entsprechend unserer Analyse der Judikatur lässt sich feststellen: Wie die subjektive Theorie widerspricht auch der Standpunkt des BGH dem geltenden Recht, genauer: § 25 Abs. 1 und 2 StGB i.V.m. den Straftatbeständen des BT. Denn das Gericht folgt im Grundsatz der subjektiven Theorie und relativiert Annäherungen an die Tatherrschaftslehre durch subjektive Einschränkungen. Damit vernachlässigt auch der BGH Bestimmtheitsgebot und Rechtssicherheit. Das mag der folgende Fall verdeutlichen.

855 **Fall 107: – Der verängstigte »Mittäter« –**[91]
A und B sind nach einem Hafturlaub nicht in den Strafvollzug zurückgekehrt. Beide haben vereinbart, im Falle drohender Verhaftung rücksichtslos von ihren Schusswaffen Gebrauch zu machen und notfalls Polizeibeamte zu töten. Als sie in eine Polizeikontrolle geraten, zieht A seine Waffe und erschießt den Polizeibeamten P1. B jedoch hat seine Waffe stecken gelassen und ist untätig geblieben; sodann hebt er beide Arme zum Zeichen der Aufgabe und lässt sich rückwärts fallen. Anschließend erschießt A einen zweiten Polizeibeamten

89 *Jakobs*, 21/32; siehe auch *Frister*, 26/19.
90 Ebenso z.B. LK/*Schünemann*, § 25 Rn. 33.
91 Fall nach BGHSt 37, 289.

(P2). Nun springt B auf und läuft weg. A feuert schließlich noch mit Tötungsvorsatz auf die Polizisten P3 und P4, trifft aber nicht. A hatte die ganze Zeit nicht bemerkt, dass B ihn »im Stich gelassen hatte«. B war aus Todesangst erst untätig geblieben und dann geflohen.

Das LG hat den B wegen Mordes und wegen versuchten Mordes, jeweils in zwei Fällen, verurteilt. Der BGH hat dieses Urteil bestätigt. Beide Gerichte haben dabei **Mittäterschaft** des B an den Taten des A angenommen. Was ist davon zu halten?

Der BGH beginnt mit der **ersten Tat (Ermordung des P1)**, bejaht das Erfordernis 856
des gemeinsamen Tatentschlusses und begründet dann die »gemeinschaftliche Begehung« i.S.d. § 25 Abs. 2 StGB wie folgt:

B habe die Tat als eigene gewollt; Indizien hierfür seien der Grad des eigenen Tatinteresses, der Umfang der Tatbeteiligung und die Tatherrschaft oder der Wille zur Tatherrschaft.[92] In casu sei ein eigenes Tatinteresse des B zu bejahen, da er daran interessiert gewesen sei, nicht verhaftet zu werden.[93] Weiterhin habe B **Tatherrschaft** gehabt. Zu Letzterem führt das Gericht aus:[94]

»Zu dem gemeinsamen Tatplan hatte B einen wesentlichen Beitrag geleistet, indem er dem A die Sicherheit gab, bei einer Konfrontation mit der Polizei nicht allein zu stehen, sondern einen Schicksalsgenossen zur Seite zu haben, der in gleicher Weise bereit war, notfalls durch Erschießung von Polizeibeamten die Festnahme zu verhindern.«

Auch bezüglich der **Ermordung des P2** und der weiteren Schüsse **(Mordversuche** 857
an P3 und P4) bejaht der BGH einen gemeinsamen Tatentschluss von A und B,[95] zudem **gemeinschaftliche Begehung**. Auch insoweit habe B die Tat als eigene gewollt, da er Tatinteresse und Tatherrschaft gehabt habe. Zu dieser überraschenden Annahme von Tatherrschaft heißt es im Urteil des BGH:[96]

»Selbst wenn der Angeklagte B nach der Abgabe des ersten Schusses mit den weiteren nicht mehr einverstanden gewesen sein sollte, wäre diese Sinnesänderung hier ohne Bedeutung, weil seine vor den Schüssen geleisteten – die Mittäterschaft begründenden – Beiträge während des gesamten Tatgeschehens fortwirkten… Sein **Aufgeben** wäre nur dann rechtlich erheblich gewesen, wenn es dem A bekannt geworden wäre. Nur dann wäre es geeignet gewesen, einen Einfluss auf das weitere Handeln des A zu nehmen.«

Mit jenen »Mittäterschaft begründenden Beiträgen« des B meint der BGH nichts anderes als den gemeinsamen Tatentschluss, notfalls auf Polizisten zu schießen. Diese Absprache sei für A bis zum letzten Schuss eine psychische Schützenhilfe gewesen.[97]

Kritik: Die h.L.[98] lehnt dieses Urteil des BGH zu Recht ab. 858

Die Annahme von **Mittäterschaft des B** ist zumindest bezüglich der Ermordung des **P2** und des versuchten Mordes an **P3 und P4** nach Ergebnis und Begründung des Gerichts befremdlich:[99]

92 BGHSt 37, 289 (291, 293).

93 BGHSt 37, 289 (293).

94 BGHSt 37, 289 (291 a.E., 292).

95 *Roxin*, Täterschaft, S. 609: »nicht sehr einleuchtend«; krit. auch *Puppe*, NStZ 1991, 571 f.

96 BGHSt 37, 289 (293).

97 BGHSt 37, 289 (292 ff.).

98 *Erb*, JuS 1992, 197 ff.; *Herzberg*, JZ 1991, 856 (861 f.); *Puppe*, NStZ 1991, 571 ff.; *Roxin*, Täterschaft, S. 607 (a.E.)-610; *ders.*, JR 1991, 206 ff.; *Stein*, StV 1993, 410 (412).

Zwar soll hier dahinstehen, ob das Bejahen eines gemeinsamen Tatentschlusses (im Zeitpunkt der Tat) nicht schon auf einer unzulässigen Unterstellung beruht.[100]

Die These des BGH jedoch, B habe jene drei Schüsse gemeinschaftlich mit A begangen, ist fernliegend. Die Wertung, B habe auch diese Schüsse »als eigene gewollt«, ist nichtssagend, weil ohne greifbaren Inhalt. Die Feststellung des Gerichts, B habe aus »eigenem Interesse am Taterfolg« gehandelt, ist für die Täterschaft gemäß §§ 211 i.V.m. 25 Abs. 2 StGB **mangels normativer Basis im StGB** irrelevant.[101]

859 Schließlich ist die Annahme des BGH, **B** habe die Schüsse auf P2, P3 und P4 mit **Tatherrschaft** begangen, rational kaum nachvollziehbar: § 25 Abs. 2 StGB fordert Mitherrschaft von jedem der Mittäter. Verlangt man hierfür mit *Roxin* und anderen eine **Mitbeherrschung der Tatbestandshandlung**, so kommt eine gemeinschaftliche Begehung des Mordes an P2 sowie der Mordversuche an P3 und P4 von vornherein nicht in Betracht.[102] Allein A hat geschossen. Allein in seiner Hand lag die Erfüllung des Tatbestandes des Mordes bzw. die Begehung jener Mordversuche. B dagegen hat ihm zwar durch den gemeinsamen Tatentschluss, notfalls Polizeibeamte zu töten, den Rücken gestärkt. Doch erfolgte dieser Tatbeitrag im **Vorbereitungsstadium** der Tat, d.h. vor ihrer Ausführung.

Das erkennt auch der BGH und betont daher: Nach der Rechtsprechung des Gerichts könne eine gemeinschaftliche Begehung (§ 25 Abs. 2 StGB) auch in einer bloßen Vorbereitungshandlung liegen, durch die ein Mittäter *»den tatausführenden Genossen in dessen Tatentschluss bestärke«.*[103]

Demgegenüber ist mit *Roxin* für die Mitherrschaft (funktionale Tatherrschaft) eine **Mitbeherrschung der Ausführung der Tat** zu fordern. Während der Tatausführung durch A aber hat B keinerlei Einfluss auf die Tatbegehung genommen: Er hat sich »feige davongemacht«.

860 Aber auch dann, wenn man für die Bejahung funktionaler Tatherrschaft eine Mitwirkung im Stadium der Vorbereitung der Tat genügen lassen würde (Rn. 832), wäre das Ergebnis kein anderes: B hat den Mord an P2 und den Mordversuch an P3 und P4 **nicht mitbeherrscht**.

Der Tatbeitrag des B lag allein
- in dem gemeinsamen Tatentschluss, notfalls Polizeibeamte zu erschießen und
- in der Anwesenheit des B unmittelbar vor der Konfrontation mit der Polizei.

Das mag zwar **psychische Beihilfe** durch Bestärken des Täters in seinem Tatentschluss begründen können,[104] was hier aber dahingestellt werden soll. Diese psychische Beihilfe als

99 Ablehnend auch *Jäger*, AT, Rn. 229 f.

100 Berechtigte Kritik am BGH z.B. bei *Puppe*, NStZ 1991, 571 f.

101 Kritisch: *Roxin*, Täterschaft, S. 609 (»kühne Unterstellung«); *Herzberg*, JZ 1991, 856 (861).

102 Vgl. *Erb*, JuS 1992, 197 (199 f.); *Herzberg*, JZ 1991, 856 (861); *Puppe*, NStZ 1991, 571 (572); *Roxin*, Täterschaft, S. 607-609.

103 BGHSt 37, 289 (292 f.). Ebenso u.a. BGH NStZ 2002, 200 (201).

104 Dazu: *Roxin*, Täterschaft, S. 607 f.; verneinend *Puppe*, NStZ 1991, 571 (573).

solche ist gerade noch keine Tatbegehung in Tatherrschaft (Mitherrschaft), sondern seelisches Hilfeleisten zu der von einem anderen begangenen Tat (§ 27 StGB).[105]

Im Übrigen verkennt der BGH, dass Mittäterschaft das Fassen eines »gemeinsamen Tatentschlusses« **und** kumulativ zu diesem subjektiven Erfordernis die »gemeinschaftliche Begehung« der Tat als objektives Tatbestandselement verlangt. Ersteres kann nicht zugleich für letzteres genügen; m.a.W.:

Die bloße Beteiligung am gemeinsamen Tatentschluss als solche kann nicht schon die gemeinschaftliche Begehung der Tat begründen.

Resümee: Soweit der BGH Mittäterschaft des B an der Ermordung des **P2** und an **861**
den anschließenden Mordversuchen annimmt, missversteht er gründlich Wesen und Funktion der Tatherrschaft im Allgemeinen und der funktionalen Tatherrschaft bei § 25 Abs. 2 StGB im Besonderen. Der Sache nach ist sein Urteil ein klassisches Beispiel für die Feststellung: Die im Kern an der subjektiven Theorie orientierte Judikatur des Gerichts verhindert sachgerechte, vorhersehbare Ergebnisse und begründet die Gefahr willkürlicher Entscheidungen.

Auch den ersten Mord des A (Tötung von **P1**) hat B nicht als Mittäter begangen. **862**
Auch insoweit ist das Urteil des BGH verfehlt.[106]

Von einer gemeinschaftlichen Begehung, d.h. einer **Mitbeherrschung des Mordes an P1 durch B**, kann entsprechend den vorstehenden Ausführungen keine Rede sein. Hätten A **und** B geschossen, oder hätte B auch nur drohend seine Schusswaffe gezogen, um »Schützenhilfe« zu signalisieren, wäre jene funktionale Tatherrschaft zu bejahen. B aber hatte A »feige im Stich gelassen«. Demgemäß kommt bei B nur psychische Beihilfe in Betracht. Weder seine Beteiligung am Tatentschluss noch seine bloße Anwesenheit am Tatort begründen als solche eine Mitbeherrschung des Mordes an P1.

Der Sache nach bedeutet das Urteil des BGH einen »Rückfall in die alte subjektive Theorie«.[107]

4. Täterschaft als Tatherrschaft

Die Darlegungen zum Täterbegriff sowie zu den drei Formen der Täterschaft er- **863**
lauben nun den Schluss: Täterschaft ist Tatbegehung, d.h. Erfüllung des Straftatbestandes in Tatherrschaft. Der Täter als Zentralgestalt des Geschehens beherrscht die Ausführung der Tat, d.h. die tatbestandsmäßige Handlung, sei es

- als unmittelbarer Täter (Handlungsherrschaft),
- als mittelbarer Täter (Willens-/Steuerungsherrschaft) oder
- als Mittäter (Mitherrschaft, funktionale Tatherrschaft).

105 So *Erb*, JuS 1992, 197 (199 f.); *Herzberg*, JZ 1991, 856 (861); *Puppe*, NStZ 1991, 571 (572); *Roxin*, Täterschaft, S. 607 f.

106 Ebenso *Erb*, JuS 1992, 197 ff.; *Herzberg*, JZ 1991, 856 (861 f.); *Puppe*, NStZ 1991, 571 ff.; *Roxin*, Täterschaft, S. 607-609; *ders.*, JR 1991, 206 ff.; *Stein*, StV 1993, 410 (412).

107 *Roxin*, Täterschaft, S. 609. *Herzberg*, JZ 1991, 856 (861 f.) und *Kühl* (§ 20 Rn. 35) nennen BGHSt 37, 289 als Beispiel für die Unberechenbarkeit der Ergebnisse und die Ermöglichung willkürlicher Urteile durch die noch immer zu stark an der subjektiven Theorie festhaltende Rechtsprechung des Gerichts.

864 Diese Konzeption entspricht zum einen Wortlaut und Sinn des geltenden Strafrechts, das auf die »Begehung« der Straftat abstellt (§ 25 StGB). Zum anderen gewährleistet jene gesetzestreue Orientierung an § 25 StGB i.V.m. dem jeweiligen Straftatbestand entschieden mehr **Sachgerechtigkeit** der Ergebnisse. Die **Begehung der Tat in Tatherrschaft** und nicht etwa der »Täterwille« **tötet** das Opfer eines Totschlags.[108]

Schließlich garantiert das Abstellen auf Tatherrschaft, sei es auf Handlungs-, Willens- oder Mitherrschaft, sehr viel mehr **Berechenbarkeit und Vorhersehbarkeit** der Entscheidungen zur Abgrenzung Täterschaft/Teilnahme.

Daraus folgt: **Die Tatherrschaftslehre bedeutet eine verfassungskonforme Konkretisierung des § 25 StGB,** da sie am Wortlaut dieser Vorschrift ausgerichtet ist und das strafrechtliche Bestimmtheitsgebot des Art. 103 Abs. 2 GG respektiert.

865 Freilich sei offen eingeräumt: Auch die h.L. mit ihrem Rekurrieren auf das Leitbild des Täters als **Zentralgestalt (Schlüsselfigur)** des Geschehens und auf die **Tatherrschaft** als Voraussetzung dafür, von Begehung der Straftat (§ 25 StGB) sprechen zu können, kann keine eindeutigen Ergebnisse garantieren.[109] Dem »Schmerz der Grenze« bei der Unterscheidung zwischen Täterschaft und Teilnahme entrinnt auch sie nicht. Denn die Tatherrschaft ist jedenfalls in der Form der *Willensherrschaft bei der mittelbaren Täterschaft* und der *funktionalen Tatherrschaft (Mitherrschaft) bei der Mittäterschaft* ein relativ unbestimmter, normativer Rechtsbegriff.[110]

Er bedarf der Konkretisierung, differenziert nach den unterschiedlichen Formen der Täterschaft. Diese Konkretisierung wird dem Begriff der Tatherrschaft die rechtsstaatlich gebotenen schärferen Konturen verleihen.

5. Besonderheiten bei den eigenhändigen Straftaten und Sonderdelikten. Keine Geltung des Tatherrschaftserfordernisses bei den Pflichtdelikten?

a) Eigenhändige Delikte

866 Bei solchen Straftaten, z.B.

- Beischlaf zwischen Verwandten (§ 173 StGB),
- Falschaussage (§ 153 StGB),
- Gefährdung des Straßenverkehrs (§ 315c StGB),
  Waffendelikte[111]

sind **Mittäterschaft** und **mittelbare Täterschaft** ausgeschlossen. Täter kann nur sein, wer den vom StGB missbilligten Akt wie »Führen (eines KfZ)« »Beischlaf« oder »uneidliche Falschaussage« unmittelbar selbst in eigener Person vornimmt.[112]

108 In diesem Sinne überzeugt das altertümliche Sprichwort: »Die Tat tötet den Mann!«.

109 Ebenso etwa *Frister*, 26/24 a.E.

110 *Kühl*, § 20 Rn. 29 (mit Nachweis kritischer Stimmen); LK/*Roxin*, 11. Aufl., § 25 Rn. 36; LK/*Schünemann*, § 25 Rn. 38.

111 BGH StRR 2009, 363: Waffenträger beim schweren Raub.

112 *Jakobs*, 21/22; MK/*Joecks*, § 25 Rn. 44. – Für diesen Ausschluss der mittelbaren Täterschaft bietet § 160 StGB einen gewissen Ausgleich; dazu: *Krey/Hellmann/Heinrich*, BT/1, Rn. 761 (Punkt 2); *Kühl*, § 20 Rn. 16 m.w.N.

Spekulationen über »funktionale Tatherrschaft« oder »Willensherrschaft« eines Beteiligten ohne jene eigenhändige Tatbegehung sind insoweit müßig, weil sie keine Mittäterschaft oder mittelbare Täterschaft begründen können.

b) Sonderdelikte

Auch für Sonderdelikte, bei denen nur Täter sein kann, wer die vom Gesetz geforderte **Täterqualifikation** hat, ist zu beachten: Mittäterschaft und mittelbare Täterschaft kommen nur bei solchen Tatbeteiligten in Betracht, die selbst die erforderliche Täterqualifikation besitzen.[113] **867**

Das gilt nicht nur für **echte Sonderdelikte** wie

- Rechtsbeugung (§ 339 StGB) und
- Bestechlichkeit (§ 332 StGB),

sondern auch für **unechte Sonderdelikte** wie

- Strafvereitelung im Amt (§§ 258, 258a StGB)[114] und
- Körperverletzung im Amt (§§ 223, 340 Abs. 1 StGB).[115]

Allerdings ist bei den **unechten** Sonderdelikten zu beachten: Der »Beteiligte ohne Täterqualifikation« kann das **Grunddelikt** als Allgemeindelikt **868**

– z.B. **§ 258 StGB** bei § 258a StGB, **§ 223 StGB** bei § 340 StGB –

als Mittäter oder mittelbarer Täter begehen, nämlich dann, wenn er Mitherrschaft bzw. Willensherrschaft besitzt.

Beispiel: Der Polizeibeamte P hat den Straftäter S gemäß § 127 Abs. 2 i.V.m. § 112 StPO rechtmäßig festgenommen. Durch raffinierte Täuschung kann F, ein Freund des S, bei P den Irrtum erregen, er habe »den Falschen erwischt«, also einen offensichtlich Unschuldigen festgenommen. Daher lässt P den S laufen.

Hier hat P den objektiven Tatbestand der §§ 258, 258a StGB (Strafvereitelung im Amt) erfüllt, jedoch wegen seines Irrtums unvorsätzlich. F hat diese Tat mit **»Willensherrschaft«** aufgrund des Einsatzes des *P als gutgläubig handelndes Werkzeug* verursacht. Zwar kann F mangels Täterqualifikation nicht aus § 258a StGB bestraft werden. Doch hat er in mittelbarer Täterschaft das Grunddelikt Strafvereitelung (§ 258 Abs. 1 StGB) begangen.

c) Geltung des Erfordernisses der Tatherrschaft auch bei den »Pflichtdelikten«

Die Deliktsgruppe der Pflichtdelikte hat *Roxin* entwickelt.[116] Für sie ist charakteristisch, dass der Täter eine besondere (außerstrafrechtliche) Sonderpflicht verletzt. **869**

Beispiele hierfür sind insbesondere:

- Untreue, § 266 StGB (Vermögensbetreuungspflicht);[117]

---

113 LPK/*Kindhäuser*, Vor §§ 25-31 Rn. 42; *Krey/Hellmann/Heinrich*, BT/1, Rn. 573 (§ 203 Abs. 1 StGB), 1047 (§ 348 StGB); *Krey/Hellmann/Heinrich*, BT/2, Rn. 951 (§ 142 StGB).

114 BGHSt 14, 123 ff.

115 *Krey*, Jura 1979, 316 (322, 325) zu § 258a StGB.

116 *Roxin*, Täterschaft, S. 352 ff.; *ders.*, § 25 Rn. 14, 267 ff.

117 *Roxin*, § 25 Rn. 14, 271 f.; *Wessels/Beulke/Satzger*, Rn. 755. – Zur Vermögensbetreuungspflicht bei § 266 StGB siehe *Krey/Hellmann/Heinrich*, BT/2, Rn. 793, 798 f., 808-814 m.w.N.

- Verletzung von Privatgeheimnissen, § 203 Abs. 1 StGB;[118]
- Amtsdelikte;[119]
- Unechte Unterlassungsdelikte (»Garantenpflicht«, § 13 StGB).[120]

Im Grunde genommen sind solche Pflichtdelikte nichts anderes als Sonderdelikte.[121]

Für Pflichtdelikte nun postuliert ***Roxin***: Hier sei für Täterschaft *keine Tatherrschaft erforderlich*. Vielmehr begründe bereits die Verletzung der Sonderpflicht »allein und völlig unabhängig von anderen Merkmalen« (wie etwa Tatherrschaft) die Täterschaft.[122]

Demgemäß nennt *Roxin* Allgemeindelikte, die jedermann begehen kann, Herrschaftsdelikte, da bei ihnen – anders als bei den Pflichtdelikten – die Tatherrschaft die Täterschaft konstituiere.[123]

870 Jenem Standpunkt widerspricht ein **Teil der Lehre**[124] zu Recht: Auch die Pflichtdelikte fordern (grundsätzlich) Tatherrschaft für ihre täterschaftliche Begehung. Die Besonderheit der Pflichtdelikte liegt nur darin, dass zu dieser *Tatherrschaft* noch die *spezielle Pflichtverletzung* hinzukommen muss.

Zumindest bei den **Begehungsdelikten** (Strafbarkeit durch **aktives Tun**) spricht hierfür der Wortlaut des § 25 StGB.[125] Denn Begehung einer Tat bedeutet Erfüllung des Straftatbestandes in Tatherrschaft. Soweit *Roxins* Ansicht dazu entwickelt ist, Strafbarkeitslücken zu schließen[126], sei an das Analogieverbot des Art. 103 Abs. 2 GG erinnert.

---

118 *Roxin*, § 25 Rn. 14, 273 f.
119 *Roxin*, § 25 Rn. 14, 273, 285.
120 *Herzberg*, S. 33; *Jakobs*, 21/116.
121 *Kühl*, § 20 Rn. 14 Fn. 14a.
122 Ebenso *Herzberg*, S. 33, 94; *Jakobs*, 21/116-119; S/S/*Heine*/*Weißer*, Vor § 25 Rn. 82 f. Im Ergebnis ebenso *Heinrich*, AT, Rn. 1196.
123 *Roxin*, Täterschaft, S. 355 f., 379, 528.
124 So *Bloy*, S. 215 ff., 229 ff.; SK/*Hoyer*, § 25 Rn. 21-25 m.w.N.; *Jescheck*/*Weigend*, § 61 V 1 Fn. 30 m.w.N.; *Maurach*/*Gössel*/*Zipf*, § 47 Rn. 159 f.; grundsätzlich ablehnend auch *Stratenwerth*/*Kuhlen*, 12/40.
125 *Stratenwerth*/*Kuhlen*, 12/40; sachlich übereinstimmend SK/*Hoyer*, § 25 Rn. 21-25.
126 Beispiel: § 288 StGB; dazu *Roxin*, Täterschaft, S. 385; kritisch: *Herzberg*, S. 32 ff.; *Krey*/*Hellmann*/*Heinrich*, BT/2, Rn. 417 ff.

Kapitel 2: Täterschaft – Unmittelbarer Täter, mittelbarer Täter und Mittäter; Nebentäter

§ 26 Unmittelbarer Täter (§ 25 Abs. 1 Alt. 1 StGB)

Unmittelbarer Täter ist, **wer die Straftat selbst begeht**, d.h. den Straftatbestand eigenhändig erfüllt.[1] Diese eigenhändige Begehung begründet Tatherrschaft (**Handlungsherrschaft**) und damit Täterschaft. **871**

Der BGH hat die hiervon abweichende, § 25 StGB widersprechende extrem-subjektive Theorie (Rn. 817 ff.) zwar noch immer nicht ausdrücklich aufgegeben (Rn. 824). Jedoch hat das höchste deutsche Strafgericht in den Strafprozessen gegen Grenzsoldaten der ehemaligen DDR wegen Schusswaffengebrauchs auf »Republikflüchtige« ungeachtet einer **Ähnlichkeit** dieser Fälle illegaler Tötung auf Befehl mit dem Staschynskij-Fall (Fall 106; Rn. 821-823) entschieden: Die angeklagten Grenzsoldaten der DDR als Todesschützen seien **Täter** und nicht etwa nur **Gehilfen** der für den Schießbefehl politisch verantwortlichen Funktionäre des ehemaligen SED-Regimes.[2] Damit ist der BGH der Sache nach von seinem Urteil im Fall Staschynskij.

Unmittelbarer Täter – nicht etwa mittelbarer – ist auch, wer mit vis absoluta einen Menschen als **nicht handelndes** Werkzeug einsetzt, z.B. als Wurfgeschoss[3], oder sich eines **Tieres** als Werkzeug bedient, z.B. seinen Hund auf das Opfer hetzt.[4] **872**

Begehen mehrere Täter eine Tat i.S.d. § 25 Abs. 2 StGB »gemeinschaftlich«, sind sie **Mittäter**, auch wenn jeder von ihnen den Tatbestand eigenhändig, d.h. selbst erfüllt.[5]

Dieser »Vorrang« des § 25 Abs. 2 StGB hat z.B. Bedeutung für den Versuchsbeginn (§ 22 StGB).

---

1 MK/*Joecks*, § 25 Rn. 30; *Kindhäuser*, AT, § 39 Rn. 1; *Kühl*, § 20 Rn. 36 f.; *Roxin*, § 25 Rn. 38, 42.

2 BGHSt 39, 1 (31 f.); 40, 218 (232); 45, 270 (296). Hierauf weist u.a. hin: *Kühl*, § 20 Rn. 37.

3 So schon Rn. 238 Fn. 59; ebenso u.a.: *Jakobs*, 21/62; *Kühl*, § 20 Rn. 37a m.w.N.

4 Vgl. BGHSt 14, 152: Darin beschäftigt sich der BGH ausschließlich mit der Frage, ob ein Hund ein gefährliches Werkzeug i.S.d. § 223a StGB a.F. (gefährliche Körperverletzung) sein kann und setzt implizit die täterschaftliche Begehung der Körperverletzung durch den Menschen voraus.

5 Siehe aber hierzu den Fallbearbeitungshinweis unter Rn. 807.

§ 27 Mittelbarer Täter (§ 25 Abs. 1 Alt. 2 StGB)

I. Grundlagen: Terminologie; Erfordernis der Tatherrschaft des mittelbaren Täters; »Verantwortungsprinzip« als Basis der mittelbaren Täterschaft

1. Terminologie

873 Gemäß § 25 Abs. 1 Alt. 2 StGB ist auch **Täter**, wer die Tat »durch einen anderen begeht«; für ersteren hat sich seit langer Zeit die Bezeichnung »mittelbarer Täter« eingebürgert.[1] Er wird auch plakativ als **Hintermann** bezeichnet. Für den »anderen«, das handelnde menschliche Werkzeug, finden sich die Bezeichnungen »Tatmittler«[2] und »**Werkzeug**«[3]; die letztere ist wegen ihrer Anschaulichkeit vorzugswürdig.

Mittelbarer Täter ist, wer als Hintermann die Straftat durch den Einsatz eines menschlichen Werkzeugs begeht.

2. Erfordernis der Tatherrschaft des mittelbaren Täters

874 Bei der mittelbaren Täterschaft hat sich die im Schrifttum dominierende Tatherrschaftslehre inzwischen auch in der Judikatur weitgehend durchgesetzt: Wie die h.L. verlangt auch der BGH – zumindest seit den Urteilen im **Sirius**-[4] und **Katzenkönig**-Fall[5] – Tatherrschaft des mittelbaren Täters.

Diese Tatherrschaft wird in der Lehre als **Willensherrschaft** bezeichnet (Rn. 831): Der Hintermann und nicht das Werkzeug ist die »Zentralgestalt« des Geschehens. Ersterer beherrscht die Begehung der Straftat, denn er hat das Werkzeug in der Hand, z.B. weil dieses

- aufgrund einer Täuschung ohne Vorsatz handelt;
- gerechtfertigt ist und damit nicht rechtswidrig handelt;[6]
- wegen einer Drohung im Entschuldigenden Notstand (§ 35 Abs. 1 StGB) agiert;
- gemäß § 19 oder § 20 StGB schuldunfähig ist

und er diesen Umstand zur Steuerung des Werkzeugs ausnutzt.

1 Siehe bereits: *Frank*, Das Strafgesetzbuch, 18. Aufl. 1931, S. 106 ff.; *v. Liszt/Schmidt*, Lehrbuch des Deutschen Strafrechts, 25. Aufl. 1927, S. 168, 315 ff.
2 *Jescheck/Weigend*, § 62 I, II; *Kühl*, § 20 Rn. 39.
3 *Jakobs*, 21/62 ff.; *Jescheck/Weigend*, § 62 I, II; *Kühl*, § 20 Rn. 39.
4 BGHSt 32, 38.
5 BGHSt 35, 247.
6 Problematisch sind in diesem Zusammenhang die **sog. Sitzblockaden-Fälle** und die Frage, ob auf der Straße sitzende Demonstranten Gewalt i.S.d. § 240 StGB in mittelbarer Täterschaft ausüben, indem sie die durch psychischen Zwang anhaltenden Autofahrer der ersten Reihe bewusst als Werkzeug zur Errichtung eines Hindernisses für nachfolgende Fahrzeuge benutzen. Das BVerfG hat nun diesen und die dazu entwickelte sog. Zweite-Reihe-Rechtsprechung des BGH bestätigt (vgl. BVerfG NJW 2011, 3020): Die mittelbare Täterschaft ergebe sich daraus, dass die Fahrer der ersten Reihe nach **§ 34 StGB** gerechtfertigt seien. In der Literatur wird die Annahme mittelbarer Tatherrschaft hingegen kritisch gesehen, vgl. *Jahn*, JuS 2011, 563; *Jäger*, JA 2011, 554.

3. Das »Verantwortungsprinzip« als Basis der mittelbaren Täterschaft

a) Entweder begriffsnotwendig oder zumindest im Grundsatz geht es bei der mittelbaren Täterschaft um die folgende Konstellation: **875**

Täter der fraglichen Straftat ist allein der **Hintermann**. Er ist die Zentralgestalt des Geschehens; er **allein** begeht das fragliche Verbrechen oder Vergehen.

Das menschliche Werkzeug dagegen ist nicht als Täter der fraglichen Vorsatztat strafbar, sondern ist entweder: **876**

- straflos (so in den erwähnten Beispielen, Rn. 890 ff.) oder
- nur wegen fahrlässiger Tatbegehung strafbar (Rn. 882, 886, 891) oder
- nur der Beihilfe (§ 27 StGB) zu jener Vorsatztat schuldig[7] oder
- nur wegen einer anderen, leichteren Tat als der vom mittelbaren Täter begangenen strafbar (Rn. 891-892).

Demgemäß lässt sich feststellen: Bei der mittelbaren Täterschaft gibt es entweder begriffsnotwendig oder jedenfalls grundsätzlich keinen »Täter hinter dem Täter«.

Zur Verdeutlichung: Wenn man vom **Täter hinter dem Täter** spricht, meint man die Fallgestaltung eines Hintermannes hinter einem Werkzeug, das selbst als Täter der jeweiligen Vorsatztat strafbar ist. Wer für solche Fälle mittelbare Täterschaft des Hintermannes für möglich hält, bejaht also die Täterschaftsform des Täters hinter dem Täter.[8] Hiergegen bestehen indes die folgenden Bedenken:

Der Täter, also auch der **mittelbare Täter**, ist die Zentralgestalt des Geschehens. Er hat die Tatherrschaft inne, er **begeht** die Straftat. Hiervon kann man schwerlich sprechen, wenn der »andere« (das Werkzeug) selbst als Zentralgestalt fungiert, selbst die Tat beherrscht, also selbst die Straftat begeht. **877**

Dass **mehrere** Beteiligte als **Täter** eine Straftat begehen können, erkennt das Gesetz zwar in § 25 StGB an, aber nur in der Form der **Mittäterschaft**. Dagegen ist die Vorstellung der Begehung einer Straftat durch das Zusammenwirken eines »Hintermannes als mittelbarer Täter« und des von ihm beherrschten »Werkzeugs als unmittelbarer Täter« systemwidrig.

Eine solche gemeinsame Täterschaft ohne gemeinschaftliche Begehung i.S.d. § 25 Abs. 2 StGB kennt das Gesetz nicht.

Ferner führt die Anerkennung eines Täters hinter dem Täter zu einer bedenklichen Verwässerung des Täterkriteriums Tatherrschaft. Das wird die Darstellung der **878**

---

7 So nach h.M. beim absichtlosen dolosen bzw. qualifikationslosen Werkzeug (Rn. 920 ff.).

8 BGHSt 35, 347 (353 ff.) – Katzenkönig; 40, 218 (232 f.) – Nationaler Verteidigungsrat der DDR; 40, 257 (267) – Abbruch ärztlicher Behandlung; 42, 275 (277 f.) – Freiheitsberaubung in der DDR; 43, 219 (231 f.) – Abfallbeseitigung; 45, 270 (296) – Politbüro der SED. Aus dem Schrifttum: *Frister*, 27/2-4, 37; *Heinrich*, AT, Rn. 1254 ff.; *Herzberg*, S. 12 f., 23 f., 42 f.; *Jäger*, AT, Rn. 241; *Roxin*, § 25 Rn. 61, 94 ff., 110 ff.; *Schroeder*, S. 119 ff.; *Wessels/Beulke/Satzger*, Rn. 773; ebenso *Heinrich*, S. 225 ff., 232 ff. Kritisch u.a.: *Jakobs*, 21/63, 94, 101, 103; *Jescheck/Weigend*, § 62 I 3, II 8; *Joerden*, JZ 2001, 310 (311 f.); *Köhler*, Kap. 9, II 2.4.2.2., 4.4.3; *Krey*, Jura 1979, 316 (325); *Krey/Nuys*, FS Amelung, 2009, S. 203 ff.

Fallgruppen zeigen, bei denen die Geltung jener Form der mittelbaren Täterschaft postuliert wird (dazu Rn. 923 ff.).

Schließlich hat jene Anerkennung auch deswegen wachsende Rechtsunsicherheit zur Folge, weil sie neue Abgrenzungsprobleme mit sich bringt und bereits bestehende verschärft. Wenn man die Rechtsfigur des Täters hinter dem Täter akzeptiert, führt dies zu der neuen Problematik:

- **Wann** begründet die Begehung der Straftat durch einen anderen, der selbst wegen dieser Tat als Täter strafbar ist, mittelbare Täterschaft?
- Wann sind »Hintermann« und »Werkzeug« in Wirklichkeit als **Mittäter** verantwortlich?

Auch verschärft die These, bei der mittelbaren Täterschaft gebe es den Täter hinter dem Täter, bereits bestehende Abgrenzungsfragen:

- Wann liegt in der Verleitung eines anderen zur Begehung der Tat nur **Anstiftung**?
- Wann ist der Verleitende in Wirklichkeit mittelbarer Täter?

879 *Roxin* hat den **Täter hinter dem Täter** zu Recht als ein »Zentralthema« der neueren Diskussion von Täterschaft und Teilnahme bezeichnet.[9] Ob diese Rechtsfigur jedoch Anerkennung verdient, oder ob sie in Wirklichkeit

- ohne normative Fundierung in § 25 StGB entwickelt ist,
- den erheblichen Zugewinn an Rechtssicherheit durch die Tatherrschaftslehre reduziert sowie das Kriterium der Tatherrschaft verwässert und
- zu unnötigen neuen Abgrenzungsproblemen führt,

ist eine andere Frage. Ihre Beantwortung soll erst erfolgen, wenn die Fallgruppen der mittelbaren Täterschaft erörtert sind, bei denen nur der Hintermann die Straftat begeht (Rn. 890 ff.), und anschließend dargelegt ist, für welche Konstellation eine Anerkennung des Täters hinter dem Täter gefordert wird (Rn. 923 ff.).

880 b) Eines aber haben die hier geäußerten Bedenken schon jetzt deutlich gemacht: Eine Anerkennung des Täters hinter dem Täter kommt **allenfalls für singuläre Ausnahmesituationen** in Betracht.

Demgemäß lässt sich feststellen, dass die mittelbare Täterschaft entweder ganz oder zumindest grundsätzlich auf dem sog. **»Verantwortungsprinzip«** beruht:[10]

Der mittelbare Täter missbraucht zur Tatbegehung vorsätzlich einen anderen als Werkzeug, das zwar handelt, aber selbst für sein Verhalten nicht als Täter der jeweiligen Vorsatztat strafrechtlich verantwortlich ist. Diese wird stattdessen dem

---

9 LK/*Roxin*, 11. Aufl., § 25 Rn. 73; ähnlich *ders.*, § 25 Rn. 61.

10 *Bloy*, S. 347 ff., 351; *Jakobs*, 21/63, 94, 101, 103; *Jescheck/Weigend*, § 62 I, 2, 3, II 5, 8; *Krey*, Jura 1979, 316 (325); *Maiwald*, ZStW 93 (1981), 892 f.; *Stratenwerth/Kuhlen*, 12/52-57. Ebenso der Sache nach BGHSt 2, 169 (170); 30, 363 (364): Mittelbarer Täter sei, wer die Tat durch einen anderen begehe, der selbst nicht als Täter strafbar sei. Kritisch BGHSt 35, 347 (353 ff.); 40, 218 (232 f.); *Freund*, § 10 Rn. 87; *Gropp*, § 10 Rn. 149 ff.; *Küper*, JZ 1979, 935 (948 f.); *Roxin*, § 25 Rn. 62, 79, 82; so auch *Heinrich*, S. 219 und *Jäger*, AT, Rn. 241. Aus dem Blickwinkel der objektiven Zurechnung des Erfolges: *von der Meden*, JuS 2015, 22 ff.

Hintermann aufgrund seiner beherrschenden Rolle als **seine** Tat zugerechnet, als ob er sie ohne Einsatz des Werkzeugs eigenhändig begangen hätte.[11]

Diese Zurechnung der Verantwortung für die Begehung der Straftat als Täter sollen die folgenden klassischen Fälle der mittelbaren Täterschaft verdeutlichen:

Fall 108: – Das gemäß § 35 Abs. 1 StGB entschuldigte Werkzeug – **881**
H zwingt W durch die Drohung, ihn anderenfalls zu erschießen, den O zusammenzuschlagen. H wollte O eine schmerzhafte »Lektion erteilen«, selbst aber nicht am Tatort gesehen werden, um ein Alibi zu haben. Strafbarkeit von W und H?

Fall 109: – Das ohne Vorsatz handelnde Werkzeug (§ 16 Abs. 1 StGB) –[12] **882**
W erschießt bei einer Treibjagd den Treiber O, weil er ihn im Dämmerlicht für eine Hirschkuh hält. Diesen Irrtum hat H hervorgerufen, da er W als Werkzeug für die Tötung des ihm (H) verhassten O missbrauchen wollte. Strafbarkeit von W und H?

Zu Fall 108: W hat den Tatbestand der vorsätzlichen Körperverletzung (§ 223 Abs. 1 StGB) erfüllt, und zwar in der Modalität »körperliche Misshandlung« und »Gesundheitsschädigung«.[13] Eine Rechtfertigung des W durch Notwehr kommt nicht in Betracht, weil O kein Angreifer war. Auch **Rechtfertigender Notstand** (§ 34 StGB) scheidet als Erlaubnissatz aus:[14] **883**

Zwar bestand für W »Lebensgefahr«; sie war als Dauergefahr »gegenwärtig«. Die Gefahr war auch »nicht anders abwendbar«. Selbst Polizeischutz für W hätte die Gefahr reduzieren, aber nicht mit Sicherheit beseitigen können. Doch dürfte es bei Abwägung der »geschützten Interessen« (Leben des W unter Berücksichtigung der Möglichkeit zur Reduzierung der Lebensgefahr durch Polizeischutz) gegen die »beeinträchtigten Interessen« des O an einem »*wesentlichen* Überwiegen« der ersteren fehlen. Auf jeden Fall aber scheidet § 34 StGB unter dem Aspekt des **Nötigungsnotstandes** aus.

Jedoch ist W nach § 35 Abs. 1 S. 1 StGB (Rn. 749 ff.) entschuldigt (vgl. Rn. 749 ff.). Die Ausnahmevorschrift des § 35 Abs. 1 S. 2 StGB greift hier nicht ein. W hat gemäß § 35 Abs. 1 StGB ohne Schuld gehandelt.

H hat den objektiven Tatbestand des § 223 StGB »durch einen anderen« begangen. **884**
W fungierte als schuldlos handelndes Werkzeug. Da bei W die Verantwortlichkeit als Täter der Straftat »Körperverletzung« fehlt, wird die Tat dem H, der W als Werkzeug missbraucht hat, zugerechnet.[15] H hat auch vorsätzlich gehandelt, was u.a. Kenntnis der Tatsachen fordert, die die mittelbare Täterschaft begründen.[16]

---

11 *Jakobs*, 21/63, 94, 101, 103; *Jescheck/Weigend*, § 62 I, 2, 3, II 5, 8; *Kühl*, § 20 Rn. 42; *Stratenwerth/Kuhlen*, 12/52-57; *Krey*, Jura 1979, 316 (325).

12 Anschluss an Rn. 423.

13 Zu § 223 StGB siehe *Krey/Hellmann/Heinrich*, BT/1, Rn. 183 ff., 192. – Eine Gesundheitsschädigung als Hervorrufen oder Steigern einer Krankheit ist beim »Zusammenschlagen« ohne weiteres anzunehmen und sei es auch nur wegen der Blutergüsse (Hämatome) beim Opfer.

14 Siehe dazu Rn. 589 ff., 594 ff., 600, 602 ff., 609, 612 ff.

15 So für Fälle wie den vorliegenden u.a.: *Herzberg*, S. 14; *Jakobs*, 21/94; *Jescheck/Weigend*, § 62 II 6; *Roxin*, § 25 Rn. 47 f. m.w.N.

16 *Roxin*, § 25 Rn. 158 ff.

Seine Tat ist zudem rechtswidrig und schuldhaft. Daher hat sich H der Körperverletzung in mittelbarer Täterschaft schuldig gemacht.[17]

885 Die Annahme von **Mittäterschaft** des **H** (§§ 223, 25 Abs. 2 StGB) scheitert zwar nicht an der fehlenden Schuld des W. Das folgt aus § 29 StGB.[18] Es mangelt aber an der »gemeinschaftlichen Begehung« der Tat durch H und W, denn H hatte keine Mitherrschaft (funktionale Tatherrschaft, Rn. 832) bei der Ausführung der Tat; die Erfüllung des Tatbestandes der Körperverletzung hatte er hingegen ganz dem W überlassen.

Dagegen ist H der **Anstiftung** zur Körperverletzung schuldig, da er den Tatentschluss des W hervorgerufen hat. Dass W gemäß § 35 Abs. 1 StGB ohne Schuld handelte, ändert hieran nichts. Anstiftung lässt eine tatbestandsmäßige und rechtswidrige Haupttat genügen (§ 26 mit § 11 Abs. 1 Nr. 5 StGB); der Täter muss also nicht schuldhaft agieren (§ 29 StGB).[19] Jene Anstiftung berührt jedoch die mittelbare Täterschaft des H nicht.[20] Hinter der mittelbaren Täterschaft tritt die Anstiftung als *subsidiär* zurück. Sie bedarf daher keiner Prüfung, wenn mittelbare Täterschaft bejaht wurde, was auch unmittelbar einleuchtet. Anderenfalls hätten wir in Fällen wie dem vorliegenden eine Straftat (§ 223 StGB) ohne Straftäter.

Im Übrigen ist H wegen der Nötigung des W auch aus **§ 240 StGB** schuldig.

886 **Zu Fall 109: W** hat den objektiven Tatbestand des Totschlags (§ 212 StGB) erfüllt, jedoch wegen seines Tatbestandsirrtums (§ 16 Abs. 1 S. 1 StGB) unvorsätzlich. Allerdings ist W der Fahrlässigen Tötung (§ 222 StGB) schuldig.

H hat wegen der vorsätzlichen Ausnutzung jenes Tatbestandsirrtums den Totschlag durch einen anderen begangen (mittelbare Täterschaft durch Missbrauch eines ohne Vorsatz handelnden Werkzeugs). Da das Werkzeug nicht als Täter der fraglichen Vorsatztat strafrechtlich verantwortlich ist, muss H als Hintermann sich den Totschlag als **seine** Straftat zurechnen lassen. H ist also wegen Totschlags in mittelbarer Täterschaft strafbar.[21]

Mittäterschaft entfällt von vornherein mangels gemeinsamen Tatentschlusses. Auch Anstiftung des W durch H (§§ 212, 26 StGB) scheidet aus, weil Teilnahme (§§ 26, 27 StGB) nur an Vorsatztaten möglich ist.

887 Fall 109 ist in besonderem Maße geeignet, Wesen und Funktion der mittelbaren Täterschaft im Allgemeinen und des **Verantwortungsprinzips** im Besonderen zu verdeutlichen:

Bei der Ausnutzung eines unvorsätzlich handelnden Werkzeugs liegt die Tatherrschaft des Hintermannes auf der Hand. Sowohl **faktisch** als auch **normativ** beherrscht allein er das Geschehen, da er vorsätzlich den Tatbestandsirrtum des Werkzeugs »missbraucht«.

---

17 Vgl. auch: *Heinrich*, S. 245 ff.; *Krey* Jura 1979, 316 (325); *Kühl*, § 20 Rn. 62. Abweichend *Köhler*, Kap. 9, II 2.4.2.2.

18 Siehe hierzu: *Lackner/Kühl*, § 29 Rn. 1; *Roxin*, § 25 Rn. 237.

19 *Lackner/Kühl*, Vor § 25 Rn. 9, § 29 Rn. 1; *Roxin*, § 26 Rn. 4-5.

20 Vgl. *Krey/Nuys*, FS Amelung 2009, S. 203 ff.; *Lackner/Kühl*, § 29 Rn. 1; S/S/*Cramer/Heine/Weißer*, Vor § 25 Rn. 36 f., § 25 Rn. 39.

21 Ebenso für Fälle wie den vorliegenden BGHSt 30, 363 (364 f.); *Heinrich*, S. 214 ff.; *Herzberg*, S. 17 ff.; *Jakobs*, 21/69 ff.; *Köhler*, Kap. 9, II 2.4.2.1; *Kühl*, § 20 Rn. 52; *Roxin*, § 25 Rn. 63.

Besonders evident ist hier, dass die fehlende strafrechtliche Verantwortlichkeit des Werkzeugs als Täter des Totschlags dazu führen muss, dem Hintermann dieses Verbrechens als seine Straftat zuzurechnen. Anderenfalls hätten wir einen Totschlag ohne Täter.

c) Damit zeigen beide Fälle, dass die **Tatherrschaft** des mittelbaren Täters doppelt fundiert ist: **888**

– **W** befindet sich in einer faktisch und rechtlich unterlegenen Stellung.
– **H** spielt die tatsächlich und rechtlich entscheidende Rolle, da er das Geschehen durch Missbrauch jener Unterlegenheit »in der Hand hat«.[22]

In **Fall 108** ist die Unterlegenheit des W wegen der Todesdrohung faktisch und normativ (§ 35 Abs. 1 S. 1 StGB) fundiert. H missbraucht vorsätzlich die Notsituation des entschuldigten W. Damit hat er den W kraft »überlegenen Willens« tatsächlich und normativ in der Hand.

In **Fall 109** ergibt sich die faktische und normative Unterlegenheit des W aus seinem fehlenden Vorsatz nach § 16 Abs. 1 StGB; W weiß nicht, was er tut. H missbraucht dieses Unwissen und spielt deshalb kraft »überlegenen Wissens« die entscheidende tatsächliche und normative Rolle.

Dieser Befund der doppelt, nämlich faktisch **und** rechtlich, fundierten Tatherrschaft des mittelbaren Täters führt zurück zum **Verantwortungsprinzip** und zeigt dessen normative Basis:

Die »Tatherrschaft« des mittelbaren Täters und seine »Rolle der Zentralgestalt des Geschehens« als Voraussetzung für die Annahme der »Begehung der Tat durch einen anderen« beruhen darauf, dass der andere (das Werkzeug) wegen eines »Defizits« wie Fehlen des Vorsatzes nicht als Täter der fraglichen Vorsatztat verantwortlich ist **und** der Hintermann den anderen in Kenntnis jenes Zurechnungsdefizits für seine Zwecke missbraucht.

Dass § 25 Abs. 1 Alt. 2 StGB in solchen Situationen die Straftat dem Hintermann als sein Verbrechen bzw. Vergehen zurechnet, ist angesichts der dargelegten faktischen und normativen Fundierung seiner Tatherrschaft sachgerecht und geboten: Anderenfalls hätten wir eine »Straftat ohne Straftäter«.

Demgegenüber fehlt es in der Konstellation des **Täters hinter dem Täter** an einer ausreichenden normativen Basis für die Annahme mittelbarer Täterschaft: **889**

Wenn das Werkzeug selbst schon Straftäter der fraglichen Vorsatztat ist, gibt es keinen Sachzwang dafür, diese Tat *zusätzlich* einem etwaigen Hintermann gemäß § 25 Abs. 1 Alt. 2 StGB als sein Verbrechen bzw. Vergehen zuzurechnen. Wegen der eigenen Strafbarkeit des Werkzeugs als Täter geht es hier auch nicht darum, die Konsequenz einer »Straftat ohne Straftäter« zu vermeiden.

In derartigen Fällen des Täters hinter dem Täter ist zudem sehr zweifelhaft, ob der **Gesetzestext** des § 25 StGB überhaupt die Annahme mittelbarer Täterschaft

22 Vgl. hierzu *Jescheck/Weigend*, § 62 II 1, 3; *Beulke/Witzigmann*, Ad Legendum 2012, 251 (253 ff).

erlaubt: Abs. 2 dieser Vorschrift regelt das Zusammenwirken mehrerer Tatbeteiligter als Täter (Mittäter).

§ 25 Abs. 1 Alt. 2 StGB betrifft dagegen nach allgemeinem Sprachgebrauch nicht das Zusammenwirken zweier Inhaber der Tatherrschaft, die **beide** als Täter der Straftat verantwortlich sind. Wortlaut und systematische Stellung des § 25 Abs. 1 Alt. 2 StGB in Abgrenzung zu seinem Abs. 2 lassen es als fernliegend erscheinen, die Regelung über mittelbare Täterschaft wie folgt zu verstehen: »Täter ist, wer die Straftat durch einen anderen begeht, der ebenfalls Täter dieser Straftat ist«.

Vielmehr sprechen der mögliche Wortsinn des Gesetzes und die systematische Stellung des § 25 Abs. 1 Alt. 2 StGB dafür, diese Vorschrift dahin auszulegen:

Täter ist, wer die Straftat durch einen anderen begeht, der nicht selbst als Täter dieser Tat strafbar ist.[23]

Im Folgenden sollen die Fallgruppen[24] dargelegt werden, in denen mittelbare Täterschaft nach diesem Verständnis in Betracht kommt.

II. Konstellationen mittelbarer Täterschaft nach dem Verantwortungsprinzip

1. Fehlen der strafrechtlichen Verantwortlichkeit des Werkzeugs, weil es ohne Vorsatz handelt

890 Diese Fallgruppe mittelbarer Täterschaft liegt nicht nur dann vor, wenn der Hintermann wie in Fall 109 den Irrtum hervorgerufen hat. Vielmehr genügt auch die Ausnutzung eines beim Werkzeug bereits vorhandenen Irrtums.[25] Ob das Werkzeug fahrlässig handelt, ist dabei gleichgültig.[26] Der Hintermann steuert es weiterhin kraft seines überlegenen Wissens, selbst wenn es dann Täter bzgl. der fahrlässigen Tat ist. Dies bedeutet lediglich, dass dem Werkzeug – vereinfacht gesagt – sein (vermeidbares) Defizit zum Vorwurf gemacht wird.

Im Übrigen kommt mittelbare Täterschaft durch ein »unvorsätzliches Werkzeug« auch in Konstellationen wie der folgenden in Frage: Das Werkzeug glaubt infolge Tatbestandsirrtums eine minderschwere Tat zu begehen, während es in Wirklichkeit zur unvorsätzlichen Begehung eines schwereren Verbrechens missbraucht wird. Diese sog. **»partielle mittelbare Täterschaft«** soll der folgende Fall verdeutlichen:

891 **Fall 110: – Mittelbare Täterschaft durch »partiell missbrauchtes« Werkzeug –**
H gibt W Gift, das dieser O in den Tee gießen soll. Das Gift ist, was W aufgrund Täuschung durch H nicht weiß, tödlich. W führt die Tat aus, weil er glaubt, nur eine Körperverletzung begehen zu sollen. Zu seinem Entsetzen stirbt O. Strafbarkeit der Beteiligten?

---

23 *Krey/Nuys*, FS Amelung, 2009, S. 203 ff. Siehe auch *Kühl*, § 20 Rn. 38: »Der Wortlaut des § 25 Abs. 1 Alt. 2 StGB legt es zumindest nahe, dass der ›andere‹ nicht auch Täter ist«.

24 Grundfälle zur mittelbaren Täterschaft bespricht auch *Koch*, JuS 2008, 399 ff. und 496 ff.

25 *Jakobs*, 21/69, 72, 74; *Roxin*, § 25 Rn. 64.

26 *Jakobs*, 21/74; *Kühl*, § 20 Rn. 52 (mit Beispiel); *Roxin*, § 25 Rn. 63, 65.

W hat weder Mord noch Totschlag begangen, da er ohne Tötungsvorsatz handelte (§ 16 Abs. 1 S. 1 StGB). Jedoch ist er wegen **vorsätzlicher Körperverletzung** strafbar. Seine Tat hatte eine Gesundheitsschädigung (als Durchgangsstadium vor Todeseintritt[27]) zur Folge; der erforderliche Körperverletzungsvorsatz des W ist gegeben. Zudem ist er der **Fahrlässigen Tötung** schuldig.

H hat durch den Einsatz des W als »unvorsätzliches Werkzeug« einen **Totschlag in mittelbarer Täterschaft** begangen.[28] Denn hinsichtlich § 212 StGB lag bei W kein Vorsatz vor. Diesen Tatbestandsirrtum hat H vorsätzlich missbraucht. **892**

Was die Körperverletzung angeht ist H der Anstiftung schuldig. Insoweit war W kein unvorsätzliches Werkzeug. Doch tritt diese Teilnahme hinter dem Verbrechen aus §§ 212, 25 Abs. 1 Alt. 2 StGB im Wege der Gesetzeskonkurrenz zurück.

Fall 110 zeigt, dass mittelbare Täterschaft durch ein i.S.d. § 16 Abs. 1 StGB gutgläubiges Werkzeug auch in der Form der »partiellen mittelbaren Täterschaft« möglich ist.[29] Das folgt aus der Tatbestandsbezogenheit des Täterbegriffs und verhindert das abwegige Ergebnis eines Totschlags ohne strafbaren Täter.

Mittelbare Täterschaft durch ohne Vorsatz handelndes Werkzeug gibt es im Übrigen nicht nur in der Modalität der **Verleitung** des gutgläubigen »anderen« zu der Tat. Vielmehr kann auch genügen, dass der Hintermann das unvorsätzliche Werkzeug dadurch missbraucht, dass er ihm bei der Tatbegehung lediglich **Hilfe leistet**. **893**

Beispiel:[30] Bei einer Jagd bemerkt H, dass W auf den Treiber O schießen will, weil er (W) den O für eine Hirschkuh hält. Da H den O hasst, reicht er W, der im Dunklen nach seiner Flinte sucht, die Waffe. W erschießt den O und ist entsetzt, als er seinen Irrtum bemerkt.

W hat gemäß § 16 Abs. 1 StGB mangels Vorsatzes keinen Totschlag begangen. Er ist aber der Fahrlässigen Tötung schuldig (siehe Rn. 886).

H dagegen ist wegen Totschlags in mittelbarer Täterschaft strafbar (Rn. 886). Dass er im Fall vorsätzlicher Tötung des O durch W objektiv nur eine Beihilfehandlung (Hilfeleisten, § 27 StGB) begangen hätte, ist unerheblich: Mittelbare Täterschaft durch Missbrauch eines im Tatbestandsirrtum handelnden Werkzeugs liegt nicht nur bei Verleitung des Werkzeugs zu der Tat vor, sondern auch im Falle bloßen Hilfeleistens. Es ist also irrelevant, ob der Hintermann bei Vorsatz des Werkzeugs Anstifter oder nur Gehilfe wäre.[31] In beiden Fällen liegt faktisch und normativ die Tatherrschaft beim Hintermann. Er setzt vorsätzlich ein Werkzeug ein, das »nicht weiß, was es tut«. Wegen der fehlenden Strafbarkeit des W aus § 212 StGB ist die Tat dem H als **sein** Verbrechen zuzurechnen; anderenfalls hätten wir einen »Totschlag ohne Totschläger«. **894**

---

27 Dazu *Krey/Hellmann/Heinrich*, BT/1, Rn. 229f. m.w.N.

28 So für Fälle wie den vorliegenden: BGHSt 30, 363 (364 f.); *Heinrich*, S. 223 f.; SK/*Hoyer*, § 25 Rn. 67; *Jakobs*, 21/75; *Roxin*, § 25 Rn. 66 m.w.N.

29 BGHSt 30, 363 (364 f.); *Heinrich*, S. 223 f.; SK/*Hoyer*, § 25 Rn. 67; *Jakobs*, 21/75; *Roxin*, § 25 Rn. 66 m.w.N.

30 Dazu: *Freund*, § 10 Rn. 58; *Kühl*, § 20 Rn. 52; *Roxin*, § 25 Rn. 64.

31 H.M., so für alle *Freund*, § 10 Rn. 58; *Kühl*, § 20 Rn. 52; *Roxin*, § 25 Rn. 64; **a.A.** etwa *Schmidhäuser*, 14/42.

2. Mittelbare Täterschaft durch rechtmäßig handelndes Werkzeug

895 Die wichtigsten Beispiele dieser Form der mittelbaren Täterschaft bilden Fälle des Missbrauchs eines getäuschten **Amtsträgers** als Werkzeug:[32]

Fall 111: – Freiheitsberaubung in mittelbarer Täterschaft –[33]
a) Durch falsche Verdächtigung und Manipulation von Beweismitteln erreicht H, dass der unschuldige O vom Polizeibeamten W gemäß § 127 Abs. 2 (i.V.m. § 112) StPO **rechtmäßig** festgenommen wird. Strafbarkeit von W und H wegen Freiheitsberaubung?

b) A beschuldigt O bewusst wahrheitswidrig der Vergewaltigung. Auf der Grundlage dieser Behauptungen wird O von dem zuständigen Gericht zu einer mehrjährigen Freiheitsstrafe verurteilt. Nach vollständiger Verbüßung stellt sich die Unschuld des O heraus. Strafbarkeit der A wegen Freiheitsberaubung (§ 239 StGB)?[34]

In **Fall 111a W** hat vorsätzlich den objektiven Tatbestand des § 239 Abs. 1 StGB erfüllt. Wegen der Täuschungshandlungen des H lagen jedoch für W die gesetzlichen Voraussetzungen der Festnahmebefugnis nach § 127 Abs. 2 (i.V.m. § 112) StPO vor. Diese Voraussetzungen sind insbesondere:

- Eigenschaft des Festnehmenden als Staatsanwalt oder Polizeibeamter,
- dringender Tatverdacht (§ 112 Abs. 1 StPO),
- Haftgrund, z.B. Fluchtgefahr (§ 112 Abs. 2 StPO) und
- Gefahr im Verzug (§ 127 Abs. 2 StPO).

Laut Sachverhalt hat W also eine legale Amtshandlung begangen. Daher entfällt § 239 StGB mangels Rechtswidrigkeit der Tat.

896 **H** dagegen ist der Freiheitsberaubung in mittelbarer Täterschaft schuldig. Seine Tatherrschaft beruhte auf dem Missbrauch des aufgrund Irrtums rechtmäßig handelnden W, seine Überlegenheit somit auf der besseren Sachverhaltskenntnis. Da für **H** kein Rechtfertigungsgrund eingreift, war **seine** Tat auch rechtswidrig. Wegen des vorsätzlichen Missbrauchs des gemäß § 127 Abs. 2 StPO straflosen W als Werkzeug muss sich H die Freiheitsberaubung als seine Straftat zurechnen lassen. Diese Zurechnung gemäß dem Verantwortungsprinzip verhindert, dass O das Opfer einer Freiheitsberaubung als »Straftat ohne Straftäter« ist. Auch in **Fall 111b** beherrschte A das Vorstellungsbild des rechtmäßig handelnden Richters kraft überlegenen Wissens und ist damit der Freiheitsberaubung in mittelbarer Täterschaft schuldig.

897 **Fall 112: – Prozessbetrug (§§ 263, 25 Abs. 1 Alt. 2 StGB) –**[35]
H verklagt den O auf Zahlung von 10.000 Euro, obwohl er keinen Anspruch gegen O hat. Da H den Richter W durch manipulierte Beweismittel täuscht, wird O von W zur Zahlung

---

32 Vgl. zu weiteren Fällen des rechtmäßig handelnden Werkzeugs: *Beulke/Witzigmann*, Ad Legendum 2013, 59 (62 f.).

33 *Jakobs*, 21/81; *Jescheck/Weigend*, § 62 II 3; *Krey/Hellmann/Heinrich*, BT/1, Rn. 364; *Kühl*, § 20 Rn. 57 f.; *Roxin*, § 25 Rn. 68; BGHSt 3, 4 (5 f.); 10, 306 (307); BGH NJW 1997, 951.

34 Angelehnt an LG Darmstadt Urt. v. 13.9.2013 – 15 KLs 331 Js 7379/08.

35 Dazu *Heinrich*, S. 217; *Jakobs*, 21/86; *Jescheck/Weigend*, § 62 II 3; *Krey/Hellmann/Heinrich*, BT/2, Rn. 593, 594 ff. m.w.N.; *Kühl*, § 20 Rn. 57 f.; *Roxin*, § 25 Rn. 68; S/S/*Perron*, § 263 Rn. 69.

verurteilt. Dieses Fehlurteil ist nach geltendem Zivilprozessrecht wirksam. Strafbarkeit des H wegen Betrugs (sog. »**Prozessbetrug**«)?

H hat einen Betrug zum Nachteil des O in mittelbarer Täterschaft begangen[36], wobei er den getäuschten W als »**rechtmäßiges** Werkzeug« missbraucht hat:

Durch seine *Täuschung* hat H bei W einen *Irrtum* erregt, der die Verurteilung des O zur Zahlung als Vermögensverfügung des W zur Folge hatte. Hierdurch wurde das *Vermögen des O geschädigt.* H hat auch vorsätzlich und in der Absicht gehandelt, sich einen rechtswidrigen Vermögensvorteil zu verschaffen.[37]

Wegen jenes vorsätzlichen Missbrauchs des gutgläubigen, legal entscheidenden W muss sich H dessen Vermögensverfügung wie eine eigene zurechnen lassen. Anders als W handelte H nicht rechtmäßig, weil er bösgläubig war. Demgemäß besaß H die Tatherrschaft über das Geschehen. Seine Bestrafung ist also sachgerecht.

3. Mittelbare Täterschaft durch schuldlos handelndes Werkzeug

a) Schuldunfähigkeit des Werkzeugs gemäß § 19 bzw. § 20 StGB

Wer vorsätzlich ein **Kind** oder einen **Geisteskranken** zur Begehung einer tatbe- **898**
standsmäßigen, rechtswidrigen Tat **verleitet**, ist regelmäßig mittelbarer Täter dieser Straftat.[38]

Dabei ist unerheblich, ob das Kind frühreif war.[39] Weiterhin ist irrelevant, ob außer dem vorsätzlichen Verleiten des schuldunfähigen Werkzeugs noch zusätzliche Aspekte des konkreten Einzelfalles die Tatherrschaft des Hintermannes begründen.[40]

Im Übrigen genügt für die Annahme mittelbarer Täterschaft auch das vorsätzliche **899**
Hilfeleisten zu der Tat eines schuldunfähigen Werkzeugs, obwohl diese Unterstützung bei Schuldfähigkeit des Werkzeugs nur Beihilfe wäre.[41]

---

36 Zum Folgenden siehe *Krey/Hellmann/Heinrich*, BT/2, Rn. 593, 594 ff. m.w.N.

37 Zur Bereicherungsabsicht und zur Rechtswidrigkeit der beabsichtigten Bereicherung als Tatbestandsmerkmale siehe Rn. 373, 375, 411.

38 *Freund*, § 10 Rn. 77 f.; *Heinrich*, AT, Rn. 1252 f.; *Herzberg*, S. 29 f.; *Jescheck/Weigend*, § 62 II 4; *Roxin*, § 25 Rn. 139 ff.; **a.A.** *Köhler*, Kap. 9 II 2.4.2.2; differenzierend *Ellbogen/Wichmann*, JuS 2007, 114 (116): Zu untersuchen sei, ob das Kind im Einzelfall einen eigenen Willen gebildet bzw. die Tragweite der Tat erkannt habe, denn nur dann liege die erforderliche tatsächliche Überlegenheit des Hintermannes vor.

39 *Freund*, § 10 Rn. 77 f.; *Heinrich*, S. 252 ff., 255 f.; *Herzberg*, S. 29 f.; *Jescheck/Weigend*, § 62 II 4; MK/*Joecks*, § 25 Rn. 103; *Kühl*, § 20 Rn. 66 f.; *Roxin*, § 25 Rn. 140 ff.; *Stratenwerth/Kuhlen*, 12/48-49. Abweichend u.a.: *Jakobs*, 21/96; *Schmidhäuser*, 14/48.

40 *Freund*, § 10 Rn. 77 f.; *Heinrich*, S. 252 ff., 255 f.; *Herzberg*, S. 29 f.; *Jescheck/Weigend*, § 62 II 4; MK/*Joecks*, § 25 Rn. 100 ff.; *Kühl*, § 20 Rn. 66 f.; *Roxin*, § 25 Rn. 140 ff.; *Stratenwerth/Kuhlen*, 12/48-49. Abweichend u.a.: *Jakobs*, 21/96; *Schmidhäuser*, 14/48; **a.A.** auch *Maurach/Gössel/Zipf*, § 48 Rn. 56 ff., 59.

41 Im Schrifttum wird bei Erörterung der mittelbaren Täterschaft durch schuldunfähiges Werkzeug i.d.R. nur die Veranlassung der Tat erwähnt (so z.B. *Freund*, § 10 Rn. 77 f.; *Herzberg*, S. 29 f.; *Kühl*, § 20 Rn. 66 f.). Anders *Roxin*, Täterschaft, S. 234-236 und LK/*Schünemann*, § 25 Rn. 113: Sie kommen für den Fall fehlender Einsichtsfähigkeit des Schuldunfähigen in das Unrecht ebenfalls zu dem hier vertretenen Ergebnis. Für den Fall fehlender Fähigkeit, nach dieser Einsicht zu handeln, vertritt *Roxin* aaO eine differenzierende Lösung.

Das folgt aus dem Verantwortungsprinzip als Basis der mittelbaren Täterschaft. Der Schuldfähige, der die Tat eines Schuldunfähigen in Kenntnis dessen fehlender strafrechtlicher Verantwortlichkeit veranlasst oder zu jener Tat Hilfe leistet, erscheint **faktisch** und wegen der gesetzlichen Wertung in §§ 19, 20 StGB auch **normativ** als Zentralgestalt des Geschehens. Wegen dieser **Ausnutzung** des Kindes bzw. Geisteskranken hat der Hintermann Tatherrschaft und muss sich die schuldlose Tat des Werkzeugs als eigene Straftat zurechnen lassen.[42] Das mag der folgende Fall verdeutlichen:

900 **Fall 113: – Mittelbare Täterschaft durch schuldunfähiges Werkzeug (§ 19 StGB) –**
Der 12-jährige W tötet den O. Der volljährige H, der das Alter des W kennt, hat dabei:
a) W zu seiner Tat veranlasst.
b) Dem W durch Mitgabe einer Waffe Hilfe geleistet.
Strafbarkeit von W und H?

Zu lit. a: W hat einen tatbestandsmäßigen und rechtswidrigen Totschlag begangen. Er ist aber gemäß § 19 StGB straflos. **H** ist wegen vorsätzlichen Verleitens des W zu dessen Tat des Totschlags in mittelbarer Täterschaft schuldig.

Zugleich hat H eine **Anstiftung** begangen (§§ 212, 26, 29 StGB). Die fehlende Schuld des W steht dem nicht entgegen, da Teilnahme nur eine rechtswidrige Haupttat verlangt. Diese Anstiftung berührt aber die Sachgerechtigkeit unseres Ergebnisses – Totschlag in mittelbarer Täterschaft – **nicht**. Die Anstiftung tritt als subsidiäre Beteiligungsform hinter dieser Täterschaft zurück.

901 **Zu lit. b:** Für W gilt dasselbe wie bei lit. a. **H** ist auch hier wegen Totschlags in mittelbarer Täterschaft strafbar. Dafür genügt, dass er vorsätzlich als Schuldfähiger einem schuldunfähigen Werkzeug zu dessen Tat Hilfe geleistet hat. Wegen dieses Ausnutzens des ohne strafrechtliche Verantwortung handelnden W muss er sich dessen Tat als seine Straftat zurechnen lassen.

Die zugleich gegebene Beihilfe des H (§§ 212, 27, 29 StGB) tritt als subsidiäre Beteiligungsform zurück.[43]

902 Bei der Veranlassung der Tat eines **Jugendlichen**, d.h. eines Minderjährigen im Alter von 14 bis 17 Jahren (§ 1 Abs. 2 JGG), liegt mittelbare Täterschaft nur ausnahmsweise vor, nämlich dann, wenn der Jugendliche nach § 3 JGG *nicht* strafrechtlich verantwortlich ist *und* der Hintermann auch insoweit vorsätzlich handelt.[44]

Auch bei einem Jugendlichen als »schuldloses Werkzeug« sollte man im Übrigen das Hilfeleisten zu seiner Tat durch den »Hintermann« der Veranlassung der Tat gleichstellen.

---

42 »Beherrschende« Teilnahme an der Tat des Schuldunfähigen, sei es als Anstiftung, sei es als Beihilfe, sollte man wegen des in gleicher Weise einschlägigen Verantwortungsprinzips einheitlich als Fall der mittelbaren Täterschaft behandeln.

43 SK/*Hoyer*, § 27 Rn. 38.

44 *Herzberg*, S. 30; S/S/*Heine*/*Weißer*, § 25 Rn. 45; LK/*Schünemann*, § 25 Rn. 113.

b) Das Werkzeug handelt gemäß § 17 S. 1 StGB ohne Schuld

Wer vorsätzlich ein wegen **unvermeidbaren** Verbotsirrtums schuldlos handelndes Werkzeug zu einer tatbestandsmäßigen und rechtswidrigen Tat **veranlasst**, ist nach dem Verantwortungsprinzip als mittelbarer Täter dieser Tat strafbar.[45] **903**

Dasselbe gilt, wenn der Hintermann zu einer solchen schuldlosen Tat Hilfe leistet.

c) Werkzeug handelt im entschuldigenden Notstand (§ 35 Abs. 1 StGB)

– Siehe dazu Rn. 881, 883-885, 888. – **904**

4. Mittelbare Täterschaft durch objektiv tatbestandslos handelndes Werkzeug wegen dessen Identität mit dem Opfer der Straftat

– Teilnahme am unfreien Suizid als Totschlag in mittelbarer Täterschaft –

a) Einführung

Der Selbstmord und die Selbstverletzung, weiterhin auch die Beschädigung oder Zerstörung eigener Sachen, erfüllen keinen Straftatbestand. **905**

- § 303 StGB erfasst als Tatobjekt nur »*fremde* Sachen«;
- §§ 223 ff. StGB fordern die Verletzung »einer *anderen* Person«;
- Bei §§ 211 ff. StGB hat der Gesetzgeber auf eine solche Klarstellung verzichtet, weil sich bei ihnen von selbst versteht, dass sie die Tötung eines *anderen* Menschen fordern.[46]

Demgemäß ist die **Teilnahme an der Selbsttötung** bzw. an der Selbstverletzung als solche nicht strafbar.[47] Dasselbe gilt für die Teilnahme an der Selbstschädigung durch Beschädigung bzw. Zerstörung eigener Sachen.

Jedoch kann die Teilnahme am Suizid eines anderen in Wahrheit Totschlag in **mittelbarer Täterschaft** darstellen[48], wobei der andere, durch den der Hintermann die Straftat begeht, gleichzeitig als Werkzeug und Opfer fungiert. Voraussetzung hierfür ist, dass der Suizid nicht freiverantwortlich, sondern **unfrei** ist[49] und dass der Hintermann dies auch weiß.[50] In solchen Fällen der vorsätzlichen Teilnahme am unfreien Suizid erscheint faktisch und normativ der Hintermann als Zentralgestalt des Geschehens. Er beherrscht als Schlüsselfigur die Tat,[51] besitzt somit die eigentliche Tatherrschaft. **906**

---

45 Dazu Rn. 924 ff., 927 ff.

46 BGHSt 19, 135 (137); 32, 367 (371); *Krey/Hellmann/Heinrich*, BT/1, Rn. 100 ff. m.w.N.

47 BGHSt 32, 367 (371); *Heinrich*, AT, Rn. 1262; *Krey/Hellmann/Heinrich*, BT/1, Rn. 101.

48 Hierzu *Kühl*, Jura 2010, 81 (82); zur mittelbaren Täterschaft bei Selbstschädigung: *Timpe*, StraFo 2013, 358 (366).

49 Z.B. der Selbsttötung eines Kindes (Rn. 801).

50 BGHSt 32, 38 (40-43); BGH JZ 1987, 474; OLG München JZ 1988, 201; *Brands/Schlehofer*, JZ 1987, 442 ff.; *Heinrich*, S. 329 f.; *Herzberg*, S. 35-41; SK/*Hoyer*, § 25 Rn. 54 ff.; *Krey/Hellmann/Heinrich*, BT/1, Rn. 94, 105; *Roxin*, § 25 Rn. 54-58, 70-75, 144-148; S/S/*Eser/Sternberg-Lieben*, Vor § 211 Rn. 35-36; *Wessels/Hettinger*, Rn. 43 ff.

51 So u.a.: BGHSt 32, 38 (42 f.); BGH JZ 1987, 474; *Herzberg*, S. 35-41; *Krey/Hellmann/Heinrich*, BT/1, Rn. 94, 105.

Diese mittelbare Täterschaft durch Verleitung eines anderen zu einem unfreien Suizid oder durch Hilfeleisten bei einer solchen Selbsttötung beruht dabei auf dem **Verantwortungsprinzip**.[52]

Wer wissentlich z.B. ein Kind zur Selbsttötung veranlasst oder dem Kind bei der Selbsttötung hilft, muss sich den unfreien Suizid des Opfers als **eigene** Tat zurechnen lassen. Der »nichtverantwortliche Suizid« fällt nicht in den Verantwortungsbereich des Opfers, sondern ist eine durch Missbrauch des Opfers als Werkzeug vom Hintermann begangene Straftat.

Diese Einsicht führt zu der umstrittenen Frage, wann eine Selbsttötung (bzw. Selbstverletzung) nicht als freiverantwortlich, sondern als unfrei zu bewerten ist:

b) Lehre von der analogen Anwendung der Exkulpationsregeln

– §§ 19, 20, 35 sowie § 16 Abs. 1 StGB –

907 (1) Nach verbreiteter Ansicht gelten für die Frage, ob eine Selbsttötung oder Selbstverletzung nicht freiverantwortlich, also »unfrei« ist, die **Exkulpationsregeln (§§ 19, 20, 35 StGB) analog**:[53] Ein unfreier Suizid wird nur angenommen, wenn das Opfer unter solchen Umständen gehandelt hat, die im Falle einer *Fremd*schädigung seine strafrechtliche Verantwortlichkeit ausschließen würden. Danach ist **unfrei** (nichtverantwortlich):

- Der Suizid eines **Kindes** (§ 19 StGB analog).[54]
- Der Suizid eines **Jugendlichen**, sofern dieser i.S. des entsprechend anwendbaren § 3 JGG nach seiner geistigen und sittlichen Entwicklung nicht reif genug ist, die Bedeutung und Endgültigkeit der Selbsttötung zu erkennen und nach dieser Einsicht zu handeln.[55]

  Wie erwähnt ist der Jugendliche i.d.R. gemäß § 3 JGG strafrechtlich verantwortlich. In Widerspruch hierzu nehmen namhafte Vertreter der Konzeption von der analogen Anwendbarkeit der Exkulpationsregeln an: Der Suizid des Jugendlichen sei bei entsprechender Anwendung des § 3 JGG **regelmäßig nicht freiverantwortlich**.[56]
- Der Suizid eines **Geisteskranken** (§ 20 StGB analog).[57] Ein wichtiges Beispiel hierfür sind Selbsttötungen in schwerster Depression.
- Der Suizid eines Opfers, das sich in einer Notstandslage analog **§ 35 Abs. 1 S. 1 StGB** befindet.[58] Das mag der folgende Fall verdeutlichen:

---

52 *Herzberg*, S. 35-41; LPK/*Kindhäuser*, Vor § 211 Rn. 35; *Krey/Hellmann/Heinrich*, BT/1, Rn. 94, 105.

53 So *Roxin*, FS Dreher, 1977, S. 331 ff., 346 f.; *ders.*, § 25 Rn. 54-58, 144-148; ebenso u.a.: *Arzt/Weber/Heinrich/Hilgendorf*, § 3 Rn. 24-29; *Bottke*, Suizid und Strafrecht, 1982, S. 250 ff.; *Jäger*, AT, Rn. 247, 351; wohl auch SK/*Hoyer*, § 25 Rn. 54 ff., 60 a.E.; siehe auch *Zaczyk*, Strafrechtliches Unrecht, S. 43, 64. – Dahingestellt von: BGHSt 32, 262 (266); OLG München JZ 1988, 201 f. m.w.N.

54 *Roxin*, § 25 Rn. 144; ähnlich u.a.: *Jakobs*, 21/97; *Zaczyk*, Strafrechtliches Unrecht, S. 43, 64.

55 *Roxin*, § 25 Rn. 144, 147; ebenso *Bottke*, AIFO 1988, 628 (633, 637); *Heinrich*, S. 345 f.; *Zaczyk*, Strafrechtliches Unrecht, S. 43, 64.

56 So z.B. *Roxin*, § 25 Rn. 144, 147.

57 *Arzt/Weber/Heinrich/Hilgendorf*, § 3 Rn. 24-29; § 25 Rn. 145 f.; weitgehend übereinstimmend: *Jakobs*, 21/97 und *Zaczyk*, Strafrechtliches Unrecht, S. 43, 64.

Fall 114: – Unfreier Suizid des genötigten Generals – 908
General R gehörte zu den Gegnern von Adolf Hitler. Nach dem gescheiterten Attentat auf den Diktator am 20.7.1944 wurde R von SS-Offizieren zur Selbsttötung genötigt, und zwar durch die Drohung: Anderenfalls würde er wie andere Hochverräter am Galgen enden und seine Familie in ein KZ (»Konzentrationslager«) verbracht.

Hier ist analog § 35 Abs. 1 StGB ein unfreier Suizid gegeben. Die SS-Offiziere haben also einen Totschlag in mittelbarer Täterschaft begangen.[59]

Entsprechend ist die Selbst*verletzung* in analoger Anwendung der §§ 19, 20, 35 StGB unfrei, wenn das Opfer ein Kind, ein Geisteskranker oder ein in einer Notstandslage entsprechend § 35 Abs. 1 S. 1 StGB Handelnder ist. 909

Beispiel für Letzteres: Ein Metzger zwingt seinen Lehrling mit vorgehaltenem Messer, ein ungereinigtes Stück Darm zu essen[60] (Körperverletzung in mittelbarer Täterschaft).

(2) Die Anhänger jener Ansicht – Analogie zu jenen Exkulpationsregeln – sind sich darüber einig, dass ein unfreier Suizid zusätzlich gegeben ist, wenn dem Opfer infolge Irrtums nicht bewusst ist, dass es sich selbst tötet. Unfrei ist also, und zwar in analoger Anwendung des § 16 Abs. 1 StGB, auch der **unvorsätzliche** Suizid:[61] 910

Fall 115: – Sirius-Fall (»per aspera ad astra«) –[62] 911
Frau O versucht sich zu töten; sie überlebt aber. Zu ihrem Suizidversuch hatte sie H, ihr Vertrauter und gelegentlicher Liebhaber, verleitet, und zwar durch die folgende Täuschung: Er sei Bewohner des Sternes Sirius und habe den Auftrag, einigen wertvollen Menschen, so auch ihr, zu ermöglichen, nach dem Zerfall ihres Körpers mit ihrer Seele auf dem Sirius weiterzuleben. Zu diesem Zweck müsse sie zunächst »Selbstmord« begehen. Sie werde dann in einem roten Raum am Genfer See in einem neuen Körper, der dort auf sie warte, wiedererwachen und als Mensch weiterleben. Das sei Voraussetzung für ihren Weg zum Sirius. – Frau O, die diesen Unsinn glaubte, obwohl sie keine psychischen Störungen aufwies, war sich bei ihrem Suizidversuch nicht bewusst, eine wirkliche Selbsttötung zu begehen. Strafbarkeit des H, der aus Habgier handelte?

Der BGH hat die Verurteilung des H wegen Mordversuchs in mittelbarer Täterschaft bestätigt und zur Begründung auf den **fehlenden Vorsatz** der O rekurriert: 912

Wer dem Opfer, das Selbstmord begehe oder dies versuche, verschleiere, dass es seinen eigenen Tod herbeiführe, habe Tatherrschaft kraft überlegenen Wissens, durch das er das irrende Opfer lenke und »zum Werkzeug gegen sich selbst« mache. H habe der O vorgespiegelt, sie werde nach ihrem Suizid *zunächst als Mensch weiterleben*, wenn auch in dem »neuen Körper am Genfer See«. Wegen dieser Täuschung sei ihr nicht bewusst gewesen, dass der »Selbstmord« ihr irdisches Leben auf immer beenden würde.[63]

---

58 *Roxin*, § 25 Rn. 54 f.; ebenso *Arzt/Weber/Heinrich/Hilgendorf*, § 3 Rn. 24-29; SK/*Hoyer*, § 25 Rn. 54, 56, 60 a.E. Kritisch u.a.: *Jakobs*, 21/97; *Zaczyk*, Strafrechtliches Unrecht, S. 47.

59 Ob Mord (§ 211 StGB in der Alt. »niedrige Beweggründe«) in mittelbarer Täterschaft zu bejahen ist, soll hier als BT-Problem dahinstehen.

60 Fall in Anlehnung an RGSt 26, 242.

61 *Roxin*, § 25 Rn. 70-75 m.w.N.; ebenso z.B. BGHSt 32, 38 (42).

62 Fall nach BGHSt 32, 38 (»per aspera ad astra«: Durch die Widrigkeiten zu den Sternen).

63 BGHSt 32, 38 (42).

Diesem Urteil des BGH stimmen viele nach Ergebnis und Begründung zu: Es handele sich um die Verleitung zum unvorsätzlichen Suizid.[64] Doch gibt es auch beachtliche Kritik an dieser Argumentation.[65] Die Frage kann aber dahinstehen, weil jene Täuschung – wie noch zu zeigen sein wird – auch ohne die Annahme fehlenden Suizid-Vorsatzes die Unfreiheit der versuchten Selbsttötung der O begründet (dazu Rn. 916).

c) Maßgeblichkeit der »Einwilligungslehre« für die Freiverantwortlichkeit der Selbsttötung und der Selbstverletzung (sog. Einwilligungslösung)

913 Nach heute **h.L.** ist der dargelegte Standpunkt – analoge Anwendung der §§ 19, 20, 35 sowie 16 Abs. 1 StGB – nicht überzeugend. Vielmehr müsse die Frage, ob ein Suizid bzw. eine Selbstverletzung freiverantwortlich oder unfrei sei, nach anderen Kriterien entschieden werden, nämlich gemäß den Maßstäben der **Einwilligungslehre** (i.V.m. der Dogmatik zur Ernstlichkeit des Verlangens i.S.d. § 216 StGB).[66] Diese Konzeption ist sachgerecht[67]; darauf sei hier verwiesen.

Demgemäß ist der Entschluss zur Selbsttötung bzw. -verletzung freiverantwortlich, wenn er nach jenen Maßstäben Ausdruck eines freien und ernstlichen Verlangens nach dem eigenen Tod bzw. der Verletzung des eigenen Körpers ist. Die Selbsttötung bzw. -verletzung muss auf einer *Einwilligung i.S. eines »Aktes wirklicher Selbstbestimmung« beruhen.*[68]

914 (1) Dieser **Einwilligungsmaßstab** kommt dort zu denselben Ergebnissen, wo die Konzeption von der Analogie zu §§ 19, 20, 35 sowie 16 StGB eine unfreie Selbsttötung bejaht (Rn. 364). Denn der Suizid ist in solchen Situationen kein Ausdruck einer Einwilligung in den eigenen Tod als eines Aktes wirklicher Selbstbestimmung:

- Bei der **unvorsätzlichen** Selbsttötung fehlt es an der Kenntnis als Voraussetzung einer beachtlichen Einwilligung.[69]
- Beim Suizid von **Kindern** und **Geisteskranken** mangelt es an der für eine Einwilligung erforderlichen Einwilligungsfähigkeit.[70]
- Beim Suizid aufgrund einer Nötigung, die eine Notstandslage i.S.d. **§ 35 StGB** begründet, kann wegen fehlender Willensfreiheit von Selbsttötung aufgrund wirklicher Einwilligung in den eigenen Tod keine Rede sein (vgl. Rn. 908).

---

64 So u.a. SK/*Hoyer*, § 25 Rn. 80 m.w.N.; *Jäger*, AT, Rn. 247; *Roxin*, § 25 Rn. 70.

65 So z.B. *Freund*, § 10 Rn. 60 ff.; *Merkel*, JZ 1999, 502 (504 f.).

66 So im Anschluss an *Geilen* und *Herzberg*: *Eser*, *Horn*, *Jähnke*, *Krey*, *Otto*, *Wessels/Beulke/Satzger*, *Wessels/Hettinger* (dazu mit Nachweisen: *Krey/Hellmann/Heinrich*, BT/1, Rn. 92; *Lackner/Kühl*, Vor § 211 Rn. 13a; *Wessels/Beulke/Satzger*, Rn. 266; *Wessels/Hettinger*, Rn. 48 ff.). Ebenso: *Freund*, § 10 Rn. 97 und § 5 Rn. 75; *Frister*, 27/33; *Kindhäuser*, AT, § 39 Rn. 49 f. Dahingestellt in BGHSt 32, 262 (266). – Siehe bereits Rn. 363 f.

67 *Krey/Hellmann/Heinrich*, BT/1, Rn. 88-95, 119, 131, 198 ff., 203 f.

68 *Krey/Hellmann/Heinrich*, BT/1, Rn. 89; siehe bereits Rn. 363.

69 Siehe Rn. 659 (zum Erfordernis jener Kenntnis). – Darum kam in der »Passauer Giftfalle« (BGHSt 43, 177) ein versuchtes Tötungsdelikt in mittelbarer Täterschaft in Betracht (Opfer als unvorsätzliches Werkzeug); dazu: *Heckler*, NStZ 1999, 79 f.; *Kudlich*, JuS 1998, 596 (597); *Wessels/Beulke/Satzger*, Rn. 778-780.

70 Dazu Rn. 660, 662, 666-667 (zur Einwilligungsfähigkeit).

Für **Jugendliche** ist zu beachten: Tötungsdelikte von 14-17-Jährigen sind i.d.R. nicht gemäß § 3 JGG schuldlos. Dann wirkt es aber widersprüchlich, wenn man wie *Roxin* meint: Der Suizid Jugendlicher sei analog § 3 JGG i.d.R. »unfrei«. Daher scheint gerade auch für Jugendliche das Abstellen auf den Einwilligungsmaßstab sachgerechter. Er führt zu der Frage: Besaß der Jugendliche ausreichende Einwilligungsfähigkeit für ein freies, ernstliches Verlangen nach dem eigenen Tod? War seine Selbsttötung aufgrund genügender Reife ein Akt wirklicher Selbstbestimmung? Diese Einwilligungsfähigkeit, die nicht mit der Schuldfähigkeit gemäß § 3 JGG vermengt werden sollte, dürfte i.d.R. fehlen.[71] **915**

(2) Der Bereich nichtverantwortlicher, unfreier Selbstmorde gemäß der Einwilligungslehre geht aber erheblich über die dargelegten Fälle analoger Anwendung der §§ 19, 20, 35 sowie 16 StGB (und § 3 JGG) hinaus. Nichtverantwortlich ist der Suizid mangels freien, »ernstlichen Verlangens nach dem eigenen Tod«, mangels »Einwilligung als Akt wirklicher Selbstbestimmung« u.a.: **916**

(a) Bei fehlender Willensfreiheit aufgrund von rechtswidriger Nötigung mit Gewalt oder durch Drohung mit einem empfindlichen Übel.[72]

(b) Beim Selbstmord, verursacht durch eine erhebliche **Täuschung**.

Daher ist der Suizidversuch im **Sirius-Fall** auch dann unfrei, wenn man den Vorsatz der O, sich selbst zu töten, bejaht. Denn wegen der Täuschung über den sozialen Sinn ihres Selbstmordversuches (notwendiger Schritt auf ihrem Weg zum Sirius) fehlte es zumindest an einer »wirklichen Einwilligung« in den eigenen Tod: Die Täuschung verursachte Willensmängel, die einer wirksamen Einwilligung entgegenstehen.[73]

Demgemäß hatte der BGH im Ergebnis Recht, als er auch in folgendem Fall Mord in mittelbarer Täterschaft wegen Verleitens zum unfreien Suizid annahm:[74] **917**

Frau H hatte ihrem Ehemann W aus niedrigen Beweggründen einen Doppelselbstmord vorgeschlagen. W hatte das von ihr vorbereitete tödliche Gift geschluckt, weil er der Vorspiegelung, sie wolle mit ihm sterben, geglaubt hatte.

Dieses Urteil ist der Sache nach eine Abkehr vom Maßstab der Analogie zu §§ 19, 20, 35 sowie 16 StGB und eine Hinwendung zur Einwilligungslehre. Denn jene Täuschung bewirkte keineswegs einen *unvorsätzlichen* Suizid (§ 16 Abs. 1 StGB analog), sondern den Ausschluss der Möglichkeit, von einer Einwilligung in den eigenen Tod als Akt wirklicher Selbstbestimmung zu sprechen.[75]

(c) Weiterhin scheidet ein freiverantwortlicher Suizid mangels Willensfreiheit (Einwilligungsfähigkeit) gemäß dem Einwilligungsmaßstab aus, wenn das Opfer **918**

71 *Krey/Hellmann/Heinrich*, BT/1, Rn. 89, zudem ergänzend Rn. 206 f. (unfreie Selbstverletzung eines Jugendlichen).

72 *Krey/Hellmann/Heinrich*, BT/1, Rn. 202; im Ergebnis ebenso *Heinrich*, S. 343 f.

73 Ebenso z.B. *Freund*, § 10 Rn. 98; siehe auch *Heinrich*, S. 331 ff.

74 BGH JZ 1987, 474.

75 Dem BGH stimmen im Ergebnis u.a. zu: *Brands/Schlehofer*, JZ 1987, 442 ff.; *Jescheck/Weigend*, § 62 II 1; *Kühl*, § 20 Rn. 50 m.w.N. Ablehnend *Roxin*, § 25 Rn. 71.

aus »heulendem Elend« in **depressiver Verstimmung** unterhalb der Schwelle des in § 20 StGB erfassten Krankheitsbildes handelt.[76]

(d) Schließlich ist auch die Selbsttötung einer **stark alkoholisierten Person** i.d.R. unfrei, mag auch die Grenze zu § 20 StGB (analog) noch nicht erreicht sein.[77]

919 (3) Die hier vertretene Einwilligungslehre ist zwar sachgerechter als der Maßstab einer analogen Anwendung der §§ 19, 20, 35 sowie 16 StGB (letzterer ist ganz einfach zu eng).[78] Der Preis für die Ausweitung des Bereichs unfreier Selbsttötungen gemäß der Einwilligungslehre ist aber die geringere Präzision ihres Maßstabs.

Dieser Umstand begründet jedoch keine rechtsstaatlichen Bedenken gegen die Einwilligungslehre, denn die Strafrechtsdogmatik zu den Erfordernissen der **Einwilligungsfähigkeit** und der **Freiheit von entscheidungserheblichen Willensmängeln** als Voraussetzungen einer wirksamen Einwilligung bietet hinreichend bestimmte Maßstäbe für die Freiverantwortlichkeit des Suizids.

5. Einsatz eines »absichtslosen dolosen Werkzeugs« beim Diebstahl und eines »qualifikationslosen dolosen Werkzeugs« beim Vereiteln der Zwangsvollstreckung: Keine Fälle mittelbarer Täterschaft

a) Absichtsloses doloses Werkzeug

920 Ob es Diebstahl in mittelbarer Täterschaft in der Erscheinungsform der Begehung der Tat durch ein zwar **vorsätzlich**, aber **ohne Zueignungsabsicht** handelndes Werkzeug gibt, ist strittig.[79]

Die Beantwortung dieser Frage hängt zunächst von der Klärung des BT-Problems ab: Ist eine derartige Konstellation nach der Neufassung des § 242 StGB (1998) überhaupt noch denkbar? Diese Änderung hat das subjektive Tatbestandsmerkmal der »Absicht, sich die Sache zuzueignen«, durch die Formulierung »sich **oder einem Dritten**« ausgeweitet.[80] Damit ist die Rechtsfigur des absichtslosen dolosen Werkzeugs, das vorsätzlich, aber ohne Zueignungsabsicht die Sache für einen Hintermann wegnimmt, entweder rechtlich gegenstandlos oder zumindest praktisch bedeutungslos geworden.[81]

Jene Rechtsfigur könnte allenfalls in der vielleicht theoretisch vorstellbaren, aber faktisch kaum bedeutsamen Konstellation in Betracht kommen: Das Werkzeug nimmt die Beute vorsätzlich für einen Dritten weg, wobei ihre Zueignung durch diesen für das Werkzeug eine

76 *Krey/Hellmann/Heinrich*, BT/1, Rn. 86 f.; *Kühl*, § 20 Rn. 47.

77 *Kühl*, § 20 Rn. 47.

78 So – *Geilen* u. *Herzberg* folgend – *Krey/Hellmann/Heinrich*, BT/1, Rn. 86 f., 89, 119, 131, 199-204a, 206 f.

79 Bejahend u.a.: *Fischer*, § 25 Rn. 5a (a.E.); *Jescheck/Weigend*, § 62 II 7 m.w.N.; *Kühl*, Rn. 54-56a; S/S/*Heine/Weißer*, § 25 Rn. 18 f. Verneinend u.a.: *Frister*, 27/42; *Freund*, § 10 Rn. 69-72; *Gropp*, § 10 Rn. 59; *Herzberg*, S. 35; *Jakobs*, 21/104; *Krey*, BT 2, 11. Aufl. 1997 (sowie Vorauflagen), Rn. 89; *Roxin*, Täterschaft, S. 338 ff., 345 ff.; *Stratenwerth/Kuhlen*, 12/37.

80 Dazu *Krey/Hellmann/Heinrich*, BT/2, Rn. 105-120; *Rengier*, BT I, § 2 Rn. 147 ff.

81 Wie hier z.B. *Freund*, § 10 Rn. 69-72; *Jäger*, AT, Rn. 251; *Kühl*, § 20 Rn. 54-56a; *Stratenwerth/Kuhlen*, 12/37; **a.A.** etwa: *Gropp*, § 10 Rn. 123; *Heinrich*, S. 267; *Wessels/Hillenkamp*, Rn. 167.

»unerwünschte Nebenfolge« ist. Dann fehlt dem Wegnehmenden die Absicht, die Sache sich oder einem Dritten zuzueignen.[82]

Im Übrigen widerspricht die Annahme eines Diebstahls in mittelbarer Täterschaft durch ein absichtsloses doloses Werkzeug der Tatherrschaftslehre.[83] Zwar ist das Werkzeug mangels Zueignungsabsicht nicht als Täter des Diebstahls strafrechtlich verantwortlich. Dieser Umstand allein vermag aber noch keine Tatherrschaft des Hintermannes zu begründen.[84] Die Tatherrschaft des mittelbaren Täters muss faktisch und normativ fundiert sein (Rn. 887-888). Daran fehlt es aber, wenn das Werkzeug vorsätzlich, rechtswidrig und schuldhaft die Wegnahme selbst begeht. Es weist dann gerade kein Wissens- oder Wollensdefizit auf, an welches der Hintermann zur Steuerung anknüpfen könnte und beherrscht überdies faktisch allein das Tatgeschehen. Die bloß beim Hintermann vorhandene Zueignungsabsicht verleiht diesem dagegen keine weitergehende Macht über das Werkzeug und die Tat.[85] **921**

b) § 288 StGB in mittelbarer Täterschaft durch »qualifikationsloses doloses Werkzeug«?[86]

Täter des § 288 StGB kann nur derjenige sein, bei dem die Zwangsvollstreckung droht und um dessen Vermögensbestandteile es bei der Tat geht. Lässt ein Hintermann mit dieser Täterqualifikation in seiner Abwesenheit die Tathandlung durch ein vorsätzlich handelndes Werkzeug **ohne jene Täterqualifikation** begehen[87], so wird von vielen § 288 StGB in mittelbarer Täterschaft (»normative Tatherrschaft«) bejaht.[88] Dies jedoch zu Unrecht.[89] Denn dem Hintermann fehlt die Tatherrschaft, da diese faktisch und normativ begründet sein muss. Zwar ist das Werkzeug mangels Täterqualität nicht nach § 288 StGB strafrechtlich verantwortlich. Doch hat es die Tatbestandshandlung eigenhändig, vorsätzlich, rechtswidrig und schuldhaft **922**

---

82 *Krey/Hellmann/Heinrich*, BT/2, Rn. 116-119 m.w.N.; *Wessels/Hillenkamp*, Rn. 167. – Fehlt die Zueignungsabsicht dagegen aufgrund einer Täuschung des Hintermanns, etwa über die dauerhafte und nicht bloß vorübergehende Enteignung des Eigentümers oder über die Rechtswidrigkeit der Zueignung, dann ist mit *Kühl*, § 20 Rn. 56a die Tatherrschaft kraft überlegenen Wissens zu bejahen.

83 *Frister*, 27/42; *Freund*, § 10 Rn. 69-72; *Gropengießer*, JuS 1997, 1010 (1012 f.); *Gropp*, § 10 Rn. 128; *Herzberg*, S. 35; SK/*Hoyer*, § 25 Rn. 46 f.; *Krey*, BT 2, 11. Aufl. 1997 (sowie Vorauflagen), Rn. 89; *Roxin*, § 25 Rn. 153 ff.; *Stratenwerth/Kuhlen*, 12/37; **a.A.** etwa: *Jescheck/Weigend*, § 62 II 7; *Kühl*, § 20 Rn. 54-56a (»normative Tatherrschaft«): Zur Vermeidung von Strafbarkeitslücken soll die rechtliche Unterlegenheit des Werkzeugs zur Begründung einer beherrschenden Stellung des Hintermanns genügen.

84 Abweichend u.a. *Jescheck/Weigend*, § 62 II 7; *Kühl*, § 20 Rn. 54-56a.

85 So auch *Dehne-Niemann*, JuS 2008, 589 (591), der die Figur der »normativen Tatherrschaft« ebenfalls ablehnt (592).

86 Dazu instruktiver Fall bei *Herzberg*, S. 31 ff. und *Krey/Hellmann/Heinrich*, BT/2, Rn. 415-418.

87 *Herzberg*, S. 31 ff. und *Krey/Hellmann/Heinrich*, BT/2, Rn. 415-418.

88 *Heinrich*, S. 269; *Jescheck/Weigend*, § 62 II 7 m.w.N.; S/S/*Heine/Weißer*, § 25 Rn. 19 ff.; wohl auch *Kühl*, § 20 Rn. 56b i.V.m. Rn. 55, 56a (a.E.).

89 Vgl. *Krey/Hellmann/Heinrich*, BT/2, Rn. 415-418 im Anschluss an *Herzberg*, S. 31 f. und *Roxin*, Täterschaft, S. 253-258; ebenso z.B. *Freund*, § 10 Rn. 73; *Jakobs*, 21/104; *Stratenwerth/Kuhlen*, 12/38-40.

selbst begangen. Das lässt beim Hintermann jede faktische Basis für die Annahme von Tatherrschaft entfallen.

III. »Täter hinter dem Täter«

1. Fallgruppen, in denen trotz Strafbarkeit des Werkzeugs als Täter der Vorsatztat mittelbare Täterschaft beim Hintermann bejaht wird

923 Von dem Prinzip, Straftäter des fraglichen Verbrechens oder Vergehens sei bei der mittelbaren Täterschaft allein der Hintermann, während das Werkzeug nicht als Täter jener Straftat schuldig ist, werden von Rechtsprechung und h.L. **Ausnahmen** gemacht:

a) Ausnutzen eines im vermeidbaren Verbotsirrtum handelnden anderen

924 Zu dieser Ausnahme siehe den folgenden grotesken Fall aus der Judikatur:

Fall 116: – »Katzenkönig-Fall« –[90]
W, ein Polizeibeamter, und Frau H lebten in einem »neurotischen Beziehungsgeflecht« zusammen. H brachte den W durch Täuschungen und Vornahme mystischer Kulthandlungen dazu, an die Existenz des »Katzenkönigs« zu glauben: *Dieser verkörpere seit Jahrtausenden das Böse und bedrohe die Welt. Er verlange von W ein Menschenopfer, nämlich die Tötung der O, ‹einer Nebenbuhlerin der H›. Falls W sich weigere, müsse er sie (H) verlassen, und der Katzenkönig werde Millionen von Menschen vernichten.* W plagten Gewissensbisse. Jedoch war für ihn entscheidend, durch Opferung der O Millionen Menschen retten zu können. Daher versuchte er mit Messerstichen Frau O zu töten; sie überlebte allerdings wegen des Eingreifens Dritter. Strafbarkeit der Beteiligten?

925 Bei **W** hat der BGH versuchten Mord (Heimtücke[91]) angenommen:

- § 34 StGB (Rettung von Millionen Menschen) entfalle mangels realer Gefahr. Putativnotstand als Erlaubnistatbestandsirrtum scheide aus, weil § 34 StGB eine Abwägung »Leben gegen Leben« nicht gestatte.[92]
- § 35 StGB liege nicht vor, weil W nicht daran gedacht habe, »sich, Angehörige oder nahestehende Personen« zu retten.[93]
  Hier ist das Urteil des BGH sehr ungenau: In Wirklichkeit kam mangels realer Gefahr nicht § 35 Abs. 1 StGB in Betracht, sondern nur die *irrige Annahme* der tatsächlichen Voraussetzungen dieses Entschuldigungsgrundes, also § 35 Abs. 2 StGB. Ein solcher Irrtum wäre aber vermeidbar gewesen.[94]
- Auch »übergesetzlicher entschuldigender Notstand« entfalle.[95]
  Insoweit gilt die soeben geäußerte Kritik entsprechend: Der allenfalls vorliegende **Irrtum** über die tatsächlichen Voraussetzungen des übergesetzlichen Notstandes, für den § 35 Abs. 2 StGB analog gilt, wäre vermeidbar.[96]
- § 20 StGB habe das Landgericht rechtsfehlerfrei verneint.

---

90 BGHSt 35, 347. Dazu eingehende Besprechung von *Küper*, JZ 1989, 617 ff., 935 ff.

91 BGHSt 35, 347 (349). Die Annahme von Heimtücke ist aber bedenklich; dazu m.w.N. *Krey/Hellmann/Heinrich*, BT/1, Rn. 50, 64 f., 70 f.

92 BGHSt 35, 347 (350). Dazu Rn. 616 f. m.w.N. Zum »Erlaubnistatbestandsirrtum« Rn. 733.

93 BGHSt 35, 347 (350). – Zu § 35 StGB vgl. Rn. 748-763, zudem Rn. 628 f.

94 Zum Vorstehenden *Küper*, JZ 1989, 617 (624).

95 BGHSt 35, 347 (350 f.). – Zu diesem Entschuldigungsgrund vgl. Rn. 772 ff.

96 Zu dieser Analogie: Rn. 762; *Küper*, JZ 1989, 617 (626 f.).

– Doch habe W im **vermeidbaren Verbotsirrtum** gehandelt (§ 17 S. 2 StGB).

Bei **H** hat der BGH versuchten Mord in **mittelbarer Täterschaft** angenommen:[97] **926**

(1) Die frühere Feststellung des Gerichts, *mittelbare Täterschaft sei die Begehung der Tat durch einen anderen, der nicht selbst Täter sei*[98], treffe nur für den Regelfall des § 25 Abs. 1 Alt. 2 StGB zu. Jene Feststellung basiere auf dem Verantwortungsprinzip. Die mittelbare Täterschaft gehe aber über die vom Verantwortungsprinzip erfassten Fallgruppen hinaus.

(2) In casu habe H mit Tatherrschaft gehandelt. Sie habe den im **vermeidbaren Verbotsirrtum** agierenden W für ihren Zweck als Werkzeug benutzt. Bei einem solchen Irrtum des »anderen« richte sich die Tatherrschaft des Hintermannes »nicht nach starren Regeln«, sondern nach den **Umständen des Einzelfalls**[99], die hier die Tatherrschaft der H begründeten. Denn sie habe den Irrtum des W bewusst hervorgerufen und dadurch das Geschehen gewollt ausgelöst und gesteuert, so dass W bei »wertender Betrachtung« noch als Werkzeug anzusehen sei.[100]

Kritik: Missbraucht der Hintermann vorsätzlich einen im **Verbotsirrtum** handelnden anderen als Werkzeug zur Begehung einer Straftat, so liegt nach dem Verantwortungsprinzip nur dann mittelbare Täterschaft vor, wenn der Verbotsirrtum **unvermeidbar** war, also die Schuld des Werkzeugs ausschloss.[101] Diese Konzeption ist sachgerecht, da sie *faktische **und*** – wegen der fehlenden Strafbarkeit des Werkzeugs – *normative Tatherrschaft* des Hintermannes fordert und die Konsequenz einer Straftat ohne Straftäter verhindert. **927**

Die im Schrifttum dominierende Gegenmeinung nimmt bei jedem Missbrauch eines im Verbotsirrtum handelnden Werkzeugs mittelbare Täterschaft an, also auch beim **vermeidbaren** Verbotsirrtum.[102] Damit bejaht sie für solche Konstellationen »Begehung durch einen anderen« (§ 25 Abs. 1 Alt. 2 StGB) in der Form des **Täters hinter dem Täter**. Hiergegen sprechen jedoch die folgenden Erwägungen: **928**

Nach dem Verantwortungsprinzip besteht kein zwingender Grund dafür, neben dem im vermeidbaren Verbotsirrtum handelnden Werkzeug als dem strafrechtlich verantwortlichen Täter zusätzlich den Hintermann als Straftäter verantwortlich zu machen.[103]

Beim **unvermeidbaren** Verbotsirrtum des Werkzeugs liegen faktische und normative Tatherrschaft des Hintermannes auf der Hand und ist die Zurechnung gemäß

97 BGHSt 35, 347 (351 ff.); eingehend dazu *Küper*, JZ 1989, 935 ff.

98 BGHSt 30, 363 (364).

99 Hierzu gehören u.a. »Art und Tragweite des Irrtums« und die »Intensität der Einwirkung des Hintermanns«, BGHSt 32, 38 (42); 35, 347 (354).

100 BGHSt 35, 347 (354).

101 *Bloy*, S. 351; *Bottke*, JuS 1992, 765 (768 f.); *Jakobs*, 21/96; *Krey/Nuys*, FS Amelung, 2009, S. 203 ff.; *Stratenwerth/Kuhlen*, 12/53-55. Dahingestellt von *Kühl*, § 20 Rn. 77 ff.

102 *Baumann/Weber/Mitsch*, § 29 Rn. 139; *Freund*, § 10 Rn. 89; *Gropp*, § 10 Rn. 109; *Heinrich*, S. 218 ff.; *Herzberg*, S. 23; *Jäger*, AT, Rn. 239 ff.; *Küper*, JZ 1989, 935 ff.; *Otto*, AT, § 21 Rn. 82 ff. m.w.N.; S/S/*Heine/Weißer*, § 25 Rn. 43; *Schroeder*, S. 126 ff.

103 Dazu Rn. 875-889, 896 ff.

§ 25 Abs. 1 Alt. 2 StGB geboten, um die Konsequenz einer »Straftat ohne Straftäter« zu vermeiden (§ 17 S. 1 StGB).

Beim **vermeidbaren** Verbotsirrtum ist wegen der strafrechtlichen Eigenverantwortlichkeit des Werkzeugs (§ 17 S. 2 StGB) die *normative* Komponente der Tatherrschaft des Hintermannes zumindest erheblich reduziert. Die *faktische* Komponente dieser Tatherrschaft kann ebenfalls je nach den Umständen schwächer sein; im Übrigen ist sie allein nicht ausreichend, Tatherrschaft als Willensherrschaft zu begründen. Und es geht bei dem problematischen Konstrukt des Täters hinter dem Täter nicht darum, »Straftaten ohne Straftäter« zu vermeiden.

Hinzu kommt, dass die Vereinbarkeit der Figur des Täters hinter dem Täter mit dem Normtext des § 25 StGB zweifelhaft ist (Rn. 889).

929 Schließlich sind die Konsequenzen der h.L. gar nicht abzusehen: Wenn man im Falle des vermeidbaren Verbotsirrtums beim Werkzeug den Hintermann als mittelbaren Täter behandelt, stellt sich die Frage: **Muss dann nicht mittelbare Täterschaft des Hintermannes auch in weiteren Konstellationen des Missbrauchs eines mit verminderter Schuld handelnden Werkzeugs bejaht werden?**

- Beim Werkzeug mit verminderter Schuldfähigkeit gemäß **§ 21 StGB**?[104]
- Beim **Jugendlichen**, der zwar gemäß § 3 JGG schuldhaft handelt, dessen Schuld aber nach seiner individuellen Reife erheblich geringer erscheint als die eines Erwachsenen?[105]
- Beim rechtswidrig i.S.d. § 240 StGB genötigten Werkzeug, auch wenn seine Schuld in casu nicht nach § 35 StGB entfällt?[106]
- Beim Werkzeug, das aufgrund rechtswidrigen Befehls im Rahmen staatlicher Unrechtsregime widerstrebend Straftaten begeht (z.B. NS-Verbrechen bzw. Todesschüsse an der früheren innerdeutschen Grenze aufgrund des Schießbefehls des SED-Regimes)?[107]

930 Wenn man beim vermeidbaren Verbotsirrtum des Werkzeugs wie im Katzenkönig-Fall mittelbare Täterschaft des Hintermannes bejaht, erscheint es mehr oder weniger willkürlich, die Figur des Täters hinter dem Täter nicht weiter auszudehnen. Damit aber würde man nach Art einer Kettenreaktion den Fehler, der in der Anerkennung des Täters hinter dem Täter in unserem Fall liegt, vervielfältigen. Weiterhin würden der erhebliche **Gewinn an Rechtssicherheit durch die Tatherrschaftslehre** wieder deutlich reduziert und das **Kriterium der Tatherrschaft verwässert**.[108] Schließlich entstünden unnötige neue Abgrenzungsprobleme

104 So in der Tat: S/S/*Heine/Weißer*, § 25 Rn. 46; differenzierend: *Baumann/Weber/Mitsch*, § 29 Rn. 141; *Roxin*, § 25 Rn. 149 ff. Verneinend zu Recht die h.L., so u.a.: *Jakobs*, 21/94; *Jescheck/Weigend*, § 62 II 4 m.w.N.; *Stratenwerth/Kuhlen*, 12/50-52.

105 Bejahend *Kohlrausch/Lange*, StGB, 43. Aufl. 1961, S. 162. Verneinend zu Recht die heute allgemeine Ansicht: S/S/*Heine/Weißer*, § 25 Rn. 45; *Herzberg*, S. 30.

106 Bejahend u.a.: SK/*Hoyer*, § 25 Rn. 101; *Schroeder*, S. 119 ff.; ähnlich *Maurach/Gössel/Zipf*, § 48 Rn. 46; verneinend zu Recht die h.M.: *Herzberg*, S. 14, 24; *Jakobs*, 21/96; *Krey*, Jura 1979, 316 (325); *Kühl*, § 20 Rn. 64 m.w.N.; *Roxin*, § 25 Rn. 48-50 m.w.N.; *Stratenwerth/Kuhlen*, 12/57.

107 Dazu Rn. 933 ff.

108 Siehe Rn. 878-879, 929.

zwischen mittelbarer Täterschaft in der Form des Täters hinter dem Täter einerseits und Mittäterschaft[109] bzw. Anstiftung andererseits.

Der **BGH** vertritt im Katzenkönig-Fall eine eigenständige Ansicht: Das Ausnutzen eines im vermeidbaren Verbotsirrtum handelnden Werkzeugs begründe nicht ohne Weiteres Tatherrschaft und damit mittelbare Täterschaft des Hintermannes. Vielmehr komme es auf die **»konkrete Fallgestaltung im Einzelfall«** an.[110] 931

Diese Konzeption begegnet denselben prinzipiellen Bedenken wie die dargelegte h.L. (Rn. 928). Zusätzlich bedeutet sie durch den Rückgriff auf die Umstände des Einzelfalles einen weiteren Verlust an Rechtssicherheit. Konsequenterweise müsste das Gericht auch in sonstigen Fällen verminderter Schuld des Werkzeugs mittelbare Täterschaft des Hintermannes nach der »konkreten Fallgestaltung im Einzelfall« für möglich halten.

Resümee: Die Anerkennung mittelbarer Täterschaft beim vermeidbaren Verbotsirrtum des Werkzeugs erscheint verfehlt. Für die Konstruktion eines Täters hinter dem Täter besteht auch hier kein überzeugender sachlicher Grund.

b) Mittelbare Täterschaft kraft Organisationsherrschaft (»Schreibtischtäter«)

(1) Mittelbare Täterschaft der Hintermänner von NS- und SED-Verbrechen 932

Roxin hat die Rechtsfigur des Täters hinter dem Täter für die Fallgruppe der mittelbaren Täterschaft kraft organisatorischer Machtapparate entwickelt. Dabei hatte er primär NS-Verbrechen wie den Holocaust an den europäischen Juden im Auge. Hier sollten diejenigen, die als auswechselbares Rädchen im Getriebe des staatlichen Unrechtsregimes die Taten eigenhändig begingen, zwar als Täter strafbar sein. Insoweit weicht diese Konzeption zu Recht von der Beihilfe-Lösung des BGH im Staschynskij-Fall (Rn. 821-824) ab.

Zugleich sollten aber auch die Hintermänner (*Hitler*, *Himmler* etc.) Täter sein, und zwar **mittelbare Täter**. Diese Behandlung als Täter hinter dem Täter wurde von *Roxin* mit der These von der Tatherrschaft kraft organisatorischer Machtapparate begründet.[111]
Insoweit, also in der Annahme mittelbarer Täterschaft der »an den Schalthebeln der Macht« sitzenden Hintermänner, von denen die Befehle kommen, stimmt *Roxin* mit dem Staschynskij-Urteil überein.[112]

Den Standpunkt *Roxins* hat der BGH in den Strafverfahren gegen die politisch Verantwortlichen des SED-Regimes wegen der **Todesschüsse an der ehemaligen innerdeutschen Grenze** übernommen. In seinen Urteilen gegen Mitglieder des 933

109 Zum Verhältnis mittelbare Täterschaft/Mittäterschaft siehe eingehend *Krey/Nuys*, FS Amelung, 2009, S. 203 ff.

110 BGHSt 35, 347 (353 f.); ebenso BGHSt 40, 257 (267); *Maurach/Gössel/Zipf*, § 48 Rn. 38 ff.; *Roxin*, § 25 Rn. 83 ff.

111 *Roxin*, Täterschaft, S. 242 ff.; *ders.*, § 25 Rn. 105 ff.; ebenso u.a.: *Herzberg*, S. 42 f.; *Maurach/Gössel/Zipf*, § 48 Rn. 65; *Schroeder*, S. 166 ff.

112 *Roxin*, Täterschaft, S. 242 ff.

Nationalen Verteidigungsrates der DDR (1994) und gegen Mitglieder des Politbüros der SED wegen der vorsätzlichen Tötung von Flüchtlingen durch DDR-Grenzsoldaten (1999) hat das Gericht entschieden:[113] Die *Grenzsoldaten* seien selbst Täter.[114]

Das ist evident richtig. Jedoch wirkt die Begründung des Gerichts hierfür – »gewisser Handlungsspielraum« der Todesschützen – konstruiert: *Staschynskij* (Rn. 821) besaß auch einen solchen Spielraum.

Zudem seien aber auch jene hohen *DDR-Funktionäre* Täter, und zwar mittelbare Täter gemäß § 25 Abs. 1 Alt. 2 StGB. Sie seien **Täter hinter dem Täter**.[115]

Zwar liege mittelbare Täterschaft i.d.R. nicht vor, wenn das Werkzeug selbst als Täter der fraglichen Straftat verantwortlich sei. Zu den Ausnahmen von dieser Regel gehöre aber der Fall der Tatherrschaft des Hintermannes durch Missbrauch staatlicher Machtbefugnisse. Das Gericht betont dabei die Gesichtspunkte der **hierarchischen Befehlsgewalt**, des Ausnutzens von **Organisationsstrukturen mit regelhaften Abläufen** und der **unbedingten Bereitschaft der unmittelbar Handelnden zum Gehorsam**.

934 **(2) Mittelbare Täterschaft bei »mafiaähnlichen« Organisationsstrukturen**

Im Anschluss an *Stratenwerth* betont der BGH:[116] Die Darlegungen zur mittelbaren Täterschaft beim Missbrauch staatlicher Machtbefugnisse seien entsprechend für »Fälle mafiaähnlich organisierten Verbrechens« anwendbar. Auch hier bestehe eine Befehlshierarchie mit unbedingter Bereitschaft der unmittelbar Handelnden zum Gehorsam.

Danach wäre **z.B.** bei einem vom Mafiapaten angeordneten Mord der Angehörige der Mafiafamilie, der die Tat ausführt, unmittelbarer Täter, der »Pate« mittelbarer Täter.

113 BGHSt 40, 218 (234, 236 f.); 45, 270 (296).

114 BGHSt 40, 218 (232) im Anschluss an BGHSt 39, 1 (31 a.E. f.); BGHSt 42, 65 (68 ff.).

115 BGHSt 40, 218 (234, 236 f.); 45, 270 (296); siehe auch BGHSt 42, 65 (68 ff.). Zustimmend u.a.: *Freund*, § 10 Rn. 90 ff. (mit abweichender Begründung); *Gropp*, JuS 1996, 13 ff.; *Heinrich*, S. 271 ff.; *Jäger*, AT, Rn. 249; *Roxin*, JZ 1995, 49; S/S/*Heine*/*Weißer*, § 25 Rn. 26 ff.; *Stratenwerth*/*Kuhlen*, 12/65-67; *Wessels*/*Beulke*/*Satzger*, Rn. 782; weitere Nachweise bei *Kühl*, § 20 Rn. 73-73a. Ablehnend u.a.: *Frister*, 27/40; *Herzberg* in: Amelung, S. 47 ff.; *Jakobs*, NStZ 1995, 26 f.; *Jescheck*/*Weigend*, § 62 II 8; *Kindhäuser*, AT, § 39 Rn. 37; *Köhler*, Kap. 9 II 2.4.2.2.; *Otto*, AT, § 21 Rn. 92; *Renzikowski*, S. 87 ff.; zweifelnd SK/*Hoyer*, § 25 Rn. 92.

116 BGHSt 40, 218 (234, 236 f.). Zustimmend u.a.: S/S/*Heine*/*Weißer*, § 25 Rn. 26 ff.; *Freund*, § 10 Rn. 90 ff.; *Heinrich*, S. 283 ff.; *Roxin*, JZ 1995, 49 (51); *ders.*, § 25 Rn. 129; *Jäger*, AT, Rn. 249; *Stratenwerth*/*Kuhlen*, 12/65-67; *Wessels*/*Beulke*/*Satzger*, Rn. 782 ff. Ablehnend *Frister*, 27/40; *Jakobs*, NStZ 1995, 26 f.; *Jescheck*/*Weigend*, § 62 II 8; *Kindhäuser*, AT, § 39 Rn. 37; *Köhler*, Kap. 9 II 2.4.2.2.; *Otto*, AT, § 21 Rn. 92; *Renzikowski*, S. 87 ff.; zweifelnd SK/*Hoyer*, § 25 Rn. 92.

(3) Mittelbare Täterschaft bei Straftaten in Großunternehmen[117] **935**

Hierzu betont der BGH – recht lakonisch und unter größerem Widerspruch im Schrifttum als bei staatlichen und organisierten Verbrechen: »Auch das Problem der Verantwortlichkeit beim Betrieb wirtschaftlicher Unternehmen lässt sich so lösen.«[118]

(4) Kritik **936**

Die dargelegte Konzeption des BGH ist abzulehnen. Zum einen ist die Figur des Täters hinter dem Täter schon ganz allgemein nicht anerkennungswürdig. Zum anderen führt der »Täter hinter dem Täter kraft **Organisationsherrschaft**« (Rn. 932-935) in besonderem Maße zum Verlust an Rechtssicherheit und zur Verwässerung der Tatherrschaftslehre; das sollen die folgenden Fragen verdeutlichen:

- Wann liegt eine ausreichende Befehlshierarchie vor?
- Wann ist speziell eine Bande von Straftätern schon »mafiaähnlich«?
- Wann ist ein Unternehmen groß genug, um es dem NS- bzw. SED-Regime oder der Mafia gleichzustellen?

Demgemäß sollte man es unter Verzicht auf den Täter hinter dem Täter mit den Beteiligungsformen der **Mittäterschaft und Anstiftung** sein Bewenden lassen, da sie eine angemessene Bestrafung von »Hintermännern« erlauben.

c) Weitere Fallgruppen des »Täters hinter dem Täter«?

Andere Konstellationen der mittelbaren Täterschaft in der Erscheinungsform des Täters hinter dem Täter als die dargelegten Fälle der **937**

- Ausnutzung eines im vermeidbaren Verbotsirrtum handelnden Werkzeugs (Rn. 924-928),
- Organisationsherrschaft des Hintermannes (Rn. 932-935),

werden von der **h.M.** bislang noch nicht anerkannt. Von den in der Lehre diskutierten angeblichen sonstigen Beispielen für den Täter hinter dem Täter seien ohne Anspruch auf Vollständigkeit immerhin die folgenden genannt:

(1) **Der Hintermann versetzt das Werkzeug in einen error in persona**.[119]

117 Zu einer ähnlichen Fallgestaltung vgl. *Kudlich/Schulte-Sasse*, NStZ 2011, 241, die aufgrund patientengefährdender Personal- und Organisationsstrukturen unter dem Schlagwort »Täter hinter den Tätern« in deutschen Krankenhäusern für die Strafbarkeit des klinischen Verwaltungspersonals plädieren (allerdings im Wege der Nebentäterschaft).

118 BGHSt 40, 218 (237). Zustimmend u.a.: S/S/*Heine/Weißer*, § 25 Rn. 26 ff.; *Freund*, § 10 Rn. 90 ff. Ablehnend die h.L., so u.a.: *Dierlamm*, NStZ 1998, 569 f.; *Frister*, 27/40; *Hoyer*, Die strafrechtliche Verantwortlichkeit innerhalb von Weisungsverhältnissen, 1998; SK/*Hoyer*, § 25 Rn. 89, 92 m.w.N.; *Jakobs*, NStZ 1995, 26; *Jescheck/Weigend*, § 62 II 8; *Kindhäuser*, AT, § 39 Rn. 37; *Köhler*, Kap. 9 II 2.4.2.2.; *Otto*, AT, § 21 Rn. 92; *Renzikowski*, S. 87 ff.; *Roxin*, JZ 1995, 49 (51 f.); *ders.*, § 25 Rn. 129 ff.; *Rotsch*, NStZ 1998, 491 (495); grundsätzlich ablehnend auch *Heinrich*, S. 282 f.; *Jäger*, AT, Rn. 249 und *Kühl*, § 20 Rn. 73b, 73c, 73d m.w.N. –Einschränkend (Vorrang der Mittäterschaft) aber BGH NStZ 2008, 89 (90): Vorrang der Mittäterschaft. Die Entscheidung betrifft die Konstellation des Täters hinter dem Täter bei Organisationsherrschaft im Bereich der Wirtschaftskriminalität (Rn. 935) und ist, was jenen Vorrang angeht, begrüßenswert. Jedoch hält sie im Übrigen, entgegen der hier vertretenen Ansicht, an jener Konstellation fest

119 Zum error in persona (Personenverwechselung) siehe Rn. 431 ff.

Beispiel: W will seinen Feind X erschießen. H, der dies weiß, spiegelt dem W vor, der im Dämmerlicht näherkommende O sei X. Daraufhin tötet W den O.

Hier wird vereinzelt Totschlag durch H in mittelbarer Täterschaft bejaht, obwohl das Werkzeug selbst als Täter strafbar ist.[120] Doch hat sich diese Ansicht zu Recht bislang nicht durchgesetzt,[121] da der error in persona den Tötungsvorsatz des W unberührt lässt. H ist aber wegen **Anstiftung** strafbar.

938 (2) **Der Hintermann täuscht über den quantitativen Unrechts- und Schuldumfang**.

Beispiel: H veranlasst den W, ein dem O gehörendes wertvolles Bild zu beschädigen, indem er ihm vorspiegelt, das Bild sei wertlos.

Hier wird vielfach Sachbeschädigung durch H in mittelbarer Täterschaft bejaht.[122] Aber auch dem widerspricht die **h.M.**[123], zu Recht, denn der Irrtum des W ändert nichts an seiner Strafbarkeit als Täter der Sachbeschädigung. H ist daher nur Anstifter.

Im Übrigen führt die Mindermeinung zu schwierigen und unnötigen Abgrenzungsfragen: Wann ist die Täuschung erheblich genug, um mittelbare Täterschaft unter Berufung auf Willensherrschaft begründen zu können?[124]

(3) Das Werkzeug handelt mit verminderter Schuld (Rn. 929-930). – Auch hier wird – abgesehen vom Fall des § 17 S. 2 StGB – mittelbare Täterschaft von der **h.M.** abgelehnt.[125]

2. Resümee:

939 Mittelbare Täterschaft in der Form des **Täters hinter dem Täter** ist ein nicht akzeptables Kunstprodukt.

- Ihr fehlt die normative Fundierung im Gesetz (§ 25 StGB).
- Sie widerspricht dem Verantwortungsprinzip als Basis der mittelbaren Täterschaft.
- Sie führt zu erheblichen Beeinträchtigungen der Rechtssicherheit und verwässert das Kriterium der Tatherrschaft.
- Sie begründet die Notwendigkeit neuer, sachwidriger Abgrenzung, insbesondere zur Mittäterschaft, aber auch zur Anstiftung (Rn. 878).

Mit der Anerkennung des Täters hinter dem Täter haben die Vertreter der Tatherrschaftslehre dieser Theorie keinen guten Dienst erwiesen.

940 Zu allem Überfluss spiegelt die Rechtsfigur des Täters hinter dem Täter die Liebe der Strafrechtler zum »Glasperlenspiel« wider: In den Fällen, in denen Rechtsprechung und h.L. auf jene Figur zurückgreifen, würde nach dem **Täterbegriff** ihrer

120 S/S/*Heine*/*Weißer*, § 25 Rn. 24; *Heinrich*, S. 230 ff.; *Jäger*, AT, Rn. 246; *Kühl*, § 20 Rn. 74; *Roxin*, § 25 Rn. 102-104; *Schmidhäuser*, 14/49.

121 *Bloy*, S. 358 ff.; *Gropp*, § 10 Rn. 162 ff.; *Herzberg*, S. 49 f.; SK*Hoyer*, § 25 Rn. 75 ff.; *Jescheck*/*Weigend*, § 62 II 2; *Otto*, AT, § 21 Rn. 90-91; *Stratenwerth*/*Kuhlen*, 12/59 ff.

122 S/S/*Heine*, § 25 Rn. 22; *Heinrich*, S. 224 ff.; *Jäger*, AT, Rn. 246; *Kühl*, Rn. 75 m.w.N.; *Roxin*, § 25 Rn. 96-98 m.w.N.

123 So u.a.: *Jakobs*, 21/63, 101; *Jescheck*/*Weigend*, § 62 II 2; *Otto*, AT, § 21 Rn. 88-90; *Renzikowski*, S. 82; *Stratenwerth*/*Kuhlen*, 12/59 ff.; LK/*Schünemann*, § 25 Rn. 99 f.

124 Zu dieser Frage: LK/*Roxin*, 11. Aufl., § 25 Rn. 99; *Roxin*, § 25 Rn. 96.

125 Siehe Rn. 929 mit Fn. 111-113. – Zu § 17 S. 2 StGB: Rn. 724 ff.

Anhänger (subjektive Theorie bzw. Tatherrschaftslehre im weiteren Sinne) grundsätzlich Mittäterschaft des vermeintlichen mittelbaren Täters vorliegen. Diese Feststellung bedeutet, dass Judikatur und h.L. die nach ihrer Konzeption an sich anzunehmende **Mittäterschaft** durch mittelbare Täterschaft ersetzen bzw. ergänzen, was weder notwendig noch sachgerecht ist.

Prüfungsschema Mittelbare Täterschaft

1. **Tatnächsten prüfen und »Defekt« feststellen**

   z.B. kein Vorsatz, gerechtfertigt, entschuldigt → Werkzeug

2. **Strafbarkeit des Hintermannes:**

   a) **Objektiver Tatbestand**
   (P) H hat den Tatbestand nicht in eigener Person erfüllt. Ihm könnte aber das Handeln des W gemäß § 25 Abs. 1 Alt. 2 StGB zuzurechnen sein, wenn die Voraussetzungen der mittelbaren Täterschaft vorliegen. Dafür müsste B den A als Werkzeug benutzt haben und selbst kraft überlegenen Wissens die Tatherrschaft innegehabt haben (Abgrenzung subjektive Theorie vs. Tatherrschaftslehre).

   b) **Subjektiver Tatbestand**
   = Vorsatz bezüglich aller objektiven Tatbestandsmerkmale, inklusive der Tatherrschaft (»durch einen anderen«)

§ 28 Mittäter (§ 25 Abs. 2 StGB)

941 Die Normierung der Mittäterschaft ist teils klarstellend, teils strafbegründend (Rn. 804 ff.). Sofern ein Mittäter nicht alle Tatbestandsmerkmale eigenhändig selbst erfüllt hat, beruht seine Strafbarkeit als Täter auf § 25 Abs. 2 StGB als **Zurechnungsnorm**. Gemäß dieser Vorschrift muss sich jeder Mittäter wegen der gemeinschaftlichen Begehung der Straftat aufgrund gemeinsamen Tatentschlusses den Tatbeitrag der anderen Täter wie einen eigenen zurechnen lassen.[1] Jeder »Mittäter« wird folglich so gestellt, als habe er sämtliche Tatbeiträge eigenhändig erbracht[2], obwohl dies tatsächlich nicht der Fall ist.

Beispiel: X und Y wollen den O ausrauben. Gemäß ihrem Tatplan hält X den O mit einem Revolver in Schach, während Y dem O die Brieftasche wegnimmt (vgl. Rn. 803). Die Tathandlung beim Raub ist die Wegnahme mit Gewalt oder unter Anwendung qualifizierter Drohungen. X nun hat nur das Raubmittel (»Drohung«) angewandt, Y hat nur die Wegnahme durchgeführt. Jeder der beiden muss sich aber gemäß § 25 Abs. 2 StGB den Beitrag des anderen wie einen eigenen zurechnen lassen. Daher sind beide Räuber (§§ 249, 25 Abs. 2 StGB). Sie werden wegen der Benutzung des Revolvers als Mittel der Bedrohung beide wegen Schweren Raubes (§§ 250 Abs. 2 Nr. 1, 25 Abs. 2 StGB) bestraft.[3]

942 Auch bei der Mittäterschaft ist **Tatherrschaft** Voraussetzung für die strafrechtliche Verantwortlichkeit eines Tatbeteiligten als Täter. Dabei bedeutet Tatherrschaft hier gleichberechtigte »Mitherrschaft«, d.h. »funktionale Tatherrschaft« durch arbeitsteiliges Zusammenwirken.[4]

Dagegen lässt die gesetzes- und sachwidrige **subjektive Theorie** für Mittäterschaft genügen, dass der Beteiligte objektiv irgendeinen kausalen Tatbeitrag geleistet hat, sei es auch nur im Vorbereitungsstadium und subjektiv die Tat als eigene wollte.[5]

Mittäterschaft wird üblicherweise als Begehung der Straftat in bewusstem und gewollten Zusammenwirken bezeichnet.[6] Erforderlich sind also

- subjektiv ein gemeinsamer Tatentschluss (Rn. 808) und
- objektiv eine gemeinschaftliche Begehung.

I. Gemeinsamer Tatentschluss

1. Abgrenzung von Mittäterschaft und Nebentäterschaft

943 **Fall 117: – Nebentäterschaft bei »alternativer Kausalität«**
A und B wollen O vergiften; keiner von ihnen kennt den Plan des anderen. Beide schütten unabhängig voneinander jeweils eine tödliche Dosis des gleichen Gifts in den Tee des O. Kurz darauf trinkt O den Tee und stirbt (vgl. Fall 41, Rn. 316).

1 *Heinrich*, AT, Rn. 1218; *Jakobs*, 21/17, 25; *Kühl*, § 20 Rn. 100.
2 *Heinrich*, AT, Rn. 1218.
3 Vgl. BGHSt 48, 189 ff.
4 Eingehend *Roxin*, § 25 Rn. 188 ff. m.w.N. pro und contra.
5 BGH NStZ-RR 2012, 209. Siehe Rn. 814 ff., 847 ff., 852 ff.
6 BGH NStZ 1997, 336; *Kühl*, § 20 Rn. 98; *Wessels/Beulke/Satzger*, Rn. 524

Hier haben A und B den O vorsätzlich getötet. Beide waren für den Erfolg ursächlich (sog. »alternative Kausalität«; Rn. 316-317). Sie sind aber mangels *gemeinsamen* Tatentschlusses keine Mittäter, sondern Nebentäter.[7]

Der gemeinsame Tatentschluss erfordert, dass die Täter ihre Tatbeiträge **in wechselseitigem Einverständnis** leisten. Jeder muss bei Begehung der Tat Kenntnis vom Tatbeitrag des anderen haben und im Sinne eines zumindest konkludent gefassten gemeinsamen Entschlusses *seine eigene Tätigkeit durch die Handlung des anderen ergänzen lassen wollen.*[8] Daran fehlt es in folgendem Fall: 944

Fall 118: – Totschlagsversuch »in brüderlicher Verbundenheit« –
A sticht den O mit Tötungsvorsatz (dolus eventualis) nieder. Passanten halten A fest und verhindern so, dass er weiter auf O einsticht. Nun greift B, der Bruder des A, zu seinem Messer und sticht den O mit Tötungsvorsatz in den Oberkörper. Auch B wird von Dritten gewaltsam an weiteren Verletzungen des O gehindert. O überlebt. Strafbarkeit von A und B, die beide den jeweiligen Angriff des anderen mit dem Messer nicht bemerkt hatten?

Das LG Gießen hatte A und B wegen versuchten Totschlags in Mittäterschaft verurteilt. Der BGH hat dagegen mangels gemeinsamen Tatentschlusses zu Recht Mittäterschaft verneint: A und B seien Nebentäter.[9] 945

Es fehle am Erfordernis des »wechselseitigen Einverständnisses« der Täter. Für dieses **konkrete** Einverständnis sei die »auf brüderlicher Verbundenheit beruhende generelle Übereinkunft«, sich in einer Kampfsituation zu helfen, als solche noch nicht ausreichend.

Danach ist im vorliegenden Fall in der Tat kein arbeitsteiliges bewusstes und gewolltes Zusammenwirken anzunehmen.

2. Kein gemeinsamer Tatentschluss beim Exzess eines Mittäters

Das Erfordernis des gemeinsamen Tatentschlusses begründet Mittäterschaft und begrenzt sie zugleich.[10] Die wechselseitige Zurechnung von Tatbeiträgen erfolgt nur, soweit der gemeinsame Tatentschluss (Tatplan) – auch der im Laufe der Tat gemeinsam geänderte[11] – reicht. Die Mittäterschaft ist folglich tatbestandsbezogen.[12] Für den **Exzess** eines Mittäters, d.h. für eine Handlung, die nicht durch den gemeinsamen Tatentschluss i.S. einer wechselseitigen Absprache gedeckt ist, sind 946

7 *Herzberg*, S. 62; *Jescheck/Weigend*, § 63 II 3; *Wessels/Beulke/Satzger*, Rn. 760. – Zur Nebentäterschaft siehe auch unten, § 30.

8 BGH NStZ 1997, 336; NStZ 2006, 94; BGH NStZ-RR 2010, 139; zuletzt BGH NStZ-RR 2011, 200; *Fischer*, § 25 Rn. 23; *Kühl*, § 20 Rn. 104. – *Heinrich*, S. 286 ff., sieht die Mittäter als »imaginäre Gesamtperson«.

9 BGH NStZ 1996, 227. – Mangels gemeinsamen Tatentschlusses lässt z.B. BGH NStZ 2004, 85 f. Mittäterschaft entfallen.

10 *Herzberg*, S. 62 f. Aus der Rspr. siehe: BGH NStZ 1996, 227; NStZ 1997, 272 u. 336. – Abweichend *Jakobs* insoweit, als er für jenes Erfordernis einen einseitigen »Einpassungsentschluss« genügen lassen will (21/43); dagegen die h.M.: SK/*Hoyer*, § 25 Rn. 126 f. m.w.N.; *Kühl*, § 20 Rn. 106 m.w.N.; *Küpper*, GA 1998, 519 (524 ff.).

11 *Heinrich*, AT, Rn. 1224.

12 *Kühl*, § 20 Rn. 102; *Seher*, JuS 2009, 1 (4); *ders.*, JuS 2009, 304 (305).

die anderen Mittäter nicht verantwortlich.[13] Insoweit fehlt es gemäß § 16 Abs. 1 StGB an einer **vorsätzlichen** gemeinschaftlichen Begehung.

Beispiele:
a) A und B brechen in eine Wohnung ein, um dort einen Diebstahl zu begehen (§§ 242, 244 Abs. 1 Nr. 3 StGB). Überraschend stoßen sie auf den Bewohner O, den B spontan niederschlägt. Da O laut schreit, entfliehen A und B aus Angst, entdeckt zu werden, ohne Beute.[14]

B hat einen *Raubversuch* begangen (§§ 249, 22 f. StGB), als er O niederschlug, denn bei lebensnaher Sachverhaltsauslegung sollte diese Gewalt die geplante *Wegnahme* von Beute ermöglichen, war also als deren Mittel gedacht.[15] Zugleich hat er sich der *Körperverletzung* (§ 223 StGB) schuldig gemacht.[16]

A ist nicht als Mittäter des Raubversuchs und der Körperverletzung schuldig. Es fehlt bereits am gemeinsamen Tatentschluss. Die *spontane* Gewaltanwendung des B war nicht Gegenstand des von A und B erklärten wechselseitig verabredeten Tatverlaufs. Das gilt auch dann, wenn A die Gewaltanwendung des B innerlich billigte oder dem B nachträglich sein Einverständnis erklärte.[17] Demgemäß ist A nur als Mittäter eines versuchten Wohnungseinbruchsdiebstahls schuldig.

947 Ist der gemeinsame Tatplan dagegen sehr weit gehalten und bietet er den Mittätern auf diese Weise einen **gewissen Spielraum bei der Tatausführung** – z.B. bzgl. der Anwendung von Gewalt oder dem Einsatz nicht genau bestimmter »Hilfsmittel« – so können durchaus Handlungen eines Tatbeteiligten, mit denen nach den Umständen des Einzelfalls gerechnet werden muss, als vom gemeinsamen Tatentschluss gedeckt angesehen und folglich den anderen Beteiligten auch zugerechnet werden, selbst wenn sie sich darüber keine genaue Vorstellung gemacht haben.[18]

Nach nicht unumstrittener aber auch vom BGH vertretenen Ansicht kann sogar eine rückwirkende Zurechnung der Exzesstat über die Figur der **sukzessiven Mittäterschaft** (Rn. 954 ff.) erfolgen, wenn diese vom Mittäter im weiteren Verlauf der Tat stillschweigend geduldet wird.[19] Die hL wendet dagegen ein, dass die Annahme einer nachträglichen Billigung des Exzesses der Anerkennung eines *dolus subsequens* gleichkomme.[20]

b) A und B wollen den O verprügeln. Während sie auf ihn einschlagen, fasst B spontan den Entschluss, O zu töten. Als O benommen zu Boden geht, tritt B ihn – ehe der entsetzte A reagieren kann – brutal mit Tötungsvorsatz gegen den Kopf. Der Tritt ist tödlich.

---

13 BGH NStZ 1994, 123; NStZ 1997, 272; 2002, 597 f.; NStZ 2010, 33 = JA 2010, 229; *Herzberg*, S. 62 f.; *Roxin*, § 25 Rn. 194 f. Bedenkliche Ablehnung eines Exzesses: BGH NStZ 2003, 662 f. und NStZ 2005, 93 f. (Schweinetrog-Fall) m. Anm. M. *Heinrich*; zum verwandten Problem der Scheinmittäterschaft: *Renzikowski*, JuS 2013, 481 (486).

14 Beispiel nach *Herzberg*, S. 62 f.

15 Zur Wegnahme »mit Gewalt« siehe *Krey/Hellmann/Heinrich*, BT/2, Rn. 260, 268 ff.

16 Der Versuch des Wohnungseinbruchsdiebstahls (§§ 244 Abs. 1 Nr. 3, 22, 23 StGB) tritt hinter dem Raubversuch zurück.

17 Vgl. *Herzberg*, S. 62 f.; BGH NStZ 1977, 292.

18 *Hecker*, JuS 2013, 943 (945); BGH NStZ 2005, 261 (262); NZWehrr 2009, 78; NStZ 2013, 400; Kühl, § 20 Rn. 118.

19 BGH NStZ 2013, 400; *Hecker*, JuS 2013, 944.

20 *Hecker*, JuS 2013, 945; S/S/*Heine*/*Weißer*, § 25 Rn. 97; MK/*Joecks*, § 25 Rn. 208.

B hat einen Totschlag begangen, hinter dem §§ 223, 224 StGB zurücktreten.

A ist mangels gemeinsamen Tatentschlusses nicht als Mittäter des Totschlags schuldig; diese Tat war ein **Exzess** des anderen Beteiligten. Doch ist A wegen Gefährlicher Körperverletzung in Mittäterschaft (§§ 223, 224 Abs. 1 Nr. 4, 25 Abs. 2 StGB) strafbar.

Beide Beispiele verdeutlichen auch die Möglichkeit einer **»partiellen Mittäterschaft« beim Exzess**: A ist jeweils nur teilweise Mittäter an den von B begangenen Taten.[21]

Eine mit dem Mittäterexzess eng verbundene Fragestellung betrifft das **Ausscheiden eines möglichen Mittäters bereits im Vorbereitungsstadium**. Es geht um 948
den Fall, in dem ein Mittäter sein mittäterschaftliches Einverständnis nicht erst *nach* Versuchsbeginn (Rn. 1256 ff.), sondern schon *vorher* zurücknimmt, und um die Frage, ob ihm dann die Ausführung durch die anderen Tatbeteiligten zugerechnet werden kann.

Da nach der h.M. – unabhängig von einem Abstandnehmen von der Tat – Tatbeiträge im Vorbereitungsstadium zur Mittäterschaft führen können (Rn. 975 ff.), kommt eine Zurechnung auch hier prinzipiell in Betracht. Nach der Rechtsprechung soll dem *Ausscheidenden* die Tat dann gem. § 25 Abs. 2 StGB zuzurechnen sein, wenn die Mitwirkung bis zum Ausscheiden „Mittäterschaftsqualität" gehabt habe.[22]

3. Bedeutung des »error in persona« eines Mittäters für die anderen

Fall 119: – »Wer anderen eine Grube gräbt, fällt selbst hinein« –[23] 949
A und O begehen einen Einbruch in ein Lebensmittelgeschäft. Beide sind mit einer Pistole bewaffnet. Sie haben vereinbart, auf etwaige Verfolger zu schießen, um ihre Festnahme um jeden Preis, auch um den eines Menschenlebens, zu verhindern. Als beide ohne Beute fliehen, da sich im Geschäft Personen aufhalten, schießt A auf O, **weil er ihn im Dunkeln für einen Verfolger hält** und absprachegemäß um jeden Preis ihre Flucht ermöglichen will. O überlebt, da ihn der Schuss verfehlt. A und O werden als Mittäter eines versuchten Mordes (Verdeckungsabsicht) angeklagt; O »versteht die Welt nicht mehr«.

A hat mit Tötungsvorsatz (dolus eventualis) auf O geschossen. Sein error in persona lässt 950
den Vorsatz unberührt (Rn. 431). Da er in der Absicht gehandelt hat, eine andere Straftat (versuchter Einbruchsdiebstahl) zu verdecken, hat er einen Mordversuch begangen.

Auch bei **O** hat der BGH im sog. »Verfolger-Fall« eine Strafbarkeit wegen Mordversuchs bejaht, denn er sei **Mittäter** der Tat des A:[24]

---

21 Zur partiellen Mittäterschaft: BGHSt 36, 231 ff.; *Kühl*, § 20 Rn. 102, 117 f.; *Roxin*, § 25 Rn. 235 f.

22 Formulierung nach *Rengier*, JuS 2010, 281 (287); näher zum Ausscheiden u. krit. zur Rspr. ebd. S. 286 ff. Aktuell für eine besondere Fallkonstellation (A hatte zum verabredeten Termin keine Zeit und wollte die Tat später ausführen; die anderen führten sie nachträglich aus, ohne dass A davon wusste) anders entschieden: BGH NStZ 2009, 25; dazu *Geppert*, Jura 2011, 30 (38).

23 Fall nach BGHSt 11, 268; ausführlich hierzu: *Dehne-Niemann*, ZJS 2008, 351.

24 BGHSt 11, 268 (270-272).

Der Umstand, dass § 211 StGB nur die Tötung eines anderen erfasse, O aber selbst Opfer sei, stehe dem nicht entgegen. Die Tat habe sich nach der Vorstellung des A gegen einen vermeintlichen Verfolger gerichtet. Da beide Täter abgesprochen hätten, auf etwaige Verfolger zu schießen, um ihre Festnahme um jeden Preis zu verhindern, habe sich die Tat des A *im Rahmen des gemeinsamen Tatentschlusses gehalten.* Daher müsse sich O den Mordversuch des A gemäß § 25 Abs. 2 StGB als eigene Tat zurechnen lassen.[25]

Auch die erforderliche *gemeinschaftliche Begehung* liege vor. O habe einerseits durch die gemeinsame Absprache den Tötungswillen des A gestärkt. Andererseits hätte er das Geschehen bei der Flucht durch die Aufforderung an A steuern können, diesmal nicht zu schießen. Da O überlebt habe, liege nur Mord*versuch* vor. Speziell für **O** handle es sich um einen *untauglichen Versuch*, weil **er** rechtlich nicht Mittäter seiner eigenen vollendeten Tötung sein könne

951 Mittäterschaft des O könnte hier zum einen wegen des Erfordernisses des gemeinsamen Tatentschlusses zweifelhaft sein. Zum anderen könnte es an der gemeinschaftlichen Begehung fehlen.

a) **Gemeinsamer Tatentschluss**: Der Sache nach, wenn auch nicht ausdrücklich, steht der BGH auf dem Standpunkt, der error in persona des Mittäters, der sich im Rahmen der Absprache bewege, sei auch für die anderen Mittäter unerheblich.

Diese Ansicht ist zutreffend.[26] Sie folgt ohne Weiteres aus der Zurechnungsnorm des § 25 Abs. 2 StGB: Solange A sich im Rahmen des gemeinsamen Tatentschlusses hielt, musste sich O so behandeln lassen, als wenn er selbst geschossen hätte.

Das leuchtet naturgemäß leichter ein, wenn man sich vorstellt, A hätte nicht O, sondern einen **Fremden (F)** irrig für einen Verfolger gehalten und daher auf F geschossen. Dann hätte man geringere Probleme damit, dem O den Mordversuch des A als vom gemeinsamen Tatentschluss gedeckt subjektiv zuzurechnen. Denn das Risiko einer Personenverwechselung müssen nach Wortlaut und Sinn des § 25 Abs. 2 StGB alle Mittäter tragen[27], sofern der error in persona noch im Rahmen des Vorhersehbaren liegt. Die Straflosigkeit allein aufgrund des Irrtums des Mittäters würde diesem Grundsatz nicht gerecht.[28]

Der Umstand nun, dass A im error in persona nicht auf einen Fremden, sondern auf O geschossen hat, ändert nichts an der **subjektiven** Zurechenbarkeit dieser Tat für O. Allein entscheidend ist insoweit, dass A sich im Rahmen der gemeinsamen Absprache bewegte.

952 Verletzt ein Mittäter aufgrund eines error in persona *Rechtsgüter eines anderen Mittäters*, so kann sich dies jedoch für den objektiven Tatbestand auswirken: Ist die Tat für ersteren z.B. als Körperverletzung strafbar, so ist der betroffene andere

25 A.A. *Roxin*, § 25 Rn. 195: Der gemeinsame Tatplan werde mit dem Schuss auf den Komplizen (unvorsätzlich) überschritten. Für O liege daher eine aberratio ictus vor.

26 Ebenso die h.M. Freund, § 10 Rn. 175 f.; *Heinrich*, AT, Rn. 1240; *Jakobs*, 21/45; *Kühl*, § 20 Rn. 121 f. m.w.N.; *Küper*, Versuchsbeginn, S. 38 ff.; *Maurach/Gössel/Zipf*, 49/64; S/S/*Heine/Weißer*, § 25 Rn. 101; a.A. etwa: *Herzberg*, S. 63 f.; *Roxin*, Täterschaft, S. 286 f.; *Rudolphi*, FS Bockelmann, 1979, S. 426. – Zur Bedeutung des error in persona beim Anstifter siehe Rn. 434, 1094 m.w.N.

27 *Kühl*, § 20 Rn. 121 f.; *Küper*, Versuchsbeginn, S. 38 ff.

28 So auch *Sternberg-Lieben/von Ardenne*, Jura 2007, 149 (152); *Kühl*, § 20 Rn. 122.

Mittäter nur wegen **versuchter** Körperverletzung in Mittäterschaft schuldig.[29] Denn § 223 StGB erfasst nur die Verletzung *anderer*, so dass der **verletzte Mittäter** kein tauglicher Täter (Mittäter) einer vollendeten Körperverletzung sein kann, deren Opfer er selbst ist.[30]

b) Eine Strafbarkeit des O aus §§ 211, 22, 23, 25 Abs. 2 StGB scheitert also nicht am fehlenden gemeinsamen Tatentschluss. Gleichwohl bestehen gegen das Urteil des BGH Bedenken; dies wegen der Annahme einer **gemeinschaftlichen Begehung**:[31] **953**

Hierfür ist Mitherrschaft (funktionale Tatherrschaft) nötig, und zwar im *Stadium der Ausführung der Tat*. O müsste die Tatbestandshandlung mitbeherrscht haben.[32] Für dieses Erfordernis genügt die bloße Beteiligung des O am gemeinsamen Tatentschluss noch nicht.[33] Vielmehr verlangt § 25 Abs. 2 StGB einen gemeinsamen Tatentschluss **und zusätzlich** die gemeinschaftliche Begehung der Tat (Rn. 809).

In casu hat nur A geschossen. Allein in seiner Hand lag die Erfüllung des Tatbestandes des versuchten Mordes durch »unmittelbares Ansetzen« i.S.d. § 22 StGB. Von einer Mitbeherrschung dieser Handlung (Schuss des A) durch O, der sich auf Weglaufen beschränkte, kann daher kaum die Rede sein. Hieran dürfte die vom BGH postulierte Möglichkeit, A durch Zuruf zu bremsen, nichts ändern. Diese angebliche »Hemmungsmacht« des O gab ihm keine reale Mitherrschaft über die Entschlüsse des A.[34]

Ergebnis: §§ 211, 22, 23, 25 Abs. 2 StGB dürften bei O mangels Tatherrschaft (Mitherrschaft) über den Schusswaffengebrauch des A entfallen. O ist aber aus §§ 211, 30 Abs. 2 StGB (Verbrechensverabredung) strafbar.[35]

4. Gemeinsamer Tatentschluss und »sukzessive Mittäterschaft«

– Wechselseitiges Einverständnis nach Beginn der Tatausführung –

Mittäterschaft fordert keine Mitwirkung bei der Entstehung des Tatplans. Vielmehr **954**
genügt das erst später entstandene wechselseitige Einverständnis, auch wenn schon

29 Kritisch *Schreiber*, JuS 1985, 873 (876): Der Grundsatz der Straflosigkeit einer Selbsttötung werde umgangen. Außerdem sei selbst für einen strafbaren untauglichen Versuch erforderlich, dass das Rechtsgut, welches der Täter verletzen wolle, ihm gegenüber auch geschützt sei, was hier gerade nicht der Fall wäre. Dem ist zuzugeben, dass die versuchte Selbsttötung mit untauglichen Mitteln straflos ist. Die versuchte Fremdtötung am untauglichen Objekt – hier: sich selbst – bleibt dagegen strafbar. Im Ergebnis auch *Gropp*, § 13 Rn. 163; *Puppe*, NStZ 1991, 124; ausdrücklich gegen die Aussage Schreibers: *Dehne-Niemann*, ZJS 2008, 351 (356).

30 BGHSt 11, 268 (270 f.).

31 *Jakobs*, 21/45 (a.E.) mit Fn. 102; *Roxin*, Täterschaft, S. 311 f.; *Schmidhäuser*, 14/19 (eingehend und überzeugend); *Dehne-Niemann*, ZJS 2008, 351 (352).

32 Rn. 833, 859, 969, 975.

33 *Schmidhäuser*, 14/19; siehe schon Rn. 859 f., 862.

34 Dazu *Roxin*, Täterschaft, S. 311 f., der trotz seiner Kritik an der Begründung des BGH i.Erg. die Tatherrschaft bejaht, weil die zu erbringenden Tatbeiträge auf der Grundlage des gemeinsamen Tatplans (ex ante) interpretiert werden müssten und jeder Komplize danach eine wesentliche Schutzfunktion gegenüber den anderen einnahm, ohne die die Flucht möglicherweise vereitelt worden wäre. Roxin folgend: *Dehne-Niemann*, ZJS 2008, 351 (352 f.).

35 *Herzberg*, S. 64; *Schmidhäuser*, 14/19.

ein Versuchsbeginn vorliegt.[36] Jedoch ist strittig, bis zu welchem Stadium der Deliktsverwirklichung (Vollendung oder Beendigung) sukzessive Mittäterschaft[37] möglich ist. Diese Frage stellt sich wegen des Erfordernisses des **gemeinsamen Tatentschlusses** und im Hinblick auf die Notwendigkeit **gemeinschaftlicher Begehung**. Im Folgenden sollen wegen des Sachzusammenhanges beide Erfordernisse erörtert werden.

a) Sukzessive Mittäterschaft vor Vollendung der Straftat

955 Solange der Tatbestand des fraglichen Delikts noch nicht erfüllt, die Tat also noch nicht vollendet ist, besteht die Möglichkeit sukzessiver Mittäterschaft.[38]

- Ein *gemeinsamer Tatentschluss*, gerichtet auf die Vollendung der Tat, ist in diesem Stadium der Deliktsverwirklichung noch begrifflich möglich, mag der andere Mittäter auch schon mit dem Versuch der Tatbegehung begonnen haben. Das gilt auch, wenn der fragliche Straftatbestand schon teilweise erfüllt ist.
- Auch eine *gemeinschaftliche Begehung* als Mitherrschaft über die tatbestandsmäßige Handlung kann noch erfolgen, solange die Tat noch nicht vollendet ist, jedenfalls solange noch (weitere) tatbestandsmäßige *Handlungen* vorgenommen werden. Der Hinzutretende muss dabei die Vorstellung haben, die Herbeiführung des tatbestandsmäßigen Erfolges durch sein eigenes Handeln weiter zu fördern.[39]

956 **Fall 120: – Späte Hilfe –**
A ist in das Eigenheim des O eingebrochen, hat Bargeld und Schmuck in die Taschen seiner Kleidung gesteckt und will noch einige wertvolle alte Teppiche entwenden. Er rollt sie zusammen und schleppt sie zur Haustür. Dann bekommt er Zweifel, ob er die Teppiche allein wegschaffen kann, zumal sein Pkw sehr klein ist. Er bittet daher per Telefon seinen Freund F um Hilfe. Gemeinsam tragen sie die Teppiche aus dem Haus zum Lieferwagen des F, wobei sie, wie schon beim Telefongespräch vereinbart, den Erlös teilen wollen.

Abwandlung: Beim Einbruch war A überraschend auf O gestoßen und hatte ihn, um ungestört Geld, Schmuck und Teppiche entwenden zu können, zu Boden geschlagen und im fensterlosen Badezimmer eingesperrt. Dies hatte er F bei dessen Eintreffen mitgeteilt.

957 (a) Entwendung von Geld und Schmuck

A hat einen Wohnungseinbruchsdiebstahl (§§ 242, 244 Abs. 1 Nr. 3 StGB) begangen. Diese Tat war bereits vor dem Anruf des A bei F vollendet; denn mit dem Einstecken der Beute in die Kleidung war das Tatbestandsmerkmal »Wegnahme« erfüllt.[40]

---

36 *Kühl*, § 20 Rn. 104, 126; *Roxin*, § 25 Rn. 192, 219; *Wessels/Beulke/Satzger*, Rn. 562.

37 Eine systematische Darstellung mit Hinweisen zur gutachterlichen Prüfung findet sich auch bei *Murmann*, ZJS 2008, 456 (zugleich krit. Anm. zu BGH NStZ 2008, 280). Vgl. auch *Rengier*, JuS 2010, 281 (282 f.).

38 *Kindhäuser*, AT, § 40 Rn. 11; *Kühl*, § 20 Rn. 126 m.w.N.; *Roxin*, § 25 Rn. 219, 221; ausführlich zur sukzessiven Mittäterschaft und ihrer Abgrenzung zur Beihilfe *Grabow/Pohl*, Jura 2009, 656.

39 BGH NStZ 2012, 207.

40 *Krey/Hellmann/Heinrich*, BT/2, Rn. 48-54 (m.w.N.); h.M.

Demgemäß ist Mittäterschaft des **F** an jener Tat nach zutreffender h.L. von vornherein ausgeschlossen, da nach dieser Ansicht sukzessive Mittäterschaft beim Diebstahl nach Vollendung der Wegnahme nicht möglich ist (Rn. 964 ff.).

Im Übrigen entfällt Mittäterschaft des F aus zwei weiteren Gründen: Es ist dem Sachverhalt nicht zu entnehmen, dass F von der Diebesbeute in den Taschen der Kleidung des A wusste. Zudem ist nicht ersichtlich, inwieweit F diese Beute **in funktionaler** Tatherrschaft mit A in Sicherheit gebracht haben sollte.

Ergebnis: A ist aus § 244 Abs. 1 Nr. 3 StGB strafbar.[41] F ist straflos.

(b) Entwendung der Teppiche 958

Ihre Wegnahme war noch nicht vollendet, als A den F einschaltete. Bei sperrigen oder sonst schwer beweglichen Sachen ist dieses Tatbestandsmerkmal erst erfüllt, wenn der Täter sie aus dem fremden Machtbereich herausgeschafft hat.[42] Demgemäß war hier noch eine sukzessive Mittäterschaft des F möglich. A hatte zwar schon mit dem Versuch der Wegnahme der Teppiche begonnen. Aber F konnte noch auf den Eintritt des Erfolges Einfluss nehmen. Die **Vollendung** der Tat durch Wegschaffen der Beute aus dem Haus des O

– und, was bei einer Umzäunung des Grundstücks zusätzlich nötig sein dürfte, von dessen Grundstück –

erfolgte durch A und F aufgrund gemeinsamen Tatentschlusses gemeinschaftlich. Beide haben auch in Zueignungsabsicht gehandelt. Daher sind A und F zumindest des Diebstahls (§ 242 StGB als Grunddelikt) in Mittäterschaft schuldig.[43]

Zweifelhaft erscheint dagegen, ob beide darüber hinaus auch als Mittäter des 959
§ 244 Abs. 1 Nr. 3 StGB strafbar sind.

Dass **A** wegen Wohnungseinbruchsdiebstahls schuldig ist, und zwar sowohl bezüglich der Beute in seinen Taschen als auch hinsichtlich der Teppiche, liegt auf der Hand.

F jedoch ist die Qualifikation des § 244 Abs. 1 Nr. 3 StGB nicht gemäß § 25 Abs. 2 StGB als eigene Tat zuzurechnen. A hatte ja den **Einbruch in die Wohnung** bereits allein begangen, als F sich in den Diebstahl einschaltete. Demgemäß bezog sich weder der *gemeinsame Tatentschluss* von A und F auf die Begehung des Einbruchs noch haben beide ihn in funktionaler Tatherrschaft *gemeinschaftlich begangen*. Daher würde es dem Wortlaut des § 25 Abs. 2 StGB sowie der Tatherrschaftslehre widersprechen, wollte man F die bereits vollendete Qualifikation des Wohnungseinbruchs wie eine eigene Tat zurechnen. Die h.L. hat daher Recht, wenn sie für Fälle wie den vorliegenden feststellt:[44]

---

41 § 123 StGB und § 303 StGB treten hinter § 244 Abs. 1 Nr. 3 StGB zurück.

42 *Krey/Hellmann/Heinrich*, BT/2, Rn. 50 (m.w.N.); h.M.

43 Wer bei einem Diebstahl von dem Täter hinzugerufen wird und zusammen mit ihm weitere Sachen wegnimmt, ist bzgl. dieser Beute Mittäter.

44 So u.a.: *Freund*, § 10 Rn. 160; *Heinrich*, S. 303 f.; *Herzberg*, S. 71 f., 152 f.; SK/*Hoyer*, § 25 Rn. 114, 123-125; *Köhler*, Kap. 9 II 3.4.4; *Kühl*, § 20 Rn. 129 m.w.N.; *Küper*, JZ 1981, 568 ff.; *Maurach/Gössel/Zipf*, 53/74; *Otto*, AT, § 21 Rn. 67; *Roxin*, § 25 Rn. 224 ff. m.w.N.; *Stratenwerth/Kuhlen*, 12/88 f. Abweichend u.a. BGHSt 2, 344 ff.; BGH JZ 1981, 596; NStZ 1997, 272; *Jescheck/Weigend*, § 63 II 2.

Qualifizierende Tatumstände wie der »Einbruch«, die **vor dem nachträglichen Einschalten eines neuen Tatbeteiligten als Mittäter schon vollständig verwirklicht** waren, sind dem sukzessiven Mittäter nicht nach § 25 Abs. 2 StGB zuzurechnen.[45]

Dem lässt sich auch nicht entgegenhalten, F habe immerhin den Einbruch nachträglich für seine Zwecke ausgenutzt und die Wohnung des O betreten. § 244 Abs. 1 Nr. 3 StGB erfasst nicht den Diebstahl aus Wohnungen als solchen, sondern nur den **mittels Einbruchs** bzw. einer der anderen in dieser Vorschrift genannten illegalen Modalitäten. Keine von ihnen hat F in Mittäterschaft mit A gemeinschaftlich begangen. Das bloße »Hineingelangen« in die Wohnung genügt hierfür nicht.[46]

960 (c) Abwandlung: Entwendung von Geld und Schmuck

A hat einen **Raub** begangen (Wegnahme mit Gewalt), zudem Körperverletzung und Freiheitsberaubung.[47] Der Wohnungseinbruchsdiebstahl tritt hinter dem Raub zurück.[48]

F ist nicht als Mittäter dieses Raubes strafbar (vgl. Rn. 957): Er hat weder die Wegnahme jener Beute noch die Gewaltanwendung *aufgrund gemeinsamen Tatentschlusses gemeinschaftlich mit A begangen.* Erst recht ist er nicht der Mittäterschaft zu § 223 und § 239 StGB schuldig.

961 (d) Abwandlung: Entwendung der Teppiche

Hier haben A **und F** die Wegnahme als Mittäter vollendet und insoweit einen Diebstahl in Mittäterschaft (§§ 242, 25 Abs. 2 StGB) verwirklicht.[49]

A ist jedoch wegen der Gewaltanwendung als Mittel der Wegnahme wegen Raubes strafbar, wobei die Entwendung von Geld, Schmuck und Teppichen nur **ein** Verbrechen nach § 249 StGB darstellt, zudem wegen Körperverletzung und Freiheitsberaubung.

Es fragt sich, ob **F** der Mittäterschaft zu diesem Raub schuldig ist. Diese Frage ist entsprechend unseren Darlegungen zu §§ 244, 25 Abs. 2 StGB in Beispiel 1 (Rn. 957) zu verneinen:[50] Die Anwendung des Raubmittels (Gewalt gegen eine Person) war schon abgeschlossen, als F am Tatort eintraf. Seine nachträgliche Kenntnis von dieser Gewalt, mag er sie gebilligt haben oder nicht, ändert nichts daran, dass er das Niederschlagen und Einsperren des O nicht aufgrund gemeinsamen Tatentschlusses gemeinschaftlich mit A begangen hat.

962 Zur Vertiefung: Die *Körperverletzung* war schon vollendet **und beendet**, als F sich einschaltete. Daher ist hier sukzessive Mittäterschaft von vornherein ausgeschlossen.

Die *Freiheitsberaubung* war zwar schon vollendet, aber noch **nicht beendet**. Bei ihr wurde der Tatbestand weiter verwirklicht, solange O noch eingesperrt war. Demgemäß ist anerkannt, dass bei § 239 StGB sukzessive Mittäterschaft auch nach Vollendung der Tat möglich ist, und zwar durch **Aufrechterhalten** des Zustandes der Freiheitsberaubung aufgrund

45 Siehe auch Rn. 960, 966, 967.
46 Fischer, § 244 Rn. 50; OLG Köln NStZ-RR 2002, 247 (248).
47 Alle drei Delikte stehen in Tateinheit, § 52 StGB (Klammerwirkung des Raubes).
48 *Fischer*, § 244 Rn. 54.
49 Dazu Rn. 958.
50 Ebenso *Heinrich*, AT, Rn. 1238, 1239; a.A. *Frister*, 26/12, 13.

nachträglichen gemeinsamen Tatentschlusses in arbeitsteiligem Zusammenwirken. Eine solche gemeinschaftliche Begehung einer **Verlängerung** der Freiheitsberaubung (§ 239 Abs. 1 StGB in sukzessiver Mittäterschaft; dazu Rn. 963) liegt hier aber nicht vor.

Ergebnis: F ist als Mittäter eines Diebstahls strafbar, dagegen nicht als Mittäter des Raubes, der Körperverletzung und der Freiheitsberaubung.

b) Sukzessive Mittäterschaft nach Vollendung der Straftat?

(1) Bei der **Freiheitsberaubung als Dauerdelikt** ist sukzessive Mittäterschaft **963** auch nach Vollendung der Tat bis zu ihrer Beendigung möglich (vgl. Rn. 962): Solange das Opfer noch seiner Freiheit beraubt, z.B. weiter eingesperrt ist, *wird der Straftatbestand weiterhin verwirklicht*. Die Aufrechterhaltung der Freiheitsberaubung ist also tatbestandsmäßiges Verhalten. Daher können später hinzukommende Tatbeteiligte dadurch § 239 StGB in sukzessiver Mittäterschaft begehen, dass sie in Mitherrschaft mit dem Täter, also »gemeinschaftlich« mit diesem, die Freiheitsberaubung verlängern.[51]

(2) Anders ist es bei allen übrigen Straftaten (»**Zustandsdelikte**«[52]), z.B. Tot- **964** schlag, Körperverletzung, Sachbeschädigung, Diebstahl, Raub. Bei ihnen ist mit der Vollendung der Tat entweder zugleich auch deren Beendigung anzunehmen (so etwa beim Totschlag). Oder man kann zwar zwischen Vollendung und Beendigung der Tat differenzieren, aber durch die Beendigung des Delikts wird nicht mehr der Straftatbestand verwirklicht.

Letzteres gilt insbesondere für den Diebstahl: Bei ihm ist der Tatbestand mit der Vollendung der Wegnahme erfüllt. Dagegen ist die Tat erst beendet, wenn der Dieb **gesicherten Gewahrsam** erlangt oder die Beute wieder verloren hat. Die Beendigung der Tat durch Beutesicherung erfüllt dabei nicht mehr den Tatbestand des § 242 StGB; denn sie ist keine weitere Wegnahmehandlung.

Demgemäß ist bei Zustandsdelikten sukzessive Mittäterschaft nach Vollendung der Tat ausgeschlossen, weil der fragliche Straftatbestand nicht weiter verwirklicht, also keine **tatbestandsmäßige Handlung** mehr begangen wird.[53] Auch das erteilte Einverständnis erst später hinzutretender Personen, die Kenntnis von der durch den Mittäter geschaffenen Lage haben, diese billigen oder ausnutzen, führt nicht zu einer Strafbarkeit derselben, sofern das Geschehen (oder auch nur das Erfüllen einer einzelnen Tatbestandsvariante) bereits vollständig abgeschlossen ist.[54]

Wird der Tatbestand allerdings aufgrund gemeinsamen Tatentschlusses durch ge- **965** meinschaftliches Handeln erneut erfüllt, so ist insoweit selbstredend Mittäterschaft möglich. Nur handelt es sich dann nicht um sukzessive Mittäterschaft im eigentlichen Sinne, sondern um die **gemeinschaftliche Begehung einer neuen Straftat**.

---

51 So für alle: *Kühl*, § 20 Rn. 126; *Roxin*, § 10 Rn. 107.

52 BGH NStZ-RR 2011, 111 (112); vgl. *Roxin*, § 10 Rn. 106 f.; *Wessels/Beulke/Satzger*, Rn. 45-47.

53 Ebenso *Kindhäuser*, AT, § 40 Rn. 10-12; vgl. BGH wistra 2009, 389 f. (keine Zurechnung des bereits eingetretenen Betrugsschadens).

54 BGH StraFo 2013, 343 (344); *Güttner*, FD-StrafR 2013, 348266.

Beispiel: A hat den O kräftig geohrfeigt (vollendete Tat nach § 223 StGB). B kommt hinzu und überredet A, gemeinsam weiter auf O einzuschlagen. Diese neue Verwirklichung des § 223 StGB begehen A und B als Mittäter.[55]

Der Ausschluss sukzessiver Mittäterschaft nach Vollendung der Straftat soll am Beispiel des Diebstahls durch folgenden Fall verdeutlicht werden:

966 **Fall 121: – Gemeinschaftliche Sicherung der Diebesbeute –**
A hat die Teppiche schon zu seinem Pkw geschleppt. Als er versucht, die Beute in seinem viel zu kleinen Wagen zu verstauen, kommt F hinzu und überredet ihn, sie in seinem Lieferwagen wegzuschaffen. Beide vereinbaren Teilung des Erlöses und fahren mit der Beute zum Haus des A. Ist F – **obwohl der Diebstahl bei seinem Eingreifen schon vollendet war** (Rn. 958) – als sukzessiver Mittäter aus §§ 242, 25 Abs. 2 StGB schuldig?

Die **bejahenden** Stimmen gehen davon aus, sukzessive Mittäterschaft beim Diebstahl sei noch zwischen Vollendung und Beendigung der Tat möglich. Die gemeinschaftliche Begehung liege in der gemeinschaftlichen Beendigung der Wegnahme durch Beutesicherung.[56]

Dabei dürften die Vertreter dieser Ansicht nicht nur §§ 242, 25 Abs. 2 StGB bei F bejahen, sondern ihm als sukzessivem Mittäter darüber hinaus auch die Qualifikation des Wohnungseinbruchsdiebstahls zurechnen: Dies jedoch zu Unrecht (Rn. 959, 964, 967).

967 Jener bejahende Standpunkt widerspricht dem **Analogieverbot**[57] und der **Tatherrschaftslehre**; er wird daher von der h.L. zu Recht abgelehnt:

Eine Straftat, die schon vollendet ist und deren Beendigung nicht mehr den Tatbestand erfüllt, kann man nicht mehr »gemeinschaftlich begehen«. Die Gegenmeinung missachtet den möglichen Wortsinn des § 25 Abs. 2 StGB und ist daher strafbegründende Analogie. Zudem kann man die Wegnahme beim Diebstahl nicht als sukzessiver Mittäter mitbeherrschen, wenn sie schon vollendet ist; denn ihre *Beendigung durch* ***Sicherung der weggenommen Beute*** ist selbst keine Wegnahme (Rn. 964). Daher missachtet die Gegenmeinung auch das Erfordernis der Tatherrschaft. Im Übrigen ist es begrifflich unmöglich, von einem *gemeinsamen Entschluss* zur Begehung eines Diebstahls zu sprechen, wenn er schon begangen ist.

Ergebnis: Sukzessive Mittäterschaft scheidet in Fall 121 aus.[58]

5. Ergänzende Hinweise zum Erfordernis des gemeinsamen Tatentschlusses

968 a) Bei allen Straftaten, deren subjektiver Tatbestand neben dem Vorsatz **weitere subjektive Tatbestandsmerkmale** verlangt (z.B. § 242 StGB – Zueignungsabsicht) ist zu beachten: Solche Merkmale müssen **bei jedem Mittäter (bei § 242 StGB im Zeitpunkt der Wegnahme durch den Täter oder durch einen Mittäter)** vorliegen.[59]

55 Weiteres Beispiel: Rn. 956 f.

56 BGHSt 2, 344 f.; BGH JZ 1981, 596; NStZ 1997, 272; NStZ 1999, 510 f.; *Jescheck/Weigend*, § 63 II 2; S/S/*Heine/Weißer*, § 25 Rn. 96.

57 So schon *Krey*, ZStW 101 (1989), 838 (848).

58 Ob sukzessive Beihilfe zu § 242 StGB vorliegt, die § 257 StGB (Begünstigung) gemäß Abs. 3 dieser Vorschrift verdrängt – dazu *Krey/Hellmann/Heinrich*, BT/1 Rn. 859 –, oder ob F nur wegen Begünstigung strafbar ist, soll hier dahinstehen (dazu Rn. 1088 ff.).

59 *Roxin*, § 25 Rn. 234; *Wessels/Beulke/Satzger*, Rn. 765.

Dazu gehören insbesondere: Die »Zueignungsabsicht« beim Diebstahl und die »Bereicherungsabsicht« beim Betrug. Außerdem kann nur derjenige Mittäter eines Mordes aus niedrigen Beweggründen sein, der selbst aus niedrigen Beweggründen handelt.[60]

b) Freiwilligkeit ist keine Voraussetzung des gemeinsamen Tatentschlusses.[61]

c) Zur sog. **Scheinmittäterschaft/vermeintlichen Mittäterschaft** siehe Rn. 1242.

d) Zur sog. **fahrlässigen Mittäterschaft** siehe Rn. 1342.

II. Gemeinschaftliche Begehung

1. Erfordernis der Mitherrschaft (funktionale Tatherrschaft) im Stadium der tatbestandsmäßigen Ausführung der Straftat

969 Mittäterschaft verlangt **funktionale Tatherrschaft**. Diese **Mitherrschaft** wurde schon wiederholt angesprochen, insbesondere für **folgende Konstellationen**:

- Arbeitsteilung beim Raub (Rn. 803).
- Gemeinschaftliches Schießen auf das Opfer (Rn. 805, 808 f.).
- Untätigkeit des »verängstigten« Komplizen (Rn. 855-862).
- Komplize als Opfer eines error in persona des Täters (Rn. 949, 953).
- Sukzessive Mittäterschaft vor Vollendung der Straftat (Rn. 955-962).
- Sukzessive Mittäterschaft zwischen Vollendung und Beendigung der Tat (Rn. 962-967).

Jene Mitherrschaft nun muss der Beteiligte gerade im Ausführungsstadium besitzen; Mittäterschaft ist Mitherrschaft über die Tatbestandshandlung. Diese »Tatherrschaftslehre im engeren Sinne« (Rn. 833) soll der folgende Fall verdeutlichen.

970 **Fall 122: – Der Bandenboss: Mittelbarer Täter, Mittäter oder Anstifter? –**
A, B, C und D sind die Mitglieder einer kleinen Bande, die auf Straßenraub spezialisiert ist. Anführer ist A. Eines Tages begehen B, C und D nach Planung des A und gemäß seinen detaillierten Anweisungen die folgenden drei Raubüberfälle auf Rentner: D sucht jeweils wohlhabend wirkende Opfer aus, die er dann B und C zeigt. Anschließend versetzt B dem Opfer einen kräftigen Fausthieb und hält es fest, während C dessen Brieftasche ergreift und enteilt. C entnimmt jeweils das Bargeld aus der entwendeten Brieftasche; sie selbst, Kreditkarten, EC-Karten, Ausweise etc. wirft er entsprechend dem Tatplan weg. Auf diese Art werden drei Rentner überfallen. Strafbarkeit der Beteiligten wegen Raubes, § 249 StGB?[62]

a) Strafbarkeit von B und C aus §§ 249, 25 Abs. 2 StGB

971 B und C haben aufgrund gemeinsamen Tatplans in arbeitsteiligem Zusammenwirken bei jedem der drei Überfälle fremde bewegliche Sachen (Brieftasche mit Inhalt) weggenommen,

60 BGH NStZ 2009, 627 (628).

61 *Jakobs*, 21/44: »Innerhalb einer Bande dürfte der gemeinsame Tatentschluss häufig durch … Zwang bewirkt werden.« – Beispiel: Rn. 757 f.

62 Die Qualifikation des § 250 Abs. 1 Nr. 2 StGB und § 223 StGB sollen im Folgenden nicht erörtert werden. Die Mittäterschaft wird zwar häufig im Rahmen von bandenmäßig begangenen Delikten (näher im Strafrecht BT) relevant, allerdings ist die Prüfung von Täterschaft oder Teilnahme streng vom Vorliegen einer Bande zu trennen. Es darf keinesfalls von der Bandenmitgliedschaft auf Mittäterschaft geschlossen werden. Zur bandenmäßigen Deliktsbegehung in der Klausurbearbeitung: *Oğlakcıoğlu*, Jura 2012, 770.

und zwar mit Gewalt gegen eine Person. Beide haben die Tat mitbeherrscht. Sie müssen sich gemäß § 25 Abs. 2 StGB das Handeln des anderen wie eigenes Tun zurechnen lassen (Rn. 941). Beide hatten bezüglich der Banknoten in der Brieftasche auch Zueignungsabsicht.[63] Sie haben den Raub mithin gemeinschaftlich begangen und sind als Mittäter wegen Raubes in drei Fällen schuldig (§§ 249, 25 Abs. 2; 53 StGB).

b) Strafbarkeit des D wegen Raubes in Mittäterschaft?

972 Ein gemeinsamer Tatentschluss lag vor. Es fragt sich jedoch, ob D die drei Verbrechen gemeinschaftlich mit B und C begangen hat.

(1) Nach der **Tatherrschaftslehre im engeren Sinne** verlangt Mittäterschaft *Mitherrschaft bei der Ausführung der Tat*; dafür ist funktionale Tatherrschaft im Stadium zwischen Versuchsbeginn und Vollendung des Delikts erforderlich (Rn. 833, 969).

Für diese Mitbeherrschung nun ist nicht unbedingt eine eigenhändige Erfüllung von Tatbestandsmerkmalen nötig. Vielmehr *kann* z.B. beim Raub neben dem Komplizen, der eigenhändig Gewalt anwendet oder die Beute wegnimmt, auch der Beteiligte Mittäter sein, der aufgrund gemeinsamen Tatentschlusses auf andere Weise die Tatausführung in arbeitsteiligem Zusammenwirken mitbeherrscht, z.B.

- als *Schmieresteher*, wenn nach dem Tatplan die Aufstellung des Wachpostens für das Gelingen der Tat hätte bedeutsam werden können,
- als Beteiligter, der bei der Tat *Passanten oder Polizeibeamte ablenkt*,
- als *Komplize*, der zur Tatzeit am Tatort entscheidet, wer im unmittelbaren Anschluss hieran Raubopfer wird,
- als *Fahrer des Fluchtfahrzeugs*, wenn dieser Beitrag nach den Tatumständen als wesentliche Voraussetzung für die Durchführung der Tat und damit als unverzichtbarer Beitrag für ihr Gelingen angesehen werden kann.[64]

Danach dürfte bei D Mitherrschaft über den jeweiligen Raub anzunehmen sein. Mit seiner Bezeichnung des Opfers des Raubes lag nach dem Tatplan schon ein Versuchsbeginn (§ 22 StGB) vor. D hat also im Stadium zwischen Versuch und Vollendung des Verbrechens durch die Festlegung des Opfers den Raub mitbeherrscht. Folglich hat er alle drei Taten gemeinschaftlich mit B und C begangen. Er ist also als Mittäter wegen Raubes in drei Fällen schuldig.

973 (2) Die **Tatherrschaftslehre im weiteren Sinne** (Rn. 832), nach der für die Mitherrschaft auch wesentliche Tatbeiträge im Vorbereitungsstadium des Delikts genügen würden, gelangt in casu zu demselben Ergebnis.

(3) Auch die **subjektive Theorie** führt zur Annahme von Mittäterschaft des D:

---

63 Bezüglich des Bargeldes hatten A, B, C und D Zueignungsabsicht, sei es in der Form des Sich-Zueignens (eigener Beuteanteil), sei es als Dritt-Zueignung (Beuteanteil der jeweils drei anderen Komplizen). Dagegen fehlt es bezüglich Brieftasche, Kreditkarten etc. mangels Aneignungskomponente an der Zueignungsabsicht (vgl. BGH NJW 1977, 1460; *Krey/Hellmann/Heinrich*, BT/2, Rn. 73); sie sollten ja weggeworfen werden.

64 BGH NStZ-RR 2010, 139; 2002, 74 (75).

D hatte Tatinteresse und Tatherrschaft. Demgemäß handelte er i.S. dieser Theorie mit Täterwillen.[65] Da nach der subjektiven Theorie Mittäter ist, wer objektiv irgendeinen kausalen Tatbeitrag geleistet hat und subjektiv die Tat als eigene wollte (Rn. 942), ist D als Mittäter wegen Raubes in drei Fällen schuldig.

In casu führen also alle drei Täterschaftstheorien zu demselben Ergebnis; daher kann für D dahinstehen, welcher von ihnen zu folgen ist. Anders ist es dagegen bei **A**:

c) Strafbarkeit des A wegen Beteiligung am Raub

(1) Raub in mittelbarer Täterschaft – Tatherrschaft als Bandenboss? **974**

Mittelbare Täterschaft entfällt hier aus zwei Gründen: Erstens sind B, C und D als mögliche »Werkzeuge« selbst Täter des Raubes. A wäre also als mittelbarer Täter ein **Täter hinter dem Täter**. Diese Rechtsfigur widerspricht aber, wie bereits eingehend dargelegt, dem geltenden Recht.[66] Zweitens kommt von den Ausnahmen, die Judikatur und h.L. von dem Ausschluss mittelbarer Täterschaft in der Erscheinungsform des Täters hinter dem Täter machen (Rn. 923-938), in casu keine in Betracht. Die Konstellation des »mafiaähnlich organisierten Verbrechens« (Rn. 932-935) ist für kleinere Banden von vornherein nicht einschlägig.

(2) Raub in Mittäterschaft **975**

Das Erfordernis des gemeinsamen Tatentschlusses liegt vor. Doch ist die gemeinschaftliche Begehung dieser Tat zweifelhaft:

(a) Nach der **Tatherrschaftslehre im engeren Sinne** (Rn. 833) entfällt Mittäterschaft des A. Denn er hat das Ausführungsstadium der Tat nicht mitbeherrscht, sondern die Ausführung des Raubes allein B, C und D überlassen. Die Mitwirkung im Stadium der Vorbereitung des fraglichen Delikts aber, mag sie auch ein wesentlicher Tatbeitrag sein, ist für die Annahme einer gemeinschaftlichen Begehung der Straftat in Mitherrschaft (funktionaler Tatherrschaft) nicht ausreichend.

(b) Anders ist es nach der **Tatherrschaftslehre im weiteren Sinne** (Rn. 832), die **976**
namentlich zur Erfassung des »Bandenbosses« entwickelt worden ist: Nach ihr genügen zur Bejahung von Mitherrschaft Tatbeiträge im **Vorbereitungsstadium**, sofern es sich um »wesentliche Vorbereitungsakte« handelt. Diese müssen das Fehlen eigener Beiträge im Ausführungsstadium durch ihre Bedeutung für die gemeinsame Tat ausgleichen können und als Ergänzung der weiteren Ausführungshandlungen eine funktionale Tatherrschaft begründen.[67] Nicht hinreichend

65 Zur subjektiven Theorie siehe Rn. 813-824, 834-843. Zum Tatinteresse und zur Tatherrschaft bzw. dem »Willen zur Tatherrschaft« als Indizien für den Täterwillen gemäß dieser Theorie vgl. Rn. 816, 835-838.

66 Rn. 875-880, 888 ff., 923-939; eingehend *Krey/Nuys*, FS Amelung, 2009, S. 203 ff.; a.A. jedoch die h.M.

67 Vgl. auch *Wessels/Beulke/Satzger*, Rn. 763: Ausgleich des »Beteiligungsminus« bei der realen Tatausführung durch das »Plus der mitgestaltenden Deliktsplanung«; ebenso *Oğlakcıoğlu*, Jura 2012, 770. Dennoch ist auch hier genau darauf zu achten, ob jemand, der bei einer Vorbereitung geholfen hat, überhaupt ein Interesse an der – oder Einfluss auf – die Haupttat hat; ansonsten kommt nur Beihilfe in Betracht, vgl. BGH ZWH 2012, 360 mit Anm. *Oğlakcıoğlu*; sowie BGH NStZ 2012, 626.

gewichtige unterstützende Beiträge können lediglich die Teilnahme in Form der Beihilfe begründen.

Nach dieser Ansicht wäre A Mittäter des Raubes, denn er hat die Tat geplant und detaillierte Anweisungen für ihre Durchführung gegeben. Diese Gestaltungsherrschaft *(Jakobs)* soll für das Erfordernis der Tatherrschaft (Mitherrschaft) des Mittäters ausreichen.[68]

977 (c) Nach der **subjektiven Theorie** wäre Mittäterschaft des A erst recht zu bejahen. Sie lässt objektiv jeden kausalen Tatbeitrag, auch den im Vorbereitungsstadium geleisteten[69], genügen und verlangt subjektiv Täterwillen. Die Indizien dafür, dass der Beteiligte die Tat »als eigene wollte« (Rn. 816, 835-838) – Tatinteresse und Tatherrschaft oder zumindest Wille zur Tatherrschaft –, liegen bei A evident vor.

(d) In casu führen also die *Tatherrschaftslehre im engeren Sinne* einerseits und die *Tatherrschaftslehre im weiteren Sinne* sowie die *subjektive Theorie* andererseits bei A zu unterschiedlichen Ergebnissen. Es fragt sich daher, welche von ihnen zutrifft.

Dass die subjektive Theorie verfehlt ist, wurde bereits eingehend ausgeführt (Rn. 844-862). Damit bedarf es nur noch der Entscheidung zwischen den beiden Spielarten der Tatherrschaftslehre:

978 Zu folgen ist der **Tatherrschaftslehre im engeren Sinne**,[70] denn sie wird dem Wortlaut des Gesetzes (§ 25 Abs. 2 StGB) und dem Wesen der Tatherrschaftslehre besser gerecht:

Mittäterschaft verlangt gemeinschaftliche Begehung der Straftat. Ob dieser Normtext die bloße Mitwirkung im straflosen Stadium der Vorbereitung des Delikts erfasst, erscheint als sehr zweifelhaft. Zudem verwässert die Tatherrschaftslehre, wer Tatbeiträge im Vorbereitungsstadium für das Erfordernis der Mitherrschaft über die Begehung der Straftat genügen lässt.[71]

Kurz: Der Zugewinn an Gesetzestreue, Sachgerechtigkeit der Ergebnisse und Rechtssicherheit, den die Tatherrschaftslehre bewirkt hat (Rn. 864), wird durch ihre **weite** Version (Rn. 832) aufs Spiel gesetzt.

Ergebnis: A ist kein Mittäter, sondern der Anstiftung zum Raub in drei Fällen schuldig.

979 Ergänzender Hinweis: Eine körperliche Anwesenheit des Mittäters am Tatort ist nicht unbedingt erforderlich. Hätte A etwa **per Handy** Kontakt zu B, C und D gehalten und je nach Situation detaillierte Anweisungen zur Ausführung der einzelnen Verbrechen des Raubes gegeben, so käme er als Mittäter des Raubes in Frage.[72]

---

68 *Jakobs*, 21/47, 48; *Wessels/Beulke/Satzger*, Rn. 763 f.

69 BGHSt 33, 50 (53); 37, 289 (292 f.), dazu Rn. 855, 859.

70 Siehe bereits Rn. 859, 885, 953. – Zur Verneinung von Mittäterschaft bei A gelangt auch *Heinrich*, S. 290 ff.

71 Überzeugend u.a.: *Herzberg*, S. 66; *Roxin*, § 25 Rn. 198 ff.

72 Dazu *Roxin*, § 25 Rn. 200; ebenso *Heinrich*, S. 295 f.

2. Konsequenzen der Tatherrschaftslehre im engeren Sinne

Wegen des Erfordernisses der Mitherrschaft im Stadium der **Ausführung** der Tat zwischen Versuchsbeginn und Vollendung scheidet Mittäterschaft z.B. in folgenden Fällen aus: 980

- Im **Staschynskij-Fall** (Rn. 821-824, 845 f.) ist S richtiger Ansicht nach Täter. Die Hintermänner in der damaligen Regierung in Moskau dagegen sind weder mittelbare Täter[73] noch Mittäter[74], sondern **Anstifter** (§ 26 StGB).
- Bei den **Todesschüssen an der ehemaligen innerdeutschen Grenze** sind die Todesschützen, Grenzsoldaten der damaligen DDR, Täter (Rn. 933). Die Hintermänner, hohe DDR-Funktionäre, sind Anstifter, nicht etwa mittelbare Täter[75] oder Mittäter.[76]
- Der **Mafiaboss**, der den von einem Angehörigen der Mafiafamilie begangen Mord befohlen hat, ist weder mittelbarer Täter,[77] noch Mittäter[78], sondern Anstifter.

Diese Konsequenzen sind angesichts der Strafdrohung für den Anstifter kriminalpolitisch tolerabel und wegen des Erfordernisses der gemeinschaftlichen Begehung der Tat sachgerecht: *Der Mörder tötet das Opfer,* nicht der »Befehlshaber«, der die Ausführung des Mordes seinen Leuten überlässt (Rn. 796).

III. Ergänzende Hinweise zur Mittäterschaft

– Eigenhändige Delikte, Sonderdelikte, »Pflichtdelikte«; Mittäterschaft zusammen mit schuldlos handelnden Komplizen? –

1. Die Zurechnung fremder Tatbeiträge ist bei **eigenhändigen Delikten** gänzlich ausgeschlossen (s. Rn. 866). Das Unrecht dieser Delikte ergibt sich in erster Linie aus der Verwerflichkeit eines bestimmten Verhaltens oder der Verletzung einer höchstpersönlichen Pflicht, so dass nicht fremdes Verhalten zugerechnet werden kann. 981

2. Auch bei Delikten, bei denen das **deliktische Zusammenwirken mindestens zweier Personen notwendige Voraussetzung ist** (etwa gemeinschaftliche Körperverletzung, § 224 Abs. 1 Nr. 4 StGB), kommt § 25 Abs. 2 StGB nicht zur Anwendung.[79]

3. Da der Mittäter im Übrigen über § 25 Abs. 2 StGB so gestellt wird, als habe er alle objektiven Tatbeiträge selbst vorgenommen, müssen die darüber hinaus bei

73 Ebenso *Herzberg*, S. 43; *Köhler*, Kap. 9 II 2.4.2.2; a.A. BGHSt 18, 87 – siehe Rn. 822; heute gemäß seiner Judikatur zur Organisationsherrschaft, siehe Rn. 932 ff.

74 Ebenso z.B. *Köhler*, Kap. 9 II 2.4.2.2.

75 So auch u.a.: *Herzberg* in: Amelung (Hrsg.), S. 47 ff.; *Jakobs*, NStZ 1995, 26 (27); *Köhler*, Kap. 9 II 2.4.2.2; anders aber der BGH (siehe Rn. 932 ff. m.w.N.).

76 Wie hier: *Herzberg* in: Amelung (Hrsg.), S. 47 ff.; *Köhler*, Kap. 9 II 2.4.2.2; *Renzikowski*, S. 87 ff.; dagegen pro Mittäterschaft u.a.: *Jakobs*, NStZ 1995, 26 (27); *Jescheck/Weigend*, § 62 II 8; Otto, AT, § 21 Rn. 92 m.w.N.

77 Pro mittelbare Täterschaft aber der BGH (Rn. 935 m.w.N. pro und contra).

78 Pro Mittäterschaft u.a.: *Jakobs*, NStZ 1995, 26 (27); *Jescheck/Weigend*, § 62 II 8. Dagegen z.B. *Köhler*, Kap. 9 II 2.4.2.2.

79 *Geppert*, Jura 2011, 30 (31).

Sonder- und Pflichtdelikten erforderlichen **Täterqualifikationen** in seiner eigenen Person vorliegen (s. Rn. 867-870).

4. Die **fehlende Schuld des Komplizen** steht der Annahme von Mittäterschaft nicht entgegen; das folgt aus § 29 StGB.

Doch wird in solchen Fällen vielfach zugleich **mittelbare Täterschaft** des schuldhaft handelnden Beteiligten bejaht, sofern er (Hintermann) die fehlende Schuld des Werkzeugs kannte.[80] Dieser Rückgriff auf mittelbare Täterschaft trotz Vorliegens von Mittäterschaft ist aber verfehlt; die Annahme mittelbarer Täterschaft ist hier weder unter dem Gesichtspunkt des Ausschlusses von Strafbarkeitslücken noch unter dem Aspekt der Vermeidung von Straftaten ohne Straftäter geboten, folglich sinnlos.[81]

Prüfungsschema: Mittäterschaft[82]

Hinweise: Wenn einer von mehreren Tatbeteiligten alle Merkmale des objektiven Tatbestandes selbst verwirklicht, ist dieser isoliert vorab zu prüfen. Mittäterschaft ist nur bei dem/n Tatbeteiligten anzusprechen, bei denen (objektive) Tathandlungen fehlen (Zurechnung über § 25 Abs. 2 StGB). Eine getrennte Prüfung hat bei unterschiedlichen Tatbeiträgen zu erfolgen.

a) Objektiver Tatbestand

(P) Tathandlung:

A hat die Tathandlung nicht eigenständig verwirklicht. Ihm könnte jedoch der Tatbeitrag des B über die Figur der Mittäterschaft nach § 25 Abs. 2 StGB zugerechnet werden.

Voraussetzung:

- Gemeinsamer Tatplan
- Gemeinsame Tatausführung
  - (P) Abgrenzung subjektive Theorie / Tatherrschaftslehre
  - (P) Abgrenzung zur Teilnahme

b) Subjektiver Tatbestand

Achtung: Jeder Täter muss in eigener Person vorsätzlich handeln. Eine Zurechnung über § 25 Abs. 2 StGB ist auf dieser subjektiven Ebene nicht möglich!

---

80 *Lackner/Kühl*, § 29 Rn. 1; *Roxin*, § 25 Rn. 237.

81 Zum Vorrang der Mittäterschaft vor mittelbarer Täterschaft siehe jetzt auch BGH NStZ 2008, 89 (90), freilich in anderem Zusammenhang.

82 Die Prüfung von Täterschaft oder Teilnahme ist strikt von den Problemen einer bandenmäßigen Deliktsbegehung (Strafrecht BT) zu trennen, näher dazu *Oğlakcıoğlu*, Jura 2012, 770.

§ 29 Nebentäter

Unmittelbare Täterschaft, mittelbare Täterschaft und Mittäterschaft sind gesetzlich geregelte unterschiedliche Erscheinungsformen der Täterschaft. Dagegen ist die Figur des **Nebentäters** im StGB nicht normiert.[1] Denn Nebentäterschaft ist keine besondere Erscheinungsform der Täterschaft. Vielmehr ist der Terminus Nebentäter (bzw. Nebentäterschaft) ein Begriff ohne eigenständige dogmatische Bedeutung.[2] **982**

Mit Nebentäterschaft wird lediglich der Fall bezeichnet, dass mehrere Personen unabhängig voneinander, also ohne gemeinschaftliches Zusammenwirken als Mittäter gemäß § 25 Abs. 2 StGB, eine Straftat begehen.[3]

Jeder von ihnen ist dann Täter gemäß **§ 25 Abs. 1 Alt. 1 StGB** (siehe schon Rn. 944 f.) und wird – wie ein Alleintäter – ausschließlich für seinen Tatbeitrag und den von ihm herbeigeführten Erfolg bestraft. Eine Zurechnung fremder Tatbeiträge scheidet aus.[4]

Nebentäterschaft kann bei **Vorsatztaten** vorliegen (vgl. Rn. 943-945). **982a**

Einer der (eher seltenen) Fälle vorsätzlicher Nebentäterschaft kann angenommen werden, wenn innerhalb eines **hierarchisch aufgebauten Betriebes** in **unterschiedlichen Positionen vorsätzlich Schädigungen in Kauf genommen werden**, ohne dass dabei eine gegenseitige Beeinflussung und Information der Handenlnden stattgefunden hat.

Fall 122a: – «Rohrkrepierer» –
A, ein an einer Färbemaschine tätiger Angestellter eines Chemieunternehmens erkennt, dass das Gerät, an dem er arbeitet, an einem großen Kühlrohr Leck geschlagen hat und somit giftige Kühlflüssigkeit aus dem unter Wasser verlegten Rohr in den angrenzenden Fluss ausspült. A verschweigt diesen Umstand wissentlich, um seinen Arbeitsplatz nicht zu gefährden. Damit macht sich A bestimmter Delikte des Umweltstrafrechts strafbar (u.a. § 324 StGB).

Dringt das Leck im Rohr aufgrund einer umfassenden Geräterevision auch zum zuständigen Mitglied des Vorstands V vor, lässt dieser den Prüfbericht jedoch aus Angst vor »schlechter Publicity« verschwinden, handeln A und V unabhängig voneinander vorsätzlich; sie begehen eine Umweltstraftat in vorsätzlicher Nebentäterschaft.

Bei Fahrlässigkeitsdelikten ist eine Nebentäterschaft deutlicher häufiger anzutreffen, zumal es dort nach richtiger Ansicht keine Mittäterschaft gibt (Rn. 1342). **982b**

Fall 122b: – «Diskothek in Flammen» –
Eventmanager A betreibt eine Diskothek in einem umgebauten Bauernhof, die in der eher ländlicheren Gegend gelegen einen regelrechten Jugendtreff darstellt. Der zuständige Sachbearbeiter S am Landratsamt forderte A nach einiger Zeit auf, einen aktuellen Bauplan mit Nutzungsnachweisen zu erbringen sowie den Brandschutz am Objekt überprüfen zu lassen.

---

1 Zum Nebentäter siehe: *Fincke*, GA 1975, 161; SK/*Hoyer*, § 25 Rn. 2; *Jescheck/Weigend*, § 63 II 3; *Murmann*, Die Nebentäterschaft im Strafrecht, 1993; *Roxin*, § 25 Rn. 265 f.; BGHSt 30, 228 (232); BGH NStZ 1996, 227 f.

2 *Jescheck/Weigend*, § 63 II 3; *Roxin*, § 25 Rn. 265 f.

3 *Frister*, 25/1; SK/*Hoyer*, § 25 Rn. 2; *Jescheck/Weigend*, § 63 II 3; *Kindhäuser*, AT, § 39 Rn. 3-4; *Roxin*, § 25 Rn. 265 f.

4 *Heinrich*, AT, Rn. 1187; *Wessels/Beulke/Satzger*, Rn. 760.

Da der Brandschutz in dem alten Gebäude nachweislich nicht mehr ausreichend war, untersagte das Landratsamt die weitere Nutzung des Gebäudes als Diskothek.

Trotz dieser Untersagungsverfügung legte A die Diskothek jedoch nicht still und empfing weiterhin über mehrere Monate über 1200 Gäste. An einem Abend brach aus nicht aufklärbaren Gründen ein Feuer aus. Den im Gebäude befindlichen Gästen war durch den engen und verwinkelten Bau, der nicht den gesetzlichen Brandschutzanforderungen genügte, jede Möglichkeit zur Flucht verwehrt. Sechs Menschen erstickten an Rauchgasen und verbrannten.

Vor Gericht gesteht der A, die Diskothek trotz Kenntnis der fehlenden Brandschutzvorkehrungen weiterbetrieben zu haben. Der zuständige Sachbearbeiter S beim Landratsamt habe dies aber gewusst, da er dieses Gewerbe, da meldepflichtig, auch nach der Untersagung bekannt gemacht habe.

Problematisch ist, dass der S wusste oder zumindest wissen konnte, dass die Diskothek, trotz fehlenden Brandschutzes, in großem Umfang weiterbetrieben wurde. Das Weiterbetreiben(lassen) des Lokals führte auch jeweils kausal und objektiv zurechenbar zum Tod der sechs Menschen, § 222 StGB.

Gleichwohl wirkten der S und der A nicht arbeitsteilig zusammen, da sie unterschiedliche Beweggründe zur Tat hatten. A wollte sein Lokal weiterhin gewinnbringend bewirtschaften (ohne mit dem Ausbruch eines Feuers zu rechnen), der Sachbearbeiter lediglich die Mühe scheuen, vor Ort zu kontrollieren. Beiden ist mithin ein Fahrlässigkeitsvorwurf hinsichtlich des eingetretenen Todes der Gäste zu machen, da sie – unabhängig voneinander – objektiv vorhersehbar und vermeidbar pflichtwidrig gehandelt haben und zudem der konkrete Taterfolg für sie auch subjektiv vorhersehbar und vermeidbar war.

Mithin liegt ein Fall der Fahrlässigen Tötung in Nebentäterschaft vor.

Kapitel 3: Teilnahme – Anstiftung und Beihilfe

§ 30 Allgemeines: Wesen und Strafgrund der Teilnahme; Akzessorietät (Abhängigkeit von der Haupttat); »Notwendige Teilnahme«

I. Wesen der Teilnahme

Teilnehmer sind Beteiligte an der Straftat eines anderen **ohne Tatherrschaft** (vgl. Rn. 813). Anstifter und Gehilfen begehen die fragliche Straftat nicht; ihr Verhalten wird von den Tatbeständen des BT des Strafrechts nicht erfasst.[1] Demgemäß sind die Vorschriften über Anstifter und Gehilfen strafbegründend (Rn. 792 f.). **983**

II. Strafgrund von Anstiftung und Beihilfe

1. Anstiftung (§ 26 StGB)

Anstifter ist, wer vorsätzlich einen anderen zu dessen vorsätzlich begangener tatbestandsmäßiger und rechtswidriger Tat (§ 11 Abs. 1 Nr. 5 StGB) **bestimmt**, d.h. den Tatentschluss des Täters hervorruft (Rn. 796). Durch diese Willensbeeinflussung wird der Anstifter für die Rechtsgutsverletzung durch die *Haupttat* – d.h. die vom Täter begangene »rechtswidrige Tat«[2] – mitursächlich. Anstiftung ist also die **Verursachung** (genauer: *Mit*verursachung) der Rechtsgutsverletzung des Haupttäters, begangen durch **vorsätzliches Hervorrufen von dessen Tatentschluss**. **984**

a) Eigene Ansicht zum Strafgrund der Anstiftung

Der Strafgrund der Anstiftung liegt primär in der vorsätzlichen Verursachung der Haupttat. Der Unrechtsgehalt der Anstiftung ist in erster Linie aus dem Unrecht der Haupttat abzuleiten (»**akzessorietätsorientierte Verursachungstheorie**«[3]). **985**

Doch bedarf diese Theorie der Präzisierung: Allgemein dient sie auch zur Erklärung des Strafgrundes der Beihilfe[4], was sie angesichts des Unterschiedes beider Teilnahmeformen als Theorie speziell für den Strafgrund der Anstiftung entwertet. Dieser Unterschied liegt dabei in Folgendem: **986**

Der Anstifter ist *stets* für die Rechtsgutsverletzung durch die Haupttat (mit-) *ursächlich*, weil er den Tatentschluss hervorruft. Dagegen verlangt das Merkmal des Hilfeleistens (§ 27 StGB) nicht notwendig *Kausalität* (Rn. 1078 ff.); der Gehilfe muss die Rechtsgutsverletzung des Haupttäters also nicht zwingend (mit-)verursacht haben, mag Beihilfe auch i.d.R. kausal sein.

---

1 Daher ist die Teilnahme an einem eigenhändigen Delikt im Gegensatz zur Mittäterschaft möglich. Vgl. u.a. speziell zu den Aussagedelikten *Kudlich/Henn*, JA 2008, 510.

2 Die von einem anderen begangene rechtswidrige Tat i.S.d. §§ 26, 27 StGB wird allgemein als **Haupttat** bezeichnet, der Täter jener Tat als **Haupttäter**.

3 Für sie u.a.: *Jescheck/Weigend*, § 64 I 2; *Kühl*, § 20 Rn. 132; *Küper*, ZStW 104 (1992), 577; S/S/*Heine/Weißer*, Vor § 25 Rn. 15 und § 26 Rn. 1; *Wessels/Beulke/Satzger*, Rn. 794, 814.

4 S/S/*Heine/Weißer*, Vor § 25 Rn. 15; *Jescheck/Weigend*, § 64 I 2; *Kühl*, § 20 Rn. 132; *Küper*, ZStW 104 (1992), 577; *Wessels/Beulke/Satzger*, Rn. 794.

987 Zudem besteht zwischen Anstiftung und Beihilfe ein gradueller Unterschied im Unrechtsgehalt.[5] Der **Anstifter** ruft im Wege offenen geistigen Kontaktes mit dem Haupttäter dessen Tatentschluss hervor (Rn. 1034 ff.) und ist also der – zeitlich gesehen – **primäre Urheber der Haupttat**. Dieser schwerwiegende Tatbeitrag des Anstifters rechtfertigt seine Bestrafung nach der Strafdrohung für Täter (§ 26 StGB)

– sofern man, wie hier gefordert (Rn. 794-798), eine fakultative Strafmilderung gemäß § 49 Abs. 1 StGB erlaubt.

Demgegenüber trifft den Gehilfen jene primäre Ursächlichkeit für die Rechtsgutsverletzung durch den Haupttäter nicht. Vielmehr ist Beihilfe jeder **sonstige** Tatbeitrag zur Haupttat, der zwar keine Mitherrschaft über deren Ausführung begründet, aber die Handlung des Haupttäters irgendwie **fördert**.

Resümee: Als Lehre für den Strafgrund der Anstiftung **und** der Beihilfe ist die »akzessorietätsorientierte Verursachungstheorie« zu ungenau und undifferenziert.

988 Daher wird im neueren Schrifttum zu Recht betont: Zusätzlich zum Gesichtspunkt der Orientierung an der Haupttat (Aspekt der Akzessorietät) müsse für den Strafgrund der Anstiftung ihr eigener Erfolgs- und Handlungsunwert berücksichtigt werden (sog. **»Theorie des akzessorischen Rechtsgutsangriffs«**).[6]

Diese Theorie besagt, dass die Teilnahme in ihren beiden Erscheinungsformen auch einen jeweils **eigenen** Unwert verkörpert, dass Anstiftung und Beihilfe auch jeweils einen **eigenen** Angriff auf das Rechtsgut darstellen.

Dazu betont *Jakobs*: Unrecht der Teilnahme sei somit der eigene – aber nicht täterschaftliche – Angriff auf ein Rechtsgut durch das vorsätzliche Verursachen ‹bzw. Fördern› der Haupttat.[7]

Dabei erfolgt dieser Angriff bei der Anstiftung durch das Hervorrufen des Tatentschlusses: Der Anstifter besitzt zwar keine Tatherrschaft, er begeht die Haupttat nicht; aber er ist ihr – zeitlich gesehen – primärer Urheber.

989 Ergebnis: **Strafgrund der Anstiftung** ist

- primär die (Mit-)Verursachung der Rechtsgutsverletzung des Haupttäters,
- sekundär ihr eigener Rechtsgutsangriff durch die spezifische Angriffsform des Hervorrufens des Tatentschlusses mittels Kommunikation mit dem Haupttäter.

Diese Verbindung aus eigenem Rechtsgutsangriff und Akzessorietät als Anbindung an die Haupttat will die Bezeichnung »Theorie vom akzessorischen Rechtsangriff« verdeutlichen.

---

5 Beihilfe ist gegenüber Anstiftung die *minder schwere Teilnahmeform*: BGHSt 4, 244 (247); S/S/*Heine/Weißer*, Vor § 25 Rn. 12; *Roxin*, § 26 Rn. 180, 287; das folgt schon aus der Strafdrohung des § 27 StGB gegenüber der schwereren des § 26 StGB (Rn. 795 f.).

6 *Roxin*, § 26 Rn. 11; *ders.*, FS Stree/Wessels, 1993, S. 365 (370 ff.). Dem folgend oder zuneigend u.a.: S/S/*Heine/Weißer*, Vor § 25 Rn. 1b; *Jakobs*, 22/8, 9; *Kühl*, § 20 Rn. 132; kritisch *Heinrich*, AT, Rn. 1276 f.

7 *Jakobs*, 22/9.

Ob dieser Theorie weitere Bedeutung zukommt, z.B. bei den Problemen »Notwendige Teilnahme« und/oder »agent provocateur«[8], soll hier dahinstehen (siehe Rn. 1032, 1058, 1064).

b) Abweichende Ansichten zum Strafgrund der Anstiftung

(1) Theorie vom selbständigen Teilnahmedelikt[9] 990

Diese Lehre geht von »selbständigen Teilnahmedelikten« aus. So begreift sie z.B. §§ 212, 26 StGB (Anstiftung zum Totschlag) als selbständigen Straftatbestand. Demgemäß hafte der Teilnehmer wegen seines eigenen tatbestandlichen Unrechts und nicht akzessorisch wegen seines Tatbeitrags zur Haupttat eines anderen.

Jene Theorie **widerspricht** jedoch **dem geltenden StGB** und wird daher zu Recht fast allgemein abgelehnt.[10] Die gesetzliche Regelung in §§ 26, 27 StGB erweist evident, dass Unrecht und Strafgrund der Teilnahme primär auf dem Tatbeitrag zur Haupttat basieren. Diese Akzessorietät ist mithin für Anstiftung und Beihilfe konstitutiv (Rn. 985, 988 f.).

(2) Schuldteilnahmetheorie / Unrechtsteilnahmetheorie 991

Erstere sah den Strafgrund der Anstiftung darin, dass der Anstifter den Teilnehmer korrumpiere, indem er ihn in **Schuld** verstricke. Diese Auffassung ist heute schon deswegen unhaltbar, weil Anstiftung und Beihilfe nur eine rechtswidrige Haupttat, also keine schuldhafte Straftat des Haupttäters verlangen (§§ 26, 27, 29 StGB).[11] Im Übrigen deutet jene Theorie die Anstiftung **contra legem** in eine Straftat gegen den Haupttäter um.[12]

Die Unrechtsteilnahmetheorie respektiert, dass §§ 26, 27 StGB keine schuldhafte Haupttat fordern. Sie sieht den Strafgrund der Anstiftung demgemäß nicht in der Verstrickung des Haupttäters in Schuld, sondern in **Unrecht**. Auch diese modifizierte Form der Schuldteilnahmetheorie widerspricht dem geltenden Recht, da auch sie die Anstiftung **contra legem** zu einer Tat gegen den Haupttäter umdeutet. Im Übrigen ist ein Strafrechtsschutz gegen schlechte Einflüsse unserer Rechtsordnung fremd.[13]

(3) Zum Verständnis der Anstiftung als »intellektuelle Mittäterschaft« (*Köhler*) **992**

Für *Köhler* beruht die Gleichstellung des Anstifters mit dem Täter, was die Strafdrohung angeht (§ 26 StGB), auf der Äquivalenz von Anstiftung und Täterschaft:

---

8 S/S/*Heine*/*Weißer*, Vor § 25 Rn. 15; *Roxin*, § 26 Rn. 8, 28, 132, 152 (agent provocateur), Rn. 44 (notwendige Teilnahme).

9 *Lüderssen*, Zum Strafgrund der Teilnahme, 1967, S. 117 ff., 161 ff.; *ders.*, FS Miyazawa, 1995, S. 449; *Schmidhäuser*, 14/57; ähnlich *Herzberg*, GA 1971, 1.

10 Siehe für alle: S/S/*Heine*/*Weißer*, Vor § 25 Rn. 19 m.w.N.; *Ebert*, S. 204; *Jescheck*/*Weigend*, § 64 I 3; *Wessels*/*Beulke*/*Satzger*, Rn. 793.

11 Darstellung und Kritik der Schuldteilnahmetheorie bei: S/S/*Heine*/*Weißer*, Vor § 25 Rn. 18; *Roxin*, § 26 Rn. 16; *Stratenwerth*/*Kuhlen*, 12/119.

12 *Ebert*, S. 204: »Delikt am Täter«.

13 *Roxin*, § 26 Rn. 20; LK/*Roxin*, 11. Aufl., Vor § 26 Rn. 11 a.E.

»Der Anstifter gleicht in seiner willensbestimmenden Macht dem Täter, ist **›intellektueller‹ (Mit-)Täter**.«[14]

Demgemäß ist Strafgrund für die Anstiftung diese Äquivalenz zur (Mit-)Täterschaft. Sie verlangt nach *Köhler* mehr als nur das Hervorrufen des Tatentschlusses, auch wenn man hierfür einen offenen geistigen Kontakt, also eine Kommunikation des Anstifters mit dem Haupttäter fordert (Rn. 986, 989).[15] Selbst eine Kollusion, also ein Unrechtspakt zwischen beiden, sei für die Anstifterhandlung noch nicht unbedingt ausreichend. Vielmehr sei konstitutiv für die Anstiftung die »willensbestimmende Macht über den Täter«; sie werde durch die äußere Abhängigkeit des Konzepts des Täters vom Verhalten des Anstifters vermittelt.[16]

993 Kritik: Diese Konzeption versucht, aus der kriminalpolitisch verfehlten und verfassungsrechtlich bedenklichen Gleichstellung von Anstifter und Täter, was die Strafe angeht (Rn. 794-798), das Beste zu machen. Indes ist *Köhlers* Restriktion der Anstifterhandlung (»Bestimmen«, § 26 StGB) zu extrem:

Der Anstifter ist kein »intellektueller (Mit-)Täter«, sondern Teilnehmer ohne Tatherrschaft an der tatbestandsmäßigen und rechtwidrigen Tat eines anderen. Auch mit der verfehlten Formel von der »willensbestimmenden Macht« lässt sich nicht korrigieren, dass nach geltendem Recht nur der Täter die Haupttat begeht (§ 25 StGB).

2. Strafgrund der Beihilfe

994 Der Strafgrund der Beihilfe liegt

- primär in der Mitverursachung oder zumindest sonstigen Förderung der Rechtsgutsverletzung des Haupttäters,
- sekundär im eigenen Rechtsgutsangriff des Gehilfen durch die spezifische Angriffsform dieses Hilfeleistens.

Auch für die Beihilfe ist also der »Theorie vom akzessorischen Rechtsgutsangriff« (Rn. 988-989) zu folgen, die beide Aspekte verbindet: den der Akzessorietät durch Anknüpfen an die Haupttat und den des eigenen Angriffs auf das betroffene Rechtsgut.[17]

III. Akzessorietät (Abhängigkeit von der Haupttat)

1. Prinzip der limitierten Akzessorietät

995 Anstiftung und Beihilfe sind Teilnahme an der »vorsätzlich begangenen rechtswidrigen Tat eines anderen«. Eine solche Haupttat und der darauf bezogene Vorsatz des Teilnehmers sind Voraussetzung für die Strafbarkeit der Teilnahme. Diese Abhängigkeit von der Haupttat nennt man **Akzessorietät**. Da das StGB nun – seit 1943 – nicht mehr fordert, dass der Haupttäter schuldhaft handelt (§§ 26, 27, 29 StGB), spricht man von **limitierter Akzessorietät**.[18]

Die Haupttat muss also lediglich die folgenden Verbrechenselemente erfüllen:

- *Den **objektiven Tatbestand** eines Strafgesetzes* (§ 11 Abs. 1 Nr. 5 StGB).

---

14 *Köhler*, Kap. 9, II 4.1 (Hervorhebung vom Verfasser).

15 *Köhler*, Kap. 4.2, 4.4.3.

16 *Köhler*, Kap. 4.1, 4.2, 4.4.3.

17 *Roxin*, FS Stree/Wessels, 1993, S. 365 (370 ff.); ebenso S/S/*Heine*/*Weißer*, Vor § 25 Rn. 16.

18 Dazu u.a.: *Kühl*, § 20 Rn. 135 ff.; S/S/*Heine*/*Weißer*, Vor § 25 Rn. 22-24.

- *Den **subjektiven Tatbestand**,* also Vorsatz (und ggf. sonstige subjektive Tatbestandsmerkmale wie die Zueignungsabsicht beim Diebstahl).
  Das ergibt sich für den Vorsatz unmittelbar aus §§ 26, 27 StGB (»*vorsätzlich* begangene (…) Tat«), für sonstige subjektive Tatbestandsmerkmale aus § 11 Abs. 1 Nr. 5 StGB.
- Gegebenenfalls *die objektive Bedingung der Strafbarkeit.*[19]
- *Die **Rechtswidrigkeit**.* Die Haupttat darf also durch keinen Erlaubnissatz wie Notwehr gerechtfertigt sein.

Dagegen muss der Haupttäter nicht schuldhaft gehandelt haben (Rn. 885, 900). Dabei ist gleichgültig, ob bei ihm ein Schuldausschließungsgrund, wie § 19 StGB, oder ein Entschuldigungsgrund, wie § 35 Abs. 1 StGB, eingreift.[20] **996**

Doch sei daran erinnert: Kennt der Anstifter die Tatsachen, die beim Haupttäter die Schuld entfallen lassen und kann er deshalb den Haupttäter als sein Werkzeug zu steuern, so ist er mittelbarer Täter.

Jene (limitierte) Akzessorietät soll im Folgenden näher verdeutlicht werden:

2. Notwendigkeit der Erfüllung des objektiven Tatbestandes

Fall 123: – Anstiftung zum Versuch – **997**
A überredet T, den O zu erschießen. Der erste Schuss des T auf O trifft aber daneben; weitere Schüsse auf den fliehenden O verfehlen ebenfalls ihr Ziel. O entkommt unverletzt. Strafbarkeit der Beteiligten?

T hat keinen vollendeten Totschlag begangen, da der objektive Tatbestand des § 212 StGB mangels tatbestandsmäßigen Erfolges nicht erfüllt ist. Er ist aber eines **versuchten Totschlags** schuldig, §§ 212, 22, 23 StGB.[21]

Bei **A** scheidet Anstiftung zum (vollendeten) Totschlag aus, da es *insoweit* an der Haupttat fehlt. Doch ist er **Anstifter zum versuchten Totschlag** (§§ 212, 22, 23, 26 StGB):

»Rechtswidrige Tat« i.S.d. §§ 26, 27 i.V.m. § 11 Abs. 1 Nr. 5 StGB kann auch eine ***versuchte* Tat** sein, sofern der Versuch des fraglichen Delikts strafbar ist – was bei Verbrechen stets der Fall ist, bei Vergehen nur dann, wenn das Gesetz dies ausdrücklich bestimmt (§ 23 Abs. 1 StGB). **998**

Der Versuch eines Verbrechens ist also stets, der Versuch eines Vergehens bei einer entsprechenden ausdrücklichen Bestimmung im Gesetz[22] eine Haupttat gemäß §§ 26, 27 StGB, d.h. eine rechtswidrige Tat, die den Tatbestand eines Strafgesetzes erfüllt (in casu den der §§ 212, 22 StGB).

Wenn sich der Beitrag des Anstifters auf einen nur versuchten Teilakt der durch einen anderen Teilakt vollendeten Haupttat bezieht, so macht sich der Anstifter nur

19 S/S/*Heine/Weißer*, Vor § 25 Rn. 34; *Murmann*, JuS 1999, 548 (549); *Gaede*, JA 2007, 757 (758).
20 S/S/*Heine/Weißer*, Vor § 25 Rn. 22, 32 m.w.N.; ebenso u.a.: *Lackner/Kühl*, § 29 Rn. 1, § 35 Rn. 15; strittig, aber h.M.
21 Ob sogar Mordversuch vorliegt, soll hier dahinstehen.
22 Beispiele hierfür in Rn. 789.

der Anstiftung zum versuchten Teilakt, und nicht der Anstiftung zur vollendeten Haupttat strafbar.[23]

999 Dabei ist die **Anstiftung zum Versuch** von der nur **versuchten Anstiftung** (§ 30 Abs. 1 StGB) zu unterscheiden:

Hätte T sich geweigert, den O zu erschießen, so wäre A nur der versuchten Anstiftung zum Totschlag schuldig.

Als *Resümee* ist also festzuhalten:

- Begeht der Haupttäter das Verbrechen oder Vergehen, zu dem der Anstifter ihn »bestimmt« hat, so liegt **Anstiftung** zu dieser Straftat vor.
- Begeht der Haupttäter nur einen strafbaren Versuch jener Tat, so ist **Anstiftung zum Versuch** dieses Delikts gegeben.
- Kommt es nicht einmal zum strafbaren Versuch des fraglichen Delikts, kann **versuchte Anstiftung** (§ 30 Abs. 1 StGB) vorliegen; sie ist aber nur bei Verbrechen strafbar.

1000 **Fall 124: – Anstiftung eines »Haupttäters« ohne Täterqualifikation –**[24]
A erfährt, dass bei ihm eine Zwangsvollstreckung droht. Da er verreist ist, bittet er den T, seine (des A) Wertsachen beiseite zu schaffen. A hat dabei die Absicht, die Befriedigung seines Gläubigers zu vereiteln. T kommt der Bitte nach und schafft die Wertsachen des A aus dessen Wohnung. Strafbarkeit der Beteiligten?

T scheidet als Täter des § 288 StGB mangels Täterqualifikation aus (Rn. 922); folglich hat er dieses Vergehen nicht erfüllt. Demgemäß kommt bei A keine Anstiftung zu § 288 StGB in Frage.

Diese Strafbarkeitslücke wollen viele dadurch schließen, dass sie bei A § 288 StGB in mittelbarer Täterschaft und bei T Beihilfe (§§ 288, 27 StGB) annehmen. Indes wird diese Lösung der Tatherrschaftslehre nicht gerecht (Rn. 922 m.w.N.).

1001 **Fall 125: – Suizid, Selbstverletzung und Beschädigung eigener Sachen: Keine tauglichen Haupttaten für Anstiftung und Beihilfe –**
A überredet den T,
a) sich selbst zu töten,
b) sich selbst an der Gesundheit zu schädigen bzw. sich selbst körperlich zu misshandeln,
c) eigene Sachen zu beschädigen oder zu zerstören.

Wie bereits betont, erfüllen Taten wie die des T keinen Straftatbestand (Rn. 905), sind also *keine rechtswidrigen Taten* i.S.d. §§ 26, 27 i.V.m. § 11 Abs. 1 Nr. 5 StGB. Demgemäß scheidet mangels »Haupttat« Anstiftung des A (§ 26 StGB) aus.

Zur Problematik der mittelbaren Täterschaft des Hintermannes (A) in solchen Fällen siehe Rn. 905 ff.

23 BGH StraFo 2012, 327.
24 Fall nach *Herzberg*, S. 31 ff.; *Krey/Hellmann/Heinrich*, BT/2, Rn. 415 ff.

3. Zum Erfordernis der vorsätzlichen Haupttat

a) Die ausdrückliche gesetzliche Normierung dieses Erfordernisses in §§ 26, 27 StGB wird vielfach als kriminalpolitischer Missgriff des Gesetzgebers kritisiert,[25] der zu ärgerlichen Strafbarkeitslücken führe.[26] **1002**

Indes ist diese Kritik nicht überzeugend:[27] Zum einen ergibt sich die Notwendigkeit einer vorsätzlichen Haupttat auch ohne ihre – klarstellende – Nennung in §§ 26, 27 StGB schon daraus, dass der Vorsatz als **subjektives Tatbestandsmerkmal**[28] Bestandteil der rechtswidrigen Tat i.S.d. §§ 26, 27 i.V.m. § 11 Abs. 1 Nr. 5 StGB ist. Zum anderen wird auch rechtspolitisch (fast) allgemein akzeptiert, dass **sonstige** subjektive Tatbestandsmerkmale wie die Zueignungsabsicht beim Diebstahl (Rn. 373 ff.) gemäß § 11 Abs. 1 Nr. 5 StGB zur rechtswidrigen Tat i.S. der §§ 26, 27 StGB zählen.[29] Dann kann aber für den Vorsatz nichts anderes gelten, da jene sonstigen subjektiven Tatbestandsmerkmale ihn voraussetzen. Schließlich widerspricht die kriminalpolitische Kritik am Erfordernis der vorsätzlichen Haupttat dem Wesen der Anstiftung und der allgemeinen Rechtsauffassung. Dazu hat der BGH im Anschluss an *Bockelmann* und *Welzel* schon lange vor der ausdrücklichen gesetzlichen Normierung jenes Vorsatzerfordernisses in §§ 26, 27 StGB i.d.F. von 1975 entschieden:[30]

Die Annahme einer strafbaren Teilnahme an unvorsätzlichen Taten stehe in Widerspruch zum Wesen der Anstiftung und zum gesetzlichen Tatbestandsmerkmal des »Bestimmens«. Dieses Merkmal bedeute nichts anderes als das **Hervorrufen des Tatentschlusses** beim Haupttäter. Die These, das Wesen der Anstiftung liege bereits in der bloßen Verursachung der Haupttat, finde im StGB keine Stütze. Vielmehr sei für die Anstiftung die Verursachung der Haupttat gerade durch das Hervorrufen des Tatentschlusses wesentlich. Anderenfalls käme es auch zu neuen, unlösbaren Abgrenzungsproblemen zwischen Anstiftung und Beihilfe sowie zwischen Anstiftung und mittelbarer Täterschaft.

Was das Argumentieren mit Strafbarkeitslücken angeht, sei daran erinnert, dass ein rechtsstaatliches Strafrecht mit dem Verzicht auf zu unbestimmte Straftatbestände und zu diffuse Beteiligungsvorschriften zwangsläufig zu Strafbarkeitslücken führt. Sie sind der Preis für die Herrschaft des Art. 103 Abs. 2 GG; und dieser Preis ist nun wirklich nicht zu hoch.[31]

Wenn nun das gesetzliche Vorsatzerfordernis für die Haupttat bei der **Anstiftung** kriminalpolitisch billigenswert ist, kann für die **Beihilfe** nichts anderes gelten.[32] **1003**

Im Übrigen würde die Vorstellung eines *vorsätzlichen Hilfeleistens zu **Fahrlässigkeitstaten** anderer als Beihilfe* deren Wesen missachten: Beihilfe ist Beteiligung ohne Tatherrschaft an

25 So z.B.: *Frister*, 25/26; *Jakobs*, 22/17; *Roxin*, § 26 Rn. 35-40; *ders*., Täterschaft, S. 367-379, 552 ff.; S/S/*Heine*/*Weißer*, Vor § 25 Rn. 28 f.

26 Zu solchen Lücken Rn. 1004 ff.

27 Ebenso *Stratenwerth*/*Kuhlen*, 12/141-142; überzeugend bereits BGHSt 9, 370 (375-382).

28 Dazu Rn. 373 f., 691-692.

29 So für alle: S/S/*Heine*/*Weißer*, Vor § 25 Rn. 26 ff.; SK/*Hoyer*, Vor § 26 Rn. 35.

30 BGHSt 9, 370 (375-382) – gegen BGHSt 4, 355.

31 Ebenso *Stratenwerth*/*Kuhlen*, 12/141-142.

32 So auch BGHSt 9, 370 (377-382).

der Haupttat eines anderen. Jenes Hilfeleisten zu unvorsätzlichen Taten aber würde i.d.R. mittelbare Täterschaft und nicht bloßes Fördern der Tat eines anderen begründen.

b) Im Folgenden soll jenes Erfordernis der vorsätzlichen Haupttat näher verdeutlicht werden.

1004 **Fall 126: – Strafloses Verleiten zur unvorsätzlichen Unfallflucht –**[33]

T hat beim Fahren mit seinem Pkw durch Fahrlässigkeit den Radfahrer O verletzt. Diesen Unfall hat T nicht bemerkt, wohl aber seine Ehefrau A, die schweigend neben ihm gesessen und die schöne Landschaft genossen hatte. Als T hört, wie jemand (O) schimpft, versichert ihm die A absolut plausibel, alles sei in Ordnung. T glaubt ihr und fährt guten Gewissens weiter. Strafbarkeit von T und A aus § 142 StGB?

T hat den objektiven Tatbestand des § 142 Abs. 1 Nr. 1 StGB erfüllt. Er hat jedoch ohne Vorsatz gehandelt, so dass eine Strafbarkeit aus jener Vorschrift entfällt.[34]

Bei **A** scheidet eine **täterschaftliche Begehung** des § 142 Abs. 1 Nr. 1 StGB aus, und zwar sowohl in der Form unmittelbarer Täterschaft als auch in der Form mittelbarer Täterschaft (Begehung der Tat durch T als gutgläubiges Werkzeug): Täter des § 142 StGB kann nur ein »Unfallbeteiligter« (§ 142 Abs. 5 StGB) sein; A aber war kein Unfallbeteiligter.[35] **Anstiftung** des T durch **A** zu § 142 Abs. 1 Nr. 1 StGB entfällt mangels vorsätzlicher Haupttat des T.[36]

Ergebnis: T und A sind nicht aus § 142 bzw. §§ 142, 26 StGB strafbar.

Wenn *Schmidhäuser* für Fälle wie den vorliegenden meint, Anstiftung sei auch bei Fahrlässigkeitstaten möglich, so verstößt er gegen das Analogieverbot des Art. 103 Abs. 2 GG, weil er strafbegründend den Gesetzestext missachtet, der eine »vorsätzlich begangene Tat« verlang. Ferner bedeutet seine Konzeption sogar unzulässige Rechtsfindung contra legem.[37]

Fall 126 offenbart eine *Strafbarkeitslücke*, was **§ 142 StGB** betrifft. Jedoch sei darauf hingewiesen, dass T wegen Fahrlässiger Körperverletzung (§ 229 StGB) strafbar ist und dass bei A je nach Schwere der Verletzungen des O Unterlassene Hilfeleistung (§ 323c StGB – »Unglücksfall«) in Frage kommt.

1005 **Fall 127: – Irrige Annahme des »Anstifters«, die Haupttat sei vorsätzlich –**
– Abwandlung von Fall 109 (Rn. 882) –

H hat den W zu dem tödlichen Schuss auf O verleitet, dabei aber irrig angenommen, W habe den O erkannt, werde also mit dem Vorsatz handeln, einen Menschen zu erschießen.

33 Fall nach *Krey/Hellmann/Heinrich*, BT/2, Rn. 949-957.

34 Vgl. *Krey/Hellmann/Heinrich*, BT/2, Rn. 949-957 m.w.N.; s. hierzu auch S/S/*Sternberg-Lieben*, § 142 Rn. 71 ff. Da der Sachverhalt keine Angaben dazu enthält, ob T noch während der Tat von seiner Unfallbeteiligung erfährt, kommt es auf den Streit darüber, ob T durch das weitere Entfernen vom Unfallort den Tatbestand des § 142 Abs. 1 Nr. 1 StGB verwirklichen kann (zu § 142 Abs. 2 Nr. 2 StGB vgl. BVerfG NJW 2007, 1666), nicht an. Bejahend OLG Düsseldorf NStZ-RR 2008, 88; ablehnend BGH NStZ 2011, 209 m. Bespr. *Jahn*, JuS 2011, 274.

35 Eingehend *Krey/Hellmann/Heinrich*, BT/2, Rn. 951-956; so auch S/S/*Sternberg-Lieben*, § 142 Rn. 20.

36 S. auch *Krey/Hellmann/Heinrich*, BT/2, Rn. 957 (a.E.); ebenso für Fälle wie 126 (Rn. 1004) die h.M.

37 *Krey*, ZStW 101 (1989), 838 (851-852, 861 ff.) m.w.N.

W ist mangels Vorsatzes nicht des Totschlags schuldig (Rn. 882, 886). Doch ist er wegen Fahrlässiger Tötung (§ 222 StGB) strafbar.

H hat den objektiven Tatbestand des § 212 StGB in mittelbarer Täterschaft mit W als **unvorsätzlich** handelndem Werkzeug erfüllt (Rn. 886, 887 f.). Doch scheiden §§ 212, 25 Abs. 1 Alt. 2 StGB mangels Vorsatzes aus:

H hielt W irrig für bösgläubig, kannte also die Tatsachen nicht, die seine Tatherrschaft begründeten. Mittelbare Täterschaft verlangt aber Vorsatz bezüglich dieser Tatsachen.[38]

Anstiftung durch H zum Totschlag entfällt mangels vorsätzlicher Haupttat des W: **1006** Zwar wird vereinzelt die Ansicht vertreten, Anstiftung sei trotz fehlender Vorsätzlichkeit der Haupttat dann möglich, wenn der Anstifter die Haupttat irrig für vorsätzlich halte.[39] Diese Theorie verstößt aber evident gegen das Analogieverbot des Art. 103 Abs. 2 GG, weil sie strafbegründend den Gesetzestext missachtet, der eine »vorsätzlich begangene Tat« verlangt.[40] Dieses Erfordernis kann nicht durch Fehlvorstellungen des Anstifters ersetzt werden.

H ist also nicht nach §§ 212, 26 StGB strafbar. Doch liegt **versuchte** Anstiftung zum Totschlag vor (§§ 212, 30 Abs. 1 StGB).

Handelt der »Haupttäter« im **Erlaubnistatbestandsirrtum** (z.B. Putativnotwehr), **1007** so begeht er nach der hier vertretenen »rechtsfolgeneinschränkenden Schuldtheorie« eine Vorsatztat i.S.d. §§ 26, 27, 11 Abs. 1 Nr. 5 StGB, weil diese Theorie nicht den Vorsatz als subjektives Tatbestandsmerkmal sondern lediglich die Vorsatz**schuld entfallen lässt.** An dieser Haupttat ist daher Teilnahme möglich.[41]

Gemäß der Rechtsfiktion des **§ 11 Abs. 2 StGB** gelten **Vorsatz-Fahrlässigkeits-Kombinationen** wie § 227 StGB einerseits und § 315c Abs. 1 i.V.m. Abs. 3 Nr. 1 StGB andererseits als Vorsatztaten (Rn. 177). Daher ist nach dem Text des § 11 Abs. 2 StGB und dem Willen des Gesetzgebers an solchen Taten Teilnahme möglich.[42] **1008**

IV. Lockerungen und Durchbrechungen der Akzessorietät gemäß § 28 StGB

Die Akzessorietät der Teilnahme gilt für den Schuldspruch und die Rechtsfolge: So **1009** wird z.B. die Ehefrau eines Richters, die ihn zu einer Rechtsbeugung (§ 339 StGB) angestiftet hat, wegen Anstiftung zur Rechtsbeugung **schuldig gesprochen**, obwohl sie selbst nicht als Richter fungierte.

38 Dazu Rn. 884, 995.

39 *Baumann/Weber/Mitsch*, § 30 Rn. 26, 27 – gegen BGHSt 9, 370 (382).

40 So u.a.: S/S/*Heine/Weißer*, Vor § 25 Rn. 25-27; *Jakobs*, 22/18; *Jescheck/Weigend*, § 61 VII, 2, 3; *Krey*, ZStW 101 (1989), 838 (851); *Roxin*, § 25 Rn. 160 f.

41 Zum *Erlaubnistatbestandsirrtum* siehe Rn. 731 ff. Kritisch *Krey/Hellmann/Heinrich*, BT/1, Rn. 569 ff.; ebenso *Jäger*, AT, Rn. 215 (mit Fn. 123) im Anschluss an *Schünemann*: »dogmatische Missgeburt«.

42 Zur Beteiligung an **erfolgsqualifizierten Straftaten** wie § 227 StGB siehe Rn. 1377 ff.; zur Teilnahme bei **§ 315c Abs. 1 i.V.m. Abs. 3 Nr. 1 StGB** siehe *Krey/Hellmann/Heinrich*, BT/1, Rn. 1129-1131.

Gemäß § 26 StGB wird der Anstifter »gleich einem Täter **bestraft**« (Rn. 794 ff.). Auch die Strafe für den Gehilfen richtet sich nach der Strafdrohung für den Täter; doch ist sie nach § 49 Abs. 1 StGB zu mildern (§ 27 StGB).

Diese Akzessorietät der Teilnahme wird in § 28 StGB teils gelockert, teils sogar durchbrochen. Dem liegt der Gedanke zugrunde, dass eine Begrenzung der Akzessorietät nicht das »Ob« der Strafbarkeit des Teilnehmers antasten, sondern sich nur auf das »Wie« auswirken soll.[43] Mit anderen Worten: Der Teilnehmer soll in jedem Fall bestraft werden, wenn eine teilnahmefähige Haupttat vorliegt und er die in den §§ 26, 27 StGB normierten Voraussetzungen erfüllt.

Fehlt also ein strafbegründendes Merkmal beim Teilnehmer, so kann die Akzessorietät nicht vollständig aufgehoben werden, ansonsten wäre er straflos. Deshalb sieht § 28 Abs. 1 StGB für diesen Fall nur eine **Milderung seiner Strafe**, im Übrigen aber die Bestrafung aus demselben Straftatbestand wie der Täter (i.V.m. §§ 26, 27 StGB) vor (bloße Akzessorietätslockerung).

1010 Gleichzeitig sollen aber unbillige Ergebnisse dort vermieden werden, wo ***persönliche*** **Umstände** das vom Teilnehmer – im Verhältnis zum Haupttäter – verwirklichte (Handlungs-)Unrecht milder oder schwerer erscheinen lassen.[44] Schuldspruch und Rechtsfolge für den Teilnehmer sollen insoweit von denen der Haupttat unabhängig(er) sein.

Bei strafbegründenden Merkmalen wird dies durch die Strafmilderung nach § 28 Abs. 1 StGB erreicht. Fehlt dagegen ein Merkmal oder weist der Teilnehmer ein zusätzliches Merkmal auf, welches die Strafbarkeit als solche – d.h. aus einem von jedermann zu begehenden Grunddelikt – unangetastet lässt und lediglich die Strafe modifiziert, so kann die Akzessorietät der Teilnahmestrafe insoweit vollständig durchbrochen werden. § 28 Abs. 2 StGB ermöglicht, dass der Teilnehmer aus einem anderen Straftatbestand als Täter bestraft werden kann (»Tatbestandsverschiebung«, »Durchbrechung der Akzessorietät«).[45]

1. § 28 Abs. 1 StGB: »Lockerung der Akzessorietät« für die Rechtsfolge

– Obligatorische Strafmilderung nach § 49 Abs. 1 StGB –

1011 Die Akzessorietät der Teilnahme für die Rechtsfolge, genauer: die Strafdrohung für Anstiftung und Beihilfe, wird in § 28 Abs. 1 StGB gelockert, was das erwähnte **Beispiel** der Anstiftung zur Rechtsbeugung (Rn. 1009) verdeutlichen soll:

Gemäß § 26 StGB würde für die Ehefrau als Anstifterin derselbe gesetzliche Strafrahmen gelten wie für den Richter als Haupttäter. Dieses Ergebnis wäre aber evident sachwidrig, da Unrechts- und Schuldgehalt der Tat der Ehefrau gegenüber der Haupttat deutlich geringer sind. § 339 StGB ist ein ***echtes*** *Sonderdelikt*, bei dem die Täterqualität – in casu: die Eigenschaft als Richter – **strafbegründend** wirkt (Rn. 227-228). Diese Täterqualifikation nun ist ein täterbezogener Umstand, der den Unrechts- und Schuldgehalt der Tat entscheidend prägt. Daher muss es sich für den Unrechts- und Schuldgehalt der Anstiftung auswirken, dass jenes täterbezogene Merkmal beim Anstifter fehlt.

43 *Puppe*, ZStW 120 (2008), 504.

44 *Geppert*, Jura 2008, 34 (35).

45 S/S//*Heine*/*Weißer*, § 28 Rn. 1, 7; *Gaede*, JA 2007, 757 (762); *Satzger*, Jura 2008, 514 (516).

Das stellt § 28 Abs. 1 StGB sicher. Seine Anwendbarkeit fordert: **1012**

- Ein **»besonderes persönliches Merkmal«** (d.h. besondere persönliche Eigenschaften, Verhältnisse oder Umstände, § 14 Abs. 1 StGB),
- das die **Strafbarkeit** des Haupttäters **begründet** und
- das beim **Teilnehmer fehlt**.

Diese Erfordernisse sind in unserem **Beispiel** (Anstiftung zur Rechtsbeugung) gegeben: Die Eigenschaft als Richter, der bei der Leitung bzw. Entscheidung einer Rechtssache tätig wird, ist strafbegründend. Jene Eigenschaft ist täterbezogen, also ein besonderes persönliches Merkmal.[46] Sie fehlt bei der Ehefrau als Anstifterin.

2. § 28 Abs. 2 StGB: »Durchbrechung der Akzessorietät« für den Schuldspruch und die Rechtsfolge

Eine weitergehende Akzessorietätslockerung, genauer: eine wirkliche Durchbrechung der Akzessorietät[47] der Teilnahme, beinhaltet § 28 Abs. 2 StGB, der sich für Schuldspruch und Strafdrohung auswirkt. Das soll der folgende Fall zeigen. **1013**

Fall 128: – Anstiftung zur Körperverletzung im Amt –[48]
Studienrat T ohrfeigt den 17-jährigen Schüler O während des Unterrichts aus nichtigem Anlass. Hierzu hatte ihn seine Lebensgefährtin A angestiftet. Strafbarkeit von T und A?

T hat den Tatbestand des § 223 StGB (körperliche Misshandlung) erfüllt. Seine Tat war auch rechtswidrig[49] und schuldhaft. Da T die Körperverletzung als Amtsträger (§ 11 Abs. 1 Nr. 2 StGB)[50] während der Ausübung seines Dienstes begangen hat, greift die Qualifikation des § 340 Abs. 1 StGB ein. T ist also der **Körperverletzung im Amt** schuldig. **1014**

A hat tatbestandsmäßig, rechtswidrig und schuldhaft eine Anstiftung zu dieser Tat begangen, ist also an sich aus **§§ 223, 340 Abs. 1, 26 StGB** strafbar. Doch greift zu ihren Gunsten die Akzessorietätsdurchbrechung des § 28 Abs. 2 StGB ein.

§ 28 Abs. 2 StGB beruht auf dem Grundgedanken: Täterbezogene Merkmale wie die Eigenschaft als Beamter, welche die Strafe unter dem Aspekt erhöhten bzw. reduzierten Unrechts- und Schuldgehalts schärfen bzw. mildern (oder ganz ausschließen), dürfen nur dem Tatbeteiligten zugerechnet werden, der sie erfüllt.[51]

Im vorliegenden Fall sind die Voraussetzungen des § 28 Abs. 2 StGB gegeben:

Die Eigenschaft des T als Amtsträger war **strafschärfend**: § 340 Abs. 1 StGB ist ein *unechtes Sonderdelikt*, also eine Qualifikation gegenüber einem Grunddelikt (§ 223 StGB), das jedermann begehen kann. Jene Eigenschaft ist auch **täterbezogen**, also ein »besonderes persönliches Merkmal«. Dieses Merkmal fehlt bei A.

---

46 Unstrittig, so für alle *Fischer*, § 28 Rn. 5. – Näher zu den täterbezogenen »besonderen persönlichen Merkmalen« Rn. 1016 ff.

47 Ebenso u.a.: S/S/*Heine*/*Weißer*, § 28 Rn. 1; *Frister*, 25/34. Andere sprechen (nur) von »Akzessorietätslockerung«, z.B. *Kühl*, § 20 Rn. 151.

48 Fall nach *Krey*/*Hellmann*/*Heinrich*, BT/1, Rn. 883.

49 Auf ein Züchtigungsrecht als Erlaubnissatz kann T sich nicht berufen: *Kindhäuser*, AT, § 20 Rn. 20; *Krey*/*Hellmann*/*Heinrich*, BT/1, Rn. 646-654; *Wessels*/*Beulke*/*Satzger*, Rn. 596 f.

50 Zum Amtsträgerbegriff siehe eingehend *Krey*/*Hellmann*/*Heinrich*, BT/1, Rn. 909 ff.

51 S/S/*Heine*/*Weißer*, § 28 Rn. 1; *Lackner*/*Kühl*, § 28 Rn. 1.

1015 Die Anwendung des § 28 Abs. 2 StGB zugunsten der A hat zwei Auswirkungen: Erstens ergibt sich ihre **Strafe** nicht aus §§ 340, 26 StGB, sondern nur aus **§§ 223, 26 StGB**; das ist unstrittig.

Zweitens verändert § 28 Abs. 2 StGB auch den **Schuldspruch**. A ist gemäß dieser Vorschrift nicht der Anstiftung zur Körperverletzung *im Amt* schuldig. Vielmehr lautet der Schuldspruch: »Anstiftung zur Körperverletzung« (§§ 223, 26 StGB). Das ist strittig, aber h.M.[52] und entspricht Wortlaut sowie ratio legis des § 28 Abs. 2 StGB. Das sozialethische Unwerturteil, das mit dem Schuldspruch eines Strafurteils verbunden ist, darf für A nicht den Vorwurf der Anstiftung zur Körperverletzung **im Amt** beinhalten – nichts anderes besagt § 28 Abs. 2 StGB.[53]

3. Zum Erfordernis des »besonderen persönlichen Merkmals« (§ 28 Abs. 1 und 2 StGB) im Einzelnen

1016 Nach Rechtsprechung und h.L.[54] ist ein strafbegründendes (§ 28 Abs. 1 StGB) bzw. strafschärfendes, -milderndes oder -ausschließendes (§ 28 Abs. 2 StGB) Merkmal dann ein **besonderes persönliches**, wenn es »**täterbezogen**« ist, d.h. vornehmlich in der Person des Täters liegt. Den Gegensatz bilden die »tatbezogenen« Merkmale, die in erster Linie der Charakterisierung der Tat mit ihren Modalitäten dienen.[55]

Diese Differenzierung ist sehr umstritten und auch in ihren Auswirkungen durchaus kontrovers. Doch gibt es keine einleuchtendere Konzeption. Vielmehr wird jene Unterscheidung zwischen *täter*bezogenen und *tat*bezogenen Merkmalen Wortlaut und Sinn des § 28 StGB am besten gerecht (siehe ergänzend Rn. 1019-1020).

a) Täterbezogene, d.h. »besondere persönliche Merkmale«

Als täterbezogene Merkmale seien namentlich genannt:

1017 (1) Bei Sonderdelikten

- Eigenschaft als Soldat, Amtsträger, Richter[56],
- Täterqualifikation gemäß § 225 Abs. 1 Nr. 1-4 StGB[57],
- Eigenschaft als Arzt, Rechtsanwalt etc. bei § 203 StGB[58],
- Fahruntüchtigkeit und Rücksichtslosigkeit bei § 315c StGB[59],

52 S/S/*Heine/Weißer*,, § 28 Rn. 28, 37; *Krey/Hellmann/Heinrich*, BT/1, Rn. 887; *Kühl*, § 20 Rn. 155; *Küper*, ZStW 104 (1992), 581; *Maurach/Gössel/Zipf*, § 53 Rn. 82 ff.; **a.A.** *Roxin*, § 27 Rn. 81 (im Anschluss an *Cortes Rosa*); *Stein*, S. 49.

53 *Krey/Hellmann/Heinrich*, BT/1, Rn. 887 Fn. 12.

54 BGHSt 22, 375 (378); 23, 103 (105); 39, 326 (327); 41, 1 (2); S/S/*Heine/Weißer*, § 28 Rn. 10, 15, 17; *Gropp*, § 10 Rn. 239 ff.; LK/*Jähnke*, 11. Aufl., § 211 Rn. 64-66; *Jescheck/Weigend*, § 61 VII 4a; *Kindhäuser*, AT, § 38 Rn. 25-26, 28; *Krey/Hellmann/Heinrich*, BT/1, Rn. 20 ff. (m.w.N. pro u. contra); *Lackner/Kühl*, § 28 Rn. 3-5, 6; *Wessels/Beulke/Satzger*, Rn. 797; ähnlich *Köhler*, Kap. 9, III 2. Ablehnend u.a.: *Jakobs*, 23/8 ff.; *Roxin*, § 27 Rn. 23 ff.; *Schünemann*, Jura 1980, 359 ff., 568. Völlig anders *Herzberg*, ZStW 88 (1976), 68 (78 ff., 114 ff.).

55 Vgl. u.a. *Geppert*, Jura 2008, 34 (36): »rechtsgutsbezogene Umstände«.

56 *Fischer*, § 28 Rn. 5; *Lackner/Kühl*, § 28 Rn. 5.

57 S/S/*Stree/Sternberg-Lieben*, § 225 Rn. 16.

58 *Fischer*, § 28 Rn. 5, § 203 Rn. 49; *Lackner/Kühl*, § 28 Rn. 5; *Wessels/Hettinger*, Rn. 561; **a.A.** S/S/*Lenckner/Eisele*, § 203 Rn. 73 m.w.N.

- Vermögensbetreuungspflicht[60] und Treueverhältnis[61] bei § 266 StGB,
- Bandenmitgliedschaft (§§ 244 Abs. 1 Nr. 2; 244a Abs. 1; 250 Abs. 1 Nr. 2, Abs. 2 Nr. 2 StGB)[62],
- Gewerbsmäßigkeit (z.B. § 260 StGB, § 181a Abs. 2 StGB)[63]
- Garantenposition (§ 13 Abs. 1 StGB) bei den unechten Unterlassungsdelikten[64],
- Täterqualifikation als Unfallbeteiligter (§ 142 Abs. 5 StGB) bei Unfallflucht[65].

(2) Bei Mord (§ 211 StGB)[66]

- Mordmerkmale der 1. Gruppe (»aus Mordlust, zur Befriedigung des Geschlechtstriebs, aus Habgier oder sonst aus niedrigen Beweggründen«),
- Mordmerkmale der 3. Gruppe (Ermöglichungsabsicht, Verdeckungsabsicht).

b) Tatbezogene Merkmale (keine Geltung des § 28 StGB)

Tatbezogene Merkmale muss der Teilnehmer nicht selbst verwirklichen. Es genügt, dass ihr Vorliegen beim Täter vom Vorsatz des Teilnehmers umfasst ist, damit er aus demselben Straftatbestand (i.V.m. §§ 26, 27 StGB) bestraft werden kann. § 28 StGB findet keine Anwendung. **1018**

Hier seien insbesondere hervorgehoben:

(1) Bei Mord

Die Mordmerkmale der 2. Gruppe (»Heimtücke, Grausamkeit, gemeingefährliches Mittel«).[67]

(2) Bei anderen Straftaten

- Vorsatz als subjektives Tatbestandsmerkmal[68]
- Zueignungsabsicht (§§ 242, 249 StGB) und Bereicherungsabsicht (§§ 253, 263 StGB)[69].

---

59 *Zimmermann*, JuS 2010, 22 (26): strafbegründend.

60 BGH NStZ 1997, 281; *Lackner/Kühl*, § 266 Rn. 2; **a.A.** S/S/*Perron*, § 266 Rn. 52. – Zu jener Vermögensbetreuungspflicht siehe Rn. 869.

61 BGH NStZ-RR 2008, 5; *Lackner/Kühl*, § 28 Rn. 5; *Fischer*, § 28 Rn. 5 f.

62 BGH NStZ 2014, 635 m. Anm. *Satzger*, Jura (JK) 2015, 424; BGHSt 46, 120 (128) m.w.N.; BGH NStZ 2008, 575; SK/*Sinn*, § 250 Rn. 50; *Krey/Hellmann/Heinrich*, BT/2, Rn. 195, 903; **a.A.** *Roxin*, § 27 Rn. 26; S/S/*Eser/Bosch*, § 244 Rn. 28.

63 BGH StV 1994, 17; NStZ 2009, 95; *Lackner/Kühl*, § 260 Rn. 2; siehe auch BGH NStZ-RR 2012, 342 zu § 263 Abs. 3 S. 2 Nr. 1 StGB: Beim Gehilfen ist das Regelbeispiel eines besonders schweren Falls (hier: gewerbsmäßiger Betrug) nur dann verwirklicht, wenn sich die Teilnahmehandlung selbst als besonders schwerer Fall darstellt.

64 *Baumann/Weber/Mitsch*, § 32 Rn. 18; *Fischer*, § 28 Rn. 5a; *Roxin*, § 27 Rn. 68 f. m.w.N.; *Wessels/Beulke/Satzger*, Rn. 800; **a.A.** *Geppert*, ZStW 82 (1970), 40 ff.; *Gropp*, § 10 Rn. 242; *Jescheck/Weigend*, § 61 VII 4a; *Lackner/Kühl*, § 28 Rn. 6; S/S/*Heine/Weißer*, § 28 Rn. 19 m.w.N.

65 *Lackner/Kühl*, § 142 Rn. 39 m.w.N.

66 *Krey/Hellmann/Heinrich*, BT/1, Rn. 20-21; wie hier **Rspr.** und **h.L.** Siehe auch Rn. 1019 f.

67 *Krey/Hellmann/Heinrich*, BT/1, Rn. 41; wie hier **Rspr.** und **h.L.** Eingehend *Geppert*, Jura 2008, 34 (36 f.). – Ergänzend Rn. 1019 f.

68 *Jescheck/Weigend*, § 61 VII 4a.

69 *Jescheck/Weigend*, § 61 VII 4a; *Lackner/Kühl*, § 28 Rn. 6; *Geppert*, Jura 2008, 34 (36) m.w.N.: Weil sie nur in den subjektiven Tatbestand vorverlagerte »verkappte Elemente des

c) Begründung für diese Einordnung – im Anschluss an BGH v. 25.1.1995[70]

1019 Für die Abgrenzung tatbezogene/täterbezogene Merkmale ist maßgeblich, ob der betreffende Umstand primär die Tat oder die Persönlichkeit des Täters kennzeichnet.

Tatbezogen sind i.d.R. Merkmale, die eine besondere Gefährlichkeit des Täterverhaltens, eine gravierendere Ausführungsart des Delikts beschreiben.

Beispiele hierfür sind insbesondere die erwähnten Mordmerkmale der 2. Gruppe und die Tatbegehung unter »Beisichführen einer Waffe« (§ 244 Abs. 1 Nr. 1 StGB).

Tatbezogen können aber auch subjektive Tatbestandsmerkmale sein, wenn sie das Bild der Tat prägen und **nicht** eine besondere Pflichtenstellung höchstpersönlicher Art normieren.

Das gilt für Vorsatz, Zueignungsabsicht und Bereicherungsabsicht.

1020 **Täterbezogen** sind danach »als primär die Person des Täters kennzeichnende Umstände« namentlich solche Merkmale, die eine **besondere Pflichtenstellung höchstpersönlicher Art** umschreiben, z.B. als Soldat, Amtsträger, Richter oder Träger einer Vermögensbetreuungspflicht

Darüber hinaus gehören auch Merkmale hierher, die eine **besonders verwerfliche Motivation** des Täters bezeichnen. Das gilt insbesondere für die Mordmerkmale der 1. und 3. Gruppe.

4. Zur Abgrenzung des § 28 Abs. 1 von § 28 Abs. 2 StGB

– »Strafbegründende« / »strafschärfende« Merkmale[71] –

a) Sonderdelikte

1021 Wie bereits erwähnt, ist die Täterqualifikation z.B. als Richter oder Amtsträger ein besonderes persönliches Merkmal i.S.d. § 28 StGB; dieses Merkmal ist:

- Bei den echten Sonderdelikten, wie § 339 StGB, strafbegründend, so dass hier § 28 Abs. 1 StGB gilt (Rn. 1011-1012).
- Bei den unechten Sonderdelikten, wie § 340 StGB, strafschärfend, so dass bei ihnen § 28 Abs. 2 StGB einschlägig ist (Rn. 1013-1015).

b) Mord (§§ 211, 212, 28 StGB)

1022 (1) Rechtsprechung des BGH: Strafbegründende Natur der Mordmerkmale

Noch immer geht das Gericht davon aus, die Mordmerkmale seien nicht etwa strafschärfend gegenüber § 212 StGB als Grundtatbestand der vorsätzlichen Tötungsde-

---

äußeren Tatgeschehens« sind und somit letztlich ebenfalls nur das jeweilige Rechtsgut bezeichnen; h.M., aber str.

70 BGHSt 41, 1 (2).

71 Zu weiteren ausgewählten Problemkreise im Rahmen des § 28 StGB, vgl. *Valerius*, Jura 2013, 15 (18).

likte, sondern **strafbegründend**.[72] Diese These stützt der BGH auf eine recht erstaunliche Deutung des Verhältnisses zwischen Mord und Totschlag: § 211 StGB sei kein qualifizierter Tatbestand gegenüber dem Totschlag, sondern ein eigenständiges Delikt (delictum sui generis); *Mord und Totschlag seien zwei selbständige Straftatbestände*.[73] Demgemäß sei § 28 Abs. 2 StGB für das Verhältnis Mord/Totschlag nicht einschlägig. Vielmehr komme bei Mordteilnahme nur eine Anwendbarkeit des **§ 28 Abs. 1 StGB** in Betracht. Diese Judikatur sollen die folgenden Fälle verdeutlichen:

Fall 129: – Mord aus Habgier / Anstiftung aus Mitleid – 1023
T tötet seinen Erbonkel O aus Habgier. Zu der Tat hat ihn A angestiftet, und zwar aus Mitleid mit dem Opfer. O litt unter unheilbarem, sehr schmerzhaftem Lungenkrebs, und A wollte ihm weitere Qualen ersparen. Strafbarkeit von T und A?

T hat einen Mord begangen (§ 211 Abs. 2 StGB: »aus Habgier«).[74]

Gemäß § 26 StGB ist **A** wegen Anstiftung zum Mord schuldig. Der Umstand, dass bei ihm das **besondere persönliche Merkmal** der Habgier (Rn. 1017) fehlt, führt nicht zu einer Änderung des Schuldspruchs aus §§ 211, 26 StGB gemäß § 28 Abs. 2 StGB. Denn diese Durchbrechung der Akzessorietät ist nach Ansicht des **BGH** für §§ 211, 212 StGB unanwendbar, da die Mordmerkmale nicht strafschärfend, sondern strafbegründend seien.

Doch greift nach BGH hier § 28 Abs. 1 StGB ein (obligatorische Strafmilderung).

Ergebnis: Die Judikatur führt bei A zum *Schuldspruch* wegen Anstiftung zum Mord und zu seiner *Bestrafung* gemäß §§ 211, 26, 28 Abs. 1 StGB.

Fall 130: – Totschlag aus Mitleid / Anstiftung aus Habgier – 1024
– Abwandlung von Fall 129 –

T tötet O aus Mitleid, um ihn von seinen Leiden zu erlösen. A, der die Motivation des T kennt, handelt aus Habgier: Er will O, seinen Onkel, beerben. Strafbarkeit von T und A?

T hat einen Totschlag (§ 212 StGB) begangen.[75]

A ist gemäß § 26 StGB der Anstiftung zum Totschlag schuldig. Eine Durchbrechung der Akzessorietät für Schuldspruch und Strafe gemäß § 28 Abs. 2 StGB – mit der Konsequenz einer Verurteilung wegen Anstiftung zum Mord (Rn. 1026) – kommt nach Ansicht des BGH von vornherein nicht in Betracht, weil diese Vorschrift für die Beteiligten an Mord und Totschlag unanwendbar sei.

Ergebnis: Trotz seiner Habgier ist A nach der Judikatur nur aus §§ 212, 26 StGB strafbar.

(2) Zur herrschenden Ansicht im Schrifttum: Strafschärfende Natur der Mordmerkmale (§ 28 Abs. 2 StGB) 1025

Nach **h.L.**[76] gilt für das Verhältnis von Mord und Totschlag:

72 BGHSt 22, 375 (377); 24, 106 (107 f.); 50, 1 (5). – Anders in einem obiter dictum BGH JZ 2006, 629 (632); dazu *Küper*, JZ 2006, 608 (612 f.).

73 BGH StV 1984, 69; NJW 1996, 2239 (2241).

74 Für unseren Fall soll unterstellt werden, dass keine anderen Mordmerkmale (z.B. Heimtücke) vorliegen.

75 Handeln aus Habgier oder anderen niedrigen Beweggründen scheidet hier bei T evident aus. – Im Übrigen kommt auch keine Heimtücke in Betracht, da T zum vermeintlich Besten des O handelte (dazu *Krey/Hellmann/Heinrich*, BT/1, Rn. 48 mit Fn. 122, Rn. 47).

- § 212 StGB ist das Grunddelikt der Vorsatztaten gegen das Leben.
- § 211 StGB ist ein qualifizierender Tatbestand; demgemäß wirken die Mordmerkmale **strafschärfend**. Von diesen strafschärfenden Merkmalen des § 211 Abs. 2 StGB sind, wie bereits erwähnt,
- die der 1. und 3. Gruppe täterbezogen, also **besondere persönliche Merkmale** i.S.d. § 28 StGB (Rn. 1017, 1020);
- die der 2. Gruppe dagegen tatbezogen, so dass § 28 StGB für sie nicht gilt (Rn. 1018 f.).

1026 Folglich ergibt sich nach jener h.L. für die Fälle 129 und 130:

Zu Fall 129 (Rn. 1023) – Strafbarkeit des A nach h.L.:
Gemäß § 26 StGB (Prinzip der Akzessorietät) wäre A an sich der Anstiftung zum Mord schuldig und aus §§ 211, 26 StGB strafbar. Doch greift **zu seinen Gunsten** die Durchbrechung der Akzessorietät gemäß § 28 Abs. 2 StGB ein, so dass der Schuldspruch auf »Anstiftung zum **Totschlag**« lautet und sich seine Strafbarkeit aus **§§ 212, 26 StGB** ergibt.

Zu Fall 130 (Rn. 1024) – Strafbarkeit des A nach h.L.:
Gemäß dem Prinzip der Akzessorietät (§ 26 StGB) wäre A an sich nur wegen Anstiftung zum Totschlag schuldig und aus §§ 212, 26 StGB strafbar. Jedoch greift **zu seinem Nachteil** § 28 Abs. 2 StGB ein: Da bei A ein strafschärfendes besonderes persönliches Merkmal (Habgier) vorliegt, wird er wegen Anstiftung zum **Mord (§§ 211, 26 StGB)** bestraft.[77]

1027 (3) **Aufbauhinweis:**

Die Möglichkeit der Tatbestandsverschiebung nach § 28 Abs. 2 StGB kann im Anschluss an den Tatbestand geprüft werden.[78] Dabei ist die Einordnung der fraglichen Merkmale als täter- oder tatbezogene Merkmale noch unproblematisch (s.o.). Wenn anschließend – wie in den Fällen 129 und 130 – die Judikatur einerseits und die Ansicht der h.L. andererseits in Bezug auf ihre strafbegründende oder strafschärfende Wirkung zu unterschiedlichen Ergebnissen[79] gelangen, sollte man

- zunächst den Meinungsstand und die divergierenden Ergebnisse darlegen,
- anschließend mit Begründung klarstellen, welcher Ansicht man folgt.

Dabei verdient die h.L. wegen der tatbestandlichen Fassung der §§ 211, 212 StGB evident den Vorzug[80], so dass jene Begründung sehr knapp ausfallen kann.

---

76 *Arzt/Weber/Heinrich/Hilgendorf*, § 2 Rn. 26 ff., 40; LK/*Jähnke*, 11. Aufl., Vor § 211 Rn. 39 ff.; LPK/*Kindhäuser*, Vor §§ 211-212 Rn. 8 ff.; *Krey/Hellmann/Heinrich*, BT/1, Rn. 19, 26, 27 m.w.N.; *Küper*, JZ 2006, 1157 ff.; *Lackner/Kühl*, Vor § 211 Rn. 22; S/S/*Eser/Sternberg-Lieben*, Vor § 211 Rn. 3, 5 und § 211 Rn. 1. – Ebenso obiter dictum BGH JZ 2006, 629 (632).

77 Siehe Rn. 1015, 1017, 1020, 1025. – Dass die Durchbrechung der Akzessorietät in § 28 Abs. 2 StGB sich auch **zuungunsten** des Beteiligten auswirken kann, ist unstrittig.

78 Vgl. *Esser/Röhling*, Jura 2009, 866 (871); *Valerius*, Jura 2013, 15 (18).

79 Darstellung der problematischen Fälle und des Streits zwischen Lit. und Rspr. *Geppert*, Jura 2008, 34 (37 ff.) m.w.N.

80 *Krey/Hellmann/Heinrich*, BT/1, Rn. 27; *Küper*, JZ 2006, 1157 ff.; *ders.*, JZ 1991, 761, 862, 910.

(4) Gemeinsamkeit von BGH und h.L. bei der Behandlung der tatbezogenen Mordmerkmale **1028**

Für die 2. Gruppe der Mordmerkmale gilt nach Rechtsprechung und Strafrechtswissenschaft: Da sie **tatbezogen** sind, ist für sie § 28 StGB unanwendbar. Sie sind also streng akzessorisch, was zur Folge hat:

Verwirklicht der Haupttäter ein tatbezogenes Mordmerkmal wie Heimtücke, so ist der Teilnehmer, wenn er auch insoweit Vorsatz hat, stets wegen Teilnahme am Mord strafbar.[81]

(5) Gegen den Rückgriff auf § 29 StGB statt auf § 28 Abs. 2 StGB **1029**

Manche Autoren halten die Mordmerkmale der 1. und 3. Gruppe nicht für subjektive Tatbestandsmerkmale, sondern für bloße Schuldelemente (»spezielle Schuldmerkmale«).[82] Für diese sei nicht § 28 Abs. 2 StGB einschlägig, sondern **§ 29 StGB**.[83] Dem widerspricht jedoch die h.M.[84]

5. Geltung des § 28 Abs. 2 StGB für persönliche Strafausschließungsgründe und persönliche Strafaufhebungsgründe

Besondere persönliche Merkmale i.S.d. § 28 Abs. 2 StGB sind namentlich auch: **1030**

a) Persönliche Strafausschließungsgründe (Rn. 779) wie

- Art. 46 Abs. 1 GG, § 36 StGB (Indemnität von Abgeordneten);
- § 173 Abs. 3 StGB;
- § 258 Abs. 5 und 6 StGB.

b) Persönliche Strafaufhebungsgründe wie

- § 24 StGB (Rücktritt vom Versuch);
- § 31 StGB (Rücktritt vom Versuch der Beteiligung);
- Für das Steuerstrafrecht siehe ergänzend: § 371 AO (Selbstanzeige).

V. »Notwendige Teilnahme« bei den sog. »Begegnungsdelikten«

Von notwendiger Teilnahme spricht man, wenn ein Straftatbestand schon begrifflich die Mitwirkung mehrerer Personen voraussetzt. **1031**

Beispiele: § 174 StGB (Sexueller Missbrauch von Schutzbefohlenen) und § 291 StGB (Wucher).

Bei den Begegnungsdelikten nun geht es darum, dass die »notwendigen Teilnehmer« in **gegensätzlichen Rollen** »mitwirken«, nämlich als Täter und Opfer.

Das verdeutlichen die genannten Beispiele (§§ 174, 291 StGB), zudem ein Delikt wie § 216 StGB (Tötung auf Verlangen).

81 So u.a.: BGH NStZ 2000, 421 (422); *Fischer*, § 211 Rn. 87 ff., 93.

82 So für alle: *Roxin*, § 10 Rn. 71, 73-77; *Wessels/Beulke/Satzger*, Rn. 192, 642 (bzgl. „niedriger Beweggründe").

83 So u.a.: *Wessels/Beulke/Satzger*, Rn. 643, 799, 801; weitere Nachweise bei *Krey/Hellmann/Heinrich*, BT/1, Rn. 23.

84 *Krey/Hellmann/Heinrich*, BT/1, Rn. 23 m.w.N.

Hier liegt auf der Hand, dass das **Opfer**, dessen Schutz die jeweilige Strafvorschrift bezweckt, nicht wegen Tatbeteiligung strafbar ist, wenn es sich auf seine nach der Gesetzesfassung notwendige Mitwirkung beschränkt. Darüber hinaus folgt aus der ratio legis der fraglichen Vorschriften, dass das **von ihnen geschützte Opfer** selbst dann straflos bleibt, wenn es über seine Rolle als »notwendiger Teilnehmer« hinausgeht und den Täter zu der Tat anstiftet.[85]

Demgemäß sind z.B. *nicht* wegen Anstiftung zur Haupttat strafbar:

- Die 15-jährige Schülerin, die ihren Lehrer verführt (§ 174 Abs. 1 Nr. 1 StGB).
- Das Opfer einer versuchten Tötung auf Verlangen (§ 216 StGB).
- Das Opfer des Wucherers, das den Täter zu der Tat gedrängt hat (§ 291 StGB).

1032 Dieses Ergebnis wird vereinzelt auch auf die »Theorie vom akzessorischen Rechtsgutsangriff« (Rn. 988-989) gestützt: Es fehle an einem **eigenen** Rechtsgutangriff des zur Haupttat anstiftenden Opfers; denn das fragliche Rechtsgut sei dem Opfer gegenüber nicht geschützt.[86] Diese plausible Argumentation läuft allerdings der Sache nach auf keine andere Wertung hinaus als die Berufung auf die ratio legis.

---

85 S/S/*Heine*/*Weißer*, Vor § 25 Rn. 46 ff.; LPK/*Kindhäuser*, Vor §§ 25-31 Rn. 9 f.; *Lackner*/*Kühl*, Vor § 25 Rn. 12; MK/*Joecks*, Vor §§ 26, 27 Rn. 29, 31; *Wessels*/*Beulke*/*Satzger*, Rn. 587.

86 *Roxin*, § 26 Rn. 44.

§ 31 Anstiftung (§ 26 StGB)

I. Objektiver Tatbestand

Der objektive Tatbestand der Anstiftung verlangt eine **Haupttat**; diese muss 1033

- **vorsätzlich** begangen werden,
- den **Tatbestand eines Strafgesetzes** erfüllen und
- **rechtswidrig** sein (§ 26 i.V.m. § 11 Abs. 1 Nr. 5 StGB).

Weiterhin fordert § 26 StGB als **Anstifterhandlung**, dass der Anstifter den Haupttäter zu dessen Tat »bestimmt«, d.h. den Tatentschluss des Täters hervorgerufen hat.[1] Insoweit besteht in Rechtsprechung und Lehre Einigkeit. Jedoch ist strittig, welche Anforderungen an dieses **Bestimmen** zu stellen sind:

1. Notwendigkeit einer Kommunikation des Anstifters mit dem Haupttäter

a) Theorie vom Genügen jeder (Mit-)Verursachung des Tatentschlusses

Eine verbreitete Ansicht lässt für das Bestimmen das bloße (Mit-)Verursachen des Tatentschlusses ausreichen.[2] In welcher Form und durch welches Mittel dieses (Mit-)Verursachen erfolge, sei gleichgültig.[3] Es genüge bereits das bloße Schaffen einer **zur Tat anreizenden Situation**, z.B. das Stellen einer Falle.[4] 1034

Fall 131: – Diebesfalle –[5] 1035

Die Kriminalbeamtin A stellt dem vom Taschendiebstahl lebenden T eine Falle, indem sie ihre Geldbörse oben auf ihre Einkaufstasche legt und sich so in Gegenwart anderer Kriminalbeamter auf den Markt begibt. Dort nimmt T, wie erwartet, die Geldbörse an sich. Anschließend wird er von den Beamten festgenommen. Strafbarkeit von T und A?

T hat keinen vollendeten Diebstahl begangen, da das Tatbestandsmerkmal »Wegnahme« wegen des tatbestandsausschließenden Einverständnisses der A entfällt (Rn. 659). Er ist aber des versuchten Diebstahls schuldig (§§ 242 Abs. 2, 22, 23 StGB).

Es fragt sich, ob **A** wegen **Anstiftung zu diesem Versuch** strafbar ist. 1036

Der objektive Tatbestand einer solchen Anstiftung verlangt erstens eine vorsätzlich begangene rechtswidrige Tat. Eine solche **Haupttat** liegt hier im Versuch des Diebstahls. Zweitens ist ein **Bestimmen** (Hervorrufen des Tatentschlusses) nötig. Nach der reinen Verursachungstheorie ist dieses Erfordernis hier erfüllt.

Diese Theorie ist aber verfehlt. Richtiger Ansicht nach ist die Anstiftung durch einen **offenen geistigen Kontakt** zwischen Anstifter und Haupttäter geprägt; das Hervorrufen des Tatentschlusses muss mittels **Kommunikation** erfolgen. Das besagt die im Folgenden darzulegende zutreffende h.L.:

1 Grundfälle zur Anstiftung finden sich bei *Bock*, JA 2007, 599 sowie *Koch/Wirth*, JuS 2010, 203. Zum »Bestimmen i.S.d. §§ 26, 30 StGB« vgl. auch *Krüger*, JA 2008, 492.

2 *Baumann/Weber/Mitsch*, § 30 Rn. 63; *Gropp*, § 10 Rn. 270 ff.; *Herzberg*, S. 146 f.; *Kühl*, § 20 Rn. 170; *Lackner/Kühl*, § 26 Rn. 2. Ebenso wohl BGHSt 41, 242 (245); 45, 373 f.

3 BGHSt 45, 373 f.

4 *Baumann/Weber/Mitsch*, § 30 Rn. 63; *Herzberg*, S. 146 f.; *Kindhäuser*, AT, § 41 Rn. 5, 9-10; *Kühl*, § 20 Rn. 171; *Lackner/Kühl*, § 26 Rn. 2.

5 Fall nach *Krey/Hellmann/Heinrich*, BT/2, Rn. 41-43 m.w.N. aus Rspr. und Lehre.

b) Theorie von der Notwendigkeit einer kommunikativen Beeinflussung des Haupttäters durch den Anstifter (h.L.)

– Theorie des »geistigen Kontaktes« –

1037 Nach dieser Ansicht ist das bloße Schaffen einer zur Tat anreizenden Situation, z.B. das Stellen einer Falle, noch kein »Bestimmen«. Vielmehr verlangt der objektive Tatbestand des § 26 StGB für die Anstifterhandlung mehr als die bloße (Mit-) Verursachung des Tatentschlusses. Nötig ist eine Willensbeeinflussung des Haupttäters **»im Wege des offenen geistigen Kontaktes«**, oder genauer:

Anstiftung fordert eine **kommunikative Einwirkung**[6] auf den Haupttäter. Dieses Hervorrufen des Tatentschlusses **durch Kommunikation** liegt in der **ausdrücklichen** oder **konkludent** durch schlüssiges Verhalten wie Gesten erfolgenden Beeinflussung des Haupttäters.[7]

Die Beeinflussung erfolgt durch Vermittlung eines **Impulses**, einer Anregung zur Tatbegehung, die der Täter aufgreifen und zur Grundlage seines eigenen Tatentschlusses machen kann.[8] **Mittel** einer solchen Aufforderung des Täters zur Tatbegehung sind u.a.:[9]

Bitten; Drohungen; Versprechungen; als Ratschlag getarnte Aufforderungen (z.B. »Tote Zeugen reden nicht!«).

1038 Der h.L. ist zuzustimmen: Das Gesetz stellt Anstiftung und Mittäterschaft nach der Strafdrohung gleich. Daher muss die Anstiftung nach ihrem Unrechtsgehalt der Mittäterschaft in gewissem Umfang gleichwertig sein.[10]

Diese Feststellung gilt auch dann, wenn man wie hier (Rn. 794 ff.) eine fakultative Strafmilderung für den Anstifter fordert.

Jene Gleichwertigkeit wird aber noch nicht durch die bloße (Mit-)Verursachung des Tatentschlusses mittels Schaffens einer zur Tat anreizenden Situation begründet. Wer ohne kommunikative Beeinflussung durch den »Fallensteller« einer tatprovozierenden Verführungssituation erliegt, ist normativ betrachtet allein für seinen Tatentschluss verantwortlich. Ob jene verführerische Gelegenheit sich

---

6 Auch BGH NStZ 2009, 393 spricht von dem Erfordernis eines »kommunikativen Aktes«, der über das bloße Eröffnen einer Möglichkeit zur Tatbegehung hinausgehen müsse. Zwar erging die Entscheidung zu § 30a Abs. 2 Nr. 1 BtMG, allerdings wird das »Bestimmen« i.S. dieser Vorschrift wie bei § 26 StGB verstanden. Der BGH lehnt sich auch ausdrücklich an die zu § 26 StGB entwickelten Grundsätze zur Einflussnahme auf den Willen eines anderen an.

7 *Freund*, § 10 Rn. 116; *Frister*, 28/22; *Jescheck/Weigend*, § 64 II 1; *Maurach/Gössel/Zipf*, § 51 Rn. 16; *Roxin*, § 26 Rn. 74 ff.; *Schlüchter/Duttge*, NStZ 1997, 595 (596); *Schmidhäuser*, 14/101, 104; S/S/*Heine/Weißer*, § 26 Rn. 4; *Stratenwerth/Kuhlen*, 12/143; *Wessels/Beulke/Satz-ger*, Rn. 814. Ebenso wohl: *Otto*, AT, § 22 Rn. 32-35.

8 *Wessels/Beulke/Satzger*, Rn. 814; *Krüger*, JA 2008, 492.

9 Dazu u.a.: *Roxin*, § 26 Rn. 80 ff.; *Wessels/Beulke/Satzger*, Rn. 568.

10 Kritisch in Bezug auf dieses Argument, jedoch nicht überzeugend, *Krüger*, JA 2008, 492 (493), der mittels ausführlicher Auslegung des Merkmals »Bestimmen« letztlich zu demselben Ergebnis gelangt wie die h.L.

durch *Zufall* oder durch die *Absicht eines anderen* ergab, ist insoweit gleichgültig. Anders ist es bei kommunikativer Einwirkung auf den Täter durch **ausdrückliche oder konkludente Aufforderung** zur Begehung der rechtswidrigen Vorsatztat. Hier trifft den Anstifter eine ganz entscheidende, schwerwiegende Mitverantwortung für den Tatentschluss.

Im Übrigen basiert jene h.L. auch auf dem Strafgrund der Anstiftung. Denn nach der Theorie des akzessorischen Rechtsgutsangriffs (Rn. 988-989) bildet diesen Strafgrund – neben der (Mit-)Verursachung der Rechtsgutsverletzung durch den Haupttäter – auch der eigene Rechtsgutsangriff des Anstifters durch kommunikatives Hervorrufen des Tatentschlusses, durch ausdrückliche oder konkludente Aufforderung zur Tatbegehung.[11]

Für das Erfordernis der kommunikativen Einwirkung spricht noch ein weiterer **1039**
Aspekt: Der von einem anderen zur Tat *aufgeforderte* potentielle Täter wird wegen dieser Beeinflussung häufig mehr Probleme haben, von der fraglichen Tat Abstand zu nehmen bzw. von ihrem Versuch zurückzutreten. Denn er würde damit ja in ihn gesetzte Erwartungen enttäuschen – was nicht jedermanns Sache ist: Vielen fällt es leichter, nur vor sich selbst als »unentschlossen« oder »feige« dazustehen als vor anderen, etwa dem Anstifter.

Ergebnis: In **Fall 131** scheidet Anstiftung schon mangels Bestimmens aus. – Zusätzlich fehlt es bei A am Anstiftervorsatz, worauf bei der Erörterung des agent provocateur zurückzukommen ist (Rn. 1055 ff.).

c) Noch weitergehende Restriktionen des Begriffs des Bestimmens

Hier seien ohne Anspruch auf Vollständigkeit u.a. genannt: **1040**

- *Puppes* Lehre vom Unrechtspakt; sie fordert eine Verpflichtungserklärung des Haupttäters gegenüber dem Anstifter, die Tat zu begehen.[12]
- *Jakobs* Theorie von der Abhängigkeit des Tatentschlusses des Haupttäters vom Willen des Anstifters; sie verlangt, dass der Täter den Tatentschluss fasst, **weil** der Anstifter die Tat für angebracht hält.[13]
- *Schulz* mit seiner These, der Anstifter müsse »Planherrschaft« besitzen.[14]
- *Köhlers* Theorie der Anstiftung als willensbestimmender Macht (Rn. 992-993).

Das gemeinsame Anliegen dieser Konzepte geht dabei dahin: Angesichts der **1041**
Gleichstellung von (Mit-)Täterschaft und Anstiftung hinsichtlich der Strafe müsse die fehlende Tatherrschaft des Anstifters durch hohe Anforderungen an das »Bestimmen« kompensiert werden. Dieses Anliegen ist im Grundsatz richtig und führt zur Verwerfung der reinen Verursachungstheorie (Rn. 1034 ff.). Jedoch dürfte eine über das Erfordernis einer kommunikativen Beeinflussung des Täters (Rn. 1036) hinausgehende Restriktion des Merkmals des Bestimmens nicht mehr von Wortlaut und der ratio legis des § 26 StGB gedeckt sein.

11 Hierauf weisen insbesondere hin: *Roxin*, § 26 Rn. 76; S/S/*Heine*/*Weißer*, § 26 Rn. 3 ff.; vgl. auch *Gerson*, ZIS 3/2016.

12 *Puppe*, GA 1984, 101 (112 ff.); *Puppe*, GA 2013, 517 ff.; zustimmend SK/*Hoyer*, § 26 Rn. 12.

13 *Jakobs*, 22/22, 23.

14 *Schulz*, JuS 1986, 933 ff.

2. Kein Bestimmen, wenn der Haupttäter schon fest zu der Tat entschlossen war – Probleme des »omnimodo facturus« –

1042 Der zur Begehung der konkreten Tat bereits fest Entschlossene (»omnimodo facturus«[15]) kann zu ihr nicht mehr bestimmt werden.[16]

Wird ein solcher omnimodo facturus in seinem Tatentschluss bestärkt, so kommen allenfalls versuchte Anstiftung (§ 30 StGB: nur für Verbrechen) oder psychische Beihilfe (Rn. 1069 ff.) in Betracht.

Ein fester Tatentschluss zu der konkreten Tat fehlt allerdings dann, wenn der Haupttäter erst *allgemein* zu einer Tat nach Art des später auf Aufforderung des Anstifters begangenen konkreten Verbrechens oder Vergehens bereit, d.h. generell *tatgeneigt* war.

Beispiel: T ist in Geldnot und erklärt dem A, er (T) müsse mal wieder in eine Villa einbrechen. Daraufhin gibt A dem T den Rat, am kommenden Wochenende in das Haus des O einzubrechen: O sei dann in Kurzurlaub; ein Einbruch bei ihm sei lohnend. T hört auf A, bricht bei O ein und macht reiche Beute. Strafbarkeit der Beteiligten?

T hat sich nach § 244 Abs. 1 Nr. 3 StGB strafbar gemacht.

Bei **A** entfällt Mittäterschaft mangels Mitherrschaft im Stadium der Ausführung der Tat.[17] **Anstiftung** scheidet nicht etwa unter dem Aspekt aus, T sei schon zur Begehung eines Wohnungseinbruchsdiebstahls entschlossen gewesen. Vielmehr war T, was die **konkrete** Tat (Einbruch bei O) angeht, noch kein omnimodo facturus: Zu dieser Tat hat ihn **A** bestimmt. Er ist also aus §§ 244 Abs. 1 Nr. 3, 26 StGB strafbar.

1043 Dass die **allgemeine Bereitschaft** des Haupttäters zur Begehung eines Deliktes, das der Aufforderung durch den Anstifter entspricht, dem Tatbestandsmerkmal des Bestimmens nicht entgegensteht, verdeutlicht insbesondere das Beispiel des Auftragsmörders (Killer):

Wer einem Killer 15.000 Euro dafür verspricht, dass er eine bestimmte Person tötet, ist Anstifter, wenn der Killer die Tat begeht, und zwar auch dann, wenn dieser bereits vor der Anstifterhandlung allgemein bereit war, Auftragsmorde für jenen Preis zu erledigen.

3. Bestimmen durch Übersteigerung des Tatentschlusses

1044 **Fall 132: – Guter Rat kann »teuer zu stehen kommen« –**[18]
T will einen Raub begehen. Er will den reichen Rentner O niederschlagen und ihm dann seine Brieftasche wegnehmen. A rät dem T, nicht die Fäuste, sondern einen Schlagring zu benutzen. T hört auf A, steckt einen Schlagring ein und begeht den Raub, indem er damit den O kampfunfähig schlägt. Strafbarkeit der Beteiligten?

T hat einen **Schweren Raub** (§ 250 Abs. 2 Nr. 1 StGB) in Tateinheit, § 52 StGB, mit einer **Gefährlichen Körperverletzung** (§ 224 Abs. 1 Nr. 2 StGB) begangen.

1045 **A** ist der **Anstiftung** zum Schweren Raub sowie zur Gefährlichen Körperverletzung schuldig (§§ 250 Abs. 2 Nr. 1, 26, § 52, §§ 224 Abs. 1 Nr. 2, 26 StGB).

15 Zur historischen Entwicklung dieser Rechtsfigur *Bock*, JR 2008, 143.
16 BGH NStZ 1994, 29 (30); BGHSt 45, 373 (374); S/S/*Heine*, § 26 Rn. 6 m.w.N.
17 Zum Erfordernis dieser Mitherrschaft siehe Rn. 833.
18 Fall nach BGHSt 19, 339.

a) Der hier vertretene Standpunkt wird allerdings von vielen abgelehnt, und zwar mit der Begründung: T sei bereits fest entschlossen gewesen, einen Raubüberfall auf O zu begehen. Als omnimodo facturus habe er nicht mehr angestiftet werden können. Mithin scheide Anstiftung zum Raub und damit auch Anstiftung zum Schweren Raub aus.[19] Entsprechend entfielen §§ 223, 26 StGB, da T bereits den Tatentschluss gefasst hätte, O (mit Fäusten) niederzuschlagen. Daher schieden auch §§ 224, 26 StGB aus.[20]

An jenem Standpunkt ist richtig: **Wenn** die Anstiftung zum Grunddelikt (§ 249 und § 223 StGB) entfällt, kommt selbstredend keine Anstiftung zu der jeweiligen Qualifikation (§ 250 Abs. 2 Nr. 1 bzw. § 224 Abs. 1 Nr. 2 StGB) in Betracht. Dann liegt lediglich psychische Beihilfe zum Raub mit Waffen sowie zur Gefährlichen Körperverletzung vor – so die Vertreter jenes Standpunktes.[21]

Die Ablehnung von Anstiftung zu § 249 und § 223 StGB ist jedoch nicht überzeugend:

b) BGH und Teile der Lehre bejahen in der vorstehenden Konstellation zu Recht Anstiftung wegen **»Übersteigerung des Tatentschlusses« durch den Anstifter** (sog. **»Aufstiftung«** bzw. **»Hochstiftung«**)[22] mit folgenden Erwägungen: 1046

(1) Die Gegenmeinung basiert auf einer rechtlich und tatsächlich bedenklichen **Atomisierung des Geschehens**: Sie trennt das **Grunddelikt**, an dessen Unrecht der Übersteigerer des Tatentschlusses (A) keinen Anteil habe

– in casu: Raub gemäß § 249 StGB –,

strikt von dem Unrechtsteil, zu dem der Täter durch ihn bestimmt worden sei

– in casu: Verwendung eines gefährlichen Werkzeugs (Schlagring) –.

Anstiftung komme nur bezüglich dieses letzteren Unrechtsteils in Frage; er sei aber in casu nicht tatbestandlich verselbständigt, also keine Haupttat.

Dieses von Anhängern jener Meinung »analytisches Trennungsprinzip« genannte Zerlegen der Tat[23] läuft in Wirklichkeit auf ein sachwidriges Zerreißen einer rechtlich und tatsächlich einheitlichen Tat hinaus:

T hat einen **Schweren** Raub gegen O begangen; zu **diesem** Verbrechen als der konkreten Haupttat hat ihn A überredet, also »bestimmt«.

(2) Freilich kann **nicht jede** Modifizierung des Tatentschlusses des Haupttäters durch »Übersteigerung« Anstiftung begründen. Angesichts der Gleichstellung von Anstiftung und (Mit-)Täterschaft hinsichtlich der Strafdrohung wird man verlangen müssen, dass die konkrete Haupttat **zu einem für ihren Unrechtsgehalt *wesentlichen* Teil** auf der ausdrücklichen oder konkludenten Aufforderung des Anstifters 1047

19 S/S/*Heine*/*Weißer*, § 26 Rn. 9; *Freund*, § 10 Rn. 119; *Gropp*, § 10 Rn. 123; SK/*Hoyer*, § 26 Rn. 19 f.; *Jescheck*/*Weigend*, § 64 II 2 c m.w.N.; *Joecks*, § 26 Rn. 15 f.; *Kindhäuser*, AT, § 41 Rn. 14; *Lackner*/*Kühl*, § 26 Rn. 2 a; *Puppe*, ZStW 92 (1980), 887; *Stratenwerth*/*Kuhlen*, 12/145. Differenzierend *Küpper*, JuS 1996, 23 (24); *Schulz*, JuS 1986, 933 ff.

20 Abweichend – m.E. inkonsequent – z.B. *Freund*, Rn. 120: Anstiftung.

21 So u.a. S/S/*Heine*/*Weißer*, § 26 Rn. 9; SK/*Hoyer*, § 26 Rn. 19 f.

22 BGHSt 19, 339 (340 f.); zustimmend z.B. *Baumann*/*Weber*/*Mitsch*, § 30 Rn. 34 f.; *Fischer*, § 26 Rn. 5; *Frister*, 28/19; *Jäger*, AT, Rn. 257; *Maurach*/*Gössel*/*Zipf*, 51/38; *Otto*, JuS 1982, 561; *Roxin*, § 26 Rn. 104; *Wessels*/*Beulke*/*Satzger*, Rn. 817 m.w.N.

23 Dazu u.a. SK/*Hoyer*, § 26 Rn. 19 f.; *Schulz*, JuS 1986, 933 ff.

beruhte. Anderenfalls würde eine Verurteilung wegen Anstiftung zu einer unangemessen hohen Strafe führen, wenn lediglich eine geringfügige Unrechtssteigerung bewirkt wird.[24]

Fall 133: – »Heiße Ohren« –
T ist fest entschlossen, dem O *zwei* Ohrfeigen zu versetzen. A überredet ihn (vor oder während der Tat), O *dreimal* zu ohrfeigen.

Hier ist A nicht der Anstiftung zu § 223 StGB schuldig: Drei statt wie ursprünglich geplant zwei Ohrfeigen – diese Steigerung des Unrechts der von T schon fest geplanten Tat bedeutet nicht, dass der Unrechtsgehalt der Haupttat zu einem wesentlichen Teil auf der Aufforderung des A beruhte. Demgemäß ist A nicht wegen Anstiftung, sondern nur wegen psychischer Beihilfe zu § 223 StGB strafbar. – Siehe aber abweichend die Annahme von **Anstiftung zum Weiterhandeln («sukzessiven Anstiftung»)** (Rn. 1050), wenn A den bereits zum Aufhören entschlossenen T nach zwei Schlägen zu einem dritten Schlag aufgefordert hätte.

Der Unterschied von Fall 133 zu Fall 132 liegt dabei insbesondere darin, dass die Übersteigerung des Tatentschlusses in letzterem Fall zur Verwirklichung eines qualifizierten Tatbestands durch den Haupttäter führte:

- Schwerer Raub (§ 250 Abs. 2 Nr. 1) statt nur § 249 StGB.
- Gefährliche Körperverletzung (§ 224 Abs. 1 Nr. 2) statt nur § 223 StGB.

Die gesetzliche Wertentscheidung in § 250 und § 224 StGB erlaubt die Feststellung: Bei normativer Betrachtung beruht die von T begangene Haupttat zu einem wesentlichen Teil auf dem Bestimmen durch A.

Resümee: Wer den schon fest zu der fraglichen Straftat entschlossenen Täter dazu bestimmt, die Tat in einer schwerer wiegenden, gefährlicheren Form zu begehen, ist dann der Anstiftung schuldig, wenn durch diese Übersteigerung des Tatentschlusses ein **gravierenderer Straftatbestand** (Qualifikation oder Tatbestand sui generis) erfüllt wird, z.B.

- Schwerer Raub (§ 250 StGB) statt Raub (§ 249 StGB);
- Gefährliche (§ 224 StGB) statt (einfacher) Körperverletzung (§ 223 StGB);
- Raub (§ 249 StGB) statt Diebstahl (§ 242 StGB).[25]

c) Der BGH neigt dazu, noch weiter zu gehen, und einen erheblich erhöhten Unrechtsgehalt der Haupttat aufgrund der Übersteigerung des Tatentschlusses auch dann genügen zu lassen, wenn dadurch kein schwererer Straftatbestand erfüllt wird.[26] Doch fehlt es hier an einer **gesetzlichen Wertung** nach Art der §§ 250, 224 StGB, auf die man sich zur Begründung stützen könnte, so dass Zweifel angebracht sind.

24 Vgl. insoweit die Kritik von *Heinrich* (AT, Rn. 1299) an einer generellen Bejahung der Anstiftung sowie dem Fehlen eines eindeutigen Maßstabs für die Wesentlichkeit einer Unrechtssteigerung (Rn. 1301).

25 Insoweit übereinstimmend *Küpper*, JuS 1996, 23 (24) und *Schulz*, JuS 1986, 933 ff., die aber grundsätzlich BGHSt 19, 339 (Rn. 1044) ablehnen.

26 BGHSt 19, 339 (340 f.).

4. Abschwächen des Tatentschlusses (»Abstiftung«)[27] als Anstiftung?

– Problem der »Anstiftung zu einem Minus« –

Fall 134: – »Die aufsässige Prostituierte« –
Zuhälter T will die aufsässige Prostituierte O zur Abschreckung ihrer Kolleginnen zu Tode prügeln. A, eine VP der Polizei[28], verhindert dies dadurch, dass er T zu einer **leichteren Straftat** überredet, nämlich dazu:
a) Die O »nur« zusammenzuschlagen.
b) Sie mit einem Messer im Gesicht zu verletzen, um sie zu entstellen.
c) Sie mit anderen Zuhältern zu vergewaltigen.
d) Sie mittels Todesdrohungen zur Zahlung von 15.000 Euro »Strafe für Aufsässigkeit« an die Zuhälterbande zu nötigen.
T hört auf V, begeht die »mildere Tat« und lässt O leben. Hat A den T zu der jeweiligen milderen Tat »bestimmt« (§ 26 StGB)?

Der **Tatbestand** der Anstiftung zu der milderen Tat entfällt mangels »Bestimmens« durch Hervorrufen des Tatentschlusses, wenn die mildere Tat **rechtlich** und auch **tatsächlich** (phänomenologisch) ein bloßes **Minus** gegenüber dem vom Haupttäter zunächst geplanten schwereren Verbrechen darstellt, etwa als Grunddelikt im Verhältnis zur Qualifikation. Denn dieses Minus muss als Durchgangsstadium zu der schwereren Tat notwendigerweise bereits vom Vorsatz des Täters umfasst gewesen sein als der vermeintliche Anstifter begann, auf diesen einzuwirken.[29] Es kommt dann lediglich **psychische Beihilfe** in Betracht.[30] **1048**

Das gilt im **Fall 134a**: Gegenüber dem Totprügeln ist das bloße Verprügeln rechtlich und phänomenologisch ein Minus.

Weiteres Beispiel: Ein solches Minus ist auch anzunehmen, wenn der Haupttäter einen Schweren Raub gemäß § 250 Abs. 2 Nr. 1 StGB begehen will und der »Anstifter« ihn überredet, auf die Waffe bzw. das gefährliche Werkzeug zu verzichten.[31]

Dagegen liegt der Tatbestand der Anstiftung – auch **»Umstiftung«**[32] genannt – vor, wenn die leichtere Tat, wie im **Fall 134 b, 134c und 134d**, rechtlich und phänomenologisch kein bloßes Minus darstellt, sondern ein **aliud** (Rn. 1049).

Das ist für die Modalität **c und d** ganz unproblematisch, gilt aber auch für die **Variante b**. Zwar ist in den Tötungsdelikten §§ 211, 212 StGB der Tatbestand des § 223 StGB als Minus enthalten, nicht aber der des § 224 Abs. 1 Nr. 2 StGB und erst Recht nicht der des § 226 Abs. 1 Nr. 3 StGB (»Entstellung«).

Hier kommt allenfalls eine **Rechtfertigung nach § 34 StGB** in Frage.[33]

27 Zur Abschwächung des Tatentschlusses: *Geppert*, Jura 1997, 299 (304 f.) m.w.N.; SK/*Hoyer*, § 26 Rn. 17; *Krey/Hellmann/Heinrich*, BT/1, Rn. 301 m.w.N. – Zur Terminologie: Von »Abstiftung« sprechen hier: *Frister*, 28/20; *Geppert*, Jura 1997, 299 (304 f.).

28 VP = Vertrauensperson der Polizei; zu ihnen BGHSt (GS) 42, 139 (145 ff., 154 ff.); *Kühne*, Rn. 534 ff.; *Krey*, StPO, Rn. 618 ff.

29 *Heinrich*, AT, Rn. 1297; *Kudlich*, JuS 2005, 592.

30 Differenzierend *Kühl*, § 20 Rn. 185.

31 S/S/*Heine/Weißer*, § 26 Rn. 10; SK/*Hoyer*, § 26 Rn. 17; *Kindhäuser*, AT, § 41 Rn. 15.

32 Vgl. LK/*Schünemann*, § 26 Rn. 22; *Heinrich*, AT, Rn. 1296.

5. Anstiftung zu einem aliud (»Umstiftung«)

1049 Ruft der Teilnehmer beim Täter einen Tatentschluss hervor, der – im Verhältnis zur ursprünglich geplanten Tat – weder auf ein rechtliches und tatsächliches »Plus« noch auf ein solches »Minus«, sondern auf eine »andere Tat«, also ein **aliud** gerichtet ist, so wird der Teilnehmer als **Anstifter** zu dieser neuen Tat bestraft.

Das die ursprünglich geplante Tat nicht begangen wird, hat für die Art der Teilnahme keine Bedeutung.

Wichtig ist jedoch, das aliud abzugrenzen von einer *unwesentlichen Änderung* der Tatumstände derselben Tat, die durch den Teilnehmer im Wege der *Beihilfe* veranlasst wurde.

So wird der Austausch von Täter und Tatbestand (Rechtsgut) jeweils eine Anstiftung begründen, während die Veränderung des Tatmotivs lediglich eine Beihilfe begründet. Gleiches gilt i.d.R. für die Änderung der Tatmodalitäten in einem bestehenden Tatplan.[34] Unklar ist noch, welche Bedeutung dem Wechsel des Tatobjekts zukommt.[35]

6. Anstiftung zum Weiterhandeln (»sukzessive Anstiftung«)

1050 Hat der Täter die Tat bereits vollendet und ruft der Teilnehmer einen *neuen* Tatentschluss zur Vornahme einer *weiteren Ausführungshandlung*[36] hervor, so liegt darin keine Einflussnahme auf einen bereits zur Tat Entschlossenen, sondern eine selbständige Anstiftungshandlung.[37] Der hierfür teilweise verwendete Begriff der »sukzessiven Anstiftung«[38] erscheint insoweit missverständlich.[39]

Beispiele:

a) Der Schläger S will bereits von seinem Opfer O ablassen, als A ihn auffordert, O noch einen weiteren Schlag zu versetzen. S schlägt daraufhin erneut zu.

b) Nach einem Fahrfehler möchte der betrunkene F seinen Wagen stehen lassen. Sein Beifahrer B überredet ihn jedoch, auch die restliche Strecke bis nach Hause weiterzufahren.

Im Einzelnen können sich hier schwierige Abgrenzungsfragen zur psychischen Beihilfe stellen, vor allem aber auch Probleme hinsichtlich der vom Täter noch zu

---

33 Siehe *Krey/Hellmann/Heinrich*, BT/1, Rn. 302 m.w.N.; *Krey*, Rechtsprobleme, Rn. 521, 523. Dort auch zur Sachgerechtigkeit dieser **Rechtfertigungs**lösung. Siehe ergänzend: *Lackner/Kühl*, § 26 Rn. 2a; *Roxin*, § 26 Rn. 70.

34 *Roxin*, § 26 Rn. 92 ff.; *Heinrich*, AT, Rn. 1296a; LK/*Schünemann*, § 26 Rn. 23, 26 f. m.w.N.

35 Dazu *Roxin*, § 26 Rn. 95 ff.; LK/*Schünemann*, § 26 Rn. 24 f.

36 Vgl. auch *Kühl*, § 20 Rn. 176a.

37 So auch *Heinrich*, AT, Rn. 1302a m. Bsp.; *Mitsch*, BT 2, § 1 Rn. 34 scheint dies dagegen als »Aufstiftung« zu verstehen. Sein Fall ähnelt Beispiel b, bezieht sich aber auf § 248b StGB.

38 Vgl. hierzu insbes. *Börner*, Jura 2006, 415 am Beispiel von §§ 223, 316 StGB sowie *Grabow*, Jura 2009, 408; i.Ü. *Heinrich*, AT, Rn. 1302a; *Kühl*, § 20 Rn. 176a; *Lackner/Kühl*, § 26 Rn. 2b.

39 Deshalb wird im Anschluss an *Heinrich* von der Anstiftung zum Weiterhandeln gesprochen.

fordernden Betätigung des neuen Tatentschlusses und einer Ausweitung auf andere Delikte.[40]

II. Subjektiver Tatbestand des § 26 StGB: Anstiftervorsatz

Den dargelegten objektiven Tatbestand des § 26 StGB muss der Anstifter **vorsätzlich** erfüllen, was diese Vorschrift ausdrücklich klarstellt. **1051**

1. Anforderungen an die Konkretisierung des Anstiftervorsatzes

Anstiftung verlangt zunächst **Vorsatz bezüglich der Haupttat**. Dieses Erfordernis wird von vielen mit der plakativen Formel umschrieben: Der Anstiftervorsatz müsse nach Tat und Täter konkretisiert, d.h. auf eine bestimmte Tat und einen bestimmten Täter gerichtet sein.[41] Diese Aussage bedarf der Präzisierung:[42]

a) Konkretisierung der Person des Täters

Nicht erforderlich ist die Aufforderung zur Tatbegehung an eine bestimmte Person. **1052**
Es genügt, dass der Anstifter seine Aufforderung an einen **bestimmten Personenkreis** gerichtet hat,[43] damit einer aus diesem Personenkreis die Tat begehe.

Fall 135: – »Fremdenhass« –
A, Anführer einer fremdenfeindlichen Gruppe von Jugendlichen, ärgert sich über einen aus Afrika stammenden Asylbewerber (O). Daher provoziert er die anderen Mitglieder der Gruppe mit den Worten: *»Kann nicht einer von Euch dem O Respekt vor uns Deutschen einprügeln?«* Auf diese Aufforderung hin schlägt T, eines der Gruppenmitglieder, den O nieder. Strafbarkeit der Beteiligten?

T hat eine Körperverletzung (§ 223 StGB) begangen. **A** ist der Anstiftung hierzu schuldig. Sein Anstiftervorsatz entfällt nicht deswegen, weil er seine Aufforderung nicht an eine bestimmte Person gerichtet hat. Denn die anwesenden Mitglieder der Jugendgruppe als Adressaten jener Aufforderung waren ein »individuell bestimmter Personenkreis«.

Die Aufforderung zu Straftaten an einen **unübersehbaren Adressatenkreis**, z.B. über Funk, Fernsehen, Zeitschriften, Flugblätter oder bei großen, öffentlich zugänglichen Versammlungen, scheidet als Anstiftung aus. Es fehlt am Vorsatz bezüglich des Haupttäters, und zwar wegen des ganz unbestimmten Adressatenkreises.[44]

Doch kommt dann **§ 111 StGB (Öffentliche Aufforderung zu Straftaten)** in Betracht.

---

40 *Heinrich*, AT, Rn. 1302a Fn. 50 möchte etwa – entgegen der hier vertretenen Ansicht – das Unterlassen der Freilassung einer zunächst vorsätzlich eingesperrten Person (§ 239 StGB) genügen lassen.

41 BGHSt 34, 63 (66) – im Anschluss an *Welzel* – (= JZ 1986, 906 mit krit. Anm. *Roxin*); *Jescheck/Weigend*, § 64 II 2b; *Kühl*, § 20 Rn. 188.

42 Zu den verschiedenen Ansichten vgl. auch *Satzger*, Jura 2008, 514 (519 ff.).

43 *Geppert*, Jura 1997, 358 f.; *Jakobs*, 22/28; *Kühl*, § 20 Rn. 189; S/S/*Heine/Weißer*, § 26 Rn. 19.

44 Eingehend und m.w.N. *Roxin*, § 26 Rn. 148.

b) Konkretisierung der Haupttat

1053 Hierzu führt der BGH zutreffend aus:[45]

»Der Vorsatz des Anstifters muss sich auf die Ausführung einer zwar nicht in allen Einzelheiten, wohl aber in ihren wesentlichen Merkmalen oder Grundzügen konkretisierten Tat beziehen … Da der Anstifter für die Tat des Angestifteten ebenso wie dieser selbst einstehen muss, ist zu verlangen, dass die Tat nicht nur nach Tatbestandstypus und allgemeinen Geltungsmerkmalen des Tatobjektes festgelegt ist, sondern in der Vorstellung des Anstifters in ihrem tatsächlichen, freilich noch nicht bis ins Detail ausgeführten Bild als wenigstens umrisshaft individualisiertes Geschehen erscheint.«

Diese Anforderungen hat das Gericht zu Recht in folgendem Fall verneint:[46]

T jammert bei A über seine Geldnot. A sagt daraufhin zu T: »Dann müsstest du eine Bank oder Tankstelle überfallen.« Tage später begeht T einen Banküberfall.

Hier hat der BGH Anstiftung des T durch A mangels Anstiftervorsatzes abgelehnt: Seine Aufforderung habe sich nicht auf eine konkrete Straftat bezogen, sondern auf eine lediglich **gattungsmäßig beschriebene »Mehrzahl gleichartiger Tatmöglichkeiten«**. Die Beschränkung der Tatobjekte auf Banken und Tankstellen habe noch nicht ausgereicht, die Haupttat als individualisierbares Geschehen hervortreten zu lassen.

c) Exzess des Haupttäters

1054 Soweit der Haupttäter eine Straftat begeht, die vom Vorsatz des Anstifters nicht umfasst ist (Exzess), scheidet Anstiftung aus.

Beispiele:
- A will den T verleiten, einen Raub zu begehen; T verwendet bei der Tat eigenmächtig eine Waffe (§ 250 Abs. 2 Nr. 1 StGB). Hier ist A nur aus §§ 249, 26 StGB schuldig.
- A will den T dazu bestimmen, den O zu verprügeln. T jedoch schlägt den O vorsätzlich tot. Hier ist A nur wegen Anstiftung zur Körperverletzung strafbar.

Ob eine Verantwortlichkeit des Anstifters (als Täter) wegen **Fahrlässigkeit** (z.B. § 222 StGB) bezüglich des Exzesses des Haupttäters in Frage kommt, hängt von den Umständen des Einzelfalles ab sowie davon, ob es ein entsprechendes Fahrlässigkeitsdelikt gibt (§ 15 StGB).

Wie bei dem Exzess eines Mittäters begründen **unwesentliche Abweichungen des Tatgeschehens** von der Vorstellung des Anstifters noch keinen Exzess des Haupttäters. Wann ein Abweichen wesentlich ist, richtet sich primär nach den Anforderungen, die man an die Konkretisierung der Haupttat stellt (s. Rn. 1053).

2. Problem des agent provocateur: Notwendigkeit eines auf Vollendung bzw. Beendigung der Haupttat gerichteten Anstiftervorsatzes

1055 Der Vorsatz des Anstifters muss sich sowohl auf die **Anstifterhandlung** (Bestimmen) als auch auf die **Begehung der rechtswidrigen Tat durch den Täter**

45 BGHSt 34, 63 (66); siehe auch BGHSt 42, 332 (334).

46 BGHSt 34, 63 (66) mit krit. Anm. *Roxin*; ebenso u.a. S/S/*Heine*/*Weißer*, § 26 Rn. 18; *Jakobs*, 22/27 mit Fn. 49 und 24/17; *Kühl*, § 20 Rn. 191-192.

beziehen (sog. »**doppelter Anstiftervorsatz**«).[47] Der Anstifter muss dabei die **Vollendung** der Haupttat in seinen Vorsatz aufgenommen haben.[48]

Bei einigen Delikten, so beim Diebstahl, ist der *Vollendungs*vorsatz des Anstifters allerdings nicht ausreichend, sondern **Beendigungsvorsatz** nötig:

a) Vollendungsvorsatz des Anstifters – Notwendige Bedingung seiner Strafbarkeit –

Die »klassische Lockspitzelsituation« verdeutlicht die »**Diebesfalle**«: 1056

Hier (**Fall 131**; Rn. 1035) wurde bereits dargelegt, dass Anstiftung objektiv mangels Kommunikation mit dem Haupttäter entfällt (Rn. 1036-1038).

Darüber hinaus scheidet Anstiftung bei der A als **agent provocateur** (»Lockspitzel«) auch deswegen aus, weil sie ohne **Vollendungsvorsatz** handelte. Denn nach den Umständen des Falles konnte T keinen *vollendeten* Diebstahl begehen; und diese Umstände waren A bekannt. Ihr Vorsatz umfasste also nicht die Begehung einer vollendeten Haupttat durch T, sondern nur eines Diebstahls*versuchs* des Haupttäters.[49]

Nach h.A. ist der **Vollendungsvorsatz notwendige Bedingung** für den subjektiven Tatbestand des § 26 StGB.[50]

(1) Für die h.A. sprechen kriminalpolitische Erwägungen: die in gewissem Umfang 1057
zwingende Notwendigkeit des Einsatzes von agent provocateurs zur Bekämpfung organisierter, bandenmäßig begangener oder sonstiger schwerer Kriminalität.[51]

(2) Weiterhin spricht für ihren Standpunkt ein zwingendes Erst-recht-Argument: Täter müssen die Vollendung der Haupttat in ihren Vorsatz aufgenommen haben (§ 15 StGB); anderenfalls handeln sie ohne Vorsatz. Dann kann man beim »gleich dem Täter« zu bestrafenden Anstifter nicht auf den Vollendungsvorsatz verzichten.

(3) Auch der **Strafgrund** der Anstiftung ergibt, dass die h.A. überzeugend ist:[52] 1058
Wenn der agent provocateur weiß, dass die Haupttat aus Rechtsgründen nicht vollendet werden kann (hier : Einverständnis der A) bzw. für sicher hält oder ernstlich darauf vertraut, dass die Vollendung aus tatsächlichen Gründen nicht eintreten wird (z.B. wegen Eingreifens der Polizei) liegt kein **vorsätzlicher eigener Angriff auf das betroffene Rechtsgut** vor: Der Anstifter hat ja eine Verletzung des Rechtsguts gerade nicht in seinen Vorsatz aufgenommen.

---

47 *Geppert*, Jura 1997, 358; *Satzger*, Jura 2008, 514 (516); *Heinrich*, AT, Rn. 1303; *Kühl*, § 20 Rn. 195; *Roxin*, § 26 Rn. 132, 150 f.; BGH JZ 1999, 156 f.

48 *Geppert*, Jura 1997, 358; *Kühl*, § 20 Rn. 201; *Roxin*, § 26 Rn. 132, 150 f.

49 Vgl. u.a.: *Kühl*, § 20 Rn. 201-202; *Roxin*, § 26 Rn. 132, 150 f.; *Stratenwerth/Kuhlen*, 12/150. Zusammenfassend: *Rönnau*, JuS 2015, 19 ff.

50 So u.a. S/S/*Heine/Weißer*, § 26 Rn. 21; *Fischer*, § 26 Rn. 12; *Kindhäuser*, AT, § 41 Rn. 25; *Kühl*, Rn. 201-203; *Roxin*, § 26 Rn. 132, 150 f.; *Wessels/Beulke/Satzger*, Rn. 819.

51 BGHSt 45, 321 (324) m.w.N.

52 H.M.; so u.a. *Kühl*, § 20 Rn. 201; *Roxin*, § 26 Rn. 132, 150 f.

b) Erfordernis eines Beendigungsvorsatzes des Anstifters

– Anstiftung zu einer vollendeten Haupttat, deren Beendigung nicht vom Vorsatz des Anstifters umfasst ist –

(1) Beim Diebstahl als Haupttat

1059 **Fall 135: – »Diebesfalle« ohne Einverständnis des Opfers –**
Um den notorischen Taschendieb T zu überführen, stellt die Polizei ihm eine Falle: A, eine VP, die sich sein Vertrauen erschlichen hat, überredet ihn, einen ahnungslosen älteren Herrn (O), der wohlhabend aussieht und zerstreut wirkt, die Brieftasche zu entwenden. T hört auf A, ergreift die Brieftasche unauffällig, steckt sie sofort in seine Manteltasche und enteilt. O hat nichts bemerkt. Polizeibeamten, die mit A zusammenarbeiten, gelingt es jedoch, den T festzunehmen, freilich erst nach wilder Verfolgungsjagd. A hat fest darauf vertraut, der Polizei werde es gelingen, das Entkommen des T zu verhindern und dem O die Brieftasche zurückzugeben, was dann auch geschieht. Strafbarkeit von T und A?

1060 T hat einen **vollendeten Diebstahl** begangen: Anders als in Fall 131 war das Opfer hier nicht eingeweiht, so dass ein die »Wegnahme« ausschließendes Einverständnis fehlt. Dass die Polizei die Tat beobachtete, steht der Annahme eines vollendeten Diebstahls ebenfalls nicht entgegen. Trotz dieser Beobachtung war die Wegnahme vollendet, als T die Brieftasche in seine Manteltasche gesteckt hatte.[53] Dafür spricht auch, dass dem Täter die Beute erst nach längerer Verfolgung wieder abgejagt werden konnte. Damit wurde die **Beendigung** des Diebstahls durch Sicherung der Beute[54] verhindert, nicht aber die Vollendung.

1061 **A** hat den objektiven Tatbestand der Anstiftung zum Diebstahl erfüllt. Doch fehlt es am subjektiven Tatbestand des § 26 StGB, weil A zwar bezüglich der formellen Vollendung der Haupttat vorsätzlich gehandelt hat, nicht aber bezüglich ihrer materiellen **Beendigung** durch Beutesicherung. Die heute h.L. postuliert für Delikte wie Diebstahl zu Recht:

Der **Anstiftervorsatz entfällt** auch dann, wenn der Anstifter zwar die Vollendung der Haupttat in seinen Vorsatz aufgenommen habe, **nicht aber deren Beendigung durch eine tatsächliche Verletzung des geschützten Rechtsguts**.[55]

1062 Hierfür sprechen die folgenden Argumente:[56]

(a) Kriminalpolitische Erwägungen:[57] Wird eine Diebesfalle arrangiert, bei der das Opfer wegen faktischer Probleme oder aus kriminaltaktischen Gründen nicht informiert wurde, so dass ein tatbestandsausschließendes Einverständnis fehlt, hängt es letztlich vom Zufall ab, ob der Zugriff der Polizei schon die **Vollendung** der Wegnahme verhindert oder nur deren **Beendigung** durch Sicherung der Beute.

53 Dazu: *Fischer*, § 242 Rn. 18, 20 f. m.w.N.; *Krey/Hellmann/Heinrich*, BT/2, Rn. 48-53.

54 Siehe bereits: Rn. 496-498 m.w.N.; *Krey/Hellmann/Heinrich*, BT/2, Rn. 319.

55 S/S/*Heine/Weißer*, § 26 Rn. 23; *Fischer*, § 26 Rn. 12; *Geppert*, Jura 1997, 358 (362); *Jakobs*, 23/17; *Janssen*, NStZ 1992, 237 f.; *Krey/Hellmann/Heinrich*, BT/2, Rn. 43; *Kühl*, § 20 Rn. 203, 205 f.; *Maurach/Gössel/Zipf*, 51/35; *Otto*, AT, § 22 Rn. 42; *Roxin*, § 26 Rn. 156, 161 ff.; *Wessels/Beulke*, Rn. 820; **a.A.** etwa: *Gropp*, § 10 Rn. 275; *Köhler*, Kap. 9 II 4.4.5.

56 Dazu *Krey*, Rechtsprobleme, Rn. 532 ff.

57 S/S/*Heine/Weißer*, § 26 Rn. 23; *Krey*, Rechtsprobleme, Rn. 532; *Roxin*, § 26 Rn. 163.

(b) Erst-recht-Argument aus der Mittäterschaft: Auch bei Mitbeherrschung (funktionale Tatherrschaft) der Wegnahme, d.h. im Falle gemeinschaftlicher Begehung zusammen mit T, könnte der agent provocateur A nicht wegen Beteiligung an § 242 StGB strafbar sein. Denn **Mittäterschaft** (§§ 242, 25 Abs. 2 StGB) entfällt wegen seines fehlenden Beendigungsvorsatzes **mangels Zueignungsabsicht**.[58] 1063

Dann erscheint es aber unbillig, A aus §§ 242, 26 StGB zu bestrafen, wenn er noch nicht einmal die Wegnahme mitbeherrschte: Grundsätzlich darf dem Beteiligten nicht schaden, dass er mangels gemeinschaftlicher Begehung nicht Mittäter sein kann, sondern »nur« Anstifter.

(c) **Strafgrund der Anstiftung:** Wie ausgeführt liegt er 1064

- in der (Mit-)Verursachung der Rechtsgutsverletzung des Haupttäters und
- im eigenen Rechtsgutsangriff des Anstifters durch die spezifische Angriffsform des Hervorrufens des Tatentschlusses mittels Kommunikation (Rn. 1036 f.).

Wenn der Anstifter nun keine materielle Verletzung des Rechtsguts in seinen Vorsatz aufgenommen hat, also ohne Beendigungsvorsatz handelte, fehlt es bei ihm am vorsätzlichen eigenen Rechtsgutsangriff.[59]

(2) Notwendigkeit des Beendigungsvorsatzes bei anderen Delikten 1065

Nicht nur bei Diebstahl, sondern auch für andere Delikte gilt: Fehlt es am **Beendigungsvorsatz** des Anstifters, weil er ernsthaft darauf vertraut, es werde nicht zu einer tatsächlichen Verletzung des angegriffenen Rechtsguts i.S. einer realen Werteinbuße kommen, entfällt der subjektive Tatbestand des § 26 StGB.[60]

Beispiele für solche Delikte sind:

- §§ 267, 268 StGB, wenn der agent provocateur verhindern bzw. verhindern lassen will, dass es zu einer »Täuschung im Rechtsverkehr« kommt.[61]
- § 257 StGB, wenn der agent provocateur ernsthaft darauf vertraut, dass der Sicherungserfolg (»Sicherung der Vorteile der Tat«) nicht eintritt.[62]
- § 264 StGB, wenn der agent provocateur verhindern bzw. verhindern lassen will, dass es zu einem Vermögensschaden beim Subventionsgeber kommt.[63]
- Handel mit Betäubungsmitteln (§ 29 Abs. 1 Nr. 1 BtMG), wenn sie der Polizei in die Hände gespielt werden sollen.[64]

---

58 Zur Zueignungsabsicht *Krey/Hellmann/Heinrich*, BT/2, Rn. 61 ff. In casu fehlen ***Aneignungs****absicht* und ***Enteignungs****vorsatz* (*Krey/Hellmann/Heinrich*, BT/2, Rn. 70-73).

59 *Roxin*, § 26 Rn. 164.

60 Dazu u.a.: OLG Oldenburg NJW 1999, 2751 f.; *Krey*, Rechtsprobleme, Rn. 537 ff.; *Roxin*, § 26 Rn. 156, 161 ff.

61 S/S/*Heine/Weißer*, § 26 Rn. 23; *Krey*, Rechtsprobleme, Rn. 538; *Roxin*, § 26 Rn. 161.

62 *Krey*, Rechtsprobleme, Rn. 539; *Roxin*, § 26.

63 § 264 StGB verlangt – anders als § 263 StGB – keinen *Vermögensschaden* (*Krey/Hellmann/Heinrich*, BT/2, Rn. 521, 522). ***Beendet*** ist die Tat erst mit der Gewährung der Subvention.

64 BGH StV 1981, 549; *Krey*, Rechtsprobleme, Rn. 551 ff.; *Roxin*, § 26 Rn. 157; *ders.*, JZ 2000, 369 (370).

1066 (3) Lockspitzeleinsatz im Falle von § 334 Abs. 1 StGB (Bestechung)

§ 334 Abs. 1 (mit § 332 Abs. 1) StGB tritt als lex specialis an die Stelle von **Anstiftung** zur Bestechlichkeit. Daher wird man entsprechend den Darlegungen in Rn. 1059 ff. im Falle des Lockspitzeleinsatzes durch VE/VP sagen können: Eine Strafbarkeit aus § 334 StGB entfällt, wenn der Bestechende (VE bzw. VP) darauf vertraut, es werde nicht zur **Beendigung** des § 332 Abs. 1 StGB durch Vornahme der pflichtwidrigen Amtshandlung kommen.[65]

(4) Abweichende Ansichten

Abweichend von der hier vertretenen Ansicht wird auch vertreten, dass der Vollendungsvorsatz allein ausreiche, um die Strafbarkeit des Anstifters zu begründen.[66] Die Strafbarkeit wird damit vom Ansatz her so weit wie möglich ausgedehnt. Dem steht die Meinung gegenüber, selbst das Vorliegen des Beendigungsvorsatzes sei unschädlich, wenn keine *irreparable* Rechtsgutsverletzung in Kauf genommen werde.[67] Diese Theorie dehnt die Straffreiheit weitest möglich aus.

Gemeinsam ist diesen Ansichten, dass sie die **Möglichkeit der Rechtfertigung** des agent provocateurs insbesondere nach **§ 34 StGB** sehen. Aus den oben genannten Gründen erscheint jedoch die Forderung nach einem Beendigungsvorsatz vorzugswürdig.

c) Rechtsstaatliche Schranken des Einsatzes polizeilicher Lockspitzel; Tatprovokation durch einen agent provocateur

1067 Wird eine Person durch einen verdeckt ermittelnden Polizeibeamten (idR ein Verdeckter Ermittler – VE) oder eine Vertrauensperson der Polizei (V-Person) zur Begehung einer Straftat verleitet, stellt sich die Frage, innerhalb welcher Grenzen eine solche **Tatprovokation** in einem anschließenden rechtsstaatlichen Strafverfahren akzeptiert werden kann bzw. bei einer etwaigen Verurteilung durch das erkennende Gericht Berücksichtigung finden muss.

Der **EGMR** hat in einem Leit-Urteil aus dem Jahre 1998 festgestellt, dass einer Person das **Recht auf ein faires Verfahren (Art. 6 Abs. 1 EMRK)** genommen wird, wenn das strafrechtlich relevante Verhalten des Tatverdächtigen **nicht lediglich passiv** untersucht, sondern der Verdächtige durch die staatlich gelenkte Person (VE/VP) zur Begehung einer strafbaren Handlung **aktiv beeinflusst** worden sei.[68]

---

65 Denn hier fehlt dem Bestechenden, der als Lockspitzel den Amtsträger zur Bestechlichkeit verleitet, der **Beendigungsvorsatz** bzgl. dieser Tat.

66 *Gropp*, § 10 Rn. 130; *Jescheck/Weigend*, § 64 II 2b; *Kühl*, § 20 Rn. 203; *Bock*, JA 2007, 599; vgl. außerdem Vgl. *Heinrich*, AT, Rn. 1312 f. m.w.N.

67 *Heinrich*, AT, Rn. 1315; vgl. auch: S/S/*Heine/Weißer*, § 26 Rn. 20.

68 EGMR Teixeira de Castro/Portugal, 9.6.1998, Rep. 1998-IV = NStZ 1999, 47 m. Anm. *Sommer*. Zur Rezeption dieses Urteils im deutschen Strafverfahren: BGHSt 45, 321; *Roxin*, JZ 2000, 369 ff.; siehe auch: BGHSt 47, 44 (46 ff.); S/S/*Heine/Weißer*, § 26 Rn. 21; *Fischer*, § 26 Rn. 12, § 46 Rn. 67-69; *Krey*, StPO, Rn. 656; zur Entwicklung dieser Rechtsprechung des EGMR: *Esser*, Strafverteidigervereinigungen (Hrsg.), 35. Strafverteidigertag 2011, S. 197 ff.

Kriterien für eine rechtsstaatswidrige Tatprovokation sind dabei die fehlende Überwachung der Tätigkeit des Ermittlers durch einen Richter, fehlende Verdachtsmomente gegen den Täter sowie fehlende einschlägige Vorstrafen des Täters.[69]

Nach der Rspr. des EGMR obliegt es dabei **dem Staat zu beweisen**, dass der Täter *nicht* rechtswidrig zur Tat verleitet wurde.[70]

Der **BGH** zog die rechtsstaatlichen Grenzen der Tatprovokation lange Zeit deutlich weiter: Eine Tatprovokation sei solange zulässig, wie der eigene Beitrag des Täters nicht völlig in den Hintergrund trete.[71] Jüngst hat er allerdings als Anforderung formuliert, dass das tatprovozierende Verhalten im Verhältnis zum ursprünglich bestehenden Anfangsverdacht nicht unvertretbar überwiegen dürfe.[72] In der jüngeren Zeit gehen sowohl das **BVerfG**[73] als auch der BGH[74] stärker auf die (»materiellen«) Vorgaben des EGMR zur Tatprovokation ein.

Weiterhin umstritten ist allerdings die **Rechtsfolge** einer nach den oben genannten **1068**
Kriterien unzulässigen und damit rechtsstaatswidrigen Tatprovokation. Der BGH nimmt in ständiger Rspr. eine Reduzierung der ausgesprochenen Strafe vor (sog. **Strafzumessungslösung**).[75]

Der **EGMR** kann zwar den nationalen Gerichten nicht vorschreiben, wie sie den infolge einer Tatprovokation eingetretenen Verstoß gegen den Grundsatz eines fairen Verfahrens kompensieren (vgl. Art. 46 Abs. 1 EMRK), jedoch sprechen schon seine Ausführungen im Urteil *Teixeira de Castro* aus dem Jahr 1998 dafür, ein von Anfang an bestehendes **Strafverfahrenshindernis** anzunehmen.[76] Der BGH hat hingegen auch nach 1998 an der Strafzumessungslösung festgehalten.[77]

Im Jahr 2014 hat der **EGMR** in der Rs. **Furcht gegen Deutschland** das deutsche »Strafzumessungs-Modell« als mögliche Kompensation explizit verworfen – ein weiteres Argument dafür, bei unvertretbarer Beeinflussung durch den Lockspitzel von einem Verfahrenshindernis auszugehen, welches die Strafverfolgung des Beschuldigten verhindert.[78] Das **BVerfG**[79] proklamiert diesen prozessualen Weg allerdings weiterhin nur für »Ausnahmefälle«.

69 EGMR Teixeira de Castro/Portugal (Fn. 70); Ramanauskas/Litauen (GK), 5.2.2008, NJW 2009, 3565 m. Anm. *Gaede/Buermeyer*, HRRS 2008, 279 und *Jäger*, GA 2008, 473.

70 EGMR Ramanauskas/Litauen (Fn. 71).

71 BGHSt 32, 345 (347) m.w.N.

72 BGH NStZ 2014, 277.

73 BVerfG Beschl. v. 18.12.2014 – 2 BvR 209/14, NJW 2015, 1083.

74 BGH Urt. v. 10.6.2015 – Az. 2 StR 97/14.

75 BGHSt 32, 345; dazu auch *Rönnau*, JuS 2015, 19 (21).

76 So auch *Sinner/Kreuzer*, StV 2000, 114; *Lesch*, JR 2000, 434; *Kudlich*, JuS 2000, 951; *Conen*, StRR 2009, 84. Für ein Beweisverwertungsverbot dagegen *Ambos*, NStZ 2002, 628 (632); *Kinzig*, StV 1999, 288.

77 BGHSt 45, 321 = JZ 2000, 363 m. Anm. *Roxin* = NStZ 2000, 262 m. Anm. *Endriß/Kinzig* = StV 2000, 114 m. Anm. *Sinner/Kreuzer*; BGHSt 47, 44 = NJW 2001, 2981 m. Anm. *Weber*, NStZ 2002, 50.

78 Vgl. EGMR Furcht/Deutschland, Urt. v. 23.10.2014 – 54648/09, NStZ 2015, 412.

Im Gegensatz zum **1. Strafsenat**[80] hat der **2. Strafsenat** des BGH die Vorgaben des EGMR aus dem Urteil *Furcht* auch auf der Rechtsfolgenseite konsequent umgesetzt und die Strafzumessungslösung nicht zur Anwendung kommen zu lassen, sondern statt dessen ein **Verfahrenshindernis als »regelmäßige Folge einer rechtsstaatswidrigen Tatprovokation«** proklamiert.[81] Wie die Instanzgerichte – und vor allem die Staatsanwaltschaften – diese Rechtsprechungsänderung auf der Rechtsfolgenseite der Tatprovokation rezipieren werden, bleibt allerdings abzuwarten.

79 BVerfG Beschl. v. 18.12.2014 – 2 BvR 209/14: Verfahrenshindernis nur in »Extremfällen«.
80 BGH Beschl. v. 19.5.2015 – 1 StR 128/15, NStZ 2015, 541.
81 BGH Urt. v. 10.6.2015 – 2 StR 97/14, NStZ 2016, 52 m. Anm. *Mitsch* = NJW 2016, 91 m. Anm. *Eisenberg*.

§ 32 Beihilfe (§ 27 StGB)

An früherer Stelle wurden bereits erörtert: 1069

- Das **Wesen** der Beihilfe (Rn. 983).
- Ihr **Strafgrund** (Rn. 986, 994).
- Die **Akzessorietät** von Anstiftung und Beihilfe (Rn. 995 ff.).[1]
- **Lockerungen und Durchbrechungen** dieser Akzessorietät, § 28 StGB (Rn. 1009 ff.).
- Notwendige Teilnahme (Rn. 1031).
- Die Strafdrohung für den Gehilfen (Rn. 795).

Zusätzlich sei betont, dass die Darlegungen zum Vollendungs- und Beendigungsvorsatz des Anstifters (**agent provocateur**, Rn. 1055 ff.) entsprechend für die Beihilfe gelten. Der agent provocateur kann auch als Gehilfe tätig werden.[2]

I. Unterscheidung zwischen physischer und psychischer Beihilfe[3]

§ 49 StGB a.F., der bis Ende 1974 geltende Vorläufer des § 27 StGB, hatte die 1070 Gehilfenhandlung noch mit der anschaulichen Formulierung des »Hilfeleistens **durch Rat oder Tat**« umschrieben. Dass § 27 StGB dann die Worte »durch Rat oder Tat« nicht mehr enthielt, sollte keine sachliche Änderung bedeuten.[4] Fast allgemein ist anerkannt, dass Beihilfe weiterhin durch Rat oder Tat geleistet werden kann, also in der Form der **psychischen** und **physischen** Unterstützung.[5]

Die **bloß einseitige Kenntnisnahme** von der Tat eines anderen und deren Billigung ohne einen eigenen Beitrag reichen hingegen nicht aus.[6]

1. Physische Beihilfe (Hilfeleisten »durch Tat«)

Bei ihr geht es um Formen des technischen Hilfeleistens, der Unterstützung des 1071 Haupttäters bei seiner rechtswidrigen Tat »durch äußere Mitwirkung«.[7]

a) Dabei werden alle Fälle physischen Hilfeleistens erfasst, die für den tatbestandsmäßigen Erfolg **mitursächlich** sind. Eine derartige kausale physische Beihilfe liegt z.B. in folgenden Fällen vor:

- Der Gehilfe (G) besorgt dem Mörder die Waffe, mit der dieser tötet.
- G versorgt den von stundenlanger Arbeit mit der Bohrmaschine völlig erschöpften Einbrecher mit Essen und Trinken[8], so dass dieser erheblich schneller fertig wird.

b) Zweitens kann physische Beihilfe auch bei solchem Hilfeleisten vorliegen, das für den tatbestandsmäßigen Erfolg der Haupttat zwar nicht mitursächlich war, aber

---

1 Zu den Konsequenzen für die Prüfung in der Klausur u.a. *Gaede*, JA 2007, 757.
2 *Roxin*, Rn. 270, 271 a.E.
3 Für einen Überblick über den Tatbestand der Beihilfe siehe auch *Timpe*, JA 2012, 430.
4 *Maurach/Gössel/Zipf*, AT, § 52 Rn. 7.
5 BGH NStZ 1993, 535; BGHSt 40, 307 (315 f.); BGH NStZ 1998, 622; NStZ 1999, 609 f.; S/S/*Heine/Weißer*, § 27 Rn. 15; *Heinrich*, AT, Rn. 1322; SK/*Hoyer*, § 27 Rn. 11 ff.; *Kindhäuser*, AT, § 42 Rn. 3 ff.; *Kühl*, § 20 Rn. 223 ff.
6 BGH NStZ 2010, 224 (225).
7 *Kühl*, § 20 Rn. 223 f. »technische« Beihilfe; *Stratenwerth/Kuhlen*, 12/157.
8 Beispiel nach LK/*Roxin*, 11. Aufl., § 27 Rn. 5; LK/*Schünemann*, § 27 Rn. 6.

die tatbestandsmäßige Handlung des Täters erleichtert oder sonst die Haupttat irgendwie **gefördert** hat (dazu Rn. 1079-1080).

Von Beihilfe, die die Tat objektiv fördert, braucht der Haupttäter nichts zu wissen.[9] Auch die bloße Anwesenheit am Tatort, welche die Tat objektiv aber nicht fördert, kann nach Ansicht des BGH psychische Beihilfe sein (dazu sogleich unter Rn. 1077), jedoch nur dann, wenn sie dem Haupttäter bekannt ist.[10] Ist der Gehilfe nicht nur anwesend, sondern steht er »Schmiere« und ist bereit, sofern erforderlich helfend einzugreifen, ist hingegen umstritten, ob der Haupttäter um die Bereitschaft zur Hilfe wissen muss.[11]

2. Psychische Beihilfe (Hilfeleisten »durch Rat«)

a) »Technischer Rat«

1072 Hier geht es um Fälle wie die folgenden:

- Der Gehilfe gibt dem Täter detaillierte Information über den Tatort, Alarmanlagen, Gewohnheiten des Opfers etc.[12]
- Er besorgt dem Täter für den Banküberfall eine Perücke, einen falschen Bart etc.; so »maskiert« begeht der Täter die Tat, um seine spätere Identifizierung zu verhindern.[13]

b) »Bestärken des Tatentschlusses«

1073 Diese Erscheinungsform der Beihilfe wird trotz kritischer Stimmen weitgehend anerkannt[14], und zwar zu Recht:

(1) Fälle psychischen Hilfeleistens durch »Bestärken des Tatentschlusses«:

- Gehilfe (G) sagt dem Täter spätere Unterstützung zu, z.B. durch Schmierestehen.[15]
- G feuert den Täter bei seiner Tat (Verprügeln eines anderen) durch Zurufe an, so dass der Täter weiter/kräftiger zuschlägt.[16]
- G steht bei einem Einbruch Schmiere und stärkt so das Sicherheitsgefühl des Täters.

Voraussetzung der psychischen Beihilfe ist mithin ein konkreter Tatbeitrag des Gehilfen, durch den der Haupttäter in seinem Tatentschluss bestärkt wird.[17]

In solchen Fällen entspricht es Wortlaut und Sinn des § 27 StGB, das Bestärken des Tatentschlusses als **Hilfeleisten i.S. einer psychischen Beihilfe** zu bewerten.

---

9 BGHSt 6, 248, 249 f., BGH NStZ 2012, 347.

10 BGH NStZ 1995, 490 (491); NStZ 2012, 347.

11 Dafür z.B. SSW-StGB/*Murmann*, § 27 Rn. 4; *Maurach/Gössel/Zipf*, StGB AT Tb 2, § 52 Rn. 18 f.; dagegen z.B. *Roxin*, FS Miyazawa, 1995, 504 (511 f.).

12 *Kühl*, § 20 Rn. 225; *Stratenwerth/Kuhlen*, 12/159; zur ablehnenden Mindermeinung vgl. die Darstellung bei *Geppert*, Jura 2007, 589 (591).

13 *Roxin*, § 26 Rn. 201 (»vorgeleistete Strafvereitelung« als psychische Beihilfe).

14 BGHSt 40, 307 (315 f.); 47, 100 (104); BGH NStZ 1993, 535; NStZ 1998, 622; NStZ 1999, 609 f.; S/S/*Heine/Weißer*, § 27 Rn. 12; *Fischer*, § 27 Rn. 11 ff.; *Frister*, 28/41 ff.; *Kühl*, § 20 Rn. 226 f.; *Roxin*, § 26 Rn. 199 ff. (er verlangt aber *Kausalität* jenes Bestärkens); *Wessels/Beulke/Satzger*, Rn. 828 mit Nachweis kritischer Stimmen.

15 BGH NStZ 1993, 535; NStZ 1999, 609 (610); S/S/*Heine/Weißer*, § 27 Rn. 12.

16 S/S/*Heine/Weißer*, § 27 Rn. 15; *Kühl*, § 20 Rn. 226; *Roxin*, § 26 Rn. 200.

17 BGH NStZ 2012, 316.

Denn hier ist diese Beihilfe entweder für den konkreten tatbestandsmäßigen Erfolg mitursächlich oder zumindest für die Haupttat förderlich.

Das **Schmierestehen** kann also je nach den Umständen des Einzelfalles sein: **1074**

- **Psychische Beihilfe** wie im letzten Beispiel, wenn jenes Hilfeleisten nur das Sicherheitsgefühl des Täters erhöht, tatsächlich aber mangels Ablenkung von Passanten, Warnung des Täters bei Entdeckungsgefahr etc. *ohne Auswirkungen auf die Tat* blieb.
- **Physische Beihilfe** wie im Vergewaltigungsbeispiel (Rn. 1071).

Im Übrigen kann das Schmierestehen in bestimmten Fällen auch Mitherrschaft über die Tat, also **Mittäterschaft** begründen.[18] Dafür ist aber eine maßgebliche Bedeutung des Schmierestehens für das Gelingen der Tat nötig.

Dass solches **Bestärken des Tatentschlusses** als psychisches Hilfeleisten strafbare **1075**
Beihilfe darstellt, ergibt sich zusätzlich aus folgenden Erwägungen:

Zum einen sind physische und psychische Beihilfe häufig kaum voneinander zu unterscheiden. Das verdeutlicht insbesondere das Hilfeleisten durch Schmierestehen, das die Tatbegehung

- als äußere Mitwirkung objektiv fördern,
- ohne tatsächliche objektive Förderung den Tatentschluss des Täters bestärken oder
- beides bewirken kann.

Hier kann es nicht darauf ankommen, ob das Schmierestehen mehr oder weniger zufällig dem Täter wirklich objektiv bei der Tatbegehung geholfen hat.

Zum anderen ist es unter dem Gesichtspunkt des Hilfeleistens für den Täter zu **1076**
dessen Tat und im Hinblick auf die Gefährdung des angegriffenen Rechtsguts unmittelbar einleuchtend, dass z.B. die **Zusage späterer Unterstützung** strafbare Beihilfe sein muss. Das gilt auch im Falle der Zusage von Unterstützung, die nach Begehung der Haupttat geleistet werden soll, sei es durch

- Begünstigungshandlungen i.S.d. § 257 StGB,
- Hehlereihandlungen gemäß § 259 StGB oder
- Strafvereitelungshandlungen i.S.d. § 258 StGB.[19]

Solche Zusagen müssen schon aus kriminalpolitischen Erwägungen als Beihilfe strafbar sein, auch wenn sie nicht eingehalten werden.

(2) Zweifelhafte Konstellationen psychischer Beihilfe **1077**

Psychisches Hilfeleisten durch Bestärken des Tatentschlusses soll nach einer verbreiteten Ansicht z.B. die »Beseitigung **letzter Hemmungen** beim Tatentschlossenen« sein.[20] Wenn wirklich noch Hemmungen bestehen, ist die Annahme, der Täter sei schon fest entschlossen (omnimodo facturus), durchaus zweifelhaft, so dass **Anstiftung** (§ 26 StGB) in Betracht kommt.

---

18 *Kühl*, § 20 Rn. 224; *Roxin*, § 25 Rn. 212, 262, § 26 Rn. 214.
19 Dazu m.w.N. S/S/*Heine*/*Weißer*, § 27 Rn. 16; *Lackner*/*Kühl*, § 257 Rn. 9.
20 So u.a. *Lackner*/*Kühl*, § 27 Rn. 4; *Roxin*, § 26 Rn. 200.

Anfechtbar ist auch die These des BGH, Beihilfe könne in der bloßen **Anwesenheit** des Gehilfen am Tatort liegen.[21] Hier ist vielmehr wie folgt zu differenzieren:

Die Anwesenheit als solche ist nichts als Unterlassen[22], kann also keine Beihilfe durch aktives Tun darstellen. Jedoch mag das Verhalten des Anwesenden bei besonderen Umständen des Einzelfalles unter dem Gesichtspunkt der **schlüssigen Handlung** eine Beihilfe durch Tun begründen. Ein derartiges *konkludentes Hilfeleisten als aktives Tun* kommt dabei in der Form der physischen und der psychischen Beihilfe in Betracht.

Beispiel für Ersteres: Ein Schutzgeld-Erpresser lässt sich bei seinem Treffen mit dem Opfer von zwei »Schlägertypen« begleiten, die den Drohungen des Haupttäters durch ihre bloße Anwesenheit noch mehr Nachdruck verleihen.

Beispiel für Letzteres: T will den O verprügeln. Sein Freund G befindet sich – zur Überraschung des T – zur Tatzeit am Tatort, um T notfalls zu helfen, falls O von Dritten unterstützt werden sollte. T begreift und fühlt sich sicherer, braucht aber die Hilfe des G nicht in Anspruch zu nehmen.

II. Erfordernis einer (Mit-)Ursächlichkeit der Beihilfehandlung?

1078 1. Eine im Schrifttum verbreitete Ansicht verlangt **Kausalität** der Beihilfehandlung für den tatbestandsmäßigen Erfolg der Haupttat.[23] Das soll auch für die psychische Beihilfe gelten.[24]

Hierfür soll sprechen, dass die Mitverursachung der Haupttat Strafgrund der Beihilfe sei.[25] Zum anderen wird geltend gemacht, ohne jenes Kausalitätserfordernis sei eine Abgrenzung der vollendeten Beihilfe (§ 27 StGB) vom **straflosen Beihilfeversuch**[26] kaum möglich.[27]

2. Die ebenfalls in der Strafrechtswissenschaft von vielen vertretene **Risikoerhöhungslehre** hält eine solche Kausalität nicht für nötig. Maßgeblich sei vielmehr, ob der Gehilfe die Erfolgschancen für die Haupttat steigere, also das Risiko für das betroffene Rechtsgut erhöhe.[28]

1079 3. Auch nach Ansicht des BGH muss die Beihilfehandlung nicht ursächlich für den Erfolg der Haupttat sein. Es genüge, dass die Beihilfe die Haupttat erleichtert bzw. die tatbestandsmäßige Handlung des Täters sonst irgendwie **gefördert** (ermöglicht,

---

21 Zuletzt BGH NStZ 2010, 224 (225) für den Fall, dass dadurch die Tatbegehung gefördert oder erleichtert wird; vgl. auch BGH JZ 1983, 462 mit Bespr. *Sieber*, JZ 1983, 431 ff. = StV 1982, 517 mit Anm. *Rudolphi*; BGH NStZ 1995, 490 f.; dazu m.w.N.: *Fischer*, § 27 Rn. 12, 15; *Kühl*, § 20 Rn. 228.

22 So *zutreffend* u.a.: *Kühl*, § 20 Rn. 228; *Roxin*, § 26 Rn. 204 f.; BGH StV 1982, 516.

23 Vertreten von: S/S/*Heine*/*Weißer*, § 27 Rn. 7, 10; SK/*Hoyer*, § 27 Rn. 3 ff., 6; *Jakobs*, 22/34; *Jescheck*/*Weigend*, § 64 III 2c; *Kühl*, § 20 Rn. 214 ff.; MK/*Joecks*, § 27 Rn. 29 ff.; *Roxin*, § 26 Rn. 184 ff., 197 ff., 215.

24 *Kühl*, § 20 Rn. 223, 226; *Roxin*, § 26 Rn. 199.

25 S/S/*Heine*/*Weißer*, § 27 Rn. 6; *Roxin*, § 26 Rn. 11 (siehe bereits Rn. 984, 988 f., 994).

26 Umkehrschluss aus § 30 Abs. 1 StGB, der nur die versuchte Anstiftung nennt.

27 *Kühl*, § 20 Rn. 220; *Roxin*, § 26 Rn. 189 f.

28 So u.a.: *Otto*, JuS 1982, 557 (562 ff.); *Ranft*, ZStW 109 (1997), 269 (284); *Geppert*, Jura 2007, 589 (590); *Stratenwerth*/*Kuhlen*, 12/158, 159. *Roxin*, § 26 Rn. 210 ff. fordert Kausalität plus Chancenerhöhung als hinzutretendes Zurechnungskriterium.

erleichtert oder verstärkt) habe.[29] Wenn diese fördernde Wirkung noch bis ins Ausführungsstadium hineinreiche, also den konkreten Geschehensablauf mitpräge, genüge es, wenn der Tatbeitrag des Gehilfen bereits in der Vorbereitungsphase vorgenommen werde.[30]

4. Dieser Ansicht ist zu folgen (siehe schon Rn. 986, 994, 1071, 1073):

- Sie ist mit dem **möglichen Wortsinn** des Gesetzes (»Hilfeleisten«) vereinbar.
- Sie wird auch der **ratio legis** des § 27 StGB gerecht. Der Gehilfe wird, anders als der Täter und der Anstifter, nicht deswegen bestraft, weil er Mitverursacher der Rechtsgutsverletzung ist. Für ihn als **Randfigur** unter den Beteiligten[31] muss genügen, dass er die Handlung des Täters und/oder den Erfolg der Haupttat in nicht ganz unerheblicher Weise fördert. Dadurch macht er es dem Täter physisch oder psychisch leichter, die Haupttat zu begehen. Solches Hilfeleisten, mag es kausal sein oder nicht, stellt auch einen eigenen Rechtsgutsangriff des Gehilfen dar; es vergrößert die Erfolgschancen der Haupttat.

  Insoweit ist der Ansatz der Risikoerhöhungslehre billigenswert, so dass man sie zur Unterstützung und Konkretisierung der Förderungsformel des BGH mit heranziehen sollte.

a) Danach liegt, trotz fehlender Kausalität des Hilfeleistens, unter dem Aspekt der **sonstigen Förderung der Haupttat durch Vergrößerung ihrer Erfolgschancen** physische Beihilfe z.B. in folgendem Fall vor: **1080**

Fall 136: – »Wahre Freundschaft« –
T begeht einen Wohnungseinbruchsdiebstahl (§ 244 Abs. 1 Nr. 3 StGB). Sein Freund G steht bei der Tat – ohne Wissen des T – Schmiere, weil G aus gutem Grund befürchtet, T könnte auf frischer Tat ertappt werden. Jedoch wird T weder vom Hauseigentümer noch von anderen Personen gestört, sondern verlässt den Tatort mit reicher Beute, was G froh macht.

Mittäterschaft des **G** (§ 25 Abs. 2 StGB) entfällt schon mangels gemeinsamen Tatentschlusses. Psychische Beihilfe scheidet wegen der Unkenntnis des T von der Hilfe des G aus.

Doch ist G der **physischen Beihilfe** schuldig (§§ 244, 27 StGB). Er hat die Haupttat zwar nicht mitverursacht, aber ihre Erfolgschancen nicht unerheblich vergrößert und sie so **gefördert**.[32] Kenntnis von der Hilfeleistung und Billigung durch den (Haupt-)Täter sind darüber hinaus nicht erforderlich.[33]

b) Auch **psychische Beihilfe** muss nicht notwendig kausal für die Haupttat sein. **1081**
Diese Feststellung ist in erster Linie für das psychische Hilfeleisten durch »Bestärken des Tatentschlusses« von Bedeutung.

Hat der Gehilfe den Dieb z.B. durch die – nicht eingehaltene – Zusage, ihm nach Begehung der Tat bei der Beutesicherung zu helfen, in seinem Tatentschluss bestärkt (Rn. 1076), so

29 BGHSt 46, 107 (109); BGH NJW 2007, 384 (388) – El Motassadeq; *Wessels/Beulke/Satzger*,, Rn. 582; ebenso offenbar *Frister*, 28/32, 33, 36; vermittelnd *Fischer*, § 27 Rn. 14 ff.

30 BGH NJW 2007, 384 (389).

31 *Kühl*, § 20 Rn. 211.

32 Im **Ergebnis** (Beihilfe) wie hier die h.M.; so u.a. LK/*Schünemann*, § 27 Rn. 9.

33 *Satzger*, Jura 2008, 514 (518).

liegt psychische Beihilfe auch dann vor, wenn feststeht: Der Täter hätte die Tat auch ohne diese Zusage begangen. Dabei ist irrelevant, ob man die Zusage als (mit-)ursächlich bewertet oder nicht als kausal ansieht.[34]

Jedoch muss das psychische Beistandleisten durch Bestärken des Tatentschlusses bei wertender Betrachtung das Risiko für das betroffene Rechtsgut nicht unerheblich erhöht und die Haupttat dadurch nicht unwesentlich »erleichtert oder sonst irgendwie gefördert« haben. Dafür sind bloße zustimmende Äußerungen von Personen ohne nennenswerten Einfluss auf den Täter nicht ausreichend.[35]

III. Beihilfe durch »neutrale Handlungen«

– Alltägliches, berufstypisches Verhalten als »Hilfeleisten«? –

1082 Das Problem der Beihilfe durch »neutrale Handlungen« beschreibt die Frage, ob und wieweit **alltägliche oder »berufstypische« Verhaltensweisen** strafbare Beihilfe begründen können, wenn und weil sich im Einzelfall die Straftat eines anderen an sie anschließt.[36] Gemeint sind Handlungen, die äußerlich nicht als typische Unterstützung krimineller Aktivität erscheinen, sondern grundsätzlich gegenüber jedermann in Ausübung eines Berufs oder zur Verfolgung sonstiger rechtlich nicht missbilligter Ziele vorgenommen werden.[37] Letztlich geht es darum, einen gerechten Ausgleich zwischen dem Bedürfnis nach Rechtsgüterschutz auf der einen und der allgemeinen Handlungs- bzw. Berufsausübungsfreiheit auf der anderen Seite zu finden.

Eine einheitliche Antwort auf diese Fragestellung wurde bislang nicht gefunden.[38] Dem- entsprechend wird auch der **Prüfungsstandort** unterschiedlich bestimmt, je nachdem, welcher Ansatz verfolgt wird (objektiver/subjektiver Tatbestand bzw. Rechtswidrigkeit).

Die folgenden **Beispiele** sollen diese Problematik verdeutlichen:[39]

(1) G leiht seinem Nachbarn T eine Axt; mit ihr erschlägt T seine Ehefrau.

(2) G verkauft in seinem Geschäft dem T eine Axt, mit der dieser das Opfer tötet.

(3) T bestellt telefonisch ein Taxi für eine Fahrt in die Stadt zur X-Bank und von dort zum Flughafen. Den Zwischenstopp bei der Bank nutzt er zur Begehung eines Bankraubes.

(4) G beliefert ein illegales Bordell (§ 180a Abs. 1 StGB) täglich mit Mineralwasser.

---

34 Zu dieser Kausalitätsfrage u.a.: *Kühl*, Rn. 223, 226; *Roxin*, § 26 Rn. 197 ff., 201.

35 Siehe auch *Roxin*, § 26 Rn. 202; *Geppert*, Jura 2007, 589 (591). Enger u.a. S/S/*Heine/Weißer*, § 27 Rn. 15; *Kühl*, § 20 Rn. 226.

36 Instruktiv *Putzke*, ZJS 2014, 635 (641 ff.); zur Historie der Rechtsfigur der Sozialadäquanz vgl. *Rönnau*, JuS 2011, 311.

37 Vgl. *Seher*, JuS 2009, 793 (795).

38 Zur historischen Entwicklung der Diskussion *Schneider*, NStZ 2004, 312.

39 Eine ausführliche Darstellung liefern *Hillenkamp*, AT, Problem 28 und LK/*Schünemann*, § 27 Rn. 17 ff.; zur Prüfung in der Klausur *Gaede*, JA 2007, 757 (759 f.). Vgl. weiter BGH JZ 2007, 560 (565); S/S/*Heine/Weißer*, § 27 Rn. 9 ff.; *Frister*, 28/44 ff.; SK/*Hoyer*, § 27 Rn. 48 ff.; *Kindhäuser*, AT, § 42 Rn. 14-23; *Kühl*, § 20 Rn. 222-222c m.w.N.; MK/*Joecks*, § 27 Rn. 41 ff.; *Roxin*, § 26 Rn. 218 ff.; *Wessels/Beulke/Satzger*, Rn. 830.

(5) G verkauft in seinem Geschäft über einen längeren Zeitraum an T Lebensmittel und Getränke, die dieser für die von ihm entführte (§ 239a StGB) O benötigt.

(6) Rechtsanwalt G berät seinen Mandanten T über die Grenze zwischen legaler Steuervermeidung und illegaler Steuerhinterziehung (§ 370 AO); so beraten begeht T dieses Delikt.[40]

(7) G, Angestellter einer Bank, hilft dem Täter einer Steuerhinterziehung dadurch, dass er den Geldtransfer des T ins Ausland »anonymisiert«.[41]

(8) Ein deutscher Arzt überlässt seiner Patientin eine Adresse einer ausländischen Abtreibungsklinik, nachdem die Abtreibung in Deutschland gesetzlich nicht mehr möglich ist.[42]

1. Für ein Hilfeleisten i.S.d. § 27 StGB genügt jedes Verhalten, das die Haupttat ermöglicht, erleichtert oder sonst irgendwie fördert, ohne dass die Handlung für den tatbestandlichen Erfolg kausal geworden sein muss (s.o.). Jedes der oben genannten Beispiele könnte daher objektiv eine Beihilfehandlung beschreiben. Subjektiv genügt Vorsatz in Form des dolus eventualis, so dass die Beihilfestrafbarkeit bereits dann gegeben ist, wenn dem Gehilfen bei seiner Handlung die Möglichkeit bewusst ist und er dies billigend in Kauf nimmt, dass der andere eine Straftat begeht, für die wiederum die eigene Handlung förderlich sein kann.[43] **1083**

Eine Ansicht in der Literatur will es dabei belassen und fordert die **unveränderte Anwendung der allgemeinen Grundsätze** auch in den Fällen der »neutralen Handlungen«. Etwas anderes sei dem Gesetz nicht zu entnehmen und auch nicht gerechtfertigt, da die genaue Prüfung sämtlicher Voraussetzungen, insbesondere der subjektiven Voraussetzungen einer strafbaren Beihilfe im Einzelfall ausreiche, um strafwürdiges Verhalten von nicht strafwürdigem zu trennen.[44]

2. Überwiegend wird jedoch daran gezweifelt, dass auf diesem Weg tatsächlich nur strafwürdiges Verhalten pönalisiert wird. Es werden insbesondere Bedenken geäußert, weil das fragliche Verhalten **»in das akzeptierte soziale Alltagsgeflecht eingebunden«**[45] sei und vor allem die Ausübung bestimmter Berufe (z.B. Apotheker, Waffenverkäufer, Rechtsanwalt) durch ein erhöhtes Strafbarkeitsrisiko wesentlich erschwert werden könne, wenn die Betroffenen stets jedem Verdacht einer Straftat nachgehen und ggf. die Leistung verweigern müssten, um die Möglichkeit einer eigenen Strafbarkeit auszuschließen.[46]

Daher schlägt der **überwiegende Teil der Literatur** die Anwendung eines **objektiven Korrektivs** vor, über dessen konkrete Ausgestaltung aber keine Einigung besteht.

---

40 Zur Beihilfe durch Rechtsrat siehe BGH NStZ 2000, 34; *Beckemper*, Jura 2001, 163 (168 f.).

41 Dazu BGHSt 46, 107 (112 f.).

42 *Kudlich*. JA 2013, 793.

43 *Kudlich*, JuS 2002, 751 (753): »…dass ein Dritter den Beitrag als Teil seines deliktischen Plans missbraucht.«

44 *Heinrich*, AT, Rn. 1331; *Beckemper*, Jura 2001, 163 (169).

45 *Seher*, JuS 2009, 793 (795).

46 Ähnlich *Jakobs*, 24/17; vgl. auch *Rabe von Kühlewein*, JZ 2002, 1139 (1140); *Otto*, JZ 2001, 436 (441); *Wohlers*, NStZ 2000, 169 (170): unangemessene Einschränkung der allgemeinen Handlungsfreiheit.

Befürwortet wird zum einen die generelle Straflosigkeit solcher **»sozialadäquater« Handlungen** durch eine entsprechende **tatbestandseinschränkende Gesetzesauslegung**.[47] »Sozialadäquate« Handlungen seien gerade nicht auf die rechtswidrige Beeinträchtigung der strafrechtlich geschützten Rechtsgüter gerichtet. Sie kennzeichne, dass sie bei ihrer Vornahme ihrem Sinn nach nicht von der strafbaren Handlung des anderen abhängen, sondern auch ohne diese sinnvoll seien.[48]

Erst dort, wo die **Sozialadäquanz** ende, sei die Strafwürdigkeit zu bejahen. Dies sei dann der Fall, wenn sich das Verhalten des Beteiligten durch die strafbare Handlung des anderen definiere, es einzeln betrachtet somit keinen sozialen Sinn mehr erfülle (**deliktischer Sinnbezug**).[49]

Differenzierend wird teilweise nur auf eine **»professionelle« Adäquanz** abgestellt und die Strafbarkeit sozial akzeptierten Handelns innerhalb der beruflichen Regeln abgelehnt, weil sie ansonsten einen Wertungswiderspruch begründe.[50]

Eine Privilegierung »neutraler Handlungen« im Rahmen des objektiven Beihilfetatbestandes wird teilweise angenommen auch unter Berufung auf

- ihre prinzipielle Einstufung als **»ungefährlich«** durch den Gesetzgeber[51],
- den **Grundsatz des Vertrauensschutzes**[52],
- das **Prinzip des erlaubten Risikos**[53].

Bsp. 1, 2 zeigen, dass jedenfalls eine über jenes Erheblichkeitskorrektiv, Rn. 1083, hinausgehende Privilegierung von Geschäften des täglichen Lebens (berufstypischen Handlungen) gegenüber **sonstigen** Beihilfehandlungen von Privatpersonen fragwürdig wäre.

Je pauschaler die Einschränkung der Strafbarkeit gehandhabt wird, desto bedenklicher erscheint die Lösung, da im Einzelfall grundsätzlich jede Verhaltensweise einen deliktischen Bezug erhalten *kann*, selbst wenn dieser typischerweise nicht gegeben ist. Es ist kaum möglich, ein Verhalten ohne sozialen Kontext isoliert zu betrachten und seinen Charakter zu definieren. Der Ausschluss der Strafwürdigkeit ist damit gerade nicht zwingend.[54]

---

47 So etwa für die meisten Fälle *Wessels/Beulke/Satzger*, Rn. 830; *Rönnau*, JuS 2011, 311. Ablehnend BGHSt 46, 107 (113); *Amelung*, FS Grünwald, 1999, S. 9 (29); *Schneider*, NStZ 2004, 312.

48 *Jakobs*, 24/17 – Anwendungsfall des Regressverbots, insbesondere in Fällen der (Gegen-) Leistung eines Gegenstandes oder einer Information; i.Erg. auch *Frister*, 28/44 f.

49 *Jakobs*, 24/18; *Lesch*, JA 2001, 986 (991); BGHSt 46, 107 (113): Frage, ob das Handeln des potentiellen Gehilfen losgelöst von der Straftat des anderen gesehen werden kann.

50 Vgl. die Darstellung bei *Hillenkamp*, Problem 28 (Theorie der professionellen Adäquanz) m.w.N.; zur professionellen Adäquanz insbesondere *Hassemer*, wistra 1995, 41 (81).

51 Nachweise bei *Beckemper*, Jura 2001, 163 (167 f.), die sich insgesamt – auch zu den anderen Ansichten – kritisch äußert.

52 Dazu *Roxin*, § 26 Rn. 241-246; *Lesch*, JA 2001, 986 (Problem der objektiven Zurechnung).

53 Vgl. z.B. *Kühl*, § 20 Rn. 222a m.w.N.; *Stratenwerth/Kuhlen*, § 12 Rn. 161.

54 Vgl. BGHSt 46, 107 (113); *Heinrich*, AT, Rn. 1332; *Amelung*, FS Grünwald, 1999, S. 9 (29): »§ 27 StGB ist so situationsabhängig gefaßt, daß sich aus ihm kaum abstrakt definierbare Klassen geschäftsmäßig erbrachter Beiträge zu fremden Straftaten ausklammern lassen.« Ähnlich *Fischer*, § 27 Rn. 17 m.w.N.: Es kommt »gerade darauf an, *innerhalb* des

Als weiteres objektives Korrektiv, das alltägliche und berufstypische Handlungen nicht gänzlich von der Strafbarkeit ausnimmt, kommt in Betracht, die generellen Anforderungen an die Hilfeleistung speziell für sie zu erhöhen:

Alltägliche, berufstypische Handlungen können nur dann den objektiven Tatbestand der Beihilfe erfüllen, wenn sie die Haupttat in **erheblicher** Weise fördern, ihre Erfolgschancen **wesentlich** erhöhen.[55]

Erreicht werden kann so, dass die bei solchen Handlungen zu vermutende rechtliche Unbedenklichkeit durch einen erhöhten Begründungsaufwand beseitigt wird. Allerdings bleibt der Maßstab letztlich recht vage.[56]

Eine **Orientierung an § 138 StGB** (Nichtanzeige geplanter Straftaten) und **§ 323c** 1084
StGB (Unterlassene Hilfeleistung) zur Rechtfertigung der mit der Strafandrohung bewirkten Einschränkung der Handlungsfreiheit wird ebenfalls angedacht,[57] ist jedoch ebenfalls wenig überzeugend: Zwar leuchtet ein, dass bei den in § 138 Abs. 1 StGB genannten Verbrechen erst recht ihre aktive Förderung verboten ist und dass dort, wo Hilfe gemäß § 323c StGB geboten wäre, erst recht aktives Fördern der Verursachung des »Unglücksfalles« (bzw. der »gemeinen Gefahr oder Not«) rechtswidrig sein muss. Aber diese Einsicht kann nicht bedeuten, dass in allen anderen Fällen neutrale Verhaltensweisen keine strafbare Beihilfe sein dürfen.[58]

3. Des Weiteren wird vertreten, die Strafbarkeit neutraler, alltäglicher, berufstypi- 1085
scher Handlungen mehr oder weniger als ein reines **Problem des Gehilfenvorsatzes** zu behandeln.[59]

Im Falle des Beihilfevorsatzes in der Form der **Absicht** im technischen Sinne oder des **direkten Vorsatzes** ist die Strafbarkeit des Hilfeleistenden durch eine solche Handlung unproblematisch.[60]

Das leuchtet für die Bsp. 1, 2, 3 und 7 unmittelbar ein, gilt jedoch auch für Bsp. 5,6 und 8.[61]

»Zielt das Handeln des Haupttäters **ausschließlich** darauf ab, eine strafbare Handlung zu begehen **und** weiß dies der Hilfeleistende, so ist sein Tatbeitrag in jedem Fall als strafbare

---

Rahmens äußerlich sozialadäquaten Verhaltens den Bereich strafbarer Tatförderung zu bestimmen.«

55 So noch in der Vorauflage *Krey*, AT 2, Rn. 301; ähnlich *Weigend*, FS Nishihara, 1998, S. 197 (208): »quantitative Abschichtung«. Daran fehlt es in Bsp. 4.

56 Kritisch auch *Wohlers*, NStZ 2000, 169 (173), der selbst eine Abgrenzung der Verantwortlichkeitssphäre anhand eines abgestuften Bewertungssystems vorschlägt.

57 Hierfür u.a.: SK/*Hoyer*, § 27 Rn. 33 m.w.N.; in Teilen *Rabe von Kühlewein*, JZ 2002, 1139 (1146); hiergegen: *Beckemper*, Jura 2001, 163 (166); *Niedermair*, ZStW 107 (1995), 507.

58 *Beckemper*, Jura 2001, 163 (166); ganz h.M.

59 *Beckemper*, Jura 2001, 163 (169); offenbar auch *Kudlich*, S. 466; *Schneider*, NStZ 2004, 312 (316 f.); i.Erg. auch die Rspr., vgl. *Fischer*, § 27 Rn. 17 f. Abweichend u.a.: SK/*Hoyer*, § 27 Rn. 23-33; *Jäger*, AT, Rn. 269 ff.; *Jakobs*, 24/17; *Kühl*, § 20 Rn. 222-222c; *Roxin*, § 26 Rn. 246; *Wessels*/*Beulke*/*Satzger*, Rn. 880.

60 Abweichend für den dolus directus 2. Grades SK/*Hoyer*, § 27 Rn. 32 f.

61 In Bsp. 5 dürfte die – **in Bsp. 4 fehlende** – Erheblichkeitsschwelle überschritten sein. Zu Bsp. 6 siehe Rn. 1086.

Beihilfehandlung zu werten. Denn unter diesen Voraussetzungen verliert sein Tun stets den ‚Alltagscharakter'; es ist als ‚Solidarisierung' mit dem Täter zu deuten und dann auch nicht mehr als ‚sozialadäquat' anzusehen.«[62]

1086 Aber auch beim Gehilfenvorsatz in der Form des **dolus eventualis** kann (grundsätzlich) nichts anderes gelten:[63]

Wenn der Nachbar (Bsp. 1), der Verkäufer (Bsp. 2) oder der Taxifahrer (Bsp. 3) ernstlich mit der Begehung der Haupttat rechnen und sich damit abfinden, ist kein Raum für durchgreifende Bedenken gegen ihre Gehilfenstrafbarkeit. Dasselbe gilt für die Bsp. 5 und 7.

Auch für den **Rechtsanwalt** (Bsp. 6) gelten keine anderen Maßstäbe: Es gibt kein Berufsrecht des Anwaltes, Mandanten mittels Rechtsberatung **vorsätzlich** zu der Begehung von Straftaten Hilfe zu leisten, mag der Gehilfenvorsatz dabei als Absicht, als dolus directus oder als **dolus eventualis** vorliegen.[64]

1087 Für die letztere Konstellation hat der BGH[65] wiederholt betont:

»Weiß der Hilfeleistende nicht, wie der von ihm geleistete Beitrag vom Haupttäter verwendet wird, hält er es lediglich für möglich, dass sein Tun zur Begehung einer Straftat genutzt wird, so ist sein Handeln regelmäßig noch nicht als strafbare Beihilfehandlung zu beurteilen, es sei denn, das von ihm erkannte Risiko strafbaren Verhaltens des von ihm Unterstützten war derart hoch, dass er sich mit seiner Hilfeleistung **die Förderung eines erkennbar tatgeneigten Täters** angelegen sein ließ.«[66]

Diese Rechtsprechung dürfte im Wesentlichen zu denselben Ergebnissen wie der hier vertretene Standpunkt führen. Doch leuchtet nicht ein, weshalb der BGH statt auf die diffuse Formel von der »Förderung erkennbar Tatgeneigter« nicht einfach auf die einschlägigen Erfordernisse des dolus eventualis abstellt: Rechnet der Gehilfe ernstlich mit der Begehung der fraglichen Haupttat und findet er sich damit ab?

Möglicherweise beruht diese teilweise Absage an das maßgebliche Kriterium des Vorliegens von dolus eventualis darauf, dass das Gericht den Bereich des dolus eventualis weiter ausdehnt. Der Sache nach aber läuft das Kriterium der »Förderung erkennbar Tatgeneigter« im Wesentlichen auf eine Lösung im Bereich des **subjektiven Tatbestandes** hinaus.[67] Dabei ist das Genügenlassen eines **eng verstandenen dolus eventualis** grundsätzlich sachgerecht – wobei die Sonderproblematik **erlaubten Verteidigerverhaltens** hier ausgeklammert werden soll.

62 BGH NStZ 2000, 34; NJW 2001, 2409 (2410).

63 Ebenso u.a.: *Beckemper*, Jura 2001, 163 (169). **Sachlich** im Wesentlichen übereinstimmend, aber mit abweichender Formulierung BGH NStZ 2000, 34; BGHSt 46, 107 (112 f.); *Otto*, FS Lenckner, 1998, S. 193. Abweichend u.a.: SK/*Hoyer*, § 27 Rn. 32 f.

64 Zweifelnd *Otto*, JZ 2001, 437 ff.

65 Kritisch *Rabe von Kühlewein*, JZ 2002, 1139 (1140).

66 BGH NStZ 2000, 34; BGHSt 46, 107 (112); *Roxin*, § 26 Rn. 241, 247 ff.; zustimmend *Frister*, 28/48.

67 *Fischer*, § 27 Rn. 18.

IV. Sukzessive Beihilfe nach Vollendung, aber vor Beendigung der Haupttat

Anders als bei der Mittäterschaft (Rn. 963 ff.) bestehen bei der **Beihilfe** keine **1088**
durchgreifenden Bedenken gegen die Möglichkeit sukzessiver Beteiligung im Stadium zwischen Vollendung und Beendigung der Straftat:[68]

Das ist bei Dauerdelikten wie § 239 StGB (Rn. 962) unproblematisch, da hier bis zu ihrer Beendigung der Tatbestand weiter verwirklicht wird.

Jene sukzessive Beihilfe ist aber auch bei anderen Delikten, insbesondere beim Diebstahl, möglich.[69] Der Einwand, die **Beendigung des Diebstahls durch Sicherung der Beute** nach Vollendung der Wegnahme sei kein tatbestandsmäßiges Verhalten (Rn. 964 f.), spielt bei der Beihilfe keine Rolle, denn sie verlangt keinen gemeinsamen Tatentschluss und keine gemeinschaftliche Begehung.

Fall 137: – Sukzessive Beihilfe beim Diebstahl – **1089**
T hat ein Schmuckstück entwendet und in seine Hosentasche gesteckt. Er ist aber entdeckt worden und wird verfolgt. Als der Verfolger ihn beinahe eingeholt hat, eilt G, ein guter Freund des T herbei. T wirft G die Beute zu. G ist schneller als der Verfolger und kann sie für T in Sicherheit bringen.

T hat einen Diebstahl begangen, der mit dem Einstecken der Beute vollendet war. – Bei **G** entfallen §§ 242, 25 Abs. 2 StGB, weil er erst nach Vollendung der Wegnahme eingegriffen hat. Doch ist nach Wortlaut und Sinn des § 27 StGB **sukzessive Beihilfe** bei der Beendigung des Diebstahls möglich und in casu gegeben.[70]

Liegt sukzessive Beihilfe vor, so sollen (h.M.) dem Gehilfen alle ihm bekannten **1090**
Tatumstände, die der Haupttäter bereits verwirklicht hatte, zuzurechnen sein.[71]

V. Zur Konkretisierung des Gehilfenvorsatzes

Wie der Anstifter muss auch der Gehilfe mit **»doppeltem Gehilfenvorsatz«**[72], d.h. **1091**
mit Vorsatz sowohl bzgl. der vorsätzlichen rechtswidrigen Haupttat als auch bzgl. seines eigenen, das Vorhaben des Haupttäters fördernden Gehilfenbeitrags handeln.[73] Es genügt insoweit **dolus eventualis**.[74]

Die Anforderungen an den Anstiftervorsatz, was die Konkretisierung von Tat und Täter angeht (Rn. 1051 ff.), gelten für den Vorsatz des **Gehilfen** jedoch nur abge-

---

68 BGHSt 4, 132 (133); 6, 248 (251); BayObLG NStZ 1999, 568 f.; S/S/*Heine*/*Weißer*, § 20 Rn. 17 m.w.N.; *Frister*, 28/50; *Wessels*/*Beulke*/*Satzger*, Rn. 831 m.w.N.; **a.A.** etwa: SK/*Hoyer*, § 27 Rn. 18; *Kühl*, AT, Rn. 233 ff.; *Roxin*, § 26 Rn. 259 ff.

69 BGHSt 4, 132 (133); 6, 248 (251); *Frister*, 28/50; *Jäger*, AT, Rn. 231; *Wessels*/*Beulke*/*Satzger*, Rn. 831.

70 Nachweise bei *Krey*/*Hellmann*/*Heinrich*, BT/1, Rn. 859 ff.; dort auch zu **§ 257 StGB**.

71 Dazu u.a.: S/S/*Heine*/*Weißer*, § 27 Rn. 23; **a.A.** *Rudolphi*, FS Jescheck, 1985, S. 560.

72 Vgl. *Gaede*, JA 2007, 757 (761).

73 BGHSt 46, 107 (109).

74 *Satzger*, Jura 2008, 514 (518).

schwächt.[75] Das folgt daraus, dass er nur als Randfigur unter den Beteiligten fungiert und zudem die Strafdrohung für ihn milder ist.

Daher genügt für den **Gehilfen**vorsatz, dass sein Vorstellungsbild die **wesentlichen Merkmale der Haupttat, insbesondere deren Unrechtsgehalt und Angriffsrichtung,** erfasst.[76] Es genügt hingegen nicht, wenn der Gehilfe von irgendeiner Art von Vermögensdelikt ausgeht.[77] Allerdings ist eine andere rechtliche Einordnung der Tat unschädlich, sofern die vorgestellte Haupttat von dem begangenen Delikt in ihrem Unrechtsgehalt nicht gänzlich abweicht.

Der Gehilfe muss jedoch weder das Opfer, noch die Tatzeit und den Tatort noch nähere Details zur konkreten Begehungsweise tatsächlich kennen.[78]

Beispiel: T erklärt, er sei entschlossen, »eine Bank oder Tankstelle zu überfallen«; er müsse sich nur noch eine Schusswaffe besorgen. Daraufhin leiht ihm G eine Pistole. Wochen später begeht T einen Schweren Raub durch einen Überfall auf die Sparkasse.

Hier hat **G** Beihilfe zu dem Verbrechen des T begangen. Sein Vorsatz hinsichtlich der Haupttat war für § 27 StGB konkret genug, obwohl er den Anforderungen an den Anstiftervorsatz nicht genügt hätte (Rn. 1053).

Typischerweise handelt der Gehilfe ohne Tatherrschaft in Bezug auf die konkrete Haupttat mit einer gewissen Ungewissheit.[79] Führt der Täter einen höheren Schaden herbei oder schädigt er mehr Opfer als vom Gehilfen als möglich erkannt, so macht er sich der Beihilfe schuldig, wenn und soweit die Tat bzw. ihre Folgen noch von seinem Vorsatz erfasst werden.

Das »Mehr« schließt den Gehilfenvorsatz weder vollständig aus noch kann es ihm abweichend von den allgemeinen Grundsätzen stets ungeschmälert zugerechnet werden.[80]

So änderte der BGH im Fall **El Motassadeq** den Schuldspruch auf Beihilfe zum 246-fachen Mord (statt Beihilfe zum Mord in 3066 Fällen bzw. Verneinung jeglicher Beihilfe zum Mord), da der Gehilfenvorsatz des E sich direkt auf die Tötung von Menschen gerichtet habe, wobei er die Anzahl von Opfern, die nach den ihm bekannten Umständen der geplanten Anschläge auf das World Trade Center vom 11.9.2001 in Betracht gekommen seien, zumindest billigend in Kauf genommen habe.[81]

---

75 BGHSt 42, 135 (138) (mit Anm. *Roxin*, JZ 1997, 210, u. *Kindhäuser*, NStZ 1997, 273). BGHSt 46, 107 (109): »Der Gehilfe muss die Haupttat **in ihren wesentlichen Merkmalen** kennen.«

76 *Wessels/Beulke/Satzger*, Rn. 832 m.w.N.

77 BGH StraFo 2012 239.

78 BGHSt 42, 135 (139).

79 *Gaede*, JA 2007, 757 (761).

80 *Kudlich*, JA 2007, 309 (311): Berücksichtigung im Rahmen der Strafzumessung bleibt aber möglich; *Gaede*, JA 2007, 757 (761).

81 BGH NJW 2007, 384 (389).

Prüfungsschema: Anstiftung und Beihilfe

1. **Strafbarkeit des Haupttäters**
2. **Strafbarkeit des Beteiligten**
   a) **Objektiver Tatbestand**
      (1) Vorsätzliche, rechtswidrige Haupttat eines anderen (Grundsatz der limitierten Akzessorietät)
      (2) Bestimmen iSv § 26 StGB bzw. Hilfeleisten iSv § 27 StGB
   b) **Subjektiver Tatbestand (= Doppelter Anstifter- bzw. Gehilfenvorsatz)**
      (1) Vorsatz bezüglich der Haupttat
      (2) Vorsatz bezüglich der eigenen Anstifter- bzw. Beihilfehandlung
   c) **Tatbestandsverschiebung / Akzessorietätslockerung, § 28 Abs. 2 StGB**

§ 33 Irrtumsfragen bei der Teilnahme; Kettenteilnahme

I. Irrtumsfragen bei der Teilnahme

1. Hervorrufen des Tatentschlusses in Unkenntnis der Gutgläubigkeit des Verleiteten; Umkehrung dieses Falles

a) Irrige Annahme des »Anstifters«, die Haupttat sei vorsätzlich

1092 **Fall 138: – Irrige Annahme des »Anstifters«, die Haupttat sei vorsätzlich –**[1]
W erschießt bei einer Treibjagd den Treiber O, weil er ihn im Dämmerlicht für eine Hirschkuh hält. H hat W zu dem tödlichen Schuss auf O verleitet, dabei aber irrig angenommen, W habe den O erkannt, werde also mit dem Vorsatz handeln, einen Menschen zu erschießen. Strafbarkeit von W und H?

W ist mangels Vorsatzes nicht wegen Totschlags, aber wegen Fahrlässiger Tötung strafbar.

H wiederum hat den objektiven Tatbestand des § 212 StGB in mittelbarer Täterschaft mit W als **unvorsätzlich** handelndem Werkzeug erfüllt, doch fehlt ihm diesbezüglich der Vorsatz: H hielt W irrig für bösgläubig, kannte also die Tatsachen nicht, die seine Tatherrschaft begründeten. Anstiftung durch H zum Totschlag entfällt mangels vorsätzlicher Haupttat des W. Es liegt lediglich eine **versuchte** Anstiftung zum Totschlag vor (§§ 212, 30 Abs. 1 StGB).[2]

b) Umkehrung: Der »Anstifter« verleitet einen Bösgläubigen, den er irrig für gutgläubig hält

1093 **Fall 139** (Abwandlung von **Fall 138**, Rn. 1092):
H hat W zu dem tödlichen Schuss auf O verleitet. Dabei hat W erkannt, dass O ein Treiber war. H jedoch hatte geglaubt, W werde O im Dämmerlicht für eine Hirschkuh halten. Strafbarkeit der Beteiligten?

W hat einen Totschlag, § 212 StGB, begangen.[3]

Bei **H** entfällt Totschlag in mittelbarer Täterschaft, weil W wegen seiner Bösgläubigkeit kein Werkzeug des W war: Die Tatherrschaft lag objektiv allein beim vorsätzlich handelnden W.[4] Der Wille zur Beherrschung des W genügt zur Begründung mittelbarer Täterschaft allein gerade nicht (s. Rn. 874 ff.). Da der **Vorsatz** des H aber auf die Begehung des § 212 StGB mittels W als unvorsätzlich handelnden Werkzeugs gerichtet war (vgl. Rn. 886), kommt ein ***versuchter* Totschlag in mittelbarer Täterschaft** in Betracht.[5]

Gleichzeitig liegen die objektiven Voraussetzungen einer **Anstiftung zum Totschlag** vor. Denn obwohl W den O erkannt hat, wurde sein Tatentschluss erst

1 Vgl. zur Lösung auch Rn. 1005 f.
2 Die versuchte Anstiftung zu einem Vergehen (§ 12 Abs. 2 StGB) ist dagegen straflos (vgl. § 30 Abs. 1 S. 1 StGB). Dies beruht auf einer gesetzgeberischen Entscheidung. Sie zu korrigieren ist nicht Aufgabe der Strafrechtswissenschaft.
3 Ob sogar Mord (§ 211 StGB) vorliegt, soll hier dahinstehen.
4 Dazu u.a.: *Herzberg*, S. 45; *Roxin*, § 26 Rn. 163.
5 Vgl. *Roxin*, § 25 Rn. 165: »Täterschaft [ist] (materiell) Tatbestandsverwirklichung (…), so dass versuchte Täterschaft sich als versuchte Tatbestandsverwirklichung darstellt. Es handelt sich dabei um einen Versuch mit untauglichen Mitteln.«

durch H herbeigeführt, so dass dieser trotz seiner Bösgläubigkeit noch nicht fest zur Tat entschlossen war (omnimodo facturus). § 26 StGB verlangt jedoch, dass der Anstifter *vorsätzlich* den Haupttäter zu dessen *Vorsatz*tat bestimmt;[6] H aber hielt den W irrig für gutgläubig. Die objektiv gegebene Anstiftung zum Totschlag scheidet folglich mangels Anstiftervorsatzes bei **H** aus. Es bleibt bei der Strafbarkeit des H wegen versuchten Totschlags in mittelbarer Täterschaft.[7]

Dieses Ergebnis wird **kritisiert**, weil aus dem Schuldspruch nicht erkennbar sei, dass es unter Beteiligung des H tatsächlich zu einer Rechtsgutsverletzung gekommen sei. Zur Klarstellung dieses Verletzungserfolges wollen die Kritiker daher aus der **vollendeten Anstiftung** bestrafen. Sie stellen darauf ab, dass der Wille zur Tatherrschaft schwerer wiege als der Anstiftervorsatz, diesen mithin umfasse oder zumindest ersetzen könne, und H nicht beschwert sei, wenn er aus der minder schweren Beteiligungsform bestraft würde.[8] Diese Konstruktion dürfte aber gesetzwidrig sein, da es tatsächlich am Anstiftervorsatz fehlt.[9]

Auswirkungen auf den Strafausspruch muss dieser Streit nicht haben, da der Anstifter »gleich einem Täter« (auch § 25 Abs. 1 Alt. 2 StGB) zu bestrafen ist und § 23 Abs. 2 StGB für den Versuch lediglich eine fakultative Strafmilderung vorsieht (»kann«). Dass tatsächlich ein Verletzungserfolg eingetreten ist, wird sich somit regelmäßig in der Versagung der Strafmilderung niederschlagen, so dass einem möglichen Klarstellungsbedürfnis hinsichtlich des Schuldspruchs gerade kein Bedürfnis nach einer schuldangemessen(er)en Strafe gegenübersteht.

c) Ergebnis: In der ersten Konstellation liegt nur **versuchte** Anstiftung vor (Rn. 1092).[10] In der zweiten ist hingegen **versuchte** Tatbegehung in mittelbarer Täterschaft anzunehmen.

2. Error in persona des Haupttäters: Auswirkung für den Anstifter?

Fall 140: – Tod infolge Personenverwechslung – 1094
Bauer B überredet seinen Knecht K, den X zu töten. K legt sich auf die Lauer. In der Dämmerung hält K den O irrtümlich für X und erschießt ihn (O). Strafbarkeit des **B**?[11]

K ist des vollendeten Totschlags (Tod des O) schuldig. Seine Personenverwechselung **(error in persona)** lässt den Vorsatz unberührt (Rn. 431 ff.).

Bei **B** entfällt Mittäterschaft mangels Mitherrschaft. Doch hat er den objektiven Tatbestand der Anstiftung zum Totschlag erfüllt. Es fragt sich, wie sich der error in persona des Haupttäters auf den Anstiftervorsatz auswirkt.

6 **A.A.** *Kühl*, § 20 Rn. 87; *Roxin*, § 25 Rn. 167.

7 Wie hier: *Gropp*, § 10 Rn. 161; *Herzberg*, S. 45; SK/*Hoyer*, § 25 Rn. 144 ff.; *Kudlich*, JuS 2003, 755 (758). **a.A.** S/S/*Heine*/*Weißer*, Vor § 25 Rn. 76; *Wessels*/*Beulke*/*Satzger*, Rn. 789, 796.

8 S/S/*Heine*/*Weißer*, Vor § 25 Rn. 76; *Kühl*, § 20 Rn. 87; *Roxin*, § 25 Rn. 167; *Wessels*/*Beulke*/*Satzger*, Rn. 788.

9 Kritisch auch *Kudlich*, JuS 2003, 755 (758).

10 So auch die ganz h.M. S/S/*Heine*/*Weißer*, Vor § 25 Rn. 76; *Wessels*/*Beulke*/*Satzger*, Rn. 789.

11 Siehe bereits **Fall 68**, Rn. 431 ff., 434.

1095 1. Nach herrschender und zutreffender Ansicht ist der error in persona eines **Mittäters** für die anderen Mittäter ebenfalls unerheblich, sofern sich der Irrende im Rahmen des gemeinsamen Tatplans hält (Rn. 949, 951).

2. Für die **mittelbare Täterschaft** gilt entsprechend: Der error in persona des Werkzeugs ist für den Hintermann unerheblich, soweit sich das Werkzeug

- **im Rahmen der Weisungen** des mittelbaren Täters hielt (Individualisierung des Tatobjekts durch den Hintermann) oder
- der Irrtum des Werkzeugs – Auswahlfehler, wenn **Individualisierung dem Werkzeug überlassen** war – (sonst) objektiv vorhersehbar war.[12]

Im letzteren Fall muss sich der Hintermann den Auswahlfehler wie eine eigene Objektsverwechslung zurechnen lassen. Hat er dagegen sein Werkzeug stärker gelenkt und ihm nicht die Individualisierung des Tatobjekts überlassen, so wirkt sich die Verwechslung wie ein Fehlgehen einer mechanischen Waffe aus, so dass beim Hintermann eine aberratio ictus[13] vorliegt.

1096 3. a) Im Anschluss an diese sachgerechte Konzeption für Mittäter und mittelbare Täter steht die **Judikatur** für den **Anstifter** zu Recht auf dem Standpunkt:

»Der Irrtum des Täters über die Person des Tatopfers ist für den **Anstifter** unbeachtlich, es sei denn, dass die Verwechselung des Opfers durch den Täter außerhalb der Grenzen des nach allgemeiner Lebenserfahrung Voraussehbaren liegt.«[14]

Was die Begründung dieses Standpunktes angeht, sei auf die (im Wesentlichen) überzeugende Argumentation des **BGH** verwiesen:

Der Anstifter sei für die Haupttat mitursächlich und greife selbst das Rechtsgut durch seine Einwirkung auf den Täter an. Angesichts dieses Strafgrundes der Anstiftung bedürfe es eines besonderen Rechtsfertigungsgrundes dafür, wenn ein in der Person des Haupttäters unerheblicher Umstand »im Gegensatz dazu beim Anstifter als rechtserheblich behandelt werden solle«. Eine solche Rechtfertigung sei jedenfalls dann nicht ersichtlich, wenn sich der error in persona des Täters wegen seiner Vorhersehbarkeit nach der allgemeinen Lebenserfahrung als unerhebliche Abweichung vom geplanten Geschehen darstelle.

Im Übrigen könne der error in persona des Täters in Fällen wie dem vorliegenden schon deswegen keinen Fall der aberratio ictus beim Anstifter begründen, weil die Regeln für die aberratio ictus für Geschehensabläufe entwickelt worden seien, »in denen der Täter das

12 So (bzw. ähnlich): S/S/*Heine*/*Weißer*, § 25 Rn. 53-55; *Freund*, § 10 Rn. 131, 174; *Gropp*, § 10 Rn. 162 ff.; *Jakobs*, 21/106; *Kindhäuser*, AT, § 39 Rn. 79 ff.; *Wessels*/*Beulke*/*Satzger*, Rn. 792; **a.A.** etwa: *Baumann*/*Weber*/*Mitsch*, § 21 Rn. 15; *Roxin*, § 25 Rn. 171, der stets von einer aberratio ictus für den Hintermann ausgeht.

13 Zur aberratio ictus, die den Vorsatz entfallen lässt, siehe Rn. 435 ff.

14 BGHSt 37, 214 (216 ff.) – **Hoferben-Fall** (auch Rose-Rosahl-II-Fall genannt); BGH NStZ 1998, 294 (295); so schon Preußisches Obertribunal GA 1859, 332 – **Rose-Rosahl-Fall**. Ebenso (bzw. im Wesentlichen übereinstimmend) u.a.: S/S/*Heine*/*Weißer*, § 26 Rn. 26 m.w.N.; *Geppert*, Jura 1992, 163 ff.; *Maurach*/*Zipf*, § 23 Rn. 26; NK/*Puppe*, § 16 Rn. 107 ff.; *Kindhäuser*, AT, § 41 Rn. 33 ff.; *Kühl*, § 20 Rn. 206 ff.; *Rengier*, AT, § 45 Rn. 58 und *Wessels*/*Beulke*/*Satzger*, Rn. 824 differenzieren danach, ob der Haupttäter sich an die Vorgaben des Anstifters hält/zu halten versucht (Fehler unbeachtlich) oder nicht (Fehler beachtlich). Abweichend: *Schmidhäuser*, 14/123: **Anstiftung zum Versuch.**

Angriffsobjekt vor sich sehe, an seiner Stelle aber ein anderes Objekt verletze«. Ein solcher Fall sei aber in casu nicht gegeben.[15]

Der BGH geht dann noch auf das gegen seine Konzeption vorgebrachte sog. **»Blutbad-Argument«**[16] ein. Es besagt:

Wenn der Haupttäter nach seiner im error in persona begangenen Tat seinen Irrtum bemerke und nun das »richtige Opfer« (X) töte, müsste der Anstifter nach der Konzeption des Preußischen Obertribunals (»Rose-Rosahl«) und des BGH wegen beider Taten gemäß §§ 212, 26 StGB strafbar sein, d.h. »für das ganze Gemetzel« als Anstifter haften.

Hierzu sagt das Gericht lapidar, aber sachlich einleuchtend:

In der Tat seien dem Anstifter in einem solchen Fall »mehrerer Anläufe« zur Tötung des richtigen Opfers (X) beide Tötungen zuzurechnen, sofern sie vorhersehbar seien. Jedoch könne er auch dann nur wegen »**einer** Anstiftung zu den beiden Tötungsdelikten« schuldig gesprochen werden.[17]

b) Weite Teile der **Literatur** gelangen jedoch zu einem anderen Ergebnis. Sie **1097**
gehen im Grundsatz von der *Beachtlichkeit* des error in persona für den Anstifter aus, weil er für diesen einen Fall der **vorsatzausschließenden aberratio ictus** darstelle.[18]

Es dürfe keinen Unterschied machen, ob der Täter ein mechanisches Werkzeug losschicke, welches fehlgehe, oder ob ein menschliches Werkzeug verwendet werde, das irre.[19] Der Anstifter irre in beiden Fällen über die Entwicklung des von ihm angestoßenen Kausalverlaufs, der ihm durch den Irrtum des Haupttäters entgleite.[20]

Die Argumentation mit dem Haupttäter als Werkzeug ist jedoch im Bereich der Anstiftung verfehlt, da dieser – anders als der Vordermann bei der mittelbaren Täterschaft – vollverantwortlich für seine Tat haftet. Zudem führt eine aberratio ictus nach h.M. zwar in aller Regel, aber nicht zwingend zu einem Vorsatzausschluss, sondern vielmehr zu einer Prüfung des Vorsatzes nach den allgemeinen Grundsätzen. Dort wird aber gerade die Frage des BGH nach dem Vorliegen eines beachtlichen Irrtums über den Kausalverlauf relevant.[21]

---

15 BGHSt 37, 214 (217-219).

16 Von *Binding* (dazu – zustimmend – *Roxin*, § 26 Rn. 121, 125); kritisch *Dehne-Niemann/Weber*, Jura 2009, 373 (377 f.).

17 BGHSt 37, 214 (219); kritisch dazu z.B. *Roxin*, § 26 Rn. 121, 125.

18 *Jescheck/Weigend*, § 64 II 4; *Roxin*, § 26 Rn. 120 (unvorsätzlicher Exzess des Haupttäters).

19 *Heinrich*, AT, Rn. 1311.

20 *Niemann/Weber*, Jura 2009, 373 (378).

21 Ähnlich auch *Frister*, 28/27.

II. Kettenteilnahme: Anstiftung zur Anstiftung, Beihilfe zur Beihilfe etc.

1098 Nach h.M. soll **Anstiftung zur Anstiftung** als (mittelbare oder vermittelte) Anstiftung zur Haupttat strafbar sein.[22] Die Ausführungen zum Strafgrund der Anstiftung (Rn. 984 ff.) gelten entsprechend.

Dabei ist es unschädlich, wenn es dem Angestifteten überlassen bleibt, den Haupttäter auszuwählen oder wenn der Anstifter die Zahl der Zwischenglieder zwischen ihm und dem Haupttäter nicht kennt.[23] Dies lässt sich schon damit begründen, dass selbst die »unmittelbare« Anstiftung nicht an eine bestimmte Person gerichtet zu sein braucht (Rn. 1052).

Dass die Kettenanstiftung strafbar ist, wird von § 30 Abs. 1 Var. 2 StGB vorausgesetzt: Strafbar ist es, zu versuchen, jemanden dazu anzustiften, dass er einen anderen zur Begehung eines Verbrechens (§ 12 Abs. 1 StGB) anstiftet; so muss es erst recht strafbar sein, wenn man tatsächlich jemanden dazu anstiftet (und dies nicht nur versucht), einen anderen anzustiften.[24]

Praktische Bedeutung hat die Kettenanstiftung insbesondere in der sog. **organisierten Kriminalität**,[25] aber auch in **Wirtschafts- oder Umweltstrafsachen**, namentlich in Großunternehmen.[26] Immer wieder kommt es aber auch zu Fällen, in denen jemand, der nichts mit mafiösen Strukturen zu tun hat, eine bestimmte Straftat, etwa die Tötung eines Menschen, erledigt haben möchte, und mangels eigener Kenntnis des kriminellen Milieus über eine Mittelsperson den Tatausführenden beauftragt, also anstiftet.[27]

1098a **Beihilfe zur Beihilfe** ist nach h.M. Beihilfe zur Haupttat.[28] Dasselbe gilt für die **Beihilfe zur Anstiftung** und die **Anstiftung zur Beihilfe**, da jeweils (mittelbar) die Förderung der Haupttat bewirkt wird.[29]

---

22 »Kettenanstiftung«: BGHSt 40, 307 (313); S/S/*Heine*/*Weißer*, § 26 Rn. 15 m.w.N.; *Kühl*, § 20 Rn. 193; zur Strafwürdigkeit und dogmatischen Herleitung der Kettenanstiftung vgl. *Krell*, Jura 2011, 499; zu den Bedenken hinsichtlich der Bezeichnung dieser Anstiftungsform als »mittelbar« ebd. S. 501 f. Stiftet **A 1** also den A 2 erfolgreich an, den T zum Totschlag anzustiften, würde der Schuldspruch lauten: *A 1 ist der Anstiftung zum Totschlag schuldig.*

23 BGH NStZ 1994, 29 (30).

24 *Krell*, Jura 2011, 499 (501) m.w.N.

25 Der »klassische« Mafia-Boss ist jedoch oft (nach h.M.) mittelbarer Täter, vgl. Rn. 934.

26 *Krell*, Jura 2011, 499 f.

27 Vgl. z.B. BGHSt 50, 1 = NJW 2005, 996 m. Bespr. *Kudlich*, JuS 2005, 1051.

28 »Kettenbeihilfe«: *Kühl*, § 20 Rn. 242a m.w.N.; *Gaede*, JA 2007, 757 (758).

29 S/S/*Heine*/*Weißer*, § 26 Rn. 15; *Kühl*, § 20 Rn. 194, 242a.

Vierter Teil: Das vollendete vorsätzliche Unterlassungsdelikt

– Unechte Unterlassungsdelikte (§ 13 StGB) –

§ 34 Einführung und Aufbau des unechten Unterlassungsdelikts[1] 1099

Auf den Unterschied zwischen **echten Unterlassungsdelikten**[2], z.B. Unterlassene Hilfeleistung (§ 323c StGB), und **unechten**, z.B. Totschlag durch Unterlassen (§§ 212, 13 StGB), wurde bereits hingewiesen (Rn. 215-217, 219). Gegenstand der folgenden Darstellung ist allein das unechte Unterlassungsdelikt.

I. Besonderheiten des unechten Unterlassungsdelikts

Begehungsdelikte und unechte Unterlassungsdelikte haben als **Gemeinsamkeit** 1100
den **Verstoß gegen ein Verbot**, wie etwa »Du sollst nicht töten!«.

Beispiele: Die Mutter, die ihr Baby vorsätzlich in der Badewanne ertränkt, verletzt das in § 212 StGB enthaltene Tötungsverbot: Totschlag durch aktives Tun. Dasselbe gilt, wenn sie ihr Baby vorsätzlich verhungern lässt: Totschlag durch Unterlassen.[3]

Gleichwohl ist der **Unterschied zwischen »Tun und Unterlassen«** im Allgemeinen und speziell zwischen der Verwirklichung von Straftatbeständen in der Form des Begehungsdeliktes oder in der Form des unechten Unterlassungsdeliktes **von zentraler Bedeutung**.

Zum einen sind Begehungsdelikte grundsätzlich Allgemeindelikte; tauglicher Täter 1101
kann jedermann sein. Dagegen sind unechte Unterlassungsdelikte **Sonderdelikte**:[4] hier ist tauglicher Täter nur, wer eine Garantenstellung i.S.d. § 13 StGB besitzt. Ohne eine solche Garantenposition kann der Unterlassende allenfalls wegen eines echten Unterlassungsdeliktes strafbar sein.

Sowohl für das unechte Unterlassungsdelikt als auch für das fragliche Begehungsdelikt gilt die gleiche Strafdrohung: bei den unechten Unterlassungsdelikten kann die Strafe jedoch »nach § 49 Abs. 1 StGB« **gemildert** werden (vgl. § 13 Abs. 2 StGB).[5]

Mithin ist für Täter ohne Garantenstellung (Nicht-Garanten) der Unterschied zwischen aktivem Tun und Unterlassen gleichbedeutend mit dem Unterschied zwischen Strafbarkeit aus dem fraglichen Delikt und dessen Unanwendbarkeit.

---

1 Siehe auch den Überblick über die unechten Unterlassungsdelikte bei: *Ransiek*, JuS 2010, 490, 585, 678.

2 Bislang strittig, nun durch BGH NJW 2012, 546 entschieden: Auch § 221 Abs. 1 Nr. 2 StGB ist ein echtes Unterlassungsdelikt. Zustimmend auch *Jäger*, JA 2012, 154.

3 *Kühl*, § 18 Rn. 2-5; *Stratenwerth/Kuhlen*, 13/12; *Welp*, S. 26 ff.

4 *Jakobs*, 28/13, 29/4; *Köhler*, Kap. 4 I 3; *Roxin*, § 31 Rn. 140 ff.: Pflichtdelikte.

5 Der Tatrichter nimmt hierfür eine wertende Gesamtwürdigung der wesentlichen unterlassungsbezogenen Gesichtspunkte vor. Von besonderer Bedeutung ist dabei die Frage, ob die gebotene Handlung von dem Unterlassungstäter mehr verlangt als den Einsatz rechtstreuen Willens: BGH NJW 1982, 393.

Für Täter mit Garantenposition (Garanten) gemäß § 13 StGB läuft die Differenzierung zwischen Tun und Unterlassen insbesondere auf Unterschiede im Strafrahmen hinaus (Geltung des § 13 Abs. 2 StGB?).

1102 Wie ausgeführt, verletzt das unechte Unterlassungsdelikt dasselbe Verbot wie das entsprechende Begehungsdelikt. Ob jemand demgemäß für ein »Nichtstun« in gleicher Weise so bestraft werden kann, als hätte er den Erfolg aktiv als ein Begehungstäter herbeigeführt,[6] bestimmt sich nach dem (seit 1975 geltenden) **§ 13 StGB**.[7]

Diese Vorschrift nennt **zwei Voraussetzungen** für die Gleichstellung des Unterlassens, den Eintritt des tatbestandsmäßigen Erfolges zu verhindern, mit der Herbeiführung dieses Erfolges durch aktives Tun:

1103 Erstens muss der Unterlassungstäter **»rechtlich dafür einzustehen haben, dass der tatbestandsmäßige Erfolg nicht eintritt«**. Mit dieser Formulierung wird die **Garantenstellung** als (erstes) Gleichstellungserfordernis normiert. Der Täter des unechten Unterlassungsdeliktes muss als Garant *rechtlich* für die Abwendung des Erfolges verantwortlich sein.[8]

Zweitens, so der Text des § 13 StGB, muss »das Unterlassen der Verwirklichung des gesetzlichen Tatbestandes durch ein Tun **entsprechen**«. Diese von vielen »zweites Gleichstellungskriterium« genannte **Entsprechens-Klausel** ist aber ohne nennenswerte praktische Bedeutung (hierzu Rn. 1129).

Das maßgebliche Gleichstellungserfordernis ist also die Garantenstellung des Täters. Sie ist **Tatbestandsmerkmal** der unechten Unterlassungsdelikte.[9]

II. Aufbau des unechten Unterlassungsdelikts

1104 Der objektive Tatbestand des unechten Unterlassungsdeliktes setzt sich wie folgt zusammen:[10]

- Eintritt des tatbestandsmäßigen Erfolges (z.B. Tod eines anderen)
- Unterlassen, verstanden als Nichtvornahme der objektiv gebotenen Rettungshandlung trotz physisch-realer Handlungsmöglichkeit für den Täter
- Kausalität (»Quasikausalität«, auch »hypothetische Kausalität« genannt)
- Objektive Zurechnung des Erfolges
- Garantenstellung des Täters
- Entsprechens-Erfordernis (§ 13 StGB)

Diese Entsprechens-Klausel gilt aber nicht für reine Erfolgsdelikte wie Totschlag durch Unterlassen. Im Übrigen ist sie bei den sonstigen unechten Unterlassungsdelikten (»verhaltensgebundene Tatbestände« wie Mord in der Modalität *grausam*) als inhaltsleeres Blankett sachlich ohne nennenswerte Bedeutung (Rn. 1129 ff.).

---

6 Ein anschauliches Beispiel findet sich bei *Joecks*, § 13 Rn. 6.
7 *Jakobs*, 29/1 ff.; *Jescheck*/*Weigend*, § 58 IV 1-3; S/S/*Stree*/*Bosch*, § 13 Rn. 1, 5/6.
8 *Heinrich*, AT, Rn. 893; *Jakobs*, 29/4, 26; *Jescheck*/*Weigend*, § 58 IV; *Roxin*, § 32 Rn. 1 ff.
9 BGHSt (GS) 16, 155 (158); *Kühl*, § 18 Rn. 7 f.; S/S/*Stree*/*Bosch*, § 13 Rn. 2.
10 *Kühl*, § 18 Rn. 12a, 26 ff.; *Wessels*/*Beulke*/*Satzger*, Rn. 994 ff.

Die Einordnung der **Zumutbarkeit normgemäßen Verhaltens** ist strittig; vgl. Rn. 1171 ff.).

Dabei ist auch die *Frage »Tun oder Unterlassen«* ein Problem des **objektiven** **1105** **Tatbestandes** des jeweiligen Delikts: Totschlag durch Handeln verlangt als Begehungsdelikt aktives Tun, Totschlag durch Unterlassen (§§ 212, 13 StGB) als unechtes Unterlassungsdelikt – mit der Möglichkeit der Strafmilderung gemäß § 13 Abs. 2 StGB – setzt Unterlassen voraus. Die Abgrenzung Tun/Unterlassen sollte also nicht als »Vorprüfung« **vor** der Erörterung des Tatbestandes erfolgen, sondern innerhalb des objektiven Tatbestandes der fraglichen Straftat.[11]

In der Klausur empfiehlt sich mithin folgende Vorgehensweise, z.B. im Falle eines Tötungsdelikts: Beginn (»I.«) mit Prüfung des § 212 StGB, wobei innerhalb des objektiven Tatbestands angesprochen wird, ob überhaupt ein aktives Tun vorliegt. Wird festgestellt, dass es sich um ein Unterlassen handelt, wird § 212 StGB verneint und unter (»II.«) die Unterlassungsvariante separat geprüft, mithin §§ 212, 13 StGB.

Besonderheiten des unechten Unterlassungsdelikts wirken sich zudem auf die Prü- **1106** fungspunkte subjektiver Tatbestand, Rechtswidrigkeit und Schuld aus. Im subjektiven Tatbestand spielen oft Irrtümer eine Rolle, während bei der Rechtswidrigkeit an den speziellen **Rechtfertigungsgrund der Pflichtenkollision** (vgl. **§ 16**) zu denken ist.

11 *Otto*, Jura 2001, 100 (101); *Kudlich/Schuhr*, JA 2007, 249 (251). Anders *Kühl*, § 18 Rn. 12a.

§ 35 Abgrenzung von aktivem Tun und Unterlassen

I. Aktives Tun und Unterlassen als Wertungsfrage

1107 Bei der Abgrenzung aktiven Tuns vom Unterlassen handelt es sich um eine **Wertungsfrage**. Maßgeblich für diese Abgrenzung sind nicht etwa naturalistische, empirische Kriterien wie

– der **Energieaufwand** durch den Täter[1] und/oder
– die **Kausalität** seines Verhaltens[2].

Vielmehr stellt die h.M. zutreffend darauf ab, wo nach dem **sozialen Sinn des Geschehens dessen Schwerpunkt** lag.[3] In jedem Einzelfall ist mithin unter Abwägung der relevanten Umstände die Frage zu beantworten: Was werfen wir dem Täter eigentlich vor? Dieses Schwerpunktkriterium erlaubt sachgerechte Ergebnisse, die dem normativen Unterschied zwischen Tun und Unterlassen sowie speziell zwischen Begehungsdelikten und unechten Unterlassungsdelikten gerecht werden. Demgegenüber lassen sich mit den erwähnten naturalistischen Kriterien sachwidrige Ergebnisse kaum vermeiden.[4]

II. Beispiele für die Abgrenzung Tun / Unterlassen

1. Vorsatztaten[5]

1108 Ärzte wollen das Leben des 10-jährigen O durch eine Bluttransfusion retten; V, sein Vater, verhindert diese Rettung mit Gewalt. Hier ist ein aktives Tun des V zu bejahen **(Vereitelung fremder Rettungshandlungen)**, und nicht nur ein Unterlassen, dem O zu helfen.[6]

Gegenbeispiel: Spaziergänger S wird im Wald vom aufgeregten V angehalten. Dieser erzählt, sein Sohn O habe einen Asthmaanfall erlitten und er brauche dringend ein Handy, um den Notarzt zu rufen. S lehnt ab, da sein Akku schon fast leer ist. O erstickt.[7] Auch hier wurden zwar fremde Rettungshandlungen vereitelt (V konnte O nicht retten), jedoch erschöpft sich das Verhalten des S in einem **bloßen Untätigbleiben**. Mithin liegt Unterlassen vor. Mangels einer Garantenposition für das Leben des O könnte S nur nach § 323c StGB belangt werden.

---

1 So u.a.: *Kahlo*, NJW 1990, 1521 ff.; *Otto*, AT, § 9 Rn. 2; SK/*Rudolphi*/*Stein*, Vor § 13 Rn. 6.

2 So u.a. *Jescheck*/*Weigend*, § 58 II 2 m.w.N.; *Joecks*, § 13 Rn. 15a.

3 BGHSt 6, 46 (59); BGH NStZ 1999, 607; NStZ 2003, 657; *Krey*, JuS 1971, 249; *ders*., JuS 1974, 418; *Krey*/*Hellmann*/*Heinrich*, BT/1, Rn. 10; S/S/*Stree*/*Bosch*, Vor § 13 Rn. 158a m.w.N.; *Wessels*/*Beulke*/*Satzger*, Rn. 987. Kritisch u.a.: *Jakobs*, 28/4; *Roxin*, § 31 Rn. 75 ff.; *Stoffers*, JuS 1993, 23 (27 ff.).

4 *Kühl*, § 18 Rn. 16.

5 Für ein interessantes BT-Problem (Totschlag durch Unterlassen i.S.v. Zulassen einer Selbsttötung) vgl. *Krey*/*Hellmann*/*Heinrich*, BT/1, Rn. 82 ff.

6 *Ebert*, JuS 1976, 319 f.; *Kühl*, § 18 Rn. 20, S/S/*Stree*/*Bosch*, Vor § 13 Rn. 159; *Wessels*/*Beulke*/*Satzger*, Rn. 989.

7 Für eine weitergehende Variation dieses Falles vgl. *Kudlich*, PdW, Fälle 184 u. 185, wo V probiert, dem S das Handy mit Gewalt abzunehmen und S sich aktiv wehrt.

O droht zu ertrinken. B will dem O helfen und eilt zu einem Rettungsring. Bevor er diesen wirft, erkennt er in O jedoch seinen Erzfeind und hängt den Ring zurück. O ertrinkt.[8]

Beim **Abbruch eigener Rettungsbemühungen** kommt es darauf an, ob die Rettungsbemühungen dem Opfer bereits eine realisierbare Rettungsmöglichkeit eröffnet hatten. **1109**

Hier war dies noch nicht der Fall, der Schwerpunkt der Vorwerfbarkeit liegt mithin darin, dass die Rettung nicht fortgesetzt wurde (Unterlassen).[9] B wäre nach § 323c StGB strafbar.

Variante: B will helfen und wirft dem O den Rettungsring zu. Als dieser ihn bereits mit einer Hand ergriffen hat, erkennt B ihn als Rivalen und zieht den Ring ruckartig an der Leine zurück. O ertrinkt.

Hier hatte O bereits eine **konkrete und reale Chance auf Rettung**, welche B jedoch im Nachhinein vereitelt hat. Nach dem sozialen Sinngehalt des Geschehens lautet der Anknüpfungspunkt für den Tötungsvorwurf gegen B mithin nicht »Du hast den O nicht gerettet« (Unterlassen), sondern »Du hast den Rettungsring zurückgezogen« (Tun). B ist nach § 212 StGB strafbar.[10]

2. Fahrlässigkeitstaten

Hier entstehen schon deswegen Abgrenzungsprobleme, weil Fahrlässigkeit stets die Vernachlässigung der objektiv gebotenen Sorgfalt verlangt, also ein **Unterlassen von Sorgfaltsvorkehrungen impliziert**. Das »Unterlassungsmoment« ist daher nur eine notwendige Verhaltensmodalität des Fahrlässigkeitsvorwurfs.[11] Zumeist tritt in Fällen der Fahrlässigkeit die Rechtsgutverletzung nicht durch den Sorgfaltspflichtverstoß ein, sondern dieser findet im Vorfeld statt und ermöglicht erst den späteren Verletzungserfolg. Nach dem Kriterium des »Schwerpunkts des Täterverhaltens gemäß dem sozialen Sinn des Geschehens« ist somit bei Fahrlässigkeitstaten **üblicherweise aktives Tun** anzunehmen, wie auch in den folgenden **Beispielen**[12]: **1110**

Fabrikant F verursacht den Tod mehrer Arbeitnehmer dadurch, dass er ihnen **infiziertes Ziegenhaar** als Arbeitsmaterial gibt (Tun), das er nicht hatte desinfizieren lassen (Unterlassen). In diesem Fall liegt der Unrechtsschwerpunkt im aktiven Tun, nämlich in der Aushändigung lebensgefährlicher Arbeitsmaterialien.[13]

---

8 Fall sowie Variation nach *Otto*, AT, § 9 Rn. 10, welcher jedoch zur Lösung auf das (hier abgelehnte) Kausalitätskriterium zurückgreift.

9 *Roxin*, § 31 Rn. 108 ff.; S/S/*Stree*/*Bosch*, Vor § 13 Rn. 160; *Wessels*/*Beulke*/*Satzger*, Rn. 990. Weitere Nachweise bei *Kühl*, § 18 Rn. 21.

10 Dazu *Kühl*, JA 2014, 507 (509 f.).

11 Vgl. *Kudlich*, PdW, Fälle 181 u. 181a.

12 Vgl. zum Amoklauf von Winnenden: Das LG (gebilligt durch den BGH StraFo 2012 173) geht vom Vorwurf des Unterlassens in Form des Nichtverwahrens im Tresor aus; a.A. *Jäger*, JA 2012, 634 (635):Vorwurf des aktiven Tuns in Form des Ablegens der Waffe im Schlafzimmerschrank.

13 LPK/*Kindhäuser*, § 13 Rn. 76; *Kühl*, § 18 Rn. 23 f.; S/S/*Stree*/*Bosch*, Vor § 13 Rn. 158b; *Wessels*/*Beulke*/*Satzger*, Rn. 987; RGSt 63, 211 (**Ziegenhaar-Fall**).

R fährt nachts Fahrrad (Tun), ohne zuvor sein Licht angeschaltet zu haben (Unterlassen); dadurch übersieht und verletzt er den Fußgänger F.[14]

P parkt (Tun) seinen Pkw nachts unbeleuchtet (Unterlassen) an einer dunklen, unübersichtlichen Stelle am Straßenrand; dadurch fährt O auf den Pkw auf und verletzt sich.[15]

Nach dem Fußballtraining weist Trainer T seine minderjährigen Spieler darauf hin, dass die 200kg schweren Tore wieder »zusammen aufgestellt« werden müssen (Tun). Anschließend begab er sich in den Geräteraum (Unterlassen der Überwachung). Der 13-jährige F drängt zwei weitere Spieler, die Tore schnell aufzubauen. Der 7-jährige E hängt sich an das Tor, von dessen Querverstrebung er anschließend tödlich verletzt wird.[16]

Chirurg Dr. X nimmt trotz einer hoch infektiösen Erkrankung an Hepatitis B jahrelang Herzoperationen vor und infiziert dabei 12 seiner Patienten. X kannte seine Erkrankung nicht, weil er an den üblichen Kontrolluntersuchungen des Klinikpersonals nie teilnahm. Zwar könnte man meinen, die Operationen seien an sich kunstgerecht durchgeführt worden und der Schwerpunkt der Vorwerfbarkeit liege daher im Unterlassen, sich vorher Untersuchungen zu unterziehen. Der BGH bejaht hingegen zu Recht fahrlässige Körperverletzung durch **aktives Tun**, nämlich durch das Operieren trotz jener möglicherweise vorliegenden Krankheit, und verdeutlicht die typische Problematik bei Fahrlässigkeitstaten:

»Dass der Angekl. pflichtwidrig davon absah, sich Kontrolluntersuchungen zu unterziehen, **begründet** hingegen **nur den** für das Fahrlässigkeitsdelikt elementaren **Sorgfaltspflichtverstoß.** Diese ‚Unterlassenskomponente' – die bei Fahrlässigkeitsdelikten häufig im Unterlassen von Sorgfaltsvorkehrungen besteht – ist hier wesensnotwendig mit dem fahrlässigen aktiven Tun verbunden und **ändert nichts am aktiven Begehungscharakter der Verhaltensweise, sondern ist dieser immanent.**«[17]

III. Sonderfall: Sterbehilfe

1. Bisherige Rechtslage

Lange Zeit erfolgte die Beurteilung der Strafbarkeit der Sterbehilfe zum einen anhand des Zeitpunkts des Behandlungsabbruches (vor oder nach Beginn der unmittelbaren Sterbephase) sowie anhand der rechtlichen Qualität der Handlung (Tun oder Unterlassen). Je nach Einordnung entfiel entweder schon der Tatbestand der Tötungsdelikte oder es kam eine Rechtfertigung durch Einwilligung in Betracht. Zu differenzieren war zwischen folgenden Konstellationen:

1111 (1) Strafrechtlich tatbestandsloser **Verzicht auf lebensverlängernde Maßnahmen**, wenn der Sterbevorgang des Patienten bereits unmittelbar begonnen hatte

---

14 *Kühl*, § 18 Rn. 14, 23, 24; *Wessels/Beulke/Satzger*, Rn. 987; RGSt 63, 392 (**Radleuchten-Fall**).

15 *Kühl*, § 18 Rn. 23, § 19 Rn. 1; *Maiwald*, JuS 1989, 186 f.; offengelassen von OLG Celle VRS 1982, 72.

16 Offen gelassen von OLG Hamburg JuS 2015, 945 (946) mit Anm. *Eisele*, der sich für ein aktives Tun ausspricht. »Der Schwerpunkt der Vorwerfbarkeit läge (…) nicht in einer bloßen Nichtbeaufsichtigung der Kinder, sondern in der Anweisung, die Tore aufzustellen, ohne dass hierfür nähere Hinweise – etwa auf den T zu warten – gegeben werden.«

17 BGH NStZ 2003, 657 (659); so auch *Wessels/Beulke/Satzger*, Rn. 987; *Kudlich*, PdW, Fall 181a.

und durch die Fortsetzung der Behandlung nur künstlich verlängert worden wäre: Medizinisch aussichtslose und auch nicht der Schmerzlinderung dienende Behandlungsmaßnahmen sind nicht rechtlich geboten i.S.v. § 13 StGB.

(2) Strafrechtlich tatbestandslose[18] **indirekte Sterbehilfe** durch die *Vornahme* 1112
einer Behandlungsmaßnahme (z.B. die Verabreichung schmerzlindernder Mittel), mit der unbeabsichtigten und unvermeidbaren Nebenfolge einer Lebensverkürzung im Einklang mit dem erklärten oder mutmaßlichen Willen des Sterbenden. Nach a.A. war zwar der – objektive wie subjektive – Tatbestand des § 212 StGB erfüllt, jedoch sollte der Täter gem. § 34 StGB gerechtfertigt sein: Das Interesse an einem schmerzfreien Leben sei gegenüber dem Interessen an einem qualvollen, ohnehin todgeweihten Leben als höherrangig einzustufen.[19]

(3) Durch Einwilligung gerechtfertigte sog. **passive Sterbehilfe**, wenn der eigent- 1113
liche Sterbevorgang zwar noch nicht unmittelbar begonnen hatte (z.B. Wachkoma), der Behandlungsabbruch jedoch durch Unterlassen erfolgte und im Einklang mit dem erklärten oder mutmaßlichen Willen des Patienten stand.[20]

(4) Der Einwilligung nicht zugängliche und somit verbotene sog. **aktive Sterbehil-** 1114
fe, wenn der Sterbevorgang noch nicht begonnen hatte und der Behandlungsabbruch durch gezieltes Herbeiführen des Todes erfolgte.[21]

Gerade die **Abgrenzung** zwischen erlaubter passiver Sterbehilfe und verbotener aktiver Sterbehilfe anhand der Frage, ob das Handeln als aktives Tun oder Unterlassen zu qualifizieren ist, war jedoch oftmals **schwierig und umstritten**. In vielen Fällen wurde ein tatsächlich zwar aktives Verhalten mit Hilfe des Schwerpunktkriteriums (Rn. 1107) in ein »normativ verstandenes Unterlassen« **umgedeutet** (Rechtsfigur des »Unterlassens durch Tun«).

Beispiele: Die **Abschaltung eines Respirators** oder die **Anweisung, die künstliche Er-** 1115
nährung einzustellen durch die verantwortlichen Ärzte, wurden trotz der darin entfalteten Aktivität nicht als lebensverkürzendes Tun, sondern als Behandlungsabbruch durch Unterlassen (Nichtvornahme weiterer Behandlung bzw. Nichtvornahme der gebotenen künstlichen Ernährung) und somit der Einwilligung zugänglichen passiven Sterbehilfe zugeordnet.[22] Argumentiert wurde folgendermaßen: Wenn die Ärzte beim Sterbenden von vorneherein auf eine therapeutisch sinnlose künstliche Verlängerung des irreversiblen Sterbevorganges verzichten dürfen, kann es für die rechtliche Beurteilung als Unterlassen **keine Rolle** spielen, **ob sie die Hände in den Schoß legen oder** ob sie zwecks Unterlassen weiterer

18 *Beckmann*, DRiZ 2005, 254; *Herzberg*, NJW 1996, 3048 f.; *Tröndle*, ZStW 99 (1987), 36 ff.

19 BGHSt 42, 301 (305); 46, 279 (285); *Kutzer*, NStZ 1994, 110 (114 f.); *Otto*, Jura 1999, 434 (440 f.).

20 Näher m.w.N.: *Heinrich*, AT, Rn. 871 f.; *Krey/Hellmann/Heinrich*, BT/1, Rn. 9-11; S/S/*Eser*, Vor § 211, Rn. 27 ff. m.w.N.

21 Näher: S/S/*Eser*, Vor § 211 Rn. 24 ff.; *Krey/Hellmann/Heinrich*, BT/1, Rn. 9, 12 ff.

22 So u.a. *Geilen*, *Hanack*, *Ingelfinger*, *Küper*, *Roxin*, *Wessels/Beulke* (Nachweise bei *Krey/Hellmann/Heinrich*, BT/1 Rn. 10 Fn. 19); *Jäger*, AT, Rn. 336; *Kühl*, § 18 Rn. 17 m.w.N.; *Roxin*, § 31 Rn. 115 ff.; siehe auch BGHSt 40, 257 (265 f.). Dagegen wurde **aktives Tun bejaht** von: *Bockelmann*, *Fischer*, *Gössel*, *Jähnke*, *Samson*, *Sax*, *Wessels/Hettinger* (Nachweise bei *Krey/Hellmann/Heinrich*, BT/1, Rn. 10).

Behandlung lebensverlängernde Apparate **abschalten** müssen. In beiden Fällen liege der Schwerpunkt der Vorwerfbarkeit im Unterlassen der Behandlung.

1116 In der bisherigen Kasuistik wurde zudem ein Unterschied gesehen in dem Handeln garantenpflichtiger Ärzte sowie dem Handeln Dritter. Hätten zum Beispiel **unbefugte Dritte** (z.B. Erben) den lebenserhaltenden Respirator eigenmächtig abgeschaltet, hätte ein aktives Tun vorgelegen.[23]

2. Änderung der Rechtsprechung des BGH

1117 Mit seinem Urteil vom 25.6.2010[24] hat der 2. Strafsenat des BGH eine grundlegende Änderung der Rechtsprechung im Bereich der Sterbehilfe eingeläutet.

Sachverhalt (vereinfacht): Frau K war 2002 nach einem Hirnschlag ins Koma gefallen. Gegenüber ihren Kindern hatte sie sich zuvor mündlich im Falle von Bewusstlosigkeit gegen eine künstliche Ernährung zur bloßen Lebensverlängerung ausgesprochen. Die Heimleitung weigerte sich jedoch entschieden, die künstliche Ernährung einzustellen. Die Tochter T schnitt daher den Schlauch der Magensonde durch. Strafbarkeit der T?[25]

Problematik: Selbst bei »wohlwollender« Auslegung hätte das aktive Durchschneiden des Schlauches nicht mehr als bloßes Unterlassen eingeordnet werden können. Nach herkömmlicher Auffassung hätte somit ein Fall der aktiven Sterbehilfe vorgelegen, welcher nicht durch die Einwilligung der Frau K hätte gerechtfertigt werden können. T hätte sich nach §§ 212, 216 StGB strafbar gemacht.

1118 Der BGH nahm die in diesem Fall vorhandene Zuspitzung der Bedeutung der Abgrenzung von Tun und Unterlassen zum Anlass, den Respekt vor der **Patientenautonomie** am Lebensende erheblich zu stärken. Hintergrund der Entscheidung war das im Jahre 2009 vom Gesetzgeber erlassene sog. (zivilrechtliche) **Patientenverfügungsgesetz**.[26]

1119 Der BGH entschied, dass die **äußere Handlungsqualität** (Tun oder Unterlassen) vor dem Hintergrund des Selbstbestimmungsrechts **nicht länger das entscheidende Kriterium** zur Unterscheidung zwischen erlaubter und verbotener Sterbehilfe sein könne. Auch die Umdeutung der Wirklichkeit in ein normativ verstandenes Unterlassen sei als dogmatisch unzulässiger Kunstgriff abzulehnen. Vielmehr solle es auf den normativ wertenden **Oberbegriff des Behandlungsabbruchs** ankommen. Dieser umfasse sowohl passives als auch aktives Handeln, ebenso wie die indirekte Sterbehilfe.

---

23 *Herzberg*, JZ 1988, 182 (186 f.) und *Roxin*, NStZ 1987, 345 (349 f.) (beide zu LG Ravensburg NStZ 1987, 229); *Wessels/Beulke/Satzger*, Rn. 991; differenzierend *Kühl*, § 18 Rn. 18.

24 BGH NJW 2010, 2963 mit Anm. *Hirsch*, JR 2011, 32; *Rissing-van Saan*, ZIS 2011, 544; *Gaede*, NJW 2010, 2925; *Hecker*, JuS 2010, 1027; *Kubiciel*, ZJS 2010, 656; *Mandla*, NStZ 2010, 698; *Verrel*, NStZ 2010, 671; *Uhlig/Joerden*, Ad Legendum 2011, 369 (373).

25 Anm.: Die Handlung der T wurde entdeckt und K wurde eine neue Magensonde gelegt. Da T auf telefonischen Rat ihres Anwalts gehandelt hatte, wurde sie aufgrund eines unvermeidbaren Erlaubnisirrtums freigesprochen. Letztlich ging es in dem vom BGH entschiedenen Fall um die Strafbarkeit des Rechtsanwalts. Zur Beteiligungsfrage durch »telefonische Sterbehilfe«: *Schumann*, JR 2011, 142.

26 Drittes Gesetz zur Änderung des Betreuungsrechts vom 29.7.2009, BGBl. 2009 I, S. 2286.

Nach dem BGH ist Sterbehilfe durch Unterlassen, Begrenzen oder Beenden einer begonnenen medizinischen Behandlung« (Behandlungsabbruch) nunmehr bei Vorliegen folgender Voraussetzungen **durch eine Einwilligung gerechtfertigt**: **1120**

- Das Unterlassen, Begrenzen oder Beenden muss dem **tatsächlichen oder mutmaßlichen Patientenwillen** entsprechen (vgl. § 1901a BGB).
- Der Betroffene muss **lebensbedrohlich erkrankt** und die betreffende Maßnahme medizinisch zur Erhaltung oder Verlängerung des Lebens geeignet sein.
- »Eine durch Einwilligung gerechtfertigte **Handlung** der Sterbehilfe setzt überdies voraus, dass sie **objektiv und subjektiv unmittelbar auf eine medizinische Behandlung im oben genannten Sinn bezogen** ist.«
- Das Handeln muss sich darauf beschränken, einem **ohne Behandlung** zum Tode führenden Krankheitsprozess seinen Lauf zu lassen.
- Diese Grundsätze gelten nicht nur für Ärzte, Betreuer und Bevollmächtigte, sondern auch für deren hinzugezogene Hilfspersonen. Diese müssen **in Kenntnis der vorgenannten Umstände** handeln.

Letztlich muss also die Sterbehilfehandlung *auf eine medizinische Handlung bezogen* sein und der *Verwirklichung* des auf die Handlung *bezogenen Willens* der betroffenen Person dienen. In Ansehung der hohen Bedeutung der betroffenen Rechtsgüter gelten für die Feststellung des Patientenwillens beweisrechtlich strenge Maßstäbe. Die **Verfahrensregeln der §§ 1901a f. BGB** sollen die Beachtung und Einhaltung dieser Maßstäbe absichern.[27] Die §§ 1901a, 1901b BGB sehen hierfür folgendes Verfahren vor: **1120a**

Gemäß § 1901a Abs. 1 S. 1 und 2 BGB ist der **Betreuer bzw. Bevollmächtigte** (§ 1901a Abs. 5 BGB) befugt zu prüfen, ob die Festlegungen in der Patientenverfügung auf die aktuelle Lebens- und Behandlungssituation des Patienten zutreffen und er hat auf dieser Grundlage dem Willen des Patienten Geltung zu verschaffen. Dies ist jedoch nicht dahingehend zu verstehen, dass die rechtfertigende Einwilligung erst durch den Betreuer erklärt wird.[28] Der in einer Patientenverfügung festgelegte Wille des Patienten gilt stattdessen.[29] Auch der behandelnde Arzt muss daher eigenständig prüfen, ob sein Verhalten dem Willen des Patienten entspricht, er ist nicht an die Einschätzung des Betreuers gebunden.[30] Wenn der Patientenwille **1120b**

27 BGH NJW 2010, 2963 (2967), wobei leider das genaue Verhältnis des Betreuungsrechts der §§ 1901a f. BGB weitgehend offen bleibt; hierzu: *Verrel*, NStZ 2010, 671 (674); in einem obiter dictum zur strafrechtlichen Relevanz der betreuungsrechtlichen Verfahrensvorschriften für Behandlungsbegrenzungen: BGH NJW 2011, 161 (162) mit Anm. *Verrel*, NStZ 2011, 274 (276); zustimmend *Olzen/Metzmacher*, JR 2011, 316; Kritisch zur »Prozeduralisierung des Sterbevorgangs« durch die Anknüpfung an die Verfahrensvorschriften der §§ 1901a, 1901b BGB: *Jäger*, JA 2011, 309 (312).

28 *Coeppicus*, NJW 2013, 2939 (2940).

29 *Coeppicus*, NJW 2013, 2939 f.; MüKo-BGB/*Schwab*, § 1901a, Rn. 28 f., auch m.w.N. zur Gegenansicht, nach welcher eine Patientenverfügung keine unmittelbare Außenwirkung habe und die rechtfertigende Einwilligung erst durch den Betreuer (Stellvertreter) erklärt werde.

30 MüKo-BGB/*Schwab*, § 1901a, Rn. 25 m.w.N. zur Gegenansicht.

für den Arzt sicher erkennbar ist und auf den konkreten Fall zutrifft, ist die Mitwirkung eines Betreuers daher nicht erforderlich.[31] Die Entscheidung über einen Behandlungsabbruch setzt zudem gem. § 1901b Abs. 1 BGB ein **Zusammenwirken von Betreuer bzw. Bevollmächtigtem und Arzt** voraus. Wenn diese sich uneinig sind, ob der Behandlungsabbruch dem ausdrücklichen oder mutmaßlichen Patientenwillen entspricht, ist eine Genehmigung durch das Betreuungsgericht einzuholen, vgl. § 1904 Abs. 2 und 4 BGB.

1120c Auch nach der neuen Rechtsprechung bleiben letztlich gezielte Eingriffe strafbar, die die Beendigung des Lebens – sei es auch zur Leiderlösung – vom Krankheitsprozess abkoppeln und nicht in einem Zusammenhang mit dem Abbruch einer medizinischen Behandlung stehen.

1120d Die Literatur hat den Versuch des BGH, den Bereich der Sterbehilfe neu zu ordnen, überwiegend positiv aufgenommen und stimmt ihm zumindest im Ergebnis weitgehend zu.[32] Der Beschluss schaffe – nicht zuletzt durch die Anknüpfung an die betreuungsrechtlichen Regelungen der §§ 1901a ff. BGB – eine gegenüber der alten Rechtslage **begrüßenswerte Rechtsklarheit** insbesondere in dem Stadium, in dem die Grunderkrankung noch keinen unmittelbar zum Tod führenden Verlauf angenommen hat.[33] Durch die Akzessorietät zu den betreuungsrechtlichen Regelungen wird das **Selbstbestimmungsrecht des Patienten** deutlich gestärkt.[34] Die Abkehr von der früher praktizierten zweifelhaften Umdeutung eines aktiven Tätigwerdens in ein Unterlassen wird nahezu einhellig begrüßt.[35]

Gleichwohl ist der Beschluss des BGH von – teils heftiger[36] – Kritik nicht verschont geblieben. Diese richtet sich in erster Linie gegen einige Formulierungen und dogmatische Ansätze. So wird die Notwendigkeit des normativ-wertenden Oberbegriffs des *Behandlungsabbruchs* vielfach verneint und darin vielmehr eine »Anleihe beim reinen Normativismus« gesehen, die »Begründungsdefizite überspiele«.[37] Auch lasse die Entscheidung Fragen bzgl. der indirekten Sterbehilfe offen, auf welche die entwickelten Kriterien nicht eins zu eins

31 *Coeppicus*, NJW 2013, 2939 (2940); MüKo-BGB/*Schwab*, § 1901a, Rn. 33 m.w.N.; a.A. BeckOK-BGB/*Müller*, § 1901a, Rn. 21 m.w.N. (Mitwirkung stets erforderlich, allenfalls Ausnahmen bei Eilfällen).

32 U.a. *Engländer*, JZ 2011, 513; *Hirsch*, JR 2011, 32; *Gaede*, NJW 2010, 2925; *Mandla*, NStZ 2010, 698; *Verrel*, NStZ 2010, 671.

33 *Wessels/Hettinger*, Rn. 30d; *Walter*, ZIS 2011, 76; *Hirsch*, JR 2011, 32 (37 f.); *Gaede*, NJW 2010, 2925.

34 *Wessels/Hettinger*, Rn. 30d; *Olzen/Metzmacher*, JR 2011, 316.

35 *Engländer*, JZ 2011, 513 (514 ff.); *Hirsch*, JR 2011, 32 (37); *Verrel*, NStZ 2010, 671 (672); **a.A.** *Walter*, ZIS 2011, 76, der in der Abgrenzung zwischen aktivem Tun und Unterlassen ein Scheinproblem sieht und an der generellen Unterscheidung der beiden Verhaltensformen (Abgrenzungskriterium: Einsatz von Körperkraft) festhalten will.

36 Vgl. insbesondere *Walter*, ZIS 2011, 76.

37 *Hirsch*, JR 2011, 32 (38); so auch: *Walter*, ZIS 2011, 76 (79); *Verrel*, NStZ 2010, 671 (673). Jedoch schlägt dieser Kritikpunkt i.E. nicht durch, da der BGH den entscheidenden Aspekt, das Selbstbestimmungsrecht des Patienten, kurz danach zur Begründung seiner Maßstäbe anführt (vgl. *Wessels/Hettinger*, Rn. 30 d).

übernommen werden könnten. Bei dieser sei der Tod nicht Folge des Abbruchs, sondern der Vornahme einer Behandlung.[38]

Auch wenn an der Richtigkeit des vom BGH intendierten Ergebnisses im Großen und Ganzen keine Zweifel bestehen, finden sich in der Literatur abweichende Begründungsansätze. Zum Teil wird vertreten, die Lösung sei zwar auf der Rechtsfertigungsebene zu verorten, jedoch sei der Täter schon durch die Rechtfertigungsgründe der **Nothilfe (§ 32 StGB)**[39] bzw. des **rechtfertigenden Notstands (§ 34 StGB)**[40] gerechtfertigt. Eine abweichende Ansicht denkt über eine Lösung schon auf der Tatbestandsebene im Rahmen der **objektiven Zurechnung** nach.[41]Auch eine teleologische Reduktion des § 216 StGB wird teilweise erwogen.[42] 1120e

Umstritten ist auch, ob eine Rechtfertigung auf den Kreis der vom BGH genannten Personen begrenzt sein sollte[43] oder ob diese nicht vielmehr auch etwa nicht »hinzugezogenen« Angehörigen im Grundsatz offen zu stehen habe.[44] Letztlich geht es dabei auch um die Frage, ob bei **Nichtvorliegen der Verfahrensvoraussetzungen des Betreuungsrechts** eine Rechtfertigung auszuscheiden hat[45] oder ob nicht vielmehr das Erfolgsunrecht bereits dann entfalle, wenn der Behandlungsabbruch dem Willen des Patienten entsprach[46].

Welche Lösungsansätze sich in der Literatur durchsetzen werden und wie der BGH auf die Reaktion des Schrifttums reagieren wird, bleibt abzuwarten.

Mangels strafbarer Haupttat liegt **keine strafbare Beihilfe** vor, wenn der Arzt dem Patienten für dessen geplanten Suizid ein tödliches Mittel zur eigenhändigen Einnahme zur Verfügung stellt, ohne bei der darauf folgenden Handlung des Patienten aktiv mitzuwirken.[47] 1120f

Durch das »**Gesetz zur Strafbarkeit der geschäftsmäßigen Förderung der Selbsttötung**« vom 3.12.2015[48] hat der Gesetzgeber allerdings mit **§ 217 StGB** die »**Geschäftsmäßige Förderung der Selbsttötung**« unter Strafe gestellt.[49] Erfasst werden *sollen* damit in erster Linie kommerzielle Sterbehilfevereine, aber erfasst sein *können* vom Wortlaut her gesehen auch Ärzte, die Mittel zur Selbsttötung

38 *Wessels/Hettinger*, Rn. 30d; *Engländer*, JZ 2011, 513 (519 f.).

39 *Mandla*, NStZ 2010, 698; *Verrel*, NStZ 2010, 671; **a.A.** *Gaede*, NJW 2010, 2925 (2927).

40 *Bosch*, JA 2010, 911; **a.A.** *Engländer*, JZ 2011, 513 (517).

41 *Rissing-van Saan*, ZIS 2011, 544 (549 f.); *Gaede*, NJW 2010, 2925.

42 *Walter*, ZIS 2011, 76 (81 f.); kritisch *Engländer*, JZ 2011, 513 (518).

43 *Walter*, ZIS 2011, 76 (79); so vermutlich auch BGH NJW 2011, 161 (162).

44 *Engländer*, JZ 2011, 513 (519); *Rissing-van Saan*, ZIS 2011, 544 (550); *Verrel*, NStZ 2010, 671 (674).

45 *Walter*, ZIS 2011, 76 (79); dies legt auch BGH NJW 2011, 161 (162) nahe.

46 *Engländer*, JZ 2011, 513 (519); *Jäger*, JA 2011, 309 (312); *Coeppicus*, NJW 2013, 2939 (2940).

47 Ausführlich *Jäger*, JZ 2015, 875 (877 f.).

48 BGBl. I S. 2177.

49 § 217 Abs. 1 StGB lautet: »Wer in der Absicht, die Selbsttötung eines anderen zu fördern, diesem hierzu geschäftsmäßig die Gelegenheit gewährt, verschafft oder vermittelt, …«.

bereitstellen oder vermitteln; dies allerdings nur bei einem »geschäftsmäßigen Vorgehen«.

Straffreiheit erlangt nach dem Wortlaut des § 217 Abs. 2 StGB nur derjenige »Teilnehmer«, der selbst nicht geschäftsmäßig handeln *und* entweder Angehörige des Sterbewilligen ist oder diesem nahesteht.

§ 36 Objektiver Tatbestand der unechten Unterlassungsdelikte

I. Objektive Tatbestandsmerkmale des unechten Unterlassungsdelikts

1. Eintritt des tatbestandsmäßigen Erfolges 1121

Unechte Unterlassungsdelikte sind stets Erfolgsdelikte: Der Täter unterlässt es entgegen seiner Garantenpflicht, den tatbestandsmäßigen Erfolg abzuwenden.

Dafür genügt etwa das Nichthindern des Aufrechterhaltens einer Freiheitsberaubung (§ 239 StGB) oder das Unterlassen der Schmerzbehandlung beim verletzten Patienten.[1] Das Schulbeispiel des unechten Unterlassungsdeliktes ist jedoch die unterlassene Abwendung des Todes eines anderen (§§ 212, 13 StGB), d.h. Totschlag durch Unterlassen.

2. Unterlassen: Nichtabwenden des Erfolges trotz Rettungsmöglichkeit

Begehungs- und Unterlassungsdelikte haben eine Gemeinsamkeit, die aus normtheoretischen Gründen resultiert: Tun und Unterlassen erfordern **Vermeidbarkeit**. Demgemäß fehlt es an einem normwidrigen tatbestandsmäßigen Unterlassen, wenn der Betreffende keine Handlungsmöglichkeit besitzt, wenn sein Unterlassen der Erfolgsabwendung nicht vermeidbar ist. 1122

»Unterlassen« ist also nicht gleichbedeutend mit Untätigkeit als solcher, sondern fordert die **Nichtvornahme der erforderlichen und dem Täter möglichen Rettungshandlung**.[2]

Folglich fehlt es schon am tatbestandsmäßigen Unterlassen, wenn der von Verbrechern gefesselte Vater hilflos die Ermordung seines Kindes ansehen muss (Rn. 301).

Jene Vermeidbarkeit verlangt dabei keinen Vorsatz, also keine Kenntnis der Gefahrenlage und Rettungsmittel; vielmehr genügt insoweit objektive Erkennbarkeit.[3] Ob der Täter selbst die Gefahrenlage und mögliche Rettungsmittel erkannte, ist erst im subjektiven Tatbestand zu thematisieren.[4]

3. Kausalität (»Quasikausalität«, »hypothetische Kausalität«)

Eine reale Kausalität i.S.d. »Äquivalenztheorie« bzw. der »Lehre von der gesetzmäßigen Bedingung« (Rn. 307, 320) existiert bei den unechten Unterlassungsdelikten nicht: **Bloßes Nichtstun verursacht keinen Erfolg**.[5] Daher tritt an die Stelle der Kausalität, wie wir sie bei den Begehungsdelikten kennen, eine sog. »Quasikausalität« oder besser: **hypothetische Kausalität**. 1123

---

1 *Kühl*, § 18 Rn. 26 m.w.N. (h.M., aber str.).

2 MK/*Freund*, Vor § 13 Rn. 119; LPK/*Kindhäuser*, § 13 Rn. 9 f.; *Kühl*, § 18 Rn. 27 ff.; *Roxin*, § 32 Rn. 5 ff., 179-181; S/S/*Stree*/*Bosch*, Vor § 13 Rn. 139 ff., 149; *Wessels*/*Beulke*/*Satzger*, Rn. 996.

3 *Baumann*/*Weber*/*Mitsch*, § 13 Rn. 49-50; S/S/*Stree*/*Bosch*, Vor § 13 Rn. 141; *Wessels*/*Beulke*, Rn. 996; **a.A.** A. *Kaufmann*, S. 35 ff., 100 ff.

4 LPK/*Kindhäuser*, § 13 Rn. 10.

5 BGHSt 48, 77 (93); *Jakobs*, 29/15, 16; *Jescheck*/*Weigend*, § 59 III 3 m.w.N.; *Joecks*, § 13 Rn. 16; S/S/*Stree*/*Bosch*, § 13 Rn. 61; *Wessels*/*Beulke*/*Satzger*, Rn. 996.

Das Unterlassen der gebotenen und dem Täter möglichen Rettungshandlung begründet nur dann ein gemäß § 13 StGB tatbestandsmäßiges Unterlassen, den Erfolg abzuwenden, wenn feststeht:

Die **rechtlich gebotene, unterlassene Rettungshandlung kann nicht hinzugedacht werden, ohne dass der Erfolg mit an Sicherheit grenzender Wahrscheinlichkeit entfiele**.[6]

Die Formel von der »an Sicherheit grenzenden Wahrscheinlichkeit« – die vielfach unterschlagen wird[7] – ist dabei von entscheidender Bedeutung, da es um eine **Prognose** geht. Sie ist entweder stets oder zumindest grundsätzlich nur ein Wahrscheinlichkeitsurteil.

1124 **Fall 141: – Der »Rabenvater« und sein versuchter Totschlag durch Unterlassen –** Der 11-jährige O ist mit seinem Fahrrad verunglückt. Als V, sein Vater, ihn findet, unterlässt er das Herbeirufen ärztlicher Hilfe. V rechnet damit, O könne infolge seiner (V) Untätigkeit zu Tode kommen; das ist ihm aber gleichgültig. O stirbt. Es kann nicht festgestellt werden, ob O bei sofortiger Einleitung ärztlicher Rettungsmaßnahmen überlebt hätte oder ob sein Tod wenigstens hätte hinausgeschoben werden können. Strafbarkeit des V?

Totschlag durch Unterlassen, §§ 212, 13 StGB?

Der tatbestandsmäßige *Erfolg* (Tod eines anderen) liegt vor. V hat die erforderliche Rettungshandlung (Herbeirufen ärztlicher Hilfe) nicht vorgenommen, obwohl er dazu in der Lage war; mithin ist auch ein *Unterlassen* anzunehmen.

Dem lässt sich nicht entgegenhalten, es stehe nicht fest, ob diese Rettungshandlung den O mit an Sicherheit grenzender Wahrscheinlichkeit gerettet oder sein Leben verlängert hätte. Jene fehlende Feststellung betrifft zwar die »hypothetische Kausalität«, aber nicht das

– Versuchsstrafbarkeit nach §§ 212, 22, 23/13 StGB begründende –

Unterlassen des V. Erst dann, wenn die Aussichtslosigkeit von Rettungsbemühungen sicher ist und der Täter das auch weiß, kann ein tatbestandsmäßiges Unterlassen entfallen.[8]

1125 Jedoch mangelt es an der erforderlichen **hypothetischen Kausalität**, denn sie verlangt die Prognose: Die gebotene Rettungshandlung müsste das Leben des O mit an Sicherheit grenzender Wahrscheinlichkeit gerettet oder verlängert haben.[9] Diese Feststellung fehlt aber in casu. Damit entfällt der objektive Tatbestand des Totschlags durch Unterlassen.

Doch ist V wegen **versuchten** Totschlags durch Unterlassen strafbar.[10]

Zu einem **abweichenden Ergebnis** (vollendeter Totschlag durch Unterlassen) führt die **»Risikoerhöhungslehre«**: Sie verzichtet auf jene von der h.A. geforderte Prognose und lässt genügen, dass die gebotene Rettungshandlung das Risiko für das bedrohte Rechtsgut deutlich verringert hätte.[11] Dem widerspricht die h.M. zu Recht.[12] Die Risikoerhöhungslehre

6 So BGHSt 37, 106 (126 f.); *Jescheck/Weigend*, § 59 III 4; *Kühl*, § 18 Rn. 35-38; *Wessels/Beulke/Satzger*, Rn. 1000; kritisch *Roxin*, § 31 Rn. 45. – Zur abweichenden Risikoerhöhungslehre siehe Rn. 1125.

7 So u.a. von: BGHSt 6, 1 (2); 7, 211 (214); 19, 167 (169); 32, 367 (369 f.). Richtig dagegen BGH NStZ 2000, 583.

8 BGH NStZ 2000, 414 (415); *Kühl*, § 18 Rn. 39.

9 Hierzu: BGHSt 7, 211 (214); 32, 367 (369 f.); BGH NStZ 2000, 414 f. und 583.

10 Siehe BGH NStZ 2000, 414 f. und 583; BGHSt 38, 356 (358); *Kühl*, § 18 Rn. 39.

11 *Otto*, AT, § 9 Rn. 99 ff.; *Stratenwerth/Kuhlen*, 13/54. Differenzierend *Roxin*, § 31 Rn. 54 ff.

verfälscht durch ihren Verzicht auf die Rettungsprognose den Charakter des unechten Unterlassungsdelikts als Erfolgsdelikt und missachtet den Text des § 13 StGB.

4. Objektive Zurechnung

Vergleichbar der Situation bei den Begehungsdelikten ist bei den unechten Unter- **1126**
lassungsdelikten zusätzlich zur »hypothetischen Kausalität« die objektive Zurechnung ein Element des objektiven Tatbestandes:[13] Der tatbestandsmäßige Erfolg muss dem Unterlassungstäter bei normativer Wertung **als sein Werk objektiv zurechenbar sein**.

Daran kann es insbesondere fehlen mangels objektiver Vorhersehbarkeit des Erfolges oder mangels Realisierung der auf dem Unterlassen beruhenden Gefahr im konkreten Erfolg.

Beispiel: T hat den O niedergestochen. V, der Vater des O, hat ihn pflichtwidrig nicht daran gehindert. O stirbt bei einem Verkehrsunfall auf dem Weg zum Krankenhaus. **T** hat mangels objektiver Zurechenbarkeit keinen vollendeten Totschlag begangen (Rn. 335 ff.). Bei **V**, der als Beschützergarant die Tat des T hätte verhindern müssen, scheiden **§§ 212, 13 StGB** ebenfalls mangels objektiver Zurechnung aus. Doch kommt bei V ein Versuch des Totschlags durch Unterlassen in Betracht.

An der objektiven Zurechnung fehlt es auch im Falle einer eigenverantwortlichen Selbsttötung (s. Rn. 355). Fehlt es aber an einer ernst gemeinten und freiverantwortlichen Entscheidung des Betroffenen, so kann das Nichtverhindern des Todes durch den Garanten als Totschlag durch Unterlassen zu werten sein.[14]

5. Garantenstellung des Unterlassungstäters (§ 13 StGB)[15]

Die Einteilung der Garantenpositionen erfolgte früher nach ihren **Entstehungs-** **1126a**
gründen (Rechtsquellen), insbesondere *aus*:[16]

- Gesetz (z.B. § 1353 BGB – eheliche Lebensgemeinschaft);[17]
- Vertrag, genauer: einverständliche tatsächliche Übernahme (z.B. Babysitter);
- Ingerenz (d.h. pflichtwidriges vorausgegangenes gefährdendes Tun);
- enge Lebensgemeinschaft (z.B. Verhältnis der Kinder zu ihren Eltern).

Demgegenüber bemüht sich die neuere Strafrechtsdogmatik um eine **funktionale** Unterscheidung nach der spezifischen **Schutzfunktion des Garanten** und unter-

---

12 *Jakobs*, 29/20; *Jescheck/Weigend*, § 59 III 4; *Köhler*, Kap. 4 II 2.5; *Kühl*, § 18 Rn. 38 f. m.w.N.; *Schünemann*, StV 1985, 229 ff.

13 *Kühl*, § 18 Rn. 40 m.w.N.; *Wessels/Beulke/Satzger*, Rn. 1002; siehe auch *Kahlo*, S. 306.

14 BGH NStZ 2012, 319 (Konsumierung von Reinigungsmittel aus Verzweiflung) mit Anm. *Kudlich*, JA 2012, 470.

15 Zur genauen Differenzierung zwischen Beschützer- und Überwachungsgaranten siehe Rn. 1131 ff.

16 Siehe die Darstellung bei: *Jescheck/Weigend*, § 59 IV 2; *Roxin*, § 32 Rn. 1 ff.; NK/*Wohlers/Gaede*, § 13 Rn. 30 f. So im Wesentlichen noch heute *Baumann/Weber/Mitsch*, § 15 Rn. 51 ff.

17 Siehe auch: BGH NJW 2014, 3669 (Aufklärungspflicht des Anwalts über gesetzliche Vergütung bei Erfolgshonorarvereinbarung, § 4a Abs. 2 Nr. 1 RVG).

scheidet dabei zwei divergierende Arten von Garantenstellungen:[18] Beschützergaranten und Überwachungsgaranten.

1127 **Beschützergaranten** sind **auf Posten gestellt zum Schutz eines bestimmten Rechtsguts** gegen alle denkbaren Angriffe und vor allen sonstigen Gefahren.

Beispiel: Vater und Mutter schulden ihren minderjährigen Kindern Schutz bei Angriffen von Menschen oder Tieren, bei Krankheiten, Naturkatastrophen etc.

Hingegen geht es bei **Überwachungsgaranten** um Garantenpositionen, die in der **Überwachung bestimmter Gefahrenquellen bestehen**, gleichgültig, welchen konkreten Rechtsgütern im Einzelnen aus dieser Quelle Gefahren drohen.

Beispiel: Der Hundehalter ist Garant dafür, dass der Hund niemanden beißt.

Vereinfacht ausgedrückt: Beschützergaranten schützen den anderen vor der Welt, während Überwachungsgaranten die Welt vor dem anderen schützen.

1128 Um das Vorliegen einer Garantenposition beurteilen zu können, bedarf es der **Verbindung beider Betrachtungsweisen**.[19] Die funktionale Zweiteilung der Garantenpositionen vermag die Unterscheidung nach dem Entstehungsgrund sinnvoll zu ergänzen, nicht aber zu ersetzen.

Das folgt zum einen daraus, dass das Abstellen auf den Entstehungsgrund der Garantenposition dem Bereich der unechten Unterlassungsdelikte Schranken ziehen und § 13 StGB schärfere Konturen geben soll. Zum anderen schärft die Analyse denkbarer legaler Entstehungsgründe den Blick dafür, dass die Garantenposition **rechtlich und nicht nur moralisch** fundiert sein muss.[20] Es bedarf also bei der Beurteilung der Garantenproblematik des »Hin- und Herwandern des Blickes« zwischen den dargelegten beiden Betrachtungsweisen.

6. Entsprechens-Erfordernis (§ 13 StGB)

1129 **Bei den Erfolgs**delikten gilt das in § 13 StGB normierte Entsprechenserfordernis **nicht**.[21]

Solche Delikte sind u.a.: Totschlag, Fahrlässige Tötung, Körperverletzung (jedenfalls in der Modalität der »Gesundheitsschädigung«[22]), Fahrlässige Körperverletzung, Sachbeschädigung, Brandstiftung (§§ 306, 306a StGB). Hier folgt die

18 *Jescheck/Weigend*, § 59 IV 2 m.w.N.; *A. Kaufmann*, S. 283; *Krey/Hellmann/Heinrich*, BT/1, Rn. 870; *Kühl*, § 18 Rn. 44 ff.; *Maiwald*, JuS 1981, 480 ff.; *Schünemann*, S. 241 f.; S/S/*Stree/Bosch*, § 13 Rn. 9 ff.; NK/*Wohlers/Gaede*, § 13 Rn. 32 ff. Kritisch *Roxin*, § 32 Rn. 6 ff., 17 ff.

19 *Jescheck/Weigend*, § 59 IV 2; *Krey/Hellmann/Heinrich*, BT/1, Rn. 870; S/S/*Stree/Bosch*, § 13 Rn. 8.

20 Hierzu: BGHSt 7, 268 (271); 30, 391 (393); *Kühl*, § 18 Rn. 41; *Wessels/Beulke/Satzger*, Rn. 1006.

21 *Jakobs*, 29/7, 78 ff.; *Krey/Hellmann/Heinrich*, BT/2, Rn. 520.; *Lackner/Kühl*, § 13 Rn. 16; *Roxin*, § 32 Rn. 225; S/S/*Stree/Bosch*, § 13 Rn. 4; *Wessels/Beulke/Satzger*, Rn. 1028; *Satzger*, Jura 2011, 749 (753); Wohl abweichend BGHSt 48, 77 (96): Hier prüft das Gericht bei Totschlag durch Unterlassen der Sache nach jenes Entsprechenserfordernis.

22 M.E. auch für die »körperliche Misshandlung«; *Kühl*, § 18 Rn. 124; **a.A.** *Jakobs*, 29/7.

Gleichstellung des Unterlassens mit aktivem Tun schon aus der Garantenstellung. Es bedarf mithin keiner separaten Gleichwertigkeitsprüfung.

Dagegen ist die Entsprechensklausel bei den **sog. verhaltensgebundenen Tatbeständen** anwendbar.

Gemeint sind Straftaten, bei denen nicht schon die bloße Erfolgsherbeiführung als solche ihren Unrechtsgehalt begründet, sondern nur die Herbeiführung auf eine bestimmte Art und Weise.

Beispiele sind namentlich:

- Betrug, § 263 StGB (»Täuschung«)[23],
- Mord, § 211 StGB, bezüglich der tatbezogenen zweiten Gruppe der Mordmerkmale (»heimtückisch«, »grausam« oder »mit gemeingefährlichen Mitteln«)[24].

In solchen Fällen ist mithin zu prüfen, ob das Unterlassen der Erfolgsabwendung denselben Unrechtsgehalt aufweist wie die aktive Erfolgsherbeiführung, mithin sog. »Modalitätenäquivalenz« vorliegt. Dieses Kriterium soll sicherstellen, dass dem Unterlassungstäter im Vergleich zum Begehungstäter nicht mehr abverlangt wird.

Mit dieser Feststellung ist allerdings nicht viel gewonnen. Denn die inhaltlichen **1130**
Voraussetzungen für die Bejahung des Entsprechenserfordernisses sind bislang nicht geklärt.[25] Eine solche Klärung ist auch nicht zu erwarten, da § 13 StGB insoweit eine **inhaltsleere Generalklausel** ist,[26] die demzufolge durch Rechtsprechung und Lehre nicht überzeugend konkretisiert werden **kann**. Sie ist folglich ein kriminalpolitischer Missgriff des Gesetzgebers und verfassungsrechtlich wegen des Bestimmtheitsgebots (Art. 103 Abs. 2 GG) mehr als nur bedenklich;[27] sie ist materiell ohne Bedeutung[28].

Darüber hinaus begründet die Entsprechensklausel die Gefahr, dass der entscheidende Unterschied zwischen *verhaltensgebundenen Delikten* und solchen Strafgesetzen, die es *nur als Begehungsdelikte* gibt, vernachlässigt wird. Es gibt schließlich **Straftatbestände, die nicht durch Unterlassen erfüllt werden können**.[29]

---

23 *Krey/Hellmann/Heinrich*, BT/2, Rn. 520; S/S/*Stree/Bosch*, § 13 Rn. 4; NK/*Wohlers/Gaede*, § 13 Rn. 19.

24 *Krey/Hellmann/Heinrich*, BT/1, Rn. 75; S/S/*Stree/Bosch*, § 13 Rn. 4; *Wessels/Beulke/Satzger*, Rn. 1028; differenzierend *Roxin*, § 32 Rn. 239. Vgl. auch BGH NStZ 2010, 87 mit Anm. *Hecker*, JuS 2010, 360 dafür, dass eine mit gemeingefährlichen Mitteln begangene Tötung durch Unterlassen grundsätzlich nicht möglich ist.

25 *Krey/Hellmann/Heinrich*, BT/2, Rn. 521; *Kühl*, § 18 Rn. 122 m.w.N.; *Roxin*, JuS 1973, 197 (199) (keine »inhaltliche Aussage«); *Rengier*, JuS 1989, 802 (808); *Satzger*, Jura 2011, 749 (753) versucht, die Delikte mit besonderem Handlungsunrecht ihrer Struktur nach zu unterscheiden: Impliziert das Handlungsunrecht das Erreichen eines – vom tatbestandlichen Erfolg abtrennbaren – Zwischenerfolges, müsse auch im Falle des Unterlassens ein solcher Zwischenerfolg erreicht werden.

26 *Krey/Hellmann/Heinrich*, BT/2, Rn. 521; *Rengier*, JuS 1989, 802 (808); *Roxin*, JuS 1973, 197 (199); *Hertel*, Ad Legendum 2013, 68; *Otto*, AT, § 9 Rn. 38 (»nichtssagend«).

27 *Krey/Hellmann/Heinrich*, BT/2, Rn. 521.

28 Vgl. zur Entsprechensklausel in der Fallbearbeitung *Hertel*, Ad Legendum 2013, 68.

29 Dazu *Stratenwerth/Kuhlen*, 13/66-67; NK/*Wohlers/Gaede*, § 13 Rn. 19.

Hierzu zählen insbesondere: Eigenhändige Delikte wie §§ 153, 154 und § 173 StGB; Diebstahl und Raub (»Wegnahme«); Beleidigung als Äußerungsdelikt;[30] Nötigung in der Alternative »durch Drohung mit einem empfindlichen Übel«.[31]

II. Beschützergaranten: Entstehungsgründe für diese Garantenstellung

1. Gesetz

a) Ehegatten (§ 1353 BGB i.V.m. Art. 6 Abs. 1 GG)

1131 Sie sind kraft Gesetzes zum Schutz des anderen auf Posten gestellt.[32] Nach h.M. endet die Garantenpflicht unter Ehegatten jedoch, wenn sich ein Ehegatte vom anderen in der ernsthaften Absicht **getrennt** hat, die eheliche Lebensgemeinschaft nicht wieder herzustellen.[33] Letztlich hat in solchen Fällen auch keiner der Ehegatten mehr eine begründete Erwartung einer Beistandspflicht.[34]

Nach einer Mindermeinung[35] ist solange eine Garantenposition anzunehmen, wie die Ehe noch rechtlich besteht. Anderenfalls käme es zu Abgrenzungsproblemen zwischen »intakten« und sonstigen Ehen.

b) Elterliche Sorge (§§ 1626, 1631 BGB i.V.m. Art. 6 Abs. 1 GG)

1132 Aus ihr folgt für Eltern **minderjähriger** Kinder die Position als Beschützergaranten.[36] Diese Position bleibt von einer Aufhebung der Wohngemeinschaft unberührt.

Beispiel: Ein 17-jähriges Mädchen zieht zu ihrem Freund.

Entsprechend sind als Inhaber der Personensorge Beschützergaranten:

- Adoptiveltern Minderjähriger (§ 1754 BGB);
- Vormund (§ 1800 i.V.m. § 1631 BGB).

Für die Eltern nichtehelicher minderjähriger Kinder siehe § 1626a BGB.[37]

c) Strafverfolgungspflicht von Polizeibeamten und Staatsanwälten

1133 Die Strafverfolgungspflicht der Polizei ergibt sich aus § 163 StPO, die der Staatsanwaltschaft aus §§ 152 Abs. 2, 160 Abs. 1, 170 Abs. 1 StPO. Sie begründet eine Garantenpflicht für die **Rechtspflege**. Bei Verletzung jener Pflicht kommt Strafvereitelung durch Unterlassen (§§ 258, 258a, 13 StGB) in Betracht.[38]

---

30 Siehe für § 185 StGB: *Krey/Hellmann/Heinrich*, BT/1, Rn. 506 m.w.N. pro und contra.

31 Drohung fordert stets eine ausdrückliche oder konkludente *Äußerung*, also aktives Tun. Ob Nötigung mit Gewalt durch Unterlassen möglich ist, soll hier dahinstehen.

32 BGHSt 2, 150 (153); 19, 167 (168); *Lackner/Kühl*, § 13 Rn. 8; S/S/*Stree/Bosch*, § 13 Rn. 18.

33 BGHSt 48, 301; zustimmend *Fischer*, § 13 Rn. 23; *Freund*, NJW 2003, 3384; *Kindhäuser*, AT, § 36 Rn. 76; *Kühl*, § 18 Rn. 58; *Roxin*, § 32 Rn. 50; *Wessels/Beulke/Satzger*, Rn. 1008; NK/*Wohlers/Gaede*, § 13 Rn. 57; *Joecks*, § 13 Rn. 35.

34 Zu den Konsequenzen des BGH-Urteils für Einschränkungen des Notwehrrechts zwischen Eheleuten siehe Rn. 542 ff.

35 *Geilen*, FamRZ 1961, 148; *Jakobs*, 29/64.

36 BGH NStZ 1999, 607; *Fischer*, § 13 Rn. 25.

37 Trotz des Urteils des BVerfG v. 21.7.2010 (NJW 2010, 3008) war § 1626a BGB mit gewissen Einschränkungen bis zu einer gesetzlichen Neuregelung in 2013 weiterhin anwendbar.

38 BGHSt 43, 82 (84 f.); *Krey*, Rechtsprobleme, Rn. 476 ff. m.w.N.

Ob dagegen eine Garantenstellung im Rahmen des §§ 258, 13 Abs. 1 StGB bei einem unberechtigten Schweigen eines Zeugen in einem Strafverfahren anzunehmen ist, wird unterschiedlich beurteilt.

Manche begründen die Garantenstellung des Zeugen mit einer besonderen Verantwortlichkeit, die dem Betreffenden mit Blick auf die Realisierung staatlicher Sanktionsbefugnisse und der Wahrheitsforschung im Strafverfahren obliege. Dies soll vor allem aus den Regelungen der mit Zwangsmitteln durchsetzbaren Aussagepflicht aus § 70 StPO und der strafbewehrten Wahrheitspflicht, §§ 153 ff.; 145d, 164 StGB, folgen.[39] Andere wiederrum sehen die Sanktionen des § 70 StPO als abschließende Regelung und daher auch die Zeugenpflicht lediglich als allgemeine staatsbürgerliche Pflicht an.[40]

d) Polizeibeamte: Beschützergaranten gemäß den Polizeigesetzen

Nach Landespolizeirecht kann die Polizei die notwendigen Maßnahmen ergreifen, **1134**
um eine »Gefahr für die öffentliche Sicherheit abzuwenden«[41].

Zur **»öffentlichen Sicherheit«** zählen dabei die Unversehrtheit von Leben, Gesundheit, Freiheit, Eigentum u.a. Rechtsgütern des Einzelnen, der Bestand des Staates, das Funktionieren seiner Organe und Einrichtungen sowie sonstige Rechtsgüter der Allgemeinheit.

Mithin besitzen Polizeibeamte aufgrund der polizeilichen Generalklauseln des Landesrechts die Befugnis, konkrete Gefahren für Rechtsgüter des Einzelnen abzuwenden; dabei geht es insbesondere auch um die Verhinderung von Straftaten. Diese Befugnis wird dabei nach **pflichtgemäßem Ermessen** ausgeübt.[42]

Jedoch kann sein Ermessen ausnahmsweise »auf Null schrumpfen«; dies mit der Folge, dass aus der Befugnis zur Gefahrenabwehr eine Rettungspflicht erwächst.[43] Diese Verpflichtung zur Gefahrenabwehr bei **Ermessensschrumpfung auf Null** begründet nach h.M. eine Garantenstellung des Polizeibeamten aus Gesetz:[44]

Fall 142: – Polizeibeamter X: Kein »Freund und Helfer« –
Während seines Dienstes sieht X, wie Rocker den O zusammenschlagen und dann ausrauben. X greift nicht ein, weil er Angst hat, anderenfalls selbst Prügel zu beziehen. Dass die Täter wegen seiner Untätigkeit den O erheblich verletzen und dann mit der Beute entkommen können, ist dem X eher unangenehm. Strafbarkeit des X?

---

39 OLG Köln NStZ-RR 2010, 146; LG Ravensburg NStZ-RR 2008, 177.

40 So u.a. *Popp*, JR 2014, 418 (424).

41 Art. 2 Abs. 1; 11 Abs. 1 PAG Bayern.

42 Nachweise bei *Krey*, Rechtsprobleme, Rn. 498 ff., 503, 506 ff. (dort auch zum »Auswahlermessen«, Rn. 505).

43 *Krey*, Rechtsprobleme, Rn. 498 ff., 503, 506 ff.; *Kühl*, § 18 Rn. 87; *Roxin*, § 32 Rn. 98.

44 BGHSt 38, 388 (mit Anm. *Mitsch*, NStZ 1993, 384 f.); *Freund*, Erfolgsdelikt u. Unterlassen, 291 ff., 305 ff.; *Jakobs*, 29/77d; *Joecks*, § 13 Rn. 45; eingehend *Krey*, Rechtsprobleme, Rn. 500 ff. m.w.N.; *Kühl*, § 18 Rn. 84, 87 ff. (sachlich weitgehend übereinstimmend); *Pawlik*, ZStW 111 (1999), 335 (345 ff., 355 f.); *Roxin*, § 32 Rn. 85 ff., 93 ff.; S/S/*Stree*/*Bosch*, § 13 Rn. 52; NK/*Wohlers*/*Gaede*, § 13 Rn. 64.

(1) Raub durch Unterlassen (§§ 249, 13 StGB)?

Dieses unechte Unterlassungsdelikt entfällt aus zwei Gründen, ohne dass es auf die Frage der Garantenposition des X ankäme: *Erstens* gehört Raub wie Diebstahl zu den Straftaten, die nicht durch Unterlassen begangen werden können.[45] *Zweitens* hatte X keine Zueignungsabsicht: Die Zueignung der Beute durch die Schläger (Drittzueignung aus der Sicht des X) war für ihn eine »unerwünschte Nebenfolge« seines Unterlassens, also nicht Gegenstand seiner Absicht.[46]

1135 (2) Körperverletzung durch Unterlassen (§§ 223 Abs. 1, 13 StGB)

X hat den **Erfolg** (körperliche Misshandlung und Gesundheitsschädigung durch das Zusammenschlagen) nicht verhindert. Sein **Unterlassen** liegt in der Nichtvornahme der erforderlichen und ihm möglichen Rettungsbemühungen:

X hätte mittels Androhung des **Einsatzes seiner Dienstwaffe**, durch Warnschuss oder notfalls Schusswaffengebrauch gegen die Schläger eingreifen können.[47]

Bei lebensnaher Sachverhaltsauslegung ist wegen der Möglichkeit des Gebrauchs der Dienstwaffe auch die erforderliche **hypothetische Kausalität** gegeben.

1136 Die **Garantenposition** des X, und zwar als Beschützergarant, folgt hier aus der polizeilichen Generalklausel (Rn. 1134):

Der Angriff der Schläger auf O begründete eine konkrete Gefahr für die öffentliche Sicherheit. Daher war X zur Gefahrenabwehr befugt. Aus dieser Befugnis kann im Einzelfall unter dem Gesichtspunkt der **Ermessensschrumpfung auf Null** eine polizeirechtliche Verpflichtung zur Gefahrenabwehr erwachsen. Eine solche Ermessensschrumpfung mit der Folge einer polizeirechtlichen Rettungspflicht wird gemäß dem Kriterium der »Schädlichkeitsgrenze« insbesondere bei konkreten schweren Gefahren für Leib oder Leben bejaht.[48] Mithin war X zur Rettung des O, d.h. zur Verhinderung des (weiteren) Zusammenschlagens und des Raubes[49], gemäß Polizeirecht verpflichtet.

1137 Aus jener Rettungspflicht resultiert dabei (grundsätzlich) eine Garantenstellung, so dass X **Beschützergarant** für O war: Die Gegenmeinung verweist auf die Notwehr- und Notstandsrechte des Bürgers und leitet daraus ab, er sei prinzipiell für den Schutz seiner Rechtsgüter selbst verantwortlich.[50] Diese Auffassung verkennt jedoch, dass der Staat seinen Bürgern Schutz ihrer Grundrechte, insbesondere bei schweren Gefahren für Leben, Leib oder Freiheit, schuldet. Die Aufgabe, diesen Schutz zu gewähren, kommt dabei vornehmlich der Polizei zu. Sie ist **insoweit** »zum Schutz des Bürgers auf Posten gestellt« und fungiert daher als Beschützergarant für den Einzelnen. Es wäre auch kriminalpolitisch sachwidrig und befremdlich, den Polizeibeamten X mit neugierigen Gaffern auf eine Stufe zu stellen.

45 Dazu m.w.N.: *Krey/Hellmann/Heinrich*, BT/2, Rn. 89, 116.
46 *Krey/Hellmann/Heinrich*, BT/2, Rn. 116-120.
47 Zur Legalität dieses Schusswaffengebrauchs: Art. 66 ff. PAG Bayern.
48 Nachweise bei *Krey*, Rechtsprobleme, Rn. 499.
49 Die Pflicht zur Gefahrenabwehr zumindest bei brutaleren Fällen des Raubes ist unstrittig.
50 SK/*Rudolphi/Stein*, § 13 Rn. 54c m.w.N.; kritisch gegenüber der h.M. auch *Zaczyk*, FS Rudolphi, 2004, S. 368 ff.

Ob Garantenpositionen unter dem Gesichtspunkt der **Unzumutbarkeit** entfallen können, mag hier dahinstehen. Denn angesichts der erhöhten Gefahrtragungspflicht von Polizeibeamten (Rn. 610, 759) und der dienstlichen Bewaffnung des X (Polizeipistole) bestand für ihn kein unzumutbares Risiko. **1138**

Die **Entsprechensklausel** (§ 13 StGB) ist bei reinen Erfolgsdelikten, zu denen § 223 StGB gehört, nicht anwendbar (Rn. 1129).

X hat also den Tatbestand des § 223 StGB durch Unterlassen erfüllt.

Seine Tat war auch rechtswidrig, da kein Erlaubnissatz eingreift. Sie war auch schuldhaft. § 35 Abs. 1 StGB entfällt wegen Satz 2 (Zumutbarkeitskorrektiv).

(3) § 224 Abs. 1 Nr. 4 StGB durch Unterlassen? **1139**

Ob als Täter dieser Qualifikation durch Unterlassen strafbar ist, wer als Garant die *gemeinschaftliche Begehung durch zwei aktiv handelnde Täter* nicht verhindert, ist strittig und soll hier nicht vertieft werden. Die Frage ist für Fälle wie den vorliegenden zu verneinen, da X die Tat nicht **gemeinschaftlich** mit den Schlägern begangen hat.[51]

e) Polizeibeamte: Beschützergaranten bei privat erlangter Kenntnis der Gefahr?

Ob und wieweit Polizeibeamte bei **privat** erlangter Kenntnis einer Gefahr **Beschützergaranten** gemäß Landespolizeirecht sein können, ist strittig und ungeklärt.[52] Die Antwort hierauf hängt davon ab, ob die Begründung einer Rettungspflicht aufgrund der **polizeilichen** Generalklausel wegen Ermessensschrumpfung auf Null (Rn. 1134) auch bei außerdienstlicher Kenntnis in Betracht kommt[53] und es sachgerecht wäre, eine solche Rettungspflicht bei außerdienstlicher Kenntnis gemäß § 13 StGB mit **Strafdrohung** zu versehen. **1140**

Der BGH hat zu letzterer Frage festgestellt:[54]

Ein Polizeibeamter sei zwar grundsätzlich nur bei Dienstausübung Garant für Rechtsgüter Dritter. Bei außerdienstlicher Kenntnis von Straftaten könne sich aber eine Rechtspflicht zur Abwendung des tatbestandsmäßigen Erfolges hinsichtlich solcher schwerer Delikte ergeben, die – wie Dauerdelikte oder auf Wiederholung angelegte Taten – während der Dienstzeit des Beamten fortwirkten. Dabei bedürfe es der »Abwägung im Einzelfall, ob das öffentliche Interesse privaten Belangen des Beamten« vorgehe.

2. Vereinbarte tatsächliche Übernahme (»Vertrag«)

Das Paradebeispiel für diese Position als Beschützergarant ist der Babysitter. An seinem Beispiel lässt sich die heute übliche Ersetzung der Formel »Garant aus **1141**

51 So S/S/*Stree*/*Sternberg-Lieben*, § 224 Rn. 11 m.w.N. pro u. contra.
52 Dazu BGHSt 38, 388 (391 f.); BGH NStZ 2000, 147 m.w.N.; *Fischer*, § 13 Rn. 21 m.w.N.
53 Diese polizeirechtliche Problematik wird im Strafrecht weitestgehend vernachlässigt, etwa vom BGHSt 38, 388 (391 f.); BGH NStZ 2000, 147. Anders aber *Kühl*, § 18 Rn. 87.
54 BGHSt 38, 388 (391 f.); BGH NStZ 2000, 147; ebenso offenbar: *Fischer*, § 13 Rn. 31 m.w.N.; *Roxin*, § 32 Rn. 88 f., 97.

Vertrag« durch die Umschreibung »Garant aufgrund vereinbarter **tatsächlicher Übernahme**« der betreffenden Schutzpflicht[55] besonders gut verdeutlichen:

Fall 143: – Der unzuverlässige Babysitter –
Die Eheleute A und B vereinbaren mit der U, dass sie am kommenden Samstag von 19.00 Uhr bis Mitternacht auf ihren vierjährigen Sohn (O) aufpassen solle. Als U um 19.15 Uhr noch immer nicht eingetroffen ist und auf Telefonanrufe nicht reagiert, schwant A und B, dass U die Absprache vergessen hat. Leichtfertig verlassen sie trotzdem ihr Haus. O trinkt eine Überdosis eines süßen Medikaments. Als seine Eltern zurückkommen, finden sie ihn in einem bedenklichen Zustand vor. Jedoch können die Ärzte sein Leben retten. Strafbarkeit der **U** wegen Fahrlässiger Körperverletzung durch Unterlassen (§§ 229, 13 StGB)?

Die Frage ist zu verneinen, da U nicht als Beschützergarantin für Leib und Leben des O verantwortlich war.[56] Für eine solche Garantenposition genügt die vertragliche Vereinbarung als solche grundsätzlich noch nicht. Vielmehr ist die **tatsächliche Übernahme** der vereinbarten Schutzpflichten maßgeblich:

Für den Babysitter, Bergführer, Leibwächter, Krankenpfleger, Nachtwächter u.a. Beschützergaranten[57] entsteht ihre Garantenposition grundsätzlich nicht schon mit der Absprache, sondern erst mit der vereinbarten tatsächlichen Übernahme der Beschützeraufgabe.[58] Das bloße **vertragswidrige Nichterscheinen** des Babysitters, Bergführers etc. ist i.d.R. noch keine Verletzung von Garantenpflichten. Doch gibt es Ausnahmen von dieser Regel:

1142 **Fall 144: – Abwandlung von Fall 143 –**[59]
Die Eheleute A und B hatten mit U, die schon früher bei ihnen als Babysitter gearbeitet hatte, vereinbart, dass sie spätestens um 19.20 Uhr im Haus von A und B eintreffen müsse. Sie hatten der U, die nicht früher kommen konnte, einen Hausschlüssel ausgehändigt. U wusste, dass A und B wegen eines Theaterbesuches spätestens um 19.15 Uhr starten mussten. Sie hatte ihnen versichert: »Sie können sich hundertprozentig auf mich verlassen; O wird höchstens fünf Minuten allein sein.« Tatsächlich traf die U erst gegen 21.00 Uhr im Haus von A und B ein. Diese Verspätung hatte O dazu benutzt, aus seinem Bett zu steigen, zur Hausapotheke zu gelangen, das süße Medikament zu finden, die Flasche zu öffnen und auszutrinken. Für dieses »Abenteuer« hatte er 20 Minuten benötigt. O erkrankt ernstlich, kann aber von den Ärzten gerettet werden. Strafbarkeit der U?

1143 Wie bereits erwähnt kann in Ausnahmefällen eine Garantenposition aus vereinbarter tatsächlicher Übernahme entstehen, obwohl der Beschützergarant vertragswidrig nicht erscheint. Eine solche Ausnahme liegt vor, wenn gemäß dem Inhalt der Vereinbarung schon die **Zusage** der Übernahme der Schutzfunktion einen **Vertrauenstatbestand** schafft, kraft dessen dem Zusagenden die Verantwortung für

55 *Heinrich*, AT, Rn. 941; *Jescheck/Weigend*, § 59 IV 3 c; *Kühl*, § 18 Rn. 68 ff.; *Roxin*, § 32 Rn. 53 ff.; S/S/*Stree/Bosch*, § 13 Rn. 26, 28; BGHSt 47, 224 (229) – Schwebebahn.

56 So für Fälle wie den vorliegenden u.a.: *Kühl*, § 18 Rn. 68 ff.; *Maiwald*, JuS 1981, 473 (481); SK/*Rudolphi/Stein*, § 13 Rn. 62.

57 *Kühl*, § 18 Rn. 68 ff.; SK/*Rudolphi/Stein*, § 13 Rn. 58-61; *Stratenwerth/Kuhlen*, 13/23.

58 *Jakobs*, 29/46, 48; *Kühl*, § 18 Rn. 70; *Roxin*, § 32 Rn. 53; *Stratenwerth/Kuhlen*, 13/25; S/S/*Stree/Bosch*, § 13 Rn. 26, 28; BGHSt 47, 224 (229).

59 Fall nach *Blei* und *Kühl* (§ 18 Rn. 70 m.w.N.).

das Wohl des Schutzbefohlenen zuwächst[60] – weil der Empfänger der Zusage im Vertrauen auf die versprochene Hilfe andere Schutzmaßnahmen unterlässt.[61]

Eine derartige Übernahme der Funktion eines Beschützergaranten schon aufgrund der Zusage ist hier anzunehmen. U war spätestens ab 19.20 Uhr Garant für die Unversehrtheit des O, weil seine Eltern im Vertrauen auf ihr Versprechen auf andere Schutzmaßnahmen verzichtet hatten. Sie ist der Fahrlässigen Körperverletzung durch Unterlassen schuldig.

Weitere Beispiele für solche **Ausnahmen**, in denen bereits die Zusage die Garantenposition begründet, sind u.a.:

- Zusicherung des Arztes, den Erkrankten aufzusuchen;[62]
- Versprechen des Nachbarn, während des Winterurlaubs eines Hauseigentümers dessen Streupflicht bei Schnee und Glätte zu erfüllen;[63]
- Zusage an einen Verunglückten, der sich trotz erheblicher Schmerzen zum nächsten Dorf schleppen will, Hilfe zu holen, so dass er am Unfallort verbleibt.

Diese Ausnahmen ändern aber nichts an der **Regel**: Die Vereinbarung als solche **1144**
genügt noch nicht, um die Position eines Beschützergaranten zu begründen.

Ein **weiteres Beispiel** hierfür ist der Bergführer, der unter Verletzung seines Vertrages mit Touristen, die er auf einer Bergtour begleiten soll, nicht am Treffpunkt erscheint. Erst die Übernahme der Führung würde einen Vertrauenstatbestand schaffen, der ihn zum Beschützergaranten für Leib und Leben machen könnte.[64]

Im Allgemeinen begründen vertragliche Pflichten aus **gegenseitigen Geschäften** – i.V.m. durch Treu und Glauben begründeten Aufklärungspflichten – keine Garantenpflicht.[65] Dies gilt erst recht für vorvertragliche Pflichten, insbesondere in Fällen, in denen das Gesetz den Vertragsschluss einer besonderen Form unterwirft, die der Warnung und dem Schutz der Beteiligten vor Übereilung dient (bspw. § 311b Abs. 1 S. 1 BGB). Vielmehr bedarf es für die Herleitung einer strafbewehrten Garantenpflicht weiterer besonderer Umstände – wie etwa eines **besonderes Vertrauensverhältnisses** oder einer **ständigen Geschäftsverbindung**.[66]

Im Übrigen gibt es noch einen weiteren Grund dafür, nicht von »Garanten aus **1145**
Vertrag« zu sprechen, sondern die Formulierung »Garant aus vereinbarter tatsächlicher Übernahme« zu wählen: Für diese Garantenposition ist grundsätzlich unerheblich, ob der Vertrag zivilrechtlich wirksam ist.[67]

Das ist insbesondere für minderjährige Babysitter bedeutsam.

---

60 *Kühl*, § 18 Rn. 70; SK/*Rudolphi*/Stein, § 13 Rn. 62; S/S/*Stree*/*Bosch*, § 13 Rn. 27 f.

61 *Blei*, FS Mayer, 1966, S. 121 ff.; *Maiwald*, JuS 1981, 473 (481); *Roxin*, § 32 Rn. 55; S/S/*Stree*/*Bosch*, § 13 Rn. 27 f.; *Wessels*/*Beulke*/*Satzger*, Rn. 1010 f.

62 *Kühl*, § 18 Rn. 70 und *Maiwald*, JuS 1981, 473 (481). Zum **Bereitschaftsarzt** als Garanten siehe: BGHSt 7, 211; *Kühl*, § 18 Rn. 73 f. m.w.N.; S/S/*Stree*/*Bosch*, § 13 Rn. 28a; NK/*Wohlers*/*Gaede*, § 13 Rn. 39; kritisch *Ranft*, JZ 1987, 914; differenzierend *Roxin*, § 32 Rn. 73-75.

63 OLG Celle NJW 1961, 1939 f.; SK/*Rudolphi*/*Stein*, § 13 Rn. 61; S/S/*Stree*/*Bosch*, § 13 Rn. 28.

64 *Jescheck*/*Weigend*, § 59 IV 3 c; *Kühl*, § 18 Rn. 69; *Stratenwerth*/*Kuhlen*, 13/25.

65 *Kudlich*, JA 2015, 74 (75).

66 OLG Bamberg NStZ 2012, 248 (250).

67 S/S/*Stree*/*Bosch*, § 13 Rn. 28.

3. Ingerenz: Pflichtwidriges gefährdendes Vorverhalten[68]

1146 Dieser Entstehungsgrund für die Position eines Beschützergaranten beruht auf dem Prinzip der Verantwortung für pflichtwidrig selbstgeschaffene Gefahren:[69]

Wer z.B. infolge Missachtung von Verkehrsvorschriften andere lebensgefährlich verletzt, ist Beschützergarant für ihr Leben aus Ingerenz.[70] Dasselbe gilt für Täter, die durch eine andere Straftat das Opfer rechtswidrig in Todesgefahr gebracht haben.

1147 **Fall 145: – Unfallflucht mit fatalen Folgen –**[71]
A hat infolge Fahrlässigkeit nachts auf einsamer Landstraße einen Fußgänger (O) angefahren. O liegt schwerverletzt neben der Fahrbahn. Aus Angst vor Bestrafung lässt A den O liegen und begeht Unfallflucht (§ 142 Abs. 1 Nr. 2 StGB). Dabei rechnet er ernstlich damit, O könne ohne baldige ärztliche Hilfe sterben, und findet sich hiermit ab. Strafbarkeit des A, falls O mit an Sicherheit grenzender Wahrscheinlichkeit gerettet worden wäre, wenn A sich um ärztliche Hilfe bemüht hätte?

Totschlag, **§ 212 StGB**, durch **aktives Tun** entfällt, da A bei der Tötungshandlung (Anfahren des O) keinen Tötungsvorsatz hatte.

Fahrlässige Tötung, **§ 222 StGB**, *als* **Begehungsdelikt** liegt vor: A hat durch aktives Tun (Anfahren des O) fahrlässig den Tod des O herbeigeführt.

Für den Tatbestand des § 222 StGB als Begehungsdelikt ist unerheblich, dass A es **nach** jenem aktiven Tun entgegen seiner Rettungspflicht als Garant (Ingerenz) vorsätzlich unterlassen hat, den Erfolgseintritt (Tod des O) zu verhindern. Dieses **Unterlassen** tangiert weder die Kausalität noch schließt es die objektive Zurechnung des Todes des O gemäß § 222 StGB aus.

1148 **Totschlag durch Unterlassen, §§ 212, 13 StGB?**[72]

Erfolgseintritt, Unterlassen sowie hypothetische Kausalität sind gegeben.

Weiterhin fungierte A als **Beschützergarant** für O, und zwar aus pflichtwidrigem gefährdenden Vorverhalten (Ingerenz):

Das pflichtwidrige Vorverhalten lag darin, dass er den O durch Fahrlässigkeit an der Gesundheit geschädigt hatte. Diese Fahrlässige Körperverletzung (§ 229 StGB) schuf eine Gefahr für das Leben des O. Mithin war A als **Garant kraft Ingerenz** rechtlich für die Verhinderung des Eintritts des tatbestandsmäßigen Erfolges (Tod des O) verantwortlich.

Die Entsprechensklausel (§ 13 StGB) ist für reine Erfolgsdelikte wie Totschlag durch Unterlassen nicht einschlägig, bedarf hier also keiner Prüfung (Rn. 1129).

---

68 Dazu BGHSt 23, 327 (328); 25, 218 (220 ff.); 34, 82 (84); 38, 356 (358); *Jäger*, AT, Rn. 352 ff.; S/S/*Stree*/*Bosch*, § 13 Rn. 32 m.w.N.

69 SK/*Rudolphi*/*Stein*, § 13 Rn. 38 f.

70 Vielfach wird hier keine Garantenposition als **Beschützergarant**, sondern als **Überwachungsgarant** bejaht; so u.a.: *Jäger*, AT, Rn. 352 ff.; *Roxin*, § 32 Rn. 107, 143 ff.; das ist freilich ungenau. – Ingerenz generell ablehnend *Schünemanns* »Antiingerenztheorie« (Begriff nach *Hillenkamp*); dazu kritisch *Roxin*, § 32 Rn. 147 ff.

71 Fall nach *Krey*/*Hellmann*/*Heinrich*, BT/1, Rn. 71.

72 Zur Ingerenz in solchen Fällen siehe aus der Rechtsprechung: BGHSt 11, 353 (355 f.); 25, 218 (220 ff.); 34, 82 (84 f.). – Zum **Mord** durch Unterlassen in dieser Fallkonstellation siehe eingehend und m.w.N. *Krey*/*Hellmann*/*Heinrich*, BT/1, Rn. 71-81.

A hat also den objektiven Tatbestand der §§ 212, 13 StGB erfüllt. Er hat auch mit Tötungsvorsatz (dolus eventualis) gehandelt. Auch Rechtswidrigkeit und Schuld sind zu bejahen.

Resümee: A hat sich des Totschlags durch Unterlassen strafbar gemacht.

Dass sogar **Mord** durch Unterlassen anzunehmen ist (Verdeckungsmord), soll hier als BT-Problem nicht vertieft werden.[73]

Das fahrlässige Tötungsdelikt (§ 222 StGB) wird vom vorsätzlichen Kapitalverbrechen (§§ 211, 212, 13 StGB) verdrängt, obwohl beide dasselbe Opfer trafen (Handlungsmehrheit; mitbestrafte Vortat; Rn. 1392).[74]

Zur Position des Beschützergaranten aus **Ingerenz** bedarf es noch der folgenden **1149**
Klarstellung:

a) Eine solche Garantenposition kann selbstredend **auch zum Schutz anderer** Rechtsgüter als »Leben« bestehen. So kann der Garant aufgrund pflichtwidrigen gefährdenden Vorverhaltens auf Posten gestellt sein:

Zum Schutz der **körperlichen Unversehrtheit**

> **Beispiel:** A hat O durch Fahrlässigkeit verletzt; diese Verletzung ist zwar nicht lebensgefährlich, aber sehr schmerzhaft. Hier ist O als Garant verpflichtet, zumindest zwecks **Schmerzlinderung** ärztliche Hilfe herbeizurufen. Anderenfalls würde er sich aus §§ 223, 13 StGB strafbar machen.

Zum Schutz der **persönlichen Freiheit**

> **Beispiel:** A hat O infolge pflichtwidriger Unaufmerksamkeit eingeschlossen. Wegen dieses Versehens ist er aus Ingerenz verpflichtet, O zu befreien. Anderenfalls würde er §§ 239 Abs. 1, 13 StGB verwirklichen.

Zum Schutz des **Eigentums**, zum **Schutz von Wohnungen** etc.

> **Beispiel:** A hat fahrlässig die Gefahr geschaffen, dass ein Wohngebäude in Brand gerät. Daher ist er kraft Ingerenz Beschützergarant dafür, dass der Erfolg (§§ 306a Abs. 1 Nr. 1, 13 StGB) nicht eintritt.

b) Das pflichtwidrige **Vorverhalten muss nicht strafbar sein**. So ist etwa ein **1150**
versehentliches Einsperren als bloße fahrlässige Freiheitsberaubung keine Straftat (§§ 239, 15 StGB).[75]

c) Ein pflichtwidriges vorangegangenes gefährdendes Tun, das eine Garantenstellung aus Ingerenz zur Folge hat, liegt nicht nur bei **Begründung** einer Gefahr vor

73 BGHSt 11, 353 (355 f.); 25, 218 (220 ff.); 34, 82 (84 f.); *Krey/Hellmann/Heinrich*, BT/1, Rn. 71-81.

74 Zudem hat sich A nach §§ 142, 221, 323c StGB strafbar gemacht. §§ 221, 323c StGB werden jedoch durch §§ 211, 212, 13 StGB verdrängt.

75 Ähnlich: BGH Urt. v. 21.12.2011 – 2 StR 295/11: A konsumierte regelmäßig Lösungsmittel als Drogenersatz und stellte kurz vor der Trennung von seiner von ihm emotional abhängigen und sich mit dem Mittel nicht auskennenden Freundin (F) eine Flasche davon auf den Tisch. F nahm daraufhin spontan eine letale Dosis zu sich, jedoch ohne Suizidabsicht. Der BGH befand, A sei durch die Schaffung der Gefahrenquelle und seinem überlegenen Sachwissen zu einer Rettungshandlung verpflichtet gewesen; siehe auch Anm. *Kudlich*, JA 2012, 470.

Vielmehr genügt auch die (erhebliche) **Intensivierung** einer bereits bestehenden Gefahr, zum Beispiel bei Dauerdelikten.[76] Im Übrigen verlangt Ingerenz die Schaffung der »nahen Gefahr« des Schadenseintritts bzw. der Schadensvertiefung[77] und die Pflichtwidrigkeit muss in der Missachtung einer Vorschrift bestehen, welche gerade dem **Schutz des betroffenen Rechtsguts** dient.[78]

1151 d) Fraglich ist zudem, wie Fälle zu beurteilen sind in denen das Vorverhalten gerade nicht pflichtwidrig war. **Zum Erfordernis der Pflichtwidrigkeit** des Vorverhaltens hat der BGH entschieden:

Wer in **erlaubter Notwehr** (§ 32 StGB) den Angreifer verletzt, ist »in der Regel« kein Garant für Leib oder Leben des Angreifers.[79]

Dem ist zu folgen, denn die Gefahr hat hier allein der Angreifer zu verantworten und das Notwehrrecht wäre sonst erheblich geschmälert. Im Übrigen ist der Angreifer nicht schutzlos gestellt, da § 323c StGB zu seinen Gunsten eingreift.[80]

Ein **Kraftfahrer**, der sich **»in jeder Hinsicht pflichtgemäß und verkehrsgerecht verhält«**, ist kein Garant für das »allein schuldige Unfallopfer«.[81]

Auch dem ist (grundsätzlich) zu folgen, wobei die zur Notwehr genannten Argumente hier entsprechend gelten.[82] Verkehrsgerechtem und sozial üblichem Verhalten fehlt es letztlich am Handlungsunwert. Stattdessen liegt ein bloßer Unglücksfall vor, welcher nur eine allgemeinen Solidaritätspflicht nach § 323c StGB impliziert.[83]

Ob und unter welchen Voraussetzungen **Ausnahmen** von jenem Erfordernis der Pflichtwidrigkeit denkbar sind, ist strittig und ungeklärt.[84] Denkbar erscheint, solche Ausnahmen namentlich für die folgende Konstellation zu machen:

1152 Im Falle des **Rechtfertigenden Notstands**, wenn der Täter, gemäß § 34 StGB, § 904 BGB bzw. § 16 OWiG erlaubt, eine abstrakte Gefahr für **unbeteiligte Dritte** geschaffen hat, um eine konkrete Gefahr von sich oder einem anderen abzuwenden.

Beispiel: A stoppt auf einsamer Landstraße sein Kfz in einer unübersichtlichen Kurve, schaltet die Warnblinkanlage an, rennt – ohne zuvor das Warndreieck aufzustellen – zu

---

76 S/S/*Stree/Bosch*, § 13 Rn. 42. Diese Konstellation der Ingerenz wird weitgehend übersehen.

77 Vgl. u.a. BGH NStZ-RR 2009, 366 (= JA 2010, 151): »Wenn ausdrücklich abgemacht ist, dass der Einbruch sofort abgebrochen wird, wenn der Wohnungsinhaber anwesend ist, begründet dies nicht die nahe liegende Gefahr, dass der Wohnungsinhaber (beraubt und) gefesselt zurückbleibt.«

78 BGHSt 37, 106 (115); BGH NStZ-RR 2013, 137 (138); *Wessels/Beulke/Satzger*, Rn. 1022; S/S/*Stree/Bosch*, § 13 Rn. 35a.

79 BGHSt 23, 327 f.; BGH NStZ 2000, 414; *Freund*, § 6 Rn. 74; SK/*Rudolphi/Stein*, § 13 Rn. 41; S/S/*Stree/Bosch*, § 13 Rn. 37 m.w.N. pro u. contra; **a.A.** *Herzberg*, JuS 1971, 74.

80 BGHSt 23, 327 f.; *Krey/Hellmann/Heinrich*, BT/1, Rn. 1161; *Roxin*, § 32 Rn. 185; SK/*Rudolphi/Stein*, § 13 Rn. 41.

81 BGHSt 25, 218 (220 ff.); SK/*Rudolphi/Stein*, § 13 Rn. 41; S/S/*Stree/Bosch*, § 13 Rn. 35; *Wessels/Beulke/Satzger*, Rn. 1023; kritisch *Kühl*, § 18 Rn. 101. – **Enger** BGHSt 34, 82; hierzu kritisch LPK/*Kindhäuser*, § 13 Rn. 54.

82 BGHSt 25, 218 (220 ff.); SK/*Rudolphi/Stein*, § 13 Rn. 41.

83 *Kudlich*, PdW, Fall 197.

84 Dazu u.a.: *Hillenkamp*, AT, 29. Problem; *Jakobs*, 29/43; *Kühl*, § 18 Rn. 96 ff.; *Stratenwerth/Kuhlen*, 13/31 ff.

einem Pkw, der gerade zu brennen angefangen hat, und rettet dessen Fahrer aus den Flammen. Hätte A zunächst ordnungsgemäß das Warndreieck in angemessener Entfernung von seinem Pkw aufgestellt, wäre er zu spät gekommen. Wenn nun auf das unzulänglich gesicherte Fahrzeug des A ein Motorradfahrer (M) aufprallt und schwerverletzt ärztliche Hilfe benötigt, sprechen gute Gründe dafür, A als Beschützergaranten für diesen Verletzten zu behandeln.[85]

Begründung: Zwar war das Verhalten des A (Halten in der Kurve ohne genügende Absicherung) wegen Rechtfertigenden Notstandes nicht pflichtwidrig. Doch greift hier der Aspekt der primären Selbstverantwortlichkeit des Opfers (M) nicht ein. Vielmehr wird man sagen müssen: Wer unter abstrakter Gefährdung **Unbeteiligter** sich oder einen anderen aus konkreter Lebensgefahr rettet, schuldet ihnen Schutz und Fürsorge, wenn sich jene abstrakte Gefahr realisiert, denn er hat ihre Interessen für seine bzw. des anderen Rettung aufs Spiel gesetzt.

4. Beschützergaranten aus enger familiärer Verbundenheit

– Ergänzung zur ehelichen Lebensgemeinschaft und zur elterlichen Sorge –

Diese Garantenposition, für die auch die Formulierung der »natürlichen oder per- **1153** sönlichen Verbundenheit« gebräuchlich ist, ergänzt die vorgenannten familiären Garantenstellungen aus Gesetz (Rn. 1131).[86] Die Annahme einer Garantenstellung ist hier teilweise strittig. Die einen lassen zumindest bei Verwandten gerader Linie bereits das reine Verwandschaftsverhältnis genügen.[87] Andere fordern hingegen eine effektive Familiengemeinschaft, d.h. es wird auf das Bestehen eines tatsächlichen Näheverhältnisses im Einzelfall abgestellt.[88]

Je nachdem welcher Ansicht man dabei folgt, werden die folgenden Familienbande erfasst:

- Verhältnis der Eltern zu ihren volljährigen Kindern;
- Beziehung der Kinder zu ihren Eltern;[89]
- Verhältnis zwischen Großeltern und Enkeln;[90]
- die Beziehung von Geschwistern untereinander.[91]

Dabei ist nach strittiger, aber zutreffender Ansicht nicht nötig, dass eine Hausge- **1154** meinschaft besteht:[92] Maßgeblich sind die **familiären Bande**, da ihnen ein gegenseitiger Beistand gerade immanent ist, nicht die mehr oder weniger intensive tatsächliche emotionale Verbundenheit bzw. räumliche Nähe; anderenfalls würden überflüssige und schwer lösbare Abgrenzungsprobleme entstehen. Die Gegenan-

---

85 Für Fälle wie den vorliegenden ebenso: *Jäger*, AT, Rn. 362; *Kühl*, § 18 Rn. 96; *Otto*, AT, § 9 Rn. 76; *Roxin*, § 32 Rn. 186-188; *Stratenwerth/Kuhlen*, 13/31.

86 Umfassend dazu *Kretschmer*, Jura 2006, 898 ff.

87 *Wessels/Beulke/Satzger*, Rn. 1008 f.;OK/*Heuchemer*, § 13 Rn. 40.

88 *Joecks*, § 13 Rn. 33 ff.; MK/*Freund*, § 13 Rn. 166; *Roxin*, § 32 Rn. 39; differenzierend S/S/*Stree/Bosch*, § 13 Rn. 19-20.

89 Pro Garantenstellung: *Wessels/Beulke/Satzger*, Rn. 1008; BGHSt 19, 167; ablehnend MK/*Freund*, § 13 Rn. 165.

90 Ablehnend MK/*Freund*, § 13 Rn. 166.

91 Gegen eine Garantenstellung allein aufgrund der Verwandtschaft LG Kiel NStZ 2004, 157.

92 S/S/*Stree/Bosch*, § 13 Rn. 19-20; *Wessels/Beulke/Satzger*, Rn. 1008; BGHSt 19, 167; **a.A.** *Köhler*, Kap. 4 II 2.4.1.1; *Roxin*, § 32 Rn. 39 ff.; *Stratenwerth/Kuhlen*, 13/39.

sicht beruft sich dagegen auf die in der heutigen Gesellschaft veränderten Familienbande (frühzeitige Auflösung der Hausgemeinschaft, Leben als Großfamilie nur noch im Ausnahmefall). Auch sieht sie die Abgrenzungsprobleme eher bei der Frage, welcher Grad der Verwandtschaft noch geeignet ist, eine Garantenstellung zu begründen, und welcher nicht. Aus diesem Grund verlangt sie jedenfalls für Geschwister eine bewusste Entscheidung des Garanten für die Begründung eines tatsächlichen Obhutsverhältnisses und die damit verbundene Übernahme der Einstandspflicht. Gleichzeitig dient dieses Kriterium auch der Sicherstellung der Vorhersehbarkeit des Strafbarkeitsrisikos für den Einzelnen.[93]

1155 Bei verfassungskonformer Auslegung des § 13 StGB im Hinblick auf den Schutz, der dem nichtehelichen Kind gebührt, sollte man auch den **nichtehelichen Vater** als Beschützergaranten behandeln.[94] Die bloße **Schwägerschaft** begründet dagegen keine Garantenposition.[95]

5. Beschützergaranten aus enger Lebens- oder Gefahrengemeinschaft

1156 a) Als **enge Lebensgemeinschaft** kommen in erster Linie in Betracht:

- Eheähnliche Lebensgemeinschaft von Mann und Frau;[96]
- Lebensgemeinschaften von Homosexuellen.[97]

Solche Gemeinschaften sind ihrer Natur nach auf gegenseitige Hilfe in Not angelegt und begründen damit einen Vertrauenstatbestand.[98]

Selbstredend kommen hier auch Lebensgemeinschaften ohne sexuelle Komponente in Frage, z.B. das Zusammenleben von Senioren zur Vermeidung von Einsamkeit und zur wechselseitigen Pflege bei Krankheit und Hinfälligkeit.[99]

Keine Beschützergarantenposition begründen dagegen Freundschaften, flüchtige Liebesbeziehungen, Wohngemeinschaften von Studenten, Zechgemeinschaften, der gemeinsame Konsum von Betäubungsmitteln, bloße Fahrgemeinschaften.

b) Aufgrund **Gefahrengemeinschaft** können z.B. Beschützergaranten sein:

- Bergsteiger bei Hochgebirgstouren,
- Teilnehmer an Expeditionen,
- Weltumsegler.

Nicht ausreichend ist die Beteiligung an Mannschaftssportarten oder an einer alltäglichen Wanderung, denn der Grund für die Garantenposition aus Gefahrengemeinschaft ist die enge Verbundenheit **auf Gedeih und Verderben** bei riskanten Unternehmungen.[100]

---

93 LG Kiel NStZ 2004, 157; Hinweise zur Darstellung in der Klausur bei *Jäger*, AT, Rn. 338, der dieses Kriterium ebenfalls für gut vertretbar hält.

94 *Kühl*, § 18 Rn. 53; S/S/*Stree*/*Bosch*, § 13 Rn. 18; **a.A.** *Jakobs*, 29/62; differenzierend SK/*Rudolphi*/*Stein*, § 13 Rn. 48; grundsätzlich ablehnend *Roxin*, § 32 Rn. 41.

95 *Blei*, FS Mayer, 1966, S. 128; SK/*Rudolphi*/*Stein*, § 13 Rn. 49; *Stree*, § 13 Rn. 18; **a.A.** BGHSt 13, 162.

96 *Köhler*, Kap. 4 II 2.4.1.1; *Kühl*, § 18 Rn. 61 m.w.N.; **a.A.** *Jakobs*, 29/66.

97 *Roxin*, § 32 Rn. 51; SK/*Rudolphi*/*Stein*, § 13 Rn. 51; **a.A.** *Fischer*, § 13 Rn. 45; *Jakobs*, 29/66. – Im Falle einer eingetragenen **Lebenspartnerschaft**: Garantenstellung aus Gesetz.

98 *Kühl*, § 18 Rn. 61-62; S/S/*Stree*/*Bosch*, § 13 Rn. 25.

99 Das bloße Zusammenwohnen aus ökonomischen Gründen genügt dagegen nicht.

6. Sonstige Entstehungsgründe für die Stellung als Beschützergarant

Als **Beispiele** seien – ohne Anspruch auf Vollständigkeit – genannt:

a) Garantenpflicht des Wohnungsinhabers bei Aufnahme des Opfers in den Schutzbereich der Wohnung

Fall 146: – Hausbesitzer ohne Herz – 1157
U ist Eigentümer eines Hauses, das er selbst bewohnt. Bei den folgenden Straftaten in seinem Haus unternimmt er nichts zum Schutz der Opfer, sondern bleibt untätig:

a) T schleppt die laut um Hilfe schreiende O in das Haus des U und dort auf den Dachboden, um sie zu vergewaltigen. U bleibt untätig, obwohl er ernstlich damit rechnet, T werde wegen seiner (U) Untätigkeit ungestört die Vergewaltigung begehen, was dann auch geschieht. Strafbarkeit des U?[101]

b) U hat die obdachlose O für zunächst eine Nacht in seinem Haus als Gast aufgenommen. Abends kommt sein Freund F zu Besuch. Als F die O brutal vergewaltigt, unternimmt U nichts zu ihrer Hilfe. Strafbarkeit des U?[102]

Zu a): Mangels Garantenstellung des U kommen weder »Vergewaltigung durch Unterlassen«[103] noch »Beihilfe durch Unterlassen zur Vergewaltigung« (§§ 177, 27, 13 StGB) in Betracht. Denn die Eigenschaft als Hausbesitzer (Wohnungsinhaber) begründet keine **Beschützergarantenstellung** für alle Personen, die sich freiwillig oder unfreiwillig in den Räumen des Berechtigten befinden.[104] 1158

Darüber hinaus ist der Wohnungsinhaber (grundsätzlich) auch nicht als **Überwachungsgarant** dafür verantwortlich, dass in seinem Haus (seiner Wohnung) keine Straftaten begangen werden.[105]

Rechtspflichten zum **Schutz** und/oder zur **Überwachung** aller in den fraglichen Räumen befindlichen Personen lassen sich aus dem bloßen Innehaben des Hausrechts nicht ableiten.[106]

§ 138 StGB greift nicht ein, da das Verbrechen der Vergewaltigung im Katalog jener Vorschrift fehlt – was befremdlich ist. Daher ist U nur aus **§ 323c StGB** (Unterlassene Hilfeleistung) strafbar.

Zu b): Hier fungierte U als **Beschützergarant** für O.[107] Er hatte sie in seine Wohnung aufgenommen und damit einen Vertrauenstatbestand geschaffen. »Wer sich 1159

100 *Kühl*, § 18 Rn. 67 m.w.N.; *Otto*, AT, § 9 Rn. 62; S/S/*Stree*/*Bosch*, § 13 Rn. 24.
101 Nach BGHSt 30, 391.
102 Nach BGHSt 27, 10.
103 § 177 Abs. 1 Nr. 1 StGB – Modalität: Nötigung, sexuelle Handlungen *eines* ***Dritten*** … zu dulden –, Abs. 2 Nr. 1 mit § 13 StGB. Diese Modalität ist **kein eigenhändiges Delikt**, bei dem unechtes Unterlassen ausscheidet.
104 BGHSt 30, 391 (394 ff.); KG NStZ 1998, 571 (572); *Wessels*/*Beulke*/*Satzger*, Rn. 1011.
105 BGHSt 30, 391 (394 ff.); *Heinrich*, AT, Rn. 966; *Roxin*, § 32 Rn. 120; S/S/*Stree*/*Bosch*, § 13 Rn. 54; differenzierend NK/*Wohlers*/*Gaede*, § 13 Rn. 47. Vgl. auch BGH NStZ-RR 2009, 184 dafür, dass ein Wohnungsinhaber grundsätzlich nicht für Rauschgifthandel seines Untermieters in seinen Räumen strafbar ist; so auch BGH JR 2014, 39, mit Anm. *Kretschmer*, der zudem noch allgemeiner auf die Frage der Garantenstellung des Wohnungseigentümers und der Beihilfe eingeht.
106 BGHSt 30, 391 (394 f.).

in eine Wohnung als Gast aufnehmen lässt, muss darauf vertrauen dürfen, dass er nicht in eine Räuberhöhle gerät«,[108] sondern dass ihm der Gastgeber dort »bei schwerwiegenden Gefahren« zur Seite steht.[109]

Folglich hat sich U entweder wegen **Vergewaltigung durch Unterlassen** oder wegen **Beihilfe durch Unterlassen zur Vergewaltigung** strafbar gemacht, wobei die Abgrenzung Täterschaft durch Unterlassen/Beihilfe durch Unterlassen hier noch dahinstehen soll.

1160 **b) Garantenpflicht des Gastwirts**

Der Ausschank von Alkohol allein begründet als sozialadäquates Verhalten noch keine **Beschützergarantenstellung** des Gastwirts aus Ingerenz für den sich selbst gefährdenden Gast.[110] Jedoch wird nach weit verbreiteter Ansicht eine Sonderverantwortlichkeit des Wirts für die dadurch entstandene Gefahrenlage bejaht, dass der Gast offensichtlich erkennbar durch den ausgeschenkten Alkohol nicht mehr eigenverantwortlich handeln kann.[111]

Zudem kann der Gastwirt unter eben genannten Umständen **Überwachungsgarant** dafür sein, dass in der Gaststätte keine schweren Straftaten begangen werden und seine Gäste nicht zur Gefahrenquelle für andere werden.[112] Auch dies folgt jedoch nicht allein aus seiner Stellung aus Rauminhaber.[113]

1161 **c) Andere Amtsträger als Polizeibeamte: Lehrer, Strafvollzugsbeamte, Sozialarbeiter etc.**

Lehrer sind im Dienst Beschützergaranten für (minderjährige) Schüler.[114] **Strafvollzugsbedienstete** sind Garanten zum Schutz der Strafgefangenen. Sie sind aber keine Garanten für die Rechtspflege (Strafverfolgung).[115] Die Position von **Sozialarbeitern** (Jugendamt) als Beschützergaranten wird überwiegend bejaht.[116]

107 Vgl. BGHSt 27, 10 (12 f.); 30, 391 (393, 396); *Kühl*, § 18 Rn. 113; *Otto*, AT, § 9 Rn. 89 f.; einschränkend *Fischer*, § 13 Rn. 22, 26, 46; **a.A.** *Roxin*, § 32 Rn. 120 ff.; S/S/*Stree*/*Bosch*, § 13 Rn. 54.

108 *Kühl*, § 18 Rn. 113.

109 BGHSt 27, 10 (13).

110 BGHSt 19, 152; 26, 38, im Unterschied zu älterer Rechtsprechung wie etwa BGHSt 4, 20; OK-StGB/*Heuchemer*, § 13 Rn. 58.

111 BGH NJW 1966, 1763; BGHSt 27, 10 (12); 30, 391 (395 a.E.), 396; *Jäger*, AT, Rn. 370; *Otto*, AT, § 9 Rn. 89 f.; MK/*Freund*, § 13 Rn. 173 ff.; **a.A.** BGH GA 1971, 336; S/S/*Stree*/*Bosch*, § 13 Rn. 54.

112 BGH NJW 1966, 1763; BGHSt 27, 10 (12); so auch *Jäger*, AT, Rn. 370; MK/*Freund*, § 13 Rn. 137 ff.; **a.A.** BGH GA 1971, 336; *Roxin*, § 32 Rn. 116, 120; S/S/*Stree*/*Bosch*, § 13 Rn. 54.

113 *Lackner*/*Kühl*, § 13 Rn. 15.

114 OLG Köln NJW 1986, 1948; OK-StGB/*Heuchemer*, § 13 Rn. 51; *Wessels*/*Beulke*/*Satzger*, Rn. 1012. Einschränkend *Zaczyk*, FS Rudolphi, 2004, S. 370 (Lehrer auf Klassenfahrt).

115 Zu Letzterem: BGHSt 43, 82; *Krey*/*Hellmann*/*Heinrich*, BT/1, Rn. 893 m.w.N.

116 OLG Düsseldorf NStZ-RR 2001, 199 (200); OLG Stuttgart NJW 1998, 3131; OLG Oldenburg NStZ 1997, 238 mit Anm. *Cramer*; OK/*Heuchemer*, § 13 Rn. 52; **a.A.** *Zaczyk*, FS Ru-

III. Überwachungsgaranten: Entstehungsgründe für diese Garantenstellung

1. Gesetz

Als gesetzliche Basis für solche Positionen als Überwachergarant (Rn. 1127) kommt namentlich in Betracht:

a) Elterliche Sorge (§§ 1626, 1631 BGB i.V.m. Art. 6 Abs. 1 GG) 1162

Aus ihr resultiert die Garantenpflicht für Eltern, rechtswidrige Taten (§ 11 Abs. 1 Nr. 5 StGB) bzw. Straftaten ihrer minderjährigen Kinder zu verhindern.[117]

Fall 147: – Der pflichtvergessene Vater –
Der 17-jährige T will seine Ex-Freundin O erwürgen, weil sie ihn schwer beleidigt hat. Sein Vater (V), dem er von seinem Plan erzählt, versucht ihn hiervon abzubringen. Trotz ernsthaften Bemühens des V hält T an seinem Plan fest; V resigniert. T tötet die O. Strafbarkeit des V, wenn feststeht: Durch Warnung der O bzw. Benachrichtigung der Polizei hätte er den Erfolg mit an Sicherheit grenzender Wahrscheinlichkeit abwenden können.

T hat sich wegen Totschlags strafbar gemacht. Ob sogar Mord vorliegt (niedrige Beweggründe? Heimtücke?), soll hier dahinstehen.

V könnte wegen **Totschlags durch Unterlassen** strafbar sein. 1163

Erfolgseintritt, Unterlassen und hypothetische Kausalität sind gegeben. Die erforderliche Garantenstellung ergibt sich hier aus Gesetz: V war gemäß §§ 1626, 1631 BGB als Überwachungsgarant zur Abwendung des von seinem minderjährigen Sohn[118] geplanten Verbrechens verpflichtet. Ob Garantenpositionen unter dem Aspekt der Unzumutbarkeit entfallen können, bedarf hier keiner Klärung, denn aus § 139 Abs. 3 Nr. 1 StGB folgt, dass selbst die Einschaltung der Polizei für V zumutbar gewesen wäre. Diese Vorschrift gilt erst Recht für das unechte Unterlassungsdelikt »Mord bzw. Totschlag durch Unterlassen«. Die Entsprechensklausel ist bei §§ 212, 13 StGB nicht einschlägig, bedarf hier also keiner Prüfung. Mithin hat V den objektiven Tatbestand des Totschlags durch Unterlassen erfüllt.[119]

b) Polizeibeamte als Überwachungsgaranten bei Ermessensschrumpfung auf Null 1164

Straftaten bedeuten eine Beeinträchtigung der öffentlichen Sicherheit i.S.d. Polizeirechts. Demgemäß erlauben die polizeilichen Generalklauseln der Länder die Verhinderung von Straftaten. Bei schweren Delikten kann dabei das Entschließungsermessen der Polizei »auf Null schrumpfen« (Rn. 1134, 1136, 1140). Dann entsteht eine Pflicht der Polizei zur Verhinderung des fraglichen Verbrechens, als Beschüt-

---

dolphi, 2004, S. 370. – Zur Garantenstellung von **Umweltbehörden** siehe m.w.N. *Kühl*, § 18 Rn. 79 ff. und *Roxin*, § 32 Rn. 99 ff.

117 BGH FamRZ 1958, 211; *Fischer*, § 13 Rn. 25; *Heinrich*, AT, Rn. 969; LPK/*Kindhäuser*, § 13 Rn. 44; *Krey*/*Hellmann*/*Heinrich*, BT/1, Rn. 870.

118 Entgegen der h.M. scheint *Joecks*, § 13 Rn. 50, nicht auf **§ 2 BGB** abzustellen (Minderjährigkeit des Kindes), sondern auf § 19 StGB (14-Jahres-Grenze bei der Schuldunfähigkeit).

119 Es sei denn, dass nur **Beihilfe** durch Unterlassen zum Totschlag anzunehmen ist. Diese Frage soll hier jedoch noch zurückgestellt werden.

zergarantenpflicht gegenüber dem Bedrohten (Rn. 1136 ff.) und zugleich als Überwachungsgarantenpflicht zugunsten der Allgemeinheit.

1165 **c) Keine Überwachungsgaranten:**

- Ehegatten im Verhältnis zueinander: Aus § 1353 BGB i.V.m. Art. 6 Abs. 1 GG) lässt sich keine Verpflichtung ableiten, den Partner an der Begehung von Straftaten zu hindern.[120]
- Eltern gegenüber ihren **volljährigen** (§ 2 BGB) Kindern.[121] Erwachsene sind für ihre Handlungen selbst verantwortlich.

2. Sonstige Rechtspflichten zur Verhinderung der Straftaten anderer

– Überwachungsgaranten kraft rechtlicher Aufsichtspflicht –

1166 Hier seien insbesondere genannt:[122]

Lehrer haben im Dienst Straftaten (minderjähriger) Schüler zu verhindern. **Strafvollzugsbedienstete** müssen Verbrechen und (nicht unerhebliche) Vergehen der Strafgefangenen unterbinden. Der sog. »**Compliance Officer**« eines Unternehmens, dessen Aufgabengebiet es gerade ist, im Zusammenhang mit der Tätigkeit des Unternehmens stehende Straftaten durch Unternehmensangehörige zu verhindern, ist zum Einschreiten gegen korruptive Strukturen etc. verpflichtet.[123]

Auch **Betriebsinhaber** bzw. **Vorgesetzte** kann eine Überwachungspflicht bezüglich der ihnen nachgeordneten Angestellten treffen. Eine solche Garantenpflicht des Vorgesetzten besteht jedoch nur im Hinblick auf *betriebsbezogene* Straftaten der ihnen Untergebenen.[124] Eine Straftat ist dann betriebsbezogen, wenn sie einen inneren Zusammenhang mit der betrieblichen Tätigkeit des Begehungstäters oder mit der Art des Betriebes aufweist.[125] Durch dieses Kriterium sollen solche Straftaten aussortiert werden, die lediglich bei Gelegenheit der dienstlichen Verrichtung verübt werden, die also nicht Ausfluss spezifisch anhaftender Gefahren des Betriebes oder der Tätigkeitsfelder der Mitarbeiter sind. Der BGH hat etwa für **innerbetriebliche Mobbingfälle** den zu fordernden inneren Zusammenhang der Tat mit der betrieblichen Tätigkeit des Täters oder mit der Art des Betriebes unter Hinweis darauf verneint, dass in jedem Unternehmen mit mehr als einem Mitarbeiter eine Gefahr für derartige Verfehlungen bestünde.[126]

---

120 *Fischer*, § 13 Rn. 24; S/S/*Stree*/*Bosch*, § 13 Rn. 21a m.w.N.

121 *Fischer*, § 13 Rn. 24; *Krey*/*Hellmann*/*Heinrich*, BT/1, Rn. 870; *Roxin*, § 32 Rn. 126; S/S/*Stree*/*Bosch*, § 13 Rn. 52; *Wessels*/*Beulke*/*Satzger*, Rn. 1021.

122 Nachweise bei: *Kühl*, § 18 Rn. 116; S/S/*Stree*/*Bosch*, § 13 Rn. 52 f.; siehe auch *Zaczyk*, FS Rudolphi, 2004, S. 370.

123 BGH NJW 2009, 3173 (3175) (obiter dictum), der dies unter bestimmten Voraussetzungen auch für einen Leiter der Innenrevision einer Anstalt des öffentlichen Rechts bejaht, mit kritischer Anmerkung *Stoffers*. Zustimmend *Ransiek*, AG 2010, 147; *Rotsch*, ZJS 2009, 712.

124 BGH NJW 2012, 1237.

125 BGH NJW 2012, 1237 (1238) m.w.N.; zustimmend *Roxin*, JR 2012, 303 (305); kritisch *Schlosser*, NZWiSt 2012, 281.

126 BGH NJW 2012 1237, zustimmend *Roxin*, JR 2012 303 (306 ff.): Dieser nimmt einen inneren Zusammenhang mit der betrieblichen Tätigkeit an, insofern als Mobbing erst durch das ständige Zusammensein im Betrieb ermöglicht wird, verlangt allerdings im Wege einer einschränkenden Auslegung einen inneren Zusammenhang zwischen dem Mobbing einerseits

3. Vereinbarte tatsächliche Übernahme (»Vertrag«)

Der **Babysitter** ist nicht nur Beschützergarant für das Kind (Rn. 1141). Vielmehr **1166a**
ist er auch dafür verantwortlich, dass das Kind keinen Schaden anrichtet.[127]

Beispiel: Babysitter U soll auf den 5-jährigen T und seinen jüngeren Bruder O aufpassen. Fahrlässig bemerkt U nicht, dass die Kinder mit Benzin und Feuer spielen und dadurch das Haus ihrer Eltern in Brand setzen. Hier ist U wegen Fahrlässiger Brandstiftung durch Unterlassen strafbar (§§ 306a Abs. 1 Nr. 1, **306d** Abs. 1, 13 StGB).

Wer einen gefährlichen Geisteskranken als **Psychiater** oder **Pfleger** zu beaufsichtigen hat, ist als Überwachungsgarant dafür verantwortlich, dass der Patient keine rechtswidrigen Taten (§ 11 Abs. 1 Nr. 5 StGB) begeht.[128]

Ebenso begründet die Übernahme von Wartungspflichten durch den **Mitarbeiter einer Kfz-Werkstatt** eine Schutzfunktion gegenüber allen Verkehrsteilnehmern in Bezug auf Gefahren, die aus technischen Mängeln (hier: defekte Bremsen) eines seiner Kontrolle unterliegenden Fahrzeugs bei dessen Betrieb erwachsen.[129]

4. Überwachungsgarant kraft Ingerenz

Ingerenz tritt nicht nur als Entstehungsgrund für Beschützergarantenpositionen auf **1167**
(Rn. 1146 ff.). Vielmehr kann aus **pflichtwidrigem gefährdenden Vorverhalten** auch die Rechtstellung als Überwachungsgarant resultieren.

Beispiel: – Abwandlung von Fall 145 (Rn. 1147) – A hat den verletzten O auf der Fahrbahn liegen lassen. Dort wird O von dem Motorradfahrer M angefahren und tödlich verletzt. M stürzt dabei und kommt ebenfalls zu Tode.

Hier fungierte A nicht nur als Beschützergarant für O (Rn. 1148). Vielmehr war er auch **Überwachungsgarant** dafür, dass kein anderer Verkehrsteilnehmer den O als »Hindernis« anfahren und so selbst zu Schaden kommen konnte. Denn dadurch, dass A durch sein pflichtwidriges Vorverhalten verursacht hatte, dass O hilflos auf der Straße lag, hatte er eine gefährliche Situation **auch für andere Verkehrsteilnehmer** geschaffen. Bezüglich dieser Gefahrenquelle für Dritte war A als Überwachungsgarant verpflichtet, Gefahren abzuwenden. Durch die Verletzung dieser Garantenpflicht ist er für den Tod des **M** verantwortlich – und zwar wegen **Totschlags durch Unterlassen** (§§ 212, 13 StGB), falls er mit einem solchen Erfolg gerechnet und sich hiermit abgefunden hatte, anderenfalls wegen Fahrlässiger Tötung durch Unterlassen (§§ 222, 13 StGB)[130].

Wer also durch pflichtwidriges Vorverhalten Gefahren für die Allgemeinheit schafft, ist als Überwachungsgarant für diese Gefahrenquelle verantwortlich.

---

und dem *konkreten* Unternehmen andererseits, bspw. wenn Vorgesetzte ihre Weisungsbefugnis zu Mobbingzwecken missbrauchen; i.E. zustimmend *Jäger*, JA 2012, 392; kritisch *Kuhn*, wistra 2012, 297; vgl. auch *Mansdörfer/Trüg*, StV 2012, 432. Entsprechendes gilt für gewalttätige Übergriffe auf Kollegen BGHSt 57, 42 (mit krit. Anm. *Ladiges*, SR 2013, 29 (31 f.).

127 *Kühl*, § 18 Rn. 119.

128 SK/*Rudolphi/Stein*, § 13 Rn. 33, 35; differenzierend S/S/*Stree/Bosch*, § 13 Rn. 52.

129 BGH NJW 2008, 1897.

130 Ob in casu schon aufgrund des pflichtwidrigen Anfahrens des O als Ursache für den späteren Tod des M *§ 222 StGB durch aktives Tun* anzunehmen ist, soll dahinstehen.

5. Strafrechtliche Produkthaftung

1168 Über die Ingerenz hinaus kann, auch ohne Pflichtwidrigkeit des Vorverhaltens, eine Position als Überwachungsgarant entstehen, und zwar durch **Inverkehrbringen von Produkten**.[131] Dazu hat der BGH entschieden:[132]

»Wer als Hersteller oder Vertriebshändler Produkte in den Verkehr bringt, die derart beschaffen sind, dass ihre bestimmungsgemäße Verwendung für die Verbraucher – entgegen deren berechtigten Erwartungen – die Gefahr des Eintritts gesundheitlicher Schäden begründet, ist zur Schadensabwendung verpflichtet ... Aus dieser Garantenstellung ergibt sich die Verpflichtung zum Rückruf bereits in den Handel gelangter gesundheitsgefährdender Produkte.«

Das Gericht bezeichnet jene richterrechtlich geschaffene Garantenposition als »Garantenstellung aus vorangegangenem Gefährdungsverhalten«. Damit ist noch nicht dargetan, **warum** es nicht um Ingerenz als »pflichtwidriges Vorverhalten« geht, sondern um eine Art von **strafrechtlicher Gefährdungshaftung** auch ohne solche Pflichtwidrigkeit.[133]

Diese Position als Überwachungsgarant mit Rückrufpflicht erscheint im Ergebnis billigenswert. Ihre Sachgerechtigkeit und strafrechtsdogmatische Fundierung[134] dürften auf folgender Überlegung beruhen: Die Industrie, insbesondere die chemische, überschwemmt den Markt mit Produkten wie Ledersprays, Holzschutzmitteln etc., deren potentielle Gefährlichkeit angesichts der Unzahl möglicherweise toxischer **Inhaltsstoffe** und/oder ihrer möglicherweise toxischen **Verbindung** vielfach gar nicht absehbar ist. Dieses potentiell gefährliche Verhalten ist nur dann tolerabel, wenn das Inverkehrbringen von Produkten eine strafrechtliche **Sonderverantwortlichkeit** als Garant begründet, und zwar mit Überwachungspflichten einschließlich der Verpflichtung, im Falle der Erkennbarkeit der Gefährlichkeit des Produktes die Verbraucher zu warnen und Rückrufaktionen zu starten.[135]

6. Verantwortung des Eigentümers bzw. Besitzers von Sachen als Gefahrenquellen – »Verkehrssicherungspflichten« –

1169 Eigentümer bzw. Besitzer von Sachen, die **Gefahrenquellen** für andere darstellen können, sind Überwachungsgaranten für diese Gefahrenquellen, d.h. i.S.d. § 13 StGB für die Abwehr der fraglichen Gefahren verantwortlich. Ihre Garantenpflichten werden vielfach als »Verkehrssicherungspflichten« bezeichnet.[136]

Beispiele für solche Garanten sind insbesondere:

131 *Beulke/Bachmann*, JuS 1992, 737; *Freund*, § 6 Rn. 69, 71 f.; *Kühl*, § 18 Rn. 103 m.w.N.; *Kuhlen*, NStZ 1990, 566; *ders.*, JZ 1994, 1142; *Roxin*, § 35 Rn. 195 ff.; *Wessels/Beulke/Satzger*, Rn. 1026 m.w.N.

132 BGHSt 37, 106 (115 ff.) – Lederspray.

133 Zu Unrecht stellen BGHSt 37, 106 (115 ff.) und *Fischer* (§ 13 Rn. 52) auf ein **pflichtwidriges Vorverhalten** ab; wie hier dagegen die h.L.: *Beulke/Bachmann*, JuS 1992, 737; *Freund*, § 6 Rn. 69, 71 f.; *Kühl*, § 18 Rn. 103 m.w.N.; *Kuhlen*, NStZ 1990, 566; *ders.*, JZ 1994, 1142; *Roxin*, § 35 Rn. 195 ff.; *Wessels/Beulke/Satzger*, Rn. 1026.

134 Dazu m.w.N. *Kühl*, § 18 Rn. 103 und *Roxin*, § 35 Rn. 195 ff.

135 Ähnlich schon *Freund*, § 6 Rn. 69, 71 f. (»Sonderverantwortlichkeit«); *Kühl*, § 18 Rn. 103.

136 *Kühl*, § 18 Rn. 106; S/S/*Stree/Bosch*, § 13 Rn. 43 m.w.N.; *Wessels/Beulke/Satzger*, Rn. 1014; BGH NStZ 2012, 319.

- **Hundehalter**,
- **Halter einer Kfz** (verantwortlich für den verkehrssicheren Zustand des Fahrzeugs),
- **Hausbesitzer** (Streupflicht, Sicherung eines Schwimmbeckens im Garten etc.),
- **Inhaber eines gefährlichen Betriebes**, z.B. Chemieunternehmen.

IV. Garantenerfordernis gemäß § 13 StGB und Art. 103 Abs. 2 GG

1. Analogieverbot

Dieses in Art. 103 Abs. 2 GG garantierte Verbot untersagt die strafbegründende **1170**
bzw. -schärfende Anwendung eines Strafgesetzes, die vom möglichen Wortsinn des Gesetzes nicht gedeckt wird. Vor Inkrafttreten des § 13 StGB (1.1.1975) war strittig, ob die Bestrafung der unechten Unterlassungsdelikte aus den Strafvorschriften für Begehungsdelikte dem Analogieverbot entsprach. Das Inkrafttreten des § 13 StGB hat diese Bedenken jedoch erledigt.[137]

2. Bestimmtheitsgebot

Anders steht es mit dem ebenfalls in Art. 103 Abs. 2 GG verankerten Verbot zu unbestimmter Strafgesetze (Bestimmtheitsgebot).[138] Teilweise wird vertreten, die in § 13 StGB normierten Voraussetzungen für die Gleichstellung des Unterlassens mit aktivem Tun seien bedenklich unbestimmte **inhaltsarme** (Garantenstellung) bzw. **inhaltsleere** (Entsprechens-Erfordernis) Generalklauseln. Sie werden von *Otto* zutreffend als »nichtssagend« bezeichnet und laufen auf einen praktisch vollständigen Verzicht des Gesetzgebers auf eine inhaltliche Normierung jener Gleichstellung hinaus.[139]

Allenfalls mit der folgenden Begründung ließe sich ein Verstoß gegen das Bestimmtheitsgebot verneinen: Nach h.M. genüge es, dass ein nach seinem Wortlaut bedenklich vager Straftatbestand **durch Rechtsprechung und Lehre hinreichend präzisiert** worden sei (Rn. 105). Eine solche Präzisierung sei, was die Garantenpositionen angehe, inzwischen erfolgt.[140]

V. Wegfall der Garantenstellung bei Unzumutbarkeit

Fall 148: – Unzumutbarkeit lebensgefährlicher Hilfe –[141] **1171**
Frau O fiel von einem auf dem Rhein fahrenden Schiff. Ihr Ehemann (E) unternahm nichts zu ihrer Rettung. Er dachte zwar, er könne in den Fluss springen, um zu versuchen, seine Frau zu retten, hielt einen solchen Rettungsversuch aber letztlich **zu Recht** für fast aussichtslos und für äußerst lebensgefährlich.[142] O ertrank. Strafbarkeit des E?

---

137 *Jescheck/Weigend*, § 58 IV 3; *Krey*, Studien, S. 32 f., 225 f.; S/S/*Stree/Bosch*, § 13 Rn. 5/6.

138 Zweifel an der Vereinbarkeit des § 13 StGB mit dem Bestimmtheitsgebot u.a. bei: *Baumann/Weber/Mitsch*, § 15 Rn. 40 m.w.N.; *Jakobs*, 29/4; *Köhler*, Kap. 4 I 5; *Schöne*, S. 324 ff. Anders z.B.: *Jescheck/Weigend*, § 58 IV 4; S/S/*Stree/Bosch*, § 13 Rn. 5/6.

139 *Otto*, AT, § 9 Rn. 38 (»keine inhaltliche Aussage«).

140 So BVerfG NJW 2003, 1030 mit kritischer Anm. *Seebode*.

141 Fall nach BGH NStZ 1994, 29.

142 Der BGH verweist dazu auf die Dunkelheit, das rasche Abtreiben der ertrinkenden O, die konkrete Lebensgefahr für E wegen drohender Unterkühlung im kalten Wasser und der Schwierigkeit, mit nasser Kleidung an das nächste Ufer zu schwimmen.

Der BGH hat zutreffend festgestellt: »Die Erfolgsabwendungspflicht, die dem Angeklagten (E) als Ehemann seiner … Frau oblag, war begrenzt durch die **Zumutbarkeit** entsprechenden Tuns. Zumutbar konnten auch gefährliche Handlungen sein. Der Angeklagte brauchte hier aber keine konkrete Lebensgefahr auf sich nehmen oder gar das eigene Leben opfern.«[143]

Ergänzend weist der BGH darauf hin, dass es für die Beurteilung der Zumutbarkeitsfrage einer Abwägung bedarf, und dass hierbei die Erfolgsaussichten gefährlicher Rettungshandlungen »nicht gänzlich außer Betracht bleiben können«.

Geht man hier davon aus, dass die einzige Rettungschance darin lag, in den Fluss zu springen, dass ein solcher Rettungsversuch aber nach den Umständen des Einzelfalles auch aus der **Sicht eines objektiven Betrachters** für E unzumutbar war, so ist er straflos.

1172 Die **Begründung** hierfür ist freilich **strittig**:

1. Wegfall des Tatbestandes im Falle der Unzumutbarkeit

Eine im Vordringen befindliche Ansicht kommt bei Unzumutbarkeit der Rettungshandlung zur Verneinung des Tatbestandes des fraglichen unechten Unterlassungsdelikts.[144] Dies mit z.T. divergierenden Formulierungen, die aber im Ergebnis übereinstimmen:

- Wegfall der **Garantenstellung** i.S.d. § 13 StGB;
- Ausschluss der **Rechtspflicht,** »dafür einzustehen, dass der Erfolg nicht eintritt«;
- Wegfall der **Erfolgsabwendungspflicht des Garanten**.[145]

Jene Meinung besagt also: Bei Unzumutbarkeit der erforderlichen Rettungshandlung hat der Unterlassungstäter nicht i.S.d. § 13 StGB »rechtlich dafür einzustehen, dass der Erfolg nicht eintritt«, mag man dabei vom »Wegfall der Garantenposition« sprechen oder vom »Ausschluss der Rettungspflicht als Garantenpflicht«.

2. Abweichende Begründungsansätze: Rechtswidrigkeit bzw. Schuld entfallen

1173 Vereinzelt wird im Falle der Unzumutbarkeit die **Rechtswidrigkeit** des unechten Unterlassungsdelikts verneint: Nicht der Tatbestand (hier: §§ 212, 13 StGB) sei tangiert. Vielmehr sei jene Unzumutbarkeit ein **Rechtfertigungsgrund**.[146]

Die noch **h.L.** nimmt dagegen eine bloße **Entschuldigung** an.[147]

---

143 Ebenso die h.L.: S/S/*Stree*/*Bosch*, Vor § 13 Rn. 156; NK/*Wohlers*/*Gaede*, § 13 Rn. 17 f. Fern- liegend *Roxin*, § 31 Rn. 219: **§ 34 StGB** greife ein, auf Unzumutbarkeit komme es nicht an.

144 *Freund*, § 6 Rn. 94-95; *Krey*, Rechtsprobleme, Rn. 507; S/S/*Lenckner*/*Sternberg-Lieben*, Vor § 32 Rn. 125; S/S/*Stree*/*Bosch*, Vor § 13 Rn. 155; NK/*Wohlers*/*Gaede*, § 13 Rn. 17; ebenso offensichtlich BGH NStZ 1994, 29. – OLG Karlsruhe MDR 1975, 771 f. verneint das Entsprechenserfordernis des § 13 StGB.

145 Zu Ersterem: *Krey*; zum Zweiten: *Stree*; zu Letzterem: BGH NStZ 1994, 29.

146 *Gropp*, § 11 Rn. 107-117; *Köhler*, Kap. 5 IV 4; *Küper*, Pflichtenkollision, S. 97 ff.; *Schmidhäuser*, 16/84.

147 Vgl. *Baumann*/*Weber*/*Mitsch*, § 15 Rn. 19; *Kühl*, § 18 Rn. 140; *Wessels*/*Beulke*/*Satzger*, Rn. 1040.

3. Stellungnahme

Der Tatbestandslösung ist zu folgen. Sie vermeidet kriminalpolitisch befremdliche Ergebnisse und hat den Vorzug der Systemkonformität:

Da beim echten Unterlassungsdelikt des § 323c StGB die **Unzumutbarkeit** den Tatbestand ausschließt, ist nicht einzusehen, warum sie die Rettungspflichten aus § 13 StGB nicht tangieren soll.[148]

Die Schuldlösung hätte in Fall 148 zur Folge, dass E durch Unterlassen einen tatbestandsmäßigen und rechtswidrigen – vollendeten oder versuchten[149] – Totschlag begangen hätte. Das würde u.a. einen rechtswidrigen Angriff (durch Unterlassen) i.S.d. § 32 StGB des E auf O bedeuten und hätte auch polizeirechtliche Auswirkungen (E als Verhaltensstörer). Dieser Vorwurf eines rechtswidrigen Verbrechens ist aber sachwidrig und unbillig, wenn, auch aus der Sicht eines objektiven Betrachters, Unzumutbarkeit vorlag. Insoweit stimmen Tatbestands- und Rechtswidrigkeitslösung überein.

§ 13 StGB stellt bei Vorliegen einer Erfolgsabwendungspflicht als Garant das bloße Unterlassen dem aktiven Tun gleich. Wenn nun die Erfüllung jener Pflicht für den Unterlassungstäter wie hier unzumutbar war, wäre jene Gleichstellung ein schwerwiegender Systembruch. Das Unrecht des – vollendeten oder versuchten – Totschlags **in grundsätzlich gleicher Weise wie durch aktives Tun** hat E **gerade nicht** begangen, als er aus berechtigter Angst um sein Leben nichts unternahm.

Das unechte Unterlassen verstößt wie das aktive Tun gegen das jeweilige **Verbot**, bei § 212 StGB: »Du sollst nicht töten!« Dieses Verbot hat im Falle des § 13 StGB gewiss nicht die Funktion, Garanten zur Aufopferung ihres Lebens bzw. zum Eingehen konkret lebensgefährlicher Risiken zu verpflichten. **Vielmehr liegt in Fällen wie 148** (Rn. 1171) **überhaupt kein Normverstoß vor**.

4. Ergänzende Hinweise zur Zumutbarkeit / Unzumutbarkeit bei § 13 StGB: 1174

Die **Gefahr der Strafverfolgung** lässt jene Zumutbarkeit (grundsätzlich) nicht entfallen.[150]

Demgemäß war in Fall 145 (Rn. 1147) dem A die Gefahrenabwendung zumutbar.

Wäre schon dem Nichtgaranten gemäß §§ 138, 139 Abs. 3 StGB zuzumuten, zur Gefahrenabwehr die **Polizei einzuschalten**, so gilt diese Anzeigepflicht erst recht für Garanten.[151] Dagegen ist strittig, ob man **umgekehrt** sagen kann: Wo der Gesetzgeber es gemäß §§ 138, 139 Abs. 3 StGB für unzumutbar erklärt hat, Angehörige anzuzeigen (z.B. bei einem drohenden Raub), gilt dies entsprechend für Garanten.[152]

148 S/S/*Stree/Bosch*, Vor § 13 Rn. 155. – Zu § 323c StGB siehe *Lackner/Kühl*, § 323c Rn. 7.
149 Versuch liegt bei fehlender hypothetischer Kausalität vor (Rn. 1123 ff.).
150 BGHSt 7, 287; BGH bei *Dallinger*, MDR 1966, 24; BGH NStZ 1984, 452 f. Das gilt jedenfalls dann, wenn der Garant zur Abwehr erheblicher Gefahren für Leib und Leben verpflichtet ist; *Krey/Hellmann/Heinrich*, BT/2, Rn. 513 (Fn. 52).
151 Dazu Fall 147 (Rn. 1162).
152 Bejahend: *Krey/Hellmann/Heinrich*, BT/1, Rn. 879 f.; *S/S/Sternberg-Lieben*, § 139 Rn. 5. Verneinend: BGH NStZ 1984, 164; *Ranft*, JZ 1987, 908; *S/S/Stree/Bosch*, Vor § 13 Rn. 156.

Garanten müssen größere Risiken und Nachteile in Kauf nehmen als der nur aus § 323c StGB rettungspflichtige Jedermann.

Bei Polizeibeamten etc. ist deren erhöhte Gefahrtragungspflicht zu berücksichtigen (Rn. 610, 759).

§ 37 Subjektive Tatbestand der unechten Unterlassungsdelikte sowie Rechtswidrigkeit und Schuld

In Anbetracht dessen, dass es bei Unterlassungsdelikten gerade an einem vom **1175**
Verwirklichungswillen getragenen aktiven Tun fehlt, hilft der Grundsatz »**Vorsatz** ist Wissen und Wollen der Tatbestandsverwirklichung« nur im übertragenen Sinne. Vielmehr ist vorsätzliches Unterlassen als die **Entscheidung zwischen Untätigbleiben und möglichem Tun** zu verstehen.[1] Hierbei muss der Täter wie üblich Kenntnis aller objektiven Tatbestandsmerkmale gehabt haben, insbesondere auch der die Garantenstellung begründenden Umstände. Zudem muss er sich bewusst sein, dass eine Rettung möglich ist.

In diesem Zusammenhang können **Irrtümer** eine Rolle spielen.[2] Zu unterscheiden sind folgende Konstellationen:

Beispiel: V liegt am Strand und sieht in der Ferne einen kleinen Jungen ertrinken. Er hält diesen für einen Unbekannten und unternimmt nichts. Später stellt sich heraus, dass es sein Sohn S war.

V war zwar Garant für das Leben des S, aber da ihm nicht bewusst war, dass es sich um seinen Sohn handelte, fehlte es ihm am Vorsatz bezüglich dieser Garantenstellung. Der **Irrtum über die Garantenstellung** ist ein **Tatbestandsirrtum** i.S.v. § 16 Abs. 1 S. 1 StGB. Sollte der Irrtum jedoch vermeidbar gewesen sein, ist eine Strafbarkeit nach § 222 StGB wegen § 16 Abs. 1 S. 2 StGB denkbar.

Abwandlung: V erkennt seinen ertrinkenden Sohn, hält sich aber nicht für rettungspflichtig und unternimmt deswegen nichts.

Hier hatte der V zwar Kenntnis der Tatsachen, aus denen seine Garantenstellung resultierte, es lag jedoch ein **Irrtum über die Garantenpflicht** (Erfolgsabwendungspflicht) vor. Ein solcher lässt den Vorsatz unberührt und ist ein bloßer **Verbotsirrtum** (§ 17 StGB).[3]

Ferner sind Besonderheiten des Unterlassungsdelikts auch bei den Rechtfertigungs- und Entschuldigungsgründen zu beachten. Als Rechtsfertigungsgrund kommt insbesondere die **rechtfertigende Pflichtenkollision** in Betracht. Danach handelt ein Täter gerechtfertigt, wenn er die höherrangige von rangverschiedenen Pflichten bzw. eine von zwei gleichwertigen Pflichten erfüllt (Rn. 630 ff.).

Beispiel: V liegt am Strand, als sowohl sein Sohn S als auch seine Tochter T mit einem Boot kentern. V kann lediglich einen von beiden retten und entscheidet sich spontan für die T. Da die Rechtsordnung nichts Unmögliches verlangen kann, ist V bezüglich der unterlassenen Rettung des S gerechtfertigt.

---

1 BGHSt 19, 295 (299); *Wessels/Beulke/Satzger*, Rn. 1030.

2 Vertiefend: *Satzger,* Jura 2011, 432.

3 BGHSt (GS) 16, 155; *Roxin*, § 31 Rn. 189 ff., 209 f. Jener Verbotsirrtum wird dabei vielfach als »Gebotsirrtum« bezeichnet. – Zum Gebotsirrtum bei den **echten Unterlassungsdelikten** siehe *Krey/Hellmann/Heinrich*, BT/1, Rn. 872, 1163.

§ 38 Täterschaft und Teilnahme durch Unterlassen

I. Das Hauptproblem: Abgrenzung zwischen Täterschaft und Beihilfe bei Beteiligung durch Unterlassen am Begehungsdelikt eines anderen

1176 Lässt ein Garant entgegen seiner Erfolgsabwendungspflicht aus § 13 StGB das Begehungsdelikt eines anderen geschehen, so ist fraglich, ob sein Unterlassen eine strafrechtliche Mitverantwortlichkeit als ***Täter** durch Unterlassen* oder nur wegen ***Beihilfe** durch Unterlassen* begründet.[1] Das lässt sich gut an **Fall 147** (»Der pflichtvergessene Vater«; Rn. 1162) verdeutlichen:

Der 17-jährige T will seine Ex-Freundin O erwürgen, weil sie ihn schwer beleidigt hat. Sein Vater (V), dem er von seinem Plan erzählt, versucht ihn hiervon abzubringen. Trotz ernsthaften Bemühens des V hält T an seinem Plan fest; V resigniert. T tötet die O. Strafbarkeit des V, wenn feststeht: Durch Warnung der O bzw. Benachrichtigung der Polizei hätte er den Erfolg mit an Sicherheit grenzender Wahrscheinlichkeit abwenden können.

1. Meinungsstand zur Abgrenzung Täterschaft / Teilnahme durch Unterlassen

a) Prinzipielle Bejahung von Täterschaft

1177 *Roxin*[2] ist der Ansicht, wer als Garant entgegen seiner Erfolgsabwendungspflicht aus § 13 StGB die Herbeiführung des tatbestandsmäßigen Erfolges durch einen Begehungstäter nicht verhindere, sei **Täter** durch Unterlassen.

Bloße **Beihilfe** durch Unterlassen komme in solchen Fällen nur in Betracht, wenn der Unterlassende rechtlich nicht Täter sein könne

- sei es mangels Täterqualifikation,[3]
- sei es deswegen, weil das fragliche Delikt nicht durch Unterlassen begehbar sei.[4]

Danach wäre V in **Fall 147** des Totschlags durch Unterlassen schuldig (§§ 212, 13 StGB).

Für diese Meinung spricht der Aspekt der Rechtssicherheit. Sie hat aber die nicht tolerable Konsequenz, dass sie grundsätzlich jedem Garanten, der die vorsätzliche Begehungstat eines anderen geschehen lässt, die obligatorische Strafmilderung gemäß § 27 Abs. 2 S. 2 StGB versagt. Diese Strafmilderung tritt als zusätzliches Privileg für die bloße **Beihilfe** durch Unterlassen zur fakultativen Strafmilderung gemäß § 13 Abs. 2 StGB hinzu.[5] Demgemäß widerspricht *Roxins* Konzeption der gesetzgeberischen Wertung in § 27 Abs. 2 S. 2 StGB:

Wer sich durch Unterlassen an dem durch aktives Tun begangenen Totschlag des Haupttäters beteiligt, wäre nach seiner Ansicht **immer** aus §§ 212, 13 StGB strafbar. Eine nach Art und Gewicht des Unterlassens mögliche Annahme bloßer Beihilfe (§§ 212, **27**, 13 StGB)

---

1 Ausführliche Darlegung der denkbaren Fallkonstellationen: *Satzger*, Jura 2015, 1055; *Bachmann/Eichinger*, JA 2011, 105; *dies.*, JA 2011, 509; siehe auch *Rengier*, JuS 2010, 281 (284 f.).

2 *Roxin*, § 31 Rn. 140-170; *ders.*, Täterschaft, S. 476 ff.; ebenso: *Frister*, 28/53; *Stratenwerth/Kuhlen*, 14/13; *Bachmann/Eichinger*, JA 2011, 105 (107).

3 Beispiel: *Krey/Hellmann/Heinrich*, BT/2, Rn. 89 (zum Diebstahl).

4 Siehe Rn. 1131; *Roxin*, § 31 Rn. 140, 143; *Stratenwerth/Kuhlen*, 14/13.

5 *Fischer*, § 13 Rn. 55; S/S/*Stree/Bosch*, § 13 Rn. 64.

wäre von vornherein ausgeschlossen, und zwar ohne Rücksicht auf die Umstände des Einzelfalles. Diese Konzeption scheint nicht gesetzeskonform.[6]

b) Grundsätzliche Annahme von Beihilfe

Gerade umgekehrt meinen andere Autoren:[7] Wer sich als Garant durch Unterlassen **1178**
an der vorsätzlichen Begehungstat eines anderen beteilige, sei (grundsätzlich) nur wegen **Beihilfe** durch Unterlassen strafbar. Gegenüber dem mit Tatherrschaft agierenden Begehungstäter komme dem untätig bleibenden Garanten nur die Rolle einer **Randfigur** des Geschehens, also eines bloßen Gehilfen zu.[8]

Nach dieser Ansicht wäre in **Fall 147** V nur aus §§ 212, 27, 13 StGB strafbar.

Für sie sprechen erstens das Verfassungsprinzip der Rechtssicherheit und zweitens der Respekt vor der legislatorischen Wertung in § 27 Abs. 2 StGB. Gleichwohl verdient auch sie keine Zustimmung: § 13 StGB erfasst unmittelbar nur den **Täter**. Denn es geht um die Strafbarkeit des Garanten aus dem für Begehung durch aktives Tun geltenden Tatbestand (z.B. § 212 StGB), wenn auch mit der fakultativen Strafmilderung gemäß § 13 Abs. 2 StGB. Nur über § 27 i.V.m. § 13 StGB wird die Beihilfe durch Unterlassen erfasst. Daher spricht die gesetzliche Regelung in **§ 13 StGB** einerseits und **§ 27 mit § 13 StGB** andererseits dafür, auch bei Beteiligung durch Unterlassen zwischen Täterschaft und Beihilfe zu differenzieren.

Im Übrigen führt jene Ansicht auch zu sachwidrigen Ergebnissen: Die Mutter, die vorsätzlich und aus niedrigen Beweggründen ihr Baby unter der Bettdecke ersticken lässt, ist des **Mordes durch Unterlassen** schuldig (§§ 211, 13 StGB). In gleicher Weise schuldig ist sie, wenn sie aus niedrigen Beweggründen untätig zusieht, wie ein anderer das Kind mit der Bettdecke erstickt. § 13 Abs. 2 StGB erlaubt hier eine angemessene Bestrafung, die § 27 mit § 13 StGB nicht garantiert.[9]

c) Abstellen auf das Kriterium der Tatherrschaft

Die Tatherrschaft als das für die Abgrenzung Täterschaft/Teilnahme bei aktivem **1179**
Tun maßgebliche Kriterium soll, so wird von einigen Autoren gelehrt, auch für die Abgrenzung von Täterschaft durch Unterlassen von der Beihilfe durch Unterlassen gelten.[10] Diese Konzeption übersieht indes, dass jenes Kriterium beim Unterlassen nicht passt:

Bloßes Nichtstun verursacht nichts und begründet auch keine **Tatherrschaft**

- weder als Handlungsherrschaft,
- noch als Willensherrschaft,
- noch als Mitherrschaft (funktionale Tatherrschaft).

---

6 S/S/*Heine*/*Weißer*, Vor § 25 Rn. 102. – Sie weisen zusätzlich auf die Straflosigkeit der **versuchten** Beihilfe hin, die durch *Roxins* Ansicht ebenfalls leerlaufe.

7 *Gallas*, JZ 1952, 372; *ders.*, JZ 1960, 687 Fn. 67; *Jescheck*/*Weigend*, § 64 III 5 m.w.N.; *Kühl*, § 20 Rn. 230; *Ranft*, ZStW 94 (1982), 815 ff.

8 Zum Gehilfen als Randfigur unter den Beteiligten siehe Rn. 1079.

9 So auch: *Roxin*, § 31 Rn. 152; S/S/*Heine*/*Weißer*, Vor § 25 Rn. 102.

10 *Wessels*/*Beulke*/*Satzger*, Rn. 1034; wohl auch *Maurach*/*Gössel*/*Zipf*, 49/93 und MK/*Joecks*, § 25 Rn. 268 ff. Ablehnend u.a.: *Roxin*, § 31 Rn. 133 m.w.N.; SK/*Rudolphi*/*Stein*, Vor § 13 Rn. 54.

Die Tatherrschaft muss stets faktisch und normativ fundiert sein.[11] Und bei bloßem Unterlassen fehlt es jedenfalls an der faktischen (Mit-)Beherrschung des Geschehens. Wollte man auf die Tatherrschaft abstellen, so wäre die Beteiligung durch Unterlassen stets nur Beihilfe.[12]

d) Rückgriff auf die subjektive Theorie: Standpunkt des BGH

1180 In der Lehre rekurrieren nur wenige[13] auf die subjektive Teilnahmetheorie (Rn. 814 ff., 834 ff.). Dagegen differenziert der BGH zwischen Täterschaft und Beihilfe durch Unterlassen meist nach der subjektiven Theorie, gelegentlich auch nach dem Kriterium der Tatherrschaft, wobei aber insgesamt der Rückgriff auf die **subjektive Theorie klar dominiert**.[14]

Besonders deutlich wird diese Dominanz im Urteil des BGH v. 19.12.1997, wo es heißt:

»Nach ständiger Rechtsprechung ist die Abgrenzung zwischen Täterschaft und Teilnahme in Fällen, in denen ein erfolgsabwendungspflichtiger Unterlassender die deliktische Handlung eines Dritten nicht verhindert, nach denselben Kriterien vorzunehmen wie bei den Begehungsdelikten. Danach ist (…) abzuwägen, ob die innere Haltung des Unterlassenden zur Begehungstat des anderen als Ausdruck eines (…) Täterwillens aufzufassen ist, oder ob (…) er das Geschehen i.S. bloßen Gehilfenwillens lediglich ablaufen lässt.«[15]

Die subjektive Theorie nun hatte sich schon bei den **Begehungs**delikten als verfehlt erwiesen. Für die Abgrenzung von Täterschaft und Beihilfe beim **unechten Unterlassen** (§ 13 StGB) ist sie in gleicher Weise ungeeignet – wenn nicht sogar **erst Recht**:[16] Sie besitzt keine Basis im geltenden Recht, widerspricht dem strafrechtlichen Bestimmtheitsgebot und begründet die Gefahr willkürlicher Entscheidungen.

e) Abstellen auf den Unterschied Beschützer-/Überwachungsgarant

1181 Eine verbreitete Meinung[17] bestimmt die Abgrenzung zwischen **Täterschaft** und **Beihilfe** durch Unterlassen nach der **Schutzfunktion des Garanten**, d.h. gemäß der Differenzierung Beschützer-/Überwachungsgarant (Rn. 1127 ff.):

Der **Beschützergarant** sei (i.d.R.) Täter durch Unterlassen, wenn er Begehungsdelikte Dritter gegen das von ihm zu schützende Rechtsgut nicht verhindere.[18]

---

11 Dazu Rn. 887-888, 921-922.

12 So konsequent, u.a. *Kühl*, § 20 Rn. 230.

13 *Arzt*, JA 1980, 556 ff.; *Baumann/Weber/Mitsch*, § 29 Rn. 58-59, 71-72.

14 Abstellen auf die subjektive Theorie: BGHSt 13, 162 (166); BGH StV 1986, 59; BGH NStZ 1992, 31; BGHSt 43, 381 (396); 48, 77 (96 f.) rekurriert u.a. auf die Willensrichtung des Täters. Abstellen auf die Tatherrschaft: BGHSt 32, 367 (373 ff.). Beides berücksichtigend BGH NStZ 2009, 321 (322), kritisch hierzu *Becker*, HRRS 2009, 242 (244 ff.). – Gute Analyse dieser Judikatur bei *Roxin*, § 31 Rn. 132 ff. m.w.N.

15 BGHSt 43, 381 (396).

16 *Roxin*, § 31 Rn. 132 ff. mit plausibler Argumentation.

17 S/S/*Heine*/*Weißer*, Vor § 25 Rn. 103 ff.; *Herzberg*, S. 82 f.; S/S/*Stree*/*Bosch*, § 13 Rn. 55; vgl. auch *Schünemann*, S. 377 f.

18 Hierfür auch *Otto*, AT, § 21 Rn. 45-46, 50; ebenso *Kindhäuser*, AT, § 38 Rn. 72.

Beispiel: Der Vater (V), der den Totschlag durch aktives Tun des X gegen sein (des V) Kind nicht verhindert, ist des Totschlags durch Unterlassen schuldig; seine Täterschaft folgt aus seiner Position als Beschützergarant.

Dagegen sei der **Überwachungsgarant** (grundsätzlich) nur Gehilfe durch Unterlassen, wenn er vorsätzliche Begehungsdelikte der Person, für deren Überwachung er verantwortlich sei, nicht unterbinde.[19]

In **Fall 147** (Rn. 1162) wäre V danach nicht des Totschlags durch Unterlassen, §§ 212, 13 StGB, schuldig. Vielmehr wäre er nur wegen Beihilfe durch Unterlassen zum Totschlag, §§ 212, 27, 13 StGB, strafbar. Denn er fungierte nicht als Beschützergarant für das Opfer (O); vielmehr war er nur als Überwachungsgarant für seinen minderjährigen Sohn (T), den Täter der Begehungstat, verantwortlich.

Gegen diese Ansicht könnte sprechen, dass sie alle Beschützergaranten zu Tätern durch Unterlassen erklärt und ihnen damit die Privilegien des Gehilfen nimmt: die obligatorische Strafmilderung und Straflosigkeit des Beihilfeversuchs.

Für jene Konzeption lässt sich jedoch geltend machen, dass sie in erheblichem **1182**
Umfang Rechtssicherheit garantiert, da i.d.R. klar ist, ob der Garant als Beschützer- oder Überwachungsgarant fungiert. Zudem ist jene Konzeption sachlich einleuchtend, denn der Beschützergarant trägt die **unmittelbare** Verantwortung für das betroffene Rechtsgut. Lässt er z.B. untätig geschehen, dass sein Schützling zu Tode kommt, so ist er des Totschlags durch Unterlassen schuldig, gleichgültig, ob der Tod durch

- Krankheit,
- Tierangriffe oder
- Begehungsdelikte anderer Personen

verursacht wird. Die Rolle des Beschützergaranten macht den Unterlassenden, neben dem Begehungstäter, zur **Zentralgestalt** des Geschehens, also zum **Täter** durch Unterlassen. Unbilligen Ergebnissen beugt § 13 Abs. 2 StGB vor.

Demgegenüber fehlt dem Überwachungsgaranten die **unmittelbare** Verantwortlichkeit für das von der Gefahrenquelle, die er abzusichern hatte, bedrohte Rechtsgut. Er ist nur **mittelbar** für die betroffenen Rechtsgüter verantwortlich, die von Begehungstätern, die er zu überwachen hatte, wegen seines Unterlassens verletzt wurden. Das nimmt ihm die Rolle als Zentralgestalt des Geschehens neben dem Begehungstäter.

Daher erscheint es in **Fall 147** (Rn. 1162) als angemessen, V nur als Gehilfen durch Unterlassen zu bestrafen, also als Randfigur unter den Beteiligten zu behandeln.

Allerdings sollte man den Überwachungsgaranten **ausnahmsweise** als Täter durch **1183**
Unterlassen bestrafen, und zwar dann, wenn der Begehungstäter strafrechtlich nicht verantwortlich ist, z.B. gemäß § 19 oder § 20 StGB.[20] Für dieses Ergebnis braucht man nicht § 25 Abs. 1 Alt. 2 StGB (mittelbarer Täter) zu bemühen.[21] Vielmehr ist der Überwachungsgarant in solchen Fällen bei wertender Betrachtung

19 Hiergegen u.a. *Jakobs*, 29/105; *Roxin*, § 31 Rn. 158-163.
20 S/S/*Heine*/*Weißer*, Vor § 25 Rn. 99.
21 Zur mittelbaren Täterschaft durch Unterlassen siehe Rn. 1185.

die **Zentralgestalt** des Geschehens, die das Kind oder der Geisteskranke normativ nicht sein können, solange ein schuldfähiger Überwachungsgarant ihre schuldlose Tat verhindern könnte.

Umgekehrt ist der Beschützergarant **ausnahmsweise** Gehilfe durch Unterlassen, nämlich dann, wenn er rechtlich nicht Täter sein kann (Rn. 1177 mit Fn. 3, 4).

2. Resümee:

1184 Ein »Patentrezept« für diese Abgrenzungsproblematik (Rn. 1176) gibt es nicht. Immerhin existiert mit der Unterscheidung zwischen Beschützer- und Überwachungsgaranten (Rn. 1181 ff.) eine plausible Lösung, die den wenigsten Bedenken begegnet und die der Funktion der jeweiligen Verantwortlichkeit als Garant gerecht wird.

II. Kein Problem: Anstiftung durch Unterlassen?

1184a Nach herrschender und zutreffender Ansicht kann Anstiftung nur durch aktives Tun begangen werden: Anstiftung *durch* Unterlassen gibt es nicht.[22] Das folgt schon daraus, dass die Anstifterhandlung »Bestimmen« eine **Kommunikation zwischen Anstifter und Täter** verlangt, sei es durch ausdrückliche, sei es durch konkludente Aufforderung (Rn. 1036 ff.).

Eine Anstiftung durch aktives Tun *zum* Unterlassen ist dagegen unproblematisch möglich und verlangt keine Garantenpflicht des Anstifters, da *er* kein Unterlassungs-, sondern ein Begehungsdelikt verwirklicht.

III. Das Scheinproblem: Mittelbare Täterschaft und Mittäterschaft durch Unterlassen

1. Keine mittelbare Täterschaft durch Unterlassen

1185 Einige Autoren – und neuerdings auch der BGH – bejahen die Möglichkeit mittelbarer Täterschaft durch Unterlassen[23], wobei u.a. der Fall genannt wird, dass ein Überwachungsgarant die Tat eines ihm anvertrauten Geisteskranken (§ 20 StGB) nicht verhindert.[24]

Anders zu Recht die h.M.[25] unter Berufung auf das von h.L. und BGH vertretene Erfordernis der **Tatherrschaft** des mittelbaren Täters: Der nur Unterlassende verursacht nicht den Erfolg und besitzt auch keine Tatherrschaft (Rn. 1179).[26]

---

22 S/S/*Heine/Weißer*, § 26 Rn. 4; *Jescheck/Weigend*, § 64 II 6 m.w.N.; *Otto*, AT, § 22 Rn. 39; *Roxin*, § 26 Rn. 86; *Wessels/Beulke/Satzger*, Rn. 814 a.E. Abweichend u.a.: *Freund*, § 10 Rn. 117; *Jakobs*, 29/101, 104-105.

23 *Baumann/Weber/Mitsch*, § 29 Rn. 118-119; *Frister*, 27/47; *Jakobs*, 29/101, 103, 105; *Kindhäuser*, AT, § 39 Rn. 41; *Maurach/Gössel/Zipf*, 48/117 ff.; ebenso jetzt *Brammsen*, NStZ 2000, 337 ff. So auch: BGHSt 40, 257 (266); 48, 77 (89 ff.) (Politbüro der SED) mit zustimmender Anm. *Ranft*, JZ 2003, 582 ff.

24 *Baumann/Weber/Mitsch*, § 29 Rn. 118, 119; *Jakobs*, 29/101, 103, 105.

25 S/S/*Heine/Weißer*, § 25 Rn. 56 ff.; *Gropp*, § 10 Rn. 139 f., 145; *Kühl*, § 20 Rn. 267 m.w.N.; *Otto*, AT, § 21 Rn. 108; *Roxin*, § 31 Rn. 175 m.w.N.; *Stratenwerth/Kuhlen*, 14/14, 16 a.E.

26 *Kühl*, § 20 Rn. 267.

Vielmehr ist er ganz einfach **Täter** durch Unterlassen[27]; die Konstruktion der mittelbaren Täterschaft durch Unterlassen ist weder gesetzeskonform noch nötig.

Hiervon zu unterscheiden ist der **Fall des unterlassenden Vordermanns**. Der Hintermann wird hier regelmäßig durch aktives Tun auf ihn eingewirkt haben, damit er die erforderliche Handlung unterlässt. Daher ist er Begehungstäter, für dessen Strafbarkeit es nicht auf eine Garantenpflicht ankommt. Es liegt nicht mittelbare Täterschaft durch Unterlassen, sondern aktives Tun mittels eines unterlassenden Vordermanns vor, mithin mittelbare Täterschaft durch aktives Tun. Daran wird erneut deutlich, dass die »Zurechnung« (Rn. 880), von der im Rahmen des § 25 Abs. 1 Alt. 2 StGB bei der mittelbaren Täterschaft gesprochen wird, nicht im Sinne einer Akzessorietät, sondern im Sinne einer normativen Wertung zu verstehen ist: Der Hintermann wird für *eigenes* täterschaftliches Verhalten, d.h. die Begehung einer Straftat unter aktiver Verwendung eines Werkzeugs bestraft (vgl. Rn. 875).

2. Mittäterschaft durch Unterlassen?

BGH und h.L. sprechen von Mittäterschaft durch Unterlassen, wenn mehrere Garanten aufgrund gemeinsamen Tatentschlusses einen Erfolg nicht verhindern.[28] **1186**

Beispiele:
- Vater und Mutter lassen gemäß gemeinsamen Entschlusses ihr Kind ertrinken.[29]
- Vorstandsmitglieder einer AG unterlassen nach Beratung einstimmig eine rechtlich gebotene Rückrufaktion bei einem gefährlichen Produkt.[30]

Indes begegnet die Konstruktion der Mittäterschaft durch Unterlassen Bedenken.[31] Mittäterschaft fordert **Tatherrschaft** als Mitherrschaft (»funktionale Tatherrschaft«; Rn. 942). Der Unterlassungstäter aber beherrscht die Tatbegehung gerade nicht (Rn. 1179). Im Übrigen bedarf es einer wechselseitigen Zurechnung des Unterlassens auch gar nicht, um in den genannten **Beispielen** zur Strafbarkeit wegen täterschaftlicher Tatbegehung durch Unterlassen zu gelangen,[32] schließlich ist jeder der »Mittäter« im Rahmen seiner Garantenpflicht (allein) zur Erfolgsabwendung verpflichtet:

Die Eltern des ertrunkenen Kindes sind daher beide jeweils aus §§ 212, 13 StGB zu bestrafen. Dasselbe gilt für die Vorstandsmitglieder, von denen jeder durch sein Abstimmungsverhalten (Votum gegen die Rückrufaktion) §§ 223, 13 StGB erfüllt hat, wenn es zu Gesundheitsschäden kommt und insoweit Vorsatz vorlag. Auch wenn die Unterlassenden den Erfolg nur gemeinsam abwenden konnten, ist jeder als Täter durch Unterlassen verantwortlich. Keiner von ihnen kann seine Verantwortung mit der These leugnen, *»die jeweils anderen seien schuldig«*, da er alleine nicht zur Gefahrenabwendung in der Lage gewesen sei. Das ergibt sich aus allgemeinen Zurechnungserwägungen, die uns schon aus der **Lehre von der alternativen Kausalität** (Rn. 316 ff., 322 ff.) bekannt sind. Auch hier ist also der Rückgriff auf § 25 Abs. 2 StGB unnötig. **1187**

27 Ebenso u.a.: *Kühl*, § 20 Rn. 267; *Roxin*, § 31 Rn. 175.

28 BGHSt 37, 106 (129) m.w.N. – Lederspray-Fall; *Jäger*, AT, Rn. 365-366; *Kühl*, § 20 Rn. 268; *Roxin*, § 31 Rn. 172 f.; *Stratenwerth/Kuhlen*, 14/17 ff.; einschränkend BGHSt 48, 77 (95).

29 RGSt 66, 74; *Kühl*, § 20 Rn. 268; *Roxin*, § 31 Rn. 172 f.

30 BGHSt 37, 106 (129); *Kühl*, § 20 Rn. 268 m.w.N.

31 Ablehnend u.a. A. *Kaufmann*, S. 189; *Welzel*, S. 206 m.w.N.

32 Ebenso S/S/*Heine/Weißer*, § 25 Rn. 86.

1188 Zur alternativen **Kausalität** (genauer: hypothetischen Kausalität/Quasikausalität, Rn. 1123) bei gleichzeitigem Unterlassen gleichrangiger Garanten (z.B. Mitglieder des Vorstandes einer AG) siehe das Urteil des BGH v. 6.12.2002:[33] Es sei irrelevant, ob jedes einzelne Mitglied möglicherweise an der Mehrheit der anderen gescheitert wäre; denn anderenfalls könnte sich jeder Garant allein durch den Hinweis auf die gleichartige und ebenfalls pflichtwidrige Untätigkeit anderer Garanten von jeder strafrechtlichen Haftung freizeichnen.

33 BGHSt 48, 77 (94 f.) – Politbüro-Fall. – Zur alternativen Kausalität bei Begehungsdelikten siehe Rn. 316 ff.

§ 39 Beteiligung durch aktives Tun am unechten Unterlassungsdelikt

I. Anstiftung zum unechten Unterlassungsdelikt (z.B. §§ 212, 13, 26 StGB)

Anstiftung als Begehungstat zum unechten Unterlassungsdelikt ist ohne Weiteres möglich,[1] wie das folgende **Beispiel** illustrieren soll: 1189

T sieht, dass seine Ehefrau O ertrinkt. Er will sie retten; jedoch überredet ihn seine Freundin A, die O sterben zu lassen. Bei beiden liegen niedrige Beweggründe vor.

T ist des Mordes durch Unterlassen schuldig (§§ 211, 13 StGB). Die **A** hat Anstiftung hierzu begangen. Sie ist demgemäß aus §§ 211, 13 mit § 26 StGB strafbar – es sei denn, dass zu ihren Gunsten die obligatorische Strafmilderung gemäß **§ 28 Abs. 1 StGB** (Lockerung der Akzessorietät für die Rechtsfolge, Rn. 1011, 1017) eingreift, und zwar mangels Garantenstellung der A als »strafbegründendes besonderes persönliches Merkmal«.

Die Anwendbarkeit dieser Vorschrift ist zu bejahen: Täterbezogen sind insbesondere Merkmale, die eine »besondere Pflichtenstellung höchstpersönlicher Art« umschreiben (Rn. 1020).[2] Hierunter ist auch die **Garantenposition** (§ 13 StGB) zu fassen.[3] Diese Einordnung erscheint zudem mit Blick auf die anderenfalls drohenden unbilligen Ergebnisse sachgerecht.

In dem Beispiel würde die A bei Verneinung des § 28 Abs. 1 StGB gemäß §§ 211, 13 mit § 26 StGB so bestraft, als wenn sie selbst als Garant **Täter** eines Mordes durch Unterlassen wäre. Denn der Anstifter fällt ja unter denselben Strafrahmen wie der Täter. Der Strafrahmen für Mord durch Unterlassen für den **Nichtgaranten** als Teilnehmer, mag er auch Anstiftung durch aktives Tun begangen haben, erscheint jedoch grob sachwidrig, so dass dem Nichtgaranten die Strafmilderung des § 28 Abs. 1 StGB auch aus diesem Grund zuzubilligen ist.

II. Beihilfe durch aktives Tun zum unechten Unterlassungsdelikt

Auch **Beihilfe durch aktives Tun** zum unechten Unterlassungsdelikt ist (fast) allgemein anerkannt.[4] Sie wird dabei meist in der Form der psychischen Beihilfe (Rn. 1072 ff.) auftreten.[5] 1190

Beispiel: – Abwandlung des in Rn. 1189 genannten Falles –
Als O zu ertrinken droht, beschließt T, sie sterben zu lassen. Während ihres Todeskampfes lenkt A den T ab, damit er keine Gewissensbisse bekommt, und lobt seinen Entschluss.

Hier ist **A** der Beihilfe zum Mord durch Unterlassen schuldig, §§ 211, 13 mit 27 StGB, und zwar der psychischen Beihilfe durch Bestärken des Tatentschlusses. Doch greift zu ihren Gunsten, zusätzlich zu § 27 Abs. 2 S. 2 StGB, die obligatorische Strafmilderung gemäß

1 BGHSt 14, 280 (282); *Lackner/Kühl*, § 26 Rn. 3; *Roxin*, § 26 Rn. 170; fast allgemeine Ansicht (**a.A.** *Welzel*, S. 206, im Anschluss an A. *Kaufmann*).

2 *Heinrich*, AT, Rn. 1353; *Roxin*, § 27 Rn. 23.

3 Siehe Rn. 1017. So auch *Fischer*, § 28 Rn. 5a; *Heinrich*, AT, Rn. 880, 971; *Roxin*, § 27 Rn. 68; *Wessels/Beulke/Satzger*, Rn. 800; *Hinderer*, JA 2009, 25 (28); **a.A.** *Lackner/Kühl*, § 28 Rn. 6; S/S/*Heine/Weißer*, § 28 Rn. 19.

4 BGHSt 14, 280 (282); *Kühl*, § 20 Rn. 272; *Roxin*, § 26 Rn. 284 i.V.m. Rn. 170; LK/*Schünemann*, § 27 Rn. 64.

5 *Kühl*, § 20 Rn. 272; LK/*Schünemann*, § 27 Rn. 64. Beispiel für physische Beihilfe bei: *Baumann/Weber/Mitsch*, § 31 Rn. 23 und *Kühl*, § 20 Rn. 272.

§ 28 Abs. 1 StGB ein, wenn man die strafbegründende **Garantenstellung** des Täters für ein »besonderes persönliches Merkmal« hält (Rn. 1017, 1189).

III. Klarstellung: keine Mittäterschaft durch Tun bei Unterlassungsdelikten

1191 Tötet T den Sohn des V vorsätzlich durch aktives Tun und lässt V dies geschehen, so ist T aus **§ 212 StGB** strafbar (Begehungstat) und V aus **§§ 212, 13 StGB** (Totschlag durch Unterlassen, Rn. 1181-1182). **§ 25 Abs. 2 StGB** hat hier keine Bedeutung: Weder ist T »Mittäter durch Tun« an der Tat des V noch umgekehrt V »Mittäter durch Unterlassen« an der Tat des T.[6] Ungeachtet der Frage des gemeinsamen Tatentschlusses fehlt es an der gemeinsamen Tatherrschaft (Mitherrschaft), mithin an der **gemeinschaftlichen Begehung**.

6 Ebenso u.a.: *Jescheck/Weigend*, § 63 IV 2; *Kühl*, § 20 Rn. 270; grundsätzlich auch *Roxin*, Täterschaft, S. 470; *ders.*, § 31 Rn. 171 (mit **Ausnahme** für Pflichtdelikte, Rn. 174).

Fünfter Teil: Versuch und Rücktritt vom Versuch

Kapitel 1: Versuch

»Eine Straftat versucht, wer nach seiner Vorstellung von der Tat zur Verwirkli- 1192
chung des Tatbestandes unmittelbar ansetzt.« (§ 22 StGB)

In jeder vollendeten Vorsatztat ist als **Durchgangsstadium** auch ein Versuch enthalten: Im **vollendeten** Totschlag ist naturgemäß ein **versuchter** Totschlag als eine der Vollendung vorausgehende Verwirklichungsstufe jenes Verbrechens eingeschlossen.[1] Solche Fälle des Versuchs als bloßes Durchgangsstadium sind hier nicht gemeint. Vielmehr ist Gegenstand dieses Kapitels nur der Versuch, **der nicht zur Vollendung der fraglichen Vorsatztat führt**. §§ 22, 23 StGB haben allein diesen Versuch im Auge, nicht dagegen den Versuch als Durchgangsstadium zur Vollendung der vorsätzlichen Straftat. Letzterer wird durch die Vollendung aufgehoben und ist damit rechtlich ohne eigene Relevanz.

§§ 22, 23 StGB setzen also voraus, dass die versuchte Straftat nicht vollendet wird.[2] § 22 StGB enthält die Legaldefinition des Versuchs.

§ 40 Verwirklichungsstufen der Vorsatztat[3]

I. Tatentschluss

Der Tatentschluss verlangt **Vorsatz**, und zusätzlich dort, wo der fragliche Tatbe- 1193
stand dies normiert, das Vorliegen weiterer subjektiver Tatbestandsmerkmale wie »Zueignungsabsicht« (§§ 242, 249 StGB), »Bereicherungsabsicht« (§§ 253, 263 StGB), etc.[4] Der bloße Tatentschluss ist grundsätzlich straflos.

Eine **Ausnahme** bildet die **Verbrechensverabredung** (§ 30 Abs. 2 StGB).

II. Vorbereitungshandlungen

Dem Versuch der Tat vorgelagerte Vorbereitungshandlungen sind als solche straf- 1193a
los.[5] Dies folgt aus §§ 22, 23 StGB.

Demgemäß ist der Täter, der den Tatentschluss zu einem Mord gefasst hat und nun Vorbereitungshandlungen vornimmt wie

- Kauf eines Küchenmessers als Mordwaffe,
- Anfertigung einer Strumpfmaske zur Tarnung bei der Tat,
- Auskundschaften der Lebensgewohnheiten des Opfers etc.

straflos, solange noch kein Versuchsbeginn vorliegt.

---

1 *Rath*, JuS 1998, 1006 m.w.N.

2 Erfordernis der »Nichtvollendung der Tat«. *Baumann/Weber/Mitsch*, § 26 Rn. 4; *Jescheck/Weigend*, § 49 III vor 1; *Wessels/Beulke/Satzger*, Rn. 847, 1203.

3 Überblick zu den zeitlichen Stadien der Straftat: *Kühl*, JA 2014, 907 ff.

4 S/S/*Eser*/*Bosch*, § 22 Rn. 23; *Kindhäuser*, AT, § 31 Rn. 5; *Roxin*, § 29 Rn. 61. Zu jenen Merkmalen siehe Rn. 375.

5 *Kühl*, § 14 Rn. 13, 15, 19; *Stratenwerth/Kuhlen*, 11/6 ff.

Doch gibt es zahlreiche Ausnahmevorschriften, die Vorbereitungshandlungen als solche kriminalisieren, so z.B. §§ 149, 202c, 234a Abs. 3, 263a Abs. 3, 275, 310 StGB.[6]

III. Versuch des geplanten Verbrechens bzw. Vergehens, §§ 22, 23 StGB

1194 Der Versuch eines **Verbrechens** (§ 12 Abs. 1, 3 StGB) ist stets strafbar, der Versuch eines **Vergehens** (§ 12 Abs. 2, 3 StGB) dagegen nur dann, »wenn das Gesetz es ausdrücklich bestimmt« (§ 23 Abs. 1 StGB).[7]

Mangels einer solchen ausdrücklichen Bestimmung ist der Versuch bei folgenden Delikten (beispielhaft) **straflos**:

- Hausfriedensbruch (§ 123 StGB),
- Falsche uneidliche Falschaussage (§ 153 StGB),
- Aussetzung (§ 221 Abs. 1 StGB),
- Trunkenheit im Verkehr (§ 316 StGB).

Bei den meisten Vergehen des Kernstrafrechts jedoch ist die Versuchsstrafbarkeit ausdrücklich bestimmt, wobei eine Tendenz zur Ausweitung festzustellen ist.[8] Die **Vorverlagerung der Strafbarkeit** gemäß §§ 22, 23 StGB auf den bloßen Versuch ist also bei Verbrechen vollständig, bei Vergehen bereits weitgehend erfolgt.

IV. Vollendung der Straftat

1195 Hat der Täter den subjektiven und objektiven Tatbestand des fraglichen Verbrechens oder Vergehens erfüllt, so ist die Tat vollendet. Jene Vollendung hat zur Folge, dass §§ 22, 23 StGB unanwendbar sind und dass ein Rücktritt (§ 24 Abs. 1 StGB) ausscheidet.

Trotz Eintritts des tatbestandsmäßigen **Erfolges** (z.B. bei § 212 StGB: Tod des Opfers) kann es aber an der Tatvollendung fehlen, wenn die **objektive Zurechnung** zu verneinen ist. Der tatbestandsmäßige Erfolg muss dem Täter als sein Werk objektiv zurechenbar sein. Ist dieses Erfordernis nicht erfüllt, entfällt der objektive Tatbestand und es kommt nur Versuch in Betracht.[9]

1196 Die Frage, ob **Vollendung** oder **Versuch** vorliegt, ist häufig schwierig zu beantworten: Das gilt etwa für Diebstahl (»Wegnahme«), Betrug (»Vermögensschaden«) oder Brandstiftung (»Inbrandsetzen«), wobei es hier um Spezialprobleme des BT des Strafrechts geht.[10]

Darüber hinaus ist die Beantwortung jener Frage insbesondere dann diffizil, wenn es sich um komplexe Probleme der **objektiven Zurechnung** handelt. In solchen Fällen sollte man bei der Falllösung zunächst die jeweilige **vollendete** Straftat

6 Überblick zur Vorbereitung im Strafrecht: *Mitsch*, Jura 2013, 696 (704).

7 Zur Einteilung von Verbrechen und Vergehen siehe Rn. 192, 194 ff.

8 Das 6. StRG v. 26.1.1998 (BGBl. I S. 164) hat bei §§ 223, 239 Abs. 1 StGB die Versuchsstrafbarkeit eingeführt.

9 Dazu Rn. 302-305, 325 ff., 335-340, 345.

10 Siehe: *Krey/Hellmann/Heinrich*, BT/1, Rn. 1070, 1073 (Brandstiftung); *Krey/Hellmann/Heinrich*, BT/2; Rn. 17-19, 40 ff. (Diebstahl), Rn. 491, 598, 599 (Betrug). Zur Frage des Versuchsbeginns beim Betrug siehe BGH NStZ 2011, 400 m. Anm. *Jäger*, JA 2011, 390.

prüfen und erst nach deren Verneinung mangels Erfüllung des objektiven Tatbestandes die Frage der **Versuchs**strafbarkeit aufwerfen.[11]

V. Beendigung der Tat

Neben Vorbereitung und Versuch sowie Versuch und Vollendung ist ferner zwischen Vollendung und Beendigung zu differenzieren:[12]

1. Weiterverwirklichung des Tatbestandes trotz Vollendung der Tat

Wird der fragliche Straftatbestand nach seiner Vollendung weiter verwirklicht, so **1197**
ist die Ausweitung des Deliktsbereichs durch Anerkennung der Beendigung als Stufe der Verwirklichung der Straftat zumeist unproblematisch. Das gilt insbesondere für **Dauerdelikte** wie etwa Freiheitsberaubung (§ 239 StGB).

Sukzessive Mittäterschaft und erst recht **sukzessive Beihilfe** sind bei Dauerdelikten bis zur Beendigung der Tat möglich (Rn. 962, 963, 1088).

Qualifikationen (z.B. § 239 Abs. 3 Nr. 2, Abs. 4 StGB) können noch bis zur Beendigung des jeweiligen Dauerdeliktes erfüllt werden.[13]

2. Keine Weiterverwirklichung des Tatbestandes nach Tatvollendung

Bei anderen Straftaten als Dauerdelikten (d.h. bei »Zustandsdelikten«) ist entweder **1198**
mit der Tatvollendung zugleich deren Beendigung anzunehmen (z.B. beim Totschlag). Hier wird nicht zwischen Vollendung und Beendigung differenziert.

Oder es handelt sich um Delikte, bei denen die h.M. zwar zwischen Vollendung und Beendigung unterscheidet, aber die Beendigung der Tat ***nicht mehr den Straftatbestand erfüllt;*** das gilt namentlich für **Diebstahl** (Rn. 964 ff.) und Raub.

Bei solchen Straftaten folgt aus der fehlenden Weiterverwirklichung des Straftatbestandes durch die Beendigung der Tat: Im Stadium zwischen formeller Vollendung und materieller Beendigung

- kommt **sukzessive Mittäterschaft** nicht mehr in Betracht[14] und
- können **Qualifikationen** wie § 244 Abs. 1 Nr. 1a/b und § 250 Abs. 1 Nr. 1a/b/c, Abs. 2 StGB nicht mehr erfüllt werden.

Letzteres ist allerdings sehr umstritten[15] und wird insbesondere von der h.M.[16] anders beurteilt. So versteht sie etwa die Wendung **»bei der Tat«** im Rahmen des § 250 Abs. 2 StGB

11 Ebenso *Jäger*, AT, Rn. 284; *Kühl*, § 15 Rn. 8 ff.

12 S/S/*Eser/Bosch*, Vor § 22 Rn. 4 ff.; *Freund*, § 8 Rn. 27; *Gropp*, § 9 Rn. 6 ff.; *Jescheck/Weigend*, § 49 III 3 m.w.N.; SK/*Rudolphi*, Vor § 22 Rn. 6 ff.; *Wessels/Beulke/Satzger*, Rn. 840 ff.; NK/*Zaczyk*, § 22 Rn. 5, 6. Kritisch u.a.: *Jakobs*, 25/12; *Kühl*, § 14 Rn. 21 ff. m.w.N.

13 Beispiel für § 239 Abs. 4 StGB (Freiheitsberaubung mit Todesfolge): BGHSt 19, 382 (386 f.) – Tod des Opfers bei einem Fluchtversuch.

14 Siehe Rn. 964, 966-967. – Zur sukzessiven Beihilfe siehe Rn. 1088-1089.

15 Vgl. für § 244 Abs. 1 Nr. 1: *Lackner/Kühl*, § 244 Rn. 2 m.w.N.; für § 250 Abs. 1 Nr. 1, Abs. 2 StGB: *Krey/Hellmann/Heinrich*, BT/2, Rn. 191 (Diebstahl), 317 ff.

dahingehend, dass sie das gesamte Tatgeschehen bis zu dessen tatsächlicher Beendigung umfasst. Voraussetzung sei allerdings wegen des besonderen Schutzzwecks der Raub- und Erpressungsdelikte (vgl. § 255 StGB a.E.), dass die finale Verknüpfung von Gewalt und Wegnahme oder einer rechtswidrigen Vermögensverfügung auch nach der Vollendung bestehen bleibt. So müssten etwa nachfolgende schwere Misshandlungen weiterhin von Zueignungs- oder Bereicherungsabsicht getragen sein und der Beutesicherung oder der Erlangung weiterer Beute dienen.[17] Allein ein räumlich-zeitlicher Zusammenhang zwischen einem vollendeten Raub (oder einer räuberischen Erpressung) und den – möglicherweise – qualifizierenden Merkmalen genüge nicht[18], da dies allenfalls eine Handlung »bei Gelegenheit« der Tat begründe.

Diese Ansicht verstößt jedoch gegen **Art. 103 Abs. 2 GG**.[19] Da dem gesetzlichen Tatbestand nur der Vollendungszeitpunkt – der Zeitpunkt der Erfüllung sämtlicher Tatbestandsmerkmale – zu entnehmen ist, bedarf es zur Begründung der Straferhöhung durch ein späteres Verhalten des Täters einer ausdrücklichen Regelung. Eine solche abschließende Regelung findet sich in § 252 StGB (Räuberischer Diebstahl). Ihre speziellen Voraussetzungen und insbesondere die Tatsache, dass sie auf die räuberische Erpressung keine Anwendung findet, würde jedoch unterlaufen, wenn man die Qualifikation des Grunddelikts noch nach dessen Vollendung zuließe. In vielen Fällen liefe die Vorschrift ganz leer.[20]

1199 **Nach Beendigung** der Tat scheiden sowohl sukzessive Mittäterschaft als auch sukzessive Beihilfe aus.[21]

VI. Resümee: Eingrenzung des Versuchs

1200 §§ 22, 23 StGB greifen nur ein, wenn es an der **Tatvollendung** fehlt.

Ist das der Fall, so ist zunächst festzustellen, ob der Versuch des fraglichen Delikts strafbar ist (§ 23 Abs. 1 StGB). Kann diese Frage bejaht werden, so ist für die Annahme eines Versuchs von zentraler Bedeutung, ob bereits ein unmittelbares Ansetzen (§ 22 StGB) vorliegt oder nur eine **Vorbereitungshandlung**.

§§ 22, 23 StGB fordern also die **Abgrenzung**

- zwischen **Versuch und Vollendung** und
- zwischen **Vorbereitung und Versuch**.

---

16 BGHSt 52, 376 (§ 250 Abs. 2 Nr. 1 StGB); 53, 234 (236) – § 250 Abs. 2 Nr. 3a StGB; BGH NStZ-RR 2008, 342 (§ 250 Abs. 2 Nr. 1 StGB); BGH NStZ 2010, 81 (§ 251 StGB); *Fischer*, § 250 Rn. 18, 26 f.

17 **A.A.** *Bosch*, JA 2010, 229 (230 f.), differenzierend.

18 BGHSt 53, 234 (236 f.). I. Erg. zustimmend *Dehne-Niemann*, ZIS 2009, 377; hierzu auch *Nestler*, JR 2010, 100.

19 Vgl. u.a. *Kraatz*, Jura 2009, 852 (855).

20 Ausführlich dazu *Kraatz*, Jura 2009, 852 (855).

21 Allgemeine Ansicht. Siehe für alle BGH NStZ 2008, 152.

§ 41 Strafgrund des Versuchs / Tatbestand des versuchten Delikts

I. Strafgrund des Versuchs

1. Das geltende Recht als Basis für die Bestimmung des Strafgrundes

a) Das StGB behandelt Versuch und Vollendung in wichtigen Punkten ungleich: **1201**

- Bei Vergehen ist der Versuch nur **strafbar**, wenn das Gesetz es ausdrücklich bestimmt; danach ist bei vielen Vergehen nur das vollendete Delikt eine Straftat (Rn. 1194).
- Der Versuch kann **milder bestraft** werden als die vollendete Tat (§ 23 Abs. 2 StGB).
- Der Versuch der **Anstiftung** ist nur bei Verbrechen strafbar (§ 30 Abs. 1 StGB).
- Der Versuch der **Beihilfe** ist straflos (Umkehrschluss aus § 30 Abs. 1 StGB).

Demgemäß lautet die eindeutige rechtspolitische Wertung des Gesetzes: Das **Unrecht** des Versuchs wiegt grundsätzlich weniger schwer als das des vollendeten Verbrechens bzw. Vergehens (vgl. Rn. 281 m.w.N.).[1]

b) §§ 22, 23 StGB beruhen auf der Verbindung subjektiver und objektiver Elemen- **1202**
te bei der Normierung von Grund und Grenzen der Versuchsstrafbarkeit durch den Gesetzgeber (sog. »gemischt subjektiv-objektiver Standpunkt«)[2]:

Subjektiv ausgerichtet ist die zentrale Bedeutung der »Vorstellung des Täters von der Tat« (Tatplan) für die Abgrenzung des Versuchs von der Vorbereitung.[3] Dasselbe gilt für die grundsätzliche Strafbarkeit des untauglichen Versuchs (§ 23 Abs. 3 StGB).[4]

Objektiv orientiert ist die Straflosigkeit bloßer Vorbereitungshandlungen, mögen sie auch eine beunruhigende Manifestation des verbrecherischen Willens darstellen.[5] Dasselbe gilt für die gesetzliche Normierung der Möglichkeit für das Gericht, beim *untauglichen Versuch »aus grobem Unverstand«* von Strafe abzusehen oder die Strafe zu mildern (§ 23 Abs. 3 StGB).[6] Ferner zeigt sich die auch objektive Ausrichtung der Versuchsstrafbarkeit insbesondere in dem zentralen Erfordernis des »unmittelbaren Ansetzens zur Verwirklichung des Tatbestandes« (§ 22 StGB).[7]

2. Sinn und Zweck der Strafe für das vollendete Delikt als Grundlage für das Verständnis des Strafgrundes des Versuchs

Sinn und Zweck der Strafe ist der **vergeltende Schuldausgleich**. Weiterhin dient **1203**
die Strafe der **Generalprävention**, und zwar der negativen (Abschreckung) und der positiven (Erhaltung von Normvertrauen und Rechtstreue). Schließlich verfolgt die Strafe nach dem Willen des Gesetzgebers auch **spezialpräventive Zwecke**. Dabei dominiert der gerechte Schuldausgleich; unter den präventiven Zwecken ist der spezialpräventive nachrangig.[8]

1 *Baumann/Weber/Mitsch*, § 26 Rn. 14; *Köhler*, Kap. 8 I 1.1. Differenzierend *Haas*, ZStW 123 (2011) 226.
2 *Fischer*, § 22 Rn. 7; *Wessels/Beulke/Satzger*, Rn. 843 ff.
3 *Jescheck/Weigend*, § 49 II 1; *Roxin*, § 29 Rn. 59 ff.
4 S/S/*Eser/Bosch*, Vor § 22 Rn. 20; SK/*Rudolphi*, Vor § 22 Rn. 14.
5 *Jakobs*, 25/17; *Rath*, JuS 1998, 1006 (1008) mit Fn. 24.
6 S/S/*Eser/Bosch*, Vor § 22 Rn. 21; SK/*Rudolphi*, Vor § 22 Rn. 14.
7 *Jescheck/Weigend*, § 49 II 2; *Kühl*, § 15 Rn. 38; *Roxin*, § 29 Rn. 97.
8 Siehe Rn. 130-159.

An diesem Verständnis von Sinn und Zweck der Strafe für **vollendete** Verbrechen und Vergehen hat sich grundsätzlich auch die Antwort nach dem Strafgrund des strafbaren **Versuchs** zu orientieren[9]:

Die Bestrafung z.B. des versuchten Totschlags (§§ 212, 22, 23 StGB) bezweckt:

- Primär **vergeltenden Schuldausgleich**; damit dient die Strafe für den Versuch auch dem Genugtuungsinteresse des Opfers.[10]
- Sekundär negative und positive **Generalprävention**. Strafdrohung und, in ihrer Konsequenz, Strafe für den Totschlagsversuch sollen den Bürger zum Beachten des Verbots »Du sollst nicht töten!« bewegen. Insbesondere ist der Totschlagsversuch ein massiver Angriff auf die Unverbrüchlichkeit der Rechtsordnung. Seine Bestrafung dient der Wiederherstellung des Vertrauens in die Geltungskraft des Rechts.
- Drittens, nur nachrangig, **Spezialprävention**: Wie der Totschläger soll auch der Täter eines Totschlagsversuchs von der Begehung weiterer Straftaten abgehalten werden.

3. Sinn und Zweck der konkreten Ausgestaltung der Versuchsstrafbarkeit in §§ 22, 23 StGB

1204 a) Eine rein subjektive Deutung dieser Normierung durch bloßes Rekurrieren auf den betätigten »verbrecherischen Willen« bzw. die betätigte »rechtsfeindliche Gesinnung«[11] scheitert schon an den erwähnten (Rn. 1202) objektiven Elementen jener Regelung.[12] Sie wäre darüber hinaus auch rechtsstaatlich bedenklich.

b) Umgekehrt widerspricht auch ein rein objektives Verständnis der Versuchsstrafbarkeit durch Abstellen auf die konkrete Gefährdung des Tatobjektes[13] den §§ 22, 23 StGB wegen ihrer angeführten subjektiven Elemente (Rn. 1202).[14]

c) Demgemäß ist heute ein **gemischt subjektiv-objektiver Standpunkt** herrschend, bei den meisten seiner Anhänger in der Erscheinungsform der **Eindruckstheorie**[15]: Strafgrund des Versuchs ist hiernach die Betätigung des rechtsfeindlichen Willens des Täters, deren Eindruck auf die Allgemeinheit zu einer Erschütterung des Vertrauens in die Geltung der Rechtsordnung führen kann.

1205 d) Die »Eindruckstheorie« mag im Ansatz zutreffend sein. Sie ist indes nicht präzise genug, um die folgenden entscheidenden Fragen zu beantworten:

---

9 Zur Orientierung des Strafgrundes des **Versuchs** an Sinn und Zweck der Strafe für die **vollendete** Tat siehe u.a.: *Freund*, § 8 Rn. 11, 14; *Jakobs*, 25/15, 17 a.E.; *Rath*, JuS 1998, 1006 (1008 f.); *Zaczyk*, Unrecht, S. 229 ff., 232 Fn. 6.

10 Zu diesem Genugtuungsinteresse siehe Rn. 159 m.w.N.

11 Belege bei: *Jescheck/Weigend*, § 49 II 2; *Roxin*, § 29 Rn. 32 ff.; *Zaczyk*, Unrecht, S. 75 ff.

12 *Baumann/Weber/Mitsch*, § 26 Rn. 17-19; S/S/*Eser/Bosch*, Vor § 22 Rn. 21; *Rath*, JuS 1998, 1006 (1008).

13 Dazu die Darstellung bei: *Jescheck/Weigend*, § 49 II 1; *Roxin*, § 29 Rn. 25 ff.; *Zaczyk*, Unrecht, S. 41 ff. Für jenes **objektive** Verständnis *Hirsch*, JZ 2007, 494 (500 f.).

14 *Baumann/Weber/Mitsch*, § 26 Rn. 17-19; *Rath*, JuS 1998, 1006 (1008).

15 *Rönnau*, JuS 2013, 879 (880); S/S/*Eser/Bosch*, Vor § 22 Rn. 22; *Fischer*, § 22 Rn. 7; *Jescheck/Weigend*, § 49 II 3 m.w.N.; *Roxin*, JuS 1979, 1; SK/*Rudolphi*, Vor § 22 Rn. 14; ähnlich wohl *Jakobs*, 25/21 a.E. **Kritisch** u.a. *Hirsch*, JZ 2007, 494 (500 f.); *Köhler*, Kap. 8 I 1.2; *Kühl*, § 15 Rn. 40 ff.; *Rath*, JuS 1998, 1006 (1008); NK/*Zaczyk*, § 22 Rn. 11. – Ablehnend auch *Roxin*, § 29 Rn. 46 ff., der als **Vereinigungstheorie** den Versuch als »tatbestandsnahe Gefährdung oder tatbestandsnahen rechtserschütternden Normbruch« versteht.

- Warum ist nur der Versuch von Verbrechen stets strafbar (§ 23 Abs. 1 StGB)?
- Warum ist selbst die furchterregende Vorbereitungshandlung zu einem Mord oder einer Vergewaltigung straflos, während der absolut untaugliche Versuch einer Sachbeschädigung strafbar ist?

Schaut man genauer hin, so dürfte das Spezifikum des strafbaren Versuchs letztlich in Folgendem liegen:

Erstens steht der Tatentschluss des Täters im Stadium des Versuchsbeginns gemäß § 22 StGB endgültig fest. Das »unmittelbare Ansetzen« i.S. dieser Vorschrift fordert, dass der Täter »subjektiv die Schwelle zum **jetzt geht es los** überschreitet« (dazu **§ 42**). Daran mangelt es bei bloßen Vorbereitungshandlungen.

Zweitens verlangt § 22 StGB, dass der Täter objektiv so zur tatbestandsmäßigen Handlung ansetzt, »dass sein Tun **ohne Zwischenakte** in die Tatbestandserfüllung übergeht« (dazu **§ 42**). Auch hieran fehlte es bei der Vorbereitung der Tat.

§ 22 StGB beruht also auf der **Vollendungsnähe des Täterverhaltens** nach seinem Tatplan. Sie legitimiert den strafbegründenden Verzicht auf die Erfüllung des Tatbestandes (Vollendung) beim strafbaren Versuch sowohl unter dem Aspekt des vergeltenden Schuldausgleichs als auch unter präventiven Gesichtspunkten.

Drittens rekurriert das Gesetz auf die **Schwere** der fraglichen Straftat, die der Täter **1206**
vollenden will: Bei Verbrechen führt dieser Topos dazu, dass der Versuch stets strafbar ist. Bei Vergehen wählt der Strafgesetzgeber dagegen ein differenzierendes Vorgehen (Rn. 1194).

II. Straftatbestand des versuchten Delikts / Aufbau bei der Prüfung des Versuchs[16]

Vor Erörterung des Tatbestandes des Versuchs ist zunächst festzustellen: **1207**

- dass das fragliche Verbrechen/Vergehen **nicht vollendet**[17] und
- der **Versuch** bei diesem Delikt **strafbar** ist.[18]

Hier ist zunächst zu klären, ob es um ein Verbrechen geht (Rn. 1194). Wenn das fragliche Delikt nur ein Vergehen darstellt (§ 12 Abs. 2, 3 StGB), ist festzustellen, ob der BT ausdrücklich die Strafbarkeit des Versuchs dieser Tat anordnet; insoweit genügt der Hinweis auf die fragliche Anordnung, z.B. § 242 Abs. 2 StGB.

Anschließend erfolgt die Prüfung des **Tatbestandes** des Versuchs:

16 Lesenswerte Einführung auch bei *Putzke*, JuS 2009, 894 ff., 985 ff, 1083 ff. Zu typischen Klausurfehlern im Rahmen der Versuchsprüfung: *Krack*, JA 2015, 905 ff.

17 Siehe Rn. 1192, 1195-1196.

18 Viele sprechen hier von einer »Vorprüfung«; tatsächlich sind beide Voraussetzungen aber integraler Bestandteil der Versuchsprüfung und **nicht im Sinne einer abstrakten Vorprüfung** losgelöst zu betrachten. Vgl. *Kühl*, § 15 Rn. 7a (m.w.N.); *Rath*, JuS 1998, 1006 (1009 f.). Siehe aber Rn. 1196.

1. Subjektiver Tatbestand (Tatentschluss)

1208 Der subjektive Tatbestand des Versuchs ist mit dem subjektiven Tatbestand des vollendeten Delikts identisch und konstituiert den **Handlungsunwert** der versuchten Straftat.[19]

Erforderlich ist stets **Vorsatz** (vgl. Rn. 373-374). Bei der Prüfung des Versuchs wird – anders als beim vollendeten Delikt – mit dem **Tatentschluss** begonnen, weil die Vorstellung des Täters von der Tat die Grundlage für die Subsumtion darstellt. Man spricht auch von einer »objektiven Bewertung der Strafbarkeit auf einer subjektiven Beurteilungsgrundlage«.[20]

a) Erfordernis der Endgültigkeit des Tatentschlusses

Wie das vollendete Delikt verlangt auch der Versuch Vorsatz als endgültigen Entschluss zur Begehung der fraglichen Tat (vgl. Rn. 386).

Fall 149: – Stabiler und instabiler Tötungsvorsatz –
A ist verzweifelt, weil seine Verlobte O ihn verlassen will. Er lädt sie daher zu einer letzten Aussprache in sein Haus ein, um sie von ihrem Entschluss abzubringen.

a) A überlegt sich, ob er die O töten soll, falls sie an ihrem Entschluss festhält. Er ist zwar schon tatgeneigt, aber letztlich noch unentschlossen, als O eintrifft.
b) A ist bereits bei der Einladung an O fest entschlossen, sie und anschließend sich zu töten, falls sie darauf beharren sollte, ihre Beziehung zu beenden.[21]
c) Abwandlung von b): A geht davon aus, dass er die beabsichtigte Tötung »nicht übers Herz bringen« werde, falls O weinend um ihr Leben bitten sollte.
d) A ist bereits bei der Einladung an O fest entschlossen, sie und anschließend sich zu töten, ist sich aber noch nicht im Klaren darüber, ob er O erst bewusstlos schlagen und anschließend erschießen möchte oder sich gemeinsam mit ihr vom Balkon stürzen will.

1209 **Zu a):** Der unentschlossene Täter hat noch keinen Vorsatz, auch nicht bei *Tatneigung*, aber weiterhin fehlender endgültiger Entschlossenheit.[22] Mithin hatte A hier keinen Tötungsvorsatz, so dass Totschlagsversuch entfällt.

Zu b): Wer für den Fall des Eintritts einer Bedingung, deren Ausbleiben oder Eintritt er nicht beherrscht, schon fest zur Tatbegehung entschlossen ist, hat bereits den Tatentschluss gefasst.[23] Daher lag hier schon Tötungsvorsatz vor.

Weiteres **Beispiel**:[24] X und Y planen einen bewaffneten Raubüberfall auf einen Supermarkt. Sie haben die Durchführung der Tat aber davon abhängig gemacht, dass keine oder nur wenige Kunden anwesend sind. Als sie bewaffnet den Supermarkt betreten, werden sie

19 *Gropp*, § 9 Rn. 21; *Heinrich*, AT, Rn. 658; *Jakobs*, 25/24; *Jescheck/Weigend*, § 24 III 4c, d mit § 49 III; *Kindhäuser*, AT, § 31 Rn. 4 f.; *Roxin*, § 29 Rn. 61 ff., 71; S/S/*Eser/Bosch*, § 22 Rn. 3.

20 Vgl. *Rengier*, AT, § 34 Rn. 1: »Bezugspunkt des Vorsatzes [ist] ein ganz oder zum Teil fiktiver Sachverhalt«.

21 Fall nach *Krey/Hellmann/Heinrich*, BT/1, Rn. 28.

22 *Frister*, 23/24; *Kühl*, § 15 Rn. 30, 33; *Rath*, JuS 1998, 1006 (1011 f.); *Wessels/Beulke/ Satzger*, Rn. 851. Abweichend *Roxin*, JuS 1979, 1-3; *ders.*, § 29 Rn. 81 ff.

23 BGHSt 21, 14 (17 f.); *Kühl*, § 15 Rn. 31.

24 Vgl. *Kühl*, § 15 Rn. 31; *Rath*, JuS 1998, 1006 (1011 f.) – nach BGH NStZ 1996, 38 (39).

verhaftet, bevor sie feststellen konnten, ob er »leer genug ist«. – Auch hier ist schon Vorsatz anzunehmen, denn für den Fall des Eintritts der *Bedingung* (Anwesenheit weniger Kunden) waren X und Y schon fest zu ihrer Tat entschlossen.

In Fall b) und im Supermarkt-Fall sind die Täter nicht etwa unschlüssig oder lediglich tatge- **1210** neigt, sondern haben schon einen stabilen, endgültigen Tatentschluss gefasst. Letztlich hatten sie nur eine Art **Rücktrittsvorbehalt** in ihren Vorsatz »eingebaut«:

- A für den Fall, dass O doch bei ihm bleiben will;
- X und Y für den Fall der Anwesenheit (zu vieler) Kunden.

Beim **Tatentschluss mit Rücktrittsvorbehalt** nun ist (fast) allgemein anerkannt, dass schon ein endgültiger, stabiler Vorsatz vorliegt.[25]

Zu c): Mithin hatte A auch in diesem Fall schon Tötungsvorsatz.

Zu d): Wer bereits hinsichtlich des „Ob" der Tatausführung fest entschlossen ist und sich lediglich bzgl. des „Wie" nicht sicher ist, hat bereits einen endgültigen Tatentschluss gefasst.[26]

Resümee: Die geschilderte herrschende Konzeption **1211**

- zum Erfordernis eines **endgültigen** Tatentschlusses,
- zu seinem Vorliegen trotz **Abhängigkeit von einer Bedingung**, deren Eintritt der Täter nicht beherrscht, und
- zur Irrelevanz eines **Rücktrittsvorbehalts bei einem bestimmten Geschehensablauf**

ist sachlich einleuchtend. Sie führt auch nicht zu schwerwiegenden Abgrenzungsproblemen[27], sondern ermöglicht i.d.R. klare Ergebnisse. Schließlich ist sie auch kriminalpolitisch unbedenklich, denn zum einen fordert der Versuch gemäß § 22 StGB noch zusätzlich zum Tatentschluss, dass der Täter »unmittelbar zur Verwirklichung des Tatbestandes ansetzt«.

– Daran fehlt es in Fall 149 b/c jedenfalls vor der letzten Aussprache. Im Supermarkt-Beispiel (Rn. 1209) hat der BGH[28] zu Recht ein unmittelbares Ansetzen für den Fall verneint, dass sich die Täter noch nicht maskiert hatten, weil sie vorher klären wollten, ob (zu viele) Kunden anwesend seien.

Zum anderen ermöglicht § 24 StGB den Tätern einen strafaufhebenden Rücktritt.

---

25 *Heinrich*, AT, Rn. 663; *Kindhäuser*, AT, § 31 Rn. 7; *Kühl*, § 15 Rn. 32; weiteres Beispiel bei *Jäger*, JA 2013, 949 (951), der an dieser Stelle auch auf die Auswirkungen auf das Merkmal des unmittelbaren Ansetzens eingeht.

26 *Heinrich*, AT, Rn. 665.

27 So aber: *Roxin*, JuS 1979, 1; *ders.*, § 29 Rn. 86 ff. Er fordert für den Tatentschluss, dass *»die zur Tatbegehung hindrängenden Motive das Übergewicht über die Hemmungsvorstellungen erlangt haben, mögen auch letzte Zweifel noch bestehen bleiben«* (JuS 1979, 1 (3); ebenso: S/S/*Eser*/*Bosch*, § 22 Rn. 18). Ob mit dieser Formel ein Zugewinn an Rechtssicherheit und eine Verringerung von Beweisproblemen erreicht ist, erscheint fraglich. Für die Abgrenzung zwischen Unentschlossenheit (auch bei Tatneigung) und endgültigem Tatentschluss ist jene Formel aber zumindest ein wichtiges Indiz.

28 BGH NStZ 1996, 38 (39).

b) Versuch bei bloßem Eventualvorsatz (dolus eventualis)

1212 Soweit beim **vollendeten** Verbrechen bzw. Vergehen dolus eventualis für den subjektiven Tatbestand genügt[29], gilt dasselbe für den **Versuch** jener Straftat: Selbstredend kann z.B. versuchter Totschlag mit Tötungsvorsatz in der Erscheinungsform des bloßen dolus eventualis begangen werden.[30]

Die Gegenmeinung[31] bedeutet unzulässige Rechtsfindung *contra legem* (Korrektur der §§ 22, 23 StGB) und ist sachwidrig. Wer ernstlich damit rechnet, seine Handlung könne einen Menschen töten, sich hiermit abfindet und trotzdem handelt, begeht einen **vollendeten** Totschlag, wenn der Erfolg eintritt, und einen Totschlags**versuch**, wenn der Erfolg ausbleibt. Bei beiden Taten ist der **subjektive** Tatbestand identisch.[32]

c) Sonstige subjektive Tatbestandsmerkmale

1213 Wenn der subjektive Tatbestand des **vollendeten** Verbrechens oder Vergehens außer dem Vorsatz noch weitere subjektive Merkmale enthält – z.B. Zueignungsabsicht beim Diebstahl (§ 242 StGB)[33] oder Verdeckungsabsicht beim Mord (§ 211 StGB; dazu Rn. 373, 375) –, müssen diese Merkmale auch beim **Versuch** jener Straftat erfüllt sein:

2. Objektiver Tatbestand des versuchten Delikts

1214 Er unterscheidet sich grundlegend vom objektiven Tatbestand der entsprechenden vollendeten Straftat. Letzterer ist ja beim Versuch nicht erfüllt (Rn. 1192, 1207). Bei den **Erfolgsdelikten** wie Totschlag (§ 212 StGB) oder Gefährdung des Straßenverkehrs (§ 315c StGB; vgl. 218) fehlt es beim Versuch am Eintritt des tatbestandsmäßigen Erfolges bzw. an dessen objektiver Zurechenbarkeit (Rn. 1195-1196), mithin am **Erfolgsunwert** des jeweiligen Delikts.[34]

Doch gibt es auch beim Versuch einen objektiven Tatbestand: das Erfordernis, der Täter müsse »nach seiner Vorstellung von der Tat zur Verwirklichung des Tatbestandes **unmittelbar ansetzen**« (§ 22 StGB). Dieses unmittelbare Ansetzen (Rn. 1215 ff.) beinhaltet den objektiven Tatbestand des Versuchs.[35] Es bezeichnet den Moment, in dem der Wille zur Tatbestandsverwirklichung (Tatentschluss) derart nach außen tritt, dass das Strafrecht hieran anknüpfen kann ohne allein die rechtsfeindliche Gesinnung zu bestrafen.

29 Das ist i.d.R. der Fall; zu Ausnahmen siehe Rn. 380-383.
30 BGHSt 22, 330 (332 f.); 39, 159 ff.; 41, 358 ff.; *Jakobs*, 25/24; *Kühl*, § 15 Rn. 25 f.; *Rath*, JuS 1998, 1006 (1011); *Roxin*, § 29 Rn. 71; SK/*Rudolphi*, § 22 Rn. 2.
31 Nachweise bei: *Jakobs*, 25/24, Fn. 34; *Kühl*, § 15 Rn. 26 Fn. 23; *Roxin*, § 29 Rn. 71.
32 Siehe für alle: S/S/*Eser*/*Bosch*, § 22 Rn. 17 m.w.N.; LK/*Hillenkamp*, § 22 Rn. 31.
33 Der subjektive Tatbestand des versuchten Diebstahls erfordert also wie der des vollendeten Delikts neben Vorsatz noch »Zueignungsabsicht«.
34 *Kühl*, § 15 Rn. 3; *Roxin*, § 10 Rn. 88 ff., 96-97; siehe schon Rn. 281 m.w.N.
35 *Kühl*, § 15 Rn. 7a; *Wessels*/*Beulke*/*Satzger*, Rn. 852, 1203; h.M.; kritisch: *Frister*, 23/16; *Puppe*, 35/5.

§ 42 Abgrenzung Vorbereitung / Versuch gemäß § 22 StGB

Der BGH interpretiert § 22 StGB wie folgt: 1215

Subjektiv müsse der Täter die Schwelle zum »jetzt geht es los« überschreiten und **objektiv** zur tatbestandsmäßigen Angriffshandlung ansetzen, so dass sein Tun »ohne Zwischenakte in die Tatbestandserfüllung übergehe«.[1]

Diese anschauliche, einprägsame und sachgerechte Umschreibung des **»unmittelbaren Ansetzens«** hat auch die h.L. übernommen.[2]

Jene Formel verdeutlicht im Übrigen, dass der dargelegte objektive Tatbestand des strafbaren Versuchs (Rn. 1214) in Wirklichkeit *gemischt subjektiv-objektiver Natur* ist, so dass die Gegenüberstellung vom subjektiven Tatbestand des Versuchs einerseits und seinem objektiven Tatbestand andererseits eine idealtypisierende Vereinfachung darstellt.[3]

I. Versuchsbeginn beim unmittelbaren Täter von Begehungsdelikten[4]

Die folgende Erörterung des § 22 StGB beschränkt sich zunächst auf Begehungsdelikte (aktives Tun) und dort auf den **unmittelbaren Täter** (§ 25 Abs. 1 Alt. 1 StGB).

Fall 150: – »Jetzt geht es los« / Ansetzen zur tatbestandsmäßigen Angriffshandlung –[5] 1216
A will eine Tankstelle überfallen. Da sie nicht besetzt ist, geht er zu dem im Tankstellenbereich liegenden Wohnhaus. Vor der Haustür zieht er eine Strumpfmaske über den Kopf, nimmt seine Pistole in die Hand und klingelt. Dabei geht er davon aus, auf sein Klingeln werde der Tankwart erscheinen. Ihn will er sofort bei seinem Erscheinen mit der Pistole bedrohen und zur Duldung der Wegnahme von Geld nötigen. Jedoch kommt auf sein Läuten niemand. Daraufhin gibt A sein Vorhaben auf, weil im gegenüberliegenden Haus ein Fenster geöffnet wird. Strafbarkeit des A wegen Raubversuchs (§§ 249, 22, 23 StGB[6])?

Ein vollendeter Raub (§ 249 StGB) liegt nicht vor. – Raub ist ein Verbrechen (§ 12 1217
Abs. 1 StGB); daher ist der Versuch strafbar (§ 23 Abs. 1 StGB). – **Subjektiver Tatbestand** des Versuchs: A hatte den Vorsatz, die objektiven Tatbestandsmerkmale des § 249 StGB zu erfüllen, zudem Zueignungsabsicht.

Der **objektive Tatbestand** fordert, dass A »nach seiner Vorstellung von der Tat unmittelbar zur Verwirklichung des Tatbestandes (§ 249 StGB) angesetzt hat«.

---

1 BGHSt 26, 201 (203 f.); 28, 162 (163); 36, 249 (250); 37, 294 (297 f.); 40, 257 (268); 48, 34 (36); BGH NStZ 1996, 38 f.; NStZ 1997, 83; NStZ 1999, 395 f. Siehe auch Rn. 1205, 1219 ff.

2 *Fischer*, § 22 Rn. 10; *Wessels/Beulke/Satzger*, Rn. 855; *Zaczyk*, Unrecht, S. 313 (zur »Jetzt-geht-es-los«-Formel); NK/*Zaczyk*, § 22 Rn. 23 f. Kritisch: S/S/*Eser/Bosch*,, § 22 Rn. 40 ff.; MK/*Herzberg*, § 22 Rn. 119; *Kühl*, § 15 Rn. 69; *Roxin*, § 29 Rn. 126, 129 ff.; vermittelnd *Jakobs*, 25/59.

3 Zu gemischt subjektiv-objektiven Tatbestandsmerkmalen siehe Rn. 376.

4 Für einen umfassenden Überblick über diese und sämtliche weitere Fallkonstellationen des unmittelbaren Ansetzens zum Versuch siehe auch *Bosch*, Jura 2011, 909.

5 Nach BGHSt 26, 201 – Tankstellen-Fall.

6 Versuch des Schweren Raubes (§ 250 StGB) soll hier ausgeklammert werden.

1. Versuchsbeginn bei Erfüllung eines Tatbestandsmerkmals

1218 Keine notwendige, aber i.d.R. eine hinreichende Bedingung für das unmittelbare Ansetzen (§ 22 StGB) ist die **Teilverwirklichung** des Tatbestandes dadurch, dass der Täter schon **ein Tatbestandsmerkmal erfüllt hat**.[7]

Beispiele:

Bei einer geplanten Nötigung »durch Drohung mit einem empfindlichen Übel« (§ 240 StGB) hat der Täter bereits die Drohung ausgesprochen. Das Opfer ist aber unbeeindruckt.

A schlägt O nieder, um ihn auszurauben. Auf die Hilferufe des O eilen aber Helfer herbei, so dass A ohne Beute entflieht.

Verkäufer A täuscht Käufer O Mangelfreiheit des Kaufobjektes vor, um ihn zu betrügen (§ 263 StGB). O glaubt dem A jedoch nicht, so dass der geplante Betrug scheitert.

In allen drei Beispielen liegt eine Teilverwirklichung des Tatbestandes durch Erfüllung eines Merkmals des geplanten Delikts vor:

- Drohung i.S.d. § 240 StGB,
- Gewalt gegen eine Person i.S.d. § 249 StGB,
- Täuschung i.S.d. § 263 StGB.

Das unmittelbare Ansetzen (§ 22 StGB) ist hier jeweils offensichtlich gegeben, da der Täter *nach seiner Vorstellung von der Tat* sogar schon die eigentliche Tathandlung vorgenommen hat.

2. Versuchsbeginn vor Erfüllung eines objektiven Tatbestandsmerkmals

1219 Die Grenze von der Vorbereitungshandlung zum Versuch durch unmittelbares Ansetzen werde **nicht erst überschritten, wenn der Täter ein Tatbestandsmerkmal verwirkliche**, sondern schon dann, wenn er Handlungen vornehme, die nach seinem Tatplan der Erfüllung eines Tatbestandsmerkmales vorgelagert seien und in die Tatbestandshandlung unmittelbar einmündeten. Demgemäß erstrecke sich das Versuchsstadium auf Handlungen, »die im ungestörten Fortgang unmittelbar zur Tatbestandserfüllung führen sollen …«.[8]

Diese Darlegung präzisiert der **BGH** mit der schon erwähnten Formel:

»Das ist der Fall, wenn der Täter subjektiv die Schwelle zum ›jetzt geht es los‹ überschreitet und objektiv zur tatbestandsmäßigen Angriffshandlung ansetzt, so dass sein Tun ohne Zwischenakte in die Erfüllung des Tatbestandes übergeht.«

a) Subjektive Seite des unmittelbaren Ansetzens: »Jetzt geht es los«

1220 Dieses Versuchselement zeigt, dass der Täter subjektiv »ernst macht«, und verdeutlicht die **Vollendungsnähe** seines Verhaltens gemäß seinem Tatplan (Rn. 1205).

---

7 BGH NStZ 1987, 20; NStZ 1993, 398 f.; *Fischer*, § 22 Rn. 9; *Jescheck/Weigend*, § 49 IV 4; *Kühl*, § 15 Rn. 55; *Roxin*, JuS 1979, 1 (3). – Zu **Ausnahmen** siehe u.a.: BGHSt 37, 294 (296); *Kühl*, § 15 Rn. 49 m.w.N.; *Roxin*, § 29 Rn. 110 ff.

8 BGH NStZ 1987, 20; NStZ 1993, 398 f.; in der Sache ebenso BGHSt 43, 177 (179).

In casu (Rn. 1216) ist jene subjektive Seite des Versuchsbeginns offensichtlich erfüllt.[9] A hatte nach seiner Vorstellung von der Tat keine Zwischenakte bis zur tatbestandsmäßigen »Drohung mit gegenwärtiger Gefahr für Leib oder Leben« (§ 249 StGB) mehr vorzunehmen. Vielmehr sollte diese Tatbestandshandlung unmittelbar bei der – aufgrund seines Klingelns von A erwarteten – Öffnung der Tür erfolgen.

b) Objektive Seite des Versuchsbeginns: »Ansetzen zur tatbestandsmäßigen Angriffshandlung, so dass sein Tun ohne Zwischenakte in die Erfüllung des Tatbestandes übergeht«

Diese Komponente des unmittelbaren Ansetzens verlangt, dass der Täter nach **1221**
seiner Vorstellung von der Tat unmittelbar vor der tatbestandsmäßigen Handlung (hier: Drohung) steht, d.h. keine weiteren Zwischenakte mehr benötigt.[10]

Wichtige Erfordernisse für die Bejahung dieser Unmittelbarkeit sind:

- **Handlungsunmittelbarkeit**; damit ist die fehlende Notwendigkeit weiterer Zwischenakte gemeint.[11]
- **Räumlich-zeitliche Unmittelbarkeit**. Ihre erste Komponente stellt auf die »Berührung der Sphäre des Opfers durch den Täter« ab.[12] Ihre zweite Komponente erfordert einen engen zeitlichen Zusammenhang zwischen Versuchshandlung und eigentlicher Tatbestandsverwirklichung.[13]

Im vorliegenden Fall ist auch jene objektive Seite des unmittelbaren Ansetzens erfüllt, also **1222**
Raubversuch zu bejahen:[14] Durch das Klingeln mit gezogener Schusswaffe und über den Kopf gezogener Strumpfmaske in der Absicht, sofort beim Öffnen der Tür das Opfer zu bedrohen, lag ein evidenter Fall der **Berührung der Sphäre des Opfers durch den Täter** vor, genauer: Ein »Einbruch des Täters in die Schutzsphäre des Angegriffenen« *(Jakobs)*, ein »friedensstörender Zugriff auf die Opfersphäre« (*Roxin*).[15]

Darüber hinaus ist auch der erforderliche **enge zeitliche Zusammenhang** zwischen der letzten Handlung des A (Klingeln nach Maskierung mit gezogener Schusswaffe) und der beim Öffnen der Tür geplanten tatbestandsmäßigen Drohung gegeben.

Dieses Erfordernis wäre zweifelhaft, wenn nach der Vorstellung des Täters bis zum Erscheinen des Opfers noch einige Zeit vergehen soll[16] oder es aus Tätersicht wegen des ge-

9 Vgl. BGHSt 26, 201 (203 f.); BGH NStZ 1999, 395 f. m. Anm. *Martin*, JuS 1999, 1134.

10 Vgl. BGHSt 26, 201 (203 f.); 28, 162 (163); 36, 249 (250); 37, 294 (297 f.); 40, 257 (268); 48, 34 (36); BGH NStZ 1996, 38; 1997, 83; 1999, 395; OLG Hamburg StV 2013, 216; *Freund*, § 8 Rn. 58; *Jescheck/Weigend*, § 49 IV 3; *Kühl*, § 15 Rn. 58 ff.; kritisch S/S/*Eser/Bosch*, § 22 Rn. 40 ff. m.w.N.

11 *Kühl*, § 15 Rn. 55 ff.; *Roxin*, JuS 1979, 1 (5).

12 *Roxin*, § 29 Rn. 139 ff.; ähnlich *Jakobs*, 25/68. Einen **unmittelbaren räumlich-zeitlichen Zusammenhang** verlangen u.a. auch: BGHSt 30, 363 (364); BGH NStZ 1987, 20; NStZ 1993, 398 f.; BGHSt 43, 177 (179).

13 *Kühl*, § 15 Rn. 68 ff.; *Roxin*, § 29 Rn. 139 ff.; BGHSt 30, 363 (364); 43, 177 (179).

14 Vgl. BGHSt 26, 201 (203 f.); BGH NStZ 1999, 395 f.; NStZ 2012, 85 mit Anm. *Jäger*, JuS 2012, 310; S/S/*Eser/Bosch*, § 22 Rn. 44; *Kindhäuser*, AT, § 31 Rn. 12; *Kühl*, § 15 Rn. 64 m.w.N.; *Roxin*, § 29 Rn. 127, 156; NK/*Zaczyk*, § 22 Rn. 25 (§ 249).

15 *Jakobs*, 25/68; *Roxin*, JuS 1979, 1 (5 f.).

16 *Roxin*, JuS 1979, 1 (5). Weitere Beispiele bei *Jakobs*, 25/67 und *Kühl*, § 15 Rn. 71.

planten Vorbehalts noch eines weiteren Willensimpulses (des Täters) bedarf, so dass ein sofortiges Losschlagen nicht möglich ist;[17] das ist hier jedoch nicht der Fall.

Schließlich ist auch die **Handlungsunmittelbarkeit** zu bejahen, da zwischen jener letzten Handlung des A und der eigentlichen Tatbestandsverwirklichung keine weiteren Schritte (Zwischenakte) des Täters mehr liegen sollten.

1223 Was diese **Handlungsunmittelbarkeit** angeht, sei vor einer künstlichen Aufspaltung des Täterverhaltens i.S. eines »Zeitlupen-Strafrechts« gewarnt[18]: Wenn der Täter mit Tötungs- oder Verletzungsvorsatz eine geladene Schusswaffe zieht, um sogleich mit ihr zu schießen, ist (i.d.R.) Versuch des Totschlags bzw. der Körperverletzung durch unmittelbares Ansetzen gegeben. Dass der Täter noch die Waffe anlegen und abdrücken muss, ändert daran nichts. Diese Bedienung der Waffe begründet keine *rechtserheblichen* (*»wesentlichen«*) *Zwischenakte*, zu denen es noch eines neuen Willensimpulses des Täters bedürfte[19], und tangiert daher jene Handlungsunmittelbarkeit nicht.

Entsprechend ist in Fall 150 (Rn. 1216) die mögliche Notwendigkeit, die bereits gezogene Waffe drohend auf den Körper des Opfers zu richten, kein relevanter Zwischenakt, der diese Unmittelbarkeit tangieren könnte.

1224 Keine Voraussetzung des unmittelbaren Ansetzens ist die **unmittelbare Gefährdung des bedrohten Rechtsgutes**.[20] Das folgt schon daraus, dass § 22 StGB eine Absage an das primär objektive Verständnis der Versuchsstrafbarkeit darstellt und statt dessen auf dem sog. »gemischt subjektiv-objektiven Standpunkt« beruht (Rn. 1202, 1204). Weiterhin ergibt sich die Verneinung jener Voraussetzung auch aus der Strafbarkeit des untauglichen Versuchs (§ 23 Abs. 3 StGB).

1225 Gleichwohl rekurrieren zahlreiche Entscheidungen des BGH auf das Kriterium der konkreten Gefahr für das geschützte Rechtsgut, wenn auch z.T. mit der Einschränkung: **aus der Sicht des Täters**.[21] Diese Judikatur ist jedoch fragwürdig. Eine **tatsächlich** bestehende unmittelbare Gefährdung des bedrohten Rechtsguts mag zwar (i.d.R.) eine hinreichende Bedingung für die Annahme des unmittelbaren Ansetzens sein. Eine solche reale Gefahr ist aber gemäß §§ 22, 23 Abs. 3 StGB keine notwendige Bedingung für den Versuch. Demgemäß ist das Abstellen auf die konkrete Gefährdung, auch mit der Einschränkung »aus der Sicht des Täters«, sachlich bedenklich und begründet die Gefahr von Missverständnissen.

1226 Fall 150 verdeutlicht, dass ein unmittelbares Ansetzen nach der Vorstellung des Täters von der Tat auch vorliegen kann, **wenn das Opfer gar nicht anwesend ist**:

17 BGH NStZ 2013, 579 m. krit. Anm. *Jäger*, JA 2013, 949 f.

18 *Roxin*, § 29 Rn. 136 f., zudem: S/S/*Eser*/*Bosch*, § 22 Rn. 41; *Kühl*, § 15 Rn. 60 (im Anschluss an *Geilen*); siehe auch: *Jäger*, AT, Rn. 294.

19 BGH NStZ 1993, 133; *Kühl*, § 15 Rn. 60.

20 *Jäger*, AT, Rn. 297; *Kühl*, § 15 Rn. 81 ff.; *Roxin*, § 29 Rn. 123 f., 129; *Stratenwerth*/*Kuhlen*, 11/40.

21 BGH NStZ 1987, 20; BGHSt 38, 83 (85); 40, 257 (268 f.); 43, 177 (180); S/S/*Eser*/*Bosch*, § 22 Rn. 42; *Küper*, JZ 1983, 361 (367), *ders.*, JZ 1992, 338 (345); *Wessels*/*Beulke*/*Satzger*, Rn. 855.

Die tatsächliche Abwesenheit des Opfers kann den Täter nicht entlasten, sofern er von seiner Anwesenheit ausgegangen ist.[22]

Beispiel: A wollte O erschießen. Er ging davon aus, O befinde sich im Wohnzimmer des Hauses seiner (des A) Schwiegereltern. Daher betrat er das Haus mit durchgeladenem Gewehr. Dort erschoss er seinen Schwiegervater, der sich ihm vor dem Wohnzimmer in den Weg stellte. Dann trat er die von O verriegelte Wohnzimmertür ein, um O zu töten. O war jedoch mit der Ehefrau des A aus dem Wohnzimmerfenster entflohen.
A hat einen Versuch des Totschlags (bzw. Mordes) zum Nachteil des **O** begangen:[23] Als er die Tür eintrat, überschritt er subjektiv die Schwelle zum »jetzt geht es los« und setzte objektiv zur tatbestandsmäßigen Angriffshandlung an, so dass sein Tun ohne Zwischenakte in die Tatbestandserfüllung (Erschießen) übergehen sollte. Dass O inzwischen den Tatort verlassen hatte, ist irrelevant, weil A ihn im Wohnzimmer vermutete.

c) Subjektive und objektive Seite des unmittelbaren Ansetzens

Die dargelegte subjektive Seite des unmittelbaren Ansetzens und seine objektive **1227** sind sachlich nichts anderes als zwei Seiten derselben Medaille; beide sind untrennbar miteinander verknüpft.[24] Daher sind sie nur in idealtypisierender Vereinfachung voneinander zu trennen. Es bedarf also eines Hin- und Herwanderns des Blickes zwischen beiden Seiten, um das unmittelbare Ansetzen zu beurteilen – was Fall 150 und das Beispiel in Rn. 1226 gut verdeutlichen. Diese abstrakten Maßstäbe bedürfen angesichts der Vielzahl denkbarer Sachverhaltsgestaltungen daher stets der wertenden Konkretisierung unter Beachtung der Umstände des Einzelfalls.

3. Beispiele für den Versuchsbeginn (Unmittelbares Ansetzen, § 22 StGB)

a) Straftaten gegen Leib und Leben

- A erschießt den Bodyguard eines Politikers, um direkt danach diesen zu töten:[25] Totschlagsversuch gegenüber dem Politiker. **1228**
- Betreten eines Zimmers, um das hier vermutete Opfer zu erschlagen:[26] versuchter Totschlag auch bei Abwesenheit des Opfers.
- Werfen von Molotow-Cocktails vor ein Café, um die dort sitzenden Opfer zu veranlassen, auf die Straße zu laufen, wo man sie verprügeln will[27]: §§ 224 Abs. 1 Nr. 4, 22, 23 StGB.

b) Raub (bzw. Räuberische Erpressung)

- Betreten des Schalterraumes einer Bank mit einer Schusswaffe, um im unmittelbaren **1228a** Anschluss die »Drohung mit gegenwärtiger Gefahr für Leib oder Leben« auszusprechen[28]: Versuch der §§ 249, 250 Abs. 2 Nr. 1 (bzw. §§ 255, 250 Abs. 2 Nr. 1) StGB.

---

22 *Roxin*, JuS 1979, 1 (6).
23 Vgl. BGH NStZ 1987, 20; S/S/*Eser*/*Bosch*, § 22 Rn. 44; *Roxin*, § 29 Rn. 152; SK/*Rudolphi*, § 22 Rn. 15; NK/*Zaczyk*, § 22 Rn. 25 (§§ 212, 211 StGB).
24 BGH NStZ 1997, 83.
25 *Roxin*, JuS 1979, 1 (4).
26 S/S/*Eser*/*Bosch*, § 22 Rn. 44; *Wessels*/*Beulke*/*Satzger*, Rn. 857.
27 BGH NStZ 2000, 422 f.; *Fischer*, § 22 Rn. 11.
28 BGH GA 1980, 24; NStZ 1983, 364; *Kühl*, § 15 Rn. 63; **a.A.** *Zaczyk*, Unrecht, S. 313 f.

– A fährt mit einem Motorrad an die O heran, um ihr die Handtasche zu entreißen: Versuchsbeginn spätestens, wenn er so dicht herangekommen ist, dass er zugreifen könnte.

c) Sexualdelikte

1228b – Verfolgung einer langsam Rad fahrenden Frau, um sie vom Fahrrad zu reißen und zu vergewaltigen:[29] Versuch des § 177 Abs. 1 Nr. 1 StGB.

– A nimmt in seinem Pkw eine Anhalterin (O) mit, der er verspricht, sie auf dem Parkplatz der Universität abzusetzen. In Wirklichkeit will er nach wenigen hundert Metern in einen Seitenweg abbiegen, der zu einem nahegelegenen Steinbruch führt. Dort will er sie mit Gewalt zum Beischlaf nötigen. Jedoch gelingt es der misstrauisch gewordenen O, kurz vor dem Steinbruch aus dem Pkw zu springen und zu entkommen.[30] – Hier dürfte unter dem Aspekt des *Ausnutzens einer »schutzlosen Lage«* (§ 177 Abs. 1 Nr. 3 StGB), das unmittelbar der geplanten Gewaltanwendung vorgelagert war, bereits ein unmittelbares Ansetzen zu bejahen sein, also Versuch gemäß § 177 Abs. 1 Nr. 1 StGB.[31]

d) Diebstahl

1229 – Betreten eines Raumes, um dort nach stehlenswertem Diebesgut zu suchen.[32]

– Entfernen eines Wachhundes, um sofort danach Beute zu entwenden.[33]

– Ein Taschendieb schiebt im Gedränge seine Hand zwischen andere Personen, um sogleich in deren Taschen zu greifen oder diese nach ihrem Inhalt abzutasten.[34]

e) Nötigung

1229a – Anbringen eines Hindernisses auf Bahngleisen, das nur mit erheblichem Aufwand zu entfernen ist, um die Benutzung des Schienenweges durch die DB AG zu verhindern:[35] Versuchte Nötigung mit Gewalt schon mit dem Anbringen des Hindernisses.

4. Gegenbeispiele: kein unmittelbares Ansetzen

a) Straftaten gegen Leib und Leben

1230 – A will O töten. Daher wartet er in einem Pkw unweit der Bushaltestelle, an der O auszusteigen pflegt. Wenn O aussteigt, will A ihn sofort erschießen. Bei jedem Eintreffen eines Busses lässt er deshalb den Motor an, um sofort nach der Tat wegfahren zu können. Nachdem vier Busse angehalten haben, ohne dass O erscheint, entfernt sich A:[36]

Kein Versuch des Mordes bzw. Totschlags,[37] denn es fehlt an der **räumlich-zeitlichen Unmittelbarkeit** als Voraussetzung des unmittelbaren Ansetzens (Rn. 1221 f.). Erst beim Eintreffen des O wäre gemäß dem Tatplan des A eine »Berührung der Sphäre des Opfers

29 Vgl. *Fischer*, § 22 Rn. 11.
30 Fall in Abwandlung von: BGHSt 35, 6 (8 f.).
31 Für vergleichbare Fälle ebenso offenbar: BGHSt 35, 6 (8 f.); *Kühl*, § 15 Rn. 66; *Roxin*, JuS 1979, 1 (8); abweichend SK/*Rudolphi*, § 22 Rn. 16.
32 *Fischer*, § 22 Rn. 11; SK/*Rudolphi*, § 22 Rn. 15 (beide OLG Hamm folgend).
33 RGSt 53, 218; *Roxin*, § 29 Rn. 163; SK/*Rudolphi*, § 22 Rn. 17.
34 S/S/*Eser*/*Bosch*, § 22 Rn. 44; NK/*Zaczyk*, § 22 Rn. 25 (§ 242 StGB).
35 BGHSt 44, 34 (40) – Anti-Castor-Blockade; **a.A.** NK/*Zaczyk*, § 22 Rn. 26 (§ 240 StGB).
36 Abwandlung des »Pfeffertüten-Falles«, BGH NJW 1952, 514 (geplanter **Raub**überfall).
37 Entsprechend lehnen im Pfeffertütenfall (Fn. 34) **Versuch** ab: *Jäger*, AT, Rn. 301; *Roxin*, § 29 Rn. 155; NK/*Zaczyk*, § 22 Rn. 26 (§ 249); **a.A.** BGH NJW 1952, 514.

durch den Täter« erfolgt; bis dahin hieß es Abwarten (*Roxin*), genauer: Abwarten auf die Möglichkeit zum unmittelbaren Ansetzen.[38]

- A macht das Opfer seines Mordanschlages zunächst kampfunfähig; er will es erst nach größerem örtlichen und zeitlichen Abstand töten.[39]

b) Raub

A will einen Raubüberfall auf O begehen. Daher beschädigt er dessen Pkw. Er will so lange hinter O herfahren, bis dieser wegen der Beschädigung anhalten muss, und ihn dann überfallen:[40] Kein Raubversuch schon durch die Beschädigung des Fahrzeugs, denn es fehlt an der »Handlungsunmittelbarkeit« und der »räumlich-zeitlichen Unmittelbarkeit«.[41] **1230a**

c) Diebstahl

A ist in die Wohnung der O eingestiegen, um sie zuerst zu verführen und anschließend zu bestehlen: Hier ist mangels zeitlicher Unmittelbarkeit durch das Einsteigen noch kein Versuch des Diebstahls erfüllt.[42] Vor der Wegnahme von Beute will A ja noch eine »retardierende Zwischenphase« (die Verführung) einschieben. **1230b**

5. Spezialproblem: Versuchsbeginn bei qualifizierten Tatbeständen

Fall 151: – Der übervorsichtige Dieb – **1231**
A will in das Haus des O einbrechen. Da auf dem Nachbargrundstück gebaut wird, nutzt er kurz vor Feierabend noch den Baulärm aus und schlägt eine Fensterscheibe im Haus des O ein. Durch dieses Fenster will A ca. eine Stunde später nach Einbruch der Dunkelheit in das Haus eindringen. Als er sich, vorsorglich mit einer geladenen Pistole bewaffnet, gemäß seinem Tatplan im Dunkeln dem Haus des O nähert, wird er kurz vor seinem Ziel von einer Polizeistreife festgenommen. – Liegt bereits ein **Versuch** des Diebstahls vor? Qualifiziert gemäß § 244 Abs. 1 Nr. 1a, Nr. 3 mit §§ 22, 23 StGB als **Versuch** des Diebstahls mit Waffen und des Wohnungseinbruchsdiebstahls?

a) Versuch des Grunddelikts, §§ 242, 22, 23 StGB?

Der Diebstahlsversuch erfordert das unmittelbare Ansetzen gemäß § 22 StGB zur **Wegnahme**. Hieran fehlt es bei der bloßen Annäherung an den Tatort. Auch bei einem geplanten Wohnungseinbruchsdiebstahl (§ 244 Abs. 1 Nr. 3 StGB) ist noch kein Versuch der Wegnahme anzunehmen, solange der Täter das Haus noch nicht erreicht und keine Handlungen vorgenommen hat wie **1232**

- Anlehnen einer Leiter, um durch ein Fenster einzusteigen,
- Herausnehmen eines Dietrichs oder anderer Einbruchswerkzeuge unmittelbar vor der Haustür, um diese sofort zu öffnen.[43]

In Fall 151 lag also noch kein unmittelbares Ansetzen zur Wegnahme vor.[44]

38 *Roxin*, JuS 1979, 1 (5 f.).
39 BGH NStZ 2002, 309.
40 Fall nach BGH NJW 1980, 1759 f.
41 S/S/*Eser*/*Bosch*, § 22 Rn. 44; *Kühl*, § 15 Rn. 65 m.w.N.; SK/*Rudolphi*, § 22 Rn. 16; **a.A.** BGH NJW 1980, 1759 f.
42 Fall nach *Kühl*, § 15 Rn. 71.
43 Offenbar **enger**: *Wessels*/*Beulke*/*Satzger*, Rn. 864; **weiter** dagegen BGH NStZ 1989, 473 f.

b) Versuchsbeginn hinsichtlich qualifizierender Merkmale des § 244 StGB?

1233 Es ist fraglich, ob Diebstahlsversuch gleichwohl bejaht werden kann, weil A

- schon eine Waffe bei sich hatte (Versuch des § 244 Abs. 1 Nr. 1a StGB?) und/oder weil er
- durch das Einschlagen der Scheibe möglicherweise schon zum Wohnungseinbruch angesetzt hatte[45] (Versuch des § 244 Abs. 1 Nr. 3 StGB?).

Eine früher verbreitete Ansicht wollte bei **qualifizierenden Tatbeständen** wie § 244 StGB bzw. bei **Regelbeispielen für besonders schwere Fälle** wie § 243 Abs. 1 S. 2 Nr. 1 StGB für den Versuchsbeginn genügen lassen, dass der Täter mit der Verwirklichung der Qualifikation bzw. des Regelbeispiels begonnen hat.[46]

1234 Die heute h.M. stellt bei qualifizierenden Tatbeständen darauf ab, ob der Täter zur Verwirklichung des **Grundtatbestandes** unmittelbar angesetzt hat, d.h. bei § 244 StGB zur Erfüllung des § 242 StGB. Erforderlich ist also für den Versuch des § 244 StGB nicht anders als für den Versuch des § 242 StGB ein unmittelbares Ansetzen zur **Wegnahme**.[47] Hierfür sprechen Wortlaut und Sinn des Gesetzes, denn § 244 StGB verlangt einen vollendeten Diebstahl; und Versuch des § 244 StGB fordert einen Diebstahlsversuch nach §§ 242, 22, 23 StGB.

Folglich ändert der Umstand, dass A auf dem Weg zum Tatort schon eine Schusswaffe bei sich führte, nichts an dem Fehlen eines Versuchs des § 244 StGB mangels unmittelbaren Ansetzens zur Wegnahme fremder Sachen.

Weiterhin kann mangels Versuchs des Diebstahls (§§ 242, 22, 23 StGB) hier dahinstehen, ob das Einschlagen der Fensterscheibe bereits ein unmittelbares Ansetzen zum Einbruch i.S.d. § 244 Abs. 1 Nr. 3 StGB darstellt, denn jene Sachbeschädigung war noch kein unmittelbares Ansetzen zur **Wegnahme**.

Erst recht gilt für den »besonders schweren Fall des Diebstahls« gemäß **§ 243 StGB** nach heute h.M.: Versuch des § 242 StGB verlangt ein unmittelbares Ansetzen zur Wegnahme. Der Beginn der Verwirklichung eines Regelbeispiels für einen besonders schweren Fall (§ 243 Abs. 1 S. 2 Nr. 1-7 StGB) begründet keinen Diebstahlsversuch, wenn jener Beginn nicht zugleich einen Anfang der Wegnahme i.S.d. § 22 StGB darstellt.[48] Das folgt schon daraus, dass **Regelbeispiele** keine Tatbestandsmerkmale sind[49], so dass die Darlegungen zu § 244 StGB für § 243 StGB erst recht gelten.

Doch sei eingeräumt, dass der Beginn des »Einbruchs« (§ 243 Abs. 1 S. 2 Nr. 1 bzw. § 244 Abs. 1 Nr. 3 StGB) i.d.R. schon einen Anfang der Wegnahme darstellen wird.

---

44 Ebenso für Fälle wie den vorliegenden u.a. *Roxin*, § 29 Rn. 172; *Wessels/Beulke/Satzger*, Rn. 607; siehe auch BGH NStZ 2004, 38 f.; **a.A.** möglicherweise BGH NStZ 1989, 473 f.

45 »Einbrechen« bezeichnet das gewaltsame Öffnen von Umschließungen, die dem Eintritt in den Raum entgegenstehen; vgl. *Krey/Hellmann/Heinrich*, BT/2, Rn. 137 m.w.N.

46 So u.a. OLG Hamm MDR 1976, 155; kritisch dazu *Hillenkamp*, MDR 1977, 243.

47 S/S/*Eser/Bosch*, § 22 Rn. 58; *Kühl*, § 15 Rn. 50 ff. m.w.N.; LK/*Hillenkamp*, § 22 Rn. 123.

48 S/S/*Eser/Bosch*, § 22 Rn. 58; *Krey/Hellmann/Heinrich*, BT/2, Rn. 143; *Kühl*, § 15 Rn. 52 ff.

49 Dazu *Krey/Hellmann/Heinrich*, BT/2, Rn. 132-134 m.w.N.

II. Versuchsbeginn bei mittelbarer Täterschaft, Mittäterschaft und unechten Unterlassungsdelikten

1. Versuchsbeginn beim mittelbaren Täter (§ 25 Abs. 1 Alt. 2 StGB)

Fall 152: – Versuch trotz fehlenden »unmittelbaren Ansetzens« des Werkzeugs? –[50] **1235**
H will O töten. Daher übergibt er W, einem Feind des O, eine Flasche mit tödlichem Gift. Dieses soll der kräftige W dem O gewaltsam einflößen. W ist einverstanden, weil H ihm vorspiegelt, der Flascheninhalt sei relativ harmlos: Er werde bei O nur schweren Durchfall und Übelkeit hervorrufen. Auf dem Weg zu O kommen W jedoch Bedenken; daher schüttet er das Gift weg. Strafbarkeit der Beteiligten?

W könnte eine versuchte Körperverletzung begangen haben (§§ 223, 22 f. StGB). Die Tat ist nicht vollendet. Die Strafbarkeit des Versuchs folgt aus §§ 223 Abs. 2, 12 Abs. 2, 23 StGB. Der Tatentschluss zur Verwirklichung des objektiven Tatbestandes (körperliche Misshandlung, Gesundheitsschädigung – schwerer Durchfall) liegt vor. Jedoch fehlt es am **unmittelbaren Ansetzen** (§ 22 StGB). Folglich scheiden §§ 223, 22 f. StGB aus.

Daher entfällt auch Versuch des § 224 Abs. 1 Nr. 1 StGB. Im Übrigen liegt mangels unmittelbaren Ansetzens auch keine versuchte Nötigung (gewaltsames Einflößen) vor.

H könnte des **versuchten Totschlags in mittelbarer Täterschaft** schuldig sein (§§ 212, 22, 23, 25 Abs. 1 Alt. 2 StGB).

Die Tat ist nicht vollendet. Die Strafbarkeit des Versuchs folgt aus § 23 Abs. 1 mit § 12 Abs. 1 StGB (Verbrechen). Der Vorsatz des H war darauf gerichtet, mittels W als – bezüglich der **Tötung** des O – unvorsätzlich handelndes Werkzeug (Tatmittler)[51] O zu vergiften. Der subjektive Tatbestand eines versuchten Totschlags in mittelbarer Täterschaft (W als »anderer«) liegt vor.

Indes ist zweifelhaft, ob der objektive Tatbestand erfüllt ist. Wann bei in mittelbarer Täterschaft begangenen Taten ein unmittelbares Ansetzen i.S.d. § 22 StGB und damit Versuchsbeginn anzunehmen ist, wird sehr kontrovers erörtert:[52]

a) Abstellen auf die Einwirkung des mittelbaren Täters auf das Werkzeug

– »Einzellösung« bzw. »Einwirkungstheorie« –

Einen extrem frühen Versuchsbeginn vertritt die Lehre von der grundsätzlichen Maßgeblichkeit der Einwirkung des mittelbaren Täters auf das Werkzeug: Versuchsbeginn liege schon beim unmittelbaren Ansetzen des mittelbaren Täters zu dieser Einwirkung vor.[53] Danach wäre in casu ein Totschlagsversuch zu bejahen. **1236**

50 Fall nach BGHSt 30, 363. Siehe schon Fall 110, Rn. 891-892.
51 Dazu Rn. 890-892.
52 Vgl. auch die Darstellung bei *Putzke*, JuS 2009, 985 (989 f.).
53 *Baumann/Weber/Mitsch*, § 29 Rn. 155; *Jakobs*, 21/105.

b) Modifizierte Einwirkungstheorie: Versuchsbeginn, wenn der mittelbare Täter die Einwirkung auf das Werkzeug abgeschlossen und das Geschehen aus der Hand gegeben hat (h.M.)

1237 Die neuere Judikatur des BGH und ein Teil der Lehre[54] stellen ebenfalls grundsätzlich auf die »Einwirkung auf den Tatmittler (Werkzeug)« ab, engen die dargelegte extreme Einwirkungstheorie (Rn. 1236) jedoch wie folgt ein:

Bei mittelbarer Täterschaft liege der Beginn des Versuchs i.d.R. dann vor, wenn der ‹Täter› die nach seiner Vorstellung erforderliche Einwirkung auf den Tatmittler **abgeschlossen** habe … Der Täter müsse dabei überzeugt sein, er könne nunmehr dem Geschehen seinen Lauf lassen, weil das Werkzeug die Tat ohne weitere Einflussnahme ausführen werde.[55]

Ob das **Werkzeug** selbst unmittelbar zur Tatbestandsverwirklichung ansetzt, ist danach für den Versuchsbeginn irrelevant.[56]

Noch 1982 hatte der BGH jene modifizierte Einwirkungstheorie wie folgt präzisiert: Der mittelbare Täter müsse die Einwirkung auf den Tatmittler so abgeschlossen haben, dass nach dem Tatplan dieser im **unmittelbaren** Anschluss die Tat ausführen solle und das geschützte Rechtsgut damit bereits in diesem Zeitpunkt gefährdet sei.[57] Diese Präzisierung ist in späteren Entscheidungen so klar nicht mehr enthalten.[58]

Im vorliegenden Fall hat der BGH gemäß der modifizierten Einwirkungstheorie Totschlagsversuch in mittelbarer Täterschaft bejaht.[59]

c) Abstellen auf das unmittelbare Ansetzen durch das Werkzeug

– Sogenannte Gesamtlösung der h.L. –

1238 Diese Auffassung rekurriert auf das unmittelbare Ansetzen zur Tatbestandserfüllung **durch das Werkzeug**.[60]

Die Bezeichnung »Gesamtlösung« beruht dabei darauf, dass das Verhalten des mittelbaren Täters und das des Werkzeugs als Einheit, als Gesamttat gewertet werden: Ersterer begehe die Tat durch Letzteren, also nicht früher als dieser.[61]

Daraus folgt für den Versuch in mittelbarer Täterschaft: Er beginnt erst mit dem **unmittelbaren Ansetzen durch das Werkzeug.** Daher scheidet in Fall 152 (Rn. 1235) ein Totschlagsversuch in mittelbarer Täterschaft aus.

---

54 BGHSt 30, 363 (365); 40, 257 (268 f.); 43, 177 (179 f.); *Roxin*, § 29 Rn. 226, 230, 244; *Jäger*, AT, Rn. 304; *Jescheck/Weigend*, § 62 IV 1; *Wessels/Beulke/Satzger*, Rn. 872.

55 BGHSt 40, 257 (268 f.).

56 BGHSt 30, 363 (365); 43, 177 (180); anders: *Hilgendorf/Valerius*, AT, § 10 Rn. 57.

57 BGHSt 30, 363 (365).

58 BGHSt 40, 257 (268 f.); 43, 177 (179 f.).

59 BGHSt 30, 363 ff.

60 *Köhler*, Kap. 9 II 7.1.1; *Krack*, ZStW 110 (1998), 611 (625 ff.); *Kühl*, § 20 Rn. 90 ff.; *Küper*, JZ 1983, 361 ff.; *Maurach/Gössel/Zipf*, § 48 Rn. 131; *Rath*, JuS 1999, 140 (142 f.); *Stratenwerth/Kuhlen*, 12/103 ff.; differenzierend NK/*Zaczyk*, § 22 Rn. 30; kritisch u.a. MK/ *Herzberg/Hoffmann-Holland*, § 22 Rn. 139, 143 ff.

61 *Stratenwerth/Kuhlen*, 12/105 (im Anschluss an *Frank*). Ebenso *Kühl*, § 20 Rn. 91.

d) Stellungnahme

Der klare **Wortsinn des Gesetzes** (§§ 22, 25 Abs. 1 Alt. 2 StGB) bestimmt für den Versuch des mittelbaren Täters: *»Eine Straftat versucht, wer nach seiner Vorstellung von der Tat zur Verwirklichung des Tatbestandes* ***durch einen anderen*** *unmittelbar ansetzt.«* 1239

Daher widerspricht es dem möglichen Wortsinn des Gesetzes, also dem Analogieverbot (Art. 103 Abs. 2 GG), allein auf die Einwirkung des Hintermannes auf das Werkzeug abzustellen. Vielmehr ist maßgeblich, ob das Werkzeug zur Erfüllung des objektiven Tatbestandes unmittelbar ansetzt. Bei der mittelbaren Täterschaft erfüllt der Täter den objektiven Tatbestand durch das Werkzeug (»Begehung durch einen anderen«). Entsprechend erfolgt auch der Versuchsbeginn, d.h. das unmittelbare Ansetzen, **durch das Werkzeug** (»Begehung des Versuchs durch einen anderen«).

Dieser Standpunkt ist nicht nur gesetzeskonform, sondern wird auch dem Bestimmtheitsgebot und damit der **Rechtssicherheit** gerecht.

Schließlich entspricht er auch besser dem Wesen der mittelbaren Täterschaft, denn das Werkzeug ist kein Automat, sondern ein **handelnder Mensch**.[62]

Daraus ergibt sich für Fall 152: Totschlagsversuch des H in mittelbarer Täterschaft entfällt, weil **W** noch nicht »nach der Vorstellung des H von der Tat unmittelbar zur Verwirklichung des Tatbestandes angesetzt hatte«.[63]

Sind Werkzeug und Opfer **identisch,** etwa beim Fall der Verleitung eines anderen zur unfreien Selbsttötung (Rn. 905 ff.), so beginnt der Versuch, wenn das Werkzeug zu Handlungen ansetzt, die ohne Zwischenakte in das selbstgefährdende Tun – z.B. Trinken aus einer Flasche mit vergiftetem Inhalt – übergehen sollen.[64] 1240

2. Versuchsbeginn bei Mittäterschaft

Aus dem Wesen der Mittäterschaft als **gemeinschaftlicher Begehung** einer Tat (§ 25 Abs. 2 StGB) und aus der Bedeutung dieser Vorschrift als **strafbegründender Zurechnungsnorm** (Rn. 804, 807) folgt: 1241

- Mittäter begehen gemeinschaftlich nur eine Tat; daher kann es auch nur einen einheitlichen Versuchsbeginn geben.
- Jeder Mittäter muss sich die im Rahmen des gemeinsamen Tatentschlusses erfolgenden Handlungen der anderen wie eine eigene Handlung zurechnen lassen, also auch die Handlung, die den Versuchsbeginn begründet.[65]

---

62 *Köhler*, Kap. 9 II 7.1.1; *Kühl*, § 20 Rn. 91.

63 So für Fälle wie 152 (Rn. 1235) u.a.: *Köhler*, Kap. 9 II 7.1.1 und *Küper*, JZ 1983, 361 (369); **a.A.** offenbar *Kühl*, § 20 Rn. 97.

64 Zum einschlägigen Fall der **Passauer Giftfalle** siehe u.a. BGHSt 43, 177 (179 f.); *Gössel*, JR 1998, 293; *Roxin*, JZ 1998, 211 f.; *Stratenwerth/Kuhlen*, 12/106. – Der Standpunkt des BGHSt 43, 177 ist weitergehend als der hier vertretene.

65 *Kühl*, § 20 Rn. 123; *Küper*, JZ 1979, 775 ff. (778); *Wessels/Beulke/Satzger*, Rn. 870; siehe auch die Falllösung bei *Putzke*, Jura 2015, 95 (105).

Daraus folgt die zutreffende **Gesamtlösung** (h.M.): Alle Mittäter treten einheitlich in das Versuchsstadium ein, sobald einer von ihnen *gemäß dem gemeinsamen Tatentschluss* unmittelbar zur Verwirklichung des Tatbestandes ansetzt.[66]

Beispiel: A und B planen einen Raubüberfall, bei dem A den O brutal anrempeln und dann durch einen verdeckten Fausthieb kampfunfähig schlagen soll. A soll dann enteilen, während B sich als vermeintlich fürsorglicher Helfer aufspielen und dabei dem benommenen O die Brieftasche wegnehmen soll. Hier begehen **A und B** einen Raubversuch, sobald A zur Gewaltanwendung unmittelbar ansetzt, mag B auch noch etwas entfernt sein oder gar jene Wegnahme unterlassen.

Anders sieht dies die **Einzellösung**, der zufolge der Versuch für jeden Mittäter in dem Zeitpunkt beginnt, in dem *er selbst* unmittelbar zur Tat ansetzt.[67]

Gerade weil für die Mittäterschaft ein Tatbeitrag im Ausführungsstadium zur Begründung der Tatherrschaft erforderlich sei, sei es konsequent, auch von jedem Mittäter einen wesentlichen Tatbeitrag im Versuchsstadium zu fordern, um »Mitherrschaft« zu erlangen.[68]

1242 **Exkurs: Versuchsbeginn bei nur vermeintlicher Mittäterschaft**

Versuchsbeginn bei Mittäterschaft verlangt, dass zumindest einer der Mittäter **tatsächlich** gemäß dem gemeinsamen Tatentschluss unmittelbar zur Verwirklichung der Tat ansetzt. Nach Wortlaut und Sinn der §§ 22, 25 Abs. 2 StGB reicht es dagegen nicht, dass jemand als nur **vermeintlicher Mittäter** irrig annimmt, der – in Wirklichkeit nicht existierende – andere Mittäter setze zur Tatbegehung unmittelbar an.[69]

Die unter Berufung auf einen »untauglichen Versuch« abweichende Entscheidung des BGH (4. Strafsenat)[70] erging gegen den Widerspruch des 2. Strafsenats[71] und ist im Schrifttum weitgehend auf berechtigte Ablehnung gestoßen.[72] Jenes Urteil des 4. Strafsenats ist kein Beispiel gesetzeskonformer Rechtsfortbildung im Bereich der Versuchsstrafbarkeit, sondern ein gutes Beispiel für eine Verletzung des Analogieverbots (Art. 103 Abs. 2 GG).

---

66 BGHSt 36, 249 f.; 39, 236 (237 f.); S/S/*Eser*/*Bosch*, § 22 Rn. 55; *Heinrich*, AT, Rn. 740; *Kindhäuser*, AT, § 40 Rn. 15; *Kühl*, § 20 Rn. 123; LK/*Hillenkamp*, § 22 Rn. 173 ff.; NK/*Zaczyk*, § 22 Rn. 67; *Hilgendorf*/*Valerius*, AT, § 10 Rn. 45.

67 *Roxin*, § 29 Rn. 297.

68 *Roxin*, § 29 Rn. 299; differenzierend *Frister*, 29/8 f., 12 f.

69 **A.A.** *Putzke*, JuS 2009, 1083 f.: Maßgeblich ist im Versuch stets nur die Vorstellung des Täters (hier von einer zurechenbaren fremden Handlung). Es liegt ein untauglicher Versuch vor, wenn die vorgestellten Voraussetzungen des § 25 Abs. 2 StGB tatsächlich nicht gegeben sind und eine Zurechnung daher ausgeschlossen ist. Ebenso MK/*Herzberg*/*Hoffmann-Holland*, § 22 Rn. 140 ff.

70 BGHSt 40, 299 (301 f.).

71 Dazu BGHSt 40, 299 (303).

72 So S/S/*Eser*/*Bosch*, § 22 Rn. 55a; *Frister*, 29/14; *Jäger*, AT, Rn. 308-310; *Kindhäuser*, AT, § 40 Rn. 16 ff.; *Kühl*, § 20 Rn. 123a; *Kühne*, NJW 1975, 934; *Wessels*/*Beulke*/*Satzger*, Rn. 871; NK/*Zaczyk*, § 22 Rn. 66, 68 m.w.N.; *Geppert*, Jura 2011, 30 (37 f.); **anders** *Fischer*, § 22 Rn. 23-23a; MK/*Herzberg*/*Hoffmann-Holland*, § 22 Rn. 140-142.

3. Versuchsbeginn bei unechten Unterlassungsdelikten

Gemäß § 13 StGB besteht das tatbestandsmäßige Verhalten des Täters eines unechten Unterlassungsdelikts im »Unterlassen der Abwendung des tatbestandsmäßigen Erfolges« entgegen seiner Funktion als Garant.[73] Folglich ist hier für den Versuchsbeginn gemäß §§ 13, 22 StGB an sich das *unmittelbare Ansetzen zum Unterlassen der Erfolgsabwendung* maßgeblich. Doch ist mit dieser Erkenntnis wenig gewonnen. Denn das **»Ansetzen zum Unterlassen«** ist eine Formulierung, die sprachlich ein Unding ist und demgemäß inhaltlich nichts besagt.[74] Daraus resultieren die Probleme des Versuchsbeginns beim unechten Unterlassen: § 22 (i.V.m. § 13) StGB enthält speziell hierfür keine brauchbare Regelung.[75] **1243**

Diese Feststellung führt allerdings nicht dazu, die Verfassungsmäßigkeit der Bestrafung **versuchter** Verbrechen bzw. Vergehen (§ 23 Abs. 1 StGB) anzuzweifeln.[76] Vielmehr ist durch Rechtsprechung und Lehre im Wege der **Gesetzesauslegung** zu klären, was der unbestimmte und normative Rechtsbegriff des **Versuchs** speziell beim unechten Unterlassen besagt. Diese Auslegung hat sich dabei am alltäglichen Sprachgebrauch und am Strafgrund des Versuchs zu orientieren.

a) Ablehnung extremer Standpunkte

(1) Die weitestgehende Ansicht, die auf eine extreme Ausweitung des Versuchsbeginns beim unechten Unterlassungsdelikt hinausläuft, besagt: Der Versuch beginnt mit dem **Verstreichenlassen der ersten Rettungsmöglichkeit**.[77] Diese Ansicht dient zwar einem optimalen Rechtsgüterschutz. Sie widerspricht aber dem Sprachgebrauch des täglichen Lebens und dem Strafgrund des Versuchs: **1244**

Beispiel: Frau U will ihr einen Monat altes Baby O verhungern lassen. Demgemäß unterlässt sie es in der Folge, ihr Kind zu füttern. Schon am nächsten Tag merkt die U, dass O schwach und apathisch wirkt. Stunden später gerät O in einen bedenklichen Zustand, wäre aber, was U erkennt, noch ohne Weiteres zu retten.

Hier müsste die Theorie vom Verstreichenlassen der ersten Rettungsmöglichkeit versuchten Totschlag (bzw. Mordversuch) schon beim Unterlassen des ersten für die Gesundheit des Babys gebotenen Fütterns annehmen.[78]

Ähnlich der BGH in seinem Urteil vom 13.9.1994: »Wer durch längeres Unterlassen einer gebotenen Handlung den Tod des Hilfsbedürftigen herbeiführen will, setzt hierzu bereits mit dem Beginn seiner Untätigkeit unmittelbar an.«[79]

Doch widerspräche es dem alltäglichen Sprachgebrauch, schon beim Beginn des Unterlassens des Fütterns Mord- bzw. Totschlagsversuch zu bejahen. Weiterhin

---

73 Sofern der Versuch des **echten** Unterlassungsdelikts (ausnahmsweise) mit Strafe bedroht ist, führt aufgrund der Besonderheit dieser Delikte in der Regel bereits die erste pflichtwidrige Untätigkeit zur Verwirklichung des Tatbestandes. Vgl. *Wessels/Beulke/Satzger*, Rn. 1043.

74 Verkannt von BGHSt 40, 257 (271).

75 Klausurbeispiel zu dieser Problematik: *Abraham*, JuS 2013, 903 (909).

76 Die Strafbarkeit des Versuchs unechter Unterlassungsdelikte wird fast allgemein anerkannt; siehe für alle BGHSt 38, 356 (358 f.); 40, 257 (270).

77 *Herzberg*, MDR 1973, 89 ff.; *Maihofer*, GA 1958, 289 (297); *Schröder*, JuS 1962, 86.

78 So versteht auch *Kühl*, § 18 Rn. 146, jene Ansicht.

79 BGHSt 40, 257 (271).

dürfte die Bewertung des Verhaltens als Mordversuch schon mit Beginn ihres Unterlassens in casu den Aspekten der »Vollendungsnähe« und der »Schwere der Tat« als Strafgrund des Versuchs (Rn. 1205, 1206) nicht gerecht werden. Die Theorie vom Auslassen der ersten Rettungsmöglichkeit ist also abzulehnen.[80]

(2) Die engste Ansicht, die eine extreme Restriktion des Versuchsbeginns beim unechten Unterlassen bedeutet, lautet: **Der Versuch beginnt erst, wenn der Täter nach seiner Vorstellung die letzte Rettungsmöglichkeit auslässt.**[81]

Auch dieser Standpunkt erscheint verfehlt: Erstens läuft er auf eine sachwidrige, weitgehende Reduzierung des Strafrechtsschutzes für das bedrohte Rechtsgut hinaus.[82] Zweitens ist jener letztmögliche Rettungszeitpunkt vielfach ungewiss, also kein brauchbares Abgrenzungskriterium.[83] Schließlich lässt er den in § 24 Abs. 1 StGB verankerten Unterschied zwischen unbeendetem und beendetem Versuch[84] für das unechte Unterlassungsdelikt leer laufen, was nicht gesetzeskonform erscheint.

b) Eigener Standpunkt

1245 Es bedarf einer **vermittelnden Konzeption**, die im Hinblick auf einen sachgerechten, effektiven Rechtsgüterschutz durch § 13 StGB (i.V.m. dem jeweiligen Straftatbestand, z.B. § 212 StGB) den Versuchsbeginn weder unverhältnismäßig früh noch gefährlich spät ansetzt. Weiterhin muss diese Konzeption dem möglichen Wortsinn des Begriffs »Versuch« und dessen Strafgrund gerecht werden. Danach drängt sich als maßgeblicher Gesichtspunkt die – aus Sicht des Täters bestehende – **unmittelbare (konkrete) Gefährdung des bedrohten Rechtsguts** auf.[85] Mithin wird, sachlich übereinstimmend mit der h.M., die folgende Formel für die Bestimmung des Versuchsbeginns vorgeschlagen:

Subjektiv muss sich der Garant sagen: »Jetzt wird es ernst; das bedrohte Rechtsgut ist in konkreter Gefahr.«

Objektiv muss der Garant Rettungsmaßnahmen unterlassen, obwohl nach seiner Vorstellung von der Tat ohne solche Rettungsaktivitäten jene konkrete Gefahr unmittelbar in den Schaden umschlagen kann.

---

80 So u.a.: BGHSt 40, 257 (270 f.); *Frister*, 23/36 ff.; *Jäger*, AT, Rn. 303; *Kühl*, § 18 Rn. 146; *Roxin*, § 29 Rn. 280 ff.; S/S/*Eser*/*Bosch*, § 22 Rn. 50; *Wessels*/*Beulke*/*Satzger*, Rn. 1043 f.; NK/*Zaczyk*, § 22 Rn. 62.

81 A. *Kaufmann*, S. 210 ff.; *Welzel*, S. 221.

82 *Kühl*, § 18 Rn. 147.

83 BGHSt 40, 257 (270 f.).

84 Hierzu Rn. 1282 ff., 1295 ff., 1308 ff. – Freilich ist str., ob es beim **unechten Unterlassungsdelikt** den Unterschied unbeendeter/beendeter Versuch überhaupt gibt (Rn. 1319 ff.).

85 S/S/*Eser*/*Bosch*, § 22 Rn. 50 f.; *Lackner*/*Kühl*, § 22 Rn. 17; *Jescheck*/*Weigend*, § 60 II 2; *Kühl*, § 18 Rn. 148 ff.; LK/*Hillenkamp*, § 22 Rn. 146 ff.; *Wessels*/*Beulke*/*Satzger*, Rn. 1043 ff.; NK/*Zaczyk*, § 22 Rn. 64. Siehe auch: BGHSt 38, 356 (360) (»massive Erhöhung der Todesgefahr«); 40, 257 (271) (»konkrete Gefährdung des Lebens«). Kritisch *Roxin*, § 29 Rn. 286-287.

Beispiele:

Ein Kind fällt in einen Teich und droht zu ertrinken. Hier ist der Garant aus §§ 212, 13 StGB zu sofortiger Hilfe verpflichtet.

A sieht, dass sein betrunkener Bruder auf Eisenbahnschienen liegt. Obwohl A nicht weiß, wann der nächste Zug kommt, entfernt er sich: §§ 212, 13 StGB.[86]

In der Regel wird für den Versuchsbeginn genügen, dass der Garant das hilflose Opfer im Stich lässt, **indem er sich entfernt**. Doch ersetzt dieses **Indiz** nicht die reale Situation der unmittelbaren (konkreten) Gefahr.[87]

86 Dazu: *Heinrich*, AT, Rn. 755; *Kühl*, § 18 Rn. 148 f.; *Wessels/Beulke/Satzger*, Rn. 1043 f.; NK/*Zaczyk*, § 22 Rn. 64; ähnlich: *Jäger*, AT, Rn. 303.

87 Wie hier: *Kühl*, § 18 Rn. 149; *Otto*, AT, § 18 Rn. 45 (a.E.). Abweichend aber *Roxin*, JuS 1979, 1 (12 f.).

§ 43 Untauglicher Versuch: Strafbarkeit / Abgrenzung vom Wahndelikt

I. Strafbarkeit des untauglichen Versuchs (§ 23 Abs. 3 StGB)

1246 § 23 Abs. 3 StGB enthält für den untauglichen Versuch eine **Teilregelung**, der sich zumindest zwei Fallgruppen entnehmen lassen.

»Hat der Täter aus grobem Unverstand verkannt, dass der Versuch nach der Art des Gegenstandes, an dem, oder des Mittels, mit dem die Tat begangen werden sollte, überhaupt nicht zur Vollendung führen konnte, so kann das Gericht von Strafe absehen oder die Strafe nach seinem Ermessen mildern (§ 49 Abs. 2).«

1. Versuch am untauglichen Objekt; Versuch mit untauglichen Mitteln

1247 Aus § 23 Abs. 3 StGB folgt eindeutig, dass der Gesetzgeber den Versuch am untauglichen Objekt (»Gegenstand«) und den Versuch mit untauglichen Mitteln als strafbar anerkannt hat: Handelt der Täter **nicht** »aus grobem Unverstand«, so trifft ihn die normale Strafe für den Versuch, z.B. aus §§ 212, 23 Abs. 2 StGB.[1]

Beispiele für Untauglichkeit des Objekts:

- Mordversuch an einer Leiche, die der Täter für einen schlafenden Menschen hält;
- Beschädigung des eigenen Pkw, den der Täter mit dem Pkw seines Feindes verwechselt.

Beispiele für Untauglichkeit des Mittels:

- Schuss mit einer Schreckschusspistole, die der Täter für eine geladene Polizeiwaffe hält;
- Mordversuch mit einem Gift, das nur zu Durchfall führen kann.

2. Versuch des untauglichen Subjekts

1248 **Beispiele:** Der Täter hält sich irrig für einen
- Richter (§ 332 Abs. 2 StGB),
- Beamten (§ 332 Abs. 1 S. 1, 3 StGB)
- Arzt bzw. Rechtsanwalt (§ 203 Abs. 1 Nr. 1, 3 StGB),
- Garanten (§ 13 StGB).

Diese Konstellation des untauglichen Versuchs wird in § 23 Abs. 3 StGB nicht erwähnt, obwohl dem Gesetzgeber bekannt war, dass die **Strafbarkeit des Versuchs des untauglichen Subjekts** von vielen verneint wird.[2] Zur Begründung für jene fehlende Normierung dieses Versuchs heißt es in den Gesetzesmaterialien:

»Da der Fall des ›untauglichen Täters‹ in der Praxis nur sehr selten vorkommt und die Rechtsprechung nach der Überzeugung des Ausschusses hier zudem ohne eine ausdrückliche Regelung **Straflosigkeit** annehmen wird, entschied er sich dafür, von einer solchen Bestimmung abzusehen.«[3]

---

1 Zum Vorstehenden: *Kühl*, § 15 Rn. 86; *Wessels/Beulke/Satzger*, Rn. 880 f.

2 Verneinend u.a.: *Frister*, 23/23; *Jakobs*, 25/43 ff.; *Köhler*, Kap. 8 I 2.3 u. 4.2.1.; *Otto*, AT, Rn. 58, 74-76; *Stratenwerth*, FS Bruns, 1978, S. 59 ff.; NK/*Zaczyk*, § 22 Rn. 39.

3 BT-Drucksache V/4095, S. 11.

a) Gleichwohl geht die heute h.M. davon aus, einen strafbaren untauglichen Versuch gebe es auch als Versuch des untauglichen **Subjekts**[4]: 1249

Stelle sich der Täter irrig **Tatsachen** vor, die, lägen sie vor, seine Täterqualität z.B. als Richter, Beamter oder Arzt begründen würden, könne er einen strafbaren untauglichen Versuch des fraglichen Sonderdelikts (Rn. 1248) begehen.

Es liege ein **»umgekehrter Tatbestandsirrtum«**[5] vor (Umkehrprinzip[6]). Während die fehlende Kenntnis vom Vorliegen eines Tatumstands gemäß § 16 Abs. 1 S. 1 StGB den Vorsatz entfallen lasse, begründe die irrige Annahme eines tatsächlich nicht vorliegenden Tatumstands den für die Versuchsstrafbarkeit erforderlichen Tatentschluss; selbst wenn sich der Irrtum auf tatsächliche Umstände bezieht, die seine Täterschaft begründen.

Anders sei es dagegen, wenn der Täter alle Tatsachen kenne, aus denen seine fehlende Täterqualifikation resultiere, aber infolge falscher **rechtlicher** Bewertung irrig annehme, diese Qualifikation zu besitzen (**»umgekehrter Subsumtionsirrtum«**).[7]

Beispiel: Die Putzfrau, die im Polizeipräsidium arbeitet, hält sich zu Unrecht für eine Amtsträgerin (§ 11 Abs. 1 Nr. 2 StGB). Als sie Geld dafür annimmt, dass sie eine Akte verschwinden lassen soll, glaubt sie irrig, wegen Bestechlichkeit strafbar zu sein. – In einem solchen Fall liege ein strafloses Wahndelikt (Rn. 1252) vor.

§ 23 Abs. 3 StGB stehe diesem Ergebnis nicht entgegen, da diese Regelung den untauglichen Versuch nicht begründe[8], sondern vielmehr voraussetze und lediglich für den Spezialfall des grob unverständigen Versuchs die Möglichkeit schaffe, von der Strafe abzusehen oder diese zu mildern.

b) Eine beachtliche Mindermeinung geht demgegenüber davon aus, der »Versuch des untauglichen Subjekts« sei generell ein **strafloses Wahndelikt**;[9] dies gelte zumindest bei Sonderpflichtdelikten wie den in Rn. 1248 genannten.[10] Zur Begründung werden folgende Erwägungen herangezogen: 1250

- Das Gesetz nenne nur den Versuch am untauglichen Objekt und mit untauglichen Mitteln.
- Die Begründung hierfür in den Gesetzesmaterialien.[11]
- Wie in den anderen Fällen eines Wahndelikts könne der Irrende die Grenzen der Strafbarkeit (hier: begrenzter Täterkreis) nicht über die gesetzlich normierten Grenzen hinaus ausweiten. Dies obliege allein dem Gesetzgeber.
- Die Bestrafung des Versuchs des untauglichen Subjekts sei auch dann, wenn der Täter einem Tatsachenirrtum unterlag (Rn. 1249), unter den Aspekten »Strafbedürfnis und Strafwürdigkeit« nicht geboten. Denn der Täter könne mangels fehlender Täterqualität

4 So S/S/*Eser/Bosch*, § 22 Rn. 75 f.; MK/*Herzberg/Hoffmann-Holland*, § 23 Rn. 53-54; *Jescheck/Weigend*, § 50 III; *Kühl*, § 15 Rn. 91, 102 ff.; *Wessels/Beulke*, Rn. 880 f., 884. Differenzierend *Roxin*, § 29 Rn. 356 ff.

5 Vgl. *Heinrich*, AT, Rn. 683; *Jescheck/Weigend*, § 50 III 2c; *Kühl*, § 15 Rn. 98.

6 *Kindhäuser*, AT, § 30 Rn. 33; *Valerius*, JA 2010, 113 (115).

7 *Jescheck/Weigend*, § 50 III 2c; *Wessels/Beulke/Satzger/Satzger*, Rn. 882.

8 *Heinrich*, AT, Rn. 672.

9 Vgl. die Nachweise in Fn. 2.

10 Auf Sonderpflichtdelikte stellen *Otto*, AT, Rn. 58, 74-76; *Stratenwerth/Kuhlen*, 11/66 ab.

11 Vgl. hierzu auch *Valerius*, JA 2010, 113 (115).

dem geschützten Rechtsgut schlechthin nicht gefährlich werden, weder jetzt noch in Zukunft.[12]

- Ein strafbarer Versuch setze bereits begrifflich die Möglichkeit voraus, das entsprechende Delikt vollenden zu können, was dem untauglichen Täter gerade nicht möglich sei.[13]
- Das geschützte Rechtsgut könne durch den untauglichen Täter niemals verletzt werden, so dass es auch an »Vollendungsnähe« und »Schwere der Tat« (Rn. 1205-1206) als Charakteristika des strafbaren Versuchs fehle.

3. Untauglicher Versuch durch Unterlassen

1251 **Beispiel:** L liegt am Badesee auf seinem Handtuch, als er die Hilferufe eines Kindes hört, das zu ertrinken droht. In der irrigen Annahme, es handle sich um seinen eigenen ungeliebten Sohn, bleibt L liegen, obwohl er weiß, dass er das Kind problemlos retten könnte. Im letzten Moment wird es von einem Rettungsschwimmer aus dem Wasser gezogen.[14]

Umstritten ist, ob der untaugliche Versuch durch Unterlassen überhaupt strafbar sein kann oder seine Sanktionierung Gesinnungsstrafrecht begründet.[15] Letzteres wird von einem Teil der Literatur vertreten. Da objektiv keine Verletzungsgefahr für ein bestimmtes Rechtsgut begründet werde, treffe den Täter auch keine Handlungspflicht, die er durch Unterlassen verletzen könne.[16]

Die h.M. geht davon aus, dass der untaugliche Versuch eines Unterlassungsdelikts **nach den allgemeinen Regeln strafbar** ist.[17]

Dieses Ergebnis ergebe sich aus dem Vergleich mit dem untauglichen Versuch durch aktives Tun. In beiden Fällen stelle sich der Täter Umstände vor, bei deren Vorliegen er strafbar wäre, obwohl *ex post* betrachtet keine Rechtsgutsverletzung drohe. Die Gefährlichkeit des Versuchs sei *ex ante* jeweils vergleichbar, wenn auch ein vernünftiger Dritter im Falle des Unterlassens Umstände angenommen hätte, die eine Handlungspflicht begründet hätten.[18] Seine **rechtsfeindliche Einstellung** bringt der Täter in beiden Fällen durch sein Verhalten zum Ausdruck und begründet so auch im Sinne der Eindruckstheorie (Rn. 1204) die Strafwürdigkeit seines Verhaltens.[19]

II. Abgrenzung des untauglichen Versuchs vom straflosen Wahndelikt[20]

1252 Beim **untauglichen Versuch** geht der Täter irrig von einer **Sachlage** aus, bei deren wirklichem Vorliegen sein Handeln den Straftatbestand erfüllen würde.[21] Dieser Täter missachtet das für seine Sicht des Sachverhalts geltende Recht:

---

12 Ähnlich *Stratenwerth*, FS Bruns, 1978, S. 60; *Otto*, AT, § 18 Rn. 75-76.
13 So etwa *Kindhäuser*, AT, § 30 Rn. 33.
14 Beispiel abgewandelt nach *Putzke*, JuS 2009, 1083 (1084).
15 Vgl. zu der Problematik auch *Niepoth*, JA 1994, 337 (zugl. Anm. zu BGHSt 38, 356).
16 Vgl. u.a. *Schmidhäuser*, 13/27.
17 BGHSt 38, 356 (358 f.); 40, 257; NStZ 2000, 414 (415); *Lackner/Kühl*, § 22 Rn. 17.
18 *Roxin*, § 29 Rn. 377; *Putzke*, JuS 2009, 1083 (1084).
19 So auch *Exner*, Jura 2010, 276 (277); *Küpper*, JuS 2000, 225 (228).
20 Diese Differenzierung ist für den »Versuch des untauglichen Täters« irrelevant, soweit man ihn generell für ein strafloses Wahndelikt hält (Rn. 1249-1250).

Wer mit Tötungsvorsatz auf einen Hirsch schießt, den er für einen Menschen hält, verstößt gegen das Verbot: »Du sollst nicht töten!« (§§ 212, 22, 23 StGB). Dasselbe gilt für den Mordanschlag mit einem nur aus der Sicht des Täters lebensgefährlichen Gift. Solche Täter sind gefährlich, weil sie künftig erfolgreich das Rechtsgut Leben angreifen könnten.

Beim **straflosen Wahndelikt** kennt der Täter die Tatsachen, die seine Straflosigkeit begründen. Er bildet sich lediglich unter Verkennung der rechtlichen Voraussetzungen strafbaren Verhaltens ein, Straftäter zu sein. Hier kann die Folge nur Straflosigkeit sein, denn das **Gesetz** – und nicht rechtliche Wahnvorstellungen des Täters – bestimmt, welches Verhalten ein Verbrechen oder Vergehen ist.[22] 1253

Beispiele für Wahndelikte:

- Der Täter glaubt, der Geschlechtsverkehr mit einem 16-jährigen Mädchen sei als »sexueller Missbrauch von Kindern« (§§ 176, 176a StGB) strafbar.
- Abwandlung von Fall 148 (Rn. 1171): E ging trotz Kenntnis der Tatsachen, die Unzumutbarkeit begründeten, rechtsirrig davon aus, er müsse in den Rhein springen, um zu versuchen, seine Frau zu retten.[23]

Als strafloses Wahndelikt wird schließlich noch der **Versuch mit abergläubischen**, d.h. nicht existenten **Mitteln** oder solchen Mitteln, deren magische Wirksamkeit wissenschaftlich (noch) nicht nachgewiesen ist, wie »Totbeten« und »Tothexen« behandelt.[24] 1254

III. »Grober Unverstand« i.S.d. § 23 Abs. 3 StGB

Der grob unverständige Versuch ist ein objektiv untauglicher Versuch, dessen Untauglichkeit der Täter subjektiv aus grobem Unverstand nicht erkennt. Hierzu hat der BGH festgestellt: 1255

Erforderlich seien »völlig abwegige Vorstellungen über gemeinhin bekannte Ursachenzusammenhänge«. Der Irrtum des Täters müsse »für jeden Menschen mit durchschnittlichem Erfahrungswissen offenkundig, ja handgreiflich sein.«[25]

Beispiel: Schüsse mit Revolver auf ein hochfliegendes Flugzeug, um es zu beschädigen.

Grob unverständige Motive oder die für jedermann erkennbare falsche Wahrnehmung von tatsächlichen Umständen fallen dagegen nicht unter § 23 Abs. 3 StGB.[26]

---

21 *Jäger*, AT, Rn. 290; *Krey/Hellmann/Heinrich*, BT/1, Rn. 750, 1019; *Kühl*, § 15 Rn. 96; *Otto*, AT, § 18 Rn. 65 ff.; *Roxin*, § 29 Rn. 378; *Wessels/Beulke/Satzger*, Rn. 882; ebenso BGH NStZ 1994, 29 a.E.

22 Zur Abgrenzung von Wahndelikt und untauglichem Versuch vgl. *Valerius*, JA 2010, 113.

23 BGH NStZ 1994, 29 a.E.

24 S/S/*Eser/Bosch*, § 23 Rn. 13, 13a; MK/*Herzberg/Hoffmann-Holland*, § 22 Rn. 86-89 m.w.N.; *Jakobs*, 25/22; *Jescheck/Weigend*, § 50 I 6; *Kudlich*, JZ 2004, 72 ff.; *Kühl*, § 15 Rn. 93 f.; h.M., aber strittig. Für einen Fall des grob unverständigen Versuchs, der gem. § 23 Abs. 3 StGB stets zum Absehen von Strafe führen müsse *Heinrich*, AT, Rn. 680 m.w.N.; *Hilgendorf/Valerius*, AT, § 10 Rn. 26. Vgl. zu »Übersinnlichem vor den Strafgerichten« auch *Kudlich*, JZ 2004, 72; ausführliche Erläuterungen zum abergläubischen Versuch bei *Satzger*, Jura 2013, 1017 ff.

25 BGHSt 41, 94 (95).

26 Vgl. *Heinrich*, AT, Rn. 676.

Kapitel 2: Rücktritt vom Versuch

§ 44 Grundgedanke, Rechtsnatur und Anwendungsbereich des § 24 StGB

I. Ratio legis der Straflosigkeit des Versuchs beim Rücktritt

1256 Der Rücktritt (vom Versuch) führt zur **Straflosigkeit des Versuchs**, § 24 StGB Der Rechtsgrund hierfür ist strittig.

1. Theorie der goldenen Brücke (kriminalpolitischer Ansatz)[1]

1257 Dem Täter soll durch die Straflosigkeit seines Versuchs im Falle des Rücktritts eine »goldene Brücke zum Rückzug« gebaut werden. Die Kritik hieran macht geltend, in den meisten Fällen stellten Straftäter derartige Überlegungen über die strafrechtlichen Konsequenzen gar nicht an.[2] Gleichwohl hat jene Theorie einen richtigen, modernen Kern; sie dient dem **Opferschutz**, weil sie durch Rücktrittshonorierung die Chancen für das Opfer wahrt.[3]

2. Prämientheorie (»Gnadentheorie«)[4]

1258 Durch den Rücktritt habe der Täter den Unrechts- und Schuldgehalt seiner Tat sowie die durch sie verursachte Erschütterung des Rechtsbewusstseins teilweise wieder aufgehoben. Daher könne man ihn durch Straffreiheit (als Gnade) **belohnen**. An dieser Theorie stört zwar der Gedanke der »Gnade«. Doch bringt sie zutreffend zum Ausdruck, dass die Prämierung durch Straffreiheit grundsätzlich im gesetzgeberischen Ermessen liegt und nicht etwa ein zwingendes Verfassungsgebot darstellt.

3. Strafzwecktheorie (Wegfall von Strafbedürfnis und -würdigkeit)[5]

1259 Durch den Rücktritt habe der Täter gezeigt, dass **weder generalpräventive noch spezialpräventive Notwendigkeiten für die Bestrafung des Versuchs** beständen. Da nun wegen des Rücktritts kein (präventiver) Strafzweck die Bestrafung des Versuchs fordere, fehle es an dessen Strafbedürftigkeit und Strafwürdigkeit.[6] Gegenüber dieser Theorie sei kritisch angemerkt: Die meisten ihrer Vertreter rekurrieren zu einseitig auf präventive Strafzwecke[7], während der Strafzweck des **vergeltenden Schuldausgleichs** vernachlässigt wird. Zudem besteht die Gefahr, das Abstellen auf das Fehlen der Strafzwecke und den Mangel an Strafbedürfnis und -würdigkeit könnten den rechtspolitischen Gestaltungsspielraum des Gesetzgebers

1 RGSt 73, 52 (60); *Kudlich*, JuS 1999, 241 f.; *Puppe*, NStZ 1984, 488 (490).
2 BGHSt 9, 48 (52); *Jakobs*, 26/5; SK/*Rudolphi*, § 24 Rn. 2 m.w.N.
3 BGHSt 39, 221 (232) (GS); *Kühl*, § 16 Rn. 7, 20; *Stratenwerth*/*Kuhlen*, 11/69.
4 *Jescheck*/*Weigend*, § 51 I 3 m.w.N.
5 BGHSt 9, 48 (52); *Baumann*/*Weber*/*Mitsch*, § 27 Rn. 8; S/S/*Eser*/*Bosch*, § 24 Rn. 2b; *Kühl*, § 16 Rn. 5, 6; *Roxin*, § 30 Rn. 4 ff.
6 S/S/*Eser*/*Bosch*, § 24 Rn. 2b; BGHSt 37, 340 (345 f.).
7 So etwa bei *Baumann*/*Weber*/*Mitsch*, § 27 Rn. 8.

verschleiern, also den Eindruck erwecken, als müsse der Rücktritt Straflosigkeit zur Folge haben.

4. Rücktritt als zurechenbare Gefährdungsumkehr

Jäger sieht den Rücktritt als eigenständigen Strafbefreiungstatbestand, der auf einem positiven Nachtatverhalten beruhe. Dieses liege in der zurechenbaren (versuchten) Gefährdungsumkehr: Der Täter beseitige die durch den Versuch geschaffene Gefährdung. Daher sei im Hinblick auf die Funktion des Strafrechts, dem **Rechtsgüterschutz** zu dienen, jener Strafbefreiungstatbestand zwar nicht zwingend, aber füge sich in die Funktion des Strafrechts ein.[8] Dieser Ansatz betont zutreffend den Gestaltungsspielraum des Gesetzgebers. 1260

5. Rücktritt als Schuldaufhebungsgrund (Einheitstheorie)

Zaczyk sieht Versuch und Rücktritt als Einheit: Der Rücktritt hebe die Schuld des Täters des Versuchs durch seine eigene Leistung wieder auf, was zwingend zur Straffreiheit führe.[9] Hier wird wegen eines **Nachtatverhaltens** (Rücktritt) zu Unrecht der Versuch als schuldhafte Tat negiert. Die Annahme einer **schuldtilgenden** Einheit von Versuch und Rücktritt ist jedoch letztlich eine petitio principii.[10] 1261

6. Eigene Ansicht

Eine richtig verstandene Strafzwecktheorie ist die sachgerechte Basis für das Verständnis des § 24 StGB: **Sinn und Zweck der Strafbarkeit des Versuchs** sind primär der vergeltende Schuldausgleich, sekundär Generalprävention und schließlich Spezialprävention (Rn. 1203). Diese Strafzwecke erlauben die Bestrafung des Versuchs im Falle des Rücktritts nur in erheblich abgeschwächtem Maße. Denn der Rücktritt reduziert den Unrechts- und Schuldgehalt des Versuchs und die präventive Notwendigkeit der Bestrafung i.d.R. erheblich. Damit werden zugleich Strafbedürfnis und Strafwürdigkeit des Versuchs vermindert. Das erlaubt es dem Gesetzgeber, den Rücktritt entweder als Strafaufhebungsgrund auszugestalten (§ 24 StGB) oder dem Richter in einer Strafzumessungsregel zu gestatten, die Strafe nach seinem Ermessen zu mildern bzw. von Strafe abzusehen. 1262

Zusätzlich dient § 24 StGB dem **Opferschutz**[11], wobei dieser Aspekt an dem dargelegten rechtspolitischen Ermessen des Gesetzgebers nichts ändert.

II. Rechtsnatur des § 24 StGB

Nach herrschender und zutreffender Ansicht ist § 24 StGB ein **persönlicher Strafaufhebungsgrund**.[12] Der Täter hat einen tatbestandsmäßigen, rechtswidrigen und schuldhaften Versuch begangen, d.h. eine Straftat. Seine dadurch eingetretene 1263

8 *Jäger*, Rücktritt, S. 62 ff., 126 ff.

9 NK/*Zaczyk*, § 24 Rn. 5 m.w.N.

10 Kritisch auch *Jäger*, Rücktritt, S. 5, 63, 126 f.

11 *Fischer*, § 24 Rn. 2, hält diesen Aspekt für den wichtigsten.

12 *Baumann/Weber/Mitsch*, § 27 Rn. 5; S/S/*Eser/Bosch*, § 24 Rn. 4-5; *Fischer*, § 24 Rn. 2; MK/*Herzberg/Hoffmann-Holland*, § 24 Rn. 2 ff., 7, 8; *Lackner/Kühl*, § 24 Rn. 1; *Wessels/Beulke/Satzger*, Rn. 887. Kritisch *Freund*, § 9 Rn. 8: »Verlegenheitslösung«.

Strafbarkeit wird durch den Rücktritt gemäß § 24 StGB wieder aufgehoben. Daher ist der Rücktritt ein **Strafaufhebungsgrund**.

Da der Rücktritt ein »besonderes persönliches Merkmal« i.S.d. § 28 Abs. 2 StGB darstellt[13], wird er sachgerecht als persönlicher Strafaufhebungsgrund bezeichnet. Dies harmoniert auch mit den dargestellten Ansichten über die ratio des § 24 StGB, die stets den konkreten Täter im Blick haben. Die herrschende Terminologie ist also klar und einleuchtend.

1264 Eine im neueren Schrifttum vertretene Lehre spricht demgegenüber vom Rücktritt als **Entschuldigungsgrund**.[14] Der Rücktritt lasse »strafrechtlich relevante Schuld« entfallen. Diese Terminologie ist aber irreführend und damit gegenüber der herrschenden Charakterisierung des § 24 StGB nicht vorzugswürdig. Der Rücktritt hebt Unrecht und Schuld des Versuchs gerade nicht auf (Rn. 1259). Vielmehr dürfte der Gesetzgeber ohne Verstoß gegen das Schuldprinzip den Rücktritt wegen der bloßen **Reduzierung** von Unrecht, Schuld, Strafbedürfnis und -würdigkeit auch in einer bloßen Strafzumessungsregel nach Art des § 83a StGB (Rn. 1259) honorieren.[15]

Man sollte daher Abschied von der Konzeption nehmen, den »Versuch unter Einschluss des Rücktritts als **Einheit** zu betrachten« und so das Vorliegen einer schuldhaften Straftat zu leugnen.[16]

III. Anwendungsbereich des § 24 StGB[17]

Der Rücktritt sollte in der Klausur immer dann angedacht werden, wenn ein konkret angestrebter Taterfolg, sei es aufgrund äußerer Umstände oder innerer Erwägungen, ausbleibt oder dem zu prüfenden Tatbeteiligten nicht zugerechnet werden kann.

1. Kein Rücktritt bei Vollendung der Tat: Unanwendbarkeit des § 24 StGB beim »misslungenen Rücktritt«

1265 § 24 StGB regelt den Rücktritt vom **Versuch**, ist also nur dann anwendbar, wenn der Täter zwar den subjektiven Tatbestand des fraglichen Verbrechens oder Vergehens, nicht aber dessen objektiven Tatbestand erfüllt hat. Demgemäß kommt Rücktritt nicht in Betracht, wenn der **tatbestandsmäßige Erfolg** eingetreten ist.

13 *Fischer*, Vor § 32 Rn. 17; SK/*Hoyer*, § 28 Rn. 43.

14 SK/*Rudolphi*, § 24 Rn. 6 m.w.N.; NK/*Zaczyk*, § 24 Rn. 5, 6: »Schuldaufhebungsgrund«. Ähnlich *Roxin*, § 23 Rn. 17, § 30 Rn. 29: ausgeschlossene »Verantwortlichkeit«. Noch weitergehend z.B. *Köhler*, Kap. 8 II 1.1: »persönlicher Delikts- oder Schuldaufhebungsgrund«.

15 Ebenso *Jescheck*/*Weigend*, § 51 VI 1. Siehe auch *Burkhardt*, der den Rücktritt als »Rechtsfolgeregelung« deutet, und *Bottke*, der von einem »strafzumessungsnahen Verantwortlichkeitsausschluss« spricht (Nachweise bei S/S/*Eser*/*Bosch*, § 24 Rn. 2 ff.); zudem *Zipf*, der eine Strafzumessungsregel annimmt (dazu *Maurach*/*Gössel*/*Zipf*, 41/50, 130); ähnlich auch MK/*Herzberg*/*Hoffmann-Holland*, § 24 Rn. 9: Strafbesserungsvorschrift.

16 Anders: *Roxin*, Kriminalpolitik, S. 35; NK/*Zaczyk*, § 24 Rn. 5.

17 Eine gute Darstellung, die die neuere Rspr. berücksichtigt, liefert *Heger*, StV 2010, 320.

Eine Ausnahme hiervon gilt allerdings dann, wenn es an der **objektiven Zurechenbarkeit** des Erfolges fehlt, d.h. wenn der Erfolg dem Täter nicht als sein Werk objektiv zuzurechnen ist, denn dann hat er den objektiven Tatbestand nicht erfüllt (Rn. 1195):[18]

Fall 153: – Messerstich mit unglücklichem Verlauf – 1266
A sticht mit einem Messer auf O ein, um ihn zu töten. Bereits nach dem ersten Stich packt ihn Reue und er wirft das Messer weg. Die Verletzung, die O erlitten hat, ist nicht lebensgefährlich, was A auch erkennt. Gleichwohl ruft A vorsorglich einen Krankenwagen. Auf der Fahrt zum Krankenhaus stirbt O bei einem Verkehrsunfall, weil ein übermüdeter Lkw-Fahrer grob verkehrswidrig den Krankenwagen rammt.

Hier hat der Täter mangels objektiver Zurechenbarkeit des Unfalltodes des O keinen vollendeten Totschlag begangen; vielmehr liegt nur versuchter Totschlag vor.[19] Daher ist in casu ein strafbefreiender Rücktritt möglich.
Dem steht der im Folgenden zu erörternde Gesichtspunkt der Unanwendbarkeit des § 24 StGB beim **misslungenen Rücktritt** (Rn. 1267 ff.) nicht entgegen:

Fall 154: – Der »misslungene Rücktritt« – (Abwandlung von Fall 153) – 1267
a) Der Messerstich hat O lebensgefährlich verletzt. A jedoch ist der festen Überzeugung, O sei nicht in Lebensgefahr. Daher hält er es, als er von O ablässt, für ausgeschlossen, dieser könne sterben. O verlässt den Tatort, erliegt aber wenig später seiner Verletzung.

b) A hat O lebensgefährlich verletzt. Er hält für möglich, O könne ohne rasche ärztliche Behandlung sterben. Daher sorgt er für den sofortigen Transport des O ins Krankenhaus. Trotz aller ärztlicher Bemühungen stirbt O an der Stichwunde.

In beiden Fällen liegt ein sog. »misslungener Rücktritt« vom Versuch vor. Der tatbestandsmäßige Erfolg ist dem Täter jeweils als sein Werk **objektiv zuzurechnen**. Er ist auch vom Vorsatz umfasst, da A bei dem tödlichen Messerstich mit Tötungswillen handelte. Damit hat A den objektiven und subjektiven Tatbestand des § 212 StGB erfüllt, also einen **vollendeten** Totschlag begangen. Dass er nach seiner tatbestandsmäßigen Handlung (Messerstich) versucht hat, vom Verbrechen des Totschlags zurückzutreten, ändert hieran nichts. Das Risiko unzureichender Rücktrittsbemühungen trägt der Täter.

In **Fall 154a** würde Rücktritt vom **unbeendeten Versuch** vorliegen, wenn O überlebt hätte. Denn A hatte, als er von O abließ, kein Gefahrbewusstsein; dieser »Rücktrittshorizont« ist für die Abgrenzung des unbeendeten vom beendeten Versuch maßgeblich (dazu unten § **45**). Bei ersterem Versuch nun genügt für den Rücktritt, dass der Täter »freiwillig die weitere Ausführung der Tat aufgibt« (§ 24 Abs. 1 S. 1 Alt. 1 StGB). Doch gilt dies natürlich nur bei **Nichtvollendung** des Tatbestandes.[20] 1268

Sein Irrtum über die Wirksamkeit seines bisherigen Tuns und die Aufgabe des Tatentschlusses helfen dem A daher nicht. Sein misslungener Rücktritt vom Versuch ist wegen der

18 Vgl. *Kühl*, § 16 Rn. 82; SK/*Rudolphi*, § 24 Rn. 15b, 16, 28; *Wessels/Beulke/Satzger*, Rn. 888.
19 Siehe schon Fall 46 (Rn. 335 ff.).
20 *Jescheck/Weigend*, § 51 III 3; *Kühl*, § 16 Rn. 79-80; *Roxin*, § 30 Rn. 37 f., 113 ff.; LK/*Lilie/Albrecht*, § 24 Rn. 71, 140 ff.; *Stratenwerth/Kuhlen*, 11/82-83; *Wessels/Beulke/Satzger*, Rn. 888; NK/*Zaczyk*, § 24 Rn. 77-78. Abweichend, aber gegen Wortlaut und Sinn des § 24 StGB: *Gropp*, § 9 Rn. 104 ff.; *Jakobs*, 26/13; LK/*Schroeder*, 11. Aufl., § 16 Rn. 34.

Vollendung des objektiven Tatbestandes, die im Rahmen des bei Versuchsbeginn vorliegenden **Tatentschlusses** lag, kein Rücktritt vom Versuch nach § 24 StGB.[21]

1269 In **Fall 154b** wäre gemäß dem Rücktrittshorizont des Täters Rücktritt vom **beendeten Versuch** anzunehmen, wenn die Ärzte O gerettet hätten. Denn A hielt, als er von O abließ, dessen Tod für möglich. Von einem beendeten Versuch nun kann der Täter zurücktreten, wenn er »freiwillig die Vollendung der Tat verhindert« (§ 24 Abs. 1 S. 1 Alt. 2 StGB). Das ist dem A aber gerade nicht gelungen. Folglich hat er durch den Messerstich den objektiven und subjektiven Tatbestand des § 212 StGB erfüllt. Sein misslungener Rücktritt vom beendeten Versuch wird vom Normbereich des § 24 StGB nicht erfasst.[22]

1270 In **Fall 153** (Rn. 1266) dagegen ist A vom Versuch zurückgetreten; er ist also gemäß § 24 Abs. 1 S. 1 StGB nicht wegen Totschlagsversuchs strafbar. Nach seinem Rücktrittshorizont bestand keine Lebensgefahr, so dass der Versuch unbeendet war. Von diesem Versuch konnte A durch bloße freiwillige Aufgabe der weiteren Ausführung der Tat zurücktreten. Dass der Erfolg gleichwohl eingetreten ist, ändert hieran nichts. Denn der **Unfalltod des O** führt ja, wie dargelegt, mangels objektiver Zurechnung nicht zur Erfüllung des objektiven Tatbestandes des § 212 StGB.[23] Daher liegt in Fall 153 **kein** misslungener Rücktritt vor.[24]

2. Unanwendbarkeit des § 24 StGB beim fehlgeschlagenen Versuch

1271 Ungeschriebene Voraussetzung des § 24 StGB ist nach heute fast einhelliger Lehre, der die Judikatur weitgehend folgt, dass der Versuch nicht fehlgeschlagen ist: Vom fehlgeschlagenen Versuch gibt es danach keinen Rücktritt.[25] Allerdings ist es möglich, dass der Täter schon vor dem Fehlschlag zurückgetreten ist, was dann »gegebenenfalls unter Anwendung des Zweifelssatzes festzustellen [ist]«.[26]

a) Der fehlgeschlagene Versuch: Beispiele / Vereinbarkeit dieser Rechtsfigur mit dem Gesetz? / Überflüssigkeit der Lehre vom Fehlschlag?

(1) Zur Erläuterung des fehlgeschlagenen Versuchs folgende **Beispiele**:

---

21 *Jescheck/Weigend*, § 51 III 3; *Kühl*, § 16 Rn. 79-80; *Roxin*, § 30 Rn. 37 f., 113 ff.; *Stratenwerth/Kuhlen*, 11/82, 83; *Wessels/Beulke/Satzger*, Rn. 627; NK/*Zaczyk*, § 24 Rn. 77-78. Abweichend, aber gegen Wortlaut und Sinn des § 24 StGB: S/S/*Eser/Bosch*, § 24 Rn. 22-24; *Gropp*, § 9 Rn. 62-67; *Jakobs*, 26/13.

22 *Fischer*, § 24 Rn. 31; *Jescheck/Weigend*, § 51 IV 1; *Kühl*, § 16 Rn. 79-81 m.w.N.; *Roxin*, § 30 Rn. 37, 113, 125 ff.; *Stratenwerth/Kuhlen*, 11/83, 91; NK/*Zaczyk*, § 24 Rn. 77-78.

23 Im Übrigen ist dieser Erfolg auch nicht vom Vorsatz des A umfasst, wegen einer wesentlicher Abweichung des realen vom vorgestellten Kausalverlauf; dazu Rn. 328, 425-430.

24 Siehe *Kühl*, § 16 Rn. 79, 82; *Roxin*, § 30 Rn. 126; *Wessels/Beulke/Satzger*, Rn. 888.

25 S/S/*Eser/Bosch*, § 24 Rn. 7 ff.; *Jakobs*, 26/11; *Jescheck/Weigend*, § 51 II 6; *Kindhäuser*, AT, § 32 Rn. 5; *Kühl*, § 16 Rn. 9 ff.; *Roxin*, JuS 1981, 1 ff.; LK/*Lilie/Albrecht*, § 24 Rn. 84; *Wessels/Beulke/Satzger*, Rn. 889; NK/*Zaczyk*, § 24 Rn. 19 ff.; BGHSt 34, 53 (56 f.); 35, 90 (94); 39, 221 (228, 232) (GS); BGH NStZ 1999, 395. Kritisch u.a.: *Borchert/Hellmann*, GA 1982, 446 ff.; *Frister*, 24/20; *Haft*, NStZ 1994, 536 f.; MK/*Herzberg/Hoffmann-Holland*, § 24 Rn. 52; *Maurach/Gössel/Zipf*, 41/52 ff.

26 BGH NStZ-RR 2014, 137.

Fall 155: – Der gescheiterte Versuch –
a) A bricht nachts in das Haus des O ein, um Geld und andere Wertsachen zu stehlen. Das Haus ist aber leergeräumt, weil O gerade ausgezogen ist.
b) A geht am Fluss spazieren, als er am anderen Ufer seinen Feind O entdeckt. Er schießt auf O, trifft aber nicht. O entflieht und wird auch durch weitere Schüsse nicht getroffen.
c) A will den Jogger O erschießen, weil er ihn im Dämmerlicht für seinen Feind F hält. Als er gerade abdrücken will, bemerkt er seinen Irrtum und lässt O leben.
d) A bricht nachts in das Haus des O ein, um ein wertvolles Gemälde zu stehlen. Dabei muss er feststellen, dass es sich bloß um eine billige Kopie handelt.

In **Fall 155a** und **155b** hat der Täter erkannt, dass er den tatbestandsmäßigen Er- **1272**
folg nicht herbeiführen könnte, selbst wenn er wollte. In **Fall 155c** könnte A den O noch erschießen; doch wäre das absolut sinnlos, weil er F töten will, nicht aber einen Unbekannten. F jedoch kann er im Augenblick nicht erschießen.[27] Sinnlos geworden ist auch die Wegnahme des Bildes in **Fall 155d**.[28]

Diesen vier Beispielen und sonstigen Fällen des fehlgeschlagenen Versuchs ist gemeinsam, dass der Täter entweder

- **objektiv den tatbestandsmäßigen Erfolg nicht mehr herbeiführen kann und dies auch weiß oder**
- **irrtümlich einen solchen objektiven Fehlschlag annimmt.**

Beispiel für Letzteres: A will den O ausrauben und schlägt ihn daher nieder. O jedoch spiegelt ihm vor, er habe kein Geld bei sich; seine Brieftasche und seine Uhr seien ihm gerade gestohlen worden. A glaubt dem O, schimpft auf den »feigen Dieb« und enteilt.

Maßgeblich ist letztlich allein das **subjektive** Vorstellungsbild:[29] Fehlgeschlagen ist der Versuch, den der Täter – zu Recht oder zu Unrecht – für gescheitert hält. Der Täter glaubt also, er könne den Erfolgseintritt – selbst wenn er wollte – ohne zeitliche Zäsur und mit den *ihm* zur Verfügung stehenden Mitteln nicht mehr herbeiführen.

(2) Ob die Rechtsfigur des fehlgeschlagenen Versuchs gesetzeskonform oder mit **1273**
§ 24 StGB unvereinbar ist, wird kontrovers diskutiert: Rechtsprechung und h.L. nehmen Ersteres an[30] und begründen dies wie folgt:

- Von *Aufgabe der weiteren Ausführung der Tat* bzw. von *Verhinderung ihrer Vollendung* (§ 24 Abs. 1 S. 1 StGB) könne man nur sprechen, wenn der Täter, zu Recht oder zu Unrecht, annehme: »Ich könnte die Tat noch vollenden, wenn ich nur wollte.«
- Auch nach der ratio legis des § 24 StGB (Rn. 1256-1259) sei nur unter dieser subjektiven Voraussetzung noch Raum für einen Rücktritt.

Kritiker der h.M. machen demgegenüber geltend:

27 Siehe S/S/*Eser/Bosch*, § 24 Rn. 11; *Kühl*, § 16 Rn. 15; *Wessels/Beulke/Satzger*, Rn. 890; ebenso u.a. *Roxin*, § 30 Rn. 94.

28 Vgl. zu der Fallgruppe der sinnlosen weiteren Tatausführung *Rengier*, AT, § 37 Rn. 22 ff.

29 U.a. BGH NStZ 2014, 396; *Kühl*, § 16 Rn. 11; *Wessels/Beulke/Satzger*, Rn. 890; instruktiv dazu auch BGH NStZ-RR 2014, 137.

30 Dazu für alle: S/S/*Eser/Bosch*, § 24 Rn. 7; *Roxin*, § 30 Rn. 77, 81, 83 f.; vgl. dazu auch *Putzke*, ZJS 2013, 621 ff.

– Die gesetzlichen Voraussetzungen des persönlichen Strafaufhebungsgrundes Rücktritt seien in § 24 StGB normiert. Lägen sie vor, sei diese Vorschrift anwendbar. Rechtsprechung und Lehre dürften nicht zum Nachteil des Täters durch das Erfordernis fehlenden Fehlschlags **zusätzliche** Voraussetzungen für den Rücktritt aufstellen. Daher dürfe ein »Fehlschlag« nur insoweit Relevanz erlangen, als er den Mangel einer der in § 24 StGB ausdrücklich genannten Voraussetzungen zur Folge habe. Die Rechtsfigur des fehlgeschlagenen Versuchs sei also **entweder gesetzeswidrig oder überflüssig**.[31]

1274 In der Tat darf dieser Rechtsfigur keine konstitutive Bedeutung in dem Sinne beigemessen werden, dass sie eine Ablehnung des § 24 StGB in Fällen erlaubt, in denen die in dieser Regelung ausdrücklich genannten Voraussetzungen des Rücktritts erfüllt sind. Hält man sich dies vor Augen, so ist der »fehlgeschlagene Versuch« nichts anderes als ein spezieller Terminus technicus für bestimmte Sonderfälle des Ausschlusses der Rücktrittsmöglichkeit:

Von einer »freiwilligen Aufgabe der weiteren Ausführung der Tat« bzw. von einer »freiwilligen Verhinderung deren Vollendung« kann nach dem möglichen Wortsinn des Gesetzes und der ratio legis nicht die Rede sein, wenn der Täter seinen Versuch für gescheitert hält.

Diese Einsicht beruht auf einer simplen Auslegung des Gesetzes nach Wortlaut und Sinn. Für ihr Ergebnis kann man den Begriff fehlgeschlagener Versuch verwenden. Denn er bezeichnet anschaulich **eine** wichtige Fallgruppe fehlender Anwendbarkeit des § 24 StGB.

(3) Versteht man die Lehre vom fehlgeschlagenen Versuch wie hier, so ist sie gesetzeskonform. Damit ist aber noch nicht gesagt, ob sie nicht **überflüssig** ist. Dafür spricht, dass es in allen Fällen des Fehlschlags an der in § 24 StGB geforderten **freiwilligen Aufgabe** bzw. **freiwilligen Verhinderung** fehlt – und zwar bei genauerer Betrachtung sowohl an der Aufgabe bzw. Verhinderung als auch an der Freiwilligkeit.[32] Damit hat die Rechtsfigur des Fehlschlags keine konstitutive Bedeutung.[33]

Gleichwohl erscheint ihre Verwendung als plakative Kurzformel für das oben genannte Auslegungsergebnis sinnvoll.[34] Darüber hinaus erlaubt sie bei Falllösungen den Verzicht auf die oft hochkomplexe Abgrenzung zwischen beendetem und unbeendetem Versuch, wenn der Fehlschlag offensichtlich ist. Denn in solchen Fällen mangelt es ja evident an der nötigen **Freiwilligkeit**, die für den Rücktritt von beiden Erscheinungsformen des Versuchs erforderlich ist.

(4) **Resümee:** Vom fehlgeschlagenen Versuch gibt es keinen Rücktritt. In solchen Fällen greift § 24 StGB nach Wortlaut und Sinn nicht ein, da das Erfordernis der freiwilligen Aufgabe bzw. der freiwilligen Verhinderung i.S.d. § 24 Abs. 1 S. 1

---

31 *Maurach/Gössel/Zipf*, 41/36 ff.

32 Dass es an der Freiwilligkeit fehlt, wird allgemein anerkannt; so u.a.: S/S/*Eser/Bosch*, § 24 Rn. 7; *Maurach/Gössel/Zipf*, 41/53 ff.

33 Zutreffend: *Baumann/Weber/Mitsch*, § 27 Rn. 12.

34 **A.A.** *Schroeder*, NStZ 2009, 9 (12): »…unnötige schwere Last für die Rechtsanwendung, die Lehre und das Studium.« Dazu *Roxin*, NStZ 2009, 319.

StGB nicht erfüllt ist. Der Fehlschlag ist keine eigenständige Rechtsfigur, sondern nur ein passender Begriff für jenes Auslegungsergebnis.

b) Maßgeblichkeit der »Gesamtbetrachtungslehre« für das Vorliegen eines fehlgeschlagenen Versuchs

Fall 156: – Kein Fehlschlag trotz Misslingens des Tatplans –[35] 1275
A übergoss seine Ehefrau mit Benzin und versuchte, sie anzuzünden, um sie zu töten. Als dieser Versuch misslang, würgte er die O mit Tötungsvorsatz. Doch packte ihn Reue, und er ließ von ihr ab, wobei er wusste, dass sie nicht ernstlich verletzt war.

(1) Der BGH hat hier einen fehlgeschlagenen Versuch des Totschlags trotz Misslingens des Brandanschlages verneint und dazu gemäß der – heute herrschenden – **Gesamtbetrachtungslehre** ausgeführt:

Ein strafbarer fehlgeschlagener Versuch liege auch in Fällen, in denen der vom Täter geplante Angriff zunächst misslungen sei, jedenfalls dann nicht vor, wenn er die Tat, wie er wisse, mit dem bereits eingesetzten oder **einem neuen bereitstehenden Mittel** noch vollenden könne. Hier sei der Mordversuch trotz des Scheiterns des Brandanschlags noch nicht endgültig fehlgeschlagen. Vielmehr habe der Täter **ohne zeitliche Zäsur** ein neues Tatmittel (Würgen) eingesetzt und dabei gewusst, dass er hiermit die Tat noch vollenden könne.[36]

Die **Einzelaktstheorie** stellt auf die in sich geschlossenen Tathandlungen ab und 1276
nimmt bereits dann einen fehlgeschlagenen Versuch an, wenn der einzelne Ausführungsakt nicht zum Erfolg geführt hat.[37] Vorliegend läge danach in dem gescheiterten Anzünden der Frau ein fehlgeschlagener – und damit nicht mehr rücktrittsfähiger – Versuch vor.

Die **Gesamtbetrachtungslehre** lehnt dagegen ein derartiges »Zerreißen eines einheitlichen Lebensvorganges« ab und postuliert für Fälle wie den vorliegenden:

Scheitere nur der Einsatz des ursprünglich vorgesehenen Tatmittels, so liege gleichwohl kein fehlgeschlagener Versuch vor, wenn der Täter unmittelbar im Anschluss an sein bisheriges Tun erneut zum Angriff ausholen oder ein neues Tatmittel einsetzen könne, um den Angriff fortzusetzen. Diese Möglichkeit müsse dem Täter dabei bewusst sein. Jenes neue Tatmittel könne gegenüber dem ursprünglich vorgesehenen ganz andersartig sein; und der Täter müsse vor dem Misslingen des ersten Angriffs hieran gar nicht gedacht haben.[38]

Demgemäß hat der BGH in **Fall 156** einen Versuch angenommen, von dem A noch freiwillig zurücktreten konnte. Denn A sagte sich, als er aufhörte, die O zu würgen: »Ich könnte die Tat noch vollenden, wenn ich es denn nur wollte.«

---

35 Fall nach BGH NStZ 1986, 264 f.

36 BGH NStZ 1986, 264 f.; zustimmend: BGHSt 34, 53 (56 f.); 35, 90 (94 f.); 39, 221 (228) (GS); BGH NStZ-RR 2009, 230 (231). Hierzu: *Fischer*, § 24 Rn. 11-13; MK/*Herzberg*/*Hoffmann-Holland*, § 24 Rn. 62; *Kühl*, § 16 Rn. 16-22; *Puppe*, NStZ 1986, 14 ff.; *Wessels*/*Beulke*/*Satzger*, Rn. 891 ff.; NK/*Zaczyk*, § 24 Rn. 28. – *Jäger*, Rücktritt, S. 123, und *Roxin*, § 30 Rn. 187 f. vertreten eine »modifizierte Gesamtbetrachtungslehre«. Kritisch u.a. *Frister*, 24/12-17.

37 Für sie u.a. S/S/*Eser*/*Bosch*, § 24 Rn. 20 f.; *Frister*, 24/13; *Freund*, § 9 Rn. 34, 41; *Bosch*, Jura 2014, 395 (398 f.).

38 BGH NStZ 1986, 264 f; BGH StraFo 2012, 276 (277) m. Anm. *Jäger*, JA 2012, 790.

Dabei geht das Gericht gemäß dem Rücktrittshorizont des Täters von einem unbeendeten Versuch aus, da A wusste, dass O nicht lebensgefährlich verletzt war. Für den Rücktritt vom unbeendeten Versuch genügt die hier vorliegende *Aufgabe der weiteren Ausführung der Tat* (§ 24 Abs. 1 S. 1 Alt. 1 StGB), sofern sie, wie in casu, freiwillig (aus Reue) geschah.

1277 (2) Der Gesamtbetrachtungslehre ist aus den folgenden Gründen zuzustimmen:

- Sie vermeidet das sachwidrige **Auseinanderreißen eines einheitlichen Geschehens** (hier: der zunächst als Brandanschlag begonnene und anschließend durch Würgen weitergeführte Tötungsversuch)[39];
- Sie dient dem **Opferschutz** (rücktrittsfreundliche Anwendung des § 24 StGB)[40];
- Sie wird der **ratio legis** sowie dem **möglichen Wortsinn** des Gesetzes gerecht. Denn in Fällen wie dem vorliegenden entspricht es dem alltäglichen Sprachgebrauch zu sagen: A hat aus Reue, also freiwillig, die weitere Ausführung der Tat in Form der Tötung der O aufgegeben. Der Tötungsversuch zunächst durch den Brandanschlag und anschließend durch das Würgen sind bei normativer Betrachtung als einheitlicher Lebensvorgang nur **ein** tatbestandsmäßiger Versuch des Totschlags. Dieser war nicht fehlgeschlagen, weil A bei seinem Rücktritt wusste, er könne den Erfolg noch herbeiführen.

1278 (3) Weitere Beispiele für die Bedeutung der Gesamtbetrachtungslehre:

(a) A schießt mit Tötungsabsicht auf O. Er zielt auf den Brustkorb, trifft aber nur die Schulter. Nun packt den A Reue und er verzichtet auf weitere Schüsse. O überlebt. – Hier liegt trotz Scheiterns des ersten Angriffs kein fehlgeschlagener Versuch vor, da A nach seiner Vorstellung unmittelbar im Anschluss an den ersten Schuss mit weiteren Schüssen den Erfolg noch hätte herbeiführen können.[41] Daraus folgt für die Anwendbarkeit des § 24 StGB:

- Wenn A bei seinem Rücktritt für sicher hielt, O sei nicht lebensgefährlich verletzt (**unbeendeter** Versuch), genügte seine Aufgabe der weiteren Ausführung der Tat.[42]
- Wenn A, als er von O abließ (Rücktrittshorizont), es für möglich hielt, O könne wegen der Verletzung sterben, war der Versuch **beendet**.[43] Dann wäre für den Rücktritt die freiwillige Verhinderung der Vollendung nötig, z.B. durch Herbeirufen eines Arztes.[44]

(b) A will den O überfahren, um ihn zu töten. O wird vom Pkw aber nur gestreift. Als er benommen am Boden liegt, würgt ihn A mit Tötungswillen, lässt dann aber von ihn ab. – Auch hier ist der Versuch nach der Gesamtbetrachtungslehre nicht fehlgeschlagen.[45]

(c) A und B zwingen C unter Drohungen, sich auszuziehen und unter eine mitgebrachte Plane zu legen, die sodann von A mit Benzin übergossen und angezündet wird. A und B nehmen den Tod des C dabei billigend in Kauf. C gerät sofort in Brand. In Panik gelingt es ihm, sich aus der Plane zu befreien und durch Wälzen auf dem Boden einen Großteil der

39 BGHSt 34, 53 (57); *Wessels/Beulke/Satzger*, Rn. 891 f. m.w.N; Bedenken hinsichtlich der zunehmenden Ausdehnung der Gesamtbetrachtungslehre durch den BGH bei: *Jäger*, JA 2015, 874 (875).

40 BGH NStZ 1986, 264 (265 a.E.); *Fischer*, § 24 Rn. 13; *Roxin*, § 30 Rn. 188.

41 Vgl. *Esser/Krickl*, JA 2008, 787 (790).

42 § 24 Abs. 1 S. 1 Alt. 1 StGB; siehe Rn. 1268, 1270.

43 § 24 Abs. 1 S. 1 Alt. 2 StGB; dazu Rn. 1269.

44 Siehe ergänzend § 24 Abs. 1 S. 2 StGB, auf den zurückzukommen ist.

45 BGHSt 34, 53 (56 ff.); vgl. Rn. 1275-1276. – Weiteres **Beispiel**: BGH NStZ 2003, 34.

Flammen zu ersticken. B will den C nunmehr retten und löscht die restlichen Flammen. C wird durch eine Notoperation gerettet. – Hier war der Totschlagsversuch des A deshalb fehlgeschlagen, weil er auf die Unterstützung des B nicht mehr zählen konnte. Um den Erfolg nach dem Einschreiten des B noch erzielen zu können, hätte er einen ganz neuen, abweichenden Tatplan entwickeln und umsetzen müssen.[46]

(d) A nahm bei seinem **Fluglehrer** B Flugstunden. Nachdem eine Flughöhe von 1500 Metern erreicht war, übernahm der B das Steuer. A holte daraufhin einen großen Edelstein (Amethyst) aus seiner Tasche hervor und schlug damit auf den Kopf des B ein. Da der B nicht bewusstlos wurde, umklammerte der A sodann mit beiden Händen den Kopf des B, um ihm die Augen einzudrücken. Als B den A wegschieben wollte, musste er die Steuerung loslassen. Das Flugzeug ging daraufhin in einen Sturzflug über. A drückte sein Steuerhorn nach vorne, um den Absturz zu vollenden. Aufgrund seiner langjährigen Flugerfahrung konnte B das Flugzeug aber kurz vor einem Aufprall noch nach oben ziehen. A saß während dieses Vorgangs schweigend neben dem B und erkannte, dass ein Absturz nun nicht mehr ohne weiteres möglich sei und ein erneutes Eingreifen seinerseits notwendig wäre, um sich und B tödlich zu verletzen. – Der A war hier weiterhin der »Herr seiner Entschlüsse«. Ein fehlgeschlagener Versuch liegt nicht vor, denn A hätte seinen Plan ohne Weiteres durch körperliche Einwirkungen oder das Herunterdrücken der Steuerung weiter verfolgen können.[47]

(4) Gegenbeispiel:[48] **1279**

Gastwirt G entdeckt in seinem Gasthaus den mit ihm verfeindeten O. Er ergreift eine Schnapsflasche, mit der er O den Schädel einschlagen will. O ist aber schneller: Mit einem raschen Fausthieb schlägt er den Angreifer k.o. Als G kurz danach wieder bei Bewusstsein ist, wankt er in seine über der Wirtschaft liegende Wohnung, ergreift ein langes Küchenmesser, geht zurück in die Gastwirtschaft und sticht mit Tötungsabsicht auf den überraschten O ein. Dann packt ihn Reue. O überlebt, weil G rasch ärztliche Hilfe herbeigerufen hatte.

Hier liegen ein **strafbarer fehlgeschlagener Versuch** des Totschlags (Flasche) und ein **wegen Rücktritts strafloser** zweiter Totschlagsversuch (Messerstich) vor:

– Der Einsatz des ersten Tatmittels (Flasche) war gescheitert. G konnte auch nicht im unmittelbaren Anschluss daran die Tötung mit einem neuen Tatmittel vollenden, denn der erste Angriff und der spätere mit dem Messer bildeten **keinen einheitlichen Lebensvorgang**.[49] Das Messer war kein »bereitstehendes« neues Angriffsmittel, das G ohne zeitliche Zäsur ergreifen konnte. Vielmehr musste er erst den Tatort verlassen, das neue Angriffsmittel aus seiner Wohnung holen und zum Tatort zurückkehren. Damit ist der enge räumlich-zeitliche Zusammenhang zwischen beiden Angriffen aufgehoben, also kein einheitliches Geschehen gegeben.[50]

– Der spätere **zweite** Totschlagsversuch (Messerstich) ist dagegen nicht fehlgeschlagen, da G den Erfolg noch mit weiteren Messerstichen hätte herbeiführen können. Stattdessen ist er strafbefreiend vom beendeten Versuch zurückgetreten (§ 24 Abs. 1 S. 1 Alt. 2 StGB).

46 BGH NStZ 2010, 690 m. Anm. *Jahn*, JuS 2011, 78.

47 Fall nach BGH NStZ 2015, 26; vgl. dazu auch die Anm. v. *Hecker*, JuS 2015, 367 ff.

48 Zu einem weiteren Gegenbeispiel siehe BGHSt 40, 75.

49 Hierauf stellen u.a. ab: BGHSt 40, 75 (77); 34, 53 (57).

50 BGHSt 40, 75 (77); *Fischer*, § 24 Rn. 11; *Wessels/Beulke/Satzger*, Rn. 891 f.

c) Fehlgeschlagener Versuch bei rechtlicher Unmöglichkeit der Vollendung der Tat?

1280 (1) Nach wohl h.L. soll ein Fehlschlag nicht nur vorliegen, wenn der Täter aus **tatsächlichen** Gründen annimmt, er könne den Erfolg nicht mehr herbeiführen.

Vielmehr sei ein Fehlschlag auch anzunehmen, wenn er, zu Recht oder zu Unrecht, davon ausgehe: Die Tatbestandserfüllung sei **rechtlich** nicht mehr möglich.[51]

Als **Beispiele** hierfür werden genannt:

- Diebstahlsversuch, bei dem der Täter nach Versuchsbeginn, zu Recht oder zu Unrecht, annimmt, das Opfer sei einverstanden. – Da das Einverständnis des betroffenen Gewahrsamsinhabers den Tatbestand des § 242 StGB ausschließt (keine »Wegnahme«), kann hier (zumindest aus der Sicht des Täters) der Tatbestand des Diebstahls nicht mehr erfüllt werden.
- Versuch der Vergewaltigung, wenn der Täter nach Versuchsbeginn die Überzeugung gewinnt, die Frau sei mit dem von ihm beabsichtigten Beischlaf einverstanden. – Auch hier ist nach der Rücktrittsperspektive des Täters die Erfüllung des Tatbestandes (§ 177 Abs. 1 StGB) aus Rechtsgründen nicht mehr möglich, wegen des, zu Recht oder zu Unrecht, angenommenen tatbestandsausschließenden Einverständnisses.[52]

1281 (2) Der BGH hat für letztere Konstellation (Vergewaltigungsversuch) jene h.L. abgelehnt und einen fehlgeschlagenen Versuch verneint:[53]

Erkläre sich das Opfer eines Vergewaltigungsversuchs ernsthaft oder zum Schein mit dem vom Täter beabsichtigten Geschlechtsverkehr einverstanden, so könne der Täter »sein Handlungsziel weiterverfolgen und den Beischlaf durchführen«. Es wäre befremdlich, hier von einem fehlgeschlagenem Versuch zu sprechen.

Dem BGH ist zu entgegnen, dass der Täter den tatbestandsmäßigen Erfolg aus seiner Sicht nicht mehr herbeiführen kann. Denn dieser fordert nicht die sexuelle Handlung als solche, sondern dass diese »gegen den Willen des Opfers« erfolgt. Für die – mithin bedenkliche – Konzeption des Gerichts lässt sich freilich der Aspekt des Opferschutzes geltend machen.[54]

3. Unanwendbarkeit des § 24 StGB auf echte Unternehmensdelikte

1281a Zudem ist im Hinterkopf zu behalten, dass ein Rücktritt bei echten Unternehmensdelikten nicht möglich ist, so zum Beispiel bei §§ 81, 82, 108e, 307, 309 StGB.[55] Echte Unternehmensdelikte enthalten das Wort »unternimmt«, welches in § 11 Abs. 1 Nr. 6 StGB dahingehend definiert wird, dass Versuch und Vollendung gleichgestellt werden.

51 S/S/*Eser/Bosch*, § 24 Rn. 9; *Herzberg/Hoffmann-Holland*, FS Blau, 1985, S. 97 (99); *Jäger*, AT, Rn. 313; *Kühl*, § 16 Rn. 14; *Roxin*, § 30 Rn. 89 ff.

52 Siehe hierzu den Fall BGHSt 39, 244 (245 f.).

53 BGHSt 39, 244 (246 f.); ebenso z.B. *Kudlich*, JuS 1999, 240 (244 f.).

54 BGHSt 39, 244 (246 f.).

55 Zu den Unternehmensdelikten siehe Rn. 237a, ein guter Überblick über die Problemfelder findet sich bei *Mitsch*, Jura 2012, 526.

Die Besonderheit der echten Unternehmensdelikte besteht demzufolge darin, dass sie bereits mit Eintritt in die Versuchsphase vollendet sind. Ein Rücktritt von der Vollendung ist aber nach dem klaren Wortlaut des § 24 StGB nicht möglich.

Teilweise hat der Gesetzgeber jedoch für einige echte Unternehmensdelikte Sondervorschriften für Fälle **tätiger Reue** geschaffen, siehe zum Beispiel §§ 83a, 314a StGB. Diese ermöglichen im Falle der Verhinderung des Eintritts des Erfolges durch den Täter eine Strafmilderung oder ein Absehen von Strafe. Allerdings sind solche Vorschriften bewusst nur für einige echte Sonderdelikte vorgesehen. Daher ist es mangels planwidriger Regelungslücke nicht möglich, § 24 StGB oder z.B. § 83a StGB analog anzuwenden, auch nicht auf Unternehmensdelikte für die keine Sondervorschriften gelten.[56]

56 *Mitsch*, Jura 2012, 526 (528 f.); S/S/*Eser*/*Hecker*, § 11 Rn. 46; BGHSt 15, 198; **a.A.** MK/*Herzberg*/*Hoffmann-Holland*, § 24 Rn. 187 ff.

§ 45 Abgrenzung unbeendeter / beendeter Versuch. Rücktritt vom unbeendeten / beendeten Versuch (§ 24 Abs. 1 StGB)

I. Abgrenzung unbeendeter / beendeter Versuch (§ 24 Abs. 1 S. 1 StGB)

1282 Das Gesetz verwendet die Begriffe unbeendeter und beendeter Versuch nicht. Doch stehen sie als anschauliche Bezeichnungen für zwei unterschiedliche Formen des Versuchs, was die Möglichkeiten des strafbefreienden Rücktritts gemäß § 24 StGB angeht, und werden daher zu Recht sowohl von der Literatur als auch nach ständiger Judikatur verwendet.[1]

Die erste Form des Rücktritts ist die schlichte **»freiwillige Aufgabe der weiteren Ausführung der Tat«** (§ 24 Abs. 1 S. 1 Alt. 1 StGB).[2] Schlichtes »Aufgeben« kann nach Sinn und Zweck dieser Vorschrift nur dann ausreichend sein, wenn der Täter davon ausgeht: Ich habe noch nicht alles Erforderliche getan, um den Tatbestand zu vollenden. Meine bisherigen Aktivitäten haben noch nicht die Gefahr herbeigeführt, der tatbestandsmäßige Erfolg könne eintreten.

Für solche Konstellationen ist die Regelung der Rücktrittsvoraussetzungen in § 24 Abs. 1 S. 1 Alt. 1 StGB unmittelbar einleuchtend. Die Bezeichnung als **unbeendeter Versuch** umschreibt derartige Fälle plakativ, klar und einprägsam.

1283 Die zweite Form des Rücktritts fordert mehr als die bloße Aufgabe der weiteren Tatausführung: Sie verlangt die **»freiwillige Verhinderung der Vollendung der Tat«** (§ 24 Abs. 1 S. 1 Alt. 2 StGB).[3] Hierbei geht es um Fälle, in denen der Täter, zu Recht oder zu Unrecht, annimmt: Ich habe möglicherweise schon alles Erforderliche getan, um den Tatbestand zu vollenden. Der Täter hält es hier also für möglich, der Erfolg könne schon aufgrund seiner bisherigen Aktivitäten eintreten.

Ein solches Gefahrenbewusstsein verpflichtet den Täter, durch effektive Gegenmaßnahmen die Vollendung der Tat zu verhindern.[4] Letztlich beruht diese Verpflichtung (§ 24 Abs. 1 S. 1 Alt. 2 StGB) dabei auf folgenden Gründen:

1284 (1) **Erwägungen des Opferschutzes**. Wenn der Täter das Opfer schon lebensgefährlich verletzt hat, kann grundsätzlich nur die Rettung des Opfers durch Gegenmaßnahmen des Täters zur Annahme eines Rücktritts vom Totschlagsversuch führen.

(2) **Ratio legis des § 24 StGB**. Hält es der Täter beim Ablassen vom Opfer (Rücktrittshorizont) für möglich, der Erfolg könne trotz seiner Aufgabe der weiteren Ausführung der Tat eintreten, so muss er aktiv den Erfolgseintritt verhindern. Anderenfalls kann man grundsätzlich nicht sagen: Vergeltender Schuldausgleich, General- und Spezialprävention forderten die Bestrafung des Täters wegen Versuchs nicht (oder nur in erheblich abgeschwächtem Maße). Nur bei effektiven

---

1 Kritisch dagegen MK/*Herzberg*, § 24 Rn. 63 ff. (1. Aufl. 2003).

2 Eine endgültige Aufgabe der weiteren Ausführung der Tat liegt auch bei einem vollständigen Opferwechsel vor, vgl. BGH StraFo 2013, 343.

3 Zur zusätzlichen Rücktrittsmöglichkeit gemäß § 24 Abs. 1 S. 2 StGB siehe Rn. 1315 ff.

4 BGHSt 35, 90 (93); *Kühl*, § 16 Rn. 3.

Rettungsmaßnahmen des Täters ist das Ausbleiben des Erfolges nicht nur Glück, sondern auch sein Verdienst.

(3) Die Regelung des § 24 Abs. 1 StGB basiert für jene Fälle des Gefahrenbewusstseins beim Aufgeben der Tat auf dem **Gesichtspunkt der Ingerenz**, d.h. der Erfolgsabwendungspflicht aufgrund »pflichtwidrigen gefährdenden Vorverhaltens« (Rn. 1146 ff.).

Für solche Fälle des Versuchs, in denen rettende Gegenmaßnahmen des Täters geboten sind, weil nach seinem Rücktrittshorizont die Gefahr der Vollendung der Tat besteht, ist der Begriff **beendeter** Versuch anschaulich, klar und einprägsam.

1. Maßgeblichkeit des »Rücktrittshorizontes« für die Abgrenzung unbeendeter / beendeter Versuch

Die bisherigen Ausführungen zu § 24 Abs. 1 S. 1 StGB haben bereits zu dem maßgeblichen Abgrenzungskriterium geführt: dem Vorstellungsbild des Täters *nach Abschluss der letzten Ausführungshandlung*, genauer, bei Aufgabe der weiteren Tatausführung **(Rücktrittshorizont)**.[5] **1285**

a) Maßgeblich für jene Abgrenzung ist nach (fast) allgemeiner Ansicht nicht die objektive Sachlage, sondern die **subjektive Vorstellung des Täters:**[6]

Unbeendet ist der Versuch, **wenn der Täter davon ausgeht, er habe noch nicht alles Erforderliche getan, um den Erfolg herbeizuführen** (Rn. 1282).

Beendet ist der Versuch dagegen, **wenn der Täter glaubt oder es für möglich hält, er habe schon genug getan, um die Tat zu vollenden** (Rn. 1283).

Dabei ist nach Wortlaut und Sinn des § 24 Abs. 1 StGB jener Rücktrittshorizont maßgeblich, nicht etwa das Vorstellungsbild des Täters bei Tatbeginn.[7] Entscheidend sind nach Ansicht des BGH also die **Vorstellungen des Täters bei der Aufgabe der weiteren Ausführung der Tat**, d.h. im Zeitpunkt des Rücktritts:

»Auch beim Vorliegen eines festumrissenen Tatplanes kommt es für die Abgrenzung vom unbeendeten zum beendeten Versuch darauf an, ob der Täter nach der letzten Ausführungshandlung den Eintritt des tatbestandsmäßigen Erfolges für möglich hält.«[8]

»Der Tatplan kann nur insoweit eine Rolle spielen, als eine vom Täter nach dem Scheitern seiner bisherigen Bemühungen erkannte Notwendigkeit, Tathandlungen und -ablauf grundlegend zu ändern oder ein ganz anderes als das bisher verwendete Tatmittel einzusetzen, die Annahme eines Fehlschlags nahe legt.«[9]

Diesen »Rücktrittshorizont« verdeutlicht und präzisiert der BGH wie folgt: **1286**

5 BGHSt 31, 170 (175 f.); 33, 295 (298 f.); 35, 90 ff.; 39, 221 (227 f.) (GS); BGH NStZ 1999, 299 f.; NStZ 2002, 427 f.; *Fischer*, § 24 Rn. 15-16a; *Kindhäuser*, AT, § 32 Rn. 11 ff.; *Kühl*, § 16 Rn. 27 ff.; *Puppe*, NStZ 1986, 14; *Roxin*, § 30 Rn. 163, 166; NK/*Zaczyk*, § 24 Rn. 37 ff.

6 BGHSt 31, 170 (175 f.); 33, 295 (298 f.); 35, 90 ff.; 39, 221 (227 f.) (GS); BGH NStZ 2002, 427 f.; NStZ 2015, 261 f.; *Jescheck*/*Weigend*, § 51 II 2; *Wessels*/*Beulke*/*Satzger*, Rn. 893 ff.

7 **A.A.** etwa S/S/*Eser*/*Bosch*, § 24 Rn. 16 ff., 18a.

8 BGHSt 35, 90 ff.; 39, 221 (227) (GS).

9 BGH NStZ 2008, 393; kritisch hierzu *Jäger*, Jura 2009, 53 (54) mit Falllösung.

Ein beendeter Versuch liege auch vor, wenn der Täter den Erfolgseintritt **irrig** für möglich halte. Umgekehrt sei ein unbeendeter Versuch auch dann gegeben, wenn der Täter aufgrund unzutreffender Einschätzung der Lage den Erfolgseintritt nicht für möglich halte.[10]

Es sei unerheblich, ob der Täter den Erfolg noch wolle oder noch billige; allein entscheidend sei jene **Möglichkeitsvorstellung**.[11]

An ihre Verneinung seien **strenge Anforderungen** zu stellen: Bei gefährlichen Gewalthandlungen (wie Messerstichen in den Rücken) und schweren Verletzungen, deren Wirkung der Täter wahrgenommen hat, liege es in aller Regel auf der Hand, dass er die lebensgefährdende Wirkung und damit die Möglichkeit, das Opfer könne sterben, erkenne.[12]

In Fällen jedoch, in denen das Opfer nach derartigen Gewalthandlungen schwer verletzt fliehen kann und es der Täter aus den Augen verliert, soll nach dem BGH eine Korrektur des Rücktrittshorizonts durchaus noch in Betracht kommen, so dass im Ergebnis dennoch von einem unbeendeten Versuch auszugehen sein kann.[13]

1287 Maßgeblich sei der **korrigierte Rücktrittshorizont**, wenn der Täter zunächst bei jener Aufgabe den Erfolgseintritt für möglich halte, dann aber erkenne, dass er sich geirrt habe: Hier sei ein unbeendeter Versuch anzunehmen.[14] Umgekehrt liege ein beendeter Versuch vor, wenn der Täter zunächst bei Aufgabe der weiteren Tatausführung nicht für möglich halte, der Erfolg könne eintreten, jedoch *unmittelbar* danach diese Rücktrittsperspektive korrigieren müsse.[15] Hierfür könne nur eine Veränderung der Wahrnehmung berücksichtigt werden, die sogleich nach der letzten Tathandlung in engstem räumlichen und zeitlichen Zusammenhang mit dieser eintrete, da anderenfalls der Rücktritt vom unbeendeten Versuch bereits durch bloßes Nichtweiterhandeln vollzogen sei.[16]

Mache sich der Täter nach der letzten Ausführungshandlung **keine Vorstellungen** über die Folgen seines Tuns, so sei beendeter Versuch anzunehmen. In einem solchen Falle rechne der Täter sowohl mit der Möglichkeit, der beabsichtigte bzw.

---

10 BGHSt 33, 295 (299); 35, 90 (93); 39, 221 (227 f.) (GS).

11 BGHSt 31, 170 (175 f.); 33, 295 (300); BGH NStZ 1999, 300 f.

12 BGHSt 39, 221 (231) (GS); BGH NStZ 1994, 76 f.; NStZ 1999, 299; vgl. aber auch BGH NStZ 1997, 593; NStZ-RR 2009, 42; NStZ 2011, 209; kritisch und für eine konsequent restriktive Anwendung der Rücktrittvorschriften: *Puppe*, ZIS 2011, 524 (526 f.).

13 Dazu kritisch *Jäger*, JA 2015, 549 (551); a.A. *Hecker*, JuS 2015, 657 (659).

14 BGHSt 36, 224 (226); 39, 221 (227 f.) (GS); BGH NStZ 2013, 463; 1999, 449 (450); NStZ-RR 2008, 335; 2013, 273 (274); 2014, 240; *Fischer*, § 24 Rn. 15a (m.w.N.); *Hoven*, JuS 2013, 403 (404 – Fall 5).

15 BGH NStZ 1998, 614 f. (mit Anm. *Jäger*, NStZ 1999, 608); BGH StraFo 2008, 212; *Kühl*, § 16 Rn. 32 m.w.N.

16 BGH NStZ 2010, 146; BGH StraFo 2008, 212; *Hoven*, JuS 2013, 403 (404 – Fall 6). Ist der Rücktritt bereits vollzogen und bleibt der Täter weiter untätig, obwohl er nun die Möglichkeit des Erfolgseintritts erkannt hat, so stellt sich die Frage, ob er sich wegen Unterlassens strafbar gemacht hat.

sonst von seinem Vorsatz umfasste Erfolg könne eintreten, als auch damit, der Erfolg könne ausbleiben; er nehme also beides in Kauf.[17]

Sofern keinerlei Feststellungen hinsichtlich des Rücktrittshorizonts des Täters getroffen werden können, ist der »in-dubio-pro-reo«-Grundsatz anzuwenden. Es darf folglich nicht auf ein Fehlen von Vorstellungen des Angeklagten in Bezug auf den Erfolgseintritt geschlossen werden, nur weil solche nicht erkennbar sind.[18]

Dass der Täter eines Totschlagsversuchs, der das Opfer niedergestochen oder mit einer Schusswaffe verletzt hat, sich bei der Aufgabe der weiteren Ausführung der Tat überhaupt keine Gedanken über die Folge seines Tuns macht, ist irreal. Real ist dagegen die Konstellation, dass dem Täter diese Folgen **gleichgültig** sind. Solche Gleichgültigkeit nun begründet in der Tat einen beendeten Versuch, denn der gleichgültige Täter nimmt beides in Kauf: Die Möglichkeit des Eintritts des tatbestandsmäßigen Erfolges und die seines Ausbleibens.[19] Mithin ist dem BGH mit der folgenden Klarstellung zuzustimmen: **Beendet ist der Versuch** – jedenfalls bei gefährlichen Gewalthandlungen – **auch, wenn dem Täter die Folgen seines Tuns bei Aufgabe der Tat gleichgültig sind**.

Fall 156a:[20]
Aus Eifersucht schlug A mit einer Machete auf seine Ehefrau E ein. Er hielt es dabei für möglich und nahm billigend in Kauf, dass sie durch die Schläge zu Tode kommen könnte. E brach schwer verletzt zusammen, so dass A nun irrtümlich davon ausging, sie sei bereits tot. Erst einige Zeit später erkannte er, dass sie noch atmete und auch nicht lebensgefährlich verletzt war.

Liegt ein noch unbeendeter Versuch des § 212 StGB vor, von dem A durch bloßes Untätigbleiben (Nichtweiterhandeln als »Aufgeben« i.S.d. § 24 Abs. 1 S. 1 Alt. 1 StGB) zurücktreten konnte oder handelte es sich um einen Fall des beendeten Versuchs?

Die Versuchung liegt nahe, den Fall nach den oben genannten Maßstäben zu beurteilen. Hätte A im Zeitpunkt der letzten Ausführungshandlung gedacht, seine Ehefrau lebe noch, verblute aber ohne Hilfe an den Verletzungen, so läge ein Fall des *beendeten* Versuches vor.

Muss das dann nicht erst Recht gelten, wenn A annimmt, er habe seine Frau bereits getötet? In dem Moment, als er seinen Irrtum erkannte, könnte sich sein Rücktrittshorizont korrigiert haben. Entscheidend für die Abgrenzung zwischen unbeendetem und beendetem Versuch wäre dann, ob der geforderte **zeitliche Zusammenhang** zwischen der letzten Ausführungshandlung und der Aufklärung seines Irrtums noch bestand.

---

17 BGHSt 40, 304 (306). Ebenso u.a.: BGH NStZ 2015, 509; NStZ 2011, 337; NStZ 2011, 209 = JA 2011, 551; NStZ 2011, 90; NStZ 1999, 299 f.; *Gropp*, § 9 Rn. 111; *Kühl*, § 16 Rn. 31 m.w.N.; *Otto*, AT, § 19 Rn. 9; NK/*Zaczyk*, § 24 Rn. 44; *Hoven*, JuS 2013, 403. Der **Begründung** des BGH widersprechen: *Brüning*, ZJS 2011, 93 (96); *Murmann*, JuS 1996, 590 ff.; *Puppe*, NStZ 1995, 403 ff.

18 BGH NStZ 2014, 143, mit Anm. *Nestler*; BGH StraFo 2013, 342 (343) noch: Schluss nicht »ohne Weiteres«; *Rathgeber*, FD-StrafR 2013, 347737.

19 So zu Recht BGHSt 40, 304 (306).

20 Abgewandelt nach BGH NStZ 2011, 688, der sowohl die Rücktrittsmöglichkeit nach § 24 Abs. 1 S. 1 Alt. 1 StGB (unbeendeter Versuch) als auch die nach § 24 Abs. 1 S. 1 Alt. 2 StGB (beendeter Versuch) verneinte, dafür aber einen Rücktritt nach § 24 Abs. 1 S. 2 StGB (beendeter Versuch) bejahte: Der Täter hatte gegenüber der Polizei das Herbeirufen eines Arztes als notwendig dargestellt; zuvor hatte aber bereits ein Nachbar die Polizei alarmiert, ohne dass der Täter dies wusste. Vertiefend: *Oymann*, RÜ 2011, 573; *Hecker*, JuS 2011, 82.

Der BGH beurteilt die Fall 156a zugrunde liegende Konstellation gerade nicht als *Korrektur* des Rücktrittshorizonts.

Solange der Täter im Anschluss an seine letzte Ausführungshandlung irrtümlich bereits den Eintritt des tatbestandlichen Erfolges (Tod der E) annehme, stelle sich für ihn die Frage eines etwaigen Rücktritts gar nicht. Ein **Rücktrittshorizont entstehe** vielmehr erst, wenn der Täter seinen Irrtum erkenne. Der maßgebliche **Zeitpunkt** für die Abgrenzung zwischen beendetem und unbeendeten Versuch sei daher jener der Entdeckung des Irrtums über die vermeintliche Tatvollendung.

1288 b) Für die **Maßgeblichkeit des Rücktrittshorizontes** sprechen folgende **Gründe**:

Die »Tatplantheorie«, die auf die Vorstellungen des Täters bei Tatbeginn rekurriert[21], scheitert schon in den Fällen des Fehlens eines festumrissenen Tatplans. Sie führt im Übrigen zur **ungerechten Privilegierung des rücksichtloseren Täters**, der vorsorglich mehr als nur einen Ausführungsakt eingeplant hatte.[22]

Die Lehre vom Rücktrittshorizont entspricht als grundsätzlich rücktrittsfreundlicherer Standpunkt besser dem **Gedanken des Opferschutzes**.[23]

Weiterhin wird sie der **ratio legis des § 24 StGB** gerecht.

Schließlich drängt sie sich auch nach dem **möglichen Wortsinn des Gesetzes** auf: Für den Täter besteht kein Anlass, die Vollendung der Tat zu verhindern, wenn er sie nach der letzten Ausführungshandlung nicht für möglich hält.

2. Sonderproblem: Rücktritt vom unbeendeten Versuch, auch wenn der Täter sein außertatbestandliches Handlungsziel erreicht hat?

1289 **Fall 157: – »Der gelungene Denkzettel« –**[24]
A stieß dem O ein Messer in den Oberbauch, um ihm eine »Lektion zu erteilen«. Bei dieser Tat rechnete er damit, O könne tödlich verletzt werden, und fand sich hiermit ab. Nach dem Stich zog A das Messer aus dem Körper des O und verließ den Raum, weil er sein Ziel, O einen Denkzettel zu verpassen, erreicht hatte. Dabei hielt A es angesichts des Verletzungsbildes und der überraschend gelassenen Reaktion des O nicht für möglich, die Verletzung könne lebensgefährlich sein. O überlebte.

In diesem Fall geht es um die hochkontroverse Problematik des Rücktritts vom unbeendeten Versuch bei Erreichung des außertatbestandlichen Handlungsziels. Dieses Problem soll auch der folgende Fall weiter verdeutlichen:

Fall 158: – »Der gnädige Verbrecher« –
A wird nach einem Raub von dem beherzten Passanten (O) verfolgt. Um O an der weiteren Verfolgung zu hindern, schießt A auf ihn. Dabei rechnet er mit der Möglichkeit einer tödlichen Verletzung; er will aber um jeden Preis, dass O von ihm ablässt. Der Schuss verfehlt O, bewirkt aber, dass dieser vor Schreck die Verfolgung aufgibt. A erkennt, dass er mit weiteren Schüssen O töten könnte. Er verzichtet aber hierauf, weil er sein Ziel erreicht hat.

---

21 BGHSt 22, 330 ff. Hiergegen überzeugend BGHSt 31, 170 (175 f.). Vgl. auch *Wörner*, NStZ 2010, 66 (67 f.).

22 So u.a. *Brüning*, ZJS 2011, 93 (94); *Jescheck/Weigend*, § 51 II 3.

23 Kritisch zum Opferschutzkonzept des BGH: *Puppe*, ZIS 2011, 524 (527).

24 Fall nach BGHSt 39, 211 (GS).

Der BGH (Großer Senat für Strafsachen) hat zu **Fall 157** entschieden: 1290

»Ein strafbefreiender Rücktritt vom unbeendeten Versuch ist auch in den Fällen möglich, in denen der Täter von weiteren Handlungen absieht, weil er sein **außertatbestandsmäßiges Handlungsziel** erreicht hat.«[25]

Diese Rechtsauffassung war schon vorher außerordentlich strittig[26] und sie ist auch nach jener höchstrichterlichen Entscheidung sehr kontrovers geblieben.[27] Bei ihrer Würdigung geht es im Wesentlichen um folgende Fragen:

(1) Fehlgeschlagener Versuch?

Nach der herrschenden und zutreffenden **Gesamtbetrachtungslehre**[28] liegt in Fall 157 kein fehlgeschlagener Versuch vor.[29] Zwar hat O den Messerstich überlebt. Doch war A, als er von O abließ, bewusst, dass er die Tat mit weiteren Stichen noch vollenden konnte. Auch unter dem Gesichtspunkt vermeintlicher »**Sinnlosigkeit** solcher Fortsetzung der Tat« lässt sich kein Fehlschlag bejahen, denn hier wäre die Vollendung durch Tötung des O nach dem Maßstab der »Verbrechervernunft« keineswegs sinnlos gewesen: Tote Zeugen reden nicht!

(2) Unbeendeter oder beendeter Versuch? 1291

In Fall 157 rechnete der Täter, als er von O abließ (Rücktrittshorizont), nicht mit der Möglichkeit, der Messerstich könnte tödliche Folgen haben. Danach liegt kein beendeter Versuch vor.[30] Daran ändert auch der Umstand nichts, dass A sein Ziel erreicht hatte, O einen Denkzettel zu verpassen, denn dieses **außertatbestandliche Ziel** hat nichts mit der »Ausführung der Tat« und »deren Vollendung« i.S.d. § 24 Abs. 1 S. 1 StGB zu tun. Demgemäß berührt jenes Zielerreichen nicht die Vorstellung des Täters: »Ich habe noch nicht alles Erforderliche getan, um den Erfolg herbeizuführen«. Denn Erfolg meint den **tatbestandsmäßigen Erfolg**, also beim Totschlagsversuch den Tod des Opfers.

(3) Aufgabe der weiteren Ausführung der Tat (§ 24 Abs. 1 S. 1 Alt. 1 StGB)? 1292

Der BGH (GS) hat dieses Merkmal bejaht und dazu festgestellt:

Tat gemäß § 24 Abs. 1 StGB sei die **Tat im materiellrechtlichen Sinne**, also die im jeweiligen **Straftatbestand** umschriebene tatbestandsmäßige Handlung mit

---

25 BGHSt 39, 211 (GS). Der GS hat hier einen Streit zwischen den Senaten des Gerichts geklärt. Vgl. auch BGH NStZ 2009, 86; NStZ-RR 2013, 105; NStZ-RR 2014, 105.

26 Nachweise in BGHSt 39, 221 (228 f.) – Rspr., (230) – Lehre.

27 BGHSt 39, 221 ff. (GS) **zustimmend** u.a.: *Fischer*, § 24 Rn. 9 m.w.N.; *Gropp*, § 9 Rn. 139 ff.; *Brüning*, ZJS 2011, 93 (95); *Schroth*, GA 1997, 151 ff.; MK/*Herzberg*/*Hoffmann-Holland*, § 24 Rn. 85-87. **Ablehnend** u.a. *Baumann*/*Weber*/*Mitsch*, § 27 Rn. 25; *Freund*, § 9 Rn. 39 ff.; *Frister*, 24/36; *Jäger*, AT, Rn. 318; *Köhler*, Kap. 8 II 3.2.2.5 (a.E.); *Kühl* (im Grundsatz), § 16 Rn. 38 ff.; *Otto*, AT (im Grundsatz), § 19 Rn. 25-32; *Roxin*, JZ 1993, 896; *ders.*, § 30 Rn. 58 ff.; *Stratenwerth*/*Kuhlen*, 11/80; *Wessels*/*Beulke*/*Satzger*, Rn. 897; NK/*Zaczyk*, § 24 Rn. 34, 53.

28 Zu deren Reichweite siehe BGH NStZ 2014, 569 mit Anm. *Nestler*.

29 BGHSt 39, 221 ff. (GS).

30 BGHSt 39, 221 (223, 226 ff.).

ihrem tatbestandsmäßigen Erfolg. Hierauf beziehe sich der Tatentschluss des Versuchstäters. Daher beschränke sich beim unbeendeten Versuch der Entschluss, die weitere Ausführung der Tat aufzugeben, auf die Verwirklichung der gesetzlichen Tatbestandsmerkmale. Auf weitergehende, außertatbestandliche Beweggründe oder Ziele stellten weder § 22 StGB noch der spiegelbildlich dazu Strafbefreiung durch Rücktritt ermöglichende § 24 StGB ab. Auf die sittliche bzw. ethische Bewertung komme es bei der Aufgabe der weiteren Tatausführung nicht an.[31]

Die **Kritiker des BGH** verneinen überwiegend die **»Aufgabe der Tat«**[32]: Der Täter trete von nichts zurück; Weiterhandeln wäre sinnlos. Der Entschluss, den Tod des Opfers noch herbeizuführen, wäre ein neuer Tatentschluss zu einem neuen Verbrechen. »Sinnlosigkeit« und »neuer Entschluss« würden an sich schon die Annahme eines **fehlgeschlagenen Versuchs** begründen.[33]

1293 Dennoch ist der Rechtsprechung des BGH (GS) zu folgen:

(a) »Aufgabe der weiteren Ausführung der Tat« bezieht sich nach Wortlaut und Sinn des § 24 Abs. 1 S. 1 Alt. 1 StGB auf den Straftatbestand. Daher steht dieser Aufgabe nicht entgegen, dass der Täter seine außertatbestandsmäßigen Ziele »Denkzettel« (Fall 157) bzw. »Stoppen des Verfolgers« (Fall 158) erreicht hatte. Er hätte das Opfer noch ohne Weiteres mit dem schon eingesetzten Mittel (Messer bzw. Schusswaffe) töten können. Dies wäre keineswegs **sinnlos** gewesen. Die These, eine solche weitere Ausführung der Tat hätte einen **neuen Tatentschluss** erfordert, ist angesichts der genannten Umstände – der Möglichkeit, den Erfolg mit demselben Mittel im unmittelbaren räumlich-zeitlichen Zusammenhang mit dem ersten Akt noch herbeizuführen, ohne dass diese weitere Ausführung der Tat sinnlos gewesen wäre – nicht überzeugend.[34]

(b) Für die Entscheidung des BGH spricht zudem der Aspekt des **Opferschutzes**.[35]

(c) Schließlich vermeidet sie, den mit bloßem **dolus eventualis** handelnden Täter dafür zu »bestrafen«, dass er keine Tötungsabsicht hatte. In letzterem Fall wäre nämlich ein Rücktritt nach (fast) allgemeiner Ansicht möglich gewesen.[36]

(4) »Freiwilligkeit« des Rücktritts?

Auch sie wird für Fälle wie den vorliegenden angezweifelt, aber vom BGH zutreffend bejaht.[37] A war nämlich noch »Herr seiner Entschlüsse«, er handelte »auf-

31 BGHSt 39, 221 (230 f.); ebenso BGH NStZ 2007, 399 (400).

32 *Baumann/Weber/Mitsch*, § 27 Rn. 25; *Freund*, § 9 Rn. 39 ff.; *Köhler*, Kap. 8 II 3.2.2.5 (a.E.); *Roxin*, § 30 Rn. 58 ff.; *Stratenwerth/Kuhlen*, 11/80; *Wessels/Beulke/Satzger*, Rn. 897.

33 Dazu oben, Rn. 1271-1272 *(Sinnlosigkeit)*; BGHSt 39, 221 (232) u. BGH NStZ 1994, 493 (Fehlschlag, wenn ein erneutes Ansetzen zur Tatvollendung einen **neuen Tatentschluss** erfordern würde; – siehe schon Rn. 1279).

34 Siehe bereits Rn. 1275-1278, 1290.

35 BGHSt 39, 221 (232); kritisch *Puppe*, NStZ 1995, 403 (404).

36 Dieses Argument wird von den Kritikern des BGH nicht überzeugend widerlegt; siehe u.a.: *Kühl*, § 16 Rn. 40; *Otto*, AT, § 19 Rn. 32.

37 Jene Freiwilligkeit wird vom 1. Strafsenat des BGH in seinem Vorlagebeschluss an den GS bejaht und von Letzterem der Sache nach akzeptiert: BGHSt 39, 221 (223 f., 227).

grund autonomer Motive«. Ein sittlich hochwertiger Beweggrund ist dabei nicht nötig.[38]

Ebenso wie in Fall 157 ist auch in Fall 158 (Rn. 1289) gemäß dem Beschluss des BGH (GS) ein freiwilliger Rücktritt vom unbeendeten Versuch anzunehmen: **1294**

Allerdings gibt es Stimmen in Judikatur und Lehre, die hier differenzieren wollen, d.h. im ersteren Fall dem Großen Strafsenat folgen, in letzterem dagegen Rücktritt verneinen.[39]

Jedoch leuchtet diese Differenzierung nicht ein:[40]

Entsprechend den Darlegungen zu Fall 157 ist der Versuch auch hier **nicht fehlgeschlagen**. Denn A hätte mit derselben Waffe unmittelbar nach dem ersten Akt die Ausführung der Tat fortsetzen können. Dies hätte keinen neuen Tatentschluss gefordert und wäre auch nicht sinnlos gewesen.

Auch hier war der Versuch gemäß den Ausführungen in Rn. 1291 **unbeendet**.

Schließlich sind entsprechend den Darlegungen in Rn. 1292 f. auch die **Aufgabe** der weiteren Tatausführung und deren **Freiwilligkeit** zu bejahen.

II. Rücktritt des Alleintäters vom unbeendeten Versuch (§ 24 Abs. 1 S. 1 Alt. 1 StGB)

1. Aufgabe der weiteren Verwirklichung des Tatbestandes

a) Endgültiger Verzicht auf die Ausführung der Tat?

Strittig ist, ob und wieweit hierfür der Entschluss nötig ist, auf die Ausführung der fraglichen Tat **endgültig** zu verzichten. **1295**

Fall 159: – »Aufgabe« oder »Nicht-Aufgabe«, das ist hier die Frage –[41]
A will seine Ex-Ehefrau E und deren Liebhaber O töten. Er lauert ihnen auf einem Parkplatz auf. Als A den O sieht, sticht er ihm sein Messer in die Schulter. Da er überzeugt ist, O noch nicht lebensgefährlich verletzt zu haben, will A zunächst weiter auf O einstechen, um ihm »den Rest zu geben«. Hiervon sieht er aber ab, weil er befürchtet, er könne die E »verpassen«. Daher eilt er zu ihrem Kfz und ersticht sie. O, der inzwischen entflohen ist, überlebt. Als A von O abließ, hatte er bezüglich dessen Tötung beschlossen:

a) O endgültig leben zu lassen.
b) O zunächst leben zu lassen, seine Ermordung aber »irgendwann bei passender Gelegenheit erneut zu versuchen«.
c) O direkt im Anschluss an die Ermordung der E zu erstechen.

Strafbarkeit des A wegen Totschlagsversuchs zum Nachteil des O?

Als A mit Tötungsvorsatz auf O einstach, beging er einen tatbestandsmäßigen, rechtswidrigen und schuldhaften Versuch des Totschlags.[42] Doch könnte er gemäß § 24 Abs. 1 S. 1 StGB strafbefreiend von diesem Versuch zurückgetreten sein. **1296**

---

38 Zur »Freiwilligkeit« siehe unten, Rn. 1300 ff.

39 *Kühl*, § 16 Rn. 38 ff., 41 a.E., 50; *Otto*, AT, § 19 Rn. 25, 29, 31-32; so offenbar auch BGH NStZ 1994, 493 (der Sache nach BGHSt 39, 221 widersprechend).

40 Ebenfalls gemäß BGHSt 39, 221 (GS) Rücktritt bejahend: BGH NStZ 1997, 593 (a.E.); *Fischer*, § 24 Rn. 9.

41 Abwandlung des BGHSt 35, 184 zugrunde liegenden Falles.

Der Versuch war nicht fehlgeschlagen: Als A von O abließ, ging er davon aus, er könne die Tat im unmittelbaren Anschluss an den ersten, misslungenen Akt mit weiteren Messerstichen vollenden. Diese Überzeugung schließt nach der »Gesamtbetrachtungslehre« einen Fehlschlag aus. Der Versuch war nach seinem »Rücktrittshorizont« auch unbeendet, da A nicht für möglich hielt, O könne schon an der ersten Stichverletzung sterben. Doch ist fraglich, ob A die weitere Tatausführung **aufgegeben** hat.

Zu Fall 159a: Aufgabe der Tat verlangt einen »Gegenentschluss«[43]; er ist die Basis für das Unterlassen weiterer Ausführungsakte. Nach einer gängigen Formulierung muss dieser Entschluss den Inhalt haben, die Tat **im Ganzen und endgültig** aufzugeben.[44] Danach wäre eine Aufgabe der Tat anzunehmen. Der Umstand, dass A nur die geplante Tötung des O aufgab, dagegen den Entschluss zur Tötung der E realisierte, ist dabei unerheblich. Denn jenes Merkmal Aufgabe der weiteren Ausführung der Tat bezieht sich nur auf die jeweilige »einzelne Tat im materiellrechtlichen Sinne«, in casu also auf den geplanten Totschlag gegenüber O.[45] Die Ausführung dieser Tat aber hat A im ganzen und endgültig aufgegeben. 1297

Zu Fall 159b: Auch hier ist nach herrschender und zutreffender Ansicht jenes Merkmal der Aufgabe erfüllt. Die Formel **im Ganzen und endgültig** ist in der Judikatur zwar noch immer anzutreffen; sie ist aber der Sache nach überholt, weil sie nach Gesetzestext und ratio legis des § 24 Abs. 1 S. 1 StGB **zu eng** ist:[46]

Der mögliche Wortsinn des Gesetzes sowie Sinn und Zweck des § 24 Abs. 1 S. 1 StGB als Spiegelbild zu § 22 StGB[47] schließen es aus, den Rücktritt mangels Aufgabe der weiteren Tatausführung deswegen zu verneinen, weil der Täter sich vorbehält, den Erfolg später »irgendwann bei passender Gelegenheit« doch noch herbeizuführen.[48] Dieser **Vorbehalt** ändert nichts an der Aufgabe der weiteren Ausführung des hier und jetzt begangenen Totschlagversuchs zum Nachteil des O. Denn jener Vorbehalt bedeutet nur, dass der Täter nicht darauf verzichtet, in Zukunft, ohne jeden räumlich-zeitlichen Zusammenhang zum gegenwärtigen Totschlagsversuch, eine **neue Tat** zu begehen. Insoweit ist stets auf die konkrete Tat im materiellen Sinn abzustellen, einschließlich der individuellen Tatumstände wie Tatobjekt, Tatsituation und das angestrebte Tatziel.[49]

Zu Fall 159c: Hier dürften Wortlaut sowie Sinn und Zweck des § 24 Abs. 1 S. 1 StGB gegen die Annahme einer Aufgabe der weiteren Ausführung der Tat sprechen. Eine solche Aufgabe scheidet aus, wenn der Täter Fortsetzungsakte plant, die

42 Ob darüber hinaus Mordversuch anzunehmen ist, soll hier dahinstehen.
43 *Wessels/Beulke/Satzger*, Rn. 903.
44 BGHSt 7, 296 (297); 33, 142 (145); 35, 184 (186 f.); BGH NStZ 2009, 501 = JuS 2010, 79; *Fischer*, § 24 Rn. 26a.
45 BGHSt 35, 184 (186 f.).
46 BGHSt 33, 142 (145 f.); *Köhler*, Kap. 8, 3.2.2.1; *Wessels/Beulke/Satzger*, Rn. 903; *Kühl*, § 16 Rn. 43-45; *Roxin*, § 30 Rn. 158 ff.; S/S/*Eser/Bosch*, § 24 Rn. 40.
47 BGHSt 39, 221 (230 f.) (GS); siehe Rn. 1292.
48 S/S/*Eser/Bosch*, § 24 Rn. 40; *Kühl*, Rn. 43-44; *Wessels/Beulke/Satzger*, Rn. 903.
49 *Wessels/Beulke/Satzger*, Rn. 903; *Hecker*, JuS 2010, 79 (80).

mit dem ersten Akt einen einheitlichen Lebensvorgang darstellen würden.[50] Der BGH hat diesen Standpunkt – sachlich übereinstimmend – wie folgt umschrieben:

Auch wenn der Täter eine spätere Fortsetzung der Tat vorhabe, sei ein Rücktritt durch Aufgabe ihrer weiteren Ausführung möglich. Voraussetzung dafür sei, dass die für später in Aussicht genommene Tat eine neue, selbständige Straftat i.S. des § 53 StGB wäre. Das sei bei einem fehlenden zeitlich-räumlichen Zusammenhang der Fall.[51]

»Nicht aufgegeben ist die Tat, so lange der Täter mit dem Versuch ihrer Begehung lediglich innehält, (…) weil er (zunächst) ein anderes Tatziel erreichen will.«[52]

In casu hätte zwischen dem Messerstich in die Schulter und der geplanten Fortsetzung des Tötungsversuchs unmittelbar nach der Ermordung der E ein derartiger Zusammenhang bestanden. Diese Fortsetzung hätte mithin keine neue selbständige Straftat i.S.d. § 53 StGB dargestellt. Daher scheidet in Fall 159c ein Rücktritt mangels Aufgabe der weiteren Tatausführung aus, während diese Aufgabe in den Fällen 159a und 159b vorliegt.

b) Teilaufgabe beim Versuch der Erfüllung mehrerer Straftatbestände

Der Rücktritt nach § 24 StGB, sowohl vom unbeendeten als auch vom beendeten **1298**
Versuch, erfolgt tatbestandsbezogen, so dass er für jedes Delikt gesondert festzustellen ist.

Da der Begriff der Tat (§ 24 Abs. 1 S. 1 Alt. 1 StGB) materiellrechtlich zu verstehen ist[53], kann der Täter auch die weitere Ausführung nur eines Delikts aufgeben. Hat der Täter durch die Begehung des Versuchs zugleich **vollendete** Straftaten begangen, so sind/bleiben diese strafbar (sog. **qualifizierter Versuch**).[54]

Beispiele:
a) Beim Versuch des Raubmordes (§§ 211, 249, 22, 23 StGB) gibt der Täter nur die weitere Ausführung des Mordversuchs auf, nicht aber die des versuchten Raubes.[55]

b) A ist gemäß § 24 Abs. 1 StGB vom Versuch des Totschlags zurückgetreten. Bei Begehung des Versuchs hatte er aber eine vollendete Straftat nach § 224 Abs. 1 Nr. 2 StGB verwirklicht. Wegen dieser Tat bleibt er strafbar.

Ob jene Strafbarkeit für vollendete Verbrechen und Vergehen auch für Gefährdungsdelikte wie § 224 Abs. 1 Nr. 5 StGB gilt, ist strittig, aber zu bejahen.[56] Daher

50 *Wessels/Beulke/Satzger*, Rn. 641; weitgehend übereinstimmend: S/S/*Eser/Bosch*, § 24 Rn. 40; *Fischer*, § 24 Rn. 26a m.w.N.; *Kühl*, § 16 Rn. 45.

51 BGHSt 33, 142 (145 f.).

52 BGH NStZ 2009, 501.

53 BGHSt 33, 142 (144 f.); 39, 221 (230 f.) (GS); siehe schon Rn. 1292-1293.

54 S/S/*Eser/Bosch*, § 24 Rn. 109; *Kindhäuser*, AT, § 32 Rn. 34; NK/*Zaczyk*, § 24 Rn. 125; BGH NStZ 2003, 533 (§ 224 Abs. 1 Nr. 2 StGB); BGH JZ 2002, 413 f. mit kritischer Anm. *Joerden* (§ 226 Abs. 2 StGB). – Zu Ausnahmen beim Rücktritt von § 216 StGB siehe m.w.N.: *Krey/Hellmann/Heinrich*, BT 1, Rn. 243; *Wessels/Beulke/Satzger*, Rn. 905.

55 BGHSt 33, 142 (144); *Kühl*, § 16 Rn. 47 m.w.N.

56 BGHSt 39, 128 (129 f.) (h.M.); **a.A.** S/S/*Eser/Bosch*, § 24 Rn. 110; NK/*Zaczyk*, § 24 Rn. 127.

bleibt beim Rücktritt vom Mordversuch eine etwaige Strafbarkeit wegen jener Modalität der gefährlichen Körperverletzung unberührt.

c) Teilrücktritt von qualifizierten Delikten wie Raub mit Waffen

1299 Abweichend von der Judikatur nimmt die h.L. zu Recht an, ein derartiger Teilrücktritt sei grundsätzlich anzuerkennen.[57]

Beispiel: Beim Versuch des Schweren Raubes gemäß §§ 249, 250 Abs. 2 Nr. 1, 22, 23 StGB (»Verwendung einer Waffe bei der Tat«) wirft der Täter die Waffe nach Versuchsbeginn, aber vor ihrer Verwendung weg. Hier ist nur versuchter Raub gemäß §§ 249, 22, 23 StGB anzunehmen.

2. Freiwilligkeit i.S.d. § 24 StGB

1300 Der Rücktritt vom unbeendeten Versuch gemäß § 24 Abs. 1 S. 1 Alt. 1 StGB erfordert, dass der Täter die weitere Ausführung der Tat **freiwillig** aufgibt.

a) Freiwilligkeit: Rücktritt aufgrund autonomer Entscheidung des Täters

Fall 160: – »Lilo-Fall« –[58]
H sieht in der Dämmerung eine Radfahrerin (L). Um sie zu vergewaltigen, reißt er sie vom Rad und wirft sich auf sie. L erkennt den H und ruft entrüstet: »Hermann, lass mich los!« Bestürzt antwortet H, der jetzt die L erkennt: »Lilo, Du?« und lässt sofort von ihr ab, und zwar aus folgendem Beweggrund:

a) H gerät dadurch, dass die L ihn erkannt hat, »in einen solchen Schock, dass sein Triebverlangen beseitigt wird«.
b) H schämt sich, weil er die ihm bekannte L überfallen hat; ihn packt Reue.
c) Für H war allein entscheidend die Angst, nach seiner Entdeckung von Lilo angezeigt und anschließend bestraft zu werden.

Zu Fall 160a: Wenn der Täter nach seinem subjektiven Vorstellungsbild, sei es zu Recht, sei es zu Unrecht, davon ausgeht, »er könne die Tat nicht mehr vollenden, selbst wenn er es wollte«, ist stets Unfreiwilligkeit anzunehmen.[59] Jedoch ist der Versuch dann **fehlgeschlagen**: »Freiwilligkeit« und »Möglichkeit der Aufgabe der weiteren Tatausführung« fehlen. Hier war H nicht mehr zur Tatausführung fähig, was ihm auch bewusst war. Mithin liegt ein fehlgeschlagener Versuch vor.[60]

1301 **Zu Fall 160b:** Hier ging der Täter davon aus, er könnte die Tat noch ausführen, wenn er nur wollte, so dass kein Fehlschlag anzunehmen ist. Die Aufgabe der weiteren Ausführung der Tat erfolgte auch **freiwillig**:[61] Dieses Merkmal ist nach

57 S/S/*Eser*/*Bosch*, § 24 Rn. 113; *Fischer*, § 24 Rn. 27; *Küper*, JZ 1997, 229 (233 f.); differenzierend *Mitsch*, JA 2014, 268 (271 f.); *Roxin*, § 30 Rn. 295 ff.; *Streng*, JZ 1984, 652 ff.; *Zaczyk*, NStZ 1984, 217; **a.A.** BGH NStZ 1984, 216; offen gelassen von BGHSt 33, 142 (145). **Wie die h.L. jetzt** BGHSt 51, 276 (279 a.E.).

58 Fall nach BGHSt 9, 48.

59 **Frank'sche Formel** (*Frank*, Das Strafgesetzbuch, 18. Aufl. 1931, § 46 Anm. II).

60 BGHSt 9, 48 (53) rekurriert hier nur auf Unfreiwilligkeit. Siehe auch BGHSt 20, 279 f.

61 BGHSt 9, 48 (49, 53).

herrschender und zutreffender Ansicht grundsätzlich »psychologisierend« (»empirisch-psychologisch«) zu bestimmen.[62]

(1) Dabei stellt die Rechtsprechung darauf ab, ob der Täter »**Herr seiner Entschlüsse** bleibt und die Ausführung seines Verbrechensplans noch für möglich hält, also weder durch eine äußere Zwangslage daran gehindert noch durch seelischen Druck unfähig wird, die Tat zu vollbringen.[63]«

Diese Definition ist unglücklich formuliert, denn sie erlaubt kaum eine Abgrenzung zwischen dem **fehlgeschlagenen** Versuch und Fällen eines zwar nicht fehlgeschlagenen, aber sonst mangels **freiwilligen** Rücktritts strafbaren Versuchs. Der Sache nach ist der BGH aber auf dem richtigen Weg. Das Gericht stellt letztlich nicht darauf ab, ob der Täter **tatsächlich** keine Wahlmöglichkeit besaß, sondern darauf, ob er **vernünftigerweise** noch eine andere Wahl als den Rücktritt besaß – dann Freiwilligkeit – oder nicht.[64]

(2) Terminologisch klarer und sachgerechter ist demgegenüber der Standpunkt der **1302**
h.L., die ebenfalls der psychologisierenden Betrachtung folgt. Sie rekurriert auf den Unterschied zwischen **autonomen** (selbstgesetzten) Motiven einerseits und **heteronomen** (fremdbestimmten) andererseits:[65] Freiwillig ist danach der Rücktritt, wenn er auf der eigenen, **autonomen** Entscheidung des Täters beruht.

Typische **Beispiele** hierfür sind:
- Reue, Scham, Gewissensbisse[66];
- Mitleid mit dem Opfer oder dessen Angehörigen[67];
- Angst vor den strafrechtlichen Folgen, es sei denn, dass die Furcht vor Bestrafung auf einer nachteiligen Änderung der Sachlage beruht (z.B. auf Entdeckung), die dem Täter **vernünftigerweise** keine andere Wahl als den Rücktritt lässt.[68]

Auch die **Angst vor drohender Entdeckung** »steht der Freiwilligkeit nicht grundsätzlich entgegen, es kommt vielmehr darauf an, ob es dem Täter überhaupt auf die Heimlichkeit der Tat ankam bzw. ob sich aus seiner Sicht aufgrund der äußeren Umstände zumindest das von ihm für entscheidend angesehene Risiko der Endeckung beträchtlich erhöht hat.«[69]

---

62 BGHSt 35, 184 (186 f.); *Fischer*, § 24 Rn. 19-19a; *Kühl*, § 16 Rn. 54; kritisch u.a. MK/*Herzberg* (1. Aufl. 2003), § 24 Rn. 122 ff., 140 ff.

63 BGHSt 7, 296; 35, 184 (186); BGH NStZ 2004, 324 (325 f.); NStZ 2008, 215 (moralische Skrupel); NStZ-RR 2009, 366 (367) – Einwirken Dritter; BGH StV 2015, 687 (688); weitere Nachweise bei *Kühl*, § 16 Rn. 55 Fn. 98. – Noch enger *Jäger*, Rücktritt, S. 98 ff.

64 BGHSt 9, 48 (53); 35, 184 (186); *Fischer*, § 24 Rn. 21.

65 So schon *Frank*, Das Strafgesetzbuch, 18. Aufl. 1931, § 46 Anm. II; ebenso heute u.a.: S/S/*Eser*/*Bosch*, § 24 Rn. 43, 45; *Fischer*, § 24 Rn. 19 ff.; *Kühl*, § 16 Rn. 54 ff.; *Otto*, AT, § 19 Rn. 37 ff.; kritisch u.a. MK/*Herzberg* (1. Aufl. 2003), § 24 Rn. 141.

66 *Fischer*, § 24 Rn. 22; *Otto*, AT, § 19 Rn. 39; *Wessels*/*Beulke*/*Satzger*, Rn. 651.

67 BGHSt 21, 216 (217); BGH NStZ 2004, 324 (325 f.).

68 BGH NStZ 2006, 265; dazu m.w.N.: *Fischer*, § 24 Rn. 21-22; *Kühl*, § 16 Rn. 62.

69 BGH NStZ 2011, 454; so auch: BGH NStZ 2007, 399; *Fischer*, § 24 Rn. 19b m.w.N.; *Engländer*, NStZ 2013, 639 (641).

Dabei kann der Anstoß zum Rücktritt jeweils **»auch von außen kommen«**, etwa auf Bitten des Opfers beruhen.[70]

Im Übrigen lagen auch in **Fall 158** (Rn. 1289) sowie in den Fällen **159a, 159b** (Rn. 1295) autonome Motive für den Rücktritt vor, so dass § 24 Abs. 1 S. 1 Alt. 1 StGB eingreift.[71]

1303 **Unfreiwillig** ist der Rücktritt, wenn er auf **heteronomen Gründen** basiert.

Typische **Beispiele** hierfür:

- Wegen heftiger Gegenwehr des Opfers hält der Täter die Tat zwar weiterhin für ausführbar, aber für riskanter als erwartet.[72]
- Angst vor den strafrechtlichen Folgen, wenn der Täter wegen Entdeckung durch Dritte oder anderer veränderter Umstände vernünftigerweise von der Tatausführung absehen muss.[73]

  Das ist etwa der Fall, wenn er »wegen des plötzlichen Angehens der Straßenbeleuchtung flieht«[74] oder wenn ein maskierter »Bankräuber« aufgibt, weil der Kassierer noch nicht erschienen ist und ihm (Täter) »das weitere Warten zu gefährlich vorkommt«.[75] Der Gedanke, entdeckt zu werden, muss allerdings maßgeblich das Handeln des Täters bestimmen. Kommt es dem Täter von Anfang an nicht auf Heimlichkeit an, z.B. weil sich die Tat in der Öffentlichkeit abspielt, so kann innerhalb eines Motivbündels immer noch das autonome Motiv überwiegen, so dass der Täter i.Erg. Herr seiner Entschlüsse bleibt.[76]

1304 Nach h.M. gehören zu den heteronomen Gründen auch **seelische Hemmnisse** (Unfähigkeit zur weiteren Tatausführung aus »emotionalen und psychischen Gründen«).[77]

Siehe dazu den Fall des Ehemannes, der vom Mordversuch an seiner Ehefrau zurücktritt, weil die gemeinsamen Kinder hinzukommen: Der Täter sei aus seelischen Gründen nicht mehr imstande gewesen, in Anwesenheit seiner Kinder weiter auf seine Frau einzustechen.[78]

Es stellt sich die Frage, warum das Gericht bei vermeintlich seelischen Hemmungen i.S. eines **zwingenden Hindernisses** keinen fehlgeschlagenen Versuch annimmt.

Im Ergebnis ist dem BGH aber darin folgen, dass kein Fehlschlag vorliegt. Der Täter war nicht »psychisch gelähmt«, sondern hat seine Ehefrau leben lassen, obwohl er sie noch hätte töten können. Denn es war ihm gelungen, die Kinder aus dem Schlafzimmer hinauszudrängen, so dass er wieder mit seiner Frau alleine war.

Zudem ist bei der Annahme von Unfreiwilligkeit wegen **seelischer Hemmungen** Vorsicht geboten.[79] Gerade Fälle wie der vorliegende verdeutlichen diese Fest-

---

70 BGHSt 7, 296 (299); BGH NStZ-RR 2009, 366 (367): Solange der Täter trotz des unvorhergesehenen Erscheinens oder der Anwesenheit Dritter ‚aus freien Stücken' handelt; zur Freiwilligkeit beim Vorhalten einer pistolenähnlichen Scheinwaffe durch Dritten BGH NStZ-RR 2014, 241.

71 Vgl. BGHSt 35, 184 (186 f.).

72 Zum Aspekt einer Erhöhung des Risikos: *Fischer*, § 24 Rn. 23; *Kühl*, § 16 Rn. 57.

73 Vgl. dazu auch BGH StV 2015, 688.

74 S/S/*Eser*/*Bosch*, § 24 Rn. 49; *Kühl*, § 16 Rn. 57.

75 BGH NStZ 1993, 76 f.

76 BGH NStZ 2007, 399 (400).

77 BGHSt 35, 184 (186); BGH NStZ 1994, 428 f.; *Kühl*, § 16 Rn. 56.

78 So BGH NStZ 1994, 428 f.

79 Insoweit zutreffend u.a.: *Freund*, § 9 Rn. 58, 59; *Köhler*, Kap. 8 II 3.2.3.

stellung. Bei lebensnaher Betrachtung, zudem unter dem Aspekt der prämierungswürdigen Rückkehr zur Rechtstreue und schließlich auch im Hinblick auf den Opferschutz spricht entgegen der Ansicht des BGH hier mehr für Freiwilligkeit als dagegen. Denn die fraglichen »seelischen Hemmungen« des Ehemannes dürften gerade auch auf **Scham und Entsetzen über die eigene Tat**[80] angesichts der »nach der Mutter schreienden Kinder« beruht haben. In casu waren solche autonomen Motive zumindest mitbestimmend.

In **Fall 160b** (Rn. 1300) waren die dominierenden Gründe für den Rücktritt autonom (Scham und Reue); der Rücktritt war also freiwillig.

In **Fall 160c** (Rn. 1300) überwogen heteronome Motive für den Rücktritt: die **1305**
Angst, von Lilo angezeigt zu werden. Darin lag eine negative Veränderung der Sachlage, die dem Täter vernünftigerweise keine andere Wahl ließ.

Der Umstand, dass H hätte beschließen können, Lilo trotz jener Entdeckung erst zu vergewaltigen und dann umzubringen (»tote Zeugen reden nicht«), ändert hieran selbstredend nichts: Der Verzicht auf einen gar nicht eingeplanten Verdeckungsmord macht die primär heteronome Motivation beim Rücktritt vom Vergewaltigungsversuch wegen Entdeckung nicht zu einer »prämierungswürdigen autonomen Umkehr«.

b) Abweichende Ansichten

Von den Ansichten, die das Abstellen auf den Unterschied zwischen autonomer und heteronomer Motivation kritisieren, seien hier nur die folgenden genannt:

(1) Abstellen auf die »Verbrechervernunft« **1306**

Nach dieser Ansicht[81] ist die Frage der Freiwilligkeit nicht »psychologisierend«, sondern normativ, also wertend zu beantworten. Dabei gehe es allerdings nicht um eine **ethische** Würdigung der Rücktrittsmotive. Vielmehr seien die Regeln der **Verbrechervernunft** maßgeblich: Trete der Täter nur deswegen zurück, weil ihm dies seine »Vernunft« gebiete, so sei sein Rücktritt unfreiwillig.

Dieser Rückgriff auf die Verbrechervernunft verabsolutiert sachwidrig ein wichtiges **Indiz** für die heteronome (fremdbestimmte) Motivation. Aber er erkennt zutreffend, dass die Feststellung, *der Täter habe wegen einer negativen Veränderung der Sachlage »vernünftigerweise« keine andere Wahl als den Rücktritt gehabt,* grundsätzlich zur Annahme von Unfreiwilligkeit führt.[82] Insoweit ist jene Ansicht eine bedeutsame Ergänzung zur h.M.

---

80 Dazu BGH NStZ 2004, 324 (325 f.).

81 *Roxin*, FS Heinitz, 1972, S. 251 ff.; *ders.*, § 30 Rn. 379 ff., 383 ff.; SK/*Rudolphi*, § 24 Rn. 25. Kritisch u.a.: MK/*Herzberg*/*Hoffmann-Holland*, § 24 Rn. 145-146; *Jakobs*, 26/34-34a; *Otto*, AT, § 19 Rn. 42; *Stratenwerth*/*Kuhlen*, 11/88.

82 Siehe Rn. 1290, 1301-1303, 1305; ebenso u.a. *Stratenwerth*/*Kuhlen*, 11/87.

(2) Normative Deutung der Freiwilligkeit durch das Erfordernis eines sittlich anerkennungswerten Motivs

Diese Auffassung[83] engt § 24 StGB sachwidrig ein und dürfte zudem auf eine dem Analogieverbot widersprechende teleologische Reduktion jenes persönlichen Strafausschließungsgrundes hinauslaufen.[84] Daher ist der ganz h.M. darin zuzustimmen, dass das Rücktrittsmotiv nicht sittlich billigenswert sein muss.[85]

1307 **(3) Freiwilligkeit als Rechtsbegriff (»Autonomie der Entscheidung«)**

Dieser Standpunkt rekurriert auf die »Selbstbegründung« des Entschlusses zum Rücktritt: Freiwilligkeit verlange die Feststellung, dass kein äußerer oder innerer **Zwang** den Täter zur Entscheidung trieb.[86] Der Sache nach dürfte diese Auffassung weitgehend mit der Differenzierung zwischen autonomen und heteronomen Motiven (Rn. 1302) identisch sein, wobei jener Zwang heteronome Motive begründet.

(4) Rückgriff auf die Maßstäbe für die Annahme nichtverantwortlichen Handelns des Werkzeugs bei der mittelbaren Täterschaft

Dieser Ansatz orientiert sich an den Maßstäben des § 20 StGB und des § 35 StGB sowie an Irrtümern beim Zurücktretenden.[87] Damit aber wird der Bereich unfreiwilliger Rücktritte sachwidrig eingeengt.[88]

III. Rücktritt des Alleintäters vom beendeten Versuch

1. § 24 Abs. 1 S. 1 Alt. 2 StGB: Freiwillige Verhinderung der Vollendung

1308 Ist der Versuch bereits beendet (Rn. 1282 ff.), so kann der Täter strafbefreiend zurücktreten, indem er »freiwillig die Vollendung der Tat verhindert«. Es gelten auch hier die bereits dargelegten Grundsätze zur Freiwilligkeit (Rn. 1300 ff.). Im Folgenden geht es daher nur um die speziellen Anforderungen an die **Verhinderung der Vollendung der Tat durch den Täter**.

a) Notwendigkeit eines Rettungsentschlusses als subjektive Voraussetzung

Das Gefahrenbewusstsein, das den beendeten Versuch konstituiert (Rn. 1283-1288), verpflichtet den Täter zu effektiven Gegenaktivitäten, um den Erfolgseintritt abzuwenden. Solche Rettungsmaßnahmen erfordern naturgemäß einen Rettungsentschluss.[89] Demgemäß verlangt § 24 Abs. 1 S. 1 Alt. 2 StGB als subjektives

---

83 *Bockelmann*, NJW 1955, 1417 (1421); ebenso für Fälle wie 159a, 159b (Rn. 1295) *Kühl*, § 16 Rn. 61; siehe auch *Jakobs*, 26/34.

84 Zur teleologischen Reduktion: Rn. 89-93.

85 BGHSt 9, 48 (49 f.); 35, 184 (186 f.) (zu Fall 159a, 159b – Rn. 1295); 39, 221 (230) (GS); *Lampe*, JuS 1989, 610 ff.; *Otto*, AT, § 19 Rn. 41; *Wessels/Beulke/Satzger*, Rn. 915.

86 NK/*Zaczyk*, § 24 Rn. 68, 69 ff.

87 *Jäger*, Rücktritt, S. 98 ff.; *ders.*, ZStW 112 (2000), 783 ff. – MK/*Herzberg* (1. Aufl. 2003) rekurriert auf § 35 StGB und § 240 StGB, dagegen nicht auf § 20 StGB (§ 24 Rn. 125 ff., 130 ff., 137 ff.).

88 NK/*Zaczyk*, § 24 Rn. 67. – Im Übrigen hält der BGH zu Recht auch im Falle des **§ 20 StGB** einen freiwilligen Rücktritt für möglich (BGH NStZ 2004, 324 ff.).

89 BGHSt 31, 46 (49) (m.w.N.); S/S/*Eser*/*Bosch*, § 24 Rn. 59; *Kühl*, § 16 Rn. 65.

Element einen **Rettungswillen**. Die Verhinderung der Vollendung muss mit Wissen und Wollen erfolgen, genauer: der Täter muss hierauf abzielen.[90]

Es genügt daher nicht, wenn die Abwendung des tatbestandsmäßigen Erfolges lediglich zufällige Nebenfolge von Aktivitäten des Täters ist, die ganz anderen Zwecken dienen, z.B. der Verschleierung seiner Täterschaft.[91]

b) Keine Notwendigkeit einer eigenhändigen Verhinderung der Vollendung

§ 24 Abs. 1 S. 1 Alt. 2 StGB verlangt nicht, dass der Täter den Erfolgseintritt eigenhändig verhindert. Vielmehr genügt es, wenn er **Dritte** (z.B. Ärzte, Feuerwehr) hinzuzieht, die für ihn oder mit ihm den Erfolg verhindern.[92] **1309**

c) Erfordert § 24 Abs. 1 S. 1 Alt. 2 StGB »optimale Rettungsmaßnahmen«?

(1) Die Vertreter der *Bestleistungstheorie* fordern, dass der Täter dem Opfer beim Rücktritt vom beendeten Versuch »äußerste Anstrengungen« zur Verhinderung der Tatvollendung schulde.[93] Daher müsse er unter **mehreren Möglichkeiten** der Erfolgsverhinderung **die sicherste** wählen.

(2) Demgegenüber lässt die **herrschende** Chanceneröffnungstheorie grundsätzlich **1310**
bereits genügen, dass der Täter eine neue Kausalkette in Gang setzt, die für die Abwendung des tatbestandsmäßigen Erfolges jedenfalls **mitursächlich** geworden ist. Dass er mehr hätte tun können, um die Vollendung der Tat mit größerer Sicherheit zu verhindern, sei unschädlich und ihm nicht vorzuwerfen.[94] Der Gesetzgeber habe sich in § 24 Abs. 1 S. 1 Alt. 2 StGB – anders als in Satz 2 – für das Prinzip »Ende gut, alles gut« entschieden. Eine »Korrektur« zu Ungunsten des Täters sei unter Beachtung des Analogieverbots gemäß Art. 103 Abs. 2 GG ausgeschlossen.[95]

Allerdings wird von einigen Vertretern einschränkend gefordert, **die Verhinde- 1311**
rung des Erfolges müsse dem Täter »als sein Werk objektiv zuzurechnen sein«.[96] Daher seien gänzlich unzureichende Rettungsmaßnahmen, die eher zufällig

---

90 BGHSt 31, 46 (49); 48, 147 (149 f.); *Fischer*, § 24 Rn. 30. – »Wissen und Wollen« lassen u.a. *Wessels/Beulke/Satzger*, Rn. 906, genügen.

91 S/S/*Eser/Bosch*, § 24 Rn. 59; *Kühl*, § 16 Rn. 64-66 m.w.N.; *Maurach/Gössel/Zipf*, 41/168.

92 BGH NStZ 2008, 508; *Fischer*, § 24 Rn. 31.

93 *Herzberg*, NStZ 1989, 49; *ders.*, NJW 1989, 862 (865): § 24 Abs. 1 S. 1 StGB sei zu lesen: »... oder deren Vollendung *durch ernsthaftes Bemühen* verhindert« (weniger streng *ders.*, FS Kohlmann, 2003, S. 37, 45 ff.). Ebenso offenbar *Jakobs*, 26/21; differenzierend *Roxin*, § 30 Rn. 243 ff.

94 BGHSt 33, 295 (301); BGH NStZ 1999, 128 und 238 f.; BGHSt 48, 147 (149 ff.) (= JZ 2003, 741 ff. mit kritischer Anm. *Jakobs*); BGH NStZ 2004, 614 f.; S/S/*Eser/Bosch*, § 24 Rn. 66; *Fischer*, § 24 Rn. 35; *Wessels/Beulke/Satzger*, Rn. 906; NK/*Zaczyk*, § 24 Rn. 58-61.

95 *Kühl*, § 16 Rn. 70.

96 *Kindhäuser*, AT, § 32 Rn. 28 (Zurechenbarkeit in Analogie zu den Beteiligungsregeln); *Rudolphi*, NStZ 1989, 511; *Wessels/Beulke/Satzger*, Rn. 906; *Kühl*, § 16 Rn. 72 ff. m.w.N.; *Roxin*, § 30 Rn. 213.

den Erfolg abgewendet hätten, nicht ausreichend. *Zaczyk* verlangt etwa den Einsatz eines aus der Sicht des Täters »verlässlichen« Rettungsmittels.[97]

(3) Der BGH folgt im Grundsatz der h.M., doch hat er **Ausnahmen** formuliert:[98]

1312 **Fall 161: – Lieblose Rettungsbemühungen –**
A hatte seine Ehefrau O mit Tötungsvorsatz verletzt, und zwar lebensgefährlich, was er auch erkannte. Er fuhr sie mit seinem Pkw bis etwa 100 m an einen Nebeneingang des Krankenhauses heran, ließ sie aussteigen und entfernte sich. Bald darauf wurde O etwa 40 m vom Haupteingang der Klinik von einem Passanten gefunden; sie lag dort bewusstlos im Gebüsch. O wurde trotz ihrer schweren Verletzungen von den Ärzten gerettet.

Hier lag ein beendeter Totschlagsversuch vor, da dem A die Möglichkeit des Erfolgseintritts bewusst war. Doch erscheint fraglich, ob man sagen kann: A hat den Erfolgseintritt verhindert. Diese Frage verneint der BGH mit den Worten:

»Der Täter muss seinen Rücktrittswillen durch Handlungen manifestieren, die auf Vereitelung der Tatvollendung abzielen und (…) aus seiner Sicht dazu ausreichen. Die ergriffenen Verhinderungsmöglichkeiten muss er ausschöpfen. **Er darf dem Zufall dort nicht Raum geben, wo er ihn vermeiden kann**.«[99]

Diesen Anforderungen ist A nicht gerecht geworden, als er die schwer verletzte O in der Nähe des Krankenhauses allein und damit einem ungewissen Schicksal überließ.

1313 **Fall 162: – Halbherzige Rettungsaktivitäten –**
Frau F hatte ihrem Ehemann O mit Tötungsvorsatz Gift (E-605) eingeflößt. Als die Wirkung des Giftes eintrat, rief sie auf Drängen des O einen Krankenwagen, »da es ihrem Ehemann schlecht gehe und er herumtaumele«. Sie verschwieg dabei aber die Vergiftung, obwohl sie annahm, der Arzt müsste hierüber informiert werden, um das Leben des O mit hinreichender Sicherheit retten zu können. O überlebte gleichwohl.

Der BGH hat hier eine »Verhinderung der Tatvollendung« durch F verneint:

Strafbefreiender Rücktritt vom beendeten Versuch scheide aus, wenn der Täter zwar zunächst das aus seiner Sicht zur Rettung des Tatopfers Erforderliche tue, dann aber eine weitere Mitwirkung verweigere, obwohl er davon ausgehe, dass sie erforderlich sei, um die Rettungsaktion erfolgreich abzuschließen.[100]

Zur Begründung stellt der BGH darauf ab, das Verschweigen der Vergiftung zeige das Fehlen eines »fortbestehenden Rettungswillens«.

1314 (4) Beide Urteile des BGH sind im Ergebnis zutreffend.[101] Denn das Gericht verzichtet zwar auf das Erfordernis, der Täter müsse die »optimale« (sicherste) Rettungsmöglichkeit wählen, verlangt aber Rettungsabsicht und erfolgreiche Wahl

---

97 NK/*Zaczyk*, § 24 Rn. 61.

98 Vgl. zur Rspr. den Überblick bei *Jäger*, Jura 2009, 53 (54 f.).

99 BGHSt 31, 46. Im Ergebnis ebenso etwa: *Jäger*, AT, Rn. 320; NK/*Zaczyk*, § 24 Rn. 61.

100 BGH NStZ 1989, 525 (mit abl. Bespr. *Rudolphi*, NStZ 1989, 508 ff.). Zustimmend *Kühl*, § 16 Rn. 77; ablehnend *Kindhäuser*, AT, § 32 Rn. 28; differenzierend *Roxin*, § 30 Rn. 258.

101 **Gegen** BGHSt 31, 46 (Rn. 1312 ff.) aber u.a.: *Köhler*, Kap. 8 II 3.2.2.2; *Puppe*, NStZ 1984, 488 ff.; **dafür**: S/S/*Eser*/*Bosch*, § 24 Rn. 59c; *Jäger*, AT, Rn. 320; *Roxin*, § 30 Rn. 246 ff.; NK/*Zaczyk*, § 24 Rn. 61.

eines Rettungsmittels, das er für geeignet hält, die Vollendung zu verhindern.[102] Der Täter muss **eine neue Kausalkette in Gang setzen, die mitursächlich für die Vollendungsverhinderung wird**.[103]

In beiden Fällen hat es der Täter durch wissentlich halbherzige, unzulängliche Rettungsbemühungen weitgehend dem **Zufall** überlassen, ob der Erfolg (Tod des Opfers) eintritt oder nicht. Genauer: Er hat durch den Verzicht auf effektive Rettungshandlungen mit Wissen und Wollen die **konkrete Gefahr** begründet, der Erfolg könne wegen jenen Verzichts eintreten. In einer solchen Situation kann man weder feststellen, »die Verhinderung der Tatvollendung sei dem Täter als sein Werk objektiv zuzurechnen« noch lässt sich sagen, »das Verhalten des Täters habe auf diese Verhinderung abgezielt«.

Resümee: Das Unterlassen optimaler Rettungsmaßnahmen mag zwar als solches unschädlich sein. Wenn der Täter aber vorsätzlich auf hinreichend sichere Rettungsaktivitäten verzichtet, die Verhinderung des Taterfolges weitgehend dem Zufall überlässt und durch jenen Verzicht wissentlich die konkrete Gefahr des Erfolgseintritts begründet, scheidet ein Rücktritt trotz Ausbleiben der Vollendung aus. Das ergibt sich daraus, dass die Verhinderung der Vollendung normativ nicht als das Werk des Täters erscheint und dass man nicht von einem ernstlichen Rettungswillen sprechen kann. In solchen Fällen legt die ratio legis des § 24 Abs. 1 S. 1 Alt. 2 StGB (Rn. 1256-1259, 1283-1284) die Nichtanwendung dieser Vorschrift nahe. Und der mögliche Wortsinn des Gesetzes steht dem nicht entgegen.

2. Rücktritt vom beendeten Versuch gemäß § 24 Abs. 1 S. 2 StGB

Diese Vorschrift ergänzt § 24 Abs. 1 S. 1 Alt. 2 StGB (freiwillige Verhinderung 1315
der Vollendung der Tat; Rn. 1308 ff.).[104]

a) Anwendungsbereich des § 24 Abs. 1 S. 2 StGB

Wie schon § 24 Abs. 1 S. 1 StGB[105] verlangt auch jener Satz 2, dass die Tat **nicht vollendet wird**. Der tatbestandsmäßige Erfolg darf also nicht eintreten.

Die Verhinderung der Tatvollendung muss dabei »ohne Zutun des Zurücktretenden« erfolgen, darf also von ihm nicht (mit)verursacht sein. Dabei geht es um folgende Fallgruppen:

(1) Die Vollendung wird ohne Wissen des Täters **vom Opfer** oder von **Dritten** 1316
verhindert.

Beispiel: Während der Täter noch auf dem Wege ist, ärztliche Hilfe herbeizurufen, wird das Opfer schon von Passanten entdeckt und ins Krankenhaus gebracht.[106]

(2) Der Versuch war, was der Täter nicht weiß, **untauglich**, konnte also gar nicht zur Vollendung gelangen.[107]

102 BGHSt 48, 147 (150, 152).
103 BGH NStZ-RR 2010, 276 (277).
104 Vgl. hierzu *Noltensmeier/Henn*, JA 2010, 269.
105 Siehe Rn. 1265, 1267-1269.
106 *Kühl*, § 16 Rn. 84; S/S/*Eser/Bosch*, § 24 Rn. 70.

(3) Es liegt ein **objektiv fehlgeschlagener Versuch** vor. Der Täter aber weiß dies nicht, sondern hält irrig den Erfolgseintritt für möglich.[108]

Beispiel:[109] A hat mit seiner letzten Patrone O getroffen, aber nur ganz leicht verletzt. O schreit auf und lässt sich vor Schreck fallen. Daraufhin nimmt A irrig an, er habe O möglicherweise lebensgefährlich getroffen. Er rennt zum nächsten Dorf, um ärztliche Hilfe herbeizurufen. O aber eilt so schnell wie möglich nach Hause.

1317 (4) Obwohl der tatbestandsmäßige Erfolg eintritt, ist der objektive Tatbestand nicht erfüllt, weil jener Erfolg dem Täter **nicht als sein Werk objektiv zuzurechnen ist**.

Abwandlung Fall 153 (Rn. 1266, 1270): A hat den Messerstich irrig für lebensgefährlich gehalten. – Hier ist mangels objektiver Zurechnung des Unfalltodes des O kein vollendeter Totschlag gegeben (Rn. 1265-1266), sondern nur ein Versuch des § 212 StGB, und zwar nach dem Rücktrittshorizont ein beendeter.

Solche Konstellationen rechnet die h.L. zum Anwendungsbereich des § 24 Abs. 1 S. 2 StGB[110], der wie folgt zu lesen ist: »Wird die Tat (…) nicht *zurechenbar* vollendet…«. Denn dann liegt trotz Erfolgseintritts ein Versuch vor, von dem der Täter gerade zurücktreten können soll, wenn auch unter den strengen Voraussetzungen des § 24 Abs. 1 S. 2 StGB. Daher nimmt die h.L. also zu Recht einen Fall der »Nichtvollendung ohne Zutun des Täters« an.

b) Freiwilliges und ernsthaftes Bemühen des Täters

1318 An der Freiwilligkeit fehlt es, wenn der Täter erkannt hat, dass es seiner Rettungsbemühungen nicht bedarf, weil

- Dritte den Erfolgseintritt ohne sein Zutun verhindern,
- der Versuch fehlgeschlagen ist oder
- mangels Tauglichkeit des Versuchs keine Tatvollendung droht.[111]

Sobald dem Täter bewusst geworden ist, die Tatvollendung sei nicht (mehr) möglich, ist kein Raum für einen Rücktritt.

Das Merkmal des **»ernsthaften Bemühens«**, die Vollendung zu verhindern, erfordert **optimale Anstrengungen**: Der Täter muss alles tun, was in seinen Kräften steht und was nach seiner Überzeugung zur Erfolgsabwendung notwendig ist.[112]

Wenn er den Entschluss zum Rücktritt gefasst hat, muss er die in diesem Moment aus seiner Sicht ausreichenden Verhinderungsmöglichkeiten ausschöpfen und sich um die **bestmögliche Maßnahme** bemühen.

Er darf sich aber auch hier der **Hilfe eines Dritten** bedienen, sofern er sich zumindest vergewissert, dass dieser alles Notwendige veranlasst. Vor der Entschlussfas-

107 *Fischer*, § 24 Rn. 36; *Wessels/Beulke/Satzger*, Rn. 908; NK/*Zaczyk*, § 24 Rn. 82.
108 S/S/*Eser/Bosch*, § 24 Rn. 70; *Roxin*, § 30 Rn. 265; *Wessels/Beulke/Satzger*, Rn. 908.
109 Abwandlung von Fall 155b, Rn. 1271.
110 S/S/*Eser/Bosch*, § 24 Rn. 70; *Kühl*, § 16 Rn. 82; *Wessels/Beulke/Satzger*, Rn. 908.
111 BGH MDR 1969, 494; S/S/*Eser/Bosch*, § 24 Rn. 72; *Roxin*, § 30 Rn. 267; *Wessels/Beulke/Satzger*, Rn. 908.
112 BGH bei *Holtz* MDR 1978, 279 u. 985; S/S/*Eser/Bosch*, § 24 Rn. 72; *Roxin*, § 30 Rn. 275 ff.

sung objektiv bestehende Handlungsmöglichkeiten sind nicht in die Bewertung einzustellen.[113]

IV. Exkurs: Rücktritt beim unechten Unterlassungsdelikt

Im Schrifttum ist strittig, ob beim unechten Unterlassungsdelikt wie beim Begehungsdelikt zwischen unbeendetem und beendetem Versuch zu unterscheiden ist.[114] **1319**

Freilich ist vom Täter für den strafbefreienden Rücktritt vom Versuch durch Unterlassen stets ein Tätigwerden zur Abwendung des Erfolges zu verlangen, so dass das Aufgeben der Tatausführung (§ 24 Abs. 1 S. 1 Alt. 1 StGB) grundsätzlich nicht in einem fortgesetzten Untätigbleiben (s. Rn. 1295 ff. für das Begehungsdelikt) bestehen kann.[115]

Diese Überlegung bildet die Grundlage für die Ansicht, die eine Differenzierung zwischen unbeendetem und beendetem Versuch beim unechten Unterlassungsdelikt aufgegeben will.[116]

Der 2. Strafsenat des **BGH** ließ diese Frage zwar dahinstehen, folgte aber letztlich der These des 5. Strafsenats: **Beim Rücktritt stehe der Versuch des Unterlassungsdelikts dem beendeten Versuch des Begehungsdelikts gleich**.[117]

Das zentrale Argument dieser Ansicht ist, dass es in beiden Fällen um die Erfolgsabwendung geht.[118] Folglich sollen für den Rücktritt vom Versuch des unechten Unterlassungsdelikts stets die Anforderungen des § 24 Abs. 1 S. 1 Alt. 2 bzw. des § 24 Abs. 1 S. 2 StGB gelten.[119]

Dagegen bemüht sich die **h.L.** überwiegend um eine **weitestgehende Übertragung der Grundsätze zum Rücktritt vom versuchten Begehungsdelikt** und nimmt daher auch die Unterscheidung zwischen beendetem und unbeendetem Versuch vor.[120]

Danach genügt für § 24 Abs. 1 S. 1 Alt. 1 StGB das bloße Nachholen der bislang unterlassenen Handlung, wenn der Täter glaubt, dies reiche zur Vermeidung des Erfolgseintritts aus. Sind aus Sicht des Täters darüber hinausgehend weitere

113 BGHSt 33, 295 (302); BGH NStZ 2008, 508 (509).

114 Vgl. hierzu die Darstellung bei *Exner*, Jura 2010, 276 (280). Zur Vertiefung *Küper*, ZStW 112 (2000), 1.

115 Vgl. *Küpper*, JuS 2000, 225 (228). Siehe jedoch auch den Ansatz von *Engländer*, JZ 2012, 130, der diese Aussage einer kritischen Revision unterzieht und herausarbeitet, warum in einigen Fällen der Täter eines versuchten Unterlassungsdelikts durch den Verzicht auf die weitere Ausführung der Tat durch aktives Tun strafbefreiend zurücktreten können müsse. Dies sei insbesondere deshalb erforderlich, da ansonsten der Unterlassungstäter entgegen der Funktion des § 13 StGB schlechter gestellt würde als der Begehungstäter.

116 SK/*Rudolphi*/*Stein*, Vor § 13 Rn. 70, 73; NK/*Zaczyk*, § 24 Rn. 47; *Roxin*, § 29 Rn. 269.

117 BGHSt 48, 147 (149 ff.) (= JZ 2003, 741 ff. mit krit. Anm. *Jakobs*) – 2. Strafsenat; BGH NStZ 1997, 485 – 5. Strafsenat.

118 Dazu näher *Roxin*, § 29 Rn. 267-270; NK/*Zaczyk*, § 24 Rn. 47.

119 BGHSt 48, 147 (149 ff.).

120 Für eine Differenzierung auch *Stein*, GA 2010, 129.

Maßnahme zur Erfolgsabwendung erforderlich, weil der Erfolg bereits wegen seines bisherigen Untätigbleibens ohne Weiteres eintreten kann, liegt ein unbeendeter Versuch vor.[121]

1320 Die Beurteilung der Rücktrittsvoraussetzungen anhand des **Rücktrittshorizontes** des Täters führt konsequent die für den Rücktritt geltenden Grundsätze fort und erscheint daher sachgerecht.[122] Denn auch der Unterlassungstäter kann eine unterschiedliche Vorstellung von dem Grad der bis zur Rücktrittshandlung bereits verursachten Rechtsgutsgefährdung haben.[123] Gründe, weshalb diese bei der Bestimmung der Anforderungen an das Rücktrittsverhalten ausnahmsweise keine Berücksichtigung finden sollen, sind nicht ersichtlich.

Letztlich kommt diesem Streit keine wesentliche Bedeutung zu.[124] Auf der einen Seite trägt der Täter unverändert das Risiko, dass seine Bemühungen nicht ausreichend sind und der Erfolg trotz allem eintritt.[125] Auf der anderen Seite lässt der BGH für den strafbefreienden Rücktritt nach (§ 24 Abs. 1 S. 1 Alt. 2 StGB) jedes Handeln genügen, das für die Verhinderung der Tatvollendung ursächlich geworden ist. Umfasst werden somit sowohl die Nachholung der erforderlichen Handlung als auch die darüber hinaus ergriffenen Maßnahmen. Dabei kommt es nicht darauf an, ob dem Täter schnellere oder sicherere Möglichkeiten der Erfolgsabwendung zur Verfügung gestanden hätten, *sofern* der Erfolg tatsächlich ausbleibt und dies auch vom Täter angestrebt wurde.[126]

Relevant werden kann die Unterscheidung jedoch in den Fällen, in denen zwar der Erfolg ausbleibt, dies aber nicht auf die Rücktrittsbemühungen des Täters zurückzuführen ist, sein Handeln mithin nicht kausal geworden ist. Hier unterliegt der Täter im Falle des beendeten Versuchs den strengeren Anforderungen des § 24 Abs. 1 S. 2 StGB. Für die strafbefreiende Wirkung des Rücktritts vom unbeendeten Versuch ist die fehlende Kausalität dagegen unschädlich.[127]

---

121 *Lackner/Kühl*, § 24 Rn. 22a; SK/*Rudolphi/Stein*, Vor § 13 Rn. 71 (vgl. auch Rn. 73: Jede Handlung, die aus Sicht des Täters zur Vermeidung des Erfolges geboten ist, genügt.); S/S/*Eser/Bosch*, § 24 Rn. 27 ff.; *Exner*, Jura 2010, 276 (280); *Wessels/Beulke/Satzger*, Rn. 1047.

122 So auch *Lackner/Kühl*, § 24 Rn. 22a; *Kühl*, § 18 Rn. 153; *Exner*, Jura 2010, 276 (280).

123 Scheinbar a.A. BGH NStZ 1997, 485.

124 Vgl. auch *Heinrich*, AT, Rn. 815; *Roxin*, § 29 Rn. 270.

125 Dies verkennt BGH NJW 2000, 1730 (1732).

126 BGHSt 48, 147 (149-150).

127 Vgl. S/S/*Eser/Bosch*, § 24 Rn. 30; *Kühl*, § 18 Rn. 154a; *Exner*, Jura 2010, 276 (280).

Prüfungsschema: Rücktritt vom Versuch

Standort: Strafaufhebungsgründe (bzw. Rücktritt)

1. **Fehlgeschlagener Versuch?**

2. **Unbeendeter Versuch (§ 24 Abs. 1 S. 1 Alt. 1 StGB)**
   a) Aufgeben der weiteren »Ausführung der Tat«
      (1) *»Tat«* i.S.v. § 24 StGB
      (2) *»Aufgeben der Ausführung«*
   b) Freiwilligkeit

3. **Beendeter Versuch**
   a) **Vollendungsverhinderung (§ 24 Abs. 1 S. 1 Alt. 2 StGB)**
      (1) Verhinderung der Tatvollendung
      (2) Freiwilligkeit
   b) **Vollendungsverhinderungsbemühungen (§ 24 Abs. 1 S. 2 StGB)**
      (1) Ernsthaftes Bemühen um die Nichtvollendung der Tat
      (2) Freiwilligkeit

§ 46 Rücktritt bei Beteiligung mehrerer an der Tat (§ 24 Abs. 2 StGB)

I. Anwendbarkeit nur für die strafbare Beteiligung am Versuch

1321 § 24 Abs. 2 StGB[1] gilt nur für die tatbestandsmäßige, rechtswidrige und schuldhafte Beteiligung am **Versuch** des fraglichen Delikts:

1. Unanwendbarkeit des § 24 Abs. 2 StGB, wenn die Tat weder versucht noch vollendet ist

1322 Wird die Haupttat weder versucht noch vollendet, greift diese Vorschrift nicht ein. Für den Versuch der Beteiligung und den Rücktritt hiervon siehe §§ 30, 31 StGB (Rn. 1334 ff.).

Beispiele:
a) A überredet T, den O zu töten. Dann bekommt A aber Bedenken. Es gelingt ihm, T noch im Stadium der Vorbereitung der Tat davon zu überzeugen, O leben zu lassen.

b) T will O töten. G lobt ihn für diesen Entschluss und besorgt ihm Informationen über die Lebensgewohnheiten des O. Dann bereut G seine Aktivitäten. Noch bevor T die Tat versucht, gelingt es G, ihm den Mord auszureden.

In beiden Beispielen ist es zu keinem strafbaren Versuch des Totschlags (bzw. Mordes) gekommen, so dass § 24 Abs. 2 StGB für A und G irrelevant ist.[2]

In **Beispiel a)** hat sich A der **versuchten Anstiftung** zum Totschlag schuldig gemacht (§§ 212, 30 Abs. 1 StGB); hiervon ist er gemäß § 31 Abs. 1 Nr. 1 StGB zurückgetreten.

Die **versuchte Beihilfe** des G zum Totschlag in **Beispiel b)** ist straflos (Rn. 785).

2. Keine Geltung des § 24 Abs. 2 StGB bei Vollendung der Tat unter Fortwirken des Tatbeitrages des Beteiligten

1323 Ein Rücktritt des Beteiligten gemäß § 24 Abs. 2 StGB kommt nicht in Betracht, wenn die Tat **vollendet** wird *und* sein Tatbeitrag dabei fortgewirkt hat[3], mag der Beteiligte sich auch noch so sehr bemüht haben, jenen Beitrag zu neutralisieren.

Beispiele: (Abwandlung der in Rn. 1322 genannten Fälle)

a) A gelingt es nicht, den T »zurückzupfeifen«. Vielmehr tötet T den O.

Hier ist A der **Anstiftung zum Totschlag** schuldig. Seine misslungenen Bemühungen, seinen Tatbeitrag »Hervorrufen des Tatentschlusses« rückgängig zu machen, ändern daran nichts. Bei strafbarer Beteiligung am vollendeten Delikt gilt § 24 Abs. 2 StGB nicht.

b) Auch G ist in seinem Bemühen, T von der Tötung des O abzuhalten, erfolglos.

G ist der **Beihilfe zum Totschlag** schuldig. Sein Hilfeleisten zu dieser Tat durch die Informationen und das Bestärken des Tatentschlusses wirkt in der Haupttat fort. Insoweit sind

1 Für einen guten Überblick über die Anwendung und Klausurrelevanz des § 24 Abs. 2 StGB siehe *Kölbel/Selter*, JA 2012, 1 sowie *Ladiges*, JuS 2016, 15.

2 S/S/*Eser/Bosch*, § 24 Rn. 79; *Kühl*, § 20 Rn. 263; *Roxin*, § 29 Rn. 301, 309.

3 BGHSt 28, 346 (348); S/S/*Eser/Bosch*, § 24 Rn. 76 m.w.N.; *Jakobs*, 26/29; *Kühl*, § 20 Rn. 257. Zu der Frage, wann noch dieselbe bzw. schon eine andere Tat der anderen Beteiligten vorliegt vgl. *Roxin*, NStZ 2009, 7.

seine erfolglosen Rücktrittsbemühungen für den Schuldspruch aus §§ 212, 27 StGB ohne Relevanz. § 24 Abs. 2 StGB ist hier nicht einschlägig.

II. Verschärfung der Rücktrittsvoraussetzungen bei Beteiligung mehrerer am Versuch: Es genügt nicht, dass der rücktrittswillige Teilnehmer nur seinen eigenen Tatbeitrag neutralisiert

Fall 163: – Rücktritt des Gehilfen vom Versuch –[4] **1324**
T ist entschlossen, in den nächsten Tagen in die Wohnung des O einzubrechen. G, dem er hiervon erzählt, bestärkt ihn in seinem Tatentschluss und gibt ihm einen Nachschlüssel. Doch packt den G Reue. Er eilt zum Tatort und nimmt dem T, der sich gerade am Türschloss zu schaffen macht, den Nachschlüssel weg; dann entfernt sich G. Trotz seiner Enttäuschung über diesen Verlust der Solidarität des G setzt T sofort die Tatbegehung fort, indem er die Tür mit einem vorsorglich mitgeführten anderen Werkzeug aufbricht.

T hat sich aus § 244 Abs. 1 Nr. 3 StGB (Wohnungseinbruchsdiebstahl) strafbar gemacht.

G ist nicht der Beihilfe zu diesem vollendeten Delikt schuldig, denn die Begehung der Tat ist ohne Fortwirken seines früheren Tatbeitrages erfolgt. G hatte vor Begehung des Wohnungseinbruchsdiebstahls durch T seine Beihilfehandlungen (Beschaffen des Nachschlüssels und Bestärken des Tatentschlusses) rückgängig gemacht. Demgemäß hat er nicht i.S.d. § 27 StGB dem T bei dessen Tat (§ 244 Abs. 1 Nr. 3 StGB) »Hilfe geleistet«.

Jedoch hat G tatbestandsmäßig, rechtswidrig und schuldhaft eine **Beihilfe zum Versuch des Wohnungseinbruchsdiebstahls** begangen.[5] Denn bei Versuchsbeginn, als T sich am Türschloss zu schaffen machte, wirkten jene Beihilfehandlungen noch fort. Mit anderen Worten: Nur die Vollendung der Tat, nicht aber deren **Versuch**, erfolgte »unabhängig von seinem früheren Tatbeitrag« als Gehilfe.

Es fragt sich, ob G von seiner **Beihilfe zum Versuch** des Wohnungseinbruchsdiebstahls gemäß § 24 Abs. 2 StGB **strafbefreiend zurückgetreten** ist.

Diese Vorschrift lässt nach Wortlaut und Sinn nicht genügen, dass der rücktrittswillige Beteiligte seinen Tatbeitrag rückgängig macht. Vielmehr muss er:

- freiwillig die Vollendung verhindern (§ 24 Abs. 2 S. 1 StGB),
- sich freiwillig und ernsthaft bemühen, die Vollendung der Tat zu verhindern, wenn sie ohne sein Zutun nicht vollendet wird (§ 24 Abs. 2 S. 2 Alt. 1 StGB), oder
- sich hierum freiwillig und ernsthaft bemühen, wenn die Tat unabhängig von seinem früheren Tatbeitrag begangen wird (§ 24 Abs. 2 S. 2 Alt. 2 StGB).

Jene **Verschärfung** der Rücktrittsvoraussetzungen bei mehreren Beteiligten wird **1325**
in den Gesetzesmaterialien zu § 24 Abs. 2 StGB mit der größeren Gefährlichkeit eines Versuchs, an dem mehrere beteiligt seien, begründet:

4 Dazu *Wessels/Beulke/Satzger*, Rn. 911; zudem: S/S/*Eser/Bosch*, § 24 Rn. 97-98; *Kühl*, § 20 Rn. 263, 265 m.w.N.

5 Hierauf beruht § 24 Abs. 2 S. 2 Alt. 2 StGB, der ja trotz Vollendung der Tat einen Rücktritt von der *Beteiligung am Versuch* voraussetzt.

Mit der Rückgängigmachung seines Tatbeitrages habe der Beteiligte diese Gefährlichkeit noch nicht aufgehoben; daher müsse er die Vollendung der Tat verhindern (bzw. sich ernsthaft darum bemühen).[6]

Dem ist mit der **h.L.** entschieden zu widersprechen.[7] Denn wenn der Beteiligte seinen Tatbeitrag, z.B. physische und/oder psychische Beihilfe, rückgängig gemacht hat, kann die Vollendung der Straftat nur noch »unabhängig von seinem früheren Tatbeitrag erfolgen«. **Damit hat er seinen Anteil an der Gefährlichkeit des Versuchs aufgehoben.** Mehr sollte das Gesetz für seinen Rücktritt nicht verlangen.

§ 24 Abs. 2 StGB bedeutet mithin einen Systembruch, da die Norm auf eine »Haftung« für fremde Straftaten hinausläuft. Solange man sie aber für noch verfassungskonform hält, hat man sie de lege lata zu respektieren[8]: Gesetzestreue verlangt Respekt auch vor sachwidrigen, nicht systemgerechten, kriminalpolitisch bedenklichen, kurz »misslungenen Normen«, wenn sie nicht verfassungswidrig sind.

1326 G hätte also, um Strafaufhebung gemäß § 24 Abs. 2 StGB zu erlangen, entweder die Vollendung der Tat verhindern müssen, notfalls mit Gewalt oder durch Drohungen, z.B. mit Benachrichtigung der Polizei (Satz 1 jener Vorschrift).

Oder er hätte sich freiwillig und ernsthaft um diese Verhinderung **bemühen** müssen. Das hätte gemäß § 24 Abs. 2 S. 2 Alt. 2 StGB genügt, da die Tat »unabhängig von seinem früheren Tatbeitrag begangen wurde« (Rn. 1324-1325).

Für ein solches ernsthaftes Bemühen ist nach Wortlaut und Sinn dieser Vorschrift grundsätzlich noch nicht ausreichend, dass der Beteiligte seinen Tatbeitrag neutralisiert. Vielmehr muss jenes Bemühen hinzukommen, denn § 24 Abs. 2 S. 2 Alt. 2 StGB verlangt beides: Die Begehung »unabhängig von dem früheren Tatbeitrag des Beteiligten«, d.h. die Neutralisierung dieses Beitrags, **und** zusätzlich das »ernsthafte Bemühen«, die Vollendung zu verhindern.[9]

G durfte sich also nicht einfach entfernen. Daher liegt hier kein Rücktritt vor.

III. Anwendungsbereich des § 24 Abs. 2 StGB für die unterschiedlichen Formen der Täterschaft

1327 § 24 Abs. 2 StGB gilt unstrittig für **Teilnehmer** (Anstifter und Gehilfen, vgl. § 28 Abs. 1 StGB). Für die unterschiedlichen Formen der Täterschaft ist dagegen die Anwendbarkeit dieser Vorschrift unklar und strittig. Dabei werden nachfolgende Fallkonstellationen unterschieden:

---

6 BT-Drs. V/4095 S. 12.

7 Ebenso: *Jescheck/Weigend*, § 51 VI 3 Fn. 60 m.w.N.; *Köhler*, Kap. 9 II 7.2.1, 7.2.2; *Roxin*, § 30 Rn. 333; *Stratenwerth/Kuhlen*, 12/168; **a.A.** *Frister*, 29/21-23.

8 *Lackner/Kühl*, § 24 Rn. 26; *Roxin*, § 30 Rn. 335; NK/*Zaczyk*, § 24 Rn. 94; anders: *Herzberg*, NJW 1991, 1633 (1639 f.); *Köhler*, Kap. 9 II 7.2.1, 7.2.2.

9 *Fischer*, § 24 Rn. 42-42a; *Jescheck/Weigend*, § 51 VI 3 Fn 60; *Kindhäuser*, AT, § 32 Rn. 30; *Lackner/Kühl*, § 24 Rn. 26; *Roxin*, § 30 Rn. 303; abweichend *Köhler*, Kap. 9 II 7.2.1, 7.2.2.

1. Alleintäter, an deren versuchter Straftat Teilnehmer mitwirken

Eine im Vordringen befindliche Meinung nimmt zu Recht an, für solche Alleintäter verbleibe es bei der Geltung des **§ 24 Abs. 1 StGB**.[10] So liege die Tatvollendung allein in der Hand des T und nicht auch noch in jener des Anstifters oder Gehilfen, so dass aufgrund der Vergleichbarkeit zum Alleintäter nicht § 24 Abs. 2, sondern allein § 24 Abs. 1 StGB passe. § 24 Abs. 2 StGB gelte in diesem Fall also nur für die Teilnehmer. **1328**

Nach der Gegenansicht bedarf es dieses »ergebnisorientierten« Ansatzes nicht. Es gebe keinen Grund abweichend von § 28 Abs. 2 StGB bei einem Täter mit Teilnehmern nicht »mehrere Beteiligte« i.S.d. § 24 Abs. 2 StGB anzunehmen.

Jedoch bedarf es regelmäßig keiner Streitentscheidung, denn die Gegenansicht erkennt für den im Versuchsstadium allein agierenden Täter das bloße Nichtweiterhandeln als hinreichende Rücktrittsleistung an. Danach kommen beide Ansichten regelmäßig zum gleichen Ergebnis.

2. Mittelbare Täter, an deren Versuch Teilnehmer mitwirken

Auch hier dürfte statt Abs. 2 des § 24 StGB der Abs. 1 maßgeblich sein.[11] **1329**

Unklar und strittig ist dagegen, ob und wieweit § 24 Abs. 2 StGB jedenfalls dann gilt, wenn das Werkzeug selbst als Täter der fraglichen Vorsatztat strafbar ist (**Täter hinter dem Täter**).[12]

3. Rücktritt bei Mittäterschaft

Auch hier ist die gesetzliche Regelung missverständlich, denn ungeachtet § 24 Abs. 2 StGB gilt für den Rücktritt von Mittätern: **1330**

Liegt ein unbeendeter Versuch vor, so können sie durch schlichte freiwillige »einvernehmliche Aufgabe der weiteren Ausführung der Tat« zurücktreten.[13] Der Sache nach bedeutet dies einen Rückgriff auf § 24 **Abs. 1** S. 1 Alt. 1 StGB.

IV. Zu den drei Rücktrittsvarianten gemäß § 24 Abs. 2 StGB im Einzelnen

1. Freiwillige Verhinderung der Vollendung der Tat

Hier kommen als Mittel solcher Verhinderung u.a. in Betracht: Warnung des Opfers; Benachrichtigung der Polizei; Herbeirufen ärztlicher Hilfe (Rn. 1309).[14] **1331**

---

10 *Baumann/Weber/Mitsch*, § 27 Rn. 35; S/S/*Eser/Bosch*, § 24 Rn. 73, 106; *Fischer*, § 24 Rn. 37; *Roxin*, § 30 Rn. 305 ff.; **a.A.** NK/*Zaczyk*, § 24 Rn. 96 m.w.N.

11 *Baumann/Weber/Mitsch*, § 27 Rn. 36; *Lackner/Kühl*, § 24 Rn. 25; strittig; **a.A.** NK/*Zaczyk*, § 24 Rn. 96.

12 Dazu: BGHSt 44, 204; S/S/*Eser/Bosch*, § 24 Rn. 106; *Kühl*, § 20 Rn. 264.

13 BGH NStZ 1989, 317 f.; BGHSt 42, 158 (162); BGH NStZ 2009, 688 (689); NStZ-RR 2012, 167; *Fischer*, § 24 Rn. 40a; *Joecks*, § 24 Rn. 50; *Lackner/Kühl*, § 24 Rn. 25. – Wer sich hier auf § 24 Abs. 2 S. 1 StGB stützt, vernachlässigt die gesetzliche Differenzierung zwischen § 24 Abs. 1 S. 1 *Alt. 1* und *Alt. 2* StGB.

14 Dazu u.a.: *Ebert*, S. 140; NK/*Zaczyk*, § 24 Rn. 99. Für die Problematik »halbherziger Rettungsbemühungen« gelten die Darlegungen in Rn. 1309-1314 entsprechend.

Das Gesetz sieht in § 24 Abs. 2 StGB nur die aktive Erfolgsverhinderung vor, nicht jedoch das bloße Untätigbleiben. Gleichwohl sind Konstellationen denkbar, in denen der Täter *durch* bloßes **Unterlassen** oder Nichtweiterhandeln den Erfolgseintritt zugleich verhindert, etwa, wenn er bei der eigentlichen Tatausführung **am Tatort allein** ist oder wenn **nur er** den Erfolg herbeiführen könnte.[15] Das die Tatvollendung verhindernde Verhalten kann dann in einem schlichten Unterlassen bestehen, wenn »einer von mehreren Beteiligten den noch möglichen Eintritt des Taterfolgs allein dadurch vereiteln [kann], dass er seinen vorgesehenen Tatbeitrag nicht erbringt oder nicht weiter fortführt.«[16]

Beispiel: A und B begehen in Mittäterschaft einen versuchten Wohnungseinbruchsdiebstahl in das Haus des Unternehmers O. Sie wollen dort den Tresor aufbrechen, um Geschäftsunterlagen zu entwenden. A bekommt aber Bedenken. Trotz des lebhaften Protestes des B gibt er die Tat auf und enteilt. Damit verhindert er absichtlich ihre Vollendung, da nur er, nicht aber B, über das »Know-how« verfügt, den Safe zu knacken.

A ist hier freiwillig gemäß § 24 Abs. 2 S. 1 StGB vom Versuch des §§ 244 Abs. 1 Nr. 3, 25 Abs. 2 StGB zurückgetreten. Für **B**, der die Tat allein nicht vollenden konnte und, voller Wut, ebenfalls mit leeren Händen enteilte, liegt ein fehlgeschlagener Versuch vor, von dem kein Rücktritt möglich ist.[17]

Der Rücktritt des A kommt B nicht zugute (vgl. Rn. 1263).

Die freiwillige Verhinderung der Vollendung verlangt kein eigenhändiges Tun. Vielmehr kann sie auch mit Einverständnis des Zurücktretenden **durch andere Beteiligte** erfolgen[18], oder durch Dritte, z.B. herbeigerufene Ärzte (Rn. 1309).

2. Verhinderung der Vollendung »ohne Zutun des Beteiligten«

– Notwendigkeit freiwilligen und ernsthaften Bemühens, die Tatvollendung zu verhindern (§ 24 Abs. 2 S. 2 Alt. 1 StGB) –

Hierfür gelten die Ausführungen zu § 24 Abs. 1 S. 2 (Rn. 1315-1318) entsprechend.

3. Vollendung »unabhängig vom früheren Tatbeitrag des Beteiligten«

– Notwendigkeit freiwilligen und ernsthaften Bemühens, die Vollendung der Tat zu verhindern (§ 24 Abs. 2 S. 2 Alt. 2 StGB) –

Hierzu sei im Anschluss an Rn. 1324-1328 ergänzend hervorgehoben:

1332 a) Jene Vorschrift setzt voraus, dass die »unabhängig vom früheren Tatbeitrag des Beteiligten **vollendete** Tat« mit der ursprünglich geplanten »in ihren wesentlichen Grundzügen« **identisch** geblieben ist.[19] Daran fehlt es:

15 *Fischer*, § 24 Rn. 40a; *Frister*, 29/23; *Kudlich*, JA 2011, 869 (870 f.); *ders.*, JuS 1999, 449 (450); *Wessels/Beulke/Satzger*, Rn. 911.

16 BGH Beschl. v. 26.6.2011 – 4 StR 268/11, JA 2011, 869 m. Anm. *Kudlich*.

17 Vgl. Rn. 1271 ff. Zumindest mangelt es an der freiwilligen Verhinderung der Vollendung.

18 BGHSt 44, 204 (208); *Fischer*, § 24 Rn. 40; *Wessels/Beulke/Satzger*, Rn. 913 m.w.N.

19 S/S/*Eser/Bosch*, § 24 Rn. 91; *Kühl*, § 20 Rn. 257, 265; *Otto*, AT, § 19 Rn. 74-75; *Roxin*, § 30 Rn. 304, 345 ff.; *ders.*, NStZ 2009, 7 (zu BGH NStZ 2009, 25); NK/*Zaczyk*, § 24 Rn. 106-107.

- Wenn der Täter nach dem »Ausscheiden« des anderen Beteiligten (genauer: nach der Neutralisierung dessen Tatbeitrags) einen **neuen Tatentschluss** gefasst hat oder
- wenn die vollendete Tat von der bei Versuchsbeginn von den Beteiligten gewollten nach der Art der Begehung **wesentlich abweicht**.

Beispiel: (Abwandlung von Fall 163, Rn. 1324)
T hat kein anderes Werkzeug bei sich. Daher resigniert er zunächst. Dann aber tritt er aufgrund neuen Tatentschlusses wütend die Haustür ein, obwohl er und G diese Begehungsart wegen des dabei entstehenden Lärms für viel zu gefährlich gehalten hatten.

Hier durfte sich **G** nach Neutralisierung seines Tatbeitrages entfernen, denn die ursprünglich geplante Tat ist durch seinen Rücktritt nicht vollendet worden (§ 24 Abs. 2 S. 1 StGB). Vielmehr hat **T** eine neue Tat begangen, die mit der geplanten nicht mehr im Wesentlichen identisch ist.[20]

b) Die Rücktrittsmöglichkeit nach § 24 Abs. 2 S. 2 Alt. 2 StGB setzt mit dem Erfordernis der Tatbegehung »unabhängig vom früheren Tatbeitrag« des rücktrittswilligen Beteiligten voraus, dass dieser auch eine etwaige **psychische Beihilfe** neutralisiert hat.[21] Jedoch dürfen insoweit keine zu hohen Anforderungen gestellt werden, weil diese Vorschrift anderenfalls leerlaufen könnte.[22]

V. Wirkung des Rücktritts – Versuch der Beteiligung

Bei einem freiwilligen Rücktritt vom Verbrechensversuch erstreckt sich die Rück- **1333**
trittswirkung auf **alle Stadien der Tat** einschließlich der Vorbereitung, mithin auch auf den Versuch der Beteiligung gemäß § 30 StGB (Rn. 1334 ff.).[23]

Fraglich ist, ob das auch gilt, wenn das i.S.d. § 30 StGB geplante Verbrechen schwerer ist als das später versuchte – ersteres war z.B. ein Raubmord (§ 211 StGB), letzteres nur noch ein Raub (§ 249 StGB).[24]

Die häufig verwendete Bezeichnung **»Wiederaufleben« der Strafbarkeit nach § 30 StGB** (i.V.m. dem geplanten Straftatbestand) ist zumindest in dieser Konstellation missverständlich, da das geplante Delikt nicht mit dem zumindest versuchten identisch ist und daher zwischen ihnen ein **echtes Konkurrenzverhältnis** (also keine Subsidiarität als Unterart der Gesetzeskonkurrenz, vgl. Rn. 1392) besteht, so dass beide Delikte für den Strafausspruch eigenständige Bedeutung behalten.

Entfällt also die Strafbarkeit des versuchten Delikts gem. § 24 StGB, so spricht die Eigenständigkeit des Versuchs der Beteiligung in dieser Konstellation dafür, dass die Strafbarkeit nach § 30 StGB bestehen bleibt.[25] Ein **möglicher Rücktritt nach § 31 StGB** ist dann gesondert zu prüfen.

---

20 *Otto*, AT, § 19 Rn. 74-75.

21 *Fischer*, § 24 Rn. 42a; *Hauf*, S. 161; SK/*Rudolphi*, § 24 Rn. 36, 40.

22 *Hauf*, S. 161; *Roxin*, § 30 Rn. 340.

23 BGHSt 14, 378; BGH NStZ 1983, 364; NStZ 1999, 449 (451); *Fischer*, § 24 Rn. 45; *Jescheck*/*Weigend*, § 65 IV 1; *Rengier*, AT, § 47 Rn. 43; *Roxin*, § 28 Rn. 70.

24 Offen gelassen in BGHSt 14, 378 (380 f.).

25 I.Erg. für die Strafbarkeit aus § 30 StGB: *Lackner*/*Kühl*, § 31 Rn. 7; NK/*Zaczyk*, § 24 Rn. 128; *Fischer*, § 30 Rn. 16 f.

Dagegen wird u.a. vorgebracht, die Versagung der umfassenden strafbefreienden Wirkung nehme den Beteiligten jeden Anreiz zum Rücktritt und stünde dadurch im Widerspruch zur ratio des § 24 StGB. Außerdem müsse der Verzicht auf die Zielerreichung (etwa Erlangung der Beute im Rahmen des § 249 StGB) als Abstandnahme vom Tatplan insgesamt, einschließlich der qualifizierenden Begehungsweise (z.B. § 250 Abs. 1 Nr. 1 StGB) betrachtet werden.[26]

26 *Roxin*, § 28 Rn. 70. Ebenfalls gegen die Strafbarkeit aus § 30 StGB: S/S/*Heine*, § 30 Rn. 40; *Jescheck*/*Weigend*, § 65 IV 1.

§ 47 Versuch der Beteiligung / Rücktritt vom Versuch der Beteiligung

I. Versuch der Beteiligung, § 30 StGB

§ 30 StGB stellt bestimmte Formen der **Vorbereitung eines Verbrechens** unter Strafe und verlagert damit den Zeitpunkt der Strafbarkeit vor denjenigen des Versuchsbeginns.[1] Gekennzeichnet sind die Vorbereitungshandlungen durch die – zumindest angestrebte – Beteiligung mehrerer Personen. Hierin wird auch ihre besondere Gefährlichkeit gesehen, welche die Ausdehnung der Strafbarkeit rechtfertigen soll.[2] 1334

§ 30 StGB besteht aus folgenden **Tatbestandsvarianten**:

- **versuchte Anstiftung** (§ 30 Abs. 1 S. 1 Alt. 1 StGB)[3] und **versuchte Kettenanstiftung** (§ 30 Abs. 1 S. 1 Alt. 2 StGB), auch in der Variante der Anstiftung zur versuchten Anstiftung;[4]
- **Sich Bereiterklären** (§ 30 Abs. 2 Var. 1 StGB);
- **Annahme des Erbietens** (§ 30 Abs. 2 Var. 2 StGB);
- **Verbrechensverabredung**[5] (§ 30 Abs. 2 Var. 3 StGB) als Vorstufe der Mittäterschaft[6].

Keine Variante erfasst die **(versuchte) Beteiligung als Gehilfe**. Sie ist **straflos**.

Gelangt die Haupttat ins Versuchsstadium oder wird sie gar vollendet, so tritt § 30 StGB grundsätzlich im Wege der **Gesetzeskonkurrenz** (sog. mitbestrafte Vortat; Rn. 1392) zurück,[7] weil das Unrecht der Vorbereitung vollständig in dem der Beteiligung an der Haupttat enthalten ist. § 30 StGB braucht in diesem Fall in der Klausur nicht angesprochen zu werden.[8] 1334a

1. Versuchte Anstiftungen gem. § 30 Abs. 1 StGB

In der Prüfung wird die versuchte Anstiftung und versuchte Kettenanstiftung parallel zum »normalen« Versuchsaufbau geprüft: 1334b

1 Zur Entstehungsgeschichte des § 30 StGB: *Dessecker*, JA 2005, 549 (550). Für einen kompakten Überblick siehe *Hinderer*, JuS 2011, 1072.

2 Vgl. nur *Frister*, 29/30; *Roxin*, § 28 Rn. 2; *Hinderer*, JuS 2011, 1072; *Geppert*, Jura 1997, 546 (547) m.w.N.

3 Zu den Voraussetzungen vgl. BGHSt 44, 99.

4 *Fischer*, § 30 Rn. 8.

5 Zu den Anforderungen an die Konkretisierung der Haupttat vgl. BGH NStZ 2007, 810 sowie die Bespr. von *Kudlich*, JA 2008, 146.

6 OLG Hamm NJW 1959, 1237; *Roxin*, § 28 Rn. 60; *Wessels/Beulke/Satzger*, Rn. 564; vgl. auch BGH NStZ-RR 2002, 74. Ausführlich *Frister*, 29/31-40; *Rengier*, AT, § 47 Rn. 6-34; *Roxin*, § 28 Rn. 9-87; *Dessecker*, JA 2005, 549; *Geppert*, Jura 1997, 546.

7 Ist das nach § 30 StGB anvisierte Delikt schwerer als dasjenige, das tatsächlich verwirklicht wird, liegt dagegen ein echtes Konkurrenzverhältnis vor (vgl. Rn. 1333): BGHSt 14, 379; *Rengier*, AT, § 47 Rn. 41 ff. Vgl. BGHSt 9, 131 (Tateinheit – § 52 StGB – zwischen §§ 154, 30 Abs. 1 und §§ 153, 26 StGB); *Fischer*, § 30 Rn. 17; *Roxin*, § 28 Rn. 69 (Tatmehrheit – § 53 StGB – zwischen §§ 250, 30 Abs. 2 und §§ 249, 25 Abs. 2 StGB).

8 Zu den Wirkungen eines Rücktritts vom Verbrechensversuch vgl. Rn. 1333.

1. Keine Vollendung
2. Strafbarkeit des Versuchs (Verbrechen als Haupttat)
3. Tatentschluss (entspricht dem doppelten Anstiftervorsatz)
   a) bzgl. Taterfolg
   b) bzgl. Anstiftungshandlung
4. Unmittelbares Ansetzen
5. Kein Rücktritt gem. § 31 StGB

1334c § 30 StGB ist also keine eigenständige Strafvorschrift, sondern stets in Bezug auf eine bestimmte zukünftige Tat zu prüfen (Rn. 1322).[9] Diese muss ein **Verbrechen** (§ 12 Abs. 1 StGB) sein, wobei umstritten ist, auf wessen Sicht abzustellen ist.

Nach dem BGH und einem Teil der Lehre ist die Frage, ob ein Verbrechen vorliegt, aus **Sicht des Anzustiftenden** zu beantworten, da § 30 StGB weniger die Gefährlichkeit des Täters als vielmehr die **Gefährlichkeit der Tat** pönalisiere.[10]

Nach wohl h.M. beurteilt sich die Frage nach der **Vorstellung des jeweiligen Beteiligten**. Hierfür spricht das systematische Argument, dass nur so das Prinzip der Durchbrechung der Akzessorietät nicht nur bei der vollendeten Tat (§ 28 Abs. 2 StGB), sondern auch bei der versuchten Tat berücksichtigt werden kann. [11]

Für die Bejahung des **Tatentschlusses** genügt es bereits, dass der Täter es zumindest billigend in Kauf nimmt, dass der Adressat des Anstiftungsversuches seine Aufforderung ernst nimmt und möglicherweise durch diese zur Tat bestimmt wird.[12] Ob der Adressat der Anstiftung auch dazu bereit gewesen wäre, die Tat tatsächlich auszuführen, ist in diesem Zusammenhang ohne Bedeutung. Bereits die abstrakte Gefährlichkeit des Tatverhaltens des Auffordernden reicht für § 30 Abs. 1 S. 1 Alt. 1 StGB aus.

1334d Bzgl. der Frage, wann ein **unmittelbares Ansetzen** zur versuchten Anstiftung vorliegt, kann auf die zu § 22 StGB entwickelten Grundsätze zurückgegriffen werden. Die Anstiftererklärung muss demjenigen, der angestiftet werden soll, nicht (schon) zugegangen sein; auch braucht derjenige sie nicht als solche zu verstehen.[13] Eine restriktive Auslegung würde zu einem Ausscheiden des unbeendeten Versuchs führen, was sich mit dem Wortlaut des § 31 StGB schwer vereinbaren lässt.

---

9 Vgl. *Fischer*, § 30 Rn. 2a, 3; *Roxin*, § 28 Rn. 4; vgl. dazu BGH NJW 2013, 1106.

10 BGHSt 53, 174 = NJW 2009, 1221; *Hinderer*, JuS 2011, 1072 (1073); *Hilgendorf/Valerius*, AT, § 10 Rn. 127.

11 *Fischer*, § 30 Rn. 4; S/S/*Heine/Weißer*, § 30 Rn. 3 ff. Verbrecheneigenschaft und besondere persönliche Merkmale: BGHSt 53, 174 m. Anm. *Mitsch*, JR 2010, 357; *Dehne-Niemann*, Jura 2009, 695; *Lackner/Kühl*, § 30 Rn. 2; NK/*Zaczyk*, § 30 Rn. 22 ff.

12 BGH NStZ 2013, 334; *Hecker*, JuS 2013, 748 (750).

13 BGHSt 8, 261 (262) = NJW 1956, 229; *Hinderer*, JuS 2011, 1072 (1073); *Roxin*, JA 1979, 169 (171); *Lackner/Kühl*, § 30 Rn. 4.

2. Strafbare Vorbereitungen gem. § 30 Abs. 2 StGB

In **§ 30 Abs. 2 Var. 1 StGB** bedeutet **»Sichbereiterklären«** die ernstgemeinte Kundgabe gegenüber einem anderen, zur Begehung vorbehaltlos bereit zu sein.[14] **1334e**

§ 30 Abs. 2 Var. 2 StGB erfasst mit der **»Annahme eines Erbietens«** die Erklärung des Einverständnisses damit, dass ein anderer, der sich zur Begehung oder Anstiftung bereiterklärt hat, die Tat ausführt.[15] Während die Annahme des Erbietens ernst gemeint sein muss, ist unerheblich, ob auch das Erbieten selbst ernstlich war.[16] **1334f**

§ 30 Abs. 2 Var. 3 StGB stellt die **Verabredung zu einem Verbrechen** unter Strafe, also die – auch stillschweigende – Übereinkunft von mindestens zwei Personen, eine bestimmte Tat als Mittäter zu begehen oder einen anderen gemeinschaftlich zu ihrer Begehung anzustiften.[17] Zwar muss der Verabredende die Identität des präsumtiven Mittäters nicht kennen, jedoch muss er zumindest in der Lage sein, die durch den anderen Täter zugesagte verbrecherische Handlung einzufordern.[18] **1334g**

Der **Prüfungsaufbau** des § 30 Abs. 2 StGB orientiert sich an dem der Teilnahme:[19] **1334h**

1. Tatbestand
   a) Objektiver Tatbestand
      aa) Taugliche Bezugstat
         → Verbrechungscharakter der Tat
         → hinreichende Bestimmtheit der Tat
         → bei § 30 Abs. 2 Var. 3 StGB zusätzlich: Mittäterschaft
      bb) Vorbereitungshandlung (= die in § 30 Abs. 2 Var. 1, 2 oder 3 genannte Handlung)
   b) Subjektiver Tatbestand
      aa) Vorsatz bzgl. Bezugstat
      bb) Vorsatz bzgl. Vorbereitungshandlung
2. Rechtswidrigkeit
3. Schuld
4. Ggf. Rücktritt, § 31 StGB

14 *Lackner/Kühl*, § 30 Rn. 6.
15 *Hinderer*, JuS 2011, 1072 (1075).
16 BGH NJW 1957, 1770; *Lackner/Kühl*, § 30 Rn. 6; *Hinderer*, JuS 2011, 1072 (1075).
17 *Lackner/Kühl*, § 30 Rn. 6; zur Verbrechensverabredung im Internetchat, die im konkreten Fall jedoch abgelehnt wurde: BGH StV 2012, 147.
18 BGH StV 2012, 147.
19 Schema in Anlehnung an *Hinderer*, JuS 2011, 1074; *Jäger*, AT, § 6 Rn. 282.

II. Rücktritt vom Versuch der Beteiligung, § 31 StGB

1335 Mit § 31 StGB hat der Gesetzgeber für den Rücktritt vom Versuch der Beteiligung eine Sondervorschrift geschaffen. Er folgt im Wesentlichen den für § 24 StGB beschriebenen Grundsätzen[20], setzt aber voraus, dass die geplante (Haupt-)Tat nicht ins Versuchsstadium gelangt ist, so dass weder eine Beteiligung am vollendeten Delikt noch eine Beteiligung am Versuch vorliegt.[21] Auch § 31 StGB enthält einen **persönlichen Strafaufhebungsgrund**.

Die Aufstellung der Rücktrittsvoraussetzungen in Absatz 1 Nr. 1-3 lässt sich leicht den jeweiligen Tatbestandsvarianten des § 30 StGB zuordnen, wobei § 31 Abs. 1 Nr. 1 StGB beide Alternativen des § 30 Abs. 1 StGB erfasst.[22] Der Rücktritt nach § 31 Abs. 1 Nr. 1 StGB ist ausgeschlossen, wenn der Versuch fehlgeschlagen ist.[23]

Als Besonderheit des § 30 StGB erfasst er in Abs. 2 Alt. 1 StGB auch den objektiv fehlgeschlagenen Versuch, den der Beteiligte nicht als solchen erkennt, sondern stattdessen für erfolgreich hält.[24]

20 *Fischer*, § 31 Rn. 2; *Frister*, 29/41; *Roxin* , § 28 Rn. 88.
21 Letzteres fiele wieder in den Anwendungsbereich des § 24 Abs. 2 StGB.
22 Zu § 31 StGB vgl. *Rengier*, AT, § 47 Rn. 35-40; *Roxin*, § 28 Rn. 88-112.
23 BGH StV 2008, 248.
24 BGHSt 50, 142 (= JR 2006, 74 m. krit. Anm. *Puppe*); *Kudlich*, JA 2006, 91 (92); *Kühl*, NStZ 2006, 94 (95) *Roxin*, § 28 Rn. 108.

§ 48 Tätige Reue

§ 24 StGB kennt nur den Rücktritt vom strafbaren Versuch eines Verbrechens bzw. Vergehens. Jedoch normiert das StGB zahlreiche Fälle, in denen die sog. »tätige Reue« bei (formell) **vollendeten Delikten** zur Straflosigkeit, zum Absehen von Strafe oder zumindest zur Strafmilderung führt. Damit stehen **Rücktritt und tätige Reue** zueinander in einem logischen **Ausschlussverhältnis**. 1336

Die Voraussetzungen der tätigen Reue orientieren sich allerdings im Wesentlichen an denen des Rücktritts, sind aber darüber hinaus **speziell auf die jeweiligen Delikte** zugeschnitten.[1]

Beispiele:
- § 306e Abs. 2 StGB (Straflosigkeit);
- §§ 83a, 84 Abs. 5, 306e Abs. 1 StGB (fakultatives Absehen von Strafe bzw. fakultative Strafmilderung).

Grund für diese Spezialregelungen ist der bei diesen Delikten **sehr frühzeitige Eintritt der Vollendung** – teilweise bereits durch Vorbereitungshandlungen – meist ohne Eintritt einer Rechtsgutsverletzung, der es anderenfalls unmöglich macht, in der Phase bis zur Beendigung der Tat Bemühungen des Täters um Schadensbegrenzung nach § 24 StGB zu honorieren. Doch auch in diesem Zeitraum können die Erwägungen zur **ratio der Straflosigkeit beim Rücktritt** (Rn. 1256-1259) wenigstens teilweise zur Rechtfertigung der tätigen Reue herangezogen werden.

Diesen Gedanken wollen Teile des Schrifttums auch auf **andere Straftatbestände** übertragen, bei denen die Vollendung ebenfalls sehr weit vorverlagert wird und scheinbar zufällig[2] keine Regelung der tätigen Reue vorgesehen ist. Ob (und wieweit) derartige Spezialvorschriften analogiefähig sind, ist jedoch strittig.[3] Ein Konflikt mit Art. 103 Abs. 2 GG besteht allerdings nicht, da eine solche Analogie tätergünstig wäre. Doch sollte davon ausgegangen werden, dass jene Vorschriften zur tätigen Reue eine **abschließende Regelung des BT** darstellen.

In den Regelungskomplex der tätigen Reue fällt auch das steuerstrafrechtliche Instrument der **Selbstanzeige** (§ 371 AO). Auch der Straftatbestand der Steuerhinterziehung (§ 370 AO) zeichnet sich durch einen formell frühzeitigen Vollendungszeitpunkt aus. Das Schuldprinzip (Art. 1 i.V.m. Art. 2 Abs. 1 GG; Rn. 108) gebietet es daher, ein solches prozessuales Pendant vorzusehen.

---

1 S/S/*Eser*/*Bosch*, § 24 Rn. 117 ff.

2 S/S/*Eser*/*Bosch*, § 24 Rn. 116; *Krack*, NStZ 2001, 505 (508); **a.A.** BGHSt 14, 213 (217).

3 Dafür *Jescheck*/*Weigend*, § 51 V 2 f. (für Vorbereitungshandlungen und Unternehmensdelikte); S/S/*Eser*, § 24 Rn. 116, 121; *Ingelfinger*, JR 2000, 225 (231 f.) für § 316a StGB. So auch BGHSt 6, 85 (87) für § 234a Abs. 3 StGB; **a.A.** BGHSt 14, 213 (217); 15, 198 (199); kritisch auch *Krack*, NStZ 2001, 505, der sich stattdessen gegen eine weitere Vorverlagerung der Strafbarkeit ausspricht. Für die Einführung der tätigen Reue als allgemeinen Strafaufhebungsgrund *Schmidt-Hieber*, NJW 1992, 2001 (2003).

Sechster Teil: Fahrlässigkeitsdelikte

§ 49 Überblick

I. Allgemeines

1337 Dieses Lehrbuch hat bereits erörtert:

- Die Regelung in § 15 StGB: Fahrlässiges Handeln ist nur strafbar, wenn das Gesetz es **ausdrücklich** mit Strafe bedroht (Rn. 33, 201).
- Die strafrechtliche Relevanz der Unterscheidung Vorsatz/Fahrlässigkeit für **Versuch** und **Teilnahme**: Bei Fahrlässigkeitsdelikten gibt es keinen Versuch und keine Teilnahme; Anstiftung und Beihilfe sind nur vorsätzlich begehbar.
- Die Unterscheidung zwischen leichter Fahrlässigkeit (im Gesetz als »Fahrlässigkeit« bezeichnet) und **Leichtfertigkeit** als grobe Fahrlässigkeit: Nur wenige Straftatbestände, wie § 264 Abs. 4 StGB (Subventionsbetrug), fordern Leichtfertigkeit. Größer ist die Relevanz der Leichtfertigkeit dagegen bei erfolgsqualifizierten Delikten wie § 251 StGB (Rn. 202, 204, 208).
- Die Bedeutung der gesetzlichen Formulierung **wenigstens fahrlässig** (§ 18 StGB) bzw. **wenigstens leichtfertig** (§ 251 StGB): Hier wird auch der Vorsatz einbezogen (Rn. 204, 206, 208).
- Die Differenzierung zwischen unbewusster und **bewusster Fahrlässigkeit**, deren Relevanz in der Notwendigkeit liegt, letztere von **dolus eventualis** abzugrenzen (Rn. 386, 387-388, 391, 394).
- Die Unterscheidung **aktives Tun / Unterlassen** bei Fahrlässigkeitsdelikten (Rn. 1110).

1338 Nach Zahl und Gewicht ist die praktische **Relevanz** der Fahrlässigkeitsdelikte in den letzten Jahrzehnten erheblich gewachsen.[1] Dies insbesondere wegen der unzähligen Fälle fahrlässiger Straftaten im **Straßenverkehr** (§§ 222, 229, 316 Abs. 2 StGB etc.) sowie wegen der steigenden Bedeutung der sog. **strafrechtlichen Produkthaftung** (Rn. 1168), bei der oft nur Fahrlässigkeit in Frage kommt.

Vorsatz und Fahrlässigkeit stehen nicht in einem begriffslogischen Stufenverhältnis: Fahrlässigkeit ist gegenüber dem Vorsatz ein ***aliud***.[2]

Jedoch ist ein **normatives Stufenverhältnis** anzunehmen,[3] da bei wertender Betrachtung der Vorsatz schwerer wiegt als bloße Fahrlässigkeit. Daraus folgt:

---

1 Grundlegend zur Fahrlässigkeit auch: *Beck*, JA 2009, 111 (Teil 1), 268 (Teil 2). Siehe auch *Kaspar*, JuS 2012, 16 (Teil 1), 112 (Teil 2) für einen kompakten Überblick über die Grundprobleme der Fahrlässigkeitsdelikte. Eine Rechtsprechungsübersicht findet sich bei *Duttge*, JuS 2006, 266 (274).

2 BGHSt 4, 340 (341); 26, 175; 32, 48 (56 f.); MK/*Duttge*, § 15 Rn. 101-104 m.w.N.; *Fischer*, § 15 Rn. 19; *Krey/Hellmann/Heinrich*, BT/2, Rn. 301; *Roxin*, § 24 Rn. 79-80; **a.A.** *Herzberg*, NStZ 2004, 593 (595 ff.).

3 BGHSt 32, 48 (56 f.); *Fischer*, § 15 Rn. 19; *Roxin*, § 24 Rn. 79-80.

Lässt sich etwa bei einer Körperverletzung die vorsätzliche Begehung nicht beweisen, so ist in Anwendung des Satzes **»im Zweifel für den Angeklagten«** wegen fahrlässiger Körperverletzung zu bestrafen, wenn feststeht: Der tatbestandsmäßige Erfolg beruhte nicht auf unglücklichem Zufall.

Vielmehr hat der Täter entweder vorsätzlich oder fahrlässig gehandelt. Denn sein Tun war objektiv und subjektiv pflichtwidrig, und der Erfolgseintritt war objektiv und subjektiv vorhersehbar, möglicherweise sogar vorsätzlich.[4]

II. Besonderheiten im Aufbau: Objektive Fahrlässigkeit als Tatbestandsmerkmal / Subjektive Fahrlässigkeit als Schuldelement

Fahrlässigkeitsdelikte zeichnet aus, dass der Täter zwar unvorsätzlich gehandelt hat, ihm aber dennoch vorzuwerfen ist, die **objektiv** im Verkehr erforderliche Sorgfalt außer Acht gelassen zu haben, obwohl er sie nach seinen individuellen Fähigkeiten **subjektiv** hätte einhalten können. **1339**

In einem Gutachten sind mithin **zunächst Vorsatzdelikte** (z.B. § 223 StGB) zu prüfen. Wenn Vorsatz verneint wird, ist in einem zweiten Schritt eigenständig nach einer Strafbarkeit aus einem Fahrlässigkeitsdelikt zu fragen (z.B. § 229 StGB).

Das Wesen der Fahrlässigkeit führt zudem zu Besonderheiten im Aufbau. Die **1340**
heute h.L. sieht in der Fahrlässigkeit zu Recht *primär* kein Schuldelement, sondern ein **Tatbestandsproblem**.[5]

Der Fahrlässigkeit kommt eine **Doppelfunktion** als **Verhaltensform** sowie **Schuldelement** zu.

Da der Erfolg bei Fahrlässigkeitsdelikten ungewollt eintritt, gibt es zudem **keinen subjektiven Tatbestand** im herkömmlichen Sinne.[6]

Dennoch muss auch die individuelle Situation des Täters berücksichtigt werden, nach h.L. im Rahmen der Schuld.

Daher gilt nach h.L. ein **zweistufiger Prüfungsaufbau** der Fahrlässigkeit:

Die objektive Fahrlässigkeit zählt zum Straftatbestand, während die subjektive Fahrlässigkeit im Rahmen der Schuld zu prüfen ist.[7]

4 Ebenso im Ergebnis BGHSt 17, 210 (212).

5 *Burgstaller*, S. 26; S/S/*Sternberg-Lieben*/*Schuster*, § 15 Rn. 116 ff.; *Jescheck*/*Weigend*, § 54 I 3; *Krey*/*Hellmann*/*Heinrich*, BT/1, Rn. 121 m.w.N.; *Roxin*, § 24 Rn. 3-7.

6 *Rengier*, AT, § 52 Rn. 11.

7 *Burgstaller*, S. 26; *Heinrich*, AT, Rn. 1026; *Jäger*, AT, Rn. 374; *Jescheck*/*Weigend*, § 54 I 3; *Lackner*/*Kühl*, § 15 Rn. 38, 49; *Roxin*, § 24 Rn. 3-7 mit Rn. 53 ff., 57; *Wessels*/*Beulke*/*Satzger*, Rn. 927 f.; *Rengier*, AT, § 52 Rn. 11 f. **Abweichend:** MK/*Duttge*, § 15 Rn. 94 ff.; *Freund*, § 5 Rn. 18, 21 f.; *Frister*, 12/7; *Jakobs*, 9/8 ff.; *Kindhäuser*, AT, § 33 Rn. 49 f.; *Stratenwerth*/*Kuhlen*, 15/12, 15, 46-48.

1341 Der Prüfungsaufbau eines Fahrlässigkeitsdelikts – soweit es sich um ein Erfolgsdelikt handelt – sieht mithin folgendermaßen aus:

1. Tatbestand

a) Handlung, Erfolg, Kausalität
b) Objektive Fahrlässigkeit (Objektive Sorgfaltspflichtverletzung und objektive Vorhersehbarkeit des Erfolgs)
c) Objektive Zurechnung (insb. Pflichtwidrigkeitszusammenhang)
d) Zumutbarkeit sorgfaltsgemäßen Verhaltens (Einordnung str.)

2. Rechtswidrigkeit

3. Schuld

a) Subjektive Fahrlässigkeit (Individuelle Vorhersehbarkeit und individuelle Vermeidbarkeit)
b) Sonstige Schuldmerkmale

§ 50 Tatbestand der Fahrlässigkeitsdelikte

Da es sich bei den meisten Fahrlässigkeitsdelikten um **Erfolgsdelikte** handelt, orientiert sich die nachfolgende Darstellung an eben jenem Typus (sog. **fahrlässiges Erfolgsdelikt**).

Erwähnt sei aber an dieser Stelle, dass nach deutschem Strafrecht auch **schlichte Tätigkeitsdelikte** (vgl. Rn. 218 f.) bei fahrlässiger Begehungsweise unter Strafe gestellt sein können (vgl. fahrlässige Trunkenheit im Verkehr, § 316 Abs. 2 StGB; fahrlässiger Falscheid, § 161 Abs. 1 StGB).

I. Erfolg, Handlung, Kausalität

Der Täter muss durch sein Verhalten einen Erfolg verursacht haben. Wie bereits **1342**
erläutert, gibt es den Versuch eines Fahrlässigkeitsdelikts nicht. Zudem ist nicht zu prüfen, welche Qualität die Handlung aufweist, da eine Differenzierung zwischen Täterschaft und Teilnahme nicht erfolgt (vgl. Rn. 1337).

Fall 163a: – Streichholz-Fall – [1]
Im Rahmen eines gemeinsamen Diebesvorhabens waren zwei Täter in eine Fabrikhalle eingebrochen. Um sich in dem dunklen Raum orientieren zu können, zündeten sie Streichhölzer an, die sie nach Gebrauch achtlos zu Boden warfen. Durch ein offenbar noch brennendes Streichholz fing der Holzboden Feuer, so dass das ganze Gebäude niederbrannte. Welcher der Täter das Streichholz geworfen hat, ließ sich nicht mehr feststellen.

Mangels Tatvorsatzes kommt nur eine Fahrlässige Brandstiftung (§ 306d StGB) in Betracht. Der Nachweis der individuellen Kausalität lässt sich allenfalls mit Hilfe einer Zurechnungsregel wie § 25 Abs. 2 StGB überwinden. Jedoch ist die Anwendung des § 25 Abs. 2 StGB auf vorliegenden Fall und damit die Anerkennung einer **fahrlässigen Mittäterschaft** heftig umstritten.

Die Anhänger einer fahrlässigen Mittäterschaft stellen maßgeblich darauf ab, dass der Gesetzeswortlaut nur eine »gemeinschaftliche Begehung«, nicht aber zwingend deren Vorsätzlichkeit verlangt.[2]

Jedoch kann mit besseren Argumenten der (noch) h.M. gefolgt werden, die eine Mittäterschaft bei Fahrlässigkeitstaten ablehnt.[3]

§ 25 Abs. 2 StGB gilt nach Wortlaut und Sinn nur für vorsätzliche Verbrechen und Vergehen. Denn § 15 StGB ist auch für § 25 StGB anwendbar, da diese Vorschrift der Sache nach die einzelnen Straftatbestände des BT ergänzt. Wenn also mehrere Täter eine Fahrlässigkeitstat begehen, sind sie bloße **Nebentäter** (Rn. 982); Mittäterschaft entfällt mangels »gemeinsamen Tatentschlusses«. Die Figur strafbegründender fahrlässiger Mittäterschaft

---

1 OLG Schleswig NStZ 1982, 116 f.; vgl. auch BGHSt 37, 106 ff.

2 Siehe u.a.: *Fischer*, § 25 Rn. 49 f.; SK/*Hoyer*, § 25 Rn. 150 ff.; MK/*Joecks*, § 25 Rn. 275; *Roxin*, § 25 Rn. 239-242; *Stratenwerth*/*Kuhlen*, 16/7 a.E.; *Wessels*/*Beulke*/*Satzger*, Rn. 740, 930 m.w.N. (weitere Nachweise bei *Kühl*, § 20 Rn. 116a-116d).

3 So: BGHSt 37, 106 (111, 114, 130 f.); *Baumann*/*Weber*/*Mitsch*, § 29 Rn. 90; S/S/*Heine*/*Weißer*, Vor § 25 Rn. 1114; *Gropp*, § 10 Rn. 214 f.; *Jäger*, AT, Rn. 366 mit Fn. 124; *Jakobs*, 21/111-112; *Jescheck*/*Weigend*, § 63 I 3a; LPK/*Kindhäuser*, Vor § 25 Rn. 45 f.; *Köhler*, Kap. 9 II 6.2.2; *Maurach*/*Gössel*/*Zipf*, § 49 Rn. 110 ff.; *Puppe*, FS Spinellis, 2001, S. 915, 922, 927.

bedeutet daher einen Systembruch, verstößt gegen das Analogieverbot und missachtet das Verbot der Rechtsfindung contra legem.

Als alternative Lösungsmöglichkeit praxisrelevanter Problemfälle käme etwa in Betracht, die **Sorgfaltspflichtverletzung zeitlich vorzuverlegen**, um so ein individuelles früheres Fehlverhalten als kausal für die spätere tatbestandliche Folge werten zu können.[4]

Auch ließe sich im Fall 163a erwägen, die Täter jeweils wegen Fahrlässiger Brandstiftung durch **Unterlassen** zu verurteilen. Nachweislich hatten beide ein Streichholz benutzt, so dass daraus die Garantenpflicht resultiert haben könnte, alles Zumutbare zu tun, damit kein Brand entsteht.[5]

II. Objektive Fahrlässigkeit

1. Bedeutung und Hintergrund des Tatbestandsmerkmals der objektiven Fahrlässigkeit

1343 Nach herrschendem und überzeugendem Verständnis bedeutet objektive Fahrlässigkeit eine **Verletzung der objektiv gebotenen Sorgfalt trotz objektiver Vorhersehbarkeit des Erfolges**.[6] Die objektive Vorhersehbarkeit allein genügt für die Annahme von Fahrlässigkeit nicht:

Strafgesetze normieren Verbote, im Fall des § 222 StGB das Verbot: »Du sollst nicht durch Fahrlässigkeit töten!« Bei genauerer Analyse besagt dieses Verbot aus sachlogischen Gründen nichts anderes als: »Du darfst keine Normen bezüglich der Sorgfalt verletzen, die das Leben anderer schützen sollen (siehe Rn. 1353), sofern im konkreten Einzelfall bei einer solchen Verletzung eine Lebensgefahr für andere Personen entstehen könnte.«

Für den **Handlungsunwert** der Fahrlässigen Tötung (§ 222 StGB), der zusammen mit dem Erfolgsunwert (Tod des Opfers) den Unrechtsgehalt dieses Vergehens bildet,[7] ist also die Verletzung jener Sorgfalt konstitutiv.

Die Bewertung einer Tat als objektiv fahrlässig erfordert ein »Hin- und Herwandern des Blickes« zwischen der Verletzung der objektiv gebotenen Sorgfalt und der objektiven Vorhersehbarkeit des Erfolges. Beide sind untrennbar miteinander verknüpft.8 Der Normbefehl: »Verursache nicht zufällig durch ein Verhalten, das die im Verkehr erforderliche Sorgfalt beachtet, vorhersehbare Erfolge!«, wäre unsinnig und würde gefährliche Handlungen wie das Führen eines Kfz oder das Steuern eines Flugzeuges in Frage stellen. Umgekehrt sind die Anforderungen an die zum Schutz des Rechtsgutes objektiv gebotene Sorgfalt gerade auch an den vorhersehbaren Folgen menschlichen Verhaltens zu orientieren.

---

4 Vgl. BGHSt 7, 112 ff. – **Wettfahrt-Fall**.

5 Vgl. BayObLG NJW 1990, 3032 – **Kerzen-Fall**.

6 S/S/*Sternberg-Lieben*/*Schuster*, § 15 Rn. 116 ff.; *Ebert*, S. 164 ff.; *Jescheck*/*Weigend*, § 54 I 4; *Kühl*, § 17 Rn. 14 ff.; *Wessels*/*Beulke*/*Satzger*, Rn. 927; **a.A.** *Frister*, 12/7 f.; *Schmidhäuser*, JuS 1987, 373 ff.; *Schroeder*, JZ 1989, 776 ff.

7 *Roxin*, § 24 Rn. 4, 6, 7.

8 *Wessels*/*Beulke*/*Satzger*, Rn. 939; SSW-StGB/*Momsen*, §§ 15, 16, Rn. 61.

Diese normtheoretischen Erwägungen sowie der Aspekt des Handlungsunwertes sprechen zudem auch dafür, die objektive Fahrlässigkeit als **Tatbestandsmerkmal** einzuordnen.[9]

Auch der BGH hat zutreffend erkannt, dass das Unrecht fahrlässiger Delikte bei Einhalten der im Verkehr erforderlichen Sorgfalt entfällt.[10] Doch während das Gericht mitunter nur eine Rechtfertigung der Tat annimmt, sprechen die besseren Gründe für einen Wegfall des Tatbestandes mangels Verstoßes gegen ein Verbot.[11] **1344**

2. Abgrenzung zur subjektiven Fahrlässigkeit

a) Anlegen objektiver Maßstäbe

Strafgesetze wie §§ 222, 229 StGB enthalten Verbote, die sich an jedermann richten. Alle Menschen sollen die zur Vermeidung verbotswidriger Tötung bzw. Körperverletzung objektiv erforderliche Sorgfalt beachten, z.B. **1345**

- die Sorgfalt eines gewissenhaften und besonnenen Kraftfahrers;
- die Sorgfalt eines gewissenhaften und besonnenen Chirurgen.

Der **Sorgfaltsmaßstab** kann also nicht individuell am einzelnen Täter orientiert sein, der möglicherweise erhebliche Defizite an Fähigkeiten und Kenntnissen aufweist. Vielmehr geht es um die Steuerung des Verhaltens der Bürger anhand **genereller, objektiver Maßstäbe**, orientiert am Standard des gewissenhaften und besonnenen Menschen in der konkreten Rolle des Handelnden.[12]

Entsprechend ist auch beim Erfordernis der **Vorhersehbarkeit** ein objektiver Maßstab geboten. Entscheidend sind auch insoweit Standards wie

- Vorhersehbarkeit für einen erfahrenen und umsichtigen Führer eines Kfz;
- Vorhersehbarkeit für einen erfahrenen und umsichtigen Chirurgen.

Objektiv vorhersehbar ist also, was nach dem **Standard (Leitbild)** des erfahrenen und umsichtigen Menschen in der konkreten Rolle des Täters dieser hätte erkennen können und müssen.[13]

Weist der Täter nach Kenntnissen und/oder Fähigkeiten gegenüber jenem normativen Leitbild **Defizite** auf, die dazu führen, dass **er** im konkreten Fall **1346**

- die objektiv gebotene Sorgfalt *subjektiv* nicht einhalten konnte und/oder
- den objektiv vorhersehbaren Erfolg *subjektiv* nicht vorhersehen konnte,

so gilt Folgendes: Diese individuellen Defizite des Täters lassen die objektive Fahrlässigkeit, mithin den Tatbestand des Fahrlässigkeitsdelikts unberührt. Die Tat verstößt gegen das im Tatbestand enthaltene Verbot. Sie ist **rechtswidrig**, sofern kein Rechtfertigungsgrund eingreift.

---

9 Dazu eingehend *Roxin*, § 24 Rn. 4-7; vgl. schon Rn. 1340.

10 BGHZ 24, 21 (26).

11 Ebenso *Wessels/Beulke/Satzger*, Rn. 927.

12 *Wessels/Beulke/Satzger*, Rn. 943; sachlich übereinstimmend *Burgstaller*, S. 54 ff.

13 Ähnlich *Wessels/Beulke/Satzger*, Rn. 940; zudem: *Klein*, S. 216; *Kühl*, § 17 Rn. 25-26.

Doch kann es an der **Schuld** fehlen, denn sie fordert »subjektive Fahrlässigkeit nach dem Maßstab der individuellen Fähigkeiten und Kenntnisse des Täters«.[14]

1347 **Fall 164: – Der unerfahrene, ungeübte Anfänger als Fahrlässigkeitstäter –**
a) T hat gerade seine Fahrerlaubnis erlangt. Er achtet als Anfänger auf eine vorsichtige Fahrweise. Gleichwohl verursacht er einen Verkehrsunfall, bei dem ein Unfallbeteiligter verletzt wird. Bei Beachtung der objektiv gebotenen Sorgfalt wäre der Unfall vermieden worden; die Verletzung war auch objektiv vorhersehbar. T konnte jedoch subjektiv die im Verkehr erforderliche Sorgfalt nicht einhalten und den Erfolg auch nicht vorhersehen.

b) Assistenzarzt T ist in der Abteilung Chirurgie einer Klinik tätig. Er ist noch unerfahren und hat erst zweimal operiert. Bei einer Notoperation, die T unter Aufsicht eines übermüdeten Oberarztes durchführt, kommt es zu überraschenden, schweren Komplikationen, an denen der Patient stirbt, weil T die objektiv gebotene Sorgfalt eines gewissenhaften und besonnenen Chirurgen verletzt. Komplikationen und Todesfolge waren für einen erfahrenen Chirurgen vorhersehbar. T konnte jedoch nach seinen Fähigkeiten und Kenntnissen diese Sorgfalt nicht einhalten und den Erfolg nicht vorhersehen. Der übermüdete Oberarzt aber hatte das Unheil erst nicht kommen sehen und konnte es dann nicht mehr verhindern.

1348 In beiden Fällen hat T **objektiv fahrlässig** gehandelt, weil er die objektiv gebotene Sorgfalt verletzt hat und der Erfolg auch objektiv vorhersehbar war. Er hat also in **Fall 164a** tatbestandsmäßig und rechtswidrig § 229 StGB, in **Fall 164b** tatbestandsmäßig und rechtswidrig § 222 StGB verwirklicht.

Jedoch fehlt es wegen der erwähnten Defizite des T in beiden Fällen an der subjektiven Fahrlässigkeit als Schuldelement, so dass T nicht strafbar ist. Näher zur subjektiven Fahrlässigkeit unter Rn. 1365 ff.

b) Ausnahme: Sonderkenntnisse und Sonderfähigkeiten

1349 Nach ganz h.M. ist das Leitbild des »erfahrenen und umsichtigen Menschen in der konkreten Rolle des Täters« (Rn. 1345) nur ein **Mindeststandard** für die Beurteilung der objektiven Vorhersehbarkeit: Für diese sind **Sonderkenntnisse** des Täters mit zu berücksichtigen.[15] *Insoweit* ist die objektive Fahrlässigkeit **individualisiert**.

Dasselbe gilt für **Sonderfähigkeiten** des Täters.[16] Sie können die Verletzung der objektiv gebotenen Sorgfalt begründen, wenn der Täter sie nicht im Rahmen des Zumutbaren einsetzt.

Denn der Normbefehl von Strafgesetzen wie §§ 222, 229 StGB kann der Sache nach nur lauten: »Du sollst **mindestens** die Fähigkeiten und Kenntnisse eines erfahrenen, umsichtigen und besonnenen Menschen in Deiner konkreten Rolle als Verkehrsteilnehmer, Arzt etc.

---

14 *Burgstaller*, S. 26; S/S/*Sternberg-Lieben/Schuster*, § 15 Rn. 194 f.; *Jescheck/Weigend*, § 54 I 3; *Krey/Hellmann/Heinrich*, BT/1, Rn. 121; *Lackner/Kühl*, § 15 Rn. 49; *Roxin*, § 24 Rn. 3-7 mit 53 ff., 57; **a.A.** *Freund*, § 5 Rn. 18, 21; *Jakobs*, 9/8 ff.; *Otto*, AT, § 10 Rn. 12 ff.; *Stratenwerth/Kuhlen*, 15/12, 15, 46-48.

15 S/S/*Sternberg-Lieben/Schuster*, § 15 Rn. 138 f.; *Kühl*, § 17 Rn. 31-32; *Roxin*, § 24 Rn. 62; ebenso BGH (Zivilsenat) JZ 1987, 877 f.

16 S/S/*Sternberg-Lieben/Schuster*, § 15 Rn. 138 f.; *Wessels/Beulke/Satzger*, Rn. 944; *Heinrich*, AT, Rn. 1038; *Kühl*, § 17 Rn. 31-32; *Roxin*, § 24 Rn. 57, 61-62; OLG Düsseldorf NJW 1991, 1123.

einsetzen, um die Tötung bzw. Verletzung anderer zu vermeiden.« Anderenfalls käme man zu absurden Ergebnissen.

Beispiel: Der begnadete Chirurg mit überragenden Fähigkeiten und Kenntnissen darf selbstredend nicht darauf verzichten, diese zum Schutz seiner Patienten einzusetzen; er kann sich nicht einfach auf den geringeren Standard eines umsichtigen und besonnenen »durchschnittlichen« Chirurgen zurückziehen.

Mithin ist die **Unterscheidung** zwischen objektiver Fahrlässigkeit als Tatbestandsmerkmal und subjektiver Fahrlässigkeit als Schuldelement wie folgt zu präzisieren: Letztere **betrifft nur individuelle Defizite** des Täters an Fähigkeiten und Kenntnissen, dagegen nicht seine etwaigen Sonderkenntnisse und -fähigkeiten. Damit wird jene Unterscheidung der Funktion des Schuldprinzips gerecht. Denn dieses soll ja gerade diejenigen Täter schützen, die wegen reduzierter Fähigkeiten und Kenntnisse nicht in der Lage sind, sich normgerecht zu verhalten.

3. Zu den Merkmalen der objektiven Fahrlässigkeit im Einzelnen

a) Verletzung der objektiv gebotenen Sorgfalt

§§ 222, 229 StGB u.a. Strafgesetze, die Fahrlässigkeitstaten mit Strafe bedrohen, **1350**
normieren »ergänzungsbedürftige Tatbestände«. Denn sie regeln den Inhalt der objektiv gebotenen Sorgfalt nicht; vielmehr bedürfen sie insoweit der ergänzenden, normvollendeten Wertentscheidung des Richters, der im konkreten Einzelfall feststellt, welche Sorgfaltsanforderungen bestanden.[17]

Als normative Maßstäbe für die gebotene Sorgfalt dienen dabei primär:

- **Rechtssätze** wie die Vorschriften der StVO[18] oder des Jugendschutzgesetzes[19];
- **Regeln der Technik** wie Deutsche Industrie-Normen **(DIN)** und Sportregeln, soweit sie Sicherheitszwecke wie Gesundheitsschutz verfolgen;[20]
- Leitbilder (**Standards**, Rn. 1345).

Solche Maßstäbe indizieren, mit graduellen Unterschieden im Einzelnen, bei Verletzung der fraglichen »Sorgfaltsnorm« die objektive Fahrlässigkeit. Jedoch kommt es immer auf die **konkreten Umstände des Einzelfalles** und auf die objektive Vorhersehbarkeit an.

So würde es z.B. eine Überspannung der Sorgfaltspflichten darstellen, von dem Halter eines stets friedlichen Hundes zu verlangen, die Haustür zu schließen, bevor er sich für wenige Minuten an seinem vor der Haustür geparkten Pkw aufhält.[21] Bei einem Kampfhund obliegen dem Halter dagegen besondere Sorgfalts- und Sicherheitspflichten. So muss dieser damit rechnen, dass sein Tier jederzeit auch ohne vorherige Warnzeichen Menschen anfällt,

17 *Jescheck/Weigend*, § 54 I 3; *Roxin*, § 24 Rn. 94; *Wessels/Beulke/Satzger*, Rn. 931.

18 Hierzu BGHSt 4, 182 (187); 5, 270 (273); *Roxin*, § 24 Rn. 15 ff.; *Wessels/Beulke/Satzger*, Rn. 672.

19 Praxisrelevant insb. §§ 9 Abs. 1, 28 Abs. 1 Nr. 10 JuSchG, wonach der Verkauf von Alkohol an Kinder und Jugendliche unter 16 Jahren eine Ordnungswidrigkeit darstellt. Der Sorgfaltspflichtverstoß sollte in einer Prüfung stets säuberlich herausgearbeitet werden, dies missachtend AG Saalfeld NStZ 2006, 100.

20 *Lackner/Kühl*, § 15 Rn. 39; *Roxin*, § 24 Rn. 18-19; bzgl. strafrechtlicher Risiken am Bau: *Esser/Keuten*, NStZ 2011, 314.

21 LG Verden NStZ 2006, 689.

wenn eine Verhaltensprüfung nichts Gegenteiliges belegt.[22] Ebenso ist eine Verkehrssicherung, die jede Schädigung ausschließt, im praktischen Leben nicht erreichbar: Haftungsbegründend wird eine verursachte Gefahr daher erst dann, wenn sich die naheliegende Möglichkeit ergibt, dass Rechtsgüter anderer verletzt werden könnten.[23]

1351 Ergänzend spielen bei der Frage, ob die objektiv gebotene Sorgfalt verletzt ist, Rechtsprinzipien wie Vertrauensgrundsatz und Unzumutbarkeit eine Rolle:

(1) Vertrauensgrundsatz

Er gilt in erster Linie für den Straßenverkehr und besagt: **Wer die im Verkehr erforderliche Sorgfalt einhält, darf sich grundsätzlich darauf verlassen, dass andere dies auch tun, sofern keine konkreten Anhaltspunkte dagegen sprechen**.[24] Ausnahmen gelten insbesondere gegenüber Kindern und gebrechlichen Senioren.[25]

Darüber hinaus ist jener Grundsatz z.B. auch bei **arbeitsteiligem Zusammenwirken** anwendbar (Operationsteams[26], Rettungsaktionen[27]).[28]

Ist der Vertrauensgrundsatz einschlägig, braucht sich der Handelnde nicht auf pflichtwidriges Verhalten anderer einzustellen.

(2) Unzumutbarkeit

1352 Anders als bei den vorsätzlichen Begehungsdelikten soll die Unzumutbarkeit pflichtgemäßen Verhaltens nach Ansicht vieler bei den unechten Unterlassungsdelikten und den fahrlässigen Begehungsdelikten ein Entschuldigungsgrund sein.[29]

Diese Auffassung hatte sich schon für die Unterlassungsdelikte als überholt erwiesen (Rn. 1171 ff.). Sie ist auch für die Fahrlässigkeitsdelikte zweifelhaft. Vielmehr ist es überzeugender, bereits die **objektive Fahrlässigkeit entfallen zu lassen**, wenn wegen der besonderen Umstände des Einzelfalles die Beachtung der im Verkehr erforderlichen Sorgfalt für den Täter ausnahmsweise unzumutbar ist, und zwar aus der Sicht eines objektiven Betrachters.[30]

---

22 OLG Karlsruhe NStZ-RR 2014, 276 f.

23 So BGH NJW 2006, 610 (611), einen Sorgfaltspflichtverstoß eines Theaterbetreibers im Fall eines ohne Warnung erfolgten Einsatzes von Schusswaffen während einer Aufführung ablehnend; der Eintritt eines Gehörschadens sei unwahrscheinlich gewesen.

24 *Fischer*, § 222 Rn. 14 ff.; *Roxin*, § 24 Rn. 21 ff.; *Wessels/Beulke/Satzger*, Rn. 671. Weiterführend zum Vertrauensgrundsatz: *Eidam*, JA 2011, 912.

25 Vgl. SSW-StGB/*Momsen*, §§ 15, 16, Rn. 69 m.w.N.

26 *Lackner/Kühl*, § 15 Rn. 40; *Roxin*, § 24 Rn. 25; so auch BGHSt 43, 306 (310).

27 *Wessels/Beulke/Satzger*, Rn. 946.

28 Vgl. jedoch auch BGH NJW 2002, 1887 (Wuppertaler Schwebebahn).

29 Für vorsätzliche Begehungsdelikte siehe Rn. 771. Für Unterlassungsdelikte vgl. Rn. 1173. Für **Fahrlässigkeitstaten** siehe: RGSt 30, 25 – Leinenfänger-Fall; (dazu krit.: *Achenbach*, Jura 1997, 631; *Baumann/Weber/Mitsch*, § 23 Rn. 63; *Kühl*, § 17 Rn. 97; *Roxin*, § 24 Rn. 122 ff.; *Stratenwerth/Kuhlen*, 15/51-52; *Wessels/Beulke/Satzger*, Rn. 976). Abweichend u.a.: *Jakobs*, 20/38; *Maurach/Gössel/Zipf*, § 44 Rn. 50.

30 So schon H. *Mayer* und *Henkel* (bei *Jescheck/Weigend*, § 57 IV Fn. 20). Vermittelnd (der Aspekt der Unzumutbarkeit könne die *objektive Sorgfaltspflicht* begrenzen und als Entschuldigungsgrund fungieren): S/S/*Sternberg-Lieben/Schuster*, § 15 Rn. 204 m.w.N.

Jedoch ist bei der Annahme von Unzumutbarkeit Zurückhaltung geboten. Denn für Kollisionen zwischen rechtlich geschützten Interessen der Allgemeinheit bzw. betroffener Einzelner einerseits und rechtlich geschützten Interessen des Täters andererseits enthalten die einschlägigen Strafgesetze wie §§ 222, 229 StGB i.V.m. den **Erlaubnissätzen** und **Entschuldigungsgründen** in aller Regel eine ausreichende und abschließende Normierung.

Wer den Rückgriff auf die fehlende objektive Fahrlässigkeit ablehnt, sollte auf mangelnde individuelle Fahrlässigkeit abstellen,[31] nicht aber auf einen vermeintlichen »Entschuldigungsgrund der Unzumutbarkeit bei Fahrlässigkeitsdelikten«.

b) Objektive Vorhersehbarkeit

Insoweit kann es mit dem Hinweis auf die Darlegungen zur objektiven Vorherseh- **1353** barkeit im Rahmen der Behandlung der objektiven Zurechnung sein Bewenden haben (Rn. 335 ff.). Der **Kausalverlauf** sowie der eingetretene **Erfolg** müssen im Wesentlichen als mögliche Folge des Verhaltens objektiv vorhersehbar gewesen sein – **zum Zeitpunkt der Handlung** (denn: »Hinterher ist man immer schlauer«). Hierbei ist auf den Standard des gewissenhaften und besonnenen Menschen in der konkreten Rolle (inkl. Beruf) des Handelnden abzustellen, vgl. schon Rn. 1345.

III. Objektive Zurechnung

Über das Vorliegen objektiver Fahrlässigkeit hinaus verlangt § 222 StGB, dass der **1354** Täter den Tod eines anderen »**durch Fahrlässigkeit** verursacht«. Entsprechend fordert § 229 StGB die Verursachung der Körperverletzung **durch Fahrlässigkeit**. Dabei gelten die allgemein erörterten Fallgruppen des Ausschlusses der objektiven Zurechnung bei den Fahrlässigkeitsdelikten entsprechend:[32]

- **mangelnde Beherrschbarkeit des Kausalverlaufs**;
- **fehlender Risikozusammenhang**;
- **Handeln des Opfers auf eigene Gefahr**.

Hier entfällt der Tatbestand des jeweiligen fahrlässigen Erfolgsdelikts. Ob und wieweit in solchen Fällen bereits die objektive Fahrlässigkeit ausscheidet, ist hingegen eine Frage des Einzelfalls.[33]

Darüber hinaus gehört zum Tatbestand fahrlässiger Erfolgsdelikte insbesondere die Frage des Pflichtwidrigkeitszusammenhangs und des vorsätzlichen Handelns Dritter.

1. Pflichtwidrigkeitszusammenhang

Dieser besagt, dass der Erfolg gerade auf der Verletzung der objektiv gebotenen **1355** Sorgfalt, d.h. auf der Pflichtwidrigkeit beruhen muss. Relevant sind hierbei insbe-

31 So u.a. *Jescheck/Weigend*, § 57 IV m.w.N.

32 Siehe Rn. 334 ff., 343 ff., 355 ff.

33 Vorbildlich AG Garmisch-Partenkirchen (m. Anm. *Jahn*), JuS 2011, 844, zum Thema Pflichtverletzung und Eigenverantwortlichkeit beim Extrem-Berglauf. Vgl. auch *Kaspar*, JuS 2012, 112.

sondere Fälle rechtmäßigen Alternativverhaltens. Hier ist die Frage zu stellen, **ob der Taterfolg auch bei einem hypothetischen, sorgfaltsgemäßen Verhalten mit an Sicherheit grenzender Wahrscheinlichkeit eingetreten wäre**. Ist das der Fall, so entfällt die objektive Zurechnung. Dabei dürfen aber grundsätzlich nur dem Täter vorwerfbare Tatumstände, nicht aber Aspekte der übrigen Tatsituation ersetzt werden.[34]

a) Rechtsprechung und h.L. zum Pflichtwidrigkeitszusammenhang

Fall 165: – Radfahrer-Fall –[35]
L fuhr mit seinem Lkw im Abstand von lediglich 75 cm an dem Radfahrer O vorbei. O war, für andere Verkehrsteilnehmer unerkennbar, stark alkoholisiert. Der objektiv gebotene, pflichtgemäße Abstand hätte mindestens 1 m betragen[36] – bei Erkennbarkeit der Alkoholisierung deutlich mehr. Als der Lkw den O passierte, erschrak O heftig, reagierte alkoholbedingt falsch, lenkte sein Fahrrad nach links und geriet unter den Hinterreifen des Lkw. O war auf der Stelle tot. Im Strafprozess gegen L wegen Fahrlässiger Tötung gelangt das Gericht aufgrund überzeugender Sachverständigengutachten zu folgenden Feststellungen:

Var. a) Bei **pflichtgemäßem Verhalten** durch Passieren des O mit ausreichendem Abstand von 1-1,5 m wäre O mit an Sicherheit grenzender Wahrscheinlichkeit **nicht** zu Tode gekommen.
Var. b) Auch bei Beachtung der objektiv gebotenen Sorgfalt durch Einhalten jenes ausreichenden Abstandes wäre es wegen der schweren Alkoholisierung des O mit an Sicherheit grenzender Wahrscheinlichkeit zu dem tödlichen Unfall gekommen.
Var. c) Aufgrund konkreter Tatsachen kann vernünftigerweise **nicht ausgeschlossen werden**, dass der Erfolg auch bei verkehrsgerechtem Verhalten des L eingetreten wäre.[37]

1356 **Fall 165a** ist ein klassisches Beispiel für den Pflichtwidrigkeitszusammenhang: Hier resultiert der Erfolg gerade aus dem pflichtwidrigen Verhalten; bei »rechtmäßigem Alternativverhalten« durch Beachtung der objektiv gebotenen Sorgfalt wäre der Unfall nicht geschehen. Die Erforderlichkeit eines solchen Pflichtwidrigkeitszusammenhanges[38] ergibt sich dabei aus folgenden Gesichtspunkten:

- **Klarer Wortlaut des Gesetzes** (»durch Fahrlässigkeit«)
- **Strafwürdigkeit und Strafbedürftigkeit**

  Die Verletzung der objektiv gebotenen Sorgfalt ist als solche häufig nur eine Ordnungswidrigkeit, was insbesondere für Verstöße gegen die StVO gilt. Erst wenn sich die Gefährlichkeit des objektiv fahrlässigen Verhaltens im tatbestandsmäßigen Erfolg realisiert, z.B. im Tod des Opfers bei § 222 StGB, kann man von einem strafwürdigen und strafbedürftigen fahrlässigen Erfolgsdelikt sprechen. Eine Todesfolge, die deswegen nur ein »unglücklicher Zufall« ist, weil sie auch bei rechtmäßigem Alternativverhalten eingetreten wäre, vermag Strafwürdigkeit und Strafbedürfnis der Fahrlässigen Tötung nicht zu begründen.

34 Zum Ganzen *Magnus*, JuS 2015, 402.
35 Fall nach BGHSt 11, 1.
36 BGHSt 11, 1 (5): »1 bis 1,5 m«.
37 Dazu BGHSt 11, 1 (2, 5).
38 BGHSt 11, 1 (7); 24, 31 (34); 33, 61 (63); S/S/*Sternberg-Lieben/Schuster*, § 15 Rn. 173 ff.; *Gropp*, § 12 Rn. 794; *Kindhäuser*, AT, § 33 Rn. 34 ff.; *Kühl*, § 17 Rn. 47 ff.

– **Erfordernis der Risikoverwirklichung für die objektive Zurechnung**[39]

Bei fehlender Realisierung der vom Täter geschaffenen Gefahr im Erfolg scheidet die objektive Zurechnung aus, mithin der Tatbestand des fahrlässigen Erfolgsdeliktes.

In Fall 165a ist L also wegen Fahrlässiger Tötung (§ 222 StGB) strafbar.

Fall 165b dagegen ist das Schulbeispiel für das Fehlen des Pflichtwidrigkeitszusammenhanges: L hat zwar **objektiv fahrlässig** gehandelt, da er die im Verkehr erforderliche Sorgfalt durch zu dichtes Vorbeifahren an O verletzt hat. Zudem hat L den objektiv vorhersehbaren Tod des O verursacht. Gleichwohl entfällt der Tatbestand des § 222 StGB. Denn L hat O nicht **durch Fahrlässigkeit** getötet, da der Erfolg auch bei pflichtgemäßem Verhalten mit an Sicherheit grenzender Wahrscheinlichkeit eingetreten wäre. Mithin ist L nicht aus § 222 StGB strafbar. 1357

Dieses Ergebnis ist (fast) unstrittig.[40] Was seine strafrechtsdogmatische Begründung angeht, besteht dagegen weniger Konsens.

Der BGH sieht den Pflichtwidrigkeitszusammenhang als **Erfordernis der Kausalität**[41], jedoch zu Unrecht, denn die Ursächlichkeit der Pflichtwidrigkeit des L für den Tod des O ist auch in **Fall 165b** evident.

Andere rekurrieren auf das **Fehlen der objektiven Zurechnung**.[42]

Wieder andere verneinen den Tatbestand des jeweiligen Fahrlässigkeitsdelikts, da es speziell am Merkmal ***durch Fahrlässigkeit*** fehle.[43] Für Letzteres spricht, dass der BGH bis heute die Figur der objektiven Zurechnung noch nicht allgemein anerkannt hat. Jedoch kann letztlich dahinstehen, ob es schon an der allgemeinen Zurechnung oder erst an dem speziellen Tatbestandsmerkmal *durch Fahrlässigkeit* mangelt, oder an beidem.

Fall 165c ist demgegenüber der problematische Fall: Rechtsprechung und h.L. verneinen hier zu Recht Fahrlässige Tötung und verweisen dabei auf das Verfassungsprinzip »in dubio pro reo« (im Zweifel für den Angeklagten).[44] 1358

Da der Pflichtwidrigkeitszusammenhang Tatbestandsmerkmal des § 222 StGB ist, muss er zur Überzeugung des Tatrichters feststehen, also **nachgewiesen** sein. Lässt sich aufgrund konkreter Anhaltspunkte hierfür vernünftigerweise nicht ausschließen, dass der Erfolg mit an Sicherheit grenzender Wahrscheinlichkeit auch bei verkehrsgerechtem Verhalten eingetreten wäre, so greift der Satz »in dubio pro reo« ein. Der Täter kann dann nicht wegen Fahrlässiger Tötung bestraft werden. Demgemäß entfällt § 222 StGB.

Von diesem Ergebnis weicht die **Risikoerhöhungslehre**[45] ab: Sie lässt ausreichen, dass durch die Verletzung der objektiv gebotenen Sorgfalt *das Risiko des Erfolgs-* 1359

---

39 Siehe Rn. 343 ff.

40 BGHSt 11, 1 (4 f.); 24, 31 (34); 33, 61 (63); S/S/*Sternberg-Lieben/Schuster*, § 15 Rn. 173 f.; *Roxin*, § 11 Rn. 88; *Wessels/Beulke/Satzger*, Rn. 952 ff.; **a.A.** *Spendel*, JuS 1964, 14 ff.

41 BGHSt 11, 1 (4 f.); 24, 31 (34); 33, 61 (63); BGH NStZ 2008, 150 (151).

42 So *Lackner/Kühl*, § 15 Rn. 43-44; *Roxin*, § 11 Rn. 88 mit § 24 Rn. 10; *Wessels/Beulke/Satzger*, Rn. 954.

43 Ähnlich: *Freund*, § 5 Rn. 67; *Gropp*, § 12 Rn. 79. 88.

44 BGHSt 11, 1 (4 f.); 24, 31 (34); 33, 61 (63); *Baumann/Weber/Mitsch*, § 22 Rn. 50; S/S/*Sternberg-Lieben/Schuster*, § 15 Rn. 177 f.; *Freund*, § 5 Rn. 67, 81; *Frister*, 10/30 f.; *Gropp*, § 12 Rn. 79, 85; *Heinrich*, AT, Rn. 1045; *Jäger*, AT, Rn. 35-37; *Jakobs*, 7/103; *Joecks*, § 222 Rn. 22; *Kindhäuser*, AT, § 33 Rn. 38.

eintritts erhöht worden sei. Danach genüge für den Tatbestand fahrlässiger Erfolgsdelikte anstelle des Risikozusammenhanges jene Risikoerhöhung für das geschützte Rechtsgut.

1360 **Kritik:** Ob das Anliegen der Risikoerhöhungslehre **rechtspolitisch** billigenswert ist, mag hier dahinstehen.

Auch insoweit bestehen schon erhebliche Zweifel, denn sie widerspricht dem Wesen fahrlässiger Erfolgsdelikte und wird wegen des diffusen Erfordernisses einer relevanten Risikoerhöhung dem **Bestimmtheitsgebot** des Art. 103 Abs. 2 GG kaum gerecht.

Entscheidend ist ihre **Unvereinbarkeit mit dem geltenden Recht**. Sie widerspricht diesem, weil sie strafbegründend (!) den möglichen Wortsinn des Gesetzes missachtet (»durch Fahrlässigkeit«), somit dem Analogieverbot des Art. 103 Abs. 2 GG zuwiderläuft.[46] Sie deutet contra legem fahrlässige Erfolgsdelikte der Sache nach in fahrlässige Gefährdungsdelikte um.[47] Sie weicht dadurch in rechtsstaatlich nicht tolerabler Weise den klaren Konsequenzen des Satzes »in dubio pro reo« aus.[48]

Ergebnis: L ist in **Fall 165c** nicht aus § 222 StGB strafbar.

b) Pflichtwidrigkeitszusammenhang bei Geschwindigkeitsüberschreitung

1361 **Fall 166: – Fahrlässige Körperverletzung infolge überhöhter Geschwindigkeit –**[49]
A befuhr eine Bundesstraße mit einem Pkw bei einer Geschwindigkeit von 140 km/h. An einer Kreuzung kam es zu einer Kollision mit dem Fahrzeug des O, der dabei erheblich verletzt wurde. O hatte den Pkw des A durch Unaufmerksamkeit nicht kommen sehen und dadurch dessen Vorfahrtsrecht missachtet. A hatte trotz sofortiger Vollbremsung den Unfall nicht mehr vermeiden können. Das Strafgericht kommt zu den folgenden Feststellungen:

Var. a) Ohne die um 40 km/h **überhöhte** Geschwindigkeit wäre A zur Unfallzeit noch weit vom Unfallort entfernt gewesen.

Var. b) Auch bei Einhaltung der zulässigen Geschwindigkeit von 100 km/h hätte A wegen des Bremsweges sein Fahrzeug mit an Sicherheit grenzender Wahrscheinlichkeit nicht zum Stehen gebracht, sondern wäre noch mit erheblicher Wucht mit dem Fahrzeug des O kollidiert – wenn sich dieses noch im Kreuzungsbereich befunden hätte.

---

45 *Burgstaller*, S. 133 ff.; *Jescheck/Weigend*, § 55 II 2b; *Kahlo*, S. 56 ff., 340; *Köhler*, Kap. 3 II 2.6.4.1, 2.6.4.2; *Lackner/Kühl*, § 15 Rn. 44; *Roxin*, § 24 Rn. 88 ff.; SK/*Rudolphi/Jäger*, Vor § 1 Rn. 112 ff. m.w.N.

46 Dazu *Gropp*, § 12 Rn. 79, 88.

47 Dazu S/S/*Sternberg-Lieben/Schuster*, § 15 Rn. 179; MK/*Duttge*, § 15 Rn. 181; *Frisch*, JuS 2011, 205 (208); *Krey*, ZStW 101 (1989), 838 (852 f.); *Wessels/Beulke/Satzger*, Rn. 297 m.w.N.

48 *Baumann/Weber/Mitsch*, § 14 Rn. 86, 100; *Jäger*, AT, Rn. 36-37; *Jakobs*, 7/103; *Kindhäuser*, AT, § 33 Rn. 37 ff.; Nach a.A. gilt der Zweifelssatz nicht für die *normative* Frage der objektiven Zurechnung. Ein *tatsächlicher* Zweifel bestehe aber nicht, da feststehe, dass das sorgfaltswidrige Verhalten nach dem konkreten Verlauf den Erfolg verursacht hat, vgl. etwa *Kaspar*, JuS 2012, 112 (115).

49 Fall nach BGHSt 33, 61; zustimmend u.a. *Wessels/Beulke/Satzger*, Rn. 960 m.w.N.; kritisch *Ebert*, JR 1985, 356 ff.; *Puppe*, JZ 1985, 295.

Var. c) Jedoch hätte O mit an Sicherheit grenzender Wahrscheinlichkeit die Kollision vermieden, wenn A bei der zulässigen Geschwindigkeit von 100 km/h die Vollbremsung eingeleitet hätte. Denn dann wäre A »0,3 Sekunden später am Ort des Zusammenstoßes angelangt; in dieser Zeitspanne hätte O die Fahrspur des A bereits gänzlich überquert, so dass es nicht zur Kollision gekommen wäre«.[50]

A hat objektiv fahrlässig gehandelt. Die Verletzung der objektiv gebotenen Sorgfalt lag in der Geschwindigkeitsüberschreitung; der Erfolg (Gesundheitsschädigung bei O) war auch objektiv vorhersehbar. **1362**

Fraglich ist, ob auch der erforderliche **Pflichtwidrigkeitszusammenhang** vorliegt.

a) Er kann nicht darauf gestützt werden, dass A nur wegen seiner Geschwindigkeitsüberschreitung überhaupt zur Unfallzeit in der Nähe des Unfallortes war, Fall 166a. Denn der **Schutzzweck von Geschwindigkeitsbegrenzungen** ist es nicht, zu erreichen, dass der Täter zur Unfallzeit noch fern vom Unfallort ist.[51] Vielmehr dienen sie der Vermeidung von Unfällen durch die **Reduzierung des Bremsweges** und die **Vergrößerung der Chance** für den Fahrer und gefährdete Verkehrsteilnehmer, einer Kollision **noch auszuweichen**. Zum Schutz der Verkehrsteilnehmer vor den Gefahren überhöhter Geschwindigkeit zählt auch die Gewährleistung größerer Rettungsmöglichkeiten bei unmittelbar bevorstehender Kollision, z.B. durch blitzartiges Beiseitespringen (Fußgänger), Räumen der Fahrbahn durch Überqueren einer Straße, Fahren in den Straßengraben etc.

b) Stellt man allein auf den Bremsweg des A ab (Fall 166b), so würde der Pflichtwidrigkeitszusammenhang in casu entfallen.[52]

c) Jedoch ist dieses Tatbestandsmerkmal hier deswegen zu bejahen, weil **O** der Kollision mit an Sicherheit grenzender Wahrscheinlichkeit ausgewichen wäre, wenn A sich verkehrsgerecht verhalten hätte, Fall 166c. Dazu betont der BGH:[53] **1363**

»Der rechtliche Ursachenzusammenhang zwischen … [Geschwindigkeitsüberschreitung] und dem anschließenden Verkehrsunfall ist zu bejahen, wenn sich der Unfall nicht ereignet hätte, wäre der Fahrzeugführer **bei Eintritt der kritischen Verkehrssituation** nicht mit einer höheren als der zugelassenen Geschwindigkeit gefahren.« Dabei sei die Frage des **Bremsweges** bei rechtmäßigem Alternativverhalten nicht der einzige relevante Gesichtspunkt. Vielmehr gehe es auch um **Ausweichchancen** der anderen Verkehrsteilnehmer.

Dem ist zu folgen, weil der Schutzzweck von Geschwindigkeitsbegrenzungen auch darin liegt, bei Eintritt kritischer Verkehrssituationen gefährdeten Verkehrsteilnehmern größere Rettungsmöglichkeiten durch »fluchtartiges Verlassen der Fahrbahn« zu erhalten (Rn. 1362).

50 BGHSt 33, 61 (62).

51 BGHSt 33, 61 (64); *Ebert*, S. 52; *Wessels/Beulke/Satzger*, Rn. 254 ff., 951; vgl. zum Ganzen auch *Eisele*, JuS 2016, 80 (81).

52 Davon geht BGHSt 33, 61 aus.

53 BGHSt 33, 61 ff. Zustimmend u.a. S/S/*Sternberg-Lieben/Schuster*, § 15 Rn. 157 und *Wessels/Beulke/ Satzger*, Rn. 674.

c) Pflichtwidrigkeitszusammenhang bei Behandlungsfällen[54]

1363a **Fall 166a – Unterlassene Operation**

A ist praktizierender Arzt in einer Klinik. Nach einer routinemäßigen Blinddarmoperation des A verspürte seine Patientin B in der Folgezeit heftige Schmerzen, die auf eine Bauchfellentzündung hindeuteten. Bei einem Nachsorgetermin stellte der A aber eine falsche Diagnose, aufgrund derer er keine weiteren medizinischen Maßnahmen – oder gar die für die Heilung der B erforderliche Operation – veranlasste.

Als die Patientin schlussendlich in einen Schockzustand fiel, wurde sie notoperiert. Dennoch verstarb sie innerhalb kürzester Zeit. Das Gericht gelangte in der Hauptverhandlung zu der Erkenntnis, dass die B mit an Sicherheit grenzender Wahrscheinlichkeit hätte gerettet werden können, wenn eine Operation sofort nach den ersten Anzeichen ihrer Beschwerden veranlasst worden wäre. Zumindest aber hätte sie mindestens einen Tag länger gelebt, selbst wenn die Operation nur einen Tag vor der tatsächlichen durchgeführten (Not-)Operation vorgenommen worden wäre.

A kann sich nicht darauf berufen, dass die B auch bei einer früheren Operation gestorben wäre. Die Strafbarkeit des A wegen Fahrlässiger Tötung (§ 222 StGB) steht vielmehr schon dann fest, wenn die B ohne sein pflichtwidriges Unterlassen mit an Sicherheit grenzender Wahrscheinlichkeit länger gelebt hätte – und eventuell wieder vollkommen genesen wäre. Allein der frühere Eintritt des Todes begründet daher die objektive Zurechnung des Taterfolgs.

2. Vorsätzliches Handeln Dritter

1363b In dieser Konstellation geht es um die Frage, inwieweit die strafrechtliche Verantwortung des fahrlässig handelnden Ersttäters durch das vorsätzliche Handeln Dritter ausgeschlossen ist.

Die früher vertretene **Lehre vom Regressverbot** schloss jegliche Fahrlässigkeitshaftung aus, so dass der fahrlässig handelnde Ersttäter nicht für das vorsätzliche Handeln des Zweittäters strafrechtlich zur Verantwortung gezogen werden konnte.[55] Der Ersttäter könne darauf vertrauen, dass andere keine vorsätzlichen Straftaten begehen. Allerdings erscheint ein genereller Ausschluss des fahrlässig handelnden Ersttäters allein aufgrund des Vertrauensgrundsatzes zu undifferenziert und daher im Ergebnis zu weitgehend.

Eine Einschränkung des Vertrauensgrundsatzes hat gleichwohl dann zu erfolgen, wenn gegenteilige Anhaltspunkte für das vorsätzliche Handeln des Dritten, insbesondere in Form einer **erkennbaren Tatgeneigtheit**, ersichtlich waren.[56] Eine strafrechtliche Verantwortung des fahrlässig handelnden Ersttäters für das vorsätzliche Handeln des Zweittäters ist auch dann anzunehmen, **wenn die verletzten Sicherheitsvorschriften und Garantenpflichten Vorsatztaten Dritter verhindern sollen**.[57]

---

54 Fall nach *Magnus*, JuS 2015, 404.

55 *Otto*, AT, § 10 Rn. 17 f; *Saito*, FS Roxin I, 2001, S. 265 f; *Naucke*, ZStW 76 (1964), 424 ff.

56 MK/*Duttge*, § 15 Rn. 143, 147 ff.; *Rengier*, AT, § 52 Rn. 63 ff.; *Jäger*, JA 2012, 634 (635 f.). So im Prozess gegen den Vater des Amokläufers von Winnenden, LG Stuttgart Urt. v. 1.2.2013 – Az. 7 KLs 112 Js 21916/09; vgl. hierzu auch Rn. 1365.

57 *Rengier*, AT, § 52 Rn. 58 ff.; *Kaspar*, JuS 2012, 112 (114).

§ 51 Rechtswidrigkeit und Schuld beim Fahrlässigkeitsdelikt

I. Rechtswidrigkeit des Fahrlässigkeitsdelikts

Notwehr und andere **Rechtfertigungsgründe** gelten auch bei Fahrlässigkeitsdelikten.[1] **1364**

§ 32 StGB vermag beispielsweise ungewollte Folgen zu rechtfertigen, die aus dem durch Notwehr erlaubten Einsatz eines gefährlichen Verteidigungsmittels resultieren.

Beispiel: Benutzung einer geladenen Pistole als Schlaginstrument, wobei sich, vom Angegriffenen ungewollt, ein Schuss löst.[2] – Weiterhin kommt die Rechtfertigung einer tatbestandlich vorliegenden Fahrlässigen Tötung durch eine Notwehrhandlung in Betracht, wenn im konkreten Fall sogar eine vorsätzliche Tötung erlaubt gewesen wäre.[3]

Umstritten ist, ob auch bei Fahrlässigkeitsdelikten ein **subjektives Rechtsfertigungselement** erforderlich ist. Ebenso wie bei den Vorsatzdelikten ist bei den Fahrlässigkeitsdelikten – aufgrund der Unrechtslehre und des Wortlauts des § 34 StGB – ein solches Element zu fordern (vgl. Rn. 457 ff.). Daran anknüpfend hängt die Strafbarkeit im weiteren Prüfungsverlauf davon ab, ob der Vollendungslösung (mit der Folge eines vollendeten Fahrlässigkeitsdelikts) oder der Versuchslösung (mit der Folge eines nicht strafbaren versuchten Fahrlässigkeitsdelikts) gefolgt wird (Rn. 467 ff.).[4]

Zur Frage der Strafbarkeit wegen Fahrlässigkeit in Fällen fahrlässiger Notwehrprovokation vgl. schon Rn. 563 (m.w.N.).

Auch **§ 34 StGB** kann Fahrlässigkeitstaten rechtfertigen, näher dazu in Fall 168 (Rn. 1367).

II. Schuld beim Fahrlässigkeitsdelikt: Subjektive Fahrlässigkeit

Vom Leitbild abweichende, individuelle Defizite des Täters lassen zwar die objektive Fahrlässigkeit und damit den Tatbestand unberührt (siehe Rn. 1346); sie sind jedoch im Rahmen der Schuld zu berücksichtigen.[5] **1365**

So handelten zum Beispiel der Fahranfänger und der Assistenzarzt in Fall 164 (Rn. 1347) zwar objektiv, jedoch nicht subjektiv fahrlässig. Ihre Taten waren mithin zwar unrechtmäßig, konnten ihnen jedoch nicht vorgeworfen werden.[6]

Im Rahmen des dreistufigen Deliktsaufbaus darf deshalb nicht bei der objektiven Fahrlässigkeit die Prüfung abgebrochen werden. Stattdessen ist in Hinblick auf das Schuldprinzip zu fragen: »Konnte der Täter nach seinen **individuellen** Fähigkeiten und Kenntnissen die objektiv gebotene Sorgfalt einhalten und den Erfolg vorhersehen?«. Diese Frage ist mitunter schwer zu beantworten.

So wurde der Vater eines Amokläufers u.a. wegen Fahrlässiger Tötung (§ 222 StGB) in 15 tateinheitlichen Fällen in Tateinheit mit Fahrlässiger Körperverletzung (§ 229 StGB) in 14

---

1 BGHSt 25, 229; 27, 313; S/S/*Lenckner/Sternberg-Lieben*, Vor § 32 Rn. 92 f.; *Roxin*, § 24 Rn. 98 ff.

2 BGHSt 27, 313; *Roxin*, § 24 Rn. 100.

3 BGHSt 25, 229; S/S/*Lenckner/Sternberg-Lieben*, Vor § 32 Rn. 95-96; *Roxin*, § 24 Rn. 101.

4 Vgl. *Rengier*, AT, § 52 Rn. 73 m.w.N; *Kaspar*, JuS 2012, 112 (114 f.).

5 *Roxin*, § 24 Rn. 58.

6 Zur weiteren Frage schuldauschließender Irrtümer beim Fahrlässigkeitsdelikt vgl. *Exner*, ZJS 2009, 516 (525 f.).

tateinheitlichen Fällen verurteilt.[7] Die Entscheidung begründet das Gericht dahingehend, dass der Vater dem Sohn den Zugang zu Schusswaffen und Munition ermöglicht und zudem die von diesem ausgehende Gefahr gekannt habe.

Es ist jedoch fragwürdig, ob der Verstoß gegen die Pflicht zur sorgfältigen Aufbewahrung von Schusswaffen und Munition und die daraus resultierende Bestrafung nach dem Waffengesetz (WaffG) weiterhin als Grundlage für einen Fahrlässigkeitsvorwurf nach § 222 und § 229 StGB dienen können. Einerseits könnte das Tatunrecht bereits durch die Bestrafung nach dem WaffG abgegolten sein.[8] Bedenklich erscheint jedenfalls die Feststellung, der Vater habe den Amoklauf seines Sohnes voraussehen können.[9] Amokläufe stellen nach allgemeiner Lebenserfahrung glücklicherweise noch eine ungewöhnliche Verhaltensreaktion dar; vor allem die mediale Aufbereitung überspitzt tatsächliche Vorfälle und reales Gefährdungspotenzial.

Selbst bei unterstellter Strafbarkeit wäre im konkreten Fall ein Absehen von Strafe (§ 60 StGB) sachgerecht gewesen.

1366 Defizite des individuellen Täters lassen seine subjektive Fahrlässigkeit unberührt, wenn ein Fall des »**Übernahmeverschuldens**« vorliegt:[10]

Fall 167: – Subjektive Fahrlässigkeit wegen eines Übernahmeverschuldens –
a) – Abwandlung von Fall 164a –
T beteiligt sich aus jugendlichem Übermut an legalen Privatrennen auf dem Nürburgring. Dabei missachtet er die im Verkehr erforderliche Sorgfalt und verletzt dadurch, objektiv vorhersehbar, einen anderen Pkw-Fahrer. Als Anfänger war er noch nicht in der Lage, jene Sorgfalt einzuhalten und die Verletzung vorherzusehen: T hat sich einfach übernommen.

b) T, Facharzt für Allgemeinmedizin, führt in seiner Praxis aus Geltungssucht und Gewinnstreben an Privatpatienten auch Behandlungen durch, für die ihm die notwendigen Fähigkeiten und Kenntnisse z.B. eines Chirurgen, Onkologen etc. fehlen. Dadurch verursacht er objektiv fahrlässig eine Gesundheitsschädigung beim Patienten O.

In beiden Fällen hat T **objektiv fahrlässig** eine Körperverletzung begangen. Dass er jeweils nach seinen individuellen Fähigkeiten und Kenntnissen nicht in der Lage war, die objektiv gebotene Sorgfalt zu beachten

– zudem in Fall 167a der Erfolg für ihn nicht vorhersehbar war –,

könnte die **subjektive Fahrlässigkeit** und damit die Schuld ausschließen. Indes liegt diese Fahrlässigkeit hier unter dem Gesichtspunkt des Übernahmeverschuldens vor. Es begründet seine individuelle Fahrlässigkeit, dass er wusste oder hätte wissen können: »Ich bin den Anforderungen solcher Privatrennen bzw. derartiger Behandlungen nach meinen Fähigkeiten und Kenntnissen nicht gewachsen.« Mithin hat sich T in beiden Fällen wegen Fahrlässiger Körperverletzung strafbar gemacht.

7 LG Stuttgart Urt. v. 1.2.2013 – 7 KLs 112 Js 21916/09 – Fall Winnenden.
8 Dazu *Braun*, NJW-Spezial 2013, 14.
9 *Braun*, JR 2013, 37 (38).
10 S/S/*Sternberg-Lieben*/*Schuster*, § 15 Rn. 136; *Heinrich*, AT, Rn. 1056; *Kühl*, § 17 Rn. 91; *Roxin*, § 24 Rn. 36-38.

Resümee: Bei vermeintlich fehlender subjektiver Fahrlässigkeit wegen defizitärer Fähigkeiten und/oder Kenntnissen des Täters ist stets zu überlegen, ob ein **Übernahmeverschulden** anzunehmen ist, weil sich der Täter übernommen hat.

Fall 168: – Kein Übernahmeverschulden bei § 34 StGB – **1367**
Dr. med. T rettet in einem Restaurant dem O durch einen beherzten Luftröhrenschnitt das Leben. Ohne diesen Eingriff wäre O in wenigen Minuten erstickt. Mangels Fähigkeiten und Kenntnisse eines erfahrenen Chirurgen verletzt T den O beim Eingriff an anderer Stelle. Diese Gesundheitsschädigung beruht also auf einem ärztlichen Kunstfehler.

T hat zwar objektiv fahrlässig gehandelt. Seine Tat war aber durch § 34 StGB (rechtfertigender Notstand) erlaubt. Damit wird der Gesichtspunkt eines Übernahmeverschuldens hier nicht relevant: T hat sich nicht rechtswidrig und schuldhaft übernommen.

Siebter Teil: Erfolgsqualifizierte Delikte

§ 52 Erfolgsqualifizierte Delikte im Überblick

I. Allgemeines

1368 Dieses Lehrbuch hat bereits behandelt:

- Die Einteilung der Erfolgsqualifizierten Delikte in **drei Gruppen**.[1]
- Das Erfordernis **»wenigstens fahrlässiger«** bzw. **»wenigstens leichtfertiger«** Herbeiführung des qualifizierenden Erfolges und die Einbeziehung **vorsätzlicher** Verursachung durch die Formulierung *wenigstens* (Rn. 110, 204 ff., 1337).
- Die **strafschärfende** Natur jener Delikte.[2]
- Die Eigenschaft des typischen erfolgsqualifizierten Delikts als Vorsatz-Fahrlässigkeit-Kombination **(V-F-K)** und die Bedeutung des **§ 11 Abs. 2 StGB**, der solche Kombinationen als **Vorsatztaten** behandelt (Rechtsfiktion; Rn. 212).

II. Deliktsspezifischer Zurechnungszusammenhang

1369 Das Problem des »deliktsspezifischen Zurechnungszusammenhangs« (auch »gefahr-« oder »tatbestandsspezifischer[3] Zurechnungszusammenhang« bzw. »Unmittelbarkeitszusammenhang«[4] genannt) folgt aus der Struktur der erfolgsqualifizierten Delikte: Sie setzen das Vorliegen eines strafbaren Grunddelikts voraus, *durch das* eine bestimmte schwere Folge herbeigeführt werden muss.[5] Die Frage ist nun, wie diese Verknüpfung zwischen Grunddelikt und schwerer Folge angelegt sein muss – dargestellt am Beispiel der Körperverletzung mit Todesfolge.

An der gegenüber §§ 222, 223 Abs. 1 StGB erhöhten Mindest- und auch Höchststrafe des § 227 StGB (§ 38 Abs. 1, Abs. 2 Hs. 1 StGB) wird deutlich, dass die Erfolgsqualifikation ein im Verhältnis zu §§ 222, 223 Abs. 1 StGB – selbst bei deren tateinheitlichem Zusammentreffen – **gesteigertes Unrecht** beschreibt. Dieses gesteigerte Unrecht ergibt sich daraus, dass die Tathandlung nicht bloß kausal für den qualifizierenden Erfolg geworden ist, sondern dass sich in diesem Erfolg gerade die dem Grunddelikt anhaftende **spezifische Gefährlichkeit** – unmittelbar oder mittelbar[6] – realisiert hat.[7]

---

1 Rn. 204 ff. mit Fällen; *Krey/Hellmann/Heinrich*, BT/1, Rn. 290.

2 Rn. 211; *Krey/Hellmann/Heinrich*, BT/2, Rn. 304.

3 Vgl. *Fischer*, § 227 Rn. 3.

4 Grundlegend BGH NJW 1971, 152; vgl. auch BGH NStZ 1992, 333 (334).

5 Vgl. die Formulierungen im Gesetz: »Verursacht der Täter durch …« (§§ 221 Abs. 3, 227 Abs. 1, 306c StGB); »Hat die Körperverletzung zur Folge, dass …« (§ 226 Abs. 1 StGB); »… durch die Tat (…) verursacht« (§§ 221 Abs. 2 Nr. 2, 315 Abs. 3 Nr. 2 StGB).

6 BGH NStZ 2013, 280 (281); hierzu *Jäger*, JA 2013, 312 (313) zur Änderung der Rspr. hinsichtlich des spezifischen Gefahrzusammenshangs von *unmittelbar* zu *mittelbar*.

7 S/S/*Stree/Sternberg-Lieben/Schuster*, § 227 Rn. 3; *Jescheck/Weigend*, § 26 II 1a; *Wessels/Beulke/Satzger*, Rn. 38; *Kudlich*, JA 2009, 246 (247).

Fall 169 – Körperverletzung mit Todesfolge (§ 227 StGB)? –
a) T schlägt O vorsätzlich mit der geladenen Pistole. Dabei löst sich ein Schuss, der O tödlich verletzt.[8]
b) Infolge schwerster körperlicher Misshandlungen (Schläge auf den Kopf) lässt sich das benommene und völlig verängstigte Opfer aus dem offenen Fenster fallen.[9]

In Fall 169a verwirklicht sich das Risiko eines tödlichen Ausgangs, das der Kör- **1370**
perverletzungs*handlung* (»Ausholen/Schlag«), in Fall 169b dasjenige, das dem Körperverletzungs*erfolg* (»benommen«) anhaftet. Ob **Erfolg** als auch **Handlung des Grunddelikts** (§ 223 StGB) gleichermaßen geeignet sind, den erforderlichen Zurechnungszusammenhang mit der qualifizierenden Folge des § 227 StGB (Tod) herzustellen, ist umstritten.[10] Ebenso wirft ein Mitwirken des selbstschädigenden Opferverhaltens beim Erfolgseintritt Probleme auf.[11]

Wird das **Grunddelikt durch Unterlassen** verwirklicht, muss die spezifische Gefahr durch das Unterbleiben der gebotenen Handlung geschaffen werden. Die bloße Erhöhung einer bereits bestehenden Gefahr genügt nicht.[12]

Fall 170 – Unterernährung / Misshandlung von Kindern –
a) L schlägt derart gewalttätig auf den Sohn S seiner Lebensgefährtin M ein, dass S zwei Tage später aufgrund der von L verursachten Darmquetschung und den weiteren Folgen der Misshandlung verstirbt. M ist bei der Tat nicht anwesend. Obwohl sie den stetig schlechter werdenden Zustand des S erkennt und weiß, dass S unter starken Schmerzen leidet, sucht sie keine ärztliche Hilfe, die das Leben des S hätte retten können.[13]

b) M füttert ihren Säugling S nur sporadisch und verkennt völlig sein tatsächliches Nahrungsbedürfnis, obwohl S häufig vor Hunger weint. M erkennt auch nicht, dass aufgrund der Mangelernährung die Gefahr besteht, dass S stirbt. Der Tod des S tritt aufgrund der (weiteren) Folgen der Unterernährung ein.

In **Fall 170a** verwirklicht M als Beschützergarant (Rn. 1127, 1132) den Tatbestand der vorsätzlichen Körperverletzung durch Unterlassen (§§ 223, 13 StGB), indem sie ihre rechtlich gebotene Handlungspflicht verletzt und die erheblichen Schmerzen des S aufrecht erhält. Dem Unterlassen der Schmerzlinderung haftet jedoch typischerweise nicht die Gefahr an, zum Tod zu führen. Diese Gefahr war bereits durch die Tat des L und unabhängig von M geschaffen worden. Daher ist M nicht strafbar nach § 227 StGB, sondern (nur) nach §§ 222, 223, 13, 52 StGB.[14]

8 BGHSt 14, 110 (»Pistolenschlag-Fall«).
9 BGH NJW 1992, 1708; siehe auch BGH NJW 1971, 152 (»Fall Rötzel«).
10 Für die Einzelheiten wird auf BT-Lehrbücher verwiesen, vgl. hierzu etwa *Krey/Hellmann/Heinrich*, BT/1, Rn. 267 ff.; *Wessels/Hettinger*, Rn. 292 ff. Zum Gefahrzusammenhang in der Rspr. des BGH betreffend § 227 StGB: *Steinberg*, NStZ 2010, 72.
11 Vgl. hierzu bereits Rn. 351.
12 BGH NJW 1995, 3194; *Kudlich*, JA 2009, 246 (251).
13 Nach BGH NJW 1995, 3194.
14 BGH NJW 1995, 3194 (3195). Vgl. aber auch BGHSt 41, 113: Unterlässt es der Garant pflichtwidrig, (erste oder erneute) Misshandlungen *zu verhindern*, die er als gefährlich erkennt, kann er sich gem. §§ 227, 13 StGB strafbar machen.

Anders ist es dagegen in **Fall 170b**. Dort begründet M erst die Gefahr, die sich dann auch im Erfolg niederschlägt.[15]

III. Versuch der Erfolgsqualifikation / Erfolgsqualifizierter Versuch

Da auch die Vorsatz-Fahrlässigkeits-Kombination gemäß § 11 Abs. 2 StGB zu den vorsätzlichen Delikten gehört, steht die Fahrlässigkeitskomponente des erfolgsqualifizierten Delikts einer Versuchsstrafbarkeit nicht per se entgegen.[16]

1. Versuch der Erfolgsqualifikation

1371 Hier kommen folgende Konstellationen in Frage:[17]

a) Der Täter begeht ein vorsätzliches, **vollendetes Grunddelikt**. Dabei hat er bezüglich des qualifizierenden Erfolges Vorsatz; jedoch tritt der Erfolg nicht ein.

Fall 171: – Freiheitsberaubung mit versuchter Todesfolge –[18]
A entführt die O. Da sie auf lebenserhaltende Medikamente angewiesen ist, rechnet er damit, sie könne nach einigen Tagen sterben; hiermit findet er sich ab. O überlebt aber.

Hier hat A ein vollendetes Vergehen nach § 239 Abs. 1 StGB begangen. Zugleich hat er einen Versuch gemäß § 239 Abs. 4 StGB verwirklicht. Diese Tat steht mit dem ebenfalls vorliegenden Totschlagsversuch in Tateinheit (§ 52 StGB).

1372 b) Der Täter begeht einen **Versuch des Grunddelikts**. Dabei handelt er bezüglich der qualifizierenden Folge mit dolus eventualis; der Erfolg bleibt aber aus.

Fall 172: – Versuchte Freiheitsberaubung mit versuchter Todesfolge –
Abwandlung von Fall 171 (Rn. 1371): Jedoch misslingt schon der Versuch der Freiheitsberaubung. – Demgemäß hat A neben dem Versuch des § 239 Abs. 1 StGB einen Versuch des § 239 Abs. 4 StGB begangen, wobei Letzterer lex specialis ist.

1373 c) Voraussetzung für das Vorliegen solcher strafbaren Versuche der Erfolgsqualifikation ist dabei:

Für die **Konstellation b)**: Der **Versuch des Grunddelikts ist strafbar**.[19] Da die Erfolgsqualifikation lediglich eine *unselbständige* Abwandlung des Grundtatbestandes ist, wäre der Versuch (»Erstreben«) der Erfolgsqualifikation anderenfalls strafbegründend. § 18 StGB stellt aber klar, dass erfolgsqualifizierte Delikte **strafschärfend** sind.

---

15 Für den Vater V, der – ebenfalls ohne Tötungsvorsatz – dabei zusieht und damit selbst gegen seine Pflicht zur Ernährung verstößt vgl. BGH Urt. v. 3.9.2008 - 2 StR 305/08 (Passage nicht in NStZ-RR 2009, 173 abgedr.). Hier wird § 227 StGB bejaht, weil er mit dem Unterlassen der Ernährung ein **eigenes Risiko** setzt, vor dem § 227 StGB schützen soll. Es liegt also anders als in **Fall 170a** nicht nur eine Erhöhung des von M geschaffenen Risikos vor.

16 Vgl. auch *Kühl*, § 17a Rn. 32-51.

17 S/S/*Sternberg-Lieben/Schuster*, § 18 Rn. 8, 9 ff.; *Roxin*, § 29 Rn. 319 ff. Vgl. auch MK/*Hardtung*, § 18 Rn. 66 ff.

18 Dazu u.a.: *Wessels/Beulke/Satzger*, Rn. 877. Zum Versuch des § 239 Abs. 3 Nr. 1 StGB siehe *Krey/Hellmann/Heinrich*, BT/1, Rn. 365; zum Versuch des § 239 Abs. 4 StGB vgl. *Krey/Hellmann/Heinrich*, BT/1, Rn. 1079.

19 S/S/*Sternberg-Lieben/Schuster*, § 18 Rn. 9; NK/*Paeffgen*, § 18 Rn. 112; *Krey/Hellmann/Heinrich*, BT/1, Rn. 365; *Schmidhäuser*, 11/106.

Die h.M. verzichtet dagegen auf dieses Kriterium und wendet stattdessen § 23 Abs. 1 StGB auf das erfolgsqualifizierte Delikt selbst an.[20]

Dieser Streit wird praktisch nur noch bei § 221 Abs. 2 Nr. 2, Abs. 3 StGB (Aussetzung) und bei § 238 StGB (Nachstellung) relevant, da i.Ü. die Versuchsstrafbarkeit der Grunddelikte eingeführt worden ist. Nähere Ausführungen hierzu sind daher entbehrlich.

Für die **Konstellationen a) und b)**: Der **Tatbestand des erfolgsqualifizierten Delikts erfasst auch den Vorsatz**.[21] 1374

Dies ist zwar grundsätzlich der Fall (Rn. 1337), allerdings insbesondere für **§ 227 StGB** sehr umstritten, da i.Erg. der vorsätzliche Tötungsversuch nach §§ 212 (211), 22, 23 StGB zu bestrafen ist. Zu begründen ist dies mit einer entsprechend engen Auslegung des Tatbestands (Rn. 210).[22] Die h.M. greift jedoch auf die allgemeinen Konkurrenzregeln zurück und lässt § 227 StGB im Wege der Subsidiarität (Rn. 1390) hinter §§ 212 (211), 22, 23 StGB zurücktreten.[23]

Der Versuch der Erfolgsqualifikation ist somit ein »ganz normaler«[24] Versuch, dessen Strafbarkeit sich nach den allgemeinen Regeln richtet. Gleiches gilt für den strafbefreienden Rücktritt. Ist das Grunddelikt bereits vollendet, muss sich das Rücktrittsverhalten auf die besondere – nur versuchte – Folge beziehen.[25] Die Strafbarkeit des Grunddelikts bleibt bestehen.

2. Erfolgsqualifizierter Versuch

Hier wird das Grunddelikt zwar nicht vollendet, sondern nur versucht. Dieser Versuch aber führt schon die qualifizierende Folge herbei.[26] 1375

Das klassische **Beispiel** bietet der Versuch des § 251 StGB: Der Täter begeht mangels Wegnahme nur einen Raubversuch; bei der Gewaltanwendung zwecks Wegnahme verursacht er aber leichtfertig den Tod des Opfers.[27] – Hier entfällt (vollendeter) Raub mit Todesfolge (§§ 249, 251 StGB), da kein vollendeter Raub vorliegt. Doch ist das Verbrechen eines *versuchten* Raubes mit Todesfolge gegeben (§§ 249, 251, 22, 23 StGB).

Die Annahme eines solchen erfolgsqualifizierten Versuchs erfordert:

---

20 MK/*Hardtung*, § 18 Rn. 66; *Lackner/Kühl*, § 18 Rn. 11; LK/*Vogel*, § 18 Rn. 82; LK/*Hillenkamp*, Vor § 22 Rn. 115; *Kühl*, § 17a Rn. 37; *Rath*, JuS 1999, 140 (142).

21 S/S/*Sternberg-Lieben/Schuster*, § 18 Rn. 10; *Fischer*, § 18 Rn. 3, 9; *Krey/Hellmann/Heinrich*, BT/1, Rn. 290, 1079.

22 *Krey/Hellmann/Heinrich*, BT/1, Rn. 289-291; *Roxin*, § 29 Rn. 319; *Maurach/Schroeder/Maiwald*, Bd. 1, § 9 Rn. 35 – sog. Tatbestandslösung.

23 *Lackner/Kühl*, § 227 Rn. 5; LK/*Hillenkamp*, Vor § 22 Rn. 116; MK/*Hardtung*, § 18 Rn. 89; *Eisele*, BT I, Rn. 382; *Kühl*, § 17a Rn. 34; *Rengier*, BT II, § 16 Rn. 25 f.; *Kudlich*, JA 2009, 246 (251) – sog. Konkurrenzlösung.

24 *Kudlich*, JA 2009, 246 (248).

25 *Kühl*, § 17a Rn. 55.

26 S/S/*Sternberg-Lieben/Schuster*, § 18 Rn 9; *Fischer*, § 18 Rn. 7; *Krey/Hellmann/Heinrich*, BT/1, Rn. 313 ff., 1079; *Krey/Hellmann/Heinrich*, BT/2, Rn. 303; *Wessels/Beulke/Satzger*, Rn 876, 878. Zu den Bedenken gegen die Strafbarkeit *Kühl*, § 17a Rn. 41 ff.

27 *Krey/Hellmann/Heinrich*, BT/1, Rn. 1078.

Der **Versuch des Grunddelikts** muss **strafbar** sein[28]; anderenfalls wäre die Annahme des erfolgsqualifizierten Versuchs strafbegründend.

Das erfolgsqualifizierte Delikt **knüpft** nach seiner Struktur die **schwere Folge bereits an die typische Gefährlichkeit der Tatbestands*handlung*** des Grunddelikts (wie *Gewalt* gegen eine Person beim Raub; nicht die *Wegnahme*).[29] Nur dann kann sich schon durch das unmittelbare Ansetzen zum Grunddelikt die deliktsspezifische Gefahr (im qualifizierenden Erfolg – *Tod*) verwirklichen und der erforderliche Zurechnungszusammenhang hergestellt werden.[30]

Daran fehlt es nach h.L. bei § 227 StGB.[31] Sie geht davon aus, die Vorschrift verlange, dass der Tod gerade durch die vollendete vorsätzliche »körperliche Misshandlung« bzw. die vollendete vorsätzliche »Gesundheitsschädigung« verursacht werde, also auf dem **Erfolg** des Grunddelikts beruhe (sog. **Letalitätstheorie**).[32] Da der Erfolg des Grunddelikts allerdings nicht eintritt, weil das Grunddelikt im Versuch stecken bleibt, ist der erfolgsqualifizierte Versuch des § 227 StGB mangels deliktsspezifischen Zurechnungszusammenhangs ausgeschlossen.[33]

3. Rücktritt vom Versuch des § 251 StGB trotz Eintritts der qualifizierenden Folge?

1376 **Fall 173: – Der sensible Räuber –**[34]
R will O dessen mit Banknoten prall gefüllte Brieftasche rauben. Daher schlägt er O mit einem Baseballschläger auf den Kopf; der Schlag ist tödlich. Entsetzt über diesen unerwarteten Verlauf und voller Scham und Reue enteilt R, ohne Beute zu machen.

Hier entfällt mangels Wegnahme ein vollendeter Raub und damit zugleich § 251 StGB.

Ein Versuch des § 249 StGB liegt zwar tatbestandsmäßig, rechtswidrig und schuldhaft vor; doch greift wegen des freiwilligen Abstandnehmens von der Tat (§ 249 StGB) strafbefreiend ein Rücktritt vom Versuch ein (§ 24 Abs. 1 S. 1 Alt. 1 StGB) und damit zugleich ein Rücktritt vom Versuch des § 251 StGB.

Hierzu hat der BGH zu Recht entschieden: Ein Rücktritt vom Versuch des Grunddelikts ist auch noch möglich, wenn die qualifizierende schwere Folge bereits (leichtfertig) verursacht worden ist.[35]

---

28 LK/*Hillenkamp*, Vor § 22 Rn. 109; NK/*Paeffgen*, § 18 Rn. 112; S/S/*Sternberg-Lieben*/*Schuster*, § 18 Rn. 9; *Krey*/*Hellmann*/*Heinrich*, BT/1, Rn. 313; *Kühl*, § 17a Rn. 47; *Roxin*, § 29 Rn. 323.

29 S/S/*Sternberg-Lieben*/*Schuster*, § 18 Rn. 9; *Fischer*, § 18 Rn. 7; *Krey*/*Hellmann*/*Heinrich*, BT/1, 1082; *Roxin*, § 29 Rn. 322, 328-330; *Wessels*/*Beulke*/*Satzger*, Rn. 876; *Baumann*/*Weber*/*Mitsch*, § 26 Rn. 11.

30 *Kudlich*, JA 2009, 246 (249).

31 **A.A.** BGHSt 48, 34 (37); S/S/Stree/*Sternberg-Lieben*, § 227 Rn. 5; *Rengier*, BT II, § 16 Rn. 10 ff.; vgl. auch *Lauer*, JuS 2003, 743.

32 *Krey*/*Hellmann*/*Heinrich*, BT/1, Rn.292, 293 ff.; *Joecks*, § 18 Rn. 6 mit § 227 Rn. 7 ff.; *Roxin*, § 29 Rn. 322, 328-330, § 10 Rn. 115-116; so schon RGSt 44, 137 **a.A.** BGHSt 48, 34 (37 f.); BGH NStZ 2008, 278.

33 *Kindhäuser*, BT I, § 10 Rn. 17; *Kudlich*, JA 2009, 246 (249).

34 Zur Fallbearbeitung vgl. auch *Laue*/*Dehne-Niemann*, Jura 2010, 73 (74 f.).

35 BGHSt 42, 158 (= JZ 1997, 229 mit Anm. *Küper)*; eingehend und im Ergebnis zustimmend *Herzberg*, JZ 2007, 615 (620 ff.) m.w.N. pro und contra; *Hoven*, JuS 2013, 403 (407).

Die Ansicht, nach Verursachung des Todes könne man vom Versuch des Raubes mit Todesfolge nicht mehr zurücktreten, weil das Grunddelikt und das erfolgsqualifizierende Delikt eine tatbestandliche Einheit bilden und sich infolgedessen die deliktsspezifische Gefahr bereits vollständig verwirklicht habe[36], verstößt als teleologische Reduktion des § 24 Abs. 1 S. 1 StGB gegen das Analogieverbot; der gesetzliche Strafaufhebungsgrund würde unzulässig beschränkt. Nach dem Wortlaut des § 24 StGB muss der Rücktritt bis zur formellen Vollendung der Tat möglich sein.

Außerdem ist eine eigenständige Strafbarkeit der Erfolgsqualifikation als *unselbständiger* Abwandlung des Grunddelikts mit der Straflosigkeit eben dieses Grunddelikts ausgeschlossen. § 251 StGB ist eine strafschärfende, keine strafbegründende Vorschrift. Darüber kann sich der Rechtsanwender ohne entsprechende Gesetzesänderung nicht hinwegsetzen.

Doch ist R immerhin der Körperverletzung mit Todesfolge (§ 227 StGB) schuldig.

IV. Beteiligung am erfolgsqualifizierten Delikt (§§ 11 Abs. 2, 18 StGB)

§ 11 Abs. 2 StGB begründet auch die Möglichkeit der Beteiligung am erfolgsqualifizierten Delikt. Grundsätzlich sind hierfür die allgemeinen Regeln anzuwenden, jedoch ist zu beachten, dass § 18 StGB auch für den Teilnehmer gilt. 1377

Fall 174: – (Un)Bekannte Hirnschädigung des Opfers – Teilnahme an der Körperverletzung mit Todesfolge –
T ohrfeigt den O; hierzu hat die A sie angestiftet. Zum Entsetzen von T und A stirbt O, da sein Gehirn seit einem schweren Unfall vorgeschädigt war. T war dieser Unfall unbekannt. A dagegen kannte ihn, hatte aber nicht daran gedacht. Strafbarkeit von T und A?

Hierbei soll davon ausgegangen werden, dass der Erfolg »Tod infolge Ohrfeige« für T **nicht objektiv vorhersehbar** war und dass sich in diesem Erfolg auch **keine typische Gefahr** des Verhaltens der T realisiert hat.

Strafbarkeit der T: Sie hat eine vorsätzliche Körperverletzung gemäß § 223 StGB begangen. Dagegen scheidet Körperverletzung mit Todesfolge (§§ 227, 18 StGB) aus, und zwar mangels objektiver Zurechenbarkeit sowie wegen fehlender objektiver Vorhersehbarkeit als Element der objektiven Fahrlässigkeit. Aus denselben Gründen entfällt auch eine Fahrlässige Tötung (§ 222 StGB).

Strafbarkeit der A: Sie ist der Anstiftung (§ 26 StGB) zu § 223 StGB schuldig. 1378

Weiterhin hat sie eine Fahrlässige Tötung begangen, denn bei Berücksichtigung ihrer **Sonderkenntnisse** (A kannte die Hirnschädigung des O) sind für ihre Tat die objektive und subjektive Vorhersehbarkeit des Erfolges zu bejahen.

Doch beschränkt sich ihre Strafbarkeit nicht auf §§ 223, 26 und § 222 StGB. Vielmehr ist A wegen Anstiftung zur Körperverletzung mit Todesfolge strafbar (§§ 227, 26 i.V.m. §§ 11 Abs. 2, 18 StGB). Für **Mittäterschaft** bzw. **Teilnahme** am erfolgsqualifizierten Delikt gilt nach zutreffender h.M.:

Wer sich der Beteiligung am Grunddelikt (hier: § 223 StGB) schuldig gemacht hat, ist wegen **Beteiligung am erfolgsqualifizierten Delikt** (hier: § 227 StGB) nur

36 *Roxin*, § 30 Rn. 289 ff.; *Jäger*, NStZ 1998, 161 (162 f.).

dann strafbar, wenn *ihm* (vgl. § 18 StGB) hinsichtlich des Erfolges **Fahrlässigkeit** zur Last fällt.[37]

Konstruktiv handelt es sich somit eigentlich um eine vorsätzliche Beteiligung am vorsätzlichen Grunddelikt, verbunden mit einer mindestens fahrlässigen (Neben-) Täterschaft hinsichtlich der besonderen Folge.[38]

Zur Begründung der Fahrlässigkeit erforderlich ist insbesondere, dass der Beteiligte die Handlung, welche die besondere Folge verursacht hat, in seine Vorstellung einbezogen hat[39] und diese für ihn vorhersehbar war, wenngleich sie nicht in allen konkreten Einzelheiten vorhersehbar gewesen sein muss.[40] Anderenfalls bleibt es bei der Strafbarkeit wegen der Beteiligung am Grunddelikt.

Objektive und subjektive Vorhersehbarkeit für **A** wurde schon bejaht. Die objektive (Tatbestand) und subjektive Sorgfaltspflichtverletzung (Schuld) lag in der Anstiftung zu § 223 StGB.[41]

Für jene Strafbarkeit des Beteiligten ist **irrelevant**, ob der **Täter des Grunddelikts** selbst aus dem erfolgsqualifizierten Delikt strafbar ist oder, wie in casu, mangels Fahrlässigkeit nicht:

Das Erfordernis einer vorsätzlichen (Haupt-)Tat für Teilnahme und Mittäterschaft sowie der vorsätzlichen Begehung der jeweiligen Beteiligungsform ist wegen § 11 Abs. 2 i.V.m. § 18 StGB erfüllt.[42] Dass in casu der Täter des Grunddeliktes selbst die Erfolgsqualifikation nicht verwirklicht hat, ist gemäß Normtext und ratio legis des § 18 StGB (»Täter oder Teilnehmer«) unschädlich.

Teilweise wird für dieses Ergebnis auch auf **§ 29 StGB** statt auf § 18 StGB zurückgegriffen.[43] Dass für jeden Beteiligten gesondert zu prüfen ist, ob ihn die aus der besonderen Folge resultierende schwerere Strafe trifft, ergibt sich jedoch bereits auf Tatbestandsebene ausdrücklich aus § 18 StGB, ohne dass es hierzu der Regelung des § 29 StGB bedarf. Zudem betrifft diese Vorschrift nur die **Schuld**, greift also nicht ein, wenn wie hier der Täter des Grunddelikts mangels objektiver

---

37 BGHSt 19, 339; BGH NStZ 2004, 684 f.; S/S/*Sternberg-Lieben/Schuster*, § 18 Rn. 7; *Fischer*, § 18 Rn. 5; *Krey/Hellmann/Heinrich*, BT/1, Rn. 301; *Rengier*, Erfolgsqualifizierte Delikte, 1986, S. 249 ff.; *Roxin*, § 26 Rn. 167, 284; *Wessels/Beulke/Satzger*, Rn 796, 977; **a.A.** *Gössel*, FS Lange, 1976, S. 225 ff., 239.

38 BGHSt 19, 339 (341 f.); NK/*Paeffgen*, § 18 Rn. 132; *Frister*, 28/3; *Roxin*, § 26 Rn. 167; *Sowada*, Jura 1995, 644 (647); siehe auch Klausurbeispiel zu § 238 Abs. 3 StGB bei: *Esser/Krickl*, JA 2008, 787 (793 f.) – dort ohne Bezug auf § 11 Abs. 2 StGB.

39 BGH NJW 1987, 77 (Anstiftung); NStZ 2008, 280 (sukzessive Mittäterschaft); NStZ 2010, 81 (Mittäterschaft).

40 BGHSt 38, 34 (39) – Mittäterschaft; BGH NStZ-RR 2009, 309 (310).

41 Nach h.M. soll die Verletzung der objektiv (u. subjektiv) gebotenen Sorgfalt bereits in der Beteiligung am Grunddelikt liegen (BGHSt 24, 213 (215); S/S/*Sternberg-Lieben/Schuster*, § 18 Rn. 5). Kritisch u.a.: MK/*Hardtung*, § 18 Rn. 18; SK/*Rudolphi/Stein*, § 18 Rn. 30.

42 S/S/*Sternberg-Lieben/Schuster*, § 18 Rn. 6; *Krey/Hellmann/Heinrich*, BT/1, Rn. 277; *Roxin*, § 26 Rn. 167, 284.

43 S/S/*Sternberg-Lieben/Schuster*, § 18 Rn. 6; *Fischer*, § 18 Rn. 5; *Wessels/Beulke/Satzger*, Rn. 795; NK/*Paeffgen*, § 18 Rn. 132.

Fahrlässigkeit schon nicht den **Tatbestand** des § 227 StGB i.V.m. § 18 StGB erfüllt.

Denkbar ist daher auch die Konstellation, in der der Haupttäter auch bzgl. der besonderen Folge vorsätzlich handelt und nach § 212 StGB strafbar ist, während der Teilnehmer nur zur Körperverletzung anstiften wollte und nach §§ 227, 26 StGB bestraft wird, weil sein Vorsatz auch die zum Tod führende Handlung des Haupttäters umfasst hat.

Bei der **Mittäterschaft** muss gerade diejenige Handlung über § 25 Abs. 2 StGB **1379**
zuzurechnen sein, die die schwere Folge herbeigeführt hat. Sie muss überdies vom Vorsatz des Mittäters umfasst sein.[44]

»Differenzen, mit denen nach den Umständen des Falles gerechnet werden muss, und solche, bei denen die verabredete Tatausführung durch eine in ihrer Schwere und Gefährlichkeit gleichwertige ersetzt wird, werden in der Regel vom Willen des Beteiligten umfasst, auch wenn er sie sich nicht so vorgestellt hat. Ebenso ist der Beteiligte für jede Ausführungsart einer von ihm gebilligten Straftat verantwortlich, wenn ihm die Handlungsweise seiner Tatgenossen gleichgültig ist und deswegen auf deren Billigung geschlossen werden kann.«[45]

Was **Mittäterschaft** zu § 227 StGB angeht, neigt der BGH bei der Annahme des Grunddelikts (§ 223 StGB) zu einer bedenklichen Ausweitung des vom gemeinsamen Tatentschluss erfassten Tuns.[46]

Vereinzelt wird vorgeschlagen, auf die jeweiligen Handlungen der Mittäter in der **Vorphase des Exzesses** abzustellen und über die Grundsätze der objektiven Zurechnung – im Rahmen der Fallgruppe der fahrlässigen Ermöglichung einer eigenverantwortlich begangenen Vorsatztat des Exzesstäters – eine Lösung zu finden:

Wenn die Mittäter durch ihre **gruppendynamische Gefährlichkeit** gemeinsam eine enthemmende oder »exzess-schwangere« Gefahrenlage geschaffen haben, soll die Ausschreitung eines Beteiligten der objektiven Zurechenbarkeit einer besonderen Folge nicht entgegenstehen.[47]

---

44 BGH NStZ 2010, 81; *Kudlich*, JA 2009, 246 (250).

45 BGH NStZ 2010, 81 (82).

46 So u.a.: BGH NStZ 2003, 662 f. u. 2005, 93 f. (»Schweinetrog-Fall«) mit Anm. M. *Heinrich*.

47 *Isfen*, JA 2014, 1087 (1090).

Achter Teil: Konkurrenzen und unklare Sachverhalte

§ 53 Konkurrenzen

I. Einführung

1380 Hat der Täter mehrere Straftatbestände verwirklicht, dürfen die festgestellten Einzelergebnisse nicht ungefiltert in das eine Klausur abschließende Endergebnis einfließen. Vielmehr müssen in einem Zwischenschritt einige der Einzelergebnisse aussortiert werden. Das leuchtet ein, wenn man sich Folgendes vor Augen hält:

Das Endergebnis einer universitären Fallbearbeitung stellt gewissermaßen den **Schuldspruch** dar, den ein Richter aussprechen würde, wenn er über den Sachverhalt urteilen müsste. Dem Schuldspruch kommt die Aufgabe zu, das **Unrecht**, das der Täter verwirklicht hat, vollständig abzubilden.[1]

Dazu ist es aber in vielen Fällen nicht erforderlich, alle Straftatbestände aufzuführen, die der Täter durch seine Handlung(en) verwirklicht hat. Denn häufig spiegelt ein Straftatbestand das Unrecht eines anderen Straftatbestandes bereits so vollständig ab, dass der Täter nicht wegen beider Straftatbestände schuldig gesprochen werden muss. In diesem Fall wird dieser andere Straftatbestand verdrängt und taucht im Schuldspruch nicht mehr auf. Eine »Mehrfachverwertung« des Geschehens wird so vermieden.[2]

1381 Diese Problematik bezeichnet man als **Gesetzeskonkurrenz** (oder auch **unechte Konkurrenz**). Die Gesetzeskonkurrenz ist gesetzlich weitgehend nicht geregelt,[3] sondern hauptsächlich von Rechtsprechung und Literatur entwickelt worden. Das StGB selbst widmet sich in den **§§ 52 ff. StGB** einer Thematik, mit der sich der Student in der Regel nicht näher beschäftigen muss: der Strafbemessung bei mehreren Gesetzesverletzungen. Insoweit kommt es entscheidend darauf an, ob der Täter mehrere Strafgesetze durch *dieselbe* Handlung (§ 52 StGB), also durch *eine* Handlung verletzt hat oder ob das Unrecht durch *mehrere* verschiedene Handlungen (§§ 53 ff. StGB) verwirklicht worden ist.[4] Diese Unterscheidung zwischen **Handlungseinheit** und **Handlungsmehrheit** spielt auch eine Rolle, wenn es um die Klärung der Gesetzeskonkurrenz geht, also der Frage nachgegangen wird, wegen welcher Straftatbestände der Täter schuldig zu sprechen ist.

1382 In der **Klausur** werden die Konkurrenzen demnach am besten stufenweise wie folgt erörtert: Zunächst ist zu klären, ob rechtlich gesehen Handlungseinheit vorliegt oder ob Handlungsmehrheit besteht (1. Stufe).[5] Anschließend ist auf die Ge-

---

1 *Rengier*, AT, § 56 Rn. 3.

2 *Seher*, JuS 2004, 392; *Fahl*, JA 1995, 654 (655).

3 Eine Ausnahme bilden die sog. Subsidiaritätsklauseln bei formeller Subsidiarität (dazu sogleich unter Rn. 1390).

4 Sind an einer Deliktserie mehrere Personen als Mittäter, mittelbare Täter, Anstifter oder Gehilfen beteiligt, ist diese Frage bei jedem Beteiligten gesondert zu prüfen und zu entscheiden: BGH Wistra 2012, 146.

5 Es ist allerdings zweckmäßig, diese Frage schon bei der Bildung von Tatkomplexen zu berücksichtigen. Hilfreich ist folgende Faustformel: Liegt konkurrenzrechtlich Handlungs-

setzeskonkurrenzen einzugehen (2. Stufe). Die Delikte, die danach nicht von anderen Delikten verdrängt worden sind, stehen dann entweder in **Tateinheit** (§ 52 StGB) oder in **Tatmehrheit** (§§ 53 ff. StGB) zueinander (3. Stufe).

II. Handlungseinheit – Handlungsmehrheit

1. Handlungseinheit

a) Handlungseinheit liegt zunächst bei einer **Handlung im natürlichen Sinn** vor, **1383**
also dann, wenn sich der Täter zum Handeln entschließt und dann *eine* Körperbewegung vornimmt.[6]

Beispiel: A will sein Opfer erschießen. Er nimmt es ins Visier. Dann drückt er ab und trifft es.

b) *Mehrere* Handlungen im natürlichen Sinn können allerdings auch zu *einer* **1384**
Handlung im juristischen Sinn zusammengefasst werden.[7]

Das ist etwa bei der **tatbestandlichen Handlungseinheit** der Fall. Das Gesetz **1385**
selbst verbindet mitunter mehrere Handlungen im natürlichen Sinn zu einer Bewertungseinheit,[8] beispielsweise beim Raub (§ 249 StGB) die Wegnahme einer fremden beweglichen Sache mit dem Einsatz eines qualifizierten Nötigungsmittels.

Zu der Handlung im juristischen Sinn zählen ferner die **iterative** und die **sukzessive Tatbestandsverwirklichung**. Von einer iterativen (wiederholten) Tatbestandsverwirklichung spricht man, wenn der Täter innerhalb eines engen räumlichen und zeitlichen Zusammenhangs denselben Tatbestand aufgrund eines einheitlichen Willens mehrfach verwirklicht und dabei lediglich das Unrecht steigert,[9] weil der Träger des Rechtsguts immer derselbe ist. Unter den gleichen Voraussetzungen werden bei der sukzessiven (schrittweise erfolgenden) Tatbestandsverwirklichung mehrere »Anläufe«, die der Täter zur Vollendung eines Tatbestands unternimmt, zu juristisch gesehen einer Handlung zusammengefasst.[10]

Beispiele:
A versetzt seinem Opfer unmittelbar hintereinander zehn sehr schmerzhafte Schläge gegen den Oberkörper, um es anschließend, als es bereits am Boden liegt, noch mehrfach zu treten. – Hier liegt eine **iterative Begehungsweise** vor. Folge: A verwirklicht den Tatbestand des § 223 Abs. 1 StGB nur einmal, obwohl jeder Schlag und jeder Tritt für sich genommen ausgereicht hätte, um eine vollendete Körperverletzung annehmen zu können.

B schießt auf sein Opfer, um es zu töten. Der erste Schuss geht ins Leere. Auch der zweite Schuss verfehlt sein Ziel. Erst der dritte Schuss trifft das Opfer, das sofort verstirbt. – Folge: Es wäre verfehlt, zweimal einen versuchten und einmal einen vollendeten Totschlag zu prüfen. Weil juristisch gesehen nur eine Handlung vorliegt, verwirklicht B ausschließlich

einheit vor, so ist in der Regel auch nur ein Tatkomplex zu bilden, vgl. *Fahl*, JA 1995, 654 (659).

6 *Steinberg/Bergmann*, Jura 2009, 905 (906).
7 *Wessels/Beulke/Satzger*, Rn. 1063.
8 *Kühl*, § 21 Rn. 23.
9 *Rengier*, AT, § 56 Rn. 16.
10 *Steinberg/Bergmann*, Jura 2009, 905 (907).

den Tatbestand des vollendeten Totschlags nach § 212 Abs. 1 StGB (**sukzessive Tatbestandsverwirklichung**).

1386 c) Darüber hinaus ist von der Rechtsprechung die **Figur der natürlichen Handlungseinheit** entwickelt worden. Diese soll vorliegen, wenn mehrere gleichartige Verhaltensweisen von einem einheitlichen Willen getragen werden und zwischen ihnen ein derart enger räumlicher und zeitlicher Zusammenhang besteht, dass die einzelnen Betätigungsakte als ein **einheitliches zusammengehörendes Tun** erscheinen.[11]

Beispiel: Eines Nachts zieht A die Straßen entlang und bricht aus Zerstörungswut bei jedem ihm begegnenden Mercedes den Seitenspiegel ab. Die Annahme einer iterativen Begehungsweise ist nicht möglich, weil A das Eigentum nicht von einer, sondern von verschiedenen Personen verletzt.[12] Es kann also keine Rede davon sein, dass A lediglich das Unrecht steigert. Dennoch werden hier mittels der Figur der natürlichen Handlungseinheit alle Handlungen im natürlichen Sinn zu einer Handlung verschmolzen.

Die Rechtsprechung unterscheidet bei der Figur der natürlichen Handlungseinheit zwischen *»normalen«* Rechtsgütern wie Eigentum und höchstpersönlichen Rechtsgütern wie dem Leben. Die natürliche Handlungseinheit sei bei einer Verletzung von Rechtsgütern mehrerer Personen grundsätzlich nur bei Ersteren und nur ausnahmsweise bei Letzteren möglich, wenn nämlich ein einheitlicher Tatentschluss gegeben sei und die Aufspaltung des Tatgeschehens in Einzelhandlungen wegen eines außergewöhnlich engen zeitlichen und räumlichen Zusammenhangs willkürlich und gekünstelt erscheine.[13]

Die Figur der natürlichen Handlungseinheit darf aber nicht darüber hinwegtäuschen, dass trotz des Vorliegens eines einheitlichen zusammengehörenden Tuns insbes. die Voraussetzungen des Rücktritts für jedes einzelne Delikt separat zu prüfen sind.[14]

2. Handlungsmehrheit

1387 Handlungsmehrheit ist gegeben, wenn kein Fall von Handlungseinheit vorliegt. Der Täter verwirklicht stattdessen mehrere selbständige Handlungen, die auch nicht durch einen engen räumlichen, zeitlichen oder situativen Zusammenhang zu einer Handlungseinheit (siehe Rn. 1384 ff.) verbunden werden können.

Beispiel (»Autobahnschütze«): A ist Fernkraftfahrer und durchquert die gesamte Bundesrepublik pro Woche einmal von Passau nach Hamburg. Seit mehreren Jahren schon ärgert er sich über die seiner Meinung nach »unfähigen« Autofahrerinnen und beschließt, diesen eine Lektion zu erteilen, damit sie in Zukunft kein Auto mehr besteigen. Er kauft sich daraufhin eine Handfeuerwaffe und schießt auf seinen Touren über 12 Wochen lang jeweils einmal die Woche an unterschiedlichen Wochentagen auf der Autobahn auf neben ihm fahrende Autos mit weiblichen Fahrern, bis ihn die Polizei schließlich stellen kann. Er hatte jeweils auf die Köpfe

11 *Wessels/Beulke/Satzger*, Rn. 1062.
12 Vgl. *Steinberg/Bergmann*, Jura 2009, 905 (908).
13 BGH StV 2013, 382 (383).
14 BGH NStZ 2012, 562; hierzu *Hecker*, JuS 2013, 362.

der Fahrerinnen gezielt und in Kauf genommen, dass diese durch seine Handlung sterben. Keines der Opfer wurde jedoch lebensgefährlich verletzt.

Die Handlungen des A stehen in Tatmehrheit; jede Tat ist einzeln zu betrachten und dafür eine eigene Strafe festzusetzen, aus denen dann eine Gesamtstrafe zu bilden ist (§§ 53, 54 StGB, näher dazu siehe unten Rn. 1395). In der Hauptverhandlung würde A dann zur versuchten Tötung in **12 tatmehrheitlichen Fällen** verurteilt werden.

III. Gesetzeskonkurrenz

Die Gesetzeskonkurrenz kann sowohl bei Handlungseinheit als auch bei Hand- **1388**
lungsmehrheit in Betracht kommen, denn wie dargestellt (Rn. 1380), soll der Schuldspruch das Unrecht der Tat bzw. der Taten vollständig abbilden. Alle Straftatbestände zu nennen, die der Täter durch seine Handlung(en) verwirklicht hat, ist dafür allerdings nicht erforderlich, wenn, wie häufig, ein verwirklichter Straftatbestand den Unrechtsgehalt eines anderen beinhaltet.

1. Gesetzeskonkurrenz bei Handlungseinheit

a) Dieser Gedanke leuchtet unmittelbar ein, wenn zwei Tatbestände im Verhältnis **1389**
der **Spezialität** zueinander stehen. Das ist etwa bei **Grundtatbestand und Qualifikation** der Fall, ebenso bei Grundtatbestand und Privilegierung (vgl. Rn. 232).

Der Qualifikationstatbestand enthält begriffsnotwendig alle Merkmale des Grundtatbestands. Wer also die Qualifikation verwirklicht, erfüllt immer auch das Grunddelikt.[15] Um den Unrechtsgehalt der Tat vollständig zu erfassen, reicht es demnach aus, den Täter nur wegen der Qualifikation schuldig zu sprechen.

Beispiel: B bringt seinem Opfer ein Gift bei, durch das es (wie von B beabsichtigt) unter heftigen Magenbeschwerden leidet. – B erfüllt hier neben § 223 Abs. 1 StGB auch die Qualifikation des § 224 Abs. 1 Nr. 1 StGB. Der Tatbestand der »einfachen« Körperverletzung wird dann aber durch den Tatbestand der gefährlichen Körperverletzung im Wege der Spezialität verdrängt. B ist im Ergebnis »nur« der gefährlichen Körperverletzung schuldig.

Auch der Raub (§ 249 StGB) enthält immer die Merkmale der §§ 240, 242 StGB, so dass auch hier Gesetzeskonkurrenz in Form der Spezialität besteht, obwohl der Raub ein Delikt *sui generis* und kein »qualifizierter Diebstahl« bzw. keine »qualifizierte Nötigung« ist (vgl. Rn. 236).

b) Gesetzeskonkurrenz besteht ferner, wenn ein Tatbestand gegenüber einem ande- **1390**
ren Tatbestand **subsidiär** ist, also nur dann zur Anwendung kommt, wenn der an sich vorrangige Tatbestand entweder nicht erfüllt ist oder nicht ausreicht, um den Unrechtsgehalt vollständig zu erfassen.[16] Man unterscheidet in diesem Zusammenhang zwischen formeller und materieller Subsidiarität. **Formelle Subsidiarität** liegt dann vor, wenn das Gesetz selbst in einer sog. Subsidiaritätsklausel bestimmt,

15 *Wessels/Beulke/Satzger*, Rn. 788.
16 *Rengier*, AT, § 56 Rn. 36.

dass ein bestimmter Tatbestand gegenüber anderen nachrangig ist.[17] **Materielle Subsidiarität** besteht dagegen dann, wenn eine von zwei Tatbestandsverwirklichungen das von beiden Tatbeständen geschützte Rechtsgut weniger intensiv verletzt als die andere, ohne dass ein Fall von Spezialität vorliegt.[18] Zur Verdeutlichung folgendes

Beispiel: A feuert einen Schuss auf sein Opfer (O) ab, um es zu töten. Die Kugel dringt durch den Oberkörper des O direkt ins sein Herz. O verstirbt sofort. – Neben § 212 Abs. 1 StGB hat A auch den Tatbestand des § 223 Abs. 1 StGB verwirklicht.[19] Sein Tötungsvorsatz beinhaltet nach der überzeugenden Einheitstheorie auch den Vorsatz, eine Körperverletzung als notwendiges Durchgangsstadium hin zum Tod herbeizuführen.[20] Im Fall des vollendeten Totschlags tritt die Körperverletzung dann allerdings im Wege der Subsidiarität zurück.[21] A ist des Totschlags schuldig.

Abwandlung: Wieder feuert A einen Schuss auf O ab, um ihn zu töten. Diesmal verletzt er O aber nur leicht. Einen weiteren Schuss kann A nicht mehr abgeben, weil er, wie er feststellen muss, keine Kugeln mehr hat. Auch sonst sieht A sich nicht in der Lage, den Tod des O herbeizuführen. – A hat sich hier wegen versuchten Totschlags strafbar gemacht. Ein Rücktritt nach § 24 Abs. 1 StGB scheidet aus, weil sein Versuch fehlgeschlagen ist. Diesmal tritt die mitverwirklichte Körperverletzung nicht im Wege der Subsidiarität zurück, denn sie wurde vollendet und hat daher gegenüber dem versuchten Totschlag eine eigenständige Funktion. Durch sie kommt im Schuldspruch zum Ausdruck, dass A nicht bloß vorbeigeschossen, sondern sein Opfer (O) bereits verletzt hat.[22] Der Täter ist des versuchten Totschlags in Tateinheit (§ 52 StGB) mit vorsätzlicher Körperverletzung schuldig.

1391 c) Der dritte Fall der Gesetzeskonkurrenz ist der der **Konsumtion**. Im Gegensatz zu den bisher erörterten Formen der Gesetzeskonkurrenz betrifft die Konsumtion ein Zusammentreffen von Delikten, die *verschiedene Rechtsgüter* schützen.[23] Sie liegt dann vor, wenn ein Straftatbestand in einem anderen zwar nicht notwendig enthalten ist, aber als **typische Begleittat** regelmäßig und typischerweise mit ihm zusammentrifft, so dass sein Unrechtsgehalt durch den anderen aufgezehrt wird.[24]

Beispiel: A nimmt sich ohne Erlaubnis den gerade erst betankten Porsche des O, fährt damit ein paar Stunden lang spazieren, um ihn anschließend wie geplant unversehrt, aber mit nur noch halbvollem Tank zurückzubringen. – A verwirklicht hinsichtlich des Ingebrauchnehmens nicht § 242 Abs. 1 StGB, weil er nicht vorgehabt hat, dem O den Porsche als solchen auf Dauer vorzuenthalten oder eine wesentliche Wertminderung herbeizuführen. A fehlt insofern die erforderliche Zueignungsabsicht.[25] Er hat sich nur nach § 248b Abs. 1 StGB

---

17 Beispiele dafür finden sich in den §§ 145d Abs. 1, 248b Abs. 1, 265 Abs. 1, 265a Abs. 1, 316 Abs. 1 StGB. Zum Streit bei § 246 Abs. 1 StGB näher *Krey/Hellmann/Heinrich*, BT/2, Rn. 241 ff.

18 *Steinberg/Bergmann*, Jura 2009, 905 (909); *Seher*, JuS 2004, 482 (483).

19 Auf eine Erörterung der §§ 224, 227 StGB wird hier der Übersichtlichkeit halber verzichtet.

20 Dazu *Krey/Hellmann/Heinrich*, BT/1, Rn. 228 ff.

21 *Fischer*, § 211 Rn. 107.

22 BGHSt 44, 196 (198 ff.).

23 *Seher*, JuS 2004, 482 (483).

24 *Wessels/Beulke/Satzger*, Rn. 1103.

25 Näher *Krey/Hellmann/Heinrich*, BT/2, Rn. 76 ff.

wegen unbefugten Gebrauchs eines Fahrzeugs strafbar gemacht. Hinsichtlich des verbrauchten Benzins ist § 242 Abs. 1 StGB aber erfüllt.

Das hat eigentlich zur Konsequenz, dass § 248b Abs. 1 StGB wegen der in ihm enthaltenen Subsidiaritätsklausel hinter § 242 Abs. 1 StGB zurücktritt. Weil beim Betrieb eines Kraftfahrzeugs aber immer auch das im Tank befindliche Benzin verbraucht wird, würde bei dieser Betrachtungsweise § 248b Abs. 1 StGB bei Kraftfahrzeugen völlig leer laufen und nur noch bei Fahrrädern einen eigenständigen Anwendungsbereich haben. Das kann aber nicht der Vorstellung des Gesetzgebers entsprechen. Daher wird zu Recht angenommen, dass der hinsichtlich des Benzins erfüllte Diebstahl als notwendige Begleittat von § 248b Abs. 1 StGB konsumiert wird.[26] Der Täter ist damit nur des unbefugten Gebrauchs eines Kraftfahrzeugs schuldig.

2. Gesetzeskonkurrenz bei Handlungsmehrheit

Gelegentlich muss der hinter den Gesetzeskonkurrenzen stehende Gedanke **1392**
(»Inwieweit wird das vom Täter verwirklichte Unrecht bereits durch einen der verwirklichten Straftatbestände vollständig abgebildet mit der Folge, dass die anderen Straftatbestände durch diesen verdrängt werden?«) auf handlungsmehrheitliche Konstellationen übertragen werden.

Das ist immer dann der Fall, wenn es eine so zentrale Straftat gibt, neben der vorher oder nachher verwirklichte Straftaten nahezu bedeutungslos erscheinen.[27] Man spricht bei diesen Straftaten von **mitbestraften Vor-** bzw. **Nachtaten**; während die in Rn. 1391 genannten Fälle (wenn Gesetzeskonkurrenz vorliegt) auch als mitbestrafte Begleittat bezeichnet werden können.

Beispiele: A und B verabreden, den O gemeinschaftlich zu töten. Zwei Wochen später führen sie ihren Plan aus. O kommt ums Leben. – Schon im Vorfeld der Tötung haben sich A und B strafbar gemacht: nach § 30 Abs. 2 Var. 3 StGB **(Verbrechensverabredung)**. Diese Strafbarkeit erscheint allerdings angesichts der erfolgreichen Umsetzung des Plans nebensächlich. Hinter §§ 212 Abs. 1, 25 Abs. 2 StGB tritt § 30 Abs. 2 Var. 3 StGB daher als mitbestrafte Vortat zurück.[28] A und B sind des gemeinschaftlichen Totschlags schuldig.

C stiehlt ein fremdes Fahrrad (§ 242 Abs. 1 StGB). Nachdem er es einige Zeit benutzt hat, findet er das Rad nicht mehr schön und wirft es in einen Tümpel, wo es (wie von C billigend in Kauf genommen) mit der Zeit gebrauchsunfähig wird (§ 303 Abs. 1 StGB). Die Sachbeschädigung vertieft lediglich den beim Opfer bereits durch den Diebstahl entstandenen Schaden und verdient daher keine eigenständige Bestrafung. § 303 Abs. 1 StGB tritt daher als mitbestrafte Nachtat hinter § 242 Abs. 1 StGB zurück. C ist des Diebstahls schuldig.

IV. Strafbemessung

Nachdem erörtert wurde, ob eine oder mehrere Handlungen vorliegen und welche **1393**
Tatbestände von anderen verdrängt werden, ist nun abschließend noch zu erläutern, welche Rechtsfolgen das Gesetz hinsichtlich der Strafbemessung an mehrere Gesetzesverletzungen knüpft.

26 NK/*Kindhäuser*, § 248b Rn. 13.
27 *Seher*, JuS 2004, 482 (484).
28 *Geppert*, Jura 2000, 651 (656).

1. Tateinheit (§ 52 StGB)

1394 Die durch *eine* Handlung verwirklichten Straftatbestände, die nicht im Wege der Gesetzeskonkurrenz ausgeschieden sind, stehen zueinander im Zustand der **Tateinheit** (§ 52 StGB), auch **Idealkonkurrenz** genannt. Verletzt die Handlung das gleiche Strafgesetz mehrmals, spricht man von **gleichartiger Idealkonkurrenz**, werden dagegen verschiedene Strafgesetze verwirklicht, von **ungleichartiger Idealkonkurrenz**. Es ist nur auf eine Strafe zu erkennen (§ 52 Abs. 1 StGB). Der Strafrahmen ist dabei dem Tatbestand zu entnehmen, der die schwerste Strafe androht (§ 52 Abs. 2 StGB). Diese Technik wird **Absorptionsprinzip**[29] genannt.

2. Tatmehrheit (§ 53 StGB)

1395 Die durch *zwei oder mehrere* Handlungen des Täters verwirklichten und nicht im Wege der Gesetzeskonkurrenz ausgeschiedenen Straftaten stehen zueinander in **Tatmehrheit** (§ 53 StGB) bzw. in **Realkonkurrenz**. Es ist auf eine **Gesamtstrafe** zu erkennen (§ 53 Abs. 1 StGB).[30] Diese wird nach den Regeln des § 54 StGB aus den für jede Handlung ausgeworfenen Einzelstrafen gebildet. Die wichtigste Faustregel dabei ist: Die höchste der Einzelstrafen wird erhöht (**Asperationsprinzip**)[31], wobei aber die Summe aller Einzelstrafen nicht erreicht werden darf.[32]

3. Klausur

1396 In der universitären Falllösung werden üblicherweise keine Ausführungen zu den *Rechtsfolgen* von Tateinheit oder -mehrheit gemacht oder gar Strafmaße erörtert. Vielmehr wird das Verhältnis der verbliebenen (nicht durch Gesetzeskonkurrenz weggefallenen) Straftatbestände zueinander lediglich festgestellt, also § 52 StGB oder § 53 StGB genannt; nähere Ausführungen sind in der Regel entbehrlich.

29 Von lat. »absorbere« = »verschlingen«.

30 Dazu ausführlich *Klappstein/Kossmann*, JuS 2010, 785.

31 Von lat. »asperare« = »verschärfen«.

32 *Seher*, JuS 2004, 392.

§ 54 Unklare Sachverhalte: In dubio pro reo, Wahlfeststellung, Post- und Präpendenz

Im Studium sind in der Regel sämtliche Informationen zur Feststellung der Strafbarkeit im Sachverhalt enthalten. In der Praxis sieht dies jedoch häufig anders aus.[1] Oft wird es trotz Ausschöpfung sämtlicher Erkenntnis- und Beweismittel (§ 244 Abs. 2 StPO) nicht möglich sein, das Tatgeschehen eindeutig aufzuklären. Fraglich ist dann, wie sich **Zweifel tatsächlicher Art** auswirken und wie der unklare Sachverhalt behandelt werden soll.[2]

I. Grundsatz: »In dubio pro reo«

Bei unklaren Sachverhalten ist zunächst der »in dubio pro reo«-Grundsatz anzu- **1397**
wenden (**im Zweifel für den Beschuldigten/Angeklagten**). Das Gericht darf den Angeklagten nur dann wegen einer Straftat verurteilen, wenn es von seiner Strafbarkeit überzeugt ist (vgl. § 261 StPO). Zweifel bezüglich des Vorliegens des Tatbestandes, der Rechtswidrigkeit oder der Schuld wirken sich daher zugunsten des Angeklagten aus.[3] Der Grundsatz findet erst nach Abschluss der Beweiswürdigung Anwendung und weist den Richter an, wie er zu verfahren hat, wenn er sich über eine entscheidungserhebliche Tatsache keine Gewissheit verschaffen kann.[4] Das Gericht muss dann von der für den Angeklagten günstigeren Möglichkeit ausgehen, soweit für diese Möglichkeit Anhaltspunkte bestehen.[5] Der Grundsatz wird überwiegend als Ausprägung des Rechtsstaatsprinzips sowie des Schuldprinzips angesehen.[6]

Ist der Angeklagte daher nach einer der nicht auszuschließenden vernünftigerweise **1398**
denkbaren Sachverhaltsvarianten straflos, muss das Gericht den Angeklagten in dubio pro reo **freisprechen**, da es nicht von seiner Strafbarkeit überzeugt sein kann.[7]

Stehen möglicherweise verwirklichte Tatbestände hingegen in einem **sog. Stufen-** **1399**
verhältnis zueinander, erfolgt die Verurteilung nach dem minder schweren Delikt. Ein solches Stufenverhältnis ist gegeben, wenn die möglichen Straftatbestände in einem Verhältnis von **»mehr oder weniger«** zueinander stehen. So ist insbesondere der Grundtatbestand ein »weniger« zur Qualifikation, ebenso wird ein Stufen-

---

1 Daher sind Kenntnisse dieser Materie (insbesondere der Wahlfeststellung) für die schriftliche und mündliche Prüfung der Ersten Juristischen Staatsprüfung unerlässlich.

2 Ein deutlicher Hinweis im Sachverhalt ist insbesondere die Formulierung: »Es lässt sich nicht feststellen, ob...«. Vertiefend mit Beispielsfällen: *Noak*, Jura 2004, 539; *Norouzi*, JuS 2008, 17; 113.

3 OK-StGB/*von Heintschel-Heinegg*, § 1 Rn. 27. Der Grundsatz »in dubio pro reo« gilt nur für Zweifel tatsächlicher/materieller Art, auf rechtliche/prozessuale Zweifel ist er grundsätzlich nicht anzuwenden. Im Einzelnen, vgl. *Krey*, StPO, Rn. 8 ff.; *Eisenberg*, Rn. 119 ff.

4 BGH NStZ-RR 2008, 350; BVerfG NJW 1988, 477.

5 *Wessels/Beulke/Satzger*, Rn. 1118. Eine bloß abstrakte, rein theoretische andere Möglichkeit des Tathergangs reicht insoweit nicht: BGH NStZ-RR 2008, 350.

6 *Eisenberg*, Rn. 117 m.w.N.

7 OK-StGB/*von Heintschel-Heinegg*, § 1 Rn. 36.

verhältnis (entsprechend) zwischen Vorsatz- und Fahrlässigkeitsdelikten, Täterschaft und Teilnahme, sowie Anstiftung und Beihilfe bejaht.[8]

Beispiel 1: Es steht fest, dass A einen Diebstahl begangen hat (§ 242 Abs. 1 StGB). Trotz gewisser Anhaltspunkte lässt sich jedoch nicht sicher feststellen, ob er eine Waffe bei sich hatte (§§ 242, 244 Abs. 1 Nr. 1 lit. a StGB). In dubio pro reo darf A daher nur nach dem Grundtatbestand (§ 242 Abs. 1 StGB) verurteilt werden.

Beispiel 2[9]: Es lässt sich nicht sicher feststellen, ob A den T zu dessen Mord angestiftet oder ob er ihm nur Hilfe geleistet hat. Da die Anstiftung einen höheren Unwertcharakter als die Beihilfe hat (vgl. Bestrafung des Anstifters »gleich einem Täter« nach § 26 StGB), kann A in dubio pro reo lediglich wegen Beihilfe zum Mord verurteilt werden.

II. Wahlfeststellung

1400 Nur wenn ein Stufenverhältnis nicht besteht und der »in dubio pro reo«-Grundsatz nicht zu einer eindeutigen Tatsachengrundlage führt, ist **ausnahmsweise** zu prüfen, ob eine Verurteilung nach den Grundsätzen der **Wahlfeststellung** in Betracht kommt.[10] Zu differenzieren ist zwischen der echten und der unechten Wahlfeststellung.

1401 Der Wahlfeststellung liegt zugrunde, dass **sicher ist, dass** der Angeklagte gegen einen Straftatbestand verstoßen hat, es aber **unklar bleibt, gegen welchen** (dann womöglich echte Wahlfeststellung, d.h. wahldeutige Verurteilung nach dem einen oder anderen Tatbestand) **oder durch welche von mehreren Verhaltensweisen** (dann womöglich unechte Wahlfeststellung, d.h. eindeutige Verurteilung aufgrund wahldeutiger Tatsachengrundlage).[11] Es erscheint unbillig, in solchen Konstellationen den in dubio pro reo Grundsatz anzuwenden und den Angeklagten freizusprechen.[12]

Beispiel[13]: A hat eigenmächtig einen Überweisungsträger mit den Daten des O ausgefüllt und bei der Bank des O eingereicht. Es bleibt unklar, ob der Überweisungsträger durch einen Mitarbeiter der Bank (dann Betrug nach § 263 Abs. 1 StGB) oder automatisch vom Computer der Bank (dann Computerbetrug nach § 263a StGB) bearbeitet wurde. Jedenfalls hat die Bank dem A daraufhin 10.000 Euro vom Konto des O überwiesen. Würde man den A in dubio pro reo freisprechen, bliebe unberücksichtigt, dass er **auf jeden Fall** einen der beiden Straftatbestände erfüllt hat. In Betracht könnte daher ausnahmsweise eine echte Wahlfeststellung kommen (zur Lösung unten, Rn. 1404).

1402 Die Wahlfeststellung dient insoweit der **Einzelfallgerechtigkeit**. Insbesondere die echte Wahlfeststellung kollidiert dabei jedoch mit dem Grundsatz der Rechtssicherheit, nach welchem *zweifelsfrei* nachgewiesen werden muss, dass ein *bestimmter* Straftatbestand verwirklicht ist.[14]

8 OK-StGB/*von Heintschel-Heinegg*, § 1 Rn. 38f. m.w.N.
9 Nach BGH NJW 1983, 239.
10 OK-StGB/*von Heintschel-Heinegg*, § 1 Rn. 43.
11 *Lackner/Kühl*, § 1 Rn. 9; MK/*Schmitz*, Anhang zu § 1 Rn. 5.
12 *Wessels/Beulke/Satzger*, Rn. 1122; S/S/*Eser/Hecker*, § 1 Rn. 57.
13 Vgl. BGH NJW 2008, 1394.
14 *Wessels/Beulke/Satzger*, Rn. 1125.

Daher wird die Wahlfeststellung zwar grundsätzlich als zulässig erachtet, aber es müssen sehr strenge Voraussetzungen erfüllt sein.[15]

Übersicht: Unechte und echte Wahlfeststellung:

	Unechte Wahlfeststellung	**Echte Wahlfeststellung**
Konstellation	Tatsachenalternativität, **ohne** Gesetzesalternativität *z.B. sich widersprechende Aussagen: Meineid am 1.5 oder am 15.5.*	Tatsachenalternativität **und** Gesetzesalternativität *z.B. § 263 StGB (falls Mensch) oder § 263a StGB (falls Maschine)*
Rechtsfolge	Eindeutige Verurteilung auf wahldeutiger Tatsachengrundlage	Wahldeutige Verurteilung nach dem einen oder anderen Tatbestand

1. Unechte Wahlfeststellung

Die unechte Wahlfeststellung kommt in Betracht, wenn unklar bleibt, durch welche von mehreren Verhaltensweisen der Angeklagte gegen einen Straftatbestand verstoßen hat, der verwirklichte Tatbestand selbst jedoch feststeht. Es liegt mithin reine **Tatsachenalternativität** vor, diese führt nicht zu Rechtsnormungewissheit oder Gesetzesalternativität.[16] Die in Betracht kommende Rechtsnorm wird durch *jeden* der in Rede stehenden Sachverhalte verwirklicht (sonst müsste in dubio pro reo freigesprochen werden).[17] 1403

Rechtsfolge der unechten Wahlfeststellung ist die **eindeutige Verurteilung aufgrund wahldeutiger Tatsachengrundlage**.

Beispiel[18]: A beschwört am 1.5. und am 15.5. in zwei Prozessen sich gegenseitig widersprechende Aussagen, von denen eine falsch sein muss. Es lässt sich nicht sicher feststellen, welche der beiden Aussagen falsch ist. Obwohl daher unklar ist, ob A den Meineid durch die Aussage am 1.5. oder am 15.5. begangen hat (**Tatsachenalternativität**), besteht kein Zweifel daran, dass A sich eines Meineides nach § 154 StGB strafbar gemacht hat (**keine Rechtsnormungewissheit**). Über die unechte Wahlfeststellung ist A daher eindeutig nach § 154 StGB zu verurteilen, aufgrund wahldeutiger Tatsachengrundlage.

2. Echte Wahlfeststellung

Die echte Wahlfeststellung hingegen kommt in Betracht, wenn unklar bleibt, welcher von mehreren Sachverhalten vorliegt, und diese unterschiedliche Straftatbestände erfüllen würden.[19] Es liegt mithin **Tatsachenalternativität *und* Gesetzesalternativität** vor. 1404

15 Vertiefend: S/S/*Eser*/*Hecker*, § 1 Rn. 64 ff. m.w.N.
16 MK/*Schmitz*, Anhang zu § 1 Rn. 6; S/S/*Eser*/*Hecker*, § 1 Rn. 60.
17 MK/*Schmitz*, Anhang zu § 1 Rn. 6.
18 Nach BGH NJW 1952, 755; *Joecks*, § 1 Rn. 17.
19 MK/*Schmitz*, Anhang zu § 1 Rn. 9; S/S/*Eser*/*Hecker*, § 1 Rn. 61.

Beispiel (oben Rn. 1401)[20]: A fälscht einen Überweisungsträger und die Bank überweist ihm daraufhin Geld. Es lässt sich nicht feststellen, ob der Überweisungsträger von einem Bankmitarbeiter oder automatisiert bearbeitet wurde (**Tatsachenalternativität**). Bei Bearbeitung durch einen Bankmitarbeiter läge Betrug nach § 263 StGB vor, bei Bearbeitung durch einen Computer läge Computerbetrug nach § 263a StGB vor (**Gesetzesalternativität**).[21]

1405 Als Rechtsfolge ermöglicht die echte Wahlfeststellung die **wahldeutige Verurteilung des Angeklagten nach dem einen oder anderen Tatbestand**.[22] Im Interesse der Rechtssicherheit müssen jedoch folgende **Voraussetzungen** vorliegen:[23]

a) Eine eindeutige Feststellung des Sachverhaltes darf nicht möglich sein. Es müssen mithin sämtliche Beweis- und Erkenntnismittel ausgeschöpft sein. Ebenso darf keiner der denkbaren Sachverhalte zu einer Straflosigkeit führen, denn dann wäre *in dubio pro reo* freizusprechen (vgl. Rn. 1398).

b) Es müssen **sicher alternativ zwei Tatbestände verwirklicht** sein. Die Tatbestände dürfen daher **nicht in einem Stufenverhältnis** zueinander stehen, denn dann müsste der *in dubio pro reo* Grundsatz angewendet werden und eine eindeutige Verurteilung wäre möglich (vgl. Rn. 1399).

c) Die alternativen Tatbestände müssen **rechtsethisch und psychologisch vergleichbar** sein.[24] Dies bedeutet, dass sie einer nach dem allgemeinen Rechtsempfinden vergleichbaren **sittlichen und rechtlichen Bewertung** unterliegen und eine im Wesentlichen gleiche **seelische Beziehung des Täters** zu den Verhaltensweisen aufweisen müssen.[25] Eine solche Vergleichbarkeit ist zum Beispiel bei Diebstahl und Betrug nicht gegeben, da diese sehr unterschiedliche Verhaltensweisen voraussetzen (Wegnahme des Täters vs Vermögensverfügung des Opfers) und unterschiedliche Rechtsgüter (Eigentum/Gewahrsam vs Vermögen) schützen.[26]

Im Beispiel (Rn. 1404): Es lässt sich nicht sicher feststellen, ob ein Mensch oder ein Computer die Überweisung bearbeitet hat. Hingegen ist sicher entweder § 263 StGB oder § 263a StGB verwirklicht. Diese stehen nicht in einem Stufenverhältnis zueinander. Betrug und Computerbetrug sind auch rechtsethisch und psychologisch vergleichbar.[27] Über die echte Wahlfeststellung ist A daher wahldeutig wegen Betrug *oder* Computerbetrug zu verurteilen.

In der Klausur: Zunächst ist die Strafbarkeit des A in der Sachverhaltsvariante 1 zu prüfen, sodann in der Sachverhaltsvariante 2. Erst in einem dritten Schritt ist zu fragen, ob eine Lösung nach dem in dubio pro reo Grundsatz in Betracht kommt (Stufenverhältnis?) oder

---

20 BGH NJW 2008, 1394.

21 Näher zu diesen Delikten im Besonderen Teil, vgl. z.B. *Krey/Hellmann/Heinrich*, Rn. 491 ff. (zu § 263 StGB) und Rn. 726 ff. (zu § 263a StGB).

22 *Lackner/Kühl*, § 1 Rn. 9; MK/*Schmitz*, Anhang zu § 1 Rn. 56.

23 S/S/*Eser/Hecker*, § 1 Rn. 70 und 77 ff; *Lackner/Kühl*, § 1 Rn. 10 ff.; *Wessels/Beulke/Satzger*, Rn. 1128.

24 So die Rspr., in der Literatur ist dies teils strittig. Umfassend zum Meinungsstreit und m.w.N. vgl. S/S/*Eser/Hecker*, § 1 Rn. 70 ff; ferner *Köchel/Wilhelm*, ZJS 2014, 269 (270).

25 BGHSt GrS 9, 390; BGH NStZ 2000, 473.

26 BGH NStZ 1985, 123. Für einen umfassenden Überblick über die Beurteilung der Vergleichbarkeit von Tatbeständen durch die Rechtsprechung vgl. *Lackner/Kühl*, § 1 Rn. 14 ff.

27 BGH NJW 2008, 1394 (1395).

ausnahmsweise eine wahldeutige Verurteilung nach den Grundsätzen der echten Wahlfeststellung möglich ist.[28]

3. Gesetzlichkeitsprinzip, Art. 103 Abs. 2 GG

Trotz dieser engen Grenzen ist der 2. Strafsenat des BGH der Ansicht, dass die **1406**
echte (oder auch »ungleichartige« oder »gesetzesalternative« Wahlfeststellung wegen eines Verstoßes gegen Art. 103 Abs. 2 GG verfassungswidrig ist.[29] Er hat deshalb bei den anderen Senaten ein Anfrageverfahren (§ 132 Abs. 3 GVG) in Gang gesetzt.

Begründet hat der 2. Strafsenat dies u.a. damit, dass die in Frage kommenden Tatbestände durch das Erfordernis einer rechtsethischen und psychologischen Vergleichbarkeit oder eines gemeinsamen Unrechtskerns verschliffen würden.

Diesem Ansatz sind die übrigen Strafsenate des BGH[30] allerdings nicht gefolgt; sie haben der Wahlfeststellung lediglich prozessuale Wirkung zugeschrieben. Der in Art. 103 Abs. 2 GG angelegte Bestimmtheitsgrundsatz gelte, wie auch der 2. Strafsenat erkannt hat, nur für materielles Recht, nicht aber für prozessuales Fragen. Ferner soll auch nicht der Anwendungsbereich für den Grundsatz »in dubio pro reo« eröffnet sein, da es sich hierbei um eine **Beweisregel** handele, wohingegen die Wahlfeststellung eine Entscheidungsregel sei, die eben dann zur Anwendung komme, wenn feststehe, dass der Angeklagte sich in jedem denkbaren Fall strafbar gemacht habe.

In der **Literatur** hat der Vorstoß des 2. Strafsenats sowohl Zuspruch[31] als auch Widerspruch erfahren.[32] So wurde der Ansicht, die Rechtsfigur der Wahlfeststellung begründe materielles Recht, zugestimmt, denn gerade durch eine wahlweise Verurteilung werde eine Strafe begründet,[33] die es so im positiven Recht nicht gebe. Dagegen wird angeführt, dass die Wahlfeststellung durch die bloße Ermöglichung einer Verurteilung noch nicht als materielles Strafrecht zu qualifizieren sei.[34]

Aufgrund der einmütigen Ablehnung des Anfragebeschlusses des 2. Strafsenats durch die vier übrigen Strafsenate ist davon auszugehen, dass der nun zur Entscheidung berufene **Große Senat für Strafsachen** an der bisherigen Linie des BGH festhalten wird.

---

28 So auch *Jäger*, AT, Rn. 396.

29 BGH BeckRS 2014, 11593.

30 BGH v. 24.6.2014 – 1 ARs 14/14, NStZ-RR 2014, 308; BGH v. 16.7.2014 – 5 ARs 39/14, NStZ-RR 2014, 307; BGH v. 11.9.2014 – 4 ARs 12/14, NStZ-RR 2015, 40; BGH v. 30.9.2014 – 3 ARs 13/14, NStZ-RR 2014, 39.

31 *Stuckenberg*, ZIS 2014, 461; *Wagner*, ZJS 2014, 436 (443); *Schuhr*, NStZ 2014, 437; *Wagner*, ZJS 2014, 436 (443); *Heintschel-Heinegg*, JA 2014, 710 (712).

32 *Stuckenberg*, ZIS 2014, 461 (471); *ders.* mit Ausführungen zur echten Wahlfeststellung in Bezug auf den Charakter des Schuldspruchs JZ 2015, 714 (715 f.); **a.A.** *Freund/Rostalski*, JZ 2015, 716, (717 f.)

33 *Heintschel-Heinegg*, JA 2014, 710 (711); *Wagner*, ZJS 2014, 436 (441).

34 *Stuckenberg*, ZIS 2014, 461 (468); weitergehend *Schuhr*, NStZ 2014, 437 (438, 439).

Andernfalls wäre der Gesetzgeber aufgerufen, die Wahlfeststellung über eine vorangestellte Norm im Allgemeinen Teil oder durch eine Freigabe in den entsprechenden Straftatbeständen zu regeln.[35]

III. Post- und Präpendenz

1407 Die Wahlfeststellung muss ihrerseits von den Konstellationen der Post- und Präpendenz abgegrenzt werden.

Postpendenz (bzw. spiegelbildlich Präpendenz) liegt vor, wenn eine zeitlich erste Tathandlung nicht nachgewiesen werden kann, eine zeitlich spätere Tathandlung jedoch feststeht, und die **rechtliche Bewertung des späteren Sachverhalts von dem unklaren Erstgeschehen abhängt**.[36] Es liegt mithin gerade keine Sachverhaltsalternativität vor. Rechtsfolge ist dann die **eindeutige Verurteilung nach dem sicher verwirklichten Delikt**. Eine Wahlfeststellung ist nicht mehr möglich.[37]

Beispiel[38]**:** T hat eine Kette im Wege der Hehlerei (§ 259 StGB) erworben. Es kann aber nicht mehr festgestellt werden, ob T auch Mittäter des vorangegangenen Diebstahls der Kette war. Die Hehlerei setzt jedoch tatbestandlich die Vortat *eines anderen* voraus. Im Wege der Postpendenz kann dennoch wegen Hehlerei verurteilt werden.

Im Einzelnen ist hier jedoch vieles umstritten und zumeist lassen sich diese Fallgruppen schon unter Anwendung des in »dubio pro reo«-Grundsatzes lösen.[39]

35 *Ceffinato*, Jura 2014, 655 (665).
36 S/S/*Eser*/*Hecker*, § 1 Rn. 62.
37 MK/*Schmitz*, Anhang zu § 1 Rn. 39.
38 BGHSt 35, 86; krit. MK/*Schmitz*, Anhang zu § 1 Rn. 38.
39 *Wessels*/*Beulke*/*Satzger*, Rn. 1135 m.w.N.

Anhang: Prüfungsschemata

I. Das vollendete vorsätzliche Erfolgsdelikt

1. Tatbestand

a) Objektiver Tatbestand

(1) Handlung des Täters

(2) Eintritt des tatbestandsmäßigen Erfolges

(3) Kausalität (der Handlung für den Erfolg)

(4) (Objektive) Zurechnung des Erfolges zum Täterverhalten

(5) Sonstige objektive Tatbestandsmerkmale: Tatsubjekt (Amtsträgereigenschaft etc.)

b) Subjektiver Tatbestand

(1) Vorsatz bzgl. aller objektiven Tatbestandsmerkmale einschließlich des Kausalverlaufs

(P) Tatbestandsirrtum (§16 Abs. 1 S. 1 StGB); error in persona vel objecto/aberratio ictus

(2) Sonstige subjektive Unrechtsmerkmale, wie rechtsgutsbezogene Absichten (z.B. Zueignungs-/Bereicherungsabsicht)

2. Rechtswidrigkeit[1]

Obersatz: Der Täter handelte rechtswidrig, es sei denn, die (obj. und subj.) Voraussetzungen eines Rechtfertigungsgrundes liegen vor.[2]

In Betracht kommen insbesondere:

- Rechtfertigende Einwilligung
- Notwehr (§ 32 StGB)
- Notstand (§§ 228, 904 BGB, § 34 StGB)
- Selbsthilfe (§ 229 BGB)
- Recht zur vorläufigen Festnahme (§ 127 StPO)

3. Schuld

Obersatz: Die Handlung ist schuldhaft, wenn kein Schuldausschließungs- oder Entschuldigungsgrund eingreift.

a) Schuldfähigkeit des Täters

- Strafmündigkeit von Kindern, § 19 StGB
- Schuldunfähigkeit von Erwachsenen, § 20 StGB
- (P) Actio libera in causa

1 Gegebenfalls im Anschluss an den Tatbestand und vor der Rechtswidrigkeit (als Tatbestandsannex) zu prüfen wäre eine **objektive Bedingung der Strafbarkeit** (Rn. 372).

2 Bei den sog. »offenen Tatbeständen« (§§ 240, 253 StGB) ist die Rechtswidrigkeit (ggf. nach Behandlung und Ablehnung von Rechtfertigungsgründen) positiv festzustellen.

b) Unrechtsbewusstsein / Verbotsirrtum (§ 17 StGB)

c) Entschuldigungsgründe

insb. Notwehrexzess (§ 33 StGB), entschuldigender Notstand (§ 35 StGB), übergesetzlicher entschuldigender Notstand

4. Strafausschließungs- bzw. -aufhebungsgründe[3]

Z.B.: Tätige Reue beim vollendeten Delikt (§§ 306e, 314a StGB), Selbstbegünstigung i.R.d. Strafvereitelung (§ 258 Abs. 5 StGB), Strafvereitelung zugunsten eines Angehörigen (§ 258 Abs. 6 StGB)

5. Strafzumessung[4]

insb. Regelbeispiele (§ 243 StGB)

6. Strafverfolgungsvoraussetzungen[5]

ggf. Vorliegen eines Strafantrages (§§ 77 ff. StGB), Nichteintritt der Verjährung (§§ 78 ff. StGB)

II. Das versuchte Erfolgsdelikt

1. Fehlen der Vollendung

2. Strafbarkeit des Versuchs

3. Tatbestand

a) Tatentschluss

(1) Vorsatz bzgl. aller Merkmale des objektiven Tatbestands

(2) Sonstige subjektive Tatbestandsmerkmale

b) Unmittelbares Ansetzen

(P) Abgrenzung zur Vorbereitungshandlung

4. Rechtswidrigkeit

5. Schuld

6. Rücktritt vom Versuch, § 24 StGB

a) Kein fehlgeschlagener Versuch

b) Unterscheidung beendeter – unbeendeter Versuch

c) Erforderliches Rücktrittsverhalten (§ 24 Abs. 1 S. 1 StGB)
= Aufgabe der weiteren Ausführung der Tat (Alt. 1) beim unbeendeten Versuch

---

3 Ausführungen hierzu nur, wenn es dafür Anhaltspunkte im Sachverhalt gibt.

4 Ausführungen hierzu nur, wenn es dafür Anhaltspunkte im Sachverhalt gibt.

5 Ausführungen hierzu nur, wenn es dafür Anhaltspunkte im Sachverhalt gibt.

= Verhinderung der Tatvollendung (Alt. 2) bzw. Vollendungsverhinderungsbemühungen (§ 24 S. 2 StGB) beim beendeten Versuch

d) Freiwilligkeit

III. Das vollendete vorsätzliche unechte Unterlassungsdelikt

1. Tatbestand

a) Objektiver Tatbestand

(1) Eintritt des tatbestandsmäßigen Erfolges

(2) Unterlassen, verstanden als Nichtvornahme der objektiv gebotenen Rettungshandlung trotz physisch-realer Handlungsmöglichkeit

(3) Kausalität (»Quasikausalität«, auch »hypothetische Kausalität« genannt)

(4) Objektive Zurechnung des Erfolges

(5) Garantenstellung des Täters

Entfällt auch bei Unzumutbarkeit der Rettungshandlung (vgl. Rn. 1172 f.)

(6) Entsprechens-Erfordernis, § 13 StGB (nur bei verhaltensgebundenen Delikten)

b) Subjektiver Tatbestand

Vorsatz bzgl. aller objektiven Tatbestandsmerkmale einschließlich der Garantenstellung

2. Rechtswidrigkeit

Besonderer Rechtfertigungsgrund: rechtfertigende Pflichtenkollision

3. Schuld

U.U. Unzumutbarkeit normgemäßen Verhaltens (s. Rn. 1173)

IV. Das fahrlässige Erfolgsdelikt

1. Tatbestand

Achtung: Keine Trennung in objektiven und subjektiven Tatbestand!

a) Handlung, Erfolg, Kausalität

b) Objektive Fahrlässigkeit
= Objektive Sorgfaltspflichtverletzung und objektive Vorhersehbarkeit des Erfolgs

c) Objektive Zurechnung (insb. Pflichtwidrigkeitszusammenhang)

d) Zumutbarkeit sorgfaltgemäßen Verhaltens (Einordnung str.)

2. Rechtswidrigkeit

3. Schuld

a) Subjektive Fahrlässigkeit
= Individuelle Vorhersehbarkeit und individuelle Vermeidbarkeit des Erfolgs

b) Sonstige Schuldmerkmale

V. Besonderheiten der Mittäterschaft

Hinweise: Wenn einer von mehreren Tatbeteiligten alle Merkmale des objektiven Tatbestandes selbst verwirklicht, diesen isoliert vorab prüfen. Mittäterschaft ist nur bei dem Täter anzusprechen, bei dem Tathandlungen fehlen (Zurechnung über § 25 Abs. 2 StGB). Eine getrennte Prüfung erfolgt bei unterschiedlichen Tatbeiträgen.

a) Objektiver Tatbestand

(P) Tathandlung: A hat die Tathandlung nicht eigenhändig verwirklicht. Ihm könnte jedoch der Tatbeitrag des B über die Figur der Mittäterschaft nach § 25 Abs. 2 StGB zugerechnet werden. Voraussetzungen:

- Gemeinsamer Tatplan
- Gemeinsame Tatausführung

(P) Abgrenzung subjektive Theorie zur Tatherrschaftslehre

(P) Abgrenzung zur Teilnahme

b) Subjektiver Tatbestand

Achtung: Jeder Täter muss vorsätzlich handeln. Eine Zurechnung über § 25 Abs. 2 StGB ist nicht möglich!

Ggf. erforderliche zusätzliche subjektive Tatbestandsmerkmale (z.B. Zueignungs-/Bereicherungsabsicht) müssen ebenfalls immer in eigener Person vorliegen.

Im Übrigen wie oben bei Prüfungsschema I.

VI. Besonderheiten der mittelbaren Täterschaft

1. Tatnächsten prüfen und »Defekt« feststellen

z.B. kein Vorsatz, gerechtfertigt, entschuldigt → Werkzeug

2. Strafbarkeit des Hintermannes:

a) Objektiver Tatbestand

(P) H hat den Tatbestand nicht in eigener Person erfüllt. Ihm könnte aber das Handeln des W gemäß § 25 Abs. 1 Alt. 2 StGB zuzurechnen sein, wenn die Voraussetzungen der mittelbaren Täterschaft vorliegen. Dafür müsste B den A als Werkzeug benutzt haben und selbst kraft überlegenen Wissens die Tatherrschaft innegehabt haben (Abgrenzung subjektive Theorie zur Tatherrschaftslehre).

b) Subjektiver Tatbestand

= Vorsatz bezüglich aller objektiven Tatbestandsmerkmale, inklusive der Tatherrschaft

Im Übrigen wie oben bei Prüfungsschema I.

VII. Besonderheiten der Anstiftung und Beihilfe

1. Strafbarkeit des Haupttäters

2. Strafbarkeit des Beteiligten

a) Objektiver Tatbestand

(1) Vorsätzliche, rechtswidrige Haupttat eines anderen (Grundsatz der limitierten Akzessorietät)

(2) Bestimmen iSv § 26 StGB bzw. Hilfeleisten iSv § 27 StGB

b) Subjektiver Tatbestand (= Doppelter Anstifter- bzw. Gehilfenvorsatz)

(1) Vorsatz bezüglich der Haupttat

(2) Vorsatz bezüglich der eigenen Anstifter- bzw. Beihilfehandlung

c) Tatbestandsverschiebung / Akzessorietätslockerung, § 28 Abs. 2 StGB

Sachregister

Die Zahlenangaben beziehen sich auf die **Randnummern** des Buches. Hauptfundstellen sind durch Hervorhebung kenntlich gemacht.

aberratio ictus 435 ff.
– Abgrenzung error in persona 440 ff.
Abgrenzung aktives Tun/Unterlassen 1105, **1107 ff.**
– bei Fahrlässigkeitstaten 1110
– bei Vorsatztaten 1108 f.
Abgrenzung beendeter/unbeendeter Versuch 1282 ff.
Abgrenzung Täterschaft/Teilnahme 812 ff.
Abgrenzung Täterschaft/Teilnahme durch Unterlassen 1177 ff.
Abgrenzung untauglicher Versuch/Wahndelikt 1250, 1252 ff.
Abgrenzung Vorbereitung/Versuch 1193, 1203 ff.
Abschuss von Flugzeugen 775 ff.
– Rechtfertigung 776
– Übergesetzlicher entschuldigender Notstand 772 ff.
Absicht 377, 378 ff.
Abstiftung 1050
actio illicita in causa 563
actio libera in causa 702 ff.
– Ausnahmemodell 710
– Doppelvorsatz 706
– fahrlässige 712 ff.
– Tatbestandsmodell 710
– vorsätzliche 702 ff.
Adäquanztheorie 321, 330 (*s.a. Kausalitätstheorien*)
Affekt 299, **767**
– asthenischer 767
– hochgradiger 299
– sthenischer 767
agent provocateur 1055 ff.
Aggressiver Notstand (*s. Notstand*)
Akzessorietät 995 ff.
– Durchbrechung 1013 ff.
– limitierte 995 ff., 1009 ff.
– Lockerung 1011 f.
akzessorietätsorientierte Verursachungstheorie 985 ff.
Allgemeindelikte 226
Alternativvorsatz 403 f.
Amtsdelikte 227 ff.
Amtsträger 227 ff., 282
Analogieverbot 49, **78 ff.**, 566
– Begriffsbestimmung 78
– Grundgedanke 79
– teleologisch fehlerhafte Gesetzesauslegung 89 ff., 95
– teleologische Reduktion 89
– Wortlautschranke 80 ff., 96
Angemessenheitsklausel 602
animus auctoris 815 f. (*s.a. subjektive Theorie*)
animus socii 815 f. (*s.a. subjektive Theorie*)
Anstiftung 1033 ff.
– aberratio ictus beim Anstifter 1096 f.
– Abgrenzung zur Mittäterschaft 798
– Abstiften 1050
– agent provocateur 1055 ff.
– Anstifterhandlung 1033 ff.
– Anstiftervorsatz 1051 ff.
– Aufstiften 1046
– Beendigungsvorsatz 1059 ff.
– Bestimmen 1033 ff.
– Diebesfalle 1035 ff.
– durch Unterlassen 1184
– error in persona (Haupttäter) 1094 ff.
– Exzess des Haupttäters 1054
– geistiger Kontakt 1036 ff.
– Haupttat 1033
– Hochstiften 1046
– Irrtumsfragen 1092 ff.
– Kettenanstiftung 1098
– Kommunikation mit Haupttäter 1034 ff.
– omnimodo facturus 1042 ff.
– Strafdrohung 987 ff.
– Strafgrund 984 ff.
– Strafrahmen 794 ff.
– Tatentschluss 1034 ff.
– Übersteigerung des Tatentschlusses 1044 ff.

– Verhältnis zur mittelbaren Täterschaft 798
– versuchte 1042
– Vollendungsvorsatz 1056 ff.
– Vorsatz des Anstifters 1051 ff.
– Wesen 983 ff.
– zum unechten Unterlassungsdelikt 1189
– zum Versuch 997 ff., 1035 f.
– zur Tat anreizende Situation 1034
Antrag (*s. Strafantrag*)
Anwendbarkeit deutschen Strafrechts (*s. Strafanwendungsrecht*)
Äquivalenztheorie 306 ff., 312, 317 (*s.a. Kausalitätstheorien*)
Aufstiftung 1046
Augenblicksgefahr 589, 593
außertatbestandliches Handlungsziel 1289 ff.
Ausführungsstadium 969 ff.
Auslegung 8, **78 ff.**
– Grenze zur Analogie 80 ff.
– teleologische 8
autonome Motive 1294, 1300 ff.

Badewannen-Fall 817 ff.
Bandenboss 832, 934
Bärwurz-Fall 914, 1240
bedingter Vorsatz (*s. Eventualvorsatz*)
Bedingungstheorie (*s. Äquivalenztheorie*)
beendeter Versuch (*s.a. Versuch*)
– Definition 1285
– Rücktritt des Alleintäters 1308 ff.
– Rücktrittshorizont 1285 ff.
– Tatplantheorie 1288
Beendigung 1197 ff.
Beendigungsvorsatz 1055 ff.
Begehungsdelikt 214
Begleitwissen 407
Beihilfe 1069 ff.
– berufstypische Handlungen 1082 ff.
– Bestärken des Tatentschlusses 1073 ff.
– durch Unterlassen 1157 ff.
– Haupttat 1003
– Hilfeleisten (*s. Hilfeleisten*)
– Kausalität des Hilfeleistens 1078 ff.
– Kettenbeihilfe 1098
– neutrale Handlungen 1082 ff.
– physische 1071
– psychische 1072 ff.
– Rechtsrat 1072 ff., 1082
– sozialadäquate Handlungen 1082 ff.
– Strafgrund 994
– Strafmilderung 788
– Strafrahmen 788
– sukzessive 1197 ff.
– Ursächlichkeit der Beihilfehandlung 1078 ff.
– Verhältnis zur mittelbaren Täterschaft 890 ff.
– versuchte 785, 1078, 1201
– Vorsatz 1085 ff., **1091**
– Wesen 983
– zum unechten Unterlassungsdelikt 215, 1190
Bereicherungsabsicht 381
Beschützergarant 536, 1126a, 1127, **1132 ff.**
– aus enger familiärer Verbundenheit 1153 ff.
– aus enger Lebens- oder Gefahrengemeinschaft 1156
– aus Gesetz 1132 ff.
– Gastwirt 1160
– Ingerenz 1146 ff.
– vereinbarte tatsächliche Übernahme 1141 ff.
– Wohnungsinhaber 1157 ff.
Besitzwehr/-kehr 639
Besonderes persönliches Merkmal (*s. Merkmal*)
Besonders schwerer Fall 195 ff.
Bestimmen (Anstiftung) 1033 ff.
Bestimmtheitsgebot 49, 102 ff., 128
– Generalklauseln 104 ff.
– Vermögensstrafe 106, 173
Beteiligung 781 ff.
– am Unterlassungsdelikt 1157 ff.
– differenzierendes Beteiligungssystem 783 ff.
– dualistisches Beteiligungssystem 783 ff.
– durch Unterlassen 1184
– Terminologie 783
Beurteilungsspielraum des Gesetzgebers 16 f.
Bindungswirkung des BVerfG 82
Blankettstrafgesetze 128
Blutbad-Argument 1096

Chantage 565
conditio sine qua non-Formel
(*s. Äquivalenztheorie*)

Dauerdelikte 225, 495
Dauergefahr 492, 591 ff.
Defensivnotstand (*s. Notstand*)
delictum sui generis 232, 236
Deliktsaufbau 255 ff.
– dreistufiger Aufbau **255 ff.**
– zweistufiger Aufbau 268 ff.
Denkzettel-Fälle 1289 ff.
deskriptive Tatbestandsmerkmale 414
Diebesfalle 1035 f., 1056 ff.
Dienstbefehl 683, 770
DIN-Normen 1350
direkter Vorsatz (*s. dolus directus*)
dolus 373 ff.
– alternativus 403 f.
– directus 377, 383 ff.
– eventualis (*s. Eventualvorsatz*)
– generalis 428
Doppelirrtum 746
doppelter Anstiftervorsatz 1055 ff.

Eigenhändige Delikte 230
Eigenständiges Delikt
(*s. delictum sui generis*)
Eindruckstheorie **1204 ff.**, 1251
Einheit der Rechtsordnung 94, 448 ff.
Einheitstäterbegriff 781 ff.
– bei Fahrlässigkeitsdelikten 786
– im Ordnungswidrigkeitenrecht 781
– Kritik 784 f.
Einverständnis, tatbestands-
ausschließendes 655 ff.
Einwilligung 53, **655 ff.**
– ärztlicher Heileingriff 666 f., 682
– hypothetische 682
– mutmaßliche 453, 677 ff.
– Voraussetzungen 663 ff.
Einwilligungsfähigkeit 660 ff.
Einwilligungslehre/-lösung 363
Einwirkungstheorie, modifizierte
(*s. mittelbare Täterschaft*)
Einwirkungstheorien
(*s. mittelbare Täterschaft*)
Einzelaktstheorie 1275 ff.
Entschuldigender Notstand 537, 748 ff.
– besonderes Rechtsverhältnis 759
– Erforderlichkeit 751
– geschützte Rechtsgüter 750
– Haustyrannenmord 627
– Notstandshilfe 756
– Notstandslage 750
– Putativnotstand 762
– Rettungswille 763
– übergesetzlicher entschuldigender
Notstand 772 ff.
– Verursachung der Gefahr durch den
Täter 755 ff.
– Zumutbarkeit 753 f., 760 f.
Entschuldigungsgründe 748 ff.
– Entschuldigender Notstand
(*s. dort*)
– Notwehrexzess (*s. dort*)
– teleologische Reduktion 91 ff.
– übergesetzlicher entschuldigender
Notstand 772 ff.
Entsprechensklausel **1129 ff.**
Erfolgsdelikte 218, 281
– kupierte 220
– unechte Unterlassungsdelikte 1121
Erfolgsqualifizierte Delikte 204 ff.,
1368 ff.
– erfolgsqualifizierter Versuch 1375
– gefahrspezifischer Zurechnungszusam-
menhang 1369 f.
– Grunddelikt 204 ff.
– Mittäterschaft **941 ff.**, 1379
– Teilnahme 1377 f.
– Versuch der Erfolgsqualifi-
kation 1371 ff.
Erfolgsunwert 281, 458, 479 ff.
Erforderlichkeit 503 ff., 594 ff.
Erkundigungspflicht 727 ff.
Erlaubnisirrtum 547, 718 ff.
Erlaubnissätze
(*s. Rechtfertigungsgründe*)
Erlaubnistatbestandsirrtum 473, 574,
731 ff.
– Aufbauhinweise 747
– Behandlung 731, 736 ff.
– Teilnahmeproblematik 742, **745**, 1007
– Voraussetzungen 734 ff.
Erlaubtes Risiko 334
Error in persona/in objecto 31 ff.
– Abgrenzung aberratio ictus 440 ff.
– beim Anstifter 434
– beim Haupttäter 1094 ff.

– beim Mittäter 949 ff., 1095
– beim Werkzeug 937
– Konsequenzen für Mittäter/ Anstifter 949 ff., 1094 ff.
Europarecht 113 ff.
– Anwendungsvorrang 119
– Europäische Gemeinschaften 113 ff.
– Europäische Union 113 ff.
– Polizeiliche und justitielle Zusammenarbeit in Strafsachen 113 ff.
– primäres Unionsrecht 117
– Rahmenbeschluss 114
– sekundäres Unionsrecht 118
– Strafgewalt der EU 120 ff.
Euthanasie (*s. Sterbehife*)
Eventualvorsatz 377, 386 ff.
– Abgrenzung bewusste Fahrlässigkeit 386 ff.
– beim Versuch 1212
– Einwilligungs- bzw. Billigungstheorie 387 ff.
– Gleichgültigkeitstheorie 393
– Möglichkeitstheorie 393
– Wahrscheinlichkeitstheorie 393
Exkulpationsregeln 362
Exzess 946 ff., 1054
– des Haupttäters 1054
– eines Mittäters 946 ff.

Fahrlässigkeit 1337 ff.
– Abgrenzung Eventualvorsatz / Fahrlässigkeit 386 ff.
– Abgrenzung Tun/Unterlassen 1110
– bewusste 386 ff.
– Fahrlässigkeitsstrafbarkeit bei fahrlässiger Notwehrprovokation 560, 563
– grobe 202, 1337
– Leichtfertigkeit 202, 1337
– Leitbild 1345 f.
– Mittäterschaft 1342
– objektive 1343 ff.
– objektive Vorhersehbarkeit des Erfolges 1343, 1345, 1353
– Pflichtwidrigkeitszusammenhang 1354 ff.
– Sonderfähigkeiten 1349
– Sonderkenntnisse 1349
– Sorgfalt, objektiv gebotene 1343 ff.
– Sorgfaltsmaßstab 1345 ff.
– Sorgfaltspflichtverletzung 1350 ff.
– Standard 1345 f.
– subjektive 1345 ff., 1365 ff.
– Tatbestand 1342 ff.
– Übernahmeverschulden 1366 f.
– unbewusste 1337
– Unzumutbarkeit 1352
Fahrlässigkeitsschuld 1339 ff.
fehlgeschlagener Versuch 1271 ff.
Festnahmerecht 640 ff.
– Mittel der Festnahme 651 ff.
Folter 573 ff.
formal-objektive Theorie 825 f.
Frank'sche Formel 1300 ff.
Freiheitsstrafe 169 f.
freiverantwortliche Selbstgefährdung 356 ff.
– analoge Anwendung der Exkulpationsregeln 362
– Einwilligungslehre 363, 675
– Straflosigkeit der Beteiligung 359 ff.
– Tod des Retters 365 ff.
– Verfolgerfälle 351, 368
Freiwilligkeit des Rücktritts 1300 ff.
– autonome Motive 1302
– heteronome Motive 1303 ff.
– Verbrechervernunft 1306
Fremdgefährdung, einverständliche 369 ff., 671 ff.
funktionale Tatherrschaft 832 f., 1186
– bei Mittäterschaft 969 ff.
– im engeren Sinne 833
– im weiteren Sinne 832

Garantenposition (*s. Garantenstellung*)
Garantenstellung 215, 1101, 1103, **1127 ff., 1132 ff.**
– Analogieverbot 1170
– Beschützergarant (*s. dort*)
– Bestimmtheitsgebot 1170 (*s.a. dort*)
– Ehegatten 1132, 1165
– elterliche Sorge 1132, 1162 f., 1165
– enge familiäre Verbundenheit 1153 ff.
– enge Lebens-/Gefahrengemeinschaft 1156
– Gastwirt 1160
– Ingerenz 1146 ff., 1167
– Lehrer 1161, 1166
– Polizeibeamte und Staatsanwälte 1133 ff., 1164

– Produkthaftung 1168
– Überwachungsgarant 1162 ff.
– unbewusste (*s. Gebotsirrtum*)
– Unzumutbarkeit 1171 ff.
– vereinbarte tatsächliche Übernahme/ Vertrag 1141 ff., 1166
– Verkehrssicherungspflichten 1169
– Wohnungsinhaber 1157 ff.
Gebotsirrtum 1175
Geeignetheit 508 ff.
Gefährdungsdelikte 222 ff.
– abstrakte 225, 243
– konkrete 222 ff., 243
Gefahrengemeinschaft 1156
gefahrspezifischer Zurechnungszusammenhang 1369 f.
Gefahrtragungspflicht 610
Gehilfe (*s. Beihilfe*)
geistiger Kontakt 1036, **1037 ff.**
Geldstrafe 171 f.
gemischt subjektiv-objektive Tatbestandsmerkmale 376
Generalklausel (*s. Bestimmtheitsgebot*)
Generalprävention 139 ff.
– negative 139 f.
– positive 141
Genugtuungsinteresse des Opfers 159
Gesamtbetrachtungslehre 1275 ff.
Gesamtlösung 1238 ff.
– bei Mittäterschaft 1241
– bei mittelbarer Täterschaft 1238 f. (*s.a. mittelbare Täterschaft, Versuchsbeginn*)
Gesetzeskonkurrenz 1381, 1388 ff.
Gesetzeskorrektur (*s. Rechtsfortbildung contra legem*)
Gestaltungsherrschaft 976
Gewissensanspannung 724 ff.
Gewissenstäter 722
Gewohnheitsrecht 453
– Verbot strafbegründenden und strafschärfenden Gewohnheitsrechts 98 ff.
Giftfalle 914, 1240
Gnadenschuss-Fall 354
Grunddelikt 204 ff. (*s.a. Erfolgsqualifizierte Delikte*)
Grundrechte 38 ff., 163
Grundsatz der Verhältnismäßigkeit (*s. Verhältnismäßigkeit*)
Gubener Verfolgungsjagd 351
Handeln auf dienstliche Weisung 683, 770
Handeln auf eigene Gefahr 334, 355 ff.
Handlung 283 ff., 409
– Begriff 285 ff.
– Nichthandlung 293, 295 ff.
– vis absoluta 283, 295
– vis compulsiva 295
Handlungsherrschaft 871 ff.
Handlungslehren 287 ff.
– finale Handlungslehre 289
– kausale Handlungslehre 288
– negativer Handlungsbegriff 291
– personaler Handlungsbegriff 292
– soziale Handlungstheorie 290
Handlungsobjekt 10
Handlungspflicht 1251
Handlungsunwert 281, 458, 479 ff.
Hauptstrafen (*s. Kriminalstrafen*)
Haupttat 995 ff.
– Förderung 1071 ff.
– Konkretisierung **1053 ff.**, 1091
– vorsätzliche 1002 ff.
Haupttäter (*s. Akzessorietät*)
Haustyrannenmord 627
Heimtücke 628 f.
Hemmschwellentheorie 389
Hilfeleisten (Beihilfe) 1070 ff.
– Kausalität 1078 ff.
– konkludentes 1077
Hintermann (*s. mittelbare Täterschaft*)
Hoferben-Fall 1096
hypothetische Kausalität 1123 ff.
hypothetische Reserveursachen 309 ff.

Indemnität 163, 779
In dubio pro reo 1397 ff.
Ingerenz 1146 ff., 1167
Interessenabwägung 500, 602 ff.
Irrtum
– Doppelirrtum 746
– Erlaubnisirrtum 574, 718 ff.
– Erlaubnistatbestandsirrtum (*s. dort*)
– Subsumtionsirrtum 419
– Tatbestandsirrtum 413 ff.
– über das Tatobjekt (*s. error in persona / in objecto*)
– über den Kausalverlauf 425 ff.
– über die Strafbarkeit 1250
– Verbotsirrtum 714 ff.

Jugendstrafrecht 164, 693

Katzenkönig-Fall 874, **924 ff.**, 930 f.
Kausalität 302 ff.
– alternative 316 ff.
– bei Gremienentscheidungen 322 ff.
– conditio sine qua non 307 ff.
– Doppelkausalität (*s. alternative*)
– generelle 322
– hypothetische 1123 ff.
– Kausalitätstheorien (*s. dort*)
– Kausalverlauf (*s. dort*)
– kumulative 315
– Lederspray-Fall 322
– überholte/überholende 312 ff.
Kausalitätstheorien 306 ff.
– Adäquanztheorie 321, 330
– Äquivalenztheorie 306 ff., 312, 317
– Lehre von der gesetzmäßigen Bedingung 320
– Relevanztheorie 321, 330 f.
Kausalverlauf 114
– Abbruch bei überholter Kausalität 313
– Abweichung vom vorgestellten 426
– atypischer 339, 342, 346
– (mangelnde) Beherrschbarkeit 334
– Eingreifen Dritter 353 f.
– Irrtum über den Kausalverlauf 425 ff.
– rettender Kausalverlauf 311
– (mangelnde) Vorhersehbarkeit 334, 342
Kettenteilnahme 1098 ff.
Koinzidenzprinzip 405 f.
Kollisionsrecht 240
Konkurrenzen 1380 ff.
– Absorptionsprinzip 1394
– Asperationsprinzip 1395
– Gesetzeskonkurrenz 1381, 1388 ff.
– Handlung im juristischen Sinn 1384 ff.
– Handlung im natürlichen Sinn 1383
– Handlungseinheit 1383 ff.
– Handlungsmehrheit 1387
– Idealkonkurrenz 1394
– iterative Tatbestandsverwirklichung 1385
– Konsumtion 1391
– mitbestrafte Nachtat 1392
– mitbestrafte Vortat 1392
– natürliche Handlungseinheit 1386
– Realkonkurrenz 1395
– Spezialität 1389
– Subsidiarität 1390
– sukzessive Tatbestandsverwirklichung 1385
– tatbestandliche Handlungseinheit 1385
– Tateinheit 1394
– Tatmehrheit 1395
– unechte Konkurrenzen 1381, 1388 ff.
korrigierter Rücktrittshorizont 1287
Kriminalisierungsgebote 23 ff.
– europarechtliche 29
– Gestaltungsspielraum Gesetzgeber 23
– verfassungsrechtliche 15, 24 ff.
– völkerrechtliche 29
Kriminalstrafen 4, 32, **168 ff.**
– Fahrverbot 174
– Freiheitsstrafe (*s. dort*)
– Geldstrafe (*s. dort*)
– Hauptstrafen 169 ff.
– Nebenstrafen 174
– Vermögensstrafe (*s. dort*)

Lederriemen-Fall 387 ff.
Lederspray-Fall 322
Lehre von den negativen Tatbestandsmerkmalen 268 ff., 737
Lehre von der fehlenden Vorsatzschuld 719, **742 ff.** (*s.a. Erlaubnistatbestandsirrtum*)
Lehre von der gesetzmäßigen Bedingung 320 (*s.a. Kausalitätstheorien*)
Leichtfertigkeit 209, **1337**
Letalitätstheorie 1375
lex-mitior-Klausel 56 ff.
lex specialis 1372, 1389
limitierte Akzessorietät (*s. Akzessorietät*)
Lockspitzel 1055 ff.
Luftsicherheitsgesetz 775 ff.

Mafia 932 ff., 934 (*s.a. mittelbare Täterschaft*)
Maßregeln der Besserung und Sicherung 182 ff.
materiell-objektive Theorie 825 ff., **827 ff.**
Mauerschützen-Fälle 76, 871, 929, **932 ff.**
Merkmale 1009 ff.
– besondere persönliche 228, 1012, **1016 ff.**

– Mordmerkmale 1022 ff.
– Sonderdelikte 1021
– strafausschließende 779
– strafbegründende 228, 1009 ff., **1021 ff.**
– strafmildernde 1013 ff.
– strafschärfende 1013 ff., **1021 ff.**
– tatbezogene 1018 ff.
– täterbezogene 227, **1017 ff.**
Mignonette-Fall 91
minder schwere Fälle 195 f.
Mindeststrafe 194 ff.
Mitbewusstsein 407
Mitherrschaft (*s. funktionale Tatherschaft*)
Mittäterschaft 803 ff., **941 ff.**
– Abgrenzung Nebentäterschaft 943 ff.
– additive 808
– arbeitsteiliges Zusammenwirken 969 ff.
– bei Fahrlässigkeitstaten 1342
– durch Unterlassen 1186 ff.
– error in persona eines Mittäters 949 ff.
– Exzess eines Mittäters 946 ff.
– gemeinsamer Tatentschluss 943 ff.
– gemeinsamer Tatplan 943 ff.
– gemeinschaftliche Begehung 809, **969 ff.**, 1191
– partielle 948
– Scheinmittäterschaft 1242
– sukzessive 1197 ff.
– Tatbeitrag 969 ff.
– Tatherrschaft 810
– vermeintliche 1242
– Versuchsbeginn 1241 f.
– Vorbereitung 976 f.
mittelbare Täterschaft 801 f., **873 ff.**
– bei Banden 934
– durch Unterlassen 1185
– Einwirkungstheorie, modifizierte 1237, 1239
– Einwirkungstheorien 1236 f., 1239
– Einzellösung (*s. Einwirkungstheorien*)
– Gesamtlösung 1238 f.
– Hintermann 890 ff.
– Katzenkönig-Fall 874, **924 ff.**, 930 f.
– Konstellationen 890 ff.
– mafiaähnlich organisiertes Verbrechen 934
– NS- und SED-Verbrechen 929, 932 f.
– partielle 890 ff.
– Schreibtischtäter 932 ff.
– Straftaten in Großunternehmen 934
– Täter hinter dem Täter (*s. dort*)
– Tatmittler (*s. Werkzeug*)
– Teilnahme am unfreien Suizid als mittelbare Täterschaft 905 ff.
– Terminologie 873
– Verantwortungsprinzip 875 ff.
– Verhältnis zur Anstiftung 885
– Versuchsbeginn 1235 ff.
– Vorsatz 890 ff.
– Werkzeug (*s. dort*)
Moral und Sittlichkeit 11
Mord 1022 ff.
Mordmerkmale 375, 410, 1017 f., 1022 ff.
Motivirrtum (*s. error in persona*)
mutmaßliche Einwilligung (*s. Einwilligung*)

„Ne bis in idem" 251
Nebenfolgen 173, 383 ff.
Nebenstrafen (*s. Kriminalstrafen*)
Nebenstrafrecht 34
Nebentäterschaft 943 ff., 982
neutrale Handlungen 1082 ff.
Nicht-Handlungen 287, 294 f., 299
normative Tatbestandsmerkmale 414
Nothilfe 475, 497, **568 ff.**
Nötigungsnotstand 612 ff.
Notstand 575 ff.
– aggressiver 580 ff.
– Defensivnotstand 578 f., 620 ff.
– entschuldigender (*s. Entschuldigender Notstand*)
– rechtfertigender (*s. Rechtfertigender Notstand*)
– Solidaritätsprinzip 580, 587
– übergesetzlicher entschuldigender 772 ff.
Notstand, entschuldigender (*s. Entschuldigender Notstand*)
Notstand, rechtfertigender (*s. Rechtfertigender Notstand*)
Notwehr 470 ff.
– Abwehrprovokation 564
– Angriff 473 ff.
– automatisierte Gegenwehr 527
– Chantage 565
– Erforderlichkeit 503 ff., 515

– Gebotenheit 506, 528 ff.
– Geeignetheit 503, 508 ff.
– Gegenwärtigkeit des Angriffs 485 ff.
– geschützte Rechtsgüter (*s. Notwehrlage*)
– mildestes Mittel 503, 511 ff.
– naturrechtlicher Rang 470
– Nothilfe 475, 497, **567 ff.**
– Notwehrlage **473 ff.**
– Präventivnotwehr 488, 624
– Provokation 553 ff.
– Putativnotwehr 473, 537, 732
– Rechtsgrund 470
– Rechtswidrigkeit des Angriffs 477 ff.
– Sachgüter (*s. Sachgüternotwehr*)
– Schweigegelderpressung 565
– sozialethische Schranken 506, 528 ff.
– Subsidiarität 524
notwehrähnliche Lage (*s. Präventivnotwehr*)
Notwehrexzess 537, **764 ff.**
– Affekte, asthenische 767
– Affekte, sthenische 767
– bewusster 768
– extensiver 765
– intensiver 766
– provozierter 769
– Putativnotwehrexzess 769
– unbewusster 768
Notwehrprovokation 553 ff.
– Fahrlässigkeitsstrafbarkeit 560, 563
notwendige Teilnahme 1031 f.
NS-Verbrechen 64 ff., 75 ff., 772 ff., 932 ff.
nulla poena sine culpa 108 ff., 687
nulla poena sine lege 38 ff., 263
– Entwicklungsgeschichte 41 ff.
– im Strafprozessrecht 64 ff.
– nullum crimen sine lege 50
nullum crimen sine lege (*s. nulla poena sine lege*)

objektive Bedingung der Strafbarkeit 372
objektive Zurechnung 325 ff.
– atypische Opferkonstitution 346
– Eingreifen Dritter 353 f.
– fehlende objektive Vorhersehbarkeit des Erfolgseintritts und/oder des Kausalverlaufs 334, 342, 346
– Folgeschäden 352
– freiverantwortliche Selbstgefährdung (*s. dort*)
– Handeln des Opfers auf eigene Gefahr 334, 355 ff.
– mangelnde Beherrschbarkeit des Kausalverlaufs 325, 334
– Risikozusammenhang 343
– unvernünftiges/selbstgefährdendes Opferverhalten 347 ff.
Offizialdelikte 237
omnimodo facturus 1042 ff.
Ordnungswidrigkeiten 20 ff.
Organisationsherrschaft 932 ff. (*s.a. mittelbare Täterschaft*)
organisiertes Verbrechen, mafiaähnlich 932 ff., 934 (*s.a. mittelbare Täterschaft*)

Parallelwertung Laiensphäre 415 ff.
partielle Mittäterschaft 948
Patientenverfügung 1111 ff., **1118** (*s.a. Sterbehilfe*)
Pflichtdelikte 227
Pflichtenkollision, rechtfertigende 453, **630 ff.**
Pflichtwidrigkeit (*s. Sorgfaltspflichtverletzung*)
Pflichtwidrigkeitszusammenhang 329, 1354 f.
physische Beihilfe (*s. Beihilfe*)
Postpendenz 1407
Präjudizienbindung 165
Präventivnotwehr 488, 624
Privilegierung 223 ff.
Produkthaftung 1168
psychische Beihilfe (*s. Beihilfe*)
Putativnotstand 762
Putativnotwehr 473, 537, 732
Putativnotwehrexzess 769

Qualifikation 223 ff.
qualifizierter Versuch 1299

Randfigur 1079, 1091
ratio legis 8 (*s.a. Rechtsgüterschutz*)
Rechtfertigender Notstand 575 ff.
– Angemessenheitsklausel 602
– Dauergefahr 492, 591 ff.
– Erforderlichkeit 594 ff.
– Gefahrtragungspflicht 610

– gegenwärtige Gefahr 492, 589 ff.
– geschützte Rechtsgüter 588 ff.
– Interessenabwägung 602 ff.
– Nötigungsnotstand 612 ff.
– Notstandslage 588 ff.
– Polizeischutz 600
– Rechtsgüter, notstandsfähige 588
Rechtfertigungsgründe 448 ff.
– Einheit der Rechtsordnung 94, 448 ff.
Rechtsfindung contra legem 1212
Rechtsfindung praeter legem 585
Rechtsfolgen 167 ff.
– Kriminalstrafen (*s. dort*)
– Maßregeln der Besserung und Sicherung (*s. dort*)
– Nebenfolgen (*s. dort*)
– Nebenstrafe (*s. Kriminalstrafen*)
Rechtsgut 6 ff.
– der Allgemeinheit 6
– des Einzelnen 6
– geschütztes bei Notwehr (*s. Notwehr*)
– geschütztes bei rechtfertigendem Notstand (*s. rechtsfertigender Notstand,*)
– geschütztes bei entschuldigendem Notstand (*s. entschuldigender Notstand*)
– Rechtsgüterschutz (*s. dort*)
Rechtsgüterschutz 5 ff., 588
– Auslegung 6 ff.
– Subsidiarität 16
Rechtsquellen 160 ff.
Rechtssicherheit 96
Rechtsstaatsprinzip 38 ff., 52 ff., 66 ff., 79, 98, 104, 108
Rechtswidrigkeit 447 ff.
– Definition 477
– Funktion 262, 447
– und Vorsatz 411
Regelbeispiele 198
Regressverbot 343 Fn. 141 (*s.a. objektive Zurechnung, Eingreifen Dritter*)
Relevanztheorie 321, 330 f. (*s.a. Kausalitätstheorien*)
Retter-Fälle 365 ff.
Richterliche Rechtsfortbildung
– contra legem 478
– praeter legem 585
Richterrecht 165
Risikoerhöhungslehre 1125, 1359 f.
Risikozusammenhang 342, 345, 349
Rose-Rosahl-Fall 431
Rücktritt vom Versuch 1256 ff.
– Alleintäterschaft 1295 ff.
– Aufgabe der Tat 1282, 1292 ff., 1295 ff.
– außertatbestandliches Handlungsziel 1289 ff.
– beendeter Versuch 1308 ff.
– Beteiligung mehrerer 1321 ff.
– Denkzettel-Fälle 1289 ff.
– Einheitstheorie 1261
– Einzelaktstheorie 1275 ff.
– erfolgsqualifiziertes Delikt 1374, 1376
– fehlgeschlagener Versuch 1271 ff.
– Frank'sche Formel 1300 ff.
– Freiwilligkeit 1300 ff.
– Gesamtbetrachtungslehre 1275 ff.
– misslungener Rücktritt 1265 ff.
– Mittäterschaft 1330
– mittelbare Täterschaft 1329
– ratio legis/Rechtsgrund 1256 ff.
– Rechtsnatur 1263 f.
– Rettungswille 1308
– Rücktrittshorizont 1285 ff.
– Teilrücktritt 1299
– unbeendeter Versuch 1282 ff.
– unechtes Unterlassungsdelikt 1319 f.
– Unternehmensdelikte 1281a
– Verhinderung der Vollendung 1308 ff.
– Versuch der Beteiligung 1334 f.
– Wirkungen 1333
Rückwirkungsgebot (*s. lex mitior-Klausel*)
Rückwirkungsverbot 38 ff.
– Änderung höchstrichterlicher Judikatur 72 ff.
– echte Rückwirkung 66 f.
– ehemalige DDR 64, 75 f.
– Maßregeln 70 f.
– Nazi-Diktatur 64, 75
– strafbegründende Rückwirkung 54
– Strafprozessrecht 66 ff.
– strafschärfende Rückwirkung 55
– Verjährung 68

Sachgüternotwehr 549 ff.
– EMRK 549 ff.
Scheinmittäterschaft 1242
Schreibtischtäter 932 ff.

Schuld 687 ff.
– Begriff (*s. Schuldbegriff*)
– Entschuldigungsgründe (*s. dort*)
– Fahrlässigkeitsschuld 691 f.
– Funktion 263 ff., 687
– nulla poena sine culpa 108 ff., 687
– Schuldausschließungsgründe (*s. dort*)
– spezielle Schuldmerkmale 375
– Vorsatzschuld 691 f.
– Vorwerfbarkeit (*s. Schuldbegriff, normativer*)
Schuldausgleich **146 ff.**, 151, 154 ff., 687 (*s.a. Straftheorien*)
Schuldausschließungsgründe 693 ff.
– Erlaubnistatbestandsirrtum 473, 547, **731 ff.**
– Schuldunfähigkeit (*s. dort*)
– Verbotsirrtum 714 ff.
Schuldbegriff 687 ff.
– normativer 266, 689
– psychologischer 688
Schuldfähigkeit 693 ff.
– von Jugendlichen 693b
– von Kindern 693a
– wegen seelischer Störungen 694 ff.
– verminderte 701, 716
– vorsätzliche Selbstverursachung (*s. actio libera in causa*)
Schuldmerkmale, spezielle 375
Schuldprinzip 108 ff., 687
Schuldteilnahmetheorie 991 ff. (*s.a. Teilnahme, Strafgrund*)
Schuldtheorie 738 ff.
– eingeschränkte 740 f., 744
– rechtsfolgeneinschränkende 742 f.
– strenge 738 f. (*s.a. mittelbare Täterschaft*)
Schutzwehr 518, 533, 558
Schutzzweck der Norm 339, 344 f.
Schweigegelderpressung 565
SED-Verbrechen 932 ff. (*s.a. mittelbare Täterschaft*)
Selbstanzeige, strafbefreiende 1030
Selbstgefährdung, freiverantwortliche (*s. freiverantwortliche Selbstgefährdung*)
Selbsthilferecht 630 ff.
– Sonderfälle 639
Selbstmord (*s. Suizid*)
Selbstschutzanlagen 527
Sinn und Zweck der Strafe (*s. Straftheorien*)
Sirius-Fall 874, **911 f.**
Solidaritätsprinzip 580, 587
Sonderdelikte 227 ff., 282
– echte 228
– Täterqualifikation 227, 231, 282, 867 ff.
– unechte 229
Sorgfalt, objektiv gebotene 1343 ff.
Sorgfaltsmaßstab 1345 ff.
Sorgfaltspflichtverletzung 1350 ff.
Sozialadäquanz 1082 ff. (*s.a. Beihilfe*)
Sozialkontrolle 2 ff.
– außerrechtliche 2
– rechtliche 3 f.
Spezialprävention 142 ff.
Staschynskij-Fall 821 ff., 845 f., 871, 932
Sterbehilfe 772, **1111 ff.**
– aktive 1114, 1116 f.
– passive 1113 ff.
– Patientenverfügung 1118 ff.
Strafantrag 237
Strafanwendungsrecht 238 ff.
– Erfolgsort 243
– Flaggenprinzip 245
– Handlungsort 242
– Kollisionsrecht 240
– Personalitätsprinzip 248
– Staatsschutzprinzip 247
– Tatort beim Teilnehmer 244
– Territorialitätsprinzip 241
– Weltrechtsprinzip 246
Strafaufhebungsgründe, persönliche 780
Strafausschließungsgründe, persönliche 779
Strafbedürfnis/-würdigkeit 17 (*s.a. Subsidiarität des Strafrechts*)
Strafdrohung 176
Strafgrund
– Anstiftung 984 ff.
– Beihilfe 994
– Versuch 1201 ff.
Strafmilderung 223 ff.
Strafmündigkeit 693
Strafrahmen 176
– Anstiftung (*s. Anstiftung*)
– Beihilfe (*s. Beihilfe*)

Strafrecht
– Allgemeiner Teil 32
– Anwendbarkeit deutschen Strafrechts (*s. Strafanwendungsrecht*)
– Besonderer Teil 33
– formelles 31, 35
– materielles 30 ff.
Strafschärfung 223 ff.
Straftheorien 132 ff.
– absolute 132 ff.
– negative Generalprävention 139 f., 155
– Prävention 138 ff.
– positive Generalprävention 141, 155
– relative 138 ff.
– Spezialprävention 142 ff., 156
– Vereinigungslehren 146 ff.
– vergeltende Vereinigungstheorie 146, 153 ff.
– Vergeltungslehre 132 ff.
Strafwürdigkeit 17 (*s.a. Subsidiarität des Strafrechts*)
Strafzumessung 145, 172, 177
Strafzweck (*s. Straftheorien*)
subjektive Theorie 814 ff., 1180
– animus auctoris 815 f.
– animus socii 815 f.
– Badewannen-Fall 817 ff.
– extrem 817 ff.
– Kritik 824, **845 ff.**
– Staschynskij-Fall 821 ff., **845 f.**, **871**, **932**
– Täterwille 815 f.
– Tatinteresse 816, 836, 850
– Teilnehmerwille 815 f.
– Umfang der Tatbeteiligung 835, 838
– Wille zur Tatherrschaft 816, 837
Subjektiver Tatbestand (*s. Vorsatz*)
Subjektives Rechtfertigungselement 454 ff., 567, 619
– Fehlen des subjektiven Rechtfertigungselementes 454 ff., 465 ff.
– Motivbündel 464
– Versuchslösung 468
– Vollendungslösung 436, 467
Subsidiarität des Strafrechts 1 ff., 125 (*s.a. Verhältnismäßigkeit*)
Subsumtionsirrtum 419
Suizid 356 ff.
– freiverantwortlicher 356 ff.
– mittelbare Täterschaft 905 ff.
– Teilnahme 356 ff., 1001
– unfreier 362 ff.
sukzessive Beihilfe 1197 ff.
sukzessive Mittäterschaft 954 ff.
– nach Vollendung der Straftat 963 ff.
– vor Vollendung der Straftat 955 ff.

Tatbegehung
– eigenhändige 230 ff.
– gemeinschaftliche (*s. Mittäterschaft*)
Tatbeitrag
– Anstiftung 1033 ff.
– bei der Mittäterschaft 969 ff.
– Beihilfe (*s. Hilfeleisten*)
Tatbestand 280 ff.
– Funktion 260
– objektiver 280 ff.
– subjektiver **373 ff.**, 410
tatbestandsausschließendes Einverständnis 655 ff.
Tatbestandsirrtum 413 ff.
Tatbestandsmerkmale
– deskriptive 414
– gemischt subjektiv-objektive 376
– negative 268 ff.
– normative 414
– objektive 281 ff.
– subjektive 375, 381, 410
Tatbestandsverschiebung 1010
tatbezogene Merkmale (*s. Merkmale*)
Tateinheit 1394 (*s.a. Konkurrenzen*)
Tatentschluss
– Abschwächen (*s. Abstiftung*)
– bei der Anstiftung 1034 ff.
– bei der Beihilfe 1985 f.
– bei der Mittäterschaft 943 ff.
– beim Versuch 1193, **1207 ff.**
– gemeinsamer 943 ff.
– mit Rücktrittsvorbehalt 1210 f.
Täter 781 ff.
– Mittäter (*s. Mittäterschaft*)
– mittelbarer (*s. mittelbare Täterschaft*)
– Nebentäter (*s. Nebentäterschaft*)
– unmittelbarer (*s. unmittelbare Täterschaft*)
– Täterbegriff (*s. dort*)
Täter hinter dem Täter 923 ff.
– Ausnutzen eines im vermeidbaren Verbotsirrtum Handelnden 924 ff.
– error in persona 937

– Großunternehmen 932 ff.
– Kritik 939 f.
– mafiaähnlich organisiertes Verbrechen 934 f.
– NS- und SED-Verbrechen 932 ff.
– Täuschung über den quantitativen Unrechts- und Schuldumfang 938
– verminderte Schuld des Werkzeugs 938
Täterbegriff 781 ff.
– extensiver 787 ff.
– restriktiver 791 ff.
täterbezogene Merkmale (*s. Merkmale*)
Täterqualifikation 227 ff., 282 (*s.a. Merkmale*)
Täterschaft 781 ff.
– durch Unterlassen (*s. Unterlassen*)
– Erscheinungsformen 871 ff.
– Mittäterschaft (*s. dort*)
– mittelbare (*s. dort*)
– Nebentäterschaft **982**, 943 ff.
– Täterwille als Kriterium der Tatherrschaft (*s. subjektive Theorie*)
– Tatherrschaft (*s. dort*)
– unmittelbare 871 f.
Täterschaft und Teilnahme durch Unterlassen (*s. Unterlassen*)
Tatherrschaft 800 ff., 1179
– Definition 829
– faktische 887 ff.
– funktionale (*s.a. dort*)
– Handlungsherrschaft 830
– normative 810
– Willensherrschaft 831
Tatherrschaftslehre 825 ff.
– formal-objektive Theorie 825 f.
– im engeren Sinne 833
– im weiteren Sinne 832
– materiell-objektive Theorie 827 ff.
Tätige Reue 1336
Tätigkeitsdelikte 219, 224
Tatmehrheit 1395
Tatmittler (*s. Werkzeug*)
Tatplan, gemeinsamer (*s. Mittäterschaft*)
Tatsachenkenntnis 413, 420
Tatsubjekt 282
Teilnahme 983 ff.
– Akzessorietät (*s. dort*)
– am erfolgsqualifizierten Delikt (*s. Erfolgsqualifikation*)
– am unfreien Suizid 356 ff., 1001
– an freiverantwortlicher Selbstgefährdung/Suizid 356 ff., 1001
– Anstiftung (*s. dort*)
– Beihilfe (*s. dort*)
– Irrtumsfragen 1007
– Kettenteilnahme 1098 ff.
– notwendige 1031 f.
– Strafgrund 984 ff.
– Tatort bei 244
– Terminologie 983
– Vorsatz-Fahrlässigkeits-Kombinationen 212, 1008
– Wesen 983
Teilrücktritt 1299
Teilverwirklichung 1218
Tötung auf Verlangen 223 (*s.a. Privilegierung*)
Trutzwehr 518, 533, 558 (*s.a. Notwehr*)

übergesetzlicher entschuldigender Notstand 772 ff.
Übermaßverbot (*s. Verhältnismäßigkeit*)
Überwachungsgarant 1127, **1162 ff.**
– aus Gesetz 1162 ff.
– aus vereinbarter tatsächlicher Übernahme 1166
– Ingerenz 1167
– Produkthaftung 1168
– Verkehrssicherungspflichten 1169
Überzeugungstäter 722
ultima ratio 1 ff. (*s.a. Subsidiarität des Strafrechts*)
unbeendeter Versuch (*s.a. Versuch*)
– außertatbestandliches Handlungsziel 1289 ff.
– Definition 1285
– Rücktritt des Alleintäters 1295 ff.
– Rücktrittshorizont 1285 ff.
– Tatplantheorie 1288
unbestimmter Rechtsbegriff (*s. Bestimmtheitsgebot*)
unmittelbare Täterschaft 800, **871 ff.**
unmittelbares Ansetzen 1214, 1215 ff. (*s.a. Versuchsbeginn*)
Unrecht 260 ff., 470
– Unrechtsgehalt der Tat 260 ff.
Unrechtsbewusstsein 714 ff. (*s.a. Verbotsirrtum*)
– bedingtes 721
– potentielles 716

– Teilbarkeit 720
Unrechtsteilnahmetheorie 991
(*s.a. Anstiftung, Strafgrund*)
untauglicher Versuch 1246 ff.
– Abgrenzung zum straflosen Wahndelikt 1250, **1252 ff.**
– durch Unterlassen 1251
– grober Unverstand 1255
– untaugliches Mittel 1247
– untaugliches Objekt 1247
– untaugliches Subjekt 1248 ff.
Unterlassungsdelikte 215 ff., 1099 ff.
– Abgrenzung aktives Tun/Unterlassen 1105, **1107 ff.**
– Beschützergarant 538, 1126a, 1127, **1132 ff.**
– Beteiligung am Unterlassungsdelikt
– echtes 217, 1199 ff.
– eigene Rettungsbemühungen 1109
– Entsprechensklausel 1129 ff.
– fremde Rettungsbemühungen 1108
– Garantenstellung (*s. dort*)
– hypothetische Kausalität 1123 ff.
– objektive Zurechnung 1126
– Quasikausalität 1123 ff.
– Rettungsbemühungen 1108 f.
– Rücktritt 1319 f.
– Tatbestandsirrtum 1175
– Täterschaft und Teilnahme durch Unterlassen 1176 ff.
– Überwachungsgarant 1127, **1162 ff.**
– unechtes 215, 1099 ff., 1319 f.
– Unzumutbarkeit 1171 ff.
– Verbotsirrtum 714 ff.
– Vermeidbarkeit 300, 724 ff.
– Versuchsbeginn 1243 ff.
Unterlassungspflicht 630
Untermaßverbot 23 ff.
(*s. Kriminalisierungsgebote*)
Unternehmensdelikte 237a, 1281a
Unzumutbarkeit normgemäßen Verhaltens 771

Verantwortungsprinzip 875 ff.
Verbot zu unbestimmter Strafgesetze (*s. Bestimmtheitsgebot*)
Verbotsirrtum 714 ff.
– direkter 717
– indirekter 718 f.
– Gewissensanspannung 714 ff.
– Sonderfragen 720
– Unrechtsbewusstsein (*s. dort*)
– unvermeidbarer 714 ff.
– vermeidbarer 716, 724 ff.
– Vermeidbarkeit 724 ff.
Verbrechen 192 f.
Verbrechensverabredung 200
Verfassungsbeschwerde 107
Verfassungsrecht **38 ff.**, 163
Verfolgerfälle 368
Vergehen 192 f.
verhaltensgebundener Tatbestand
(*s. actio libera in causa*)
Verhältnismäßigkeit 15 ff., 108 ff., 182, 191
– im engeren Sinn 16
Verjährung 64 ff., **191a ff.**
(*s.a. Rückwirkungsverbot*)
Verkehrssicherungspflichten **1169**
Verletzungsdelikte 221
Vermögensstrafe 106, 173
Versuch 1192 ff.
– agent provocateur 1055 ff.
– Anstiftung zum 997 ff., 1035 f.
– Aufbau 1207 ff.
– beendeter (*siehe beendeter Versuch*)
– bei Eventualvorsatz 1212
– Definition 1192, **1215**, 1219
– der Anstiftung 200
– der Beihilfe 785, 1078, 1201
– der Beteiligung 1334 f.
– der Erfolgsqualifikation 1371 ff.
– des Verbrechens 1194, 1207
– des Vergehens 200, 1194, 1207
– Eindruckstheorie **1204 ff.**, 1251
– erfolgsqualifizierter Versuch 1375
– fehlgeschlagener 1271 ff.
– gemischt subjektiv-objektiver Standpunkt 1202, 1204, 1215
– Prüfungsaufbau 1207 ff.
– qualifizierter 1299
– Rücktritt 1256 ff.
– Strafgrund 1201 ff.
– Tatentschluss 1207 ff.
– unbeendeter (*siehe unbeendeter Versuch*)
– unmittelbares Ansetzen 1214, 1215 ff.
– untauglicher (*s. dort*)
– Verbrechervernunft 1306
– von Vergehen 1194, 1207

Versuch, untauglicher
(*s. untauglicher Versuch*)
Versuchsbeginn 1216 ff.
– bei Mittäterschaft 1241
– bei mittelbarer Täterschaft 1235 ff.
– bei qualifizierten Tatbeständen 1231 ff.
– bei Teilverwirklichung des Tatbestandes 1218
– bei unechten Unterlassungsdelikten 1243 ff.
– bei unmittelbarer Täterschaft 1216 ff.
– bei vermeintlicher Mittäterschaft 1242
– Gesamtlösung (*s. dort*)
– unmittelbares Ansetzen 1214, **1215 ff.**
Versuchslösung 468
vis absoluta 283, 295
vis compulsiva 295
Vollendung 1195 ff.
Vorbereitungshandlung 1193a, 1204 ff.
Vorbereitungsstadium 1193a, 1204 ff.
Vorhersehbarkeit des Erfolges
– objektive 342, 1343, 1345, 1353
Vollendungslösung 467
Volltrunkenheit 299, 536
Voraussehbarkeit des Erfolgseintritts 1343, 1345, 1353
Vorrang des milderen Gesetzes
(*s. lex mitior-Klausel*)
Vorsatz 373 ff.
– Absicht 377, 378 ff.
– alternativer 403 f.
– Anstiftervorsatz 1051 ff.
– direkter 377, 383 ff.
– dolus eventualis (*s. Eventualvorsatz*)
– Doppelfunktion 691 ff.
– Erscheinungsformen 377
– Gegenstand 409 ff.
– Gehilfenvorsatz 1085 ff., **1091**
– Lederriemen-Fall 387 ff.
– maßgeblicher Zeitpunkt 405 ff.
– Wissenskomponente **407 ff.**, 379, 388, 391, 394 ff., 420 f.
– Wollenskomponente 388, 391, 394, 396
– zivilrechtliche Vorfragen 422
Vorsatz-Fahrlässigkeits-Kombination 212 f.
Vorsatzschuld
(*s. Erlaubnistatbestandsirrtum*)
Vorsatztat 201
Vorsatzunrecht
(*s. Erlaubnistatbestandsirrtum*)
Vorwerfbarkeit
(*s. Schuldbegriff, normativer*)

Wahlfeststellung 1400 ff.
– echte 1401, 1404 f.
– Gesetzesalternativität 1404
– Gesetzlichkeitsprinzip 1406
– Tatsachenalternativität 1403 f.
– unechte 1401, 1403
Wahndelikt 1250, **1252 ff.**
Werkzeug
– absichtslos doloses 920 f.
– entschuldigtes 883
– error in persona 937
– gutgläubiges 892 f.
– objektiv tatbestandslos handelndes 905 ff.
– qualifikationslos doloses 922
– rechtmäßig handelndes 895 ff.
– schuldlos handelndes 898 ff.
– Tatbestandsirrtum beim 886 ff., 892 ff.
– Verbotsirrtum beim 924 ff.
– vorsatzloses 890 ff.
Widerstandsrecht 685
Willensherrschaft 831
Wissenskomponente des Vorsatzes 379, 388, 391, 394 ff., **407 ff.**, 420 f.
– Mitbewusstsein 407
– Tatsachenkenntnis 413, 420
Wollenskomponente des Vorsatzes 388, 391, 394, 396

Zeitgesetze 61 ff.
Zentralgestalt 874 ff.
(*s.a. mittelbare Täterschaft*)
Ziegenhaar-Fall 1110
ziviler Ungehorsam 686
Züchtigungsrecht
– Eltern 684
– Lehrer 686
Zueignung 376
Zueignungsabsicht 381
Zumutbarkeit (*s. Unzumutbarkeit normgemäßen Verhaltens*)
Zurechenbarkeit, objektive
(*s. objektive Zurechnung*)
Zusammenwirken, arbeitsteiliges 969 ff.
(*s.a. Mittäterschaft*)
Zustandsdelikt 225

Zweispurigkeit 167 (*s.a. Rechtfolgen*)
Zwischenaktstheorie 1221 ff.
(*s.a. Versuchsbeginn*)